Uni-Taschenbücher 1810

UTB
FÜR WISSEN
SCHAFT

Eine Arbeitsgemeinschaft der Verlage

Wilhelm Fink Verlag München
A. Francke Verlag Tübingen und Basel
Paul Haupt Verlag Bern · Stuttgart · Wien
Hüthig Fachverlage Heidelberg
Verlag Leske + Budrich GmbH Opladen
Lucius & Lucius Verlagsgesellschaft Stuttgart
Mohr Siebeck Tübingen
Quelle & Meyer Verlag Wiesbaden
Ernst Reinhardt Verlag München und Basel
Schäffer-Poeschel Verlag Stuttgart
Ferdinand Schöningh Verlag Paderborn · München · Wien · Zürich
Eugen Ulmer Verlag Stuttgart
Vandenhoeck & Ruprecht in Göttingen und Zürich

Franz Neumann (Hrsg.)
Handbuch Politische Theorien und Ideologien

Band I

Handbuch

Politische Theorien und Ideologien

Band 1

2., überarbeitete und erweiterte Auflage

Herausgegeben von

Franz Neumann

Leske + Budrich Opladen

Die Autoren

Mark Arenhövel, Dr. rer. soc., Inst. f. Didaktik der Gesellschaftswissenschaften, Justus-Liebig-Universität Gießen
Gerd Bohlen, Dr. rer. soc., Studiendirektor, Max-Beckmann-Schule Frankfurt/M.
Udo Bullmann, Dr. rer. soc., Inst. f. Politikwissenschaft Justus-Liebig-Universität Gießen
Klaus Christoph, Dr. phil., Prof. f. Politikwissenschaft, Universität Hannover
Lothar Döhn, Dr. phil., Prof. f. Politikwissenschaft, Universität Gesamthochschule Kassel
Dieter Eißel, Dr. phil., Prof. f. Politikwissenschaft, Justus-Liebig-Universität Gießen
Klaus Fritzsche, Dr. phil., Prof. f. Politikwissenschaft, Justus-Liebig-Universität Gießen
Elisabeth Heidt, Dr. phil., Politikwissenschaftlerin, Justus-Liebig-Universität Gießen
Peter Henkenborg, Dr. rer. soc., Inst. f. Didaktik der Gesellschaftswissenschaften, Justus-Liebig-Universität Gießen
Franz Neumann, Dr. phil., Prof. f. Politikwissenschaft, Justus-Liebig-Universität Gießen

ISBN 3-8100-2113-X (Leske + Budrich)
ISBN 3-8252-1810-4 (UTB)

Einbandgestaltung: Alfred Krugmann, Stuttgart
Druck: Presse-Druck Augsburg
Printed in Germany
UTB-Bestellnummer: ISBN 3-8252-1810-4

Vorbemerkung zur 2. Auflage

Für die 2. Auflage wurden alle Beiträge überarbeitet und zwei neue Theoriekomplexe aufgenommen:
(1) Mit „Neubeschreibungen der Demokratie" wird das Feld der Demokratietheorien, bisher vertreten durch die 'klassische' Theoriegeschichte seit dem 18. Jh. (direkte und proletarische Demokratie, die auf einem Parlament ruhenden Formen der liberalen und parteienstaatlichen demokratie, autoritäre und elitäre Ausprägungen der Demokratie) und das Modell einer partizipativen Demokratie, initiiert durch die Praxis der neuen sozialen Bewegungen um die gegenwärtige Diskussion ergänzt. Angesichts eines unaufhebbaren Pluralismus von Wertvorstellungen, Lebensorientierungen und Interessen suchen die „Neubeschreibungen" nach Formeln, um die Selbstorganisation und Selbstregierung der Staatsbürger neu begründen zu können. Im Kern geht es um die Frage, Konflikte und Differenzen gewaltfrei zu regeln und um die Konstituierung nicht-traditioneller Formen von Gemeinschaftlichkeit. Die politische Integration gerät damit zum Schlüsselproblem moderner Demokratien.
(2) Eine Kritik am Liberalismus unter dem Stichwort „Kommunitarismus" wird ausgehend von Rawls Gerechtigkeitstheorie vorgelegt. Kommunitaristische Kritiker bestreiten die Tragfähigkeit liberaler Rechte ebenso wie die Leistungsfähigkeit traditioneller Institutionen und Prozesse. In der seit Beginn der achtziger Jahre stattfindenden Debatte über die sozio-moralischen Voraussetzungen moderner Gesellschaften verweisen die Kommunitaristen auf die Notwendigkeit geteilter Überzeugungen und Wertvorstellungen, ohne die keine Gemeinschaft ein starkes Fundament ausbilden könne.

Gießen, Februar 1998 FRANZ NEUMANN

Inhaltsübersicht

Vorwort

In den zwei Bänden dieses Handbuchs werden die wichtigsten politischen Theorien und Ideologien der letzten drei Jahrhunderte vorgestellt. Theorie und Ideologie sind begrifflich zu trennen: Theorie zielt dem Grund nach auf Aufklärung, Ideologie auf Verschleierung. Jedoch entgehen Theorien nicht der Spannung von Einsicht und Absicht, von Erkenntnis und Interesse. Sie können deshalb sowohl ideologische Beimengungen enthalten als auch ideologische Funktionen erfüllen. Zunächst jedoch werden gesellschaftlich-politische Theorien als historisch gebundene und zugleich systematisch entfaltete Deutungen begriffen, während Ideologie für Bewußtseins- und Agitationsformen steht, die Interessen, Macht und Herrschaft rechtfertigen oder verdecken.

Theorie, die in ihren Schwerpunkten Analyse gesellschaftlicher Strukturen und Prozesse oder Gesellschaftsentwurf oder politische Programmatik ist, wird jedoch oftmals dann als Ideologie denunziert, wenn sich aus ihr Konsequenzen für politisches Verhalten und Handeln ergeben und gesellschaftliche Veränderungen intendiert sind. Anderseits wird mit dem Begriff Ideologie in bestimmter Sicht jede Bewußtseinsform und jedwedes Denken belegt. Ein solcher totaler Ideologiebegriff läßt aber keinen Raum für den Versuch, realitätsgerechtes und falsches Denken zu unterscheiden und bietet damit auch keine Grundlage für eine kritische, gegebene Verhältnisse infragestellende Theorie. Deshalb sollte der Ideologiebegriff allein für falsches, aber gleichwohl in einer bestimmten gesellschaftlich-geschichtlichen Lage notwendiges Bewußtsein von Individuen, sozialen Gruppen oder Klassen vorbehalten bleiben. Von Ideologie kann auch dann gesprochen werden, wenn die Realität unvollständig oder verzerrt wiedergegeben wird, wenn sich partielle Wahrheit und partielle Unwahrheit mischen, wenn nur die Oberfläche der gesellschaftlichen Verhältnisse widergespiegelt, ihre Totalität dagegen außerachtgelassen wird. Dies gilt besonders dann, wenn Sonderinteressen als gesellschaftliches Gesamtinteresse ausgegeben (und dafür auch wissenschaftliche Theorien benutzt) werden, um Veränderungen des Status quo in Richtung auf allgemeine Emanzipation abzuwehren.

Auch Wissenschaft steht immer wieder in Gefahr, die Realität zu verfehlen und sie einseitig oder parteilich zu beschreiben und zu erklären. Auch Wissenschaft kann sich der Politik und den Herrschenden als Magd andienen. Ideologie aber versagt sich den Erkenntnismöglichkeiten von vornherein. Sie behauptet, tritt affirmativ auf und rechtfertigt; Wissenschaft dagegen zweifelt, argumentiert und deutet.

'Klassische' Ideenkreise und Gestaltungsentwürfe der bürgerlichen Gesellschaft wie Liberalismus und Konservatismus werden in diesem

Handbuch in gleicher Breite behandelt, wie sozialistische Gesellschaftsentwürfe, Theorien über politisch-soziale Phänomene – wie Faschismus, Nationalismus und Fundamentalismus – oder wie Theorien zum Ökologieproblem oder zum Nord-Süd-Konflikt.

Theorien *über* geschichtliche Erscheinungen, also ihre Genese, Struktur und Funktion sind hier ebenso Gegenstand wie Theorien *von* politischen Philosophen oder Sozialwissenschaftlern. Folglich stehen z.B. Theorien *über* den Faschismus oder *über* den bürgerlichen Staat neben der Theorie *von* Marx und Engels, den Konstruktionen *von* Anarchisten oder den Gesellschaftstheorien *von* Habermas und Luhmann. Andere Abhandlungen, z.B. die über Liberalismus, Konservatismus, Demokratie oder Sozialismus beschäftigen sich sowohl mit Theorien *über* Erscheinungen als auch mit Entwürfen *von* liberalen, konservativen, demokratischen oder sozialistischen Denkern.

Der Durchgang durch die sozialistischen Theorien beginnt mit den vielfältigen Ansätzen im Frühsozialismus und führt über die Theorie von Marx/Engels, den Anarchismus und den Demokratischen Sozialismus zu einer Summe des Sozialismus. Weiterhin werden klassische und moderne Theorien des Kapitalismus, Gesellschaftstheorien der neueren Soziologie, die gegenwärtige Diskussion über Politische Ethik, Ansätze und Konzeptionen der Politischen Psychologie und Politischen Bildung sowie Theorien zum heutigen internationalen Politiksystem und zur Weltgesellschaft verhandelt. Damit schließt sich der Kreis.

Wie in der „Utopia" des Thomas Morus eine fiktive Insel mit glücklichen Bewohnern einer düsteren Gegenwart entgegengehalten wird, so enthalten viele Entwürfe zukünftiger Gesellschaften einen Traum von Glück, Freiheit und Gerechtigkeit Sie treten damit in Kontrast zu einer Wirklichkeit, die solche Zielvorstellungen nur in marginaler Form oder als Privileg weniger, bei Unterdrückung der übergroßen Mehrheit, ausweist oder überhaupt ganz anderen Prinzipien folgt. Wie in jeder Zeit sind solche utopischen Elemente des theoretischen Denkens auch heute bedeutsam. In ihnen lebt das Prinzip Hoffnung, das sich gegen Apathie, Resignation und Fatalismus stellt und das sich unverändert zu den geschichtlich uneingelösten humanen Zielen der Aufklärung bekennt.

Ich danke den Kolleginnen und Kollegen für ihre Beiträge und für eine freundschaftliche, mehr als fünfundzwanzig Jahre währende Zusammenarbeit und insbesondere Klaus Fritzsche für seinen steten Rat.

FRANZ NEUMANN

Demokratietheorien – Modelle zur Herrschaft des Volkes

Franz Neumann

Vorbemerkung

Demokratietheorien werden in vier Beiträgen dies Bandes vorgestellt. Der nachfolgende Beitrag könnte in die Überschrift auch den Begriff 'traditionell' aufnehmen, da er die demokratietheoretischen Reflexionen über eine Erweiterung der Partizipation der Bürgerinnen und Bürger im Zusammenhang mit den neuen sozialen Bewegungen ebenso einem eigenen Beitrag überläßt wie die gegenwärtige Suche nach einer 'Neubeschreibung' der Demokratie, um die Selbstorganisation und Selbstregierung des 'Volkes' und nicht-traditionelle Formen von Gemeinschaftlichkeit neu begründen zu können. Zu den traditionellen Demokratietheorien gehört jedoch auch die Herrschaft gewählter aber ungebundener Repräsentanten. Aus historisch-systematischen Erwägungen aber auch, um den Umfang der einzelnen Beiträge zu begrenzen, blieb der Theoriestrang der liberalen Demokratie mit den Ideenkreis des Liberalismus verbunden.

1. Form und Dimension der Demokratie

1.1. Die Volksherrschaft

Demokratie heißt – wörtlich übersetzt – *Volksherrschaft*. Mit dieser Übersetzung wird die Begriffsbestimmung nur scheinbar einfach. Wer ist das Volk? Bis weit in das 20. Jh. hinein gehören Frauen in den meisten Staaten, die sich als Demokratien bezeichnen, nicht zum Wahlkörper, der diejenigen legitimierte, die im Namen des Volkes herrschen; (Repräsentanten dürfen sie natürlich auch nicht werden). Die für die Entwicklung des englischen Parlamentarismus maßgebende Konzeption John Lockes (vgl. den Beitrag Liberalismus in diesem Bd.) gibt Wahlrechte nur den *Eigentümern* und legt Grund für eine sich herausbildende großbürgerlich-parlamentarische Demokratie; nach der Glorious Revolution (1688) bis zur Hochzeit der Parlamentsherrschaft im 19. Jh. besteht das Unterhaus aus „Repräsentanten agrarischer, kaufmännischer und schließlich auch industrieller Bourgeois“ (Fetscher 1970: 16); der größere Teil der städtischen Industriearbeiter durfte nach 1867, Landarbeiter und alle besitzlosen Männer erst nach dem I. Weltkrieg wählen.

In der altgriechischen Polis konnten allein die *freien Bürger* – eine Minderheit gegenüber der Masse der völlig rechtlosen Sklaven und der politisch rechtlosen Bauern und Handwerker – politisch handeln und in der Volksversammlung direkt die Gesetze geben, Beamte einsetzen und kontrollieren, Gerichte bestellen oder selbst Todesurteile aussprechen und über Krieg und Frieden entscheiden. Dem athenischen Stadtstaat wurde aber die Bezeichnung Demokratie zugesprochen (siehe unten 2.).

Auch heute noch gehören in Deutschland Ausländer bei Wahlen auf nationaler Ebene[1] nicht zum wahlberechtigten Staatsvolk, weil sie die Staatsbürgerschaft des Staates, in dem sie den Mittelpunkt ihres Lebens gefunden haben, nicht besitzen; allen Gesetzen des Staates, in dem sie sich aufhalten, sind sie gleichwohl unterworfen. Für Anthony Downs, dessen Demokratiemodell (siehe unten 8.2.) weder der Volkssouveränität ex pressis verbis einen besonderen Rang einräumt noch demokratische Grundwerte und Politikziele kennt, gehört aber ein wirklich allgemeines – auch die im Lande ansässigen Ausländer umfassendes – Wahlrecht zum „Wesen der demokratischen Regierungsform" (Downs 1968: 23).

Wie herrscht das Volk? Wenn es nicht sich selbst regiert, d.h. selbst die Gesetze gibt und andere wichtige Entscheidungen trifft, so fordert die Idee der Demokratie, daß es zumindest über die Verfassung und ihre Änderung das letzte Wort hat – nach dem GG steht derzeit dem deutschen Volk die verfassunggebende Gewalt allerdings *nicht* direkt zu – und in periodischen Wahlen seine Repräsentanten bestimmt und ihnen damit auf Zeit öffentliche Gewalt überträgt. Dies meint auch der Begriff *Volkssouveränität*: Eine höhere Instanz als das Volk, die Herrschaft legitimieren kann – wie sie einst in absoluten und konstitutionellen Monarchien mit der Legitimationsformel „von Gottes Gnaden König von ..." –, angerufen wird, gibt es nicht. Konsequent heißt es deshalb auch im Grundgesetz (Art. 20): „Alle Staatsgewalt geht vom Volke aus". Ist das Volk souverän – ob es nun sich selbst regiert oder dies legitimierten Repräsentanten überläßt –, so besagt dies, daß Demokratie ihrem Wesen nach darauf gerichtet ist, die Identität der Regierenden und Regierten herzustellen.

Abraham Lincoln definiert 1863 in seiner Gettysburger Ansprache Demokratie als „government of the people, by the people, for the people" Abgetrennt ist vor allem „of the people" problematisch, da sich diktatorische Regime, wie z.B. das 'Dritte Reich' des Nationalsozialismus, auch auf den größeren Teil des Volkes stützen konnten. Wird die (repräsentative) Demokratie auf eine Herrschaftsmethode reduziert – wie bei Joseph A. Schumpeter (1883-1950) und Anthony Downs (s. unten 8.) –, dann wird das Lincoln'sche Definitionselement „Regierung durch das Volk" verdrängt: Demokratie bedeutet dann nur, „daß das Volk die Möglichkeit hat, die Männer, die es beherrschen sollen, zu akzeptieren oder abzulehnen." (Schumpeter 1972: 452) Damit ist „die Idee der 'Herrschaft des Volkes' fast ganz in Vergessenheit geraten" (Röhrich 1991: 42).

> Für Schumpeter ist es klar, daß, „ausgenommen den Fall der 'mittelbaren Demokratie', das Volk als solches niemals tatsächlich herrschen oder regieren kann [...] Jenseits der 'unmittelbaren Demokratie' liegt ein unbegrenzter Reichtum von möglichen Formen, in denen das 'Volk' an den Regierungsgeschäften teilnehmen oder jene, die tatsächlich herrschen, beeinflussen oder kontrollieren kann. Keine dieser Formen, namentlich keine der durchführbaren, hat einen offenkundigen oder exklusiven Anspruch darauf, 'Regierung durch das Volk' genannt zu werden, wenn diese Worte in ihrem natürlichen Sinn verstanden werden. Wenn eine von ihnen einen solchen Titel erwirbt, so kann sie dies nur kraft einer willkürlichen Abmachung über die Definition der Bedeutung, die dem Ausdruck 'herrschen' beigelegt werden soll. Eine solche Abmachung ist natürlich immer möglich: das Volk herrscht in Tat und Wahrheit nie, aber durch Definition kann es immer dazu gebracht werden." (Schumpeter 1972: 390f.)

Mit der Idee der Demokratie als Volksherrschaft eng verbunden ist die politische Freiheit und Gleichheit. Alle Mitglieder des Volkes müssen sich frei und mit gleichen Chancen an der Legitimierung der Herrschaft beteiligen können. Deshalb müssen auch die Grundsätze eines demokratischen Wahlrechts beachtet werden (allgemein, frei, gleich, geheim und direkt), muß die Parteibildung frei und die Informations- und Meinungsfreiheit garantiert sein.

1.2. Das Mehrheitsprinzip

Demokratie kann begrifflich zureichend nicht als Herrschaft der Mehrheit bestimmt werden. Zum einen ist der Begriff Mehrheit vieldeutig (vgl. Gusy 1984; Varain 1984), zum anderen können demokratische Entscheidungen auch durch Diskussion bis zum Konsens oder durch Verhandeln und Austarieren der Interessen in einem Kompromiß – Konkordanzdemokratie, Proporzdemokratie– erreicht werden, und zum dritten wird eine *freiheitliche* Demokratie erst durch das Zusammenwirken der Mehrheitsregel mit anderen Prinzipien begründet: Achtung der Rechte der Minderheit, in ihrem Wesensgehalt unantastbare Grundrechte des Individuums, insbesondere seine Würde (Zippelius 1987: 7), in die keine Mehrheit eingreifen kann, Verfassungsgerichte, die den mehrheitsdemokratischen Gesetzgeber in die Schranken weisen können (vgl. Kielmansegg: 1988: 105, 107) und die Gewaltenteilung, mit der Gewaltenbalance und -beschränkung erreicht werden soll. Die Gewaltenteilung gehört begrifflich zwar nicht zum Kern der Demokratie, sie ist aber aus geschichtlicher Erfahrung in ihrer horizontalen Form – eigene Staatsorgane für die legislative, exekutive und judikative Gewalt – und für föderale Republiken auch in ihrer vertikalen Form – Selbstverwaltung der Gemeinden und Teilautonomie von Ländern/Staaten – zu Bewahrung der Freiheit unverzichtbar geworden. Zusammengenommen: Demokratie ist nicht (absolute) Mehrheitsherrschaft sondern ist „beschränkte Mehrheitsherrschaft" (Sartori 1992: 40). „Gleichwohl stellt die Mehrheitsregel in den politischen Systemen moderner westlicher Industriegesellschaften [...] die wichtigste Entscheidungsregel [...] dar" (Offe 1984: 157).

Eine von ihm antizipierte schrankenlose Mehrheitsherrschaft in Amerika löst bei Alexis de Tocqueville Befürchtungen über eine mögliche „Tyrannei der Mehrheit" aus:

> „Es gehört zum Wesen der demokratischen Regierungen, daß die Macht der Mehrheit unbedingt gilt; denn außerhalb der Mehrheit hält in den Demokratien nichts stand. [...] Ich halte den Grundsatz, daß die Mehrheit des Volkes in bezug auf die Regierung das Recht hat, alles zu tun, für ruchlos und verabscheuungswürdig, und dennoch ist für mich der Wille der Mehrheit der Ursprung aller Gewalten. [...] Sehe ich, daß irgendeiner Macht das Recht und die Befugnis, alles zu tun, eingeräumt wird [...], so sage ich: hier ist der Keim zur Tyrannei, und ich trachte, unter anderen Gesetzen zu leben. [...] Sollte die Freiheit in Amerika jemals untergehen, so wird man dafür die Allmacht der Mehrheit verantwortlich machen müssen, die die Minderheiten zur Verzweiflung trieb und sie zwang, zu Gewalttätigkeit zu greifen. Man wird dann Zeuge der Anarchie sein, aber sie wird als Folge des Despotismus eintreten." (Tocqueville 1959: II/7)

In einem Vorwort zu einer späteren Auflage seines Werks „Über die Demokratie in Amerika" schwächt er sein Szenario von einem möglichen Despotismus und Anarchismus aber mehr als ab.[2]

Für den praktischen Vollzug von Demokratie, für das Gesetzegeben und Regieren ist das Mehrheitsprinzip eine notwendig-pragmatische Verfahrensregel, um aus der Vielfalt und Differenz interessengespaltener Gesellschaften zur Willensvereinheitlichung zu kommen. „Wir haben 'nichts Besseres', sprich: unter gegenwärtigen Bedingungen keine akzeptablere und effektivere Methode der Entscheidungsfindung als den Mehrheitsentscheid." (Guggenberger 1984: 187; prinzipiell für die Anwendung des Mehrheitsprinzips votieren Zippelius 1987, Kielmansegg 1988; s. unten) Zugleich ist aber heute angesichts der Manipulationsmöglichkeiten mit Hilfe der Massenmedien, den Oligarchisierungen in politischen Parteien und gesellschaftlichen Verbänden und der undemokratischen Struktur der Wirtschaftsgesellschaft die Frage zu stellen, ob das hochgelobte, aber nur für den politischen Bereich und die Staatswillensbildung verbindliche Mehrheitsprinzip die wirklichen Herrschaftsverhältnisse nicht verschleiert. Denn:

> „Ebensowenig wie Mehrheitsentscheidungen in die Privatsphäre eingreifen dürfen, kann umgekehrt die private Präjudizierung öffentlicher Entscheidungen, ihre Präjudizierung durch private gesellschaftliche Machtpositionen hingenommen werden. [...] Da Parteien, Regierungen und Parlamente heute

> regelmäßig ein gewisses Maß an politischer Verantwortung für Wirtschaftswachstum und Vollbeschäftigung übernehmen, machen sie sich abhängig von Handlungen und Unterlassungen der Eigentümer und Funktionäre des Kapitals, die in letzter Instanz darüber entscheiden, ob und in welchem Umfange Wachstum und Vollbeschäftigung realisiert werden." (Offe 1984: 171).

Dieser Zusammenhang führt zu der im nächsten Abschnitt erörterten Frage, ob die Demokratie allein als politische Herrschaftsform und ohne ihre Erweiterung in den sozial-ökonomischen Bereich hinein nicht defizitär bleiben muß.

Unbeschadet dieser Fragestellung bleibt zuerst festzuhalten, „daß die politische Demokratie *notwendige Vorbedingung*, notwendiges Mittel für jede Demokratie oder jedes demokratische Ziel ist" (Sartori 1992: 20f.) und dann ist für den politischen Bereich im Prinzip zu fordern: Mindestens die Mehrheit (des Volkes) muß in einer Demokratie tatsächlich herrschen (bzw. Herrschaft legitimieren) – „... zu den fundamentalen Prinzipien der Demokratie gehört das Mehrheitsprinzip ..." (BVerfGE 29, 165). Eine *legitime* Herrschaft von Eliten, ohne daß ihre Legitimationsquelle das Volk in seiner Mehrheit ist und ihre Kontrolle bis hin zur Abwahl gesichert ist, kann es in einer Demokratie nicht geben. Grundsätzlich: Jede „Minderheitenherrschaft ist mit der Idee der Demokratie schlechterdings unvereinbar" (Kielmansegg 1988: 103; vgl. auch Röhrich 1991: 127ff.). Dabei ist es gleich, ob es sich dabei um Parteioligarchien (im Sinne von Robert Michels) oder um den „wahren Staatsmann" handelt; dieser trage Verantwortung für das „Lebensganze des Gemeinwesens [...] Wie er zu seinem Mandat gekommen ist, ist hierbei eine Sache für sich." (Jonas 1984: 190) Von notwendiger demokratischer Legitimation und Kontrolle spricht Jonas nicht. Auch wenn es zu Konstellationen kommt, wie sie Guggenberger (1984: 191) stilisiert – „apathische, schlecht informierte und mangels ersichtlicher persönlicher Betroffenheit auch völlig desinteressierte Mehrheiten" stehen „sachkundigen und hochgradig betroffenen Minderheiten" gegenüber –, kann das Prinzip der Volkssouveränität, das sich in der Gleichheit der Bürgerinnen und Bürger erfüllt, d. h., daß jede Stimme gleich wiegt *(one man one vote)* und damit die Stimmen *gezählt* werden können (und müssen), nicht beiseite geschoben werden. „(E)ine autoritäre Entscheidung der Besserwissenden, die die Mehrheit einer Minderheit unterwerfen würde, ist für ein demokratisches Staatsverständnis nicht akzeptabel." (Zippelius 1987: 10)

Dafür, daß die Demokratie sich nicht nur als Herrschaft der Mehrheit bescheiden muß, sondern daß dabei auch die politische *Freiheit* grundsätzlich unangetastet bleiben soll, werden drei 'klassische'

Stimmen angeführt: Locke, Rousseau, Kelsen. Ausgehend von seiner *Idee* der Demokratie, wonach die Vielheit im Willensbildungsprozeß eine Einheit, die volonté générale, zum Ausdruck bringen kann, setzt Rousseau nicht auf die Einstimmigkeit in der (normalen) Gesetzgebung:

> „Nur ein Gesetz fordert seiner Natur nach eine einmütige Zustimmung: Das ist der Gesellschaftspakt [...] Abgesehen von diesem Urvertrag verpflichtet die Meinung der größeren Zahl stets alle anderen. [...] Doch man fragt, wie ein Mensch frei sein kann und doch gezwungen sein kann, sich Willensäußerungen anzupassen, die nicht die seinen sind. [...] Der Staatsbürger stimmt allen Gesetzen zu, sogar denen, die ihn bestrafen, sobald er deren eines zu verletzen wagt. Der immerwährende Wille aller Mitglieder des Staates ist der Gemeinwille; eben durch ihn sind sie Staatsbürger und frei. Sobald man in der Volksversammlung ein Gesetz einbringt, fragt man sie, genaugenommen, nicht danach, ob sie dem Entwurf zustimmen oder ob sie ihn zurückweisen, vielmehr ob er dem Gemeinwillen – der ihr eigener ist – gemäß ist oder nicht. Jeder sagt, indem er seine Stimme abgibt, seine Meinung darüber. Aus der Auszählung der Stimmen wird die Aussage des Gemeinwillens entnommen." (C.s. IV, 3)

Unter Bezugnahme auf Rousseau diskutiert Hans Kelsen (1881-1973) die Frage der absoluten und der qualifizierten Mehrheit in ihrem Verhältnis zur politischen Freiheit. Sie steht „letztlich allein" im Zentrum seiner Demokratietheorie (vgl. Wielinger 1982: 264):

> „Daß noch von Selbstbestimmung die Rede ist und davon, daß jeder nur seinem eigenen Willen untertan ist, wenn der Wille der *Mehrheit* Geltung beansprucht, das ist ein weiterer Schritt in der Metamorphose des Freiheitsgedankens." In diesem Umformungsprozeß tritt für Kelsen die *„unmögliche Freiheit des Individuums"* in den Hintergrund und die *„soziale Freiheit des Kollektivums"* in den Vordergrund (Kelsen 1981: 11). Er knüpft an die Gedanken Rousseaus (s. unten) von der un-sozialen und der höherwertigen sozialen Freiheit an: „Von der *natürlichen* Freiheit löst sich die soziale oder *politische* Freiheit ab. Politisch frei ist, wer zwar untertan, aber nur seinem eigenen, keinem fremden Willen untertan ist." (Ebd.: 4) Wenn schon nicht alle Bürgerinnen und Bürger mit dem Staatswillen übereinstimmen (können) und mithin ihre Freiheit unangetastet bleibt, so sollen doch *„möglichst viele Menschen frei sein"* (Kelsen 1981: 9), und damit ist für Kelsen der Weg zum Majoritätsprinzip gewiesen, das er aber nur in einer bestimmten Ausprägung gelten lassen will: Die „Konkordanz zwischen dem Willen des einzelnen und dem herrschenden Staatswillen ist um so schwieriger, diese Garantie für die individuelle Freiheit ist um so geringer, je qualifizierter die Majorität, die zur Erzeugung des abändernden Staatswillens erforderlich ist. Sie wäre so gut wie ausgeschaltet, falls Stimmeneinhelligkeit dazu nötig wäre. [...] Man wird doch zumeist in eine fertige Staatsordnung hineingeboren, an deren Entstehung man selbst nicht mitgewirkt hat, und die einem daher von Anfang an als fremder Wille entgegentreten muß.

Nur die *Fortbildung*, die *Abänderung* dieser Ordnung steht in Frage. Und unter diesem Gesichtspunkt bedeutet allerdings das Prinzip der absoluten (und nicht der qualifizierten) *Majorität* die *relativ größte Annäherung an die Idee der Freiheit.*" (Ebd.: 8f.; vgl. auch S. 10)

Rousseau will bei politischen Entscheidungen allerdings „je nach dem Zustand und den Erfordernissen des Staatskörpers" differenzieren. Um so wichtiger die Abstimmungen seien, vor allem bei Gesetzen, die Grundsatzfragen regeln, desto mehr müsse sich die „obsiegende Meinung der Einmütigkeit nähern"; bei laufenden politischen Geschäften „soll das Übergewicht einer einzigen Stimme ausreichen" (C.s. IV, 2).

Kelsen führen weitere grundsätzliche Überlegungen zum Majoritätsprinzip logisch zur Existenzberechtigung einer *Minorität.* Ihr Schutz sei „die wesentliche Funktion der sogenannten *Grund- und Freiheits-* oder *Menschen- und Bürgerrechte*, die in allen modernen Verfassungen parlamentarischer Demokratien garantiert sind." (Kelsen 1981: 53) Damit die Grund- und Freiheitsrechte ihre Schutzfunktion für eine „*qualifizierte* Minderheit" gegen die „*bloß absolute* Mehrheit" erfüllen können, dürfe bei Eingriffen in den geschützten Bereich nicht nach dem reinen Majoritätsprinzip verfahren werden:[3]

„Hatte es ursprünglich den Anschein, als ob es das Prinzip der *absoluten* Majorität sei, das der Idee der Demokratie auf ihrem Wege zur Wirklichkeit relativ am meisten entspricht, so zeigt sich jetzt, daß das Prinzip der *qualifizierten Majorität* unter gewissen Umständen eine noch größere Annäherung an die Idee der Freiheit, weil eine gewisse Tendenz zur Einstimmigkeit in der Gemeinschaftswillensbildung bedeuten kann." (Ebd.: 54f.)

Schon vor Rousseau und klarer als dieser begründet John Locke die Notwendigkeit und Funktion der Mehrheitsregel, um das Spannungsverhältnis zwischen individueller Freiheit und der Existenz- und Handlungsfähigkeit einer politischen Körperschaft zu lösen:

„Hat nämlich eine Anzahl von Menschen unter Zustimmung jedes einzelnen eine Gemeinschaft gebildet, dann haben sie diese Gemeinschaft zu einem einzigen Körper gemacht, mit der Macht, wie ein einziger Körper zu handeln, und zwar einzig durch den Willen und den Beschluß der Mehrheit. [...] Da sich ein einziger Körper notwendigerweise nur in eine Richtung bewegen kann, muß sich der Körper auch dorthin bewegen, wohin ihn die größere Kraft zieht – nämlich die Übereinkunft der Mehrheit. Anders kann er unmöglich handeln oder als ein einziger Körper oder eine einzige Gemeinschaft fortbestehen [...] Ein jeder also, der mit anderen übereinkommt, einen einzigen politischen Körper unter *einer* Regierung zu bilden, verpflichtet sich jedem Glied dieser Gesellschaft gegenüber, sich dem Beschluß der Mehrheit zu unterwerfen und sich ihm zu fügen. [...] Denn wollte man nicht vernünftigerweise die Übereinkunft der Mehrheit als den Beschluß aller annehmen und jedes Einzelwesen darin mitverpflichten, so brauchte es die Zustimmung jedes Einzelnen, bis etwas zum Beschluß aller würde. Eine

> solche Zustimmung jemals zu erhalten ist aber nahezu unmöglich ..." (Locke 1966: VIII, Ziff. 96-99)

Die Legitimität des Mehrheitsprinzips setzt den Pluralismus der Meinungen und einen *offenen* Meinungs-, Willensbildungs- und Entscheidungsprozeß voraus. Alle Anschauungen über die Regelung der öffentlichen Angelegenheiten müssen freien Zugang zum Wettbewerb[3] und die gleiche Chance, Mehrheit zu werden, haben. „Die Mehrheitsregel funktioniert also als ein Mechanismus der Herstellung einer legitimen Entscheidung nur, wenn die überstimmte Minderheit die Chance hatte, Mehrheit zu werden." (Preuß 1984: 236) Und nachdem eine für jedermann verbindliche Mehrheitsentscheidung getroffen wurde, muß die unterlegene Minderheit die Möglichkeit haben, den Entscheidungsprozeß erneut anzustoßen und ihrerseits Mehrheit zu werden: „(D)ie demokratische Zukunft einer Demokratie ist daran gebunden, daß Mehrheiten zu Minderheiten und Minderheiten zu Mehrheiten werden können." (Sartori 1992: 33) So gilt das Mehrheitsprinzip nur als „Teil einer umgreifenden, selbst zerbrechlichen Ordnung, die den Kampf zügeln, die Rechte von einzelnen und Minderheiten anerkennen und den dauernden Versuch unternehmen will, die freie Selbstbestimmung aller zu gewährleisten" (Varain 1984: 59).

Zu den Essentials der Legitimation des Mehrheitsprinzips in der Demokratie gehören nach Preuß (1984: 237) weiter:

1. „daß es *mehrere* mögliche richtige Entscheidungen gibt und daß sich daher die überstimmte Minderheit nicht *geirrt* hat oder ihre Meinung nicht *falsch* ist, sondern lediglich, daß ihre Auffassung nicht *verbindlich* geworden ist";
2. daß durch Mehrheitsentscheidung das Mehrheitsfindungs*verfahren* nicht in der Weise geändert wird, „daß es der Mehrheit ermöglicht wird, dauerhaft Mehrheit zu bleiben";[4]
3. „daß die Mehrheit die Minderheit weder prozedural noch sachlich aus dem politischen Gemeinwesen ausgrenzen darf, sondern darauf bedacht sein muß, jenes Minimum politisch-kultureller Homogenität zu wahren, das es der Minderheit noch erlaubt, den inhaltlich abgelehnten Mehrheitsentscheidungen den Gehorsam nicht zu versagen";
4. daß Mehrheitsentscheidungen prinzipiell veränderbar – korrigierbar und revidierbar – sein müssen, weil sonst die Mehrheitsherrschaft nichts anderes als eine Mehrheitsdiktatur wäre.

Mit dem letzten Kriterium und dem von Claus Offe und anderen damit in Verbindung gesetzten Postulat, daß selbst noch so große Mehrheiten nicht das Recht hätten, „für unabsehbare Zeit unumstößliche Tatsachen zu schaffen" (1984: 164), wird die 'Mehrheitsdemokratie' heute an den Grenzen ihrer Handlungsfähigkeit gesehen. Entscheidungen im Energie- und Umweltbereich, besonders in der zivilen Nutzung der Kernenergie, seien irreversibel und bestimmten

„als eine Naturtatsache für Jahrtausende die Lebensbedingungen zukünftiger Generationen [...] Eine ähnliche Problematik ergibt sich im Zusammenhang mit militär- und rüstungspolitischen Entscheidungen, deren ökonomische und physische Auswirkungen schlicht irreversibel und unkontrollierbar sein können und bei denen aus diesem Grunde schon das Recht einer noch so großen Mehrheit, die Unterwerfung und den Gehorsam einer noch so geringen Minderheit zu verlangen, bestreitbar ist und bestritten wird." (Ebd.)

Künftige Generationen werden bei solchen Entscheidungen natürlich nicht einfach nur überstimmt, sie haben überhaupt keine Stimme, um auch nur protestieren zu können, sie haben keine Chance, sie betreffende irreversible Folgen und Risiken abzuwehren. Gegenwartsinteressen können sich so 'demokratisch' gegenüber Zukunftsinteressen durchsetzen. Es gehe deshalb

„um eine stärkere Betonung des Zukunftsrechts der Nachfolgenden gegenüber dem Gegenwartsrecht der aktuell Lebenden, um so etwas wie eine providentielle Ethik, eine Zukunftsethik, – die Erweiterung gleichsam des Kantschen kategorischen Imperativs[5] um die Zukunftsdimension: Eine Generation darf den nachfolgenden nicht mehr an irreversiblen Festlegungen hinterlassen, als sie selbst vorgefunden hat." (Guggenberger 1984: 190)

Damit ist auch die Volkssouveränität angesprochen, die durch ein solches „Prinzip Verantwortung" in gewisser Weise beschränkt wird. Hans Jonas (1903-1993) formuliert dafür ebenfalls einen kategorischen Imperativ: „Schließe in deine gegenwärtige Wahl die zukünftige Integrität der Menschen als Mit-Gegenstand deines Wollens ein." (1984: 36)

Den damit angesprochenen Ausgleich fundamentaler Interessen gegenwärtiger und zukünftiger Bewohner der Erde wollen Zippelius (1987: 10) und Kielmannsegg auch und nur mit Hilfe einer Mehrheitsentscheidung erreichen; eine Minderheit dürfe auch bei Existenzfragen kein Veto beanspruchen, da ja damit die Minderheit über die Mehrheit und für das Ganze entscheiden würde (1988: 120); die Entscheidungen über die zivile Nutzung der Kernenergie und den Einsatz von Kernwaffen lägen nicht außerhalb des Geltungsbereichs der Mehrheitsregel (ebd.: 125f.).

1.3. Repräsentative Demokratie – direkte Demokratie

Zwei Grundtypen der Demokratie können unterschieden werden (vgl. Fraenkel 1968: 81ff.): 1. Die *repräsentative* Demokratie (oder mittelbare Demokratie), in der das souveräne Volk die Herrschaftsausübung auf Repräsentanten (Volksvertreter) überträgt, die in seinem Namen, jedoch ohne bindenden Auftrag für eine bestimmte Zeit die Verantwortung für Gesetzgebung und Regierung übernehmen; sie legitimieren ihre Autorität auch mit dem Anspruch, dem Gesamtinteresse des

Volkes zu dienen. So heißt es auch in Art. 38 GG: Die Abgeordneten sind „Vertreter des ganzen Volkes“.

Das Grundgesetz steht in der Tradition der *liberalen Demokratie* und des Parlamentarismus, wie sie sich seit dem 18. Jh. in England herausgebildet haben (vgl. dazu den Beitrag Liberalismus in diesem Bd.). Hier hatte sich das Bürgertum die Teilhabe an der Herrschaft erkämpft. Seine Vertreter sollten das *ganze* Volk repräsentieren, so wie es Edmund Burke (1729-1797) in seiner Rede an die Wähler von Bristol klassisch formuliert:

> „Das Parlament ist kein Kongreß von Abgesandten unterschiedlicher und feindlicher Interessen, die jeder als Beauftragter und Advokat gegenüber den Beauftragten und Advokaten anderer Interessen zu behaupten hat. Das Parlament ist vielmehr *beratende* Versammlung der *ganzen* Nation, mit *einem* Interesse, nämlich dem des Ganzen, – eine Versammlung, die weder von lokalen Zielsetzungen, noch von lokalen Vorurteilen, sondern von dem aus der allgemeinen Vernunft des ganzen resultierenden allgemeinen Wohl geleitet sein sollte. Allerdings wählen sie, die Bürger von Bristol, einen Abgeordneten, aber nach seiner Wahl ist er nicht mehr der Vertreter von Bristol, sondern er ist ein Mitglied des Parlaments.“ (Zit. n. Lenk/Neumann 1974, Bd. I: 8)

Die Repräsentanten, ausgestattet mit einem freien Mandat, interpretieren eigenverantwortlich, was das Volk will, das sich aktuell und sachplebiszitär nicht äußert; sie können während der Zeit des Mandats nicht abberufen, sondern nur dadurch zur Rechenschaft gezogen werden, daß ihnen die Wähler – in der realen parteienstaatlichen Ausprägung der repräsentativen Demokratie: zunächst ihre Partei (s. unten 5.3.) – eine erneute Legitimation verweigern.

Da die Abgeordneten gleichzeitig Parteivertreter sind, kann eine funktionierende innerparteiliche Demokratie die repräsentative Demokratie durch Elemente der direkten Demokratie ergänzen, zumal wenn es in den Parteien einmal plebiszitäre Führerwahlen – wie schon praktisch in der SPD bei der Befragung der Parteimitglieder über die Kandidatinnen und Kandidaten für den Parteivorsitz geübt – geben sollte. Bei der herausragenden Bedeutung der Parteien ist deren oligarchische Verfestigung eine Gefahr für die Demokratie selbst. Sie trägt auch zur Entfremdung zwischen Volksvertretern und Volk und zur Parteiverdrossenheit (vgl. Apel 1993) bei. Einen Hinweis auf die fehlenden Partizipationschancen in der repräsentativen Demokratie und im Parteienstaat geben auch Existenz und Erfolge der Bürgerinitiativen und neuen sozialen Bewegungen (vgl. den Beitrag Politische Partizipation – soziale Teilhabe in diesem Bd.).

Zu den Wesensmerkmalen der repräsentativen Demokratie gehört, daß sie eine Herrschaft auf Zeit ist. Deshalb müssen die Legitimationsakte periodisch stattfinden, Wahlalternativen vorhanden sein und Meinungs-, Informations-, Versammlungs- und Vereinigungsfreiheit die freie Wahlprozedur vorbereiten und absichern.

2. Die *direkte* Demokratie (oder plebiszitäre/unmittelbare/identitäre Demokratie): Das Volk übt die Herrschaft, die Staatsgewalt (über sich) unmittelbar aus, was vor allem heißen muß: es beschließt selbst die Gesetze (vor allem das wichtigste Gesetz: die Verfassung), bestellt und kontrolliert die Regierung und die Gerichte. Direkte Demokratie in dieser Form erfordert eine permanent tagende Volksversammlung in kleinsten staatlichen Einheiten. Die Selbstregierung des Volkes könnte in einer ersten Näherung auch durch Volksabstimmungen und Volkswahlen erreicht werden, mit denen nur wichtige Entscheidungen (Verfassungsgebung und -änderung, politische Grundfragen, auch gesetzliche Grundentscheidungen) getroffen werden („Referendumsdemokratie"; vgl Sartori 1992: 123f., 127ff.) bzw. Beauftragte (für Gesetzgebung, Regierung und Rechtsprechung) gewählt werden, die aber an Aufträge gebunden sind (imperatives Mandat) und abgewählt werden können.

Nach der Theorie identitärer Demokratie von Rousseau (s. u. 3.) soll erreicht werden, daß die Volkssouveränität und der Volkswille nicht durch ungebundenes und unkontrolliertes Tun freier Repräsentanten beeinträchtigt oder verfälscht werden. Für die Identität der Regierenden und Regierten ist es deshalb vor allem entscheidend, daß das Volk selbst die Gesetze gibt (im Sinne von: über vorgelegte Gesetzentwürfe entscheiden). Rousseau sah nur in überschaubaren Gemeinwesen mit „tendenzieller Gleichheit in Besitz und Lebensbedingungen" (Mittermair/Mair 1995: 172) die Bedingungen für seine identitäre Demokratie gegeben. Die modernen großen Flächenstaaten sind aber Massendemokratien und in ihren sozialen und ökonomischen Strukturen überaus komplex. Einfache Entweder-Oder-Fragen für die Gesetzgebung gibt es kaum. Da sachgerechte und ausführliche Beratung in Volksversammlungen räumlich und zeitlich nicht möglich sind, sind Tür und Tor für Manipulation und Demagogie geöffnet.

Wegen der Gefahr, „daß in seiner reinen Form sowohl das repräsentative als auch das plebiszitäre System den Keim der Selbstvernichtung in sich tragen", ergibt sich für Fraenkel das Postulat, „beide Prinzipien zu Komponenten eines gemischten plebiszitär-repräsentativen, demokratischen Regierungssystems auszugestalten" (1968: 85). Der Selbstregierung des Volkes könnte tendenziell auch in einer repräsentativen Demokratie näher getreten werden, wenn in die Verfassung plebiszitäre Elemente (Volksinitiative, Volksbegehren, Volksentscheid – diese neben den plebiszitären Impulsen des demokratischen Parteienstaates) – eingefügt werden. Neben die Parlamentsgesetzgebung tritt dann die – in der Regel als Korrektur der ersteren zu verstehende – *Volksgesetzgebung*, wobei Volksinitiative und Volksbegehren, die die Parlamente auf nicht hinreichend beachtete Interessen- und Meinungslagen im Volk hinweisen, für die Korrekturfunktion ebenso wichtig sind, wie das Referendum als ultima ratio.

Für Rudolf Wassermann kann die Demokratie nur überleben, „wenn sie sich von der passiven Zuschauerdemokratie mit ihrem Partizipationsdefizit zur aktiven Teilnehmerdemokratie wandelt" (1986: 207). Dies ist „eine aktive, lebendige Demokratie, in der der Bürger nicht bloß alle paar Jahre zur Parlamentswahl wie zum Wett-Totalisator gerufen [...] wird" (ebd.: 166). Das Referendum ist für Wassermann ein geeignetes Mittel, die parlamentarische Parteiendemokratie zu erneuern (vgl. ebd.: 183ff.).

1.4. Politische Demokratie – soziale Demokratie

In privatkapitalistisch organisierten Gesellschaften ist das demokratische Prinzip auf den politischen Bereich, auf alle unmittelbar auf den Staat gerichteten Strukturen und Prozesse der Willensbildung und Entscheidung beschränkt; die sozial-ökonomischen Strukturen und Prozesse haben keine demokratische Legitimation und sollen auch keine haben. Privateigentümer der Produktionsmittel steuern den Wirtschaftsprozeß und die gesellschaftliche Entwicklung und – bei der Dominanz der Ökonomie – indirekt auch den politischen Prozeß. Die Vertreter der Sozialen Demokratie wollen, daß die demokratischen Prinzipien auch im sozialen und wirtschaftlichen Bereich gelten. Soziale Demokratie hat also das Ziel, die Herrschaft von Menschen über Menschen ohne Zustimmung der Herrschaftsunterworfenen allgemein zu beenden.

Die Geschichte der Arbeiterbewegung und ihrer Organisationen ist zu verstehen als steter Kampf, alle gesellschaftlichen Bereiche zu demokratisieren, d. h. die Demokratie zur sozialen Demokratie zu entfalten. So steht Soziale Demokratie insbesondere für die Theorie und Praxis der mehrheitlich *sozialreformerisch* orientierten Sozialdemokratie in der zweiten Hälfte des 19. Jh. Für sie ist Eduard Bernstein repräsentativ, der in seiner Schrift „Die Voraussetzungen des Sozialismus und die Aufgaben der Sozialdemokratie" (1899) formulierte: Die Demokratie „ist Mittel zur Erkämpfung des Sozialismus, und sie ist die Form der Verwirklichung des Sozialismus" (1973: 178; vgl. dazu den Beitrag Demokratischer Sozialismus in Bd. 2).

Nach dem I. Weltkrieg beginnt in Deutschland die Weimarer Republik nicht mit einer wirklichen, d. h. sozialen Revolution, die Arbeiterorganisationen können nur erreichen, daß in der Verfassung mit den Art. 156 und 165 die Voraussetzungen für Sozialisierung und Einrichtung von Arbeiter- und Wirtschaftsräten geschaffen wird. Die damit mögliche soziale Demokratie wird auch in der reformistischen SPD mit dem Konzept der *Wirtschaftsdemokratie* gefordert (vgl. dazu ebenfalls den Beitrag Demokratischer Sozialismus in Bd. 2). Verwirklicht wird davon nichts, im Gegenteil, die Machtübertragung an die Nationalsozialisten löst auch die politische Demokratie auf.

Nach dem II. Weltkrieg sind sich große Teile des deutschen Volkes einig, daß die kapitalistische Wirtschaftsordnung versagt hat und daß Kapitalismus und Faschismus ein Bündnis eingegangen waren (vgl. dazu den Beitrag Faschismustheorie in diesem Bd.). Ein erneuter Mißbrauch wirtschaftlicher Macht sollte durch Sozialisierung, zumindest der großen Konzerne und der Banken, und durch Mitbestimmung der Arbeitnehmer verhindert werden. Nachdem in einige Landesverfassungen Sozialisierungs*gebote* aufgenommen worden waren (z.B. Hessen Art. 41), sah das Grundgesetz nur die *Möglichkeit* der Vergesellschaftung vor (Art. 15), formulierte aber gleichzeitig den Verfassungsgrundsatz vom „demokratischen und sozialen Bundesstaat" (Art. 20) oder vom „demokratischen und sozialen Rechtsstaat" (Art. 28).

Zu diesem *Sozialstaatspostulat* gibt es zwei grundsätzlich divergierende Interpretationen (vgl. den Beitrag Staatstheorien in diesem Bd.): Konservative Staatsrechtslehrer wie Ernst Forsthoff (1902-1974), denen die herrschende Meinung folgt, erklären, daß die Formel vom Sozialstaat bloß als „Verteilerstaat" verstanden werden kann (Forsthoff 1954: 15) und daß der Rechtsstaat Vorrang vor dem Sozialstaat haben müsse, weil sonst die Freiheiten der Bürgerinnen und Bürger bedroht seien. Damit einher geht der Versuch, die „soziale Marktwirtschaft" zur allein verfassungsmäßigen Ordnung zu erklären (vgl. Nipperdey 1961), obwohl das Grundgesetz keine Entscheidung über die Wirtschaftsordnung getroffen hat (so auch das Bundesverfassungsgericht im Urteil zum Investitionshilfegesetz von 1954). Demgegenüber interpretiert Wolfgang Abendroth (1906-1985) die Art. 1, 20 und 28 GG im Zusammenhang dahingehend, daß um der Würde des Menschen willen das demokratische Prinzip in rechtsstaatlicher Weise in die Wirtschafts- und Sozialordnung projiziert werden kann und soll:

> „So kann also der Gedanke der sozialen und demokratischen Rechtsstaatlichkeit, den das Grundgesetz, gleichrangig mit dem Prinzip des Art. 1 Abs. 1 des Grundgesetzes, der die Würde des einzelnen Menschen gewährleisten soll, zum leitenden Rechtsgrundsatz seines Systems erhoben hat, nur richtig verstanden werden, wenn man in ihm den Willen erkennt, nicht nur in unmittelbarer Wirkung den Staat zur Sicherung eines Minimums an sozialen Gerechtigkeitsvorstellungen zu verpflichten, sondern gleichzeitig dem die Gesellschaft demokratisch repräsentierenden Staat die ständige

> Ausdehnung seiner gestaltenden Tätigkeit auf die Wirtschafts- und Gesellschaftsordnung zur Aufgabe zu stellen." (Abendroth 1972a: 138)

Das Sozialstaatsmodell von Hans-Hermann Hartwich folgt diesem Gedanken, wenn die Grundsätze formuliert werden, „daß die Verwirklichung von Freiheit und Gleichheit erst über die Mitbestimmung der Betroffenen und eine direkte Verantwortung des demokratisch durchstrukturierten Staates für die Weiterentwicklung von Wirtschaft und Gesellschaft" möglich ist (Hartwich 1971a: 588). Sie bedeutet für ihn konkret Sozialisierung insbesondere der Grundstoffindustrien nach Art. 15 GG, effektive Mitbestimmung der Arbeitnehmer auf allen Ebenen, „Gleichzeitigkeit" von Sozialpolitik und Wirtschaftspolitik und umfassende Demokratisierung von Wirtschaft und Gesellschaft (vgl. auch Hartwich 1971b; 1979: 344ff.). Dem sozialen Rechtsstaat (d. i. der Sozialstaat) wird in Weiterführung von Hermann Hellers Staatstheorie Vorrang vor dem liberalen Rechtsstaat eingeräumt. Die Aktivitäten des Sozialstaats, seine gerechte Gestaltung der Sozial- und Wirtschaftsordnung werden zur Voraussetzung sozialer Freiheit, die mehr ist als nur Freiheit gegenüber dem Staat.

Auch eine *normativ* orientierte Demokratietheorie geht von der Würde des Menschen aus:

> „Die Menschen sollen frei sein, d.h. ihre Person nach eigener Entscheidung bilden und entfalten können. [...] Das bedeutet: (der Mensch) darf nicht als Objekt behandelt, zum Werkzeug gemacht oder zur beliebig manipulierbaren Sache beispielsweise für politische, weltanschauliche oder ökonomische Zwecke herabgewürdigt werden. [...] Ins Politische gewendet bedeutet das, daß alle Macht und Herrschaft an der unantastbaren Würde jedes einzelnen Menschen ihre Grenzen finden muß." (Besson/Jasper 1991: 13)

Nicht nur die *staatliche* Herrschaft über Menschen, sondern auch die *private* Herrschaft über Menschen und die *private* Verwaltung von Sachen, oder die Verfolgung von wirtschaftlichen Angelegenheiten, die in der Regel die Herrschaft von Menschen über Menschen nach sich zieht, widerspricht prinzipiell der Menschenwürde, wenn sie nicht die Zustimmung der Herrschaftsbetroffenen als Legitimationsgrundlage hat. In dieser Konsequenz muß die Demokratie als *politische* Ordnung zur *Demokratie der Gesellschaft* (d.h. ihrer entscheidenden Bereiche) weiterentwickelt werden.

Der SPD-Politiker Carlo Schmid (1896-1979) nimmt diese Gedanken ernst und die Tradition der Arbeiterbewegung und seiner Partei auf, als er im 1. Bundestag 1949 sagt:

> „Demokratie ist nur dort eine lebendige Wirklichkeit, wo man bereit ist, [...] die sozialen und ökonomischen Konsequenzen aus ihren Postulaten zu ziehen. [...] Dazu gehört, daß man den Menschen herausnimmt aus der bloßen

Objektsituation – nicht nur im formalpolitischen Bereich, sondern auch und gerade dort, wo der Schwerpunkt seines Lebens liegt, nämlich im ökonomischen und sozialen Bereich. [...] Es bedingt weiter, daß man die Schlüssel- und Grundstoffindustrien in Gemeineigentum überführt. Denn Demokratie als Bestimmung der Geschicke eines Volkes durch das Volk selbst gibt es nur dort, wo die Schalthebel der Wirtschaft nicht in den Händen von Gruppen liegen, denen ihre wirtschaftliche Macht die Möglichkeit gibt, sich der demokratischen Kontrolle [...] zu entziehen." (Deutscher Bundestag, Stenographischer Bericht der 10. Sitzung, 29.9.1949)

Das (westdeutsche) Volk gibt allerdings der SPD zu Beginn der zweiten deutschen Demokratie (mit einem Stimmenanteil von 29,2% bei der 1. Bundestagswahl) keine Chance, solche politischen Ziele zu verwirklichen. In der Folgezeit zeigt sich, daß die Kräfte im Parlament und die sozialen Kräfte (vor allem die Gewerkschaften) zu schwach bleiben, um die politische Demokratie weiterzuentwickeln. Auch das Godesberger Programm von 1959, in weiten Passagen eine Konkretion der sozialen Demokratie, verhilft der SPD zu keiner Mehrheit im Bundestag. Als Willy Brandt (1913-1992) dann Kanzler einer SPD-FDP-Koalition wird, nimmt er in seiner Regierungserklärung einen neuen Anlauf und formuliert berühmt gewordene Worte:

„Wir wollen mehr Demokratie wagen [...] Mitbestimmung, Mitverantwortung in den verschiedenen Bereichen unserer Gesellschaft wird eine bewegende Kraft der kommenden Jahre sein." Und: „Wir stehen nicht am Ende unserer Demokratie, wir fangen erst richtig an." (Deutscher Bundestag, Stenographischer Bericht der 5. Sitzung, 28.10. 1969, S. 20, 34)

Für die mit dieser Proklamation einer sozialen Demokratie zu verbindende Politik der „Inneren Reformen" hat der Kanzler Brandt zu wenig Zeit, der Kanzler Schmidt zu wenig zielgerichtetes Interesse, die ökonomische Entwicklung gegen und die Liberalen als bremsenden Partner in der Koalition neben sich.

2. Demokratie in der griechischen Antike

2.1. Die Volksherrschaft im Staat der Athener

In Athen und Attika gab es im 5. und 4. Jh. v. Ch. eine *unmittelbare Demokratie*. Sie entwickelte sich nicht aus einer theoretisch-philosophischen Diskussion um die beste politische Ordnung, sondern aus den besonderen Umständen der athenischen Geschichte. Erst im 4. Jh. ist die Bedeutung einer demokratischen Verfassung in der Philosophie diskutiert und insbesondere in der aristotelischen Demokratielehre bewertet worden.

Bleicken (1995) und andere (z. B. Dahlheim 1994) haben zur athenischen Demokratie systhematisch-umfassende historische Arbeiten vorgelegt. An ihm orientiert können hier nur ihre wichtigsten Elemente skizziert werden.

An der *Volksversammlung* konnte jeder mündige (18 Jahre alte) Mann teilnehmen, der Bürger von Athen war, d. h. dessen Vater und Mutter Athener waren und der in einer Siedlung, dem *Demos*[6] „in die dort geführte Liste der politisch Berechtigten eingetragen war" (Bleicken 1995: 190). Nicht teilnehmen durften die Frauen, die Sklaven, die Metöken[7] und andere Fremde. Von den etwa 170.000 bis 200.000 erwachsenen Bewohnern Attikas während der Zeit der Demokratie besaßen 30.000 bis 50.000 die politische Berechtigung. Für sie gab es keinen Zensus: Alle Bürger waren politisch gleich, d. h. gleichberechtigt, am öffentlichen Leben – in der Volksversammlung, im Rat und in den Geschworenengerichten – teilzunehmen. Bleicken sieht in der politischen *Gleichheit* (gleichberechtigten Partizipation) „das die Demokratie konstituierende Prinzip" (ebd.: 341), dem gegenüber der „athenische Freiheitsbegriff verhältnismäßig farblos" bleibe (ebd.. 501).

> „Das Revolutionäre an der athenischen Demokratie oder, sofern man den Begriff vermeiden will, ihre Radikalität beruht auf diesem Umstand, in dem zugleich die Grundidee der Demokratie steckt: die politische Gleichheit aller Bürger, der armen wie der reichen." (Ebd.: 463)

Damit die Gleichberechtigung real werden konnte, mußten soziale Hindernisse für das Engagement in öffentlichen Angelegenheiten gemildert werden. So wurde nicht nur die Tätigkeit im Rat und in den Geschworenengerichten vergütet, sondern im 4. Jh. auch für den Besuch der Volksversammlung ein Tagegeld gezahlt.

Die Willensbildung in der Volksversammlung wurde nicht durch feste Gruppierungen, Fraktionen oder gar Parteien organisiert und präformiert. Unmittelbar konnte jeder Bürger seine Sache vertreten und für eine Mehrheit werben.

> „Der Wille des Bürgers war entscheidend, und ihn zu jeder Zeit formulieren und um seine Durchsetzung kämpfen zu können, ist eine Grundbedingung der Demokratie, die auch jedem Athener als Basis der politischen Ordnung bewußt war. Redefreiheit und das jedem gleiche Recht auf Rede sind daher gleichbedeutend mit Demokratie." (Ebd.: 200)

Diese *Redefreiheit* war aber nur eine formale Gleichberechtigung der Bürger, denn nur eine kleine Zahl von ihnen war redegewandt und redebereit. Entscheidend war die Autorität und das Charisma des Redners, der, wenn er häufig und professionell auftrat, auch Demagoge (im neutralen Sinn: „Volksführer") genannt wurde.

Die meisten Amtsträger des athenischen Staates –die Beamten mit einigen Ausnahmen, die Mitglieder des Rats der Fünfhundert und die Richter – wurden durch ein *Losverfahren* und nicht durch Ernennung oder Wahl bestellt. Die Losung unter Berücksichtigung der verschiedenen Siedlungsbezirke Attikas war ein wichtiger Ausdruck der radikalen politischen Gleichheit der Bürger und damit eine Sicherung der demokratischen Idee.

> „Man wird die athenische Demokratie nicht verstehen können, wann man nicht begreift, daß den Athenern die Ausschaltung der persönlichen Autorität wichtiger war als die Möglichkeit, ihnen erwünschte Personen zu wählen und unerwünschte abzulehnen oder abzuwählen. Die durch das Los gegebene quantitative Gleichheit hatte für sie einen höheren Rang als die Qualifikation." (Ebd.: 320f.)

Der *Rat der Fünfhundert,* dessen durch Losung bestellte Mitglieder alle Siedlungsgebiete Attikas entsprechend ihrer Bevölkerungszahl repräsentierten, war das Zentrum der Staatsorganisation, er war aber nicht das Zentrum der Macht. Seine Mitwirkung an der politischen Willensbildung war für die athenische Demokratie konstitutiv. Jede Angelegenheit, jeder Antrag, die in der Volksversammlung entschieden werden sollten, mußte erst im Rat beraten werden, der der Volksversammlung einen Vorschlag vorlegte.

> „Dem Volksbeschluß ging immer ein Ratsbeschluß voraus. [...] Das Gewicht des Rates in dem Beschlußverfahren der Volksversammlung ist selbstverständlich nicht als eine Einschränkung des Volkswillens zu verstehen, sondern macht gerade die Herrschaft des Volkes erst möglich." (Ebd.: 199)

Die Volksversammlung blieb in ihrer Entscheidungsfindung souverän: Die Vorschläge des Rates konnten während der Debatte abgeändert, ergänzt, abgelehnt oder angenommen werden. „Das Volk war demnach zu jedem Zeitpunkt und bei jeder Form der Antragstellung Herr über seinen Willen." (Ebd.: 198f.)

Neben seiner Hauptaufgabe, der Vorbereitung der Anträge für die Volksversammlung, überwachte der Rat die Ausführung ihrer Beschlüsse, kontrollierte die Beamten, verwaltete die Staatsfinanzen, beaufsichtigte die Flotte und anderes mehr. Der Rat erfüllte somit Aufgaben einer Regierung, hatte aber bei weitem nicht die politische Macht einer Regierung in modernen Demokratien, er besaß „keine vom Willen der Volksversammlung unabhängige Macht" (Dahlheim 1994: 200). Das Prinzip, daß jeder Bürger höchstens zweimal für jeweils ein Jahr, aber nicht in aufeinanderfolgenden Jahren, in den Rat gelost werden konnte, schwächte diese 'Regierung' zusätzlich. Die athenische Demokratie ist aber „gerade durch die Schwäche der Regierung (idealtypisch: durch ihr Nichtvorhandensein) und durch die Entscheidung aller Gegenstände durch alle definiert." (Bleicken 1995: 497)

Der Souverän der athenischen Demokratie trat in zwei Institutionen *unmittelbar* in Erscheinung: in der Volksversammlung und in den *Geschworenengerichten*, in die 6000 Bürger für ein jeweils Jahr gelost wurden (vgl. ebd.: 245ff.). Im Gegensatz zu den Beamten waren die Richter nicht rechenschaftspflichtig, eben weil die Vorstellung ihrer Identität mit dem Volk von Athen vorherrschend war.

> „... unter allen politischen Aktivitäten kommt der richterlichen Tätigkeit die höchste Bedeutung zu. Das Richten ist Ausdruck der politischen Macht des Bürgers und damit ein Symbol der Demokratie." (Ebd.: 251)

Wird Demokratie in ihrem Wesen als Identität von Herrschenden und Beherrschten verstanden, dann kam die athenische Demokratie in ihrer doppelten Unmittelbarkeit dieser Idee sehr nahe.

2.2. Demokratiebeschreibung bei Aristoteles

Bei der idealtypischen Einteilung der Staatsformen danach, ob viele, einige oder einer regiert, gibt es für Aristoteles im III. Buch seiner „Politik" zwei Formen der Herrschaft der Vielen: Die „Politie" ist die gute Form, denn in ihr achtet die Politik (der Menge) den allgemeinen Nutzen, das Gemeinwohl. Die „verfehlte" Form ist die extreme Demokratie wie sie sich als Volksversammlungsdemokratie unter Anführung von Demagogen ausprägt, weil diese Herrschaft vordringlich dem Nutzen der Armen dient (vgl. Aristoteles, Politik: 137f.). Etwas verwirrend nimmt Aristoteles dann Armut und Reichtum als alleiniges Kriterium zur Unterscheidung von Demokratie und Oligarchie und sieht die Zahl als zufällig an:

> „Der Punkt, in dem sich Demokratie und Oligarchie unterscheiden, ist Armut und Reichtum. Wo die Regierung auf dem Reichtum beruht, da ist es eine Oligarchie, mögen die Regierenden viele oder wenige sein, wo aber die Armen, da ist eine Demokratie, und es kann sich [...] zufällig ereignen, daß die einen zahlreich und die anderen wenige sind." (Ebd.: 139)

Demokratie könnte somit nach Aristoteles als Herrschaft der Armen bezeichnet werden. Das Urteil über diese Herrschaftsform fällt in diesem Buch seines Werks negativ aus. Er folgt damit seinem Lehrer Platon, der in seiner Schrift „Der Staat" die Demokratie auch unter die Staatsformen des Verfalls einordnet.

In einem zweiten Ansatz bestimmt Aristoteles Freiheit, Gleichheit und Mehrheit als Grundelemente der Demokratie, um dann wichtige Verfahren zur Realisierung der Volksherrschaft zu beschreiben. Er bewegt sich damit so nahe an der Praxis der unmittelbaren athenischen Demokratie, so daß das folgende lange Zitat im Zusammenhang dieses Kapitels keiner weiteren Erläuterungen bedarf.

> „Grundlage der demokratischen Staatsform ist die Freiheit; man pflegt nämlich zu behaupten, daß die Menschen nur in dieser Staatsform an der Freiheit teilhaben, und man sagt, daß danach jede Demokratie strebt. Zu Freiheit gehört aber erstens, daß man abwechselnd regiert und regiert wird. Denn die demokratische Gerechtigkeit besteht darin, daß man nicht die Würde , sondern der Zahl nach die Gleichheit walten läßt; und wo diese Gerechtigkeit herrscht, da muß die Menge Herr sein, und was der Mehrzahl recht scheint, das muß das Gültige und das Gerechte sein. Man sagt nämlich, es sei gerecht, daß jeder Bürger das Gleiche habe. So sind denn in der Demokratie die Armen mächtiger als die Reichen. Denn sie sind zahlreicher, und maßgebend ist die Meinung der Mehrzahl. Dies ist also das eine Zeichen der Demokratie, das alle Demokraten für diese Verfassungsform angeben. Ein anderes ist, daß man leben kann wie man will. Sie sagen, dies eben sei die Leistung der Demokratie; denn nicht zu leben, wie man wolle, sei charakteristisch für Sklaven. Das ist also die zweite Eigenschaft der Demokratie. Von da her kommt denn, daß man sich nicht regieren läßt, am besten von überhaupt niemanden, oder dann doch nur abwechslungsweise. Auch dies trägt also zur Freiheit im Sinne der Gleichheit bei.
> Da nun dies vorausgesetzt wird [...], so ergibt sich das Folgende als demokratisch: alle Ämter werden aus allen besetzt, alle herrschen über jeden und jeder abwechslungsweise über alle. Ferner werden die Ämter durch Los besetzt, entweder alle oder doch jene, die nicht der Erfahrung und Kenntnisse bedürfen. Von der Vermögenseinschätzung hängen die Ämter überhaupt nicht oder nur zu einem minimalen Grade ab. Keiner kann ein Amt zweimal bekleiden, oder es darf nur wenige Male in wenigen Fällen geschehen [...] Die Ämter sind alle kurzfristig, oder doch alle, bei denen es möglich ist. Richter sind alle und können aus allen entnommen werden und richten über alles oder doch über das meiste [...] Die Volksversammlung entscheidet über alles, die Behörden dagegen über nichts oder nur ganz weniges." (Ebd.: 248-250)

Die athenische Demokratie, eine unmittelbare Herrschaft des Volkes in radikaler Gleichheit aller Bürger, und die aristotelische Demokratielehre waren Ausgangspunkt für die spätere Theorie. Auch Rousseau hatte ein Bild: „Bei den Griechen erledigte das Volk alle seine Angelegenheiten selbst ..." (Contrat social, III. Buch). Seine Theorie ist eine Erneuerung des klassischen Demokratiebegriffs.

3. Gemeinwille und direkte Demokratie bei Rousseau

3.1. Der contrat social und die soziale Freiheit

Die *Freiheit* ist für das politische System, das Jean-Jacques Rousseau (1712-1778) insbesondere in seinem Werk „Contrat social" (1762) entwarf und für die darin eingebettete Demokratietheorie der „Grund- und Eckstein“ (Kelsen 1981: 6). Die Freiheit, das wesentliche Charakteristikum des Menschen, die „einzige ursprüngliche differentia specifica des Menschengeschlechts“ (Fetscher 1960: 48) gegenüber den Tieren, kann dieser nicht aufgeben und sich einem absoluten Herrn unterordnen, denn: „Auf seine Freiheit verzichten heißt, auf seine Würde als Mensch [...] verzichten.“ (C.s. I, 4)[6] Wenn sich die Individuen vergesellschaften, sich zu einem „politischen Körper“ zusammenschließen, dann kann das für Rousseau nicht, wie bei Hobbes (vgl. den Beitrag Liberalismus in diesem Bd.), durch bedingungslose Unterwerfung geschehen:

> „Man wird sagen, der Despot sichere seinen Untertanen die Bürgerruhe. [...] Was gewinnen sie dabei, wenn diese Ruhe selbst eine ihrer Nöte ist? Auch in den Gefängnissen lebt man ruhig: fühlt man sich schon deshalb darin wohl?“ (C.s. I, 4)

Ein Staat in der Form des ‘Leviathan’ kann also nicht die Lösung sein. Er gibt zwar die Sicherheit, nimmt aber zugleich die Freiheit. Rousseau stellt sich die schwierige Aufgabe, eine Sozialkonstruktion, einen contrat social zu finden, in der die Sicherheit von Person und Eigentum *und* die Freiheit aller gewährleistet ist:

> „’Es ist eine Form der Vergesellschaftung [association] zu finden, die mit der gesamten gemeinsamen Kraft die Person und die Habe jedes Teilhabers verteidigt und beschützt. In ihr soll sich jeder mit allen vereinigen und dennoch nur sich selbst gehorchen und ebenso frei bleiben wie zuvor.’ So lautet das Grundproblem, dessen Lösung der Gesellschaftsvertrag darstellt.“
> Erreichen will Rousseau dieses Ziel durch „die totale Übereignung [l’aliénation totale] jedes Teilhabers mit all seinen Rechten an die gesamte Gemeinschaft. Denn wenn jeder sich vollkommen hingibt, ist erstens die Lage für alle die gleiche, und wenn die Lage für alle die gleiche ist, hat keiner ein Interesse daran, sie den anderen beschwerlich zu machen. Da überdies die Übereignung ohne Vorbehalt geschieht, ist die Vereinigung so vollkommen, wie sie sein kann. [...] Wenn sich jeder an alle übergibt, übergibt er sich letzten Endes an niemand. Da man über keinen Teilhaber ein anderes Recht erlangt, als man ihm selbst einräumt, gewinnt man den Gegenwert für alles, was man verliert, und ein Mehr an Kraft zur Erhaltung dessen, was man hat. Wenn man also vom Gesellschaftspakt beiseite läßt, was nicht sein Wesen betrifft, wird man finden, daß er auf folgende Begriffe zurückzuführen ist: *Jeder von uns unterstellt der Gemeinschaft seine Person und alles, was sein ist, unter der höchsten Leitung des Gemeinwillens [suprême direction de la volonté générale]; und wir als Körperschaft empfangen jedes Mitglied als vom Ganzen unabtrennbaren Teil.*“ (C.s. I, 6; Hervorhebung im Text)

Durch die „totale Übereignung“ wird aus den Individuen die Gemeinschaft, ein „moralischer und kollektiver Körper“, aus Anarchie wird ein Staat (cité, Republik). Zwar gibt jeder Einzelne sein natürliches, sein unbegrenztes, sein anarchisches Wollen auf und unterwirft sich der souveränen Gemeinschaft und deren Gesetzen, wird also ein Untertan. Weil er aber zugleich Mitglied des souveränen Körpers ist, gibt er sich die Gesetze, die er einhalten muß, *selbst* und bleibt damit frei wie zuvor. Die absolute Unabhängigkeit im Naturzustand wandelt sich in die neue Freiheit im Gesellschaftszustand. Der contrat social hebt die un-soziale, vorstaatliche Freiheit auf ein höheres, ein soziales und politisches Niveau:

> „Was der Mensch durch den Gesellschaftsvertrag verliert, ist nämlich seine natürliche Freiheit sowie ein unbeschränktes Recht auf alles, was ihn lockt und was er erlangen kann. Was er gewinnt, ist nämlich die gesellschaftliche Freiheit und das Eigentum über alles, was er besitzt. Um diese Entschädigungen nicht zu übersehen, muß man gut unterscheiden zwischen der natürlichen Freiheit, die ihre Grenze nur an den Kräften des Individuums findet, und der gesellschaftlichen Freiheit, die durch den Gemeinwillen eingeschränkt ist ..." (C.s. I, 8)
>
> In seiner Erziehungsschrift „Emile", wo er die Dinge, die der Einzelne beim Gesellschaftspakt an die Gemeinschaft übergibt, vollständiger beschreibt – „seine Güter, seine Person, sein Leben und seine ganze Kraft" (Rousseau [1762] 1963: 546) –, bezeichnet Rousseau den contrat social als einen Kunstgriff [artifice], insofern „das Volk ihn nur mit sich selbst abschließt, d.h. als Volkskörper [souverain] mit den einzelnen als Untertanen." Ein solches Verhältnis allein macht „Bindungen und Pflichten rechtmäßig, vernünftig und gefahrlos, die ohne dies widersinnig, tyrannisch und Gegenstand ungeheuerlichen Mißbrauchs wären." (Ebd.: 547f.)

Wenn „Gehorsam gegen das Gesetz, das man sich vorgeschrieben gegeben hat, Freiheit (ist)" (C.s. I, 8) – ähnlich formuliert Kant: Freiheit „ist die Befugniß, keinen äußeren Gesetzen zu gehorchen, als zu denen ich meine Beistimmung habe geben können"[8] –, dann kann aber der Mensch auch nicht „die Rechte des Staatsbürgers genießen, ohne die Pflichten des Untertans erfüllen zu wollen". Damit der „Ruin des Staatskörpers" verhindert wird, darf der contrat social keine „leere Formalität" sein. Die Konsequenz:

> „Wer immer dem Gemeinwillen den Gehorsam verweigert, wird von der Gemeinschaft dazu gezwungen. Das bedeutet nichts anderes, als daß man ihn zwingen wird, frei zu sein." (Zitate: C.s. I, 7).

Ausgehend von dem berühmten Eingangssatz des 1. Kapitels des 1. Buches – „Der Mensch ist frei geboren und überall liegt er in Ketten" – könnte ein Mißverständnis dahingehend entstehen, daß Rousseau in seiner Lehre die Ketten als Symbol von Herrschaft verschwinden lassen will, also grundsätzlich Herrschaftslosigkeit (an-archia) anstrebt. Das Thema des „Contrat social" ist aber „nicht die Aufhebung der

'Ketten', sondern ihre Legitimierung. Oder anders ausgedrückt, die Suche nach einer politischen Struktur, die die im Gesellschaftszustand unentbehrliche 'Herrschaft' zugleich gerecht und zweckmäßig gestaltet" (Fetscher 1960: 92).

3.2. Die Identität der Regierenden und Regierten

Die ideale Legitimierung der Herrschaft des Volkes ist es, wenn sie sich als Selbstregierung verwirklichen kann. In Rousseaus Modell ist dies angelegt, denn jeder „Assoziierte" ist Souverän (d. h. Mitglied der souveränen Volksversammlung) *und* Untertan, der den Gesetzen zu gehorchen hat. Dafür muß die Souveränität des Volkes unübertragbar und unteilbar sein; eine Repräsentation des Volkes durch Volksvertreter und die Gesetzgebung durch diese (in einem Parlament) kann es nicht geben, denn, so apodiktisch von Rousseau formuliert, „vom Augenblick an, in dem sich ein Volk Abgeordnete gibt, ist es nicht mehr frei; es ist überhaupt nicht mehr." (C.s. III,15) Drei Thesen Rousseaus gehören hierher und zusammen:

> „Daß die Souveränität unveräußerlich ist [...] Da die Souveränität lediglich die Ausübung des Gemeinwillens ist, kann sie nie übereignet werden, und das Souverän, das bloß ein Gruppenwesen ist, kann bloß von sich selber repräsentiert werden, kann nur sein eigener Vertreter sein." (C.s. II, 1)
>
> 1. „Die Souveränität kann nicht stellvertretend ausgeübt werden, und zwar aus demselben Grund, aus dem sie nicht übereignet werden kann. Sie besteht wesensmäßig in dem Gemeinwillen, und der Wille ist unvertretbar; er ist er selbst oder er ist ein anderer. Ein Mittleres gibt es nicht. Die Abgeordneten des Volkes sind also weder seine Stellvertreter noch können sie es sein. Sie sind nur seine Beauftragten; sie können nichts endgültig beschließen. Jedes Gesetz, das das Volk nicht in Person ratifiziert hat, ist nichtig; es ist kein Gesetz. Das englische Volk glaubt frei zu sein; es täuscht sich gar sehr. Es ist nur während der Wahlen der Parlamentsmitglieder frei; sobald sie gewählt sind, ist es Sklave, ist es nichts." (C.s. III, 15)
> 2. „Daß die Souveränität unteilbar ist. Die Souveränität ist aus demselben Grund, aus dem sie unveräußerlich ist, auch unteilbar. Denn der Gemeinwille ist gemeinsam, oder er ist es nicht." (C.s. II, 2)

Verwirklicht das Volk als Souverän in seiner gesetzgebenden Gewalt stets von neuem den Gemeinwillen, dann kann eine Regierung als vollziehende Gewalt nur Diener des Souverän sein, eben ein Vollzugsorgan. Sie ist „eine vermittelnde Körperschaft" zwischen den Untertanen und dem Souverän, jederzeit abberufbar und rechenschaftspflichtig und mit der Ausführung der Gesetze und der Aufrechterhaltung der Freiheit beauftragt. Die Regierung erhält von dem Volk, dem Souverän, die Befehle (die Gesetze), die sie dann dem Volk als den vielen Einzelnen gibt. Aus diesem grundlegenden Prinzip der Rouseauschen Demokratie, der *Identität der Regierenden und*

Regierten, folgt: Es kann nur eine direkte Demokratie als Volksversammlungsherrschaft geben, die eine Gewaltenteilung im Sinne Montesquieus nicht kennt.

> „Wer das Gesetz gibt, weiß besser als sonst jemand, wie es durchgeführt und ausgelegt werden soll. Man scheint sich also keine bessere Verfassung denken zu können, als die, in der die exekutive Gewalt mit der legislativen verbunden ist." (C.s. III, 4)

Wenn nach dem Identitätsprinzip das den Gesetzen unterworfene Volk selbst die Gesetze beschließen muß, so hat Rousseau aber Bedenken, ob das Volk intellektuell in der Lage ist, die Gesetze auch selbst *inhaltlich* zu entwerfen:

> „Wie vermöchte eine blinde Menge, die meist nicht weiß, was sie will, weil sie selten weiß, was gut für sie ist, eine so große, so schwierige Unternehmung wie ein System der Gesetzgebung von sich aus durchführen? Von sich aus will das Volk immer das Gute. Von sich aus sieht es das aber nicht immer. Der Gemeinwille hat immer recht, aber das Urteilsvermögen, das ihn lenkt, ist nicht immer erleuchtet. Man muß ihm die Dinge so vor Augen stellen, wie sie sind, manchmal wie sie ihm erscheinen sollen. Man muß ihm den guten Weg, den er sucht, zeigen ..." (C.s. II, 6)

Das Volk braucht also einen Führer oder Lehrer oder Aufklärer, „der es erst zum Bewußtsein des Gemeinwillens führt und – im strengen Wortsinn – damit erst das Volk zum Volke macht" (Fetscher 1960: 136). Dann erst kann es als Souverän den entworfenen Gesetzen Gesetzeskraft verleihen. Die außergewöhnlichen Eigenschaften, die dieser Schöpfer der Gesetze besitzen muß, läßt Rousseau nach übermenschlichen, transzendentalen Kräften rufen:

> „Um die den Nationen am besten entsprechenden Gesellschaftsordnungen zu entdecken, bedürfte es einer überlegenen Intelligenz, die alle Leidenschaften der Menschen sähe und keiner unterläge, keinerlei Verbindung mit unserer Natur hätte und sie von Grund auf kennte, deren Glück von uns unabhängig wäre und die sich dennoch sehr mit dem unsern befassen wollte. [...] Götter müßten den Menschen Gesetze geben." (C.s. I, 7)

Wie soll dem Gesetzes*entwerfer*, dem die Autorität des Souveräns fehlt, der keine reale politische Macht einsetzen kann und der nicht am Gesetzes*beschluß* mitwirken darf, sein großes Werk gelingen, zumal er mit der egoistischen Kurzsichtigkeit des Volkes rechnen muß und rationale Argumente nicht überzeugen? Rousseau sieht die Notwendigkeit, daß auf eine höhere Autorität zurückgegriffen und die unvernünftigen Menschen mit Hilfe der *Religion* überredet werden müssen:

> „Jedes Individuum schätzt keinen anderen Regierungsentwurf als den, der sich auf sein Einzelinteresse bezieht, und bemerkt daher schwerlich die

> Vorteile, die es von den ständigen Entbehrungen erhalten soll, welche die guten Gesetze auferlegen. [...] Dies eben zwang zu allen Zeiten die Väter der Völker auf die Eingebung des Himmels zurückzugreifen und die Götter mit ihrer eigenen Weisheit zu beehren, damit sich die Völker den Gesetzen des Staates genau wie denen der Natur unterwerfen ..." (Ebd.)

Fetscher merkt an, daß hier irdische Probleme in eine Götterwelt projiziert werden, um dann mit religiösen Gefühlen politische Zwecke verfolgen zu können – eine Ideologie wird fabriziert und benutzt. Rousseau – „der bedeutendste Theoretiker der Demokratie" (Kelsen 1981: 6), ein „Apostel der Demokratie" (Friedrich 1953: 638) – werfe einen „höchst bedenklichen Gesichtspunkt in die Debatte" (Fetscher 1960: 143).

3.3. Der volonté générale

Wie das Volk als être moral et collectif nicht identisch ist mit der Summe der Individuen, sondern durch den permanenten Willen der Staatsbürger zur Einheit konstituiert wird, also kein reales, sondern ein ideelles-moralisches Wesen ist, so ist auch der *Gemeinwille* (volonté générale) nicht mit dem *Gesamtwillen* [volonté de tous] identisch. Um den volonté générale, der „jederzeit nach dem Gemeinwohl strebt" (C.s. II, 3) *in* der Gemeinschaft zu finden, will Rousseau jeden citoyen zur Äußerung seines Willens aufrufen. Diese in einer Abstimmung gesammelten vielen Sonderwillen (volontés particulières) sind aber nicht einfach mit der volonté générale gleichzusetzen.

> „Oft besteht ein großer Unterschied zwischen dem Gesamtwillen [volonté de tous] und dem Gemeinwillen [volonté générale]: dieser blickt nur auf das gemeinsame Interesse, jener blickt nur auf das private Interesse und stellt nur eine Summe von Sonderinteressen dar. Subtrahiert man von diesen nämlichen Willensentscheidungen das mehr oder Weniger, das sich gegenseitig aufhebt, so bleibt als Summe, nach Abzug der Abweichungen, der Gemeinwille übrig." (Ebd.)

Damit sich in diesem „Läuterungsprozeß" (Fetscher 1960: 122) die entgegengesetzten Partikularinteressen aufheben und zur volonté générale integrieren können, sind eine Reihe von Annahmen bzw. Voraussetzungen erforderlich:

1. Der Wille eines jeden citoyen muß eine Mischung von Partikularinteresse/-wille und Allgemeininteresse/Gemeinwille sein. Mindestens eine Mehrheit muß über die öffentlichen Angelegenheiten hinreichend informiert und über den Sinn des contrat social aufgeklärt sein, genügend Tugend [vertu] und auch patriotische Gesinnung besitzen, um stets dem Allgemeininteresse gegenüber dem Sonderinteresse den Vorzug zu geben.

2. Die Staatsbürger müssen ihre Meinung frei äußern können und dürfen deshalb auch untereinander keinerlei (enge) Verbindungen etwa in Cliquen/Gruppen [brigue] haben; erst recht dürfen ihre Willen nicht durch Parteiungen mediatisiert werden. Der Wille eines solchen „Sonderverbandes auf Kosten des großen Verbandes" sei nämlich „in bezug auf seine Mitglieder ein Gemeinwille und in bezug auf den Staat ein Sonderwille" (C.s. II, 3). Sollte es doch wie 'Parteien' geben, so sei ihre Zahl zu vervielfachen.
3. Der Gemeinwille ist zwar unzerstörbar – „er ist immer gleichbleibend, unveränderlich und rein" (C.s. IV, 1), eben weil er ein *postulierter*, zum Wesen einer politischen Gemeinschaft gehörender Wille ist –, aber er wird sich nur herausbilden, wenn „Eintracht in den Versammlungen herrscht" (C.s. IV, 2), die volontés particulères nicht den volonté générale überschäumen. Wenn „das schmählichste Interesse sich schamlos mit dem geheiligten Namen des Gemeinwohls schmückt, dann bleibt zu guter Letzt der Gemeinwille stumm." (C.s. IV, 1) Rousseau ist kein Freund langer Debatten über Meinungsverschiedenheiten; solche „Zwistigkeiten" und „Tumulte" zeigen ihm „den Anstieg der Sonderinteressen und den Abstieg des Staates an." (C.s. IV, 3)
4. Freiheit kann ohne *Gleichheit* nicht bestehen (vgl. C.s. II, 11). „Gerade weil die Macht der Dinge immer nach der Unterhöhlung der Gleichheit strebt, soll die Macht der Gesetzgebung immer nach ihrer Bewahrung streben" (ebd.), d.h.. darauf achten, daß die Gegensätze zwischen den Privatinteressen, die in der Regel auf Besitzunterschieden beruhen, nicht zu groß werden, daß also „alle einiges haben und keiner von ihnen zuviel hat" (C.s. I, 9). Für eine auf Freiheit und Gleichheit ruhende und zugleich durch den Gemeinwillen sich verwirklichende demokratische Republik wäre eine relativ homogene kleinbürgerlich-kleinbäuerliche Bevölkerung, eine Gesellschaft autonomer Kleinproduzenten, die ideale soziale Basis gewesen. Gegenüber der ökonomischen Weiterentwicklung der bürgerlichen Gesellschaft, auf die die zeitgenössische ökonomische Theorie der *Physiokraten* mit ihrer Erklärung des Übergangs vom Feudalsystem zur kapitalistischen Gesellschaft angemessen reagierte, war die bei Rousseau nur in Umrissen vorhandene Sozial- und Eigentumsordnung eine *konservativ* Idee.

Rousseau glaubt nicht, daß seine Demokratie, seine Volksversammlungsherrschaft, also die *ideale* Identität der Regierenden und Regierten mit umfassender Herausbildung der volonté générale, „auf Erden" erreicht werden kann:

> „Nimmt man den Ausdruck in der Strenge des Sinnes, so hat niemals eine wahrhaftige Demokratie existiert und wird niemals existieren. Es ist gegen die natürliche Ordnung, daß die große Zahl regiere und die kleine regiert werde. Man kann sich nicht vorstellen, daß das Volk ununterbrochen versammelt bleibt, um den Staatsangelegenheiten nachzugehen." (C.s. III, 4)

Nicht zufällig zitiert Robert Michels (1876-1936) in seinem Klassiker der Parteiensoziologie (1957: 369) diese Sätze von Rousseau. Stellt er doch aufgrund seiner Untersuchung der Massenpartei SPD – und gerade dieser, die angetreten war, sogar soziale Demokratie zu verwirklichen – eine „historische Notwendigkeit der Oligarchie" (ebd.), ein „ehernes Gesetz der Oligarchie" (ebd.: 351) fest. Die Parteiensoziologie hat im übrigen bis heute noch keine grundlegend anderen Einsichten gewonnen (vgl. z. B. Greven 1977; Röhrich 1991).

Zu den oben angeführten Voraussetzungen für direkte Volksherrschaft und für einen volonté générale, der nicht stumm bleibt, fügt Rousseau noch weitere Bedingungen hinzu (vgl. C.s. III, 4):

- Ein „sehr kleiner Staat", in dem das Volk sich leicht und häufig versammeln kann und jeder jeden kennt bzw. kennenlernen kann;
- eine „große Gleichheit" im gesellschaftlichen Rang und im Vermögen der Staatsbürger, da sonst die gleichen Rechte gefährdet sind;
- wenig oder kein Luxus; „er verdirbt den Reichen und den Armen zugleich, den einen durch den Besitz, den anderen durch die Habsucht";
- wachsame, mutige und beständige Staatsbürger, die bereit sind, für die demokratische Republik, die mehr als andere Regierungsformen durch „Bürgerkriege und innere Erregungen" gefährdet sei, einzustehen.

Mit vielen Annahmen, Voraussetzungen und Bedingungen zu seinem Demokratiemodell schließt Rousseau skeptisch oder, wie Fetscher meint (1960: 156), auch spöttisch: „Wenn es ein Volk von Göttern gäbe, würde es sich demokratisch regieren. Den Menschen entspricht so eine vollkommene Regierung nicht." (C.s. III, 4)

Die Gesellschaft mit Demokratie und Freiheit und Gleichheit aller konstituiert sich bei Rousseau durch die „totale Übereignung jedes Teilhabers mit all seinen Rechten an die gesamte Gemeinschaft" (C.s. I, 6). Das Volk ist in seiner gewaltenvereinigenden Selbstherrschaft souverän in der Fortbildung der Verfassung (d. i. der ursprünglich einstimmig beschlossene Gesellschaftsvertrag) und in der Gesetzgebung für alle politisch-sozialen Bereiche. Diese unbeschränkbare Volkssouveränität kennt konsequenterweise keine (vorstaatlichen) Grundrechte, die öffentliche Gewalt begrenzen (vgl. dazu Maier 1968) und zugleich Demokratie inhaltlich bestimmen. Demokratie bleibt dann wesentlich Mehrheitsherrschaft, die sich als volonté générale allerdings am Gemeinwohl orientieren soll. Damit propagiert dieses Modell zwar kein absolutistisches oder totalitäres System, aber ohne einklagbare Grundrechte ist die hohe „gesellschaftliche Freiheit", die das Individuum erfahren soll und die allein dem Gesellschaftsvertrag Sinn gibt, nicht gesichert (s. oben 1.2.).

4. Proletarisch-revolutionäre Demokratie – Rätedemokratie

4.1. Das Vorbild: Die Pariser Kommune

Der Aufstand der proletarischen und kleinbürgerlichen Massen von Paris im März-Mai 1873, genannt *Kommune*, ist eine politische Revolution (vgl. Haupt/Hansen 1979: 110ff.), in ihrer unmittelbaren Auswirkung lokal und zeitlich begrenzt, aber in ihrer anhaltenden geistig-politischen Ausstrahlung auf die europäische Arbeiterbewegung, auf Anarchisten, Syndikalisten, Sozialdemokraten, Marxisten, Leninisten und zuletzt Maoisten von nicht zu unterschätzender Bedeutung (vgl. Grützner 1963, Meschkat 1965). Als Modell für eine proletarische, eine revolutionäre Demokratie wird die Wirklichkeit der Pariser Kommune überhöht, verklärt, wird zum Mythos, aber auch zum Streitpunkt über die 'richtige' sozialistische Strategie für eine erfolgreiche Revolution.

Der demokratietheoretische Bezug ergibt sich weniger aus den Ursachen und dem realen Verlauf der Kommune bis zur Blutwoche des Mai 1871 (vgl. Lissagaray 1956), sondern aus der Aufarbeitung und Deutung durch Theoretiker und Führer der Arbeiterbewegung, allen voran *Karl Marx* (1818-1883) mit seiner Schrift „Der Bürgerkrieg in Frankreich", die zwei Tage nach der Niederlage der Kommunarden veröffentlicht wird.[9]

Die soziale Basis der Kommune bilden Kleinbürger (Angestellte, Kleinhändler, freie Berufe), mehrheitlich aber Arbeiter, wobei hier nicht die Industriearbeiter im späteren und heutigen Sinne gemeint sind. Die soziale Lage der Kleinbürger unterscheidet sich aber nicht von der der Arbeiter. Es ist „eine Arbeiterklasse, die sich in ihrer Mehrheit noch nicht aus dem prägenden Rahmen des Kleinbetriebes mit seiner handwerklichen Qualifikation gelöst hatte." (Haupt/Hansen 1979: 125) Wenn so ein proletarischer Charakter für die Masse der Kommunarden festgestellt wird, so gilt dies nicht für die Offiziere und Unteroffiziere der Nationalgarde und auch nicht für die Mitglieder des Kommune-Rates; hier stellen Intellektuelle und Kleinbürger den größeren Anteil (ebd.: 126). Die Kommune hat in der Führung kein anderes Sozialprofil als später die Arbeiterbewegung.

Leicht stilisierend hebt Marx auf das Wesen, auf das „wahre Geheimnis" der Kommune ab:

> „Sie war wesentlich eine *Regierung der Arbeiterklasse*, das Resultat des Kampfs der hervorbringenden gegen die aneignende Klasse, die endlich entdeckte politische Form, unter der die ökonomische Befreiung der Arbeit sich vollziehen konnte." (Marx [1871] 1973a: 342; Hervorhebung von Marx)

Kann man so idealtypisch bei der Kommune von einer – der ersten – *Revolution der Proletarier* und von einer „Selbstregierung der Produzenten" (ebd.: 339) sprechen, so ist sie nur im Ansatz eine *proletarische* Revolution.[10] Zu kurz ist die Zeit, zu bedrückend sind die Verhältnisse in der von den Deutschen belagerten und von den Truppen der Regierung Thiers von Versailles her bedrängten Stadt, zu groß ist die Alltagsnot und zu bedeutend sind die kleinbürgerlichen Kräfte, mit denen Kompromisse gesucht werden müssen, als daß die in der Kommune dominierende Linke – in viele Richtungen auseinanderfallend – planmäßig-konsequent proletarische Ziele verfolgen kann.

Für die damalige Situation sind die sozial-ökonomischen Dekrete der Kommune revolutionär, „obgleich sie außer ihrer Tendenz nichts Sozialistisches enthalten" (Marx [1871] 1973b: 556). Sie besitzen „in erster Linie eine 'sozial-reformistische' Ausprägung" (Peters 1997: 160).[11] Zwanzig Jahre später beharrt Engels auf dem „entschieden proletarischen Charakter" der Beschlüsse, die „direkt im Interesse der Arbeiterklasse und teilweise tiefeinschneidend in die alte Gesellschaftsordnung" gewesen seien (Engels [1891] 1973: 620). Dies überhöhend wird im Vorwort zur Kommune-Geschichte von Lissagaray, 1956 in der DDR neu ediert, sogar vom „eindeutig kommunistischen Charakter" bestimmter Dekrete gesprochen (Lissagaray 1956: XI).

Marx selbst schwankt zwischen nüchterner Gegenwartsbeschreibung und emphatisch-provokativer Zielbestimmung:

> „Die größte Maßregel der Kommune ist ihr eigenes Dasein, ihr Arbeiten und Handeln unter unerhört schwierigen Umständen! Die von der Kommune gehißte Fahne krönt in Wirklichkeit nur die Regierung der Arbeiter von Paris! Sie haben als Ziel klar und bewußt die Emanzipation der Arbeit und die Umgestaltung der Gesellschaft proklamiert! Aber der wirklich 'soziale' Charakter ihrer Republik besteht nur darin, daß Arbeiter die Pariser Kommune regieren!" (Marx [1871] 1973b: 556)
>
> „... die Kommune wollte jenes Klasseneigentum abschaffen, das die Arbeit der vielen in den Reichtum der wenigen verwandelt. Sie beabsichtigte die Enteignung der Enteigner. Sie wollte das individuelle Eigentum zu einer Wahrheit machen, indem sie die Produktionsmittel, den Erdboden und das Kapital, jetzt vor allem die Mittel zur Knechtung und Ausbeutung der Ar-

beit, in bloße Werkzeuge der freien und assoziierten Arbeit verwandelte." (Marx [1871] 1973a: 342)

Die Diskussionen im Kommune-Rat verlaufen nicht in Richtung einer radikalen Expropriation, sondern vorherrschend ist der Interessenausgleich zwischen Proletariern, Kleinbürgern und Bürgern; wenn auch im Konfliktfalle mehr zugunsten von Arbeiterinteressen entschieden wird, so wird auch dem Kleinkapitalisten Schutz gewährt. Die „Originalität der Kommune" kann darin gesehen werden, daß sie zwar den Immobilienbesitz, den privatkapitalistisch bestimmten Handel, ja die ganze bürgerliche Eigentumsordnung grundsätzlich nicht antastete, „daß sie aber die Freiheit des Kapitalisten, seine Arbeiter auszubeuten, an markanten Punkten sehr wohl eingrenzte." (Haupt/Hansen 1979: 149/150) Von hoher symbolischer Bedeutung in diesem Zusammenhang ist der Verzicht der Kommune, sich der Bank von Frankreich zu bemächtigen – nicht nur nach Engels Einschätzung „ein schwerer Fehler. Die Bank in den Händen der Kommune – das war mehr wert als zehntausend Geiseln." (Engels [1891] 1973: 622)

Selbstregierung des Volkes ist zunächst Selbstverwaltung der Kommunen, was für Marx etwas ganz anderes ist, als die 'Selbstverwaltung' in englischen Städten und Grafschaften durch eine Oligarchie der Besitzenden. In seinem Kommunemodell ist es „das Volk, das selbst und für sich selbst handelt." (Marx [1871] 1973b: 520) Sucht man nach einer demokratischen Gemeinsamkeit in den Zielen der kleinbürgerlichen und proletarischen Kommunarden, dann ist es eben die Forderung nach „unbedingter Selbstverwaltung der Kommunen in allen Orten Frankreichs", dies ein Kernsatz der von der Kommune mit wenig Leidenschaft diskutierten und beschlossenen „Proklamation an das französische Volk" (Lissagaray 1956: 171).

Im revolutionären Paris, in dem nach Abzug der durch eine konservativ-monarchische Mehrheit getragenen Regierung Thiers das Zentralkomitee der Nationalgarde die politische Macht besitzt, ist die Selbstverwaltung in Form des Räteprinzips zuerst bei der Nationalgarde in Form der *Föderation* aller Bataillone Praxis geworden: Delegierte der Kompanien bestimmen die Delegierten der Bataillone und diese wiederum die Hauptdelegierten, die das Zentralkomitee der Nationalgarde bilden. „Niemals waren Wahlen exakter, niemals haben Delegierte wahrhaftiger die Massen vertreten, aus denen sie hervorgegangen waren." (Marx [1871] 1973b: 538) Die Selbstorganisation der Nationalgarde gehört für Marx zur Demokratieform der Kommune ganz wesentlich dazu.

Die Nationalgarde hält die Macht nicht fest; die Stadtrepublik von Paris bekommt bald die Chance, ihre demokratische Legitimation durch allgemeine, d.h. keinen Bürger ausschließende Wahlen zu einem Kommunalrat zu erhalten, an denen sich fast die Hälfte der eingetragenen Wähler beteiligt,[12] und in denen die revolutionäre Linke einen eindeutigen Sieg erringt. In den immer wieder zitierten Worten von Marx:

> „Die Kommune (d.h. der Kommunerat, F.N.) bildete sich aus den durch allgemeines Stimmrecht in den verschiedenen Bezirken von Paris gewählten Stadträten. Sie waren verantwortlich und jederzeit absetzbar. Ihre Mehrzahl bestand selbstredend aus Arbeitern oder anerkannten Vertretern der Arbeiterklasse. Die Kommune sollte nicht eine parlamentarische, sondern eine arbeitende Körperschaft sein, vollziehend und gesetzgebend zu gleicher Zeit." (Marx [1871] 1973a: 339)

Für die von Marx skizzierte Kommune-Demokratie sind noch folgende Prinzipien wichtig: Abschaffung des stehenden Heeres; nur die Nationalgarde, der alle wehrfähigen Bürger angehören, ist als bewaffnete Macht zugelassen; Umwandlung der Polizei und aller Beamten – auch die richterlichen Beamten verlieren ihre „scheinbare Unabhängigkeit" – in ein jederzeit absetzbares „Werkzeug der Kommune" (ebd.), denn „die Arbeiterklasse kann nicht die fertige Staatsmaschine einfach in Besitz nehmen und diese für ihren eignen Zweck in Bewegung setzen. Das politische Werkzeug ihrer Versklavung kann nicht als politisches Werkzeug ihrer Befreiung dienen." (Marx [1871] 1973c: 592); schließlich Trennung von Kirche und Staat und damit Zurückdrängen des Einflusses der Kirche auf die Politik; Verbannung religiöser Symbole und Gebete aus den Schulen.

Was Marx staatstheoretisch als Strukturbedingung der bürgerlichen Gesellschaft herausarbeitet, nämlich ihre „Verdoppelung" im Staat (vgl. dazu den Beitrag Staatstheorien in diesem Bd.), sah er mit der Kommune fundamental aufgehoben:

> „Die Kommune war eine Revolution gegen den *Staat* selbst, gegen diese übernatürliche Fehlgeburt der Gesellschaft; sie war eine Rücknahme des eignen gesellschaftlichen Lebens des Volkes durch das Volk und für das Volk. [...] Die *Kommune* – das ist die Rücknahme der Staatsgewalt durch die Gesellschaft als ihre eigne lebendige Macht, an Stelle der Gewalt, die sich die Gesellschaft unterordnet und sie unterdrückt; das ist die Rücknahme der Staatsgewalt durch die Volksmassen selbst, die an Stelle der organisierten Gewalt der Unterdrückung ihre eigne Gewalt schaffen ..." (Marx [1871] 1973b: 541, 543)

Die Kommune als „eigene Gewalt" der Volksmassen, als *nicht unterdrückende* „Regierung der Arbeiterklasse" ist eine Selbtsregierung des Volkes, also eine Form der Demokratie, aber keine unmittelbare Volksherrschaft im Sinne der direkten Gesetzgebung durch das Volk wie bei Rousseau. Die Kommune ist ein *Stadtparlament* und zugleich die Aufhebung des aus dem bonapartistischen System überkommenen

Parlamentarismus. Die Qualität eines permanenten demokratischen Willensbildungsprozesses, insbesondere die Praxis des *imperativen Mandats* der Mitglieder des Kommune-Rates, um die Entfremdung der Gewählten von den Wählern zu verhindern und insgesamt den Grad, den die Identität von Regierenden und Regierten in seinem System erreicht hatte, diskutiert Marx nicht. Ihn interessiert das *Wesen* der Kommune, das zukunftsweisende Modell: „... ein neuer Ausgangspunkt von welthistorischer Wichtigkeit ist gewonnen." (Marx/Engels: Ausgewählte Briefe, Berlin-(Ost) 1953, S. 309) Und: „Das Paris der Arbeiter, mit seiner Kommune, wird ewig gefeiert werden als der ruhmvolle Vorbote einer neuen Gesellschaft" (MEW Bd. 17: 362)

4.2. Von der Kommune zu den Sowjets/Räten

Die Position von Wladimir I. Lenin (1870-1924) zur Pariser Kommune wechselt von früher Distanzierung zu später Identifizierung: die Kommune als Vorläuferin und Vorbild der Sowjets (vgl. Meschkat 1965: 65ff.). In der revolutionären Situation von 1905 in Rußland sieht Lenin eine Lehre der Kommune darin, daß sich Sozialisten zusammen mit Kleinbürgern an einer revolutionären Regierung prinzipiell beteiligen können und je nach den Verhältnissen auch beteiligen müssen. Sie müßten allerdings wissen, auf was sie sich einlassen. Die Pariser Kommune jedenfalls könne nicht als Beispiel für eine „revolutionäre Kommune" angeführt werden. Einem fragenden Arbeiter könne man nur das eine sagen,

> „daß in der Geschichte unter diesem Namen eine Arbeiterregierung bekannt ist, die damals nicht verstand und nicht vermochte die Elemente der demokratischen und sozialistischen Umwälzung auseinanderzuhalten, die die Aufgaben des Kampfes für die Republik und die Aufgaben des Kampfes für den Sozialismus verwechselte [...] Das war eine solche Regierung, *wie es unsere nicht sein darf.*" (Lenin [1905] 1960: 70)

In späteren Aufsätzen gibt Lenin nicht nur die Trennung von demokratischer und sozialistischer Umwälzung auf, sondern feiert in Übernahme der Marxschen Position die Pariser Kommune. In den „April-Thesen" fordert er einen „Kommunestaat", d.h. „einen Staat nach dem Vorbild der Pariser Kommune" (Lenin [1917] 1972a: 6). Die Entwicklung der Februar-Revolution in Rußland charakterisiert er als eine *Doppelherrschaft*, in der

> „sich neben der Provisorischen Regierung, der Regierung der Bourgeoisie, eine noch schwache, erst im Keim vorhandene, aber dennoch unzweifelhaft wirklich existierende und erstarkende *andere Regierung* herausgebildet hat: die Sowjets der Arbeiter- und Soldatendeputierten [...] Diese Macht ist eine Macht von *demselben Typus* wie es die Pariser Kommune von 1871 war.

Die Grundmerkmale dieses Typus sind: 1. Quelle der Macht ist nicht das vorher vom Parlament beratene und beschlossene Gesetz, sondern die direkte, von unten kommende Initiative der Volksmassen im Lande; [...] 2. Ersetzung von Polizei und Armee als vom Volke getrennte und dem Volke entgegengestellte Institutionen durch die direkte Bewaffnung des ganzen Volkes; [...] 3. ebenso wird die Beamtenschaft, die Bürokratie, entweder durch die unmittelbare Herrschaft des Volkes selbst ersetzt oder zumindest unter besondere Kontrolle gestellt; die Beamten verwandeln sich in nicht nur wählbare, sondern auch auf die erste Forderung des Volkes hin *absetzbare* Personen [...] Darin und *nur* darin besteht das Wesen der Pariser Kommune als eines besonderen Staatstypus." (Lenin [1917] 1972b: 20f.)

Auch Lenin stilisiert; er bildet nicht die Realität der Pariser Kommune ab, sondern führt mit seinen Formulierungen die Marxsche Modellierung fort. In „Staat und Revolution" würdigt Lenin die Bedeutung der Pariser Kommune für die Revolution in Rußland und für einen Staat der „Sowjets der Arbeiterdeputierten" umfassend. Pointiert sieht er in der „Beseitigung des stehenden Heeres, vollkommenen Wählbarkeit und Absetzbarkeit aller Amtspersonen" einen der Fälle, wo Quantität in Qualität umschlägt:

„Die mit dieser denkbar größten Vollständigkeit und Folgerichtigkeit durchgeführte Demokratie verwandelt sich von der bürgerlichen Demokratie in die proletarische, aus dem Staat [...] in etwas, was eigentlich kein Staat mehr ist." (Lenin [1917] 1965: 352).

Den Marxschen Satz aus dem Bürgerkrieg in Frankreich, daß die Kommune nicht eine parlamentarische, sondern eine arbeitende Körperschaft ist, nimmt Lenin zum Ausgangspunkt, um gegen die bürgerlichen Parlamente, in denen nur „geschwatzt" wird, „speziell zu dem Zweck, das 'niedere Volk' hinters Licht zu führen", zu polemisieren und um scharf den Unterschied zwischen 'Parlamentarismus' und 'Kommunalismus' herauszustellen:

„Den korrupten und verfaulten Parlamentarismus der bürgerlichen Gesellschaft ersetzt die Kommune durch Körperschaften, in denen die Freiheit des Urteils und der Beratung nicht in Betrug ausartet, denn die Parlamentarier müssen selbst arbeiten, selbst ihre Gesetze ausführen, selbst kontrollieren, was bei der Durchführung herauskommt, selbst unmittelbar vor ihren Wählern die Verantwortung tragen. [...] Ohne Vertretungskörperschaften können wir uns eine Demokratie nicht denken, auch die proletarische Demokratie nicht; ohne Parlamentarismus können und *müssen* wir sie uns denken ..." (Lenin [1917] 1965: 357; Hervorhebung von Lenin)

In der Pariser Kommune gibt es zwar politische Richtungen – Proudhonisten, Blanquisten, Internationalisten, Jakobiner – aber keine Arbeiterpartei; die Marxsche Deutung der Kommune sieht sie auch als Agenten des revolutionären und demokratischen Willensbildungsprozesses nicht vor. Im Leninschen „Kommunestaat" wird der Arbeiterpartei als „Avantgarde des Proletariats" dagegen eine entscheidende Rolle zugewiesen. Sie sei fähig, „die Macht zu ergreifen und *das ganze Volk* zum Sozialismus *zu führen*, die neue Ordnung zu leiten und zu organisieren, Lehrer, Leiter, Führer aller Werktätigen und Ausgebeuteten zu sein ..." (Lenin [1917] 1965: 338)

Das Fehlen einer Partei ist für Leo Trockij (1879-1940) *die* entscheidende Schwäche der Kommune (vgl. Meschkat 1965: 92), denn: „Die revolutionäre Herrschaft des Proletariats hat im Proletariat selbst die politische Herrschaft einer Partei mit klarem Aktionsprogramm und unverletzlicher innerer Disziplin zur Voraussetzung". (Trockij 1920: 87) Er schreibt diese Kritik nach der erfolgreichen russischen Revolution unter Führung der Bolschewiki. Diese Partei ist es aber gerade, die die schwach entwickelte russische Kommune-Demokratie in Form einer „Republik der Sowjets der Arbeiter-, Soldaten- und Bauerndeputierten"[13] bald beendet. An die Stelle der Selbstregierung der Massen tritt die zentralistische Diktatur einer autoritär geführten Partei.

In den Massenstreiks der Jahre 1916/17/18 bilden sich in Deutschland die Arbeiterräte heraus (vgl. Kolb 1962, von Oertzen 1963, Schneider/Kuda 1968, Arnold 1985), die zusammen mit den Soldatenräten in der November-Revolution von 1918, als die Machtorgane des Kaiserreichs zerfallen, die politische Macht übernehmen können. Aber nur für wenige Wochen ist die Chance gegeben, daß die erste deutsche Demokratie sich als Rätesystem etablieren kann. Schon Mitte Dezember 1918 entscheidet sich der „Allgemeine Kongreß der Arbeiter- und Soldatenräte Deutschlands" für die Einberufung einer Nationalversammlung, damit für die parlamentarische Demokratie, und lehnt folgenden Antragspunkt mit überwältigender Mehrheit ab:

> „Die Delegiertenversammlung erklärt, daß unter allen Umständen an dem Rätesystem als Grundlage der Verfassung der sozialistischen Republik festgehalten wird, und zwar derart, daß den Räten die höchste gesetzgebende und Vollzugsgewalt zusteht." (Schneider/Kuda 1968: 109)

SPD- und Gewerkschaftsführung und die große Mehrheit ihrer Organisationen lehnen Räte, gleichgesetzt mit 'Bolschewismus', ab, fordern die parlamentarische Demokratie; für ein 'reines Rätesystem' treten nur die Revolutionären Obleute, der linke Flügel der USPD und die Kommunisten (KPD(S), KAPD) ein (vgl. Arnold 1985: 129ff., 156ff., 184ff.); der rechte Flügel der USPD und die Linke in der SPD sind für eine Verbindung von Parlamentarismus und Rätesystem, für eine Ergänzung der parlamentarischen Demokratie durch eine 'sozialistische Demokratie' (vgl. ebd.: 241ff.). Dafür sollte auf jeder

Ebene – Kreis, Provinz, Land, Reich – neben die allgemeine Volkskammer eine „Kammer der Arbeit", eine partnerschaftliche Institution von Arbeitnehmern und Arbeitgebern,[14] treten, die auf Reichsebene bei der Gesetzgebung praktisch gleichberechtigt beteiligt werden sollte. Für dieses vom II. Kongreß der Arbeiter-, Bauern- und Soldatenräte im April 1919 beschlossene Zweikammermodell spricht sich aber bald danach auf dem ersten Nachkriegsparteitag der SPD nur ein Delegierter aus. Die nunmehr von der SPD favorisierten Wirtschaftsräte, die dann auch im Art. 165 WRV verankert werden (vgl. Riedel 1991), sind so weit von den rätedemokratischen Vorstellungen der Revolutionszeit entfernt, daß Zeitgenossen von einer „verzerrte(n) Karikatur eines 'Rätesystems'" sprechen (Korsch [1922] 1973: 117).

Für die Wortführer des Rätegedankens, Ernst Däumig und Richard Müller, ist die Pariser Kommune in Marxscher Deutung Vorbild. Konnten sich an diesem revolutionär-demokratischen Experiment alle Bürger beteiligen, so sollte das Rätesystem in Deutschland allerdings allein eine Sache des Proletariats sein, das „in seiner Räteorganisation keine kapitalistischen Vertreter" (Däumig zit. n. Schneider/Kuda 1968: 70) dulden kann und deshalb die „Nutznießer fremder Arbeitskraft" (Müller zit. n. Schneider/Kuda 1968: 92) vom Wahlrecht ausschließt.

> „Damit steht der Rätegedanke in einem ebenso scharfen wie natürlichen Gegensatz zu dem landläufigen demokratischen Gedanken, der die Staatsbürger als eine *einheitliche Masse* wertet, ohne Rücksicht auf den großen *Gegensatz* zwischen Kapital und Arbeit [...] zu nehmen." (Däumig zit. n. Schneider/Kuda 1968: 70)

Das gebundene Mandat der Gewählten – verbindliche Aufträge, stete Kontrolle, jederzeitige Abberufung – und die grundsätzliche Ablehnung des Gewaltenteilungsprinzips (vgl. Ertl 1968: 63) werden aus dem Kommune-Modell übernommen: „Die Arbeiterräte treten in engste Beziehungen zu ihren Wählern, unterliegen deren ständiger Kontrolle. Sie werden nicht auf eine bestimmt Zeitdauer, sondern auf jederzeitigen Abruf gewählt. Daraus erwächst für die Arbeiterräte ein stärkeres Verantwortlichkeitsgefühl. Der Einfluß der Wähler auf die Gesetzgebung und Verwaltung wird ein weit stärkerer, als es im Parlament der formalen Demokratie der Fall ist. Im Rätesystem liegt die gesetzgebende Verwaltung vereint in den Händen der Arbeiterräte, wodurch jeder Bürokratismus von selbst verschwinden muß. Das Rätesystem wird somit zur Grundlage einer neuen Gesellschaftsordnung [...] Das Rätesystem erfaßt die werktätige Bevölkerung zum einheitlichen Handeln und es kommt damit der wahren Demokratie näher, denn es schließt nur eine geringe Minderheit aus und macht aus der Diktatur des Proletariats den Willensausdruck der überwältigenden Mehrheit des Volkes." (Müller zit. n. Schneider/Kuda 1968: 92/93)

Damit wird das Rätesystem mit der seit der Pariser Kommune diskutierten Frage nach der Verwirklichung und Qualität einer Diktatur des Proletariats verknüpft, die niemals Herrschaft einer Minderheit sein sollte. „Die Diktatur des Proletariats ist in der Sicht der reinen Rätetheorie gleichbedeutend mit der proletarischen Demokratie" (von Oertzen 1963: 91) oder in den Worten Rosa Luxemburgs (1870-1919): „Diktatur des Proletariats, das ist Demokratie im sozialistischen Sinne" (zit. n. Arnold 1985: 107).[15] Auch auf Ereignisse in Rußland bezugnehmend, konstatiert Ernst Däumig:

> „Eine Diktatur, die sich nicht auf proletarische Massen, sondern nur auf eine proletarische Minderheit aufbaut und ihre Herrschaft nur mit militärischen Gewaltmitteln aufrecht erhalten kann, trägt den Keim des Zerfalls von vornherein in sich." (Zit. n. Schneider/Kuda 1968: 75)

4.3. Prinzipien einer Rätedemokratie

Aus den Modelldiskussionen seit der Pariser Kommune und aus der Praxis in den russischen Revolutionen und der deutschen Revolution von 1918/19 haben Peter von Oertzen (1963: 9ff.), Udo Bermbach (1971: 112f.; 1973: 19ff.) und Volker Arnold (1985: 295ff.) Prinzipien der Rätedemokratie abgeleitet, die hier unter fünf Aspekten zusammengefaßt werden sollen.

1. *Geschichtlich-gesellschaftliche Ausgangssituation:* Als Kampf- und Staatsorgane entstehen Räte in revolutionären Situationen, wenn überkommene Machtträger und -organe zerfallen oder zerbrochen werden. Räten haftet somit „der Charakter von Revolutionsorganen" an (von Oertzen 1963: 10). Träger der Rätebewegung ist ganz wesentlich das Proletariat (in Verbindung mit Soldaten und Bauern), dessen traditionelle Interessenvertreter, Arbeiterparteien und Gewerkschaften, sich als unzureichend erweisen, spontanes Handeln der Massen zu initiieren und zu organisieren.
2. *Zielbestimmung:* Rätedemokratie hat zum Ziel, „eine alle Lebensbereiche umfassende proletarische Demokratie dem kapitalistischen Wirtschaftssystem und der bürgerlichen Demokratie" gegenüberzustellen (Arnold 1985: 289). Däumig spricht aus, worin sich die politischen Gruppierungen der Arbeiterbewegung links der SPD einig waren: „Der Rätegedanke in seiner reinen und konsequenten Anwendung ist also *praktischer Sozialismus"* (zit. nach Schneider/Kuda 1968: 69).
3. *Demokratischer Prozeß:* Gewählte (Mandatsträger, Delegierte) haben ein gebundenes Mandat mit Rechenschaftslegungspflicht gegenüber den Wählern, die deren permanente Kontrolle, die bis zum jederzeitigen Rückruf geht, möglich macht: „Imperatives Mandat

und Recall bilden [...] das Herzstück rätedemokratischer Konzeptionen“ (Fijalkowski 1971: 145), die keinen „liberalen Gewissensvorbehalt“ kennen (Bermbach 1971: 113). Hinzu treten Ämterrotation, die Verhinderung von Ämterkumulation und häufiger Wiederwahl. Da auch alle öffentlichen Ämter – Beamten- und Richterpositionen – durch Wahl besetzt werden, erstreckt sich die demokratische Kontrolle auch auf die Verwaltungsbürokratie und die Justiz. In einem umfassenden und permanenten Willensbildungsprozeß soll die Verselbständigung der Gewählten, die Oligarchisierung und der Mißbrauch von Macht und Amt verhindert werden. „Die Räte sind direkt demokratische Organe“ (Arnold 1985: 299).

4. *Basisnähe und Antizentralismus:* Wenn auch im demokratischen Prozeß eine optimale Legitimationskette durch alle Ebenen des Rätesystems erreicht werden kann, so soll doch die Basis – die Wähler in Betriebs- und Verwaltungseinheiten – möglichst viele Entscheidungen selbst fällen und so wenig wie möglich ihren Vertretern überlassen. „Die Urwählerschaft hat die Vermutung totaler Kompetenzzuständigkeit für sich ...“ (Bermbach 1971: 113). Dem (reinen) Rätegedanke sind nicht nur ferne Parlamente mit festen Legislaturperioden und freien Abgeordneten, zentral und hierarchisch gelenkte Bürokratien in Verwaltung und Justiz, sondern auch zentralistisch organisierte Parteien und Gewerkschaften fremd. Die Zurücknahme der Staatsgewalt in die Gesellschaft bedeutet Zurücknahme der Gewalt an die Basis.
5. In ihrer Allzuständigkeit vereinigen die Räte alle *Gewalten*: Legislative, Exekutive, Judikative.

> „War dieses Gewaltenteilungsschema historischer Ausdruck des bürgerlichen Emanzipationskampfes gegen feudal-ständische Gesellschaftsvorstellungen, war mit seiner Hilfe die politische und soziale Mitsprache des liberalen Besitzbürgertums an den Entscheidungen des kapitalistisch organisierten Staates garantiert, war es also Ausdruck bestehender Klassenorganisation, so wäre seine Perpetuierung in einer zumindest tendenziell klassenlosen Gesellschaft anachronistisch.“ (Bermbach 1973: 21)

An die Stelle der Aufteilung der Gewalten auf verschiedene Organe, die sich gegenseitig kontrollierend Machtmißbrauch und Bedrohung der Bürgerfreiheiten verhindern sollen, tritt eine „neue Art von Gewalteilung“: die Kontrolle „nicht innerhalb der Räte, sondern zwischen den verschiedenen Stufen der Rätehierarchie“ (Arnold 1985: 301) in einem demokratischen Prozeß von besonderer Qualität.

5. Demokratie als Parteienstaat

5.1. Grundkontroverse: Triepel und Kelsen

Die Theorie des demokratischen Parteienstaates wird eng mit Gerhard Leibholz (1901-1982) verbunden, der sie in den 50er Jahren ausformuliert.[16] Der Begriff Parteienstaat wird aber bereits von Otto Koellreutter, Gustav Radbruch, Richard Thoma und insbesondere von Hans Kelsen (1881-1973) zur Charakterisierung der *Verfassungswirklichkeit* der Weimarer Republik benutzt,[17] deren Verfassung den politischen Parteien keine positive Funktionsbestimmung einräumt, wenn in Art 130 konstatiert wird: „Die Beamten sind Diener der Gesamtheit, nicht einer Partei“ – eine Bestimmung, die gegen die parteiliche Ämterpatronage und damit auch gegen den Parteienstaat gerichtet ist.

Ohne Parteien, die sich zwischen das Individuum und den Staat schieben können, habe, so Kelsen – im Tenor wie später Leibholz (s. unten) – , das isolierte Individuum politisch überhaupt keine reale Existenz, da es keinen wirklichen Einfluß auf die Staatswillensbildung gewinnen kann. Demokratie sei „ernstlich“ nur möglich, „wenn sich die Individuen zum Zwecke der Beeinflussung des Gemeinschaftswillens unter dem Gesichtspunkt der verschiedenen politischen Ziele zu Gemeinschaften *integrieren* [...] Nur Selbsttäuschung und Heuchelei kann verneinen, daß Demokratie ohne politische Parteien möglich sei. Die Demokratie ist notwendig und unvermeidlich ein *Parteienstaat.*“ (Kelsen [1929] 1981: 20) Wenn die moderne Demokratie also auf den Parteien ruht, dann seien sie auch als Organe der Staatswillensbildung *verfassungsmäßig* zu verankern (ebd.: 19, 63). Die weitere Konsequenz ist für Kelsen eine „ständige Kontrolle der Abgeordneten durch die zu politischen Partei organisierte Wählergruppe“ (ebd.: 40), der Mandatsverlust für den Abgeordneten bei Austritt oder Ausschluß aus der Partei, die ihn ins Parlament gesandt hat (ebd.: 43) und schließlich möchte er der zu *„einem Wesensbestandteil der Verfassung gewordenen Partei* auch (allgemein F.N.) das Recht der Abberufung der Abgeordneten“ geben (ebd.: 44). Auch hier nimmt er das spätere Leibholz-Plädoyer – „in letzter Konsequenz“ – für den Recall vorweg.

Die Gedanken Kelsens sind auch gegen Heinrich Triepel (1868-1946) geschrieben, der beweisen will, daß der moderne Staat kein Parteienstaat sein kann, weil es nach seiner Auffassung vom Wesen des Staates und der Parteien einen solchen gar nicht geben könne. Kategorisch erklärt er, daß nach dem Wortlaut der Verfassung die Partei eine „extra-konstitutionelle Erscheinung“ ist, deren Beschlüsse, „vom Standpunkt des Rechts aus gesehen, unverbindliche und unmaßgebliche Äußerungen eines dem Staatsorganismus fremden sozialen Körpers“ sind (Triepel 1928: 29/39).

In der „Wirklichkeit des politischen Lebens“ sieht auch Triepel die Allgegenwart (und Allmacht) der Parteien, „denen die Regierung des Staates ausgeliefert ist. Sie sind es, die die leitenden Regierungshäupter stellen, die einzelnen Ministerposten besetzen, die Kabinette stützen, überwachen, gängeln, stürzen, in deren Bureaus die große Politik gemacht, die Entscheidung über das Zustandekommen der Gesetze gefällt wird. Sie sind es, denen mehr und mehr der Einfluß auf die Verwaltung, namentlich die Ämterpatronage in die Hand gespielt worden ist ..." (Ebd.: 31/32)

Auch der Parlamentarismus habe sich *faktisch* geändert: „Die Beschlüsse der Volksvertretung werden in Beratung und Abstimmung der Fraktionen vorbereitet. Die Diskussion im Plenum, manchmal sogar in den Ausschüssen, wird zur leeren Form. Der Parlamentsbeschluß ist, wenn das Parlament eine homogene Mehrheit besitzt, ein Parteibeschluß, bei Parteizersplitterung ein Parteienkompromiß und der Abgeordnete ist nicht mehr ein Vertreter des Volkes, sondern ein Vertreter seiner Partei, er fühlt sich als solcher und handelt als solcher." (Ebd.: 18)

Aber der so entstandene Parteienstaat sei „solange *rechtlich* undenkbar, als der *Parlamentarismus* nach den Ideen ausgerichtet bleibt, die seiner Entstehung zu Grunde gelegen haben. In der Tat hält auch der moderne Gesetzgeber noch immer mit Strenge fest an dem Dogma des Liberalismus, wonach der Parlamentswille gebildet wird aus den Erklärungen frei und selbständig entscheidender Männer. Alle, auch die neuesten Verfassungen, verwerfen klipp und klar das imperative Mandat. Sie erklären heute wie einst die Abgeordneten für Vertreter des gesamten Volkes, die an Aufträge nicht gebunden, nur ihrem Gewissen verantwortlich sind, von ihren Wählern nicht abgerufen werden können." (Ebd.: 31)

Der Auffassung von Triepel ist breiter Raum einzuräumen, weil er in seiner Realanalyse des Zustandes der parlamentarischen Demokratie seiner Zeit Kernpunkte der Parteienstaatslehre von Leibholz vorwegnimmt, der die Gedankenführung von Triepel manchmal nur ins Positive wendet, d.h. den Parteienstaat als Konsequenz der fortschreitenden Demokratisierung feiert. Triepel hingegen lehnt „Parteiherrschaft und Parteienstaat als eine Entartung des staatlichen Körpers" ab (ebd.: 34), kann sich aber nicht eindeutig für bestimmte Heilmittel gegen diesen „Krankheitsverlauf" entscheiden. Eine „Abkehr vom Parteienstaat" könne geschehen „entweder durch eine Entwicklung aus der Massendemokratie heraus, oder durch deren Überwindung. Es ist denkbar, und viele sehen dies schon im Werden, daß sich eine Veredelung der 'egalitären' Demokratie durch ihre Umwandlung in eine Führeroligarchie vollzieht ..." (ebd.: 35/36). Triepel schreibt in der Erstarkungsphase des deutschen Faschismus und denkt, daß „unverantwortliche Parteiorganisationen" durch „selbständige und daher verantwortliche Staatsleiter" (ebd.) ersetzt werden könnten. Seine Perspektive deutet er am Ende seiner Schrift nur an: statt parteienstaatlicher Demokratie ein „organischer" Staat. Kelsen kommentiert dies so:

„Wenn man den Parteienstaat, – und das bedeutet in Wahrheit: *die moderne Demokratie* – so von Grund aus ablehnt, ist man als Staatsrechtslehrer vom Rang *Triepels* verpflichtet zu sagen, was man an dessen Stelle zu setzen wünscht. Das tut er auch. 'Die atomistisch-individualistische Staatsauffassung', die *Triepel* irrtümlich als Wurzel des Parteiwesens hält, müsse 'aufgegeben und durch eine organische ersetzt' werden. Worin soll nun das Wesen dieses 'organischen' bestehen? Der Wandel werde sich nur langsam vollziehen. Aber die Stunde des Parteienstaates werde schlagen. Schon seien andere gemeinschaftsbildende Kräfte am Werke. 'Diese werden allmählich in natürlicher Entwicklung [...] zu einer neuen Gliederung des Volkes führen, die aus einer seelenlosen Masse eine lebendige Einheit in der Vielheit gestaltet'." (Kelsen [1929] 1981: 111)

5.2. Die Parteienstaatslehre von Leibholz

Demokratie als *direkte* Herrschaft des Volkes vor allem in dem von Rousseau dafür als wesentlich erkannten Bereich der Gesetzgebung kann in den großen Flächenstaaten der Gegenwart als permanente Entscheidungsform nicht Praxis werden. Eine Hilfsform zur Realisierung von Demokratie – für viele sogar die 'edelste' Form und „unausweichlich" (Haungs 1981: 15) – ist die *repräsentative Demokratie*; sie ist die verfassungsrechtliche Normalität in den meisten Staaten der Gegenwart, die ihre Staatsgewalt durch Berufung auf das Volk und seine Souveränität legitimieren. Bemerkenswert ist deshalb eine verfassungstheoretische Konzeption, die einem anderen Demokratiemodell den Vorzug gibt: dem *demokratischen Parteienstaat,* der „seinem Wesen wie seiner Form nach nichts anderes wie eine rationalisierte Erscheinungsform der plebiszitären Demokratie oder [...] ein Surrogat der direkten Demokratie im modernen Flächenstaat ist." (Leibholz 1964: 93f.) Surrogat meint hier: Dies ist die *optimale* Form, die Demokratie unter den gegebenen politisch-sozialen und verfassungsrechtlichen Verhältnissen annehmen kann.

Die politischen Parteien sind es, „die die Millionen von politisch mündig gewordenen Aktivbürgern erst organisieren und aktionsfähig machen, sie schließen die Wähler erst zu politisch aktionsfähigen Gruppen zusammen und erscheinen so als das Sprachrohr,[18] dessen sich das mündig gewordene Volk bedient, um sich artikuliert äußern zu können. Man kann geradezu sagen, daß die moderne Demokratie in den meisten westlichen Staaten mehr oder weniger den Charakter einer parteienstaatlichen Demokratie angenommen hat, d.h. einer Demokratie, die auf den Parteien als den politischen Handlungseinheiten aufgebaut ist." (Leibholz 1966a: 225)

„Ohne sie würden die heute emanzipierten Aktivbürger ziel- und richtungslos im politischen Raum hin- und hervegetieren. Die Parteien sind es, die so das Volk [...] erst politisch konstituieren. Diese Mediatisierung des Volkes durch die Parteien gehört sozusagen zum Wesen der modernen parteienstaatlichen Demokratie." (Leibholz 1966b: 256)

Mediatisierung meint insbesondere, daß es den Aktivbürgern möglich ist, auch *zwischen den Wahlen* auf politische Entscheidungen Einfluß zu nehmen. Durch die Parteien „ist das Volk nicht mehr auf die Rolle eines reinen Kreationsorgans beschränkt, dessen Einfluß sich im Wahlakt erschöpft." (Müller 1966: 45) Für den Befund, „daß moderne Massendemokratien und Parteien in einem wechselseitigen Abhängigkeits- und Bedingungsverhältnis" stehen, bevorzugt Wiesendahl (1980: 43f.) den Begriff *Parteiendemokratie,* um ihn dann in der Summe wie Leibholz zu füllen: Das Volk sei politisch „nur durch die Parteien existent und tätig" (ebd.: 308; vgl. auch 305ff.).

In dem von Leibholz *idealtypisch* gezeichneten „Strukturwandel der Demokratie", werden die Funktionen und Beziehungen von Volk, Volksvertreter und Volksvertretung neu bestimmt. Der bei Wahlen mit den Parteien sympathisierende Teil des Volkes, das aktive Volk, tritt an die Stelle des ganzen Volkes. Pars pro toto zuspitzend schließt Leibholz dann, daß „die Parteien das Volk 'sind'" (Leibholz 1950: C10) oder relativierend und „idealtypisch gesehen, das *organisierte Volk*" (Leibholz 1973: 81). Konstituieren in der repräsentativen Demokratie die „an die schöpferische Kraft der Diskussion, des Arguments und Gegenarguments, der positiven Kritik und des konstruktiven Kompromisses" (Leibholz 1966a: 213) glaubenden autonomen Repräsentanten den Volkswillen, so wird in der parteienstaatlichen Demokratie die Partei (oder eine Parteienkoalition), die bei einer Wahl die Mehrheit der Stimmen erhalten hat, mit dem Gesamtwillen identifiziert. Beides – Parlamentswille gleich Volkswille und Parteiwille gleich Volkswille – ist aber eine Fiktion. (Vgl. auch Wiesendahl 1980: 69f.).

> „Wie in der plebiszitären Demokratie der Wille der Mehrheit der Aktivbürgerschaft mit dem jeweiligen Gesamtwillen des Volkes identifiziert wird, wird in einer funktionierenden parteienstaatlichen Demokratie der Wille der jeweiligen Parteienmehrheit in Regierung und Parlament mit der volonté générale identifiziert. Der Gemeinwille kommt in der parteienstaatlichen Demokratie allein mit Hilfe des Identitätsprinzips ohne Beimischung repräsentativer Elemente zur Entstehung." (Leibholz 1964: 94)

Diese Fiktion – partes pro populo, nicht dieses, sondern jene hätten den demokratischen Staat rechtmäßig in ihren Händen – benutzen Konservative, wenn sie feststellen, daß „das Volk vollständig und ausnahmslos durch die politischen Parteien mediatisiert" wird, die allgegenwärtig „die politische Entscheidungsgewalt monopolisieren" (Weber 1958: 22, 23); der demokratische Parteienstaat wird dann als „Staat im Staate" (ebd.: 55) denunziert und abgelehnt.

In Leibholz' Holzschnitzarbeit über die moderne Demokratie werden andere gesellschaftliche Kräfte, andere Faktoren und Institutionen, die auch an der Willensbildung des Volkes und an der Vor-Formung des Staatswillens beteiligt sind, nicht modelliert: die Verbände, die keineswegs als bloße Erfüllungsgehilfen der Parteien funktionierenden Parlamentsfraktionen (vgl. Haungs 1981: 19f., 22f.; Apel 1991: 185ff.), im gewaltenteilend organisierten Staat auch die Rechtsprechung, insbesondere die Verfassungsgerichtsbarkeit, die Exekutive, für deren besondere deutsche Ausprägung der Begriff Kanzlerdemokratie steht, die Verwaltungsbürokratien, die Öffentlichkeit mit den, allerdings nicht demokratisch legitimierten, Massenmedien und heute – was Leibholz nicht voraussehen konnte – die neuen sozialen Bewegungen (vgl. dazu den Beitrag Politische Partizipation in diesem Bd.).

Weil Leibholz das Wesen der Demokratie in der Identität von Herrschenden und Beherrschten erkennt, ist für ihn „die Demokratie mit Repräsentation, verstanden als 'verantwortliche Regierung', der die Regierungsbefugnis auf Zeit von einer Mehrheit übertragen wird, unvereinbar. [...] Muß er aber aus technischen Gründen die Notwendigkeit repräsentativer Organe im 'Flächenstaat' und in der 'Massendemokratie' bejahen, stellt sich für ihn die Frage, wie die Verfälschung des 'wahren Volkswillens' [...] verhindert werden kann." (Haungs 1981: 14) Die Lösung: Das Mandat der Repräsentanten darf nicht mehr durch Bezugnahme auf das Gewissen und in Verantwortung gegenüber dem Gesamtwillen frei, sondern muß an den Parteiwillen gebunden sein. Als „organisatorisch-technisches Zwischenglied" im politischen Prozeß einer zu Ende gedachten parteienstaatlichen Demokratie erscheint bei Leibholz der Volksvertreter

> „als grundsätzlich fremdem Willen unterworfen und er kann nicht mehr als Repräsentant, der in Freiheit unter Einsatz seiner Persönlichkeit seine politischen Entscheidungen fällt, angesprochen werden. In dieser Demokratie fehlt dem Abgeordneten im Grunde genommen die letzte Legitimität, eine von den Parteien und Fraktionen abweichende Linie in Fragen von politischer Wichtigkeit zu verfolgen. In ihr sind nicht die Abgeordneten, sondern die Parteien in ihren Entschließungen frei und an Aufträge und Weisungen nicht gebunden." (Leibholz 1966a: 228)

Fraktionsdisziplin ist die einfachste Konsequenz, die aus dieser Überordnung der Parteien für die Abgeordneten folgt. Berechtigt sei auch der *Fraktionszwang*, mit dem die Einhaltung der Parteigrundlinie gegenüber Dissidenten durchgesetzt werden kann (vgl. Leibholz 1964: 97f.). Ganz gleich ob nun Einsicht des Abgeordneten, daß er sich irren könnte, wenn er von der Fraktionslinie abweicht, ob Hintenanstellung eigener Meinungen und Interessen in Pflichterfüllung oder ob Opportunismus, um politische Nachteile zu vermeiden, dies alles sei eigentlich kein Zwang, weil im Parteienstaat der Volksvertreter ein *imperatives Mandat* von seiner Partei erhalten und dieses in seiner Bereitschaft, als *Parteimann* zu kandidieren, auch freiwillig übernommen habe, und auch die Wähler ihm nicht „auf Grund seiner Persönlichkeit und seiner besonderen Qualifikationen, sondern als Zugehöriger zu einer bestimmten politischen Partei" ihre Stimme gegeben haben (Leibholz 1966a: 233). Ultima ratio in der parteienstaatlichen Demokratie:

> „Der letzten Konsequenz eines logisch zu Ende gedachten demokratischen Parteienstaates würde sogar eine Bestimmung entsprechen, nach der ein Ausschluß aus der Partei (ebenso wie ein Übertritt von einer Partei zu einer anderen) zum Verlust des parlamentarischen Mandats führt. Der Recall ist eine Institution, die im Gegensatz zum repräsentativen parlamentarischen Demokratismus steht und strukturgesetzlich mit dem modernen massendemokratischen Parteienstaat aufs engste verbunden ist." (Ebd.: 231)
> Kelsen sieht den Mandatsverlust „als natürliche Konsequenz überall dort, wo nach dem System der gebundenen Liste gewählt wird" (1929: 42), aber „nur als Folge eines ausdrücklichen Austrittes oder Ausschlusses aus der Partei" (ebd.: 43). Auch den Recall baut er in sein Demokratiemodell ein: „Könnte man sich dazu entschließen, die politischen Parteien gesetzlich zu organisieren und in konsequenter Durchführung des Gedankens der Proportionalwahl den so gesetzlich organisierten Parteien die Auswahl der ihnen im Verhältnis zu ihrer ziffernmäßigen Stärke gebührenden Abgeordneten zu überlassen, dann stünde nichts im Wege, der zu *einem Wesensbestandteil der Verfassung gewordenen Partei* auch das Recht der Abberufung der Abgeordneten zu geben." (Ebd.: 44)

Wenn die Volksvertreter unter den Bedingungen des imperativen Mandats und Recalls sich in der Volksvertretung versammeln, dann in einem Parlament, das mit dem „Gestaltwandel" der Demokratie auch seinen Charakter grundsätzlich verändert habe und zu einer Stätte geworden sei, „an der sich gebundene Parteibeauftragte treffen, um anderweitig [...] bereits getroffene Entscheidungen registrieren zu lassen" (Leibholz 1966a: 226). Wenn alles politisch entschieden ist und das Parlament nur noch als Notar auftritt, dann ist für Leibholz auch die Debatte folgerichtig ein von Parteistrategen inszeniertes Schauspiel, nicht um politisch andersdenkende Parlamentsmitglieder durch eine zwingende Argumentation zu überzeugen, sondern um die „Aktivbürgerschaft" durch die „zum Fenster hinaus" gehaltenen Reden zu beeindrucken und zu beeinflussen (vgl. Leibholz 1964: 95).

Bleibt noch hinzuzufügen, daß in einer *funktionierenden* parteienstaatlichen Demokratie – d.h. wenn die Parteien einen wirklichen plebiszitären Prozeß organisieren, indem sie dem aktiven Volke Gelegenheit geben, permanent seinen Willen zum Ausdruck zu bringen und unverfälscht in die Staatswillensbildung einfließen zu lassen (was *innerparteiliche Demokratie* und Verhinderung von oligarchisch-autoritärer Herrschaft voraussetzt; vgl. Leibholz 1966a: 247) – zusätzliche plebiszitäre Elemente (Volksinitiative, Volksbegehren,

Volksentscheid) entbehrlich sind (vgl. Leibholz 1964: 105). Die *parteienstaatliche* Demokratie funktioniert dann nämlich optimal als *plebiszitäre* Demokratie.

Das methodische Vorgehen von Leibholz wird grundsätzlich kritisiert, weil er aus dem Konstrukt einer „logisch zu Ende gedachten parteienstaatlichen Demokratie" folgere, daß dem Abgeordneten „die letzte Legitimität" für sein freies Mandat fehle (vgl. Leibholz 1966a: 228). Leibholz könne „aber nur die faktische Abhängigkeit der Abgeordneten von Parteien beobachten und gewinnt allein hieraus, durch gedankliche Steigerung, die Norm, daß sie auch nicht mehr unabhängig sein dürften. [...] Der Idealtypus *Parteienstaat* ist aber auch inhaltlich falsch gebildet; denn er ist die Negation des sachlich unzutreffenden Idealtyps *Repräsentation*" (Müller 1966: 218/219). Beide Typen seien „Zerrbilder" und der vorgestellte Strukturwandel werde als „historischer Prozeß mit angebbaren Ursachen" nicht hinreichend beschrieben (Haungs 1980: 13). Schließlich sei die „Identifizierung von Volk und Parteivolk", die „Dichotomie von Repräsentativsystem und Parteienstaat" durch „Überspitzung, Realitätsferne und überholte philosophische Prämissen in einer Schieflage" (Stolleis 1986: 15). Die Kritiker überzeichnen. Zwar geht Leibholz den Weberschen Weg zum „Idealtypus" nicht nachvollziehbar, aber er mißbraucht ihn auch nicht.[19] Kritik wird aber dann selbst zum Zerrbild, wenn sie Leibholz' Parteienstaatstheorie so vorstellt:

> „Es ist das Credo der Theorie des 'Parteienstaates', daß in der modernen Massendemokratie Parteien den politischen Prozeß, Volk und Staat *total* beherrschen, alle anderen Institutionen und Verfahren nur noch Leerformen sind und dieser Zustand unter den Gegebenheiten des 20. Jahrh. zwangsläufig ist." (Seifert 1975: 39)

5.3. Parteienstaatliche Demokratie im Grundgesetz

Anders als die Weimarer Reichsverfassung weist das Bonner Grundgesetz den Parteien in Art. 21 – „Die Parteien wirken bei der Willensbildung des Volkes mit" – einen herausragenden Platz im Konstitutionsprozeß der Demokratie und im formalen Aufbau der Verfassung (nach den Normen über Volkssouveränität, Demokratie und Gewaltenteilung in Art. 20) zu. Für die Verfassungswirklichkeit wird festgestellt: „Das ist gelinde gesagt eine Untertreibung. Die Parteien nehmen eine, nein: die schlechthin zentrale Stellung ein; ohne sie gäbe es gar keine Willensbildung des Volkes, zumindest keine, die real werden könnte." (v. Krockow 1986: 12) Und: „Die 'Mitwirkung' an der politischen Willensbildung, welche das Bonner Grundgesetz für die Parteien vorsieht, hat sich in der Verfassungswirklichkeit längst zum faktischen Macht- und Meinungsmonopol erweitert."

(Guggenberger 1986: 128) Die Parteien selbst als Gesetzgeber im Bundestag haben sich im § 1 des Parteiengesetzes von 1967 eine legale Grundlage für ihr umfassendes Handeln zur Mediatisierung des Volkes geschaffen: „Die Parteien wirken an der Bildung des politischen Willens des Volkes auf allen Gebieten des öffentlichen Lebens mit, indem sie insbesondere ..." – es folgt eine nicht abgeschlossene Aufzählung ihrer wichtigen Funktionen – „für eine ständige lebendige Verbindung zwischen dem Volk und den Staatsorganen sorgen."

Das Bundesverfassungsgericht hat von seinen ersten auf die Parteien bezogenen Entscheidungen an die Mitwirkungs- (nicht Monopol-) Funktion der Parteien im Sinne der Parteienstaatstheorie von Leibholz – der dem Gericht angehörte – interpretiert:

> Die Parteien seien aus dem „Bereich des Politisch-Soziologischen in den Rang einer verfassungsrechtlichen Institution" erhoben (BVerfGE 2, 73); Art. 21 mache sie zu „notwendigen Bestandteilen des Verfassungsaufbaus" indem sie „Funktionen eines Verfassungsorgans" ausüben (BVerfGE 4, 30); Leibholz ganz nahe tretend sagt das Gericht: „Der Volkswille kann [...] in der Wirklichkeit des modernen demokratischen großen Staates nur in den Parteien als politischen Handlungseinheiten erscheinen" (BVerfGE 2, 11) und ihn wörtlich übernehmend (aber nicht zitierend; vgl. oben) „Sie erscheinen geradezu als das Sprachrohr, dessen sich das mündig gewordene Volk bedient, um sich artikuliert äußern und politische Entscheidungen fällen zu können" und schließlich kategorisch: „Heute ist jede Demokratie zwangsläufig ein *Parteienstaat*" (BVerfGE 1, 224).

Damit war auch die Verfassungstür für die Staatsfinanzierung der Parteien geöffnet: von der bescheidenen Wahlkampfkostenerstattung der frühen Jahre über eine ständig verbesserte Finanzausstattung der Parlamentsfraktionen und politischen Stiftungen bis zu der Steuerbegünstigung auch großer Parteispenden und faktischen Alimentierung der allgemeinen Parteiarbeit in der Gegenwart (vgl. v. Arnim 1991).

Nicht aufgegriffen hat das BVerfG Leibholz' Konsequenzen: imperatives Mandat, Fraktionszwang und Recall. Zu eindeutig ist nämlich der *ranggleich* neben Art. 21 stehende Art. 38 – Die Abgeordneten sind „Vertreter des ganzen Volkes, an Aufträge und Weisungen nicht gebunden und nur ihrem Gewissen verantwortlich" – um den „Strukturwandel" der Demokratie als vollendet deklarieren zu können.

> Für Leibholz, der zwar den Art. 38 auch nicht übersehen kann – Fraktionszwang und gebundenem Mandat fehle „auch heute noch die verfassungsrechtliche Legitimität", Parteiaustritt oder Parteiausschluß dürfe nicht zum Mandatsverlust führen, „wie dies an sich der Konsequenz des Parteienstaates entsprechen würde", Blankoverzichtserklärungen und Rücktrittsreverse von Abgeordneten gegenüber Fraktion oder Partei seien „rechtlich unwirksam" (Leibholz 1966a: 237; grundsätzlich dazu: Hesse 1991: 242) –, ist aber das Nebeneinander von Art. 21 und 38 ein „Ärgernis", ein „Dilemma",

ein „Widerspruch“: „Das Grundgesetz bekennt sich zu zwei verschiedenen, letztlich miteinander nicht vereinbaren Typen der Demokratie“ (ebd.: 236), „wobei das Bekenntnis zu den Grundsätzen des liberal-repräsentativen Parlamentarismus durch den Verfassungsgeber heute allein die Bedeutung haben kann, gewisse äußerste Konsequenzen des Parteienstaats abzuwehren.“ (Ebd.: 239)

Leibholz sucht Unterstützung beim BVerfG, das in Art. 21 und 38 GG ein „besonderes Spannungsverhältnis“ erkennt, „das in der Doppelstellung der Abgeordneten als Vertreter des ganzen Volkes und zugleich als Exponenten einer konkreten Parteiorganisation liegt.“ (BVerfGE 2, 72). Das Gericht spricht zwar auch von der „prinzipiellen Unvereinbarkeit“ der beiden Artikel, will sich aber – verfassungstreu – je nach konkreter verfassungsrechtlicher Frage mit der Spannungslage beider positiver Normen auseinandersetzen (ebd.: 73).

Es tut dies, indem es in dem Fall, daß eine von ihm als verfassungswidrig verurteilte Partei, Abgeordnete in ein Parlament entsandt hat, diesen das Mandat aberkennt, weil nur Parteien, „die auf dem Boden der freiheitlich-demokratischen Grundordnung stehen“ an der Willensbildung teilnehmen können und andernfalls auch ihre „Ideen selbst aus dem Prozeß der politischen Willensbildung auszuscheiden (haben). Dieses Ziel würde nicht erreicht werden, wenn es den wesentlichen Exponenten der Partei, den Abgeordneten, weiterhin möglich bliebe, die Ideen ihrer Partei an der Stätte, wo die echten politischen Entscheidungen fallen, zu vertreten ...“ (ebd.: 73f.).

Das BVerfG nutzt zur Begründung seines Urteils beide Seiten der ‘Doppelstellung’. Indem es einmal davon ausgeht, daß ein Abgeordneter im Parteienstaat „doch in aller Regel über eine Partei“ sein Mandat erhalten hat (ebd.: 72), folgert es, daß er dann im wesentlichen auch (nur) die Auffassungen seiner Partei vertritt, so daß der Mandatsverlust unmittelbar „an den Zusammenhang des Mandats mit der Partei“ (ebd.: 74f.) gebunden werden kann. Dies ist Ausfluß der puren Leibholzdoktrin, und der Art. 21 wird Art. 38 übergeordnet. In Bewertung der anderen, der traditionellen Figur des Abgeordneten „als Vertreter des Gesamtvolkes und nicht als Repräsentanten seiner Partei“ verwandelt das Gericht Art. 38 „aus einer Norm zum Schutz des Abgeordneten in eine Norm, die erlaubt, ihm das Mandat zu entziehen“ (Müller 1966: 222). Denn diese Norm müsse „richtig verstanden“ so ausgelegt werden, daß ein Abgeordneter „einer verfassungswidrigen Partei nicht ‘Vertreter des ganzen Volkes’ sein kann“ (BVerfGE 2, 74).

Leibholz findet in Wort und Tenor der Parteiverbotsurteile, an denen er mitgewirkt hat, eine Bestätigung seiner Parteienstaatstheorie (vgl. Leibholz 1964: 116f.; 1966a: 238f.). Andere halten an der Ranggleichheit beider Normen fest, die sich nicht widersprechen, sondern sich ergänzen.

Für Konrad Hesse macht das GG deutlich, „daß die Stellung des Abgeordneten nicht ohne das Wirken der politischen Parteien verstanden werden kann und daß umgekehrt für die Mitwirkung der politischen Parteien im Parlament das freie Mandat des Abgeordneten wesentlich ist. [...] Wegen der Selbständigkeit der Legitimation des Abgeordneten kann auch im Falle des Verbotes einer Partei durch das BVerfG kein Mandatsverlust eintreten.“ (Hesse 1991: 242/243)

Nach Peter Haungs stehen Art 21 und Art. 38 in keinem „unauflöslichen Gegensatz, sondern ergänzen einander im Rahmen der Verfassungsordnung, die repräsentative mit plebiszitären Elementen verbindet.“ (Haungs 1981: 20)

Michael Stolleis resümiert die „Normalität des Parteienstaates“ für alle westlichen Demokratien (1986: 8f.): „Repräsentativsystem und Parteienstaat sind durchaus vereinbar“ (ebd. 15).

Wolfgang Abendroth – „Der Abgeordnete mag zwar *sozial* Exponent seiner Partei sein, *rechtlich* ist er allein Vertreter des ganzen Volkes.“ (1972b: 163) – löst das herausgestellte Spannungsverhältnis im Demokratiemodell des Grundgesetzes positiv: „So hat das Grundgesetz durch den Zusammenhang von Art. 20, 21, 38 und 9 ein politisch lebendiges, auf unmittelbarer und ständiger Beteiligung aller beteiligungswilligen Bürger am politischen Leben beruhendes pluralistisches System plebiszitärer Demokratie, das sich durch repräsentative Institutionen (vor allem der Parlamente) vermittelt, die sich aber nicht dauerhaft gegenüber den Wählern verselbständigen sollen, schaffen wollen und in seinem Normengefüge auch geschaffen.“ (1966: 87)

6. Kanzlerdemokratie

Das Demokratiemodell des Grundgesetzes kann unbestritten als eine umfassende Konsequenz aus den Mängeln der Weimarer Verfassung verstanden werden (vgl. Fromme 1962; Bracher 1976). Der Parlamentarische Rat wollte Vorkehrungen treffen, daß antidemokratische Bestrebungen, die das politischen Systems erodieren können, in der Verfassung weder Ausgang noch Stütze finden können. Dafür sollen insbesondere die starke und unabhängige Stellung des Regierungschefs – „gegenüber dem Parlament, dem Kabinett, dem Präsidenten“ (Bracher 1976: 121) – und der Verzicht auf jegliche plebiszitären Elemente einstehen; hinzu kommen Grundrechtsverbürgung, die Hüterfunktion des Bundesverfassungsgerichts und die föderale Gliederung der Republik.

Die verfassungsrechtliche Stellung des Bundeskanzlers ist – abgesehen von kleinen Modifikationen bei der Einfügung der Wehr- und Notstandsgesetze – seit 1949 unverändert geblieben: Er wird (formal) vom Bundestag gewählt und kann von diesem *nur* durch ein konstruktives Mißtrauensvotum, d.h. bei gleichzeitiger Wahl eines Nachfolgers – dies ist die entscheidende Modifikation einer *Parlamentsdemokratie* –, gestürzt werden; er beruft und entläßt die Minister seiner Regierung, wobei er allerdings in die Willensbildung der ihn stützenden Parteienkoalition eingebunden ist; er bestimmt die Richtlinien der Politik und muß dabei ebenfalls auf die Kräfteverhältnisse und Meinungsströme in der Koalition achten. (Vgl. Hennis 1964: 8, 17)

Die Erfindung der *Kanzlerdemokratie* in der Bonner Republik veranlaßt Karl Loewenstein zu einer pessimistischen Einschätzung der institutionellen Voraussetzungen und der Zukunft der zweiten deutschen Demokratie:

> „Indem es die Skylla der mangelnden Standfestigkeit der Regierung vermied, geriet das Bonner Regime in die Charybdis des entmachteten Parlaments. In seiner Substanz ist das Regime 'demoautoritär', zumindest während der Dauer der Legislaturperiode, womit gesagt werden soll, daß die Regierung zwar auf demokratische Weise ins Amt gelangt, danach aber die politische Führung autoritär und ohne jede Begrenzung durch das Parlament oder die Wählerschaft ausübt. Die politischen Grundentscheidungen werden vom Kanzler allein gefällt, der der unbestrittene Herr des Kabinetts ist [...] Für die Kontrolle der Politik steht kein wirksames Mittel zur Verfügung mit Ausnahme der alle vier Jahre stattfindenden Bundestagswahlen. Man hat es sogar für gut befunden, die Nachwahlen auszuschalten, damit ja keine Gelegenheit besteht, während der Legislaturperiode die politische Windrichtung festzustellen. Das derzeitige System ist wohl kaum geeignet, eine Schulung im Betrieb des Parlamentarismus oder der Demokratie überhaupt zu vermitteln." (1969: 93f.)

Dieses frühe Urteil (1957) stützte sich auf wenige Jahre Demokratiepraxis unter Führung von Konrad Adenauer, wurde aber von Loewenstein auch später (vgl. 1969: 461f.) nicht grundsätzlich revidiert. Zweifellos hat der „autoritäre Patriarch, der strenge alte Herr" (Haungs 1986: 54) der deutschen Kanzlerdemokratie eine frühe Prägung gegeben (vgl. Bracher 1976: 129f., 135f., 138; Küpper 1985; Schwarz 1989); die Charakterisierung findet aber auch aus der Regierungspraxis von Brandt, Schmidt und Kohl, besonders wenn sie auf das Primat der Außenpolitik setzten, ihre Berechtigung (vgl. Niclauß 1988). Dezidiert anderer Auffassung ist Doering-Manteuffel. Die Bestimmungen des Grundgesetzes seien zwar die allgemeine verfassungsrechtliche Basis der Kanzlerdemokratie, die „gesellschaftlichen Grundlagen" für ihre reale Ausprägung – „Obrigkeitsfixierung" und Akzeptanz eines „Autorität gebietenden, väterlich-großväterlichen Patriarchen" – habe es nur in der Adenauer-Ära gegeben (1991: 11, 13, 16f.).

Von der Bedeutung der Landtagswahlen für die Ermittlung von Stimmungslagen zwischen den Bundestagswahlen, der Begrenzung autoritärer Kanzlerherrschaft durch den mit einer anderen Mehrheit besetzten Bundesrat und erst recht der Belebung der demokratischen Idee durch neue soziale Bewegungen (vgl. den Beitrag Politische Partizipation – soziale Teilhabe in diesem Bd.) konnte Loewenstein noch nichts wissen. Er übersieht mit seiner auch später nicht überprüften Befürchtung – „dem demokratischen Prozeß wird die Kehle zugeschnürt“ (1969: 93) – aber auch die demokratischen Potentiale des Parteienstaates.

Zur verfassungsrechtlichen Begünstigung einer autoritären Regierungsform und der realen autoritären Regierungspraxis – auch Regierungschefs anderer Staaten, z.B. der englische Premierminister, sind in vergleichbarer Position – kommt für die Kanzlerdemokratie als spezifisch deutsche Demokratieform (vgl. dazu Bracher 1974: 119f.) hinzu, daß sich in der Verfassungswirklichkeit eine *plebiszitäre* Legitimation der Kanzlerherrschaft herausgebildet hat.

Das Grundgesetz konstruiert zwar als Alternative zur plebiszitären Präsidialdemokratie der Weimarer Republik eine repräsentative Demokratie und damit auch eine parlamentarische Kanzlerdemokratie. In dieser „super-repräsentativen Verfassung“ (Fraenkel 1968: 117) ist die Regierung in einfacher Deutung nichts anderes als ein Ausschuß des Parlaments. Dann sind es auch und nur die Volksvertreter, und sie sind darin frei, die den Kandidaten ihrer Wahl zum Kanzler wählen. Aber mit der Entwicklung des Parteiensystems zu zwei großen Lagern (CDU/CSU versus SPD, die zur Regierungsbildung jeweils auf den Mehrheitsbeschaffer FDP angewiesen waren), kam es zu einer Polarisierung der Politik und zu einer Personalisierung der Bundestagswahlkämpfe und -entscheidungen. 1953 und 1957 kann man von „Adenauerwahlen“ (vgl. Haungs 1986: 48), 1972 von einer „Brandtwahl“ (Bracher 1974: 154), 1980 von einer „Schmidtwahl“ gegen Strauß (Haungs 1986: 51, 58) und in den 90er Jahren von „Kohlwahlen“ sprechen. Der amtierende Kanzler tritt gegen den jeweiligen Kanzlerkandidaten der Opposition an. Das Volk entscheidet sich in einem „als Bundestagswahlen verschleierten Personalplebiszits“ (Loewenstein 1969: 461; vgl. auch Niclauß 1988: 273f.) für einen politischen Führer und, dadurch bedingt, auch für dessen Partei und nicht in einem Sachplebiszit für oder gegen politische Inhalte von Wahl- oder Parteiprogrammen (Haungs: 50f., 54, 58). Der Bundestag hat dann kaum eine andere Möglichkeit, als den Wahlsieger auch zum Kanzler zu wählen.

Einen besonderen Akzent erhält die parlamentarische Demokratie des GG durch die gegenüber der Weimarer Verfassung stark beschnittene Möglichkeit der Parlamentsauflösung. Während damals kein Reichstag das ‘normale’ Ende seiner Legislaturperiode erreichte, sollte in der Bundesrepublik die Auflösung des Bundestages nur beim Scheitern der Kanzlerwahl oder bei fehlender Mehrheit bei einer Vertrauensfrage möglich sein.

„Die Kanzlerdemokratie ist die Parallelerscheinung der Premierminister-Demokratie mit der allerdings ungemein bedeutsamen Maßgabe, daß der Kanzler lediglich für den Fall eines offenen Konflikts mit der Parlamentsmehrheit die Möglichkeit besitzt, an das Volk zu appellieren (Art. 68 GG), während dem Premierminister ein unbeschränktes Auflösungsrecht zusteht." (Fraenkel 1968: 18)

Darf ein Bundeskanzler, der eine aktuell erwiesene parlamentarische Mehrheit hinter sich hat, auch Neuwahlen anstreben, um sich eine bessere Legitimation direkt vom Volk zu holen? Hat er also ein freies Auflösungsrecht?

Das Bundesverfassungsgericht verneint *grundsätzlich* diese Frage: „Insbesondere verfehlt es grundlegend den Sinn des Art. 68 GG wie der vom Grundgesetz geformten repräsentativen Demokratie, die Auflösung des Bundestages und Neuwahlen mit der Behauptung zu fordern, ein über ein konstruktives Mißtrauensvotum neu gewählter Bundeskanzler bedürfe neben seiner verfassungsgemäßen Legalität einer durch Neuwahlen vermittelten Legitimität." (BVerfGE 62, 43)

Die beiden Fälle: Willy Brandt stellt 1972 nach dem gescheiterten konstruktiven Mißtrauensvotum die Vertrauensfrage gem. Art. 68 GG; die sozialliberale Koalition stimmt – wie geplant – nicht zu, und der Bundespräsident löste den Bundestag auf. Brandt verstärkt durch einen Appell an das Volk in den Neuwahlen seine bis dahin äußerst knappe Bundestagsmehrheit. Helmut Kohl stellt, nachdem er mit einem konstruktiven Mißtrauensvotum Kanzler geworden war und wenige Tage nach der Billigung des von ihm vorgelegten Haushalts durch den Bundestag, ebenfalls die Vertrauensfrage, bei der sich seine (neue) Koalition verabredungsgemäß der Stimme enthielt. Der Bundespräsident löste daraufhin den Bundestag auf.

Die kritische Frage, ob durch dieses Verfahren nicht das Grundgesetz überdehnt wird, hält der Überprüfung durch das Bundesverfassungsgericht gerade noch stand (vgl. BVerfGE 62, 1ff.). In seiner Mehrheit votiert das Gericht, daß ein unbeschränktes Auflösungsrecht zwar nicht vorgesehen sei, aber wenn der Kanzler bei gegebenen politischen Kräfteverhältnissen keine Gestaltungsmöglichkeiten mehr sehe, seine Handlungsfähigkeit so beeinträchtigt oder gelähmt sei, „daß er eine von stetigem Vertrauen der Mehrheit getragene Politik nicht sinnvoll zu verfolgen vermag" (ebd.: 44), habe er das Recht, die Vertrauensfrage zu stellen, mit dem primären Ziel, zu Neuwahlen zu gelangen. Das Gericht resümierte in seinem Beschluß auch die diesbezüglichen Beratungen im Parlamentarischen Rat. Zwei Richter des BVerfG sprachen dann in ihren abweichenden Voten allerdings von einer verfassungswidrigen Auflösung. (Ebd.: 108, 113ff.)

Kein grundsätzliches Problem in einem sehr weiten Ermessensspielraum des Bundeskanzlers bei der Vertrauensfrage und des Bundespräsidenten bei der Parlamentsauflösung sieht Niclauß. Im Gegenteil, er sei mit der Kanzlerdemokratie gewollt: „Die Bundestagswahl vom 6. März 1983 löste das Spannungsverhältnis zwischen den repräsentativen und plebiszitären Kräften der Kanzlerdemokratie [...] Zur verfassungsrechtlichen Legitimation gewann der neue Bundeskanzler Kohl die plebiszitäre Zustimmung nach den ungeschriebenen Konventionen der Kanzlerdemokratie." (Niclauß 1988: 276f.)

Die beiden hier interessierenden *Parlaments*wahlen waren praktisch direkte *Kanzler*wahlen durch das Volk und die jeweils folgenden Wahlen des Kanzlers durch den Bundestag nichts anderes als ein verfassungskonformer akklamativer Nachvollzug eines nicht mehr veränderbaren Personalplebiszits.

Niclauß hält in Anlehnung an Fraenkel plebiszitäre und repräsentative Elemente in demokratischen Willensbildungs- und Entscheidungsprozessen für „durchaus miteinander vereinbar [...] Ein repräsentatives System der politischen Willensbildung ist zwar in modernen Demokratien unentbehrlich. Hieraus folgt jedoch nicht, daß plebiszitäre Elemente ausgeschlossen sind." (1988: 269f.) Daran anschließend spricht er im Prinzip der Kanzlerdemokratie einen „repräsentativ-plebiszitären Doppelcharakter" zu (ebd.: 279). Die Bonner Demokratie habe eben keine 'super-repräsentative' Verfassung, die Willensäußerungen des Volkes nur alle vier Jahre zulasse.

„Das Regierungssystem der Kanzlerdemokratie zeichnet sich [...] durch plebiszitäre Willensbildungsmechanismen neuer Art aus, die das konventionelle Instrumentarium unmittelbarer Demokratie (Sachplebiszit und Direktwahl) überflüssig erscheinen lassen. Politische Stabilität wurde im parlamentarischen System der Bundesrepublik nicht auf Kosten der demokratischen Mitwirkung erreicht. In der Kanzlerdemokratie besitzen die Wähler aufgrund der plebiszitären Komponente einen weitaus größeren Einfluß als im Regierungssystem der Weimarer Republik." (Ebd.)

Hier wird die Kanzlerdemokratie in gleicher Weise idealisiert wie bei Leibholz die Parteiendemokratie. Kann und soll sie ebenfalls als „Surrogat" der direkten Demokratie gerühmt werden? Ältere Urteile sprechen dagegen von der „offenkundigen Volksfeindlichkeit des Bonner Grundgesetzes" (Loewenstein 1969: 461), und heutige Stimmen stellen angesichts der „extremen Zurückdrängung des Volkes" aus dem politische Prozeß die Frage, ob die Bonner Demokratie nicht eine „Demokratie ohne Volk" sei (v. Arnim 1993: 15f.).

Schließlich wird auch die Legende von dem durch Plebiszite herbeigeführten Ende der Weimarer Republik (indirekt) wieder erzählt (vgl. dazu Evers 1988) - wie 1948/49 im Parlamentarischen Rat so auch 1992/93 in der Gemeinsamen Verfassungskommission von Bundestag und Bundesrat. Hier erinnert der SPD-Politiker Wolfgang Thierse an ein geschichtliches Faktum:

„Die Weimarer Demokratie ist nicht an Volksbegehren oder Volksentscheiden gescheitert, sondern an der Unentschiedenheit der Verfassung zwischen parlamentarischem System und dem Wahlkönigtum des Reichspräsidenten. Sie ist gescheitert an ihren schweren politischen Belastungen und am unter-

> entwickelten Demokratieverständnis. In den Sattel gehoben wurde Hitler nicht durch einen plebiszitären Akt, sondern durch ein Ermächtigungsgesetz, dem Parlamentarier zustimmten."[20]

Kanzlerdemokratie kann als eine idealtypische Charakterisierung der Realverfassung der Bundesrepublik gelten (Niclauß 266, 282). Sie ist als Demokratieform, wie Hennis (1964: 8), Bracher (1976: 119) und Niclauß (1988: 275) Fraenkel zustimmend (s. oben) schreiben, mit dem prime-ministerial government im gegenwärtigen England zu vergleichen; sie ist nicht weniger demokratisch und nicht mehr autoritär als diese.

7. Plebiszitär-autoritäre Demokratie

7.1. Plebiszitäre Führerdemokratie bei Max Weber

Max Weber (1864-1920) hat den Typ der „plebiszitären Führerdemokratie" in den Grundzügen am Ende des Ersten Weltkrieges und in den Diskussionen um die Ausarbeitung der Weimarer Reichsverfassung an der Figur des vom Volk zu wählenden Reichspräsidenten entwickelt. Das Modell ist in den Analysen von Wolfgang J. Mommsen hervorragend aufgearbeitet – auch in der Kontroverse darüber (vgl. Loewenstein 1961), ob Weber für ein Denken Ausgang gewesen ist, das die Auflösung der ersten deutschen Demokratie und den Übergang in eine *Führer*barbarei unterstützend begleitet hat. Wenn auch Weber seine „Führerdemokratie" immer grundsätzlich als Demokratie vertreten hat, so hat er sie mit der Emporhebung des charismatischen Führers unter Spannung gesetzt; sein Typ ist ambivalent.

Weber hatte die Parlamentarisierung und Demokratisierung Deutschlands noch in wilhelminischer Zeit nachdrücklich gefordert, nicht um der Demokratie willen, d.h. um Herrschaft von Menschen über Menschen zu minimieren, sondern um die alten konservativ-feudalen Machtgruppen, die er für unfähig hielt, ein modernes Deutschland in die Zukunft zu führen, abzulösen. Alle Fragen des demokratischen Staates ordnete er „der Machtstellung des deutschen Nationalstaates nach außen" unter (Mommsen 1981: 42; 1974b: 49). In einem Zeitungsartikel Webers aus dem Jahr 1917 heißt es: „ Dem Unterzeichneten ist 'Demokratie' niemals Selbstzweck gewesen. Die Möglichkeit einer sachlichen nationalen Politik eines starken, nach außen geeinigten Deutschlands ist es, welche ihn allein interessiert hat und interessiert." (Zit. n. Mommsen 1981: 37) Vorbild dafür war England, sein Parlamentarismus und seine politischen Führer.

Weber verzichtete darauf, seine Vorstellung von Demokratie auf Volkssouveränität, Selbstbestimmung der Individuen und Selbstregierung des Volkes, auf einen apriori vorhandenen Volkswillen, auf einen Willensbildungsprozeß von den Beherrschten zu den Herrschenden, kurz, auf eine naturrechtliche oder normative Legitimationsgrundlage zu stellen (vgl. Mommsen 1974a: 418ff.; 1981: 46f.):

> „Jeder Gedanke, durch ein noch so sozialistisches Gesellschaftssystem, durch noch so ausgetüftelte Formen der 'Demokratie' die Herrschaft des Menschen über den Menschen zu beseitigen, ist eine Utopie. [...] Begriffe wie 'Wille des Volkes', wahrer Wille des Volkes usw., existieren für mich schon lange nicht mehr, sie sind *Fiktionen.* Es ist gerade so, als ob man von einem Willen der Stiefelkonsumenten reden wollte, der für die Art, wie der Schuster seine Technik (!) einrichten sollte, maßgebend sein müsse! Die Schuhkonsumenten wissen zwar, wo sie der Schuh *drückt*, aber niemals, wie er besser gemacht werden sollte." (Zit. n. Mommsen 1974a: 421 und ergänzt n. Mommsen 1981: 46)

Auch das spezifische Ideal, das die repräsentative Demokratie legitimiert – freie Repräsentanten formen in *allgemeiner* Übereinstimmung mit dem Volkswillen den Staatswillen – spielt für Weber eine geringe Rolle. Weil für ihn Demokratie *grundsätzlich* nur „ein technischer, zweckhafter Apparat" ist, dessen Sinn darin besteht, „optimale Führerauslese zu gewährleisten und der Bürokratie wirksame Schranken zu setzen" (ebd.: 431), so hat auch Parlamentarisierung nur den Zweck, „das Parlament zu einer Auslesestätte für Führer zu machen" (Weber 1958b: 412, 342). Im Ergebnis gilt:

> „Realistisch gesehen kann Demokratie nach Weber bestenfalls Herrschaft durch freigewählte Führer sein, die dann aber im Grundsatz nach ihrem Gutdünken verfahren, niemals aber Ablösung von Herrschaft durch ein System durchgängiger Willensbildung von unten nach oben." (Mommsen 1981: 46f.)

Auch wenn ein Führer außerhalb des Parlaments ausgelesen und plebiszitär gewählt werden soll – Webers eigentliches Ideal –, gewährleistet das Parlament – wiederum am Beispiel Englands aufgezeigt – gegenüber dem „cäsaristischen Vertrauensmann" der Massen:

> „1. die *Stetigkeit* und 2. die *Kontrollierbarkeit* seiner Machtstellung; 3. die Erhaltung der bürgerlichen *Rechtsgarantien* gegen ihn; 4. eine geordnete Form der politischen *Bewährung* der um das Vertrauen der Massen werbenden Politiker innerhalb der Parlamentsarbeit und 5. eine friedliche Form der *Ausschaltung* des cäsaristischen Diktators, wenn er das Massenvertrauen *verloren* hat." (Weber 1958b: 383)

Mit dem Übergang von der Honoratioren-Organisation zur Massenpartei bekommen die politischen Führer ein neues Machtinstrument in die Hand: den Parteiapparat, der sich vollständig auf die Führer ausrichtet:

„Die Leitung der Partei durch plebiszitäre Führer bedingt die 'Entseelung' der Gefolgschaft, ihre geistige Proletarisierung, könnte man sagen. Um für den Führer als Apparat brauchbar zu sein, muß sie blind gehorchen ..." (Weber 1958: 532) Der „Diktator des Wahlschlachtfeldes" (ebd.: 523) kann dann auch im Parlament seine Machtposition einnehmen, weil die Abgeordneten für ihn „nichts anderes als gut diszipliniertes Stimmvieh sind. [...] Über dem Parlament steht also damit der faktisch plebiszitäre Diktator, der die Massen vermittelst der 'Maschine' hinter sich bringt, und für den die Parlamentarier nur politische Pfründner sind, die in seiner Gefolgschaft stehen." (Ebd.: 524)

Die Stärke des Führers liegt darin, daß ihm die Massen aufgrund seines *Charismas*[21] folgen und „ganz in zweiter Linie, weil er bestimmte Ziele verfolgt, die ihren Wünschen entsprechen, oder genauer, von deren Wünschbarkeit er sie allererst überzeugt hat." (Mommsen 1974a: 427) Damit ist der üblicherweise der Demokratie unterstellte Willensbildungsprozeß umgekehrt. Der Führer „fällt seine Entscheidungen aus ureigenster Überzeugung" (Mommsen 1974b: 50), muß sich aber dann dafür Gefolgschaft im Parlament und bei den Massen erkämpfen: „„... nicht die politisch passive 'Masse' gebiert aus sich den Führer, sondern der politische Führer wirbt sich die Gefolgschaft und gewinnt durch 'Demagogie' die Masse." (Weber 1958b: 389)

Die Legitimation der Herrschaftsform 'Führerdemokratie' ist das Charisma der Führer, das Anhänglichkeit erzeugt. Charisma ermöglicht Erfolge, Erfolge festigen Charisma.

„Die 'plebiszitäre Demokratie' – der wichtigste Typus der Führerdemokratie – ist ihrem genuinen Sinne nach eine Art der charismatischen Herrschaft, die sich unter der *Form* einer vom Willen der Beherrschten abgeleiteten und nur durch ihn fortbestehenden Legitimität verbirgt. Der Führer (Demagoge) herrscht tatsächlich dank der Anhänglichkeit und des Vertrauens seiner politischen Gefolgschaft zu seiner *Person* rein als solcher." (Weber 1964: 199)

Weber sah zu seiner Zeit nur eine Alternative „Führerdemokratie mit 'Maschine' oder führerlose Demokratie, das heißt: die Herrschaft des 'Berufspolitikers' ohne Beruf, ohne die inneren, charismatischen Qualitäten, die eben zu Führer machen. Und das bedeutet dann das, was die jeweilige Parteifronde gewöhnlich als Herrschaft des 'Klüngels' bezeichnet. Vorläufig haben wir nur dies letztere in Deutschland." (1958e: 532)

Mommsen resümiert: „Plebiszitär-demagogische oder, was sachlich auf das gleiche hinausläuft, cäsaristische Formen der Massenführung schienen Weber für das Funktionieren der modernen Massendemokratie unentbehrlich." (1974b: 52)

Demokratie und demokratische Prozesse werden von Weber in engsten Zusammenhang mit Demagogie gestellt – „Demokratisierung und Demagogie gehören zusammen" (Weber 1958b: 381) – und die Begriffe *Demagogie, Demagoge, demagogisch* ohne Vorbehalt benutzt; im Sinne seiner wertfreien Soziologie schreibt er 'guten' und 'schlechten', 'demokratischen' und 'cäsaristischen' Demagogen Charisma zu. Heute, nach dem Demagogen Hitler, der zweifelsohne Charisma hatte, nach anderen Agitatoren des 20. Jh., die an niedere Instinkte der Massen appellierten, um Zustimmung zu Gewaltherrschaft zu erreichen, Rassen- oder Klassenhaß oder Kriegsbegeisterung zu erzeugen, können Demagogie und Charisma nicht mehr wertfrei benutzt werden. Demokratische Staatsmänner mit Charisma gab es auch nach dem II. Weltkrieg (Adenauer, De Gaulle, Kennedy, Brandt, Mandela), aber *Massendemagogie* kann heute nicht mehr als Massen*führung*, sondern muß als Massen*verführung* übersetzt werden.

Charismatische Führerschaft in der (parlamentarischen) Demokratie – ein Widerspruch? Mommsen spricht von einem „antinomischen Modell, dessen beide Pole gleichsam jeder für sich mit äußerster Radikalität an die Grenzen des Denkmöglichen vorgeschoben sind" (1989: 534) und will Weber nicht „autoritär" mißverstanden wissen: „Denn der äußersten Zuspitzung des Prinzips der Eigenverantwortlichkeit des politischen Führers steht die Forderung gegenüber, daß sich große Führerschaft nur innerhalb eines genuin demokratischen Systems auszubilden vermag." (Ebd.) Webers Modell hält aber diese Spannung kaum aus; es kann im autoritären Sinne uminterpretiert werden – wie es Carl Schmitt auch tut; die Weimarer Demokratie, deren Verfassung wichtige plebiszitäre Elemente aus Webers Lehre enthält, wird in ein Gewaltsystem pervertiert.

> Webers Lehre „barg die Absolutierung der Rolle der charismatisch qualifizierten Führer im System der plebiszitären Führerdemokratie, die Degradierung des Volkswillens zu bloßer Akklamation [...], die Gefahr eines Umschlags in eine solche charismatische Diktatur in sich." (Mommsen 1974a: 435) Sie hat damit ihren Teil dazu beigetragen, „das deutsche Volk zur Akklamation eines Führers, und insofern auch Adolf Hitlers, innerlich willig zu machen" (ebd.: 437).

In die Diskussion über die Verfassung der mit der Novemberrevolution entstandenen deutschen Republik brachte Weber seine Ideen einer plebiszitären Demokratie mit der Figur des direkt vom Volk gewählten Präsidenten mit großem Engagement ein (vgl. Mommsen 1974a: 356ff., 380ff., 389ff.):

> „Ein auf die revolutionäre Legitimität der Volkswahl gestützter Reichspräsident, der also zu *eigenem* Recht den Reichskörperschaften gegenüberstände, hätte eine unvergleichlich andere Autorität als ein parlamentarisch gewählter." (Weber 1958c: 457)

Der „plebiszitäre Reichspräsident" sollte Haupt der Exekutive sein, ein suspensives Veto gegenüber dem Gesetzgeber Reichstag und das Recht, „*an die Volksabstimmung zu appellieren*" haben (ebd.: 470). Die Führerposition des Reichspräsidenten sollte außerdem noch dadurch gestärkt werden, daß er den Reichskanzler frei auswählen und den Reichstag auflösen konnte:

> „Ein volksgewählter Präsident als Chef der Exekutive, der Amtspatronage und (eventuell) Inhaber eines aufschiebenden Vetos und des Befugnisses der Parlamentsauflösung und Volksbefragung ist das Palladium der echten Demokratie, die nicht ohnmächtige Preisgabe an Klüngel, sondern Unterordnung unter selbstgewählte Führer bedeutet." (Weber 1958d: 489)

Der Reichspräsident als Vertrauensmann der Massen sollte zur Schlüsselfigur des neuen Verfassungssystems werden; er sollte das Gegengewicht zum Parlament sein und auch gegen den Willen der Parlamentsmehrheit eigenständig politisch handeln können. Dem Reichstag bringt Weber großes Mißtrauen entgegen, da die Gefahr besteht, daß er durch das Verhältniswahlrecht zum „Banausenparlament" werde und unfähig sei, „in irgendeinem Sinne eine Auslesestätte politischer Führer darzustellen" (Weber 1958d: 487):

> „Nur die Wahl eines Reichspräsidenten durch das Volk gibt Gelegenheit und Anlaß zu einer Führerauslese und damit zu einer Neuorganisation der Parteien, welche das bisherige ganz veraltete System der Honoratiorenwirtschaft überwindet." (Ebd.)

Mit der Institution des Reichspräsidenten will Weber „großen demokratischen Staatsmännern, die gleichsam die Eigenschaften eines Gladstone[22] und eines Bismarck in sich vereinigen, verfassungspolitisch den Weg zur Macht ebnen" (Mommsen 1974a: 369), und zwar außerhalb der Ochsentour in den Parteimaschinen.

Die Volkswahl des Reichspräsidenten, die dann auch in der Verfassung verankert wurde, ist nicht allein auf Weber zurückzuführen.[23] Dieser hat mit seinen Idealvorstellungen von einem Präsidenten auch keine weiteren Erfolge, da die Verfassung die Auflösung des Reichstags und die Initiative zum Volksreferendum an die Gegenzeichnung des Reichskanzlers bindet. *Formal* verfassungsrechtlich ist damit der Reichskanzler der politische Führer der Republik. Die Interpretationen der Verfassung und auch politische Bestrebungen waren aber darauf gerichtet, die Machtstellung des Reichspräsidenten auf Kosten der Rechte des Reichstages und Reichskanzlers auszubauen. Hier wirkt auch die monarchische Tradition weiter, in der man glaubt, „an der Spitze auch der Demokratie eine Art 'Ersatzkaiser' nicht entbehren zu können ..." (Bracher 1964: 48). Das Recht des Reichspräsidenten, den Reichstag aufzulösen – der von ihm abhängige Reichskanzler kann ihn dabei letztlich nicht hemmen kann, trägt dann seinen Teil bei „zur Herausbildung der verfassungsfremden Institution der Präsidialregierungen, die wiederum die Übertragung der Macht an die Nationalsozialisten ermöglichte." (Fromme 1962: 54) Der zentrale Kompromiß, der Weimarer Reichsverfassung, die Vermischung der präsidentiellen mit der parlamentarischen Demokratie führt zu einer „schädlichen Verschleierung der Verantwortlichkeiten" und schläfert insbesondere das Verantwortungsbewußtsein der Parlamentarier ein (Mommsen 1974a: 405). An diesem „in ihr immanent angelegten Dualismus von Reichspräsidenten einerseits, Reichstag und parlamentarischer Regierung andererseits" (Mommsen 1974b: 54) ging die Weimarer Republik schließlich mit zugrunde.

7.2. Carl Schmitts Anti-Parlamentarismus

Der Typus des plebiszitär legitimierten Präsidenten als Führer der Demokratie wurde von Carl Schmitt (1888-1985) aufgenommen und antiparlamentarisch und autoritär zugespitzt, indem er den Gesamtwillen des Volkes, verkörpert im Reichspräsidenten, gegen Parlamentarismus und zerstrittene Parteien stellte:

> „Der Reichspräsident wird vom ganzen deutschen Volk gewählt. Sein Recht, den Reichstag aufzulösen (Art. 25) oder gegenüber einem Gesetzesbeschluß des Reichstags einen Volksentscheid anzuordnen (Art. 73), gibt ihm die Möglichkeit, einen 'Appell an das Volk' zu richten und *gegen* das Parlament eine unmittelbare Verbindung mit den stimmberechtigten Staatsbürgern herzustellen. [...] Er ist in der Idee als ein Mann gedacht, der über die Schranken und den Rahmen von Parteiorganisationen und Parteibürokratie hinweg das Vertrauen des ganzen Volkes auf sich vereinigt, nicht als Parteimann, sondern als Vertrauensmann des *ganzen* Volkes. Eine Reichpräsidentenwahl, die wirklich diesem Sinn der Verfassungsbestimmung gerecht wird, wäre mehr als irgendeine der vielen Wahlen, die es in einem demokratischen Staate gibt. Es wäre eine großartige Akklamation des deutschen Volkes und hätte die ganze Unwiderstehlichkeit, die solchen Akklamationen in einer Demokratie zukommt. Welchen anderen Sinn und Zweck könnte aber eine so begründete Stellung des Reichspräsidenten haben, als den einer politischen Führung?" (Schmitt 1970: 350)

Liegt Schmitt in der Begrifflichkeit noch nahe bei Weber, so führen seine extensive Auslegung der Art. 48 WRV[24] und der Befugnisse des Reichspräsidenten zur Auflösung des Reichstags und Herbeiführung des Referendums in die autoritäre Richtung: der „Appell an das Volk" hat die Funktion, „gerade aus demokratischen Prinzipien heraus, ein Gegengewicht gegen den Pluralismus sozialer und wirtschaftlicher Machtgruppen zu bilden und die Einheit des Volkes als eines politischen Ganzen zu wahren." (Schmitt 1969: 159) Wenn Hugo Preuß und Max Weber mit dem präsidialen Auflösungsrecht eine Balance der Gewalten intendieren und im Reichspräsidenten „ein Gegengewicht gegen die Omnipotenz des Reichstags" sehen (Mommsen 1974a: 378), so schließt sich ihnen Schmitt zwar an – „ein notwendiges und normales Mittel der Balancierung" (Schmitt 1970: 354) –, aber für ihn ist das Auflösungsrecht weit mehr: allgemein der „Nagelpunkt des heutigen parlamentarischen Systems" (ebd.: 353) und speziell für die Weimarer Republik „eine das ganze System tragende [...] Einrichtung, welche den Zweck hat, den Willen des Volkes auch gegenüber einer Parlamentsmehrheit entscheiden zu lassen" (ebd.: 358).

Schmitts Funktionsbestimmung des Auflösungsrechts überhöht den Präsidenten zum „Hüter der Verfassung", was nicht Schutz von Wort und Geist der geschriebenen Verfassung bedeutet, sondern „Hüter und Wahrer der verfassungsmäßigen Einheit und Ganzheit des deutschen Volkes" (Schmitt 1969: 159). Dies kann dem Reichspräsidenten gelingen, weil die Verfassung selbst „das ganze deutsche Volk als eine Einheit" voraussetzt, die „unmittelbar, nicht erst durch soziale Gruppierungen vermittelt, handlungsfähig ist" (ebd.). Zum Antiparlamentarismus tritt die Ablehnung der parteienstaatlichen Demokratie.

Zur Balance der Weimarer Demokratie gehören bei Weber zwei Legitimationsprinzipien, die sich ergänzen: „die verfassungsmäßige Legalität des parlamentarischen Gesetzgebungsstaates und die 'revolutionäre Legitimität' des volksgewählten Reichspräsidenten" (Mommsen 1974a: 411). Mit dem konstatierten Verfall des Parlamentarismus und dem Versagen des Gesetzgebungsstaates fällt für Schmitt ein Legitimationsprinzip weg. Übrig bleibt die plebiszitärdemokratische Legitimation des Reichspräsidenten, die eine neue „substanzhafte Ordnung" (Schmitt 1968: 98) begründen soll. Am Horizont des Schmittschen Denkens erscheint ein Diktator, der die Grenzen der Gewaltenteilung überschreitet und zum *außerordentlichen* Gesetzgeber wird.

In seiner einflußreichen Schrift „Die geistesgeschichtliche Lage des heutigen Parlamentarismus" (1923) versucht Schmitt, „den letzten Kern der Institution des modernen Parlaments zu treffen. Dadurch wird sich von selbst ergeben, [...] wieweit die Institution moralisch und geistig ihren Boden verloren hat und nur noch als ein leerer Apparat [...] aufrechtsteht" (1961: 30). Dazu konstruiert er aus der parlamentarischen Praxis des 19. Jh. heraus einen Idealtyp und stellt ihn der Wirklichkeit der parlamentarischen Demokratie seiner Zeit gegenüber. Mit dieser Methode (vgl. Hofmann 1992: 97; Fijalkowski 1958), scharfsinnig und bedenklich zugleich, weil Ungleiches miteinander verglichen wird, kommt Schmitt zu einer „Deskription von lauter Entartungen" (Sontheimer 1968: 79f.), die durch keine Reform mehr zu retten sind. Die verabscheuenswerte Realität kann er dann richten.

> Der Parlamentarismus erhält in Schmitts Sicht durch Diskussion und Öffentlichkeit seinen Sinn: „Das Parlament ist jedenfalls nur solange 'wahr', als die öffentliche Diskussion ernst genommen und durchgeführt wird. 'Diskussion' hat hier aber seinen besonderen Sinn und bedeutet nicht einfach Verhandeln. [...] Diskussion bedeutet einen Meinungsaustausch, der von dem Zweck beherrscht wird, den Gegner mit rationalen Argumenten von einer Wahrheit und Richtigkeit zu überzeugen ..." (Schmitt 1961: 9)

Parlamentarismus als „government by discussion" (ebd.: 13) heißt, daß in „öffentlicher Rede und Gegenrede der echte Gesamtwille des Volkes als eine volonté générale" zustande kommt (Schmitt 1970: 315). Aus diesem „Grundgedanken des parlamentarischen Systems" ergeben sich für Schmitt seine notwendigen Elemente: Das Parlament repräsentiert die ganze Nation und verhandelt öffentlich, die Abgeordneten genießen dafür Immunität und sind an Aufträge nicht gebunden, Parlamentsausschüsse dürfen nur Vorbereitungsgremien sein und die Gesetzgebungskompetenz ist auf die Regierung nicht übertragbar (ebd.: 316f.). Aufgrund dieser Modellkonstuktion kann Schmitt kurz und bündig „die legitimatorischen Säulen des Parlamentarismus als anachronistisch" erweisen (Lenk 1997: 43):

> „Die Diskussion entfällt [...] Die Öffentlichkeit entfällt [...] Der repräsentative Charakter des Parlaments und des Abgeordneten entfällt", weil das Parlament nicht mehr die „Stätte gegenseitiger rationaler Überredung" ist, Fraktionszwang herrscht und die wesentlichen Entscheidungen außerhalb des Parlaments in „Zusammenkünften der Parteiführer, vertraulichen, interfraktionellen Besprechungen" fallen (Schmitt 1970: 318f.). Parlamentarische Demokratie und demokratischen Parteienstaat charakterisiert Schmitt als einen „*labilen Koalitions-Parteien-Staat*", weil die „staatliche Willensbildung auf labile, von Fall zu Fall wechselnde Parlamentsmehrheiten zahlreicher, in jeder Hinsicht heterogener Parteien angewiesen ist. [...] So wird das Parlament aus dem Schauplatz einer einheitsbildenden, freien Verhandlung freier Volksvertreter, aus dem Transformator parteiischer Interessen in einen überparteiischen Willen, zu einem Schauplatz pluralistischer Aufteilung der organisierten gesellschaftlichen Mächte" (Schmitt 1969: 88f.; Hervorhebung von Schmitt). – Als autoritärer Retter in der Not steht dann der Reichspräsident bereit.

Sontheimer resümiert, daß es Schmitt gelingt, „dem Parlamentarismus die geistige Existenzberechtigung abzusprechen [...] Der Parlamentarismus hat sich ausgelebt, er hat seinen Geist aufgegeben." (1968: 153) Nach dem Übergang vom liberalen Honoratiorensystem zum massendemokratischen Parteienstaat des 20. Jh. haben Parlamentarismus und parlamentarische Demokratie für Schmitt ihr Lebenselement eingebüßt: „Sind Öffentlichkeit und Diskussion in der tatsächlichen Wirklichkeit des parlamentarischen Betriebes zu einer leeren und nichtigen Formalität geworden, so hat auch das Parlament [...] seine bisherige Grundlage und seinen Sinn verloren.“ (Schmitt 1961: 63)

Gerade wegen der gewollten Antithese zur parlamentarischen Demokratie (Sontheimer 1968: 81) – zuerst wird differenziert, es könne „eine Demokratie geben ohne das, was man modernen Parlamentarismus nennt“ (Schmitt 1961: 41), später wird der „Gegensatz von Parlamentarismus und Demokratie“ in den Titel gehoben[25] – kann Schmitt sein „reines“ Demokratieprinzip formulieren:

> „Demokratie (als Staatsform wie als Regierungs- oder Gesetzgebungsform) ist Identität von Herrscher und Beherrschten, Regierenden und Regierten, Befehlenden und Gehorchenden [...]
> Das Wort ‘Identität’ ist für die Definition der Demokratie deshalb brauchbar, weil es die umfassende, d.h. Regierende wie Regierte einschließende Identität des homogenen Volkes bezeichnet und die in anderen Staatsformen bestehende Verschiedenheit zwischen Regierenden und Regierten verneint. [...] In der reinen Demokratie gibt es nur die Identität des wirklich anwesenden Volkes mit sich selbst, also keine Repräsentation.“ (Schmitt 1970: 234f.)
> Diese Definition sei in ihrem Kern nicht neu, sondern entspreche einer klassischen Überlieferung bei Samuel Pufendorf (1632-1694), der festlegte: „in der Demokratie, wo derjenige, der befiehlt und derjenige, der gehorcht, derselbe ist, kann der Souverän, d.h. die aus allen Bürgern bestehende Versammlung, beliebig Gesetze und Verfassung ändern.“ (Schmitt 1961: 20)
> *Der* Bezugstheoretiker für Schmitt ist jedoch Rousseau, „der am Anfang der modernen Demokratie steht“ (ebd.: 19). In der Staatskonstruktion des „*Contrat social*“ findet Schmitt einen weiteren, *den* Beweis dafür, „daß man Demokratie richtigerweise als Identität von Regierenden und Regierten definiert“ (ebd. 20). Auf diesem Wege begegne man dann dem Parlament „als einer nicht mehr begreiflichen, veralteten Institution“; dem „unwidersprechlichen Willen des Volkes“ gegenüber habe eine „auf der Diskussion von unabhängigen Abgeordneten beruhende Institution keine selbständige Existenzberechtigung“ (ebd.: 21).

Mit diesem Ausschluß jeglicher repräsentativer Elemente wird Rousseau unverfälscht interpretiert. Dann erfährt dessen Theorie jedoch Verschiebungen. Wenn der contrat social in einer Form geschlossen wird, bei der jeder so frei bleibt wie zuvor, dann ist *Freiheit* der zentrale Wert. Schmitt will aber hinter dieser „liberalen Fassade“ das eigentliche Fundament des demokratischen Staates erkennen, der „nur existiert, wo das Volk so homogen ist, daß eine wesentliche Einstimmigkeit herrscht [...] Die *volonté générale,* wie Rousseau sie konstruiert, ist in Wahrheit Homogenität. Das ist wirklich konsequente Demokratie.“ (Ebd.: 19f.) „Der zentrale Begriff der Demokratie ist daher Gleichheit im Sinne substantieller Gleichartigkeit" (Hofmann 1992: 147); dieser außerordentlich auslegungsfähige Begriff wird in die Rousseausche Freiheitslehre hineininterpretiert. „Substantielle Gleichheit" ist bei Schmitt „wesentliche Voraussetzung der Demokratie":

> „Herrschaft oder Regierung darf in der Demokratie nicht auf einer Ungleichheit beruhen, also nicht auf einer Überlegenheit der Herrschenden oder Regierenden, nicht darauf, daß die Regierenden etwas qualitativ Besseres sind als die Regierten. Sie müssen ihrer Substanz nach in der demokratischen Gleichheit und Homogenität verbleiben. Dadurch, daß einer herrscht oder regiert, darf er nicht aus der allgemeinen Identität und Homogenität des Volkes heraustreten. Infolgedessen darf die Macht oder Autorität derer, die herrschen oder regieren, nicht auf irgendwelchen höheren, dem Volke unzugänglichen Qualitäten beruhen, sondern nur auf dem Willen, dem Auftrag und dem Vertrauen derer, die beherrscht oder regiert werden und die sich auf solche Weise in Wahrheit *selbst* regieren." (Schmitt 1970: 235)

Geheime Wahlen/Abstimmungen sind nicht mehr unbedingt erforderlich, um den Willen des Volkes zu ermitteln und Herrschaft zu legitimieren: „Der Wille des Volkes kann durch Zuruf, durch acclamatio, durch selbstverständliches, unwidersprochenes Dasein ebenso gut und noch besser demokratisch geäußert werden ..." (Schmitt 1961: 22). Entscheidend ist dann allerdings, wie der Wille des Volkes „gebildet" wird und wer über die Mittel dazu verfügt: „militärische und politische Gewalt, Propaganda, Herrschaft über die öffentliche Meinung durch Presse, Parteiorganisationen, Versammlungen, Volksbildung, Schule." (Ebd.: 37f.) Mit solchen Mitteln soll nicht demokratische Identität – für Schmitt „angesichts der Ausbreitung des demokratischen Gedankens" politisch nicht mehr interessant (vgl. ebd.: 38) –, sondern entpolitisierte *Identifikation* herbeigeführt werden. Dafür ist öffentliche Akklamation, wie auch immer manipuliert, als herrschaftslegitimierende Zustimmung ausreichend. Auf diesem Weg läßt sich auch eine scheinbar demokratische Identifikation mit autoritärer Herrschaft, ja mit einem Diktator, wenn es das Volk nur will, erreichen – in Schmitts Theorie kein Problem, da „Diktatur nicht der entscheidende Gegensatz zu Demokratie ist" (ebd.: 37; 41).

8. Demokratie als Markt

8.1. Schumpeters Konkurrenztheorie

Die klassische Demokratietheorie wird von Joseph A. Schumpeter (1883-1950) verabschiedet, weil er meint, die ihr zugrunde liegenden Kernvorstellungen – Fähigkeit des Volkes sich in der Willensbildung zu einem Gemeinwillen (volonté générale) zu integrieren und ein „eindeutig bestimmtes Gemeinwohl“ – aufgrund seiner historischen Studien als Mythen charakterisieren zu können. Die Interessendifferenzen und die Spaltung der Meinungen über prinzipielle Fragen ließen es nicht zu, daß das ganze Volk durch Kompromisse zur „Einigkeit“ kommt (vgl. Schumpeter 1972: 399). „Es gibt letzte Ideale und Interessen, die auch der glühendste Demokrat über die Demokratie stellen wird.“ (Ebd.: 384)

Demokratietheorie braucht in dieser Sicht nicht mit Inhalten, mit Grundwerten (z.B. Freiheit) oder mit Zielen (z.B. Emanzipation) in Verbindung gebracht werden, weil sie bloß eine

> „politische Methode (ist), das heißt: eine gewisse Art institutioneller Ordnung, um zu politischen – legislativen und administrativen – Entscheidungen zu gelangen, und daher unfähig, selbst ein Ziel zu sein, unabhängig davon, welche Entscheidung sie unter gegebenen historischen Verhältnissen hervorbringt.“ (Ebd.)

Von diesen allgemeinen Festlegungen ausgehend reduziert Schumpeter in einer von ihm als „realistisch“ bezeichneten Wendung die vorherrschende repräsentative Demokratie auf ein *Verfahren*, in dem sich das Volk nicht seine Repräsentanten auswählt und ihnen in Ausübung seiner Souveränität Aufträge erteilt („government by the people“), sondern in einem Rollentausch die Repräsentanten/Politiker sich ihr Volk, d.h. ihre Wähler suchen, bei ihnen mit einem Politikangebot werben, damit sie auf Zeit zur (alleinigen) Herrschaft zugelassen werden:

> „Wir nehmen nun den Standpunkt ein, daß die Rolle des Volkes darin besteht, eine Regierung hervorzubringen, oder sonst eine dazwischen geschobene Körperschaft, die ihrerseits eine nationale Exekutive oder Regierung hervorbringt. Und wir definieren: die demokratische Methode ist diejenige Ordnung der Institutionen zur Erreichung von politischen Entscheidungen, bei welcher einzelne die Entscheidungsbefugnis vermittels eines Konkurrenzkampfs um die Stimmen des Volkes erwerben.“ (Ebd. 427f.)[26]

Schumpeter meint, indem er diesen leicht zu überprüfenden „modus procedendi“ hervorhebt, der begrifflichen Schwierigkeit der klassischen Theorie zu entgehen, die darin bestehe, daß auch *undemokratische* Regierungen „sowohl dem Willen wie dem Wohl des Volkes genauso gut oder sogar besser“ gedient hätten (ebd.: 428). Schumpeter meint auch, daß es den mündigen Bürger, der in Freiheit und Selbstbestimmung die Politik mitgestaltet, nicht gebe. Betritt der Bürger die politische Bühne, werde er „wieder zum Primitiven. Sein Denken wird assoziativ und affektmäßig“ (ebd.: 416f.). Deshalb muß vermieden werden, von der Wählerschaft „ein völlig wirklichkeitsfremdes Ausmaß von Initiativen“ (ebd.: 429) zu erwarten, statt auf Führung zu setzen. Für Schumpeter ist der Wille des Volkes „das Erzeugnis und nicht die Triebkraft des politischen Prozesses“ (ebd.: 418). In seiner Theorie bedeutet Demokratie also nicht, „daß das Volk tatsächlich herrscht, jedenfalls nicht im üblichen Sinn der Begriffe ‘Volk’ und ‘herrschen’“, sondern nur, „daß das Volk die Möglichkeit hat, die Männer, die es beherrschen sollen, zu akzeptieren oder abzulehnen“, oder wie er kurz und bündig sagt: „Die Demokratie ist die Herrschaft der Politiker“ (ebd.: 452). Also: Bestellung der Führer zur Herrschaft um der Herrschaft willen und basta; keine Willensbildungsprozesse, weder innerparteilich, noch vom Volk zum Staat hin, keine Partizipation zwischen den Bestätigungs-Wahlen, keine Inhalte und Werte der Politik. Die Wähler müßten einsehen, daß nach der Wahl die Politik nicht mehr ihre Sache ist, sondern die der Politiker (vgl. ebd.: 468). Mittermaier und Mair charakterisieren die „andere“ Demokratietheorie von Schumpeter als „Ausverkauf der Demokratie“ (1995: 172ff.)

Festgehalten werden muß, daß auch bei Schumpeter die Staatsgewalt nicht ohne Mitwirkung des Volkes übernommen werden kann. Aber die Staatsgewalt geht nicht wirklich vom Volke aus. Seine Theorie kennt konsequenterweise für eine solche verkrüppelte Legitimation den Begriff Volkssouveränität nicht.

> Die Freiheit der Wählerschaft bei der Entscheidung sei allerdings nur eine ‘reagierende Freiheit’; sie „fließt nicht aus ihrer eigenen Initiative, sondern wird geformt. [...] In allen normalen Fällen liegt die Initiative bei den Kandidaten, der sich um das Amt als Parlamentsmitglied und die damit jeweils verbundene lokale Führung bewirbt. Die Wähler beschränken sich darauf, sein Angebot entweder anderen vorzuziehen und es anzunehmen oder es abzulehnen.“ (Ebd.: 449)

Unbeantwortet bleibt in Schumpeters Theorie die Frage, ob unmündige, affektbeladene, subtil gelenkte Wähler, die „schlechte Kenner ihrer eigenen langfristigen Interessen“ sind (ebd.: 414), überhaupt die *richtigen* Führer wählen können und ob nicht die auf „freie Konkurrenz um freie Stimmen“ reduzierte Definition der Demokratie (ebd.: 430) eine Phrase ist, weil die Stimmen nicht frei sind.

Das Geschäft der Politik und der Konkurrenzkampf wird von den *politischen* Parteien betrieben, wobei Schumpeter die amerikanischen Wahlkämpfe und die dortigen Parteimaschinen vor Augen hatte, die dort nicht wie in der (europäischen) Parteienstaatslehre (s. oben 5.) als permanente Mediatisierungs-/Willensbildungsinstitutionen verstanden werden, sondern als bloße Mittel zum Wahlerfolg fungieren sollen. Dafür greifen sie opportunistisch und populistisch alles auf, was bei den Wählern ankommt; sie sind *catch-all-parties* (Otto Kirchheimer; vgl. Lenk/Neumann 1974 II: 113).

Parteien haben, so sagt Schumpeter, „natürlich" zur ideologischen Verschleierung ihrer puren Machterwerbs- oder Machterhaltsfunktion einen „Vorrat von Prinzipien oder Rettungsplanken", die sogar charakteristisch für die Partei und wichtig für ihre Wahlerfolge sein können, so wie „die Warenzeichen der Artikel, die ein Warenhaus verkauft, für dieses charakteristisch und für seinen Erfolg wichtig sind. Aber das Warenhaus kann nicht durch seine Warenzeichen und eine Partei nicht durch ihre Prinzipien definiert werden. [...] Parteipolitiker und Parteimaschinen sind nur die Antwort auf die Tatsache, daß die Wählermasse keiner anderen Handlung als der Panik fähig ist, und sie bilden einen Versuch, den politischen Konkurrenzkampf genau gleich wie die entsprechenden Praktiken eines Wirtschaftsverbands zu regulieren. Die Psychotechnik der Parteileitung und der Parteireklame, der Schlagworte und der Marschmusik ist kein bloßes Beiwerk. Sie gehören zum Wesen der Politik." (Schumpeter 1972: 449f.)

Schumpeter zieht eine Parallele zwischen dem als Vorbild angesehenen ökonomischen Marktgeschehen und dem politischen Geschehen in der Demokratie. Der Konsument/Käufer besitzt das Geld, der Wähler die Stimme; die Unternehmer produzieren Waren, die herrschende Klasse/Elite Politik; analog zu den wirtschaftlichen Phänomenen wird auch in der Politik die „unfaire und betrügerische Konkurrenz" nicht ausgeschlossen (ebd.: 431); genauso ideologisch wie die Phrase 'Der Kunde ist König' (angebliche Konsumentensouveränität) ist die Figur des autonomen Bürgers. Käufer und Wähler sind in ihren Entscheidungen nur in soweit frei, als die konkurrierenden Anbieter von normalen oder politischen Waren Entscheidungsvarianten vorgeben. Dies geschieht auf Grund subtiler Markt- oder Meinungsforschung (Demoskopie). Man will natürlich nicht an den Bedürfnissen der Käufer/Wähler vorbeiproduzieren oder -politisieren. Und damit sich der Kreis der Manipulation schließt, werden die Bedürfnisse durch Marketing/Wahlwerbung *geweckt*, d.h. den Käufern/Wählern wird suggeriert, daß sie diese Waren/Politik wirklich brauchen, daß sie ihren ureigensten Wünschen/Interessen entsprechen. Die „geheimen Verführer" (Vance Packard) gibt es in der Ökonomie und in der Politik – es sind auch die gleichen Agenturen, die mit ähnlichen Mitteln für Waschmittel oder Politik werben –, und des „Pudels Kern" ist der *Profit*:

„Zum Beispiel ist der Grund, warum es so etwas wie eine ökonomische Tätigkeit gibt, natürlich der, daß die Menschen sich nähren und kleiden usw. wollen. Die Mittel zur Befriedigung dieser Wünsche zu liefern, ist das soziale Ziel oder der soziale Sinn der Produktion. Trotzdem sind wir uns alle einig, daß diese These ein sehr wirklichkeitsfremder Ausgangspunkt für eine Theorie der wirtschaftlichen Tätigkeit in der kommerziellen Gesellschaft wäre und daß wir besser vorwärtskommen, wenn wir von Thesen über Profite ausgehen. In ähnlicher Weise ist der soziale Sinn oder die soziale Funktion der parlamentarischen Tätigkeit ohne Zweifel die, Gesetze und teilweise auch Verwaltungsmaßnahmen hervorzubringen. Aber um zu verstehen, wie die demokratische Politik diesem sozialen Ziel dient, müssen wir vom Konkurrenzkampf um Macht und Amt ausgehen und uns klar werden, daß die soziale Funktion, so wie die Dinge nun einmal liegen, nur nebenher erfüllt wird – im gleichen Sinne wie die Produktion eine Nebenerscheinung beim Erzielen von Profiten ist." (Ebd.: 448)

Schumpeters Konzeption charakterisiert das politische Geschehen in den Massendemokratien weitgehend zutreffend, hat doch die Organisierung der *öffentlichen Meinung* dem weitverbreiteten, politisch steuerbaren Typ des „eindimensionalen Menschen" (Herbert Marcuse) zur Folge, der sich in seinem Denken in Folge einer erdrückenden Fülle präformierter Sprachschemata mehr oder weniger nur in zugelassenen Varianten bewegen kann. In der Tat erzeugt die fabrizierte öffentliche Meinung die praktische „Handlungsunfähigkeit der volonté générale", und die Wähler sind dann „schlechte Kenner ihrer eigenen langfristigen Interessen" (ebd.: 414). Der Volkswille wird fabriziert „völlig analog zur Art und Weise der kommerziellen Reklametechnik" – ein „Trick" sagt Schumpeter, der genauso lange erfolgreich sei als er „rationale Argumente vermeidet und so auch die Gefahr, die kritischen Fähigkeiten des Volkes zu wecken" (ebd.: 418).

Das ganze könnte gelesen werden als kritische Sozialwissenschaft, wenn nicht in Schumpeters „anderer" Demokratietheorie Idee und Wirklichkeit in folgenden Zusammenhang gebracht werden würden: Nicht die Wirklichkeit des politischen Prozesses muß sich vor der Idee der Demokratie rechtfertigen, sondern die Idee wird durch die Wirklichkeit geformt, besser: verbogen. Die normative Kraft des Faktischen ist Gegenwart, die faktische Kraft des Normativen ist Vergangenheit. Auch in diesem Sinne werden abschließend die folgenden Kritiken des Schumpeterschen Modells angeführt.

„Durch die Behandlung der Staatsbürger/Wähler als Konsumenten wird die Bedeutung und der Wert des Wahlaktes beschränkt, die Rolle des Staatsbürgers herabgewürdigt. Im Grundgesetz heißt es: 'Die Parteien wirken bei der politischen Willensbildung der Bevölkerung mit' Nach der ökonomischen Theorie der Demokratie müßte es korrekt heißen: 'Die Parteien wirken bei der Marktentscheidung der Wähler/Konsumenten durch die für solche Beeinflussungen üblichen Methoden mit'. Das heißt, an die Stelle der politischen Willensbildung, die doch wohl über Sachargumente, Aufklärung, Information, Diskussion zu erfolgen hätte, tritt die Beeinflussung der *Wählermotivation*, die auf unbewußte, irrationale 'Stimmungen' aufbaut und kaum Wert auf Bewußtmachung legt." (Fetscher 1985: 35)

„Erkennen traditionelle Demokratieanschauungen [...] in der Verselbständigung elitärer Herrschaftsgruppen eine Hauptgefahr der Demokratie, so werden von den vorgestellten Demokratiemodellen umgekehrt die souveränen

Staatsbürger der Entscheidungsmacht politischer Eliten überantwortet. Die empirische Wahlforschung betont ganz in diesem Sinne, daß die Fortdauer der Demokratie von der Fähigkeit der Eliten abhängt, das repräsentative System vor den Massen zu schützen. 'Entlarvt' als demokratischer Mythos wird der Glaube an die freie Entscheidung autonomer Individuen. Apathie und Indifferenz kennzeichnen den Wähler und stellen zugleich eine wesentliche Bedingung für eine funktionsfähige Demokratie dar. Orientiert am Prinzip der Effizienz, richtet sich die politisch-funktionale Betrachtungsweise gegen das Postulat der Partizipation. Damit wird der Leitgedanke zurückgewiesen, demokratische Herrschaft sei durch die vernünftige Selbstbestimmung mündiger Menschen vermittelt." (Röhrich 1991: 47)

8.2. „Ökonomische Theorie" der Demokratie bei Downs

Die Demokratietheorie von Anthony Downs ist– expressis verbis (Downs 1968: 28f.) – eine Adaption und eindeutige Fortführung des Modells von Schumpeter: Die politische Prozeß laufe in den Grundzügen wie der ökonomische Prozeß in einer Marktwirtschaft ab. Die (Partei-)Politiker entsprächen den Unternehmern, die Wähler den Käufern/Konsumenten, die politischen Losungen den Waren. Wie die Unternehmer diejenigen Waren produzieren, von denen sie sich den höchsten Absatz und Profit versprechen, so offerieren die Politiker solche Programme (= Wahlversprechungen), mit denen sie den größten Stimmengewinn erwarten:

> „Unsere Hauptthese lautet, daß die Parteien in der demokratischen Politik den Unternehmern in einer auf Gewinn abgestellten Wirtschaft ähnlich sind. Um ihre privaten Ziele zu erreichen, treten sie mit jenen politischen Programmen hervor, von denen sie sich den größten Gewinn an Stimmen versprechen, so wie die Unternehmer aus dem entsprechenden Beweggrund diejenigen Waren produzieren, von denen sie sich den höchsten Gewinn versprechen." (Ebd.: 289)

Das utilitaristische Motiv der Parteien ist also *Stimmenmaximierung;* das utilitaristische Motiv der Wähler und der Parteimitglieder *Nutzenmaximierung*. Die Wähler stimmen für die Partei, von deren Politik sie den größten eigenen Nutzen erwarten; die Bürger engagieren sich in Parteien, nicht um demokratische Ziele (die Freiheit, den Frieden, das Gemeinwohl u.a.) zu verwirklichen, sondern um ihr Einkommen zu erhöhen, Prestige oder Macht zu erlangen, was mit der Ämterpatronage der Parteien erleichtert wird:

> „Daher streben in unserem Modell die Politiker niemals ein öffentliches Amt an, weil es ihnen ermöglicht, bestimmte politische Konzepte zu verwirklichen; ihr einziges Ziel ist, die Vorteile zu genießen, die ein öffentliches Amt an sich bietet. [...] Auf dieser Überlegung beruht die Grundhypothese unseres ganzen Modells: Die Parteien treten mit politischen Konzep-

ten hervor, um Wahlen zu gewinnen; sie gewinnen nicht die Wahlen, um mit politischen Konzepten hervortreten zu können." (Ebd.: 27f.)

Downs macht eine wichtige Annahme über die menschliche Natur und legt damit für Schumpeter und seine eigene Theorie das Fundament: Jedes Individuum handele *rational* und zugleich *egoistisch*. Parallel zu den Formulierungen Schumpeters über den Sinn ökonomischer und politischer Tätigkeiten – der eben im *Profit* zu suchen ist – ist auch für Downs die „Erfüllung sozialer Funktionen gewöhnlich ein Nebenprodukt menschlichen Handelns, dessen Ziel private Ambitionen sind" (ebd.: 28). Dieses Eigennutz-Axiom, auf dem auch jede Wirtschaftstheorie beruhe, findet er dann selbstverständlich zuerst bei dem Vater aller liberalen Wirtschaftstheorien.

> Es gelte nämlich die Formulierung von *Adam Smith*: „Der Mensch bedarf fast ständig der Hilfe seiner Mitmenschen, und er wird sie vergeblich von ihrer Güte allein erwarten [...] Nicht von der Güte des Fleischers, Brauers oder Bäckers erwarten wir unsere Mahlzeiten, sondern von der Rücksicht, die jene auf ihre eigenes Interesse nehmen. Wir wenden uns nicht an ihre Humanität, sondern an ihre Eigenliebe und reden zu ihnen nie von unseren eigenen Bedürfnissen, sondern von ihren Vorteilen." (Ebd.: 27)[28]

Das „Wesen der demokratischen Regierungsform" definiert Downs mit einem Set von *Spielregeln* (vgl. ebd.: 23):

- Wahlen müssen in periodischen Zeitabständen stattfinden;
- die Periode darf von der an der Macht befindlichen Partei nicht ohne Mitwirkung der Opposition geändert werden;
- das Ergebnis einer Wahl ist vom jeweiligen Verlierer zu akzeptieren;
- das Wahlrecht muß allgemein und gleich sein;
- jede regierende Partei, die natürlich darauf aus ist, ihr Ansehen, das sie beim Volk genießt, zu maximieren, kann „über unbegrenzte Handlungsfreiheit innerhalb der durch die Verfassung gesetzten Grenzen (verfügen). Die wichtigste dieser Grenzen besteht darin, daß die Regierung – d. h. die regierende Partei – die Tätigkeit der anderen politischen Parteien in der Gesellschaft nicht behindern kann. [...] Wirtschaftlich kennt die Macht der Regierung jedoch keine Grenzen [...] Die einzige Beschränkung, der sie dabei unterliegt, ist ihre Verpflichtung, die politische Freiheit zu wahren" (ebd.: 11f.), d. h. sie muß die Möglichkeit der *politischen Alternative*, die vor allem darin besteht, daß die Opposition Regierung werden kann, offen halten.

Die Downsche Demokratie ist also eine auf einer Input-output-Rationalität beruhende Herrschaftstechnik mit einem Minimum an demokratischen Spielregeln; sowohl die umfassend informierten

Wähler als auch die politische Klasse handeln rational und kalkulieren ihren jeweiligen Nutzen. Nicht weniger, aber auch nicht mehr. Das Downsche Modell lebt aus der Vereinfachung, zu der auch ein unterstelltes Zwei-Parteien-System gehört. Nur die Kernpunkte der Kritik an Downs seien hier angeführt (ausführlicher Schmidt 1997: 147ff.).

Zu kritisieren ist zunächst die These vom rationalen Wähler, der bei seinen Entscheidungen nur den Eigennutzen im Kopfe hat, nicht durch Traditionen geleitet, nicht in soziale Milieus eingebunden, nicht unzureichend oder einseitig informiert und nicht durch Massenmedien beeinflußt oder gar manipuliert ist. Zum anderen bewegen nicht nur die oben bestimmten Verkäufer und Käufer politischer Waren die Politik. Ihr zugrunde liegen geschichtliche Situationen, sozialökonomische Strukturen und Weltkonflikte (früher der Ost-West-Konflikt und andauernd der Nord-Süd-Konflikt). Diese polity wird auch durch auf dem politischen Markt kaum beeinflußbare und kaum veränderbare Entscheidungen eines Verfassungsgerichts bestimmt. In die politics mischen sich die Verbände, insbesondere die autonomen Tarifparteien ebenso ein wie eine unabhängige Zentralbank, supranationale Organisationen (wie die EU) und global agierende Unternehmungen (Banken und Konzerne), deren Finanzentscheidungen dem Zugriff nationaler politischer Akteure fast ganz entzogen sind. Insgesamt ist das Marktmodell ein zu einfaches Modell und „insoweit ist der Boden, auf dem die 'Ökonomische Theorie der Demokratie' errichtet wurde, ziemlich sandig“ (ebd.: 150).

Definitionsversuch

Die 'Markttheorie' formt den Demokratiebegriff nach der Wirklichkeit kapitalistischer Gesellschaften, entleert ihn aller Inhalte und überträgt ihn, reduziert auf eine *technische Methode* zur Legitimierung der Regierenden, auf die politische Ordnung. Eine solche Beschreibung von Demokratie ist affirmativ. Die Bürgerinnen und Bürger sollen nicht Volkssouveränität verwirklichen, sollen nicht autonome Akteure in der Politik, sondern Konsumenten von Politik sein.

Auch wenn der Demokratiebegriff normativ gefüllt und die Demokratie als *Grundrechtsdemokratie* verstanden wird, aber die Postulate zur Sicherung von politischer Freiheit auf den Staat beschränkt bleiben und nicht auf soziale und ökonomische Strukturen und Prozesse übertragen werden, bleibt Demokratie Staatsform und wird nicht als Gesellschaftsform entfaltet. Die Herrschaft von Menschen über Menschen unterliegt dann in dem für die Politik entscheidenden Bereich der Wirtschaft nicht der Zustimmung der Herrschaftsunterworfenen.

Wenn die Modelle der Rätedemokratie und der parteienstaatlichen Demokratie auch auf einen permanenten demokratischen Willensbildungsprozeß hinweisen und Gewählte an ihre Wähler binden, so sind sie doch weit von einer *direkten Demokratie* entfernt. Räte oder Parteigremien, die auch Grundsatzfragen anstelle des Volkes entscheiden, charakterisieren die Modelle wesentlich als Vertretungsherrschaft. Demokratie als Selbstregierung des Volkes erfordert, daß das Volk selbst letzte Entscheidungsinstanz sein muß.

Solche zusammenfassende Erwägungen führen zum Schluß:

Demokratisch ist ein Gemeinwesen zu nennen, das unter Anerkennung der Würde des Menschen allen Bürgerinnen und Bürgern die gleiche politische und soziale Freiheit zur Entfaltung ihrer Persönlichkeit gewährleistet und dafür die wirtschaftlichen und bildungsmäßigen Voraussetzungen schafft, alle öffentlichen Entscheidungen dem Willen der jeweiligen Mehrheit unter Achtung fundamentaler Rechte der Minderheit unterwirft, dem Volk selbst die Legitimation der rechtsstaatlichen Verfassungsordnung überläßt und seine Selbstregierung darüber hinaus durch Volksbegehren und Volksentscheid ermöglicht.

Anmerkungen

1 In Deutschland und einigen anderen westeuropäischen Ländern dürfen seit wenigen Jahren Bürger der EU-Länder bei Kommunalwahlen wählen.

2 “Seit sechzig Jahren besteht dort (in Amerika, F.N.) ohne Einschränkung der Grundsatz der Volkssouveränität, den wir gestern bei uns eingeführt haben. Er wird dort ganz unmittelbar in unumschränkter, unbedingter Weise angewendet. Seit sechzig Jahren nimmt das Volk, das alle seine Gesetze aus ihm ableitet, an Zahl, Land und Reichtum beständig zu; und es ist, was Beachtung verdient, während dieser Zeit nicht nur das blühendste, sondern auch das meist gefestigte Volk gewesen. Derweil alle Nationen Europas von Kriegen verwüstet wurden oder sich in Bürgerzwisten zerrissen, lebte das amerikanische Volk als einziges der Kulturwelt in Frieden. Fast ganz Europa wurde durch Revolutionen erschüttert; Amerika hatte nicht einmal Aufstände; die Republik brachte dort keine Unruhe, sondern Bewahrung aller Rechte, das persönliche Eigentum war besser geschützt, als in irgendeinem anderen Land der Welt, die Anarchie blieb dort ebenso unbekannt wie die Despotie.“ (Vorwort zur 12. Auflage 1848, in: Tocqueville 1959)

3 Für die hier angestellten Überlegungen, ob und wieweit Demokratie als Mehrheitsherrschaft begriffen werden kann, muß auf die Kritik von Koller, es fehle bei Kelsen eine Begründung, warum Grundrechte das Mehrheitsprinzip einschränken (Koller 1982: 324), nicht eingegangen werden.

4 Deshalb sind Sperrklauseln, wie die Fünf-Prozent-Klausel im Bundestagswahlgesetz, grundsätzlich problematisch, da sich neue politische Kräfte bei 60 Millionen Wahlberechtigten und 80% Wahlbeteiligung für den Einzug in den Bundestag auf ein Potential von 2,4 Millionen Wählern setzen müssen.

5 Der Kantsche Imperativ lautet: „Handle so, daß die Maxime deines Willens jederzeit zugleich als Prinzip einer allgemeinen Gesetzgebung gelten könne." (Kritik der praktischen Vernunft, Hamburg 1952: 36))

6 Bleicken (1995) sagt über den Demos: „Das eigentliche Leben der Menschen spielte sich hingegen in den kleinen Städten und Dörfern Attikas, den Demen (demos) ab." (183) Der Demos war „das Fundament des Ganzen, weil er die gewachsene Siedlung darstellte, in der die Bürger in einer lebendigen Gemeinschaft lebten, registriert und verwaltet wurden." (185)

7 Metöken („Mitbewohner") waren die in Attika fest ansässigen Fremden, persönlich frei, aber ohne Bürgerrechte.

8 Die Schrift „Contrat social" wird wie folgt zitiert: C.s. I, 4 = I. Buch, 4. Kapitel.

9 „Zum ewigen Frieden", in: Kants Werke. Akademie-Textausgabe, Bd. VIII, Berlin 1968, S. 350 [Unveränderter photomechanischer Abdruck des Textes der von der Preußischen Akademie der Wissenschaften 1902 begonnenen Ausgabe von Kants gesammelten Schriften]

10 Es handelt sich um eine „Adresse des Generalrats der Internationalen Arbeiterassoziation", die Marx entworfen, die der Generalrat einstimmig angenommen hatte und die zwei Tage nach der Niederlage der Kommune veröffentlicht wurde. Heranzuziehen ist auch Marx' Erster und Zweiter Entwurf zum „Bürgerkrieg in Frankreich"; alle drei Schriften in: MEW Bd. 17

11 Da nicht Revolutionstheorien, sondern die demokratische Legitimierung von Herrschaft Thema dieses Beitrags sind, sei auf die entsprechenden Schriften verwiesen: M. Bakunin: Die Commune von Paris und der Staatsbegriff, 1871; P. Kropotkin: The Paris Commune, 1891; W. I. Lenin: Staat und Revolution 1917; K. Kautsky: Terrorismus und Kommunismus. Ein Beitrag zur Naturgeschichte der Revolution, 1918; L. Trotzki: Terrorismus und Kommunismus. Anti-Kautsky, 1920

12 Dekretiert wurde u.a.: Erlaß der im letzten halben Jahr aufgelaufenen Mieten unter Beibehaltung der Mietzahlungspflicht; Requirierung verlassener Wohnungen mit (amtlicher) Feststellung der vorhandenen Einrichtung; Abschaffung der Nachtarbeit für Bäckergesellen; Übergabe der von ihren Besitzern verlassenen Werkstätten an Arbeitergenossenschaften (gegen Entschädigung); Verbot von betrieblichen Geldstrafen aus disziplinarischen Gründen; Rückgabe von Pfandgegenständen mit geringem Wert, aber keine Beschlagnahme oder Abschaffung der Leihhäuser; allgemeine Schulpflicht und unentgeltlicher Unterricht; einheitliches Höchstgehalt für alle Angestellten der Kommune.

13 Wenn sich auch nur weniger als die Hälfte (47%) der rund 485.000 Wahlberechtigten an der Wahl beteiligten, so war dies den Umständen entsprechend viel. Bei Nachwahlen sank die Wahlbeteiligung auf unter 20%, so daß die Kommune dann wirklich nur eine Minderheit des Volkes von Paris vertrat.

14 Staatsname von Rußland in der nach der Oktoberrevolution erlassenen Verfassung

15 In dem von den Sozialdemokraten Cohen und Kaliskis vorgelegten Konzept werden die verschiedenen „Gewerbe" zusammengefaßt und von „Produktionsräten", die sich *paritätisch* aus Vertretern der Arbeiterräte und der Unter-

nehmer zusammensetzten, gelenkt. Die Produktionsräte bestimmen die Vertreter für die „Kammern der Arbeit." (vgl. Arnold 1985: 261ff.)

16 Rosa Luxemburg erkennt die Gegenüberstellung von 'Diktatur des Proletariats' und Demokratie nicht an. Das Proletariat übe zwar eine Diktatur aus, „aber eine Diktatur der Klasse, nicht einer Partei oder Clique, Diktatur der Klasse, d.h. in breitester Öffentlichkeit, unter tätigster ungehemmter Teilnahme der Volksmassen, in unbeschränkter Demokratie." (Zit. n. Ertl 1968: 60)

17 Vgl. Leibholz 1950, 1951, 1964, 1966a und b, die in den Kernaussagen inhaltlich übereinstimmen und in wichtigen Formulierungen sogar identisch sind. Schon Ende der 20er Jahre formulierte Leibholz ([1929] 1966: 118): „Der heutige Parteienstaat ist bei Lichte besehen eine Erscheinungsform der unmittelbaren Demokratie."

18 Koellreutter: Die politischen Parteien im modernen Staate (1926), Radbruch: Die politischen Parteien im System des deutschen Verfassungsrechts, in HbdtStR, I, (1930), Thoma: Das Reich als Demokratie, in HbdtStR, I (1930), Kelsen: Vom Wesen und Wert der Demokratie (1929); vgl. dazu Lenk/Neumann 1974: XLIVff., Lff., 151ff.

19 Als „Sprachrohr des organisierten Volkes" bezeichnete bereits Triepel (1928: 33) die politischen Parteien.

20 Weber konstruiert den Idealtypus nicht als Darstellung der Wirklichkeit, sondern als 'Utopie' „durch einseitige Steigerung eines oder einiger Gesichtspunkte und durch Zusammenschluß einer Fülle von diffus und diskret, hier mehr, dort weniger, stellenweise gar nicht, vorhandenen Einzelerscheinungen, die sich jenen einseitig hervorgehobenen Gesichtspunkten fügen, zu einem in sich einheitlichen Gedankenbild. In seiner begrifflichen Reinheit ist dieses Gedankenbild nirgends in der Wirklichkeit empirisch vorfindbar, es ist eine Utopie, und für die historische Arbeit erwächst die Aufgabe, in jedem einzelnen Falle festzustellen, wie nahe oder wie fern die Wirklichkeit jenem Idealbilde steht." (Gesammelte Aufsätze zur Wissenschaftslehre, Tübingen 1951, S. 191)

21 6. Sitzung der Gemeinsamen Verfassungskommission, 14.5.1992, S. 4

22 „'Charisma' soll eine als außeralltäglich [...] geltende Qualität einer Persönlichkeit heißen, um deretwillen sie als mit übernatürlichen oder übermenschlichen oder mindestens spezifisch außeralltäglichen, nicht jedem anderen zugänglichen Kräften oder Eigenschaften [begabt] oder als gottgesandt oder als vorbildlich und deshalb als *'Führer'* gewertet wird. [...] Über die Geltung des Charisma entscheidet die durch Bewährung [...] gesicherte freie, aus Hingabe an Offenbarung, Heldenverehrung, Vertrauen zum Führer geborene, *Anerkennung* durch die Beherrschten. [...] Bleibt die Bewährung dauernd aus [...], bleibt ihm der Erfolg dauernd versagt, vor allem: *bringt seine Führung kein Wohlergehen für die Beherrschten*, so hat seine charismatische Autorität die Chance, zu schwinden." (Weber 1964: 179)

23 William E. Gladstone (1809-1898), viermaliger englischer Premierminister. Die „'große' Demagogie" dieses „Diktators des Wahlschlachtfeldes" faszinierte Weber (1958e: 523f.).

24 Von großer Bedeutung war Robert Redslob mit seiner Schrift: Die parlamentarische Regierung in ihrer wahren und in ihrer unechten Form, Tübingen 1918; (vgl. dazu Mommsen 1974a: 373ff., 376f.)

25 Schmitt hat vor dem Staatsgerichtshof im Prozeß „Preußen contra Reich" nach dem sog. „Preußenschlag" – Reichspräsident v. Hindenburg und Reichskanzler v. Papen ersetzten in einer staatsstreichartigen Reichsexekution nach Art. 48 RV die sozialdemokratische Regierung Braun in Preußen durch einen Reichskommissar (vgl. Bracher 1964: 559ff.) – das Reich vertreten und die Reichsexekution mit seiner Konzeption des „Hüters der Verfassung" gerechtfertigt (vgl. auch A. Kaiser: Preußen contra Reich. Hermann Heller als Prozeßgegner Carl Schmitts vor dem Staatsgerichtshof 1932, in: Christoph Müller (Hg.): Der soziale Rechtsstaat, Baden-Baden 1984).

26 So die Überschrift zu der in die 2. Aufl. von „Die geistesgeschichtliche Lage des heutigen Parlamentarismus" (1926) aufgenommenen Vorbemerkung.

27 Die Fußnote zu diesem Textteil verdient wegen ihrer offenen Deutlichkeit, daß sie mitgeteilt wird: „Das unaufrichtige Wort 'Exekutive' weist zwar in Wirklichkeit in eine falsche Richtung. Aber es verliert diese, wenn wir es in dem Sinn brauchen, in dem wir von den 'ausführenden Organen' einer Gesellschaftsunternehmung sprechen, die ebenfalls beträchtlich mehr tun, als nur den Willen der Aktieninhaber 'auszuführen'."

28 Vgl. Adam Smith: Der Wohlstand der Nationen, hg. von Horst Claus Recktenwald, 5. Aufl., München 1990, S. 17

Literatur

Abendroth, Wolfgang (1966): Das Grundgesetz. Eine Einführung in seine politischen Probleme, Pfullingen

Abendroth, Wolfgang (1972a): Zum Begriff des demokratischen und sozialen Rechtsstaates im Grundgesetz der Bundesrepublik Deutschland [1954], in: ders.: Antagonistische Gesellschaft und Politische Demokratie, Neuwied und Berlin

Abendroth, Wolfgang (1972b): Das KPD-Verbotsurteil des Bundesverfassungsgerichts, in: ders.: Antagonistische Gesellschaft und Politische Demokratie, Neuwied und Berlin

Agnoli, Johannes (1967): Die Transformation der Demokratie, in: ders./ Brückner, Peter: Die Transformation der Demokratie, Freiburg

Alemann, Ulrich v. (1978): Partizipation – Demokratisierung – Mitbestimmung, Opladen

Anweiler, Oscar (1958): Die Rätebewegung in Rußland 1905-1921, Leiden

Apel, Hans (1993): Die deformierte Demokratie. Parteienherrschaft in Deutschland, Stuttgart

Aristoteles (1955): Politik und Staat der Athener, eingel. und neu übertragen von Olof Gigon, Zürich

Arnim, Hans Herbert v. (1991): Die Partei, der Abgeordnete und das Geld, Mainz

Arnim, Hans Herbert v. (1993): Ist die Kritik an den Parteien berechtigt?, in: Aus Politik und Zeitgeschichte B 11/93

Arnold, Volker (1985): Rätebewegung und Rätetheorien in der Novemberrevolution, Hamburg

Bachrach, Peter (1970): Die Theorie demokratischer Elitenherrschaft, Frankfurt/M.

Bermbach, Udo (1971): Rätesysteme als Alternative? Zum Repräsentationscharakter direkt-demokratischer Organisationsprinzipien, in: Probleme der Demokratie heute, Sonderheft 2 der PVS, Jg. 1970

Bermbach, Udo (1972): Repräsentation, imperatives Mandat und Recall: Zur Frage der Demokratisierung im Parteienstaat, in: Theorie und Politik. Festschrift zum 70. Geburtstag von Carl Friedrich, hg. von Klaus von Beyme

Bermbach, Udo (Hg.) (1973): Theorie und Praxis der direkten Demokratie, Opladen

Bermbach, Udo (1991): Demokratietheorie und politische Institutionen Opladen

Bernstein, Eduard (1973): Die Voraussetzungen des Sozialismus und die Aufgaben der Sozialdemokratie [1899], Bonn-Bad Godesberg

Besson, Waldemar/ Jasper, Gotthard (1990): Das Leitbild der modernen Demokratie. Bauelemente einer freiheitlichen Staatsordnung, Bonn

Bleicken, Jochen (1995): Die athenische Demokratie, 2. Aufl., Paderborn u.a.O.

Bracher, Karl Dietrich (1964): Die Auflösung der Weimarer Republik. Eine Studie zum Problem des Machtverfalls in der Demokratie, 4. Aufl., Villingen

Dahlheim, Werner (1994): Die Antike, Paderborn

Dahrendorf, Ralf (1965): Gesellschaft und Demokratie in Deutschland, München

Doering-Manteuffel, Anselm (1991): Strukturmerkmale der Kanzlerdemokratie, in: Der Staat, 30 Bd.

Downs, Anthony (1968): Ökonomische Theorie der Demokratie, Tübingen

Engels, Friedrich (1973): Einleitung zu „Der Bürgerkrieg in Frankreich" von Karl Marx (Ausgabe 1891), in: MEW Bd. 17, Berlin-(Ost), S. 615ff.

Engholm, Björn/ Röhrich, Wilfried (Hg.) (1990): Ethik und Politik heute. Verantwortliches Handeln in der technisch-industriellen Welt, Opladen

Ertl, Eric (1968): Alle Macht den Räten?, Frankfurt/M.

Euchner, Walter (1972): Demokratietheoretische Aspekte der politischen Ideengeschichte, in: Kress, Gisela/ Senghaas, Dieter (Hg.): Politikwissenschaft. Eine Einführung in ihre Probleme, Frankfurt/M.

Evers, Tilmann (Hg.) (1988):Direkte Demokratie in der Weimarer Republik. Eine verfassungspolitische Vergegenwärtigung, Hofgeismar

Fetscher, Iring (1960): Rousseaus Politische Philosophie. Zur Geschichte des demokratischen Freiheitsbegriffs, Neuwied und Berlin

Fetscher, Iring (1970): Die Demokratie. Grundfragen und Erscheinungsformen, Stuttgart u.a.O.

Fetscher, Iring (1985): Politische Ideen in der jüngeren Geschichte, in: Fetscher, Iring/ Münkler, Herfried (Hg.): Politikwissenschaft. Begriffe – Analysen – Theorien. Ein Grundkurs, Reinbek

Fijalkowski, Jürgen (1958): Die Wendung zum totalen Führerstaat. Ideologische Komponenten in der Philosophie Carl Schmitts, Opladen

Fijalkowski, Jürgen (1971): Bemerkungen zum Sinn und Grenzen der Rätediskussion, in: Probleme der Demokratie heute, Sonderheft 2 der PVS, Jg. 1970

Forsthoff, Ernst (1954): Verfassungsprobleme des Sozialstaats, Münster

Forsthoff, Ernst (1971): Der Staat der Industriegesellschaft

Fraenkel, Ernst (1968): Die repräsentative und die plebiszitäre Komponente im demokratischen Verfassungsstaat [1958], in: ders.: Deutschland und die westlichen Demokratien, 3. Aufl., Stuttgart u.a.O.

Friedrich, Carl Joachim (1953): Der Verfassungsstaat der Neuzeit, Berlin u.a.O.

Friedrich, Carl Joachim (1966): Demokratie als Herrschafts- und Lebensform, Heidelberg

Fromme, Friedrich-Karl (1962): Von der Weimarer Verfassung zum Bonner Grundgesetz, Tübingen

Gottschalch, Wilfried (1968): Parlamentarismus und Rätedemokratie, Berlin.

Greiffenhagen, Martin (Hg.) (1973): Demokratisierung in Staat und Gesellschaft, München
Greven, Michael Th. (1977): Parteien und politische Herrschaft, Meisenheim
Grützner, Günter (1963): Die Pariser Kommune. Macht und Karriere einer politischen Legende. Die Auswirkungen auf das politische Denken in Deutschland, Köln/ Opladen
Guggenberger, Bernd (1984): An den Grenzen der Mehrheitsdemokratie, in: Guggenberger/ Offe (Hg.)
Guggenberger; Bernd (1986): „... wirken bei der politischen Willensbildung mit." Mitwirkung oder Monopol der Parteien, in: Parteien in der Krise, hg. von Christian Graf v. Krockow/ Peter Lösch, München
Guggenberger, Bernd/ Veen, Hans-Joachim/ Zuncker, Albrecht (Hg.) (1976): Parteienstaat und Abgeordnetenfreiheit. Zur Diskussion um das imperative Mandat, München
Guggenberger, Bernd/ Offe, Claus (Hg.) (1984): An den Grenzen der Mehrheitsdemokratie. Politik und Soziologie der Mehrheitsregel, Opladen
Guggenberger, Bernd (1993): Plebiszitäre Elemente in der repräsentativen Demokratie?, in: Gerhard Hirscher (Hg.): Repräsentative Demokratie und politische Partizipation, München
Gusy, Christoph (1984): Das Mehrheitsprinzip im demokratischen Staat, in: Guggenberger/ Offe (Hg.)
Hättich, Manfred (1966): Begriff und Formen der Demokratie, Mainz
Hartwich, Hans-Herrmann (1970): Sozialstaatspostulat und gesellschaftlicher Status quo, Köln und Opladen
Hartwich, Hans-Herrmann (1971a): Der soziale Rechtsstaat, in: Gewerkschaftliche Monatshefte, 22. Jg., Heft 10
Hartwich, Hans-Herrmann (1971b): Wirtschaftsdemokratie und die Theorie von sozialen Rechtsstaat, in: Probleme der Demokratie heute, Sonderheft 2 der PVS, Jg. 1970
Haungs, Peter (1981): Parteiendemokratie in der Bundesrepublik Deutschland, Berlin
Haungs, Peter (1986): Kanzlerdemokratie in der Bundesrepublik Deutschland. Von Adenauer bis Kohl, in: Zeitschrift für Politik 33
Haupt, Heinz-Gerhard/ Hansen, Karin (1979): Die Pariser Kommune. Erfolg und Scheitern einer Revolution, Frankfurt/M.
Hennis, Wilhelm (1964): Richtlinienkompetenz und Regierungstechnik, Tübingen
Hennis, Wilhelm (1970): Demokratisierung. Zur Problematik eines Begriffs, Köln/ Opladen
Hennis, Wilhelm (1973): Die mißverstandene Demokratie, Freiburg
Herder-Dorneich, Philip (1979): Konkurrenzdemokratie – Verhandlungsdemokratie. Politische Strategien der Gegenwart, Stuttgart
Hesse, Konrad (1959): Die verfassungsrechtliche Stellung der politischen Parteien im modernen Staat, in: VVDStRL 17, Berlin
Hesse, Konrad (1991): Grundzüge des Verfassungsrechts der Bundesrepublik Deutschland, 18. Aufl., Karlsruhe
Hofmann, Hasso (1992): Legitimität gegen Legalität. Der Weg der politischen Philosophie Carl Schmitts, 2. Aufl. Berlin
Jonas, Hans (1984): Das Prinzip Verantwortung. Versuch einer Ethik für die technologische Zivilisation, Frankfurt/M.

Jung, Otmar (1994): Grundgesetz und Volksentscheid. Gründe und Reichweite der Entscheidungen des Parlamentarisches Rates gegen Formen direkter Demokratie, Opladen

Kelsen, Hans (1981): Vom Wesen und Wert der Demokratie [1929], Aalen

Kielmansegg, Peter Graf (1977): Volkssouveränität. Eine Untersuchung der Bedingungen demokratischer Legitimität, Stuttgart

Kielmansegg, Peter Graf (1988): An den Grenzen der Mehrheitsdemokratie?, in: ders.: Das Experiment der Freiheit. Zur gegenwärtigen Lage des demokratischen Verfassungsstaates, Düsseldorf

Kluxen, Kurt (Hg.) (1969): Parlamentarismus, Köln

Kolb, Eberhard (1962): Die Arbeiterräte in der deutschen Innenpolitik 1918/19, Düsseldorf

Koller, Peter (1982): Zu einigen Problemen der Rechtfertigung der Demokratie, in: Krawietz, Werner. u. a. (Hg.): Ideologiekritik und Demokratietheorie bei Hans Kelsen, Berlin

Korsch, Karl (1973): Arbeitsrecht für Betriebsräte [1922], Frankfurt/M.

Koslowski, Peter (1989): Individuelle Freiheit und demokratische Entscheidung. Ethische, ökonomische und politische Theorie der Demokratie, Tübingen

Krockow, Christian Graf v. (1986): Wozu brauchen wir Parteien?, in: Parteien in der Krise, hg. von Christian Graf v. Krockow/ Peter Lösch, München

Küpper, Jost (1985): Die Kanzlerdemokratie. Voraussetzungen, Strukturen und Änderungen des Regierungsstils in der Ära Adenauer, Frankfurt/M.

Leibholz, Gerhard (1950): Verfassungrechtliche Stellung und innere Ordnung der Parteien, in: Verhandlungen des 38. Deutschen Juristentages, München

Leibholz, Gerhard (1951): Der Parteienstaat des Bonner Grundgesetzes, in: Recht, Staat und Wirtschaft Bd. 3

Leibholz, Gerhard (1964): Der Strukturwandel der modernen Demokratie [1952], in: ders. Strukturprobleme der modernen Demokratie, Karlsruhe, 2. Aufl.

Leibholz, Gerhard (1966): Das Wesen der Repräsentation [1929], in: ders.: Das Wesen der Repräsentation und der Gestaltwandel der Demokratie im 20. Jahrhundert, 3. Aufl., Berlin

Leibholz, Gerhard (1966a): Der Gestaltwandel der Demokratie im 20. Jahrhundert [1955], in: ders.: Das Wesen der Repräsentation und der Gestaltwandel der Demokratie im 20. Jahrhundert, 3. Aufl., Berlin

Leibholz, Gerhard (1966b): Verfassungsrecht und Verfassungswirklichkeit [1965], in: ders.: Das Wesen der Repräsentation und der Gestaltwandel der Demokratie im 20. Jahrhundert, 3. Aufl., Berlin

Leibholz, Gerhard (1973): Der moderne Parteienstaat [1960], in: Verfassungsstaat – Verfassungsrecht, Stuttgart

Lenin, Wladimir I. (1960): Zwei Taktiken der Sozialdemokratie in der demokratischen Revolution [1905], in: Werke Bd. 9, Berlin-(Ost)

Lenin, Wladimir I. (1965): Staat und Revolution [1917], in: Ausgewählte Werke Bd. II, Berlin-(Ost)

Lenin, Wladimir I. (1972a): Über die Aufgaben des Proletariats in der gegenwärtigen Revolution [1917], in: Werke Bd. 24, Berlin-(Ost)

Lenin, Wladimir I. (1972b): Über die Doppelherrschaft [1917], in: Werke Bd. 24, Berlin-(Ost)

Lenk, Kurt (1997): Carl Schmitts Parlamentarismuskritik. Ein Kapitel politischer Existentialismus, in: Schlüter-Knauer, Carsten (Hg.): Die Demokratie überdenken, Berlin

Lenk, Kurt/ Neumann Franz (Hg.) (1974): Theorie und Soziologie der politischen Parteien, 2 Bde., Darmstadt/Neuwied

Lissagaray, Prosper (1956): Geschichte der Kommune von 1871, Berlin-(Ost)

Locke, John (1966): Über die Regierung, hg. von Peter Cornelius Mayer-Tasch, Reinbek

Loewenstein, Karl (1961): Max Weber als Ahnherr des plebiszitären Führerstaates, in: Kölner Zeitschrift für Soziologie und Sozialpsychologie, 13. Jg.

Loewenstein, Karl (1969): Verfassungslehre [1957], 2. Aufl, Tübingen

Lohmar, Ulrich (1963): Innerparteiliche Demokratie. Eine Untersuchung der Verfassungswirklichkeit politischer Parteien in der Bundesrepublik Deutschland, Stuttgart

MacPherson, Crawford B. (1977): Demokratietheorie, München

Maier, Hans (1968): Rousseau, in: ders. u.a. (Hg.): Klassiker des politischen Denkens II, München

Maihofer, Werner (1994): Prinzipien freiheitlicher Demokratie, in: Benda, Ernst u.a. (Hg.): Handbuch des Verfassungsrechts, Berlin

Marx, Karl (1973a): Der Bürgerkrieg in Frankreich [1871], in: MEW Bd. 17, Berlin-(Ost)

Marx, Karl (1973b): Erster Entwurf zum „Bürgerkrieg in Frankreich" [1871], in: MEW Bd. 17, Berlin-(Ost)

Marx, Karl (1973c): Zweiter Entwurf zum „Bürgerkrieg in Frankreich" [1871], in: MEW Bd. 17, Berlin-(Ost)

Meier, Christian u.a. (1972): Demokratie, in: Brunner, Otto u.a. (Hg.): Geschichtliche Grundbegriffe. Historisch-politisches Lexikon zur politisch-sozialen Sprache in Deutschland, Bd. 1, Stuttgart

Meschkat, Klaus (1965): Die Pariser Kommune von 1871 im Spiegel der sowjetischen Geschichtsschreibung, Berlin

Michels, Robert (1955): Zur Soziologie des Parteiwesens in der modernen Demokratie. Untersuchungen über die oligarchischen Tendenzen des Gruppenlebens [1911], hg. und mit einem Nachwort versehen von Werner Conze, Stuttgart

Michels, Robert (1974): Der konservative Grundzug der Partei-Organisation [1909], in: Lenk/Neumann (Hg.)

Mill, John Stuart (1971): Betrachtungen über die repräsentative Demokratie, Paderborn

Mittenmaier, Karl/ Mair, Meinhard: Demokratie. Geschichte einer politischen Idee von Platon bis heute, Darmstadt

Mommsen, Wolfgang J. (1974a): Max Weber und die deutsche Politik 1890-1920, Tübingen [1959], 2. Aufl., Tübingen

Mommsen, Wolfgang J. (1974b): Zum Begriff der „plebiszitären Führerdemokratie", in: ders.: Max Weber. Gesellschaft, Politik und Geschichte, Frankfurt/M.

Mommsen, Wolfgang J. (1981): Die antinomische Struktur des politischen Denkens Max Webers, in: Historische Zeitschrift 233

Mommsen, Wolfgang J. (1989): Politik und politische Theorie bei Max Weber, in: Weiß, Johannes (Hg.): Max Weber heute, Frankfurt/M.

Mosca, Gaetano (1950): Die herrschende Klasse, Salzburg

Müller, Christoph (1966): Das imperative und das freie Mandat. Überlegungen zur Lehre von der Repräsentation des Volkes, Leiden

Narr, Wolf-Dieter/ Naschold, Frieder (1982): Theorie der Demokratie, Stuttgart u.a.O.

Neumann, Franz (1978): Freiheit, Baden-Baden

Niclauß, Karlheinz (1988): Kanzlerdemokratie. Bonner Regierungspraxis von Konrad Adenauer bis Helmut Kohl, Stuttgart u.a.O.

Nipperdey Hans C. (1961): Soziale Marktwirtschaft und Grundgesetz, Köln

Oberreuter, Heinrich (Hg.) (1986): Wahrheit statt Mehrheit? An den Grenzen der parlamentarischen Demokratie, München

Oberreuter, Heinrich (1992): Politische Parteien: Stellung und Funktion im Verfassungssystem der Bundesrepublik, in: Mintzel, Alf/ Oberreuter, Heinrich (Hg.): Parteien in der Bundesrepublik Deutschland, Bonn

Oertzen, Peter v. (1963): Betriebsräte in der Novemberrevolution, Düsseldorf

Offe, Claus (1984): Politische Legitimation durch Mehrheitsentscheidung?, in: Guggenberger/ Offe (Hg.)

Peters, Ulrich (1997): Kommunismus und Anarchismus. Die Zeit der Ersten Internationale, Köln

Platon (1973): Der Staat, eingeleitet von Kurt Hildebrandt, Stuttgart

Preuß, Ulrich K. (1984): Die Zukunft: Müllhalde der Gegenwart, in: Guggenberger/ Offe (Hg.)

Rausch, Heinz (Hg.) (1968): Zur Theorie und Geschichte der Repräsentation und der Repräsentativverfassung, Darmstadt

Riedel, Hannspeter (1991): Der Rätegedanke in den Anfängen der Weimarer Republik und seine Ausprägung in Art. 165 WRV, Frankfurt/M.

Ritter, Gerhardt A. (1968): „Direkte Demokratie" und Rätewesen in Geschichte und Theorie, in: Erwin K. Scheuch (Hg.): Die Wiedertäufer der Wohlstandsgesellschaft, Köln

Rödel, Ulrich u.a. (1989): Die demokratische Frage, Frankfurt/M.

Röhrich, Wilfried (1981): Die repräsentative Demokratie. Ideen und Interessen, Wiesbaden

Röhrich, Wilfried (1991): Eliten und das Ethos der Demokratie, München

Rousseau, Jean-Jacques (1971): Der Gesellschaftsvertrag, [1762] Stuttgart 1971

Rousseau, Jean-Jacques: (1963): Emile oder Über die Erziehung, Paderborn

Sartori, Giovanni (1992): Demokratietheorie, Darmstadt

Scharpf, Fritz, W. (1975): Demokratietheorie zwischen Utopie und Anpassung, Kronberg

Schiffers, Reinhard (1971): Elemente direkter Demokratie im Weimarer Regierungssystem, Düsseldorf

Schmidt, Manfred G. (1997): Demokratietheorien. Eine Einführung, 2. Aufl., Opladen

Schmitt, Carl (1961): Die geistesgeschichtliche Lage des heutigen Parlamentarismus [1923], 3. Aufl., Berlin

Schmitt, Carl (1968): Legalität und Legitimität [1932], 2. Aufl., Berlin

Schmitt, Carl (1969): Der Hüter der Verfassung [1931], 2. Aufl., Tübingen,

Schmitt, Carl (1970): Verfassungslehre [1928], 5. Aufl., Berlin

Schneider, Dieter/ Kuda, Rudolf. (1968): Arbeiterräte in der Novemberrevolution. Ideen, Wirkungen, Dokumente, Frankfurt/M.

Schumpeter, Joseph A. (1972): Kapitalismus, Sozialismus und Demokratie [1942], 3. Aufl., München

Schwarz, Hans-Peter (1989): Adenauer Kanzlerdemokratie und Regierungstechnik, in: Aus Politik und Zeitgeschichte B1-2/89

Seifert, Karl-Heinz (1975): Die politischen Parteien im Recht der Bundesrepublik Deutschland, Köln

Sontheimer, Kurt (1968): Antidemokratisches Denken in der Weimarer Republik, München
Stolleis, Michael (1986): Parteienstaatlichkeit – Krisensymptome des demokratischen Verfassungstaats?, in: VVDStRL 44, Berlin
Strasser, Johano (1977): Die Zukunft der Demokratie. Grenzen des Wachstums – Grenzen der Demokratie, Reinbek
Tocqueville, Alexis de (1959): Über die Demokratie in Amerika [1835 und 1840], Stuttgart
Triepel, Heinrich (1928); Die Staatsverfassung und die politischen Parteien, Berlin
Varain, Heinz Josef (1984): Die Bedeutung des Mehrheitsprinzips im Rahmen unserer politischen Ordnung, in: Guggenberger/ Offe (Hg.)
Walzer, Michael (1992): Zivile Gesellschaft und amerikanische Demokratie, Berlin
Wassermann, Rudolf (1989): Die Zuschauerdemokratie, München/Zürich
Weber, Max (1958a): Wahlrecht und Demokratie in Deutschland [1917], in: Gesammelte Politische Schriften, Tübingen
Weber, Max (1958b): Parlament und Regierung im neugeordneten Deutschland [Mai 1918], in: Gesammelte Politische Schriften, Tübingen
Weber, Max (1958c): Deutschlands künftige Staatsform [1918], in: Gesammelte Politische Schriften, Tübingen
Weber, Max (1958d): Der Reichspräsident, in: Gesammelte Politische Schriften, Tübingen
Weber, Max (1958e): Politik als Beruf [1918], in: Gesammelte Politische Schriften, Tübingen
Weber, Max (1964): Wirtschaft und Gesellschaft, Studienausgabe, Tübingen
Weber, Werner (1958): Spannungen und Kräfte im westdeutschen Verfassungssystem, 2. Aufl., Stuttgart
Weber-Schäfer, Peter (1986): Aristoteles, in: Maier, Hans u.a. (Hg.): Klassiker des politischen Denkens I, München
Wielinger, Gerhard (1982): Demokratisches Prinzip, Parteienstaat und Legalitätsprinzip bei Hans Kelsen, in: Werner. u. a. (Hg.): Ideologiekritik und Demokratietheorie bei Hans Kelsen, Berlin
Wiesendahl, Elmar (1980): Parteien und Demokratie, Opladen 1980
Wiesendahl, Elmar (1981): Moderne Demokratietheorie. Eine Einführung in ihre Grundlagen, Spielarten und Kontroversen, Frankfurt/M. u.a.O.
Zippelius, Reinhold (1987): Zur Rechtfertigung des Mehrheitsprinzips in der Demokratie, in: Aus Politik und Zeitgeschichte B42/87

Politische Partizipation – soziale Teilhabe: Die Entfaltung der demokratischen Idee

Udo Bullmann

1. Einleitung: Kontroverse Vorstellungen von der Volksherschaft

Schon der Versuch einer Definition dessen, was unter der demokratischen Idee und ihrer Realisierung in gesellschaftlicher Praxis zu verstehen sei, muß sich schwer tun. Die politische Wissenschaft hat keinen allgemein geteilten Begriff von *der* Demokratie und ihrer praktischen Verwirklichung entwickeln können. Im Gegenteil: Kaum ein politikwissenschaftlicher Ordnungsbegriff ist ähnlich „wertgeladen" (von Beyme 1992a: 173) und kann auf ein so erbittertes Ringen um seine inhaltliche Bestimmung zurücksehen. Zwar nehmen heute alle möglichen Gruppen und politischen Systeme die Bezeichnung *demokratisch* für sich in Anspruch, doch würde eine empirische Überprüfung der Weberschen Minimalia für das Erreichen freiheitlicher Demokratie – „der entschlossene Wille einer Nation, sich nicht wie eine Schafherde regieren zu lassen" (Weber 1958: 60f.) – gar ernüchternde Ergebnisse zutage fördern.

Der Demokratiebegriff selbst, seine wissenschaftliche Ausformung und seine Verwendung in politischen Kontexten, unterliegen dem geschichtlichen Wandel, in dem sowohl akademische Traditionen und Paradigmenwechsel wie selbstverständlich auch unterschiedliche politisch-praktische Besetzungen zum Ausdruck kommen. Im Mittelpunkt der neuzeitlichen Kontroversen steht dabei die Auseinandersetzung zwischen zwei demokratietheoretischen Grundrichtungen: zum einen einer radikaldemokratischen, auf eine möglichst *identitäre* Verwirklichung der *Volkssouveränität* zielenden Position, die sich bis zu *Jean Jacques Rousseau (1712-1778)* zurückverfolgen läßt; zum anderen einer nach eigenem Bekunden „realistisch" argumentierenden Konzeption *liberal-repräsentativer* Demokratie, die ihre Stütze bereits in dem auf Herrschaftslimitierung ausgerichteten Denken *Edmund Burkes (1729-1797)* findet.

Dem auf Rousseau bezogenen Demokratieverständnis geht es zentral um die 'Identität von Regierenden und Regierten' und damit letztlich um die Abschaffung der Differenz zwischen Herrschenden und Beherrschten (vgl. dazu den Beitrag Demokratietheorien in diesem Bd.). An die Stelle einer bloßen Objekt-Beziehung der Untertanen zum Staate wird hier eine Subjekt-Beziehung der Aktivbürger gesetzt: Die Glieder des souveränen Volkes sind freie und gleiche Bürger, die keinem Zwang unterworfen sind, außer dem, der sich aus ihrer gemeinsamen und freien Willensausübung ('volonté générale') und dem auf dieser Grundlage abgeschlossenen Gesellschaftsvertrag ('contrat sociale') ergibt. Mit der Idee von mündiger bürgerschaftlicher Selbstbestimmung und der Vorliebe für unmittelbare Vertretungsformen (imperatives Mandat) hat Rousseau nachfolgende radikaldemokratische Denker (so Karl Marx ebenso wie die jüngere kritische Demokratietheorie) inspiriert. Insbesondere in den antiautoritären Protestbewegungen, die beginnend mit den 60er Jahren diesen Jahrhunderts die Zentren der entwickelten Gesellschaften durchzogen, wurde diese Traditionslinie erneut aufgenommen.

Dem steht eine angelsächsisch beeinflußte Sichtweise gegenüber, die sich am Ziel zurechenbarer Regierungsverantwortung und deren Kontrolle orientiert. Nachfolgende 'pluralistische' oder auch 'elitäre' Demokratietheorien sehen Demokratie im Kern als vom Volk gebilligtes Regierungshandeln an. Repräsentative Interessenvertretung ist hiernach unvermeidlich, während sich der Handlungskorridor des Souveräns im wesentlichen auf einen durch den Wahlakt geregelten Prozeß der Elitenauswahl reduziert. In diesem Ansatz steht Demokratie („unfähig, selbst ein Ziel zu sein") für eine Methode, „das heißt: eine gewisse Art institutioneller Ordnung, um zu politischen – legislativen und administrativen – Entscheidungen zu gelangen" (Schumpeter 1950: 384; vgl. dazu den Beitrag Demokratietheorien in diesem Bd.).

Diese beiden Ansätze bildeten auch in den zurückliegenden Jahrzehnten die argumentativen Pole, um die die Beiträge der demokratietheoretischen Debatte oszillierten. Sie können jeweils spezifische Stärken für sich reklamieren, ohne daß damit nicht auch ansatzeigene Schwächen einhergingen.

Der Rousseausche Entwurf ist in seinem utopischen Gehalt den gesellschaftlichen Realitäten permanent voraus, kann dabei aber (gerade auch deswegen) ein substantielle Idee der Ziele demokratischer Willensbildung formulieren. Abstraktionen wie etwa ein sich homogen herauskristallisierender Volkswille ('volonté générale') oder die im Grunde in bruchloser Kontinuität vorausgesetzte Bereitschaft zu aktivbürgerschaftlichem Handeln scheinen dagegen aus heutiger Sicht eher fragwürdig. Statt der Rigidität solcher Vorstellungen benötigt dieser Diskussionsstrang Antworten auf die Frage nach den Realisierungsbedingungen des Demokratiepostulats, wie sie von Rousseau entgegen den Trends seiner Zeit selbst gesucht wurden (z. B. einfache Lebensweise und kleine, am kommunalen Modell orientierte Staatsgröße, Rousseau 1977: 236).

Der empirisch-deskriptive Ansatz beschreibt dagegen die Wirklichkeit elitendemokratischer Herrschaft in den entwickelten Gesellschaften auf den ersten Blick zutreffend. Von Kritikern wird ihm allerdings zu Recht in vielen Fällen vorgehalten, daß er auf Widrigkeiten bei der Umsetzung demokratischer Reformen durch die Aufgabe eines an Selbstbestimmung und sozialer Emanzipation orientierten Demokratiebegriffes reagiert. Wo substantiell-demokratische Erwartungen entfallen, laufen wissenschaftliche Beiträge aber beständig Gefahr, zu bloßen Legitimationsbeschaffern und Apologeten des gesellschaftlichen Status quo zu werden (vgl. Lenk 1991).

Der Anspruch zeitangemessener demokratietheoretischer Forschung darf aber weder die reale Beschaffenheit und die wirklichen Mechanismen von Herrschaftsausübung in gegenwärtigen Gesellschaften noch den utopischen, auf permanente Systemtranszendenz angelegten Demokratiebegriff der klassischen Tradition aus den Augen verlieren (Guggenberger 1991). Im folgenden soll daher der Versuch unternommen werden, sich vornehmlich entlang der Geschichte der Bundesrepublik dem Wechselverhältnis zwischen verschiedenen demokratietheoretischen Postulaten und Interpretationen auf der einen Seite und der Entfaltung der demokratischen Idee in der gesellschaftlichen Praxis auf der anderen Seite anzunähern.

2. Vitalisierung der politischen Praxis 'von unten': Radikaldemokratische Ansprüche und neue Partizipationsformen

2.1. Die Erstarrung der politischen Kultur in den westlichen Nachkriegsgesellschaften

Sowohl die Realität als auch die Selbstsicht der westlichen Demokratien nach dem zweiten Weltkrieg entsprachen weit eher dem 'realistischen' als dem 'klassischen', auf die Rousseausche Tradition gegründeten Konzept. Die (kapitalistischen) Gesellschaften des Westens waren gerade im Zuge des sich ausbreitenden Kalten Krieges auf die Sicherung von Regierungsstabilität eingestellt. Diffuse antikapitalistische Dispositionen, die in der unmittelbaren Nachkriegszeit etwa in Deutschland noch konsensuale Grundstimmungen wiedergaben, wurden spätestens in den 50er Jahren durch die Adaption der alten Arbeiterbewegungsopposition in ein sich verallgemeinerndes konservativ-liberaldemokratisches Herrschaftsmodell ersetzt. Westdeutschland knüpfte nach dem Ende des Faschismus wieder an dem Entwicklungsweg an, den die meisten anderen Staaten des Westens in der ersten Hälfte des 20. Jh. mit größerer Kontinuität beschritten hatten.

Die sukzessive Durchsetzung des allgemeinen, gleichen und freien Wahlrechts seit dem späten 19 Jh. hatte Massendemokratien repräsentativen Zuschnitts entstehen lassen, in denen ein konkurrenzdemokratischer Parteienwettbewerb über den Zugang zur politischen Macht entschied. An die Stelle älterer Honoratioren-Eliten war längst eine neue Klasse von Berufspolitikern getreten, wobei sich die Typen der von ihnen vertretenen politischen Parteien zunehmend anglichen ('Allerweltspartei', vgl. Kirchheimer 1965). Gesellschaftliche Interessenartikulation außerhalb von Parteienwettbewerb und Wahltermin fand vor allem auf dem Wege der Einflußnahme durch ein pluralistisch (aber macht-asymmetrisch) geprägtes Verbändewesen statt. Staatliche Politikgestaltung hatte die Autonomie einer kapitalistisch verfaßten Ökonomie weitgehend akzeptiert. Umfassende Projekte der Sozialreform, die die wachsende Dichotomie zwischen privatwirtschaftlicher Kapitalakkumulation und den eingeschränkten politischen Handlungsmöglichkeiten im Sinne einer 'sozialen Demokratie' (Heimann 1980) transzendieren wollten, waren aus dem Blick gerückt. Statt dessen kam es vor dem Hintergrund expansiver Wachstumsraten zur Erweiterung staatlicher Infrastruktur- und Kompensationsleistungen, die je nach nationalem Politikstil und innenpolitischen Kräfteverhältnissen mehr sozialdemokratisch-keynesianischen oder, wie in der Bundesrepublik, ordoliberalen Zuschnitt annahmen.

In Westdeutschland spiegelte sich die Vorherrschaft neoliberaler Konzeptionen mit latentem Hang zur Entpolitisierung bzw. 'formierten' Zügelung gesellschaftlicher Interessengegensätze auch in entsprechenden sozialwissenschaftlichen Deutungsmustern wider. So wurde etwa in Ansätzen eines technokratisch begründeten Konservatismus bei *Gehlen* (1963) und *Schelsky* (1965) vollends auf technische Sachzwanglogik, Expertentum und Apparateherrschaft abgestellt. Im antizipierten 'technischen Staat' mit der ihm zugesprochenen Superstruktur aus Technik, Wissenschaft und Wirtschaft ließen sich letzlich alle politischen Erwägungen durch technik- und problemorientierte Expertenentscheidungen ersetzen.[1]

Der konservative Staatsrechtler *Ernst Forsthoff* (1971) betonte dagegen die Notwendigkeit eines starken Staates, um die aus der Gesellschaft vorgetragenen Einzelinteressen einzudämmen und aufs Ganze bezogene Entscheidungen durchzusetzen. Er knüpfte damit an Denkrichtungen an, die bereits eingangs der 60er Jahre, nach Erreichen der Vollbeschäftigung und kurzzeitig gestiegener gewerkschaftlicher Verhandlungsmacht, auf ein staatliche Kontrolle der 'Verbändemacht' zielten (zu Schelskys und Forsthoffs Staatskonzeption vgl. den Beitrag Staatstheorien in diesem Bd.). Bundeskanzler *Ludwig Erhard* hatte diesen Politikansatz 1965 in der Forderung nach einer 'formierten Gesellschaft' ausgedrückt und damit eine Formel propagiert, die ursprünglich auf seinen Politikberater Rüdiger Altmann zurückging (vgl. Opitz 1965). Gemeinsam war der konservativen Lageinterpretation dabei allerdings die zutreffende Wahrnehmung, daß sich der Staat in seinem politischen Entscheidungsverhalten zunehmend auf einen gestärkten Verwaltungsapparat als dem vermeintlich sachlich-rationalen und damit jedem Streit enthobenen Teil von Politik zurückzog (von Beyme 1992b: 101). Die damit verbundene Praxis der Staatserweiterung bei gleichzeitiger Entthematisierung grundsätzlicher programmatischer Bindungen und Implikationen politischer Entscheidungen sollte später von kritischen Autoren als Prozeß zunehmender 'Durchstaatlichung' von Natur und Lebenswelt vermerkt werden (Hirsch 1980). Der die gesellschaftlichen Gruppen durchziehende Konsens über grundlegende Entwicklungsfragen erschien zusammen mit dem Abbau sozial-ökonomischer Cleavages so groß, daß hierfür das (empirisch dennoch wenig tragfähige) Bild einer prinzipiell befriedeten „nivellierten Mittelstandsgesellschaft" (Schelsky 1960) gefunden wurde.

2.2. Aufbrüche aus einer verkrusteten Politiklandschaft – die antiautoritäre Bewegung der 60er Jahre

2.2.1. Radikaldemokratische Kritik in neuer Form

Dieser Zustand politisch-kultureller Tranquilisierung durch „demoautoritäre" Elitenherrschaft (Wiesendahl 1991a: 569) und auf hohen Wachstumsziffern gegründeten Verteilungsarrangements wurde erst durch das Auftreten der antiautoritären *Studenten- und Jugendbewegung* in den 60er Jahren irritiert. Der studentische Protest ging zunächst von US-amerikanischen Universitäten aus und entzündete sich anfänglich auch in Westdeutschland noch an reglementierenden Zwängen in der Hochschulausbildung. Kennzeichnend wurden die später weltweit verbreiteten unorthodoxen Protestformen wie (die der amerikanischen Bürgerrechtsbewegung entlehnten) Protestmärsche, 'Teach-ins' und 'Go-ins'. Bereits in diesen, vor dem Hintergrund der politisch-kulturellen Sterilität der westlichen Nachkriegsgesellschaften auffälligen Formen des Protests wird deutlich, daß es neben inhaltlichen Anlässen und Forderungen auch um die *symbolischen* Dimensionen der politischen Auseinandersetzung ging.

In ihren inhaltlichen Orientierungen barg die Studentenbewegung uneingelöste Emanzipationsvorstellungen „aus häretischen Traditionen (Romantik, utopischer Kommunismus, Anarchismus, Surrealismus, Linksradikalismus u.a.m.)" (Roth 1987: 498) und konfrontierte dadurch die technokratisch sklerotisierten Demokratien mit wiederkehrenden Momenten utopischen Denkens und neuer rebellischer Subjektivität. Wo aus ihr praktische Forderungen hervorgingen, oder in Ansätzen auch theoretische Entwürfe, wurden direkt- bzw. rätedemokratische Lösungen propagiert (Bock 1976).

Jenseits ihrer sachbezogenen Anliegen meldete die Bewegung durch ihre konflikthaften Aktionsformen und Diskursstile ein Recht auf

Teilhabe am Medium symbolhaft vermittelter demokratischer Praxis an, das hinter den erstarrten Strukturen der vorgefundenen Gesellschaften geradezu entleert erschien. Sie aktivierte damit das „symbolische Dispositiv" als das Lebenselexier demokratischer Gesellschaften, das allen Mitgliedern Zugangsrecht zur Öffentlichkeit zuerkennt und sie potentiell jederzeit an der Austragung der vielfältigen sozialen Konflikte teilhaben läßt (Rödel u.a. 1989: 111). Provokation, Selbstinszenierung und in Ansätzen gelebte Alternativen in 'kritischen Universitäten', Kinderläden und Kommunen wiesen dahinter neue sinnliche Formen des politischen Widerstandes auf. Sie dokumentierten den „Einbruch von Erotik und Ästhetik in die politische Praxis" (Roth 1987: 498) und vermittelten auf diesem Wege die Botschaft erweiterter individueller und kollektiver Möglichkeiten.

Klaus von Beyme bezeichnet die Studentenbewegung daher als „letzte große alte soziale Bewegung, soweit sie noch ein revolutionäres Subjekt suchte, ein großes Ziel ansteuerte (den Sozialismus) und von einer einheitlichen Bewegung träumte, die einst die Macht übernehmen werde". Gleichzeitig sei sie die „erste neue soziale Bewegung" gewesen, die „Mittel der Lächerlichmachung des Establishments" einsetzte, zu dezentralen und unkonventionellen Aktionsformen griff und neue, „hedonistische" Wünsche und Chancen der individuellen Selbstverwirklichung zutage förderte (von Beyme 1992a: 190).

Eine intellektuelle Stütze und einen konzeptionell-analytischen Rahmen für ihren Protest fand die antiautoritäre Bewegung bei linken Autoren, die Ansätze der kritischen Schule und eines wiederentdeckten Marxismus weiterentwickelten. Vor allem *Herbert Marcuse (1898-1979)* problematisierte in seiner Kritik des Spätkapitalismus die Abwesenheit relevanter gesellschaftlicher Oppositionskräfte angesichts der warenförmigen Durchdringung von Bedürfnisstrukturen und manipulativer Konfliktbefriedungen. Er konstatierte gleichzeitig einen fortschreitenden Zusammenhang von 'Welfare-' und 'Warfare'-Politik in den entwickelten kapitalistischen Staaten, die in seiner Analyse für eine gewachsene Aggressivität der Systeme nach Innen wie nach Außen stand. Dennoch sah er in seinen Schriften alle für eine befreite Gesellschaft erforderlichen materiellen und geistigen Ressourcen als prinzipiell gegeben an – woraus utopisch-radikaldemokratische Ansätze neue Schubkraft gewinnen konnten (vgl. bspw. Marcuse 1967, 1972; für eine Zusammenschau seines Werkes und seiner Wirkung auf die studentische Bewegung vgl. Roth 1985).

Der studentische Protest blieb nicht auf das Terrain der Hochschulen beschränkt, sondern verbreiterte sich in der zweiten Hälfte der 60er Jahre zu einer die Metropolen erfassenden antiautoritären Bewegung, die ihre Höhepunkte in weltweiten Demonstrationen gegen den

Vietnamkrieg sowie im *Pariser Mai 1968* fand. Hier kam es erstmals zu nennenswerten gemeinsamen politischen Aktionen mit Arbeitern und kurzzeitig zu teilweise bürgerkriegsähnlichen Zuständen. In Westdeutschland kristallisierte sich die Bewegung um die wichtigste studentische Organisation, den Sozialistischen Deutschen Studentenbund (SDS). Zwar hatte es auch in den 50er Jahren bereits außerparlamentarische Protestaktionen gegeben (gegen Remilitarisierung und Atombewaffnung), doch waren diese seinerzeit noch von der Mobilisierung durch die Großorganisationen SPD und Gewerkschaften abhängig und konnten keine eigene Infrastruktur ausbilden (vgl. Rolke 1987). Eigenständige Strukturen entstanden erstmals mit der Ostermarschbewegung der frühen 60er Jahre, die zusammen mit dem 1961 als Studentenverband von der SPD verstoßenen SDS die Keimzelle der späteren Außerparlamentarischen Opposition (APO) darstellte (vgl. Otto 1977). Ein Hauptfeld der Auseinandersetzungen der antiautoritären Bewegung sollten außer der Demokratisierung von Schule und Hochschule auch in der Bundesrepublik Protestaktionen gegen den Vietnamkrieg werden. Daneben standen Protest und Widerstand gegen die von einer großen Koalition aus CDU/CSU und SPD (1966-1969) verabschiedeten Notstandsgesetze und gegen den Einfluß der Springer-Presse im Mittelpunkt.

2.2.2. Der Zerfall der außerparlamentarischen Protestbewegung

Gegen Ende der 60er Jahre begann der Zerfall der Oppositionsbewegung, ohne daß diese ihr erklärtes Hauptziel, ein systemtranszendierendes Bündnis mit den abhängig Beschäftigten, erreicht hätte. 1970 kam es zur Selbstauflösung des SDS. Als Wegmarken des Niedergangs können das Attentat auf Rudi Dutschke (11. 4. 1968) gelten, das die APO und den SDS für Jahre ihrer wohl wirkungsvollsten Führungsfigur beraubte; daneben aber auch das Ende der Großen Koalition mit dem Übergang zur anfangs reformambitionierten Regierungskoalition aus SPD und FDP unter Willy Brandt (1969). Dahinter sind aber auch noch tieferliegende Gründe auszumachen. Die aus kapitalismuskritischer Betrachtung gewonnene revolutionäre Erwartungshaltung der studentischen Bewegung, die verschiedentlich auf die organisierten Arbeiter der Metropolen, die Randgruppen der Industriegesellschaft oder auch auf die Befreiungsbewegungen der 'Dritten Welt' gerichtet war, löste sich nicht ein, so daß die Bewegung keine stabilisierenden Impulse 'von außen' erfahren konnte. Sie hatte stattdessen einige Erfolge bei der Demokratisierung des Hochschulwesens aufzuweisen (die aber zum Teil im gegenreformerischen Klima der zweiten Hälfte der 70er Jahre wieder zurückgenommen wurden). Dies hatte Verwerfungen und in Teilen harte Dogmatisierungen der außerparlamentarischen Oppositionskräfte zum Ergebnis. Die 'Neue Linke', zu der die antiautoritäre Protestbewegung in der öffentlichen Wahrnehmung der 60er Jahre mutiert war, wurde, nicht was ihren Impuls, sondern was ihre Kohärenz als politisch handelnder Akteur anbelangte, in den öffentlichen Auseinandersetzungen (von Freunden wie Feinden) überschätzt. Sie konnte nicht auf Dauer und bei sich verändernden Konfliktszenarien die Fähigkeit bewahren, „die konkreten Erfahrungen, die Ängste und Hoffnungen einer neuen Generation sinnfällig zu deuten und in handlungsleitenden Utopien zu bündeln" (Brand 1991: 45).

Teile der Bewegungsaktivisten verloren sich in den diversen kommunistischen Parteiversuchen maoistischer Prägung, die ebenso wie die 1969 gegründete (und von ersteren hart bekämpfte) moskautreue DKP den Prinzipien des 'demokratischen Zentralismus' huldigten. Andere begaben sich in etablierte Massenorganisationen wie Gewerkschaften und SPD bzw. stießen zu deren seit 1969 linksgewendeten Jugendorganisation, den Jusos. Teile der während ihrer Ausbildung politisierten Jugendlichen engagierten sich später als 'radical professionals' oder zogen sich schlicht in weniger exponierte Rollen in den verschiedenen bürgerlichen und neu entstehenden alternativen Sozialmilieus zurück. Versprengte Randgruppen der studentenbewegten Szene propagierten aber auch die meist weniger theoretisch denn gruppenpsychologisch begründete Schlußfolgerung, die Gesellschaft auf dem Wege der Gewaltanwendung revolutionieren zu können. Sie gingen wie die 'Rote Armee Fraktion' (RAF) davon aus, durch terroristische Aktionen staatliche Unterdrückungsmaßnahmen herauszufordern, um als Gegenreaktion hierzu aufständiges Bewußtsein in der Bevölkerung wecken zu können.

Die entwickelten kapitalistischen Staaten reagierten auf die Proteste und die dadurch verstärkten Legitimationsprobleme mit systemimmanenten, technokratischen Reformen, die, wie in der Bundesrepublik, nur vorübergehend von erneuerndem programmatischen Geist getragen waren (vgl. etwa Willy Brandts Ankündigung bei Regierungsantritt „Mehr Demokratie wagen"). Mit dem Ausbruch der weltweiten Wirtschaftskrise 1974/75 gerieten systemkritische und sozialreformerische Positionen vielmehr unter Druck. Das Zurückschneiden von innenpolitischen Reformvorhaben in Verbindung mit der steuerstaatlichen Finanzkrise (Grauhan/Hickel 1978) paarte sich in Westdeutschland mit staatlichen Abwehrhaltungen gegenüber den Trägern systemkritischen Gedankenguts, die vom sogenannten Radikalenerlaß bis hin zur sicherheitsstaatlichen Verformung der Terrorismusbekämpfung des 'deutschen Herbstes' (1977) reichten (Hirsch 1980).

Trotz ihres raschen Niedergangs in den 70er Jahren wird der Protestbewegung ein relevanter Einfluß auf die politische Kultur der Industriestaaten attestiert. Wissenschaftliche Kommentatoren sehen das Novum der 60er Jahre gerade darin, daß sich die Idee der politischen Partizipation unterhalb der staatlichen Ebene erstmals „nicht mehr in anarchistischen Kleinproduzenten- und Kommuneidealen abkapselte" (von Beyme 1992a: 182f.). Radikaldemokratisches Denken übte sich vielmehr im Anspruch auf eine umfassende Demokratisierung bestehender kapitalistischer (wie staatssozialistischer) Systeme: „in den Betrieben (wo die Forderung nach Betriebsdemokratie anstelle einer manipulierten 'konstitutionellen Fabrik' schon seit der Jahrhundertwende artikuliert wurde), in den Kirchen, den Verbänden und Parteien, den Universitäten und Schulen" (ebd.).

2.3. Von den Bürgerinitiativen zur Bewegungspolitik

2.3.1. Was ist das 'Neue' an den neuen sozialen Bewegungen?

Trotz einer sich schnell wieder immunisierenden staatlichen Politikausrichtung sollten die 70er Jahre in der Bundesrepublik aber keinen Rückfall in die konfliktarme und entpolitisierte Atmosphäre der Vor-'68er-Periode mit sich bringen. Auf andere Weise als von der Studentenbewegung erhofft, kam es zu bis heute nachwirkenden und inzwischen Kontinuität erlangenden neuen Formen von bürgerschaftlichem Engagement und Bewegungsverhalten, die aufgrund ihres Ausmaßes und ihrer breiten gesellschaftlichen Basis sogar als Ausdruck einer „partizipativen Revolte" (Kaase 1982) interpretiert wurden. Menschen engagierten sich in bislang nicht gekannter Zahl in Bürgerinitiativen, Umwelt-, Frauen-, Friedens- und 'Dritte-Welt'-Gruppen sowie in weiteren, sich in der Folgezeit bunt ausweitenden Alternativaktionen. Als Sammelbegriff für diese heterogene Spektrum wurde die Bezeichnung 'Neue soziale Bewegungen' gewählt, um gemeinsame Merkmale untereinander, aber auch Unterschiede gegenüber der alten Arbeiter- wie der Studentenbewegung der 60er Jahre auszumachen.

So lassen sich insbesondere im Vergleich mit Gewerkschaften und Sozialdemokratien als den aus der Arbeiterbewegung hervorgegangenen Organisationen Differenzen in Themenbesetzung wie in der Wahl der Ausdrucksformen feststellen. Die inhaltliche Befassung verschob sich von Problemen der Produktions- zu solchen der Reproduktionssphäre, weg auch von Einkommens- und Verteilungskonflikten (zunächst jedenfalls) und hin zu Fragen der Lebensweisegestaltung (Raschke 1980). Die aus der 'alten' Arbeiterbewegung entstandenen Gruppen und Akteure hatten ihre Kritik (wenn auch häufig nur noch rhetorisch) auf die Eigendynamik der Wirtschaft und den Klassencharakter der Gesellschaft ausgerichtet. Jetzt wurde das Entwicklungsmodell selbst, der 'produktivistisch-industrialistische Konsens' der Systeme im Westen (wie im Osten) angegriffen. Es dominierte nunmehr die Auseinandersetzung mit großindustriellen und bürokratischen staatlichen Modernisierungsstrategien ebenso wie mit kulturell begründeten Herrschaftsmustern, vor allem dem Patriarchat. In den Vordergrund gerückt wurden (je nach Bewegungstyp in unterschiedlicher Intensität) *immaterielle* Bedürfnisse (wie Selbstorganisation und Autonomie), Gegenentwürfe emanzipativer, 'ganzheitlicher' Lebensführung sowie Modelle 'weicher' und 'angepaßter' Technikentwicklungen.

Zu Berührungspunkten mit der 'alten' Bewegung und gegenseitigen Lernprozessen kam es allerdings in den 80er Jahren unter dem Eindruck von Sozialstaatsabbau und Wirtschaftskrise. Seither befassen sich gewerkschaftliche Arbeitskreise mit technologischen Konversionsfragen und alternativer Produktion ebenso wie Sozialhilfe- und Arbeitsloseninitiativen zum festen Bestandteil des örtlichen Bewegungsspektrums geworden sind. Hier entstanden Annäherungen, die sich gerade auch mit den Aktivitäten der Friedensbewegung noch verstetigten (Brand 1991: 43).

Die Organisationsstruktur neuer sozialer Bewegungen bleibt dagegen dezentral, segmentiert und netzwerkartig. Die Akteure präferieren das Einmischungsmuster der 'Do-it-yourself-Repräsentation' (Guggenberger 1978: 174f., 182f.). Situative und unregelmäßige Aktivierung der sozialen Basis, schwach ausgeprägte Rollendifferenzierung und häufig fehlende institutionalisierte Hierarchien wirken kontrollvermindernd und unterscheiden sich dadurch von den häufig zentralistisch ausgerichteten Politikformen sozialer Großorganisationen. Allerdings kommt es in kommunalen und regionalen Kontexten heute keineswegs zur Ausbildung von kleinen, von der 'Normalbevölkerung' separierten 'Gegengesellschaften'. Es entstehen vielmehr intermediäre Bereiche als Austauschsphären zwischen neuen Initiativen und aus traditionellen Institutionen (wie Kirchen, Gewerkschaften und Parteien) hervorgegangenen Gruppen. Die pluralen, aus unterschiedlichen ideologischen Wurzeln und Betroffenheitsdefinitionen resultierenden Bewegungsszenen weisen dabei inzwischen einen spezifischen Lokalkolorit auf und tragen den Stempel einer jeweils unikaten Kommunikations- und Lerngeschichte.

Roland Roth macht in einer vergleichenden Betrachtung die Verschiedenheit der mittlerweile fest etablierten örtlichen 'Bewegungssektoren' *exemplarisch* deutlich: So dominiert in Frankfurt beispielsweise eine 'avantgardistische Basare-Mentalität' mit hoher Umschlagsgeschwindigkeit von politischen Ideen und Ansätzen. Eine neue heterogene Protest- und Initia-

> tivenszene löste hier die 'Altvordere'-Generation charismatischer Führungspersonen ab, die sich in den 80er Jahren der GRÜNEN-Realpolitik zuwandten. In Freiburg im Breisgau hat sich dagegen eine mit großer Beständigkeit versehene regionalistische Identität ausgebreitet, die bis heute noch wesentlich von den übermittelten Erfahrungen aus den Auseinandersetzung um das geplante Atomkraftwerk *Wyhl* der 70er Jahre zehrt und lokale Widerstands- und Freiheitstraditionen zutage fördert (der linke Buchladen wurde bezeichnenderweise nach einem regionalen Helden aus den Bauernkriegen 'Jos Fritz' und nicht wie in Frankfurt 'Karl-Marx-Buchladen' benannt). Eine noch bodenständigere Szene-Kultur zeigt sich im Odenwald, wo einmal erworbene politische Stile und Kommunikationsformen lange nachwirken. Die regionale Alternativzeitung firmiert hier in den 90er Jahren (in Anlehnung an den auch bei ehemals einflußreichen K-Gruppen gebräuchlichen Jargon) als 'Mitbürger!' und ist in Erinnerung an radikaldemokratische Traditionen mit 'Odenwälder Flugschrift' untertitelt. Ein im Zusammenhang mit der Friedensbewegung ins Leben gerufenes 'Odenwälder Friedensforum' ist auch lange noch nach deren Abflauen existent und fungiert dabei weitgehend themenunabhängig als kommunikationsstiftende 'zentrale Bewegungsorganisation' (Roth 1994: 201ff.).

Damit handelt es sich bei der Fortschreibung und Durchsetzung alternativer Bewegungsbereiche offenkundig um regionalspezifische Selbstkonstitutionsprozesse, die wandlungsfähige Netzwerke hervorbringen und in denen sowohl kosmopolitane als auch lokale Anlässe und Orientierungen eine Rolle spielen. Roth hat dies in Anlehnung an Lück u.a. (1976) als „aufgeklärte Parochialität“[2] der örtlichen Bewegungsmilieus bezeichnet, bei der lokalgeschichtliche Ausgrenzungen und Verdrängungen aufgebrochen, globale Entwicklungen rezipiert und zusammen mit lokalen Erscheinungsformen zu spezifischen Interpretationsweisen und Aktionsformen verdichtet werden. Hieraus folgt die für das etablierte politische Institutionensystem keineswegs folgenlose Tendenz, *lokale Themenzuständigkeiten* und *Handlungskorridore* zu erweitern (Roth 1994: 200, Anm. 13).

Hier liegen auch die Anschlußstellen der neuen sozialen Bewegungen zu der Studentenbewegung der 60er Jahre. Der antiautoritäre Protest von Studenten und APO hatte bereits vielerorts Ansätze der neuen unabhängigen, dezentralen und netzwerkartigen Organisationsstrukturen geschaffen, ohne die sich Selbsthilfegruppen und autonome Bewegungen nicht im gleichen Tempo hätten verbreiten können. Unkonventionelle Protest- und Partizipationsformen wie auch die Ästhetisierung der eigenen politische Praxis durch die bewußte Wahl divergenter Ausdrucksweisen und Stile waren in dieser Akzentuierung seinerzeit erstmals in die politische Kultur der Bundesrepublik eingeführt worden. Sowohl die Abwehr von Repression als auch die Forderung nach politischer und kultureller Selbstbestimmung gewannen hier eine neue Selbstverständlichkeit. Durch die „institutionellen Diffusionsprozesse dieses emanzipatorischen Impulses“ (Brand 1991: 47) wurde nicht nur der anfängliche Reformanspruch der neuen sozialliberalen Koalition getragen, sondern auch der Freiraum für gesellschaftliche Alternativen verbreitert, die die gegenreformerischen Kehrtwenden von Regierungspolitik *überleben* sollten.

Die neuen sozialen Bewegungen unterscheiden sich aber von der in den 60er Jahren geborenen Neuen Linken dadurch, daß sie nicht mehr an Begriffsapparaten und theoretischen Entwürfen feilen. Die Verständigungsprozesse sind komplexer, differenzierter und vielschichtiger geworden. Sie vollziehen sich zum einen *horizontal*, in örtlich gebundenen Interaktionen zwischen verschiedenen Bewegungssegmenten, in denen sich aus informellen und offiziellen Weisen der Zusammenarbeit ein jeweils lokalspezifischer Charakter des Bewegungssektors herauskristallisiert. Dessen Gepräge ist dabei stärker durch die jeweiligen regionalen Traditionen und Politikstile vermittelt als durch ein kontingentes Band theoretisch konsistenter und kollektiv geteilter Kognition. Daneben existieren *vertikale* Verständigungslinien, die erheblichen Einfluß auf die Problemsichten, Forderungen und Formen der Selbstpräsentation innerhalb der jeweiligen Einzelbewegungen ausüben. Hier bildet sich das spezifische Profil einer Bewegung heraus: die programmatisch-fachlichen Diskurse, das jeweilige Maß an Professionalisierung und institutioneller Politikbeeinflussung, die Symboliken und Ritualisierungen, die den eigenen Lebensstil dokumentieren und zum identifikationsfähigen Wiedererkennungseffekt machen. Es entstehen gleichfalls bewegungstypische zentrale Einrichtungen (Dachverbände, Medien, fest institutionalisierte Aktionsgruppen und Beratungseinrichtungen) mit unterschiedlicher Dauerhaftigkeit, deren Verschwinden oder Formwandel keineswegs gleichbedeutend mit dem Ende der Bewegung sein muß (Roth 1994: 190ff.).

2.3.2. Gesellschaftliche Modernisierungskrisen und die Vielfalt der Handlungsfelder und Bewegungen

Nicht zufällig entsprechen die wichtigsten Aktivitätsfelder der neuen sozialen Bewegungen auch den gesellschaftlichen Bereichen, in denen seit Mitte der 70er Jahre zugespitzte Krisenerscheinungen auszumachen sind. Dies hat auch die vormals eindeutige tertiäre Orientierung auf infrastrukturelle und kulturelle Konfliktsphären insofern relativiert, als daß neben dem bereits früher vertretenen Bereich der Alternativbetriebe unter dem Druck sich in den 80er Jahren rapide verändernder Problemlagen Armutsbekämpfung und Beschäftigungsförderung als neue Initiativenfelder hinzutreten. Aber auch hier bleibt ein im Unterschied zu etablierter Politik divergentes Aktivitätsprofil erhalten: Bewegungsinitiativen tendieren zu kontext- und personenbezogenen, auf Ganzheitlichkeit angelegten Arbeitsformen. Mit dem nur schwachen und eher hierarchiearmen Formalisierungsgrad ihrer Arbeit stellen sie meist *fluide* (häufig prekär finanzierte) Assoziationen dar.

Die alternativen Bewegungen verfügen dabei nicht über ein Thematisierungsmonopol. Krisenbewußtsein und 'neues Denken' wird inzwischen auch wieder stärker in Kirchen und kritischen gewerkschaftlichen Zusammenhängen angeregt und findet sich (wenn auch häufig in minoritären Positionen) in alten wie in neuen Teilen des etablierten Parteienspektrums wieder. Doch sind hier maßgebende Anstoßeffekte und Weiterentwicklungsleistungen von den neuen sozialen Bewegungen ausgegangen, die mittlerweile häufig zu einer neuen Arbeitsteilung führen. Wo sie in Gestalt von einzelnen Initiativen oder Vereinen als klar umrissene Akteure handeln, übernehmen sie in neuen Politikfeldern bestimmte innovatorische Rollen, mit denen sie (als kritische Umweltgruppe, selbstorganisierte Sozialinitiative, Träger von Frauenhäusern etc.) teils in Kooperation, teils in ein offenes Spannungsverhältnis zu anderen Akteuren treten. Häufig wird mit der Bezeichnung neue soziale Bewegungen aber nicht so sehr auf einen spezifischen Akteur als auf (in Roth'scher Terminologie) den Bewegungssektor abgestellt. Gemeint ist dann eher eine Interaktionssphäre mit regional- oder fachspezifischen Vermittlungszusammenhängen, die sich als reflektorischer Verständigungsrahmen für neue Politik durch die Mitarbeit verschiedener Initiativen, neu involvierter Einzelpersonen und Vertreter etablierter Einrichtungen erst herausbildet. Dieser Aspekt kommt besonders bei den jüngeren, über den Grundtyp der 'Single-issue-Initiative' hinausgehenden Bewegungen zum Tragen. Danach lassen sich die Hauptgruppen der neuen sozialen Bewegungen folgendermaßen beschreiben:

Bürgerinitiativen

Die sich nach den Prinzipien Betroffenheit und Mobilisierung bürgerschaftlicher Sachkompetenz konstituierenden Bürgerinitiativen kamen bereits während der 60er Jahre als Kontrast zu parteipolitischer und verbandlicher Interessenvertretung auf. Ihre vor allem gegen das zunehmende Maß an staatlicher, aber auch an privatwirtschaftlicher Beeinträchtigung der Lebensumwelt gerichteten Aktivitäten diffundierten rasch in sehr unterschiedliche Bereiche (insbesondere Stadtplanung, Verkehr, Industrieansiedlung, Naturschutz, Energie, Militär). Neben kurzlebigen Ad-hoc-Initiativen finden sich auch vereinsförmige Langzeitgründungen wie der Bundesverband Bürgerinitiativen Umweltschutz (BBU).

Ihre soziale Zusammensetzung weist nach wie vor (wie die vieler anderer Nachfolgebewegungen) einen 'Mittelschichts-Bias' auf. Nach einer Hochzeit Mitte der 70er (mit Zahlenschätzungen von 4.000 -50.000 Initiativen in der BRD, Wiesendahl 1991b) und einem Abflauen Ende der 70er Jahre wird in Einzelstudien gegenwärtig wieder von einer Renaissance dieses Bewegungstyps ausgegangen. Zeitnahen Schätzungen zu Folge sind gegenwärtig rd 2 Millionen Bürgerinnen und Bürger in entsprechenden Initiativen engagiert (Neumann 1995). Die wichtigsten Ergebnisse der Arbeit von Bürgerinitiativen liegen in der Mobilisierung ehrenamtlichen direktdemokratischen Engagements, der Ausweitung von 'Gegenexpertentum' sowie der insbesondere in der Kommunalpolitik wirkungsvollen Kritik an wachsenden Umwelt- und Lebensrisiken zugunsten zeitangemessenerer Lösungen (Guggenberger/ Kempf 1984; Roth 1994: 216ff.).

Ökologiebewegung

Ausgehend von den Bürgerinitiativen als einem Grundmuster neuer sozialer Bewegungen verdichtete sich der Protest gegen einzelne Vorhaben der exponentiell fortschreitenden Umweltzerstörung in der zweiten Hälfte der 70er Jahre zu einer grundlegenden Kritik des vorherrschenden industriellen Wachstumstyps. Hatte der Club of Rome in seiner ersten Studie 1972 mit einiger Auswirkung auch auf konservative Kreise bereits die „Grenzen des Wachstums" durch die drohende Zerstörung der natürlichen Ressourcen aufgezeigt, so formierte sich der Widerstand (besonders des linken und antiautoritären Spektrums) später vor allem gegen Kernkraftwerke, geplante Wiederaufbereitungsanlagen und Flughafenerweiterungen („Startbahn West"). Spektakuläre Unfälle mit grenzübergreifenden Auswirkungen in der Chemie-(Sandoz) und Atomindustrie (Tschernobyl) belegten in den 80er Jahren auch für ein breiteres Publikum die Unbeherrschbarkeit und Ubiquität der neu entstandenen Gefahren in der *Risikogesellschaft* (Beck 1986a, 1986b).
Über das Spektrum der engagierten Initiativen hinaus gerieten damit vormals als 'fortschrittlich' und 'neutral' erachtete industrielle Verfahrenstechniken und stoffliche Produktionsgrundlagen in den Blick. Es entstand kritische Gegenöffentlichkeit gerade auch unter Naturwissenschaftlern, die neuerdings bis in einzelne Wirtschaftsunternehmen hineinreicht. Die ökologische Bewegung erstreckt sich heute von strategisch operierenden, auf professionelle Öffentlichkeitsarbeit ausgerichteten Umweltlobby-Agenturen (z.B. Greenpeace) bis hin zu Technikkritikern, umweltbewußten Verbrauchern und alternativen landwirtschaftlichen Erzeugergemeinschaften. In den Wirtschafts- und Sozialwissenschaften wurde mit beginn der 90er Jahre verstärkt der Zusammenhang zwischen ökologischer Reform, Dezentralisierung und politischer Demokratisierung diskutiert (Jänicke 1991; von Prittwitz 1993; Zilleßen u.a. 1993; als grundlegend für die frühere deutsche Diskussion vgl. Strasser/Traube 1984).

Friedensbewegung

Mit dem Streit über den Nato-Doppelbeschluß zur Stationierung neuer Raketen in Westeuropa (1979) forderte eine sich daraufhin Anfang der 80er Jahre neu formierende Friedensbewegung den Kernbereich abgeschotteten staatlichen Elitehandelns, die Außen-, Sicherheits- und Militärpolitik heraus. Zu ersten Massenprotesten kam es im Rahmen des evangelischen Kirchentages 1981 in Hamburg. In der Bundesrepublik nahmen an den Großdemonstrationen der nächsten Jahre nach unterschiedlichen Schätzungen insgesamt zwischen 600.000 und 3.000.000 Menschen teil. Darüber hinaus wurden aber auch auf breiter Basis kreativere und kommunikativere Formen von Protest und *zivilem Ungehorsam* praktiziert (Kasernenblockaden, Platzbesetzungen, Menschenketten, Bezugsgruppen). Auffallend war hier der heterogene, auf lockerer Zusammenarbeit und gegenseitiger Toleranz beruhende Charakter der Bewegung aus aktiven Christen und Kirchenkreisen, Teilen von Sozialdemokratie und Gewerkschaften, GRÜNEN, DKP-orientierten Gruppen, kritischen Experten ('Ärzte gegen den Atomkrieg', Wissenschaftler, Journalisten) sowie unabhängigen linken und anarchistischen Szenen.

Zwar konnte die Bewegung die Stationierung letztlich nicht verhindern, doch wurde in der öffentlichen Wahrnehmung nicht nur die Breite der Mobilisierung, sondern auch die erstmalige Verknüpfung verschiedener Bewegungsstränge ('Rüstung und Dritte Welt', 'Ökopax', 'Friedensfrauen') registriert. Dies blieb auch nicht ohne Auswirkungen auf die politischen Institutionen. Die GRÜNEN zogen als Stationierungsgegner 1983 neu in den Bundestag ein und die SPD revidierte ihre offizielle Position, allerdings jetzt als Oppositionspartei. Wie bei anderen Bewegungen auch wechselten latente mit manifesten Phasen, wie das gerade in der Bundesrepublik starke Protestverhalten gegen den Irak-Krieg 1991 zeigte. Kritisiert wurden besonders das außenpolitische Konzept der strategisch-militärischen Überlegenheit (bezogen auf den vergangenen Ost-West-Konflikt), seitdem verstärkt die fehlende außenpolitische Effizienz und Lösungskompetenz von Regierungshandeln sowie der 'Immobilismus' internationaler Konfliktlösungsinstitutionen (Wasmuth 1991; Roth 1987). Neue Diskussionskonturen bahnen sich in dieser Bewegung nach dem Ende des Ost-West-Gegensatzes und einer deutlichen Zunahme regionaler kriegerischer Auseinandersetzungen an. Hier könnte in Zukunft noch stärker von Teilen der Bewegung (etwa von Menschenrechtsgruppen wie der 'Gesellschaft für bedrohte Völker') das Schutzinteresse von gefährdeten Bevölkerungsgruppen (bspw. Muslime in Ex-Jugoslawien, Kurden im Irak und der Türkei) gegen prinzipiell pazifistische Orientierungen geltend gemacht werden.

Frauenbewegung

Die Anfänge der *neuen* Frauenbewegung reichen bis in die Zeit der Studentenbewegung zurück (vgl. den Aufbau sog. Weiberräte gegen die Männerdominanz im SDS). Als konsistente Bewegung entstand sie in den frühen 70er Jahren u.a. aus Kampagnen gegen den § 218. Drei Phasen lassen sich seither unterscheiden: (1) bis 1975 die Phase der Abgrenzung gegenüber informellen und formalisierten patriarchalischen Strukturen insbesondere im Institutionensystem, verbunden mit einer erneuten Herausbildung selbstbewußter weiblicher Sichtweisen; (2) die Zeit bis Ende der 70er Jahre mit der Entwicklung einer feministischen Gegenkultur von Frauenprojekten vornehmlich im gesundheits-, sozialpolitischen, wissenschaftlichen und kulturellen Bereich. Hier entstanden auch zentrale Publikationsorgane wie 'Emma' und 'Courage'; (3) seither die Periode zunehmender Beeinflussung des öffentlichen Sektors mit der Umsetzung konkreter Forderungen auf Teilhabe und Strukturveränderung (Knafla/Kulke 1991). Im Zentrum der Bewegungskritik steht die Jahrtausende alte Unterdrückung der Frauen in patriarchalischen Lebens- und Gesellschaftsformen, die auch in den liberalen Nachkriegsdemokratien westlichen Musters ihre Fortsetzung gefunden hatte. Die parlamentarisch-demokratische Elitenherrschaft wurde in einer kritischen Analyse der Geschlechterverhältnisse als Männerherrschaft identifiziert, die der Frauenfrage gegenüber erhebliche Responsivitäts- und Repräsentationsdefizite aufwies (Roth 1994: 218; Kreisky 1988).

Die Strategiediskussionen und praktischen Forderungen der Frauenbewegung kreisen dabei um zwei Pole, die häufig auch miteinander in Verbindung zu bringen versucht werden:

- das Recht auf Emanzipation und gleichberechtigte Teilhabe im privaten und gesellschaftlichen Leben, besonders auch am Arbeitsplatz (z.B. durch spezifische Maßnahmen der Frauenförderung und Quotierungsregelungen);
- das Recht auf Differenz, auf eigensinnige Lebensentwürfe und Politikformen, die die 'Pathologien der Männerwelt' vermeiden bzw. überwinden sollen (durch 'Feminisierung' der Umgangsformen und Inhalte, der Politikstile und Karrieremuster).

Zu den Erfolgen der Bewegung zählt ein inzwischen dichtes Netz an gegenkulturellen Einrichtungen (von Buchläden über Frauenhäuser bis hin zu feministischen Stadtplanungsinitiativen und Wissenschaftszusammenhängen), die neben lebenspraktischen Hilfen Professionalisierungsleistungen erbringen, die sozial-kulturelle Rückanbindung der 'Szenen' sicherstellen und deren Anliegen aber auch gleichzeitig in den Bereich 'offizieller' Politik hineinvermitteln. Auch in etablierten Organisationen wurden in der Folge frauenspezifische Ansätze entwickelt. Institutionell gelang die Durchsetzung von Gleichstellungsstellen bzw. -beauftragten in weiten Teilen des öffentlichen Dienstes und die Verabschiedung von Gleichstellungsgesetzen und Richtlinien zur Frauenförderung auf verschiedenen politischen Ebenen (vgl. für eine ausführliche Diskussion der neuen Frauenbewegung im Kontext feministischer Theoriebildung den Beitrag Feminismus in Bd.2).

Alternativ-ökonomische und sozialpolitische Bewegungen

Neue Selbsthilfeinitiativen von Mietern, Patienten und allgemein Klienten bürokratieseitig erbrachter Dienstleistungen entstanden bereits in den frühen 70er Jahren. Sie repräsentieren die Interessen strukturell schwächerer Marktteilnehmer (z.B. der Mieter) oder drücken ein neues selbstbewußtes Verständnis gegenüber den professionellen Anbietern sozialer Dienstleistungen (Sozialbehörden, Ärzten) aus. In fast allen Bereichen der Gesundheits- und Sozialpolitik existieren heute Selbsthilfeeinrichtungen zur Entfaltung der Mitwirkung durch Betroffene, ohne die die Arbeit in einer Vielzahl von Dienstleistungsbereichen längst kontraproduktiv geworden wäre. Dies macht die Initiativen umgekehrt anfällig für öffentliche Sparstrategien, die auf ihrem Rücken ausgetragen werden (Schaper 1991).

Noch aus der Infrastruktur der Studentenbewegung heraus waren Ende der 60er Jahre zahlreiche Projekte entstanden, die sich als Teil 'undogmatischer' bzw. 'autonomer Szenen' und 'außerparlamentarischer Gegenöffentlichkeit' verstehen wollten (in erster Linie Kneipen, Verlage, Zeitschriften und Buchläden). 1974 wurden die ersten handwerklichen und landwirtschaftlichen Produktionsgemeinschaften mit neuem genossenschaftlichen Anspruch ins Leben gerufen. Beide zusammen begründeten den in den Folgejahren schnell expandierenden Sektor *alternativer Ökonomie*, der sich durch zwei Momente auszeichnete: Zum einen durch demokratisch-sozialistische Formen der Betriebsorganisation (gemeinsames Eigentum, Um- bzw. Gleichverteilung des Gewinns, Arbeitsrotation, betriebliche Demokratie 'ohne Chef'); zum anderen durch neue Ansprüche an Fertigungsverfahren und Produkte (Ressourcenschonung, Umweltverträglichkeit). Insofern können die verschiedenen Projekte und Betriebe der Alternativszene auch als ökonomisches Rückgrat für andere neue Bewegungen (Ökologie- oder Frauenbewegung) angesehen werden (Beywl 1991). Hier liegen auch Berührungspunkte zu gewerkschaftlichen Arbeitskreisen der Rüstungskonversion und Produktumstellung, die allerdings erst später praktisch wahrgenommen wurden (Einemann/Lübbing 1985).

Probleme erhielt der Sektor insbesondere durch das für alternativökonomische Projekte typische Transformationsproblem. Ökonomischer Erfolg in einer kapitalistischen Welt setzt permanente Effizienzsteigerung und Marktunterwerfung geradezu voraus. Die Widerständigkeit gegen diesen Anpassungsdruck führt oft zu prekären Reproduktionsbedingungen. Die Alternativbewegung hat aber auch Gegenwehrstrategien gegen spezifische Benachteiligungen und Marktzugangsbarrieren entwickelt, etwa durch den Aufbau regionaler und inzwischen bundesweit agierender Service-, Beratungs- und Finanzierungseinrichtungen (z.B. Netzwerk Selbsthilfe, Öko-Bank; vgl. Sosna 1991).

Ein dritter Zweig entstand aus ursprünglich sozialpolitischen Aktionsgruppen, undogmatischen gewerkschaftlichen Jugendgruppen und Ansätzen emanzipatorischer Sozialarbeit, die den Aspekt von Qualifizierung und Beschäftigungsförderung in den Mittelpunkt rückten. So kam es noch in der ersten Hälfte der 70er Jahre zur Gründung der Sozialistischen Selbsthilfe Köln (SSK) und Arbeitlosenselbsthilfe Frankfurt (später als Arbeiterselbsthilfe ASH Krebsmühle Oberursel), die für viele Folgegründungen vorbildhaft werden sollten. Mit der globalen Wirtschaftskrise 1974/75 und der neuerlichen Explosion der Arbeitslosenziffern Anfang der 80er Jahre verschob sich der Akzent des alternativökonomischen Sektors insgesamt noch mehr auf die Sicherung der ökonomischen und sozialen Überlebensgrundlagen nicht-mittelschichtsangehöriger Mitglieder. Nach Verstetigung der hohen Sockelarbeitslosigkeit in den 80er Jahren traten ABM-, jugend- und sozialhilfefinanzierte Initiativen der Kirchen sowie kommunaler Träger (Beschäftigungsgesellschaften) hinzu (Bullmann/ Cooley/Einemann 1986). Der hierbei entstehende neue Beschäftigungssektor ist stark von politischen Rahmenbedingungen abhängig. Die Einbindung in regionale Netzwerke und nicht zuletzt die öffentliche Mitfinanzierung entscheiden im Westen und noch viel mehr in den – in den 90er Jahren sprunghaft ausgeweiteten – Handlungsfeldern Ostdeutschlands darüber, ob sich in diesem Sektor durch genossenschaftliche Ausgründungen bzw. Verstetigung selbstbewußter Betriebsidentitäten 'Bewegungselemente' entwickeln können (Bullmann 1991). Signale für die Ausbreitung einer Arbeitslosenbewegung kommen gegenwärtig nach mehr als zwei Jahrzehnten ansteigend hoher Massenarbeitslosigkeit aus Frankreich.

Neue soziale Bewegungen der dargestellten Art lassen sich überall in den entwickelten westlichen Industriegesellschaften und mittlerweile auch ansatzweise in den postkommunistischen Staaten Ost- und Ostmitteleuropas nachweisen. Dennoch ist auffällig, daß sie sich in der Bundesrepublik Deutschland (abgesehen von dem neuen französischen Beispiel) nachhaltiger durchsetzen konnten. Neben einer günstigen Chancenstruktur in der politischen Landschaft der Bundesrepublik (ausgeprägte parlamentarische Konsensorientierung über weite Strecken) wird hier auch ein besonders markanter 'Eigensinn' der Bewegungsszene festgestellt (Roth 1994: 160). Roth führt dies nicht so sehr auf das Wirken mobilisierender Bewegungsorganisationen als auf eine besonders tiefgreifende Etablierung der (regionalen) Bewegungssektoren zurück, die einen jeweils spezifischen Typus von kulturell und politisch vermittelten Lebenszusammenhängen repräsentieren. Dieser Umstand hat wesentlich dazu beigetragen, neue soziale Bewegungen als festen Faktor der bundesdeutschen gesellschaftlichen Realität zu 'institutionalisieren' (ebd.: 197ff., 231ff.).

Bürgerbewegungen

Parallel zur Durchsetzung der neuen sozialen Bewegungen im Westen kam es in Ost- und Ostmitteleuropa (mit den ersten Höhepunkten bereits im Prager Frühling 1968 und der polnischen Solidarnoœæ-Bewegung der späten 70er Jahre) zur Ausbildung spezieller oppositioneller Gruppierungen und Protestformen, die den Stempel der Abwehrauseinandersetzung mit den kommunistischen Regimen trugen. In Ostdeutschland bildeten sich unter dem Dach der evangelischen Kirche Umwelt- Friedens- und Dritte-Welt-Gruppen heraus, die ähnliche Merkmale wie die politischeren Initiativen unter den westlichen Bewegungen aufwiesen. Ihre Grundlage war eine gemeinsame sozial-moralische Orientierung, die vom 'Ernstnehmen' sozialistischer Ideale bis zur gemeinsamen Verteidigung gegen staatliche Übergriffe reichte. Im Unterschied zum Westen fehlte ihnen in den verstaatlichten Gesellschaften des Ostens häufig jedoch der zivile Freiraum für (auch symbolische) Selbstinszenierungen (Rink 1995).

3. Veränderte Standorte und Interpretationen

3.1. Der Widerhall der Bewegungen: Hartnäckigkeit im System demokratischer Elitenherrschaft

Was ist nun insgesamt aus diesen Impulsen, die zunächst die antiautoritäre Oppositionsbewegung der 60er Jahre, später in anderer Form die neuen sozialen Bewegungen gesetzt haben, geworden? Nach einer Einschätzung von Beymes waren sie auch in der Bundesrepublik allenfalls in der Lage, „das vorherrschende Paradigma der repräsentativen Demokratie" an „seinen Rändern" zu erschüttern (von Beyme 1992a: 190f.). Zwar seien die in Teilen bewegungsinduzierten GRÜNEN hier fast allerorten von diesem Schub in die Parlamente getragen worden, doch offenbarten sich gegenüber deren ursprünglich radikaldemokratischem Anspruch inzwischen altbekannte demokratietheoretische Dilemmata: Direktdemokratische Experimente, wie etwa eine Rotation der Volksvertreter, stärkten, wie schon Robert Michels (1957) zu Anfang des Jahrhunderts bemerkt hatte, statt der Demokratie lediglich die Regierungsbürokratien und ließen sich deshalb nicht realisieren. Und in der Tat, wer die realo-dominierte politische Praxis der GRÜNEN in den 90er Jahren beobachtete, sah das 'grüne Projekt' in Abkehr von Bewegungstraditionen zu einer ganz normalen (und noch dazu mitgliederarmen) Parlamentspartei mutieren. Die Äußerungen führender Repräsentanten belegen bereits seit längerem einen Bruch mit sozialistisch-radikaldemokratischem Gedankengut und stehen eher für eine Annäherung an liberale Positionen (vgl. Fischer 1992).

Die Bürgerbewegungen Ostdeutschlands mußten nach ihrer bedeutenden Rolle in der Übergangszeit mit der westgesteuerten Vereinigungspolitik zunächst den Verlust an Rückhalt in der Bevölkerung und später ihren Niedergang hinnehmen. Die Leistung der Initiatorinnen und Initiatoren der großen Protest- und Demonstrationswelle, die das Ende des SED-Regimes besiegelte, wurde weder in der ersten freien Volkskammerwahl vom März 1990, noch in der ersten gemeinsamen Bundestagswahl im Dezember 1990 honoriert. Als BÜNDNIS '90/GRÜNE konnten die drei hier zusammengeschlossenen Bürgerrechtsgruppen 'Neues Forum', 'Demokratie jetzt' und 'Initiative für Frieden und Menschenrechte' durch das modifizierte Wahlgesetz für die erste Bundestagswahl nach der Einheit im Osten Deutschlands gerade die 5-%-Klausel überspringen und waren dadurch mit acht Mitgliedern im Bundestag vertreten, während die West-GRÜNEN scheiterten. Diese fusionierten daraufhin mit dem BÜNDNIS '90 zu einer Partei, die bei der zweiten gesamtdeutschen Bundestagswahl aufgrund eines guten Ergebnisses im Westen 7,3% der Stimmen erzielte und damit in der Legislaturperiode 1994-98 wieder über 49 Bundestagssitze verfügte. In Ostdeutschland bleibt die Resonanz der GRÜNEN dagegen schwach. In Sachsen-Anhalt ist die neu vereinigte Partei als einzigem ostdeutschen Bundesland an einer von der SPD geführten (und von der PDS tolerierten) Minderheitenregierung beteiligt. Der politisch-praktische Einfluß der Bürgerrechtsbewegungen auf den politischen Alltag in den Kommunen und Ländern Ostdeutschlands ist dagegen nahezu verschwunden (Rink 1994; Benzler/Bullmann/Eißel 1995).

Die Ausstrahlung, die die neuen sozialen Bewegungen zwischenzeitlich selbst auch auf das neokonservative Lager zu haben schienen (vgl. etwa Biedenkopf 1985), sollte sich überwiegend als vorübergehende Erscheinungen erweisen. Die Politik der von Helmut Kohl geführten Regierungskoalition aus CDU/CSU und FDP bemühte sich um eine Bewältigung der Vereinigungslasten durch Sozialstaatsabbau und Haushaltskonsolidierung und beförderte damit praktisch eine weitere Stratifizierung der bundesdeutschen Gesellschaft. Statt einer Ermutigung von demokratischer (und sozialer) Teilhabe im Stile einer 'enabling democracy' setzt diese Strategie auf die Eigeninteressen der 'leistungsstarken Kerne', die für politisch-kulturellen 'Mainstream' stehen und häufig wenig Beteiligungsambitionen in ihrer Eigenschaft als Citoyens aufweisen.

Eine zwar bei Landtagswahlen erfolgreiche, aber auf Bundesebene ein ums andere Mal hart gebeutelte Sozialdemokratie hatte dem bislang wenig entgegenzusetzen. Mit ihrem nach Basisbefragung gekürten Parteichef Scharping wurde der bereits unter Engholm begonnene Annäherungskurs an die Regierungsparteien (z.B. im Asylrecht) auf weitere innen- und außenpolitische Bereiche ausgedehnt (z. B. durch die weitere Einschränkung von Grundrechten mit Hilfe des 'großen Lauschangriffs'). Damit scheint die 'Nach-Schmidtsche'-Öffnung der Partei von in den 90er Jahren veränderten gesellschaftlichen Bedingungen eingeholt zu werden. Mit ihrem neuen Vorsitzenden Oskar Lafontaine (seit 1995) ringt die SPD Ende des Jahrzehnts um die politische Substanz einer glaubwürdigen Regierungsalternative. Ähnlich wie die SPD haben die Gewerkschaften als potentiell sozialreformerische Kraft unter Mitgliederschwund zu leiden. Bei stagnierend hoher Massenarbeitslosigkeit und zunehmend härteren Spaltungslinien zwischen Kernbelegschaften, Langzeitarbeitslosen und prekär Beschäftigten droht ihr Einfluß in Zukunft eher noch abzunehmen.

Signalisiert dieses im Sinne klassisch-demokratietheoretischer Ansprüche negativ ausfallende Szenario, daß es dem etablierten politischen Institutionensystem in den 90er Jahren wieder gelingt, elitendemokratische Führungsstile zu zementieren und sich neuerlich gegen partizipative Einwirkungen zu immunisieren? Und wenn ja, wäre dies gleichbedeutend mit einem notwendigen Ende des sozialen Innovationsschubes, den die bundesdeutsche Gesellschaft, angestoßen seit den 60er Jahren, durch die Entfaltung demokratischer Praxisformen 'von unten' in der jüngeren Vergangenheit durchlebte?

3.2. Neue Bescheidenheit demokratietheoretischer Reflexionen

Folgt man der neueren Entwicklung demokratietheoretischer Diskussionen, so stößt man im Kern auf eine Anspruchsreduktion, die sehr unterschiedliche Ansätze mit verschiedenen Begründungen gegenüber dem klassischen Demokratiekonzept Rousseauscher Prägung vornehmen. Schon Wilhelm Hennis (1970) hatte die zeitgenössische Forderung nach Demokratisierung dahingehend kritisiert, daß sie den bereits im klassischen Denken (Aristoteles) etablierten Unterschied zwischen 'oikos' und 'polis', zwischen Wirtschaft und Politik, ignoriere. Gegen die Unbelehrbaren, die diese und andere Grenzüberschreitung in praktischen Auseinandersetzungen doch versuchten, wurde die Kritik an späterer Stelle zum Konzept einer drohenden 'Unregierbarkeit' erweitert.

Klaus von Beyme nimmt dies wieder auf, wenn er es (hier gegen Carl Schmitt) zur positiven Lerngeschichte der Politikwissenschaft zählt, die Hegemonie der politischen Sphäre aufgegeben und die Eigenständigkeit anderer gesellschaftlicher Bereiche akzeptiert zu haben. Für ihn erwächst hieraus eine Notwendigkeit zur Selbstbescheidung politischer Gestaltungsambitionen (und politischer Theorieentwürfe) zugunsten der Aufwertung von pragmatischeren gesellschaftlichen Selbststeuerungsmechanismen (gemeint sind zunächst Ordoliberalismus und Neokorporatismus, von Beyme 1992b: 74ff., 127ff.). Dennoch sieht er die Grenzen von Demokratisierung und Partizipationsfähigkeit noch nicht als empirisch ausgetestet an, diente doch ihre Behauptung bislang eher „der Vermeidung einer weiteren Zieldebatte in Demokratien" (von Beyme 1992a: 189). Er plädiert stattdessen für empirische Demokratieforschung, die Grenzen und Möglichkeiten zusammensieht und in ihren Zielvorstellungen hindurchsteuert „zwischen der Scylla einer Ontologisierung der Grenzen möglicher Partizipation im Sinne der altliberalen Staat-Gesellschaft-Trennung und der Charybdis einer unreflektierten Partizipationsromantik" (von Beyme 1992a: 190). Hauptaufgaben bleiben daher die Suche nach den „sozialen Voraussetzungen" des demokratischen Konsenses sowie die organisationstheoretische Analyse der Möglichkeiten zur „institutionellen Realisierung" des Volkswillens und der Partizipation aller Bürger (von Beyme 1992a: 174).

Dies ist trotz des skeptisch-empirischen Grundtons gar nicht wenig, setzt es doch einen einigermaßen kohärenten Begriff von Gesellschaft und der Transformation ihrer Willensbildung in reale Politikgestaltung noch voraus. Ein solcher Ansatz findet sich mit Abstrichen auch noch bei Jürgen Habermas, der die modernen Gesellschaften in seiner Schrift „Theorie des kommunikativen Handelns" (1981) durch einen

Gegensatz von 'System' und 'Lebenswelt' gespalten sieht (vgl. dazu den Beitrag Gesellschaftstheorien im 2. Bd.). Die Lebenswelt besteht aus den Bereichen der Privatsphäre und der (nicht politisch-institutionell verfaßten) Öffentlichkeit, währenddem die Systemwelt sich aus dem Wirtschafts- und Verwaltungssystem konstituiert. Die wichtigste 'Pathologie der Moderne' ergibt sich nun daraus, daß die Sphären der Lebenswelt durch die Einflüsse der Systemwelt 'kolonialisiert' werden. Dies geschieht mittels der dort wirkenden Steuerungsmedien (Verrechtlichung, Bürokratisierung, Monetarisierung) sowie durch die Abspaltung elitärer Expertenkulturen. Die Systemwelt gehorcht dabei einer sich hinter dem Rücken der Beteiligten durchsetzenden sachrationalen Logik, während in der Lebenswelt das Prinzip diskursiver Verständigung vorherrscht. Wird letztere dadurch als machtfreie Kommunikationssphäre konstruiert, so kommen die Befehlsstrukturen und Verhaltensregeln in Wirtschaft und Verwaltung, ähnlich wie in der Bürokratietheorie Max Webers, weitgehend unabhängig von den kommunikativen Orientierungen der in diesen Feldern Handelnden zur Geltung.

Habermas zeigt damit wichtige Dimensionen des fremdbestimmten Einwirkens auf soziale Lebensräume auf. Auch bestehen hiernach demokratische Chancen im vorinstitutionellen Raum durch bewußte Verständigungsleistungen sozialer Akteure im Bereich der Lebenswelt. Allerdings läßt Habermas die Einwirkungsreichweite dieses Verständigungsprozesses in Abkehr von früher vertretenen Positionen (vgl. Habermas 1961) jetzt „vor den Toren der Systeme enden" (McCarthy 1989: 332). Demokratie ist nicht mehr „ein auf alle gesellschaftlichen Problemlagen angewendeter Verständigungsprozeß in Permanenz" (Rödel u.a. 1989: 157). Sie ist auch nicht länger „das Projekt einer gesellschaftlichen Selbsterzeugung, in der alles zur politischen Disposition steht" (ebd.: 159). Sie wird in der „Theorie des kommunikativen Handelns" vielmehr zu einer „Barriere zwischen System und Lebenswelt, an welcher die an sich legitimen Ansprüche der systemischen integrierten Sphären von Markt und Staatsverwaltung ihre Grenzen finden" (ebd.). Praktisch bedeutet das aber, daß sich die politisch-demokratische Aufgabe des lebensweltlichen Bereiches auf Legitimationsbeschaffung reduziert. Die zweckrational-funktionalistisch gedachte systemische Ebene, auf der entschieden und vollzogen wird, wird dafür umgekehrt von allem normativen und machtmotivierten Entscheidungsverhalten 'freigesprochen'.

Michael Th. Greven hat diesen Ansatz daher der Abwesenheit einer politischen Herrschaftstheorie geziehen. Zu Recht verweist er darauf, daß gesellschaftliche Emanzipationspotentiale nur wahrgenommen und freigesetzt werden können, wenn der Analyse ein in handlungstheoretischer Hinsicht brauchbarer Machtbegriffes unterliegt. Denn demokratietheoretisch käme es ja gerade darauf an, „den Machterzeugungsprozeß des kommunikativen Handelns auch als eine mögliche Alternative zu den herrschaftlichen zweck-mittel-rationalen Praktiken des zusätzlich mit Gewalt ausgestatteten politischen Systems interpretieren zu können" (Greven 1994: 236). Systemische Strukturen könnten durchaus durch eine bewußte und institutionalisierte Koordination von Handlungsmotivationen demokratisiert werden. Hierzu bedürfe es aber einer „Theorie demokratischer Institutionen, die diese nicht schon begrifflich der veränderten Praxis entzieht" (ebd.).

Bleibt bei Habermas noch ein gesamtgesellschaftlicher Kontext im Visier, so kann dies für Beiträge *postmoderner* Diskussionsrichtung nicht mehr in gleicher Weise behauptet werden. Postmodernes Denken, mit Wurzeln vor allem in Kunst und Philosophie, übt sich in gewollter Abkehr von der 'Moderne' (Habermas) überwiegend in Skepsis gegenüber tradierten (einheitlichen) Wirklichkeitszugängen und lehnt die Allgemeingültigkeit von Denkkategorien und Universalbegriffen ab. Geschichtsphilosophisch begründete Fortschrittsmodelle werden ebenso wie die Aufklärungsideale der Theoretiker der Moderne als 'totalitär' zurückgewiesen. Die 'Meta-Erzählungen' der Moderne mit ihren typischen Unterstellungen von den Chancen allgemeinvernünftiger Lösungen, stabiler Ich-Identitäten und verläßlicher Kommunika-tionsmedien hätten ihre Glaubwürdigkeit verloren. Statt dessen dominieren in der Postmoderne Paradoxien und Ambiguitäten. In parzellierten (Teil-) Gesellschaften mit vielschichtigen Realitäten und Ungleichzeitigkeiten gibt es keine eindeutigen Erkenntnis-, Handlungs- und Erfahrungszentren mehr. Weder existiert noch ein nachvollziehbarer integrierender Gesellschaftsbegriff noch ein klar institutionalisierter Ort für Souveränität oder (statt dessen in eine Kette netzförmiger Organisationen 'verflüssigte') Macht (Foucault 1978: 37ff., 82).

Deutlicher als in anderen Denkrichtungen werden damit in der Postmoderne die Ambivalenzen vergangener Modernisierungsleistungen aufgenommen: die Mehrdeutigkeit der Fortschrittsresultate, die Partikularisierung der Gesellschaften in voneinander unabhängige Teilsphären sowie die Dezentrierung der Identität der Subjekte in vielschichtige Erfahrungswelten (vgl. hierzu den Beitrag Politische Ethik in diesem Bd.). Mit ihrem an den Entwicklungen in Kunst und Wissenschaft geschulten differenzierten Wahrnehmungsvermögen sind postmoderne Beiträge bestens in der Lage, die in den gegenwärtigen Gesellschaften angelegten Pluralisierungstendenzen zu Ende zu erspüren. Insofern werden sie auch in ihrem analytischen Zuschnitt dem empirischen Faktum einer Ausdifferenzierung des gesellschaftlichen

Innovations- und Oppositionspotentials in ein breites und heterogenes Spektrum neuer sozialer Bewegungen wohl gerecht. Hierüber wie durch ihr Postulat der Aufgabe einer Analyse hierarchisch-machtvermittelter Handlungskontexte büßen sie jedoch in der Regel die Fähigkeit ein, zu einer angemessenen Fundierung politischer Entscheidungstheorien beizutragen. Im Gegenteil: Die Zuspitzung bei einem der Protagonisten dieses Ansatzes, Jean-Francois Lyotard, „laßt uns in Ruhe spielen"[3], bedeutet, so die Kritik von Beymes (1992b: 196), in der Konsequenz Entpolitisierung und muß am Ende zu einer Auflösung der „Theorie der Legitimität" politischer Herrschaft führen (ebd.: 199).

Wird hier der Analyse-Fokus 'der Gesellschaft' (oder gar ihrer Demokratisierung) bereits in der sozialwissenschaftlichen Theoriebildung aufgegeben, so steht die Auseinandersetzung um den Charakter von Gesellschaft und ihre demokratischen Konstitutionsbedingungen anderseits wieder im Mittelpunkt einer jüngeren Kontroverse, die in den Vereinigten Staaten ihren Ausgang nahm. Hier werden die beiden Pole durch einerseits *liberale* und auf der anderen Seite *kommunitäre* Positionen gekennzeichnet, die jeweils eine prototypisch unterschiedliche Sichtweise auf die maßgeblichen Integrationsmodi ('das Gute' oder 'das Recht', Forst 1993: 196) demokratischer Gesellschaften entwerfen. Im Hintergrund steht dabei ganz deutlich die (am Bild der USA gewonnene) Sorge um den Erhalt von demokratischer Sozialität überhaupt, die in liberal-demokratischen Staaten zunehmend zwischen Krankheitserscheinungen, politischer Apathie und persönlichen Egoismen von Auflösung bedroht erscheint (vgl. hierzu den Beitrag Kommunitarismus in diesem Band).

Die unterschiedlichen Ansätze zur Interpretation und Bewältigung des Problems können dabei allesamt in einer alten Leitfrage *Alexis de Tocquevilles* (1805-1859) einen gemeinsamen Bezugspunkt finden. In seinem Hauptwerk (De la Démocratie en Amérique 1981, erstmals erschienen 1835 und 1840) war er umgetrieben von der Frage, wie sich in einer von ihm bejahten volkssouveränen Gesellschaftsform die potentiell zerstörerischen Folgen des Individualismus bändigen ließen. Seine Antwort gewinnt er am Beispiel der demokratischen Praxis in den Townships der Einwanderergesellschaft USA. Der Verzicht auf zentrale Bürokratien, die Mitgestaltung am dezentral verwalteten Gemeinwesen und die dabei entstehenden demokratischen Tugenden (die dadurch authentisch werden, daß die Einzelinteressen in die Gemeinschaftspolitik auch real eingehen) erscheinen ihm Brücken für einen gedeihlichen Weg. Hinzu tritt die (wenn auch im einzelnen unterschiedliche, so sie doch in diesem Punkte einigende) religiöse Grundeinstellung der Gemeinschaften, die Gleichheit der Bedingungen und

Selbstmäßigung im Umgang mit den Anderen nahelegt (Tocqueville 1981 (II): 131ff., 137ff., 389ff.).

Das Vorhandensein dieses einigenden Bandes als Voraussetzung zur Entwicklung von 'civic virtues' zieht Helmut Dubiel für spätmoderne Gesellschaften in einem Kommentar zur libertär-kommunitären Kontroverse in Frage. Mit der Abtrennung staatlicher Macht von der Gesellschaft und dem Auftreten ökonomischer, sozialer und kultureller Spaltungen wachse das Potential politischer Selbsteinwirkung, aus dem heraus in einer öffentlichen 'Dauerreflexion' über eine richtige und gerechte Gesellschaftsordnung immer gegensätzlichere Interessen und Intentionen formuliert würden. Unter Verweis auf die französischen 'Antitotalitaristen' Claude Lefort und Marcel Gauchet folgert er hieraus, daß sich Demokratie nur noch aus der Akzeptanz des beständigen Konfliktes, „der institutionalisierten Anerkennung ihrer normativen Desintegration integrieren kann" (Dubiel 1994: 113). Interessenbedingt unversöhnliche Orientierungen sollten nicht zugunsten eines imaginären Konsensus aufgegeben, sondern politisch mediatisiert werden. Sie bergen ein potentiell symbolisch wirkendes, integrierendes Kapital: In dem Maße, in dem sich die Akteure über die Zielsetzungen ihrer Gesellschaft streiten, „bestätigen sie sich auch als Mitglieder ein und derselben Gemeinschaft" (ebd.: 115). Ohne Aufgabe ihrer Gegnerschaft begründen sie einen integrierenden symbolischen Raum gleichsam „zwischen den Individuen" (ebd.). Dubiel, der sich selbst damit am ehesten einer gemäßigt kommunitaristischen Position zurechnet, versteht Demokratie insofern als gelungene Konfliktzivilisierung, die sich in Gestalt permanent erarbeiteter „strategischer Interessenkompromisse" (ebd.: 116) präsentiert.

Von einem solchen Blickwinkel aus gelesen, würden sich die Ergebnisse des Auftretens antiautoritärer und neuer sozialer Bewegungen in den westlichen Demokratien (und in der Bundesrepublik insbesondere) nicht mehr als 'Niederlagen' radikaldemokratischer Positionen darstellen. Sie hätten in jedem Falle durch ihre gemeinschaftliche Praxis die imaginäre Bedeutung einer (realiter nicht erreichbaren) Gesellschaft autonomer und gleicher Individuen inszeniert. Damit wäre die „Zivilgesellschaft" als „plurale, konfliktorische, aber gleichwohl handlungsfähige Ganzheit" (Rödel u.a. 1989: 100) wiederbelebt und erweitert worden. In der durch alliierte Einwirkung geschaffenen Bundesrepublik wären zivilgesellschaftliche Verkehrsformen gar erst etabliert und quasi nachholend begründet worden (ebd.: 77, 111).

Einem solchen 'konstitutionalistischen' Ansatz geht es dabei aber nicht mehr um die Realisierung im Rousseauschen Sinne 'identitärer' Demokratievorstellungen. Statt auf die klassisch-französische wird vielmehr in Anlehnung an *Hannah Arendt* stärker auf angelsächsische

Denktraditionen rekurriert. Der Platz des Souveräns bleibt nach der Beseitigung absolutistischer Fürstenherrschaft hier in der Tat leer und kann auch nicht von einer (für Totalitarismen und 'mehrheitsdespotische' Praktiken anfälligen) hypostasierten Volksherrschaft eingenommen werden. Macht ist statt dessen in liberal-demokratischen Gesellschaften 'kommunikativ erzeugte Macht', die die Gesellschaftsmitglieder untereinander bindet (Arendt 1974). Ziel ist deshalb nicht ihre Auflösung in einer Identität von Regierten und Regierenden („eine Illusion, die entsteht, sobald das Symbolische mit dem Wirklichen verwechselt wird", Lefort 1981: 80), sondern die Realisierung der „Idee einer auf Dauer gestellten Gründung öffentlicher Freiheit und dynamisierten Verfassungs(gesetz)gebung", die Teilhabe an Macht ermöglicht (Rödel u.a. 1989: 125). Auch neueren Ansätzen, die auf permanente direktdemokratische Willensbildung abstellen, wird daher die „unhintergehbare" Geschichtlichkeit und Konflikthaftigkeit der Zivilgesellschaft entgegengestellt, zu deren symbolischer Praxis es „keine demokratische Alternative" gibt (ebd.).

4. Die Aktualität alter und neuer Herausforderungen

4.1. Wider eine Verengung des Analysehorizonts

Ein solcher libertär-konstitutionalistischer Ansatz birgt gegenüber den Erstarrungen westlicher Demokratien wie auch den gesellschaftserstickenden Erfahrungen mit dem real existierenden Staatssozialismus erhebliche Freiheitspotentiale, die nicht hoch genug gerechnet werden können. Er liefert die Grundlage für eine Anerkennung der Realformen differenter Subjekte und ihrer unterschiedlichen Selbstdefinitionen und sozialen Praktiken. Er akzeptiert Pluralität, Fragmentierung und die Heterogenität von Vergesellschaftungsformen als soziale Fundsachen, hinter denen sich Demokratie in Wirklichkeit entfalten muß. Der Ansatz von Rödel u.a. bemüht sich sogar um die Beseitigung einer 'altliberalen Blindstelle'. Während sowohl Hannah Arendt wie ihr historisches Studienobjekt, der Mitbegründer der US-Gesellschaft Thomas Jefferson, einem sozial elitären Freiheitsbegriff erliegen, fordern sie die Beachtung der 'sozialen Frage' als integralem Bestandteil der 'demokratischen Frage' ein. Erst politische *und soziale* Teilhabe konstituieren den Status des Aktivbürgers, weswegen letztere auch zur Bedingung der „Möglichkeit öffentlicher Freiheit" wird (Rödel u.a. 1989: 186). Doch wie soll die Gesellschaft der in diesem Entwurf zunächst nur verfassungsrechtlich Gleichen im Hier und Jetzt in diesen Zustand der doppelten (und damit erst real einlösbaren) Freiheit versetzt werden?

Die Offenheit der Verfassung für das Komplement „ziviler Solidarität“ (Rödel u.a. 1989: 188) ist zwar gegeben, doch wäre (und war) ihre diesbezügliche Füllung eben gerade das Ergebnis macht-asymmetrisch ‘von unten’ ausgetragener konflikthafter Prozesse und *kein* Konstitutionsmerkmal liberal-demokratischer Gesellschaften. Die reale Welt ist eben nicht frei von Unterdrückung, Ausbeutung und ungleicher Chancenzuteilung – genannt vertikal hierarchisierende Verdinglichungen –, die sich während der letzten 200 Jahre liberal-demokratischer Gründungsakte als Phänomene politischer Machtkonzentration und sozio-ökonomisch wie kulturell fundierter Herrschaftskonstellationen niedergeschlagen haben. Ein ansonsten noch so sympathisches ‘horizontales’ Konzept einer gradualistischen Ausdehnung zivilgesellschaftlicher Freiheiten muß dies in Rechnung stellen, soll aus ihm mehr als ein „Liberalismus der Erschöpften“ (Narr 1991) hervorgehen.

Benjamin Barber, der in der US-amerikanischen Debatte mit einer ‘neo-republikanischen’ Position wider die Unzulänglichkeiten liberaler repräsentativ-demokratischer Modelle streitet, fordert an dieser Stelle dazu auf, die institutionellen Voraussetzungen für eine „strong democracy“ zu schaffen (Barber 1984). Eine zivilgesellschaftlich begründete „starke Demokratie“, in der die Bürgerschaft wie bei Rousseau weiterhin im substantiellen Sinne als eigentlicher Souverän betrachtet wird, sei gleichermaßen „eine Frage der bürgerlichen Infrastruktur und Haltung wie eine der politischen Institutionen“ (Barber 1994: 21). Partizipatorische Selbstregierung als der eigentliche Gehalt der Bürgerschaft müsse in einem gleichsam ‘zweiten Kampf um das Wahlrecht’ erst noch erstritten werden.

> „Strong democracy looks to wage a second war for suffrage, a second campaign to win the substance of citizenship promised but never achieved by the winning of the vote. We have the same interest in a substantive victory that we had in the original formal victory: the liberation of women and men from bondage to others, and to privatism, through the legitimation of participatory self-government and the democratic creation of a common good. In this struggle, politics is always prior to economics, for it remains the sovereign realm in which the ordering of human priorities takes place. The victory of man over bondage will occur there, or not at all“ (Barber 1984: 266).

Seine konkreten Vorschläge zur Stärkung partizipativer Demokratie beziehen sich auf eine Verbesserung demokratischer Gesprächskultur (deliberation, agenda-setting, listening, empathy), die Ebene der Entscheidungsfindung (public decision, political judgment, common policy-making) sowie die Sphäre politischen Handelns (common work, community action, citizen service, ebd.). Die an der Lebensrealität der

US-Gesellschaft gewonnenen Konkretionen (vom Ausbau mediendemokratischer Elemente bis hin zum Bürgerdienst mit Ausbildungs- und Beschäftigungsgelegenheiten) erweisen gleichzeitig die nationalen Spezifika der Diskussion. Ein allgemeiner Diskurs über die Stärkung der sozialen wie der institutionellen Voraussetzungen partizipatorischer Demokratie muß, wie der Autor im Vorwort zur deutschen Ausgabe der „starken Demokratie" einräumt, auf die politisch-kulturellen Bedingungen eines jeweiligen Landes übertragen werden.

Aus bundesrepublikanischer Sicht hat Roland Roth in einer Standortbestimmung neuer sozialer Bewegungen und partizipativer Demokratie darauf verwiesen, daß es bei dem Streit wider ein staatsfixiertes Politikverständnis einerseits und für eine neue Rolle symbolischer Repräsentationen, imaginärer Bedeutungen und Dispositive anderseits nicht um die einzige (vielleicht nicht einmal um die wichtigste) gegenwärtige Auseinandersetzungslinie geht (Roth 1994: 263).

So hat der Zusammenbruch der staatssozialistischen Systeme nie dagewesene Möglichkeiten internationaler Verständigung und Friedenssicherung ermöglicht. Er hat dahinter aber auch die faktische Verwirklichung der 'einen Welt' mit globalen ökonomischen Abhängigkeiten und dem Ausschluß selbstgebauter Nischen 'zwischen den Systemen' aus der Sicht der sog. Dritten Welt forciert. Weltweit sich organisierende neue Arbeitsteilungen werden auch zu sehr verschiedenen ökonomischen Produktionsweisen mit jeweils unterschiedlichen Arrangements zwischen Kapital und Arbeit sowie zwischen Zentrum und Peripherie (so bspw. entlang des Stadt-Land-Gegensatzes wie der Geschlechterverhältnisse) führen. Auch der hier vorrangig betrachtete schmale Ausschnitt nordamerikanischer und (west-) europäischer Gesellschaften könnte sich dabei weiter differenzieren. Die Postfordismusforschung, die sich unter Bezug auf *Gramsci* speziell den Wechselwirkungen zwischen ökonomischen, politischen und sozial-kulturellen Arrangements widmet, prognostiziert, daß keynesianisch-sozialintegrative Gesellschaftsmodelle (Nordeuropa und Teile West- bzw. Mitteleuropas, Kanada) in der westlichen Hemisphäre gegen die tendenzielle Übermacht neoliberaler Formationen (insbesondere USA und Großbritannien) konkurrieren. Die Modernisierungsstrategien in Osteuropa bzw. den aufstrebenden Regionalmächten Asiens und der 'Dritten Welt' scheinen unterschiedliche Formen anzunehmen. Während in Japan und den expandierenden 'kleinen Tigern' Ostasiens durch Tradition gestützte patriarchalisch-liberalkonservative Muster dominieren, stößt die Ausdehnung marktradikaler Reformen in den Gesellschaften Osteuropas auch auf Widerstände. Während hier die Chancen keynesianischer Ansätze aufgrund der Nachholposition wenn nicht aussichtslos, so doch fraglich bleiben, befinden sich weite Teile der 'Dritten Welt' fest in den Händen „bloody-tayloristischer" Entwicklungsstrategien (Lipietz 1985, 1991; Hirsch 1990).

Der Kampf um Selbstregierung, politische Partizipation und gesellschaftliche Teilhabe ist deshalb ein jeweils spezifischer, nicht von den kulturellen und sozio-ökonomischen Reproduktionsbedingungen zu lösender Prozeß, der jedoch neben der Globalisierung der Wirtschaft auch noch weitere, nicht umkehrbare Internationalisierungen enthält. So wird es beispielsweise nicht von unerheblicher Bedeutung sein, ob den, aus den neuen Bewegungen der entwickelten Zentren hervorgegangenen Umweltschutz- und Menschenrechtsgruppen im Zuge der medialen Globalisierung ihrer Operationsbasis eine Einflußsteigerung gelingt. Das gleiche gilt für Organisationen der alten Bewegung (sozialreformerische Parteien und Gewerkschaften), die mit dem Verfall des Nationalstaates als alleinigem Bezugspunkt im großregionalen (Europa) wie im weltweiten Rahmen nach neuen Anschlußstellen suchen müssen.

Auf die westlichen Staaten der entwickelten Zentren kommen gegenwärtig unweigerlich die Ergebnisse periodenlanger Ausbeutung der restlichen Welt zurück. Den Herausforderungen durch weltweite ökonomische Krisen, kriegerische Auseinandersetzungen und Migrationswellen kann auf lange Sicht auch nicht durch noch so stabile 'Festungen' entgangen werden. Die elitendemokratische Version von Demokratie hat hier schon einiges von ihrer vermeintlichen Stabilität verloren. Ihr Grundmuster der Akzeptanzsicherung durch Zuteilung von Wachstumsüberschüssen hat jedenfalls schon lange Einbußen zu verzeichnen, und dies nicht erst seit dem Auftreten rechtspopulistischer Agitatoren und Schlägertrupps. So wie die Rousseausche Konzeption als idealtypische Abstraktion fortwährend an strukturellen Zielerreichungsdefiziten leidet, krankt die Schumpetersche 'Realismus'-Version an Lücken in der Wirklichkeitswahrnehmung; je mehr die gesellschaftlichen Grundlagen der Demokratie untergraben werden, um so instabiler muß auch ein auf formaldemokratische Prozeduren zurückgeworfenes Regierungssystem werden.

Staatliches und politisches Handeln unterliegen gegenwärtig Formveränderungen, doch verschwinden sie deswegen noch nicht aus dieser Welt. Michael Th. Greven streitet sogar für eine gegenteilige Vermutung, indem er die heute erreichte „qualitative und quantitative Eindringtiefe" ebenso wie die „zeitliche Folgenentgrenzung politischer Entscheidungen" von historisch bislang nicht gekanntem Ausmaß hält (Greven 1993: 409). Vor diesem Hintergrund lehnt er den Rückzug auf bloße symbolische Deutungsmuster politischer Prozesse ab, weil sie zwar unter Legitimationsaspekten interessierten, aber unter Steuerungsgesichtspunkten wenig beizutragen hätten; ebenso wie die Flucht in systemtheoretische Betrachtungen, die das Problem durch Anspruchsverkürzung auf entkoppelte Legitimationsbeschaffung reduzierten. Anspruchsvollere Perspektiven auf die Demokratie müßten dagegen auch weiterhin das Interesse an problemlösender Politikproduktion zur Geltung bringen. Von Beyme nähert sich dem gleichen Punkt von einer anderen Warte, indem er die jüngste Hausse dekonstruktivistischer und systemtheoretisch inspirierter Selbststeuerungsansätze (*Autopoiesis*; vgl. dazu den Abschnitt über *Luhmann* im Beitrag Gesellschaftstheorien im 2. Bd.) nicht zuletzt auf die „Schönwetterperiode der 80er Jahre" zurückführt. Für die nahe Zukunft prognostiziert er unter dem Eindruck diverser Krisenzeichen eher eine neuerliche Konjunktur von sozialwissenschaftlichen Handlungstheorien (von Beyme 1992b: 356).

4.2. Politische Partizipation und soziale Teilhabe als Modernisierungsanforderungen

Wer Selbstregierung, politische Partizipation und gesellschaftliche Teilhabe im Sinne einer sozialen Demokratie praktisch stärken will, muß, ähnlich wie dies Tocqueville seinerzeit am amerikanischen Beispiel fasziniert verfolgt hat, nach den 'Paßformen' und Entsprechungen zwischen gesellschaftlichen und politisch-administrativen Strukturen fragen. So kommt es gegenwärtig etwa im Europa der Europäischen Union zu einer Relativierung und Neubestimmung des Nationalstaates durch zwei sich ergänzende, aber gegensätzliche Bewegungen. Zum einen findet eine Machtzentralisierung durch Aufwertung der Brüsseler supranationalen Kompetenzen statt, zum anderen ereignet sich parallel dazu in den meisten Mitgliedstaaten (durch Regionalisierung und Dezentralisierung) ein Prozeß der Dekonzentration von Machtausübung. Die europäischen Citoyens müssen mit noch mehr *unterschiedlichen* Identitäten beim Willensbildungstransfer leben. Der Kampf um eine europäische Volksvertretung mit echter Parlamentshoheit kann durchaus mit dem Einsatz für eine authentische Interessenvertretung auf regionaler Ebene einhergehen.

Dies ruft notwendigerweise eine Debatte um optimale Rollenzuweisungen an die verschiedenen politischen Ebenen auf den Plan. Hierbei zeigt es sich, daß regionalisierte und föderalisierte Gebietskörperschaften nicht nur vor dem Hintergrund subnationaler Identitätsbildungen sinnvoll sind. Ein Tocquevillesches Zusammenspiel zwischen Realisierung von Eigeninteressen und Ausbildung republikanisch-demokratischen Bewußtseins läßt sich hier noch am ehesten verwirklichen. Neuere Analysen unterstreichen, daß politische Verteilungsaufgaben besser auf zentralen Ebenen aufgehoben sind. Komplexe

Entwicklungsprobleme, die mehrdimensionale Abstimmungen und 'paßgenaue' unikate Lösungen erfordern, können dagegen viel geeigneter auf dezentraler Ebene wahrgenommen werden (Hesse/Benz 1990; paradigmatisch für viele Strasser/Traube 1984). Gerade die entwickelten Zentren des Westens hätten heute vielfache Veranlassung, die in ihren Gesellschaften schlummernden Potentiale für zeitgerechte Formen demokratischer Selbststeuerung aufzuspüren. So lassen sich die sich global zuspitzenden Umweltkrisen weder durch am Status quo orientierte Systemfortschreibungen noch durch 'Öko-Diktaturen' überwinden. Soll der umweltverzehrende Wachstumspfad der 'Ersten Welt' weiter fortgesetzt und noch in bevölkerungsreiche neuindustrialisierte Staaten wie China, Indien und Brasilien exportiert werden, könnte der industriegigantomane Supergau unabwendbar werden. Drastische Energieeinsparungen, dezentrale Kleinserienfertigung und regionalisierte Stoff- und Nahrungsmittelkreisläufe sind nötig, um ein umweltgerechtes Überleben aller Erdteile zu ermöglichen (vgl. den Beitrag Politische Ökologie in diesem Bd.).

Der Umstieg auf angepaßte Technologien und problemgerechte, an ökologischen Prämissen ausgerichtete Modernisierungsleistungen kann aber nicht über technische Innovationen allein gelingen. Mindestens so erforderlich ist im Zusammenspiel damit eine deutliche Erhöhung der *sozialen Kompetenz* von Zusammenarbeit und gemeinsamer Problemlösung, in den Entwicklungsländern und postkommunistischen Staaten ebenso wie in den hochindustrialisierten (technologie- und problemexportierenden) Gesellschaften. Ganzheitliche, gleichzeitig ökologischen wie ökonomischen und sozialen Anforderungen genügende Entwicklungsleistungen entstehen auf Interaktions- und Gestaltungsebenen, die subjektnah sind und ihre vorhandenen 'Überschußpotentiale' an fachlicher Kreativität und sozialer Einmischung zu nutzen wissen. Sie bedürfen pluraler Akteurskonstellationen mit offenen, dialogischen Beteiligungsverfahren (Prittwitz 1993; Zilleßen u.a. 1993). So konnten partizipative, auf das menschliche Know how und auf Teamfähigkeit setzende Rationalisierungstechniken im Hinblick auf arbeitsorganisatorische und technologiebedingte Umstellungen in der Erwerbsarbeit ihre Überlegenheit längst unter Beweis stellen (Kern/Schumann 1985). Brachliegende Ressourcen von Mitwirkung und Kooperation lassen sich jedoch langfristig nur dort erschließen, wo soziale Basisintegration und kulturelle Pluralität gesellschaftlich verbürgt werden.

Demokratisierung durch die Stärkung politischer Partizipation und sozialer Teilhabe bleibt daher das Gebot einer freiheitlichen Gesellschaft, die die Idee von Selbstbestimmung und Selbstregierung noch nicht aufgegeben hat. Auf der Suche nach Antworten auf ihre zentralen Überlebensfragen könnten spätmoderne Gesellschaften von den aus Kritik, Mitbestimmung und neuer Beteiligung erwachsenden Möglichkeiten zudem entscheidend profitieren. Autonomiegewinne und Rationalitätsvorteile durch politische Demokratisierungsstrategien mit 'langem Atem' werden sich aber, so die Erfahrungen der neuen sozialen Bewegungen, nur dann einstellen, wenn es gelingt, „Bereiche gelebter, selbstorganisierter Gesellschaftlichkeit" innerhalb der Grenzen fragmentierter Sozialität wie über solche Grenzen hinweg „wiederherzustellen" (Gorz 1993: 111).

Anmerkungen

1 Zum unter den Bedingungen der 80er Jahre und den Möglichkeiten einer neuen technologischen Entwicklungsstufe reformulierten Ansatz eines *neuen* technokratischen Konservatismus vgl. die Arbeiten von Richard Saage (bspw. 1985, 1986).

2 Der Begriff stammt ursprünglich aus dem Griechischen und bezeichnet den Bezug zur (eigenen) Pfarrgemeinde.

3 Einen deutlich kontrastierenden Akzent setzt hier ein anderer Begründer postmodernen Denkens, Zygmunt Baumann, der als Konsequenz seiner Analyse dem Gebot der „Toleranz" die Forderung nach interpersonaler „Solidarität" als notwendiges Komplement zur Seite stellt, vgl. Baumann 1992.

Literatur

Arendt, Hannah (1974): Über die Revolution, München

Barber, Benjamin R. (1984): Strong Democracy. Participatory Politics for a New Age, Berkely, Los Angeles, London

Barber, Benjamin (1994): Starke Demokratie, Hamburg (dtsch. Übers. von Barber 1984)

Baumann, Zygmunt (1992): Moderne und Ambivalenz. Das Ende der Eindeutigkeit, Hamburg

Beck, Ulrich (1986a): Risikogesellschaft. Auf dem Weg in eine andere Moderne, Frankfurt/M.

Beck, Ulrich, (1986b): Der anthropologische Schock. Tschernobyl und die Konturen der Risikogesellschaft, in: Merkur, S. 653-663

Benzler, Susanne/ Bullmann, Udo/ Eißel, Dieter (Hg.) (1995): Ostdeutschland vor Ort, Opladen

Beyme, Klaus von (1992a): Die politischen Theorien der Gegenwart, Opladen, 7. neubearb. Aufl.

Beyme, Klaus von (1992b): Theorie der Politik im 20. Jahrhundert. Von der Moderne zur Postmoderne, Frankfurt/M., 2. Aufl.

Beywl, Wolfgang (1991): Selbstorganisierte Betriebe im Kontext neuer sozialer Bewegungen. Zum sichtbaren Teil der alternativen Ökonomie, in Roland Roth/ Dieter Rucht (Hg.)

Biedenkopf, Kurt H. (1985): Die neue Sicht der Dinge, München

Bock, Hans Manfred (1976): Geschichte des „linken Radikalismus" in Deutschland. Ein Versuch, Frankfurt/M.
Brand, Karl-Werner (1991): Kontinuität und Diskontinuität in den neuen sozialen Bewegungen, in: Roland Roth/ Dieter Rucht (Hg.)
Bullmann, Udo (1991): Kommunale Strategien gegen Massenarbeitslosigkeit. Ein Einstieg in die sozialökologische Erneuerung, Opladen
Bullmann, Udo/ Cooley, Mike/ Einemann, Edgar (1986): Lokale Beschäftigungsinitiativen. Konzepte, Praxis, Probleme, Marburg
Dubiel, Helmut (1994): Metamorphosen der Zivilgesellschaft II. Das ethische Minimum der Demokratie, in: ders. Ungewißheit und Politik, Frankfurt/M., S. 106-118
Einemann, Edgar/ Lübbing, Edo (1985): Anders Produzieren. Alternative Strategien in Betrieb und Region, Marburg
Fetscher, Iring (1960): Rousseaus Politische Philosophie, Neuwied.
Fischer, Joschka (1992): Die Linke nach dem Sozialismus, Hamburg
Forst, Rainer (1993): Kommunitarismus und Liberalismus – Stationen einer Debatte, in: Axel Honneth (Hg.): Kommunitarismus. Eine Debatte über die moralischen Grundlagen moderner Gesellschaften, Frankfurt/M., S. 181-212
Forsthoff, Ernst (1971): Der Staat in der Industriegesellschaft, München
Foucault, Michel (1978): Dispositive der Macht, Berlin, München
Gehlen, Arnold (1963): Studien zur Anthropologie und Soziologie, Neuwied
Gorz, Andre (1993): Das Subjekt steht links. Perspektive der Befreiung, in: What's Left? Prognosen zur Linken, Berlin
Grauhan, Rolf Richard/ Hickel, Rudolf (1978) (Hg.): Krise des Steuerstaats? Widersprüche, Perspektiven, Ausweichstrategien, Leviathan Sonderheft 1
Greven, Michael Th. (1993): Ist Demokratie modern? Zur Rationalitätskrise der politischen Gesellschaft, in: Politische Vierteljahresschrift, H. 3, S. 399-413
Greven, Michael Th. (1994): Kritische Theorie und historische Politik, Opladen
Guggenberger, Bernd (1978): Bürgerinitiativen – oder: Wie repräsentativ ist die „Repräsentative Demokratie" in der Bundesrepublik?, in: B. Guggenberger/U. Kempf (Hg.): Bürgerinitiativen und repräsentatives System, Opladen
Guggenberger, Bernd/ Kempf, Udo (1984) (Hg.): Bürgerinitiativen und repräsentatives System, Opladen, 2. Aufl.
Guggenberger, Bernd (1991): Demokratie/Demokratietheorie, in: Nohlen, Dieter (Hg.): Wörterbuch Staat und Politik, München
Habermas, Jürgen (1961): Reflexionen über den Begriff der politischen Beteiligung, in: ders. u.a.: Student und Politik, Neuwied
Habermas, Jürgen (1981): Theorie des kommunikativen Handelns, 2 Bde, Frankfurt/M.
Heimann, Eduard (1980): Soziale Theorie des Kapitalismus, Frankfurt/M.
Hennis, Wilhelm (1970): Demokratisierung. Zur Problematik eines Begriffs, Op laden
Hesse, Joachim Jens/ Benz, Arthur (1990): Die Modernisierung der Staatsorganisation, Baden-Baden
Hirsch, Joachim (1980): Der Sicherheitsstaat, Frankfurt/M.
Hirsch, Joachim (1990): Kapitalismus ohne Alternative?, Hamburg
Holland-Cunz, Barbara (1996): Feminismus: Politische Kritik patriarchaler Herrschaft, in: Franz Neumann (Hrsg.) Handbuch Politische Theorien und Ideologien Bd. 2, Opladen

Honneth, Axel (1993) (Hg.): Kommunitarismus. Eine Debatte über die moralischen Grundlagen moderner Gesellschaften, Frankfurt/M.

Jänicke, Martin (1991): Staatsversagen und Dezentralisierung. Erwägungen zu einer langfristigen Strategie des ökologisch-ökonomischen Umbaus, in: Blätter für deutsche und internationale Politik, H. 9

Kaase, Max (1982): Partizipatorische Revolution – Ende der Parteien?, in: Joachim Raschke (Hg.): Bürger und Parteien, Opladen

Kern, Horst/ Schumann, Michael (1985): Das Ende der Arbeitsteilung. Rationalisierung in der industriellen Produktion, München, 2. Aufl.

Kirchheimer, Otto (1965): Der Wandel des westeuropäischen Parteiensystems, in: Politische Vierteljahresschrift, H. 6, S. 20-41

Knafla, Leonore/ Kulke, Christine (1991): 20 Jahre neue Frauenbewegung. Und sie bewegt sich doch! – Ein Rückblick nach vorn, in: Roland Roth/ Dieter Rucht (Hg.)

Kreisky, Eva (1988): Bürokratie und Frauen, in: Österreichische Zeitschrift für Politikwissenschaft, H. 1, S. 91-102

Lefort, Claude (1981): Droits de l'homme et politique, in: ders. L'invention démocratique, Paris

Lenk, Kurt (1991): Probleme der Demokratie, in: Hans-Joachim Lieber (Hg.): Politische Theorien von der Antike bis zur Gegenwart, Bonn: Bundeszentrale für politische Bildung

Lipietz, Alain (1985): Akkumulation, Krisen und Auswege aus der Krise, in: Prokla, H. 58, S. 109-137

Lipietz, Alain (1991): Demokratie nach dem Fordismus, in: Das Argument, H. 189, S. 677-694

Lück, Volker u.a. (1976): Industrieller Ballungsraum, in: Zeitschrift für Soziologie, S. 309-318

Marcuse, Herbert (1967): Ende der Utopie, Berlin

Marcuse, Herbert (1972): Versuch über die Befreiung, Frankfurt/M.

McCarthy, Thomas (1989): Kritik der Verständigungsverhältnisse. Zur Theorie von Jürgen Habermas, Frankfurt/M.

Michels, Robert (1957): Zur Soziologie des Parteiwesens in der modernen Demokratie, Stuttgart, 2. Aufl.

Narr, Wolf-Dieter (1991): Vom Liberalismus der Erschöpften, in: Blätter für deutsche und internationale Politik, H. 2, S. 216-227

Neumann, Franz (1995): Bürgerinitiativen, in: Hanno Drechsler/ Wolfgang Hilligen/ Franz Neumann (Hg.): Gesellschaft und Staat. Lexikon der Politik, München, 9. Aufl.

Neumann, Franz (Hg.) (1996): Handbuch Politische Theorien und Ideologien Bd.2, Opladen

Opitz, Reinhard (1965): Der große Plan der CDU: die „Formierte Gesellschaft", in: Blätter für deutsche und internationale Politik, H. 9, S. 750-777

Otto, Karl A. (1977): Vom Ostermarsch zur APO. Geschichte der außerparlamentarischen Oppposition in der Bundesrepublik 1960-1970, Frankfurt/M.

Prittwitz, Volker von (1993): Umweltpolitik als Modernisierungsprozeß. Politikwissenschaftliche Umweltforschung und -lehre in der Bundesrepublik, Opladen

Raschke, Joachim (1980): Politik und Wertwandel in den westlichen Demokratien, in: Aus Politk und Zeitgeschichte, B 36, S. 23-45

Rink, Dieter (1995): Bürgerbewegung und Kommunalpolitik in Ostdeutschland, in: Benzler, Susanne/ Bullmann, Udo/ Eißel, Dieter (Hg.)

Rödel, Ulrich/ Frankenberg, Günter/ Dubiel, Helmut (1989): Die demokratische Frage, Frankfurt/M.

Rolke, Lothar (1987): Protestbewegungen in der Bundesrepublik, Opladen

Roth, Roland (1985): Rebellische Subjektivität. Herbert Marcuse und die neuen Protestbewegungen, Frankfurt/M.

Roth, Roland (1987): Neue soziale Bewegungen, in: Iring Fetscher/ Herfried Münkler (Hg.): Pipers Handbuch der politischen Ideen, Bd. 5. Neuzeit: Vom Zeitalter des Imperialismus bis zu den neuen sozialen Bewegungen, München

Roth, Roland (1994): Demokratie von unten. Neue soziale Bewegungen auf dem Weg zur politischen Institution, Köln

Roth, Roland/ Rucht, Dieter (Hg.) (1991): Neue soziale Bewegungen in der Bundesrepublik Deutschland, Bonn, 2. Auflage: Bundeszentrale für politische Bildung

Rousseau, Jean-Jacques (1977): Du contrat social, Paris: Edition du Seuil

Saage, Richard (1985): Staat, Technik und Gesellschaft im Neokonservatismus, in: Gewerkschaftliche Monatshefte, H. 9, S. 571-576

Saage, Richard (1986): Zur Aktualität des Begriffs „Technischer Staat", in: Gewerkschaftliche Monatshefte, H. 1, S. 37-47

Schaper, Klaus (1991): Sozial- und beschäftigungspolitische Aspekte neuer sozialer Bewegungen. Dargestellt am Beispiel von Selbsthilfegruppen und alternativökonomischen Betrieben, in: Roland Roth/Dieter Rucht (Hg.)

Schelsky, Helmut (1960): Wandlungen der deutschen Familie in der Gegenwart, Stuttgart, 4. Aufl.

Schelsky, Helmut (1965): Der Mensch in der wissenschaftlichen Zivilisation, in: ders., Auf der Suche nach der Wirklichkeit, Düsseldorf

Schumpeter, Joseph A. (1950): Kapitalismus, Sozialismus und Demokratie, München

Sosna, Jürgen (1991): Netzwerk-Selbsthilfe: Eine Idee kordinierender Projektarbeit verändert sich, in: Roland Roth/ Dieter Rucht (Hg.)

Strasser, Johano/ Traube, Klaus (1984): Die Zukunft des Fortschritts. Der Sozialismus und die Krise des Industrialismus, Bonn

Tocqueville, Alexis de (1981): De la Démocratie en Amérique, 2 Vol., Paris

Wasmuth, Ulrike C. (1991): Von den Friedensbewegungen der 80er Jahre zum Antikriegsprotest von 1991, in: Roland Roth/ Dieter Rucht (Hg.)

Weber, Max (1958): Zur Lage der bürgerlichen Demokratie in Rußland (1906), in: ders., Gesammelte Politische Schriften, Tübingen, 2. erw. Aufl.

Wiesendahl, Elmar (1991a): Neue soziale Bewegungen und moderne Demokratietheorie. Demokratische Elitenherrschaft in der Krise, in: Roland Roth/ Dieter Rucht (Hg.)

Wiesendahl, Elmar (1991b): Stichwort „Bürgerinitiativen", in: Dieter Nohlen (Hg.): Wörterbuch Staat und Politik, München

Zilleßen, Horst/ Dienel, Peter C./ Strubelt, Wendelin (Hg.) (1993): Die Modernisierung der Demokratie, Opladen

Neubeschreibungen der Demokratie: Konflikte um Differenz und Integration

Mark Arenhövel

1. Wie zeitgemäß ist die Demokratie? Problemlagen moderner Gesellschaften

Gegen Ende des 20. Jahrhunderts wird es für Liebhaber und Verehrer oder nüchterner: für die politischen Freunde der Demokratie zunehmend schwerer, diese unbefangen zu verteidigen oder – mehr noch – für sie zu werben. Zwar gelten Demokratie und Pluralismus als konkurrenzlose gesellschaftspolitische Konzeptionen, so daß einzelne Analytiker von einer „globalen demokratischen Revolution" gesprochen haben (Dankwart Rustow), doch gleichzeitig läßt sich feststellen, daß das Modell der westlichen liberalen Demokratie seinen Glanz als politische Orientierungsmarke und als Referenzrahmen für die sich transformierenden Systeme in Osteuropa, Asien und Afrika weitgehend eingebüßt hat, und sich im Inneren der westlichen Demokratien Substanzverluste ausmachen lassen, die Marcel Gauchet als „zivile Desertion" umschrieben hat: ein zunehmender Ansehens- und Vertrauensverlust der zentralen politischen Institutionen, sinkende Wahlbeteiligung, Entfremdung der Jugendlichen von der Politik bei steigender Bereitschaft zu gewaltsamen Auseinandersetzungen, nachlassendes Engagement in den gesellschaftlichen Großorganisationen, soziale Desintegration durch extreme Wohlstandsunterschiede und eine wachsende Entsolidarisierung, etwa zwischen Jungen und Alten, Arbeitsplatzbesitzern und Arbeitssuchenden. All dies zeugt von einer Delegitimierung demokratischer Wohlfahrtspolitiken und der Erosion der sozio-moralischen Ressourcen, auf die demokratische politische Systeme angewiesen sind.

In diesem durchaus als ambivalent zu bezeichnenden Umfeld bewegen sich die zeitgenössischen Demokratietheorien, wobei sich die jeweiligen Demokratiebegriffe, die Beschreibung der notwendigen Voraussetzungen für ein demokratisches System und die normativen Anforderungen an Demokratien in zentralen Punkten unterscheiden.

Wenn es in diesem Beitrag darum geht, *Neubeschreibungen* – um einen Begriff des amerikanischen Philosophen Richard Rorty aufzunehmen – der Demokratie zu geben, so verweist der Titel auf einen grundsätzlich veränderten Kontext – ein verändertes Vokabular, würde Rorty sagen – in dem heute über Demokratie gesprochen wird. Wenn es zutrifft, daß „Einheit, Differenz, Autonomie und Dezentrierung das magische Viereck einer Grundbegrifflichkeit für das Verstehen der exentrischen Rolle der Person in der Moderne" bilden, wie Helmut Willke (Willke 1996a: 317) bemerkt hat, so rücken damit ganz neue Problemlagen in den Fokus demokratischer Politik: nämlich wie sich kulturell und ethnisch heterogene Gesellschaften politisch integrieren lassen und worauf sich kollektive Identitäten gründen. Die

Frage des Ein- bzw. Ausschlusses der Staatsbürgerschaft, die immer wieder angesichts von Einwanderung und Asylsuche aktuell wird, wird zunehmend zu einem zentralen Problem der Zuweisung und Verweigerung von Teilhabe- und Teilnahmerechten. Weiterhin ist fraglich, aus welchen Grundlagen politische Entscheidungen Legitimation generieren können und schließlich, wie ökonomische Wohlfahrt gesichert werden kann. All diese Entwicklungen schlagen sich nieder in den gegenwärtigen demokratietheoretischen Entwürfen: Nach einer Phase des Neo-Institutionalismus in den achtziger Jahren nahm der Zweifel am erfolgreichen „engineering" von Institutionen wieder zu, wodurch nicht zuletzt eine Renaissance der Bürgertugenden eingeleitet wurde. „Citizenship" wurde zu einer zentralen Figur bei der Suche nach Konzepten, wie individuelle Autonomie und solidarische Verantwortung in ein ausgewogenes Verhältnis gebracht werden können. Die in den siebziger Jahren populäre Vorstellung einer radikalen Erweiterung der Partizipationsmöglichkeiten der Bürgerinnen und Bürger innerhalb einer selbstorganisierten Öffentlichkeit (vgl. dazu den Beitrag Politische Partizipation in diesem Bd.) wurde mit einer neuen Zielrichtung wiederaufgenommen und zur Frage nach der Optimierung von Partizipation in Modellen der *diskursiven, deliberativen* bzw. *reflexiven* Demokratie verarbeitet.

All dies wird vor dem Hintergrund sich verändernder Handlungsmacht des demokratischen Nationalstaates verhandelt. Wenn auch die Folgen der als Globalisierung beschriebenen Entdifferenzierungsprozesse nicht absehbar sind, so treffen natürlich die Auswirkungen weltweiter Migration von Kapital, Menschen und Wissen, die „Bilder-Ströme der globalen Kulturindustrien" (Ulrich Beck) sowie wirtschaftliche und politische Integrationsprozesse die Entscheidungs- und Steuerungskompetenzen demokratischer Institutionen wie auch die Selbstwahrnehmung der Gesellschaften und ihre Ansprüche auf Demokratie und Menschenrechte. Eine mögliche demokratietheoretische Konsequenz daraus ist etwa die Vision einer „kosmopolitischen Demokratie" (David Held), einer globalen Föderation demokratischer Körperschaften im Informationszeitalter, worauf in den abschließenden Bemerkungen dieses Beitrags eingegangen werden soll.

Im folgenden soll es darum gehen, einige in den aktuellen demokratietheoretischen Diskussionen prominente Vertreter vorzustellen sowie die wichtigsten Themen zu charakterisieren, welche im heutigen Denken über die politische Gestaltung der aktuellen Probleme eine Rolle spielen. Während die Theorien von Rawls und Habermas ihren gemeinsamen Ausgangspunkt in Kants praktischer Philosophie haben und ihre theoretischen Differenzen auf der Ebene eines „Familienstreits" liegen, wie Habermas kürzlich äußerte, so lassen sich gleichfalls, wenn auch nicht so offensichtlich, Querverbindungen zwischen Habermas und Lyotard festmachen, die im gemeinsamen Ausgangspunkt der pragmatischen Analyse der sprachlichen Kommunikation liegen. Rawls, Habermas und Lyotard geht es um eine philosophisch anspruchsvolle Hermeneutik des liberalen Verfassungsstaates, die sich auf die Interpretation politischer Texte und Institutionen bezieht (für Rawls und Habermas vgl. dazu Höffe 1996). Daran anschließend werden die in diesen drei Ansätzen, aber auch in anderen demokratietheoretischen Zusammenhängen immer wieder anklingende Motive und Themen, das Konzept Zivilgesellschaft, die Renaissance der Diskussion um die Bürgertugend, Probleme der Differenz, sowie die Vorstellung der Reflexivität in der Zusammenschau dargestellt.

Die von Niklas Luhmann, Helmut Willke u. a. vertretene systemtheoretische Variante der modernen Demokratietheorie gründet auf einer gänzlich anderen Konzeptualisierung des Politischen. Als Leitmotiv dient hier die Vorstellung, moderne Gesellschaften seien durch das Prinzip ihrer Differenzierung gekennzeichnet, wodurch letztlich die Vorstellung, das Volk könne sich selbst beherrschen, unbrauchbar sei (vgl. Luhmann 1987: 127). Aus dieser Perspektive lassen sich wichtige Erkenntnisse zur Ausdifferenzierung gesellschaftlicher Subsysteme, etwa des Wirtschafts-, Rechts- und Wissenschaftssystems, gewinnen. Auf hohem Abstraktionsniveau erschließen sich die Zusammenhänge der funktionalen Erfordernisse und der Herausbildung der zu ihrer Erfüllung notwendigen funktionsadäquaten Strukturen.

2. Zur Hermeneutik der Demokratie

2.1. John Rawls: Demokratie in einer streitbaren Welt

In seinen neueren Arbeiten hat sich der amerikanische Philosoph John Rawls, nachdem er 1971 mit „Eine Theorie der Gerechtigkeit“ sein opus magnum vorgelegt hatte, mehr den Problemen zugewandt, die Grundsätze distributiver Gerechtigkeit auf die institutionelle Grundstruktur moderner liberaler Demokratien zu übertragen. In der Rawls-Rezeption ist angesichts einer Reihe von Artikeln und besonders seines zweiten Hauptwerks „Political Liberalism“ (1993) auf das „immer deutlicher werdende Motiv einer Politisierung der Gerechtigkeitskonzeption, das auf wahrheitsunabhängige und daher pluralismuskompatible Gründe für die Anerkennung der Gerechtigkeitskonzeption als einer gesellschaftlich geltenden Grundlage öffentlicher Rechtfertigungspraxis gerichtet ist“ (Kersting 1993: 202), hingewiesen worden. Rawls gibt damit den Allgemeinheitsanspruch, von dem die „Theorie der Gerechtigkeit" noch getragen war, auf und geht über zu einer Hermeneutik der real-existierenden Demokratie, in deren Institutionen er den idealisierten Gehalt einer Form praktischer Vernunft angelegt sieht. In seinem Aufsatz „Kantischer Konstruktivismus in der Moraltheorie", umreißt Rawls sein Programm wie folgt:

> „Eine unmittelbare Konsequenz dessen, daß wir unsere Untersuchung als auf den offensichtlichen Konflikt zwischen Freiheit und Gleichheit in einer demokratischen Gesellschaft konzentriert auffassen, ist, *daß wir nicht versuchen, eine Gerechtigkeitskonzeption zu finden, die für alle Gesellschaften unabhängig von ihren sozialen und historischen Umständen angemessen ist.* Wir wollen eine grundsätzliche Uneinigkeit bezüglich der gerechten Form grundlegender gesellschaftlicher Institutionen innerhalb einer demokratischen Gesellschaft unter modernen Bedingungen beseitigen. [...] Daher sollten wir versuchen, untereinander zu einem *praktikablen und tragfähigen* Einverständnis über die obersten Grundsätze der Gerechtigkeit zu gelangen. Unsere Hoffnung ist, daß es einen *allgemeinen Wunsch nach Übereinstimmung* gibt und überdies einen *ausreichenden Vorrat gemeinsamer Grundbegriffe und stillschweigend für wahr gehaltener Grundsätze,* so daß die Bemühungen um ein Einverständnis einen gewissen Ansatzpunkt haben. Das Ziel politischer Philosophie innerhalb der öffentlichen Kultur einer demokratischen Gesellschaft ist es, diese gemeinsamen Begriffe und Grundsätze, von denen angenommen wird, daß sie im Common sense schon latent vorhanden sind, zu artikulieren und explizit zu machen. Was eine Gerechtigkeitskonzeption rechtfertigt, *ist nicht ihr Wahrsein bezüglich einer vorgängigen, uns vorgegebenen Ordnung,* sondern ihre Übereinstimmung mit einem tieferen Verständnis unserer selbst und unserer Bestrebungen, sowie unsere Einsicht, daß diese Lehre in Anbetracht unserer Geschichte und der in unser Leben eingebetteten Traditionen die *vernünftigste* für uns ist" (Rawls 1994: 83ff., Hervorhebung M.A.).

Diese Textstelle ist in mehrerer Hinsicht bemerkenswert, da Rawls hier seine Anschauungen explizit kontextualisiert und den universalen Anspruch einer politischen Gerechtigkeitstheorie relativiert, weiterhin den Wahrheitsanspruch zugunsten praktikabler und tragfähiger Einverständnisse zurücknimmt und drittens auf den in der politischen Kultur eines Gemeinwesens latent verankerten gemeinsamen Grundsätzen aufbaut und damit seine Gerechtigkeitskonzeption an Voraussetzungen bindet, die seine Theorie zu begründen nicht in der Lage ist. Ob Rawls durch seine theoretische Neubestimmung „nicht nur alle Brücken zum Kantischen Theorieprogramm (abbricht und sich) damit auch von den ursprünglichen Intentionen des Liberalismus" entfernt, wie Kersting (1993: 205) kritisiert, soll hier nicht weiter verfolgt werden. Wichtiger für die Fragestellung gegenwärtiger Demokratietheorie ist, wie sich Rawls die Lösung eines zentralen Problems der Gegenwart vorstellt, nämlich, wie es möglich ist, daß eine stabile und gerechte Gesellschaft freier und gleicher Staatsbürger Bestand hat, obwohl in dieser Gesellschaft jeweils für sich vernünftige, doch miteinander unvereinbare religiöse, philosophische und moralische Vorstellungen existieren? Oder – anders gefragt – wie kann der moderne Verfassungsstaat die Integration so heterogener Vorstellungen ermöglichen? Diese Fragen sind eine freie Paraphrase aus der Einleitung zu Rawls' „Political Liberalism" (1993: XVIII).

Eine politische Gerechtigkeitskonzeption muß sich bewähren vor dem Hintergrund von „fünf allgemeinen Tatsachen":

> Als erste nennt Rawls das „Faktum des Pluralismus", also der Vielfalt religiöser, philosophischer und moralischer Lehren, die in modernen demokratischen Gesellschaften gefunden werden und zu einem dauerhaften Merkmal der öffentlichen Kultur geworden sind.
> Zweitens beruhen Demokratien auf dem freien Einverständnis der Bürger: Durch den repressiven Gebrauch staatlicher Macht läßt sich ein Einverständnis über voneinander abweichende Vorstellungen nicht herstellen.
> Drittens muß eine Demokratie von einer beachtlichen Mehrheit der politisch aktiven Bevölkerung unterstützt werden und viertens enthält die politische Kultur einer demokratischen Gesellschaft, welche einigermaßen gut über einen beachtlichen Zeitraum gearbeitet hat, normalerweise zumindest implizit bestimmte grundlegende intuitive Gedanken, von denen aus es möglich ist, eine für einen Verfassungsstaat geeignete politische Gerechtigkeitskonzeption auszuarbeiten.
> Und schließlich: Selbst unter der Bedingung einer freien Diskussion erscheint es als unwahrscheinlich, daß „gewissenhafte und uneingeschränkt vernünftige Personen" bei wichtigen Urteilen alle zur selben Entscheidung kommen (vgl. Rawls 1994: 334f.; 339). Die Quellen oder Ursachen dieser letztendlich nicht ausräumbaren Meinungsunterschiede nennt Rawls „Bürden der Vernunft".

Die Grundstruktur (basic structure) einer Gesellschaft, dazu gehören nach Rawls die politische Verfassung, die gesetzlich anerkannten Formen des Eigentums, die Wirtschaftsordnung und die Struktur der Familie (Rawls 1994: 45), kurz: das institutionelle Design einer Demokratie, muß diese „Tatsachen" anerkennen. Sie muß auf einer politischen Lehre (dem Rawlsschen politischen Liberalismus) gründen, welche die Pluralität „erträgt", und der wiederum die durch die „Bürden der Vernunft" entstandenen unterschiedlichen Auffassungen in Religion, Philosophie, Moral usw. beipflichten können. An den Schnittstellen der unterschiedlichen Auffassungen bildet sich ein „übergreifender Konsens" (overlapping consensus) über die konsensfähigen Grundsätze der Grundstruktur heraus. Schon in der „Theorie der Gerechtigkeit" hatte Rawls entwickelt, wie die Gesellschaftsmitglieder zu solchen Grundsätzen gelangen können (vgl. dazu den Beitrag Kommunitarismus in diesem Bd.). Die aus einem fiktiven Urzustand abgeleiteten Prinzipien der Gerechtigkeit begründen und legitimieren die Institutionen des politischen Gemeinwesens; zu spezifischen Aussagen über das „gute Leben" können sie nichts beitragen, da der überlappende Konsens eine Schnittmenge der umfassenden Lehren bildet und die besonderen ethischen Konzeptionen den Gehalt der Gerechtigkeitskonzeption aus ihrer eigenen Perspektive abbilden (vgl. dazu Forst 1994: 71; 152ff.). Somit kann Rawls aus den Hintergrundannahmen der Gesellschaft und der öffentlichen politischen Kultur die zentralen politischen Institutionen begründen, welche auf Grundsätze und Gedanken zurückzuführen sind, die „normalerweise hinreichendes Gewicht (haben), um allen anderen Werten gegenüber, die mit (ihnen) in Konflikt geraten mögen, den Ausschlag zu geben" (Rawls 1994: 346). Die Gerechtigkeitskonzeption im Sinne des Rawlsschen politischen Liberalismus umfaßt im einzelnen folgende Punkte:

> „(1) Die politische Autorität muß die Rechtsstaatlichkeit und eine Konzeption des Allgemeinwohls respektieren, die das Gut jedes Bürgers umfaßt; (2) Gedanken- und Gewissensfreiheit müssen garantiert werden, und dies schließt die Freiheit ein, seiner eigenen Konzeption des Guten zu folgen, vorausgesetzt, diese verletzt nicht die Grundsätze der Gerechtigkeit; (3) gleiche politische Rechte müssen gesichert sein, zusätzlich Versammlungs- und Pressefreiheit, das Recht politische Parteien zu gründen, einschließlich des Gedankens einer loyalen Opposition; (4) faire Chancengleichheit und freie Berufswahl müssen vor dem Hintergrund verschiedener Optionen gewährt werden; und (5) allen Bürgern ist ein fairer Anteil an materiellen Mitteln zu sichern, so daß sie genügend unabhängig sind und ihre gleichen Grundrechte, Grundfreiheiten und Chancen zum eigenen Vorteil nutzen können" (Rawls 1994: 321).
>
> Indem Rawls in den beiden Grundsätzen der Gerechtigkeit[1] „jeder Person" ein gleiches Ausmaß an grundsätzlicher Freiheit zuspricht, macht er *Betroffenheit*, und nicht die askriptive *Staatsbürgerschaft* zum Dreh- und Angelpunkt politischer Mitwirkungsrechte. Mit dieser inhaltlichen Definition politischer Gerechtigkeit geht Rawls weit über Schumpeters Demokratiekonzeption hinaus. Es ist gerade dieses zentrale Recht auf Bürgerschaft, welches in den avanciertesten Demokratietheorien des ausgehenden 20. Jahrhunderts immer wieder thematisiert wird. Von Robert Dahl wurde es in seinem 1989 erschienen Buch „Democracy and Its Critics" zu einem „kategorischen Prinzip" moderner Demokratien erhoben, in dem er fordert, jede Person, die einer Regierung und ihrem Rechtssystem unterworfen sei, habe ein uneingeschränktes Recht, Mitglied des Volkes – und damit Bürger – zu sein (1989: 124).

Über diese Basisannahmen müßte sich also ein Konsens zwischen den Staatsbürgern herstellen lassen, bzw. eine politische Grundstruktur, die sich an diesen Annahmen orientieren würde, könnte mit der

Loyalität der Staatsbürger rechnen. „Politischer Konsens in einer streitbaren Welt" (Wilfried Hinsch) ließe sich der Rawlsschen Konsenstheorie der Gerechtigkeit nach nur dann herstellen, „wenn die Grundsätze, auf denen sie beruht, von einem übergreifenden Konsens aller vernünftigen Lehren getragen werden, so daß alle ihnen unangesehen der ansonsten zwischen ihren philosophischen, moralischen und religiösen Überzeugungen bestehenden Differenzen zustimmen können" (Hinsch 1997: 9). Einen weiteren für die Demokratietheorie wichtigen Anstoß enthält die Betonung eines „öffentlichen Vernunftgebrauchs" (free public reason), womit Rawls den Vernunftgebrauch der Staatsbürger in Anwendung auf das Wohl der Öffentlichkeit, also die Anforderungen der politischen Gerechtigkeitskonzeption an die Institutionen der gesellschaftlichen Grundstruktur und auf deren Aufgaben und Ziele, meint (vgl. Rawls 1997: 116).

> „Schließlich ist mit einer politischen Gerechtigkeitskonzeption eine wichtige begleitende Konzeption verbunden: die des freien und öffentlichen Vernunftgebrauchs. [...]. Ebenso wie eine politische Gerechtigkeitskonzeption zur Bestimmung ihres Inhalts Grundsätze der Gerechtigkeit für die Grundstruktur braucht, so benötigt sie auch Richtlinien für Tatsachenerhebungen und öffentlich anerkannte Regeln für die Einschätzung von Befunden, von denen sich die Anwendung der Gerechtigkeitsgrundsätze leiten läßt. Andernfalls wäre es nicht möglich, in einhelliger Weise zu überprüfen, ob diese Grundsätze erfüllt sind, und festzustellen, welche Forderungen sich aus ihnen für bestimmte Institutionen oder Situationen ergeben. Eine Übereinkunft über eine Gerechtigkeitskonzeption ist wertlos – ist überhaupt keine wirkliche Übereinkunft – ohne einen Konsens über diese weitergehenden Fragen. Angesichts des Faktums des Pluralismus gibt es, denke ich, keine brauchbarere Alternative als die, uns auf die öffentlichen Methoden und das gemeinsame Wissen des Common sense zu beschränken, sowie auf die Verfahren und Ergebnisse der Wissenschaften, soweit diese unumstritten sind" (Rawls 1994: 305).

Rawls führt dieses normative Element in seine Konzeption als Ideal für öffentliche politische Diskussionen ein, in denen die Bürger als Autoren des Rechts über allgemeine politische Normen streiten. Damit betont Rawls, daß einfache Gesetze und auch höherstufige Verfassungsnormen durch die Bürger kritisierbar sein müssen. Erinnern wir uns: Indem Rawls die tatsächlich in einer politischen Gesellschaft praktizierten Konzeptionen interpretiert und daraus die Grundstruktur konstruiert, folgt er der Annahme, daß die „Institutionen der modernen Demokratien den idealisierten Gehalt einer Form praktischer Vernunft verkörpern" (Benhabib 1995a: 4). Die prozeduralen liberalen Verfahren bilden die Vorbedingung einer von den Bürgern zu leistenden Rechtsgenese. Damit führt Rawls die Figur einer selbstreflexiven Struktur der Verfassung bzw. des gesamten Rechtssystems ein, zu der die Bürger auf dem Wege einer diskursiven Normgenese Zugang haben. Die liberale Lesart der Demokratie kommt bei Rawls nicht ohne staatsbürgerliche Tugenden aus: Toleranz, Fairneß, Kooperationsbereitschaft und Vernünftigkeit werden als notwendig zur Sicherung der grundlegenden Rechte und Freiheiten betrachtet.

Die „Bürden der Vernunft" erfordern jedoch zwei Einschränkungen, die Rawls betont. Nicht sämtliche Fragen, über welche Staatsbürger divergierende Anschauungen haben, können Gegenstand des „öffentlichen Vernunftgebrauchs" sein. Hier zieht Rawls eine Linie, die nicht immer leicht nachvollziehbar ist, zwischen Fragen „wesentlicher Verfassungsinhalte" und der elementaren Gerechtigkeit, die für die Öffentlichkeit überprüfbar und hinterfragbar sein müssen einerseits, und „persönliche Überlegungen zu politischen Fragen" andererseits, die in „Gemeinschaften und Assoziationen innerhalb der Hintergrundkultur politischer Diskurse" (Rawls 1993: 215) ablaufen. Wenn also religiöse, philosophische und moralische Motive eine Rolle spielen, so verwenden die Bürger „nichtöffentliche Gründe". So schließt Rawls Beratungen unter den Mitgliedern von Kirchen, Berufsverbänden und Universitäten explizit vom öffentlichen Vernunftgebrauch aus. Die zweite Einschränkung betrifft den Raum, in dem Diskurse des öffentlichen Vernunftgebrauchs stattfinden: Abgeordnete in den Parlamenten, Mitglieder der Regierung in öffentlichen Handlungen und Verlautbarungen, Richter vor Gericht, der Bürger in der Wahlkabine – für sie alle ist das Ideal des öffentlichen Vernunftgebrauchs verbindlich. Als beispielhafte Instanz nennt Rawls das Verfassungsgericht (vgl. Rawls 1997: 118). Für den Vergleich mit anderen hier vorgestellt Demokratiekonzeptionen ist es wichtig, diesen Punkt festzuhalten. Wie Seyla Benhabib resümmiert, liegt für Rawls die „Öffentlichkeit [...] nicht in der bürgerlichen Gesellschaft, sondern im Staat und seinen Organisationen, vor allem im Bereich des Rechts und von dessen Institutionen" (1995a: 19).

Darin liegt die Pointe der Rawlsschen Konstruktion: Die eingeschränkten Diskurse erneuern den Konsens über die Grundstruktur und die basalen Gerechtigkeitsprinzipien, während Fragen, wo Dissens möglich oder gar unvermeidlich sind, ausgeklammert bleiben. Damit solche Fragen doch thematisiert werden können, bedarf es einer Übersetzung der Argumente in Gründe, „die auf der Basis der Werte und Prinzipien der öffentlichen Vernunft akzeptabel sind. Dann erst können (die) Gründe gute politische Gründe sein, und dann erst beginnt der Rechtfertigungsdiskurs" (Forst 1994: 158). Im Hinblick auf die demokratiegefährdenden Folgen zügelloser Mehrheitspolitik setzt Rawls also auf die institutionelle, prozedurale Lösung von Konflikten, indem er eine Gerechtigkeitskonzeption entwirft, die auf zentralen, nicht substantiellen Gerechtigkeitsgrundsätzen aufbaut, welche einen übergreifenden Konsens ermöglichen sollen.

2.2. Jürgen Habermas: Das Modell deliberativer Politik

„Prozeduralismus ist die rationale Antwort auf andauernde substantielle Wertkonflikte"(Benhabib 1995a: 14)

Mit der verstärkten Nachfrage nach normativen Theorien der Demokratie hat der Begriff *„Deliberation"* besonders im deutschen Sprachraum eine recht ungewöhnliche Karriere gemacht, so daß unter „deliberativer Demokratietheorie" eine Reihe von verwandten Ansätzen firmieren, die sich in der Reichweite wie auch dem Gegenstand der „Deliberation" unterscheiden. Der Begriff Deliberation steht für „Präferenz-Reinigung oder -Läuterung, das heißt die argumentative Problematisierung, Redefinition und Neuordnung der Präferenzen von Bürgern" (Forst 1994: 188), oder für „öffentliche Kommunikation über politische Fragen" (Buchstein 1996a: 315). Bei Seyla Benhabib heißt es kurz: „Deliberation ist ein Verfahren, informiert zu sein" (1995: 11). Der Begriff „deliberative Demokratie" entstammt der Rechtstheorie der USA und findet sich in der Literatur erstmals 1985 bei Cass R. Sunstein.[2] In allen Ansätzen deliberativer Politik wird die Legitimation politischer Entscheidungen an die Möglichkeit *adäquater öffentlicher Abwägungsprozesse* geknüpft. Strittig ist, wie weit die Bürger in den Deliberationsprozeß einbezogen werden, bzw. ob (1) dieser Prozeß ihrer Informiertheit dienen soll, um Präferenzen besser erkennen und im Wahlakt besser auswählen zu können – hier läge der normative Aspekt in der Vermutung, daß besser informierte Bürger verantwortungsvollere Wähler wären -, oder ob (2) über die Deliberation verbesserte Verfahren gefunden werden können, die Chancen der beteiligten Akteure bei der Realisierung der Präferenzen zu finden – hier wäre der normative Aspekt in der prozeduralen Verbesserung der Partizipation zu sehen, oder ob (3) auf dem Wege der öffentlichen Auseinandersetzung auch die inhaltliche, moralische Qualität der Diskussion und Entscheidung politischer Fragen verbessert werden kann (vgl. Buchstein 1996a: 314ff.). Die letzte, normativ anspruchsvollste Variante ist von Habermas (1992a; 1992b; 1996) ausgearbeitet worden und hat bereits eine Reihe ähnlich angelegter Entwürfe stimuliert (vgl. etwa Dryzek 1990; Benhabib 1995a; Schmalz-Bruns 1995; Gerstenberg 1997).

Den Ausgangspunkt der Begründung eines Modells deliberativer Politik bei Jürgen Habermas[3] bildet die Kritik zweier konkurrierender demokratietheoretischer Konzeption, die Habermas idealtypisch als „liberal" und „republikanisch" einander gegenüberstellt (1992b: 11ff.). Stark vereinfachend könnte ein Vergleich beider Konzeption so zusammenfaßt werden, daß das liberale Modell den politischen Prozeß, sprich Interessenvermittlung, in den Vordergrund stellt, während die republikanische Variante in der klassischen Auslegung des zoon politikon den Bürger erst im politischen Handeln als verantwortliches Subjekt einer Gemeinschaft von Freien und Gleichen aufgehen läßt. Beide Konzeptionen verhalten sich in ihren Vorstellungen zur Rolle des Staatsbürgers, zum Rechtsbegriff und zur Natur des Willensbildungsprozesses diametral verschieden. Es sind nicht zuletzt diese Gegensätze, die den Streit zwischen den Kommunitaristen und den Liberalen beherrscht haben (vgl. den Beitrag Kommunitarismus in diesem Bd.). Habermas resümiert den Vergleich wie folgt:

> „Das republikanische Modell hat Vorzüge und Nachteile. Den Vorzug sehe ich darin, daß es am radikaldemokratischen Sinn einer Selbstorganisation der Gesellschaft durch die kommunikativ vereinigten Bürger festhält und kollektive Ziele nicht nur auf einen »deal« zwischen entgegengesetzten Privatinteressen zurückführt. Den Nachteil sehe ich darin, daß es zu idealistisch ist und den demokratischen Prozeß von den Tugenden gemeinwohlorientierter Staatsbürger abhängig macht. Denn die Politik besteht nicht nur, und nicht einmal in erster Linie, aus Fragen der ethischen Selbstverständigung. Der Fehler besteht in einer *ethischen Engführung politischer Diskurse*“ (1992b: 18; Hervorhebung im Original).

Habermas entwirft sein Modell deliberativer Politik vor dem Hintergrund des kulturellen und politischen Pluralismus, in welchem häufig Interessen und Wertorientierungen, die für die Identität des Gemeinwesens insgesamt nicht konstitutiv sind, politische Ziele beeinflussen. Diese Interessen und Wertorientierungen, „die ohne Aussicht auf Konsens miteinander in Konflikt liegen, bedürfen eines Ausgleichs, der durch ethische Diskurse nicht zu erreichen ist – auch wenn die Resultate unter dem Vorbehalt stehen, die konsentierten Grundwerte einer Kultur nicht verletzen zu dürfen“ (Habermas 1992b: 18). Hierin liegt die Pointe des Habermasschen Modells, das an diesem Punkt über Rawls hinausgeht: Unter der diskurstheoretisch begründeten Vermutung, daß unter den Bedingungen von demokratischen Verfahren, die einen internen Zusammenhang zwischen Verhandlungen, Selbstverständigungs- und Gerechtigkeitsdiskursen herstellen, vernünftige bzw. faire Ergebnisse erzielt werden können, sind es die institutionalisierten Formen von Beratungen in parlamentarischen Körperschaften sowie die sich im Kommunikationsnetz politischer Öffentlichkeit ereignenden Verständigungsprozesse, welche zu einem Austausch über gesamtgesellschaftlich relevante Themen und regelungsbedürftige Materien führen (vgl. ebd. 22f). Der demokratische Rechtsstaat muß also die doppelten Voraussetzungen rationalen Beratens schaffen, nämlich auf der administrativen Ebene und in den inoffiziellen Räumen einer politischen Öffentlichkeit:

> „Die informelle Meinungsbildung mündet in institutionalisierte Wahlentscheidungen und legislative Beschlüsse, durch die die kommunikativ erzeugte Macht in administrativ verwendbare Macht transformiert wird. [...] Aus diesem Demokratieverständnis ergibt sich normativ die Forderung nach einer Gewichtverschiebung im Verhältnis jener drei Ressourcen Geld, administrative Macht und Solidarität, aus denen moderne Gesellschaften ihren Integrations- und Steuerungsbedarf befriedigen. Die normativen Implikationen liegen auf der Hand: Die sozialintegrative Gewalt der Solidarität, die nicht mehr allein aus Quellen des kommunikativen Handelns geschöpft werden kann, soll sich über weit ausgefächerte autonome Öffentlichkeiten und rechtsstaatlich institutionalisierte Verfahren der demokratischen Meinungs- und Willensbildung entfalten und gegen die beiden anderen Gewalten, Geld und administrative Macht, behaupten können" (ebd.: 23).

Die in hohem Maße amorphe und heterogene öffentliche Meinung wird durch demokratische Verfahren zu kommunikativer Macht, welche nun als Schleuse für das Entscheidungshandeln der an Recht und Gesetz gebundenen Exekutive fungiert. Schleuse bedeutet in diesem Zusammenhang, daß dem politischen System nach wie vor die Funktion kollektiv verbindlicher Entscheidungsfindung und -implementation verbleibt, daß aber die Kommunikationsstrukturen der Öffentlichkeit Problemlagen registrieren, Meinungsbildungen stimulieren und damit „den Gebrauch der administrativen Macht in bestimmte Kanäle lenken" (Habermas 1996: 290). Dies entspricht einer intersubjektivistischen Lesart der Volkssouveränität, die nunmehr ihre Grundlage in der selbständigen, nichtorganisierten Öffentlichkeit in Form von Assoziationen, sozialen Bewegungen, kurz: den *Netzwerken der Zivilgesellschaft*, findet. Die Deliberation dient dann der Legitimation von Entscheidungen, wenn die Institutionen eines Gemeinwesens dergestalt sind, daß ein rational und fair geführter Prozeß der Deliberation zwischen freien und gleichen Bürgern zu Übereinkünften in relevanten politischen und moralischen Fragen führt. Forst faßt diesen Grundgedanken mit der prägnanten Formulierung zusammen: „Demokratie ist die Herrschaft allgemein gerechtfertigter Gründe" (1994: 194). Seyla Benhabib hat folgende Definition deliberativer Demokratie vorgeschlagen:

> „Demokratie ist [...] am besten als eine Organisationsform kollektiver und öffentlicher Machtausübung in den wichtigsten Institutionen einer Gesellschaft zu verstehen, und zwar auf der Grundlage des Prinzips, daß Entscheidungen, die das Wohlergehen einer Gemeinschaft betreffen, als das Ergebnis einer freien und vernünftigen Abwägung unter Individuen gesehen

werden können, die als moralisch und politische Gleiche betrachtet werden" (1995a: 4).

Während Rawls anhand der Gerechtigkeitsgrundsätze Parameter entwickelt hat, anhand derer das institutionelle Design einer Gesellschaft überprüft werden kann, bietet die deliberative Demokratie ein Kriterium, mit dem politische Institutionen zu evaluieren sind: Nämlich „deren Fähigkeit, auf die kognitive, prozedurale und moralische Qualität politischer Präferenzen positiv einwirken zu können" (Buchstein 1996a: 318). Durch das Zusammenspiel von freien Vereinigungen, Verbänden, Organisationen und Gemeinschaften mit den politischen Institutionen und einer über Medien vermittelten Öffentlichkeit sollen die für politische Entscheidungen relevanten Gründe in den Prozeß der demokratischen Willensbildung eingehen.

„Die Möglichkeit allgemeiner politischer Partizipation erfüllt demzufolge keinen Selbstzweck, sondern ist eine Bedingung für die Annahme, daß in einer politischen Frage die möglichen Gegengründe von Betroffenen angemessen berücksichtigt werden" (Forst 1994: 191). Die Summe der im Wahlakt oder in Abstimmungen ermittelten „Einzelwillen" kann im Sinne deliberativer Demokratie keine ausreichende Legitimationsquelle sein, ebensowenig wie der Verweis auf das „Gemeinwohl" oder einen „allgemeinen Willen". Vielmehr bedarf es der Verfahren argumentativer Auseinandersetzung über strittige politische Fragen unter den Staatsbürgern, wobei vorausgesetzt werden muß, daß „konfliktträchtige gesellschaftliche Materien überhaupt rational, d.h. im gemeinsamen Interesse der Betroffenen geregelt werden können" (Habermas 1990: 39).

Damit geht Habermas über Rawls hinaus, welcher gewisse konfliktive Materien aus der öffentlichen Deliberation heraushalten will; aber Habermas unterliegt nicht dem kommunitaristischen Trugschluß, daß eine Beschwörung von „shared convictions", „shared values" oder „shared understandings" Diskurse über Gründe und Rechtfertigungen überflüssig macht. Über das liberale Demokratiemodell geht Habermas insofern hinaus, als es nicht auf die Aggregierung von Einzelinteressen ankommt, sondern auf eine Überprüfung der Einzelinteressen im Hinblick auf ihre öffentliche Vertretbarkeit und im Lichte der vorgebrachten Gegengründe anderer Einzelpersonen oder Gruppen.

2.3 Jean-François Lyotard: Die Dekonstruktion der Demokratie

„In der deliberativen, der beratenden Politik, in der Politik der modernen Demokratien exponiert sich der Widerstreit" (Lyotard 1989: 245).

Der grundlegende Wandel von der industriellen Produktions- zur Dienstleistungs- oder gar Informationsgesellschaft, der von tiefgreifenden Veränderungen im sozialen, aber auch im politischen, wissenschaftlichen, kulturellen und philosophischen Bereich begleitet wird, kulminiert in der gleichsam schillernden wie unklaren Rede von der *Postmoderne.* Ob darin das „allgemeine Bewußtsein unseres Fin de siècle" aufscheint (Benhabib 1993: 243) oder radikale „Wirklichkeits- und Denkverschiebungen gegenüber der Moderne" (Welsch 1993: 11) auf den Begriff gebracht werden, die fundamentale Zurückweisung oder Infragestellung des „Projekts der Moderne" (Habermas), die Metakritik der Vernunft und die Konstatierung einer Unaufhebbarkeit heilloser Heterogenität in allen gesellschaftlichen Sphären problematisiert immer auch das Verständnis von Demokratie und demokratischer Legitimation. Wenn Richard Rorty vom „Ende der Metanarrative liberaler Demokratien" spricht, während gleichzeitig von anderen die „globale demokratische Revolution" beschworen wird, so liegt gerade in dieser gleichzeitigen Ungleichzeitigkeit der Reiz wie auch der intellektuelle Sprengstoff postmoderner Gegenwartsdiagnostik, welche im folgenden anhand der Schriften des französischen Philosophen Jean-François Lyotard in ihren Implikationen für Politik und Demokratie dargestellt werden soll. In *La Condition postmoderne* (dt. Das postmoderne Wissen) hatte Lyotard im Jahr 1979 den Begriff „postmodern" in die philosophische Diskussion eingeführt. In Entgegensetzung zu „modern" bezeichnet „postmodern" bei ihm eine Skepsis gegenüber verbindlichen großen „Erzählungen", wie etwa der aufklärerischen „Erzählung" von der Emanzipation der Menschheit.

Den geistigen Kontext seiner Arbeit sieht Lyotard zum einen in der „Sprachwende" der abendländischen Philosophie (die letzten Werke Heideggers, das Eindringen anglo-amerikanischer Strömungen ins europäische Denken, die Entwicklung von Sprach-Technologien; vgl. Lyotard 1989: 12) und zum anderen im Niedergang der universalistischen Diskurse. Von Wittgenstein übernimmt Lyotard den Begriff der Sprachspiele, doch interpretiert er ihn in seinem Sinne und betont die Konfliktivität und Heterogenität. Das Sprechen ist bei Lyotard Kämpfen im Sinn des Spielens, und die Sprechakte unterliegen einer allgemeinen Agonistik (vgl. Lyotard 1986: 40). Folglich konstituiert sich die Gesellschaft aus der Gesamtheit sprachlicher Praktiken.

Lyotards linguistische Argumentation beginnt bei der These, daß Sprache heterogen ist, d.h. es gibt unterschiedliche Regelsysteme von Sätzen (Argumentieren, Erkennen, Beschreiben, Erzählen, Fragen, Zeigen, Befehlen usw.), welche zu Diskursarten verkettet werden können (Wissen, Lehren, Rechtfertigen, Bewerten). Das Problem ergibt sich nun aus der Unmöglichkeit, Konflikte zu vermeiden und dem Fehlen einer universalen Diskursart zur Schlichtung: damit steht „das Denken, die Erkenntnis, die Ethik, die Politik, die Geschichte, das Sein von Fall zu Fall an den Nahtstellen zwischen den Sätzen auf dem Spiel" (Lyotard 1989: 11). Indem Sätze gebraucht werden, werden sie miteinander verkettet, und zwar gemäß des Satzregelsystems, welches für die jeweiligen Diskursarten gelten. Werden unterschiedliche Diskursarten verkettet, so kommt es zum „Widerstreit" *(le différend)*, der im Unterschied zu einem Rechtsstreit „nicht angemessen entschieden werden kann, da eine auf beide Argumentationen anwendbare Urteilsregel fehlt" (Lyotard 1989: 9). Wolfgang Welsch hat dazu folgendes Beispiel genannt: „So kann man etwa auf die Frage, was der Mensch sei, mit philosophischer Spekulation, soziologischer Statistik oder pfiffiger Kasuistik antworten. Indem man aber eine dieser Fortsetzungsformen wählt, geschieht dies unvermeidlich auf Kosten der anderen" (1993: 231). Es ist die Inkommensurabilität der Diskursarten, welche den Widerstreit immer wieder produziert. Die hier interessierende Frage ist, wie angesichts dieser unausweichlichen Inkommensurabilität Politik überhaupt noch möglich ist, bzw. woher sie ihre Legitimation und ihre Bewertungsgrundlagen erhält. Wird nicht mit der Aufgabe universaler Gültigkeit das demokratische Ethos hinfällig? Verstecken sich hinter der prinzipiellen Anerkennung der Vielfalt und Differenz, wie Vertretern der Postmoderne häufig unterstellt, Exzentrizität und Beliebigkeit? Lyotards Antwort auf diese Fragen fällt differenziert aus: Mit dem Ende der großen Erzählung der Aufklärung entfällt auch die Autorität, im Namen der Emanzipation zu reden:

> Lyotard äußerte dazu in einem Interview: „Man konnte unterschiedlicher Meinung sein über die Frage, wie die Emanzipation vorangetrieben werden sollte, aber was alle Intellektuellen immer gemeinsam hatten, war die Autorität, über Emanzipation zu reden. Diese war begründet in der allgemeinen Idee einer Geschichte, die sich auf ihr „natürliches" Telos hin entwickelt – und das war die Emanzipation der Menschheit aus Armut, Unwissenheit, von Vorurteilen und vom Fehlen des guten Geschmacks. Aber wir haben keinen Rückhalt für diese großen emanzipatorischen Erzählungen. Wir haben nur noch ein Minimum an Sicherheiten, und dieses Minimum nenne ich die Politik des Widerstands" (van Reijen/Veerman 1989: 147).

Das ist eine Absage an die „Einheit der Vernunft in der Vielfalt ihrer Stimmen", wie sie von Habermas (1988) nach wie vor für möglich und wünschenswert gehalten wird, ohne aber den Anspruch auf eine gerechte Gesellschaft aufzugeben. Lyotard mißtraut lediglich Konstruktionsverfahren, die – ob mit Hilfe von Gerechtigkeitsprinzipien wie bei Rawls oder eine unterstellte Diskursmoral oder Diskursgerechtigkeit wie bei Habermas – den Anspruch auf *Konsens* einlösen können. Vielmehr gehe es darum, den *Dissens* offenzulegen: Die

Politik ist die Drohung des Widerstreits (Lyotard 1989: 230) und sie verweist auf das Uneinheitliche und Unvereinbare:

> „Der Widerstreit ist der instabile Zustand und der Moment der Sprache, in dem etwas, das in Sätze gebracht werden können muß, noch darauf wartet. [...] Für eine Literatur, eine Philosophie und vielleicht sogar eine Politik geht es darum, den Widerstreit auszudrücken, indem man ihm entsprechende Idiome verschafft." (1989: 33). Wichtig ist die Unterscheidung zwischen prinzipiell lösbaren Konflikten und dem Widerstreit: „Denn der Widerstreit ist keine Streitsache, das Wirtschafts- und Sozialrecht kann zwar den Rechtsstreit zwischen den Wirtschaftspartnern schlichten, nicht aber den Widerstreit zwischen Arbeitskraft und Kapital." (Ebd.: 28).

Nach Lyotard gibt es keine Metasprache, welche diesen Konflikt schlichten könnte. Sprechen bedeutet daher immer, Ungerechtigkeiten zu begehen. Das juridische Verfahren, welches keine Grenze zieht zwischen einem Widerstreit zwischen heterogenen Diskursarten oder einem Rechtsstreit innerhalb einer Diskursart, gerät „zu einem systematischen Verfahren der Unrechtserzeugung mit Rechtsbewußtsein und damit zu einem Verfahren der Erzeugung doppelten Unrechts, nämlich erstens und unvermeidlich des Unrechts der Nicht-Aktualisierung und zweitens und ignoranterweise der Statuierung dieses Unrechts zu Recht" (Welsch 1993: 234). Ich zitiere aus *Le Différend*, um zu zeigen, wie Lyotard mit seinen sprachanalytischen Mitteln den Gründungsakt einer Republik als paradox und aporetisch darstellt und als Ort des Widerstreits kenntlich macht.

> „In der Republik ist das Pronomen der ersten Person Plural tatsächlich das Bindeglied des Diskurses der Autorisierung und durch einen Eigennamen ersetzbar: *Wir das französische Volk ...*; man hält dieses Pronomen für fähig, »nach Belieben« Vorschriften (Gesetzesparagraphen, Rechtssprüche, Gesetze, Erlasse, Urteile, Rundschreiben, Verordnungen) mit ihrer Rechtfertigung zu verketten. [...] Das republikanische System hat als Legitimationsgrundsatz, daß der Sender der Norm (y) und der Empfänger der Verpflichtung (x) identisch sind. Der Gesetzgeber darf sich der Verpflichtung, die er normativ festlegt, nicht entziehen. Und der Verpflichtete kann das Gesetz verkünden, das ihn verpflichtet. Indem der erste das Gesetz ausspricht, verfügt er, daß er es zu befolgen hat. Indem der zweite es befolgt, verfügt er das Gesetz von neuem. Im Prinzip sind deren Namen x und y wenigstens auf den beiden Instanzen – Sender/ des normativen Satzes und Empfänger des präskriptiven – vollkommen austauschbar. Sie finden sich dann in eben demselben Wir vereinigt, das sich mit dem Kollektivnamen bezeichnet: »die französischen Bürger«. Die Autorisierung lautet also: *Wir verfügen als Norm, daß wir verpflichtet sind, die Handlung a auszuführen.* Dies ist der Grundsatz der Autonomie" (1989: 169f.).

Lyotard legt die Heterogenität eines »Wir« bloß, welches die unüberwindliche Asymmetrie zwischen Gesetzgeber und dem Adressaten der Verpflichtung zu überdecken scheint und den Widerstreit verdrängt. Das ist keine Sprachkritik, die den bewußteren Umgang mit Begriffen einfordert, sondern eine Aufforderung, das »Wir« oder jede mit kollektivem Anspruch formulierte Norm zu hinterfragen, mit welcher Legitimität gesprochen wird und wer gewaltsam ausgeschlossen wird.[4]

Aus alldem wird deutlich, daß Lyotard alles andere als ein unpolitischer Denker ist oder gar ein politischer Irrationalist. In seiner Betonung der Pluralität scheint eine „grunddemokratische Version" (Wolfgang Welsch) durch, die weit über eine Affirmation liberaler westlicher Demokratiemodelle hinausgeht, wie sie zuweilen Rorty vorgeworfen worden ist.[5] Die Hervorhebung prinzipiell nicht lösbarer Konflikte ist die radikalisierte Form eines Pluralismus, der nicht mehr über Verbände, Organisationen, Interessengruppen usw. eingefangen werden kann. Das eine so verfaßte Gesellschaft Basisnormen in Form von Grundrechten haben muß, steht dabei außer Frage. Lyotard macht sich für die Institutionalisierung „pluraler Gerechtigkeit" stark, indem er die „Revision der Zuständigkeiten oder die Einrichtung neuer Gerichte" (Lyotard 1989: 61) fordert, um Sprachen zu finden, in denen der Widerstreit sich ausdrücken kann. Wenn Lyotard als letztes Ziel der Politik formuliert, „so wenig Unrecht wie möglich" (1987: 44) zu begehen, so spiegelt sich darin – mit den Worten von Wolfgang Welsch – eine postmoderne Version von Aufklärung. In bemerkenswerter Weise sind die politischen Implikationen von Lyotards Sprachtheorie anschlußfähig an gegenwärtige Positionen der Soziologie, Politikwissenschaft und cultural theory, die zunehmend danach fragen, wie Konflikte, Differenzen und (weltgesellschaftlicher) Pluralismus erlebt, sozial wahrgenommen und praktiziert – und damit zu einem Bestandteil der Wirklichkeit werden und wie Selbstwahrnehmungen Verhaltensrelevanz erlangen. Lyotards Analyse legt den Finger auf die Wunde möglicher Monopolisierung der Diskursart oder Definitionsmacht von Begriffen im Interesse partikularer Interessen. Wenn Wolfgang Welsch lapidar feststellt, die ökonomische Diskursart sei auf dem Weg zur absoluten Hegemonie (1993: 241), so lassen sich fast beliebig viele Beispiele für die Korrektheit dieser Aussage finden: Fragen des Sozialstaats der Bundesrepublik etwa werden von der politischen Klasse ökonomisch verhandelt, ebenso wie die Vor- und Nachteile der „Globalisierung" eindimensional unter der Dominanz der Anschauung, der Weltmarkt verdränge oder ersetze politisches Handeln (vgl. Beck 1997: 26), diskutiert werden. Die Aufgabe demokratischer Politik bestünde nach Lyotard hier in der Artikulation, der Offenlegung und Bezeugung des Widerstreits.

3. Von der Zivilgesellschaft zur reflexiven Demokratie

3.1. Das Konzept Zivilgesellschaft

An der Karriere, den der Begriff *Zivilgesellschaft* in den letzten Jahren in wissenschaftlichen, politischen und intellektuellen Kreisen sowie in den Massenmedien gemacht hat, läßt sich der Zusammenhang realgeschichtlicher Ereignisse und theoretischer Diskurse nachvollziehen. Es waren zunächst die mittelosteuropäischen Bürgerrechtsbewegungen, ob in Polen, der Tschechoslowakei oder in Ungarn, die ein Spannungsverhältnis, nämlich den Möglichkeitsraum zur Schaffung und Ausweitung von Handlungsräumen in außerstaatlichen Organisationen und Vereinigungen im Kampf gegen eine starre Parteibürokratie, sowie die Zielvorstellung gesellschaftlicher Transformation mit dem Begriff der zivilen Gesellschaft bezeichneten. Als Ende der achtziger Jahre westliche Intellektuelle den zivilgesellschaftlichen Diskurs aufnahmen, um Anregungen für eine „Erweiterung von Demokratie unter gegenwärtigen Bedingungen" (Honneth 1992: 62) zu erhalten, stellte sich bald heraus, daß die Idee der Zivilgesellschaft in einem ganz spezifischen Kontext gedacht worden war, nämlich als Kampfbegriff gegen einen Staat in Rahmenbedingungen, die so nicht auf die Verhältnisse im Westen zu übertragen waren. Die westlichen Gesellschaften unterschieden sich von den Übergangssystemen insofern, als in diesen die „civil society" alles das ausmachte, was durch das autoritäre System verunmöglicht wurde und sich aus dem Negativen definierte:

> „Civil society war das, was diesen Ländern vorenthalten worden war und was sie zurückzugewinnen trachteten: ein Netz selbständiger, vom Staat unabhängiger Vereinigungen, die die Bürger in gemeinsam interessierenden Dingen miteinander verbanden und die durch ihre bloße Existenz oder Aktivität Auswirkungen auf die Politik haben konnten" (Taylor 1991: 52).

Dabei dienten die westlichen Demokratien als Vorbild, auch wenn westlichen Intellektuellen dieser Vorbildcharakter der eigenen Systeme nicht immer behagte. Es erwies sich schon als schwierig zu definieren, was „civil society" eigentlich sein sollte, bzw. welche Bereiche ihr angehören sollten und welche nicht. Die einfache Frage, ob denn in den liberalen Demokratien des Westens eine Zivilgesellschaft existent sei oder nicht und welches kritische Potential das Konzept für westliche Gesellschaften habe, führt direkt zum Kern des Problems, nämlich der relativen Vagheit und Unbestimmtheit der ganzen Konzeption.

Eine Beschäftigung mit dem Konzept Zivilgesellschaft zieht ihre Berechtigung aus drei Aspekten: *Erstens* scheint es angebracht, einen

Begriff, der in unterschiedlichsten Zusammenhängen erwähnt wird und dessen „Beschwörung", „Wiederaufstieg", „Renaissance" und „Zerfall" gleichermaßen, je nach konzeptioneller Brille oder tagespolitischer Opportunität, diagnostiziert wird, auf seine Traditionslinien zurückzuführen. *Zweitens* scheint das Konzept nicht nur deskriptive sondern auch durchaus normative Komponenten zu enthalten, die auch für die liberalen Demokratien des Westens die Frage nach der Selbstbestimmung immer wieder neu stellen können; und *drittens* beinhaltet das Nachdenken über die Zivilgesellschaft und „das gute Leben" jenes Quentchen Utopismus, welches gerade in der aktuellen weltpolitischen Situation besonders von Nöten ist, da es Begriffe wie „Gemeinsinn", „Gerechtigkeit", „Tugend" und „Anerkennung" wieder in den politischen Diskurs einführt.

Die Unklarheit wie auch die fast ubiquitäre Verwendbarkeit des Begriffs – oder besser: des Konzepts der civil society – gründet zum Teil darin, daß es sich nicht um eine neue Wortschöpfung, sondern ganz im Gegenteil um einen alt-ehrwürdigen Begriff mit langer Tradition handelt und er außerdem noch mit einem gewissen definitorischen Defizit behaftet ist. Ein neuer deutscher Begriff für die im englischen und französischen Sprachgebrauch gewohnten Termini „civil society" bzw. „société civile" war von Nöten, da im Deutschen bei „bürgerlicher Gesellschaft" die Konnotationen zu Hegels „System der Bedürfnisse", also der *Wirtschaftsgesellschaft*, zu stark waren und den vielschichtigen Bedeutungsebenen des Konzepts nicht gerecht wurden. Außerdem ist der Anklang an die „Zivilität" in Zivilgesellschaft durchaus erwünscht. Einige Theoretiker (z. B. Dahrendorf) ziehen dennoch den Begriff „Bürgergesellschaft" vor, ohne jedoch inhaltlich damit eine Differenzierung vornehmen zu wollen.

Die Grundannahme der Idee der Zivilgesellschaft liegt darin, daß es eine Gesellschaft gibt, die nicht identisch ist mit der politischen Organisation, obgleich sie auf sie bezogen ist. Die Denker, auf die in der aktuellen Diskussion immer wieder rekurriert wird (Locke, Ferguson, Smith, Montesquieu, Hegel, Tocqueville, Gramsci), unterscheiden sich in ihren Arbeiten hinsichtlich der Beziehung der Gesellschaft zum Staat oder des Ortes der Gesellschaft im Staat.

Das Wesensmerkmal einer civil society, die sich von Locke herleitet, ist ein Verständnis von Gesellschaft, das vor-politisch oder außer-politisch genannt werden könnte: Die Wirtschaftsbürger finden sich als Mitglieder einer Gesellschaft mit eigener Identität außerhalb der politischen Dimension zusammen. Neben der Ökonomie spielt aber ein weiterer Begriff eine zentrale Rolle in der Vorstellung von Zivilgesellschaft: nämlich eine autonome Öffentlichkeit mit einer eigenen Meinung (Taylor 1991: 69-70), wie sie sich erst im 18. Jahrhundert ausbildete. Hier eröffnete sich ein Forum, in dem aus der Summe der Meinungen der Vielen ein Diskussionszusammenhang entstand, der nicht (mehr) einer Kontrolle durch die politische Struktur ausgesetzt war. Die civil society wurde so zu einem Bindeglied der Privatsphäre und dem politischen Bereich, die neue Muster der Verständigung gesellschaftlicher Diskurse schuf. Besondere Sprengkraft bekam dieser Traditionsstrang durch seine anti-politischen Implikationen, in der Hinsicht, daß die Regierungsgewalt als von der Gesellschaft übertragen aufgefaßt wurde und diese sich das Recht anmaßte, „politische Autorität zu errichten und zu stützen, je nachdem, ob diese der Gesellschaft dient oder nicht" (Taylor 1991: 73). Die strikte Trennung von Gesellschaft und Staat kennzeichnet also den Locke-Strang.

Im Gegensatz zum Lockeschen Modell ist die civil society bei Montesquieu (und stärker noch bei Tocqueville) im Herzen der politischen Strukturen verortet, um selbst Steuerungsmaßnahmen im Staat zu übernehmen. Es handelt sich also um rechtlich legitimierte Körperschaften, die eine Vermittlung zwischen den gesellschaftlichen Sphären und dem Staat über Institutionen leisten (Honneth 1992: 63). Besonders bei Tocqueville wird der Wert freiwilliger Zusammenschlüsse immer wieder betont. Mit den Worten von Charles Taylor: „Das einzige Bollwerk gegen den „sanften Despotismus" sind Vereinigungen" (Taylor 1991: 77). Die Zivilgesellschaft umfaßt also all jene staatsfreien Räume, in denen gesellschaftliche Problemlagen von mittelbar oder unmittelbar Betroffenen in Form von Assoziationen, Vereinigungen oder Organisationen aufgenommen und verarbeitet werden und an eine „alarmierte" politische Öffentlichkeit zurückgegeben werden. In der anspruchsvollen Lesart, wie sie von Habermas, Cohen/Arato, Rödel/Frankenberg/Dubiel u.a. vertreten wird, ist die Zivilgesellschaft jene Sphäre gesellschaftlicher Deliberation, in welcher sich die Staatsbürgerinnen und Staatsbürger über gemeinsame Inhalte in der Sprache des demokratischen „Wir" verständigen – im Gegensatz zum „ich" des nutzenkalkulierenden, ungebundenen Selbst des Liberalismus. Diese topographische Verortung der Zivilgesellschaft erschwert freilich die Operationalisierung des Begriffs in den empirischen Gesellschaften: So ist es unter den verschiedenen Varianten in der Zivilgesellschafts-Diskussion durchaus strittig, ob etwa Familien, Unternehmerverbände, Gewerkschaften oder politische Parteien zur Zivilgesellschaft zu zählen sind, bzw. der Wechsel von der zivilen Gesellschaft zur politischen Gesellschaft läßt sich nur schwierig bestimmen.[6]

Die Faszination, die das Konzept Zivilgesellschaft offensichtlich auf Politiker, Sozialwissenschaftler und Journalisten ausübt, findet ihren Niederschlag in einer kaum noch überschaubaren Fülle von Publikationen; gleichwohl kann von einer Theorie oder einem klar umrissenen Gedankengebäude nicht die Rede sein. Arpad Sölter (1993) hat den Versuch unternommen, eine um Vollständigkeit bemühte Bibliographie zusammenzustellen und einige Ansätze als „emphatische Variante" einer „moderaten Variante" entgegengestellt. Während die Vertreter der ersten Variante (Rödel/Frankenberg/Dubiel; Habermas usw.) eine normative Vorstellung der civil society mit dem Anspruch nach weiterer Demokratisierung auffüllen, haben die Vertreter der zweiten Variante (Shills, Dahrendorf, Bell usw.) einen eher deskriptiven Begriff der civil society, den sie in den westlichen Industrienationen erfüllt sehen. Wird die emphatische Variante von einem dynamischen Prozeßbegriff geprägt, so hat die moderate Variante etwas Statisches. Nach dieser statischen Variante vermittelt sich die civil society vornehmlich über ein Kollektivbewußtsein, „ein Bindeglied, das komplexen Gesellschaften den Zusammenhalt ermöglicht und Verunsicherungen, die mit dem Modernisierungsprozeß einhergehen, durch Traditionspolster und Nationalgefühl abfedern kann" (Sölter 1993: 169). Die Bürgergemeinschaft soll also mäßigend vermitteln zwischen den Individualinteressen und dem Gemeinwohl und bildet damit das Scharnier zwischen Individuen bzw. Gruppen und den Institutionen (ebd.). Dahrendorf sieht den operativen Kern seines Begriffs von civil society „in dem Ensemble von legitimen Ansprüchen, die man als Bürgerrechte bezeichnen kann. Die Bürgerrechte sind in der Tat jener Kompaß, mit dessen Hilfe wir den richtigen Kurs steuern können zwischen der Szylla eines Staates mit allen Machtbefugnissen und der Charybdis eines korporatistischen Kartells aus Organisationen und Institutionen, die unter Umständen für die Freiheit nicht weniger bedrohlich sind" (Dahrendorf 1991: 262f.). Bei dieser strukturfunktionalistischen Auslegung stellt sich allerdings die Frage, wofür das Konzept überhaupt nutzen soll, denn in diesen Begriffen wurde das Verhältnis von Staat und Gesellschaft spätestens seit den Revolutionen des 17. und 18. Jh. gedacht. Das kritische Potential des Konzepts der Zivilgesellschaft liegt doch gerade darin, Handreichungen für eine „Kritik mangelnder Demokratisierung" (Honneth 1992: 62) zu liefern.

Im folgenden sollen deshalb Vertreter der Zivilgesellschaft im Vordergrund stehen, denen es um das „Projekt der Verwirklichung einer autonomen Gesellschaft" (Rödel u. a. 1989: 124) geht, weil den „Krisensymptomen der liberalen Demokratien" (ebd.: 9) nur ein Mehr an Demokratie entgegengestellt werden kann. Denn: „Die zivile Gesellschaft wird daran gemessen, ob sie fähig ist, Bürger hervorzubringen, die *wenigstens manchmal* Interessen verfolgen, die über ihre eigenen und diejenigen ihrer Genossen hinausgehen, und die über das politische Gemeinwesen wachen, das die Netzwerke der Vereinigungen schützt" (Walzer 1992b: 93; Hervorhebung M.A.). Die Stärke dieser Formulierung liegt in der Verwendung des unscheinbaren Wortes „manchmal", mit der Walzer den nostalgischen Republikanismus einer Hannah Arendt auf den Boden der Tatsachen herunterholt und das Individuum in der Gesellschaft in einer Kombination aus verschiedenen Rollen (Konsument, homo faber, Staatsbürger usw.) aufgehen läßt und einen Raum eröffnet für Pluralität und Differenz. Von Michael Walzer stammt auch die prägnanteste Umschreibung des

Konzepts Zivilgesellschaft. Sie ist ein „Handlungsraum von Handlungsräumen: alle sind aufgenommen, keiner bevorzugt" (Walzer 1992b: 79). Verbunden werden diese Handlungsräume durch die Ausrichtung auf öffentliche Angelegenheiten, welche den zivilgesellschaftlichen Gruppen gemeinsam ist. Auf individueller Ebene findet sich diese Ausrichtung in der *Ausbildung von Bürgersinn* wieder (vgl. Lauth/Merkel 1997: 17).

Damit die Bürgergesellschaft ihren autonomen Status nutzen, aufrechterhalten und erweitern kann, bedarf es einiger Grundvoraussetzungen, die Cohen und Arato (1992: 346), – die in der Zivilgesellschaft das Potential einer nachmarxistischen Strategie radikal demokratischer Reformen sichten (vgl. Dubiel 1994: 74) – , in ihrer Studie zur Zivilgesellschaft zusammengefaßt haben: (1) der Pluralität der Lebensformen, (2) einer politischen Kultur und informierten Öffentlichkeit, (3) eines geschützten privaten Bereiches und (4) einer verfassungsmäßigen Ordnung, die diese Punkte gegenüber dem Staat und der Wirtschaft schützt. So gesehen wird Demokratie als gesellschaftsorientierter Prozeß begriffen, und zwar im Sinne eines historisch-dynamischen Prozesses schließlich auch gesellschaftlicher Demokratisierung und andauernder „nachholender Demokratisierung". Die garantierten Teilnahmerechte müssen dabei selbstbewußt von den Bürgerinnen und Bürgern in Anspruch genommen werden.

Einer zunehmenden Entfremdung der Wählerschaft von der politischen Klasse, der „Entkernung des Politischen" (Beck) und der Fragwürdigkeit der Legitimationsgrundlagen traditioneller Politik entgegengesetzt entsteht in der Zivilgesellschaft der Ort, wo in den Grenzen der grundrechtlichen Verfassung über diese hinaus eine öffentliche Debatte über Normen und Werte des Gemeinwesens, über Rationalität und Legitimität demokratischer Politik, über die Anerkennung bzw. Ablehnung partikularer Ansprüche und die Inklusion bzw. Exklusion des Fremden stattfindet. In den Grenzen der Verfassung heißt, daß diese Debatte friedlich unter gegenseitiger Anerkennung abläuft, und daß die Möglichkeiten einer gleichgewichtigen Artikulation aller an der Diskussion Teilnehmenden durch die Menschen- und Bürgerrechte unter staatlichem Schutz stehen. Doch der zivilgesellschaftliche Diskurs, und dies besagt die Formulierung „über die grundrechtliche Verfassung hinaus", transzendiert in gewisser Weise die staatlich gesetzten Rahmenbedingungen, in dem durch neue Akteure mit einem erweiterten Politikbegriff neue Projekte und Ideen, Interessen und Bedürfnisse, Themen und Meinungen subpolitisch aufgenommen, erörtert und ausprobiert werden, bevor sie an das politische System weitergeleitet und schließlich in den verfassungsmäßigen Rahmen inkludiert werden. Die Diskussion über die Verfaßtheit des Gemeinwesens wird dabei erleichtert durch die Orientierung an der Universalität der Menschenrechte und der Existenz demokratischer Normen, die ihre Legitimität aus der Ermöglichung öffentlicher Diskussion über „das gute Leben“ oder eine anzustrebende Gesellschaft ziehen.

3.2. Die Wiederentdeckung der Bürgertugend

„Der Bürger muß willens und fähig sein, zur gegebenen Zeit gemeinsam mit seinen Mitbürgern zu beratschlagen und nachzudenken, ihnen zuzuhören und von ihnen gehört zu werden und für das, was er sagt und tut, die Verantwortung zu übernehmen“ (Walzer 1992a: 438).

Alle normativen Demokratietheorien weisen dem Bürger bzw. spezifischen Bürgerqualifikationen einen besonderen Platz zu. Hubertus Buchstein deutet den Terminus „Bürger“ als „Chiffre für die Sehnsucht der Demokratietheorie, angesichts eines weit gesteckten und zum Teil disparaten Herausforderungskatalogs die demokratische Frage positiv zu beantworten“ (1996a: 298). Mit dem Begriff „Bürger“, der jetzt ausschließlich mit positiven Konnotationen belegt wird, betrete eine neuer Hoffnungsträger die politische Arena, der diejenigen Qualifikationen mitbringen soll, auf welche moderne Demokratien angewiesen sind, die sie aber aus sich heraus nicht herstellen können. Freilich bewegt sich jedes Nachdenken über eine demokratische politische Ordnung zwischen den Extremen eines rational denkenden Bürgers, der sich in der strikten Verfolgung seiner Interessen von einer Kalkülrationalität leiten läßt, oder dem das Gemeinwohl über die eigenen Interessen stellenden citoyen auf der anderen Seite. Auch Rawls, der einen dezidiert politisch ausgerichteten Liberalismus vertritt, in dem sich eine politische Gemeinschaft über politische und öffentliche Gerechtigkeitsauffassungen normativ integriert, kommt nicht gänzlich ohne Tugendzumutungen an die Bürger aus. Sein „Ideal des guten Bürgers“ konstituiert sich aus den politischen Tugenden der Toleranz, Vernünftigkeit, Kooperationsbereitschaft und natürlich der Fairneß. Die gesamte Architektonik seiner „wohlgeordneten Gesellschaft“ baut ja auf der Anerkennung der Gerechtigkeitsgrundsätze auf. Was den Rawlsschen Bürgerbegriff von dem eines Michael Walzer, Robert Bellah, Amitai Etzioni oder besonders von Alaisdair MacIntyre unterscheidet, der mit seinem Buch „Der Verlust der Tugend“ einen einschlägigen modernen Klassiker zum Thema vorgelegt hat, ist die letztendlich doch auf individualistische Entscheidungskalküle rückführbare Tugendbegründung bei Rawls aus der Situation des Urzustands (vgl. dazu den Beitrag Kommunitarismus in diesem Bd.), während er bei den anderen hier genannten Theoretikern die Begründung in „geteilten Überzeugungen", Weltbildern und Wertorientierungen erhält.

Ging Kant noch davon aus, daß auf dem „souveränen Grund des Rechts" das feste Fundament für eine Gesellschaft errichtet werden könne, und ließ er in der Klugheit und dem aufgeklärten Selbstinteresse des Einzelnen noch die Ordnungsnormen des Liberalismus aufgehen in der berühmten Formel, das „Problem der Staatserrichtung" sei „selbst für ein Volk von Teufeln [...] auflösbar, [...] wenn sie nur Verstand haben" (Kant, VIII: 366), so spiegeln die zeitgenössischen Versuche einer Ethisierung des Liberalismus die Einsicht, daß moderne Gesellschaften sozio-moralischer Grundlegungen bedürfen, aus denen heraus die politisch-gesellschaftlichen Institutionen die Bedingungen für ein freies, selbstgestaltetes Leben garantieren können.

Einen zentralen Punkt in der Debatte um Bürgersinn nimmt die Frage ein, wem in der Gesellschaft der Bürgerstatus zukommt. Hier beweist sich, daß der Diskurs, wie er in der Bundesrepublik zu diesem Punkt geführt wird, schon längst an der Demokratierealität vorbeigeht. Michael Walzer interpretiert die Ausdehnung der Bürgerrechte auf „Ausländer" aus pragmatischen Gründen wie aus Gründen der Fairneß und Gerechtigkeit für wünschenswert und unerläßlich in eine Demokratie: „Wenn der Weg zur Zweitzulassung [der Einbürgerung, M.A.] versperrt ist, zerfällt die politische Gemeinschaft in eine Welt von Mitgliedern und Fremdlingen, in der es keine politischen Abgrenzungen zwischen beiden Gruppen gibt und in der die Fremden den Mitgliedern untertan sind. Letztere mögen untereinander gleich sein, aber es ist nicht ihre Gleichheit, die den Charakter des Staates bestimmt, in dem sie leben, sondern ihre tyrannische Herrschaft. Politische Gerechtigkeit läßt dauerhaftes Ausländertum nicht zu" (1992a: 104f.). Eine Selbstverständigungsdebatte über Bürgerstatus und Bürgersinn ist in einer Demokratie unerläßlich. Dabei zeugen die vorhandenen Solidaritätsbekundungen, die sich gerade nicht an der Staatsbürgerschaft festmachen und die z.T. medial vermittelt länder- und kulturübergreifend sind, von nicht ausgeschöpften Potentialen. Helmut Dubiel fragt rhetorisch:

> „Könnte es nicht sein, daß die verbreitete Klage der Politiker über den schwindenden Bürgersinn falsch ist und das eigentliche Problem einer demokratischen Bürgergesellschaft darin besteht, daß die längst vorhandenen Solidaritätsbereitschaften der Bürger durch die vorhandenen Institutionen nicht erschlossen werden?" (1997: 803).

Ein erster Ansatz zur Erschließung dieser Potentiale liegt in gegenwärtigen Diskussionen um die Frage, ob etwa Formen ehrenamtlicher Tätigkeit, (Engagement im Verein, freiwillige Gemeinwohl-Arbeit in den Bereichen Umweltschutz, Bildung, Gesundheit usw.) als „Bürgerarbeit“ durch indirekte materielle Anreize entlohnt werden sollte und professionell organisiert werden könnte.

3.3. Anerkennung von Gleichheit und Differenz

Grundlage demokratischer Gemeinwesen ist die gegenseitige, kontextunabhängige Anerkennung der *Gleichheit* der Gesellschaftsmitglieder untereinander. Die universalistische Basis dieser Anerkennung liegt in der Würde des Menschen begründet und verleiht den Individuen eine Reihe von Rechten und Freiheiten, die ihnen im Falle unrechtmäßiger Herrschaft wohl geraubt und vorenthalten, aber nicht entzogen werden können. Doch neben dieser „Politik der Gleichberechtigung“, die letztlich auch die Freiheit der Gesellschaftsmitglieder in Abgrenzung zu den anderen sowie zur staatlichen Sphäre sichert, steht ein anderes Prinzip, das ebenso anerkannt sein will, doch zunehmend zum Problem wird: Die „Politik der Differenz“ leitet sich aus der unverwechselbaren Identität eines Einzelnen oder einer Gruppe ab und schützt vor Vereinnahmung und Diskriminierung. Die Anerkennung als gleichwertig und gleichberechtigt läßt also noch Raum für eine interpretative Selbstdefinition und unterstützt u.U. Forderungen, die nicht universell sind und nur von einem Teil der Gesellschaft gestellt werden. Dies wird besonders dann zum Problem, wie Charles Taylor (1993) dargestellt hat, wenn sich die Vertreter der Politik der Differenz nicht damit zufrieden geben, daß sich die Mehrheit im Zeichen der Toleranz gegenüber Forderungen von Minderheiten aufgeschlossen zeigt, sondern wenn die Minderheiten ihre Forderungen offensiv vertreten und, so Taylor, die Unterschiede zur Grundlage einer differenzierenden Politik machen (ebd. : 30). In einer Zivilgesellschaft müssen sich beide Positionen vermitteln lassen. Zum einen sind die Assoziationen der „civil society“ Bereiche der diskursiven Normgenese, in denen auf der Basis der gegenseitigen Anerkennung gemeinschaftliche Anliegen neu verhandelt werden, zum anderen werden aber gerade in einer Zivilgesellschaft einzelne Gruppen ihre partikularen Interessen mit dem Argument vertreten sehen wollen, nur durch die Anerkennung ihrer Partikularität und der Garantie von Vorrechten und Gesetzen, die anderen nicht zukommen, sei Selbstverwaltung und die Bewahrung einer eigenständigen Identität möglich. Hier kollidiert das Prinzip der Identität und Autonomie mit der Notwendigkeit gesellschaftlicher Integration, welche heute auf der Basis eines gemeinsamen Glaubens, gleicher Moralvorstellungen und gleicher Lebensorientierungen nicht mehr herstellbar ist. Dies führt zu einem, wenn überhaupt, nur im Einzelfall zu lösenden Dilemma: Wenn Gemeinschaften das Recht eingeräumt werden soll, ihre eigenen Rechte und

Notwendigkeiten zu begründen und über so entscheidende Punkte wie z.B. Mitgliedschaft selbst zu entscheiden, so müssen zumindest minimale „universalistische Sicherungen“ (G. Rieger) eingebaut sein, um Rückfälle in nationalistische, rassistische oder chauvinistische Partikularismen zu vermeiden. Doch gerade diese Sicherungen tangieren die Autonomie der Gemeinschaften. Michael Walzer (1993) und Jean Cohen (1993) haben sich bemüht, diesen Konflikt durch Verfahrensregeln zu entschärfen. Ausgehend von der These, daß das Individuum in Dissens mit den Regeln, Normen und Vorstellungen der Gemeinschaft geraten kann, plädieren sie für die Garantie unveräußerlicher Persönlichkeitsrechte:

> 1) Das Individuum muß ein Recht auf den Austritt aus der Gemeinschaft besitzen. Es kann nicht gezwungen werden, Mitglied zu werden oder zu bleiben. Zwangsassimilation verstößt gegen die Ideale der Authentizität (vgl. auch Taylor 1993: 29) und der Freiheit. Doch schon dieses abstrakte Recht auf Sezession eröffnet in der Anwendung einen Reigen neuer Probleme: Liegt diesem Freiheitsverständnis ein „Möglichkeitsbegriff“ oder ein „Verwirklichungsbegriff“ zugrunde? Bedeutet Freiheit konkret in diesem Fall also allein die Abwesenheit von Beschränkungen und damit die Möglichkeit für den Einzelnen, zu gehen wann immer er will, oder muß weiterhin dafür Sorge getragen werden, daß diese Möglichkeit mit einer faktischen Erfüllung der Bedürfnisse über das Weggehen hinaus verbunden werden muß? 2) Die gemeinschaftlich entwickelte Vorstellung vom „guten Leben“ muß offen und zugänglich sein für Kritik. Sie ist keine Setzung aus der Position des Wahrheitsbesitzes heraus, sondern ein Versuch, der aus einer gemeinschaftlichen Debatte hervorgegangen ist und so seine Legitimation erhält: nicht mehr und nicht weniger. 3) Es muß, im Rahmen der Gesetze, ein „Handlungsspielraum für Abweichungen und Verschiedenheit“ (Cohen 1993: 301f.) bleiben. 4) Neben der verfassungsmäßigen Ordnung schützt ein Set individueller Persönlichkeitsrechte die Privatsphäre des Individuums und seine Besonderheit, Differenz, Lokalität und Nichtidentität.

Reale Gemeinschaften sind immer Konfliktgemeinschaften. Das ist zwar trivial, doch bedeutungsvoll. Zunehmende Demokratisierung führt nicht zu einem Zustand der Harmonie oder des apriorischen Interessenausgleichs. Vielmehr wird es in Zukunft darum gehen, Formen, Mechanismen und Institutionen zu finden, welche die gewaltlose Austragung von Konflikten ermöglichen und das demokratische Potential von Differenzen erschließen.

3.4. Reflexive Demokratie

Hinter der Rede von der „reflexiven Demokratie“, wie sie sich in jüngster Zeit häufiger in der Literatur findet (Schmalz-Bruns 1995; Beck/Giddens/Lash 1996), verbergen sich unterschiedliche Demokratiekonzeptionen, die jedoch den Ausgangspunkt, die Konstatierung einer grundlegenden Krise der Institutionen der repräsentativen Demokratie, teilen. Ulrich Beck (1993; 1996) verlängert das Theorem der *reflexiven Modernisierung* in den politischen Bereich und stellt so die Frage nach der reflexiven Demokratie.

Unter reflexiver Modernisierung versteht Beck, zusammen mit Anthony Giddens und Scott Lash, die „Selbsttransformation der Industriegesellschaft" bzw. die „Auf- und Ablösung der ersten durch die zweite Moderne". War die erste Moderne gekennzeichnet durch einen nahezu unbegrenzten Fortschritts-, Wissenschafts- und Technologieoptimismus und wurde sie ausbuchstabiert mit Begriffen wie Nationalstaat, Industrie, Wachstum, Klassen, Arbeit/Kapital, Männer- und Frauenrollen, Kleinfamilie usw. (vgl. Beck 1996: 22), so ist die Uneinlösbarkeit der Versprechen dieser ersten Moderne spätestens gegen Ende des 20. Jahrhunderts offen zutage getreten. Die Konturen einer anderen – der zweiten Moderne – sind aber noch nicht klar erkennbar. „Im Übergang zur zweiten Moderne wird unter anderem durch Individualisierungen und Globalisierungen, durch systemisch hergestellte Unsicherheiten und Gefahren das Binnengefüge der ersten Moderne nicht nur fragwürdig und aufgelöst; es entstehen zugleich jenseits der orthodoxen Ordnungsschematik industriegesellschaftlicher Institutionen und Lebensformen andersartige Identitäten, Akteure, Politikstile, Beziehungsmuster und Verantwortungsformen, für die, um sie überhaupt wahr- und ernst zu nehmen, oft schlicht die Begriffsbildung fehlt. Auch auf diese Kategorien-Bildung zielt „reflexive Modernisierung" (Beck 1996: 23). Diese Betonung des Kontingenten, Nicht-linearen, Unorthodoxen haben die Vorstellungen einer reflexiven Modernisierung durchaus gemein mit postmodernen Zeitdiagnosen, doch bleiben jene dem Anspruch der Aufklärung nach wie vor verpflichtet. Aus der Perspektive der reflexiven Modernisierung bringen moderne Gesellschaften Gefährdungslagen und -potentiale selbst hervor. Diese können aber mit den Mitteln des Weiter-So, dem Rezept der einfachen Moderne, nicht (mehr) bewältigt werden.

Insofern als die reflexive Modernisierung, verstanden als Selbstveränderung, Selbstaufhebung, Selbstinfragestellung der Industriemoderne, die wirtschaftlichen, sozialen, institutionellen und politischen Veränderungen miteinschließt, muß auch das politische System, müssen auch die Institutionen des Verfassungsstaates, von dieser Transformation erfaßt werden. Indem die reflexive Modernisierung die Denkgewohnheiten und -kategorien industriegesellschaftlicher Modernisierung problematisiert, hinterfragt sie auch die Legitimation und die Funktionalität der politischen Institutionen, welche bislang „in den geschützten Bereich des säkular Sakralen" gehörten (Beck 1996: 69). Es ist die radikal-demokratische Pointe der reflexiven Demokratie, den Grundlagen der Demokratie, welche traditionell „als Voraussetzung demokratischer Prozesse der Änderung selbst (weitgehend) entzogen" sind (Beck 1996: 70), den Status der „Ewigkeit" oder

„Unveränderbarkeit" zu entziehen. Weder das Mehrheitsprinzip noch die institutionalisierte Form des Parlamentarismus gehören zum „geschützten Grundinventar moderner Demokratien" (Beck 1996: 71). Die „Demokratisierung der Demokratie" (A. Giddens) würde bedeuten, die eingespielten Praktiken der Repräsentation bzw. den Ort des Politischen, durch neue Formen der Repräsentation und andere Arenen politischer Meinungs- und Entscheidungsfindung zu ergänzen. Eine so verstandene reflexive Demokratie würde nach Beck und Giddens bei der „Demokratie der Emotionen" (Giddens), also der Politisierung des Privaten, einsetzen, indem Eltern/Kind-Beziehungen, sexuelle Beziehungen und Freundschaftsbeziehungen der Ort zur Ausbildung autonomer und solidarischer Individuen sein sollten.

> Mit den Worten von Giddens: „Eine Demokratie der Emotionen würde gewichtige Folgen für die Förderung der formalen, öffentlichen Demokratie nach sich ziehen. Wer ein zutreffendes Bild von den eigenen Emotionen hat und imstande ist, auf persönlicher Basis wirksam mit anderen zu kommunizieren, ist wahrscheinlich gut vorbereitet für die umfassenderen Aufgaben und Obliegenheiten des Staatsbürgers" (Giddens 1997: 38).

Von besonderer Relevanz für die reflexive Demokratie sind weiterhin soziale Bewegungen, Selbsthilfegruppen u.ä., die einerseits als Folgen der vermehrten Reflexivität der lokalen und globalen sozialen Tätigkeit gesehen werden, gleichzeitig aber auch als Motor dieser Reflexivität verstanden werden. Die Funktion dieser Bewegungen liegt nicht nur darin, Mißstände zu thematisieren und in den politischen Prozeß über politische Parteien einzuspeisen. Mindestens ebenso wichtig im Hinblick auf die Reflexivität ist die Möglichkeit, „den Fachleuten Macht zu entreißen und ganz generell den Nichtfachleuten wieder Zugang zum Expertenwissen zu verschaffen" (Giddens 1997: 170).

Eine so verstandene reflexive Demokratie stellt sämtliche Grundlagen des liberalen Verfassungsstaates zur Disposition; sie entfaltet ein heuristisches Potential, weil Denkblockaden aufgebrochen werden und Problemkonstellationen wie Lösungsmöglichkeiten neu interpretiert werden können. Wenn auch bislang aus den Konzepten zur reflexiven Demokratie keine konkreten Vorstellungen, etwa zur Institutionalisierung anderer Repräsentationsformen, herauszulesen sind, so können sie sich doch das Verdienst anrechnen, einer *Hermeneutik des auch anders Möglichen* Raum zu schaffen.

Wurde bei Beck und Giddens der Begriff der reflexiven Demokratie aus dem Prozeß einer fehlgeleiteten, von unkontrollierbaren Nebenfolgen begleiteten gesellschaftlichen Modernisierung abgeleitet, so stehen bei Schmalz-Bruns die Probleme des demokratischen Entscheidungsprozesses bzw. „die unzureichenden und unzulänglichen

Mechanismen der Verklammerung und Verschränkung der gesellschaftlichen und der Staatswillensbildung" (1994a: 495) und weiterhin die Begrenzung demokratischer Herrschaft durch die Verfassung im Vordergrund seines Konzepts reflexiver Demokratie. Konnte oben der Begriff der Reflexivität als „Infragestellung, Selbstveränderung" im weitesten Sinne gedeutet werden, so meint er bei Schmalz-Bruns in erster Linie „Selbsteinwirkung". Das Programm einer „reflexiven Fortsetzung der Demokratie" (Cohen/Arato 1992: 410ff.) gewinnt seinen Ausgangspunkt in der Diagnose einer gestörten Selbsteinwirkung der gesellschaftlich erzeugten und staatlich verdichteten bzw. konzentrierten Macht, die eben nicht mehr in den Machtkreislauf der Demokratie mit ihren repräsentativen Institutionen eingespeist wird, sondern „im konkurrenzdemokratischen Machtzyklus" wie durch ein Filter absorbiert wird (vgl. Schmalz-Bruns 1994b: 19).

4. Systemtheoretische Ansätze: Die Erfindung der Demokratie

> *„Alle Macht kommt dadurch zustande, daß sie sich der Macht unterwirft, und die oberste Macht durch Unterwerfung unter die unterste Macht. Das nennt man Demokratie" (Luhmann 1997: 373).*

Die systemtheoretische Variante der Demokratietheorie, wie sie etwa von Niklas Luhmann und in jüngerer Zeit mit stärker partizipatorischen Elementen von Hellmut Willke vertreten wird, stellt die Frage nach der Möglichkeit, Leistungsfähigkeit und Legitimität der Demokratie aus einer gänzlich anderen Perspektive als die anderen hier vorgestellten Demokratiekonzeptionen[7] und gründet auf der Vorstellung, die traditionelle Demokratietheorie sei sowohl in ihrer normativ/radikal-demokratischen wie auch der empirisch-analytischen Variante unterkomplex und für moderne Gesellschaften nicht angemessen. Dabei werden die zentralen Kategorien traditioneller Analysen, die entweder auf ontologischen Systemkonzeptionen oder handlungstheoretisch begründet waren, systemtheoretisch umformuliert. Die Ebene individueller und kollektiver Akteure wird verlassen zugunsten der Perspektivwahl einer aus einem Netz von autonomen Teilsystemen bestehenden Gesellschaft, in der die einzelnen Funktionssysteme eigene Semantiken ausbilden und aufgrund funktionsspezifischer Operationsweisen interagieren.

Schon Karl W. Deutsch hatte in seiner politischen Kybernetik im Jahr 1963 in „Nervs of government" den Versuch gemacht, die Demokratietheorie mittels regelungstheoretischer Konzepte zu modernisieren.

> Deutsch ging es darum „Ideen, Theoreme und Modelle, die den Naturwissenschaften entnommen sind, insbesondere der Theorie der Kommunikation und Steuerung“ für die „Entwicklung einer in sich geschlossenen politischen Theorie, [...] die den Problemen der letzten Jahrzehnte des zwanzigsten Jahrhunderts besser angemessen“ sein sollte, zu nutzen (Deutsch 1969: 30f.). Entgegen der realistischen Theorie der Politik sah Deutsch nicht so sehr das Problem der Macht als zentral an, sondern vielmehr das Problem der *Steuerung* bzw. der *Kommunikation*. Dem Regierungssystem kam dabei die Rolle einer zentralen Kontrollinstanz zu. Entscheidend für die Regelungskapazität des politischen Systems waren nach Deutsch die Lernformen und -prozesse, wie gesellschaftliche Probleme wahrgenommen, verarbeitet, also politisiert, und geregelt werden konnten. Jenseits einer normativen Zuschreibung definierte er Demokratie als „ein sich (semi-) autonom regelndes und lernendes System“ (Naschold 1969: 17). Deutschs Analyse war jedoch zu sehr auf die politische Kontrollinstanz fixiert, um die Gesellschaft in seine Konzeption einbauen zu können und trug daher stark gouvernementale und technokratische Züge.

Niklas Luhmann verabschiedet die Vorstellung eines gesellschaftlichen Zentrums oder einer zentralen Steuerungsinstanz. Die funktionale Ausdifferenzierung der Gesellschaft führt in seiner Konzeption zu von einander unterscheidbaren autonomen Systemen mit hoher Eigenkomplexität und funktionaler Eigenständigkeit. Auf das politische System übertragen muß diese Vorstellung mit den klassischen Normen der Demokratie brechen. Mit Luhmanns Worten:

> „Mir scheint allerdings eine radikale Uminterpretation des klassischen Konzepts der Demokratie als Herrschaftsform notwendig zu sein, wenn man die Demokratie komplexer politischer Systeme als Norm und Wirklichkeit begreifen will. Eben deshalb habe ich Zweifel, ob es sinnvoll ist, jener seit langem überreizten Tradition Normen zu entnehmen und sie an moderne politische Systeme oder gar an die Theorie solcher Systeme zu adressieren“ (Luhmann 1971: 35).

Demokratie als *Selbstbeschreibung* eines politischen Systems orientiert sich an den „Operationsproblemen der Politik als eines autonomen, selbstreferentiellen und komplexen Funktionssystems der Gesellschaft“ (Willke 1996a: 9) und folgt der vorrangigen Aufgabe der Herstellung kollektiv verbindlicher Entscheidungen und des Politisierens verschiedenster Themen unter den systemspezifischen Codes. Niklas Luhmann hat jüngst „Hoffnungen auf eine Revitalisierung zivilrepublikanischen Lebens“ eine deutliche Absage erteilt (1990: 182). Der Kernpunkt, auf den man den „Begriff der Demokratie reduzieren“ müsse, liege in der doppelten Codierung von Machthaber/Machtunterworfener und weiter Regierung/Opposition. Das politische System sei selbstreferentiell geschlossen, die Selbstregierung des Volkes nunmehr eine uneinholbare Utopie. Dabei hätten sich „Grad und Qualität gesellschaftlicher Komplexität und Riskiertheit und mithin die Anforderungen an die Steuerleistungen" des politischen Systems seit dem Zweiten Weltkrieg in radikaler Weise geändert (Willke 1996c: 706), so daß das Hauptproblem politischen Handelns bei zweifelhaften Zwecken individuellen wie kollektiven Handelns darin bestehe, „daß Komplexität im politischen System disponibel und das heißt vor allem: durch Strukturveränderung entscheidbar bleiben muß" (Luhmann 1971: 44). Da alle Entscheidungsprozesse, auch oder gerade im politischen System, die Optionen verringern und die Komplexität reduzieren, definiert Luhmann die Demokratie in einer viel zitierten Formulierung als „Erhaltung der Komplexität trotz laufender Entscheidungsarbeit, Erhaltung eines möglichst weiten Selektionsbereichs für immer wieder neue und andere Entscheidungen" (ebd.: 40). Da Luhmann von einem nicht-normativen Begriff des Sozialen ausgeht, kann er nach funktional äquivalenten Möglichkeiten für die Bearbeitung von Systemproblemen fragen. Zugespitzt formuliert: ein System ist demokratisch, wenn es systemstrukturelle Garantien für einen weiten Selektionsbereich der Politik geben kann. In der Möglichkeit der Negation der Negation, etwa der Korrektur einer Entscheidung durch eine Folgeentscheidung, erweist sich ein politisches System als demokratisch.

Hatte Luhmann zunächst die Gegenüberstellung konservativ/progressiv als Leitdifferenz des Politischen festgemacht, so scheint er von der Tradition des links-rechts-Schemas inzwischen abgekommen zu sein, als er nunmehr den politischen Code in der Entgegensetzung Regierung/Opposition bzw. Innehaben/Nicht-Innehaben der Macht verwirklicht sieht. Es geht also in der Politik darum, mit welchen (mehr oder weniger von einander abweichenden) politischen Programmen Regierung und Opposition sich wechselseitig ablösen können.

> „Die politischen Programme werden von den politischen Parteien, also von Organisationen, aufgestellt mit dem Systemimperativ, sich zu unterscheiden (was angesichts der Sachlogik von Problemen nicht immer leichtfällt); und die Entscheidung zur Aktualisierung von Politik obliegt einer anderen Organisation: dem Staat, der unter anderem auch die politischen Wahlen organisiert. Ohne diese Differenzierung auf organisatorischer Ebene und ohne das dadurch ermöglichte kontinuierliche Beobachten von Beobachtungen wäre keine Demokratie möglich" (Luhmann 1997: 845).

Aufgabe der Demokratie ist es – und darin liegt ihr Vorteil gegenüber anderen politischen Systemen, zeichnen sich doch Diktaturen durch eine radikale „Entdifferenzierung" aus – daß sie zwar Komplexität reduziert, jedoch unter Bewahrung des Strukturreichtums von Relativismus und Pluralität, Meinungskonkurrenz und Offenheit (vgl. Luhmann 1997: 1122). Diese Begriffe, die auch den normativen Kerngehalt liberaler Demokratietheorien bilden, erscheinen in systemtheoretischer Lesart jedoch in ganz anderem Licht. Es geht nicht mehr um Teilhaberechte und Teilnahmechancen des Individuums, sondern um Anpassungsfähigkeit oder die Möglichkeit zu „koevolutiver Veränderung" des politischen Systems.

> Dabei geht die Systemtheorie davon aus, daß „Subjekte nicht als Initiatoren, sondern nur als [...] Teilnehmer an gesellschaftlichen Ereignissen und Kommunikationsprozessen [...] und Werte, Normen, Rollenmuster nur als Sinnangebote, deren Annahme oder Ablehnung von den kontingenten Eigenschaften systemspezifischer Akzeptanzen abhängen" (Kiss 1990: 6) behandelt werden. „Größere Schwierigkeit bereitet es, auch soziale Systeme als autopoietische zu begreifen. Grundlage einer solchen Konstruktion ist die Annahme, daß soziale Systeme nicht aus einer Ansammlung von Menschen bestehen, sondern aus dem Prozessieren von Kommunikation" (Willke 1996b: 137).

Es kann als Verdienst systemtheoretischer Demokratietheorie gewertet werden, daß hinsichtlich der Systemebene, d.h. der Erhaltung der Variabilität und Elastizität des politischen Systems, neue Fragen in den Fokus demokratietheoretischer Überlegungen gelangten und weiterhin die Aushöhlung des demokratischen Prozesses unter dem Druck funktionaler Imperative schonungslos aufgedeckt wurde (vgl. Habermas 1992a: 406). Indem jedoch konsequent Machtverhältnisse, Klassenstrukturen, Akteure und deren Motivlagen ausgeblendet und durch scheinbar objektive, überindividuelle systemfunktionale Ansprüche und Leistungen ersetzt werden, sind alle Bedingungen des klassischen Begriffs der Demokratie, des Politischen schlechthin, unerfüllbar geworden (vgl. Meyer 1994: 237ff.).

Helmut Willke übernimmt von Luhmann die Beschreibung moderner, funktional differenzierter Gesellschaften als polyzentrische und polykontexturale Netzwerke von Sozialsystemen, die er als autonom und zugleich strukturell gekoppelt sieht (vgl. 1996a: 8), doch schreibt er der Politik die spezifische Funktion zu, die Verantwortlichkeit für die Produktion und Sicherung der für die Gesellschaft unabdingbaren kollektiven Güter zu übernehmen. Erschien aus systemtheoretischer Perspektive der Wohlfahrts- oder Interventionsstaat bestenfalls als inadäquates Instrument „alteuropäischen" Denkens oder schlicht als Paradoxon, weil es die sub-systemischen Grenzziehungen ignorierte, so ist der Gedanke der Steuerung durch das politische System systemtheoretischem Denken nicht völlig fremd. Allerdings: „Keine moderne Gesellschaft läßt sich *gegen* die Entfesselung funktionaler Differenzierung, *gegen* die zentrifugale Dynamik eigensinniger Teilsystemrationalitäten, *gegen* die explodierende Innovativität dezentraler Spezialisierung organisieren" (Willke 1996a: 313; Hervorhebungen im Original). Direkte klassische Steuerung, sprich Intervention, hat laut Willke hinsichtlich der klassischen Staatsaufgaben gut funktioniert, man denke an die autoritative Durchsetzung der Rechtsordnung, die Kontrolle physischer Gewalt, die Steuerhoheit, elementare Daseinssicherung (vgl. 1996c: 705). Verfehlt wäre es jedoch, angesichts „neuer Staatsaufgaben", neuartiger Probleme und Forderungen gerade vor dem Hintergrund der Globalisierung, auf diese Art der Steuerung zu setzen. Doch wie könnte dann eine neuartige Steuerung, die der Ausdifferenzierung moderner Gesellschaften angemessen ist, aussehen?

Willke verabschiedet zunächst zwei Prämissen, die unweigerlich zu einer Überlastung des politischen Systems führen müssen: „Zum einen, daß es das politische System sei, welches grundsätzlich für die Lösung gesellschaftlicher Probleme zuständig sei [...]; und zum anderen die Überzeugung, daß [...] die Politik mehr tun müsse – mehr von demselben, d.h. mehr Gesetze, mehr öffentliche Gelder, mehr Administration" (Willke 1996c: 706). Er plädiert deshalb für eine Anleitung zur Selbststeuerung im (gesellschaftlichen) Rahmen einer wechselseitigen kontextuellen Kontrolle der Funktionssysteme. Der Politik käme die Aufgabe zu, Fragen des öffentlichen Interesses zu politisieren und in die Beobachtungskriterien oder Leitdifferenzen der anderen Funktionssysteme zu übersetzen und Optionen anzubieten. „So wie der Lehrer nicht in den Schüler und seine Kausalstruktur „hineinsieht", so wenig kann politische Steuerung die operative Geschlossenheit von Wirtschaft, Wissenschaft, Familie, Religion etc. durchdringen. Die Bedingung der Notwendigkeit politischer Steuerung – die Autonomie der Teile – muß zugleich als Bedingung der Möglichkeit der Intervention begriffen werden: Steuerimpulse sind möglich in der Form der Konditionalisierung der Randbedingungen, die als beobachtbare Differenzen die Informationsbasis der jeweiligen selbstreferentiellen Operationsbasis abgeben" (Willke 1991: 47).
Eine so verstandene *„dezentrale Kontextsteuerung"* setzt bei dem jeweils betroffenen Subsystem die Fähigkeit zu reflexivem Verstehen voraus. Auf den Bereich Politik und Recht übertragen, bedeutet dies, daß politische Vorgaben einen Rahmen konditionieren, indem die Akteure in ihrer eigenen Leitdifferenz agieren können, ein Beispiel wäre hier die Tarifautonomie. Daß eine solche Kontextsteuerung durchaus wechselseitig sein kann, verdeutlicht Luhmann am Beispiel der Verfassung: „Die Kopplung zwischen Recht und Politik wird durch die Verfassung geregelt. Einerseits bindet die Verfassung das politische System an das Recht mit der Folge (wenn dies funktioniert!), daß rechtwidriges Handeln politisch zum Mißerfolg wird; und andererseits ermöglichst es die Verfassung, das Rechtssystem auf dem Wege der politisch inspirierten Gesetzgebung mit Neuerungen zu überschütten, die ihrerseits wieder der Politik als Erfolg bzw. Mißerfolg zugerechnet werden" (Luhmann 1997: 782).

Die Rolle der Politik in einer modernen Demokratie kommt somit der einer *Supervisionsinstanz* gleich, welche die blinden Flecken und

Kurzsichtigkeiten von Entscheidungsprozessen in anderen Funktionssystemen aufdeckt. Supervision läge dann darin, „das zum Vorschein zu bringen, was die Akteure im Prozeß der ursprünglichen Entscheidung selbst nicht sehen konnten“ (Willke 1996a: 336). Hatte Luhmann sein Unternehmen bewußt von normativen Zumutungen entkleidet, wenn von der alternierenden Machtverteilung von Regierung und Opposition abgesehen wird, so stellte Willke seine Überlegungen explizit in den Kontext einer „ethisch verantwortlichen und verantwortbaren Gesellschaft“ (ebd.: 12). Der Supervisionsstaat, mit seinen institutionalisierten Möglichkeiten der Verhandlung, Reflexivität, dem „Spielen mit virtualisierten Möglichkeiten der Intervention“ bzw. der Einrichtung des „sozietalen Diskurses“, scheint auf den ersten Blick anschlußfähig zu sein an diskursive, deliberative Demokratiemodelle, doch seien zwei demokratietheoretische Probleme angeführt: Ungeklärt bleibt erstens die Frage, wer an der Entscheidungsfindung bzw. der durch die Politik induzierten Revision teilnimmt. Die klassische Kritik am Pluralismus greift auch hier. Zwar bietet Willkes Konzept ein – auch im Hinblick auf die traditionelle Demokratietheorie – elaboriertes Instrument zur Analyse komplexer Verhandlungs- und Verflechtungsstrukturen (vgl. dazu Zimmer 1995: 556f.). Da er jedoch keinen Akteurs-Begriff hat und Partizipation nur in Form von Verbänden, Interessengruppen und Organisationen fassen kann, führt er „den Staat als Garanten einer ständestaatlichen Integration“ wieder ein, wie Habermas polemisch gegen Willke formuliert hat (1992a: 416). Der zweite Einwand hinterfragt die Idee der Supervision und sucht nach den Möglichkeiten von Politik. Willke schreibt:

> „Sobald Supervision auf bloß eine andere Praxis zusammenschnurrt, hat sie sich selbst desavouriert. Denn der entscheidende Punkt ist nicht diese oder jene Praxis, sondern die Möglichkeit des informierten [...] Vergleichs unterschiedlicher Praxisformen. Die Politik weiß nicht besser Bescheid über sinnvolle oder riskante Formen der Forschung als das Wissenschaftssystem. Aber sie kann das Wissenschaftssystem dazu bringen, über Alternativen nachzudenken, wenn dies nicht in der Form der Kontrolle, sondern in der Form einer Erziehung der Entscheider geschieht“ (1996a: 337).

Angesichts riskanter Hochtechnologien, die ja öffentlicher Kontrolle zunehmend entzogen werden, und Entscheidungen im Wirtschaftssystem, die auf einen globalen Markt zielen, nur um zwei Bereiche zu nennen, scheint eine solche Vorstellung weder erfolgversprechende noch normativ befriedigende Perspektiven zu eröffnen und verweist eher auf eine Selbst-Invalidierung der Politik. Die offene Frage der Systemtheorie bleibt, wie die Kommunikation zwischen den auf Selbstreferenz und Autopoiesis eingestellten geschlossenen Systemen möglich sein soll. Außerdem: Wenn es bei der Supervision nicht um

Kontrolle oder Fehlerkorrektur, sondern um das Erproben hypothetischer Realitäten gehe und sie hierin ihre Nähe zur Kunst erweise (Willke 1996a: 338), so verrät schon die Wortwahl den prekären demokratischen Gehalt dieser Konzeption: Wer beherrscht diese Kunst? Wer definiert den Kunstbegriff und nach welchen Parametern wird die Relevanz der öffentlichen Fragen thematisiert? Das theoretische wie empirische Problem bleibt unlösbar, unter welchen Bedingungen eine demokratische Politik, wenn sie schon nicht *durch* die gesellschaftlichen Interessen gesteuert wird, wenigstens *für* diese Interessen hinreichende Sensibilität entwickeln kann.[8]

5. Ausblicke auf die Zukunft der Demokratie

Von Sheldon Wolin (1996: 42) stammt die paradox anmutende Zuspitzung einer Demokratiekritik, die scheinbar wenig Raum läßt für ein Nachdenken über die Perfektibilitätsaussichten der Demokratie: Diese sei zu einfach für komplexe Gesellschaften und zu komplex für einfache. Schon Aristoteles hatte bemerkt, daß je komplexer die Gesellschaft, desto geringer das Integrationspotential einer wahren „Bürgerfreundschaft". Ist im Zuge der Modernisierungsprozesse die Idee der Demokratie, der Regierung des Volkes durch das Volk, für das Volk (A. Lincoln), theoretisch unbrauchbar geworden, wie Luhmann nicht müde wird nahezulegen? Vom Standpunkt einer sich als kritisch verstehenden Demokratietheorie wird die Beantwortung dieser Frage davon abhängt, ob es gelingt, die Idee der Gleichheit und Emanzipation aller Menschen unter den Voraussetzungen zunehmender kultureller Pluralisierung, komplexer Ausdifferenzierung und globaler Integration neu zu bestimmen und nach den Perspektiven einer institutionellen Ermöglichung und Förderung demokratisch-partizipatorischer, deliberativer und reflexiver Willensbildung Ausschau zu halten. Der italienische Rechtsphilosoph Norberto Bobbio spricht von den „nicht eingehaltenen Versprechen der Demokratie" (Bobbio 1988: 10ff.), die der Vision eines wirklich demokratischen Systems entgegenstehen, welches angesichts einer warenförmig ausgerichteten Weltgesellschaft, einer durch ein gewinnorientiertes Mediensystem deformierten Öffentlichkeit und eines auf taktische Erfolge ausgerichteten, sich selbst blockierenden Parteiensystems, demokratische Einstellungen und soziale Solidaritäten wiederherstellen könnte.

> „Der demokratischen Lehre zufolge sollte es in der politischen Gesellschaft, also zwischen dem souveränen Volk, das sich aus vielen Individuen zusammensetzt, und seinen Repräsentanten keinerlei Sondergesellschaften mehr geben. [...] Was aber mit der Entwicklung der demokratischen Staaten ein-

> trat, war das genaue Gegenteil: Zu den politische relevanten Subjekten wurden immer mehr die Gruppen, die Großorganisationen, Verbände unterschiedlichster Natur, Gewerkschaften der verschiedensten Berufsgruppen, Parteien mit den diversesten Ideologien ... und immer weniger die Individuen. Die Gruppen und nicht die Individuen sind die Portagonisten des politischen Lebens in einer demokratischen Gesellschaft von heute" (Bobbio 1988: 14). Aus dieser Veränderung des Kernbestands der Demokratie leitet Bobbio die zweite negative Transformation ab, nämlich die Veränderung der Repräsentation. Weit davon entfernt, nur dem eigenen Gewissen verpflichtet zu sein, seien die gewählten Repräsentanten an Weisungen mächtiger Interessengruppen oder an die Parteiendisziplin gebunden. Als dritten Punkt bemängelt Bobbio die fehlende Transparenz der Macht. „Das Idealmodell der modernen Demokratie war die antike Demokratie, insbesondere der kleinen Stadt Athen in jenen glücklichen Momenten, in denen sich das Volk in der Agora versammelte und im Licht der Sonne seine Entscheidungen traf, nachdem es die Redner, die die verschiedenen Positionen erläuterten, angehört hatte. [...] Einer der Gründe für die Überlegenheit der Demokratie gegenüber den absolutistischen Staaten [...] lag in der Überzeugung, die demokratische Regierung werde endlich zu einer Transparenz der Macht führen, zur Macht ohne Maske" (ebd.: 21f.). Das vierte nicht gehaltene Versprechen liegt nach Bobbio in dem Versäumnis einer „Erziehung zur Bürgerschaft", also dem Unvermögen, die in einem Gemeinwesen lebenden Menschen zu Bürgerinnen und Bürgern werden zu lassen, die ein Gefühl der Zugehörigkeit entwickeln können. Hiermit redet Bobbio nicht einer Moralisierung der Politik das Wort, vielmehr würde er mit Michael Walzer argumentieren, daß Gesellschaftsmitglieder ihre Maßstäbe für tugendhaftes Handeln erwerben, indem sie sich „diese Maßstäbe im Medium ihrer wechselseitigen Rechtfertigung selbst" verschaffen (Walzer 1990: 59). Konfrontiert mit der politischen Apathie in den modernen Demokratien wendet Bobbio ein: „Auch die wohlwollendsten Interpreten können mir nicht den Gedanken daran rauben, daß sich die großen demokratischen Schriftsteller schwer damit täten, in der Weigerung vieler Bürger, ihr Recht auf politische Beteiligung zu gebrauchen, eine Frucht der Erziehung zur Bürgerschaft zu erblicken" (ebd.: 25).

Doch wo liegen Ansätze zur *Demokratisierung der Demokratie*? Läßt sich die Demokratie jenseits der Arbeitsgesellschaft begründen? Abschließend sollen einige Trends aufgezeigt werden, die andeuten, in welcher Richtung mögliche Impulse zur Belebung der Demokratie zu suchen sein werden.[9]

Von den möglichen Chancen einer „emotionalen Demokratie" war oben bereits die Rede. Es hat sicherlich einiges für sich, „Grundqualifikationen des modernen Staatsbürgers wie Toleranz und Konfliktfähigkeit" (Dubiel 1997: 798) als in Erziehungsprozessen erworbene zu betrachten und wahrscheinlich trifft es ebenso zu, daß derjenige, der „eine zutreffende Vorstellung von der eigenen Emotionalität hat und auf persönlicher Basis erfolgreich mit anderen zu kommunizieren vermag, [...] aller Wahrscheinlichkeit nach gut vorbereitet (ist) auf anspruchsvollere Aufgaben im staatsbürgerlichen Betrieb" (Giddens 1997: 168). Wird dieser Gedanke eines Zusammenhangs zwischen der emotionalen Demokratie und dem politischen System weiterverfolgt, so kommt der Enttraditionalisierung des persönlichen Lebens eine ganz neue, politische Bedeutung zu. Eine Demokratisierung der privaten Sphäre, wie von Giddens und Dubiel angedeutet, betont die Idee der Autonomie der Individuen, die fähig sind zur Selbstreflexion und Selbstbestimmung und nachdenken, urteilen, wählen und handeln in bezug auf unterschiedliche mögliche Handlungsabläufe (vgl. Giddens 1993: 200). Doch dieser Trend ist nicht ohne Ambivalenz: Emotionale Demokratie und politische Demokratie bedingen sich gegenseitig: Es ist zumindest fraglich, ob sich Individuen, die bestimmte „emotionale" Kommunikationsfertigkeiten im Umgang mit Eltern und Partnern erworben haben, tatsächlich in einer Gesellschaft zurechtfinden, in der es um Macht, Konkurrenz und Gewinnstreben geht und ob sie unter solchen Umständen diejenigen sind, die mit anspruchsvolleren Aufgaben im staatsbürgerlichen Betrieb betraut werden. Die zweite Einschränkung, die Giddens und Dubiel vorbringen, liegt in der offenen Frage, ob die moderne Erziehungskultur in der Lage sein kann, die emotionale Demokratie zu befördern. Helmut Dubiel schreibt resümierend zu diesem Punkt:

> „Mit Blick auf die Erziehung besteht das eigentliche Problem der ökologischen und sozialen Krisen darin, daß den Kindern überhaupt nicht die Chance eröffnet wird, sich die Gesellschaft, in die sie hineingeboren werden, gemäß ihren Prinzipien einzurichten. Ihnen wird damit auch die Chance genommen, die Tugenden und Kompetenzen auszubilden, ohne die jede Demokratie verkümmert. – Niemand vermag gegenwärtig mit Gewißheit zu sagen, wie sich diese mikropolitischen Veränderungen in der Lebenswelt auf das demokratische System auswirken" (1997: 799).

Der zweite Demokratisierungskontext ist nicht minder problematisch: Auch in der Veränderung moderner Unternehmen und den damit einhergehenden neuen, dezentralen Organisationsformen werden Anstöße möglicher Demokratisierung gesehen (vgl. wiederum Giddens 1997: 171ff.; Dubiel 1997: 799). Die aus den systemtheoretischen Ansätzen bekannte Figur dezentraler Kontextsteuerung soll an die Stelle traditioneller hierarchischer Kontrolle treten und in den avancierten Produktionsbereichen begrenzte, vom Management gezielt eingesetzte, neue Partizipationsformen zur besseren Einbindung und Motivation der Beschäftigten einrichten. Der Demokratisierungsschub ergäbe sich aus einem spin-off-Effekt, wenn die ursprünglich strategisch eingesetzten Beteiligungsformen den intendierten Rahmen der Rationalisierung bzw. Umsatzsteigerung transzendieren würden und andere, ökonomische und nicht-ökonomische Arenen infizieren würden. Die Perspektiven einer solchen „Politisierung betrieblicher Rationalisierung“ (U. Beck) sind allerdings offen: Einerseits ist es fraglich, ob eine Synthese von Demokratie und Wirtschaft durchzusetzen ist, in der betriebliches Handeln öffentlichkeitsabhängig und legitimationsabhängig wird und gleichzeitig reflexiv andere gesellschaftliche Teilsysteme anstoßen kann. In machen Bereichen mag es zu einer Verschmelzung demokratischer Reformen mit kapitalistischer Rationalisierung kommen, doch täte sich möglicherweise eine neue Kluft auf „zwischen den Arbeitsplatz- und Produktionsmittelbesitzern einerseits und dem wachsenden Heer der nicht mehr ausgebeuteten Nicht(erwerbs)arbeitenden andererseits. Nicht zuletzt wäre das Subjekt einer demokratisierten Arbeit nicht mehr der Proletarier. Es ist der (oder die) berufsstolze Bürger(in), bei denen das Selbstbewußtsein sich aus zwei Quellen speist: beruflichem Können und wahrgenommenen Freiheits- und Bürgerrechten“, worauf Beck hingewiesen hat (1996: 84). Daraus spricht, zu einer Zeit, wo der „globale Kapitalismus die Erwerbsarbeit abschafft“ (ebd.: 81), die beunruhigende Vision von „citizenship“, die an den Besitz eines auf Wissen basierenden Arbeitsplatzes gekoppelt ist.

Die dritte Chance einer Demokratisierung wird in der Verbreitung eines Geflechts von sozialen Bewegungen und Selbsthilfegruppen gesehen. In „selbst gewählten Gemeinschaften“ werden unterschiedlichste Themen in den öffentlichen Dialog eingebracht und nicht selten von den traditionellen politischen Akteuren aufgenommen. Neben den fast schon klassischen „Neuen Sozialen Bewegungen“ wie Friedens-, Frauen- und Umweltbewegung erregen immer häufiger massenmedial vermittelte Solidaritätskampagnen öffentliches Aufsehen, in denen häufig kurzfristig und nur kurzzeitig lebensweltliche Problemlagen skandalisiert werden. Diese Phänomene, die im Zuge globaler Kommunikationsmedien ganz neue Dimensionen erlangen, deuten hin auf eine in ihren Konsequenzen noch nicht greifbare „Moralisierung, Ästhetisierung und Mediatisierung des Politischen“ (Baringhorst 1994: 180). Durch die Erweiterung des Mediensystems, sowohl im Hinblick auf die Menge der verfügbaren Informationen als auch durch die Entwicklung und Einführung neuer Medien und Kommunikationsinfrastrukturen (Internet, Mobilfunk, E-Mail, Videokonferenz) hat sich gleichfalls die Informationsgrundlage für die politische Meinungsbildung und damit die politische Öffentlichkeit in nicht absehbarer Weise verändert. Diese vierte Demokratisierungschance ist ebenso ambivalent wie die drei vorher genannten. So werden als positive Auswirkungen auf die „Computerdemokratie“ vor allem die verbesserten Informationsmöglichkeiten der Staatsbürger bzw. die fast unbegrenzte Artikulationsfunktion von kleinen Parteien, Interessenvertretern, Gruppen mit Sonderinteressen und Minderheiten angeführt, die nun eher eine Chance der Selbstdarstellung bzw. der Teilnahme an gesellschaftlichen Diskurse haben. Außerdem soll durch die mediale Schaffung neuer „sozialer Räume“ und „virtueller Gemeinschaften“ die öffentliche Sphäre neue demokratische Impulse erhalten, bzw. wären ganz neue Abstimmungs- und Entscheidungsmodi denkbar. So formuliert Bill Gates die Vorstellung, daß „Wähler ihre Stimmen von zu Hause oder ihren Kleincomputern ohne Risiko von Zählfehlern und Betrug abgeben können (1995: 271). Benjamin Barber gibt zu bedenken, daß die Technik der Telekommunikation eine demokratische Gesellschaft durchaus stärken könne, sie andererseits aber auch auf bisher ungeahnte Weise überwachen und nicht nur Zugang zu Informationen gewähren, sondern diese auch vorenthalten und manipulieren könne (Barber 1996: 279).

Ob am Ende das demokratische Potential die Risiken überwiegen wird, ist daher noch nicht einmal in Ansätzen absehbar (vgl. zum folgenden Buchstein 1996b: 586ff.).[10] Die Kritiker der „Cyberdemokratie“ befürchten in erster Linie die Entstehung einer neuen *Klassenteilung* in einen elitären Kreis medienkompetenter, wohlhabender Kopfarbeiter einerseits und der wachsenden Klasse derer, die am Mediendiskurs nicht teilnehmen (können), oder sich dem Angebot passiv unterwerfen und so systematisch von ihrer Lebenswelt entfremdet werden, indem sie sich aus dem Unterhaltungsangebot bedienen, oder entpolitisiert werden, weil ihre Urteilskraft verkümmert (vgl. Meyer 1994: 144). Weiterhin droht eine *Kommerzialisierung* der Netzrealität. Der Markt ist naturgemäß an den demokratischen Möglichkeiten der Technik „nicht besonders interessiert,“ worauf Barber hinweist, es sei denn, „wenn sie fette Gewinne abwerfen“ (1996: 279). Die dritte Gefahr liegt in der – oben bereits erwähnten – *Panoptifizierung* (nach J. Bentham und M. Foucault), den ganz neuen Manipulations- und Kontrollmöglichkeiten, welche die neuen Kommunikations- und Informationstechnologien bereitstellen. Buchstein malt folgendes Szenario: „Die oder der einzelne hinterlassen digitale Schatten oder Spuren (hinsichtlich geschäftlichen Verhaltens, sexueller Präferenzen, politischer Anschauungen), die gesammelt und in Dossiers zusammengefaßt von Regierungen, Polizeiapparaten, Informationshändlern oder privaten Geschäftsleuten benutzt werden können“ (Buchstein 1996b: 587). Und schließlich: Die Medienwirkungsforschung hat nachgewiesen, wie stark Kommunikation durch neue Technologien *mediale Wirklichkeiten* konstruiert. Diese *Ent-Realisierung*, die neue Bedürfnisse und Wünsche der Nutzer hervorruft, die „Weltsicht“ beeinflußt und Ängste, Emotionen und Vorurteile schüren kann, birgt die Gefahr einer künstlichen Realität in sich, die mit dem normativen Konzept von Staatsbürgerschaft und demokratischer Öffentlichkeit nichts mehr gemein hat.

Aus diesen Bemerkungen ergibt sich, daß die Zukunft der Demokratie weit offen ist: Zusammengefaßt eröffnen die hier angeschnittenen Chancen weiterer Demokratisierung den Möglichkeitsraum einer kosmopolitischen Demokratie (David Held), in der eine neue Machtbalance aus sich überlagernden Netzwerken von Nationalstaaten, Organisationen und Individuen entstehen könnte mit der globalen Gewährleistung der Grundrechte. Es geht um die Schaffung einer demokratischen (Welt-)Öffentlichkeit und um die Institutionalisierung von Regelungen, um Konflikte, Pluralität und Differenzen wahrzunehmen und die gegenseitige Anerkennung und Verantwortung als Bürger durch prozedurale Formen der Legitimation und politisch-normative Integration auf Dauer zu stellen. Angesichts fehlender ethischer Gemeinsamkeiten unter den Bürgern richten sich die Hoffnungen auf institutionalisierte Formen der Deliberation oder die universelle Geltung zivilgesellschaftlicher Werte. Die „Neubeschreibungen" der Demokratie führen nicht zur Relativierung demokratischer Wertvorstellungen oder gar zur Abschaffung der Politik; vielmehr stellt sich gegen Ende des 20. Jahrhunderts die Frage der politischen Gestaltung der Zukunft dringlicher denn je.

Anmerkungen

1 Die Grundsätze der Gerechtigkeit lauten: „(1) Jede Person hat ein gleiches Recht auf das umfassendste System gleicher Grundfreiheiten, das mit demselben System von Freiheiten für alle vereinbar ist. (2) Soziale und ökonomische Ungleichheiten sind zulässig, wenn sie (a) zum größten zu erwartenden Vorteil für die am wenigsten Begünstigten, und (b) mit Positionen und Ämtern verbunden sind, die allen unter Bedingungen fairer Chancengleichheit offenstehen" (Rawls 1994: 60).

2 Die Angabe der ersten Verwendung des Begriffs „deliberative Demokratie", ohne detaillierte Quelle, entnehme ich Buchstein (1996a: 314). Vgl. auch Cass Sunstein (1988): Beyond the Republican Revival, in: The Yale Law Journal 97, S. 1539ff.

3 Im komplexen Gesamtwerk von Jürgen Habermas nehmen die politischen Studien zur deliberativen Demokratie nur einen relativ geringen Raum ein, wenngleich auch die Themen zur Diskursethik und aus dem Hauptwerk „Theorie des kommunikativen Handelns" (1981) immer mit anklingen. Für die Darstellung einer an Habermas orientierten Demokratietheorie war eine starke Verkürzung besonders der diskursethischen Begründungen und des Vernunftbegriffs nötig. Zur Klärung dieser theoretischen Voraussetzungen vgl. den Beitrag Gesellschaftstheorie in der neuen deutschen Soziologie in Bd. 2.

4 Das berührt natürlich genau das Problem des Gründungsaktes, welches der Abbe Sieyès mit der Unterscheidung in pouvoir constituant und pouvoir consti-

tué zu lösen versuchte, mit dem sich Hannah Arendt in Über die Revolution auseinandergesetzt hat, welches auch Derrida in Declaration of Independence herausarbeitet und Richard Rorty mit seiner berühmten Frage „Who,we?" (Rorty 1991) thematisiert. Zu Lyotard, Derrida und Arendt vgl. Benhabib 1993a; 1993b, deren Darstellung hier gefolgt wird, deren Bewertung ich aber nicht teile.

5 So etwa von Cornelia Klinger (1994): Ein Streit, der keiner ist?, in: Transit 7.

6 Vgl. dazu Kößler (1997: 36): „In der Wirklichkeit gesellschaftlicher Prozesse ist daher unbeschadet der Bedeutung, die der Unterscheidung zwischen Staatsapparat und Zivilgesellschaft zukommt, zumindest mit einer breiten „Grauzone" zu rechnen, über die trennscharfe formale Definitionen leicht hinwegtäuschen".

7 Habermas bezweifelt, daß die Systemtheorie eine eigene Theorie der Demokratie entworfen habe, da sie den politischen Prozeß wesentlich unter Gesichtspunkten der Selbststeuerung administrativer Macht analysiert (vgl. Habermas 1992a: 406f.).

8 Das ist eine Paraphrase von Habermas (1992a: 403), in seiner Rekapitulierung der Kritik an konkurrenzdemokratischen Ansätzen.

9 Die folgenden Ausführungen werden bei Anthony Giddens (1993; 1997), Helmut Dubiel (1997) David Held (1993; 1995) und Hubertus Buchstein (1996a:b) diskutiert.

10 Winfried Schulz hat die Gründe für die Unsicherheit der Aussagen bzw. für den hohen Grad der Spekulation über Technikfolgen gerade für das Mediensystem in drei Punkten zusammengefaßt: „1. Das Handeln der Anbieter multimedialer Technologien ist nicht vorhersehbar. Man kann daher nicht wissen, welche Hard- und Software wann, für wen, mit welchen Eigenschaften, zu welchen Preisen usw. verfügbar sein werden. 2. Das Handeln der Nutzer multimedialer Technologien ist nicht vorhersehbar. Man kann daher nicht wissen, welche der verfügbaren Hardware- und Softwareangebote wann, von wem, wofür und in welchem Umgang tatsächlich erworben, installiert und genutzt werden. 3. Die Rahmenbedingungen, von denen Einführung und Akzeptanz multimedialer Technologien abhängen, sind nicht vorhersehbar. Zu den entscheidenden Rahmenbedingungen gehören: -die zukünftige wirtschaftliche Entwicklung" sowie die „zukünftigen medienpolitischen Entscheidungen und medienrechtlichen Regelungen" (Schulz 1997: 11).

Literatur

Arendt, Hannah (1965): Über die Revolution, München.

Barber, Benjamin (1996): Coca Cola und heiliger Krieg, Bern u.a.O.

Baringhorst, Sigrid (1994): Protest und Mitleid – Politik als Kampagne, in: Leggewie, Klaus (Hg.): Wozu Politikwissenschaft? Über das Neue in der Politik, Darmstadt, S. 179-190

Beck, Ulrich (1993): Die Erfindung des Politischen, Frankfurt/M.

Beck, Ulrich (1996): Das Zeitalter der Nebenfolgen und die Politisierung der Moderne, in: Beck, Ulrich/ Giddens, Anthony/ Lash,Scott (Hg.): Reflexive Modernisierung, Frankfurt/M., S. 19-112

Beck, Ulrich (1997): Was ist Globalisierung? Frankfurt/M.

Benhabib, Seyla (1993a): Zur Epistemologie und Politik der Differenz. Demokratiekonzeptionen im Gefolge der Postmoderne, in: Menke, Christoph/ Seel, Martin (Hg.): Zur Verteidigung der Vernunft gegen ihre Liebhaber und Verächter, Frankfurt/M., S. 243-267

Benhabib, Seyla (1993b): Demokratie und Differenz. Betrachtungen über Rationalität, Demokratie und Postmoderne, in: Brumlik, Micha/ Brunkhorst, Hauke (Hg.): Gemeinschaft und Gerechtigkeit, Frankfurt/M., S. 97-116

Benhabib, Seyla (1995a): Ein deliberatives Modell demokratischer Legitimität, in: Deutsche Zeitschrift für Philosophie, 43,1, Berlin S. 3-29

Benhabib, Seyla (1995b): Selbst im Kontext, Frankfurt/M.

Bobbio, Norberto (1988): Die Zukunft der Demokratie, Berlin

Buchstein, Hubertus/ Schmalz-Bruns, Rainer (1992): Gerechtigkeit als Demokratie – Zur politischen Philosophie von Michael Walzer, in: PVS, 33. Jg., Heft 3, S. 375-398

Buchstein, Hubertus (1996a): Die Zumutungen der Demokratie. Von der normativen Theorie des Bürgers zur institutionell vermittelten Präferenzkompetenz, in: Beyme, Klaus von/ Offe, Claus (Hg.): Politische Theorien in der Ära der Transformation, PVS-Sonderheft 26, Opladen, S. 295-324

Buchstein, Hubertus (1996b): Cyberbürger und Demokratietheorie, in: Deutsche Zeitschrift für Philosophie, 44. Jg., Nr. 4, S. 583-607

Cohen, Jean L./ Arato, Andrew (1992): Civil Society and Political Theory, Cambridge/Mass. u. London

Cohen, Jean L. (1993): Zur Neubeschreibung der Privatsphäre, in: Menke, Christoph/ Seel, Martin (Hg.): Zur Verteidigung der Vernunft gegen ihre Liebhaber und Verächter, Frankfurt/M. S. 300-330

Dahl, Robert (1989): Democracy and Its Critics, New Haven

Dahrendorf, Ralf (1991): Die gefährdete Civil Society, in: Michalski, Krzysztof (Hg.): Europa und die Civil Society, Stuttgart S. 247-263

Dahrendorf, Ralf (1992): Der moderne soziale Konflikt, Stuttgart

Deutsch, Karl W. (1969): Politische Kybernetik. Modelle und Perspektiven, Freiburg i. Br.

Dubiel, Helmut (1997): Der utopische Realismus der Demokratie, in: Merkur. Deutsche Zeitschrift für europäisches Denken, München, Heft 9/10, 51. Jg., 582/583, S. 796-804

Forst, Rainer (1994): Kontexte der Gerechtigkeit, Frankfurt/M.

Gates, Bill (1995): The Road Ahead, New York

Gerstenberg, Oliver (1997): Bürgerrechte und deliberative Demokratie, Frankfurt/M.

Giddens, Anthony (1993): Wandel der Intimität. Sexualität, Liebe und Erotik in modernen Gesellschaften, Frankfurt/M.

Giddens, Anthony (1997): Jenseits von Links und Rechts, Frankfurt/M.

Habermas, Jürgen (1988): Nachmetaphysisches Denken. Philosophische Aufsätze, Frankfurt/M.

Habermas, Jürgen (1990): Vorwort zur Neuauflage, in: Strukturwandel der Öffentlichkeit, Frankfurt/M.

Habermas, Jürgen (1992a): Faktizität und Geltung, Frankfurt/M.

Habermas, Jürgen (1992b): Drei normative Modelle der Demokratie: Zum Begriff deliberativer Politik, in: Münkler, Herfried (Hg.): Die Chancen der Freiheit. Grundprobleme der Demokratie, München

Habermas, Jürgen (1996): Die Einbeziehung des Anderen, Frankfurt/M.

Held, David (Hg.) (1993): Prospects for Democracy, Cambridge

Held, David (1995): Democracy and the Global Order, Cambridge

Hinsch, Wilfried (1997): Politischer Konsens in einer streitbaren Welt, in: Hinsch, Wilfried (Hg.): Zur Idee des politischen Liberalismus, Frankfurt/M, S. 9-38

Honneth, Axel (1992): Konzeptionen der „civil society", in: Merkur 514, S. 61-66

Kant, Immanuel: Zum ewigen Frieden, zitiert nach der Akademie-Ausgabe, Berlin 1900ff., VIII

Kersting, Wolfgang (1993): John Rawls zur Einführung, Hamburg

Kiss, Gabor (1990): Grundzüge und Entwicklung der Luhmannschen Systemtheorie, Stuttgart

Klinger, Cornelia (1994): Ein Streit, der keiner ist?, in: Transit. Europäische Revue, Heft 7, S. 122-139

Kößler, Reinhart (1997): Transformation und Transition als Ausdruck sozialer Kämpfe und gesellschaftlicher Prozesse, in: Forschungsjournal Neue Soziale Bewegungen, Zivilgesellschaften im Transformationsprozeß, Jg. 10, Heft 1, S. 35-40

Kunneman, Harry (1991): Der Wahrheitstrichter. Habermas und die Postmoderne, Frankfurt/M.

Lauth, Hans-Joachim/Merkel, Wolfgang (1997): Zivilgesellschaft und Transformation. Ein Diskussionsbeitrag in revisionistischer Absicht, in: Forschungsjournal Neue Soziale Bewegungen, Zivilgesellschaften im Transformationsprozeß, Jg. 10, Heft 1, S. 12-34

Luhmann, Niklas (1971): Politische Planung. Aufsätze zur Soziologie von Politik und Verwaltung, Opladen

Luhmann, Niklas (1987): Soziologische Aufklärung 4. Beiträge zur funktionalen Differenzierung der Gesellschaft, Opladen

Luhmann, Niklas (1997): Die Gesellschaft der Gesellschaft, Frankfurt/M. 2 Bde.

Lyotard, Jean-François (1986): Das postmoderne Wissen. Ein Bericht, Graz/Wien

Lyotard, Jean-François (1987): Le Nom et l'exception", in: Nagl-Docekal, Herta/ Vetter, Helmuth (Hg.): Tod des Subjekts?, München, S. 43-53

Lyotard, Jean-François (1989): Der Widerstreit, München

Meyer, Thomas (1994): Die Transformation des Politischen, Frankfurt/M.

Naschold, Frieder (1970): Die systemtheoretische Analyse demokratischer Systeme, in: PVS, Sonderheft 2, 11. Jg., Opladen. S. 3-39

Rawls, John (1979): Eine Theorie der Gerechtigkeit, Frankfurt/M.

Rawls, John (1993): Political Liberalism, New York

Rawls, John (1994): Die Idee des politischen Liberalismus, Aufsätze 1978-1989, hg. von Wilfried Hinsch, Frankfurt/M.

Rawls, John (1997): Das Ideal des öffentlichen Vernunftgebrauchs, in: Hinsch, Wilfried (Hg.): Zur Idee des politischen Liberalismus, Frankfurt/M., S. 116-141

Reese-Schäfer, Walter (1989): Lyotard zur Einführung, Hamburg,

Reijen, Willem van/ Veerman, Dick (1989): Die Aufklärung, das Erhabene, Philosophie, Ästhetik. Interview mit Jean-François Lyotard, in: Reese-Schäfer, Walter: Lyotard zur Einführung, Hamburg, S. 111-155

Rödel, Ulrich/ Frankenberg, Günter/ Dubiel, Helmut (1989): Die demokratische Frage, Frankfurt/M.

Rorty, Richard (1991): Objectivity, Relativism, and Truth. Philosophical Papers, Vol.1. Cambridge/Mass.

Rustow, Dankwart A. (1990): Democracy. A Global Revolution?, in: Foreign Affairs 69, Nr. 4, S.75-91

Schmalz-Bruns, Rainer (1994a): Radikalisierung und Selbstbeschränkung. Überlegungen zu einer reflexiven Modernisierung der Demokratie, in: Greven, Michael Th./ Kühler, Peter/ Schmitz, Manfred (Hg.): Politikwissenschaft als Kritische Theorie, Baden-Baden, S. 495-525

Schmalz-Bruns, Rainer (1994b): Zivile Gesellschaft und reflexive Demokratie, in: Forschungsjournal Neue Soziale Bewegungen, Heft 1, März 1994, S. 18-33

Schmalz-Bruns, Rainer (1995): Reflexive Demokratie. Die demokratische Transformation moderner Politik, Baden-Baden

Schulz, Winfried (1997): Neue Medien - Chancen und Risiken. Tendenzen der Medienentwicklung und ihre Folgen, in: Aus Politik und Zeitgeschichte, B42/97, S. 3-12

Schumpeter, Joseph A. (1950): Kapitalismus, Sozialismus und Demokratie, Tübingen

Sölter, Arpad (1993): Zivilgesellschaft und demokratietheoretisches Konzept, in: Jahrbuch für Politik (JfP), 3. Jg., Heft 1, S. 145-180

Taylor, Charles (1991): Die Beschwörung der Civil Society, in: Michalski, Krzysztof (Hg.): Europa und die Civil Society, Stuttgart, S. 52-81

Walzer, Michael (1990): Kritik und Gemeinsinn, Berlin

Walzer, Michael (1992a): Sphären der Gerechtigkeit. Ein Plädoyer für Pluralismus und Gleichheit, Frankfurt/M.

Walzer, Michael (1992b): Zivile Gesellschaft und amerikanische Demokratie, Berlin

Welsch, Wolfgang (1993): Unsere postmoderne Moderne, Berlin

Willke, Helmut (1991): Regieren als die Kunst systemischer Intervention, in: Hartwich, Hans-Herrmann/ Wewer, Göttrik (Hg.): Regieren in der Bundesrepublik 3, Systemsteuerung und „Staatskunst“. Opladen, S. 35-51

Willke, Helmut (1996a): Ironie des Staates, Frankfurt/M.

Willke, Helmut (1996b): Theoretische Verhüllungen der Politik - der Beitrag der Systemtheorie, in: PVS, Sonderheft 26/1995: Politische Theorien in der Ära der Transformation, hg. von Klaus von Beyme und Claus Offe. Opladen, S. 131-147

Willke, Helmut (1996c): Die Steuerungsfunktion des Staates aus systemtheoretischer Sicht, in: Grimm, Dieter (Hg.) (1996): Staatsaufgaben. Frankfurt/M, S. 685-711

Wolin, Sheldon S. (1996): Fugitive Democracy, in: Benhabib, Seyla (Hg.): Democracy and Difference. Contesting the Boundaries of the Political. New Jersey, S. 31-45

Zimmer, Annette (1995): Demokratietheorie. Vom Pluralismus zur Identitätsfindung, in: Gegenwartskunde 4/1995, Opladen

Liberalismus – Spannungsverhältnis von Freiheit, Gleichheit und Eigentum

Lothar Döhn

1. Zur grundsätzlichen Problematik einer Theorie des Liberalismus

Man kann etwas nur dann beschreiben und erklären, wenn man es genau identifizieren und von Vergleichbarem unterscheiden kann. So selbstverständlich das ist, so wird dem doch mit der Konsequenz von Unklarheiten und völlig konträren Aussagen verschiedener Betrachter zuwidergehandelt. In besonderem Maße gilt dies für den politischen und wissenschaftlichen Umgang mit dem, was jeweils als Liberalismus identifiziert und bezeichnet wird. Obwohl bisher unendlich viel darüber geäußert worden ist, was Liberalismus ist, so besteht, noch weniger als bei anderen politischen Theorien oder Ideologien, eine allgemein verbindliche Vorstellung oder gar Definition. Natürlich liegt das auch an jenen, die beschreibend, interpretierend, klassifizierend und definierend den Liberalismus erfassen wollen. Aber noch mehr liegt es am Liberalismus selbst und an seiner historischen Integration in neuzeitliches Denken. Hinzu kommt, daß alle politischen Lager mit Ausnahme des Kommunismus, Faschismus und politisch-religiösen Fundamentalismus den Liberalismus bzw. einige ihm zuerkannte Positionen nach Bedarf oder Dafürhalten für sich reklamieren. Unschärfen und politische Abnutzung des Begriffes Liberalismus bis zur Unkenntlichkeit sind die Folge.

Dies ist die eine Seite. Die andere läßt sich zu der These verdichten, die wichtigsten Elemente liberaler Theorie seien zu Selbstverständlichkeiten heutiger demokratischer Systeme, ihrer Verfassungen und sie tragenden politischen Parteien geworden. Indem liberales Denken sich so, trotz vieler Rückschläge, *allgemein* durchgesetzt habe, bestehe keine Notwendigkeit mehr für die Existenz von Parteien oder politischen Theorien, die sich über den Liberalismus als Begriff und Markenzeichen definieren. Zumindest für die Parteien scheint dies auf den ersten Blick zuzutreffen. Nur läßt diese gewiß nicht falsche These wichtige, historisch bedingte Aspekte übersehen. Veranschaulichen mögen dies zwei geschichtliche Beispiele:

In der Geschichte der deutschen liberalen Parteien wurde eine grundsätzliche Reform liberaler Politik von einem letztlich in wesentlichen Punkten antiliberalen Politiker, nämlich *Friedrich Naumann (1860-1919)*, versucht. Und ausgerechnet die in der programmatischen Tradition des Sozialismus und nicht des Liberalismus stehende SPD war es, die nach der Revolution 1918 den 1848 auch am Liberalismus selbst gescheiterten Verfassungsstaat, eine liberale Demokratie, durchsetzte. Dies geschah unter der politischen und theoretischen Assistenz des demokratischen Liberalismus gegen den Widerstand nicht nur der Konservativen und der revolutionären Sozialisten, sondern auch jener

Exponenten eines politischen Liberalismus, der bis zu diesem Zeitpunkt und bald auch wieder eine Gegenposition zur liberalen Demokratie eingenommen hat.

Zwar ist keine der großen politischen Theorien und Ideologien, die in der Neuzeit geschichtsmächtig geworden sind, in sich geschlossen und eindeutig. Aber sie haben doch alle eine Reihe von immer wiederkehrenden Kernaussagen und Zielen. Vergleicht man hingegen verschiedene Theoretiker und Parteien miteinander, die sich als Exponenten des Liberalismus begreifen oder ihm zugerechnet werden, so stößt man auf anscheinend nicht mehr unter einem gemeinsamen Dach unterzubringende Gegensätze und Widersprüche.

Entgegen weitverbreiteter Ansicht, der Liberalismus sei, nicht nur als organisierte politische Kraft, sondern auch unter theoretischem Aspekt ein abgeschlossenes Kapitel der Geschichte, mehren sich die Beispiele einer Wiederbelebung und Aktualisierung liberaler Theorie- und Ideologiestücke. Philosophische oder politische Positionen und Organisationen, in denen Liberalismus wieder aktuell zu werden scheint oder von diesen für sich reklamiert wird, können bis zum ausschließenden Gegensatz unterschiedlich sein. Insofern drängt sich auch die Frage geradezu auf, ob es sich hierbei jeweils um Liberalismus handelt und wie dies festzustellen ist.

Wenn neuerdings wiedererstarkender *Rechtsextremismus*, überhaupt verschiedene zeitweilig zurückgedrängte Spielarten konservativen und autoritären Denkens – wie schon immer – behaupten, es gäbe in Gesellschaft und Staat ein Zuviel an Liberalismus, dann ist die Frage zu stellen, ob der Liberalismus wirklich so stark ist und im komplexen Entstehungsgefüge antiliberaler Positionen ein reaktives Moment darstellen kann.

Jedoch ist diese Polarisierung nicht eindeutig, weil Exponenten des *Konservatismus*, der sich im letzten Drittel des 20. Jahrhunderts fast überall, jetzt auch in den postkommunistischen Staaten, immer vernehmbarer aktiviert, oft zugleich Exponenten des Liberalismus zu sein beanspruchen oder als solche angesehen werden. So behauptet bspw. die CSU, sie sei eine konservative und liberale Partei zugleich. Margret Thatcher und Ronald Reagan hat man mit dem Wiedererstarken des Konservatismus und zugleich eines klassisch anmutenden Liberalismus identifiziert.

Nun ist dies alles nicht neu. Vor allem in wirtschaftlich-gesellschaftlichen Umbruch- und Krisenzeiten ist feststellbar, daß Vertreter eines politischen Konservatismus oder autoritären Staates wirtschaftlich liberal, politisch Liberale hingegen wirtschaftlich konservativ sein können. So war Hobbes als Vertreter eines autoritären Staatsmodells eher wirtschaftlich liberal, Locke hingegen als erste große Gestalt des politischen Liberalismus wirtschaftlich illiberal. Die von neoliberalen Ökonomen beratene Militärdiktatur in Chile hat eine extrem liberale Wirtschaftspolitik mit der Konsequenz wirtschaftlichen Wachstums, aber noch größerer Massenarmut und des Zurückdrängens selbständiger kleingewerblicher Existenzen durchgesetzt. Als extremstes Beispiel für diesen offenkundig erscheinenden Widerspruch könnte man den Nationalsozialismus nennen, der den Liberalismus im Denken, in Gesellschaft und Staat zerstören wollte, aber zugleich liberale Prinzipien im Wirtschaftsleben wieder stärkte, so vor allem durch die Unternehmerautonomie und dies durch die Beseitigung des kollektiven Arbeitsrechts und der Gewerkschaften.

Es war nicht erst der Nationalsozialismus, der im *scheinbaren* Widerspruch zu seinem Ideologem der Volksgemeinschaft die Bedeutung von Eliten betonte. Ähnlich, d. h. ebenso widersprüchlich, äußerten sich in der Weimarer Republik parteipolitische Exponenten des Liberalismus (vgl. Döhn 1970: 208ff.). Hierbei wurde nicht zum erstenmal, und wie die Gegenwart lehrt, nicht zum letzten Mal – mittels liberaler Ideologie begründet und gefordert, daß Gesellschaft und Staat, vor allem angesichts ihrer Krise, Eliten (vgl. Knoll 1957: 48-169) benötigen, und zwar solche mit mehr autonomer Handlungsfähigkeit. Diese Aussage, durch ihre Leistung für das gesamte System legitimierte Eliten seien gleichsam naturnotwendige Bestandteile lebensfähiger gesellschaftlicher, politischer und wirtschaftlicher Systeme (vgl. Dahrendorf 1980: 51f.), erstreckt sich von den Höhen der Systemtheorie bis in die Niederungen der Politik.

Die Unsicherheit, ob bestimmte Theoreme spezifisch liberale sind, wird verstärkt durch ihren Niederschlag in Konstrukten der Wirtschafts- und Sozialwissenschaften. Für die Wirtschaftswissenschaften dürfte der Einfluß des Liberalismus schon wegen der Genese der modernen Nationalökonomie selbstverständlich sein. Sogar eine moderne sozialwissenschaftliche Theorie wie die wegen der Übertragung des naturwissenschaftlich-technischen Systemmodells über jeden Ideologieverdacht erhaben erscheinende *Systemtheorie* befindet sich mit ihrem zentralen Theorem der *Selbststeuerung* (und Selbstanpassung) von sozialen und politischen Systemen (vgl. den Beitrag Gesellschaftstheorien in Bd. II) zumindest in der Nähe der zentralen theoretischen Aussage des Wirtschaftsliberalismus. Bereits in der politischen und wirtschaftlichen Theorie des klassischen Liberalismus ist das prinzipiell nicht anders. Nur wird hier die Fähigkeit zu einer möglichst nicht durch systemfremde Einflüsse zu beeinträchtigenden *Selbstregulation* auf anthropologische Grundkonstanten und in der Seinsordnung liegende natürliche Rechte jedes Menschen zurückgeführt. Gelangen diese ungehindert zur Geltung, dann reguliert sich das (liberale) System von selbst, bleibt stabil und alle Individuen können sich wie das System zu immer höherer Qualität weiterentwickeln.

Anders als die sich wertneutral gebende, aber selbstregulative Systeme faktisch legitimierende Systemtheorie trifft die *liberale Theorie* eine Wertentscheidung, die sie aus dem Systemzweck, nämlich einem möglichst „Gutem" für möglichst jedes Individuum ableitet. Wie die Systemtheorie schließt sie jedoch in der Regel vom System selbst hervorgebrachte Störungen und Abweichungen von den Systemzielen nicht grundsätzlich aus. Ihre Ursachen leitet die liberale Theorie, wenn auch nicht ausnahmslos, letztlich von den gleichen anthropologischen Grundkonstanten ab, mit denen sie die Überlegenheit liberaler Systeme begründet, also insbesondere vom Willen zur Selbsterhaltung, Egoismus, Besitz- und Freiheitsstreben. Hiergegen hat die liberale Theorie aus ihren Prämissen Rechtsnormen und Institutionen als Sicherungen abgeleitet, zu denen auch der liberale Staat mit ganz bestimmten Eingriffsmöglichkeiten gehört.

Umstritten war jedoch immer, ob liberale Systeme trotz solcher Sicherungen gleichwohl oder sogar zwangsläufig ihrer Theorie zuwiderlaufende Effekte hervorbringen. Umstritten ist auch, wie diese Effekte zu gewichten sind. Sozialistische Kritiker argumentieren seit Marx, daß sich, trotz oder gerade wegen der rechtlichen und wirtschaftlichen Normen, das Gegenteil der Erwartungen liberaler Theorie entwickelt habe. Konservative und rechtsextreme Kritik macht hingegen negative Effekte für Gesellschaft und Staat wegen einer Geringschätzung oder Nichtbeachtung natürlicher menschlicher Gegebenheiten infolge eines Zuviel an Liberalität aus.

Jedoch hat liberale Theorie selbst, spätestens seit dem Sichtbarwerden der sozialen Folgen eines durch sie begründeten Kapitalismus, immer wieder nach Mitteln gegen oder nach Kompensationen für unerwünschte Effekte gesucht. Einerseits wird neoliberale Kritik am Wohlfahrtsstaat und sozialstaatlichen Normen immer vernehmbarer. Dies vor allem mit dem Tenor, damit verknüpfte Bürokratisierung, staatliche Eingriffe in Wirtschaft und Gesellschaft einschließlich alles überziehender normativer Regelungen würden die Freiheit des Individuums zerstören und wirtschaftlich-soziale Effizienz vermindern.

Geht so radikaler Neoliberalismus[1] hinter sozialliberales Reformdenken zurück, so ist anderseits vor allem in England und in den USA eine davon zu unerscheidende „neu-liberale" Diskussion entstanden, die danach fragt, wie angesichts der gesellschaftlich-politischen Folgen eines vom Liberalismus geforderten Pluralismus und angesichts der sogenannten „Individualisierung" sich noch Fixpunkte für einen von allen einzuhaltenden Konsens finden lassen. Hierbei steht im Mittelpunkt der Diskussion, ob ein solcher normativer Fixpunkt das

„Rechte" (Right) als grundsätzlich anerkanntes Prinzip gleicher Rechte, Freiheiten und Chancen sein soll oder das „Gute" (Good) im Sinne gemeinschaftlich geteilter – nicht vorgegebener – Werte einer sozial gerechteren Gesellschaft[2] (vgl. Douglass u.a. 1990). Die zweite, als „Kommunitarismus" bezeichnete Position (vgl. den Beitrag in diesem Bd.) ist gleichwohl nicht aus der Tradition liberaler Theorie auszuschließen, weil vieles an sozialliberale Theorie seit John Stuart Mill erinnert.

Vor allem diese Diskussion verdeutlicht eine Reaktion auf wirtschaftliche und inzwischen womöglich auch politische Krisensymptome und greift im Kommunitarismus auf überwunden geglaubte Formeln wie das Gegensatzpaar „Gemeinschaft oder Gesellschaft" zurück, die nicht zufälligerweise in der ersten großen Krise des Kapitalismus aktuell waren. Das Kreisen um das Verhältnis von individuellen Freiheitsrechten einerseits und ökonomisch-sozialer Gerechtigkeit anderseits, ist zwar ein Reflex auf aktuelle gesellschaftliche und politische Entwicklungen, aber es ist eben nicht neu. Vielmehr handelt es sich hierbei, ausgesprochen oder unausgesprochen, um das zentrale Problem liberaler Theorie von Anbeginn. Demgegenüber verkennt der radikale bzw. „libertäre" Neoliberalismus das Grundsätzliche dieses Problems, wodurch er sich, ebenfalls als aktueller Reflex auf politische und gesellschaftliche Entwicklungen, bruchlos vom Neokonservatismus vereinnahmen und instrumentalisieren lassen kann.

Liberale Theorie ist somit mehr als ein geschichtlicher Gegenstand. Ungeachtet der Frage, ob der Liberalismus noch über parteipolitisches Gewicht verfügt oder nur noch als eine ideelle Grundlage von Demokratie, Parlamentarismus und Rechtsstaat von Interesse ist, verdient er doch weitergehende Aufmerksamkeit. Sei es, weil sich mit liberaler Theorie auch Hoffnungen auf Abwehr freiheits- und demokratiegefährdender Entwicklungen einerseits und auf bessere Zukunftsperspektiven anderseits verknüpfen. Sei es, weil man sowohl von den selbstkritischen Varianten eines neuen Liberalismus als auch von der Orthodoxie des Neoliberalismus befürchtet, sie lieferten die Legitimation einer zunehmenden sozialen Ungleichheit in den westlichen Demokratien und neuerdings in den postkommunistischen Staaten.

Wie realistisch derartige Hoffnungen und Befürchtungen sind, läßt sich nur beantworten, wenn es gelingt, dem Liberalismus essentiell zugehörige Merkmale zu identifizieren und analytisch auf die komplexen Zusammenhänge von Individuum, Gesellschaft, Staat und Wirtschaft in deren jeweiliger historischer Konkretisierung zu beziehen. Mehr als vielleicht für jede andere politische Theorie ist diese Vorgehensweise aus folgenden Gründen erforderlich: Sie kann sich so eher davor bewahren, selbst eine ideologische Funktion zu gewinnen und die ideologische Funktion liberaler Theorie zu verschleiern. Diese Gefahr besteht durchaus, wenn man bedenkt, daß die Entwicklung liberaler Theorie eng verknüpft mit der Entwicklung der Geistes- und Sozialwissenschaften ist. Es fällt auf, daß es vor allem liberale oder sich dem Liberalismus zuordnende Theoretiker sind, die sich historisch und theoretisch mit dem Liberalismus befassen. Wegen der bisher immer gescheiterten Versuche, zu einer allgemeinen – von den verschiedenen Liberalismen abstrahierenden – Definition von Liberalismus zu gelangen, haben sie unter anderem vorgeschlagen, man müsse die jeweilige historische Erscheinungsweise von Liberalismus aus sich selbst bestimmen lassen (vgl. Albertin 1972: 11). Für eine historische Vorgehensweise ist das durchaus angebracht, wenn vorab geklärt ist, aus welchen Gründen eine Theorie, eine politische Position oder Partei als liberal bezeichnet oder dem Liberalismus zugeordnet wird. Andernfalls besteht die Gefahr des Zirkelschlusses, indem etwas durch das erklärt und definiert wird, was erst zu definieren und erklären wäre.

Zwar kann die Selbstzuweisung zum Liberalismus durch Theoretiker und politische Organisationen ebensowenig mißachtet werden wie die hierbei verwandten Argumente. Ebenfalls nicht mißachtet werden kann die Konvention, einen Theoretiker, eine Theorie oder politische Organisation dem Liberalismus zuzurechnen, auch dann, wenn sie es selbst nicht ausdrücklich getan haben, weil sonst die wohl wichtigsten Repräsentanten und Schöpfer politischer und wirtschaftlicher Theorie des Liberalismus ausgeklammert werden müßten. Aber gleichwohl bleibt die Frage, weshalb Locke, Paine, Tocqueville, J. St. Mill, Dahlmann, Treitschke, Spencer, Hayek, Dahrendorf, Rawls, im 19. Jh. die deutschen Nationalliberalen, heute die FDP, die französischen Radikalsozialisten und die amerikanischen Demokraten als Repräsentanten liberaler Theorie und Politik galten und gelten. Wie läßt sich beantworten, ob nicht Wilhelm von Humboldt bereits vor der Anfangsphase des politischen Liberalismus in Deutschland ein Liberaler war, Tocqueville und Treitschke hingegen Konservative? Oder was ist von Urteilen zu halten, die Entwicklungen in der liberalen Theorie oder liberaler Parteien das Prädikat „liberal" absprechen, weil sie die Freiheit des Individuums stark einengen? Läßt sich von dem Nachweis liberaler Grundelemente, die unbestreitbar im Konservatismus eine Rolle spielen, auf liberale Positionen schließen? Gibt es nicht anderseits theoretische Positionen, etwa in der nichtmarxistischen *Konflikttheorie,* die eindeutig in der Tradition liberaler Theorien stehen?

Angesichts solcher Fragen und Unsicherheiten steht man vor dem Dilemma, daß es für den Liberalismus anscheinend keine Gemeinsamkeit[3] und „gegenwärtig keine Definition gibt, die zugleich brauchbar und korrekt ist" (Kahan 1992: 137, Übersetzung L.D.). Man wird dem entgegenhalten, vom Anbeginn liberalen Denkens stehe die *Frei-*

heit des Individuums für diese Gemeinsamkeit. Was diese Freiheit ist, welches ihre Voraussetzungen und Grenzen sind, was sie bewirkt – über all dies bestehen nicht nur außerhalb, sondern in der Geschichte ausdrücklich liberalen Denkens große Unterschiede.

Der Stellenwert von *Freiheit* für jede Art von liberaler Theorie resultiert aus ihrer Verknüpfung mit der bürgerlichen Gesellschaft und deren Wertesystem. Hierbei ist unerheblich, ob dies ausdrücklich formuliert wird, zumal sich in der Zeit des Entstehens frühliberaler Theorie die bürgerliche Gesellschaft erst in ihrem Kern zu entwickeln begann. Zwar begriff die Theorie die ausschließlich als *individuelle Freiheit* gesehene Freiheit wie das Individuum selbst faktisch immer unter der Voraussetzung der bürgerlichen Gesellschaft und deren Wertesystem. Aber die Theorie war sich dessen nicht bewußt, weil für sie das Individuum und die Freiheit das Primäre, vor dem Entstehen jeglicher Gesellschaft und jeglichen Staates bereits Existierende und daher Vor- und Übergeordnete war. Infolgedessen vermochte die liberale Theorie auch nicht zu erkennen, daß die *Wirklichkeit* der Freiheit und des einzelnen Menschen in der bürgerlichen Gesellschaft und im bürgerlich-liberalen Staat eine andere sein muß. Diese Theorie konnte, weil die bürgerliche Gesellschaft ihr Fundament ist, immer nur Korrekturen dieser Gesellschaft mit dem Ziel einer besseren Verwirklichung der Freiheit des Individuums erörtern, die bürgerliche Gesellschaft aber nicht transzendieren.

Die *Marxsche Theorie* ist ohne den die Freiheit ins Zentrum stellenden Liberalismus nicht denkbar ist. Marx geht jedoch von der *dialektischen Einheit* von Individuum und Gesellschaft aus, wobei die Vollendung von Freiheit abhängt von der Überwindung der bürgerlichen Gesellschaft hin zu einer neuen Wirklichkeit, in der der Mensch wieder Mensch wird. Was diesen Menschen ausmacht, beantwortet Marx jedoch nicht im Sinne anthropologischer oder naturrechtlicher Prämissen, sondern ausschließlich mit der dialektischen Negation des geschichtlich Gewordenen, in dem das Zukünftige bereits angelegt ist. Demgegenüber begreift die liberale Theorie die bürgerliche Gesellschaft nicht als *geschichtliche* Gesellschaft, sondern abstrahiert von ihr, indem sie diese und ihr Menschenbild unausgesprochen gleichsetzt mit *dem* Menschen und *der* Gesellschaft schlechthin.

Die liberale Theorie ist in ihrem grundsätzlichen Denkansatz eine *ideologische* Konstruktion, mit der die Wirklichkeit der bürgerlichen Gesellschaft grundsätzlich legitimiert wird. Wegen ihres empirischen Bezugs und immer wieder bewiesenen Realitätssinns ist das Ideologische an diesem Denkansatz nicht ohne weiteres erkennbar, vor allem für jene nicht, die ihr Selbstverständnis unreflektiert aus der bürgerlichen Gesellschaft gewinnen. Hierin lag, ehe die liberale Theorie deutlich mit Entwicklungen der gesellschaftlichen Wirklichkeit, insbesondere der *sozialen Frage,* kollidierte, zugleich ihre Stärke. Jeder mußte sich als Mensch in seiner Individualität und Gleichheit mit allem, was Menschenantlitz trug, bestätigt sehen. Hierbei spielte es keine Rolle, ob das Individuum über *privates* bürgerliches Eigentum verfügte, also ein Eigentum, das nicht auf monarchischen Rechtstiteln, Stand und Privilegien beruhte. Denn im Gegensatz zur vorbürgerlichen gesellschaftlichen und politischen Ordnung waren alle Menschen nach der Theorie in ihrer Eigenschaft als Menschen gleich.

Lange Zeit hat die liberale Theorie nicht bedacht - und Liberalismen wie der Neoliberalismus tun es bis heute nicht - daß die *Ungleichheit* auf unterschiedlichen sozialen Voraussetzungen beruht, die grundsätzlich nicht zur freien Disposition des einzelnen Menschen stehen. Erst als die bürgerliche Gesellschaft nach schrittweiser Überwindung der in der vorbürgerlich-vorliberalen Ordnung angelegten Ungleichheit zunehmend neue soziale Ungleichheit hervorbrachte, setzte auch in der liberalen Theorie die Reflexion darüber ein, ob diese Ungleichheit nicht in der bürgerlichen Gesellschaft angelegt sei. Da die Theorie jedoch das System der bürgerlichen Gesellschaft nicht grundsätzlich zur Disposition stellen kann, ohne sich selbst aufzugeben, kann sie lediglich Vorschläge machen, wie mehr *soziale Gleichheit* im Sinne von mehr *Gerechtigkeit* hergestellt werden könnte.

2. Wurzeln liberaler Theorie: Locke und Hobbes im Vergleich

2.1. Kernthesen neuzeitlicher Gesellschaftstheorie

Deutlicher als an späteren Liberalismen ist an der *frühliberalen Theorie* abzulesen, daß sie grundsätzlich verkennt, wie die individuelle Existenz und damit verknüpft die Möglichkeit von Freiheit für das Individuum abhängt von sozial-wirtschaftlichen Voraussetzungen. Ebenso verkannt werden die diesbezüglichen Funktionen psychischer und bildungsmäßiger Voraussetzungen sowie deren jeweils besonderen Zusammenhänge mit der Gesellschaft. Das heißt jedoch nicht, daß der Frühliberalismus solche Aspekte ausklammert. Geht doch seine Theorie aus von Grundannahmen zu Psychosozialem und Intellektuellem, um daraus theoretische Schlüsse abzuleiten. Nur leitet er sie ab von seiner empirischen Wahrnehmung der entstehenden bürgerlichen Gesellschaft, von der er diese verabsolutierend abstrahiert. Dies, wie überhaupt das Grundsätzliche liberaler Theorie einschließlich der wichtigsten Aussagen über Staat, Gesellschaft und Recht und der daraus abgeleiteten politischen Ordnungsvorstellungen, erschließt sich bereits aus der Theorie von John Locke (1623-1704). Aufschlußreich ist hierbei der Vergleich mit ähnlichen, aber zu gänzlich anderen Schlüssen führenden Theoremen von Thomas Hobbes (1588-1679).

Hobbes wie Locke fragen, weshalb der *Staat* als Zwangsverband entstanden sei. Beide gehen davon aus, daß die Menschen in einem Naturzustand über absolute Freiheit und natürliche Rechte verfügt hätten. Die natürlichen Rechte des Menschen haben im Naturzustand für Hobbes wie für Locke keinen transzendentalen oder religiösen Ursprung; sie gehören einfach zum Menschen von Natur aus. Ob die natürlichen Rechte einen grundsätzlich zu respektierenden Wert darstellen, ist für Hobbes keine von vornherein positiv zu beantwortende Frage. Für Locke hingegen sind die natürlichen Rechte des Menschen ethisch qualifizierte Werte an und für sich, weil sie zum Menschsein, und zwar von Natur aus, gehören. Infolgedessen sind sie unveräußerlich und nicht grundsätzlich einschränkbar. Hobbes und Locke gehen, anders als das Denken vor der Aufklärung und der Reformation, von dem mit natürlichen Rechten ausgestatteten Individuum aus, das mit anderen Individuen den Staat mittels eines *Gesellschaftsvertrages* gründet. Im Prinzip hat dieser von beiden weniger als real denn als theoretische Konstruktion verstandene Vertrag das gleiche Ziel. Er soll es ermöglichen, daß menschliches Zusammenleben ohne eine alle bedrohende gegenseitige Schädigung der Individuen möglich ist.

Aus der empirischen Wahrnehmung der vor allem für England im 17. Jahrhundert charakteristischen, ineinander verflochtenen religiösen, politischen und sozialökonomischen Konflikte leiten sie die Notwendigkeit einer grundsätzlichen politischen Lösung ab in Gestalt eines anders als bisher, also *nicht religiös* legitimierten Staates. Die politische Funktionalisierung der Religion und die unzureichende Steuerung politisch-gesellschaftlichen Verhaltens durch *moralisch-ethische Normen* schienen für Hobbes und Locke als frühe Repräsentanten der Aufklärung deren bis auf Macchiavelli zurückgehende Grundannahme der neuzeitlichen Gesellschaftslehre empirisch zu bestätigen. Danach war die mittelalterliche Verankerung antiker und christlicher Tugendlehren im Individuum an dessen naturgesetzlich wirksamen Antrieben zur Selbsterhaltung und zur Steigerung des individuellen Wohls gescheitert (vgl. Hirschman 1980). Diese und nicht religiös-moralische Normen bilden fortan den Ausgangspunkt der theoretischen Argumentation. Was an ihnen zerstörerisch sein kann, gilt es zu bändigen. Was an ihnen produktiv für das Individuum und das Ganze sein kann, gilt es zu nutzen und von den Fesseln herkömmlicher Autoritäten und Mächte, also vor allem der Gebote und Macht der Religion, zu befreien.

Für Hobbes liegt die Ursache für das *Entstehen des Staates* und sein Zweck ausschließlich in der Bändigung der natürlichen Leidenschaften der Menschen, deren Selbsterhaltungstrieb sie zu einem Wolf für den anderen Menschen macht: „*homo hominem lupus*" (Hobbes 1961: 135). „Und weil sich die Menschen [...] im Zustand des Krieges eines jeden gegen jeden befinden, was bedeutet, daß jedermann von seiner eigenen Vernunft angeleitet wird" (Hobbes 1984: 99), schließen sie aus dieser natürlich vorgegebenen Vernunft heraus, – die identisch ist mit bis heute zentralen liberalen Grundannahmen: *Eigeninteresse, Selbsterhaltungstrieb,* Wunsch nach einem *gesicherten Leben* – den Gesellschaftsvertrag zur Gründung des Staates und überlassen diesem ihre natürlichen Rechte. Der Staat nutzt die natürlichen Leidenschaften in Gestalt der *Furcht vor Strafe,* damit die Individuen sich im Bestreben, Macht über die anderen zu gewinnen und ihre Güter sich anzueignen, nicht gegenseitig zerstören. Hierzu bedient sich der Staat des *Rechts,* das erst als Gesetze des Staates bindende Qualität gewinnt, aber eben eine andere, nämlich zweckorientierte Grundlage hat, als die ethische wie im Konservatismus oder eine mit dem Menschen natürlich gegebene wie im Liberalismus. Insofern ist es ebenso falsch, Hobbes dem Konservatismus wie dem Liberalismus zuzurechnen. Die Notwendigkeit des Zwangs resultiert bei ihm eben nicht wie im Konservatismus aus ethischen Normen, mit denen die menschliche Natur gebändigt und gesteuert werden soll, sondern aus vernünftiger Einsicht der Menschen. Gemeinsam ist Hobbes und dem Konservatismus lediglich, daß sie staatlichen Zwang begründen mit der in der Natur des Menschen angelegten Möglichkeit gemeinschaftsschädlichen Handelns, wenn dagegen nicht Vorsorge getroffen wird. Dies unterscheidet sie von der liberalen Theorie, die jeglichen Zwang in Gesellschaft und Staat möglichst gering halten will.

Im Staat herrscht in Hobbes Theorie ein *absoluter Herrscher,* sei es ein König oder eine Gruppe von Menschen, dessen Legitimität nicht durch Herkunft oder Tradition, transzendent-religiös oder ethisch begründet ist. Seine Legitimität resultiert ausschließlich aus dem Gesellschaftsvertrag und seiner Aufgabe, den Frieden im Staat zu sichern. Auch dies unterscheidet Hobbes vom Konservatismus. Bei Locke ist der Herrscher durch den Gesellschaftsvertrag an die staatlichen Gesetze wie an die natürlichen Rechte der Individuen gebunden. Der vom Staat ausgedrückte und gehandhabte politische Wille hat somit im Prinzip eine *pluralistische* Grundlage, läßt die Verteilung von Macht nicht nur zu, sondern setzt sie voraus. Angestrebt ist ein Gleichgewicht der Kräfte im Staat, das sich ähnlich wie in der Wirtschaftstheorie des frühen und klassischen Liberalismus im freien Spiel der Kräfte herstellen soll. Hingegen duldet Hobbes keine andere Macht als die des Herrschers und keine Pluralität politischer Kräfte, weil sonst der Staat zu einem vielköpfigen Monstrum entarten würde mit der Konsequenz seiner Zerstörung und des Rückfalls in den Naturzustand des Krieges aller gegen alle.

Locke wollte im Grunde keine neue politische Theorie begründen, sondern alte Rechte und eine traditionelle Ordnung theoretisch legitimieren. Insofern stand er auf dem Boden einer politischen Realität, die sich zugunsten seiner Theorie weiterentwickelte und verständlich macht, daß seine Theorie die Grundlage für den frühen und klassischen Liberalismus abgibt, der nicht nur in der angelsächsischen Staatenwelt geschichtsmächtiger wurde als der französische oder gar deutsche Liberalismus.

Obwohl oder gerade weil Hobbes Theorie rational schlüssiger konstruiert war, konnte sie angesichts der politischen Entwicklung der angelsächsischen Staatenwelt und des Emanzipationsstrebens des sich herausbildenden Bürgertums keine vergleichbare Stellung erlangen. Schwer wiegt hierbei der Vorwurf der englischen Zeitgenossen von Hobbes und fast aller Liberalen, Hobbes sei ein Theoretiker des *Absolutismus*, der Diktatur und Despotie. Gemessen an der Theorie trifft dies nicht zu. Der Möglichkeit eines Mißbrauchs der Macht durch den absoluten Herrscher hält Hobbes entgegen, dies sei eher in Kauf zu nehmen als eine Aufhebung der Herrschergewalt und des Staates durch den Rückfall in den Naturzustand, weil dann infolge der ungebändigten Leidenschaften die Interessen und das Leben aller mehr gefährdet würden als zuvor. Weil jedoch der Herrscher wie jeder Mensch von den gleichen Leidenschaften angetrieben wird wie seine Untertanen, wird er seine Macht nicht mißbrauchen, um von den Untertanen möglichst viele materielle Güter zu gewinnen, sondern wird aus vernünftiger Einsicht seine Leidenschaften so weit zügeln, daß die Untertanen möglichst wohlhabend werden und ihn daher aus eigenem – auch materiellem – Interesse als Herrscher anerkennen und schätzen.

2.2. Staat und Politik in der „Eigentumsmarktgesellschaft"

Macht definiert sich bei Hobbes nicht mechanisch-neutral oder als sittlich-religiös abgeleitetes Grundverhältnis, sondern ist identisch mit einem durch den Austausch privater Güter definierten Marktmodell. Damit wird Macht erstmals als eine soziale Beziehung begriffen. Insofern war Hobbes, gemessen an der bereits spürbaren Entwicklungstendenz seiner Zeit zur „Eigentumsmarktgesellschaft" (Macpherson 1967: 84, 101), realistischer als Locke, der Macht ebenso wie das private Eigentum noch nicht sozial definierte, sondern rechtlich.

Gemessen an den tatsächlichen politischen und sozialökonomischen Entwicklungen ist das Konfliktmodell von Hobbes realistischer als das des Liberalismus, das nicht erklären kann, weshalb die wirtschaftlichen, politischen und sozialen Konflikte immer wieder Machtkonzentration, Machtmißbrauch und keinen letztlich harmonischen Ausgleich der Interessen aller Individuen entstehen lassen. Auch dann, als der Liberalismus, so vor allem als *Sozialliberalismus*, dies nicht mehr leugnen konnte und zugestand, daß der Staat mit seinen Gesetzen und seiner Macht gegen gesellschaftliche Schieflagen und Ursachen gemeinschaftsschädigender Konflikte intervenieren müßte, blieb und bleibt in der liberalen Theorie die Frage unbeantwortet, ob und in welchem Maße der Staat hierbei über den Interessen und ihren Konflikten stehen und vor einseitigem Machtmißbrauch bewahrt bleiben kann. Dies ist das zentrale Problem liberaler Theorie, das sie durch institutionelle Vorkehrungen zu lösen glaubt, aber im Gegensatz zu Hobbes die politischen Konsequenzen der gesellschaftlichen Machtverhältnisse verkennt und eher verstärkt als abschwächt. Anderseits veranschaulichen seit Hobbes alle Beispiele absoluter Herrschaft, daß die in der Theorie schlüssig erscheinende antiliberale Lösung des Problems permanenter zerstörerischer Konflikte in der Gesellschaft in der Wirklichkeit nicht aufgeht.

Locke schiebt dem Mißbrauch der *Macht* durch den Staat und den Herrscher einen Riegel vor, indem er, und das ist der Grundgedanke des Liberalismus, nicht den Staat, sondern das *Recht* herrschen läßt. Recht ist in der liberalen Theorie somit nicht das Resultat von Macht, ganz gleich, wie diese Macht politisch-gesellschaftlich begründet und reguliert ist. Macht wiederum begreift der Liberalismus nicht als soziale Beziehung, sondern als eine das Recht voraussetzende und durch es geregelte Beziehung zwischen den Individuen und zwischen den Individuen und dem Staat. Dies war, gemessen an den sozialen Verhältnissen zur Zeit Lockes, jedoch auch später, ein völlig unrealistischer theoretischer Standpunkt. Er hatte aber ideologisch seine empirische Ursache in den sozialen und politischen Verhältnissen und den darin dominierenden Interessen. Locke war in dem Sinne ein Realist, daß er die gesellschaftlichen und politischen Machtverhältnisse seiner Zeit und die damit verknüpften wirtschaftlichen Verhältnisse grundsätzlich akzeptierte und mittels seiner Theorie verallgemeinerte. Seiner Theorie gehörte somit die Zukunft.

Hobbes hingegen sah völlig realistisch die Funktionalisierung partikularer Macht eines neuen privaten Eigentümerkapitals, das sich, vor allem durch die Inbesitznahme von Gemeindeland, über die Interessen weiter Teile der Bevölkerung hinwegsetzte und einen zerstörerischen Konkurrenzkampf entfachte. Zweck des Staates ist für Hobbes jedoch nicht, den wirtschaftlichen Konkurrenzkampf der Individuen zu behindern oder gar zu verhindern. Vielmehr begreift Hobbes die wirtschaftliche Konkurrenz wie die späteren Wirtschaftsliberalen, durchaus vergleichbar mit *Adam Smith* (1723–1790), als das beste Mittel, die Leidenschaften möglichst umfassend zu befriedigen. Nur soll der Staat im Interesse des Herrschers und aller Individuen durch seine Macht und seine Gesetze dafür Vorsorge treffen, daß der *Wettbewerb* wirklich mit wirtschaftlichen Mitteln erfolgt und gesetzliche Mindesterfordernisse beachtet werden. Anders als viele sich auf ihn berufenden Wirtschaftsliberalen gab auch Adam Smith, der Vater des Wirtschaftsliberalismus, hundert Jahre nach Hobbes dem Staat die Aufgabe, den freien Wettbewerb durch das Verbot von Monopolbildungen zu sichern. Hobbes war jedoch – wie die Entwicklung der Wirtschaft seit dieser Zeit zeigt – realistischer, weil er dem von Smith (1974: 371) mit dem Bild von der „unsichtbaren Hand" theoretisch unzureichend begründeten Wettbewerbsautomatismus mißtraute.

Was weder Locke noch ein politischer Liberalismus in seiner Nachfolge, der Wirtschaftsliberalismus ohnehin nicht, erkannten oder erkennen wollten, wollte Hobbes verhindern: nämlich eine Zerstörung des freien Spiels wirtschaftlicher Kräfte durch diese Kräfte. Ebenso verhindern wollte er, daß hierdurch der Staat gefährdet und selbst Spielball dieser Kräfte würde. Insofern konnte dieser Staat nicht freiheitlich und in seiner Willensbildung nicht offen sein für gesellschaftliche Einflüsse. Jedoch konnte dieser Staat auch nicht so beschaffen sein wie der absolutistische Staat. Dieser legte einem freien, dynamischen wirtschaftlichen Wettbewerb zu starke Fesseln an. Obwohl es angesichts der aus dem Gebrauch wirtschaftlicher Macht resultierenden Folgen für die Individuen und für die staatliche Willensbildung realistischer anmuten mag, so ist Hobbes Modell im Vergleich zur liberalen Theorie doch unrealistisch. Es zeigt zwar die in staatlich unkontrollierten wirtschaftlich-gesellschaftlichen Entwicklungen liegenden Gefahren auf. Aber es verhindert jegliche wirtschaftliche und gesellschaftliche Dynamik. Außerdem geht die abstrakte Logik nicht auf, die die Interessen von Individuen und Herrscher miteinander verknüpft. Die Neutralität des Herrschers und der von ihm geschaffenen Gesetze sind, gemessen an der Realität, eine Fiktion, wie Locke und der politische Liberalismus nach Hobbes erkannten. Jedoch verdeutlicht diese Fiktion, daß das die politischen und gesellschaftlichen Folgen wirtschaftlicher Macht in einem liberalen Wirtschaftssystem nicht bedenkende Rechtsverständnis der meisten Liberalen ebenso eine, wenn auch weniger leicht erkennbare Fiktion ist. Sie hat vor allem im frühen Liberalismus des 18. und im klassischen Liberalismus des 19. Jh. die politisch-rechtliche Umsetzung wirtschaftsbürgerlicher Interessen in politische und gesellschaftliche Macht ideologisch legitimiert. Gegenüber der mit diesen Interessen verknüpften Macht war auf die Dauer die Macht eines absoluten Herrschers nicht aufrecht zu erhalten. Zur Zeit Lockes und in seiner Theorie führte dies bereits zu Machtkompromissen, jedoch letztlich schon mit einem in der politischen Ordnung normierten Übergewicht der wirtschaftlich Mächtigen.

Hobbes sah nicht, daß sich in der „Eigentumsmarktgesellschaft" wirtschaftlich konstituierte Klassen entwickelten, die aufgrund ihrer gesellschaftlichen Macht politische Souveränität erlangten, der gegenüber eine gesellschaftlich und politisch unabhängige absolute Macht nicht möglich war. Aus diesem Grunde war es auch nicht möglich, daß gegen den Willen dieses faktischen politischen Souveräns, des machtvollen Wirtschaftsbürgertums, andere als von diesem gewollte normative Regelungen des Wirtschaftslebens gesetzlich verankert werden konnten.

2.3. Freiheit, Eigentum und Arbeit

Wichtig und letztlich konstitutiv für die Theorie von Hobbes und Locke ist das unterschiedliche Verständnis des *Eigentumsrechts.* Wie jedes Recht bekommt bei Hobbes das Eigentumsrecht erst durch den Staat seine positiv-rechtlich verbindliche Qualität. Eigentum besteht nur unter dem Vorbehalt des Herrschers, der es durch sein Gesetz erst aus einem Naturrecht zu einem positiven und verbindlichen Recht gemacht hat, in das er dann nach seinem Dafürhalten eingreifen kann. Locke hingegen nimmt Partei für das private Eigentum, das er vor dem Zugriff der wachsenden Staatsgewalt vor der Besteuerung schützen will. Infolgedessen ist es nur konsequent, wenn in Lockes Theorie im Unterschied zu Hobbes der Mensch bereits im Naturzustand zum Eigentümer wird und nicht erst durch den Staat. Den Gesellschaftsvertrag schließen die Individuen, indem sie aus dem Naturzustand völliger Freiheit und Gleichheit heraus den Staat gründen, damit die Freiheit, vor allem aber das Eigentum, nicht durch gewaltsame Eingriffe gefährdet werden. Hieraus folgt logisch, daß weder der Staat noch die Individuen diese vorstaatlichen Rechte verletzen oder gar aufheben dürfen.

Verantwortlich für die Gefährdung der Freiheit und des friedlichen Zusammenlebens ist das Entstehen des Eigentums. Eigentum entsteht, indem sich der Mensch aus dem ursprünglichen Gemeineigentum das für sein Leben Notwendige aneignet und durch seine Arbeit vermehrt. Der Vorgang der Aneignung ist Arbeit. Der Mensch ist von Natur aus Eigentümer seiner Person. Somit ist seine Arbeit sein Eigentum. Indem der Mensch seine Arbeit in die Dinge einbringt, macht er die Dinge zu seinem Eigentum. Locke verfolgt mit seiner Argumentation zwei Hauptziele. Er legitimiert das Eigentum als unveräußerliches Recht und beantwortet zugleich die Frage nach der Ursache der unterschiedlichen Größe von Eigentum und der Legitimation des Unterschiedes. Die Größe des Eigentums ergibt sich zwangsläufig aus der Menge der eingebrachten Arbeit bzw. Leistung. Diese Erklärung und Legitimation des Eigentums und seiner unterschiedlichen Größe ist ein wesentliches Moment des Liberalismus, weil er aus ihr politisch bedeutsame, zum Teil noch heute gültige Schlüsse zieht, die, wenn die Prämisse akzeptiert wird, durchaus folgerichtig erscheinen.

Locke formuliert bereits das *kapitalistische Wirtschaftsprinzip* in der Weise, daß der Aneignung der Dinge wegen deren Verderblichkeit eine Grenze gesetzt sei und erst das Geld, gegen das verderbliche Güter eingetauscht werden können, sich beliebig vermehren lasse. Indem so das Eigentum über natürlich gesetzte Grenzen und den notwendigen Bedarf des einzelnen Menschen hinauswächst, entsteht im Naturzustand auch die Gefährdung des Eigentums durch jene, die über weniger Eigentum verfügen, sei es, weil sie weniger arbeiten oder sei es, weil sie die mit dem Geld gegebenen Möglichkeiten der Eigentumsmehrung nicht hinreichend nutzen. Der friedliche Naturzustand wandelt sich zur Bedrohung des Lebens, der Freiheiten und des Eigentums. Die Freiheit, unter der der Mensch als autonomes Individuum auf sich selbst gestellt ist, verliert an Wert, weil sie das Individuum allein läßt gegenüber der Gefährdung dieser Freiheit, seines Lebens und Eigentums durch andere, solange konkrete Gesetze zur Regelung des Zusammenlebens und der Sicherung des Eigentums fehlen, es keinen unparteiischen Richter für die Regelung von Konflikten und keine Gewalt gibt, die seine Urteile vollstreckt. Deshalb schränken die Menschen zugunsten des von ihnen durch Vertrag gegründeten Staates ihre Freiheit und damit jene Handlungsmöglichkeiten im Naturzustand ein, die zur Selbsterhaltung einschließlich der Strafgewalt gegen Rechtsbrecher nötig sind.

Wenn es bei Locke heißt, die „tatsächliche Begründung einer politischen Gesellschaft sei nichts anderes als die Übereinkunft einer zur Mehrheitsbildung fähigen Anzahl freier Menschen, sich zu vereinigen und sich einer solchen Gesellschaft einzugliedern“ (Locke 1974: 76), so zeigt das an, daß die ausdrückliche Anerkennung des *Mehrheitsprinzips* für den Gesellschaftsvertrag und damit für den Staat nicht nur als eine technische Regel zu verstehen ist, ohne die sonst die politische Gesellschaft funktionsunfähig wäre. Vielmehr müssen die Menschen auch zur Mehrheitsbildung fähig sein. Die Bereitschaft und Befähigung dazu resultiert aus dem gemeinsamen Ziel des einstimmig geschlossenen Gesellschaftsvertrages. Zwar versteht Locke Eigentum umfassend als „Leben, Freiheit und Besitz“, so daß jeder hinreichend Grund hat, und wegen seiner natürlichen, auf die politische Gesellschaft übertragbaren Rechte auch dazu in der Lage ist, für diese einzutreten. Partner des Gesellschaftsvertrages und damit Mitglied der durch ihn begründeten politischen Gesellschaft kann also jeder sein, der über Eigentum im umfassenden Sinne verfügt, weil jeder ein Interesse daran hat, sein Leben und seine Freiheit zu sichern. Vollwertige Mitglieder können jedoch nur jene sein, die über *Besitz* verfügen, weil nur sie ein besonderes Interesse an der Sicherung eines als Besitz zu verstehenden Eigentums haben können. Wer wie der Arbeiter über keinen Besitz verfügt, ist ein Untertan und kein vollwertiges Mitglied der politischen Gesellschaft (Macpherson 1967: 286). Sein Willen gelangt im Willen des Staates nicht zum Ausdruck. Außer dem so begründeten Ausschluß fast des gesamten Staatsvolkes von der politischen Willensbildung, der nur die politische Wirklichkeit Englands zu Lockes Zeit widerspiegelte, enthält Lockes Argumentation ein weiteres, für den Liberalismus lange Zeit unverzichtbares Moment. Es zeigt die untrennbare Verknüpfung des Liberalismus mit der bürgerlichen Gesellschaft an.

Arbeit ist, wie gesagt, für Locke das Eigentum des Menschen, das es ihm ermöglicht, sein Leben zu erhalten. Wer, infolge der Einführung des Geldes, sich Besitz aneignet und ihn mehrt, nutzt entweder seine natürlichen Fähigkeiten besser als andere oder ist fähiger als sie, wozu auch die unter anderem auf vernünftiger Einsicht gehörende Fähigkeit gehört, den Besitz nicht ausschließlich konsumptiv, sondern produktiv zu nutzen. Hierzu tauscht der produktiv nutzbares Eigentum Besitzende von jenen, die keinen Besitz erworben haben, die Arbeit ein, über die sie als ihr Eigentum verfügen und es daher veräußern können. Dies ist für den Arbeiter wie für den Eigentümer von Besitz ebenso legitim wie die Tatsache, daß nach der Einführung des Geldes bestimmte Menschen ein Recht auf mehr Besitz, und zwar Grundbesitz, haben, als für die Fristung des Lebens notwendig ist. Da jene, die sich den Boden angeeignet haben, hierdurch bewiesen haben, daß sie ihn produktiv besser nutzen können als jene, die dies nicht getan bzw. ihn unproduktiv genutzt haben, läßt sich daraus der größere Nutzen für *alle* ableiten.

Weil die kapitalistische, durch Geld erfolgte Aneignung und Mehrung des *Besitzes* im Naturzustand erfolgt und die ungleiche Verteilung von Privatbesitz durch die von allen stillschweigend gebilligte Einführung des Geldes verursacht worden ist, so ist dieser Besitz hierdurch rechtlich legitimiert. Die Legitimation des Besitzes beruht somit *nicht* auf einer Verpflichtung gegenüber der Gesellschaft. Denn als Eigentümer seiner Person und seiner Fähigkeiten und damit auch seines Besitzeigentums schuldet das Individuum der Gesellschaft nichts. Sein Eigentum unterliegt nicht irgendwelchen, etwa transzendent oder ethisch begründeten gesellschaftlichen Imperativen.

Auch dem Staat und seinem Zugriff, insbesondere der Besteuerung, ist es grundsätzlich entzogen. Jedoch kann eine Mehrheit, die sich aus den wegen ihres Besitzes zur politischen Willensbildung Berechtigten bildet, die Erhebung von Steuern und deren Höhe beschließen. Denn anders könnte der Staat seine Aufgabe, die Grund seines Bestehens ist, nämlich die Sicherung des Eigentums nach innen und außen, nicht wahrnehmen. Auch bei unterschiedlichen Auffassungen, etwa über eine Steuer, müsse jeder vernünftige Mensch einsehen, daß er dem zustimmen könne, was einer vernünftigen Mehrheitsentscheidung letztlich zum Schutz der Institution des Eigentums entspringe. Das Eigentumsrecht ist somit trotz seiner naturrechtlichen Unverletzbarkeit, ebenso wie die anderen Rechte des Individuums, nicht absolut geschützt.

Lockes Theorie enthält bereits im Prinzip, aber auch in vielen Details, die Essenz liberaler Theorie. Entscheidend ist dabei das *Menschenbild,* aus dem soziale, rechtliche und politische Konstruktionen der liberalen Theorie abgeleitet werden. Die Schwierigkeiten späterer liberaler Theorie und die hieraus resultierenden Unterschiede der vielfältigen Liberalismen liegen, soweit es das Selbstverständnis liberaler Theorien angeht, weniger im Menschenbild als in dem Erfordernis, die aus ihm abgeleiteten Konstruktionen mit dem politischen, sozialen und wirtschaftlichen Wandel in Einklang zu bringen. Neu an diesem Menschenbild ist, daß der Mensch nicht als Teil eines großen, transzendent und moralisch gestifteten Zusammenhangs begriffen wird. Vielmehr wird der Mensch aus sich selbst heraus als autonomes Individuum, das sich selbst gehört, und nicht als vergesellschafteter Mensch begriffen. Darin sind sich die Menschen als *Individuen* gleich, daß sie ihr *Eigentum* an sich selbst haben. Das Eigentum an sich selbst ist nicht von außerindividuellen Instanzen abgeleitet, es sei denn von Gott.

Zum Eigentum im übergeordneten Sinne gehören außer dem Privateigentum völlig gleichrangig die Arbeit des Individuums, sein Leben und seine Freiheit. Nur derjenige kann Eigentümer seiner selbst sein, der über sich selbst als sein Eigentum verfügen kann, was gleichbedeutend mit Freiheit ist. Insofern beinhaltet das Privateigentums als Bestandteil und Konsequenz des Eigentums im übergeordneten Sinne, daß das Individuum auch über es frei verfügen kann. Ein Verbot des individuellen Eigentums oder seine Einschränkung ist somit gleichbedeutend mit dem Fehlen oder der Einschränkung individueller Freiheit. Das gleiche gilt für die Arbeit. Die Möglichkeit, zu arbeiten oder nicht zu arbeiten, das oder dort zu arbeiten, ist in der liberalen Theorie identisch mit Freiheit und setzt Freiheit voraus. Infolgedessen setzt auch der Arbeitsvertrag zwischen den Individuen, zwischen Besitzeigentümer und Arbeiter, die Freiheit voraus. Er ist ein freier Vertrag zwischen freien Individuen.

Für die liberale Theorie ist die Ableitung und Verknüpfung von Freiheit, Privateigentum und Arbeit, die aus dem Eigentumsbegriff im übergeordneten Sinne des *Eigentums des Individuums an sich selbst* erfolgt, von größter Bedeutung. Denn nur so kann grundsätzlich ohne Wertprämissen dargetan werden, daß Freiheit, Privateigentum und Arbeit zum Menschen gehören und ihm nicht einfach genommen werden können. Diese Voraussetzung ist zugleich in Übereinstimmung mit erkenntnistheoretisch unhaltbaren, aber weithin für selbstverständlich gehaltenen naturgesetzlichen Prämissen die Voraussetzung für ein allgemeines Wohl. Hiermit liefert Locke als erster für die Privateigentümer und das Privateigentum als gesellschaftliche und rechtliche Institution eine *Apologie* des privatkapitalistischen Systems. Möglich ist dies nur durch eine unempirische Konstruktion in Gestalt des Naturzustandes, die für die kapitalistische Bildung von Eigentum jedoch empirisch zutreffend ist. Nur so kann es Locke gelingen, das Entstehen eines über den individuellen Lebensbedarf hinausgehenden Besitzeigentums zu erklären, das die Gesellschaft in Menschen mit und ohne dieses Eigentum aufteilt. Dies ändert nichts daran, daß die Individuen als Menschen gleich, aber bezogen auf den Besitz ungleich sind. Nur haben die einen ihre Freiheit bei der Bildung von Eigentum entsprechend ihren Fähigkeiten und Zielen mehr genutzt als die anderen. Über Freiheit verfügen aber alle.

Soziale Ungleichheit ist somit nicht nur vereinbar mit Freiheit, sondern sie setzt Freiheit voraus. Die von der sozialen Ungleichheit abgeleitete politische Ungleichheit, nämlich das Recht der Besitzenden, durch Mehrheitsentscheid an der staatlichen Willensbildung, insbesondere mittels Eingriffen in das Privateigentum durch Steuern, teilzunehmen, mindert nicht die Freiheit der Besitzlosen. Die Besitzlosen müssen wie die Besitzenden ein Interesse daran haben, daß weder der Staat noch eine andere Institution die Freiheit einschränkt oder aufhebt, politisch-rechtlich freie Beziehungen zu unterhalten, insbesondere in Gestalt des Arbeitsvertrages zwischen Besitz und Arbeit, worauf beide Seiten angewiesen sind.

Politisch oder ständisch erzwungene und legitimierte Hand- und Spanndienste zinspflichtiger, unfreier Bauern an Grundherren, letztlich auch die Zwangsarbeit, wenn sie nicht Strafe für Rechtsbrecher ist, sind unvereinbar mit der Freiheit und beeinträchtigen, gleichsam als unlautere, da nicht auf Freiheit beruhende Konkurrenz, eine Wirtschaftsweise, der allein die freie Entscheidung des Individuums zugrunde liegt. Entsprechend ist Freiheit auch unerläßlich für die geschäftlichen Beziehungen zwischen den Inhabern materiellen Eigentums, jedoch auch für alle rechtlich normierbaren Beziehungen zwischen den Nichtbesitzenden.

Das frühbürgerliche Denken reagierte – wie Locke – auf die sozialökonomische Entwicklung mit soziologischer Blindheit; soziologisch und politisch wurden die Situation und Entwicklungsmöglichkeiten eines kapitalistisch wirtschaftenden Besitzes richtig erkannt und daraus die politischen Konsequenzen gezogen. Die Lebenswirklichkeit der ausschließlich über ihre Arbeitskraft verfügenden Besitzlosen im kapitalistischen System wurde aber völlig abstrakt gesehen. Ein soziologisch und empirisch für diese Zeit erstaunlich kenntnisreicher und konsequenter Denker wie *Bernard de Mandeville* (1670-1733) umging das Problem nicht, indem er entgegen aller Moralität jegliche Armenhilfe ablehnte. Nicht nur, weil die Gesellschaft nicht auf dem Dienst für andere beruhe und jeder nur aus Eigeninteresse arbeite, sondern auch, weil die Armut billigere Arbeit und damit mehr Volkswohlstand ermögliche (Mandeville 1980: 343ff.). Ob Mandeville ein Liberaler war, ist umstritten. Denn einerseits sprach er das unverhohlen aus, was Konsequenz der liberalen Theorie und der sich herausbildenden frühbürgerlichen Gesellschaft sein konnte. Anderseits wies Mandeville auf die ideologisch verdeckte Schwachstelle liberaler Theorie hin, deren Realitätssinn ein zwiespältiger war, weil sie die sozialen Folgen des politischen und wirtschaftlichen Emanzipationsprozesses nicht aus diesem heraus und aus den Folgen praktisch umgesetzter liberaler Theorie begriff, sondern diese mit anthropologischen Grundannahmen und dem Verweis auf die Verantwortlichkeit des freien Individuums erklärte. Im Prinzip besteht diese Blindheit konsequent liberalen Denkens heute noch, etwa in Diskussionen über die Angemessenheit von sozialen Hilfen und deren Folgen für die soziale Eigenverantwortung und Motivation.

Man übersieht diese Konsequenz klassischen liberalen Denkens für die Sozialverhältnisse und deren Bewertung, wenn man sich nicht vergegenwärtigt, daß die Gesellschaftstheorie des Frühliberalismus bei Locke wie bei seinem Antipoden Hobbes nicht moralisch begründet, sondern aus der Kombination empirischer mit anthropologischen Aussagen abgeleitet und als Mechanik sozialer, wirtschaftlicher und politischer Elemente konstruiert ist. Der Versuch, dem Armutsproblem und seiner moralischen Komponente im Rahmen liberalen Denkens mittels der *Moralphilosophie* zu begegnen, scheiterte, führte aber bei Adam Smith, der eben kein Theoretiker eines liberalen Laisser-faire war, zu der Einsicht, daß wirtschaftliche Macht nicht zu wirtschaftlicher und sozialer Herrschaft führen dürfe.

Gegen eine politisch-rechtlich erzwungene Bindung der Arbeit an einen festen Ort, etwa aufgrund feudaler Rechte an den Grundbesitz, steht das Recht auf *Freizügigkeit.* Bereits Locke forderte sie als Freiheitsrecht ein, unter anderem auch als Recht, den Staatsverband zu verlassen und sich einem anderen Staat anzuschließen, den Gesellschaftsvertrag mit dem Staat zu kündigen und einen neuen Staat durch einen neuen Gesellschaftsvertrag zu begründen. Diese Position hatte zwei folgenreiche Konsequenzen. Erstens drückt sie sich aus im Bruch der amerikanischen Kolonien mit dem Mutterland, und zwar zunächst nicht mit dem Ziel, einen neuen Staat zu errichten, sondern wegen der Einforderung des Rechtes, ein Teil des englischen Staates mit dem Recht politischer Entscheidungen über die Steuern und Zölle zu sein. Gemessen an Lockes Theorie handelt es sich, wenn dieser Rechtsanspruch anerkannt worden wäre, um kein revolutionäres Unterfangen. Zweitens zielte Freizügigkeit auf Mobilität von Eigentümern und Arbeitern ab, die unerläßlich für eine privatwirtschaftliche Entwicklung und unvereinbar mit feudalen Patronatsrechten und mit die freie Wahl wirtschaftlicher Standorte hemmenden monarchischen Rechten war.

Sozial hatte die erkämpfte Freizügigkeit als politisch erkämpftes Recht, vor allem nach der Befreiung der Bauern aus grundherrlicher Abhängigkeit, zum einen die Folge, daß sie den Besitzlosen überhaupt eine Überlebensmöglichkeit verschaffte. Zum anderen war sie aber nach dem Entstehen einer großen *industriellen Reservearmee* nichts anderes als das „Recht", je nach den Bedürfnissen der Wirtschaft dorthin geschoben zu werden, wo es Arbeitsplätze gab. Zusammen mit der Vertragsfreiheit, nach der Kapital und Arbeit rechtlich gleiche und freie Vertragspartner sind, bedeutete und bedeutet dies in vielen Regionen der Welt heute noch, daß die Arbeiter sich nach einem Wort Max Webers auf dem Arbeitsmarkt „formell freiwillig, tatsächlich aber durch die Hungerpeitsche gezwungen" anboten und anbieten müssen. Zur Zeit Lockes mußten *Freizügigkeit* und *freier Arbeitsvertrag* generell als Fortschritt angesehen werden. Politisch-rechtlich konnte so die von vorliberalem Ordnungsdenken legitimatorisch abgesicherte, eine privatwirtschaftliche Entwicklung hemmende Wirtschafts- und Sozialordnung überwunden werden.

Die neue politische und rechtliche Ordnung mußte eine weitgehend von staatlicher, aber auch kirchlicher, ständischer und feudaler Herrschaft *freie Privatsphäre* ermöglichen und schützen. Denn historisch hatte die zentrale Rolle des Eigentums neben der Freiheit in der frühliberalen Theorie drei Hauptgründe: Erstens die Herausbildung einer zwar traditionell politisch-rechtlich, aber zunehmend auch wirtschaftlich konstituierten Klasse, zweitens die beginnende Veränderung der Wirtschaftsweise, drittens die Veränderung der Stellung des Staates und seiner Strukturen. Locke setzt neben die *Herrschaft* herkömmlicher, nämlich auf monarchisch-fürstlicher Gewalt beruhender Herrschaft – und soweit diese das Eigentum betraf an ihre Stelle – die Herrschaft der Eigentümer. Andere herkömmlich begründete Herrschaft, das heißt auf feudalen, kirchlichen, ständischen Rechten, Privilegien und Pflichten beruhende Herrschaft, fällt aus seinem Modell gänzlich heraus.

Die Verfügung über den Boden, insbesondere über den von der Aristokratie widerrechtlich angeeigneten und der königlichen Rechtstitel beraubten und bisher gemeinsam genutzten Boden, mußte des politischen Herrschaftscharakters entkleidet werden. Geleistet wurde dies durch die Legitimation jegli-

> cher Verfügung über wirtschaftlich nutzbare Potentiale einschließlich der Arbeitskraft als Privateigentum, indem dieses von einem natürlichen Recht des Individuums abgeleitet wurde. Religiös-sittliche Gesichtspunkte[4] und jegliche Verpflichtung gegenüber einer politischen Herrschaft mußten dabei ausgeschlossen bleiben. Indem an die Stelle der auf feudalem Besitz beruhenden politischen Herrschaft durch Privateigentum legitimierte Herrschaft trat, blieb die Kontinuität von politischer und sozialer Herrschaft weitgehend gewahrt, ausgenommen die Herrschaft des Königs. Verändert hatte sich lediglich ihre Legitimation. Hierin, und zwar wegen des frühen Entstehens einer „bürgerlich"-kapitalistischen Gesellschaft und einer auf ihr beruhenden politischen Herrschaft, liegt die Hauptursache für die Unterschiede zwischen der Entwicklung der politischen Verfassung und des Liberalismus in England und auf dem europäischen Festland.

Daher konnte der sich im englischen Liberalismus entwickelnde *Konservatismus* die Kontinuität der englischen Entwicklung der französischen Revolution entgegenhalten. Mit dem Argument, die französische Revolution und ein nicht auf Besitz von Eigentum beruhendes gleiches Wahlrecht seien ein Vergehen gegen die Natur, in der Kontinuität und eine sinnvolle harmonische Ordnung angelegt seien, beriefen sich die Konservativen, so der vom Liberalismus politisch ausgehende Begründer ihrer Theorie, *Edmund Burke* (1729-1797), ausdrücklich auf die Anfänge des Liberalismus, obwohl die sie begleitenden Umwälzungen in Gesellschaft und Staat Englands kaum geringer waren als hundert Jahre später im revolutionären Frankreich (vgl. den Beitrag Konservatismus in diesem Bd.). Berechtigt an dem Bezug des Konservatismus auf die Anfänge des Liberalismus war gleichwohl, daß sie, wie die Entwicklung von Ideologie und Staat nach der englischen Revolution veranschaulichen, nicht ausdrücklich revolutionär waren. Zum einen rechtfertigte sich in England frühliberales Denken konkret mit dem Ziel einer Wiederherstellung alter, mit der Magna Charta verbriefter Rechte. Zum anderen berücksichtigte es, abweichend von seinen säkularisierenden Grundpositionen der Aufklärung, realistisch die weiterwirkende Kraft des alten transzendental begründeten Ordnungsdenkens und integrierte es in seine Argumentation. So, wenn es die Identität von natürlicher menschlicher und göttlicher Ordnung mit dem Anspruch der Rationalität zu beweisen versuchte.[5]

> „In ihrer Konsequenz führt die Lockesche Lehre zur Souveränität des Eigentums. Sie liefert damit die Mehrheit der Nichtbesitzenden einem unpersönlichen und je nach Konjunktur unmenschlicheren Souverän aus, als ihn Hobbes mit seinem großen Leviathan konstruiert hatte. Der von Locke geforderten Begrenzung und inhaltlichen Bindung der Staatsgewalt entspricht die absolute und nach Belieben auszuübende Eigentümerherrschaft im gesellschaftlichen Bereich". (Rittstieg 1975: 85)

3. Die institutionelle Ordnung im liberalen Rechts- und Verfassungsstaat

3.1. Der Staat

3.1.1. Begriff und Funktion

Hinter den frühliberalen Vorstellungen über Entstehen, Ordnung und Aufgaben des Staates verbirgt sich die Dialektik des aufeinander bezogenen Funktionswandels von Staat und Eigentum. Auf der einen Seite entwickelt sich in Gestalt des Staates ein *öffentlicher* Sektor, demgegenüber das Eigentum als Grundeigentum seine aus der mittelalterlichen Ordnung herrührende Eigenschaft als Herrschaft verliert. Aus dem Eigentum als Herrschaft (dominium) wird das Eigentum als Zuordnung (proprietas) zu bestimmten Personen, gleichbedeutend mit dem Ausschluß jeden Rechtes von Dritten. Indem es durch den Verzicht auf seine Herrschaftsqualität zum *Privateigentum* wird, kann es sich vor dem Zugriff des Staates retten. Dies erfordert jedoch, daß dem Staat gerade in dieser Hinsicht einerseits Grenzen gesetzt werden und anderseits die Eigentümer Anteil an der Staatsgewalt gewinnen, damit die Einhaltung dieser Grenzen und die Aufgabe des Staates zum Schutze des Eigentums kontrolliert werden kann. Die Grenzen liegen in der strengen, bis heute grundsätzlich geltenden Trennung zwischen öffentlich und privat, wobei von Anfang an die Theorie klar macht, daß die Privatsphäre über das Eigentum hinausreicht, weil sein nichtstaatlicher Charakter nur dadurch gewährleistet wird, daß es mit vor der Staatsgewalt zu schützenden Grundrechten des Individuums untrennbar verknüpft ist. Der Mensch ist immer Individuum, sowohl als Privatmensch als auch in der staatlichen Sphäre, was sich ausdrückt in seinen vorstaatlichen Rechten.

Dies und nichts anderes sagt die von Locke klassisch formulierte Vertragstheorie der Aufklärung aus, indem das Entstehen des Staates von seinen Aufgaben abgeleitet, seine Grenzen und die staatliche Willensbildung fixiert werden. In England gewinnt der Staat des Liberalismus Gestalt aus dem Zusammenspiel alter Ordnungselemente, zeitweilig eruptiver und schließlich evolutionärer Prozesse. In Frankreich ist er das Resultat eines vielfältig gebrochenen, aber vor allem anfänglich elementaren revolutionären Prozesses. Gleichsam Modellcharakter entsprechend der liberalen Theorie hat das Entstehen eines Staates, wo vorher keiner im vollgültigen Sinne bestand, in Gestalt der Vereinigten Staaten: Aufkündigung des Gesellschaftsvertrages durch die *Unabhängigkeitserklärung (1776)* mit ihrer Betonung der vorstaatlichen Gleichheit; Gründung eines Staates mit einer Verfassung, in der die Ordnung und die Aufgaben des Staates festgelegt werden.

Die Agitation von *Thomas Paine* (1737-1809) für die Unabhängigkeit in seiner weit verbreiteten Schrift *Common Sense* (1776) bezeichnet radikal ein Staatsverständnis, wonach die Gesellschaft der Amerikaner aus ihren Bedürfnissen heraus entstanden sei, der Staat hingegen wegen der Schlechtigkeit der Menschen. Er sei daher bestenfalls ein notwendiges Übel (Paine 1989: 1ff.). Paine spitzt hiermit das liberale Grundverständnis über den Staat in einer Weise zu wie selten in der liberalen Theorie. Widerwillig, da mit dem Herzen bereits auf der Seite der radikalen Demokratie, räumt Paine ein, wenn es schon aus praktischen Gründen eine Regierung geben müsse, dann sei die Quelle der Souveränität doch der Wille der Mehrheit und gegebenenfalls ihrer gewählten Vertreter. Das heißt, der Staat und seine Institutionen haben keine andere Existenzberechtigung und keinen anderen Sinn, als Instrument der ihm zugedachten Aufgabe zu sein: nämlich Schutz der Individuen und Ausführung ihres Willens in einer *institutionell-normativen* Ordnung. Wie die Institutionen und Normen im einzelnen beschaffen sein sollen, hängt wie das Verständnis des Staates überhaupt davon ab, wie liberale Theorien jeweils die empirischen Bedingungen politischer Willensbildung und staatlichen Handelns miteinkalkulieren.

In *England* hielt sich am längsten das grundsätzliche Verständnis vom Staat als einer zwar notwendigen, aber in möglichst engen Grenzen zu haltenden Einrichtung. Der Grund lag darin, daß eine Aristokratie zunehmend den König in ihre Macht über den Staat einbinden und eine Stärkung jener politischen Institutionen historisch vergleichsweise lange verhindern konnte, über die konkurrierende wirtschaftsbürgerliche Interessen und auch Interessen der Arbeiterschaft zum Zuge hätten gelangen können. Unter dieser Voraussetzung bestand möglichst viel Freiheit und möglichst wenig Staat, wobei die Möglichkeiten real lebbarer Freiheit höchst ungleich verteilt waren.

In *Frankreich* richtete sich der Liberalismus der Aufklärung weniger gegen den Staat an und für sich als gegen eine staatlich-gesellschaftliche Ordnung mit der Dominanz der patriarchalischen Familien, der Zünfte, des Adels, der alten Gemeinde, der Kirche und der Monarchie. Die gesetzgebenden Versammlungen der Französischen Revolution waren fortwährend damit befaßt, Gesetze zu verabschieden, mit denen sie alte Machtgruppierungen beseitigten und neue schufen, zugleich aber auch den Staat gegenüber den Individuen stärkten. Einerseits unterstützte der französische Liberalismus einen starken, zentralisierten Nationalstaat, in dem die Staatsgewalt allgegenwärtig war. Anderseits überließ er Moral und gesellschaftliches Tun in hohem Maße der freien, ungehemmten Handhabung durch die Individuen, so daß allgemeine Freizügigkeit, Korruption, Sittenlosigkeit und moralischer Verfall neben autoritärer Politik des napoleonischen Militärstaates bestanden. Obwohl der Staat in Frankreich immer ein starker, zentralisierter Staat war, so ließ er dem Wirtschaftsbürger und dem Kulturbürger doch freie Hand. Die französische Kultur ist bis in die Gegenwart von diesem Nebeneinander – etwa einem zentralisierten, autoritär geprägten Bildungswesen und freier geistig-kultureller Kreativität – geprägt.

In *Deutschland,* wo der Liberalismus später als in England, Frankreich und den USA entstand, gab es außer in der bereits in der Revolution 1848/49 zu schwachen und gescheiterten liberalen Demokratie in der mannigfach zersplitterten, in keinem einzigen Falle zu einem geschlossenen Konzept gelangenden liberalen Theorie allenfalls ein ambivalentes Verhältnis zum Staat. Obwohl das klassische englische Vorbild eine Rolle spielte, so rüttelten die deutschen Vertreter des Frühliberalismus doch nicht an der Autonomie des Staates, wozu sie auch machtpolitisch nicht in der Lage waren. Die strikte *Trennung von Staat und Gesellschaft* in der Theorie erschwerte ihre institutionelle Verklammerung und trug, zumal es – von Kants folgenloser Staats- und Rechtsphilosophie abgesehen – keine liberale politische Theorie der Aufklärung in Deutschland gegeben hatte, dazu bei, daß der Gedanke des Gesellschaftsvertrages keine Rolle spielte. Allerdings begann ihn auch der Liberalismus in Westeuropa wegen des Drängens neuer sozialer Kräfte einschließlich der Arbeiterschaft nach politischer Teilhabe bereits zu einem Zeitpunkt aufzugeben, als sich der politische Liberalismus in Deutschland erst zu formieren begann. Hinzu kam, daß dies angesichts einer Situation geschah, in der das Streben nach bürgerlicher Herrschaft eine vergleichsweise schwache gesellschaftliche Grundlage hatte und sich auf der einen Seite mit den alten Mächten und auf der anderen mit politisch-gesellschaftlichen Emanzipationsbestrebungen der Handwerker, Teilen des Kleinbürgertums und der sich herausbildenden Arbeiterschaft auseinanderzusetzen hatte.

Abgesehen von den Demokraten bezweifelte in *Deutschland* keine Spielart des Liberalismus, auch nicht in seinem späteren Auseinandertreten als Rechts- und Linksliberalismus, daß die monarchische Gewalt legitimatorisch auf sich selbst beruhte und nicht mit der Volkssouveränität verschränkt war, wie eng oder weit sie auch seit Locke institutionell verfaßt sein mochte. Der deutsche Liberalismus verzichtete darauf, den Staat mit einem Gesellschaftsvertrag eine neue theoretische Grundlage zu geben. In diesem *konstitutionellen Liberalismus* ist der Staat das Primäre, also bereits Bestehende. Er ist somit nicht etwas, was die Individuen zu ihren Zwecken geschaffen hatten.

Bereits vor dem Entstehen der liberalen Bewegung in Deutschland, hatte *Wilhelm von Humboldt* (1767-1835) seine „Ideen zum Versuch, die Grenzen der Wirksamkeit des Staates zu bestimmen“ (1960), darauf abgestellt, den Staat als eine Gegebenheit zu begreifen, vor dessen grundsätzlich schädlicher Tätigkeit die Freiheitssphäre des Individuums zu sichern und möglichst umfangreich zu halten ist. Auch hier besteht der entscheidende Unterschied zum frühen englischen Liberalismus darin, daß zwar die Grenzen des Staates und der Schutz des Individuums vor ihm gemeinsames Ziel ist, aber der Staat von seiner bloßen Existenz und nicht von seiner Aufgabe her begriffen wird. Als die Schrift Humboldts nach der gescheiterten Revolution 1848/49 einer größeren Öffentlichkeit bekannt wurde, erntete sie große Zustimmung, weil die Liberalen den Staat genau so erfahren hatten, wie er ihrem Staatsverständnis entsprach.

Das geringe Machtbewußtsein der deutschen Liberalen, das zum Scheitern der Revolution 1848/49 beigetragen hatte, hatte unter anderem hierin bzw. in der Kehrseite dieses Standpunktes eine Ursache, nämlich die Existenz des Staates nicht unter dem Aspekt einer ihm von den Bürgern grundsätzlich gestellten Aufgabe und ihm angetragenen konkreten Aufgaben, sondern als eine Institution und Macht sui generis mit einer ihr immanenten Legitimation zu begreifen. Wenn es auch nicht angeht, *Georg Wilhelm Friedrich Hegel* (1770-1830) dem Liberalismus zuzurechnen (so Fenske 1992: 400ff.), so hat doch sein Staatsbegriff den deutschen Liberalismus beeinflußt.

Der Staat ist für Hegel die „*Wirklichkeit der sittlichen Idee*“ (1949/59: § 257), einer Einheit, in der die gesetzgebende Gewalt, die Regierungsgewalt und die fürstliche Gewalt zwar zu unterscheiden sind (ebd.: § 273), aber eine Totalität in der fürstlichen Gewalt bilden, „die nach innen und außen die Souveränität“ repräsentiert, der gegenüber die Volkssouveränität „zu den verworrensten Gedanken gehört“ (ebd.: § 279). Das erinnert eher an Hobbes als an Locke, weil der Staat zwar Zwecke erfüllt, aber nicht von den Menschen wegen ihrer Zwecke geschaffen worden ist. Hegel zufolge verwechseln Naturrechtslehrer wie John Locke den Staat mit der „bürgerlichen Gesellschaft“. Indem sie „seine Bestimmung in der Sicherheit und dem Schutz des Eigentums“ sähen, werde „das Interesse der Einzelnen als solcher der letzte Zweck, zu dem sie vereinigt sind“, wo doch „die Vereinigung als solche selbst der wahrhafte Inhalt und Zweck“ ist (ebd.: § 258). Das ist eine klare Absage an die Vertragstheorie, aber gleichzeitig auch die Erkenntnis, daß der liberale Staat identisch mit dem bürgerlichen Interesse ist.

Die Idee der *Volkssouveränität*, die gemeinhin als Grundlage liberalen Staatsverständnisses gesehen wird, war bis ins 20. Jahrhundert hinein im *deutschen Liberalismus* kein wesentliches Moment, wenn man von der historisch wirkungslosen Rolle des schwachen demokratischen Liberalismus absieht, an dessen Stelle die Sozialdemokratie und nicht der Linksliberalismus trat. Spätestens mit dem Entstehen des deutschen Einheitsstaates gilt für alle Richtungen des politisch und theoretisch zersplitterten deutschen Liberalismus mehr oder minder der dezidierte Standpunkt des konservativen Nationalliberalen *Heinrich von Treitschke* (1834-1896). Leitend ist die deutsche Nationalidee, die das Prinzip der Macht dem Postulat der Freiheit des einzelnen voranstellt: Der Staat, nicht das Individuum wird als Zentrum des modernen Kulturlebens gesehen (vgl. Mommsen 1975: 116). Ein Grund hierfür war, daß die Freiheit nicht aus dem *Naturrecht*, sondern mittels einer die tatsächliche Geschichte verfälschenden Kontinuitätsideologie als Freiheit der Deutschen von einer frühmittelalterlichen Vergangenheit abgeleitet wurde. Infolgedessen betonte der deutsche Liberalismus zwar den Gedanken der Autonomie des Individuums und die Idee der Selbstverwaltung, nicht aber das Prinzip der Selbstregierung der Bürger (vgl. ebd.: 117). Gerade weil die deutschen Liberalen mit Ausnahme der nicht geschichtsmächtig gewordenen liberalen Demokraten mit dem semiabsolutistisch-halbfeudalen preußischen Machtstaat nicht brachen, sondern sich in ihn einfügten, trat der Gedanke der politischen Freiheit zugunsten der Macht des Staates zurück. Die Dialektik fehlender politischer Macht und des zu geringen Machtbewußtseins des deutschen Liberalismus beim Verfolgen eigener Ziele kontrastierte mit einer Identifikation mit autonomer staatlicher Macht, die sich im deutschen Kaiserreich vor allem im liberalen Nationalismus und damit verbunden mit dem Imperialismus nicht nur bei den Nationalliberalen, sondern exemplarisch auch bei einem Sozialliberalen wie Friedrich Naumann ausdrückte (Naumann 1964; Theiner 1983).

Der (hegelsche) Gedanke, daß der Staat Ausdruck einer sittlichen Idee, letzte Quelle der Autorität, ein Wert an sich ist, aus dem sich seine Macht rechtfertigt, verweist eher auf den *Konservatismus* als auf den Liberalismus. Er widerspricht gänzlich dem liberalen Aufklärungsdenken, das dem Staat eine wie auch immer geartete Wertimmanenz abspricht. Anderenfalls könnte der Staat nicht zur Disposition des Mehrheitswillens der Bürger stehen, wenn er seine Grenzen überschreitet und die ihm gestellten Aufgaben nicht wahrnimmt. Auch dies ist ein Grund, weshalb eine liberal begründete Revolution in Deutschland chancenlos war. In England, Frankreich und Amerika konnte sie gelingen, obwohl der Liberalismus über keine Theorie der Revolution verfügt und nicht revolutionär, sondern evolutionär sein will.

Die leidvollen Erfahrungen mit der Konzentration und Verabsolutierung von Macht im nationalsozialistischen Staat mit der Konsequenz der Zerstörung der liberalen Grundrechte haben zusammen mit westlichen Einflüssen dazu beigetragen, daß der Staat auch in der Bundesrepublik zunehmend als organisatorischer Rahmen der *Bürgergesellschaft* begriffen wurde. Aber es herrscht weiterhin ein Selbstverständnis vom Staat vor, das den Engländern verschlossen bleibt. Damit konfrontiert, würden sie, wie der Liberale Ralf Dahrendorf (*1929) meint, fragen: „Wer ist es, der diesen Staat vertritt und sich hinter der personifizierten Abstraktion versteckt? Welche Gruppen beherrschen tatsächlich die Regierung und bestimmen direkt oder indirekt den Gang der Dinge im Lande?“ (Dahrendorf 1972: 178)

Der liberale Staat ist immer *Verfassungsstaat,* wobei im englischen, amerikanischen und französischen Liberalismus die Verfassung theoretisch ein Produkt des Willens der Bürger ist, hingegen in Deutschland bis zum Ende der Monarchien eine Vereinbarung zwischen dem Herrscher und den Bürgern. Die geschriebene oder wie in England ungeschriebene Verfassung regelt die Grenzen des Staates, seiner Aufgaben und die politischen Rechte der Bürger in Gestalt einer institutionellen und Rechtsordnung. Die Institutionen des liberalen Staates sind die auch des heutigen demokratischen Staates auf liberaler Grundlage: die Exekutive mit Regierung und Verwaltung, die Legislative mit dem Parlament, die Judikative mit Gerichten und Richtern. Soweit zur institutionellen Ordnung ein König oder Präsident gehört, so kann er exekutive, aber auch legislative Funktionen, das Recht der Einsetzung oder Abberufung der Regierung, zur Auflösung des Parlaments oder nur eine weitgehend repräsentative Funktion haben. In der jeweiligen institutionellen Ausgestaltung und Verfassungswirklichkeit des Staates macht die liberale Theorie zahlreiche Modifikationen, die von den jeweiligen politisch-gesellschaftlichen Machtverhältnissen und von den Anforderungen an den Staat abhängen.

3.1.2. Gewalten und Gewaltenteilung

Die Freiheit (Liberté) ist der Leit- und Ordnungsbegriff in der einflußreichen, wenn auch oft zu vereinfacht als starre Dreiteilung streng voneinander getrennter Gewalten mißverstandenen Gewaltenteilungstheorie von *Charles de Montesquieu (1689-1755)* in seinem Hauptwerk De l'Esprit des Lois (1748)[6]. Montesquieu gibt in seiner Gewaltenteilungslehre der Sicherung der *Herrschaft der Gesetze* Vorrang, indem er neben die Exekutive und Legislative die Judikative nicht wie später üblich als eigenständige staatliche Gewalt mit politischer Machtbefugnis stellt, sondern sie gleichsam hinter dem Gesetz verschwinden läßt. Damit ist die Rechtsprechung aus den anderen Gewalten herausgehoben. In ihr herrschen nicht Menschen über Menschen, sondern es herrscht allein das Gesetz. Weniger nach dem Vorbild der Gewaltenteilungslehre Lockes als vielmehr nach den Vorbild der englischen Verfassungs- und Machtverhältnisse im 18. Jahrhundert entwickelt Montesquieu ein ausgewogenes System des ineinander verschränkten Gegen- und Miteinanders staatlicher Gewalten unter Berücksichtigung der bestehenden politisch-sozialen Kräfte. „Um den Mißbrauch der Macht zu verhindern, muß, vermöge einer Ordnung der Dinge, die Macht der Macht Schranken setzen". (Montesquieu 1974: XI, 4)[7]

Montesquieu ordnet dem mit einem Vetorecht gegen die Gesetzgebung ausgestatteten Monarchen die Exekutive zu und teilt die Legislative nach dem Vorbild des englischen Ober- und Unterhauses in zwei Kammern: in ein Parlament des feudalen Erbadels und in ein nach dem *Zensuswahlrecht* gewähltes Parlament für das zur Teilnahme an der Macht drängende Bürgertum. Das Richteramt als sozial und politisch neutrale Institution steht völlig für sich. Die beiden anderen Gewalten sind in sich verschränkt und voneinander abhängig.

Diese Balancetheorie der Gewaltenteilung beabsichtigte eben nicht einfach eine Trennung und Aufteilung der Gewalten, sondern die Funktions- und Integrationsfähigkeit des Verfassungssystems. Sie beeinflußte die amerikanische Verfassung und in ihrem Entstehungsprozeß vor allem die wichtige Argumentation der *Federalist-Papers*.[8] Neu hierbei war, daß in den USA zwar eine starke Zentralgewalt geschaffen wurde, aber diese durch *vertikale Gewaltenteilung* mit der Bundesstaatlichkeit ein Gegengewicht erhielt. Obwohl, im Gegensatz zur englischen Verfassung, die drei Staatsfunktionen auf selbständige Staatsorgane – Kongreß, Präsident und Oberstes Bundesgericht (Supreme Court) aufgeteilt sind, kann ähnlich wie in England keines dieses Staatsorgane absolut exklusiv die ihm zugewiesene Aufgabe erfüllen, auch der mit außerordentlichen Befugnissen ausgestattete Präsident nicht. Seine Macht beruht eher auf der Direktwahl und auf der Unmöglichkeit, ihn durch einen parlamentarischen Akt – außer durch das impeachment wegen Rechtsverletzung – zu stürzen (Fraenkel 1976).

Das von diesem Grundgedanken her ausgebaute System ist jedoch im klassischen Liberalismus zu einem System der *Gewichte und Gegengewichte* ideologisch fixiert worden – mit dem Anschein eines sich selbst automatisch regulierenden gegenseitigen Ausgleichs. Der Automatismus, der in diesem System der *checks and balances* zwischen Exekutive, Legislative und Judikative zum Ausdruck gelangt, verdeutlicht, daß der Gedanke der staatlichen Machtbalance durch gegenseitige Hemmung und Kontrolle der Gewalten am Modell der liberalen Konkurrenzwirtschaft orientiert war.

Die Gewaltenteilung bleibt ein wichtiger Aspekt des modernen Verfassungsstaates, wie die neuere Diskussion über den Liberalismus hinaus veranschaulicht. So haben in der Bundesrepublik die im Grundgesetz gleichsam über Verfassungsrang verfügenden Parteien die wegen der Abhängigkeit der Regierung von der Parlamentsmehrheit ohnehin schon geminderte Gewaltenteilung durch ein nicht vorgesehenes System von Querverbindungen weiter durchlöchert. Ein weiterer Grund für die Einschränkung der Gewaltenteilung ist der Wandel und das Wachstum der Staatsaufgaben, wodurch die Exekutive gestärkt und das Parlament geschwächt wurden. Beides konnte die liberale Theorie nicht vorhersehen. Gleichwohl ist es in ihr angelegt, wenn auch aus historisch anderen Gründen, daß die politische Wirklichkeit der Gewaltenteilung die theoretisch jeder staatlichen Gewalt vor- und übergeordnete Volkssouveränität erheblich einengt und als leitendes Prinzip praktisch aufheben kann. Ursache ist nicht nur der geschichtliche Herrschaftskompromiß zwischen dem Bürgertum und den alten Mächten oder eine zeitweilige Schwäche des Bürgertums, sondern ein tiefes Mißtrauen gegenüber dem Volk und eine Abwehrhaltung gegen die Möglichkeit einer umfassenden Demokratisierung, die im Prinzip der Volkssouveränität bei dessen konsequenter Befolgung angelegt ist.

Ein weiteres Moment war die Sicherung der Freiheit vor der Volkssouveränität. Obwohl „keine Form von Freiheit in einem großen Land ohne starke, große und unabhängige Vertretungskörperschaft" bestehen könne (Constant 1970: 49), so will *Benjamin Constant (1767-1830)* doch die Macht der Parlamente begrenzen, da sonst die „Repräsentanten der Nation nicht mehr Verteidiger der Freiheit, sondern Tyrannenanwärter" werden könnten (ebd.: 51). Dies solle geschehen durch ein Oberhaus mit Vertretern des Adels und der Besitz- und Bildungseliten, durch den König mit seinem Recht zur Parlamentsauflösung, durch den Beamtenapparat und unabhängige Richter. Das Modell verweist auf die für Frankreich typische starke Stellung des Staates. Mißbrauch der Freiheit wird in zweierlei Weise begriffen. Einmal als übermäßige Eingriffe in sozialökonomische Freiräume der Bourgeoisie und der Aristokratie als Bestandteil und Voraussetzung der Freiheit in einem Staat, wo die Interessen von *bourgeois* (Bürger im gesellschaftlichen Sinne) und *citoyen* (Staatsbürger mit politischem Bürgerrecht) möglichst deckungsgleich sein sollten.

Die Freiheit wird jedoch noch elementarer begriffen. Die insbesondere den Richtern zugedachte Funktion der Freiheitssicherung gegen die Parlamente verweist auch auf eine Zukunft, wie sie das *Bundesverfassungsgericht* der Bundesrepublik Deutschland mit der Möglichkeit der Aufhebung von Gesetzen repräsentiert, die ihre Wurzeln im Liberalismus und nicht in der Demokratie hat. Es ist nicht ausschließlich Verschulden der Exekutive, des Parlaments und der Parteien, daß das oberste Gericht in die Rolle eines über den Gewalten stehenden *politischen,* also nicht nur rechtlichen Gewalt geraten und zudem gleichsam als Gesetz- und Verfassungsgeber fungieren kann. Denn seine rechtliche Stellung ist, wenn auch aufgrund historischer Erfahrungen und praktisch-realistischer Erwägungen, so beschaffen, daß in ihr die Unvereinbarkeit des Liberalismus mit einer fundamental verstandenen Demokratie zum Ausdruck gelangt. Die Möglichkeit, nicht nur Akte der Exekutive und Entscheidungen der nachgeordneten Gerichtsbarkeit, sondern außer einfachen Gesetzen auch mit Zweidrittelmehrheit beschlossene Verfassungsänderungen des Parlaments zu revidieren, läuft darauf hinaus, die Verfassung gegen Änderungen durch den demokratischen Willen zu schützen. Die Intention ist, die freiheitliche Demokratie der Disposition jeglicher staatlichen Gewalt, auch des demokratisch gewählten Gesetzgebers, zu entziehen.

Die Herrschaft des Gesetzes und die Garantie des Rechtsstaates schließen selbstverständlich nicht aus, daß auf der Grundlage der Volkssouveränität geänderte Gesetze auch die Rechte des einzelnen ändern. Sie schließen aber aus, daß die Gesetzgebung die natürlichen Rechte des Individuums verletzt. Die „Wesensgehaltschranke" im Grundgesetz, wonach kein Grundrecht im Wesensgehalt geändert werden darf, schränkt somit die Volkssouveränität ein und entspringt der konsequenten Befolgung eines liberalen Kerntheorems. Sie gilt jedoch nicht nur für die Freiheit und die Gleichheit, sondern auch für das Eigentum. Insofern ist die Demokratie der Bundesrepublik eine durch Sozialstaatlichkeit angereicherte liberale Demokratie und keine Demokratie der ungeteilten absoluten Souveränität des Volkes in der Nachfolge Rousseaus.

Zweifellos hatte der Gedanke, mittels Gewaltenteilung und einer aus ihr herausgehobenen richterlichen Gewalt, den liberalen Verfassungsstaat und speziell die individuelle Freiheit vor einem Mißbrauch der Parlamentsmacht und darüber hinaus vor dem Volk zu schützen, mit dem Schutz bürgerlicher Herrschaft zu tun; vor allem, wenn man bedenkt, daß die Gerichtsbarkeit in den Händen der bürgerlichen Klasse lag. Anderseits ist zu bedenken, daß Rousseaus Demokratie- und Staatsmodell, in dem man sogar die Wurzel moderner totalitärer Diktatur erkennen will, mißbraucht werden kann für die Errichtung einer jeglichen demokratischen Willen und die individuelle Freiheit aufhebenden absoluten Diktatur.

Nicht erst heutige Erfahrungen mit dem Stalinismus, bereits der Umschlag der Jakobinerherrschaft in den Terror war Warnung genug. Vor allem *John Stuart Mill (1806-1873)*, der über den Verdacht erhaben ist, ein Apologet bürgerlicher Herrschaft zu sein, hat wie *Alexis de Tocqueville (1805-1859)* die Möglichkeit einer Tyrannei der Mehrheit über eine Minderheit bzw. den einzelnen zuungunsten der Freiheit reflektiert (Mill 1971: 21ff.; Tocqueville 1976: 289ff.). Jedoch kalkulierten Mill und Tocqueville hierbei bereits die gesellschaftlichen Voraussetzungen politischer Prozesse ein. Tocqueville veranschaulichte den Kontinentaleuropäern, daß Freiheit und Demokratie nicht das Resultat von Verfassungen sind, so notwendig sie auch sein mögen, sondern aufgrund historischer und gesellschaftlicher Bedingungen in die Gesellschaft integriert sein müssen. Mill bleibt nicht bei dem Erfordernis verfassungsrechtlicher Garantien oder einer historisch gewachsenen

Verfassungspraxis wie der Englands stehen. Er verlangt eine Politisierung möglichst aller. Politik soll nicht mehr das Vorrecht und Interesse weniger sein, sondern die bisher der Politik und dem Staat aufgrund ihrer sozialen Lage und fehlenden Bildung fernstehenden Bürger sollen die Chance erhalten, durch eine Verbesserung ihrer gesellschaftlichen Voraussetzungen in Freiheit politisch tätig zu werden und sich an der Bildung des Staatswillens zu beteiligen. So lernen sie den Wert der Freiheit schätzen und werden sie nicht mißbrauchen.

Demgegenüber versteift sich der konstitutionelle Liberalismus ausschließlich auf institutionelle Sicherungen der Freiheit. Die Beschränkung auf institutionelle Regeln zur Sicherung der Freiheit ist von wenigen Ausnahmen abgesehen eine grundsätzliche Schwäche des gesamten Liberalismus, aber erklärbar, weil der Liberalismus infolge seiner Genese und geschichtlichen Funktion als Theorie bürgerlicher Herrschaft, ausgehend von anthropologischen Grundannahmen, von der gesellschaftlichen Wirklichkeit abstrahiert und sie zugleich verschweigt. Er hätte diese Funktion nicht, wenn er, wie Tocqueville und Mill es veranschaulichen, die Vereinbarkeit der realen Voraussetzungen gesellschaftlicher Herrschaft mit den Grundtheoremen der Freiheit, Gleichheit und Volkssouveränität theoretisch und empirisch berücksichtigt hätte. Tocqueville betont hierbei den Aspekt der Wertorientiertheit. Mill betont den sozialökonomischen Aspekt. Man hält daher Tocqueville auch für einen Konservativen, Mill hingegen für einen sozialliberalen Demokraten oder Vorläufer eines sozialliberalen Reformismus. Mill sagt von sich selbst, sein „Ideal ginge weit über die Demokratie hinaus" – womit er die liberale Demokratie meint – „und würde uns entschieden der allgemeinen Bezeichnung als Sozialisten zurechnen" (Mill 1969: 196).

Obwohl die Verfassung der *Weimarer Republik* auch wegen der von den demokratischen Liberalen gewollten starken Stellung des Präsidenten in vielem dem klassischen Modell der Gewaltenteilung entsprach, so ist ihr Umschlag in die Freiheit, Gleichheit, Rechtsstaat, Demokratie und Gewaltenteilung ins Gegenteil verkehrende Diktatur weniger die Folge einer ihr feindlichen Mehrheit in Volk und Parlament als eines Mißbrauchs der Gewalten, insbesondere durch den sich über das Recht hinwegsetzenden starken Präsidenten, die Judikative und die Exekutive mit Regierung, Beamtenapparat und Militär. Ein Grund hierfür ist auch die formale und materiale Interpretation der Verfassung, insbesondere die extensive Auslegung und Anwendung der Notstandsbefugnis des Präsidenten, die mit der Verfassung unvereinbar war.

Man hat die auch von den staatlichen Gewalten vorangetriebene Zerstörung der Verfassungsordnung der Weimarer Republik und die Errichtung der nationalsozialistischen Diktatur durchaus zu Recht unter anderem darauf zurückgeführt, daß in Deutschland der Liberalismus, zumindest der westliche und vor allem nicht der demokratische Liberalismus, geistig und politisch nie eine führende Rolle gespielt habe, der Demokratie nicht der liberale Verfassungsstaat vorangegangen sei, aus dem heraus sie sich hätte entwickeln können. Jedoch ist das nur die halbe Wahrheit, wenn man die Entwicklung liberalen Staatsdenkens in Deutschland mitberücksichtigt. Dies zeigt sich auch im besonderen Falle der Gewaltenteilung.

Ein Vergleich mag dies verdeutlichen. In der klassischen Formulierung des französischen Liberalismus im 19. Jahrhundert gibt Constant, nicht nur im Vergleich zum angelsächsischen Liberalismus, dem König eine über die beiden Kammern, die Regierung und die Gerichtsbarkeit herausgehobene Sonderstellung als eine *neutrale* Gewalt (pouvoir neutre). Diese „hat ihren Platz im Zentrum, jedoch über den vier anderen, sie stellt eine zugleich übergeordnete und unmittelbare Autorität dar, die kein Interesse daran hat, das Gleichgewicht zu stören, sondern vielmehr daran, dieses zu erhalten." (Constant 1970: 33)

In diesem Modell einer *konstitutionellen parlamentarischen Monarchie* resultiert somit die Stellung des Monarchen aus seiner ausgleichenden Funktion für ein *Gleichgewicht der Gewalten.* Im *vormärzlichen deutschen Liberalismus* hingegen ist nicht nur die Monarchie weithin selbstverständlich, sondern ein *Übergewicht des Königs* gegenüber den anderen Gewalten und eine Legitimation der Monarchie trotz ihrer Bindung an Gesetz und Verfassung letztlich aus sich selbst. Die Krone gehörte nicht zu den geteilten Gewalten, sondern war als Exekutive mit der von ihr abhängigen Regierung vom Parlament als dem Repräsentanten des Volkes scharf getrennt, so daß sie (mit Regierung, Verwaltung und Militär) die Mitwirkungsrechte des Parlaments außerordentlich beschränkte. Obwohl dies keine liberale Gewaltenteilung war, so wurde dieser Dualismus völlig ungleich verteilter Macht verfassungstheoretisch doch der Gewaltenteilung zugerechnet. Das politische Ziel war, die Staatsgewalt und ihre Einheit zu stärken, unter anderem, weil die liberalen Verfassungstheoretiker jede Aufteilung der Macht wegen der Konflikte um Macht und Machtteilhabe im Sinne der inneren Einheit des Staates, aber auch bereits im Sinne der von den Liberalen angestrebten nationalstaatlichen Einheit eindämmen wollten. Im Prinzip hat diese Theorie in der Verfassung des Kaiserreichs mit Einverständnis aller Liberalen ihren Niederschlag gefunden, jedoch mit der Konsequenz, daß die Liberalen nicht als eigenständige Kraft den Zugang zur Macht suchten und von der Sozialdemokratie in ihrem Konflikt mit der Staatsmacht um einen Anteil an ihr überflügelt wurden. Die Liberalen gaben sich damit zufrieden, daß zwar die Rechtsstaatlichkeit in relativ hohem Ausmaße, aber nicht die Freiheit im gleichen Maße gesichert war. Im Zweifelsfalle gaben sie dem preußisch-deutschen Machtstaat – wie die Nationalliberalen beim Sozialistengesetz – und nicht der Freiheit den Vorzug.

3.1.3. Starker oder schwacher Staat

Im deutschen Liberalismus ist der durch den Monarchen personifizierte Staat insofern im Gegensatz zum angelsächsischen, jedoch – wenn auch weniger deutlich – auch zum französischen Liberalismus Selbstzweck, weil, wie es der theoretisch, aber auch politisch in der Paulskirche einflußreichste deutsche Theoretiker des Liberalismus, *Friedrich Christoph Dahlmann (1785-1860)* ausdrückt, der gesamte politische Prozeß, die Kooperation der Institutionen, jedoch auch die öffentliche Meinung und Erziehung und Bildung getragen sein soll von der „Akzeptanz einer übergeordneten Staatsidee" als Ausdruck einer „guten Verfassung".[9] Insofern geht es nicht um die Begrenzung und möglichen Mißbrauch der Gewalten, sondern um ihr Zusammenspiel – jedoch nicht wegen der Funktionsfähigkeit des Staates, sondern wegen der übergeordneten *Staatsidee.* Nicht der Konflikt, das Spiel der freien Kräfte im Rahmen der Gesetze, sondern ein möglicher Radikalisierung vorbeugendes *Harmoniemodell* ist bestimmend. Die übergeordnete Staatsidee ist eine Wertprämisse. Der Staat wird eben nicht wie im außerdeutschen, insbesondere angelsächsischen Liberalismus, wertfrei begriffen und dem Individuum und seinen natürlichen Rechten untergeordnet. Der Staat und seine Verfassung als „Wert an sich" manifestiert sich in Deutschland in der Überkreuzung von Konservatismus und Liberalismus mit der Konsequenz, daß die liberale Demokratie erst nach dem innen- und außenpolitischen Scheitern des wilhelminischen Staates zum Zuge kommen konnte und bald wieder zerstört wurde. Begleitet wurde dieser Prozeß von liberaler wie von konservativer Seite aus von dem Ruf nach dem starken, wieder einen eigenständigen Wert gewinnenden Staat.

Die Ambivalenz *starker* und *schwacher Staat* prägt den Liberalismus aller Schattierungen von Anbeginn an. Das schon auf Locke gemünzte Wort vom „Nachtwächterstaat" ist irreführend. Dies veranschaulicht die Übertragung der Notstandsbefugnisse und der Außenpolitik als föderative Gewalt an den König und ihre Herauslösung aus dem allgemeinen Gesetzesvorbehalt und dem Naturrecht. In der Außenpolitik, die ja formell außerhalb des Staates liegende Bereiche, zwischenstaatliche Beziehungen und die Kolonien betrifft, herrscht noch der vertragslose, vorstaatliche Naturzustand. In ihr wirkt noch die absolute Macht ohne Rücksicht auf gesetztes oder natürliches Recht. Die Außen- und Kolonialpolitik Englands verdeutlichte immer wieder diesen Sachverhalt, so z. B. in der von den Interessen englischer Geschäftsleute und der Krone gesteuerten rechtlich ungleichen Behandlung der Kolonien in Nordamerika und des Mutterlandes. Der englische Staat versuchte mit Gewalt, den Widerstand der Amerikaner gegen diese ungleiche Behandlung zu brechen. Das Verhalten der

Bewohner der Kolonien stellte grundsätzlich keine Unbotmäßigkeit oder Gesetzesverletzung dar, die zu einem gewaltsamen Eingreifen des englischen Staates berechtigt hätten. Es lag vielmehr im von liberalen Prinzipien gesteckten Rahmen, auch des Widerstandsrechtes.

Weder in der Theorie noch in der politischen Wirklichkeit des Liberalismus bestand je der geringste Zweifel darüber, daß die Rechtsordnung, die die Eingriffe des Staates auf ein Mindestmaß beschränken sollte, kein Hindernis für den Staat war, die innere Sicherheit zu schützen, Krieg zu führen und eine machtvolle Außenpolitik zu betreiben. Bezogen auf die jeweilige historisch-gesellschaftliche Situation hieß das konkret: „Der liberale Staat war immer so stark, wie die politische und soziale Situation und die bürgerlichen Interessen es erforderten" (Neumann 1967: 7). Nichts verdeutlicht diesen Sachverhalt besser als die englische Geschichte, in der das herrschende politische Denken bis zum Ende des vorigen Jahrhunderts, als sich nämlich die Arbeiterpartei endgültig durchzusetzen begann, die größtmögliche Abwesenheit des Staates verlangte. Trotzdem hat der englische Staat in diesem Zeitraum die innere Sicherheit Englands bewahrt, hat lange Zeit die Arbeiterbewegung niedergehalten und ein großes Kolonialreich gegründet. Vom schwachen Staat kann also nicht die Rede sein. Die Funktion der Theorie von der Staatsabwesenheit wird jedoch auch zeitweilig durch die Kolonialpolitik erhellt, denn die wichtigste koloniale Erwerbung, nämlich Indien, erfolgte zumindest formell ohne Einschaltung des Staates durch die private ostindische Handelsgesellschaft. Erst als die Sicherung des privaten Besitzes durch Private nicht mehr gewährleistet war, übernahm der Staat diese Aufgabe. Genauso verhielt es sich in der Innen- und Wirtschaftspolitik, in der der Staat um so mehr spürbar wurde, je mehr die Interessen des bürgerlichen Besitzes seiner Machtregulative gegen die empordrängende Arbeiterschaft und bei unabdingbar gewordenen Eingriffen in den kapitalistischen Wirtschaftsprozeß bedurfte.

Diesen Widerspruch vermag der Liberalismus nicht mehr aufzulösen, seitdem der Staat demokratisch wurde und vielfältige Interessen seinen Willen in politischer Konkurrenz zueinander zu beeinflussen versuchen. Obwohl der *Neoliberalismus* seit etwa zwanzig Jahren bis in die Sozialdemokratie hinein angesichts der ebensolange sich verschärfenden sozialökonomischen Krisenerscheinungen mit dem Schlagwort „weniger Staat" Erfolg hat, kann der Liberalismus doch nicht die generelle Umsetzung dieses konsequenten politischen Standpunktes in politisches Handeln erwarten. Der Liberalismus hat kein theoretisches Rezept dafür, wie sich weniger Staat und weniger Staatsintervention, was dem Interesse seiner historisch wichtigsten sozialen Träger entspricht, mit dem Interesse und der Forderung eben dieser sozialen Kräfte nach staatlicher Intervention und Regulative vereinbaren läßt. Die Konservativen, jedoch auch die Sozialdemokraten und neue alternativ-ökologische Kräfte können dies besser, weil sie jenen Widerspruch mit außerliberalen Wertpostulaten ideologisch zu überbrücken suchen. Allenfalls wären die Sozialliberalen dazu in der Lage.

Wenn man *John Maynard Keynes (1883-1946)* dem Sozialliberalismus zurechnen will, so ist seine Theorie der Regulation privatwirtschaftlicher Prozesse durch den liberaldemokratischen Staat zur Vorbeugung und Bekämpfung wirtschaftlicher und in ihrer Folge gesellschaftlich-politischer Krisen (Keynes 1983) im amerikanischen New Deal und in der Bundesrepublik zwar wirksam geworden. Sie konnte aber nie in Reinheit verwirklicht werden. Sowohl für die politische Praxis wie für die Liberalismusdiskussion sind auch die theoretischen Überlegungen *Ralf Dahrendorfs* auf keine besondere Resonanz gestoßen. Dahrendorf will das Problem notwendigen staatlichen Handelns bei gleichzeitiger größtmöglicher Staatsabstinenz und Freiheit dadurch lösen, daß über Pluralität – der Institutionen, der sozialwirtschaftlichen und geistigen Optionen – und über Offenheit für Konflikte bei größtmöglicher sozialer und bildungsmäßiger Chancengleichheit in einer Gesellschaft mit Marktalternativen zu Staat, Bürokratie und Organisation dem Individuum verlorene und neue Freiheitsspielräume gegenüber staatlicher und privater Herrschaft eröffnet werden können (Dahrendorf 1981). Darin sieht er die „Chancen der Krise“ (Dahrendorf 1983) für eine liberale Erneuerung.

Sozialliberale wie Dahrendorf verkennen jedoch, daß gerade in der Krise privatwirtschaftlicher Steuerung der Staat stark genug sein muß, um einerseits das Verlangen der Privatwirtschaft auf Entstaatlichung von Gesellschaft und Wirtschaft durchzusetzen und anderseits den innen- und außenpolitischen Regulations- und Interventionsbedürfnissen der Privatwirtschaft gerecht zu werden. Seine hierbei strapazierte Legitimität kann er schon daher, aber auch wegen des Drucks aller – und zwar widerstreitender gesellschaftlicher Kräfte – nicht durch ideologische Postulate des Liberalismus stärken. Wenn er es auch wollte, so könnte er die Erfordernisse und Gesetzlichkeiten des heutigen kapitalistischen Wirtschaftssystems nicht mißachten. Aber die sind längst nicht mehr jene der liberalen Theorie, wenn es auch einer oberflächlichen Betrachtungsweise so erscheinen mag. Es besteht wieder einmal das Problem, daß liberale Postulate mit antiliberalen Zielen in Wirtschaft und Gesellschaft zu einer Einheit im staatlichen Handeln verknüpft werden sollen.

3.2. Das Recht

Die Rechtstheorie des Liberalismus ist in sich einheitlicher als die Staatstheorie. Der naturrechtliche Ursprung der *Grundrechte* ist Ausgangspunkt frühliberalen Rechtsdenkens. Bei den Grundrechten handelt es sich einmal um *Abwehrrechte* des Individuums gegenüber dem Staat. Hierzu gehören die persönliche Freiheit und die ihr zugeordneten Einzelrechte wie die Unverletzlichkeit der Wohnung, das Briefgeheimnis, der Rechtsschutz, die Gleichheit vor dem Gesetz, die Freizügigkeit. Politische Grundrechte sind die Vereins-, Versammlungs-, Meinungs- und Pressefreiheit, das Wahlrecht und das Wahlgeheimnis. Geistige Grundrechte sind die Gewissensfreiheit und die Freiheit der Religionsausübung. Als Schutz- und Abwehrrechte richteten sich die Grundrechte gegen den Absolutismus und seinen Polizei- und Verwaltungsapparat, gegen die Fesseln des Ständestaates und gegen den geistigen-gesellschaftlichen Zugriff der Kirche mit ihrem autoritären Machtanspruch.

Wenn man das politische Zusammenleben der Menschen im Kulturkreis mit bürgerlicher Tradition heute von diesen Grundrechten bestimmt sieht, so sollte man nicht übersehen, daß die hinter ihnen stehenden wirtschaftlichen Antriebe sich auf die allgemeine Verwirklichung der Grundrechte zwiespältig auswirkten. Dies geschah schon durch die *wirtschaftlichen Freiheitsrechte,* die vor allem in Gestalt des Rechts auf Unverletzlichkeit und freie Verfügbarkeit des Privateigentums eine zentrale Stellung in den liberalen Theorien und Verfassungssystemen einnahmen. Zusammen mit der Gewerbefreiheit, der Vertragsfreiheit und dem Erbrecht gewährleistete das Eigentumsrecht als Recht der freien Verfügung über die Produktionsmittel die ungehemmte Entfaltung von Handel und Industrie. Das Recht auf Freizügigkeit sicherte die regionale Beweglichkeit und Standortveränderungen des freien Unternehmertums und förderte die Entwicklung der großen Industriezentren.

Der Verwirklichungsgrad der individuellen wirtschaftlichen Grundfreiheiten hing von der wirtschaftlichen Situation und Macht der Individuen ab, allgemein ausgedrückt: von der Klassenzugehörigkeit. Darüber hinaus galt dies für die individuelle Verwirklichung aller liberalen Grundrechte: Nicht nur, weil sie in der sozialen Wirklichkeit hauptsächlich das Privateigentum an den Produktionsmitteln und die Vertragsfreiheit garantierten, sondern weil sie auf einen abstrakten, von seinen sozial-ökonomischen Bezügen losgelösten *Staats-Bürger* abzielten. Konkret verwirklichten sie sich für den *Besitz-Bürger,* was bei dem bürgerlichen Ursprung der Grundrechte nicht verwundern kann. Auch dies verdeutlicht die Methode der liberalen Theorie. Sie abstrahierte von den jeweiligen wirklichen Lebensverhältnissen des einzelnen Menschen und verallgemeinerte bürgerliches Denken und die bürgerliche Gesellschaft zum „Naturzustand".

Die Grundrechte in den liberalen Verfassungen banden weder die Gesetzgebung noch die Rechtsprechung. Sie konnten nicht eingeklagt werden, am wenigsten bei einer Grundrechtsverletzung durch sozialen Druck oder durch soziale Abhängigkeit. Im Gegenteil: Der *Staat* wurde zur Hilfe gerufen, um gegebenenfalls mit Gewalt die Einhaltung des bürgerlichen Rechts auch dann zu erzwingen, wenn damit liberale Rechtsprinzipien verletzt oder außer Kraft gesetzt wurden. Dies mag das folgende, wohl wichtigste Beispiel verdeutlichen, an dem sich die Funktion des Staates für bürgerlich-kapitalistische Interessen im Liberalismus ebenso ablesen läßt wie die ideologische Funktion liberaler Prinzipien gegenüber realer wirtschaftlich-sozialer Herrschaft:

> An und für sich entsprach das kämpferisch charakterisierte Verhältnis von Kapital und Arbeit durchaus dem Sozialideal des Liberalismus; der Arbeitskampf gehört zweifellos zum liberalen Wettbewerbssystem (Ramm 1965: 24). Grundsätzlich steht dem Recht auf Arbeitsverweigerung in der liberalen Theorie nichts entgegen, weil es sich aus dem individuellen Freiheitsrecht ergibt. Trotzdem ging der Staat nicht nur deswegen gegen Streiks gewaltsam vor, weil sie als Aufruhr und Gefährdung der öffentlichen Sicherheit verstanden wurden; vielmehr begriff der Liberalismus das an und für sich unzulässige Eingreifen des Staates in den privaten gesellschaftlichen Bereich als Schutz des Eigentumsrechts und als Gewährleistung des Rechts in Gestalt eines Vertrages zwischen formell gleichberechtigten Privatleuten.

Nach dem Erstarken der Arbeiterbewegung verstieß der großbürgerliche politische Liberalismus sogar rechtlich gegen den Grundgedanken der Rechtsgleichheit und sprach einem Teil der Bevölkerung die Grundrechte praktisch ab. So stimmten die deutschen Nationalliberalen mehrfach dem Sozialistengesetz zu, das die Sozialdemokraten oder „sozialistischer Umtriebe" verdächtigte Personen außerhalb des Rechts stellte. Die Befürwortung einer gesetzlichen Bekämpfung der Gewerkschaften und ihre Nichtanerkennung durch das Unternehmertum, obwohl es bereits Unternehmerverbände gab, verstieß gegen die liberale Vereinigungs- und Vertragsfreiheit. Allerdings hatte zu diesem Zeitpunkt bereits der organisierte Kapitalismus die liberale Konkurrenzwirtschaft abgelöst. Die linksliberale Selbsthilfebewegung des Kleinbürgertums und die im Grunde in ihrer politischen Praxis eher sozialliberale denn sozialistische Sozialdemokratie versuchten die materielle Verwirklichung der Grundrechte zu erkämpfen. Dies sollte durch die staatliche Daseinsfürsorge, durch die Anerkennung der Gewerkschaften und durch das allgemeine Wahlrecht geschehen.

Soziale Grundrechte kennt der Liberalismus nicht. Bereits die Jakobiner gingen über die liberale Ausdeutung der berühmten Formel „Freiheit, Gleichheit, Brüderlichkeit" hinaus. Sie forderten eine Reihe sozialer Grundrechte wie das Recht auf soziale Fürsorge, auf Arbeit, auf allgemeinen Unterricht und Bildung für alle. Nach dem Ende der Jakobinerherrschaft durch die besitzbürgerliche Gegenbewegung verschwanden nicht nur diese Forderungen. Vielmehr wurde der erweiterte Grundrechtskatalog wieder auf seine liberale Erstfassung beschränkt. Das beweist, daß der Gedanke der sozialen Grundrechte nicht erst infolge der sozialen Auswirkungen der Industrialisierung entstanden ist. Vielmehr war er schon Anlaß des politischen Konflikts und besitzbürgerlicher Gegenreaktionen, als die Entwicklung zum Verfassungsstaat mit seinen Grundrechtsgarantien gerade erst auf dem europäischen Kontinent begonnen hatte.

Die liberale Theorie machte von Anbeginn einen Unterschied, der darin bestand, daß die naturrechtlich begründeten Grundrechte zwar über die Verfassung den Staat banden, für die grundrechtlich geschützte Privatsphäre aber das „normale", nämlich *bürgerliche Recht* zuständig war. Wenn sich auch der liberale Rechtsstaat durch die Grundrechte begründete, so waren diese doch „liberal" eingeschränkte Freiheitsrechte. Dahinter stand das Interesse an einer ungestörten, vertragsgeregelten Wirtschaftsgesellschaft, für die der liberale Staat das Eigentum respektierte und schützte. Lockes Theorie zum Entstehen und der Funktion des Staates macht dies hinlänglich klar. Als das Eigentum seine politisch-rechtliche Herrschaftsqualität verlor und zum Privateigentum wurde, um sich dem Zugriff des Staates zu entziehen, erfolgten zugleich eine Rezeption des *römischen Rechts* und in England daran orientierte Modifikationen des Common Law.

Das Recht im Liberalismus, soweit es keine grundrechtliche Qualität hat, ist gesetztes, positives Recht und kein Naturrecht. Im frühen Liberalismus wird der Staat nicht aus dem Naturrecht abgeleitet, sondern er wird von den Individuen zum Schutze der natürlichen Rechte – also aus einem vernünftig einsehbaren Grund – mittels eines von der Vernunft geleiteten Aktes als Institution geschaffen, die mit ebenfalls durch vernünftige Akte geschaffenen Gesetzen diese Aufgabe erfüllen soll. Oder mit anderen Worten: „Der Staat ist eine Vereinigung von Menschen unter Rechtsgesetze" (Kant). Indem der Staat und die Menschen unter den Gesetzen stehen, ist die Freiheit gesichert. Der Mensch ist frei, weil er nicht mehr Menschen, sondern ausschließlich den Gesetzen gehorchen soll. „Freiheit ist das Recht alles zu tun, was die Gesetze erlauben. Wenn ein Bürger tun könnte, was die Gesetze verbieten, dann hätte er keine Freiheit mehr, weil die anderen ebenfalls diese Macht hätten." (Montesquieu 1974: XI, 3) Für Montesquieu gilt das auch für die politische Freiheit, wobei der Staat nicht demokratisch sein muß. Politische Freiheit gibt es nur dort, wo der Staat durch Gesetze gewährleistet, daß der als natürlich begriffenen menschlichen Neigung zum Machtmißbrauch Schranken gezogen sind.[10]

Die seit der Antike erörterte Möglichkeit, daß durch Gesetze im Rechtsstaat die Freiheit durch den Gesetzgeber über einsehbare Beschränkungen hinaus aufgehoben werden kann, war durch die Theorie ausgeschlossen, weil der Zweck, weshalb Staat und Gesetze durch vernünftige Akte geschaffen wurden, doch darin bestand, die Freiheit zu sichern und ihr Spielraum zu verschaffen. John Stuart Mill und Tocqueville haben, wie bereits erörtert, diese Möglichkeit reflektiert, nicht zuletzt wegen der die Freiheit und das Leben zerstörenden gesetzgeberischen und staatlichen Akte im Namen der Vernunft, des Guten und der Freiheit in der jakobinischen Phase der Französischen Revolution.

Der Liberalismus wollte schon immer durch institutionelle Vorkehrungen sichern, daß das Parlament wie die anderen Gewalten nicht gegen das Recht, sondern unter der Herrschaft des Gesetzes handelt. Die Akte des Parlaments, der Verwaltungen und der Gerichtsbarkeit sollen an rechtlich fixierte Formen und Verfahren gebunden sein, was eben erfordert, daß der liberale Rechtsstaat zugleich auch Verfassungsstaat ist. Zu diesen rechtsförmigen Verfahren, mit denen ein Mißbrauch durch die grundsätzlich rechtlich *verbindlichen* Parlamentsentscheidungen verhindert werden soll, gehören auch die Verfahren zur personellen Besetzung des Parlaments, mit denen zugleich gewährleistet werden soll, daß Vernunft, Sachverstand und Verantwortungsbewußtsein im Parlament herrschen. Bereits bei Locke war angelegt, daß dies institutionell durch eine Bindung des aktiven und passiven Wahlrechts an bestimmte Kriterien erreicht werden könnte. Der Gedankengang war hierbei folgender: Wenn das *Zensuswahlrecht* nur diejenigen an der Gesetzgebung und Kontrolle der Exekutive teilnehmen läßt, die über größeres Eigentum verfügen, dann ist zu erwarten, daß das Parlament und wegen seiner Funktion für die Exekutive auch diese nicht ihre Macht gegen die Freiheit und den Rechtsstaat mißbrauchen würden.

Schließlich ließ die frühe und die klassische liberale Theorie auch eine qualifizierte *Bildung*, die jedoch zumeist ein zensitären Ansprüchen genügendes Einkommen erbrachte, als Kriterium für das aktive und passive Wahlrecht gelten. Von den Gebildeten, wenn sie eine gesellschaftlich qualifizierende Tätigkeit als Professoren, höhere Beamte usw. ausübten, wurde erwartet, daß sie immun gegen Demagogie zu einem von Vernunft und freier Diskussion geleiteten parlamentarischen Handeln befähigt waren. Diese Qualität schrieb man auch den von keiner anderen Gewalt abhängigen Richtern als Anwender und Wahrer des Gesetzes zu. Insofern mußte die Theorie des frühen und klassischen Liberalismus, von wenigen Ausnahmen abgesehen, das im Prinzip der Volkssouveränität angelegte demokratische Wahlrecht auch und gerade unter dem Gesichtspunkt rechtsstaatlicher Sicherheit ablehnen, und zwar aus der Theorie wie aus der Interpretation praktischer Erfahrung heraus.

Rechtssicherheit sollte friedliche Rechtsbeziehungen zwischen den Privatleuten sicherstellen, wobei der Staat nur den Schutz der rechtlichen Seite dieser Beziehungen gewährleisten, dem materiellen Inhalt dieser Beziehungen gegenüber aber neutral bleiben sollte. Rechtssicherheit war mit dem Blick auf etwaige nicht erwartbare staatliche oder private Abweichungen von Normen für die kapitalistische Wirtschaftsform unerläßlich. Eine weit vorausschauende, kalkulierende Planung und der tägliche Geschäftsgang müssen rechtlich abgesichert sein. Zweck der Gesetze im liberalen Rechtsstaat ist die Berechenbarkeit, nicht aber die soziale Gerechtigkeit. Sozial tätig sollten der Staat und seine Gesetzgebung nicht werden, vielmehr sei „die Sorgfalt des Staates für das Wohl der Bürger schädlich", so der preußische Reformer Wilhelm von Humboldt (1960: 225). Entsteht doch nach liberaler Auffassung in einem marktwirtschaftlichen System mit freien vertraglichen Beziehungen zwangsläufig soziale Gerechtigkeit.

Der Schritt des Liberalismus vom Naturrecht zum modernen Rechtsverständnis, nach dem Gesetze allgemein sein müssen und keine rückwirkende Kraft haben dürfen, diente und dient dem Bedürfnis der gesamten Gesellschaft nach Rechtssicherheit. Er lag gleichwohl im kapitalistischen Interesse nach Berechenbarkeit und Zuverlässigkeit des Rechtssystems und der Verwaltung. Bestand doch die Aufgabe des liberalen Staates in der Schaffung einer Rechtsordnung, die die Erfüllung von Verträgen sichert. „Die Erwartung, daß Verträge erfüllt werden, muß stets berechenbar sein. Diese Berechenbarkeit kann aber, wenn die Wettbewerber annähernd gleich sind, nur durch allgemeine Gesetze hergestellt werden." (Neumann 1967: 24) Besondere Gesetze oder besondere staatliche Maßnahmen verletzen den Grundsatz der Gleichheit der Wettbewerber.

Unter der *Herrschaft der Gesetze* versteht der ältere englische und klassische Liberalismus auf dem europäischen Kontinent ausschließlich die Vorherrschaft des gesetzten Rechts und nicht des Naturrechts. Der Liberalismus begreift das von ihm geschaffene Rechtssystem als ein geschlossenes System ohne jegliche Gesetzeslücken. Zweifel über die Auslegung und die Anwendung der Gesetze können also nicht entstehen. Das Rechtsdenken dieser Zeit, auch das nichtliberale, nennt man *Positivismus* oder Normativismus. Es sieht in der richterlichen Gewalt nicht mehr als die „reine und einfache" Anwendung des Gesetzes. Wie bereits Charles de Montesquieu (IX, 6) verlangt hatte, die

Richter seien „nur der Mund, der die Worte des Gesetzes ausspricht, willenlose Wesen", legte die Französische Revolution den Grundsatz ausdrücklich gesetzlich fest, daß die Richter die Gesetze nicht auslegen oder gar Recht schaffen dürfen. Sie seien eben nur ein Sprachrohr der Gesetze. Das konnten die Richter nur sein, wenn die Rechtsprechung unabhängig von jeglichem staatlichen und nichtstaatlichen Einfluß war, was in der Konsequenz der Theorie von der Herrschaft der Gesetze lag. Rechtssicherheit und Unabhängigkeit der Rechtsprechung bedeuteten ein außerordentlichen Fortschritt gegenüber der Willkür des vorbürgerlichen Systems und gegenüber dem Bestreben der Exekutive, der Regierung und der Verwaltung, das Recht nach eigenem Gutdünken anzuwenden oder gar zu mißachten.

Herrschaft der Gesetze bedeutet praktisch und theoretisch eine *Herrschaft des bürgerlichen Rechts,* wenn man die soziale Wirklichkeit der Gesetzgebung und der Rechtsprechung einerseits und ihre theoretische Begründung durch den Liberalismus anderseits mitbedenkt. Überall dort, wo das Bürgertum wie in England und in Frankreich einen wichtigen Anteil an der Gesetzgebung hatte oder diese allein bestimmte, wurde der Vorrang der Gesetze behauptet. Schon im bürgerlichen Interesse mußte der Liberalismus auf seinem heute in Rechtsstaaten generell geltenden Grundsatz bestehen, daß in die bereits nach frühliberaler Theorie jeglicher Gesetzgebung vorgeordnete Freiheit und das Eigentum gleichwohl und nur aufgrund von Gesetzen – etwa mittels Straf- und Steuerrecht – eingegriffen werden darf. Entscheidend ist also nicht, *ob* durch die Herrschaft der Gesetze in Freiheit und Eigentum eingegriffen wird, sondern *wie* dies im Hinblick auf bestimmte soziale Interessen geschieht und *wer* sich bei der Gesetzgebung durchsetzt. Zunächst in seiner Funktion als Schutz vor vorbürgerlichen und später vor neuen gesellschaftlichen Interessen, vor allem der Arbeiterschaft, dann aber auch in der Funktion, demokratisch legitimierte gesetzliche Eingriffe in das Eigentum durch nichtbürgerliche und nichtkapitalistische Mehrheiten abzuwehren, hat das Prinzip der Herrschaft der Gesetze außer seiner grundsätzlich-generellen eine für das Eigentum spezielle Funktion. Konkret beinhaltet es nach liberalem Verständnis auch heute, daß gesetzliche Eingriffe in Eigentum und Einkommen maßvoll und unter der Beachtung der rechtlichen Gleichheit zu erfolgen haben; d.h. bei der Besteuerung im Idealfall die gleiche prozentuale Belastung von Besitz, Gewinnen und anderen Einkommen ungeachtet ihrer Größe und unter besonderer Bevorzugung indirekter Steuern, der wichtigsten Eigentum und Einkommen aussparenden Steuerart. Unter dieser Voraussetzung bedeutet Herrschaft der Gesetze, daß Freiheit, Eigentum und Gleichheit *rechtlich* grundsätzlich gewährleistet, aber für mehr oder minder große

Teile der Gesellschaft *sozial* praktisch in Frage gestellt werden können. Wann immer diese Voraussetzung gefährdet ist oder nicht mehr besteht, kann im politischen Liberalismus ein ideologisch gegen ihn selbst gerichteter Umschlag gegen das Prinzip der Herrschaft der Gesetze oder, sofern diese rein positivistisch begriffen wird, gegen die ihnen vorgeordneten Freiheitsrechte erfolgen.

Aus dem liberalen Freiheits- und Eigentumsbegriff leitete sich zwangsläufig die Behauptung ab, nur durch die Gesetzgebung dürften soziale Maßnahmen veranlaßt werden, weil diese grundsätzlich Eingriffe in Eigentum und Freiheit seien. So hatte es das Bürgertum längere Zeit in der Hand, durch seine Vorherrschaft im Parlament oder durch parlamentarische Verzögerungsmanöver soziale Reformen zu verhindern und ihm genehme Gesetze gleichsam als unveränderliche Tatsachen einzufrieren. Das an und für sich widersprüchliche Nebeneinander der Autonomie des Menschen und der Herrschaft der Gesetze bringt die „Ambivalenz des bürgerlichen Charakters klar zum Ausdruck“ (Neumann 1967: 24), löst sich aber auf in der gemeinsamen Funktion beider liberalen Postulate im bürgerlichen Interesse und zu einer von ihm bestimmten Gesellschaft und deren Staat.

Daß die *Herrschaft der Gesetze* eine Herrschaft der bürgerlichen Elite im Interesse ihrer sozialen Klasse war, das versuchte eben diese Doktrin von der Herrschaft der Gesetze ideologisch zu verschleiern. Wenn nach der liberalen Doktrin das Gesetz der einzige Souverän ist und diese Souveränität in der Herrschaft von Gesetzen und nicht von Menschen besteht, dann ist es auch „überflüssig zu erwähnen, daß Menschen herrschen, wenn sie auch im Rahmen von Gesetzen regieren“ (ebd.: 23). Die tatsächlichen Machtverhältnisse, denen Regierung und Gesetzgebung unterliegen, geraten damit aus dem Blickfeld. Gleichzeitig täuscht die Doktrin von der Vorherrschaft der Parlamentsgesetze über die eigenständige Rechtsschöpfung durch Verwaltung und Regierung hinweg. Anders als in der demokratisch-konstitutionellen Rechtstheorie Englands, wo das Bürgertum immer am Entstehen der Gesetze interessiert war, hat die deutsche liberal-konstitutionelle Rechtstheorie nie nach der Genese der Gesetze gefragt, sondern entsprechend der Machtlosigkeit und dem Staatsverständnis des deutschen Liberalismus die Herrschaft der Gesetze unabhängig von der Staatsform begriffen. Das Verständnis von Rechtsstaatlichkeit hing hier nicht von der Staatsform und den Zielen und Inhalten staatlicher Betätigung, sondern von deren Rechtsförmigkeit und von der Garantie bzw. Einhaltung des Rechts ab (ebd.: 27f.).

Nach dem Entstehen des demokratischen Staates in Deutschland waren es in der Weimarer Republik vor allem konservative und liberalkonservative Theoretiker, die die Anwendung und Auslegung der

Parlamentsgesetze vom Willen des Gesetzgebers abzutrennen versuchten. Zum Teil geschah dies durch Wiederaufnahme des Naturrechts, vor allem aber durch ein abgewandeltes positivistisches Rechtsverständnis, das durch ein starres Auslegungssystem den Eindruck der freien Auslegung zu vermeiden versuchte und so auch gegen den Willen des Gesetzgebers die materiellen Veränderungen von positivem Recht nicht nachvollzog oder sie zumindest abschwächte. Ihre starke Stellung zum Unterlaufen der demokratischen parlamentarischen Gesetzgebung sicherte sich die Rechtsprechung durch das liberale Prinzip der richterlichen Unabhängigkeit, das ursprünglich eine absolute Unterstellung des Richters unter das gesetzte Recht gewährleisten sollte.

3.3. Die Öffentlichkeit

Das Bürgertum unterlief das Prinzip der Herrschaft des vorliberalen Staates, indem es ihm das Prinzip der Öffentlichkeit entgegensetzte. Die Öffentlichkeit von Privatleuten soll nicht die politische Macht übernehmen, sondern sie im Namen des Allgemein-Menschlichen auflösen und in Moral und Vernunft überführen. Liberale Öffentlichkeit verdeutlicht den entstehenden Dualismus zwischen Staat und Gesellschaft. In ihr stellt sich die Gesellschaft dem Staat gegenüber dar und kontrolliert seine Tätigkeit. Liberale Öffentlichkeit bedeutet also niemals direkte Machtausübung; hierin unterscheidet sie sich auch vom radikaldemokratischen Modell.

Als Ort und Voraussetzung der politischen Willensbildung und der Kontrolle über alle staatliche Gewalt ist Öffentlichkeit jener gesellschaftliche Bereich, in dem sich die öffentliche Meinung bildet. Zur Öffentlichkeit zählen grundsätzlich alle Bürger. Öffentlichkeit entsteht immer und überall, wo sich Privatleute zu einem Publikum versammeln. Nach der liberalen Theorie verhält sich das Publikum weder als Versammlung der Geschäftsleute, der Arbeiter oder der Interessenvertreter, noch als abhängige Staatsbürger. Vielmehr verhandelt es als Anwalt des allgemeinen Wohls unter der rechtlichen Garantie der Meinungs-, Veröffentlichungs-, Versammlungs- und Vereinigungsfreiheit. Erst hierdurch werden Privatleute zu einem Publikum. Somit trennt die liberale Theorie in der Gesellschaft die *individuelle Existenz* scharf von der *öffentlichen Existenz.* Sie unterscheidet zwischen Meinungen und öffentlicher Meinung von Privatleuten. Hierdurch entsteht zum Schein der Eindruck, wirtschaftliche und gesellschaftliche Interessen einerseits und Politik und Staat anderseits gehörten zwei voneinander getrennten Bereichen an. Diese Trennung ist erforderlich für die Erwartung, daß sich in der öffentlichen Diskussion von Privatleuten nicht persönliche oder Klasseninteressen durchsetzen, sondern allgemeine Interessen Gegenstand und Resultat der Diskussion bilden. Möglich war diese Grundannahme nur, weil die politische Theorie und Praxis des Liberalismus den Begriff des allgemeinen Interesses mit dem bürgerlichen Klasseninteresse gleichsetzte.

In der „Struktur der Öffentlichkeit" und im Prozeß der öffentlichen Meinungsbildung lag für die liberale Theorie die Ursache für die besondere Wertigkeit von Aussagen und Diskussionsergebnissen über Dinge von „öffentlichem Interesse". So wie man von der ungehemmten liberal-kapitalistischen Konkurrenz in der Wirtschaft erwartete, daß sie für jeden einzelnen und das Wohl des Ganzen die besten Ergebnisse und eine bestmögliche Befriedigung der Bedürfnisse erbrachte, so erwartete man auch von der *freien, ungehemmten Konkurrenz der Meinungen* öffentlich diskutierender Privatleute das beste und vernünftigste Ergebnis für das Wohl des Ganzen. Nach den Vorstellungen der Aufklärung standen die von traditionellen Hemmnissen befreiten Prozesse der privaten Wirtschaft und der öffentlichen Meinungsbildung unter dem Walten einer höheren Vernunft. So konnte man die Herrschaft der Öffentlichkeit mit der Herrschaft von Vernunft gleichsetzen.

Dieser Gedanke ist auch für die Gegenwart außerordentlich bedeutsam, insbesondere für die Begründung der Freiheit. Schon daher ist es wichtig, darauf hinzuweisen, daß er den liberalen *Marktmechanismus* abbildet. So wie der uneingeschränkte Wettbewerb unter Waren dazu führen soll, daß die guten Waren verkauft werden, während die schlechten Waren auf den Regalen verstauben, so sollen auf dem Markt des Geistes die Konsumenten die angebotenen Ideen prüfen und die besten Ideen „kaufen" (Wolff 1969: 19). Sogar dann, wenn man von den tatsächlichen Bedingungen des öffentlichen Meinungsbildungsprozesses absieht, wird man kritisch einwenden müssen, daß Vernunft oder gar Wahrheit nicht zwangsläufig aus der Konkurrenz von freien Meinungen entsteht.

Keinen Raum gab die liberale Öffentlichkeit dem antikapitalistischen und antibürgerlichen Denken im Prozeß der Sicherung, Rechtfertigung und Bewahrung bürgerlicher Herrschaft. Sogar in der Wissenschaft und der Kultur, für die das Prinzip liberaler Öffentlichkeit als Freiheit und Wettbewerb des Geistes am ausdrücklichsten gilt, konnte solches gegenläufiges Denken nur mit Mühe entstehen und seine „Öffentlichkeit" finden. Bürgerliche Öffentlichkeit war im doppelten Sinne eingeschränkt. Nicht nur ideologisch, denn Besitz und Bildung waren erforderlich, um überhaupt zum Kreis öffentlich diskutierender Privatleute zu gehören. Lediglich eine Minderheit konnte am „Markt" der Kulturgüter Ideen und Meinungen hervorbringen, verbreiten und nutzen. Zu einer Zeit, in der das Erlangen von Bildung noch Privatsache war, konnten nur diejenigen sich und ihre Familie in den Besitz von Bildung bringen, die über größeren Besitz und damit auch über arbeitsfreie Zeit verfügten. Soziale Aufsteiger in die bürgerliche Bildungsschicht, wobei auch an namhafte Dichter und Philosophen zu denken ist, mußten sich oft im wahrsten Sinne des Wortes an ihre bürgerlichen Gönner verdingen.

John Stuart Mill hat diese Aspekte liberaler Öffentlichkeit durchaus kritisch gewürdigt. So, wie er die Diktatur einer Parlamentsmehrheit mit Blick auf die englischen Verhältnisse seiner Zeit für durchaus möglich und als zu vermeidende diskutiert, erörtert er auch die Möglichkeit der Diktatur einer öffentlichen Mehrheitsmeinung. Diese kann entstehen wegen der sozial-intellektuell bedingten Differenz im Wissen und in der kommunikativen Kompetenz von gesellschaftlichen Eliten einerseits und gesellschaftlichen Mehrheiten anderseits, die der Argumentationsmacht der Eliten ausgeliefert sind. Wenn Mill darauf verweist, daß Meinungen zu Mehrheitsmeinungen werden können, weil sie besonders eifrige Protagonisten haben, dann verweist er auf nichts anderes als auf die sozialen Voraussetzungen von politisch und ideologisch aktiven Personen, die eben nicht dem Kleinbürgertum und der Arbeiterschaft angehörten.
Mill sieht die Tendenz, einfach politische Mehrheitsmeinungen zu übernehmen, durchaus bei den bürgerlichen Intellektuellen seiner Zeit, wenn er dies auch abstrakt ausdrückt. Es geht ihm jedoch nicht darum, daß grundsätzlich richtige Meinungen vertreten werden, sondern „die Wahrheit gewinnt sogar mehr durch die Irrtümer eines Menschen, der mit gebührendem Eifer und entsprechender Vorbereitung für sich selbst denkt, als durch die richtigen Meinungen derer, die diese nur darum vertreten, weil sie sich selbst das Denken nicht erlauben" (Mill 1971: 43). Das heißt jedoch, eine am Marktmodell orientierte öffentliche Diskussion als Kriterium reicht nicht aus, um zu einer Meinung zu gelangen. Nötig ist immer die Bereitschaft, jegliches Prinzip, somit auch Prinzipien der bestehenden Gesellschaft, in Frage zu stellen, weil anders Geist und Gesellschaft nicht zu Fortschritten gelangen. Anderenfalls sieht Mill die Gefahr, daß an die Stelle der vom Liberalismus überwundenen geistigen und politischen Autorität ein neuer Dogmatismus und der Zwang zur Übernahme von Meinungen tritt, der auch dann nicht gerechtfertigt ist, wenn es sich um Wahrheiten handelt.
„Die Überzeugungen, auf die wir am festesten bauen können, haben keine andere Bürgschaft als die einer ständigen Einladung an die ganze Welt, ihre Unbegründetheit zu erweisen". (Mill 1971: 29) Die Vorläufigkeit einer aus der Konkurrenz von Meinungen entstehenden Aussage mit gesichert erscheinendem Wahrheitscharakter verweist bereits auf den Wahrheitsbegriff eines der wichtigsten liberalen Denker der Gegenwart, Karl R. Popper (1902-1994). Außer zum Schutze der individuellen Meinung ist er unerläßlich für die Freiheit einer „offenen Gesellschaft" (Popper 1970) und deren Fortschritt wie jeglichen Fortschritt überhaupt.

Öffentlichkeit und überhaupt liberale Prinzipien und Grundwerte wie die Freiheit sind für Mill nicht einfach vorgegebene und als unverrückbare Wahrheiten festgeschriebene Normen, sondern sie legitimieren sich durch ihre Funktion. Mill treibt hiermit die Methode liberalen Denkens auf die Spitze, öffnet aber damit zugleich den Liberalismus seiner Zeit für neue Entwicklungen, deren immanente Gefahren er mitbedenkt. Sei es nun einerseits in der liberalen Demokratie die Konkurrenz auf Massenakklamation zugerichteter Meinungen als vorgebliche Wahrheiten, um Herrschaft zu erringen oder zu erhalten. Sei es anderseits die Dogmatisierung von Meinungen zu nicht zu bezweifelnden Wahrheiten in totalitären Systemen oder in einem Denken, das totalitäre Konsequenzen haben kann.

> „Nehmen wir also an, daß die Regierung völlig eins mit dem Volke ist und niemals daran denkt, irgendwelche Zwangsgewalt auszuüben, es sei denn in Übereinstimmung mit dem, was sie für die Stimme des Volkes hält. Aber ich leugne das Recht des Volkes, solchen Zwang auszuüben, entweder direkt oder durch seine Regierung. Die Gewalt als solche ist illegitim. Die beste Regierung hat keinen größeren Anspruch auf sie als die schlechteste. Sie ist so schädlich, oder noch schädlicher, wenn sie in Übereinstimmung mit der Öffentlichen Meinung ausgeübt wird, wie wenn im Gegensatz zu ihr. Wenn die ganze Menschheit minus einen einzigen Menschen einer Meinung wäre und nur dieser Eine der entgegengesetzten Meinung, so wäre die Menschheit nicht mehr berechtigt, ihn zum Schweigen zu verurteilen, als er berechtigt wäre, die Menschheit zum Schweigen zu verurteilen, wenn er die Macht dazu hätte [...].
> Die Meinung, die die Autorität zu unterdrücken versucht, kann möglicherweise wahr sein. Diejenigen, die sie zu unterdrücken wünschen, leugnen natürlich ihre Wahrheit; aber sie sind nicht unfehlbar. Sie haben keine Vollmacht, die Frage für die ganze Menschheit zu entscheiden und jede andere Person von den Mitteln zu ihrer Beurteilung auszuschließen. Einer Meinung das Gehör verweigern, weil man sicher ist, daß sie falsch ist, heißt annehmen, die eigene Gewißheit sei dasselbe wie absolute Gewißheit. Jede Unterdrückung von Diskussion bedeutet eine Annahme von Unfehlbarkeit. Es möge erlaubt sein, ihre Verurteilung auf dieses einfache Argument zu stützen, dessen Einfachheit seinen Wert nicht mindert." (Mill 1971: 24f.)

Bis zum Zeitpunkt der rechtlichen Anerkennung der politischen Öffentlichkeit durch den Staat, als die Zeitungen von der staatlichen Zensur befreit und das liberale Grundrecht der Meinungsfreiheit Teil der Staatsverfassung wurde, bedeutete das Erscheinen einer Zeitung Kampf um die Freiheit der öffentlichen Meinung, um die Öffentlichkeit als Prinzip. Erst nach der endgültigen Errichtung des bürgerlichen Rechtsstaates beginnt sich die Gesinnungspresse zur Geschäftspresse zu wandeln. Die Presse wird zu einem Instrument der direkten Kapitalverwertung. Neben den politischen tritt ihr wirtschaftlicher Nutzen. Aus einem Organ der Diskussion von Meinungen entwickelte sich die Presse mehr und mehr zu einem Apparat zur gewerbsmäßigen Produktion und Verbreitung von Meinungen, die für den „Konsum" durch ein „Massenpublikum" zubereitet werden. Die öffentliche Meinung wird hierdurch zur „veröffentlichten Meinung" (Habermas 1969). Die so hergestellte Öffentlichkeit in Form der Massenkommunikationsmittel unterliegt dem kapitalistischen Wirtschaftsprozeß mit seinen Notwendigkeiten und nicht den Prinzipien des geistigen Wettbewerbs freier Meinungen.

Der bereits vom Liberalismus aufgestellte Anspruch, jeder gehöre zur Öffentlichkeit, ist nur zum Schein eingelöst. Dank der modernen Kommunikationsmittel hat sich heute die Öffentlichkeit auf die gesamte Gesellschaft erweitert; die ihr von der liberalen Theorie zugedachte und in den Verfassungen der parlamentarischen Demokratie liegende Funktion hat die Öffentlichkeit hingegen weitgehend in der heutigen politisch-gesellschaftlichen Wirklichkeit verloren. Eine echte Diskussion, an der jeder mit der Chance zur Bildung der öffentlichen Meinung teilnehmen kann, findet in der auf die gesamt Gesellschaft ausgeweiteten Öffentlichkeit kaum noch statt. Auch die „öffentlichen Aufgaben und Angelegenheiten" bleiben einer wirklichen Diskussion in einem Massenpublikum entzogen, das am Gemeinwesen nicht das Interesse zeigt, wie es das Prinzip Öffentlichkeit, wenn es seine Funktion erfüllen soll, erfordert. Demgegenüber fühlten sich früher nach dem Anspruch der liberalen Theorie, letztlich aber wegen ihrer wirtschaftlichen, politischen und kulturellen Interessen, die bürgerlichen Eliten von „Besitz und Bildung" für das Gemeinwesen verantwortlich.

Das Massenpublikum bekommt heute in der Öffentlichkeit und in der Politik zumeist nur das angeboten, was als „verkäuflich" ermittelt oder als neues wirtschaftliches, kulturelles oder politisches „Angebot" für den „Verkauf" entsprechend vorbereitet worden ist. Dies gilt auch für die politische Institution, in der das Prinzip Öffentlichkeit herrschen soll. Denn nach der liberalen Theorie soll Kristallisationspunkt der öffentlichen Meinung und gleichsam ihr Spiegelbild das *Parlament* sein. Seine Bildung durch Wahlen von Volksvertretern wird verstanden als Ergebnis eines öffentlichen Meinungsbildungsprozesses. Bereits hieraus ist zu schließen, daß es im Parlament weniger auf die den Entscheidungen zugrunde liegenden Abstimmungen ankommt, als vielmehr auf die vorangehende öffentliche Diskussion des Parlaments unter der Kontrolle der Öffentlichkeit. Aus der öffentlichen Diskussion der Parlamentarier, die Vertreter des ganzen Volkes und keine Interessenvertreter sind, müssen zwangsläufig die bestmöglichen und vernünftigsten Entscheidungen für das Wohl des Ganzen entstehen. Vernunft und Vernünftigkeit der Gesetze begründen sich somit durch den Prozeß der öffentlichen Diskussion. Volle Herrschaft der liberalen Öffentlichkeit bedeutete und bedeutet Parlamentsherrschaft: Das Parlament ist ein Ausschuß der Öffentlichkeit und die Regierung ist ein Ausschuß des Parlaments ist. Voll realisiert wurde dieses Modell erst in der parlamentarischen Demokratie, jetzt aber mit einer auf die gesamte Gesellschaft erweiterten Öffentlichkeit, die jedoch wegen ihres vorangehend und im Folgenden erörterten „Strukturwandels" (Habermas) weder im Sinne der liberalen Theorie existiert noch die von ihr behauptete Funktion hat.

Je mehr sich der Prozeß der tatsächlichen politischen Willensbildung in nach außen abgeschlossene Führungsgremien und Personengruppen in den Parteien, für die das Prinzip Öffentlichkeit gleichfalls gilt, verlagert hat, um so weniger bildet sich hierbei eine Öffentlichkeit im Sinne der liberalen Theorie. Vielmehr entsteht eine Scheinöffentlichkeit im Zusammenwirken mit den Massenmedien, die hierbei auch als private, also nicht politischen Einflüssen unterliegende öffentlich-rechtliche Medien, vielfältigen Bedingungen unterliegen, die für eine rückhaltlose Information und Diskussion abträglich sind. Die Meinungsfreiheit der Journalisten, die für die Bildung einer frei entstehenden öffentlichen Meinung unerläßlich wäre, ist hierbei eingeschränkt, weil die Journalisten bestimmten Produktionszwängen und dem Marktkalkül unterliegen, ohne das kein publizistisches Organ existenzfähig wäre. Hinzu kommt heute in der BRD die durch § 118 Betriebsverfassungsgesetz („Tendenzschutz") rechtlich sanktionierte Einschränkung publizistischer Meinungsfreiheit. Journalisten können nicht ohne Risiko für ihren Arbeitsplatz gegen die Meinungstendenz des Eigentümers eines Mediums verstoßen. Denn dieser hat als Eigentümer des Mediums die übergeordnete Meinungsfreiheit, weil er sein Medieneigentum wie jedes andere Eigentum kraft des Eigentumsrechtes nutzen kann, wie er will und zudem kein Interesse daran haben kann, daß durch bestimmte Meinungen sein Medium geschäftlich geschädigt wird.

Die heutige Öffentlichkeit, die auch als parlamentarische Öffentlichkeit fast ausschließlich Medienöffentlichkeit ist, wird durch das Grundrecht der Meinungsfreiheit – letztere zugleich auch Freiheit der Medien als Institutionen – geschützt. Diese Freiheit soll gewährleisten, daß die Medien die ihnen zuerkannte Funktion bei der Bildung des demokratischen Willens erfüllen können. In der Medienfreiheit als institutionellem Recht ist diese Freiheit verschmolzen mit der für ihre Wahrnehmung letztentscheidenden Kombination von Meinungsfreiheit und Eigentumsrecht der Medieneigentümer. Unter dem Schutz der Grundrechte konstituiert sich die Öffentlichkeit, auch als Forum der Politik, nach Maßgabe der ökonomischen Verwertbarkeit der Medien.

Weil nach liberalem Verständnis Privatleute nicht herrschen, ihre sozialökonomisch bedingte Herrschaft nicht als solche begriffen und nicht in einen Bezug zu politischer Herrschaft gebracht wird, löst sich diese Herrschaft in der Öffentlichkeit auf. Wenn die sozialökonomisch bedingte gesellschaftliche Einschränkung der Öffentlichkeit des Publikums schon lange nicht mehr besteht, so ist ihre sozialökonomische Einschränkung doch erhalten geblieben. Nur hat sie sich weitgehend auf die Seite der medialen Produktion von Öffentlichkeit nach Maßgabe privatwirtschaftlicher Gesetzlichkeiten verlagert,[11] die bereits die bürgerliche Öffentlichkeit soziologisch und ideologisch konstituiert hatten. Der Liberalismus vermag diesen Zusammenhang und die heutige Einschränkung von Öffentlichkeit nicht aufzulösen. Die liberale Klage über die dem Markt zuwiderlaufende Konzentration publizistischer Macht und die Forderung nach mehr Pluralität in den Medien verschleiert dies eher. Insofern war die Erwartung liberaler Politiker, falls sie aufrichtig war, völlig verfehlt, die Einführung privater Rundfunkmedien würde mehr Vielfalt des Angebots, auch im Sinne größerer Offenheit und Bereicherung der politischen Öffentlichkeit, entstehen lassen.

4. Liberalismus und Demokratie – Liberale Demokratie

4.1. Voraussetzungen liberaler Demokratie

Obwohl sie in vielem voneinander abweichen, basieren die heutigen Demokratien des westlichen Verfassungstypus durchweg auf dem liberalen Grundmodell. Wenn es in vielen dieser Demokratien auch die Möglichkeit der Volksabstimmung gibt, so erfolgt doch die politische Willensbildung – wie schon im vordemokratischen Liberalismus – in der Regel *indirekt* durch frei gewählte Repräsentanten und eine von ihnen kontrollierte, in einigen Staaten auch direkt gewählte Exekutive (z.B. US-Präsident). Vom Standpunkt eines materialen, auf Jean Jacques Rousseau (1712-1778) fußenden Demokratiebegriffs aus ist der Demokratiebegriff des Liberalismus ein formaler, und zwar ausschließlich konstituiert durch die *Verfahren* der politischen Willensbildung, wobei außer dem *gleichen Wahlrecht* die Verfahren und Institutionen die gleichen sind wie im vordemokratischen Liberalismus.

In der Entwicklung des Liberalismus zur liberalen Demokratie hat die Diskussion über das Wahlrecht immer eine zentrale Rolle gespielt. Bis zum Ende des vergangenen Jahrhunderts standen dabei fast ausnahmslos Argumente für ein ungleiches Wahlrecht zur Verhinderung von Demokratie im Vordergrund. Insofern ist es naheliegend, die liberale Demokratie mit dem gleichen Wahlrecht bzw., allgemein ausgedrückt, mit *politischer Gleichheit*, und zwar unter der Voraussetzung politischer Freiheit, gleichzusetzen. Sie wird damit jedoch unzulässig auf ein formales Element reduziert. Denn mit den natürlichen Rechten des Individuums sind der demokratischen Willensbildung materiale Elemente vorgeordnet. Eine Demokratie ohne die Garantie dieser Rechte ist nach liberalem Verständnis keine Demokratie. Zwar gilt das auch für zentrale Verfassungsprinzipien wie Gewaltenteilung und Parlamentarismus, aber doch nicht derart grundsätzlich. Ebenfalls dem demokratischen Willen und der von ihm getragenen und kontrollierten Exekutive entzogen ist die Unabhängigkeit der Rechtsprechung als unabdingbares Moment des Rechtsstaates, weil dies die institutionelle Garantie für die grundsätzliche Geltung der Grundrechte und generell der allgemeinen Gesetze ist.

4.2. Politische Willensbildung als Wettbewerb

In der liberalen Demokratie legitimiert wie im vordemokratisch liberalen Staat ausschließlich die politische Entscheidung von *Mehrheiten.* Nur bilden sie sich jetzt auf der Grundlage der Ergebnisse freier und gleicher Wahlen und nicht mehr der Stimmabgabe nach einem ungleichen, an Besitz und Einkommen geknüpften Wahlrecht, das Bürger von der Wahl ausschloß oder ihren Stimmen ein unterschiedliches Gewicht gab. Das vordemokratische liberale Wahlrecht machte zwar qualitative Unterschiede bei den politischen Rechten der Bürger, aber das Mehrheitsprinzip war wie später in der liberalen Demokratie eine Verfahrensregel, die gewährleisten soll, daß ein entscheidungsfähiger politischer Wille vorhanden und der Staat handlungsfähig ist. Als die am einfachsten zu handhabende und kontrollierbare Technik politischer Herrschaft verletzt das Verfahren der Mehrheitsbildung am wenigsten das Recht der politischen Minderheit, weil die Minderheit nicht auf Dauer von politischer Herrschaft ausgeschlossen wird und jederzeit eine Mehrheit werden kann. Den Mißbrauch der Macht der Mehrheit über die Minderheit sollen die Verfassung und generell die genannten grundsätzlichen Einschränkungen jeglichen politischen Willens verhindern.

Die politische Willensbildung in der liberalen Demokratie unterliegt wie im vordemokratischen liberalen Staat einem ständigen politischen *Wettbewerb.* Da bei diesem Wettbewerb die normativen Voraussetzungen des liberalen Staates nicht in Frage gestellt werden dürfen, insbesondere die Freiheit nicht, ohne die es keinen politischen Wettbewerb gäbe, ist das Mehrheitsprinzip nichts anderes als eine technische Regel dieses Wettbewerbs. Denn wie im wirtschaftlichen Wettbewerb beinhalten die Regeln des politischen Wettbewerbs, daß es zwar Verlierer und Gewinner gibt, aber jeder Verlierer auch Gewinner werden kann. Ausscheiden aus dem Wettbewerb können gleich Produzenten und Waren, die nicht mehr wettbewerbsfähig sind, lediglich Politiker und politische Positionen, nicht aber die Bürger. Unter der Voraussetzung, alle an einem freien politischen Wettbewerb Beteiligten halten sich an die Spielregeln, wird auch von der freien Konkurrenz politischer Positionen und Personen erwartet, daß sie die besten und daher von möglichst vielen akzeptierten Resultate erbringt. Weil ihre politische Herrschaft durch die Wahlen zeitlich begrenzt ist, sind Parlamentsmehrheit und Regierung möglichst bestrebt, durch die Qualität ihres politischen outputs und auch durch auf größtmöglichen Konsens angelegte Elemente dieses outputs die gewonnene Wählermehrheit sich zu erhalten, während die politische Minderheit durch ein möglichst gutes eigenes politisches Angebot die Mehrheit erringen will. Hierin sieht die liberale Theorie die beste Voraussetzung für eine realitätsorientierte, möglichst viel Kontinuität wahrende und neuen Anforderungen gegenüber offene Politik, die dogmatische Standpunkte ausschließt und politische Meinungen von Minderheiten nicht völlig negiert.

Inwieweit die politische Wirklichkeit mit diesem Modell übereinstimmt, ist eine andere Frage. Für den vordemokratischen Staat galt es nur für die sozial herrschende Klasse, wenn auch hier mit dem Anspruch, daß es auch für die von der politischen Willensbildung ausgeschlossene Mehrheit der Bürger das beste Modell politischer Herrschaft sei. Anders als in der neueren liberalen Demokratietheorie beinhaltet in der klassischen liberalen Theorie die Wahlentscheidung, daß in der Regel eine Mehrheit für die politische Herrschaft auf Zeit aufgrund eines *rationalen* Wählerurteils über die Qualität des politischen und personellen Angebots bzw. bereits erbrachten politischen Leistung entsteht. Vor allem von diesem Standpunkt leiten sich die Argumente des frühen und klassischen Liberalismus gegen eine auf der politischen Gleichheit aller Bürger beruhende politische Willensbildung ab. Im Gegensatz zur wirtschaftsliberalen Überzeugung, die besten Waren und Produzenten würden sich auf dem Markt durchsetzen, hält es die vordemokratische liberale Theorie für ausgeschlossen, daß sich die beste Politik und das beste politische Personal ebenso zwangsläufig durchsetzen, wenn nicht die wahlberechtigten Bürger über die Fähigkeiten und das Verantwortungsbewußtsein verfügen, dies rational beurteilen und entscheiden zu können. Infolgedessen zieht sie den folgerichtigen Schluß, nur jenen Bürgern das Recht an der politischen Willensbildung zuzuerkennen, die aufgrund bestimmter Kriterien dies erwarten lassen. Als einziges und dazu dem Anspruch objektiv-rationaler Überprüfbarkeit standhaltendes Kriterium galt für den vordemokratischen Liberalismus der Besitz größeren

Eigentums oder eines höheren Einkommens. Wer über kein Wirtschaftseigentum verfügt, kann somit, im Umkehrschluß, nicht über jene verlangten Qualitäten und damit auch nicht über das Recht der Teilnahme an der politischen Willensbildung verfügen.

In der Gesellschaft, auf die sich die frühliberale Theorie zwar nicht in ihrer Abstraktion, aber gleichwohl faktisch bezog, verfügte nur derjenige objektiv über Freiheit, dem Eigentum diese verschaffte. Insofern war es nur konsequent, das Eigentum zum Kriterium der Teilnahme an der politischen Willensbildung zu machen, weil diese in völliger Freiheit erfolgen soll. Der Besitzende weiß um den Wert der Freiheit und wird sie, schon im eigenen Interesse, nicht gefährden. Schon aus diesen Gründen wurde an die parlamentarischen Repräsentanten, weil sie als direkt politisch Herrschende mehr Macht und Einfluß haben als die Wähler, ein noch strengerer Maßstab bezüglich ihrer Qualifikation angelegt. Dies insbesondere zur Sicherung ihrer freien Entscheidungsfähigkeit und Unabhängigkeit. Daher war es wiederum folgerichtig, das passive Wahlrecht an einen wesentlich größeren Besitz und ein höheres Einkommen zu binden als das aktive Wahlrecht.

4.3. Volkssouveränität und politische Ungleichheit

Der wohl wichtigste Theoretiker der Französischen Revolution, *Emmanuel Joseph Sieyès* (1748-1836), setzte sich für ein *gestuftes Wahlrecht* ein, nach dem ein bestimmter Steuerzensus zur Wahl von Wahlmännern, die einen wesentlich höheren Steuerzensus haben mußten, berechtigte. Ihnen wiederum konnten sich nur solche Bürger zur Wahl zum Repräsentanten stellen, die das Zehnfache an Steuern der Wahlmänner entrichteten. Danach war die Zahl der zur parlamentarischen Repräsentation Berechtigten geringer als die des ersten und zweiten Standes des vorrevolutionären Ancien-Régime. Sieyès wollte das bürgerliche Interesse in zweifacher Weise sichern. Einmal gegen die besitzlosen Massen und zum anderen gegen den König und die beiden bisher privilegierten Stände; das heißt, rechtliche politische Ungleichheit diente der Erringung und zugleich Sicherung *bürgerlicher Herrschaft.* Da das zweite Ziel nicht allein durch den Zensus erreicht werden konnte, sollten die Angehörigen der beiden ersten Stände kein passives Wahlrecht haben.

Weil die Repräsentanten „dazu berufen sind, die Allgemeinheit der Bürger zu vertreten [...] sind also eine gemeinsame Regelung und Bedingungen erforderlich, die [...] doch die Gesamtheit der Nation gegen die Launen einiger weniger Wähler absichern“ (Sieyès 1975: 139). Ebenfalls nicht wählbar sein sollten jene Angehörigen des Dritten Standes, „die allzu ausschließlich den Mitgliedern der beiden ersten Stände verhaftet“, also von ihnen abhängig sind. Denn „wer wüßte nicht, daß sich die Diener im Hinblick auf das Interesse ihrer Herren als viel gieriger und dreister erweisen als die Herren selbst“ (ebd.: 136/137).

Sieyès erkennt klar die unterschiedlichen Auswirkungen der kapitalistischen Produktionsweise auf die menschliche Persönlichkeit, um daraus die Konsequenz einer Nichtidentität der meisten Staatsbürger mit den politischen Aktivbürgern zu ziehen.

„Bei uns geht es um nichts anderes als um Handel, Landwirtschaft, Manufakturen usw. Der Drang nach Reichtum scheint aus allen Staaten Europas nur riesige Werkstätten zu machen: man kümmert sich viel mehr um Konsum und Produktion als um die Glückseligkeit. Deshalb gründen sich die politischen Systeme heute ausschließlich auf die Arbeit; die der Produktion dienenden Fähigkeiten des Menschen sind alles; die moralischen Fähigkeiten weiß man kaum noch zu nutzen, obgleich sie die reichsten Quellen der wahrsten Freuden werden könnten. Wir sind also gezwungen, im größten Teil der Menschen nichts als Arbeitsmaschinen zu sehen. Indessen können Sie jener ungebildeten Menge, die von einer erzwungenen Arbeit völlig in Anspruch genommen wird, doch nicht die Eigenschaft des Bürgers und die Rechte der Bürgerschaft absprechen. Denn da sie ganz wie Sie dem Gesetz gehorchen muß, muß sie auch ganz wie Sie an seinem Zustandekommen teilhaben. Diese Teilhabe muß gleich sein.“ (Ebd.: 266).

„Alle Einwohner eines Landes müssen in ihm die Rechte *passiver* Bürger besitzen: alle haben Anspruch auf Schutz ihrer Person, ihres Eigentums, ihrer Freiheit usw.; aber nicht alle haben Anspruch darauf, tätig an der Bildung der öffentlichen Gewalten teilzunehmen [...] Alle können die Vorteile der Gesellschaft genießen, aber allein diejenigen, die zur öffentlichen Gewalt etwas beitragen, sind gleichsam die eigentlichen Aktionäre des großen gesellschaftlichen Unternehmens. Sie allein sind die wahren Aktivbürger, die wahren Glieder der Gesellschaftsverbindung.“ (Ebd.: 251, Hervorhebung im Original)

Das Bild des Staates als Aktiengesellschaft ist nicht zufällig gewählt. Es verdeutlicht zum einen, daß Aktionäre über bestimmte Fähigkeiten verfügen, über die die für das Kapital arbeitenden Menschen nicht verfügen, und daher nicht an der politischen Willensbildung beteiligt sein dürfen. Zum anderen beinhaltet das Bild:

„*Eine* Gesellschaft kann nur *ein* Allgemeininteresse haben. Gäbe man vor, verschiedene, einander entgegengesetzte Interessen zu verfolgen, wäre es unmöglich, eine Ordnung zu errichten. Die gesellschaftliche Ordnung setzt notwendigerweise *Einheit* des Zieles und *Übereinstimmung* der Mittel voraus.“ (Ebd., Hervorhebung im Original)

Hier wird der Anspruch des frühen kapitalistischen Wirtschaftsbürgertums auf politische Herrschaft formuliert, wobei der Konflikt mit den alten Mächten und der bereits zu erahnende Konflikt mit dem nichtbürgerlichen Teil des Dritten Standes durch die Identität eines *Allgemeininteresses* mit dem *bürgerlichen Interesse* stillgelegt werden soll.

Schrecken mußte die Liberalen der Verlauf der *Französischen Revolution* und die in ihr aufbrechende Tendenz zu mehr sozialer Gleichheit und Umverteilung des Besitzes, die sich aus liberaler Sicht mit der Mißachtung der Menschen- und Bürgerrechte unter Assistenz irrational handelnder und demagogisch verführter unterer Volksschichten verband. Jedoch war die Französische Revolution nur historisch der negative Bezugspunkt für die Liberalen in ihrer Ablehnung der Demokratie. Je mehr sich nämlich einerseits bürgerliche Herrschaft durchsetzte, und je mehr sich anderseits infolge der sozialökonomischen Entwicklung der soziale Konflikt verschärfte, um so grundsätzlicher mußte die liberale Theorie politische Gleichheit ausschließen.

> „Man bedenke, daß das Ziel der Nichtbesitzenden notwendigerweise ist, Besitz zu erlangen. Alle Möglichkeiten, die man ihnen gibt, werden sie in diesem Sinne nützen. Wenn man zu der unbeschränkten Freiheit, ihre Fähigkeiten und ihren Fleiß anzuwenden, einer Freiheit, die man ihnen schuldet, auch noch die Bürgerrechte hinzufügt, die man ihnen nicht schuldet, werden diese Rechte von jener zahlenmäßig größeren Gruppe unfehlbar dazu benutzt werden, das Eigentum an sich zu reißen" (Constant 1970, IV: 85), und die Korruption des Staates und ständige Unruhe würden beginnen.

Die politischen Bürgerrechte leiten sich hier nicht ab von Fähigkeiten, die durch den Erwerb und den Umgang mit Eigentum angezeigt sind; vielmehr leiten sie sich vom *Privateigentum* und von seiner zentralen, gesellschaftsstrukturierenden Bedeutung ab. Als wolle er die Theorie von Marx vorwegnehmen, fixiert Constant ein Ordnungsmodell, in dem sich vom Privateigentum her die Staatsfunktionen bestimmen. Nicht nur in das Privateigentum soll der Staat, etwa durch zu hohe Besteuerung, Eingriffe unterlassen – denn der „Willkür gegenüber dem Privateigentum folgt bald auch die Willkür gegenüber Personen" (Constant 1970, IV: 172) –, vielmehr sollen die staatlichen Institutionen grundsätzlich nicht in der Lage sein, durch Interventionen *mehr Gleichheit* herzustellen, weil durch die Entkoppelung von Politik und Ökonomie ohnehin jedes Individuum die rechtlich gegebene Chance des Eigentumserwerbs habe. Es geht also Constant nicht um die Herrschaft der Eigentümer, sondern um die Herrschaft des Privateigentums als Realität und als Prinzip.

Da Constant den Besitzlosen ausdrücklich Patriotismus und Mut zum Sterben zuerkennt und ihnen nicht grundsätzlich Fleiß und Fähigkeiten abspricht, sind es die sich abzeichnenden sozialen Konflikte, die ihn das gleiche von der Demokratie erwarten lassen wie später die demokratischen Sozialisten, daß nämlich die Besitzlosen ihre über das gleiche Wahlrecht errungene Mehrheitsherrschaft zur Änderung der Sozialverhältnisse nutzen und schließlich mit demokratischen Mitteln die privatkapitalistische Wirtschafts- und Herrschaftsordnung beseitigen würden (vgl. dazu die Beiträge: Sozialismus und Demokratischer Sozialismus im Bd. II).

Politische Ungleichheit, bis in die zweite Hälfte des 19. Jahrhunderts abgesichert durch besonders harte Kriterien eines ungleichen Wahlrechts, sollte in England die Kontinuität einer seit der „Glorreichen Revolution" gesicherten Herrschaft einer aristokratischen, aber auf Privatwirtschaft gestützten Elite sichern. Auch *Locke* will nicht die aristokratische Zusammensetzung des „House of Commons", des englischen Parlaments, ändern, sondern bestätigen. „Infolgedessen zieht er nicht die Konsequenz, das Volk könne nur durch ein Organ repräsentiert werden, an dessen Bestellung jedes Individuum mitgewirkt hat." (Kielmannsegg 1977: 142f.) Mit der Berufung auf das Volk will er lediglich absolutistische Herrschaftsansprüche abwehren, indem er eine *fiktive Volkssouveränität* an die Stelle der Souveränität des absolutistischen Staates setzt. Er umgeht die Erfüllung der in seiner Vertragstheorie angelegten Volkssouveränität mit dem Argument, auch jene, die am Gesellschaftsvertrag nicht mitgewirkt hätten, hätten ihn durch ihren bloßen Aufenthalt im Herrschaftsbereich des Staates unwiderruflich anerkannt. Damit erkennt Locke jeglicher demokratischen Bestrebung, die zugleich gegen die gesellschaftlich-politische Elite gerichtet wäre, die Legitimität ab und diskreditiert sie als anarchistisch. Es ist somit grundfalsch, in Lockes Theorie den Ursprung moderner Demokratie zu sehen, wie es immer wieder geschieht. Sie ist eine Theorie radikaler politischer Ungleichheit, die antidemokratische Staats- und Gesellschaftstheorie einer Elitenherrschaft, die den Keim der Demokratie nur insofern in sich trägt, daß sie zur liberalen Demokratie führte, als es nicht mehr möglich war, das gleiche Wahlrecht zu verhindern.

4.4. Die unabhängige Repräsentation

Der Wechsel zwischen bürgerlichen Revolutionen und Diktaturen in Frankreich und die zunehmende Infragestellung aristokratischer Parlamentsherrschaft in England verdeutlichen einen historischen Prozeß, in dem infolge des Dranges breiter bürgerlicher Schichten und der organisierten Arbeiterbewegung nach politischer Gleichberechtigung der Liberalismus sich in zwei Hauptrichtungen aufspaltete, die jedoch beide an den Institutionen des liberalen Rechtsstaates und an den Grundrechten festhielten. Mit dem Entstehen einer politischen Theorie, die eine Unterordnung des Eigentums unter die Demokratie fordert, zerbricht endgültig die einheitliche theoretische Begründung des politischen und wirtschaftlichen Liberalismus.

Die mehr konservative und die mehr bürgerlich-demokratische Entwicklungslinie, in die der Liberalismus auseinanderfiel, sind sich in einem Punkt einig, nämlich in der Unabhängigkeit der Repräsentation, was sie von einem material-fundamentalen, auf die Identität von Herrschenden und Beherrschten abzielenden Demokratieverständnis grundsätzlich unterscheidet. Die Unabhängigkeit der Parlamentarier von Aufträgen und Weisungen, auch solchen ihrer Wähler, ist jedoch, obwohl sie in modernen demokratischen Verfassungen wie dem Grundgesetz (Art. 38) normiert ist, nicht ein „Fundamentalsatz der liberalen Demokratie“ (so Röhrich 1991: 40), sondern ein ausschließlich liberales und zudem lange Zeit antidemokratisch verstandenes und praktiziertes Prinzip.

Bereits Montesquieu verlangt die Unabhängigkeit der Repräsentanten (1974, XI. 6) und Sieyès setzt ausführlich auseinander, weshalb es „lächerlich wäre, wenn die Auftraggeber ihren Stellvertretern auftragen würden, über irgend etwas ein Gesetz zu machen, und ihnen zugleich die Mittel und die Freiheit zu verweigern, es gut zu machen“. Die Abgeordneten seien „*Stellvertreter*“ mit unbeschränkter Vollmacht und nicht „*Meinungsüberbringer*“ „... Denn was ist eigentlich das Ziel dieser Versammlung? Doch wohl das, aus der Fülle der Einzelwillen einen gemeinschaftlichen Willen herauszukristallisieren. Und wie wäre das möglich, wenn einzelne Abgeordnete nichts von dem zurücknehmen könnten, was sie einmal gesagt haben? [...] Sie versammeln sich, um ihre Meinungen gegeneinander abzuwägen, sie abzuändern, wechselseitig zu läutern und aus den Einsichten aller schließlich eine Mehrheitsmeinung zu gewinnen – das heißt den gemeinschaftlichen Willen, der Gesetzeskraft hat.“ (Sieyès 1975: 225ff.)

Unabhängigkeit der Repräsentanten ist somit die beste und einzige Voraussetzung dafür, daß sich eine möglichst hohe Qualität personaler und materialer Elemente durchsetzen kann. Ganz im Sinne des liberalen Öffentlichkeitsprinzips muß eine freie und rationale Diskussion gesichert sein, was in einer beratenden Versammlung von qualitativ annähernd Gleichen, einer Elite des Volkes, gewährleistet ist, nicht aber in Volksversammlungen und direkten Abstimmungen mehrheitlich politisch inkompetenter Bürger, denen es an Zeit für sachliche Information und Reflexion ermangelt, mit rasch wechselnden, emotional aufgeladenen und demagogisch verführbaren Meinungen. Der Gegensatz zu Rousseaus Demokratiemodell ist unverkennbar, wenngleich es die liberale Besorgnis hinsichtlich der Möglichkeit einer unqualifizierten und moralisch unverantwortlichen Volksherrschaft nicht ausschließt.

Die liberale Theorie schließt einen vorgegebenen Gesamtwillen und ein sittlich *vorgegebenes Gemeinwohl* aus, an dem sich die Politik und damit auch dic Repräsentanten orientieren könnten. Was als allgemeines Wohl[12] verbindlich wird, resultiert im Endeffekt aus dem Diskussions- und Entscheidungsprozeß der Repräsentanten, die damit stellvertretend für das ganze Volk stehen. Das können sie nur, wenn sie völlig unabhängig sind, und in ihren Entscheidungen nicht durch ein imperatives Mandat oder den direkten Einfluß ihrer Wähler oder anderer Einflußgruppen behindert oder bestimmt werden. Das Modell beinhaltet durchaus, daß die unabhängigen Repräsentanten die politischen Ziele und Argumente ihrer Wähler sich zu eigen machen können. Aber sie verfahren damit völlig frei im parlamentarischen Diskussions- und Entscheidungsprozeß, wo sie sich mit den politischen Argumenten und Zielen anderer Parlamentarier rational auseinanderzusetzen haben. Das Ergebnis des Diskussions- und Entscheidungsprozesses ist im Prinzip völlig offen.

In der Blütezeit des politischen Liberalismus bedeutete die durch die Verfassung garantierte Unabhängigkeit der Parlamentarier, die deren materielle Unabhängigkeit voraussetzte, praktisch eine Garantie der materiellen Voraussetzungen dieser Unabhängigkeit bzw., anders ausgedrückt, eine zusätzliche Absicherung bürgerlicher Klasseninteressen. Infolge der „plutokratischen Rekrutierung der politisch führenden Schichten" war der Politiker Max Weber zufolge Honoratiorenpolitiker, der nicht von, sondern für die Politik lebt, und „unter der Herrschaft der Privateigentumsordnung" von „den Einnahmen, welche die Politik ihm bringen kann, unabhängig sein" muß (Weber 1992: 169f.).

4.5. Demokratie in liberaler Theorie

In den USA, wo liberale Demokratie weitaus früher als irgendwo entstand, entwickelte sie sich ausschließlich aus der politischen Praxis heraus (vgl. Vorländer 1997). Wenn man die begleitende oder gar vorauseilende demokratietheoretische Reflexion vermißt, so ist zu bedenken, daß alle politischen Theorien des Liberalismus den Schritt zur uneingeschränkten Bejahung der Demokratie als egalitärer politischer Willensbildung immer erst nach deren Entstehen vollzogen haben. Die *Federalist-Papers* zur amerikanischen Verfassung unterschieden zwischen der in den neuenglischen Gemeinden praktizierten Versammlungsdemokratie und der Republik als „popular government" mit einem vordemokratischen liberalen Repräsentativsystem. Sie beschworen die Gefahr einer Mehrheitstyrannei und des Despotismus in einer volksnahen Politik, zumal jeder unvermittelte Einfluß des Volkswillens auf die Staatsspitze dem „Public Good" schade; denn wo die Staatsführung den langfristigen Interessen des Volkes diene, müsse sie seine aus dem Augenblick heraus geborenen Bedürfnisse unbefriedigt lassen (The Federalist 1974: Nr. 1 u. 71).

Diese Befürchtungen standen hinter dem zunächst ungleichen Wahlrecht zu den parlamentarischen Repräsentativorganen und der indirekten Wahl des Präsidenten durch unabhängige Wahlmänner, die, wie Tocqueville später meinte, die Einflüsse von Demagogie und Interessen ausschalten sollte. Unverkennbar ist die Schutzfunktion für die Interessen des wohlhabenden Bürgertums und der Pflanzeraristokratie. Gleichwohl setzte sich infolge der Besiedlung des Westens mit dem Entstehen gänzlich neuer sozialer Strukturen und damit eines egalitären Lebensgefühls bald die liberale Demokratie durch, um unter der Führung des Begründers der Demokratischen Partei, des Präsidenten Andrew Jackson (1767-1845), unter der Parole „Gleiches Recht für alle, besondere Vorrechte für niemanden" auch den Osten für das allgemeine Wahlrecht zu öffnen.

Diese „Demokratie in Amerika" meinte Tocqueville (Tocqueville 1976), wenn er resümiert: „Den Anhängern des demokratischen Ideals – eines glänzenden Traums, den sie glauben verwirklichen zu können – wollte ich zeigen, daß sie für ihr Bild die falschen Farben genommen haben: Die demokratische Regierungsform, wie sie ihnen vorschwebt, bringt zwar den Menschen, die sich die Demokratie leisten können, reale Vorteile, aber sie ist längst nicht so erhaben, wie sie sich einbilden [...] Denen, für die das Wort Demokratie ein Synonym für Umsturz, Anarchie, Plünderung, Mord und Totschlag ist, habe ich versucht klarzumachen, daß die Demokratie sehr wohl eine Gesellschaft derart regieren kann, daß sie das Eigentum respektiert, individuelle Rechte anerkennt, der Freiheit Raum schafft und die Vielfalt der Glaubenswerte ehrt. Wenn auch die demokratische Regierungsform weniger als andere bestimmte schöne Fähigkeiten der menschlichen Seele entwickelt, so hat sie doch ihre schönen und großartigen Seiten. Vielleicht ist es, allem zum Trotz, doch Gottes Wille, allen Menschen ein Mittelmaß des Wohlergehens zukommen zu lassen, anstatt es auf einige wenige zu konzentrieren und sie der Vollkommenheit nahezubringen. Ich wollte ihnen zeigen, daß unabhängig von ihren subjektiven Ansichten, die Gesellschaft objektiv in Bewegung geraten ist und sie jeden Tag zur Gleichheit in den Lebensbedingungen („Egalité des conditions") treibt. Sie können daher nur noch zwischen von nun an unvermeidlichen Übeln wählen. Es geht nicht mehr um Aristokratie oder Demokratie, sondern nur noch um die Frage, ob die Demokratie ohne Poesie und Großzügigkeit daherkommt, aber mit Moral und Ordnung, oder als zügellose und sittenlose Gesellschaft, ausgeliefert dem fürchterlichsten Wüten und unter einem Joch, das schwerer wäre als alles, was die Menschheit seit dem Fall des Römischen Reichs zu tragen hatte." (Zit. n. Geiss 1972: 266)

Tocqueville ist der erste liberale Theoretiker, der empirisch darlegt, daß auch demokratische Großstaaten lebensfähig sind, und der Weg zur Demokratie generell nicht aufzuhalten sei, weil wegen der gesellschaftlichen Veränderungen wie in den USA die Zukunft der Gleichheit gehöre. *Gleichheit* und nicht Freiheit ist für Tocqueville das Merkmal der Demokratie, der sich der Liberalismus öffnen müsse, um die Freiheit in das Zeitalter der Gleichheit zu retten. Es sei daher nötig, die institutionellen Gegengewichte des Liberalismus zu erhalten, neben der richterlichen Unabhängigkeit insbesondere die Pressefreiheit als Instrument der Freiheit.

Zumindest idealtypisch lassen sich zwei aus dem klassischen Liberalismus heraus entwickelnde Hauptorientierungslinien in ihrem Verhältnis zu und in ihrem Verständnis von Demokratie unterscheiden. Zum einen mündet eine Theorie einer vom Volk durch Wahlen sanktionieren *Elitenherrschaft* in ein radikal formuliertes Demokratiemodell ein. Zum anderen entwickelt sich, vor allem von John Stuart Mill ausgehend, ein demokratischer *Sozialliberalismus*, der Anspruch und Wirklichkeit des klassischen Liberalismus und dessen Funktion für die bürgerliche Gesellschaft kritisch verarbeitet, sich aber deutlich vom auf das größte Glück der größten Zahl abzielenden utilitaristischen Demokratiemodell und dessen wichtigsten liberalen Wortführer Jeremy Bentham (1748-1832) absetzt.

Beide Orientierungslinien des Liberalismus haben viel gemeinsam und überkreuzen sich sogar bei einigen ihrer theoretischen Vertreter. Zu diesen Gemeinsamkeiten gehört, daß politische Herrschaft nicht Eigentumsherrschaft sein soll, obwohl das Modell der Elitenherrschaft noch längere Zeit praktisch darauf hinausläuft. Sowohl John Stuart Mill wie sein theoretischer Antipode *Walter Bagehot* (1824-1877) wollen Klassenstandpunkte und Klassenkonflikte nicht den politischen Prozeß bestimmen lassen. Der entscheidende Unterschied besteht jedoch darin, daß Mill die politische Herrschaft seiner Zeit, konkret Parlament und Regierung, vom Privatkapital dominiert sieht und dagegen, wenn auch nicht ohne Vorbehalte gegen ihren möglichen Mißbrauch, perspektivisch die Demokratie setzt. Bagehot hingegen, der eben nicht einfach ein den bestehenden Zustand des politischen Systems Englands kritiklos bewahren wollender konservativer Liberaler war, hält – fälschlich – die Dominanz des Kapitals und eines jeglichen gesellschaftlichen Interesses in seinem Modell für ausgeschlossen, das er in England bereits in hohem Maße verwirklicht glaubt.

Da jede Klasse „eigene Gedanken, Bedürfnisse und Vorstellungen" besitze, dürften weder diese partikularen Standpunkte noch deren agitatorischen Vertreter „eine beschließende Nation in ihren Handlungen bestimmen", was nicht ausschließt, daß man sie wahrnimmt, weil, in Parallele zur modernen

> Naturwissenschaft, „die große Maxime modernen Denkens nicht nur allgemeine Toleranz, sondern Prüfung aller Dinge" sei (Bagehot 1971: 165).

Mill hat dies im Prinzip nicht anders, nur grundsätzlicher gesehen. Er will mit seiner auf dem *Verhältniswahlrecht* basierenden Wahlrechtskonstruktion erreichen, daß möglichst jeder politische Standpunkt und jedes gesellschaftliche Interesse im Parlament vertreten ist, damit sie in einem rationalen Argumentations- und Entscheidungsprozeß zu einem Ausgleich zu gelangen, der am ehesten dem Wohl des gesamten Volkes verpflichtet ist.

Nichts anderes sollen auch bei Bagehot Parlament und Regierung in enger Zusammenarbeit leisten, jedoch auf der Grundlage eines ungleichen, letztlich den Besitz vor der Bildung bevorzugenden *Mehrheitswahlrechts*; denn die öffentliche Meinung Englands werde „weit mehr durch ihr Vermögen als durch ihren Verstand bestimmt", und „die, „neunmalklugen" Leute aus der Bohème sollten im Parlament nicht mehr Einfluß als in England besitzen" (ebd.). Das heißt, Politik soll sich an der Gesellschaft orientieren, *wie sie ist*, und nicht daran, wie Gesellschaft sein sollte. Durch die Abbildung gesellschaftlicher Macht in politischer Macht wird ausgeschlossen, daß zwischen ihnen eine Diskrepanz entsteht, die zu einem Dauerkonflikt führen kann. Konkret heißt das, institutionell soll demokratische Gleichheit ausgeschlossen werden.

Das *ungleiche* Wahlrecht soll bei Bagehot nicht das Privateigentum schützen, sondern die Wahl von unabhängigen und gleich orientierten Repräsentanten garantieren, die nicht bereits eine politische Elite sein müssen, sondern den Willen und die Fähigkeit haben, durch die politische Arbeit im Parlament zu einer politischen Elite zu werden.

> „Eine freie Regierung ist Selbstregierung – eine Regierung des Volkes durch das Volk. Die beste Regierung dieser Art ist diejenige, die das Volk für die beste hält [...] Eine freie Regierung wird von dem Volk, das ihr unterworfen ist, freiwillig gewählt. In einer zufälligen Ansammlung ungebundener Menschen ist die einzig mögliche freie Regierung eine demokratische Regierung. Wo keiner den anderen kennt, ihm nahesteht oder ihn respektiert, müssen alle als gleich gelten; doch eine ehrerbietige Nation besitzt, wie bereits erklärt, eine besondere Struktur. Bestimmte Personen werden nach allgemeiner Übereinstimmung für klüger als andere gehalten, ihre Meinung gilt allgemein viel mehr als ihr numerischer Wert. Wir können in diesem glücklichen Land die Stimmen abwägen als auch zählen, in weniger glücklichen Ländern kann man sie bloß zählen. Doch in freien Nationen geben die gewogenen oder gezählten Stimmen den Ausschlag [...] Die öffentliche Meinung ist der Prüfstein dieses Gemeinwesens; die beste Meinung, die die Nation bei ihrer ehrerbietigen Haltung akzeptieren wird: Richtet sich die freie Regierung nach dieser Meinung, ist sie eine gute Regierung ihrer

Gattung; handelt sie dieser Meinung zuwider, so ist sie schlecht" (Bagehot 1971: 156).

Elitenherrschaft im Parlament soll somit „wesentlich Regierung durch Überzeugen" (ebd.: 191) sein, was einerseits heißt: öffentliches Zur-Diskussion-Stellen von Personen, Zielen und Maßnahmen, von Regierungsweise und politischem Programm. Das Parlament soll anderseits durch seine Debatten die öffentliche Meinung auf ein höheres Niveau heben und gleichsam eine Erziehungsfunktion für das gesamte Volk haben.

Weil „die unteren Stände, die mittleren Stände, gemessen am Standard der gebildeten Zehntausend engstirnig, unintelligent, uninteressiert" seien (ebd.: 50), lehnt Bagehot vor allem die Mitwirkung der *Arbeiterschaft* an der politischen Willensbildung völlig ab, zumal sie zur öffentlichen Meinung nichts beitragen würde. Jedoch ist dieser Standpunkt nicht als grundsätzlich anzusehen, weil Bagehot allmähliche Änderungen durchaus für möglich hält. Jedoch würde für die Arbeiter das gleiche gelten wie für das gesamte Volk, daß nämlich die politische Elite letztlich die besten Entscheidungen auch für sie treffen kann.

Bagehots Modell schließt nicht aus, daß Elitenherrschaft mit dem gleichen Wahlrecht vereinbar ist, solange dieses nur institutionell begriffen wird, bei der Formulierung und Ausübung politischen Willens jedoch faktisch politische Ungleichheit besteht. *Demokratische Elitenherrschaft* ist dann nicht Herrschaft *durch* das Volk, sondern allenfalls Herrschaft *für* das Volk.

Davon ist auch ein demokratischer Sozialliberaler wie Ralf Dahrendorf nicht allzu weit entfernt, für den Eliten ein Erfordernis der Demokratie sind, die aktiv politische Öffentlichkeit repräsentieren und initiativ formulieren, während eine passive Öffentlichkeit darauf nur reagieren kann, und zwar dann, wenn politische Entscheidungen Grenzen überschreiten, wo die „Unlust, Abkehr, Abwehr, Protest" einer aus dem „Halbdunkel" ihrer „normalen" Existenz heraustretenden passiven Öffentlichkeit einsetzt (Dahrendorf 1972: 236). Dahrendorf vertritt den Standpunkt, „daß die Rolle der Öffentlichkeit, die das Grundgesetz will und deren Fehlen viele beklagen, für den politischen Prozeß einer modernen freien Gesellschaft gar nicht nötig, ja nicht einmal sinnvoll ist" (ebd.: 232). Denn sie beruhe auf einem basisdemokratischen Mißverständnis, das sich noch am sozialen Strukturmodell des Klassenkampfes mit seinen identifizierbaren Gruppen und dem Vorhandensein ihrer politischen Entwürfe orientiere, die in einer pluralistischen Gesellschaft nicht mehr entstehen könnten. Vielmehr sei, wie die Vergangenheit lehre, hohe politische Teilnahme eher das Zeichen politischer Störungen. „Die Mehrzahl der Bürger nimmt also nur reaktiv, Grenzen markierend, am politischen Prozeß teil, der aber auf diese Weise sowohl seine Marktrationalität als auch seine Dynamik behält. Unter allen Vorzügen eines solchen Begriffes von Demokratie dürfte dies nicht der geringste sein, der uns der Verlockung des Kulturpessimismus enthebt und erlaubt, die Öffentlichkeit klaglos anzuerkennen, wie sie sich uns darstellt. Daran also, daß es nur eine kleine aktive und eine große passive oder bloß latente Öffentlichkeit gibt, liegt es nicht, daß die Verfassung der Freiheit heute so vielfach gefährdet erscheint." (Ebd.: 237)

Dahrendorf könnte zu Recht darauf verweisen, daß sich sein großes Vorbild John Stuart Mill mit seiner Hoffnung auf den demokratischen Prozeß der Erziehung durch aktive Teilnahme getäuscht habe. Anderseits vertritt auch Mill den Standpunkt, daß Menschen wegen ihrer selbstverschuldeten Ignoranz oder Armut von der politischen Willensbildung ausgeschlossen sein sollten. Auch bei Mill soll politische Herrschaft nicht einfach die Herrschaft einer (zahlenmäßigen) Mehrheit sein, die er für die USA als eine kollektive Despotie unter dem Vorwand der Gleichberechtigung wahrzunehmen glaubt (Mill 1971: 131, 135). Mill sieht hierbei vor allem die wünschenswerten Funktionen von Wissen und Bildung im politischen Willensbildungsprozeß mißachtet, die einen nicht durch Klassenposition und Interesse eingeschränkten Geist wirksam werden lassen sollen, um politische Entscheidungen letztlich auf „Gerechtigkeit" und „Gemeinwohl" abzustellen.

Die zentrale Schwäche seines Demokratiemodells ist die für den Liberalismus charakteristische Blindheit gegenüber der *gesellschaftlichen Bedingtheit* individuellen Denkens und Handelns, die als soziologisch unhaltbares anthropologisches Axiom den Kern liberaler Theorie ausmacht, wie Michael Walzer von einem eben nicht marxistischen Standpunkt her feststellt (Walzer 1992: 53ff.). Obwohl die liberale Theorie den Begriff eines „Allgemeinwohls" nicht formulieren kann, weil dieses nicht Vorgabe der Politik, sondern allenfalls ihr Resultat sein darf, will Mill es gegen drohende Klasseninteressen verteidigen. Begriffe wie „Gerechtigkeit" und „Gemeinwohl" verbieten sich erst recht für die liberalen Modelle *demokratischer* Elitenherrschaft. Denn hier geht es nicht einmal um das Erfordernis, durch die politische Herrschaftsform ein möglichst gutes Ergebnis von Politik zu erzielen, was immer das sei, sondern wie bei Schumpeter um ein hochformalisiertes Demokratiemodell, wonach „die demokratische Methode diejenige Ordnung der Institutionen zur Erreichung politischer Entscheidungen ist, bei welcher einzelne die Entscheidungsbefugnis vermittels eines Konkurrenzkampfes um die Stimmen des Volkes erwerben" (Schumpeter 1972: 428; vgl. dazu den Beitrag Demokratietheorien in diesem Bd.).

Dies gilt auch für das deutlicher pluralistisch formulierte Modell demokratischer Elitenherrschaft Dahrendorfs, wobei jedoch die *Frei-*

heit nicht als Möglichkeit, sondern als zu wahrende und immer wieder zu verwirklichende Notwendigkeit der Demokratie, als deren Voraussetzung reflektiert wird. Das trifft zwar grundsätzlich zu, aber in einer Elitenherrschaft kann das für die realen Handlungsmöglichkeiten des Volkes insbesondere im sozialen Bereich und gemessen an Alternativen zur Fiktion geraten. Allenfalls ließen sich so für den Liberalismus und die liberale Demokratie ein Allgemeinwohl und Gerechtigkeit formulieren, was Mill, jedoch nicht nur er, nicht grundsätzlich, sondern eher beiläufig versucht. Hierzu zählt alles, was nach Ansicht Mills zur freien Entwicklung des Individuums nötig ist oder beiträgt, unter anderem Sicherheit der Person und des Eigentums. Für Mill wie für den gesamten neueren Liberalismus gilt, daß *Gemeinwohl* sich konkretisiert als Berücksichtigung der Methoden der klassischen Wirtschaftslehre, die unter anderem verlangen, daß eine langfristig-rationale Wirtschaftspolitik nicht durch die demokratische Willensbildung verhindert wird. Das Dilemma des *Sozialliberalismus* besteht dann darin, daß durch eine die Interessen ausgleichende demokratische Willensbildung auch möglichst sozialer Ausgleich und Chancengleichheit zur Realisierung geistiger und moralischer Potenzen des Individuums geschaffen werden sollen, was jedoch durch die Auswirkungen einer Wirtschaftspolitik stark beeinträchtigt werden kann, die sich an jenem Verständnis von Gemeinwohl orientiert. Bereits bei Mill ist der Widerspruch zwischen der Verpflichtung zum demokratischen Mehrheitsprinzip und dem Glauben an eine rational zu fassende „richtige Politik" unüberbrückbar (Kurt L. Shell in Einleitung zu Mill 1971: 18).

Wie der gesamte Liberalismus[13] vermag auch der Sozialliberalismus das Dilemma nicht zu lösen, daß einerseits keine materielle Vorgabe akzeptierbar ist, was als Allgemeinwohl für Gesellschaft und Politik als normsetzende Grenze und Ziel zu gelten hat, weil ethisch-moralische oder religiöse Vorgaben Sache jedes Individuums sind, anderseits seine Freiheit und Gleichheit die Basis des liberalen Staates und nicht dessen politisch anzustrebendes Ziel darstellen.

5. Das Spannungsverhältnis zwischen Freiheit, Gleichheit und Eigentum

Auch der gegenwärtige Liberalismus bleibt die Antwort schuldig, wie seine abstrakt formulierten Prinzipien konkret eingelöst werden können. Insbesondere ist zu fragen, wie er das Verhältnis von Gleichheit und Ungleichheit zur Verminderung von Ungleichheit ausbalancieren will, weil er dann die Freiheit privatwirtschaftlicher Verfügungsmacht einschränken müßte. Die Verschiebung der Gewichte zwischen freier politischer oder ökonomischer Verfügungsmacht einerseits und sozialer Gleichheit anderseits ist jedoch keine Frage der konsensualen Vereinbarung, sondern der Verfügung über wirtschaftliche, gesellschaftliche und politische Macht. Liberale, die dies erkennen, stoßen über die Grenzen des Liberalismus hinaus. Dahrendorf repräsentiert diese Grenzen für den *Sozialliberalismus*, wenn er feststellt „wir sind von Natur aus ungleich im Hinblick auf das, wodurch wir frei sein können; wir sind umgekehrt von Natur aus unfrei im Hinblick auf das, worin wir gleich sind" (Dahrendorf 1972: 282). Letztlich gilt auch für Dahrendorf die auch vom Konservatismus übernommene Grundmaxime des Liberalismus: Je mehr Freiheit, desto weniger Gleichheit, je mehr Gleichheit, desto weniger Freiheit.

Dahrendorf und der sozialliberale Reformer Karl-Hermann Flach stimmen darin überein, daß das Spannungsverhältnis zwischen Freiheit und Gleichheit, das sich im liberalen Zeitalter als sozialökonomisch begründete Freiheit einiger weniger ausgedrückt habe, auch vom modernen kapitalistischen System hervorgebracht wird. Jedoch zieht Dahrendorf daraus keine grundsätzlichen Konsequenzen, was unter anderem daran zu erkennen ist, daß er soziale Ungleichheit auf den sozialen Status reduziert. Dieser kann in der Tat selbstverantwortet, aber auch ohne jegliche Chance des Individuums, dem zu entgehen, sozial verursacht sein. Dahrendorf meint, „diese Doppeldeutigkeit des sozialen Status läßt sich zuspitzen auf das Problem der Erblichkeit des Status", und „daß es sich hier auch politisch anpacken läßt". Indem er einen auch von Mill vertretenen Vorschlag aufgreift, meint er, seine „Auffassung der sozialen Ungleichheit als Sphäre der Freiheit habe (hat) dann uneingeschränkte Geltung, wenn prohibitive Erbschaftssteuern die Ungleichheit der Startchancen der Kinder verschieden situierter Eltern im Rahmen des politisch Faßbaren aufheben" (ebd.: 278). Dahrendorf muß diesen naiven Standpunkt vertreten, wenn er wie der gesamte Sozialliberalismus vor ihm daran festhalten will, daß reale Chancen für das Erreichen eines möglichst hohen sozialen Status vieler politisch herstellbar seien, tiefgreifende Eingriffe in das sozial-ökonomische System seien nicht nur überflüssig, sondern auch als nicht geboten, weil damit zwangsläufig die Freiheit über Gebühr eingeschränkt oder politisch in letzter Konsequenz aufgehoben würde. Wie Mill akzeptiert er Eingriffe in die Freiheit zugunsten der Gleichheit, aber die Grenze bildet hier wie dort das privatwirtschaftliche System.

Flach hingegen überschreitet diese Grenze, indem er den Liberalismus aus seinem historisch-gesellschaftlichen Rahmen herauslöst und ihn als „persönliche Freiheit und Menschenwürde der größtmöglichen Zahl" (Flach 1977: 12) definiert. Hierbei bezieht er sich implizit auf die in der deutschen Verfassungsgeschichte neue Verknüpfung zwischen menschlicher Würde als Generalnorm des Grundgesetzes und dessen Sozialstaatspostulat. Aus seiner Definition des Liberalismus und aus seiner Bestandsaufnahme des kapitalistischen Systems sowie der bisherigen Funktion des Liberalismus in diesem System zieht Flach die Konsequenz, daß „die Befreiung des Liberalismus aus seiner Klassengebundenheit und damit vom Kapitalismus die Voraussetzung seiner Zukunft" sei (ebd.: 17). Folgerichtig muß Flach die für den Liberalismus konstitutive Funktion des *Privateigentums* relativieren und dem Liberalismus die Aufgabe stellen, nach einem „dritten Weg" zwischen Kapitalismus und Sozialismus zu streben, wozu er eine Dekonzentration des Kapitals unter gleichzeitiger Eigentumsumverteilung auf eine größtmögliche Zahl, Stärkung der Bürgerrechte am Arbeitsplatz, radikale Gleichheit der Startchancen zählt. Flach geht damit weiter als die Sozialdemokratie in ihrer heutigen politischen Praxis.

Wenn heute – vor allem von liberalen Positionen aus – vom Jahrhundert der Sozialdemokratie die Rede ist, dessen Ende gekommen sei und kommen müsse mit einer nur im Liberalismus liegenden Zukunftsperspektive, dann muß darauf verwiesen werden, daß die theoretischen Grundlagen insbesondere des mit liberalen Argumenten kritisierten demokratischen Interventions- und Sozialstaates weniger auf einen eigenständigen „demokratischen Sozialismus" als vielmehr auf einen „Neuen Liberalismus" (Freeden 1978) zurückzuführen sind. Was heute als sozialdemokratisch tituliert wird, um sogar sozialstaatlich orientierte Christdemokraten und generell die Entwicklung zum Sozialstaat in Europa zu klassifizieren, wurde einstmals als Alternative zu einer theoretisch klassenkämpferisch auftretenden Sozialdemokratie und zu einem konservativ erstarrten Liberalismus und zum Hochkapitalismus in Ansätzen bereits von Mill entwickelt und von Theoretikern wie Leonhard T. Hobhouse (1964), John A. Hobson (1901, 1909, 1931, 1937) und John Dewey (1963) weitergeführt und als „Neuer Liberalismus" ausgearbeitet (vgl. Müller 1978: 169-250). Zu dessen Zielen und Argumenten gibt es im heutigen Liberalismus völlig voneinander unterscheidende Positionen, die sich in zwei liberalen Grundströmungen der Gegenwart verdichten. Den weniger mit der Diskussion im Liberalismus Vertrauten kann es verwirren, daß beide wiederum als „Neuer Liberalismus" bezeichnet werden oder dieses Etikett jeweils für sich beanspruchen. Es handelt sich aber, obwohl es Gemeinsamkeiten und Überschneidungen gibt, um zwei bis zur Gegensätzlichkeit ausgeprägte Liberalismen.

(1) Mit *Neoliberalismus* meint man in der Regel jene theoretische Richtung, wie sie zunächst von *Ludwig von Mises* (1881-1973) und

insbesondere durch dessen Schüler *Friedrich August von Hayek* (1899-1992) begründet und radikal repräsentiert worden ist. Er entstand als Reaktion auf die Integration egalitärer und sozialstaatlicher Elemente in den liberal-demokratischen Verfassungsstaat. Letztlich richtet er sich gegen die durch demokratischen Mehrheitswillen grundsätzlich legitimierte staatliche Intervention und Regulative, die steuernd in die sozialökonomische und persönlich-individuelle Sphäre eingreifen. Insofern wendet sich dieser „Neue Liberalismus" gegen eine sozialstaatliche Demokratie mit ihren das private Wirtschaftseigentum und seinen Ertrag berührenden sozialen Ausgleichsmaßnahmen, wie sie einst vom älteren „Neuen Liberalismus" zur Wahrung von Freiheit gefordert wurden und in das Programm des *Sozialliberalismus* eingegangen sind. Zwar stimmt jener mit dem Neoliberalismus eines Hayek darin überein, daß freie Initiative, Kreativität und individuell-personale Verantwortung die Voraussetzung eines individuellen und gesellschaftlichen Wohls seien. Beide Liberalismen sehen dieses – und überhaupt das Individuum und seine Freiheit – bedroht durch eine übermächtige staatliche Regulative und Bürokratie. Für Hayek bieten nur das Privateigentum und der Wettbewerb Schutz gegen totalitäre Herrschaft, nicht aber der von den Sozialliberalen geforderte Ausbau des sozialen Rechtsstaats. Ihn hält Hayek für moralentfremdet. Er müsse im Namen der Freiheit verworfen werden (vgl. Gray 1990: 89ff.). Bezogen auf die gegenwärtige Diskussion über die soziale Marktwirtschaft, heißt das für jenen Neoliberalismus, daß sich die soziale Marktwirtschaft und der demokratisch-soziale Rechtsstaat als Fortentwicklung des liberalen Rechtsstaates nicht nur gegenseitig ausschließen, sondern daß der liberale Rechtsstaat in seiner Funktion für die Freiheit durch den sozialen Rechtsstaat zerstört wird. In historischer Perspektive, gemessen am Bewegungsspielraum privatwirtschaftlicher Interessen in der bürgerlichen Klassengesellschaft der Vergangenheit, trifft das sogar zu. Daran gemahnt ein Verständnis der sozialen Marktwirtschaft, wonach der höchstmögliche soziale Output für Individuen und Gesellschaft durch einen vom Staat zwar in seiner Freiheit abgesicherten, aber ansonsten von ihm völlig unbeeinflußten Wettbewerb in Wirtschaft und Gesellschaft entsteht. Wettbewerb unter dem Vorzeichen des Privateigentums und der individuellen Verantwortung führt danach zu größtmöglicher durchschnittlicher Wohlstandssteigerung und damit zwangsläufig zum Abbau sozialer Notlagen. Diese liberale Perspektive ist insofern aktuell, weil gegenwärtig das mit sozialstaatlichen Zielen verknüpfte Konzept sozialer Marktwirtschaft, wie es von christlich-konservativen, sozialdemokratischen und sozialliberalen Positionen aus entwickelt worden ist, vom neoliberalen Standpunkt aus eine Entwicklung stützt, die zu unzureichender Fähigkeit und Bereitschaft zur Leistung, zu geringer wirtschaftlicher Wettbewerbsfähigkeit und Effizienz und daher zu sozialen Problemen geführt habe. Im Verständnis sozialer Marktwirtschaft sind aber in der Bundesrepublik immer beide Konzepte enthalten gewesen. Ludwig Erhards Verständnis von sozialer Marktwirtschaft war neoliberal im Sinne Hayeks. Das wurde lediglich durch den ungelösten Dualismus theoretisch unvereinbarer, aber praktisch mehr oder minder verknüpfter Konzepte verschleiert. Nur daher schien der radikale Neoliberalismus eher als theoretisches Konstrukt denn als wirkungsmächtige politische Kraft zu existieren. Inzwischen ist er, wenn auch oft sehr verflacht, in eine zunehmend stärkere politische Strömung eingemündet, insbesondere in den USA und Großbritannien, jedoch auch deutlich spürbar in der Bundesrepublik. Von Liberalismus und liberal muß dabei nicht einmal ausdrücklich die Rede sein.

Trotz unterschiedlicher Ausprägungen im Detail hat dieser, mit konservativen Standpunkten und politischen Kräften durchaus verknüpfbare „Neue Liberalismus“ in Theorie und Praxis ein zentrales Moment: Er setzt dem interventionistischen Sozialstaat einerseits und einem Gemeinsinn und Moral beschwörenden Konservatismus anderseits den Vorrang eines wertungebundenen Individualismus in einer entfesselten Marktwirtschaft entgegen. Der Begriff „Neuer Liberalismus“ darf eben nicht darüber hinwegtäuschen, daß es im Prinzip ein *konservativer Liberalismus*[14] ist, der theoretisch unfruchtbar sozialökonomische Grundpositionen des klassischen Liberalismus reproduziert (z. B. Sorman 1986).

(2) Im Gegensatz zu diesem auch „libertärer Liberalismus“ genannten „Neuen Liberalismus“ bezieht sich der andere in jüngerer Zeit entstandene „Neue Liberalismus“ positiv auf den älteren „Neuen Liberalismus“ einschließlich des Sozialliberalismus. Ausgehend von John Rawls „Theorie der Gerechtigkeit“ (Rawls 1975) will er Freiheit und Gleichheit, Individualität und (Wert-)Pluralismus unter Rückgriff auf die Vertragstheorie durch eine gesellschaftlich-politische Grundstruktur ausbalancieren, die freie und gleiche moralische Personen unter fairen Bedingungen zum Zwecke der Regelung dieser Struktur annehmen würden; das heißt auch, sie akzeptieren trotz fortbestehender Ungleichheit eine auf allgemeinem Konsens beruhende, für alle verbindliche Gerechtigkeitskonzeption. Gerechtigkeit als Resultante von Freiheit, Gleichheit und Belohnung der der Allgemeinheit zugutekommenden Leistungen müsse „diejenigen Ungleichheiten in der Lebensperspektive von Bürgern“ regulieren, „welche sich aufgrund der sozialen Ausgangslage, natürlicher Vorteile und historischer Zufälligkeiten ergeben“ würden (Rawls 1994: 59) – also aus moralischer Sicht willkürlich seien –, damit die Bessergestellten nur dann von

ihrer Lage profitieren, wenn sich auch die Lage der Zukurzgekommenen verbessert (Rawls 1979: 96, 114; vgl. insbes. Arneson 1992: Vol. 3; vgl. dazu den Beitag Kommunitarismus in diesem Bd.).

Das damit angezeigte Dilemma des Liberalismus, der genau dieses Resultat ohnehin von rechtlicher Freiheit und Gleichheit in Staat, Gesellschaft und Wirtschaft erwartet, läßt sich jedoch so nicht aufheben, weil die anthropologische Prämisse der Theorie weiterhin von der jeweils realen Gesellschaft und ihren Menschen unsoziologisch abstrahiert. Gegenüber einer diesbezüglichen Kritik bleibt ihr nur der Ausweg, ein gemeinsamer Werthorizont müsse bis zu einem gewissen Grad an die übergreifenden Werte der westlichen Kultur und Lebensform mit einer unverzichtbaren Orientierung am *ethischen* Gut individueller Freiheit gebunden sein, um das Individuum vor jenen Prozessen der Individualisierung und Auflösung gesellschaftlichen Zusammenhangs zu bewahren, die von der liberalen Gesellschaftsordnung und dem Freiheitsprinzip hervorgebracht worden seien. Eine tatsächliche Verknüpfung mit den realen Grundlagen gesellschaftlich-politischer Macht unterbleibt jedoch ebenso wie in der Kritik an dieser zwar philosophisch, aber nicht politisch wirkungsmächtigen Theorie durch die Kommunitaristen, die letztlich vormoderne Modelle als Orientierung und Lösung im Blick haben.[15] Sowohl in den Transformationsprozessen postdiktatorischer sozialistischer als auch in der Entwicklung kapitalistisch-liberaler Gesellschaften kündigt sich eher das Gegenteil eines Ausgleichs im Spannungsverhältnis zwischen liberalen Grundrechten und einer demokratischen, kommunitären Praxis (Brumlik/Brunkhorst 1993: 181f.) an. Dieses Spannungsverhältnis kann als Widerspruch zwischen kulturellen Bestandsvoraussetzungen liberaler Gesellschaften und kulturellen Bedingungen individueller Selbstverwirklichung begriffen werden (ebd.: 269).

Aus dem den Liberalismus von Anbeginn theoretisch und politisch bestimmenden Spannungsverhältnis zwischen Freiheit, Gleichheit und Privateigentum bzw. wirtschaftlicher Verfügungsmacht läßt sich ableiten: *Liberalismus ist keine geschlossene Theorie und keine einheitliche politische Bewegung, sondern eine Funktion der bürgerlichen Gesellschaft, die sich im Spannungsverhältnis von Freiheit und Gleichheit als politischen Prinzipien der Demokratie und von Privateigentum an Produktionsmitteln einschließlich der mit ihm verknüpften Freiheit als gesellschaftlichem Prinzip des Kapitalismus*[16] *entwikkelt hat.* Von dieser Bestimmung her erschließen sich die anderen Elemente liberaler Theorie und Praxis in ihrer jeweiligen theoretisch formulierten oder tatsächlichen geschichtlich-gesellschaftlichen Funktion. Im Krisenfall ist das Pendel bisher immer von der Freiheit aller weg ausgeschlagen. Im Kern ging es stets um die „freie Verfügung des individuellen Wirtschaftssubjekts über das Privateigentum und die staatlich-rechtlich garantierte Sicherheit dieser Verfügung. Alle ökonomischen und sozialen Forderungen des Liberalismus sind wandelbar um dies eine stabile Zentrum – wandelbar bis zur Selbstaufhebung." (Marcuse 1965: 22)

Auch wenn man letzterem nicht zustimmen will, obwohl man sich damit den Blick für die ökonomisch-soziale Wirklichkeit in Vergangenheit, Gegenwart und Zukunft verstellt, so ist doch grundsätzlich festzuhalten: Jeglicher Liberalismus vermag das bezeichnete Spannungsverhältnis von Freiheit und Gleichheit nicht aufzulösen, wenn er es überhaupt will. Von hier aus gesehen und zu begreifen sind Vielgestaltigkeit und Widersprüchlichkeit liberaler Theorie und Politik, ihre geschichtliche Dimension und – obwohl es Liberalismus in seiner früheren Eigenständigkeit, Profiliertheit und Bedeutsamkeit nicht gibt – fortdauernde Aktualität.

Von diesem Fazit ist nichts zurückzunehmen trotz des Entstehens einer liberalen Theorie mit dem Anspruch des gänzlich Neuen zu einem Zeitpunkt, als der Liberalismus, theoretisch endgültig in eine Sackgasse gelaufen war und weder er noch die Diskussion über ihn grundsätzlich neues sagte. Der für den Kritiker des bisherigen Liberalismus und der sozialen Konsequenzen einer radikalen neoliberalen Doktrin sympathische Versuch einer grundsätzlich, hierauf abhebenden theoretischen Neuformulierung einer im Ansatz sich als prinzipiell als „neu" verstehenden liberalen Theorie, die das genannte Spannungsverhältnis aufheben oder zumindest durch einen Gerechtigkeit beinhaltenden Konsens entschärfen will, muß an einer notdürftig mit liberalen Fetzen und Kleidern einhergehenden und sich globalisierenden Wirklichkeit von Gesellschaft, Wirtschaft und Staat scheitern. Jedoch nicht nur daran, sondern grundsätzlich an theoretischen Inkonsistenzen und liberalismusspezifischen Axiomen liegt es, daß Rawls und sein mannigfach modifiziertes Umfeld die als gemeinsames Bestimmungsmoment des Liberalismus genannte Funktion nicht aufzuheben vermögen. Insofern führt die Frage auch nicht weiter, ob der Liberalismus angesichts des Scheiterns eines freiheitsfeindlich-bürokratischen Sozialismus und des Zurückdrängens oder der Erstarrung des sozialdemokratischen bzw. sozialliberalen Politikentwurfs in einer neuen Blüte steht, ob er eine wünschenswerte Zukunftsalternative oder im Gegenteil sich endgültig gänzlich untreu geworden ist oder sich einfach überlebt hat.

Anmerkungen

1 Hayek (1981/82). Der lange Zeit vergessene Hayek wurde in den 70er Jahren in der Bundesrepublik wieder aktuell („Freiheit oder Sozialismus") und gab we-

sentliche Argumente für die 'Wende'. Weltweit von Bedeutung Milton Friedman (1971) bzw. die wirtschaftspolitische „Chicago-Schule" mit ihrem theoretischen Einfluß auf kapitalistischen Industriestaaten (angebotsorientierte bzw. monetaristische Politik), Entwicklungsländer (Chile, Internat. Währungsfonds) u. neuerdings in postkommunistischen Staaten. Etwas anders akzentuierend: Buchanan (1984); Nozik (o. J.); Olson (1985). Diese Theoretiker werden auch *libertäre Liberale* genannt (z.B. Brunkhorst in Brumlik/Brunkhorst 1993) wegen ihrer klassisch-strengen, ursprünglich nichtliberale Elemente ausschließende Theorie (z.B. Gerechtigkeit und politisch-sozialer Grundkonsens darüber; unterschiedslose „reale" demokratische Partizipation in und am Gemeinwesen). Begrifflich soll so jenen Vertretern eines Neoliberalismus und jenen unterschieden werden, die trotz mancherlei Bezügen zu den „libertären Liberalen" ihnen gegenüber teilweise unvereinbare neue Wege gehen und von „libertärer" Theorie ausgeschlossene Elemente in ihre Theorie mit zentralem Stellenwert inkorporieren.

2 Honneth (1993). Für die Begrifflichkeit ist zu beachten, daß „Right" einmal „das Rechte" und einmal „Recht" und „Rechte" (Rights) bedeutet. Vgl. Sandel 1993: 19; Mulhall/Swift 1992: 30ff.

3 Gall 1972; Knoll 1981: 89ff. (Knoll hält eine Darstellung des gesamten Liberalismus für kaum realisierbar.) Vgl. die Problematik diesbezüglicher Versuche: Schapiro 20ff.; Leontowitsch 37ff.; Watkins 54ff. in: Gall 1972.

4 Neuerdings bestreitet Pocock (1993) daß die Entwicklung der bürgerlichen Gesellschaft und des liberalen bürgerlichen Staates von Locke (und Hobbes) bzw. von einem dem etatistischen Staat überlegenen Tausch- und Akkumulationsmodell einschließlich des dahinter stehenden Menschenbildes her zu begreifen ist. Vielmehr sei die Entwicklung unter dem Vorzeichen eines – zugleich republikanischen – Bürgerhumanismus zu begreifen, dem es um das Verhältnis von Vernunft, Tugend, Leidenschaft und Korruption gegangen sei, der also eine – bei Locke fehlende – eindeutig *moralische* Ausgangsbasis habe.

5 So sagt z. B. Richard Cumberland (1631-1718), die empirisch beweisbare Zweckmäßigkeit der Natur beweise die Existenz Gottes, der sie aufgrund der von ihm gegebenen Gesetze als Schönes und Ganzes geschaffen habe. Wie Gott müsse der Mensch, um für das Glück der vernünftigen Wesen zu sorgen, aus moralischer Verpflichtung den göttlichen Naturgesetzen folgen. In der Verknüpfung von Moral und Glück aller liege notwendig die Steigerung des eigenen Glückes beschlossen. In: Über die Naturgesetze, Kapitel I: Über die Natur der Dinge. Abgedr. u. kommentiert in: Brandt (1974): 51f.

6 Charles de Montesquieu: Vom Geist der Gesetze. (Die deutsche Übersetzung des Titels kann irreführen, weil mit esprit im Französischen eher der Sinn der Gesetze, die Intention des Gesetzgebers gemeint ist.)

7 Gerade daher ist anzumerken, daß sich die Freiheits- und Rechtstheorie Montesquieus im Ansatz von der Lockes unterscheidet. Man rückt mehr und mehr davon ab, ihn neben Locke als einen Klassiker des Liberalismus zu deuten. Sein Antiabsolutismus, seine Kritik der absoluten Macht, wird später, in liberaler Sicht, für den Liberalismus vereinnahmt, obwohl die als Indiz für ihren Liberalismus geltenden Theoreme sich aus vorabsolutistischen Strukturen ableiten (Starobinski 1991: 111f.) und diese wiedergewonnen werden sollen (so Kondylis 1996). Nur ändert das nichts daran, daß sie historisch im liberalen Sinn wirkten.

8 The Federalist, hg. v. Benjamin F. Wright, New York 1961. Deutsch: Der Föderalist, hg. v. Felix Ermacora, Wien 1958

9 Dahlmann 1924. Auch die beiden anderen wichtigsten Repräsentanten des deutschen Frühliberalismus vertreten, bezogen auf den Staat, trotz stärkerer Betonung des Parlaments bei von Mohl und des demokratischen Gedankens bei von Rotteck, entweder die im Monarchen symbolisierte Einheit des Staates (v. Mohl) oder die unteilbare „ideale Staatsgewalt" (v. Rotteck). von Mohl 1968; von Rotteck 1840. Wichtig für den deutschen Frühliberalismus: von Rotteck/Welcker1856-1866.

10 Siehe hierzu Anm. 7

11 Dies können auch die öffentlich-rechtlichen Medien nicht aufbrechen, weil sie trotz der verfassungsrechtlichen Garantie ihrer politischen und kulturellen Aufgabe – auch legitimatorisch – den Zwängen einer ausschließlich ökonomisch konstituierten publizistischen Konkurrenz unterliegen.

12 Nicht zu verwechseln mit dem „Gerechtigkeit" beinhaltenden freiwilligen gesamtgesellschaftlichen „Grundkonsens" in der vertragstheoretischen „neoliberalen" Argumentation in der Nachfolge Rawls und der Auseinandersetzung mit ihm.

13 Zur gegenwärtigen innerliberalen Diskussion vgl. Douglass u.a. (1990)

14 Zu Konservatismus im „libertären Neoliberalismus" vgl. „Hayek as a Conservative" in: Gray 1993: 32ff.

15 Hierzu siehe die Beiträge Politische Partizipation, Politische Ethik und Kommunitarismus in diesem Bd.

16 Der Einwand, die funktionale Verknüpfung mit dem Privatkapitalismus enge den Liberalismus unzulässig ein und sei lediglich für dessen klassische Phase diskutierbar, verkennt das auch von der liberalen Wirtschaftstheorie betonte grundsätzlich Moment kapitalistischen Wirtschaftens: den systemnotwendig unabdingbaren Vorrang des Kapitals und seiner maximalen Effizienz. Vor allem nach dem Zusammenbruch der kommunistischen Systeme wird von Liberalen Wert auf diesen Einwand gelegt; so z.B. der sich u.a. auf Rawls beziehende Bruce A. Ackerman: es gebe „viele Kapitalismen – bessere und sehr viel schlechtere" – und *den* Kapitalismus nur als ideologisches Konstrukt der Marxisten (Ackerman 1983: 47). Wenn Ackerman betont, „daß der moderne Liberalismus das Eigentum nicht allen sonstigen Rechten voranstellt" (ebd. 108), so besagt das nichts über die faktische Systemfunktion des kapitalistischen Eigentums(rechtes). Bereits vom persönlichen, nicht an Produktionsmittel geknüpften Eigentums oder es begründender Eigentumshöhe oder Einkommensart kann die Freiheit, ihr Ausmaß und die Chance ihrer Wahrnehmung abhängen einschließlich der (u.a. sozialen) Chance aktuellen oder zukünftigen Eigentumserwerbs. Systembestimmend ist das Eigentum(-srecht) an den Produktionsmitteln. Hierzu gehören auch von der Produktion abgekoppeltes Geldkapital bzw. seine Äquivalente und Dienstleistungen, weil sie nicht unmittelbar wertschöpfend sind. Entgegen dem Anschein wirkt das große private kapital heute mehr denn je durch Globalisierung, trotz oder gerade wegen der im Vergleich zum liberalen Staat der Vergangenheit größeren regulativen Macht des heutigen Staates und seiner Verfügung über Geld- und Anlagekapital für diesen und die Individuen systembestimmend und durchschnittlich (alternativen) Bewegungsspielraum einengend. Die von liberaler Seite befürwortete Deregulation und der

Rückzug des Staates, und zwar nicht nur aus dem sozialökonomischen Sektor, schafft nicht generell mehr Freiheit, sondern dies geschieht primär für das privat legitimierte Kapital bzw. darauf beruhende Verfügungsmacht und sich davon ableitende Freiheit. Je mehr sich diese Tendenz unter dem Vorzeichen globaler Kapitalmacht – ein Aufbrechen staatlich bürokratisierter und institutionell verfestigter Macht zugunsten von Freiheit versprechend – durchsetzt, um so mehr geht das auf Kosten (egalitärer) Demokratie und durchschnittlicher individueller Freiheit, anstatt sie entsprechend (neo-)liberalen Theoremen zu stärken.

Literatur

Ackermann, Bruce A. (1993): Ein neuer Anfang für Europa. Nach dem utopischen Zeitalter, Berlin

Albertin, Lothar (1972): Liberalismus und Demokratie am Anfang der Weimarer Republik, Düsseldorf

Albertin, Lothar (Hg.) (1980): Politischer Liberalismus in der Bundesrepublik, Göttingen

Arneson, Richard J. (Ed.) (1992): Liberalism, 3 Bde., Cambridge

Bagehot, Walter (1991): Die englische Verfassung, Neuwied

Bouillon, Hardy (1997): Freiheit, Liberalismus und Wohlfahrtsstaat, Baden-Baden

Brandt, Reinhardt (1974): Eigentumstheorien von Grotius bis Kant, Stuttgart-Bad Cannstadt

Brix, Emil /Mantl, Wolfgang (1966): Liberalismus. Zu den Grundlagen und Perspektiven einer liberalen Gesellschaft, Wien

Buchanan, James S. (1984): Die Grenzen der Freiheit, Tübingen

Burke, Edmund (1967): Betrachtungen über die Französische Revolution, Frankfurt/M.

Claeys, Gregory (Hg.) (1987): Der soziale Liberalismus John Stuart Mills, Baden-Baden

Constant, Benjamin (1970): Werke in vier Bänden, hg. v. Axel Blaeschke u. Lothar Gall, Bd. IV, Berlin

Dahlmann, Friedrich Christoph (1924): Die Politik auf den Grund und das Maß der gegebenen Zustände zurückgeführt. Mit einer Einf. v. Otto Westphal, Berlin

Dahrendorf, Ralf (1972): Konflikt und Freiheit, München 1972

Dahrendorf, Ralf (1980): Der Liberalismus und Europa, München

Dahrendorf, Ralf (1981): Lebenschancen. Ansätze zur sozialen und politischen Theorie, Frankfurt/M.

Dahrendorf, Ralf (1983): Die Chancen der Krise. Über die Zukunft des Liberalismus, Stuttgart

Dahrendorf, Ralf (1987): Fragmente eines neuen Liberalismus, Stuttgart

Deswey, John (1963): Liberalism and Social Action, New York

Döhn, Lothar (1970): Politik und Interesse. Die Interessenstruktur der Deutschen Volkspartei, Meisenheim

Döhn, Lothar (1980): Liberalismus als kategorialer Rahmen für die FDP, in: Albertin (1980), S. 267-287

Douglass, R. Bruce/ Mara, Gerad M./ Richardson, Henry S. (Ed.) (1990): Liberalism and the Good, New York/London

Fenske, Hans u.a. (1992): Geschichte der politischen Ideen, Frankfurt/M.

Flach, Karl Hermann (1977): Noch eine Chance für die Liberalen, Frankfurt/M.

Fraenkel, Ernst (1976): Das amerikanische Regierungssystem, 3. Aufl. Opladen

Freeden, Michael (1978): The New Liberalism. An Ideology of Social Reform, Oxford
Friedman, Milton (1971): Kapitalismus und Freiheit, Stuttgart
Gall, Lothar (1972): Liberalismus und bürgerliche Gesellschaft, in: ders. (Hg.): Liberalismus
Geiss, Immanuel (Hg.) (1972): Tocqueville und das Zeitalter der Revolution, München
Gray, John (1990): Liberalism, London/New York
Gray, John (1993): Postliberalism, New York/London
Habermas, Jürgen (1969): Strukturwandel der Öffentlichkeit, Neuwied
Hayek, Friedrich August v. (1991): Die Verfassung der Freiheit, Tübingen
Hayek, Friedrich August v. (1981/82): Recht, Gerechtigkeit und Freiheit. Eine neue Darstellung der liberalen Prinzipien der Gerechtigkeit und der politischen Ökonomie, Landsberg/Lech
Hegel, Georg Wilhelm Friedrich (1949/59): Grundlinien der Philosophie des Rechts oder Naturrecht und Staatswissenschaft im Grundriß, Sämtliche Werke Bd. 7, Stuttgart
Heller, Hermann (1926): Die politischen Ideenkreise der Gegenwart, Breslau
Hennigsen, Manfred (Hg.) (1970): Vom Nationalstaat zum Empire. Englisches politisches Denken im 18. und 19. Jahrhundert, München
Hinsch, Wilfried (Hg.) (1997): Zur Idee des politischen Liberalismus. John Rawls in der Diskussion, Frankfurt/M.
Hirschman, Albert, (1980): Leidenschaften und Interessen, Frankfurt/M.
Hobbes, Thomas (1961): De Cive, Bd. 2, London 1939 (Nachdruck Aalen)
Hobbes, Thomas (1984): Leviathan oder Stoff, Form und Gewalt eines kirchlichen und bürgerlichen Staates, hg. u. eingel. v. Iring Fetscher, Frankfurt/M.
Hobbes, Thomas (1991): Behemoth oder das lange Parlament, hg. u. m. einem Essay v. Herfried Münkler, Frankfurt/M.
Hobhouse, Leonard T. (1964): The Elements of Liberalism, Oxford
Hobson, John Atkinson (1901): The Social Problem, New York
Hobson, John Atkinson (1909): The Crisis of Liberalism, London
Hobson, John Atkinson (1931): Towards Social Equality, London
Hobson, John Atkinson (1937): Property and Improperty, London
Holl, Karl/ Trautmann, Günter/ Vorländer, Hans (Hg). (1986): Sozialer Liberalismus, Göttingen
Honneth, Axel (Hg.) (1993): Kommunitarismus, Frankfurt/M.
Hugelmann, Frank (1991): Die Anfänge des englischen Liberalismus, Bern/New York
Humboldt, Wilhelm von (1960): Ideen zum Versuch, die Grenzen der Wirksamkeit des Staates zu bestimmen, Werke Bd. 1, Darmstadt
Kahan, Alan S. (1992): Aristocratic Liberalism, New York/Oxford
Keynes, John Maynard (1983): Allgemeine Theorie der Beschäftigung, des Zinses und des Geldes, 6. Aufl. Berlin
Kielmannsegg, Peter Graf (1977): Volkssouveränität, Stuttgart
Knoll, Joachim H. (1967): Führungsauslese in Liberalismus und Demokratie, Stuttgart
Knoll, Joachim, H. (1981): Liberalismus, in: Julius H. Schoeps, Joachim H. Knoll, Claus E. Bärsch: Konservatismus, Liberalismus, Sozialismus, München
Langewiesche, Dieter (1988a): Liberalismus in Deutschland, Frankfurt/M.

Langewiesche, Dieter (Hg.) (1988b): Liberalismus im 19. Jahrhundert. Deutschland im europäischen Vergleich, Göttingen

Leontowitsch, Victor (1972): Das Wesen des Liberalismus, in: Lothar Gall (Hg.): Liberalismus, Köln

Locke, John (1974): Über die Regierung (The Second Treatise of Government), hg. u. m. einem Nachw. v. Cornelius Mayer-Tasch, Stuttgart

Macpherson, C. B. (1967): Die politische Theorie des Besitzindividualismus, Frankfurt/M.

Mandeville, Bernard (1980): Die Bienenfabel. Mit einer Einleitung v. Walter Euchner, Frankfurt/M.

Marcuse, Herbert (1965): Kultur und Gesellschaft I, Frankfurt/M.

Medick, Hans (1973): Naturzustand und Naturgeschichte der bürgerlichen Gesellschaft. Die Ursprünge der bürgerlichen Sozialtheorie als Geschichtsphilosophie und Sozialwissenschaft bei Samuel Pufendorf, John Locke und Adam Smith, Göttingen

Mill, John Stuart (1969a): Autobiography, London

Mill, John Stuart (1969b): Über Freiheit, Frankfurt/M.

Mill, John Stuart (1971): Betrachtungen über die repräsentative Demokratie, hg. u. eingel. v. Kurt L. Shell, Paderborn

Mises, Ludwig v. (1993): Liberalismus, o.O.

Mohl, Robert von (1968): Politische Schriften, hg. v. Klaus von Beyme, Opladen

Mommsen, Wolfgang (1975): Wandlungen der Liberalen im Zeitalter des Imperialismus, in: Liberalismus und imperialistischer Staat, hg. v. Karl Holl u. Günther List, Göttingen

Montesquieu, Charles de (1974): Vom Geist der Gesetze, hg. v. Kurt Weigand, Stuttgart

Moore, Margaret (1993): Foundations of Liberalism, Oxford

Müller, Johann Baptist (1978): Liberalismus und Demokratie, Stuttgart

Müller, Kurt (Hg.) (1989): Option Liberalismus, Zürich

Mulhall, Stephen/ Swift, Adam (1992): Liberals and Communitarians, Oxford, Cambridge

Naumann, Friedrich (1964): Demokratie und Kaisertum. Werke Bd. 2, hg. v. Theodor Schieder, Köln/Opladen

Neumann, Franz L. (1967): Demokratischer und autoritärer Staat, Frankfurt/M.

Noack, Paul (1986): Die dritte Kraft?, München

Nozik, Robert (o.J.): Anarchie, Staat, Utopia, München

Olson, Mancur (1985): Aufstieg und Niedergang von Nationen, Tübingen

Paine, Thomas (1989): Common Sense, in: Political Writings, ed. Bruce Kuklick, Cambridge

Pocock, G. A. (1993): Die andere Bürgergesellschaft. Zur Dialektik von Tugend und Korruption, Frankfurt/M.

Popper, Karl R. (1970): Die offene Gesellschaft und ihre Feinde, 2 Bde., Bern

Ramm, Thilo (1965): Der Arbeitskampf und die Gesellschaftsordnung des Grundgesetzes, Stuttgart

Rawls, John (1978): Eine Theorie der Gerechtigkeit, Frankfurt/M.

Rawls, John (1994): Die Idee des politischen Liberalismus. Aufsätze 1978-1989, hg. v. Wilfried Hinsch, Frankfurt/M.

Reinalter, Helmut (Hg). (1993): Lexikon zu Demokratie und Liberalismus. 1750-1848/49, Frankfurt/M.

Rittstieg, Helmut (1975): Eigentum als Verfassungsproblem, Darmstadt

Röhrich, Lutz (1991): Eliten und das Ethos der Demokratie, München
Rotteck, Karl von (1840): Lehrbuch des Vernunftrechts und der Staatswissenschaften, Stuttgart (Reprint Aalen 1964)
Rotteck, Karl von/ Welcker, Karl (1956-1966): Staats-Lexicon, 2. Aufl., Leipzig
Ruggiero, Guido de (1964): Geschichte des Liberalismus, Aalen
Sandel, Michael: Die verfahrensrechtlich Republik und das ungebundene Selbst, in: Axel Honneth (Hg.): Kommunitarismus, Frankfurt/M.
Schapiro, J. Salwyn (1972): Was ist Liberalismus?, in: Lothar Gall (Hg.): Liberalismus, Köln
Schumpeter, Joseph A. (1972): Kapitalismus, Sozialismus, Demokratie, München
Sell, F. C. (1953): Die Tragödie des deutschen Liberalismus, Stuttgart
Smith, Adam (1974): Wohlstand der Nationen, München
Sorman, Guy (1986): Der neue Liberalismus, Düsseldorf/Wien
Sieyès, Emmanuel Joseph (1975): Was ist der dritte Stand?, in: Politische Schriften, Neuwied
The Federalist (1974): B.F. Wright, Cambridge; dt.: Hamilton, Alexander u.a.: Die Federalist-Artikel, Paderborn 1994
Theiner, Peter (1983): Sozialer Liberalismus und deutsche Weltpolitik. Friedrich Naumann im wilhelminischen Deutschland (1860-1919), Baden-Baden
Tocqueville, Alexis de (1976): Über die Demokratie in Amerika, hg. v. J.P. Mayer, Th. Eschenburg u. H. Zbinden, München
Voegelin, Eric (Hg.) (1968): Zwischen Revolution und Restauration. Politisches Denken in England im 17. Jahrhundert, München
Vorländer, Hans (Hg.) (1987): Verfall oder Renaissance des Liberalismus, München
Vorländer, Hans (1997): Hegemonialer Liberalismus, Frankfurt/M.
Walzer, Michael (1992): Zivile Gesellschaft und amerikanische Demokratie, Berlin
Watkins, Frederik (1972): Theorie und Praxis des modernen Liberalismus, in: Lothar Gall (Hg.): Liberalismus, Köln
Weber, Max (1992): Politik als Beruf, in: Gesamtausgabe, Bd. 17, Tübingen

Kommunitarismus – Eine Kritik am politischen Liberalismus

Mark Arenhövel

1. Zur Aktualität kommunitaristischer Kritik: Mode oder Zeitdiagnose?

Unter dem zunächst nicht vielsagenden Sammelbegriff „Kommunitarismus" wurden in relativ kurzer Zeit unterschiedlichste Strömungen zusammengefaßt, welche das gerade in den wohlhabenden Gesellschaften des Westens spürbare „Unbehagen an der Moderne" (Ch. Taylor), den Verlust politischer Integration in den hochindividualisierten Gesellschaften und die Leiden an den „Pathologien des Sozialen" (A. Honneth) thematisierten. Handelte es sich zu Beginn der achtziger Jahre um eine philosophische Kontroverse, die sich an der liberalen Gerechtigkeitstheorie von John Rawls entzündete und im angelsächsischen Sprachraum von ganz unterschiedlichen Denkern geführt wurde (M. Sandel, M. Walzer, A. MacIntyre, Ch. Taylor), so entdeckten diese im Verlauf der Debatte erst in ihrer Gegnerschaft zu oder Auseinandersetzung mit Rawls ihre „Wahlverwandtschaft", die schließlich als Kommunitarismus auf den Begriff gebracht wurde: Der Rückbezug auf eine durch substantielle Werte integrierte Gemeinschaft (*community*) als Korrektiv pathologischer Unterintegration fragmentierter und hochgradig ausdifferenzierter Gesellschaften verbindet Neo-Aristoteliker wie MacIntyre, Neo-Hegelianer wie Taylor und andere Liberalismuskritiker. Dennoch kann von *dem* Kommunitarismus als Theorie oder Schule keine Rede sein; zu gewichtig sind die methodischen und normativen Differenzen der unter diesem Begriff versammelten Theoretikerinnen und Theoretiker. Ebensowenig lassen sich die Kommunitaristen eindeutig im Links-Rechts-Spektrum positionieren – jener „Ortsmetaphorik, die mit der Industrieepoche sich zur Ordnung des Politischen durchgesetzt hat" (Beck 1996: 67), deren Zuordnung jedoch sich immer häufiger politische Auseinandersetzungen und Konflikte entziehen. Die Parteinahme für Individualismus *oder* Gemeinschaft, das Eintreten für den Vorrang des Gerechten *oder* des Guten entsprechen nicht länger traditionellen gesellschaftlichen Konfliktlinien. Insofern als bestimmte Klassen- oder Milieudifferenzierungen mit subjektiven Interessen und Situationsdeutungen nicht mehr oder immer weniger übereinstimmen, erweist sich eine binäre Frontstellung links versus rechts zunehmend als nicht mehr haltbar. Wenn es zutrifft, daß das „klassische Konfliktmuster der industriellen Moderne, die Auseinandersetzung zwischen mehr oder weniger stabilen Interessengruppen, [...] abgelöst [wird] durch eine themenzentrierte, an der massenmedialen Öffentlichkeit orientierte, vagabundierende Konfliktbereitschaft" (Lau 1991: 374), so schlägt sich dies auch nieder in der Heterogenität im Lager der Kommunitaristen, wo sich ein politischer Romantiker wie Alasdair MacIntyre, ein Neo-Hegelianer wie Taylor, ein dem basisdemokratischen Aktivismus anhängender Autor wie Benjamin Barber und ein sich jeder Zuordnung entziehender, zwischen den Linien vermittelnder Denker wie Michael Walzer versammeln. Charles Taylor selbst hat darauf hingewiesen, daß es innerhalb der Kommunitarismus-Debatte einige „Verwirrung" und ein häufiges „aneinander vorbei reden" gibt (Taylor 1993: 103). Eine Bemerkung Miguel Giustis unterstreicht die Verständigungsschwierigkeiten der Diskutanten:

> „[I]m Verlauf der angelsächsischen Diskussion haben mehrere Autoren ihre Positionen so geändert bzw. so unterschiedlich formuliert, daß der Eindruck entsteht, die vielen gegenseitigen Mißverständnisse seien nicht gerade ein Beitrag zur Offenlegung der sachlichen Fragestellung selber" (1994: 54).

Der große Anklang, den die Kommunitarier und die von ihnen schnell besetzten Themen in der breiten Öffentlichkeit in den Vereinigten Staaten erlangen konnten, muß vor dem Hintergrund des während der Reagan-Jahre gepredigten individualistisch ausgeprägten Liberalismus der rücksichtslosen Selbstbereicherung und dessen praktischer Insuffizienz (vgl. Reese-Schäfer 1995: 9 bzw. 1997: 13) gesehen werden. Aus der in ihren Anfängen fachwissenschaftlichen Debatte ergaben sich eine Reihe interessanter Neuansätze innerhalb der Sozial- und Wirtschaftswissenschaften, welche sich auch auf die politische Programmatik auswirkten. Nicht zuletzt gelang es Bill Clinton im Wahlkampf 1992, durch Appelle an den Gemein- und Bürgersinn einen Umschwung in der Wählermeinung herbeizuführen.

Die einfache Übertragung kommunitaristischer Lösungswege auf den deutschen Kontext muß jedoch scheitern, nicht zuletzt da die demokratische Tradition in den Vereinigten Staaten eine andere ist und im deutschen Verständnis dem Gemeinschaftsbegriff noch immer bündische Konnotationen anhängen. Hans Joas sieht drei Motivlagen für das deutsche Interesse am Kommunitarismus (1995: 30f.): So mag die Kommunitarismus-Debatte gerade in der Phase nach der Wiedervereinigung die Suche nach einer neuen Orientierung, einer nationalen Identität erleichtern oder zu einer „Reinigung der deutschen Tradition" (Albert O. Hirschman) beitragen. Den zweiten Grund sieht Joas im endgültigen Erlahmen utopischer Energien nach dem Zusammenbruch des real-existierenden Sozialismus und der Suche nach neuen, nicht staatszentrierten, sondern auf anderen Begründungsformeln aufbauenden gemeinschafts-orientierten Typen sozialen Handelns. Der Diskurs über die Zivilgesellschaft hat in diesem Zusammenhang ebenso seinen Platz wie die Rede von der „Schicksalsgemeinschaft". Folgender Text war im Frühjahr 1994 in einer Annonce, die in vielen größeren Zeitungen geschaltet war, zu lesen:

> „Jeder hat das Recht auf die freie Entfaltung seiner Persönlichkeit. Doch erst das Einstehen füreinander macht das Leben sinnvoll.
> Ja, Gemeinschaft.
> Wir leben in einer Zeit der Selbstverwirklichung. Oft geht Individualität über alles. Persönliche Zurücknahme, Bescheidenheit und selbstloser Einsatz für die Gemeinschaft sind nicht gerade populär.
> Wer aber jemals Belastungen und Strapazen, vielleicht sogar Gefahren in Kameradschaft erlebt und durchgestanden hat, der weiß, was Gemeinschaft ist. Wahrscheinlich sein Leben lang. Gemeinschaft bedeutet immer Rücksicht auf andere und auch Härte gegen sich selbst. Aber jeder spürt und gewinnt Dankbarkeit und die Hilfsbereitschaft der anderen – Geborgenheit in der Gemeinschaft. Das ist eine große persönliche Erfahrung. Fragen Sie mal einen, der dabei war."

Mit diesem Text warb die Bundeswehr, deutlich auf die gesellschaftlichen Verunsicherungen anspielend.[1]

Und drittens drängen andere, gänzlich unverbundene Problembündel, z.B. der Umbau des Sozialstaats, die Globalisierung der Märkte nebst der Umstrukturierung des Arbeitsmarktes usw. zu einer Neukonzeptualisierung der Demokratie jenseits vom individualistischen Liberalismus und staatszentrierter Reformen.

Wenn mittlerweile der Kommunitarismus auch in Deutschland zum „Liebling der Saison" (Hauke Brunkhorst) geworden ist, auf Kongressen über „Gemeinschaft und Gerechtigkeit" gestritten wird,[2] und in Feuilletons, politischen Reden und Programmen der Begriff Bürgertugend wiederauflebt, so könnte dies dazu verleiten, den Kommunitarismus vorschnell als Mode abzutun. Es sollte aber nicht übersehen werden, daß die damit zusammengefaßte Liberalismuskritik nicht (nur) auf Oberflächenphänomene abhebt, sondern die strukturellen Bedingungen, Begleiterscheinungen und Nebenwirkungen der „einfachen Moderne" neu thematisiert und Kapitalismus- und Technologiekritik nicht ausnimmt.

Die Kurzdefinition Walter Reese-Schäfers, das kommunitaristische Projekt sei der Versuch einer Wiederbelebung von Gemeinschaftsdenken unter den Bedingungen postmoderner Dienstleistungsgesellschaften (1996: 3), deutet auf das Spannungsfeld hin, in welchem sich die Kommunitaristen bewegen. So gibt es durchaus Berührungspunkte hinsichtlich der epistemologischen Grundsätze, politischen Ansichten und der Gegenwartsdiagnose zu anderen gesellschaftstheoretischen Strömungen: So etwa zu Max Weber, der den Verlust einer universalen Vernunft um den Preis eines „Polytheismus der Werte" konstatierte.[3] Sinn- und Freiheitsverluste haben auch Georg Lukács in seiner Verdinglichungstheorie und Theodor W. Adorno in seinen Überlegungen zur „verwalteten Welt" beschrieben bis hin zu Jürgen Habermas' These von der „Kolonialisierung der Lebenswelt". Selbst die postmoderne Kritik am universalen Geltungsanspruch des politischen Liberalismus, am prometheischen Menschheitsmythos und am Fortschrittsglauben ließe sich an die kommunitaristische Kritik anschließen, ohne allerdings an die verschüttete Kraft gemeinschaftsstiftender Bande zu appellieren.

Aber neben den abstrakten fachwissenschaftlichen Debatten prägen kommunitaristische Fragestellungen mehr und mehr auch die öffentlichen Debatten über die Integrationsfähigkeit moderner Gesellschaften, über die Ansprüche von Minderheiten auf Sonderrechte, über die Zukunft des Sozialstaats, den Status der Einwanderer oder den Weg zu multikulturellen Gesellschaften. Das vielbemühte Zitat von Bökkenförde, demzufolge der freiheitliche, säkularisierte Staat von Voraussetzungen lebe, die er selbst nicht garantieren könne (1991: 112)[4], wird von den Kommunitaristen neugefaßt: Ihre Kritik zielt vor allem dahin, daß eine Gesellschaft, die aus zunehmend vereinzelten Individuen bestehe, die vor allem ihrem Eigeninteresse verbunden seien, die eigenen Grundlagen untergrabe. Die von den Kommunitaristen vorgeschlagenen „Gegengifte" (Ulrich Beck) werden auch im deutschen Kontext diskutiert: verstärkte Bürgerbeteiligung durch soziale Mobilisierung und neue plebiszitäre Elemente im parlamentarischen System, Öffnung der Parteien und größere Basisnähe usw.

2. Die Gemeinschaft (community) als Bezugspunkt kommunitaristischen Denkens

Aus der Ausdifferenzierung in Gemeinschaft und Gesellschaft schöpft der Kommunitarismus einen Rückbezug für seine Liberalismuskritik, seine Zeitdiagnose und die Kritik am „modernen Individuum". Im Gemeinschaftsbegriff liegt sozusagen das Gravitationszentrum kommunitarischen Denkens. Während die Liberalen die Unhintergehbarkeit liberaler Grund- und Freiheitsrechte betonen, orientieren sich die Kommunitaristen an jenen (vergessenen) Bedingungen und Voraussetzungen demokratischer Selbstregierung in überschaubaren „communities", welche den Freiheitsrechten vorausgehen, damit sie erst „zu einem produktiven Moment innerhalb kommunitärer Lebensformen" werden können (Wellmer 1993: 176). Hierin freilich gründet sich die Schwierigkeit, die kommunitaristischen Ansätze, die im nordamerikanischen Kontext entstanden sind, auf europäische bzw. deutsche Verhältnisse zu übertragen. Der Gemeinschaftsbegriff als Bezugspunkt kommunitaristischer Entwürfe bedarf zunächst einer Klärung, bevor entschieden werden kann, ob es in modernen posttraditionalen Gesellschaften noch möglich sein wird, „die Idee oder die Realität der Gemeinschaft unter den gegenwärtigen sozialen Bedingungen wiederzuentdecken" (Giddens 1997: 174).

Es gehört zu den klassischen Einsichten der Soziologie, daß die Gemeinschaft (in Europa) immer stärker von Verbänden und intermediären Organisationen verdrängt wurde. Die Veränderung oder Auflösung lokaler Handlungskontexte haben die sozialen Hintergründe, welche bei Ferdinand Tönnies (1887) entscheidend für die Herausbildung von Gemeinschaft waren, nämlich Haushalt, Dorf und Stadt, in so gravierender Weise betroffen, daß eine „Wiederentdeckung" der Tradition als problematisch erscheinen muß. Gemeinschaftliche Strukturen werden von Tönnies wie folgt charakterisiert: Die „gegenseitig-gemeinsame, verbindende Gesinnung, als eigener Wille einer Gemeinschaft, ist das, was hier als Verständnis (consensus) begriffen werden soll. Sie ist die besondere soziale Kraft und Sympathie, die Menschen als Glieder eines Ganzen zusammenhält" (Tönnies 1988: 17). In der Gesellschaft dagegen sind die Mitglieder „wesentlich getrennt" (ebd.: 19) und stärker als durch den Konsens durch den Vertrag miteinander verbunden. Die Gemeinschaften beziehen einen Überschuß an Gerechtigkeit gerade aus der Abwesenheit eines fremden Rechtsetzungsaktes; nämlich aus dem gemeinschaftlich geteilten Willen zur Gemeinschaft (vgl. Vismann 1994: 27). Als Ursache für den Gemeinschaftsverfall wird häufig auf die von Walzer angeführten vier Typen von Mobilität verwiesen, welche die Bindungen an Familie, Lebensraum, soziale Herkunft und politische Tradition lockern (vgl. Walzer 1993: 164ff.): (1) Die geographische Mobilität, bedingt z.B. durch Berufswechsel; (2) die soziale Mobilität, d.h. immer weniger Menschen nehmen in modernen Gesellschaften den gleichen sozialen Standort ein wie ihre Eltern; (3) die Beziehungsmobilität, bedingt durch hohe Trennungs-, Scheidungs- und Wiederverheiratungsraten; und schließlich (4) die politische Mobilität, da die Loyalität gegenüber Führungspersönlichkeiten, Bewegungen, Parteien, Verbänden und kommunalen Institutionen im Abnehmen begriffen sei. Walzer zufolge stehen diese Mobilitätstypen geradezu für den „Vollzug von Freiheit und das Streben nach (privatem und persönlichem) Glück" (ebd.: 166), doch andererseits artikuliere sich auch „Kummer und Unzufriedenheit" an der Entwurzelung und Freisetzung aus traditionellen Verhältnissen. Die Artikulation dieser Verlustgefühle übernehme der Kommunitarismus.

Aus der unterschiedlichen Semantik der Gemeinschaftsbegriffe in den USA und in Deutschland ergeben sich in der Bundesrepublik jedoch Rezeptionsbarrieren, die nicht leicht zu durchbrechen sind. So klingt die Gleichsetzung von Gemeinschaft und Demokratie, wie sie etwa bei John Dewey anzutreffen ist, in deutschen Ohren fremd, da der Gemeinschaftsbegriff noch immer partiell die Konnotation antidemokratischer Affekte hat: „Als Idee betrachtet, ist die Demokratie nicht eine Alternative zu deren Prinzipien gemeinsamen Lebens. Sie ist vielmehr die Idee der Gemeinschaft selbst", heißt es bei Dewey (1927: 148). Hans Joas (1993) hat die unterschiedlichen Bedeutungsebenen im europäischen und amerikanischen Kontext herausgearbeitet und unterstrichen, daß der Begriff *community* territoriale „Gemeinden" ebenso umfaßt wie die utopischen Kommunen oder Interessengruppen im weitesten Sinne wie etwa die scientific community, gay community, Religionsgemeinschaften usw.

Innerhalb des Kommunitarismus hat vor allem Amitai Etzioni einen Weg gesucht, den Gemeinschaftsgedanken wiederzubeleben und auf nichtpuritanische und nichtrepressive Weise den politischen und gesellschaftlichen Gegebenheiten anzupassen und erste Schritte getan, ihn zu institutionalisieren, indem er maßgeblich an der Gründung einer kommunitaristischen Vierteljahrsschrift mit dem plakativen Titel „The Responsive Community: Rights and Responsibilities" und der Erarbeitung einer „Kommunitaristischen Plattform" beteiligt war. Die Brisanz erhalten Etzionis Vorschläge u.a. dadurch, daß er einer vorwiegend über Rechte bzw. Rechtsansprüche integrierten Gesellschaft wie den USA empfiehlt, Rechtsetzung und soziale Verantwortung auszubalancieren in der Form,

> daß „für eine Übergangsperiode von etwa zehn Jahren auf die Proklamation neuer Rechte [verzichtet wird], weil das unaufhörliche Einführen neuer Rechte eine Art Inflation verursache und den moralischen Anspruch der einzelnen Rechte abwerte" (Reese-Schäfer 1997: 378).

Rechtsansprüche wirkten polarisierend und führten eher zur Konfrontation zwischen den Parteien statt zur Schlichtung. Die „moralische Rekonstruktion" (Etzioni) solle zum Aufbau einer Gesellschaft führen, in der Konflikte nicht durch das bloße Zeigen auf Rechte entschieden würden, sondern durch die inhaltliche Orientierung an den für die Gesellschaft wichtigen und von allen geteilten Werten. Hier zeigt sich jedoch das unlösbare kommunitarische Dilemma, wie eine hermeneutische Situationsdeutung der Gesellschaft ein normatives Potential entfalten kann. Die Existenz der „guten Gemeinschaft" verweist auf deren Begründung, doch woher stammen die Maßstäbe, um sie als „gut" auszuweisen? Hier ähneln die Vorstellungen von Amitai Etzioni den im Kern noch radikaleren Thesen Alasdair MacIntyres, dessen Buch „After Virtue" als eines der bedeutendsten und einflußreichsten Werke des zeitgenössischen Neoaristotelismus gilt (vgl. Larmore 1995: 23ff.).

MacIntyre zeichnet die Geschichte der abendländischen Kultur als Geschichte des Niedergangs. Der Versuch, in der Aufklärung die Moral auf der Basis kontextloser Vernunft zu begründen, sei gescheitert, weil er zu einer fragmentierten Kultur unterschiedlicher Moralen, Wahrheiten und Rationalitäten geführt habe, und die zentralen Bestandteile eines „guten Lebens", die Suche nach dem Guten, das Eingebundensein in die sozialen Praktiken einer Gemeinschaft und die Zugehörigkeit zu einer moralischen Tradition (vgl. Forst 1994: 310) abhanden gekommen seien. Da in der Moderne jegliche objektive Konzeption der Ziele und Zwecke der menschlichen Existenz (das *telos*) verlorengegangen sei, sei der Mensch fragmentiert und entwurzelt. Dieser Verlust der Tugend gründe in den Vorstellungen des politischen Liberalismus, der von einer Pluralität unterschiedlichster Lebensentwürfe und der Toleranz ihnen gegenüber ausgeht. Mit MacIntyres monistischer Auffassung des guten Lebens, auf welche sich Vernunftbegabte seiner Auffassung nach einigen könnten, sind Pluralismus und Toleranz nur schwer vereinbar. Die Neutralität des Staates in moralischen Fragen lasse die vereinzelten Individuen orientierungslos gegenüber ihren kontingenten Lebensumständen und Wahlmöglichkeiten, der moralische Diskurs sei zu einem Ausdruck individueller Vorlieben geworden. Obwohl MacIntyre von der einen Konzeption des guten Lebens ausgeht, die erkannt werden kann, bleibt seine Beschreibung dieser Konzeption blaß:

> „Das gute Leben für den Menschen ist das Leben, das in der Suche nach dem guten Leben für den Menschen verbracht wird und die für die Suche notwendigen Tugenden sind jene, die uns in die Lage versetzen, zu verstehen, worin darüber hinaus und worin sonst noch das gute Leben für den Menschen besteht" (MacIntyre 1995: 293).Diese Formulierung ist jedoch durchaus mit der Sichtweise des politischen Liberalismus, der von pluralen Vorstellungen des guten Lebens ausgeht, vereinbar. Walzer formuliert ähnlich tautologisch: „Eine gegebene Gesellschaft ist gerecht, wenn sie ihr konkretes Leben in einer bestimmten Weise lebt – in einer Weise, die den geteilten Überzeugungen ihrer Mitglieder entspricht" (Walzer 1992: 441, Übersetzung geändert v. Forst 1994: 234).

Gegen Etzioni und auch gegen MacIntyre könnte eingewendet werden, daß gerade eine Remoralisierung politischer Probleme die Konfliktintensität erhöht und die Bereitschaft der Streitparteien zur Schlichtung drastisch senkt.[5] Gemeinschaftsgeist für die Überwindung von Konflikten dienstbar machen zu wollen, liefe schlicht auf eine Überforderung der Gemeinwohlorientierung oder des Gemeinsinns hinaus. Vielmehr sind beide *Bestandteile* bei der Austragung moralischer und politischer Konflikte, worauf jüngst Herfried Münkler aufmerksam gemacht hat: Sie dienen als

> „Orientierungs- und Handlungsressourcen, die Menschen veranlassen, nicht nur in ihr je eigenes Wohlergehen, sondern auch in die Voraussetzungen des gegenwärtigen Wohlergehens anderer, womöglich gar Fremder, wie in die Möglichkeit zukünftigen Wohlergehens zu 'investieren'" (Münkler 1997: 50).

Dieser letzte Aspekt, der zunehmende Relevanz in der modernen Welt erhält, die Integrationsfähigkeit gegenüber Fremden nämlich, kann als ein weiteres wichtiges Argument gegenüber der Wiedererweckung traditioneller Gemeinschaftswerte angeführt werden.

Auf die Frage von Michael Sandel, ob eine Gemeinschaft, die sich auf verfahrensmäßiger Gerechtigkeit gründet, jemals mehr sein könne als eine Gemeinschaft von Fremden, antwortet Walzer überzeugend, indem er die Frage anders formuliert: „Wenn wir wirklich eine Gemeinschaft von Fremden sind, was könnten wir dann anderes tun, als Gerechtigkeit an die erste Stelle zu setzen?" (vgl. Walzer 1993: 162).

Zygmunt Bauman hat für die posttraditionale Lebensweise – er nennt sie postmodern – das schöne Bild der Nomaden gefunden, die zwischen unverbundenen Plätzen hin- und herziehen. In einer solchen existentiellen Situation verändern sich auch die Gemeinschaften: Scheinbar paradox formuliert er, die Postmoderne sei das "Zeitalter der Gemeinschaften", um dann fortzufahren:

> „Selbstverständlich nicht der von Tönnies beschriebenen Gemeinschaften, nicht jener menschlichen Kneifzangen, die aus beaufsichtigten Ritualen und nachbarlicher Überwachung geschmiedet waren, und mit denen die »eiserne Hand der Geschichte« einst ihr Nachleben umklammert zu halten schien. Postmoderne Gemeinschaften müssen ohne Polizei und freundliche Spione auskommen. Sie sind das Werk der Einbildungskraft und beziehen ihre vertraueneinflößende Macht ausschließlich aus der Vitalität und Hingabe jener, die sie imaginieren" (1994: 294). Ihren Zusammenhalt schöpfen diese Gemeinschaften nicht aus dem gemeinsamen Fundus überlieferter Traditionen, sondern aus einer ganz anderen Quelle: „dem Glauben, sie seien solider, dauerhafter, beständiger als die fliehenden Augenblicke, denen sie eine mehr-als-vergängliche, mehr-als-endliche Bedeutung aufdrücken sollen – und die so tatsächlich mit jener »aufdrückenden Macht« durchtränkt sind" (ebd.). Den radikalen Unterschied zum Gemeinschaftstypus, wie er von MacIntyre, aber auch von anderen Kommunitariern beschrieben wird, faßt Bauman pointiert zusammen: „Die *Gemeinschaftlichkeit* der postmodernen Gemeinschaft fordert keine *Geselligkeit.* Ihr Zusammengehörigkeitsgefühl bedarf keiner Interaktion und ihre Einheit keiner Integration" (ebd.: 296).

Wie aber könnten Interessendivergenzen, unterschiedliche Lebenspläne und Wertorientierungen in einer solchen Welt noch vermittelt werden, wenn nicht durch gerechte Verfahren, welche imstande wären, „Solidarität unter Fremden“ (Habermas) herzustellen.

3. Der Ausgangspunkt: John Rawls und die Theorie der Gerechtigkeit

Um zu den Anfängen der heute als Kommunitarismus-Debatte bezeichneten politisch-philosophischen Kontroverse über die Grundlagen freier, gerechter und stabiler Gesellschaften zu gelangen, muß auf das im Jahr 1971 von *John Rawls* veröffentlichte Buch *„A Theory of Justice“* zurückgegangen werden, welches eine „unvermutete Renaissance“ (W. Kersting) der politischen Philosophie oder – mit den Worten von Hauke Brunkhorst (1997: 225) – einen „ruckartig vollzogenen und ohne nennenswerten Widerstand durchgesetzten Paradigmenwechsel“ einleitete.

Rawls verstand sein Buch als moderne Variante der klassischen Vertragslehre, um „die herkömmlichen Theorien des Gesellschaftsvertrags [...] zu verallgemeinern und auf eine höhere Abstraktionsstufe zu heben, [...] und zu einer klareren Erkenntnis der Hauptstrukturen des Gerechtigkeitsbegriffs im Sinne der Lehre vom Gesellschaftsvertrag“ zu gelangen (Rawls 1975: 12). Sein Anspruch bestand darin, eine stringente Gerechtigkeitskonzeption vorzulegen, wonach die politischen und gesellschaftlichen Institutionen ihre Verbindlichkeit aus der Zustimmung der Gesellschaftsmitglieder schöpfen sollten.

> „Im Idealfall besteht die Rechtfertigung einer Gerechtigkeitsvorstellung gegenüber jemandem darin, daß ihre Grundsätze aus Voraussetzungen abgeleitet werden, die auch er anerkennt, und daß die Grundsätze wiederum zu Folgerungen führen, die auch seinen wohlüberlegten Urteilen entsprechen“ (Rawls 1975: 630).

Was Rawls mit seinem Hauptwerk gelang, war nichts weniger als die kritische Erneuerung des Liberalismus (vgl. dazu den Beitrag in diesem Bd.), und trotz aller Kritik und von ihm selbst vorgenommenen Revisionen in „Political Liberalism“ (1993) bleibt seine Theorie

> „der Maßstab für die Versuche, den deontologischen Vorrang von universalistischen Prinzipien gleicher moralischer Anerkennung mit Verfahren demokratischer Selbstbestimmung und substantiellen Kriterien sozialer Gerechtigkeit zu verbinden“ (Forst 1997: 419).

Anders als bei den Klassikern des Gesellschaftsvertrags, Hobbes, Locke und Rousseau, wo die Legitimation staatlicher Herrschaft im Zentrum steht (vgl. dazu die Beiträge Staatstheorien und Demokratietheorien in diesem Bd.), ging es Rawls vornehmlich um die Rechtfertigung von Verfahren moralischer, sozialer und politischer Prinzipien. Als Maßstab dient dabei die *Gerechtigkeit*: Rawls bezeichnete seine Gerechtigkeitstheorie auch „Gerechtigkeit als Fairness", um anzudeuten, daß es ihm um die verfahrensmäßige Zuweisung von Grundrechten und -pflichten und eine gerechte Verteilung der erwirtschafteten Güter ging. Rawls hatte nachdrücklich für den Kerngedanken kantischer Ethiken plädiert, indem er für einen universalistischen Rationalismus eintrat. Demnach hat jede politische Ethik absolute Neutralität gegenüber *inhaltlichen* Vorstellungen vom „guten Leben" und einer wohlgeordneten Gesellschaft zu wahren, da diese nicht intersubjektiv verbindlich zu begründen sind.

Die bekannte Grundformel des kategorischen Imperativs von Kant aus der „Grundlegung zur Metaphysik der Sitten" (1785) lautet: „Handle nur nach derjenigen Maxime, durch die du zugleich wollen kannst, daß sie ein allgemeines Gesetz werde" (Akademie-Ausgabe IV, S. 421). Rawls erweiterte die kantische Vorstellung der individuellen Prüfung um eine intersubjektivistische Lesart, nach der wir so handeln sollen und den Gesetzen Folge leisten müssen, „die von allen Betroffenen auf der Grundlage eines öffentlichen Gebrauchs ihrer Vernunft mit guten Gründen akzeptiert werden können" (Habermas 1996: 65), also mit Gründen, die auf der Grundlage des normativen Selbstverständnisses freier und gleicher Bürger zu vertreten sind.

Daraus folgt zwingend, daß individuelles Recht nicht unter das Allgemeinwohl untergeordnet werden darf und daß es der Koordination der unterschiedlichen Lebenskonzepte bedarf, nicht aber ihrer Bewertung oder Privilegierung. Die sozialen Institutionen sollen nach Rawls gewährleisten, daß eine gerechte Gesellschaftsordnung „ein Unternehmen zur Förderung des gegenseitigen Vorteils" ist.[6] Ziel der *Theorie der Gerechtigkeit* war es, Grundsätze zu formulieren und zu begründen, die nötig sind, „um zwischen verschiedenen gesellschaftlichen Regelungen der Güterverteilung zu entscheiden und eine Einigung darüber zu erzielen" (1979: 20). Es geht ihm also um eine *prinzipientheoretische* Grundlegung sozialer und politischer Gerechtigkeit.

Im folgenden sollen die wesentlichen Grundzüge der Rawlsschen Theorie umrissen werden, sofern sie Anlaß zur kommunitaristischen Kritik gegeben haben.

3.1. Der Urzustand

Rawls hat das Grundproblem des politischen Liberalismus in einem Satz zusammengefaßt:

> „Wie ist es möglich, daß eine stabile und gerechte Gesellschaft freier und gleicher Bürger dauerhaft bestehen kann, wenn ihre Mitglieder zwar ver-

nünftigen, aber dennoch unvereinbaren religiösen, philosophischen oder moralischen Lehren anhängen" (Rawls 1993: XVIII).

Damit trägt er den empirischen Tatsachen der modernen Welt Rechnung: dem Pluralismus unterschiedlichster Werte und Lebenskonzeptionen und dem Fehlen letzter Begründungsmaßstäbe, nach denen für alle verbindlich ein *telos*, das Ziel „guten Lebens", substantiell erkennbar und verallgemeinerbar sein könnte. Die Lösung des Problems kann nun nach Rawls nur darin bestehen, daß sich die gegenseitig als Freie und Gleiche anerkennenden Bürger über Grundsätze *verständigen*, nach denen die Grundstruktur der Gesellschaft errichtet werden soll, oder Verteilungsprinzipien festlegen, nach denen eine gerechte Verteilung von Gütern möglich sein soll. Rawls vertritt also eine Konsenstheorie der Gerechtigkeit, Konsens allerdings nicht über die Inhalte, also die konkrete Ausgestaltung der Institutionen, etwa die Festschreibung eines Verteilungsschlüssels sozialer Güter u.ä., sondern über die Grundsätze und Prinzipien, denen die politischen Institutionen und die wichtigsten sozialen Einrichtungen verpflichtet sein müssen. Die von den Mitgliedern vertretenen religiösen, philosophischen und moralischen Vorstellungen werden von dieser Grundstruktur nicht betroffen, sofern und solange sie nicht in offenem Gegensatz zu ihr stehen oder ihre Verwirklichung blockieren. Doch wie lassen sich die Grundsätze, die zur Errichtung einer gerechten Gesellschaft dienen sollen, erkennen und nach welchen Maßstäben könnten sie zu begründen sein, wenn der Wertepluralismus eingestanden wird und jede Form der Letztbegründung abgelehnt wird? Hier führt Rawls in einem Gedankenexperiment anstelle der Kantischen Idee vom autonomen Subjekt die Konstruktion des *Urzustands*[7] ein, der kein historisches Ereignis kennzeichnet, sondern als analytisches Hilfsmittel dienen soll, um eine Hypothese zu formulieren (Rawls 1997: 203): Der Urzustand beschreibt jene Ausgangssituation „rationaler Verfassungswahl", in der sich in Gesellschaftsmitglieder in einem unterstellten Zustand der Gleichheit und ohne Kenntnis ihrer Stellung und ihrer natürlichen Talente und Gaben in der zu konstruierenden Gesellschaft über die Grundsätze und Verteilungsprinzipien einigen:

> „Zu den wesentlichen Eigenschaften dieser Situation gehört, daß niemand seine Stellung in der Gesellschaft kennt, seine Klasse oder seinen Status, ebensowenig sein Los bei der Verteilung natürlicher Gaben wie Intelligenz oder Körperkraft. Ich nehme sogar an, daß die Beteiligten ihre Vorstellung vom Guten und ihre besonderen psychologischen Neigungen nicht kennen. Die Grundsätze der Gerechtigkeit werden hinter einem Schleier des Nichtwissens („veil of ignorance") festgelegt. Dies gewährleistet, daß dabei niemand durch die Zufälligkeiten der Natur oder der gesellschaftlichen Zustände bevorzugt oder benachteiligt wird. Da sich alle in der gleichen Lage be-

finden und niemand Grundsätze ausdenken kann, die ihn aufgrund seiner besonderen Verhältnisse bevorzugen, *sind die Grundsätze der Gerechtigkeit das Ergebnis einer fairen Übereinkunft*“ (Rawls 1979: 29).

Der Urzustand ist als „verfahrensethische Version des moralischen Standpunktes“ bezeichnet worden (Kersting 1993b: 110), da Rawls die Ansprüche, die an einen moralischen Standpunkt erhoben werden können, nämlich Allgemeinheit und Unparteilichkeit, in die Situation einer hypothetischen Entscheidungsfindung überträgt und daraus verbindliche Gerechtigkeitsregeln ableitet, von denen erwartet werden kann, daß sie von einem allgemeinen Konsens getragen werden. Die Pointe dieses Gedankenexperiments liegt in der Metapher des Schleiers des Nichtwissens (veil of ignorance). Das Informationsdefizit über unsere spätere Stellung in der Gesellschaft soll dazu dienen, die jenseits unserer egoistischen Motive (die wir schlichtweg deswegen nicht verfolgen können, weil wir sie nicht kennen können) liegenden fairen, rationalen, unparteilichen und gerechten Grundsätze in einmütiger Entscheidung festzulegen.

Die klassische Lehre vom Gesellschaftsvertrag wird entscheidungstheoretisch rekonstruiert, indem im hypothetischen Urzustand aus einer schier unendlichen Liste von möglichen Gerechtigkeitsprinzipien in einer Situation völliger Unsicherheit – verursacht durch den Schleier des Nichtwissens – diejenigen gewählt werden, die dem einzelnen unter den ungünstigsten Bedingungen noch die besten Aussichten gewähren würden, gemäß der entscheidungstheoretischen Maximin-Strategie „*the best of the worst*“. Die so gewonnenen Grundsätze wären dann nach Rawls solche, „die jemand als Plan für eine Gesellschaft wählen würde, in der ihm sein Feind einen Platz zuweisen kann“ (Rawls 1979: 178).

3.2. Die beiden Gerechtigkeitsprinzipien bei Rawls

Auf welche Grundsätze könnten sich die jeglicher Individualität entkleideten Mitglieder einer zu errichtenden Gesellschaft in einer rationalen Entscheidungssituation einigen? Zur Erinnerung: Es geht um Kriterien einer gerechten und gleichmäßigen Verteilung aller sozialen Werte, etwa Freiheit, Chancen, Einkommen, Vermögen sowie die sozialen Grundlagen der Selbstachtung, soweit nicht eine ungleiche Verteilung jedermann zum Vorteil gereiche (vgl. Rawls 1979: 83). Hier zeigt sich deutlich der liberale Charakter der Rawlsschen Theorie. Nicht um Gleichverteilung um jeden Preis geht es; vielmehr können Ungleichheiten gerechtfertigt werden, sofern sie für alle von Vorteil sind. Die beiden Grundsätze der Gerechtigkeit lauten wie folgt:

„(1) Jede Person hat ein gleiches Recht auf das umfassendste System gleicher Grundfreiheiten, das mit demselben System von Freiheiten für alle vereinbar ist.

(2) Soziale und ökonomische Ungleichheiten sind zulässig, wenn sie (a) zum größten zu erwartenden Vorteil für die am wenigsten Begünstigten, und (b) mit Positionen und Ämtern verbunden sind, die allen unter Bedingungen fairer Chancengleichheit offenstehen" (Rawls 1994: 60).[8]

Das erste Verteilungsprinzip regelt die rechtlich-politische Gerechtigkeit, während der zweite die Verteilung der sozialen und wirtschaftlichen Güter betrifft. Der Kerngedanke der „Theorie der Gerechtigkeit" ist folgender: „*Ungerechtigkeiten sind distributiv unvorteilhafte Ungleichheiten*" (Kersting 1993: 50).

Rawls hat noch festgelegt, daß dem ersten Grundsatz absolute Priorität vor dem zweiten eingeräumt wird. Die Beschneidung rechtlich-politischer Ansprüche sind nicht durch ökonomische Vorteile zu kompensieren; außerdem hat das Prinzip der Chancengleichheit aus dem zweiten Grundsatz Vorrang vor dem „Differenzprinzip", welches den größten zu erwartenden Vorteil für die am wenigsten Begünstigten fordert. Eine „wohlgeordnete Gesellschaft" ergibt sich nun aus der institutionellen Grundstruktur, welche sich streng an den beiden Gerechtigkeitsprinzipien orientiert. Mit anderen Worten: die Institutionen befinden sich in Einklang mit den Gerechtigkeitsgrundsätzen, die von jedem einzelnen „auf der Basis allgemeiner und geteilter Überzeugungen" (Rawls 1994: 110) bestätigt werden können.

4. Die Kommunitarismus-Debatte

Während der politische Liberalismus als philosophische Großtheorie auftritt, ist der Kommunitarismus nur als Kritik dieses Projektes denkbar. Walzer bemerkt dazu: „Da der Liberalismus eine selbstzerstörerische Lehre ist, braucht er die periodische kommunitaristische Korrektur tatsächlich" (Walzer 1993: 170). Diese Liberalismuskritik ist nicht nur in Auseinandersetzung mit Rawls denkbar, doch entstammen die profiliertesten Einwände gegen die liberale Theorie einer unmittelbaren Rawls-Rezeption (vgl. Kersting 1993b: 185).[9]

4.1. Die verfahrensrechtliche Republik und das ungebundene Selbst

Den Grundstein zur öffentlich wahrgenommenen Debatte legte *Michael Sandel* mit seinem Buch *Liberalism and the Limits of Justice* (1982).[10] Sandel argumentierte, die politische Anthropologie der Rawlsschen Theorie, also das Menschenbild bzw. seine subjektivitätstheoretischen Voraussetzungen, ginge von einem autonomen Individuum aus, welches von allen gesellschaftlichen Verpflichtungen entbunden und radikal freigesetzt sei:

„Das ist das Bild des ungebundenen, d.h. gegenüber Zwecken und Zielen als primär und unabhängig verstandenen Selbst“ (Sandel 1993: 24). Daß dieser zunächst philosophische Einwand durchaus politische Konsequenzen hat, macht Sandel sogleich deutlich: Eine Gesellschaft, die auf solchen anthropologischen Prämissen aufbaut, ist nur denkbar als eine Vereinigung atomisierter, vereinzelter Individuen. Deshalb kann das Individuum nur „freiwillig entstandenen Gemeinschaften beitreten. [...] Verwehrt bleibt dem ungebundenen Selbst allerdings, sich einer Gemeinschaft anzuschließen, die von präetablierten, moralischen Normen konstituiert ist“ (ebd. 25). Der Verlust eines „moralischen Wortschatzes“ habe dazu geführt, daß die moderne, auf dem Liberalismus aufbauende Gesellschaft in sich gespalten und auf Dauer kaum lebensfähig sei. Nach Sandel wird die personale Identität ungleich stärker als bei Rawls durch die Mitgliedschaft in einer Gemeinschaft geprägt; nur in der Gemeinschaft, im Rahmen geteilter Moralvorstellungen, einem mit anderen geteilten Selbstverständnis („a commonality of shared self-understanding“) und einem erweiterten Gefühlsraum („enlarged affections“) läßt sich ein „konstituiertes Selbst“ herausbilden.

Da Rawls' Urzustand von jeglichen moralischen Überzeugungen, Interessen und Wertvorstellungen der Individuen absehe, entledige er sie a priori des Kontextes, welches für die Identitätsbildung, das Moralbewußtsein und die Stiftung des Gemeinsinns notwendig sei. Aus dieser Gegenüberstellung leitet sich einer der zentralen Kritikpunkte der Kommunitaristen an der liberalen Betrachtungsweise ab: Aus den gemeinsam in einer Gemeinschaft geteilten Wertvorstellungen müssen sich die Rechte ableiten lassen, welche das Zusammenleben der Menschen regeln sollen. Es gehört zu den allgemeinen Überzeugungen der Kommunitaristen, den Menschen in liberalen Gesellschaften fehle der „Zugang [...] zu einer einzigen, gemeinsamen, moralischen Kultur, innerhalb deren sie lernen können, wie sie leben sollen“ (Walzer 1993: 160f.). Erst durch die Rückführbarkeit auf das „geteilte Vokabular“ und einen „Hintergrund gemeinsamer Praktiken und Überzeugungen“ (Forst 1994: 26) erlangen die Rechtsnormen Legitimität. Ihre *verfahrensrechtliche* Legitimation, welche neutral gegenüber den Inhalten ist, solange nicht die gleiche Freiheit aller angetastet wird, lehnen die Kommunitaristen als zu abstrakt und kontextvergessen ab. Kurz: Die Liberalen geben den Gerechtigkeitsprinzipien bzw. den auf ihnen basierenden individuellen – liberalen, sozialen und demokratischen – Grundrechten den Vorrang vor einer substantiellen Bestimmung des Guten, während es sich bei den Kommunitaristen genau andersherum verhält. Sie gehen von einem kollektiv verbindlichen

Wert- und Verständnishorizont aus, der allen individuellen Rechten normativ vorgeordnet ist (vgl. Wellmer 1993: 175f.).

4.2. Universalismus versus Kontextualismus

Die Frage nach der Begründbarkeit einer normativ gehaltvollen politischen Theorie und das Problem stabiler und gerechter Gesellschaften gehören zu den zentralen Punkten im Streit der Liberalen mit den Kommunitariern. Im Kern geht es dabei um die Frage, ob sich politische und gesellschaftliche Gerechtigkeit und Fragen der Moral universal begründen lassen, und falls ja, mit welchen „guten Gründen", oder ob sich solche Konzeptionen nur vor dem Hintergrund individueller und gemeinschaftlicher Kontexte rechtfertigen lassen. Dieser Streit läßt sich bis ins antike Griechenland zurückverfolgen, wo Platon der Gerechtigkeit als Idee einen überaus hohen Stellenwert zumaß und sie der Idee des Guten folgen ließ. Aristoteles dagegen führte mit einiger Skepsis an, weder das Gute noch das Gerechte sei durch den Menschen zu verwirklichen oder zu erwerben, vielmehr sei die Gerechtigkeit eine Tugend, die sich in der Praxis gewinnen, aber nicht schon vor der Praxis festlegen lasse. Mit anderen Worten: Gerechtigkeit entsteht in den Praktiken einer politischen Gemeinschaft, welche die Pluralität und die Differenz der Moralauffassungen und Gemeinwohlvorstellungen anerkennt und die konkrete Hermeneutik gesellschaftlicher Selbstverständigung als Medium der Begründung vorsieht.

Was darunter zu verstehen ist, hat Michael Walzer in seinem Buch „Kritik und Gemeinsinn" (1993b) theoretisch entwickelt und in „Zweifel und Einmischung" (1997) exemplifiziert. In elf Portraits wichtiger Intellektueller dieses Jahrhunderts, darunter Julien Benda, Martin Buber, George Orwell, Simone de Beauvoir und Michel Foucault, geht es Walzer um die Beantwortung der Frage, wo Gesellschaftskritik ihren Ort hat, woher sie ihre Berechtigung erfährt und ihre moralische Kraft bezieht. Walzers Ausgangspunkt ist die These, „daß Gesellschaftskritik am sinnvollsten als kritische *Interpretation* zu verstehen ist" (1993b; Hervorhebung M.A.).

Der Begriff der Interpretation ist in Walzers Konzeption von besonderer Wichtigkeit. In „Kritik und Gemeinsinn" führt er drei Wege der Moralphilosophie an, also drei unterschiedliche Pfade zur Gewinnung eines moralischen Standpunktes, welche in der Entdeckung, der Erfindung und der Interpretation bestehen. Als Beispiel für den Weg der Entdeckung dient bei Walzer die Religionsgeschichte. „Jemand muß auf den Berg steigen, sich in die Wüste zurückziehen, dort dem offenbarenden Gott begegnen und uns bei der Rückkehr Sein Wort bringen. Diese Person ist dann für den Rest von uns Menschen der Entdecker des Moralgesetzes: Indem Gott es ihm offenbart, offenbart Er es uns" (1993b: 12). Die Erfindung ist ein Konstruktionsverfahren allgemeingültiger Normen und Moralvorstellungen. Hier nennt Walzer die „Theorie der Gerechtigkeit“ von Rawls als Beispiel, oder das Konzept der „idealen Sprechsituation“ bei Habermas. Das Problem des Pfades der Erfindung liegt in der Begründungsproblematik: Warum sollte man sich erfundenen allgemeingültigen Korrektiven beugen? „Worin genau liegt die kritische Kraft der Erfindung des Philosophen?“ (Ebd.: 22). Diesem Mangel begegnet der Pfad der Interpretation: Es bedarf keiner Erfindung der Moral, vielmehr brauchen wir „eine Bestandsaufnahme oder ein Modell einer bereits bestehenden Moral, das uns eine klare und verständliche Darstellung der kritischen Stärke ihrer eigenen Prinzipien vermittelt“ (ebd.: 25).

Solidarische Kritik ist Walzer zufolge gemeinschaftsstiftend, mehr noch, die „Klage ist eine der Grundformen gegenseitiger Anerkennung“ (Walzer 1997: 13). Der Gesellschaftskritiker bezieht nach Walzer keinen Punkt außerhalb der Gesellschaft, einen „Blick von Nirgendwo“ (Thomas Nagels „View from Nowhere“) kann es nicht geben. Eher sieht Walzer den Gesellschaftskritiker in der Gestalt des örtlichen Richters,

> „des mit seiner Gesellschaft verbundenen Kritikers, der seine Autorität aus der Auseinandersetzung mit seinen Gesellschaftsgenossen gewinnt (oder auch nicht gewinnt) – der mit Leidenschaft und ohne Unterlaß, manchmal mit hohem persönlichen Risiko [...] Einspruch erhebt, protestiert und Einwendungen macht. Dieser Kritiker ist einer von uns“ (1993b: 49).

Walzers Beispiel für Kritiker, die diesem Typ nahe kommen, sind Mahatma Gandhi und George Orwell, einen Gegentyp sieht er in der „einsamen Politik“ Michel Foucaults verkörpert, der zu der Gesellschaft, die er kritisiert – und zu jeder anderen Gesellschaft – auf Distanz geht. Walzer sieht in dieser Situation des Nicht-Situiert-Seins den Grund dafür, daß Foucault nicht grundsätzlich zwischen politischen Systemen unterscheiden konnte und „daß er keine solche Unterscheidung treffen kann, solange er sich aufgerufen fühlt, die Idee der »Grundrechte« zu verneinen und die Grenzlinie zwischen Schuld und Unschuld zu verwischen“ (1997: 278). Daher Walzers Votum für eine radikal partikularistische Kritik. Die hermeneutische Methodik Walzers sieht vor, die Praxis, wie sie nun einmal ist, gegen die mit ihr verbundenen Wertvorstellungen zu halten und die Momente der Kritik aus der Differenz zwischen beiden zu entwickeln (Reese-Schäfer 1997: 534).

> „Der so gedachte ideale Kritiker ist Menschen in Nöten – Unterdrückten, Ausgebeuteten, Verarmten, Vergessenen – gegenüber loyal, aber er sieht sie und ihre Sorgen und die mögliche Überwindung ihrer Nöte im Rahmen der nationalen Geschichte und Kultur“ (Walzer 1997: 319).

Der Rückbezug auf aristotelische Gedanken bildet für einen Strang kommunitaristischen Denkens eine wichtige Quelle, während die

Befürworter einer universalistischen Moralbegründung sich auf kantische Ethiken beziehen, welche jenseits individueller und gesellschaftlicher Interpretation ein „geschichts- und gesellschaftsexternes Rechtfertigungsplateau" (W. Reese-Schäfer) zu errichten suchen. Zygmunt Bauman, der in der Kommunitarismus-Debatte keiner Seite zuzurechnen ist, hat die Gefahren der modernen Praxis der Universalisierung drastisch beschrieben:

> „Das Postulat der Universalität war immer eine Forderung mit einem Adressaten; oder noch konkreter, ein Schwert mit einer auf ein bestimmtes Ziel gerichteten Spitze. Als Postulat war es ein Reflex der modernen Praxis der Universalisierung – was in gewisser Weise den verwandten Konzepten von der „einen menschlichen Natur" oder vom „menschlichen Wesen" ähnelte, die die Absicht reflektierten, eine bunte Ansammlung von Gemeindemitgliedern, Verwandten und anderen Ortsansässigen durch den Bürger (eine Person, die allein mit den durch die Gesetze der einzigen und unbestrittenen Autorität übertragenen Eigenschaften ausgestattet ist und im Namen des einheitlichen und souveränen Staates handelt) zu ersetzen" (Bauman 1995: 65).

Bauman schildert pointiert die letzte Konsequenz universaler Ansprüche, die als uniformierende Ambitionen enden. Im „universalen Menschen" zeigt sich das „abgelöste Selbst" aus der Kritik MacIntyres, welches, entfremdet von seinen gemeinschaftlichen Wurzeln und Verpflichtungen, die zeitlichen und territorialen Anbindungen leugnet und nur solche Regeln als moralisch anerkennenswert und legitim erachtet, die „den Test einiger universaler, extemporärer und exterritorialer Prinzipien" (ebd.) bestanden haben. So stünden sich zwei Positionen ohne die Möglichkeit der Annäherung gegenüber: Die Kommunitaristen könnten die deontologische Gerechtigkeitsauffassung der Liberalen als essentialistisch abtun, wobei unter Essentialismus die Auffassung verstanden wird, das menschliche Leben besitze zentrale, unhintergehbare und universale Eigenschaften (vgl. dazu Nussbaum 1993), während Liberale die Kommunitaristen mit dem plakativen Vorwurf des Relativismus belegen könnten, der keine Maßstäbe der Kritik gelten ließe.

Insbesondere Michael Walzer und Amy Gutmann haben versucht, eine vermittelnde Position zu begründen, die stark genug ist, einen „Kulturrelativismus" zu vermeiden, ohne andererseits einen privilegierten Standpunkt in allen Fragen der Gerechtigkeit oder der Moral zu unterstellen. Sowohl Gutmanns „deliberativer Universalismus" (1995) als auch Walzers „reiterativer Universalismus" (1990; 1992) kritisieren den Rawlsschen umfassenden Universalismus. Walzer nennt ihn einen „covering law universalism", da dieser Fälle moralischer Konflikte übersieht, für die (noch) kein „substantieller Standard einen gerechtfertigten Monopolanspruch auf Vernünftigkeit oder Legitimiertheit erheben kann" (Gutmann 1995: 294). Es mag durchaus unterschiedliche Auffassungen zu moralischen oder Gerechtigkeitsfragen geben, für die Menschen mit vernünftig zu begründenden Argumenten eintreten können. Anstelle generell universalisierbarer Anschauungen führt dies zur „Anerkennung fundamentaler moralischer Unstimmigkeiten" (ebd.: 295). In einer solchen Situation plädiert Gutmann für eine „öffentlich kontrollierte Beratung", um den eigenen moralischen Status zu entwickeln und die begründeten Argumente anderer mit den eigenen zu vergleichen. Entscheidend für die Stärke der von Gutmann und Walzer entwickelten Position ist die Anerkennung eines „moralischen Minimalcodes" (Walzer), der unhintergehbaren Akzeptanz der Menschenrechte, welche dem Vorwurf des Relativismus die Spitze nimmt. Der Walzersche „reiterative Universalismus" verbindet den Universalismus mit einem substantiellen Kontextualismus, indem die universalen Grundsätze den Rahmen bilden, der sich immer wieder in den Praktiken, Institutionen und Selbstverständigungsdiskursen der Gemeinschaft erneuern muß. Amy Gutmann verdeutlicht diesen „kontextualistischen Universalismus" (R. Forst) mit einer schönen Metapher:

> „Die Kulturrelativisten halten den Universalisten vor, sie glaubten an ein moralisches Äquivalent von Esperanto. Doch die deliberativen Universalisten glauben lediglich an das moralische Äquivalent einer Universalgrammatik" (Gutmann 1995: 304).

Insofern ist die folgende Aussage eines chinesischen Delegierten auf der Menschenrechtskonferenz in Wien im Juni 1993 (entgegen Brunkhorst) gerade kein Beispiel für Walzers reiterativen Universalismus. Der Vertreter Chinas erklärte: „Länder mit unterschiedlichen Traditionen haben auch ein unterschiedliches Verständnis von Menschenrechten" (Brunkhorst 1994: 117f.). Nach Walzer müssen politische Gemeinschaften ihren Mitgliedern basale Rechte und Freiheiten zugestehen, zur Begründung von Normen und Werten reichen abstrakte und allgemeine Hypothesen jedoch nicht aus. Walzer bedient sich wiederum des für die Kommunitaristen typischen methodischen Zugangs einer hermeneutischen Kasuistik, um der Pluralität und den gemeinschaftlichen Kontexten Rechnung zu tragen.

> „Unabhängigkeit, Innerlichkeit, Individualismus, Selbstbestimmung, Selbstkontrolle, Freiheit, Autonomie: sie alle können als universale Werte verstanden werden; aber sie alle haben partikularistische Implikationen" (Walzer 1990: 13), die gefunden und anerkannt werden müssen.

4.3. Die kommunitaristische Kritik am Modell der liberalen Demokratie: Wieviel Gemeinschaft braucht die Demokratie?

Von Benjamin Barber stammt die pointierte Zusammenfassung kommunitaristisch inspirierter Kritik, eine „Antipathie gegen Demokratie und ihre tragenden institutionellen Erscheinungsformen (aktive Teilnahme, Erziehung zum mündigen Staatsbürger, politischer Aktivismus) sowie eine Vorliebe für „dünne" im Gegensatz zu starken Versionen des politischen Lebens, in dem die Bürger Zuschauer und Konsumenten abgeben, während die Politiker als Professionelle das Regieren übernehmen", scheine zu den kognitiven Voraussetzungen des zeitgenössischen Liberalismus zu gehören (Barber 1988: 18). Diese Kritik gehört zum Grundbestand einer Auseinandersetzung mit der liberalen Demokratietheorie, welche auf der klassischen Definition von Schumpeter (vgl. den Beitrag Demokratietheorien in diesem Bd.) aufbaut:

> „Die demokratische Methode ist diejenige Ordnung der Institutionen zur Erreichung politischer Entscheidungen, bei welcher einzelne die Entscheidungsbefugnis vermittels eines Konkurrenzkampfs um die Stimmen des Volkes erwerben" (Schumpeter 1950: 427f.).

Schumpeter bestreitet, daß das Volk in der Lage sein könne, inhaltliche Entscheidungen zu treffen. Zwischen den Wählern und den Gewählten soll deshalb eine klare Arbeitsteilung herrschen:

> „Die Wähler außerhalb des Parlaments müssen die Arbeitsteilung zwischen ihnen selbst und den von ihnen gewählten Politikern respektieren. Sie dürfen diesen zwischen den Wahlen nicht allzu leicht das Vertrauen entziehen und müssen einsehen, daß wenn sie einmal jemanden gewählt haben, die politische Tätigkeit seine Sache ist und nicht die ihre" (Schumpeter 1950: 468).

Gerade diese Arbeitsteiligkeit scheint aber aufgrund einer Reihe empirischer Befunde nicht länger haltbar. Die „unverhoffte Renaissance einer enormen Subjektivität" (Beck 1989: 186), d.h. die zunehmende Subpolitisierung der Gesellschaft, die steigende Relevanz von NGOs als Akteure nationaler und internationaler Politik sowie ein differenziertes Verhältnis von Gruppen, Verbänden und Individuen zu staatlichen Institutionen führt zu einer „Entkernung des Politischen" (Beck), welche den Begriff der Responsivität der politischen Institutionen gegenüber dem citoyen zu einer Schlüsselkategorie moderner Demokratien macht. Der normativ entleerte, mit Absicht anspruchslos gehaltene Demokratiebegriff hat zunehmend Anteil an einem „kumulativen Prozeß der Selbstinvalidierung staatlicher Politik" (Schmalz-Bruns), welcher auf Verfahrensdefizite und nicht (mehr) angepaßte institutionelle Strukturen zurückgeht, gerade weil dem *demos* die politische

Gestaltungsmacht ausdrücklich entzogen wird: Konkurrenzdemokratische Interessenvermittlung erfolgt nach der Filterung aufgrund parteipolitischer Präferenzen bzw. Opportunitäten, wodurch die Problemwahrnehmung und -lösungskapazität nachhaltig gestört wird.

In ihrer Kritik der normativen Engführung der demokratischen Frage nehmen alle Kommunitaristen eine ähnliche Position ein, unterschiedlich dagegen sind ihre Vorstellungen davon, inwieweit der demokratische Prozeß von den Tugenden der am Gemeinwohl orientierten Bürgerinnen und Bürger abhängig gemacht werden soll und welchen Stellenwert das Recht einnehmen kann. Ein weiterer zentraler Streitpunkt liegt in der Idee der Volkssouveränität: Während von liberaler Seite die Auffassung vertreten wird, daß unsere fundamentalen Rechte vor dem Prozeß gemeinschaftlicher Willensbildung substantiell bestehen bzw. unabhängig von ihm erkennbar sind, behaupten die Kommunitarier, daß sie im Prozeß der gemeinschaftlichen Willensbildung erzeugt werden (vgl. Brunkhorst 1993: 270) Eine extreme Position nimmt wiederum sicherlich MacIntyre ein, der angesichts des unleugbaren Pluralismus eine „Remoralisierung" der Politik für schlichtweg unmöglich hält: „Dies läßt erkennen, daß moderne Politik keine Sache mit wirklichem moralischen Konsens sein kann. Und das ist sie auch nicht. Moderne Politik ist Bürgerkrieg mit anderen Mitteln" (1995: 337).

Charles Taylor nimmt in diesem Punkt eine vermittelnde Position ein: Er bevorzugt eine Vorstellung des Republikanismus, in welchem der Bürger „den Gesetzen als Hüter seiner Bürgerwürde und der von anderen verbunden ist" (1993: 115). In der Gemeinschaft sieht er den Ort möglicher Wir-Identitäten, in denen der Einzelne von seinen individualistischen Interessen zu abstrahieren imstande ist. Seine Pointe ist jedoch, daß eine solche republikanische Version mit der Vorstellung moderner, partikularistischer liberaler Demokratien durchaus vereinbar sein kann. Er beruft sich dabei auf zwei Indikatoren, welche auf eine fortlaufende Relevanz der republikanischen These hinweisen (vgl. ebd.: 120f.). Als ersten nennt Taylor die Fähigkeit der Bürgerschaft, auf Verfehlungen (von Mitgliedern der politischen Klasse) mit Entrüstung zu reagieren. Das wichtigste Beispiel für eine solche heftige öffentliche Reaktion stellt sicherlich die Reaktion der amerikanischen Öffentlichkeit auf den Machtmißbrauch des amerikanischen Präsidenten Nixon dar, der als Watergate-Skandal weltweite Beachtung fand und den Präsidenten zum Rücktritt zwang. Zweitens bemerkt Taylor, daß diese Entrüstung nicht mit individuellen Kosten-Nutzen-Kalkulationen atomisierter Bürgerinnen und Bürger erklärt werden kann, sondern auf tieferliegende patriotische Identifikationen mit dem Gemeinwesen und seinen Symbolen schließen läßt. Beide von Taylor angeführten Punkte sind jedoch nicht unproblematisch: Er räumt selbst ein, daß die Reaktionen der Bürgerinnen und Bürger angesichts öffentlicher Skandale recht unterschiedlich ausfallen oder sogar ausbleiben können. Taylor selbst nennt das Fehlen öffentlichen Protests angesichts des „Rainbow-Warrior"-Vorfalls in Frankreich als Beispiel. Lassen sich aus Reaktionen wie Empörung, Verachtung oder Protest moralkonstituierende Elemente herauslesen? Taylor stimmt in diesem Punkt mit Emile Durkheim überein, der die öffentliche Empörung in einer kleinen Stadt als moralkonstituierendes Element deutet:

> „Man braucht nur zu sehen, wie es, besonders in einer kleinen Stadt, zugeht, wenn sich ein Moralskandal ereignet hat. Man bleibt auf der Straße stehen, man besucht sich, man trifft sich an bestimmten Orten, um über das Ereignis zu reden, und man empört sich gemeinsam. [...] Da es das gemeinsame Bewußtsein ist, das verletzt worden ist, muß es auch genau dieses gemeinsame Bewußtsein sein, das Widerstand leistet, und folglich muß der Widerstand ein kollektiver sein" (Durkheim 1988: 153).

Es muß aber generell in Frage gestellt werden, ob öffentlich inszenierter Protest in modernen Mediengesellschaften tatsächlich als Indikator für Bürgertugend gedeutet werden kann. Ist Moralität (heute) als Gemeinschaftsprodukt denkbar? Nicht erst seit Foucault ist bekannt, daß Diskurse immer eingrenzenden Bestimmungen, Exklusionen, Problemdefinitionen usw. unterworfen sind und die Reaktionen der Öffentlichkeit sehr stark davon abhängen, wer mit welchen Mitteln und Motiven zu welchem Zeitpunkt welches Ereignis zu einem Thema zu machen in der Lage ist: zu verzerrt ist die öffentliche Kommunikation, zu ungleich sind die Beteiligungschancen am öffentlichen Diskurs.

Taylors zweite These, der Patriotismus sei nicht nur in der Vergangenheit ein starkes Bollwerk der Freiheit gewesen, sondern werde dies auch in der Zukunft bleiben (vgl. ebd.: 122), gehört auch zu den von Kommunitariern häufig angeführten Bemerkungen und findet sich im Grundbestand des in den USA so genannten „nationalen Republikanismus". Taylor hat diese Vorstellung von Loyalitätsbeziehungen zur eigenen Nation noch weiter radikalisiert, indem er behauptet, „daß der Mensch außerhalb einer Sprachgemeinschaft und einer gemeinsamen Auseinandersetzung über Gut und Böse, gerecht und ungerecht nicht einmal ein moralisches Subjekt" sein kann (Taylor 1988: 150). Auch hier ist sich Taylor der Problematik bewußt, indem er auf das schwierige Problem nationaler Identitätsbildung etwa in Deutschland hinweist. Die gefährlichen, totalitären Verirrungen einer Absolutsetzung des Rousseauschen *volonté générale* erkennt Taylor sehr wohl.

> Sein Demokratiemodell „räumt Konkurrenz und Streit den Platz ein, der ihnen in einer freien Gesellschaft gebührt; darin unterscheidet es sich von

> der Theorie des Gemeinwillens. Dennoch geht dieses [...] Modell davon aus, daß es für die Mitglieder der Gesellschaft einen zentralen, einheitsstiftenden Identifikationspol gibt" (Taylor 1992/93: 12).

Diesen Identitätspol macht Taylor an den zentralen Institutionen und Verfahren des politischen Systems, den demokratischen Rechtsnormen fest. Damit liegt er ganz in der Tradition liberalen Denkens. Er führt jedoch vier Bedingungen ein, die ein Gemeinwesen möglich und lebendig machen (vgl. ebd.: 13): Ein Solidaritätsgefühl – hier nennt er auch den Patriotismus – der Bürgerinnen und Bürger gegenüber ihrem Gemeinwesen; die Möglichkeit direkter Partizipation; den gegenseitigen Respekt der Bürgerinnen und Bürger untereinander, und schließlich eine Wirtschaftsordnung, welche die Bedrohungen, die sowohl von einer kapitalistischen als auch von einer sozialistischen Wirtschaftsordnung für eine freie Gesellschaft ausgehen, zu vermeiden oder zu überwinden trachtet. Diese Bestimmung eines demokratischen Gemeinwesens mag ziemlich unterbestimmt erscheinen, Taylor gibt dies in leicht selbstironischem Ton durchaus zu, doch verweist sie auf die zentralen kommunitaristischen Bezugspunkte ihres Demokratieverständnisses.

In einem letzten Schritt soll kurz auf die in diesem Zusammenhang weiter ausgebaute Vorstellung einer basisdemokratischen Konzeption – Benjamin Barbers „Starke Demokratie" – eingegangen werden:

Wie Taylor geht auch Barber von einer grundsätzlichen Vereinbarkeit moderner Industriegesellschaften und der Idee des demokratischen Republikanismus aus. Barbers Ansatz ist jedoch radikal-demokratisch, weil er den Ort der demokratischen Legitimation auf der Ebene der diskursiven, intersubjektiven Entscheidungen der mit politischer Urteilskraft ausgestatteten Bürgerinnen und Bürger, die in einer sittlich integrierten Gemeinschaft leben, ansiedelt. Was Barbers Konzeption der „starken Demokratie" so interessant macht, ist die konsequente Zurückweisung des reinen Prozeduralismus liberaler Prägung einerseits (d.h. den politischen Liberalismus eines J. Rawls), einer uniformen, harmonischen „Tugendgemeinschaft", wie sie von Romantikern wie A. MacIntyre melancholisch-verklärend beschworen wird andererseits und schließlich des Modells deliberativer Politik, welche die Rationalität der moralischen Selbstverständigung über Normen, Werte und Regeln in einer Gemeinschaft unterstellt, sofern sie im Medium einer sich selbst organisierenden Öffentlichkeit stattfinden. Gegen diese letzte Variante, die deliberative Politik, wie sie etwa von Habermas vertreten wird, erhebt Barber Einwände, da sie von einer zu starken „rationalistischen Überformung der Idee der partizipatorischen Demokratie" (Buchstein/Schmalz-Bruns, in: Barber 1994: 312) ausgeht. Der Liberalismus hat seine Mission erfüllt, indem er die Bedingungen für eine freie Entwicklung der privaten Sphäre geschaffen und ein starkes Bewußtsein für individuelle Autonomie, Selbstfindung und -verwirklichung hervorgerufen hat, welches freilich nun jene Sozialpathologien zu verantworten hat, die im Zentrum der kommunitaristischen Krisendiagnose der Moderne stehen und von denen schon die Rede war. Deswegen fordert er:

> „Heute käme es darauf an, in einer individualistischen, anomischen, allzu privatistischen Welt einen begrenzten Bereich öffentlichen Raumes zu benennen und auszuweisen" (Barber 1988: 190, zit. nach Buchstein/Schmalz-Bruns, ebd: 315).

Durchaus vergleichbar mit Taylors „sozialer Konzeption des Menschen" formuliert Barber seinen Politikbegriff: „Ich allein kann nicht politisch urteilen, nur wir können es" (Barber 1988: 200). Gerade weil es keine unhintergehbaren moralischen Vorstellungen mehr geben kann, der Maßstab für objektiv richtige Urteile nicht gefunden werden kann und eine konfliktfreie Gesellschaft nicht einmal gedacht werden kann, müssen Interessengegensätze, Ansprüche und Werturteile in eine öffentliche Debatte übersetzt werden.

5. Bilanz einer Debatte

Die Bilanz aus der Debatte zwischen Liberalen und Kommunitaristen ziehen zu wollen unterstellt, daß es etwas zu bilanzieren gibt. Freilich läßt sich ein „grundstürzender Paradigmenwechsel in der westlichen politischen Theoriebildung" (Klinger 1994: 123) nicht erwarten, wie schon häufig hervorgehoben wurde, wie auch grundlegende Fragestellungen – etwa die Auseinandersetzung zwischen der universalistischen und prozeduralistischen praktischen Philosophie Kants und der substantialistischen Hegelschen Sittlichkeitsphilosophie längst erörtert wurden (vgl. Kersting 1993: 5). Handelt es sich also bei der mit wachsender Aufmerksamkeit auch hierzulande rezipierten und inzwischen beinahe ausufernd kommentierten Debatte letztlich um einen „Streit, der keiner ist?" (Klinger 1994). Oder läßt sie sich gar als eher rückwärtsgewandte, bestenfalls romantisierende Variante konservativer Kritik am „Verlust der Tugend" abtun, die auf zweifelhaften Konzeptionen von „Identität", „starken Werten" und einer Wertschätzung jedweder Gemeinschaftsbildung aufbaut, wie Steinfath nahelegt:

> „Aufs Ganze gesehen aber markiert der gegenwärtige Kommunitarismus – wie die meisten seiner historischen Vorläufer – einen unverkennbar konservativen Trend, der seit längerem auch das intellektuelle Klima hierzulande beherrscht. Konkrete Ansätze zur Veränderung des Bestehenden vermag er nicht aufzuzeigen. Im Gegenteil: Indem er sich fast ausnahmslos einer zu-

mindest latent antiuniversalistischen und antipluralistischen Programmatik verschreibt, fehlt seiner Kritik von vornherein jede emanzipatorische Dimension" (Steinfath 1994: 86).

Im folgenden werden zusammenfassend drei Bereiche hervorgehoben, in denen die kommunitaristische Kritik am Liberalismus durchaus heuristisches Potential entfaltet hat und zu einer Neubelebung liberaler Theorie hat dienen können: (1) als Quelle für das Reflektieren über die Integrationsfähigkeit moderner Gesellschaften; daran anschließend (2) als Quelle für das Reflektieren über die Bedingungen „postkonventioneller Identität", und schließlich (3) als Quelle für das Reflektieren über Grenzen und Möglichkeiten „die Demokratie zu demokratisieren" (A. Giddens).

(1) Der Frage nach der Integrationsfähigkeit, den Desintegrationspotentialen und der „Hegung" von Konflikten kommt in modernen Gesellschaften in immer stärkerem Maße Relevanz zu. Integration wird dabei als ein Prozeß verstanden, der gelingen, aber auch mißlingen kann (vgl. Peters 1993). Einer schönen Formulierung von J. Vogl folgend, läßt sich die aporetische Situation so beschreiben: „Verbunden sein und doch frei wie im vorsozialen Naturzustand, ungebunden sein und doch versammelt wie vor allem Niedergang" (Vogl 1994: 9). Die moderne Gesellschaft, so scheint es, ist nicht ohne den Verlust ursprünglicher Gemeinschaftlichkeit zu haben, oder aber die Dichte der Gemeinschaft hebt die heterogene, dissoziierte Gesellschaft auf. Die Kommunitaristen haben diese Thematik immer wieder aufgegriffen und nach „sozialen Baustellen" gegen die „Lebensfeindlichkeiten sozialer Wüsten" (H. Keupp) gesucht. Die Schaffung einer „moralischen Infrastruktur" (Etzioni), die Suche nach allgemein geteilten Wertüberzeugungen und die praktische Erfahrung von gemeinschaftlichem Handeln in sozialen Nahräumen soll Integration ermöglichen. Die Diskussionen um diese Punkte haben zu gegensätzlichen, aber sehr fruchtbaren Ergebnissen geführt: Ob nach Bedingungen oder Möglichkeiten für einen öffentlichen Gemeinwohldiskurs gesucht (Meyer 1997) oder aber die integrative Kraft normativer Konsense in Abrede gestellt wird (Dubiel 1994; 1997), in beiden Fällen hat der Kommunitarismus als Hintergrundfolie wichtige Anregungen gegeben.

(2) Angesichts des Verlustes verbindlicher Wertorientierungen in einer „Gesellschaft ohne Baldachin" (H.-G. Soeffner), einer nicht aufzuhaltenden Ausdifferenzierung der Gesellschaft und einer „Generalisierung der Fremdheit" (Alois Hahn) haben kommunitaristische Philosophen (vgl. dazu besonders Charles Taylor 1993b) das Programm der „Politik der Anerkennung" hervorgehoben. Sie stellen damit die Frage nach der Vereinbarkeit von Solidarität und Indivi-

dualität in modernen Gesellschaften und der Möglichkeit einer dialogischen Identitätsbildung. Dazu Taylor:

„Die These lautet, unsere Identität werde teilweise von der Anerkennung oder Nicht-Anerkennung, oft auch von der Verkennung durch die anderen geprägt, so daß ein Mensch oder eine Gruppe von Menschen wirklichen Schaden nehmen, eine wirkliche Deformation erleiden kann, wenn die Umgebung oder die Gesellschaft ein einschränkendes, herabwürdigendes oder verächtliches Bild ihrer selbst zurückspiegelt" (Taylor 1993b: 13f.).[11]

In dem Maße, wie gesellschaftlicher Status, berufliche Stellung, Schichtung, eingespielte Rollenerwartungen usw. immer weniger mit einer „aus dem Inneren begründeten, unverwechselbar persönlichen Identität" (ebd.: 24) verbunden werden können, kommt der „Politik der gleichheitlichen Anerkennung" eine immer größere Bedeutung zu, da die „Identitäten in einem offenen Dialog ohne gesellschaftlich vorab festgelegtes Drehbuch geformt werden" (ebd.: 26). An gleicher Stelle weist Taylor darauf hin, daß eine gelungene Identitätsbildung mit einem erheblichen Risiko behaftet sei. Hierfür zwei Beispiele: Heiner Keupp, der in der Betonung des Zusammenhangs von Anerkennung und Identität den zentralen Aspekt kommunitaristischen Denkens sieht, führt eine Textstelle aus dem Buch „Die Abrechnung" des Ex-Neonazis Ingo Hasselbach an, welche die obige These Taylors stützen kann: „Fehlende Liebe und fehlende Anerkennung führen zu Frustrationen, die sich steigern können bis zum blinden Haß" (zit. in Keupp 1997: 294). Das zweite Beispiel: Faruk Sen kommt in seiner Studie zum „Islamischen Fundamentalismus unter der türkischen Wohnbevölkerung in Europa" zu dem Ergebnis, daß ein direkter Zusammenhang zwischen mißlingender Integration und der Verbreitung des Fundamentalismus bestehe (vgl. dazu Meyer 1997: 330f.). Eine zunehmende „Selbstethnisierung" als Folge der Grunderfahrung verweigerter Anerkennung kann ebenso die Reaktion sein wie die Instrumentalisierung kultureller Differenzen durch radikale Gruppierungen.

Damit die Schwierigkeiten bei der Bildung „komplexer Identitäten" (Walzer) nicht durch rückwärtsgewandte, traditionale oder im deutschen Falle „völkische" vermeintliche Anerkennungsgarantien überdeckt werden, bedarf es der Einsicht in die unvermeidliche Notwendigkeit und der Förderung einer „Vervielfältigung der Identitäten", wofür Michael Walzer eindrucksvoll argumentiert:

„Wenn mein Parochialismus bedroht ist, dann fühle ich nur noch und zwar radikal parochial: als Serbe, als Pole, als Jude und nichts anderes. [...] Dem Selbst widerstrebt unter normalen Bedingungen eine Teilung nicht. Es kann sich zumindest aufteilen, und es gedeiht sogar dabei. Wenn ich mich sicher

> fühlen kann, werde ich eine komplexere Identität erwerben, als es der Gedanke des Partikularismus nahelegt. Ich werde mich selbst mit mehr als einer Gruppe identifizieren; ich werde Amerikaner, Jude, Ostküstenbewohner, Intellektueller und Professor sein. Man stelle sich eine ähnliche Vervielfältigung der Identitäten überall auf der Erde vor, und die Erde beginnt, wie ein weniger gefährlicher Ort auszusehen. Wenn sich die Identitäten vervielfältigen, teilen sich die Leidenschaften" (Walzer 1992b: 136).

Ein weiteres Verdienst der Kommunitaristen liegt (3) in der Neubelebung der Diskussion um das demokratische Defizit des Liberalismus (vgl. etwa Brunkhorst 1995: 631ff.). Walzer, Ch. Taylor, Robert Bellah, Etzioni, Amy Gutmann und vor allem Benjamin Barber haben wichtige Beiträge zur „Zukunft radikaler Demokratie" (A. Giddens) gemacht, ohne der kommunitaristischen Versuchung zu erliegen, eine substantielle Wertegemeinschaft über die Verfassung stellen zu wollen; vielmehr geht es in der diskursiven, deliberativen, assoziativen (Paul Hirst), dialogischen oder starken (B. Barber) Demokratie um eine Ergänzung der klassischen Standards liberaler Demokratie um die Ebenen öffentlicher „Präferenz-Reinigung oder -Läuterung, das heißt die argumentative Problematisierung, Redefinition und Neuordnung der Präferenzen von Bürgern".[12] Den Kommunitaristen geht es dabei darum, moralische Ressourcen zu erschließen und die Entscheidungs- und Gesetzgebungsprozesse insgesamt zu verbessern. Den kulturellen oder nationalen Spezifika wird ein intrinsischer Wert beigemessen, wobei die anspruchsvoll formulierten Bürgerrechte an die Mitgliedschaft einer politischen Gemeinschaft gebunden sind oder vielmehr erst im „Horizont der Reproduktion einer demokratischen politischen Gemeinschaft" (Buchstein/Schmalz-Bruns 1994: 311) auszuschöpfen sind. Die Kommunitaristen in den USA können in diesem Zusammenhang auf bereits in die Praxis umgesetzte Vorschläge zu Neuansätzen in der politischen Programmatik (vor allem von Etzioni) und noch zu erprobende Ideen (etwa von Barber) verweisen; im Bereich der Forschung ist eine Reihe von Studien zur Entstehung von Gemeinschaftsbindungen und zur Partizipationsbereitschaft vorgelegt worden.

Der inzwischen abgeebbte Streit zwischen Liberalen und Kommunitaristen hat also nicht zu einer grundlegenden Revision des politischen Liberalismus geführt, doch haben sich Motive und Einsichten beider Streitparteien produktiv miteinander verbinden lassen (vgl. Kersting 1994: 85). Insbesondere die kommunitäre Betonung der motivationalen Grundlagen moderner liberaler Verfassungsstaaten und die Einbeziehung der Bürgertugend bieten wertvolle Anregungen für die Errichtung einer „starken Demokratie". Mit Barbers Worten:

Eine so „ausbalancierte liberale Demokratie [...] kann auf die Verluste der Moderne reagieren, indem sie das Individuum von innen heraus stärkt und ihm als äußere Hülle eine artifizielle, nicht von der Natur aus gegebene Mitgliedschaft in neu entworfenen, auf einem gemeinsamen Wollen beruhenden Gemeinschaften ermöglicht. [...] Die partizipatorische Demokratie kann den Verlust von Fundamenten, die Erblast der Modernität, nicht ersetzen, doch sie verspricht, eine bestimmte Klugheit und Umsicht dort walten zu lassen, wo früher Sitte, Tradition und Geschichte bestimmend waren" (Barber 1995: 378f.).

Anmerkungen

1 Den Hinweis auf die Kampagne der Bundeswehr verdanke ich dem Text von Heiner Keupp: Die Suche nach Gemeinschaft zwischen Stammesdenken und kommunitärer Individualität, in: Heitmeyer, Wilhelm (Hg.): Was hält die Gesellschaft zusammen?. Frankfurt/M. 1997, S. 279ff.

2 So z. B. der Frankfurter Kongreß „Gemeinschaft und Gerechtigkeit" im Mai 1992 und eine Artikelserie in einer überregionalen Tageszeitung zwischen November 1991 und März 1992 zum Thema „Gemeinschaft und Individuum". Zur Programmatik der bundesrepublikanischen Parteien (mit Ausnahme der PDS) und ihrem Verhältnis zum Kommunitarismus vgl. die Artikel im Forschungsjournal Neue Soziale Bewegungen, Jg. 8, Heft 3, 1995, S.73-88.

3 Weber, Max: Gesammelte Aufsätze zur Religionssoziologie, Bd. I., Tübingen 1988, S. 203.

4 Böckenförde, Ernst-Wolfgang: Die Entstehung des Staates als Vorgang der Säkularisation, in: Recht, Staat, Freiheit. Studien zur Rechtsphilosophie, Staatstheorie und Verfassungsgeschichte, Frankfurt/M. 1991. (Ersterscheinen 1971)

5 Vgl. dazu Luhmann, Niklas: Die Ehrlichkeit der Politiker und die höhere Amoralität der Politik, in: Kemper, Peter (Hg.): Opfer der Macht. Müssen Politiker ehrlich sein? Frankfurt/M.1994, S. 27-42.

6 Hier zeigt sich der Anti-Utilitarismus der Rawlsschen Konzeption. Während der Utilitarismus (Bentham, J.S.Mill) gemäß dem Wahlspruch „das größte Glück für die größte Zahl" eine politische Grundordnung als gerecht ansieht, wenn sie das Wohlergehen der Betroffenen maximiert und die Gerechtigkeit folglich als „Funktion des kollektiven Wohlergehens" (Höffe 1979: 196) erscheint, so genießt bei Rawls der Gerechtigkeitsgesichtspunkt absoluten Vorrang vor anderen (ordnungspolitischen) Überlegungen und ein Freiheits-, Chancen- oder Güterverteilungsprinzip, welches zwar die größte Zahl bevorteilt, erscheint ihm unannehmbar, sofern es zu Lasten der Unterprivilegierten (oder auch nur eines einzelnen) geht. Rawls stattet den Einzelnen mit einem nicht einzuschränkenden Recht von, wie er sie nennt, Grundgütern aus, und meint damit bürgerliche und politische Grundrechte, Wohlergehen, Freizügigkeit und freie Berufswahl, Einkommen und Besitz und das Recht auf ein eigenverantwortliches Leben. Diese Grundgüter sind aber jeder utilitaristischen Kosten-Nutzen-Erwägung entzogen. Ist die *Theorie der Gerechtigkeit* deontologisch, d.h. sie entwirft Regeln und ein Set an Normen, denen ausnahmslose

Gültigkeit attestiert wird, so ist der Utilitarismus teleologisch, d.h. er ist rein an den Handlungsfolgen, an der Zielerreichung interessiert.

7 R. Forst (1994: 23) hat zurecht darauf hingewiesen, daß bei der deutschen Übersetzung des Rawlsschen Begriffs *original position* in *Urzustand* eine irreführende zeitliche Konnotation mitschwingt. Deshalb zieht er es vor, den Begriff *original position* zu verwenden. Da in der deutschsprachigen Rawlsrezeption jedoch fast ausnahmslos die von Hermann Vetter eingeführte Übersetzung *Urzustand* gebraucht wird, benutze auch ich diesen Begriff. Ludwig Siep (1997: 380) hat jüngst die etwas sperrige Übersetzung *ursprüngliche Position* vorgeschlagen.

8 Die hier wiedergegebene Formulierung geht auf den Aufsatz *The Basic Structure as a Subject* (1978) zurück und entspricht inhaltlich der aus der *Theorie der Gerechtigkeit* von 1971. Rawls hat den ersten Gerechtigkeitsgrundsatz in späteren Ausarbeitungen der Theorie *The Basic Liberties and Their Priorities* (1983) leicht verändert. Der argumentative Kern wurde dabei aber nicht berührt. Beide Texte finden sich in der deutschen Sammlung von Aufsätzen 1978-1989 (Rawls 1994).

9 Die Rawls-Rezeption ist inzwischen kaum überschaubar. Bereits 1982 enthielt die Bibliographie von Wellbank/Snook/Mason 2511 Einträge.

10 „Öffentlich wahrgenommen" soll heißen, daß Sandels Kritik nicht die erste war, die Einwände gegen das Menschenbild oder den Begriff des Subjekts im politischen Liberalismus erhob. Wichtig war etwa Taylors *Hegel and Modern Society* (1979). Während Taylor aber Rawls aus seiner Kritik ausnahm, wandte sich Sandel explizit gegen die Theorie der Gerechtigkeit und eröffnete so ein zentrales „Schlachtfeld" der Debatte (so Walzer in Honneth 1993: 179).

11 In diesen Formulierungen sind deutlich Spuren der Anerkennungslehre Hegels auszumachen, der destruktives Verhalten oder Verbrechen als „Entgegensetzung gegen die Entgegensetzung" auf den Umstand unvollständiger Anerkennung zurückführte, vgl. dazu ausführlich Honneth 1994, bes. S. 36ff..

12 So die gelungene Umschreibung des Begriffs Deliberation von Forst (1994: 188).

Literatur

Avineri, Shlomo/ de Shalit, Avner (Hg.) (1992): Communitarianism and Individualism, New York

Barber, Benjamin (1988): The Conquest of Politics. Liberal Philosophy in Democratic Times, Princeton (New Jersey)

Barber, Benjamin (1994): Starke Demokratie, Hamburg

Barber, Benjamin (1995): Die liberale Demokratie und der Preis des Einverständnisses, in: van den Brink, Bert/ van Reijen, Willem (Hg.): Bürgergesellschaft, Recht und Demokratie, Frankfurt/M., S. 360-384

Barber, Benjamin (1996): Coca Cola und Heiliger Krieg. Wie Kapitalismus und Fundamentalismus Demokratie und Freiheit abschaffen, Berlin u.a.O.

Bauman, Zygmunt (1994): Tod, Unsterblichkeit und andere Lebensstrategien, Frankfurt/M.

Bauman, Zygmunt (1995): Postmoderne Ethik, Hamburg

Beck, Ulrich (1989): Die unvollendete Demokratie, in: Der Spiegel, 43, 18.12.1989

Beck, Ulrich (1996): Das Zeitalter der Nebenfolgen und die Politisierung der Moderne, in: Beck, Ulrich/ Giddens, Anthony/ Lash, Scott: Reflexive Modernisierung, Frankfurt/M., S. 19-112
Benhabib, Seyla (1995): Ein deliberatives Modell demokratischer Legitimität, in: Deutsche Zeitschrift für Philosophie, Berlin, Nr. 43, 1, S. 3-29
Brunkhorst, Hauke (1993): Vom Vorrang der Volkssouveränität. Demokratie durch Differenz, in: Menke, Christoph/ Seel, Martin (Hg.): Zur Verteidigung der Vernunft gegen ihre Liebhaber und Verächter, Frankfurt/M., S. 268-284
Brunkhorst, Hauke (1994): Demokratie und Differenz. Vom Klassischen zum Modernen Begriff des Politischen, Frankfurt/M.
Brunkhorst, Hauke (1995): Vom egalitären Liberalismus zur radikalen Demokratie, in: Deutsche Zeitschrift für Philosophie, Berlin, Nr. 43, 4, S. 621-632
Brunkhorst, Hauke (1996): Demokratie als Solidarität unter Fremden. Universalismus, Kommunitarismus, Liberalismus, in: Aus Politik und Zeitgeschichte B36/96, S. 21-28
Buchstein, Hubertus/ Schmalz-Bruns, Rainer (1994): Republikanische Demokratie, in: Barber, Benjamin: Starke Demokratie, Hamburg, S. 297-323
Dewey, John (1927): The Public and Its Problems. New York
Dubiel, Helmut (1994): Ungewißheit und Politik, Frankfurt/M.
Dubiel, Helmut (1997): Unversöhnlichkeit und Demokratie, in: Heitmeyer, Wilhelm (Hg.): Was hält die Gesellschaft zusammen?, Frankfurt/M., S. 425-444
Durkheim, Emile (1988): Über soziale Arbeitsteilung. Studie über die Organisation höherer Gesellschaften, 2.Aufl., Frankfurt/M.
Forst, Rainer (1994): Kontexte der Gerechtigkeit, Frankfurt/M.
Forst, Rainer (1997): Gerechtigkeit als Fairneß: ethisch, politisch oder moralisch?, in: Hinsch, Wilfried (Hg.) (1997): Zur Idee des politischen Liberalismus. John Rawls in der Diskussion, Frankfurt/M., S. 396-419.
Frankenberg, Günter (Hg.) (1994): Auf der Suche nach der gerechten Gesellschaft, Frankfurt/M.
Giddens, Anthony (1997): Jenseits von Links und Rechts. Die Zukunft radikaler Demokratie, Frankfurt/M.
Giusti, Miguel (1994): Die liberalistische Suche nach einem „übergreifenden Konsens“, in: Philosophische Rundschau 41, 1994, S. 3-73
Gutmann, Amy (1995): Das Problem des Multikulturalismus in der politischen Ethik, in: Deutsche Zeitschrift für Philosophie, Berlin, 43, 2, S. 273-305
Habermas, Jürgen (1996): Versöhnung durch öffentlichen Vernunftgebrauch, in: ders.: Die Einbeziehung des Anderen. Studien zur politischen Theorie, Frankfurt/M., S. 65-94
Hinsch, Wilfried (Hg.) (1997): Zur Idee des politischen Liberalismus. John Rawls in der Diskussion, Frankfurt/M.
Hirst, Paul (1994): Associative Democracy. New Forms of Economic and Social Governance, Cambridge
Höffe, Otfried (1979): Ethik und Politik. Grundmodelle und -probleme der praktischen Philosophie, Frankfurt/M.
Honneth, Axel (Hg.) (1993): Kommunitarismus. Eine Debatte über die moralischen Grundlagen moderner Gesellschaften, Frankfurt/M.
Honneth, Axel (1994): Kampf um Anerkennung. Zur moralischen Grammatik sozialer Konflikte, Frankfurt/M.
Honneth, Axel (1994): Individualisierung und Gemeinschaft, in: Zahlmann, Chr. (Hg.): Kommunitarismus in der Diskussion, Berlin, S. 16-23

Joas, Hans (1993): Gemeinschaft und Demokratie in den USA. Die vergessene Vorgeschichte der Kommunitarismus-Debatte, in: Brumlik, Micha/ Brunkhorst, Hauke (Hg.): Gemeinschaft und Gerechtigkeit, Frankfurt/M., S. 49-62

Joas, Hans (1995): Der Kommunitarismus – eine neue „progressive Bewegung"?, in: Forschungsjournal Neue Soziale Bewegungen, Jg. 8, Heft 3, S. 29-38

Kant, Immanuel: Grundlegung zur Metaphysik der Sitten, (erstmals Riga 1785), zitiert nach der Akademie-Ausgabe, Berlin 1900ff., IV, S. 385-464

Kersting, Wolfgang (1993): Liberalismus und Kommunitarismus. Zu einer aktuellen Debatte, in: Information Philosophie, 3/1993

Kersting, Wolfgang (1993b): John Rawls zur Einführung, Hamburg

Kersting, Wolfgang (1994): Verfassung und kommunitäre Demokratie, in: Frankenberg, Günter (Hg.): Auf der Suche nach der gerechten Gesellschaft, Frankfurt/M., S. 84-102

Keupp, Heiner (1997): Die Suche nach Gemeinschaft zwischen Stammesdenken und kommunitärer Identität, in: Heitmeyer, Wilhelm (Hg.): Was hält die Gesellschaft zusammen?, Frankfurt/M., S.279-312

Klinger, Cornelia (1994): Ein Streit, der keiner ist?, in: Transit. Europäische Revue, Heft 7, S. 122-139

Larmore, Charles (1995): Strukturen moralischer Komplexität, Stuttgart

Lau, Christoph (1991): Gesellschaftsdiagnose ohne Entwicklungstheorie, in: Glatzer, Wolfgang (Hg.): Die Modernisierung moderner Gesellschaften – Ergänzungsband, Frankfurt/M.

MacIntyre, Alasdair (1995): Der Verlust der Tugend. Zur moralischen Krise der Gegenwart, Frankfurt/M.

Meyer, Thomas (1997): Solidarität und kulturelle Differenz, in: Heitmeyer, Wilhelm (Hg.): Was hält die Gesellschaft zusammen?, Frankfurt/M., S. 313-333

Münkler, Herfried (1997): Die Gemeinschaft der Individuen. Warum freiheitliche Ordnungen auf Gemeinsinn angewiesen sind, in „DIE ZEIT", Nr. 18

Nagel, Thomas (1991): Der Blick von Nirgendwo. Frankfurt/M.

Nussbaum, Martha C. (1993): Menschliches Tun und soziale Gerechtigkeit. Zur Verteidigung des aristotelischen Essentialismus, in: Brumlik, Micha/ Brunkhorst, Hauke (Hg.): Gemeinschaft und Gerechtigkeit. Frankfurt/M., S. 323-361

Peters, Bernhard (1993): Die Integration moderner Gesellschaften, Frankfurt/M.

Rawls, John (1979): Eine Theorie der Gerechtigkeit, Frankfurt/M.

Rawls, John (1993): Political Liberalism, New York

Rawls, John (1994): Die Idee des politischen Liberalismus. Aufsätze 1978-1989, hg. von Wilfried Hinsch. Frankfurt/M.

Rawls, John (1997): Das Ideal des öffentlichen Vernunftgebrauchs, in: Hinsch, Wilfried (Hg.): Zur Idee des politischen Liberalismus, Frankfurt/M., S. 116-141

Reese-Schäfer, Walter (1995): Was ist Kommunitarismus? Frankfurt/M.

Reese-Schäfer, Walter (1996): Die politische Rezeption des kommunitaristischen Denkens in Deutschland, in: Aus Politik und Zeitgeschichte B 36/96, S. 3-11

Reese-Schäfer, Walter (1997): Grenzgötter der Moral. Der neuere europäisch-amerikanische Diskurs zur politischen Ethik, Frankfurt/M.

Sandel, Michael (1982): Liberalism and the Limits of Justice, Cambridge

Sandel, Michael (1993): Die verfahrensrechtliche Republik und das ungebundene Selbst, in: Honneth, Axel (Hg.): Kommunitarismus. Eine Debatte über die moralischen Grundlagen moderner Gesellschaften, Frankfurt/M., S. 18-35

Schmalz-Bruns, Rainer (1994): Radikalisierung und Selbstbeschränkung. Überlegungen zu einer reflexiven Modernisierung der Demokratie, in: Greven, Michael Th./ Kühler, Peter/ Schmitz, Manfred (Hg.): Politikwissenschaft als Kritische Theorie, Baden-Baden, S. 495-525

Schumpeter, Joseph A. (1950): Kapitalismus, Sozialismus und Demokratie, Tübingen

Siep, Ludwig (1997): Rawls' politische Theorie der Person, in: Hinsch, Wilfried (Hg.): Zur Idee des Politischen Liberalismus, S. 380-395

Soeffner, Hans-Georg (1997): Auf dem Rücken des Tigers. Über die Hoffnung, Kollektivrituale als Ordnungsmächte in interkulturellen Gesellschaften kultivieren zu können, in: Heitmeyer, Wilhelm (Hg.): Was hält die Gesellschaft zusammen? Frankfurt/M., S. 334-359

Steinfath, Holmer (1994): Der Verlust der Identität, in: Zahlmann, Christe (Hg.): Kommunitarismus in der Diskussion, Berlin, S. 86-93

Taylor, Charles (1988): Negative Freiheit? Zur Kritik des neuzeitlichen Individualismus, Frankfurt/M.

Taylor, Charles (1992/93): Wieviel Gemeinschaft braucht die Demokratie?, in: Transit. Europäische Revue, Heft 5, S. 5-20

Taylor, Charles (1993): Aneinander vorbei: Die Debatte zwischen Liberalismus und Kommunitarismus, in: Honneth, Axel (Hg.): Kommunitarismus. Eine Debatte über die moralischen Grundlagen moderner Gesellschaften, Frankfurt/M., S. 103-130

Taylor, Charles (1993b): Die Politik der Anerkennung, in: Gutmann, Amy (Hg.): Multikulturalismus und die Politik der Anerkennung, Frankfurt/M., S. 13-78

Tönnies, Ferdinand (1988): Gemeinschaft und Gesellschaft. Grundbegriffe der reinen Soziologie (zuerst 1887), Darmstadt

Vismann, Cornelia (1994): St. Benedict, Inc. Zur Rechtsförmigkeit von Gemeinschaft, in: Frankenberg, Günter (Hg.): Auf der Suche nach der gerechten Gesellschaft, Frankfurt/M., S. 25-52

Vogl, Joseph (Hg.) (1994): Gemeinschaften. Positionen zu einer Philosophie des Politischen. Frankfurt/M.

Walzer, Michael (1990): Zwei Arten des Universalismus, in: Babylon, Heft 7, S. 7-25

Walzer, Michael (1992): Sphären der Gerechtigkeit. Ein Plädoyer für Pluralismus und Gleichheit, Frankfurt/M.

Walzer, Michael (1992b): Zivile Gesellschaft und amerikanische Demokratie, Berlin

Walzer, Michael (1993): Die kommunitaristische Kritik am Liberalismus, in: Honneth, Axel (Hg.): Kommunitarismus. Eine Debatte über die moralischen Grundlagen moderner Gesellschaften, Frankfurt/M., S. 157-180

Walzer, Michael (1993b): Kritik und Gemeinsinn, Frankfurt/M.

Walzer, Michael (1997): Zweifel und Einmischung. Gesellschaftskritik im 20. Jahrhundert, Frankfurt/M.

Wellbank, J. H./ Snook, Denis/ Mason, David T. (Hg.) (1982): John Rawls and his Critics. An Annotated Bibliography, New York

Wellmer, Albrecht (1993): Bedingungen einer demokratischen Kultur. Zur Debatte zwischen Liberalen und Kommunitaristen, in: Brumlik, Micha/ Brunkhorst, Hauke (Hg.): Gemeinschaft und Gerechtigkeit, Frankfurt/M., S. 173-196

Zahlmann, Christe (Hg.) (1994): Kommunitarismus in der Diskussion, Berlin

Konservatismus: Entwürfe zur Sicherung sozialer Herrschaft

Klaus Fritzsche

1. Entstehung und Begriff

Konservatismus scheint kein scharf bestimmbarer Begriff mehr zu sein, da er für die unterschiedlichsten Einstellungen, Optionen und Verhaltensmuster gelten soll. Auf der politischen Realebene ist die ehemals deutliche Grenze zum Liberalismus verschwunden. Auch in Theorie und Praxis der Sozialdemokratie ist er tief eingedrungen. Aber selbst marxistisch-leninistische Orientierungen werden, gerade nach dem Untergang des sowjetischen Modells, häufig als konservativ bezeichnet. Dies führt zu der Absurdität, daß sie unter denselben theoretisch-ideologischen Ordnungsbegriff fallen wie ihre innerstaatlichen Gegner, deren Politik tatsächlich den traditionellen konservativen Maßgaben folgt und die deshalb auch von konservativen Kräften der führenden kapitalistischen Länder protegiert werden. Unter einer solchen Übernutzung verkommt Konservatismus zur leeren Formel. Was alles decken soll, vermag nichts mehr ernsthaft zu fassen. Das gilt auch für die These, alle politisch-öffentlichen Lebensäußerungen seien heute konservativ gestimmt.

Gesellschaftlich-geschichtlich betrachtet, hat der Konservatismus einen festen Grund und eine klare Funktion.

> „Die Bourgeoisie hat in der Geschichte eine höchst revolutionäre Rolle gespielt. Die Bourgeoisie, wo sie zur Herrschaft gekommen, hat alle feudalen, patriarchalischen, idyllischen Verhältnisse zerstört [...] Alles Ständische und Stehende verdampft, alles Heilige wird entweiht, und die Menschen sind endlich gezwungen, ihre Lebensstellung, ihre gegenseitigen Beziehungen mit nüchternen Augen zu sehen."

Diese berühmten Sätze aus dem „Manifest der Kommunistischen Partei" von Karl Marx und Friedrich Engels (1964: 464f.), deren Thema gar nicht der Konservatismus ist, bezeichnen die Bedingungen, aus denen er entwächst. Es ist also nicht in erster Linie – wie oft gesagt wird – das Aufkommen von Zweifel und Kritik an der feudalständischen Gesellschaft und ihrer Kultur, was den Konservatismus auf den Plan ruft, sondern es ist die materielle Zersetzung und schließliche Durchbrechung der alten Gesellschaftsformation unter dem Druck der *kapitalistischen Entwicklungskräfte.* Geistiger Ausdruck dieses Prozesses, der sich über eine lange geschichtliche Phase hinzieht und sich in wachsendem Einfluß und Selbstbewußtsein des Bürgertums niederschlägt, ist jedoch der Rationalismus, der das Bestehende und Überlieferte einem zunehmend radikalen, d. h. an die Wurzel gehenden Zweifel aussetzt. Und insofern gehört auch er in den Ursachenzusammenhang des Konservatismus.

Die Herkunft des Konservatismus vom realen gesellschaftlichen Prozeß zeigt sich am klarsten daran, was ihn – unbeabsichtigt – ins

Leben setzt: die *Französische Revolution*, die das bürgerliche Zeitalter politisch einläutet und den bis dahin unangefochtenen gesellschaftlichen Führungsgruppen, also dem adligen und geistlichen Großgrundbesitz und dem patrizischen Handelsbürgertum der großen Städte, den Kampf ansagt. Damit wird die Gegenwehr gegen den revolutionären Prozeß zu einer Existenzfrage der herrschenden Klassen in der abendländischen Welt. Diese Gegenwehr, auf einen allgemeinen Begriff gebracht, ist der Konservatismus. Seine Perspektive ist die Wiederherstellung der zerbrochenen oder die Sicherung der wankenden Herrschaftsverhältnisse der feudal-ständischen Gesellschaft.

Eine Analyse, die auf diese Zusammenhänge, also auf die Beziehungen zwischen Strukturen, Interessen, Bewußtsein und politischer Sprache ausgeht, kann dementsprechend auch einen konsistenten Begriff von Konservatismus gewinnen. Jedoch ist ein solcher dialektischer Ansatz auch in der wissenschaftlichen Literatur selten. Zumeist wird Konservatismus geistes- und ideengeschichtlich gefaßt oder auf bestimmte Personen und Parteien eingegrenzt. Auf diese Weise entmaterialisieren sich seine allgemeinen Triebkräfte und Wirkungsrichtungen ebenso wie die sozioökonomischen und politischen Vorgaben seiner jeweiligen Ausprägungen. Damit werden zugleich die gängige Weltsicht und die Selbstinterpretation des Konservatismus bestätigt. Denn er neigt dazu, die ihm wesentlichen Zusammenhänge eher verschwommen zu umkreisen, und sucht jedenfalls aufklärerisches, ideologiekritisches Denken von sich wie von der Gesellschaft abzuwenden.

Konservatismus enthält, offen oder versteckt, fast immer einen emphatischen Bezug zur Vergangenheit, in deren geschönten Bildern die glänzende Fassade und die stabilen Herrschafts- und Vorrangverhältnisse vergangener Zeiten aufscheinen. Er entwickelt sich aus der Bestreitung vorwärtsweisender Sinnentwürfe und in der Auseinandersetzung mit geschichtlichen Veränderungen. Jedoch kleiden sich seine Intentionen meist in überzeitlich-interessenfreie Bekundungen. Albrecht Erich Günther (1893-1942) hat die klassische Formel geprägt, das Konservative sei zu verstehen „nicht als ein Hängen an dem, was gestern war, sondern als ein Leben aus dem, was immer gilt" (zit. n. Mohler 1989: 116). In diesem Satz steckt ein ganzes Bündel unbefragter Annahmen über den geschichtlichen Prozeß, seine Wirkkräfte und Bewegungsgesetze, über die Selbstverortung des Konservativen im Hauptstrom der Geschichte, und er enthält die Proklamation des Eigenen als des Allgemeinen.

Tatsächlich aber ist der Konservatismus Produkt, Ausdruck und Agentur mächtiger gesellschaftlicher Interessen, die sich gegen Emanzipationsbestrebungen richten. Die letzteren haben ihren sozialen Träger zunächst im Bürgertum und richten sich gegen das Feudalsystem. Bald jedoch werden emanzipatorische Forderungen von der Arbeiterklasse erhoben und richten sich mehr und mehr gegen die kapitalistische Gesellschaftsordnung. In der ersten Phase wird die konservative Bewegung hauptsächlich vom Adel getragen, in der zweiten finden sich Bürgertum und Adel in dem gemeinsamen Interesse, die Arbeiterklasse niederzuhalten.

Begrifflich steht Konservatismus in einer Art Konkurrenzverhältnis zu Reaktion und Restauration. Es ist daher versucht worden, die Begriffe unter dem Gesichtspunkt der Entschlossenheit und Dynamik der Gegenbewegung zu scheiden. Restauration soll dann der aktive Versuch heißen, überwundene Gesellschaftszustände oder politische Systeme in antidemokratischer Perspektive zu reinstallieren, Reaktion die generelle Wendung gegen Demokratisierungsvorgänge. Konservatismus wäre durch ein ablehnendes Verhältnis zum gesellschaftlichen Fortschritt und durch eine eher skeptisch-resignative Grundhaltung definiert (so bei Gablentz 1966: 170f.). Viel Sinn machen diese Abgrenzungen aber nicht, da sie geschichtlich-logisch Zusammengehöriges trennen. Plausibler scheint es, dem Begriff Konservatismus vielfältige Formen, Tendenzen und Nuancen zuzuordnen, unter denen auch Reaktion und Restauration ihren Platz haben.

Eher irreführend als erhellend ist die von Karl Mannheim (1964: 411ff.) eingeführte Unterscheidung von Konservatismus und *Traditionalismus*. Dieser soll, in Abgrenzung zu jenem, eine allgemeinmenschliche Eigenart des unreflektierten Vertrauens und Festhaltenwollens am schlicht Gewohnten auch im geschichtlichen Prozeß bezeichnen. Damit würde das unter Traditionalismus Gefaßte aus sozioökonomischen und historisch-politischen Zusammenhängen herausgehoben und als A priori der kritischen Analyse entzogen. Nun ist es der Konservatismus selbst, der in seinen meisten Erscheinungsformen mit Kulturbindungen, Traditionen und Konventionen argumentiert, um seine Forderungen überzeitlich-universal zu begründen. Eine solche Sichtweise sieht, unter welchem Begriff immer, vom realen Elend der Unterklassen ab und spinnt sich ein in der sublimen Atmosphäre von Harmonie, Einheit und Maß, deren Abhängigkeit von der gesellschaftlichen Ausbeutung verdeckt bleibt. Die Berufung der Analyse auf Ewigkeitswerte und anthropologische Konstanten führt daher jene konservativen Vorannahmen schon mit sich, zu deren Erklärung sie auszieht.

Nicht überzeugend ist der Versuch, Konservatismus geschichtlich-kategorial auf die Zeit des niedergehenden Feudalismus zu begrenzen (so etwa Kondylis 1986). Der sozioökonomische Kern der geltend gemachten Interessen – also das private Eigentum, seine freie Entfaltung und die Privilegien seiner Inhaber – bleibt im Kapitalismus derselbe, ebenso das ideologische Profil der Abwehrbestrebungen gegen die jeweiligen Unterklassen. Hinzu kommt die wachsende inhaltliche Verschränkung der Politikmuster, die liberal oder konservativ heißen. Deshalb gehören die verschiedenen antiemanzipatorischen Bewegungen, Kräfte und Richtungen unter einen gemeinsamen Begriff. In der Tat: Man trifft sich „auf halbem Wege – aber auf dem Terrain der neuen kapitalistischen Gesellschaft“ (ebd.: 418). Gleicherweise verfehlt eine analytische Bemühung das Ziel, die – wie etwa Martin Greiffenhagen (1971: 16) ausdrücklich bekennt – als reine Geistesgeschichte auftritt, konservative Ansichten, Formeln und Muster in zeitlosen Arsenalen sammelt und sich „mit voller Absicht dem Vorwurf unhistorischer Realitätsferne“ aussetzt.[1]

Eine mehr als zweifelhafte semantische Operation ist die Auftrennung des Konservatismusbegriffs in zwei angeblich voneinander unabhängige, sogar tendenziell entgegengesetzte Typen: den *Struktur-* und den *Wertkonservatismus* (so zuerst Eppler 1976: 34ff.). Jener soll sich auf die Sicherung gesellschaftlicher Herrschaft, dieser auf die Erhaltung humaner Lebensbedingungen richten. Indes ist es ja gerade das Verfahren des Konservatismus, sozusagen sein Zauber, daß die ihn konstituierenden Interessen zumeist in Werte gekleidet auftreten. Die Struktur- und die Wertdimension gehören also originär zusammen, gerade ihre Koppelung macht Konservatismus aus. Wird nun vom Konservatismusbegriff die strukturelle Bindung an die Eigentumsordnung abgelöst, so verliert er seine geschichtliche Substanz und Signatur. Das Ergebnis ist theoretische Desorientierung mit praktischen Folgen.[2]

Abzuraten ist schließlich auch davon, konservative Aufschwünge oder Renaissancen, wie sie sich regelmäßig in Krisenlagen entwikkeln, mit Begriffen wie Neu-, Neo- oder Jungkonservatismus zu fassen. Solche Begriffsbildungen offenbaren wenig geschichtliches Verständnis gegenüber dem wandelbaren Phänomen des Konservatismus und verschieben die Arbeit der kategorialen Zuspitzung lediglich auf die Zeit, in der für die Bezeichnung der neuesten konservativen Konjunktur die vorhergehende sozusagen durch die Hartnäckigkeit ihrer terminologischen Zuschreibung stört. In Wirklichkeit finden sich in der jeweils als neu deklarierten Form viel mehr Wiederaufnahmen oder Umgruppierungen bereits angeschlagener konservativer Themen und Formen als substantiell Neues.[3]

2. Denkstruktur

Der verteidigte oder zurückgewünschte Gesellschaftszustand wird durch die Dynamik des kapitalistischen Entwicklungsprozesses immer fragwürdiger und labiler. Die systematische Kritik der Aufklärung löst die Geltung des Hergebrachten immer stärker auf. Daher flüchtet sich das konservative Interesse in die Behauptung, daß die Welt rational nicht erfaßbar sei und daß sie erst recht nicht revolutionär verändert werden dürfe, daß sie vielmehr als das Leben selbst, als vorgegebener Seinsstrom anzunehmen und am jeweiligen sozialen Ort auszuhalten sei.

Indes hat der Konservatismus weder hier noch sonst die behauptete Unschuld des Werdens für sich. Daß er überhaupt auf Begründung und Argumentation sich einlassen, daß er ins bekämpfte Medium von Kritik und Gegenkritik übersteigen muß, macht ein wesentliches Dilemma seiner Weltverständigung aus. Die Negation, die ihn geschichtlich ins Leben setzt, bestimmt ihn selbst durch und durch. So sehr seine Setzungen sich auch als natürlich, gottgewollt, selbstverständlich darstellen – daß sie überhaupt und daß sie mit solchen fundamentalistischen Rückgriffen geltend gemacht werden müssen, zeigt, wie prekär Konservative die Welt tatsächlich sehen.[4]

Die *kritische Vernunft*, welche keine Dunkelzonen und Tabus bestehen lassen will und damit die Wandelbarkeit aller Verhältnisse signalisiert, wird so notwendig zum Übel an sich. Der Konservatismus ist deshalb stets geneigt gewesen, ihr die Legitimität oder zumindest die Kompetenz abzusprechen. Um ihren Durchgriff auf die Gestaltung der Wirklichkeit zu verhindern, stellte er vorzugsweise die Segnungen des tradierten Glaubens und überhaupt des geschichtlich Hergebrachten, der institutionellen Ordnung, für die angeblich beschränkt einsichts-, aber unbeschränkt irrtumsfähigen Menschen heraus. Der pessimistischen Sicht nach, die hier zugrundeliegt, sind die Menschen, jedenfalls in ihrer großen Mehrheit, zum Bösen geneigt, zur Freiheit unfähig und aus beidem der Führung bedürftig. Daraus folgen wie von selbst jene für den Konservatismus aller Spielarten wesentlichen patriarchalisch-autoritären Maßgaben, die die Unmündigkeit für die Unmündigen selbst gut wie den Ausgang aus ihr für sie schädlich heißen und die die Minderheit der Erwählten – ein anderes Wort für Elite – auf Dauer in Vormundschaft und Entscheidungsrecht setzen.

Dieses Konzept der Weltverständigung und Weltbewältigung sichert sich durch seine axiomatische Anlage, durch die Einbringung unableitbarer Geltungsgründe, gegen Fragen und Kritik ab. Hinter den Abstracta und Generalia sind freilich sehr reale Dinge verborgen, für oder gegen die der Konservatismus streitet. Die Bewegung zu und die

Forderung nach gesellschaftlicher *Emanzipation* ist der eigentliche Skandal. Denn „Freiheit, Gleichheit, Brüderlichkeit", der Schlachtruf der Französischen Revolution, bedeutet die Bedrohung von Besitz, Macht und Herrschaft insgesamt. Indem der Konservatismus alle diese Anstößigkeiten aus dem Prinzip des Zweifelns, Infragestellens, des Selbstmachenwollens, letztlich: des Seinwollens-wie-Gott herleitet, bringt er gewissermaßen das Ewige hinter die eigenen Kampfpositionen.

Der politische Begriff, in dem alles Negative zusammenfließt, heißt *Revolution.* Diese erscheint als der Sündenfall, der die gottgewollte Einheit von Natur und Geschichte zerschlägt und die Menschen aus dem Paradies der feudalen Gesellschaft austreibt. Fortschritt und Demokratie proklamiert die Aufklärung. *Fortschritt*, eine neuartige, von Menschen bewußt angefachte Dynamik des sozialen Prozesses, unterspült die alten, statischen Verhältnisse. Vor allem entwertet der aufsteigende Kapitalismus die sozioökonomische Bedeutung des Grundeigentums und der Grundrente zugunsten industriellen Kapitals. *Demokratie* erscheint als die politische Umsetzung dieses Vorgangs, als Ersetzung der patriarchalischen Beziehungen durch die in Geld umrechenbare, auf dem Markt zu realisierende Leistung – und als unerhörte Gleichsetzung des Ungleichen. All das bedeutet in konservativer Sicht den Sieg der Quantität über die Qualität, der Zahl über den Wert, der Masse über die Elite, der Kontingenz über die Essenz.

Von allen Seiten sehen die am vorbürgerlichen Zeitalter orientierten gesellschaftlichen Gruppen ihre Interessen, ja ihre Existenz bedroht. Besitzstände, Wertmuster und Herrschaftsordnung des Feudalismus hatten sich unangefochten von Generation zu Generation fortgesetzt. Nun aber meldet eine neue Klasse ihre gesellschaftlichen und politischen Ansprüche an, die nicht auf Alter, sondern auf Potenz gründen und alles Hergebrachte infragezustellen scheinen.

Die Schlüsselworte des Konservatismus in diesem Kampf heißen *Tradition, Geschichte* und *Autorität.* Irrationale und metaphysische Legitimationen sollen dafür einstehen, daß es bleibt oder wieder wird wie einst: statisch, hierarchisch, ungleich. Der emphatische Bezug auf die Geschichte, der sie ja nie im Ganzen, sondern nur ihre erwünschten Elemente und Aspekte meint, schließt Vergangenheitsvergoldung, ideologische Einfärbung und offene Manipulation nicht nur nicht aus, sondern lebt wesentlich von ihnen. Dabei nimmt das Mittelalter geradezu mythische Züge eines goldenen Zeitalters an und überlagert und vertritt in der Rückschau zunehmend die spätabsolutistischen Verhältnisse. Der Staat wird, zumal im deutschen Konservatismus, zum Symbol nicht nur der Macht, sondern der Einheitlichkeit und Gewährleistung, zum Gegenstand der Verehrung wie der Hoffnung auf dauernde Bewahrung der gesellschaftlichen Herrschaftspositionen gegen die von unten anbrandenden Massen. Das Gleiche gilt dem Grund nach für die Begriffe Nation und Volk, die eine angeblich überzeitliche, homogene und exklusive Gemeinschaft - der Geschichte, des Schicksals, der Kultur, in Deutschland etwa auch noch des Blutes - beschwören und so den Status quo stabilisieren sollen, vor allem indem die gesellschaftlichen Aggressionen auf das Fremde oder Abweichende gelenkt werden.

Eine starke ideologische Option entwickelt der Konservatismus auf *Freiheit*, die aber gerade nicht für alle gelten, sondern den Inhabern der gesellschaftlichen Privilegien und politischen Schaltstellen die zuverlässige Fernhaltung der Vielen sichern soll.[5] Hier tritt auch das *Eigentum* als Wert, als Bedingung und Verbürgung von Freiheit, in Erscheinung. Dabei wird noch für längere Zeit, gemäß den Traditionen der feudalen Gesellschaft, dem immobilen agrarischen gegenüber dem mobilen kapitalistischen Eigentum der sozusagen sittliche Vorrang beigemessen. Die sinnliche Faßbarkeit, der Naturcharakter des Grundeigentums wie auch seine Konstanz im schnellen Entwicklungsstrom der kapitalistischen Gesellschaft lassen es als Haltepunkt, ja als elementaren Teil der Selbstverwirklichung des Menschen erscheinen.

Im Lauf einer 200jährigen Entwicklung ist die gesellschaftliche Herrschaft überall vom Adel auf das Bürgertum übergegangen. Der ideologische Ausdruck und die Anordnung der Elemente haben sich in dieser Zeit vielfach gewandelt. Aber die Substanz des Konservatismus ist stets dieselbe geblieben: Sicherung des Privateigentums; Herrschaft der Eliten; Vorrang machtstaatlicher Ordnung vor staatsbürgerlicher Freiheit; Ungleichheit der Menschen nach Wert und Anspruch; soziale Distanz.[6]

3. Grundtypen des politischen Entwurfs

So allgemein und zeitlos sich der Konservatismus oft gab, so sehr er als zuwartende Beschwerde und Nachtrauer über den Lauf der Welt, als schöngeistige Literatur erschien: Zuallererst war und ist er eine auf Realität bezogene, aus konkreten Interessen sich herleitende Konstruktion des Politischen. In ihrem Spektrum können mehrere Grundtypen unterschieden werden.

3.1. Kapitalistische Realpolitik in feudal-ständischer Hülle

Edmund Burke (1729-1797), der literarische Begründer des Konservatismus, steht für einen Typus, der aus Gott, Natur und Geschichte einen eindrucksvollen Schutzwall um die gefährdeten *Eigentumsinter-*

essen baut, aber ein eher instrumentelles als naives Verhältnis zu diesem Konstrukt hat und sich deshalb, entgegen dem Anschein, auch nicht an seinen eigenen Worten berauscht. Burke's unmittelbar auf die Französische Revolution antwortende Schrift „Reflections on the Revolution in France" aus dem Jahr 1790 breitete einen ganzen Fächer von Vorstellungsmustern und Argumentationen aus, mit denen sie zur klassischen Bekenntnisschrift des Konservatismus bis heute wurde.

Burke bekämpft die Französische Revolution, weil sie unter dem Vorwand der Freiheit Unruhe und Unordnung und die Vernichtung der hergebrachten Eigentumsverhältnisse bedeute. Sie habe den Staat als die auf Ewigkeit berechnete Gemeinschaft aller Tugenden und aller toten, lebenden und künftigen Generationen „in ein regelloses Chaos roher, ungeselliger, streitender Elemente" (1967: 161) aufgelöst. Das soziale Interesse hinter diesen klingenden Worten gibt sich zu erkennen, wenn er die wohltätige gesellschaftliche Wirkung der Großvermögen preist und kategorisch erklärt: „In Frankreich ist die Regierung nicht in den Händen der Eigentümer. Mithin ist die Vernichtung des Eigentums unvermeidlich und vernünftige Freiheit verschwunden." (Ebd.: 95)

Institutionen, Konventionen und Traditionen sind aus Burke's Sicht Haltepunkte des Lebens von ungeheurem Wert. Sie werden deshalb auch, mit Blick auf die englische Gesellschaft, um die es ihm geht, der revolutionären Flut und „dem Spott der törichten Menge" (ebd.: 152) entgegengestellt. Den Menschen nämlich, die nicht auf diese Weise in den geschichtlichen Prozeß eingebunden sind, kann man, gar wo sie in Massen auftreten, nicht trauen. Sie besitzen nichts und sind deshalb wandelbar in ihren Meinungen und unberechenbar in ihrem Verhalten. Thron, Kirche, Adel, Volk heißt die Rangordnung, gegen deren Wahrheitsanspruch und geschichtliche Gültigkeit die aufklärerischen Hoffnungen und Appelle, die Forderungen nach Egalität und Menschenrechten nur „betrügerische Träume und Schattenbilder" (ebd.: 287) sind.

Allerdings hat Burke damit zu kämpfen, daß Gesellschaft und Staat Englands, dessen Kontinuität, Tradition und geschichtliches Gleichmaß er preist, reichlich hundert Jahre zuvor von kaum geringeren Umwälzungen und Zerstörungen erschüttert worden waren, als nun das revolutionäre Frankreich, und daß nach seiner Weltsicht die Köpfung des englischen Königs die größte Freveltat gegen Gott und die geschichtliche Tradition gewesen war. Er löst dieses Dilemma, indem er die englische Revolution als notwendige „Abänderung" deklariert, die „auf den kranken Teil eingeschränkt" gewesen sei. In ihr hätten gerade „das Erhaltungs- und das Verbesserungsprinzip" mächtig gewirkt. Die Gesetzgeber seien, „selbst indem sie die Ordnung änderten, dem Grundsatz treu" geblieben und hätten die Erbmonarchie gesichert, als sich England „ohne König fand" (ebd.: 53f.).

Burke entwickelt dieses gewagte Geschichtsbild mit kühler Übersicht und festem Griff. Die rhetorische Aufladung, das Pathos seiner Sprache sind ihm Mittel zum Zweck. Er sieht auch die Problemzonen der von ihm vertretenen sozialen Interessen realistisch: „Ein Staat, dem es an allen Mitteln zu

> einer Veränderung fehlt, entbehrt die Mittel zu seiner Erhaltung." (Ebd.: 53) Wenn schwere Beschädigungen vorliegen, muß man selbst zur Ausbesserung schreiten – aber immer „im Stil des alten Gebäudes" (ebd.: 338). Das bürgerliche Selbstbewußtsein meldet sich in diesem Entwurf deutlich zu Wort: „Freie Bürger müssen ein bestimmtes Maß von Gewalt in Händen haben, wenn ihre Freiheit gesichert sein soll." (Ebd.: 154) Niemand, auch nicht König oder Volk, darf seinen unumschränkten Willen zum Maßstab der Politik machen. Deshalb bedarf es des Rechts als einer Schutzwehr gegen Willkür (s. ebd.: 290ff.).

Mit alldem zeigt sich Burke als weitsichtiger Realpolitiker und konzeptiver Ideologe der Eigentümergesellschaft, so daß an seinen Positionen sehr verschiedene konservative Entwürfe anknüpfen konnten.

3.2. Politische Romantik und Staatsverklärung

Burkes „Reflections" zogen alsbald eine Reihe ähnlicher Schriften nach sich, insbesondere in Deutschland. Hier hinkte – wegen der katastrophalen Auswirkungen des Dreißigjährigen Krieges, wegen der Kleinstaaterei und wegen des Fehlens ergiebiger Kolonialgebiete – die Entwicklung des Kapitalismus weit hinter der in England und Frankreich nach, und der Feudalismus behauptete sich mit großer Zähigkeit. Aus diesen Gründen nahm auch der deutsche Konservatismus besonders spekulative, wirklichkeitsfremde Züge an. Eine seiner einflußreichsten Ausprägungen wird seit Carl Schmitts Werk (1919) allgemein als „Politische Romantik" bezeichnet. Ihr exemplarischer Vertreter ist Adam Müller (1779-1829), insbesondere mit seinem 1809 erschienenen Hauptwerk „Die Elemente der Staatskunst". Dieses ist inhaltlich weitgehend abhängig von Burke. Aber da die Verhältnisse, die Burke in England erhalten wollte, der deutschen Entwicklung weit voraus waren, fiel die Übertragung seiner ideologischen Muster auf Deutschland erheblich hinter seine eigenen Vorstellungen zurück.

Müller betont zwar – scheinbar ganz in Burkes Spuren –, er sei „der erste, der gegen die flachen Götzendiener des Mittelalters und der absoluten Hierarchie den Stein aufhebt", und auch mit der „grassierenden Vaterlandsretterei" habe er nichts zu schaffen (1922: IXf.). Aber auf diese reaktionäre Rückwärtsträumerei läuft trotzdem alles hinaus. Marx (1964b: 379f.) hat später die Besonderheit der deutschen Geschichte mit beißendem Spott charakterisiert:

> „Wir haben [...] die Restaurationen der modernen Völker geteilt, ohne ihre Revolutionen zu teilen. Wir wurden restauriert, erstens, weil andere Völker eine Revolution wagten, und zweitens, weil andere Völker eine Konterrevolution litten, das eine Mal, weil unsere Herren Furcht hatten, und das andere Mal, weil unsere Herren keine Furcht hatten. Wir, unsere Hirten an der Spitze, befanden uns immer nur einmal in der Gesellschaft der Freiheit, am Tag ihrer Beerdigung."

An führender Stelle hat Müller – jahrelang im Auftrag Metternichs – diesem Prozeß ideologisch zugearbeitet. Nur der *Staat* konnte aus seiner Sicht die wankende feudale Ordnung erhalten, und nichts anderes als dies sollte er tun. Während jedoch bei Burke hinter allen hehren Worten der Staat als die politische Organisation gesellschaftlicher Herrschaft sichtbar bleibt, nimmt er bei Müller Züge einer heilbringenden Überperson, geradezu eines auf die Erde gestiegenen Gottes, an.

Der Staat, dessen „Stoff" das Volk ist, ist für Müller „ein liebreiches und ein streitendes Wesen" zugleich, „das Bedürfniß aller Bedürfnisse des Herzens, des Geistes und des Leibes" (1922: 10f., 31). Die Übel der Aufklärung, namentlich die Idee eines allen Menschen gemeinsamen Naturrechts, sind bloß deshalb in die Welt gekommen, weil man „die Idee des Staates nie groß und überschwenglich genug aufgefaßt" hat (ebd.: 40). Der Staat ist nämlich „die innige Verbindung der gesammten physischen und geistigen Bedürfnisse, des gesammten physischen und geistigen Reichthums, des gesammten inneren und äußeren Lebens einer Nation, zu einem großen energischen, unendlich bewegten und lebendigen Ganzen" (ebd.: 37). Er ist „das ewig bewegte Reich aller Ideen" und dient „allen gedenkbaren Zwecken, weil er sich selbst dient" und „am Ende doch sein eigener Zweck" ist (ebd.: 46, 49).

Mit solchen schwülstigen Phrasen, die von allem möglichen sprachen, nur nicht von dem Herrschaftszweck, dem sie dienten, arbeitete die Politische Romantik an der Verklärung einer instabil werdenden, auch politisch wenig eindrucksvollen Realität. Wie Mannheim formuliert hat: „Diese freischwebenden Intellektuellen sind die typischen Rechtfertigungsdenker, Ideologen, die jedes politische Wollen, in dessen Dienst sie sich stellen, zu unter- und zu hintergründen verstehen." (1964: 457) Sie trösteten über das Elend des Tages mit glänzenden Bildern der Vergangenheit und trugen so zur Aufrechterhaltung einer Fassade bei, hinter der der sozioökonomische Aufstieg des Bürgertums und der Schwund der feudalen Basis gleichwohl weiter gingen, wenn dies auch einstweilen auf die politischen Machtverhältnisse noch nicht durchschlug.

Auf ungleich eigenständigere und scharfsinnigere Weise hat sich *Georg Wilhelm Friedrich Hegel (1770-1831)* mit den Veränderungen seiner Zeit auseinandergesetzt. Hegel sieht, daß das industriellkapitalistische Zeitalter unwiderruflich gekommen ist, und träumt sich nicht in vergangene Epochen zurück. Gleichwohl mündet seine Sicht in eine der Politischen Romantik ähnliche Staatsverklärung.

Die Kapitalkonzentration „in wenige Hände", die Zunahme und die wachsende Abhängigkeit und Not der Arbeiterklasse sind für Hegel das Ergebnis „ungehinderter Wirksamkeit" der bürgerlichen Gesellschaft: Indem diese

> sich ihren eigenen Gesetzen gemäß entwickelt, entbindet sie zugleich gegen sie selbst gerichtete Kräfte. Er sieht mit dem Kapitalismus fundamentale Antagonismen und Konflikte heraufziehen, zumal „bei dem Übermaße des Reichtums die bürgerliche Gesellschaft nicht reich genug ist [...], dem Übermaße der Armut und der Erzeugung des Pöbels zu steuern." Von diesem hat er einen eindeutig politischen, auf Herrschaft bezogenen Begriff: „Die Armut an sich macht keinen zum Pöbel: dieser wird erst bestimmt durch die mit der Armut sich verknüpfende Gesinnung, durch die innere Empörung gegen die Reichen, gegen die Gesellschaft, die Regierung usw." (1970a: 389f.)
>
> All das ergibt für Hegel eine klare geschichtliche Perspektive: „Durch diese ihre Dialektik wird die bürgerliche Gesellschaft über sich hinausgetrieben ..." (Ebd.: 391) Allein der Staat kann noch zusammenhalten, was durch die Maßlosigkeit der Einzelinteressen und des Elends gesprengt zu werden droht. Ihm, dem Staat, gibt er die höchsten philosophischen Attribute. Er ist „die Wirklichkeit der sittlichen Idee – der sittliche Geist, als der offenbare, sich selbst deutliche, substantielle Wille", das „an und für sich Vernünftige", der „Selbstzweck, in welchem die Freiheit zu ihrem höchsten Recht kommt, so wie dieser Endzweck das höchste Recht gegen die Einzelnen hat, deren höchste Pflicht es ist, Mitglieder des Staats zu sein" (ebd.: 398f.).

Auch dies ist offenkundig gegen gesellschaftliche Emanzipation als einen allgemeinen Prozeß gerichtet, eine ideologische Figuration, die die bestehenden Herrschaftsverhältnisse befestigen soll und vor allem dem Proletariat nichts Gutes verheißt. Aber mit seiner Einsicht in die *Dynamik* und Widersprüchlichkeit gesellschaftlich-geschichtlicher Prozesse ist Hegel um eine ganze Epoche den Politischen Romantikern voraus. Dazu gehört, daß er – gewissermaßen als Gegengewicht zu seinen idealisierenden Abstraktionen – Bedingungen und Ziele staatlichen Handelns formuliert, aus denen das Selbstbewußtsein des Bürgers Hegel spricht: „Freiheit der Besonderheit und [...] Wohlergehen der Individuen" konstituieren für ihn den neuen Staat. Und ausdrücklich werden „die Pflichten des Staates und die Rechte der Bürger" ins Verhältnis der Gegenseitigkeit gesetzt. (Ebd.: 406f.) Was dem Grund nach „der Gang Gottes in der Welt" sein soll, ja „die Welt, die der Geist sich gemacht hat" (ebd.: 403, 434), ist sonach in seiner geschichtlichen Wirklichkeit ein sehr irdisches Ding: „Der Staat ist kein Kunstwerk, er steht in der Welt, somit in der Sphäre der Willkür, des Zufalls und des Irrtums ..." (Ebd.: 404)

Während also bei Hegel Aufklärerisches und Gegenaufklärerisches eine komplizierte Verbindung eingingen[7], wurde diese Ambivalenz von der konservativen Fraktion seiner Schüler, den sogenannten Rechtshegelianern, immer mehr aufgelöst. Was auf diesem Weg politisch übrigblieb, war die – etwa von Friedrich Julius Stahl (1802-1861) überaus scharfsinnig entwickelte – philosophische *Legitimation* des preußischen und deutschen Machtstaates. Die Botschaft lautete nun, daß die Sicherung der bestehenden Herrschaftsverhältnisse jedes Mittel rechtfertige.

3.3. Dezisionistischer Konservatismus

Für den deutschen Konservatismus insgesamt waren die spekulativ-idealistischen Staatsbilder, die Betonung der Tradition und die Vorstellung eines naturwüchsigen Geschichtsprozesses bestimmend. Dagegen ging es beim dezisionistischen, d. h. entscheidungsbezogenen Typus, der zunächst vor allem in romanischen Ländern Verbreitung fand, offen um Gewalt, um *direkte Aktion*: Eine gegenrevolutionäre Entschlossenheit nahm Kurs auf die Zerschlagung der emanzipatorischen Bewegung. Der vom Feudalismus und der Herrschaftsmacht der Kirche immer stärker wegtreibenden Entwicklung sollte mit der ganzen Macht des Staates und mit einem von der Armee über die Bürokratie bis zur Kirche lückenlos organisierten Herrschaftsdruck offensiv begegnet, die gewünschte Einheit und Ordnung der Gesellschaft mit massivem Gewalteinsatz durchgesetzt werden.

Für den spanischen Diplomaten und militanten Ideologen *Donoso Cortés (1809-1853)* gab die bürgerlich-demokratische Revolutionswelle, die 1848 durch Europa lief, den letzten Anstoß und das höchste Alarmsignal: Es gehe jetzt nicht mehr um Freiheit oder Diktatur, sondern „um die Wahl zwischen der Diktatur von unten und der Diktatur von oben. Ich wähle die Diktatur von oben, weil sie aus reineren und lichteren Regionen kommt." (Zit. n. Cortés 1966: 30f.) Cortés hat erkannt, daß hinter dem revolutionären Bürgertum die revolutionäre Arbeiterklasse droht, und fordert die herrschende Klasse zum schnellen und harten Handeln auf: „Ganz Europa tritt in die zweite Negation ein und nähert sich der dritten, welche die letzte ist, vergessen Sie das nicht!" (Zit. n. ebd.: 38)

Für die anstehende Entscheidungsschlacht um die Zukunft ist, Cortés zufolge, das liberale Bürgertum wegen seiner Unentschlossenheit und seiner Machtskrupel unbrauchbar, ja hinderlich: Dem Sozialismus, als dem alleszerstörenden Gegner und schlechthin Bösen, kann man nur mit seinen eigenen Mitteln beikommen, indem man ihn über alle rechtlichen, religiösen oder moralischen Schranken hinweg auf Leben und Tod bekämpft. In dem riesigen theologisch-philosophischen „Essay über Katholizismus, Liberalismus und Sozialismus, nach ihren Grundprinzipien" wird die Legitimation für dieses Projekt aufgebaut. Zwar gibt sich die Schrift vordergründig als katholisch-kirchliche Auseinandersetzung mit der rationalistischen Irrlehre, sie enthält aber eine höchst aggressive politische Botschaft: Cortés stellt dem Sozialismus den *Katholizismus* als alleszermalmendes „Riesenwalzwerk" entgegen (ebd.: 330) und bietet eine vielstimmige Fuge über Notwendigkeit, Geheimnis und Schönheit des Blutopfers auf, das allein das politische Verbrechen vor Gott sühnen und das allgemeine Chaos verhindern könne (s. ebd.: 338ff.).

Nichts anderes bedeutet dies als die Aufforderung – nebst der Verheißung des katholisch guten Gewissens – zum Ausrottungsfeldzug gegen den gottlosen Sozialismus, d. h. zur präventiven Gegenrevolution gegen die proletarische Klasse. Damit wird der offene Terror als Antwort auf und als Waffe gegen gesellschaftliche Emanzipationsbestrebungen proklamiert.

3.4. Sozialer Konservatismus

Neben den Ausprägungen, die die proletarische Bewegung mehr oder weniger radikal negierten, zeigte sich auch eine Form des Konservatismus, die Anstöße und Postulate dieser Bewegung in gemäßigter Form aufnahm: der soziale Konservatismus. Er strebte eine Gesellschaftsordnung an, in der einerseits niemand hungern und in der anderseits Emanzipation und Klassenkampf keinen Platz haben sollten. Dabei wurde er durch christliche Vorstellungen von Nächstenliebe und Versöhnung stark beeinflußt und entfaltete in der Diakonie und in der Armenhilfe bedeutende soziale Aktivitäten.

Da der soziale Konservatismus sich vor allem im Kontext des deutschen Obrigkeitsstaates entwickelte, lehnte er sich auch an dessen patriarchalisches Konzept an, entwarf aber ein programmatisches Bild des Staates als einer prinzipiell über den Klassen stehenden, neutralen und wohlwollenden Macht, mit dem Monarchen als sozialem Integrator an der Spitze. Zwar wurden hier auch – in gewisser Weise Hegel fortsetzend – weitreichende Einsichten in die Struktur der kapitalistischen Gesellschaft, in das systembedingte Elend der Arbeiterklasse und in die Herrschaftsmacht, die aus dem Privateigentum an Produktionsmitteln hervorgeht, formuliert. Jedoch die praktischen Schlußfolgerungen gingen im allgemeinen über den Appell an den Staat und die herrschenden Klassen nicht hinaus.

Theoretisch grundlegend für den sozialen Konservatismus war das 1850 erschienene Werk Lorenz (v.) Steins (1815-1890): „Geschichte der sozialen Bewegung in Frankreich von 1789 bis auf unsere Tage". Stein stellt den Zusammenhang von Arbeitsteilung und Herrschaft, von Gesellschaft und Staat, von sozialer und politischer Macht systematisch dar, wobei er zwischen frühsozialistischen, liberalen und konservativen Positionen Verbindungen zu knüpfen sucht. Daraus entwickelt er seine Konzeption einer *sozialen Monarchie.*

> Das Königtum habe sich, so Stein, „fast allenthalben erhoben aus dem Bedürfnis der gedrückten Teile der Völker". Nur wenn es unablässig in diesem Sinn wirke, könne es sich auch in Zukunft erhalten. (1972: I, 39) Unmöglich sei dagegen vom Staat die Durchsetzung der sozialen Gleichheit zu verlangen, da dies „entweder seinem Begriffe, oder seinem Gesetze" widerspreche (ebd.: I, 126).

> Die soziale Revolution ist für Stein „nicht ein Fortschritt oder eine Bedingung des Fortschritts, sondern an sich ein Unglück, und in ihren Tendenzen eine reine Unmöglichkeit". Das Proletariat besitze nämlich weder die materiellen, noch die geistigen Güter, die die „Bedingungen der wahren Herrschaft" seien. „Es fehlt jener Klasse [...] daher die innere, wahre Berechtigung für die Ergreifung der Staatsgewalt..." (Ebd.: I, 126-28) Die Klassengesellschaft selbst dürfe nicht aufgehoben werden: „Wer jenen Gegensatz vernichtet, vernichtet das Leben der menschlichen Gemeinschaft selber." Persönliche Freiheit liege hingegen darin, „daß die letzte Arbeitskraft die Fähigkeit habe, zum Kapitalbesitze zu gelangen". (Ebd.: I, 134-36) Die besitzende Klasse müsse erkennen, „daß ihr eigenes, wohlverstandenes und höchstes Interesse es fordert, mit aller Anstrengung ihrer gesellschaftlichen Kräfte und mit aller Hilfe des Staats und seiner Gewalt für die soziale Reform unermüdlich tätig zu wirken [...], um durch sie der sonst unausbleiblichen sozialen Revolution zu entgehen" (ebd.: I, 138).

Dies war wohl der scharfsinnigste, weitblickendste Versuch, die Rahmenbedingungen und die Grenzkosten sozialer Integration der Arbeiterklasse zu bestimmen und zugleich die Herrschaftsform der autoritären, höchstens scheinkonstitutionellen Monarchie zu retten. Diese hatte nämlich nach Steins Ansicht nur dann eine Chance, wenn sie sich „im Namen der Volkswohlfahrt und der Freiheit an die Spitze der sozialen Reform" stellte (ebd.: III, 41). In der damaligen Zeit wirkte ein solches Konzept doppelt unzeitgemäß. Aus der Sicht der revolutionären Arbeiterbewegung war und blieb es im Rahmen des feudalkapitalistischen Herrschaftskartells, antiemanzipatorisch und reaktionär. Aus der Sicht dieses Kartells selbst, das ihm politisch gründlich mißtraute, wirkte es an der Untergrabung des Status quo mit. Tatsächlich aber bewegte es sich in der Linie einer langfristigen, flexiblen Herrschaftssicherung unter Einräumung von Spielräumen und Marginalpositionen für die immer stärker werdende Arbeiterklasse.

4. Soziale Funktion

Den Varianten des Konservatismus mit ihren unterschiedlichen Erfahrungsebenen, Reflexionsgraden und Blickrichtungen war gemeinsam, daß sie die wachsende Dynamik der ökonomisch-technischen Entwicklung und die zunehmende Veränderung der Verhältnisse in Gesellschaft und Staat als Krisenprozeß wahrnahmen und Stabilisierungen und Gegenkräfte zu organisieren versuchten. Daraus ergaben sich in der Folgezeit, je nach gesellschaftlichem Entwicklungsstand und politischen Bedingungen, unterschiedliche Brechungen und Mischungen.

In Deutschland blieb politisch merkbar, daß das Bürgertum nie ein revolutionäres Selbstbewußtsein gewonnen und die Positionen bürgerlicher Demokratie allenfalls partiell aufgenommen hatte. Aber auch in den anderen Ländern des kapitalistischen Entwicklungswegs zeigte sich, daß dem Bürgertum - schon dem der Französischen Revolution, wie Marx herausgestellt hat - der soziale Inhalt und die „praktische Nutzanwendung des Menschenrechtes der Freiheit [...] das Menschenrecht des Privateigentums" ist (1964a: 364). Und seitdem die Arbeiterbewegung die Emanzipation des Proletariats einzufordern begann, wurde die Liberalität des liberalen Bürgertums allgemein zu einer Ideologie mit verlorener Unschuld. Bürgerlicher Fortschritt endete stets da, wo er an das Klasseninteresse stieß.

Je mehr sich der Kapitalismus und die ihn tragende Klasse herrschaftlich durchsetzten und je mehr die feudal-agrarischen Bestände sich in sein System einordnen mußten, schoben sich auch die Interessen, Weltbilder und politischen Konzepte ineinander, verschwammen allenthalben die Konturen früherer Frontstellung. Die gemeinsame Mitte war und blieb aber, was Herbert Marcuse (1965: 22) über den Liberalismus formuliert hat: Seine ökonomischen, politischen und sozialen Forderungen seien, historisch betrachtet, „wandelbar bis zur Selbstaufhebung"; stabil sei an ihm lediglich die Ausrichtung an den *Eigentumsinteressen*.

In dem Gemenge aus ganz unterschiedlichen Traditionen und Aspekten, das nun die politische Ideologie der bürgerlichen Gesellschaft bildete, gewann der Konservatismus zentrale Bedeutung. Sein machtstaatlicher, antiegalitärer und antisozialistischer Ansatz war für die sich organisierenden und imperialistisch agierenden nationalen Großkapitale von höchstem Nutzen. Mit ihm konnten das sozial absinkende Kleinbürger- und Kleinbauerntum, die Angestellten und die Beamtenschaft bei der Stange gehalten und ideologisch formiert, konnten womöglich auch die bestandskritischen Energien des Proletariats kanalisiert werden. Damit wurde der Konservatismus - teilweise auch ohne Wissen und Willen seiner Anhänger - zur Hauptstütze der großkapitalistischen Interessen nach innen und außen.

5. Konservatismus und praktische Politik

Als ideologisches Projekt zum praktischen Zweck der Herrschaftssicherung weist der Konservatismus relativ wenig Programmatik, konzeptionelle Geschlossenheit und Perspektive auf. Wo er vollends praktisch wird, als konkrete Interessenpolitik im politischen System, gibt er sich weithin als bloßes Tun des Notwendigen, als Realpolitik ohne Hintersinn, ohne Strategie: eben ohne besondere Interessen.[8]

Vom Aufkommen politischer Parteien an produziert sich selbstredend auch in diesem Medium die Wahrung der Eigentumsordnung wie der Privilegien und die Eindämmung emanzipatorischer Bestrebungen. Durch den Zuwachs an Öffentlichkeit, an Einblicksmöglichkeiten in Entscheidungsprozesse treten bei dieser Form das gesellschaftliche Engagement und der politische Richtungssinn oftmals deutlicher, härter hervor als beim sozusagen literarisch agierenden Konservatismus.

Vom englischen Konservatismus schon seit Burke ist gesagt worden, er gebe sich generell „weniger philosophisch als praktisch“ (Greiffenhagen 1971: 13). Ideologisch unaufwendige *Besitzstandswahrung* ist aber in sozusagen normalen Zeiten überhaupt das Verfahren konservativer Politik. Deshalb gestehen auch Verehrer des preußisch-deutschen Konservatismus zu, er habe in seiner Praxis nicht viel mehr als „primitiv-taktische Interessenvertretung“ geboten (Gablentz 1966: 172). Jedoch ist etwa die entschieden konservative Politik des preußischen Ministerpräsidenten und deutschen Reichskanzlers Otto v. Bismarck (1815-1898) mit dieser Kategorie keineswegs erfaßt. Er beherrschte die Dimensionen, Spielregeln und Varianten des politischen Geschäfts virtuos und betrieb die Befestigung der gesellschaftlichen Herrschaftsverhältnisse, die Niederhaltung des Proletariats, die Einschüchterung der bürgerlichen Demokraten und die äußere Machtentfaltung Preußen-Deutschlands mit Scharfsinn und strategischem Blick, bei Bedarf auch mit schroffem Wechsel der Mittel und Koalitionen. Sein flexibles Politikverständnis ließ ihn zur Empörung beinahe aller anderen konservativen Kräfte sogar als gemäßigten Sozialreformer handeln, um der revolutionären Arbeiterbewegung das Wasser abzugraben.[9]

Ähnlich wie Bismarck in Deutschland, kamen konservative Politiker wie Benjamin Disraeli (1804-1881) und Winston Churchill (1874-1965) in England, Charles de Gaulle (1890-1970) in Frankreich zu großer politischer Wirkung. Sie alle verbanden Realitätssinn, Gestaltungswillen und Dynamik und nutzten ihre politischen Möglichkeiten in eindrucksvoller Weise zur Durchsetzung konservativer Positionen. Dabei verstanden sie sich auch bestens auf die öffentliche Inszenierung ihrer Rolle und brachten es fertig, selbst ihre Niederlagen mit tragischem Pathos und Schicksalsglorie zu umgeben und so der kruden Realität zu entheben. Ihre Zeit, aber noch mehr ihre Nachwelt neigte deshalb dazu, ihr Bild ins Überlebensgroße zu steigern. Damit arbeiteten sie selbst wirkungsvoll dem konservativen Mythos von den großen Einzelnen zu, die angeblich losgelöst von allen Kontexten in Einsamkeit und Freiheit Geschichte gestalten.

6. Entwicklung des Konservatismus unter den Bedingungen des organisierten Kapitalismus

Dem konservativen Geschichtsbild zuwider nahm die Dynamik der sozioökonomischen Veränderung immer stärker zu, je mehr sich der Kapitalismus in den hochentwickelten Ländern zusammenballte. In England wirkten dabei der langgestreckte Entwicklungsverlauf und das beträchtliche Maß geschichtlicher Kontinuität und politischer Stabilität dämpfend und ausgleichend – auch auf den Konservatismus. Dagegen begann die Entwicklung in Deutschland sehr verspätet und beschleunigte sich dann sprunghaft, so daß das Reich zur Großmacht und zur führenden Wirtschaftsmacht Europas in einer Zeit aufstieg, als keine nennenswerten Kolonialgebiete mehr zu gewinnen waren. Dieser machtpolitischen Schieflage entsprachen aggressive Zuspitzungen des herrschenden Konservatismus, geradezu rabiate Formen von Klassendünkel, Rassenhaß, Antisemitismus, Nationalismus, Militarismus und Imperialismus. Sie wurden durch eine ganze Reihe einflußreicher Schriftsteller und Wissenschaftler ausformuliert und von großen Teilen der Presse, von einflußreichen Organisationen wie dem Alldeutschen Verband, dem Deutschen Flottenverein und dem Deutsch-nationalen Handlungsgehilfenverband und nicht zuletzt durch Schule, Universität und Militär systematisch im ganzen Land verbreitet.

Dem Grund nach gab es solche Erscheinungen in den meisten Ländern. Der Konservatismus nahm überhaupt, gemäß seiner Interessenausrichtung und gemäß seiner ausdrucksmäßigen Diffusität, die verschiedensten herrschaftsdienlichen Elemente auf. Sein *elitäres Grundmuster*, das Konzept quasi-natürlicher Dominanz oder Inferiorität, verband sich mit Rasseideologien ebenso leicht, wie es Klassenverhältnisse legitimierte, und es übersetzte sich mühelos aus der inneren Ordnung einer Gesellschaft auf die Verhältnisse zwischen den Staaten. Die sozialen Interessen, die das Proletariat niederhalten wollten, waren strukturell dieselben, die koloniale Ausbeutung und machtstaatliche Expansion betrieben. Jedoch fand dieses explosive Gemisch, angesichts des Mißverhältnisses zwischen Machtansprüchen und internationalen Handlungsmöglichkeiten, in der deutschen Gesellschaft eine besondere Resonanz. Dies verstärkte sich noch nach dem Ersten Weltkrieg, den das Deutsche Reich für die Neuverteilung der Welt inszeniert hatte und der mit einer beträchtlichen Beschneidung seines Gebietes, seiner Ressourcen und Industriekapazitäten und seines politisch-militärischen Potentials endete.

In der Weimarer Republik, dem glanzlosen Zerfallsprodukt des Kaiserreichs, gaben die soziale Verelendung, die Inflation, welche Renten und Sparkapitalien ruinierte, die politische Instabilität und schließlich die katastrophische Weltwirtschaftskrise vielerlei Radikalisierungen Auftrieb. Dies galt für den traditionellen Konservatismus, dessen soziale Basis und dessen politischer Aktionsradius erheblich geschrumpft waren, aber auch für eine Variante, die in seiner ideologischen Nachbarschaft ansetzte, jedoch sozial, im Selbstbild und in der politischen Botschaft ein eigenes Profil etablierte. Sie reflektierte, ihrem sozialen Herkommen gemäß, die sinkende Bedeutung des *Kleinbürgertums*, insbesondere diejenige der traditionellen Bildungsschichten, für die gesellschaftlichen Grundentscheidungen. Gegen diesen Abstiegsprozeß entwickelte sie ein kämpferisches Selbstbewußtsein und ein politisches Konzept, bei dem traditionell konservative mit vielerlei anderen Elementen widerspruchsvoll zusammenflossen.

Zusammengehalten wurde das Ganze durch die Frontstellung einerseits gegen die Erscheinungsformen des organisierten Kapitalismus und gegen die Großbourgeoisie, anderseits, mit eindeutigem Schwergewicht, gegen Arbeiterklasse und Sozialismus. In diese Gegnerschaft war – ganz im Sinn des dezisionistischen Konservatismus, der zur selben Zeit in der Action française eine ähnliche Fortentwicklung erfuhr (s. Nolte 1963: 61ff.) – auch der Liberalismus eingeschlossen. Ihm galt der Kampf, insofern er das Selbstbewußtsein des Kapitalismus repräsentierte und vor allem da, wo er noch bürgerlich-emanzipatorische Positionen vertrat. Aber auch die konservativen Parteien wurden wegen ihrer geistigen Stumpfheit und wegen ihrer Abhängigkeit vom großen Geld scharf kritisiert.

Als Materialismus und Vergangenheit ohne Zukunft wurden so schließlich Sozialismus, Liberalismus und traditioneller Konservatismus gewissermaßen zu einem einzigen feindlichen Lager zusammengezogen, dem – dem Selbstverständnis ihrer Sprecher nach – eine *Aufbruchbewegung* von ganz neuer Art: konservativ und revolutionär zugleich, gegenübertrat (s. dazu Fritzsche 1976: 13ff.; Breuer 1993).

7. Die revolutionär-konservative Konstruktion des Politischen

Philosophisch-konzeptionell ist Friedrich Nietzsches (1844-1900) Einfluß in dieser Konstruktion deutlich zu spüren. Seine ästhetisierende Gewaltverherrlichung, seine Massenverachtung und sein Elitekult hatten auf sie erhebliche Wirkung. Andere Elemente der *Lebensphilosophie*, die Wendung gegen Ordnungsdenken, Bürgerlichkeit, Rationalität und Fortschrittsgedanken kamen hinzu. Auch die Abenteuerromantik der Jugendbewegung lebte hier weiter, ebenso wie Phantasien über ein neues mittelalterliches Reich der Kraft und Schönheit.

Konservativ im traditionellen Begriff war an dem Ganzen, außer der Orientierung an imaginären Vergangenheiten, jedenfalls die Betonung des Irrationalen – die sich oft bis zu einem wilden Kult der Antirationalität steigerte – und die Ablehnung demokratischer Regelungen und aller Emanzipationsbestrebungen. Gewisse antikapitalistische Wendungen hatte es im Konservatismus auch schon früher gegeben, in der revolutionär-konservativen Variante jedoch bekamen sie ein eigenes, erhebliches Gewicht.

Das Auffälligste an diesem neuen Typus war die Radikalität, mit der das Bestehende verworfen und der *gegenrevolutionäre Eingriff* in den geschichtlichen Prozeß propagiert wurde. Arthur Moeller van den Bruck (1876-1925) formulierte dies so: „Der konservative Mensch [...] ist jetzt notwendig Erhalter und Empörer zugleich." Erst einmal seien nämlich „Dinge zu schaffen, die zu erhalten sich lohnt". (1931: 189, 202) Zwar war die Idee des Wachsenlassens, die Betonung des Organischen im traditionellen Konservatismus mehr literarische Figur als politische Praxis. Zu dieser gehörte die offensive, gewalttätige Aktion in vielerlei Formen, bis hin zum Staatsstreich, von Anfang an. Aber die offene, geradezu lustvolle Proklamation des Gegensätzlichen, das Integral aus Umstürzen und Bewahren hatte es in Deutschland allenfalls bei konservativen Außenseitern – etwa bei Lagarde (s. z.B. 1903: 7) – gegeben.[10]

Auf den revolutionär-konservativen Typus, der keine soziale Bewegung wurde oder hervorbrachte, sondern ein Agglomerat vieler verschiedener Gruppen, Grüppchen und Einzelpersonen war, wirkten zahlreiche Stimmführer ein. Einige von ihnen kamen mit jeweils anderen Akzenten zu besonderer Wirkung.

Oswald Spengler (1880-1936) stellte in seiner Schrift „Der Untergang des Abendlandes" von 1918/22 den Menschen als Raubtier, Brutalität als seine Verkehrsform und Diktatur als die ihm adäquate politische Ordnung dar (s. 1963). Seine nihilistische Lebensphilosophie lief im ganzen auf eine *Apotheose der Gewalt* hinaus, wobei hinter dem rassistisch-nationalistischen Vokabular und hinter der trügerischen Gleichsetzung von „Preußentum und Sozialismus" (s. 1934) vor allem anderen der Haß auf Emanzipation und Arbeiterbewegung sichtbar wurden.

Moeller van den Bruck verkündete ein imaginäres *„Drittes Reich"* feudal-ständischen Zuschnitts als totales Gegenbild zu schäbiger Realität, das den alten konservativen Traum von der Wiederherstellung des Heiligen Römischen Reiches aufnahm und zum politischen Gefühlsargument gegen die Weimarer Republik wendete (s. 1931). Auch verkündete er das „Recht der jungen Völker", das dem deutschen Volk eine glänzende Zukunft verheiße (s. 1932). Das Ganze wurde in apodiktischer Sprache und prophetischer Pose vorgetragen, was aggressive Untergangs- und Aufbruchsstimmungen in den verunsicherten kleinbürgerlichen Schichten besonders ansprach.

Ernst Jünger (1895-1998), der hochdekorierte Weltkriegsoffizier und Sturmtruppführer, erfüllte schon in seiner Person bürgerliche Sehnsüchte und Identifikationswünsche mit dem *Heroischen.* In seinen Schriften, in denen der Krieg als „großer Gedanke, der Nacht und Blut überstrahlt“ (1924: XII), und „Kampf als inneres Erlebnis“ (s. 1922) gefeiert wurden, warb er in der Aura aristokratischer Distanz für eine militaristisch formierte Gesellschaft als Deutschlands Zukunft. Zugleich trat er sozusagen als lebender Beweis für die Praxisfähigkeit des Revolutionär-Konservativen auf.

Carl Schmitt (1888-1985) stellte sich als der zugleich kalte und fanatische Theoretiker der *Gegenrevolution* dar. Ähnlich Donoso Cortés, auf den er sich vielfach bezog, umkreiste er immer wieder den Diktaturgedanken und das Konzept einer diesen dogmatisch überhöhenden „Politischen Theologie“, die nicht – wie er es der Politischen Romantik vorwarf (s. 1919) – in ewigem Gespräch Impressionen, Andeutungen und verschwommene Pläne fabrizieren, sondern die Ausgangslage politischer Entscheidung klar und hart bestimmen sollte (s. 1934a). Indem er die bürgerliche Gesellschaft als von einem existentiellen Freund-Feind-Verhältnis, den Staat als vom Ausnahmezustand und den historischen Prozeß als von absoluter Willkürentscheidung der Eliten abhängig definierte, bereitete er – auch hierin Cortés vergleichbar – den Boden für ein Terrorsystem und für einen Kreuzzug gegen die Arbeiterklasse.

Aus diesen und vielen anderen Quellen schöpfend, machte sich in der Weltwirtschaftskrise eine von Hans Zehrer (1899-1966) geführte Gruppe junger Publizisten um die Monatsschrift „Die Tat“ zum Sprecher der kleinbürgerlichen Schichten, vor allem der jüngeren Intelligenz (s. Fritzsche 1976). Der Tat-Kreis brachte in dieses Unternehmen einen beachtlichen Spürsinn für die Dimensionen des ablaufenden *Krisenprozesses* ein und interpretierte ihn in vielen Facetten, die von den Sozialwissenschaften bis zur Mystik reichten. Er lieferte eine radikale, oft vorzüglich informierte Kritik der sozioökonomischen Entwicklung und des politischen Systems der späten Weimarer Republik und wandte sich vehement sowohl gegen das Großkapital wie gegen die Arbeiterbewegung. Von da aus arbeitete sich der Tat-Kreis zu eigenen politischen Entwürfen vor. Sie boten zwar, entgegen seinem Anspruch, kein wirklich neues Konzept, aber das suggestive Gesamtbild einer autoritär formierten Gesellschaft und eines starken deutschen Machtstaates, das in dieser Form eine erhebliche Anziehungskraft entwickelte.

Neuartig war dabei die Verbindung von aggressiver, detaillierter Kapitalismuskritik, schroffer Ablehnung des Marxismus und des Sozialismus, eschatologisch gefärbten Untergangsphantasien und emphatischer Heilsverheißung. Die kleinbürgerlichen Schichten, so lautete die Botschaft, könnten aus dem Elend ihres sozialen Abstiegs auf einer Art *Drittem Weg* in eine glänzende Zukunft geführt werden. Zudem machte der Tat-Kreis durch seine politische Verbindung zum Starken Mann der ausgehenden Weimarer Republik, dem General von Schleicher, von sich reden.

In kurzer Zeit und auf einer sensationellen Erfolgswelle wurde „Die Tat" zur meistdiskutierten politischen Zeitschrift und zur diskussionsbestimmenden Größe im revolutionär-konservativen Feld. Ihren Sympathisanten erschien sie als einziger Orientierungspunkt, als stabiles Zentrum in dem reißenden Krisenstrudel, der mit der Weltwirtschaftskrise die Weimarer Republik erfaßt hatte. Der Tat-Kreis selbst schürte die Erwartung, er werde schließlich die Meisterung der Krise in die Hand nehmen und die gesellschaftlichen und politischen Verhältnisse ordnen. Davon konnte in Wirklichkeit freilich keine Rede sein.

Insgesamt betrachtet, hatte das revolutionär-konservative Projekt seinen Kern in der restlosen Zerschlagung der bürgerlichen Demokratie, besonders des verhaßten Parlamentarismus, und in der Etablierung eines durch und durch *autoritären Staates*, mit unumschränkter Souveränität über seine Bürger. Nach Schmitts schneidender Definition war dies wirkliche Demokratie, weil sie die herrschaftliche Dezision und die Akklamation des Volkes verbinde, bei „Ausscheidung oder Vernichtung des Heterogenen" (1961: 14, 22). Nichts aber konnte der bürgerlichen Gesellschaft so feindlich sein wie die Arbeiterbewegung und wie emanzipatorische Bestrebungen überhaupt.

Dieser gegenrevolutionäre Machtstaat sollte auch dem sozialen Prozeß gebieten und eine Art feudal-ständischer Rang- und Wertordnung restituieren. Dies war im Zeitalter der industriellen Großproduktion und der technischen Revolutionen gewiß irreal. Aber das ganze Projekt war deshalb nicht aus der Zeit. Es bezog seine Attraktivität zum großen Teil aus Ahnungen und Einsichten, daß die bürgerliche Gesellschaft in die Krise geraten war wie nie zuvor, daß die Aussichten prekär waren und daß die Entwicklung auf fundamentale Erschütterungen zulief. Und es zeigte die Umrisse radikaler konservativer Krisenlösung auf.

8. Konservatismus und Faschismus

Die faschistische Bewegung, die im Krisenprozeß der Weimarer Republik zeitgleich mit der Ausbreitung des revolutionär-konservativen

Musters um sich griff und dabei genau jene Massen hinter sich zog, auf die dort bloß herabgesehen wurde, war nach ihrem vorrangigen Rekrutierungsfeld als kleinbürgerliche Protestbewegung durchaus ein benachbartes Phänomen. Auch ideologisch konnten beide Gruppierungen – in der Frontstellung gegen Großkapital und Arbeiterbewegung zugleich, in der Ablehnung der bürgerlichen Demokratie, in der Option auf Gewalt, formierte Gesellschaft und Militärstaat – nur als *Varianten* desselben gegenrevolutionären Ansatzes erscheinen. Unter dem Aspekt der sozialen Relevanz und der politischen Potenz stellte der revolutionäre Konservatismus allerdings kaum mehr dar als eine romantische Vorform, deren Bedeutung vor allem darin lag, weite Teile der kleinbürgerlichen Intelligenz und das Spektrum, auf das sie meinungsbildend wirkte, für die kommenden Entwicklungen einzustimmen und etwaige innere Widerstände abzubauen.

In diesem Sinn etwa hat Ernst Nolte den ideologisch gänzlich unselbständigen, aber handlungsentschlossenen Nationalsozialismus „ein echtes, durch die Kontinuität der Gedanken und Einstellungen klar identifizierbares Phänomen des Konservatismus" genannt (1964: 18). Das trifft, so weit es reicht, die Sache. Die faschistische Bewegung gewann unter den Bedingungen der verheerenden Weltwirtschaftskrise (s. dazu Varga 1969) im gleichen Takt mit dem Massenzuzug Zugang zu und Unterstützung von wachsenden Teilen der Großbourgeoisie. Diese suchte nach einem Notanker gegen den fundamentalen sozioökonomisch-politischen Krisenstrom und zugleich nach der Gelegenheit zur gesamtpolitischen Wende. Immer stärker drängte sich der Faschismus als Grenzträger der bürgerlichen Herrschaft und als neue politische Agentur auf, weil er anders als die traditionellen Parteien der Mitte und der Rechten die Massenloyalität in dieser kritischen Lage sicherstellen zu können schien und weil es Übereinstimmung – über die tragenden ideologischen Positionen hinaus – im *strategischen Konzept* gab: Ausschaltung der Arbeiterbewegung, Etablierung eines autoritären Staates, forcierte Aufrüstung, Kurs auf einen neuen Expansionskrieg und mit alldem massive Förderung der Kapitalinteressen.[11]

Die Gemeinsamkeit der verschiedenen antidemokratischen und antiproletarischen Gruppierungen kam auf ihren Begriff schließlich darin, daß es – wie auch in Italien (s. Nolte 1966: 64ff.; Priester 1972: 113ff., 276ff.) – allenfalls in Spuren und Randbereichen so etwas wie Reserven gegen die faschistische Einverleibungspolitik nach der sogenannten Machtergreifung gab. Auch die vordem so groß herausgestellte Differenz zwischen traditionellem und revolutionärem Konservatismus verschwamm, indem fast das ganze Feld faktisch wie normativ in die neue Realität überging.[12] Einzelne Abweichungen und

Gegentendenzen zu diesem Prozeß – etwa bei Rudolf Pechel (1882-1961) oder bei Ernst Niekisch (1889-1967), der sich unter dem Eindruck des Faschismus von alten Positionen löste und einer marxistischen näherte – änderten am Gesamtbild nichts.

Ebenso steht es im Grund damit, daß sich im Niedergang des 'Dritten Reiches' ehemalig traditionelle mit ehemalig revolutionären Konservativen zu einem *Staatsstreichversuch* zusammenfanden, um Hitler zu stürzen und die militärische Katastrophe abzuwenden. Sie hatten nämlich zum größten Teil das faschistische System und seine Ziele, insbesondere auch den Krieg gegen Polen und die Sowjetunion, begrüßt, unterstützt und mitbetrieben, und die meisten hielten daran grundsätzlich immer noch fest. Ihre gesellschaftlich-politische Programmatik richtete sich, im Einklang mit ihrem traditionellen und ebenso mit dem faschistischen Weltbild, gegen alle egalitären und gar sozialistischen Bestrebungen und gegen die Juden und faßte wie selbstverständlich einen straff autoritären Staat, von Eliten geführt und von den Massen akklamiert, in den Blick (s. Rothfels 1958: 109ff.; Mommsen 1966).

Lediglich im Kreisauer Kreis um Helmuth v. Moltke und unter seinem Einfluß auch bei Claus v. Stauffenberg entwickelte sich eine Ausnahme von diesem Muster. Hier wurden Verbindungen gesucht und Konzepte überlegt, die ein breites demokratisches Übereinkommen, von konservativen bis zu sozialistischen Positionen reichend, zum Ziel hatten und dabei Eingriffe in die sozioökonomischen Strukturen einschlossen. Ansonsten war die Zeit der faschistischen Herrschaft einfach aus der Geschichte, auch der des Konservatismus, gestrichen. Anlaß, die eigenen Einstellungen und Vorstellungen zu revidieren, bot sie offensichtlich nicht.

Später wurde von konservativer Seite – soweit nicht selbst der konservative Widerstand verfemt blieb – die Gemeinsamkeit von Konservatismus und Faschismus mit Erfolg verhüllt und ein bereinigtes Geschichtsbild über den 20. Juli 1944 durchgesetzt, das den bundesdeutschen Konservatismus zum legitimen Erben des legitimen Widerstands gegen Hitler erklärte und damit in hochambivalenter Weise die Wirklichkeit zugleich traf und verfälschte.

9. Umrisse des gegenwärtigen Konservatismus

In den Ländern, in denen keine so grundstürzende Erschütterung eingetreten ist wie in Deutschland, blieben auch die Äußerungen des Konservatismus ruhiger, traditionsbestimmter, weniger aktivistisch. Konservative mochten sich dort in der Annahme bestätigt sehen, der Konservatismus vertrete das Bleibende, die Mitte der Dinge gegen allen Extremismus von rechts wie von links, er vertrete letztlich das Leben und die Geschichte selbst.

Ganz in dieser Linie hat der US-amerikanische Konservative Russell Kirk (*1918) für den angelsächsischen Bereich eine *Kontinuität* des „Conservative Mind" über mehr als anderthalb Jahrhunderte geltend gemacht. Als konstitutiv und zeitlos gültig treten hier die Prinzipien auf, die schon Burke formuliert hatte. Kirk nennt als ihr Kernstück die „Erhaltung der ehrwürdigen moralischen Überlieferungen der Menschheit" und bescheinigt den Konservativen, sie hätten „an diesen Glaubensartikeln mit einer Beharrlichkeit festgehalten, wie man sie in der politischen Geschichte nur selten antrifft" (1959: 12, 14).

In einer so geschönten Sicht bleibt dem Konservatismus jeder Zusammenhang mit Herrschaftsverhältnissen, Privilegien, materiellen Interessen, Ausbeutung und Unterdrückung erspart. Das ist der Preis, der die konservative Welt immer noch einfach und in Ordnung erscheinen läßt.[13]

9.1. Feudal-konservative Reminiszenz

Der deutsche Konservatismus konnte auch mit größter Anstrengung weder von der allgemeinen noch von der eigenen Geschichte ein idyllisches Bild entwerfen. Fundamentale Krisen und Zusammenbrüche standen dem im Weg, die in der endgültig scheinenden Diskreditierung durch den realgeschichtlichen und ideologischen Konnex zum Faschismus gipfelten. In dieser Lage bemühten sich Konservative schon bald nach dem Untergang des 'Dritten Reiches' darum, an alte Zeiten wiederanzuknüpfen und die dabei störenden Spuren des Eigenen im geschichtlichen Prozeß zu verwischen. Wie wenn es eine tragende konservative Rolle weder bei der Zerstörung der Weimarer Republik, noch bei der Etablierung und beim Betrieb der faschistischen Herrschaft gegeben hätte, fand sich so die alte *preußisch-monarchische Traditionslinie* wieder.

Unter Bezug auf die Massendemagogie und auf die extensive Nutzung der Technik im Faschismus wurde dieser – als angebliche Konsequenz aus aufklärerischer Schrankenlosigkeit und Rousseau'schem Demokratismus – der schon immer verworfenen egalitären und proletarischen Richtung zugeordnet. Mit Hilfe meist theologischer Vermittlungen (s. etwa Künneth 1947) wurde eine fiktive Brücke über revolutionäre oder totalitäre, jedenfalls geschichtswidrige und höchstens scheinkonservative Normbrüche geschlagen und so die deutsche und konservative Geschichtskontinuität unversehrt wiedergefunden.

Hans-Joachim v. Merkatz (1905-1982) z.B. löste das Problem, indem er einen echten, unideologischen Konservatismus gegen einen schon im 19. Jh. beginnenden, im Lauf der Zeit vollends zur Interessenpolitik und zum Ent-

> werfen „rational-triebhafter Wunschbilder" heruntergekommenen „Pseudokonservatismus" stellte und daraus folgerte, ohne das konservative Regulativ würden „nur noch Macht- und Interessenkämpfe die vielstufige Bühne des öffentlichen Verhaltens bestimmen" (1957: 67ff., 80).

Dieser unzeitgemäß-naiv auftretende Konservatismus hat jedoch in der Bundesrepublik ein Schattendasein geführt. Die feudal-agrarischen Positionen, die sein Gesellschafts- und Geschichtsbild geprägt hatten, waren im Ergebnis des Zweiten Weltkrieges zum großen Teil gefallen. Es fehlte ihm insoweit an sozialer Grundlage – abgesehen von der im Hintergrund bleibenden Spekulation auf die Wiedererlangung der großen Grundbesitztümer in der Mitte und im Osten des ehemaligen Deutschen Reiches. Nach der Auflösung des sowjetischen Hegemoniums brachten sich diese Interessen zwar wieder massiv zur Geltung, konnten aber nun keine vom industriellen Kapitalismus abgehobene politisch-ideologische Eigenposition mehr markieren.

Explizite konservative Denkbemühungen spielten in der BRD überhaupt solange keine wesentliche Rolle, wie die ökonomische Prosperität, das sogenannte Wirtschaftswunder, und die Vorherrschaft der konservativen Parteien andauerten. Die weitgreifende Lähmung der Arbeiterbewegung, die wachsende Einbindung der Lohnabhängigen in das bürgerliche Herrschaftssystem und die Bindekraft von Antikommunismus und Westorientierung sorgten dafür, daß lange Zeit über das Pragmatische kaum hinausgegriffen werden mußte. Auch daran zeigt sich, daß der Konservatismus, so gern er sich mit dem Kontinuitätsgedanken schmückt, sein wirkliches Leben aus der Krisenhaftigkeit geschichtlicher Prozesse bezieht.

9.2. Technokratischer Konservatismus

Für einen Konservatismus, der die Burke'schen Figuren oder die Tradition der Staatsverklärung ohne Tribut an die elementaren ökonomisch-sozialen und politischen Veränderungen wiederzubeleben versucht, scheint es heute keine Funktion mehr zu geben. Mit gegenwartsbezogenen Entwürfen steht es anders. In hochorganisierten kapitalistischen Gesellschaften, deren ökonomische Strukturspannungen und politische Lenkungsprobleme allgemein zunehmen und deren soziale Widersprüche zumeist nur für kürzere Zeit überbrückt werden können, besteht für elastische ideologische Auffangnetze ein grundsätzlicher Bedarf. Er artikuliert sich je nach Situation stärker oder schwächer. In jedem Fall kommt aber die hohe Anpassungsfähigkeit des Konservatismus zur Wirkung, der sich als Träger sehr verschiedener Abwehr- und Gestaltungsweisungen eignet und ideologische Elemente ganz unterschiedlicher Art zu verbinden vermag.[14]

An den dezisionistischen Konservatismus – vor allem in der von Carl Schmitt (und in geringerem Maß von Ernst Jünger) geprägten, technokratisch-nüchternen Form, die schon innerhalb des revolutionären Konservatismus ihre betonte Eigenposition hatte und auch im Faschismus nicht völlig aufging – knüpft eine die heutigen sozioökonomischen Bedingungen reflektierende, *präventiv-strategische Variante* an. Auch diesem technokratischen Konservatismus geht es darum, den Massen demokratische Entscheidungsmöglichkeiten zu entziehen und die faktische und normative Dispositionsmacht der Führungsgruppen zu verstärken. Auch hier wird Freiheit gegen Gleichheit ausgespielt, um die gesellschaftlichen Besitz- und Privilegienverhältnisse zu decken. Dafür werden aber nun keine metaphysischen Autoritäten oder ewigen Werte mehr bemüht, weder Gott noch die Geschichte, weder die Natur noch das Leben. Die strukturelle Ungleichheit der Gesellschaft und die Abwehr von Emanzipationsbestrebungen erscheint vielmehr als Notwendigkeit der industriell-technischen Entwicklung selbst. Das antidemokratische Interesse verkleidet sich also neu, um auch in der säkularisierten Welt eine wirksame inappellable Instanz ausweisen zu können.

Ernst Forsthoff (1902-1974), als schulemachender Staatsrechtler, der im Faschismus erfolgreich begann und in der BRD noch erfolgreicher fortsetzte, hat dies so formuliert: „Der Geist der Technik, auf nichts anderes bezogen als auf deren Perfektion, schließt individuelle Freiheit grundsätzlich aus." (1965: 211) Das klingt wie klassische konservative Zivilisationskritik, drückt aber gleichwohl Zustimmung zu dem implizierten sozioökonomischen Prozeß aus, der für immer mehr Menschen immer weniger Freiheit, für immer weniger Menschen aber immer mehr Anweisungs- und Verfügungsmacht – und die zugehörigen Freiheiten – bereitstellen soll.
Noch deutlicher wird das Einverständnis mit dem vorgetragenen Befund bei dem Soziologen Helmut Schelsky (1912-1984), der als konzeptiver Ideologe und Politikberater erheblichen Einfluß hatte: „Gegenüber dem Staat als einem universalen technischen Körper wird die klassische Auffassung der Demokratie als eines Gemeinwesens, dessen Politik vom Willen des Volkes abhängt, immer mehr zu einer Illusion. Der technische Staat entzieht, ohne antidemokratisch zu sein, der Demokratie ihre Substanz." Sowohl technisch-wissenschaftliche wie auch staatspolitische Entscheidungen könnten heute nur noch nach immanenten „Sachgesetzlichkeiten" getroffen werden. Das Volk werde dabei notwendig zu einem „Objekt der Staatstechniken selbst" (1965: 459).

Diese Setzungen fallen jedoch noch in die Zeit der relativen Ruhelage, die im ganzen mit der Rezession 1966/67 zu Ende ging. An ihre Stelle traten – durch die Protestbewegung gegen die Notstandsgesetze und durch die Studentenbewegung, durch die Bildung der sozialliberalen Koalition 1969, durch wachsende soziale und politische Spannungen und vor allem durch die Ölpreis- und Weltwirtschaftskrise ab 1973/74 verursacht – eher unübersichtliche Verhältnisse. Diese Verschiebung rief nach einer kurzen Phase der Unsicherheit eine massive konservative Gegenbewegung hervor, die die ökonomischen, staatspolitischen und theoretisch-ideologischen Instrumentarien zu revidieren und zu schärfen suchte.

> Forsthoff legte 1971 eine Analyse vor, die zugleich ein operatives Modell ist: „Der Staat der Industrie-Gesellschaft. Dargestellt am Beispiel der Bundesrepublik". Jedoch werden die Optionen und Perspektiven des Ganzen eher signalisiert als formuliert. Sie ausdrücklich zu bilden, bleibt den Wissenden überlassen, denen die Botschaft gilt.
> Die ganze Schrift zeigt sich als zeitgemäße Paraphrase des Carl-Schmitt-Satzes: „Souverän ist, wer über den Ausnahmezustand entscheidet." (Schmitt 1934a: 11) *Souveränität* wird als die verborgene strukturelle Potenz auch des heutigen schwachen Staates in Stellung gebracht: Sie sei die dem Staat genuin zustehende „alleinige Befugnis der Definition von Recht und Unrecht, und das ohne Sanktionen im Falle eines Mißbrauchs" (Forsthoff 1971: 12). Folgerichtig wird das Ende der Weimarer Republik zum „Lehrstück" für den staatsnotwendigen Vorrang der Souveränität vor der Legalität (ebd.: 20). Der projektierte Starke Staat könne trotzdem Rechtsstaat bleiben: „... die Rechtsstaatlichkeit würde er als das Gewand verstehen, in das die Staatlichkeit als eine reale, souveräne Macht gekleidet ist." (Ebd.: 47)
> Diese Ableitung hat ihre Logik: Der Staat als souveräne Rechtssetzungsmacht kleidet sein Handeln in regelförmige Prozeduren. Ähnlich hatte Schmitt den nationalsozialistischen Staat als Rechtsstaat und seinen 'Führer' als Rechtsschöpfer zu deklarieren verstanden (s. 1934b: 21f.; 1940: 202). Entsprechend kommt bei Forsthoff auch das Ganze in Sicht: Angriffe, die sich etwa einmal gegen den „harten Kern des industriegesellschaftlichen Gefüges" richten würden, seien von den geltenden Notstandsgesetzen keineswegs angemessen erfaßt. Sie würden daher „den eigentlichen Ernstfall darstellen und einen Ausnahmezustand eintreten lassen, dessen rechtliche Hegung ein Problem sui generis wäre". (1971: 166f.)
> Damit wird für den Fall aufflammender Klassenauseinandersetzungen – denn nur sie könnten der Sache nach den „harten Kern" in Frage stellen – der rechtsfreie Einsatz der Staatsgewalt programmiert. Einstweilen aber setzt Forsthoff noch einiges auf die Pufferwirkung des industriegesellschaftlichen Systems, das aus sich heraus „abrupte Ereignisse", falls sie überhaupt einträten, folgenlos machen könne. Er folgert kryptisch: „Unter diesen Umständen hat das vorbehaltlose, auf Sicherung verzichtende Vertrauen auf den Bestand der Normalitätsvoraussetzungen heute Argumente für sich. Mehr läßt sich dazu nicht sagen." (Ebd.: 167)

Das Ganze meint: Solange geräuschlose Formierungen greifen, ist über den „Ausnahmezustand", schon um unerwünschte Aufmerksamkeit für das Projekt zu vermeiden, nicht zu reden. Unter jenen anderen

Umständen aber brauchte es das auch nicht. Sie wären offensichtlich erneut die Stunde der Entscheidung, da alles Reden verstummt.

9.3. Gesellschaftliche Formierung als Krisenkonzept

Während beim technokratischen Ansatz ein eher distanzierter Ton vorherrscht, tritt eine andere dezisionistische Variante offensiv und fallweise geradezu rabiat auf.

Rüdiger Altmann (*1922), ein in Sprachduktus, Inhalten und Optionen konsequenter Fortsetzer Carl Schmitts und über viele Jahre führender Manager der bundesdeutschen Exportindustrie, hat in dem Sensation machenden Essay „Die Formierte Gesellschaft" schon 1965 – als er zugleich politisch-strategischer Berater des Bundeskanzlers Ludwig Erhard war – das Krisenmotiv als Legitimation eingeführt.[15] „In der Tat, die Krisenanfälligkeit ist spürbar größer geworden. Noch ist kein Sturm gemeldet. Aber wären wir ihm gewachsen?" (1968: 32) Altmann stellt das definitive Ende des Klassenkampfs in Aussicht und folgert, in der so formierten Gesellschaft sei „Freiheit des Wirtschaftens" das A priori aller Politik und Funktionsfähigkeit das oberste Kriterium. „Selbstverständlich ist es hier üblich und notwendig, den Zusammenhang von Freiheit und Ordnung zu berücksichtigen. Doch ist diese Selbstverständlichkeit sekundär." (Ebd.: 36f.)
Dies richtet sich gegen die gängigen konservativen Illusionen über den Primat des Staates, d. h. über die souveräne Entscheidungsgewalt der politischen Führung, und gibt an, unter welchen Maximen der Staat „Handlungsfreiheit" und „Autorität" zurückgewinnen – also sich aus rechtlichen Schranken und sozialstaatlichen Hemmnissen befreien – soll (ebd.: 35). Die Pole der Klassengesellschaft, Kapital und Arbeit, treten dabei gar nicht in Erscheinung. Altmann deutet bloß an, daß die Formierte Gesellschaft „der Freiheit der Distanz Vorschub leistet" (ebd.: 46) – was heißen soll: daß sie die Massen auf Abstand von den gesellschaftlichen Entscheidungsebenen und von der Lebenswelt der Eliten zu halten habe.
Die lautlose Entmündigung durch präventive Herrschaftstechnik, das „vornehme Schleichen zum autoritären Staat" (Christian v. Krockow) soll dem, was Altmann selbst das „immer noch gefährliche Grundwasser des sozialen Problems" nennt (ebd.: 38), die Basis entziehen. Die Leitlinie dazu heißt: Es sei dem Staat und seiner Autorität förderlich, wenn er für politisches Handeln die „Rechtfertigung von links nehmen, die Lösung selbst aber rechts suchen" würde (ebd.: 58). Aber auch die politische Entscheidung im Schmitt'schen Sinn kommt in Sicht, wenn der „Kampf um ungestörte Entwicklung" als General-Legitimation auftritt und „der Feind auch als Störer Negation der eigenen Existenz" ist. Mit neuer Begründung lautet die alte Botschaft nun: „Aber in jeder hochmanipulierten Gesellschaft werden Störungen gefährlich und müssen beseitigt werden." (Ebd.: 77f.) Der Sinn der sprachlichen Verschiebung von der Person auf die Sache ist evident.

Armin Mohler (*1920) fällt im ganzen konservativen Lager durch seine Deutlichkeit und Aggressivität auf. Der ehemalige Privatsekretär

Ernst Jüngers, politischer Publizist und lange Jahre Geschäftsführer der Carl-Friedrich-von-Siemens-Stiftung, einer konservativen Schaltstelle mit Konzernhintergrund, ist einer der wichtigsten Verbinder und Vermittler zwischen etablierten rechtskonservativen und offen rechtsradikal-faschistischen Gruppierungen. Von Altmanns oder auch Forsthoffs aristokratischer Herrschaftssprache, die mit verknappten Sentenzen und planvollen Dunkelheiten arbeitet, hält er offensichtlich nichts.

Schon bald nach dem Krieg hatte er, der noch frischen Erfahrung des Faschismus zum Trotz, in der „Konservativen Revolution" zukunftskräftige Lösungen ausgemacht, "die außerhalb der brüchig gewordenen Parolen des Fortschritts und der Reaktion liegen" (1950: 211). Im Lauf der Zeit verschärfte sich der offensive Charakter seiner Äußerungen bis hin zu Ausflügen in die grobe nationalistisch-reaktionäre Publizistik. Im Jahr 1973 schließlich erschien seine politische Selbstoffenbarung: „Der faschistische Stil". *Konservatismus und Faschismus* werden darin ausdrücklich zusammengezogen; und dieser wird als ästhetisches Phänomen: „rapid, funkelnd, großartig", als „Entscheidung gegen das Ungeformte" gefeiert (1973: 175). So gerät er genau zu jener heroischen Pose, als die er sich selbst immer stilisiert hat. Dabei gehört Mohlers Sympathie besonders jener Form, die als Person Ernst Jünger und als politisches System am ehesten das faschistische Italien repräsentiert haben sollen. Insoweit grenzt er den „agonal denkenden Faschisten", der den Kampf um seiner selbst willen liebe und als intensivste Form des Lebens geradezu suche, von einem ideologisch-messianischen Typ, dem nationalsozialistischen, ab (ebd.: 180). Gleichwohl geht es ihm um beide zusammen. Denn als „Ingredienzien dieser Welt", die sich „tief ins Herz der Menschen und in ihre Eingeweide" eingesenkt hätten, werden „die nationalsozialistische Leidenschaft und der faschistische Stil" (ebd.: 185) gepriesen.

Mit alldem soll nach Mohlers Worten der Faschismus „nicht verharmlost" werden. Es gebe in der Tat „auch eine spezifisch faschistische Form der Gewalt". Sie sei jedoch „direkte [...], demonstrative Gewalt, die immer zugleich auch symbolisch wirken" solle, und deshalb etwas ganz anderes als der anonyme Terror der nationalsozialistischen Art. (Ebd.: 181) Moralische Fragen stellen sich für Mohler dabei offensichtlich nicht. Es geht lediglich um ein praktisches Problem, um die Abwägung zwischen zwei geschichtlich erprobten Varianten: „Wenn wir endlich aufhören, tabuierte Dinge wie Nationalsozialismus, Faschismus und so weiter auszuklammern, und uns nüchtern und differenziert fragen, was sie in Wirklichkeit waren – dann erfahren wir auch, welche Möglichkeiten uns geblieben sind." (Ebd.: 190) Damit ist, ganz in der Kontinuität Schmitts, der Faschismus als legitimer Verwandter des Konservatismus, wo nicht als sein Vollender rehabilitiert und ein denkwürdiger Kreis abgeschritten: Die Verbindung beider ergibt auch die politische Zukunftsperspektive; die Geschichte empfiehlt sich zur Wiederholung.

Die vielfältigen Anknüpfungen und Wiederaufnahmen, die der dezisionistische Ansatz in Deutschland gefunden hat, sagen gewiß viel. Aber ein spezifisch deutsches Dilemma, wie Greiffenhagen gemeint hat (1971: 349), ist dies nicht. Hinter der präventiven Entwicklung von Begründungsmustern und Handlungsperspektiven für antidemokratische Zugriffe stehen vielmehr allgemeine gesellschaftlich-politische Interessenzusammenhänge. Die Schmitt-Schule selbst ist unter den faschistischen Regimen Spaniens und Portugals jahrzehntelang intensiv rezipiert worden. Aussagekräftiger ist aber die Entwicklung gerade in solchen Staaten, die vom Faschismus nicht geprägt worden sind. In diesem Sinn spricht der seit Jahrzehnten anhaltende Erfolg eines aggressiven Konservatismus in den USA, der in großen Teilen der Gesellschaft geradezu einen Siegeszug zu verzeichnen hat, die deutlichste Sprache. Die Administrationen Reagan und Bush haben gezeigt, was solche Vorgaben für die sozialen Verhältnisse und für die Bürgerrechte bedeuten (s. Lekachman 1982; Galbraith 1992). Ganz ähnlich verlief das alt-neue konservative Projekt der sozialen und politischen Formierung in Großbritannien unter der Regierung Thatcher (s. Noetzel 1987; Kavanagh 1990; Gilmour 1993).

Dem Grund nach kaum anders, jedoch durch die Föderalstruktur und das Verhältniswahlrecht in gewisser Weise gedämpft, wirkte in der BRD die Politik der konservativ-liberalen Regierung Kohl, die mit dem Anspruch einer „geistig-moralischen Wende" auftrat. Die ideologischen Leitbegriffe auf diesem Weg hießen Entbürokratisierung, Entstaatlichung, Deregulierung, Belohnung von Leistung, Stärkung der persönlichen Verantwortung. In Wirklichkeit ging es dabei vor allem um den Rückzug aus den sozialstaatlichen Verpflichtungen – die ja in der BRD, anders als in den USA oder in Großbritannien, höchsten Verfassungsrang haben – und um die *Umverteilung* der Ressourcen zugunsten der ökonomischen Interessen und kulturellen Privilegien der Habenden. In solchen strategischen Fragen zeigt sich im übrigen schlagend, daß es eine substantielle Differenz des Liberalismus zum Konservatismus längst nicht mehr gibt.

Die Klage über die Überlastung und Überforderung des Staates, über den Wildwuchs der Interessen und über die grassierende Anspruchsinflation begleitet das Projekt, wo immer es betrieben wird. Sie macht eine Allgemeinheit geltend, um die es in Wirklichkeit gerade nicht geht. Nicht alle, sondern die aus der konservativen Interessensicht falschen Ansprüche an staatliche Tätigkeit, Intervention und Subvention sollen bekämpft werden, um die eigenen, berechtigten zu fördern. Ebenso richtet sich die Klage durchaus nicht gegen die innere und äußere *Machtentfaltung* des Staates. Im Gegenteil bedingen und ergänzen sich in diesem Politikansatz die Verelendungs- und Diskriminierungsprozesse in der Gesellschaft und die Erhöhung des Überwachungs- und Gewaltpotentials. Damit wird gewissermaßen aus der Altmann'schen Invektive gegen den „entkernten Staat" praktische Politik: „Er gleicht einem kastrierten Kater, der an Umfang zunimmt – was ihm fehlt, ist die Potenz." (1968: 49)

Es gehört zum Ganzen, daß bei solchen Operationen wie der „Wende" die dominierenden gesellschaftlichen Gruppen und ihre wissenschaftlich-publizistischen Vertreter jeweils geltend machen, um wieviel das Realisierte hinter dem Sachnotwendigen zurückbleibe. Die finsteren Krisenperspektiven der Weltgesellschaft am Ende des zweiten Jahrtausends (s. bes. Kurz 1991) lassen daher ahnen, mit welcher Schärfe in den Gesellschaften und zwischen den Staaten und Regionen Konzepte der Umverteilung, Ausbeutung und Unterdrückung auf die konservative Tagesordnung kommen werden, wenn nicht Wunder geschehen. An Wunder indes scheinen heute auch unter den Konservativen nur noch wenige zu glauben.

Jenem Projekt kamen die Krisenprozesse der 1990er Jahre, die sich um die neue, schwere Weltwirtschaftskrise entwickelten, in wichtigen Aspekten durchaus gelegen. Sie gaben die Handhabe, das Instrumentarium konservativer Krisenlösung wirksam einzusetzen und zeitgemäß zu schärfen. Es geht wieder darum, den starken Staat noch stärker zu machen, um Durchgreifen, Autorität und Ordnung. Es gibt zu viel Demokratie, zu viele Rechte, Freiheiten und soziale Sicherungen, zu wenig Pflichten und Dienst. Die gesellschaftlichen Lasten müssen nach unten verschoben, die Vorrangstellung der sogenannten Eliten muß belohnt und verstärkt werden. Die Kapitalverwertung hat höchste Priorität.

Außen- und Militärpolitik werden dabei, wie es konservative Tradition ist, als eigentliche Staatspolitik vorgeführt und zur Ablenkung von den inneren Problemen der Gesellschaft genutzt. Fremdes und Fremde werden verstärkt ausgegrenzt, Bindungsideologien und Identitätsmythen hingegen proklamiert, vor allem die Familie als Keimzelle des Staates und die Nation als überzeitliche, exklusive Schicksals- und Kulturgemeinschaft. Ein neubelebter *Wertefundamentalismus* soll zusammenhalten, was der reale Prozeß auseinandertreibt. Ganz besonders im Sozial-, Gesundheits- und Bildungsbereich zeigt sich an dieser Politik die Ignoranz oder der Zynismus des real prozedierenden Konservatismus, der mit der massenhaften Zerstörung sozialer Beziehungen, familialer Strukturen und individueller Lebenschancen genau jene Wirkungen hervorruft, die zu beklagen er seit seinen Anfangstagen nicht müde geworden ist.[16]

In der Diagonale aller dieser Entwicklungen scheint es in der heutigen Welt um etwas qualitativ Anderes zu gehen als um die begrenzte

Verschiebung von Krisenlasten. Eine *strategische Umsteuerung* des gesellschaftlich-politischen Gesamtprozesses deutet sich an, durch die die demokratischen und sozialen Konzessionen der bürgerlichen Gesellschaft weithin zur Disposition gestellt werden könnten. Dem Anschein nach stünde ein solches Vorhaben im Widerspruch zu Konzepten technokratisch-bürokratischer „Herrschaft durch Verfahren“ (Niklas Luhmann) oder der sozusagen weichen Gesellschaftssteuerung über die Bewußtseinsindustrie.[17] In Wirklichkeit verhalten sich diese Versionen zu jener wie Normalität zu Krise; und nach Bedarf sind leichte Übergänge und Wechselprozesse zwischen ihnen möglich.

Für die führenden Industriestaaten kann jedenfalls eine langfristige *Radikalisierung* des Konservatismus hin zu offenen Formierungskonzepten festgestellt werden. Sie wurde durch den Untergang des sowjetischen Modells und durch das nachfolgende Ende des West-Ost-Konflikts - ein Einschnitt, der in einer bestimmten konservativen Sicht das „Ende der Geschichte“ hatte sein sollen (Francis Fukuyama) - massiv beschleunigt. Mit der planmäßig betriebenen Rechtsverschiebung des politischen Bewußtseins wuchs auch allenthalben die ideologische Mischzone zwischen den verschiedenen Typen, Linien und Lagern der Rechten, so daß weithin von einem offenen Durchgangsverkehr, von einem Kontinuum gesprochen werden konnte. In verschiedenen Gesellschaften arbeitete dem, wie in der BRD, ein Ensemble konservativer Schaltstellen zu, das systematisch auf die öffentliche Meinung und die politischen Entscheidungsprozesse Einfluß zu nehmen versuchte.[18]

9.4. Konservative Mischformen und Unterströme

Neben dem technokratischen und dem dezisionistischen Konservatismus in ihren verschiedenen Spielarten entwickelten sich jedoch auch Neuansätze eines *sozialen Konservatismus.* Die analytische und konzeptionelle Dimension eines Lorenz Stein hat er dabei nicht wiedergewonnen. Gleichwohl ist er eindrucksvoll und wirksam z. B. von Oswald v. Nell-Breuning S. J. (1890-1991) vertreten worden, der der geistige Vater der sogenannten Sozialenzyklika „Quadragesimo anno“ von 1931 war und die katholische Soziallehre mit seinem Werk wesentlich beeinflußte (s. bes. 1956ff.).

Soziale Gerechtigkeit als Schlüsselwort auch der neueren sozialkonservativen Gesellschaftspolitik hat gesellschaftliche Ungleichheit zur Basis und deckt sie normativ. Das engagierte Eintreten für die sozial Schwachen soll demnach stets eher die beim Individuum sich niederschlagenden Schäden mildern als die verursachenden Strukturen ändern. Dieser statische Welt- und Eigentumsbegriff zielt auf die Bewahrung des Dauernden oder Dauer Verdienenden, geht aber an der

Entwicklungsdynamik und an den Zerstörungskräften der kapitalistischen Gesellschaft selbst weitgehend vorbei.[19] Dem Ganzen entspricht die rigide Ausrichtung des Sozialkonservatismus auf autoritäre Ordnungsverhältnisse in allen Lebensbereichen und insbesondere im Staat.

Sozialkonservative Züge kamen jedoch nicht nur in den Kirchen und in erklärt konservativen Parteien zum Ausdruck, sondern auch in den sozialdemokratischen Organisationen, soweit sie auf Einordnung in die bestehende Gesellschaft, nicht auf Privilegienabbau und Emanzipation orientiert waren. Hierin offenbarte sich ebenfalls ein Gesellschaftsbild, das von hierarchischer Ordnung, pazifizierend gemeintem kleinen Glück der Massen und im Grund von der Ablehnung emanzipatorischer Bewegungen geprägt war. Es war z.B. in der deutschen Sozialdemokratie schon bei Ferdinand Lassalle (1825-1864) angelegt und verschwand lediglich in ihrer Radikalisierungsphase für eine gewisse Zeit.

In der Parteienlandschaft der Bundesrepublik waren konservative Positionen von Anfang an weitverbreitet. Sie fungierten als gemeinsame ideologische Basis für unterschiedliche politisch-parlamentarische Ausrichtungen. Nach der politischen Kurswende der SPD in den späten 1950er Jahren war das *konservative Grundmuster* vollends ohne parlamentarische Alternative. Es geriet aber zehn Jahre später, durch das Wiederaufkommen radikaldemokratischer und sozialistischer Strömungen, durch gewisse Linksverschiebungen in SPD und FDP und durch die emanzipatorische Programmatik der ersten sozialliberalen Koalition – Bundeskanzler Willy Brandt 1969: „Wir wollen mehr Demokratie wagen!" –, unter Druck. Dies war das Signal für eine massive Neubelebung konservativer Ideologieproduktion (so etwa bei Forsthoff 1971; Buchheim/Raabe ed., 1972; Schelsky 1973; Kaltenbrunner ed., 1973; Podewils ed., 1974; Lobkowicz u. a. 1979).

Die Gegenoffensive der konservativen Kräfte, insbesondere der unmittelbare politische Druck der großen Kapitalgruppen, führte dazu, daß das demokratische Veränderungspotential des sozial-liberalen Projekts binnen weniger Jahre erlosch und daß sich erneut ein verschwiegener konservativer Grundkonsens der großen Parteien herausbildete. Dennoch propagierten CDU und CSU im Bundestagswahlkampf 1976 die Parole „Freiheit statt/oder Sozialismus" und behaupteten damit nicht nur den inhaltlichen Gegensatz der beiden Begriffe, sondern auch einen politischen Fundamentalkonflikt in der BRD.[20] Dabei war in den sozioökonomisch relevanten Fragen die FDP zu jeder Zeit ihres Bestehens konservativ. Und in der SPD waren die gemeinten kapitalismuskritischen Kräfte eine Minderheit mit rasch sinkenden Chancen, die im übrigen auch innerparteilich mit einschlägig konservativen Argumentationsmustern bekämpft wurde (s. z.B. Schmidt 1975; Buschfort u. a. 1975).

In Gesellschaften mit starker konservativer Grundprägung - also heute in allen führenden Industriegesellschaften – fließen derartige ideologische Elemente in sehr unterschiedliche Zusammenhänge ein. Auch übt jene einen erheblichen Anpassungsdruck auf abweichende Positionen aus. So brachte die demokratische Aufbruchbewegung der späten 1960er Jahre - und/oder die anarchoiden Ausschläge in ihrem Umkreis - erklärte Liberale dazu, zu prononciert konservativen Positionen überzugehen (s. in diesem Sinn für die BRD Szczesny 1971; Steinbuch 1973; Sontheimer 1976; für die USA Moynihan 1970; Kristol 1972; Bell 1976).

Eine ähnliche Entwicklung vollzog sich etwa seit den 1980er Jahren. Die intellektuelle Moderichtung der sogenannten *Postmoderne* proklamierte angesichts der immer schnelleren Veränderung, der Auflösungserscheinungen und der Unübersichtlichkeit der heutigen Welt den allgemeinen Ausstieg aus der Aufklärung und die Orientierung auf die ästhetischen Sensationen der Oberfläche und des Augenblicks. Die dandyistische, aber sowohl machtgestützte als auch machtbewußte Äußerlichkeit dieses Musters hatte eine durchaus konservative Botschaft und Wirkung. Indem sie den Abschied von kritischer Vernunft, strukturierender Analyse, veränderndem Handeln und politischer Perspektive betrieb und das Bestehende mittels Dekors in seiner Fragwürdigkeit zu verschleiern, in seiner Faktizität aber zu befestigen wußte, leistete die Postmoderne einen nützlichen Herrschaftsdienst.

Indes stellte sich bald heraus, daß dieses Muster wegen seiner Inhaltsleere und Trostlosigkeit in zugespitzten Krisenlagen nicht zu gebrauchen war. Es verlor deshalb schon nach einigen Jahren rapide an Resonanz. An seine Stelle trat, z. T. von denselben Personen vorgetragen, die Anempfehlung von Autorität und Tugenderziehung, mithin eine Art moralischer Aufrüstung, die in der typischen Weise konservativer Krisenlösung der strukturell unveränderten realen Welt aufgepflanzt werden sollte (s. z. B. Leggewie 1993; Schneider 1993).

Nach dem Untergang des sowjetischen Modells setzte sogar eine allgemeine ideologische Fluchtbewegung ehemals linkstendierender Intellektueller ein, die jenes nun auch mit Sozialismus und Emanzipation gleichzusetzen und alles zusammen zu beerdigen wünschten. Diese Bewegung leistete einen erheblichen Beitrag zur politischen Rechtsverschiebung. Sie schwächte das sowieso eher schmale aufklärerisch-emanzipatorische Widerlager und führte – wie immer die Selbstverortungen der Einzelnen nun lauteten – dem Konservatismus nicht geringe theoretisch-ideologische Potenzen zu.

Von der sogenannten Nachaufklärung zur wirklichen *Gegenaufklärung* ist es, wie sich zeigt, allenfalls ein kleiner Schritt. Es geht dabei nicht – wie Jürgen Habermas (1988) gemeint hat – um die „Moderne" als ein „unvollendetes Projekt", sondern um Aufklärung, so unvollendbar sie in geschichtlicher Sicht notwendigerweise immer bliebe, als ein fundamental gefährdetes. „Intellektuellendämmerung", schon beschworen (Meyer, M., ed. 1992), wäre geschichtlich und aktuell betrachtet das Gegenteil von Aufklärung und ein wesentlicher Schritt zu ihrem Ende. „Dämmerung" nannte Max Horkheimer mit Grund seine „Notizen in Deutschland" vom Beginn der faschistischen Herrschaft (s. Regius 1934).

Im Blick auf die Massenkräfte des gesellschaftlichen Feldes aber wäre es geradezu ein Dammbruch, wenn die großen Organisationen des sozialdemokratischen Typs ihre politischen Resistenzpotentiale vollends aufgäben und in der allgemeinen Rechtsdrift aufgingen. In dieser Hinsicht gab es in der tiefen Krise der hochindustrialisierten Gesellschaften, wie sie sich in den frühen 1990er Jahren herausbildete, einschneidende Verschiebungen und Positionsaufgaben. In einer Reihe solcher Organisationen, nicht zuletzt in der deutschen Sozialdemokratie, kamen Konstellationen in Sicht, die große Ähnlichkeit mit der Entwicklung von 1914 hatten, als die linken Massenorganisationen fast aller am Krieg beteiligten Länder vom Sog der konservativen Formierung verschlungen worden waren. Auch hier gilt, daß Krisen die Wahrheit über die Verhältnisse ans Licht bringen.

10. Konservatismus und Geschlechterverhältnis

Herrschaftsstrukturen, Privilegienverhältnisse und das Interesse an ihrer Sicherung bestimmen die Gesellschaft in elementarer Weise und in vielfältigen Formen. Eine Grunddimension, ohne die Gesellschaft nicht wäre was sie ist, wurde und wird indes auch in kritischer Sicht zumeist ausgeblendet: die Herrschaftsstrukturen und Privilegienverhältnisse, die die *sozialen Beziehungen der Geschlechter* prägen.

Der Konservatismus, als die generelle Bemühung um die Sicherung der gesellschaftlichen Grundverhältnisse, umfaßt und bearbeitet alle relevanten Zusammenhänge von Sein, Haben und Tun. So wurden auch, obwohl das hergebrachte Geschlechterverhältnis über lange Zeit kaum angefochten war, hierfür immer wieder Begründungen und Rechtfertigungen vorgetragen, die den allgemeinen gesellschaftlichen Legitimationsmustern entsprachen. Das herrschaftlich strukturierte, ungleiche Verhältnis der Geschlechter wurde ebenso als Naturkategorie, geschichtliche Wahrheit und soziale Notwendigkeit behauptet, wie es die konservative Weltsicht mit der Eigentums-, Klassen- und Privilegienordnung der Gesellschaft tut. Natürliche Unterlegenheit der einen und Überlegenheit der anderen, autoritative Zuschreibung der Bedingungen, Bestimmungen, Möglichkeiten und Grenzen der Ungleichgehaltenen, einschließlich des Aufweises, daß die hergebrachten Verhältnisse für das Ganze, besonders aber für sie selbst gut seien: Das konservative Ensemble bewährte sich auch an diesem Objekt, zumal in traditioneller Sicht Ehe und Familie immer als Grund und Muster gesellschaftlich-staatlicher Ordnung auftraten und so das eine mit dem andern zugleich verteidigt wurde.

Auch die aufklärerische Herrschaftskritik zeigte sich auf diesem Auge nahezu blind. Sie galt ja, wo sie die sonstigen gesellschaftlichen Verhältnisse aufgriff, gewissermaßen einem Anderen, bei der Frage des Geschlechterverhältnisses jedoch dem Eigenen, nämlich einer von den Aufklärern selbst mitbetriebenen und -genutzten *Tabuzone* gesellschaftlicher Herrschaft. Deshalb wirkten und wirken hier die Verdunklungs- und Verklärungsmechanismen besonders mächtig; deshalb auch besteht in diesem Feld ein besonders massiver, unaufgeklärter Konservatismus – und die ausgedehnteste terra incognita der Wissenschaft vom Menschen und von der Gesellschaft.[21]

Im Jahr 1897 erklärte noch der Physiker Max Planck, der es immerhin wagen wollte, entgegen dem Herkommen Frauen den „probeweisen und stets widerruflichen Zutritt“ zu seinen Lehrveranstaltungen zu gestatten, kategorisch: „Amazonen sind auch auf geistigem Gebiet naturwidrig.“ (Zit. n. Gummert 1983: 384) Unter den Bedingungen des sozioökonomischen Prozesses ist seitdem in den fortgeschrittenen Industriegesellschaften einiges geschehen. Bildungsmöglichkeiten, politische Partizipation, berufliche Tätigkeit von Frauen sind weithin rechtlich gesichert. Dennoch gibt es keine Gleichheit in den gesellschaftlichen Zuteilungen und Chancen. Versuche sie durchzusetzen stoßen auf den zähen Widerstand der von den bisherigen Verhältnissen Begünstigten. So wird nicht nur in der Vorurteilsstruktur des Alltagslebens, sondern auch in den öffentlich-politischen Bereichen die soziale Inszenierung von Ungleichheit vielfältig fortgeführt.

Das klassische Motto zu ihr spricht der weise Sarastro in der Schikaneder-Mozart'schen „Zauberflöte“, wenn er Pamina in die patriarchalisch-autoritäre Märchenwelt, die der realen doch gleicht, mit den Worten einweist: „Ein Mann muß eure Herzen leiten, denn ohne ihn pflegt jede Frau aus ihrem Wirkungskreis zu schreiten.“ (1. Akt, 3. Szene) 200 Jahre später jedoch entwickelte sich aus dem rapiden Zerfall der traditionellen Strukturen von Ehe und Familie, aus der Radikalisierung und Politisierung der Frauenbewegung und aus der Wechselwirkung beider Prozesse eine *Fundamentalkrise* des Geschlechterverhältnisses. Wie stets in Krisenlagen, schärften sich die konservativen Kräfte. So trafen die Bemühungen um rechtliche Gleichstellung oder gar vorrangige Förderung von Frauen im Beruf auf eine systemisch wirkende Abwehr mit parlamentarischen, juristischen, bürokratischen und ideologisch-manipulatorischen Mitteln.

In besonders massiver Weise wird der Status quo (ante) vertreten in einem 1993 erschienenen konservativen Manifest von Erwin Quambusch (*1937). Mit einem regelrechten Plünderungszug durch Evolutionsgeschichte, Primatenforschung, Genetik, Hirnforschung, Kriminologie, Anthropologie, Philosophie, Psychologie und Pädagogik soll belegt werden, daß das Problem gerade dort sei, wo die Lösung gesucht werde. Interessenlage und Wertorientierung der Geschlechter, so Quambusch, seien ungleich, da ihnen das *„genetische Programm“* unterschiedliche Aufgaben zuweise. Durchgängig sei bei den Menschen, wie bei den anderen Primaten, „der Mann der dynamische Risikotyp, während die Frau die soziale und familiale Stabilität sichert“. (1993: 194, 196) Jener habe die „stärkere Orientierungs- und Dominanzbegabung“, diese die „Prädestination [...], sich namentlich personenorientiert, kommunikativ und fürsorglich verhalten zu wollen“ (ebd.: 198, 203).

Die rechtliche Gleichstellung der Frau ist daher Quambusch zufolge nicht „mit den genetischen Interessen abgestimmt“ und bedeutet für sie selbst Anpassungsdruck, zusätzliche Belastung und letztlich „Persönlichkeitsbeschneidung“. Gleichzeitig laufe sie „auf die Schwächung des gesellschaftlichen Kräftehaushalts und damit auf eine Störung des allgemeinen Wohls“ hinaus. Alles in allem sei Gleichstellung „in Wahrheit [...] Benachteiligung der Frauen“. (Ebd.: 198f., 203) Gleichberechtigung der Geschlechter sei dagegen eine „durchgängige geschichtliche Tatsache“. Die traditionelle Vorrangstellung der Männer bei hochbewerteten Funktionen stehe dem nicht entgegen. Sie entspreche vielmehr der Natur der Frau und habe für sie zudem „über Ehe und Familie einen Bezug zum eigenen Dasein“. (Ebd.: 199, 194)

In diesem Text sind blanke Vorurteile und planvolle ideologische Herrschaftsverteidigung derart aggregiert, daß er fast als Parodie des geschlechterpolitischen Feudal-Konservatismus erscheint. Hier wird eine Konzeption vorgetragen, die in ihrer speziellen Blickrichtung die Geschichtlichkeit der menschlichen und gesellschaftlichen Verhältnisse leugnet und alles einem zugleich dumpfen und listigen Naturbegriff unterstellt, dessen Nutzen eben darin besteht, die hergebrachten Geschlechterverhältnisse als apriorisch, bleibend und endgültig auszuweisen.

Dieser Versuch basiert auf einer – in sehr verschiedenen wissenschaftlichen Schulen und Richtungen vertretenen – Sichtweise, deren intentionaler Kern die engführende Interpretation des Humanen, also von Individuum, Gesellschaft, Zivilisation und Kultur aus angeblich invarianten anthropologischen oder übermächtigen biologisch-naturgeschichtlichen Dispositionen ist.

Bei Arnold Gehlen (1904-76) oder Carl Schmitt hat dies einen expliziten universalgeschichtlichen, entwicklungs- und fortschrittspessimistischen Grund. Ihnen zufolge bedarf der Mensch – das unverbesserliche „Mängelwesen“ (Gehlen), der unentrinnbar aus der Gnade gefallene Sünder (Schmitt) – überhaupt der strikten Bindung an und Führung durch Autoritäten, Institutionen oder blanke Herrschaftsgewalt, und die emanzipatorische Perspektive der Aufklärung wird eo ipso als Verfallsgeschichte der Menschheit gelesen.

Diese Überzeugungen teilen wohl auch die meisten Vertreter einer von Gesellschaft und Geschichte als eigenständigen Dimensionen gänzlich abgewandten Sicht, für die jedoch wesentlich die Biologie - und/oder die frühe Stammesgeschichte - den Verhaltens- und damit auch den wissenschaftlichen Betrachtungsrahmen der Menschheitsgeschichte bildet. So haben Konrad Lorenz (1903-89), Irenäus Eibl-Eibesfeldt (*1928) und mit besonderer Schärfe Hans Jürgen Eysenck (1916-97) den Vorrang von Naturkategorien sowohl in der Interaktion als auch im Entwicklungsprozeß von Menschen und Gesellschaften vertreten. Für Lorenz etwa steht fest, daß das menschliche Verhalten „Naturgesetzen gehorcht“ (1963: XIV). Nach Eibl-Eibesfeldt wird der Mensch als „stammesgeschichtliche Konstruktion [...] angetrieben und gesteuert von ererbten Programmen“ (1973: 12). Eysenck zufolge ist die Anerkennung der „genetisch determinierten Ungleichheit“ der Menschen das Apriori aller Dinge (1975: 259).[22]

Alle diese Ansätze eignen sich dazu, die Ungleichheit in der Gesellschaft und den allgemeinen Vorzug der Ordnung vor der Freiheit als notwendig zu erklären. Sie geben konservativen Weltsichten eine generelle theoretische Fundierung, indem sie die qualitative Gestalt- und Veränderbarkeit bestehender Verhältnisse durch autonomes menschliches Handeln negieren. Auf dieser Basis bedarf es in der Tat nur einer einschlägigen Zuspitzung, um zu dem von Quambusch so vehement vertretenen Prinzip der kategorischen Ungleichbewertung und -behandlung der Geschlechter zu gelangen. In solcher Schroffheit wird dies heute eher selten öffentlich vertreten. Das zugrundeliegende Muster war indes noch vor kurzer Zeit Communis opinio gerade in der BRD. So dauerte es z.B. viele Jahre, bis das offen verfassungswidrige, traditionelle Entscheidungsrecht des Ehemannes in strittigen Familienangelegenheiten endlich vom Bundesverfassungsgericht aufgehoben wurde. Und in der Frage des Schwangerschaftsabbruchs wurde immer wieder von einer Mehrheit von Männern aufgrund gesellschaftlicher Gegebenheiten, nämlich ihrer Sozialisation und ihrer öffentlichen Vorrangstellung, patriarchalisch-autoritär entschieden – und nicht, wie eine gegenaufklärerische Herrenmoral will, aufgrund eines genetischen Programms oder einer selbstevidenten Richtigkeit.

Gleichwohl scheinen im Bereich des Geschlechterverhältnisses in einer Reihe hochindustrialisierter Länder die soziale Herrschaft, die Privilegienordnung und die ihnen dienende konservative Bemühung beträchtlich an Boden verloren zu haben. Wie weit diese Entwicklung fortgehen wird, ist nicht abzusehen. Eine wirkliche und dauernde *Emanzipation* im Geschlechterverhältnis aber würde die allgemeinen Verhältnisse und die ideologische Verfassung der Gesellschaft kaum unberührt lassen.

11. Ansichten und Aussichten des Konservatismus

Ohne Zweifel ist der Konservatismus die ideologische Basis und ein weithin wirkendes Element der bürgerlichen Gesellschaft. Es ist aber unsinnig und irreführend, einen im schlechten Sinn abstrakten, d.h. von aller Gesellschaftsgeschichte abgehobenen Begriff der Sache zum Maßstab zu nehmen, um nahezu alles, was es in der bürgerlichen Gesellschaft gibt, in großem Bogen dem Konservatismus zuzuschlagen. Der Versuch einer solchen *polemischen Überdehnung* hat z. B., wegen ihrer Verbindung von philosophischem Idealismus und historischem Materialismus sowie wegen ihrer Fixierung auf Theorie, der Frankfurter Schule um Max Horkheimer und Theodor W. Adorno gegolten (s. Ritsert/Rolshausen 1971). Mit einer derartigen Interpretation wird die geschichtliche Wirklichkeit verfehlt und ein Engagement, das in der Selbstaufklärung von Gesellschaft und im Eintreten für Humanität eine bedeutende emanzipatorische Wirkung entfaltet hat, denunziert.

Konträr zum üblichen Verständnis und zu allem Anschein hat Krockow die „Gegenbilanz eines in Deutschland verhängnisvoll fehlenden Konservatismus" aufgemacht (1971: 99).

Ihr zufolge lag das Dilemma des deutschen Konservatismus wesentlich darin, „allzu erfolgreich gewesen" und deshalb auf blanke Machtpolitik beschränkt geblieben zu sein – wodurch er gewissermaßen seine innere Aufgabe versäumt habe (ebd.: 98f.). Krockows Rettungsversuch arbeitet jedoch mit einem geschichtlich nicht gedeckten, erheblich nach links verschobenen Konservatismusbegriff. So heißt es bei ihm: „Überall, wo Menschen über Menschen verfügen, handelt es sich grundsätzlich um eine öffentliche Sphäre, die um der Würde, der Selbstbestimmung des Menschen willen nach demokratischen Verfahren, nach Wahl und Kontrolle der Machtträger durch die Machtunterworfenen verlangt." (Ebd.: 105)

Dies ist gewiß eher eine emanzipatorische als eine konservative Position. Wenn aber gar ein „demokratischer Sozialismus" aus der Logik des „liberal-konservativen Ansatzes" abgeleitet wird (ebd.: 105), dann ist der geschichtliche Konservatismus vollends auf den Kopf gestellt. Wäre das konservativ, so würden sich die Vorstellungen von Karl Marx und Friedrich

Engels, von Rosa Luxemburg, Wolfgang Abendroth oder Ernst Bloch unter dieser Kategorie wiederfinden. Anders formuliert: Stünde der Konservatismus auf der Krockow'schen Position, so wäre nicht nur seine eigene Geschichte anders verlaufen.

Der Konservatismus, wie er war und ist, vermag eine solche *emanzipatorische Perspektive* nicht herzugeben. Das von Krockow erkannte Defizit ist keines an Konservatismus, sondern eines des Konservatismus selbst. Dieser kann von seinem Interesse und von seiner geschichtlich wirksamen Disposition nicht abgelöst werden. Immer ging es ihm darum, gesellschaftliche Privilegien zu wahren und Emanzipation zu hindern. Seine politische Zielvorgabe war und ist – mit einer Formulierung des Sozialdemokraten Kurt Schumacher über die noch junge BRD – der *„autoritäre Besitzverteidigungsstaat"*.

In einer so stark kapitalistisch durchgeformten Welt wie der heutigen haben es Abgrenzungen vom Konservatismus und gar Alternativen zu ihm theoretisch wie praktisch schwer. Dennoch und gerade deswegen gilt, daß er sich nicht mit Bestrebungen gesellschaftlicher Emanzipation, die Gleichheit gegen Privileg setzen, nicht mit politischer Demokratisierung verträgt. *Selbstbestimmung* des Menschen, Mündigkeit, wie sie Immanuel Kant (1724-1804) als Ziel der Aufklärung formuliert hat, ist der gleichbleibend gültige Gegenbegriff. Schon mit der demokratischen Verfassung bürgerlicher Gesellschaft geht der Konservatismus, wie sich in allen Krisenlagen zeigt, nur eine labile Verbindung ein. Jene stellt, unter konservativem Blickwinkel betrachtet, kaum mehr dar als eine temporäre Unvermeidlichkeit, für die die relative Nützlichkeit austauschbarer politischer Führungsgruppen und die flexible Sicherung der Massenloyalität in Normalzeiten sprechen mag.[23]

Im Strom des gesellschaftlich-geschichtlichen Prozesses, dem er mit hoher Beweglichkeit folgt, hat der Konservatismus jedenfalls die *Spannweite der Extreme* ausgeschritten: von der Herrschaft Gottes zur Herrschaft der Technik, vom Lob der Geschichte zur Umkehrung ihrer Ergebnisse, von der Tradition zur Dezision, von der Autorität zum Terror, vom Recht der Ungeborenen auf Leben zur Pflicht der Lebenden zum Sterben – und dies alles nach dem Maß der Interessen auch zur gleichen Zeit oder im Wechsel der Muster und Botschaften.

Der wachsende Krisendruck und die Verfinsterung der globalen Perspektiven am Ende des 20. Jh. scheinen jedoch auch gewisse Einsichten zu fördern und Grenzlinien zu markieren. So hat John Kenneth Galbraith (*1908) in seiner Kritik der USA, als einer „Demokratie der Wohlhabenden und Zufriedenen", formuliert: „Sie haben ein Monopol auf alle politischen Rechte; die Armen und Unzufriedenen haben dagegen keine politische Lobby." (1992: 176f.) Galbraith plädiert für eine soziale Bewegung gegen den „komfortablen Konsens“, um mit einem „ausgeprägten und erfolgreichen Engagement für die Belange der Benachteiligten“ die Verhältnisse zu ändern (ebd.: 178f.). Mit diesem Konzept wird zugleich Solidarität mit den Schwachen eingefordert und auf den *Abbau* von Strukturen und Mechanismen gesellschaftlicher Ungleichheit gezielt. Damit werden konservative Grundpositionen infrage gestellt – auch wenn Galbraith's Kritik die gesellschaftlichen Eigentumsverhältnisse selbst gar nicht angreift.

Bei Robert Spaemann (*1927) hat die Einsicht in die katastrophische Entwicklungsdynamik des technisch-industriellen Zeitalters zu überraschenden Sprüngen und Brüchen in einer konservativen Weltsicht geführt. Die industrielle Nutzung der Kernkraft stellt für ihn, wegen ihrer Auswirkungen auf lebende und spätere Generationen, die „Integrität des menschlichen Lebens“ infrage – und damit zugleich „die Legitimität des Staates und die Loyalitätspflicht der Bürger“ (1980: 202f.). Damit sind die zentralen Pfeiler konservativer Staatsethik ins Wanken gebracht. Unter der Perspektive „objektiver menschlicher Selbstbestimmung“ bringt Spaemann sogar die Systemfrage ins Spiel. Aber er rettet sich mit Mühe zurück ans vertraute Ufer: Der Staat als „Subjekt der Verantwortung für die langfristigen Nebenfolgen menschlicher Handlungen“ soll die Inbetriebnahme von Kernkraftwerken verhindern. (Ebd.: 202, 206) Hier wird der *Ausstieg* aus den Herrschaftsverhältnissen theoretisch bedacht und praktisch doch wieder umgangen. Die Brüchigkeit des konservativen Grundkonzepts tritt auf diese Weise deutlich hervor.[24]

So wie die Verhältnisse sich entwickelt haben, sieht es jedenfalls nicht danach aus, als könnte der Konservatismus ideologisch auf längere Zeit den Abgrund füllen, den die Systemlogik des nunmehr fast weltumspannenden Kapitalismus zwischen Kapitalanhäufung, Umweltzerstörung, Ressourcenverbrauch, rasender Verelendung der Dritten Welt, Ubiquität der sozialen Gewalt und immer schnellerer Veränderung aller Lebensverhältnisse einerseits, der Massenloyalität anderseits aufreißen läßt. Auch der Verweis auf Mächte des Bösen, mit dem er traditionellerweise zurhand ist, wird nicht auf Dauer helfen. Damit stünde der Konservatismus zum erstenmal allgemein vor der Frage seines *Sinns*. In einer Fundamentalkrise der deutschen Gesellschaft hieß die Antwort auf dieselbe Frage: Faschismus, Terror, Krieg, Massenmord; der Staat als organisiertes Verbrechen. Ein Konservatismus, der auch nur die Welt bewohnbar erhalten wollte, müßte deshalb weiten Abstand von seinen bisherigen Affirmationsübungen nehmen und selbst eine Kraft tiefer Veränderung im und am Gebäude werden. An diesem Punkt aber, wo sich Wirklichkeit und Utopie begegnen, endet die Analyse des Konservatismus.

Anmerkungen

1 Greiffenhagen hat später seine Position in gewisser Weise revidiert. S. 1974: 7ff.

2 Dieses semantische Angebot forderte geradewegs dazu auf, den Konservatismus im Ganzen aus den Niederungen der materiellen Interessen auf die Ebene des Allgemein-Menschlichen und Übergeschichtlich-Gültigen zu heben. S. in diesem Sinn z.B. Stoiber 1993. Im Lichte ihrer Intention betrachtet, war die Eppler'sche Operation somit eine eindeutige Fehlleistung.

3 Dubiel hat dieses Zuschreibungsverfahren in seinem Buch: „Was ist Neokonservatismus?" zugleich angewandt als auch kritisiert. Vgl. 1985: bes. 7ff.. Zur Begründung des Begriffs heißt es (ebd.: 131): „Der intellektuell avancierte Konservatismus hat [...] die bürgerliche Gesellschaft eingeholt." Hier wäre nicht nur über Subjekt und Objekt der Aussage zu streiten, sondern vor allem festzustellen, daß der gemeinte Prozeß schon mit der ideologischen Selbstfindung des Konservatismus bei Burke beginnt und gewiß keine Novität des ausgehenden 20. Jh. darstellt.
In reiner Form wird das Begriffsproblem zur Lösung seiner selbst erklärt von Schissler 1983: 151: „Die Antworten des Neokonservatismus, und insofern trägt er seinen Namen zu Recht, richten sich an traditionalen Lösungen und Strukturmustern aus, die allesamt irgendwann schon einmal in der amerikanischen Gesellschaft ausprobiert worden waren." Stegmann 1983 sieht „Neokonservatismus" sogar schon im späten 19. Jh.. Wenn überhaupt etwas, so ist aber der Konservatismus selbst der Beleg für die Richtigkeit des konservativen Theorems von der Ewigen Wiederkehr des Gleichen.

4 „Wir brauchen eine heile Welt", betitelte Gerhard Schröder, der einflußreiche Konservative der Adenauer-Zeit, eine Textsammlung (1963). Hier ist das Dilemma in einen paradigmatischen Satz gefaßt. Ein Wunschtraum wird beschworen, sein Gegenstand zugleich als verloren angezeigt; und daß er in der Realität nicht zu haben ist, signalisieren die subsumierten Texte entgegen aller Absicht seines Fürsprechers.

5 Insofern hat Lübbe 1991 fast die konservativste aller konservativen Proklamationen formuliert: „Freiheit statt Emanzipationszwang".

6 Sehr schön ist der Zusammenhang formuliert in dem Titel Huster ed., 1993: „Reichtum in Deutschland. Der diskrete Charme der sozialen Distanz".

7 Zu den Leistungen wie zu den Ambivalenzen von Hegels politischer Philosophie s. bes. Heller 1971, Marcuse 1962.

8 In diesem Dilemma hat Ribhegge – nach einem an Realitätsmangel gescheiterten Versuch, Konservatismus als kybernetisches System zu begreifen; s. Ribhegge 1970 – ausdrücklich von einer Theorie des Konservatismus Abstand genommen und seine „Konservative Politik in Deutschland" (1989) lediglich an den handelnden Politikern entlang entwickelt. Das Vorhaben, die Thematik „reflektierend und narrativ" (ebd.: 2), d.h. ohne einen Begriff von ihrer Substanz zu entwickeln, führt jedoch folgerichtig ins Dickicht personalisierender Geschichtsbeschreibung und nicht wieder heraus.

9 Der militante Konservative Paul de Lagarde glossierte 1884 diese Linie als „Königskerzenthee des Staatssocialismus", s. 1903: 369. Er – ein wichtiger Ideengeber und Gewährsträger für die spätere Radikalisierung der deutschen

Rechten bis hin zum Faschismus – hatte den Hintersinn der Konstruktion offensichtlich durchschaut. – Zu Bismarcks Politik s. bes. Engelberg 1985/90

10 Breuer 1993: 180ff. hat deshalb vorgeschlagen, das Begriffsparadox aufzugeben und statt dessen den Begriff des „Neuen Nationalismus" zu verwenden. Das ist weder neu – s. z.B. Theisen 1955 – noch gut. Vielmehr wird dadurch die Sache doppelt problematisch. Im Nationalismus geht diese Variante zum einen keineswegs auf; er ist noch nicht einmal ihr zentrales Element. Zum andern entzieht die Aufhebung des Gegensatzes dem Konservatismus eine konstituierende geschichtliche Dimension.

11 Vgl. dazu genauer Fritzsche: Faschismustheorien, Kap. 6, in diesem Bd.

12 Vgl. paradigmatisch für den ersteren den Übergang der genannten Parteien, für den letzteren denjenigen des Tat-Kreises ins sog. Dritte Reich. Vgl. Matthias/Morsey ed., 1960, Fritzsche 1976: 293ff.; für den Gesamtprozeß Fritzsche 1989: 57ff.

13 Ganz ähnlich wie Kirk argumentiert aus Schweizer Sicht Hans Barth 1958.

14 Typisch hierfür ist auch der sogenannte Neokonservatismus in den USA. Vgl. etwa Moynihan 1970; Bell 1976; Kristol 1978. Zur Problematik des Begriffs s. jedoch oben Kap.1.

15 Dieses Konzept wurde bereits unmittelbar nach seiner Publikation entziffert und auf den Begriff gebracht von Opitz 1965.

16 In diesem Sinn war die programmatische Rede Wolfgang Schäubles auf dem Berliner CDU-Bundesparteitag 1993 ein geradezu klassisches Dokument konservativer Krisenpolitik. S. Protokoll 1993: 127ff.; weiter Schäuble 1994.

17 Eine artistische Demonstration dieser Technik hat Kurt Biedenkopf sowohl als Generalsekretär der CDU wie als politischer Publizist geliefert, indem er die Entwendung und Umdeutung positiv geladener gegnerischer Wertbegriffe organisierte. Vgl. bes. Biedenkopf 1974.

18 Divergenzen und Differenzen im konservativen Lager wurden zwar weithin von den Aktivisten selbst und ihnen folgend in den meisten Untersuchungen betont – z. B. für den US-amerikanischen Bereich von Ashford 1983, Schissler 1983, Dubiel 1985, Lorig 1988 –, beruhen aber auf gewissen begrifflich-sprachlichen Nuancen oder auf persönlichen Animositäten und Gruppenrivalitäten mehr als auf der politischen Substanz. In diesem Sinn hat Assheuer 1989 für die BRD von einem „offenen Grenzverkehr" gesprochen. Faßt die Metapher aber die Sache, wenn es wirkliche Grenzen nicht gibt und zumeist auch in der Vergangenheit nicht gegeben hat?
Zu den Organisationsbemühungen der mobilisierten deutschen Rechtsintelligenz s. die Reportagen von Leggewie 1987; zur Deutschlandstiftung – die Leggewie ausläßt – s. die Analyse von Bamberg 1978.

19 Jedoch hat sich beispielsweise Nell-Breuning nachdrücklich zu der Ansicht bekannt, es sei „nur die Möglichkeit der Enteignung, die die Institution des Eigentums gesellschaftlich erträglich" mache: 1956ff: III, 35.

20 S. im Sinn des klassischen konservativen Gegensatzpaars etwa das – v. a. in den USA und Großbritannien weitverbreitete – Buch von Kuehnelt-Leddihn 1953: „Freiheit oder Gleichheit. Die Schicksalsfrage des Abendlandes"; weiter Schelsky 1973; sowie die Brandrede des nach Adenauers Zeit gewichtigsten

konservativen deutschen Politikers, Franz Josef Strauß 1975. Er stellte in seinen politischen Positionsbestimmungen das oben angesprochene konservative Kontinuum von rechtsinnen bis rechtsaußen persönlich dar, wie diese Rede besonders deutlich zeigt.

21 Die wissenschaftliche Anstrengung in diesem Feld ist, was nach dem Gesagten nicht wundert, fast allein von Frauen geleistet worden. Vgl. im Sinne der Fragestellung die Beiträge von Schenk 1980: 162ff.; Schröder 1983; Studer 1989; Meyer, B., 1992.

22 In diesem Kontext steht dann auch Eysencks viel zitierte Proklamation: „Die Neger" seien, wesentlich aus genetischen Gründen, dümmer als die Weißen. Dies auszusagen habe mit Rassismus überhaupt nichts zu tun - „...das tatsächliche soziale Problem ist die Dummheit als solche...". (1975: 12-16)

23 Schumpeter hat dieses Konzept wirkungsvoll als Demokratietheorie geltend gemacht. Vgl. 1950: 427ff.

24 Ähnlich im Ansatz, aber ohne Konsequenzen, erratisch-quer zum Kontext wird diese Thematik auch angezogen bei Kaltenbrunner, ed., 1972: 7ff., und Kaltenbrunner ed., 1973: 45ff. In einer solchen Fassung jedoch geht es offensichtlich bloß um ideologischen Nebelwurf.

Literatur

Altmann, Rüdiger (1968): Späte Nachricht vom Staat. Politische Essays, Frankfurt/M.

Ashford, Nigel (1983): Das Versagen des Staates, in: Fetscher ed., 35ff.

Assheuer, Thomas (1989): Offener Grenzverkehr, in: Frankfurter Rundschau, 18.2.1989

Bamberg, Hans-Dieter (1978): Die Deutschland-Stiftung e. V. Studien über Kräfte der „demokratischen Mitte" und des Konservatismus in der Bundesrepublik Deutschland, Meisenheim

Barth, Hans, ed. (1958): Der konservative Gedanke, Stuttgart

Bell, Daniel (1975): Die nachindustrielle Gesellschaft, Frankfurt/M.

Bell, Daniel (1976): Die Zukunft der westlichen Welt. Kultur und Technologie im Widerstreit, Frankfurt/M.

Benda, Ernst (1966): Industrielle Herrschaft und sozialer Staat, Göttingen

Berglar, Peter, u.a. (1983): Deutsche Identität heute, Mainz

Biedenkopf, Kurt H. (1974): Fortschritt in Freiheit. Umrisse einer politischen Strategie, München

Birnbacher, Dieter, ed. (1980): Ökologie und Ethik, Stuttgart

Breuer, Stefan (1993): Anatomie der Konservativen Revolution, Darmstadt

Buchheim, Hans/Raabe, Felix, ed. (1972): Thesen gegen den Mißbrauch der Demokratie, Stuttgart

Burke, Edmund (1967): Betrachtungen über die Französische Revolution, ed. Henrich, Dieter, Frankfurt/M.

Buschfort, Hermann, u. a. (1975): Godesberg und die Gegenwart, Bonn

Chapman, Philip C. (1960): The New Conservatism, in: Political Science Quarterly 75, 17ff.

Cortés, Juan Donoso (1966): Der Staat Gottes, ed. Fischer, Ludwig, Darmstadt, 2. Aufl.

Deutsch, Karl W. (1970): Politische Kybernetik. Modelle und Perspektiven, Freiburg, 2. Aufl.
Dobb, Maurice (1970): Entwicklung des Kapitalismus, Köln
Dubiel, Helmut (1985): Was ist Neokonservatismus?, Frankfurt/M.
Eibl-Eibesfeldt, Irenäus (1973): Der vorprogrammierte Mensch. Das Ererbte als bestimmender Faktor im menschlichen Verhalten, Wien
Eibl-Eibesfeld, Irenäus (1984): Die Biologie des menschlichen Verhaltens. Grundriß der Humanethologie, München
Eisfeld, Rainer/Müller,Ingo, ed. (1989): Gegen Barbarei (Robert M.W. Kempner zu Ehren), Frankfurt/M.
Elm, Ludwig (1989): Konservatives Denken 1789-1848/49, Berlin(-O.)
Elm, Ludwig, ed. (1984): Leitbilder des deutschen Konservatismus, Köln
Elm, Ludwig, ed. (1986): Konservatismus heute, Köln
Engelberg, Ernst (1985/90): Bismarck, 2 Bde., Berlin(-O.)
Eppler, Erhard (1976): Ende oder Wende, München, 2. Aufl.
Epstein, Klaus (1973): Die Ursprünge des Konservativismus in Deutschland, Frankfurt/M.
Eysenck, Hans Jürgen (1975): Die Ungleichheit der Menschen, München
Feit, Margret (1987): Die „Neue Rechte" in der Bundesrepublik, Frankfurt/M.
Fetscher, Iring, ed.(1983): Neokonservative und „Neue Rechte", München
Forsthoff, Ernst (1965): Technisch bedingte Strukturwandlungen des modernen Staates, in: Freyer u.a, 211ff.
Forsthoff, Ernst (1971): Der Staat der Industrie-Gesellschaft, München
Fraenkel, Ernst/Bracher, Karl Dietrich, ed. (1966): Staat und Politik, Frankfurt/M.
Freyer, Hans (1931): Revolution von rechts, Jena
Freyer, Hans, u.a. (1965): Technik im technischen Zeitalter, Düsseldorf
Fritzsche, Klaus (1976): Politische Romantik und Gegenrevolution. Fluchtwege in der Krise der bürgerlichen Gesellschaft: Das Beispiel des „Tat"-Kreises, Frankfurt/M.
Fritzsche, Klaus (1989): Faschismus als Vergangenheit und Gegenwart, in: Eisfeld/Müller ed., 51ff.
Gablentz, Otto Heinrich v.d. (1966): Konservatismus, in: Fraenkel/Bracher ed., 170ff.
Galbraith, John Kenneth (1992): Die Herrschaft der Bankrotteure. Der wirtschaftliche Niedergang Amerikas, Hamburg
Gehlen, Arnold (1957): Die Seele im technischen Zeitalter, Reinbek
Gehlen, Arnold (1969): Moral und Hypermoral, Frankfurt/M.
Gessenharter, Wolfgang (1989): Die „Neue Rechte" als Scharnier zwischen Neokonservatismus und Rechtsextremismus in der Bundesrepublik, in: Eisfeld/Müller ed., 424ff.
Giesen, Bernhard (1993): Die Intellektuellen und die Nation, Frankfurt/M.
Gilmour, Ian (1993): Dancing with Dogma – Britain under Thatcherism, New York
Glotz, Peter (1989): Die deutsche Rechte. Eine Streitschrift, Stuttgart
Grebing, Helga (1971): Konservative gegen die Demokratie, Frankfurt/M.
Grebing, Helga, u.a. (1971): Konservatismus – eine deutsche Bilanz, München
Grebing, Helga, ed. (1969): Geschichte der sozialen Ideen in Deutschland, München
Grebing, Helga/ Kinner, Klaus, ed. (1990): Arbeiterbewegung und Faschismus, Essen

Greiffenhagen, Martin (1971): Das Dilemma des Konservatismus in Deutschland, München
Greiffenhagen, Martin (1974): Neokonservatismus in der Bundesrepublik, in: Greiffenhagen ed., 7ff.
Greiffenhagen, Martin, ed. (1974): Der neue Konservatismus der siebziger Jahre, Reinbek
Grube, Frank/ Richter, Gerhard, ed. (1974): Die Utopie der Konservativen, München
Gummert, Marlies, pseud. (1983): Rede einer selbstbewußten Professorenfrau, in: Pusch ed., 377ff.
Habermas, Jürgen (1988): Die Moderne – ein unvollendetes Projekt, in: Welsch ed., 177ff.
Habermas, Jürgen, ed. (1979): Stichworte zur „Geistigen Situation der Zeit", I, Frankfurt/M.
Hahn, Manfred (1976): Historiker und Klassen, Frankfurt/M.
Handbuch zur deutschen Nation (1986ff.), ed. Willms, Bernard/ Diwald, Hellmut, 4 Bde., Tübingen
Hegel, Georg Wilhelm Friedrich (1970a): Grundlinien der Philosophie des Rechts (Werke, ed. Moldenhauer, Eva/ Michel, Karl Markus, 7), Frankfurt/M.
Hegel, Georg Wilhelm Friedrich (1970b): Vorlesungen über die Philosophie der Geschichte (Werke, ed. Moldenhauer, Eva/ Michel, Karl Markus, 12), Frankfurt/M.
Heller, Hermann (1971): Hegel und der nationale Machtstaatsgedanke in Deutschland, in: Heller: Gesammelte Schriften, ed. Drath, Martin, u.a., I, Leiden, 21ff.
Hennig, Eike/ Saage, Richard, ed. (1983): Konservatismus – eine Gefahr für die Freiheit?, München
Hennis, Wilhelm, u. a., ed. (1977ff).: Regierbarkeit. Studien zu ihrer Problematisierung, 2 Bde., Stuttgart
Honderich, Ted (1994): Das Elend des Konservativismus. Eine Kritik, Hamburg
Huster, Ernst-Ulrich, ed. (1993): Reichtum in Deutschland. Der diskrete Charme der sozialen Distanz, Frankfurt/M.
Jünger, Ernst (1922): Der Kampf als inneres Erlebnis, Berlin
Jünger, Ernst (1924): In Stahlgewittern, Berlin, 5. Aufl.
Jünger, Ernst (1932): Der Arbeiter. Herrschaft und Gestalt, Hamburg
Kaltenbrunner, Gerd-Klaus, ed. (1972): Rekonstruktion des Konservatismus, Freiburg
Kaltenbrunner, Gerd-Klaus, ed. (1973): Konservatismus international, Stuttgart
Kavanagh, Dennis A. (1990): Thatcherism and British Politics. The End of Consensus, New York
Kirk, Russell (1959): Lebendiges politisches Erbe. Freiheitliches Gedankengut von Burke bis Santayana, 1790-1958, Erlenbach (Orig.-Titel: The Conservative Mind)
Klemperer, Klemens v. (1962): Konservative Bewegungen zwischen Kaiserreich und Nationalsozialismus, München o. J.
Klönne, Arno (1990): Rechts-Nachfolge. Risiken des deutschen Wesens nach 1945, Köln
Kondylis, Panajotis (1986): Konservativismus. Geschichtlicher Gehalt und Untergang, Stuttgart
Koselleck, Reinhart (1959): Kritik und Krise, Freiburg

Kramnick, Isaac (1977): The Rage of Edmund Burke. Portrait of An Ambivalent Conservative, New York

Kratz, Peter (1995): Rechte Genossen. Neokonservatismus in der SPD, Berlin

Kreuder, Thomas/ Loewy, Hanno, ed. (1987): Konservativismus in der Strukturkrise, Frankfurt/M.

Kriele, Martin (1980): Befreiung und politische Aufklärung. Plädoyer für die Würde des Menschen, Freiburg

Kristol, Irving (1972): On the Democratic Idea in America, New York

Kristol, Irving (1978): Two Cheers for Capitalism, New York

Krockow, Christian v. (1958): Die Entscheidung, Stuttgart

Krockow, Christian v. (1971): Der fehlende Konservatismus – eine Gegenbilanz, in: Grebing u. a., 98ff.

Kuehnelt-Leddihn, Erik v. (1953): Freiheit oder Gleichheit? Die Schicksalsfrage des Abendlandes, Salzburg

Kühnl, Reinhard, ed. (1972): Der bürgerliche Staat der Gegenwart. Formen bürgerlicher Herrschaft II, Reinbek

Künneth, Walther (1947): Der große Abfall. Eine geschichtstheologische Untersuchung der Begegnung zwischen Nationalsozialismus und Christentum, Hamburg

Kurz, Robert (1991): Der Kollaps der Modernisierung. Vom Zusammenbruch des Kasernensozialismus zur Krise der Weltökonomie, Frankfurt/M.

Lagarde, Paul de (1903): Deutsche Schriften, Göttingen, 4. Aufl.

Leggewie, Claus (1987): Der Geist steht rechts. Ausflüge in die Denkfabriken der Wende, Berlin

Leggewie, Claus (1993): Plädoyer eines Antiautoritären für Autorität, in: DIE ZEIT v. 5.3.1993, 98

Lekachman, Robert (1982): Die Reichen reicher machen. Reaganomics oder Wie Ronald Reagan den Sozialstaat abbaut, Reinbek

Lenk, Kurt (1971): „Volk und Staat". Strukturwandel politischer Ideologien im 19. und 20. Jahrhundert, Stuttgart

Lenk, Kurt (1989): Deutscher Konservatismus, Frankfurt/M.

Lobkowicz, Nikolaus, u. a. (1979): Mut zur Erziehung, m. Vorw. v. Hahn, Wilhelm, Stuttgart

Lorenz, Konrad (1963): Das sogenannte Böse. Zur Naturgeschichte der Aggres sion, Wien

Lorig, Wolfgang H. (1988): Neokonservatives Denken in der Bundesrepublik Deutschland und in den Vereinigten Staaten von Amerika, Opladen

Lübbe, Hermann (1981): Zwischen Trend und Tradition, Osnabrück

Lübbe, Hermann (1982): Historische, philosophische und soziologische Wurzeln des Konservativismus. Aus deutscher Sicht, in: Rühle u. a. ed., 86 ff

Lübbe, Hermann (1987): Politischer Moralismus. Der Triumph der Gesinnung über die Urteilskraft, Berlin

Lübbe, Hermann (1991): Freiheit statt Emanzipationszwang. Die liberalen Traditionen und das Ende der marxistischen Illusionen, Osnabrück

Lübbe, Hermann, ed. (1962): Die Hegelsche Rechte, Stuttgart

Lukács, Georg (1954): Die Zerstörung der Vernunft, Berlin (-O.)

Mannheim, Karl (1964): Das konservative Denken, in: Mannheim: Wissenssoziologie, ed. Wolff, Kurt H., Neuwied, 408ff.

Marcuse, Herbert (1962): Vernunft und Revolution. Hegel und die Entstehung der Gesellschaftstheorie, Neuwied, 2. Aufl.

Marcuse, Herbert (1965): Der Kampf gegen den Liberalismus in der totalitären Staatsauffassung, in: Marcuse: Kultur und Gesellschaft I, Frankfurt/M., 17ff.

Marquard, Odo (1973): Schwierigkeiten mit der Geschichtsphilosophie, Frankfurt/M.

Marx, Karl (1964a): Zur Judenfrage, in: MEW 1, Berlin(-O.), 347ff.

Marx, Karl (1964b): Zur Kritik der Hegelschen Rechtsphilosophie, in: MEW 1, Berlin(-O.), 378ff.

Marx, Karl/ Engels, Friedrich (1964): Manifest der Kommunistischen Partei, in: MEW 4, Berlin(-O.), 459ff.

Matthias, Erich/ Morsey, Rudolf, ed. (1960): Das Ende der Parteien 1933, Düsseldorf

Merkatz, Hans-Joachim v. (1957): Die konservative Funktion, München

Meyer, Birgit (1992): Geschlechterverhältnis und politische Herrschaft, in: Frauenforschung, 10. Jg., H.3, 3ff.

Meyer, Martin, ed.: (1992): Intellektuellendämmerung? Beiträge zur neuesten Zeit des Geistes, München

Moeller van den Bruck, Arthur (1931): Das dritte Reich, ed. Schwarz, Hans, Hamburg, 3. Aufl.

Moeller van den Bruck, Arthur (1932): Das Recht der jungen Völker, ed. Schwarz, Hans, Berlin

Mohler, Armin (1950): Die konservative Revolution in Deutschland 1918-1932. Grundriß ihrer Weltanschauungen, Stuttgart

Mohler, Armin (1966): Was die Deutschen fürchten, Frankfurt/M., 2. Aufl.

Mohler, Armin (1969): Konservatismus, in: Schoeps/ Dannemann ed., 91 ff

Mohler, Armin (1989): Die konservative Revolution in Deutschland 1918-1932. Ein Handbuch, Darmstadt, 3. Aufl.(wesentl. erw. Fassung von Mohler 1950)

Mohler, Armin (1973): Der faschistische Stil, in: Kaltenbrunner ed., 172ff.

Mohler, Armin (1978): Tendenzwende für Fortgeschrittene, München

Mommsen, Hans (1966): Gesellschaftsbild und Verfassungspläne des deutschen Widerstandes, in: Schmitthenner/ Buchheim ed., 73ff.

Mommsen, Hans (1990): Konservatismus und Faschismus, in: Grebing/ Kinner ed., 29ff.

Moore, Barrington (1974): Soziale Ursprünge von Diktatur und Demokratie, Frankfurt/M., 2. Aufl.

Moynihan, Daniel P. (1970): Maximum Feasible Misunderstanding, New York

Mühlenfeld, Hans (1952): Politik ohne Wunschbilder, München

Müller, Adam (1922): Die Elemente der Staatskunst, 2 Bde., ed. Baxa, Jakob, Leipzig

Nash, George/ Kristol, Irving/ Podhoretz, Norman (1982): Historische, philosophische und soziologische Wurzeln des Konservativismus. Aus amerikanischer Sicht, in: Rühle u. a. ed., 42-85.

Nell-Breuning, Oswald v. (1956ff).: Wirtschaft und Gesellschaft heute, 3 Bde., Freiburg

Nell-Breuning, Oswald v. (1985): Gerechtigkeit und Freiheit. Grundzüge katholischer Soziallehre, München, 2. Aufl.

Noetzel, Thomas (1987): Die Revolution der Konservativen. England in der Ära Thatcher, Hamburg

Nolte, Ernst (1963): Der Faschismus in seiner Epoche, München

Nolte, Ernst (1964): Konservativismus und Nationalsozialismus, in: Z. f. Politik, NF 11, 5ff.

Nolte, Ernst (1966): Die faschistischen Bewegungen, München
Nolte, Ernst, u. a. (1987): „Historikerstreit", München
Offe, Claus (1979): „Unregierbarkeit". Zur Renaissance konservativer Krisentheorien, in: Habermas ed., 294ff.
Opitz, Reinhard (1965): Der große Plan der CDU: die „Formierte Gesellschaft", in: Blätter für deutsche und internationale Politik, 10, 750ff.
Petzold, Joachim (1990): Faschismus und Konservatismus, in: Grebing/ Kinner ed., 24ff.
Podewils, Clemens , ed. (1974): Tendenzwende? Zur geistigen Situation in der Bundesrepublik, Stuttgart
Priester, Karin (1972): Der italienische Faschismus, Köln
Protokoll (1993): Protokoll des 4. Parteitags der CDU Deutschland, Berlin 1993, Bonn
Pusch, Luise F., ed. (1983): Feminismus. Inspektion der Herrenkultur, Frankfurt/M.
Quambusch, Erwin (1984): Recht und genetisches Programm, Frankfurt/M.
Quambusch, Erwin (1993): Die Benachteiligung der Frau durch Gleichstellung, in: Der Öffentliche Dienst, 46. Jg., Nr. 9, 193ff.
Regius, Heinrich, i. e. Horkheimer, Max (1934): Dämmerung. Notizen in Deutschland, Zürich
Ribhegge, Wilhelm (1970): Konservatismus, in: Aus Politik und Zeitgeschichte 20, B 30, 16ff.
Ribhegge, Wilhelm (1989): Konservative Politik in Deutschland. Von der Französischen Revolution bis zur Gegenwart, Darmstadt
Ritsert, Jürgen/ Rolshausen, Claus (1971): Der Konservatismus der kritischen Theorie, Frankfurt/M.
Rohrmoser, Günter (1994): Der Ernstfall. Die Krise unserer liberalen Republik, Berlin
Rothfels, Hans (1958): Die deutsche Opposition gegen Hitler, Frankfurt/M.
Rühle, Hans, u. a., ed. (1982): Der Neo-Konservativismus in den Vereinigten Staaten und seine Auswirkungen auf die Atlantische Allianz, Melle
Saage, Richard (1987): Arbeiterbewegung, Faschismus, Neokonservatismus, Frankfurt/M.
Schäuble, Wolfgang (1994): Und der Zukunft zugewandt, Berlin
Schelsky, Helmut (1965): Der Mensch in der wissenschaftlichen Zivilisation, in: Schelsky: Auf der Suche nach Wirklichkeit, Düsseldorf, 439ff.
Schelsky, Helmut (1973): Systemüberwindung, Demokratisierung und Gewaltenteilung. Grundsatzkonflikte der BRD, München
Schenk, Herrad (1980): Die feministische Herausforderung, München
Schissler, Jakob, ed. (1983): Neokonservatismus in den USA. Eine Herausforderung, Opladen
Schmidt, Helmut (1975): Kontinuität und Konzentration, Bonn
Schmitt, Carl (1919): Politische Romantik, München
Schmitt, Carl (1932): Legalität und Legitimität, München
Schmitt, Carl (1934a): Politische Theologie, München, 2. Aufl.
Schmitt, Carl (1934b): Staat, Bewegung, Volk, Hamburg, 2. Aufl.
Schmitt, Carl (1940): Der Führer schützt das Recht, in: Schmitt: Positionen und Begriffe im Kampf mit Weimar – Genf – Versailles, Hamburg, 199ff.
Schmitt, Carl (1961): Die geistesgeschichtliche Lage des heutigen Parlamentarismus, Berlin, 3. Aufl.

Schmitt, Carl (1963): Der Begriff des Politischen, Berlin, 2. Aufl.

Schmitthenner, Walter/ Buchheim, Hans, ed. (1966): Der deutsche Widerstand gegen Hitler, Köln

Schneider, Peter (1993): Erziehung nach Mölln, in: Kursbuch 113, 131ff.

Schoeck, Helmut (1971): Der Neid und die Gesellschaft, Freiburg, 2. Aufl.

Schoeps, Hans-Joachim (1958): Konservative Erneuerung, Stuttgart

Schoeps, Hans Julius/ Dannemann, Christopher, ed. (1969): Formeln deutscher Politik, München

Schröder, Gerhard (1963): Wir brauchen eine heile Welt. Politik in und für Deutschland, Düsseldorf

Schröder, Hannelore (1983): Feministische Gesellschaftstheorie, in: Pusch ed., 449ff.

Schumann, Hans-Gerd, ed. (1974): Konservativismus, Köln

Schumpeter, Joseph A. (1950): Kapitalismus, Sozialismus und Demokratie, Bern, 2. Aufl.

Schwilk, Heimo/ Schacht, Ulrich, ed. (1994): Die selbstbewußte Nation, Berlin

Sedlmayr, Hans (1961): Verlust der Mitte. Die bildende Kunst des 19. und 20. Jahrhunderts als Symptom und Symbol der Zeit, Frankfurt/M., 7. Aufl.

Sontheimer, Kurt (1966): Antidemokratisches Denken in der Weimarer Republik, München o. J., 4. Aufl.

Sontheimer, Kurt (1976): Das Elend unserer Intellektuellen. Linke Theorie in der Bundesrepublik Deutschland, Hamburg

SOST (1986): Zwischen Neokonservatismus und Rechtsradikalismus, Hamburg

Spaemann, Robert (1977): Zur Kritik der politischen Utopie. Zehn Kapitel politischer Philosophie, Stuttgart

Spaemann, Robert (1980): Technische Eingriffe in die Natur als Problem der politischen Ethik, in: Birnbacher ed., 180ff.

Spengler, Oswald (1934): Politische Schriften, München

Spengler, Oswald (1963): Der Untergang des Abendlandes, München

Stahl, Friedrich Julius (1963): Die Philosophie des Rechts, 2 Bde., Darmstadt, 6. Aufl.

Stegmann, Dirk (1983): Vom Neokonservatismus zum Proto-Faschismus, in: Stegmann u.a. ed., 199ff.

Stegmann, Dirk, u.a., ed. (1983): Deutscher Konservatismus im 19. und 20. Jahrhundert (FS Fritz Fischer), Bonn

Stein, Lorenz v. (1971): Proletariat und Gesellschaft, ed. Hahn, Manfred, München

Stein, Lorenz v. (1972): Geschichte der sozialen Bewegung in Frankreich von 1789 bis auf unsere Tage, 3 Bde., ed. Salomon, Gottfried, Darmstadt, 2. Aufl.

Steinbuch, Karl (1973): Kurskorrektur, München

Stern, Fritz (1963): Kulturpessimismus als politische Gefahr, Stuttgart

Stoiber, Edmund (1993): Die mangelnde Geschlossenheit der CDU ist ein bedauerlicher Fehler, in: Frankfurter Rundschau v. 4.12.1993

Strauß, Franz Josef (1975): Aufräumen bis zum Rest dieses Jahrhunderts. Rede v. 19.11.1974, in: Der Spiegel v. 10.3.1975, Nr. 11/29. Jg., 34ff.

Studer, Brigitte (1989): Das Geschlechterverhältnis in der Geschichtsschreibung und in der Geschichte des 19. und 20. Jahrhunderts, in: Feministische Studien, 7. Jg., H.1, 97ff.

Szczesny, Gerhard (1971): Das sogenannte Gute. Vom Unvermögen der Ideologen, Reinbek

Theisen, Helmut (1955): Die Entwicklung zum nihilistischen Nationalismus in Deutschland 1918 bis 1933, München
Varga, Eugen (1969): Die Krise des Kapitalismus und ihre politischen Folgen, ed. Altvater, Elmar, Frankfurt/M.
Viereck, Peter (1949): Conservatism Revisited, New York
Welsch, Wolfgang, ed. (1988): Wege aus der Moderne, Weinheim
Willms, Bernard (1977): Selbstbehauptung und Anerkennung. Grundriß einer politischen Dialektik, Opladen
Willms, Bernard (1986): Idealismus und Nation. Zur Rekonstruktion des politischen Selbstbewußtseins der Deutschen, Paderborn

Faschismustheorie: Konzeptionen, Kontroversen und Perspektiven

Klaus Fritzsche

1. Problemlage

1.1. Gegenstand

Der Faschismus habe, schrieb 1927 der Liberale Ludwig Mises, „für den Augenblick die europäische Gesittung gerettet [...] Das Verdienst, das sich der Faschismus damit erworben hat, wird in der Geschichte ewig fortleben.“ (1927: 45) Um die gleiche Zeit formulierte der Sozialist Filippo Turati: „Der Faschismus ist der ständig drohende Krieg. Den Faschismus bekämpfen und zerstören heißt für den Frieden der Völker arbeiten.“ Und: „In Wahrheit ist nur eine Ordnung im heutigen Italien wiederhergestellt, die Ordnung der Zuchthäuser und der Friedhöfe.“ (1967: 150, 155)

Wenige geschichtliche Phänomene haben ähnlich kontroverse Einschätzungen erfahren wie der Faschismus, der in den Krisenprozessen nach dem Ersten Weltkrieg seinen Ausgang nahm, in wenigen Jahren eine epochale Spur von Terror, Massenmord, Menschheitsverbrechen zog und mit dem Ende des von ihm inszenierten Zweiten Weltkriegs so demonstrativ wie möglich auch sein eigenes besiegelt zu haben schien. Die Diskussion über den Faschismus, seine soziale Basis, seinen Aufstieg, die Bedingungen seiner Etablierung, seine Struktur und Entwicklung als politisches System, seine sozioökonomische Funktion und seinen Zusammenhang mit der kapitalistischen Gesellschaft, ist jedoch ebensowenig wie er selbst geschichtlich abgetan. Im Gegenteil spiegeln sich in den anhaltenden Auseinandersetzungen über ihn grundlegende Probleme und Konflikte auch der heutigen Welt.

Aus denselben Gründen hat der Begriff in der politischen Polemik von Anfang an eine Konjunktur gehabt, die ihn gesellschaftlich-geschichtlich zu entschärfen und damit analytisch zu entwerten droht. Denn beinahe alle Positionen, Gruppierungen und Systeme, von konservativen über liberale, sozialdemokratische und sozialistische bis zu kommunistischen, sind von gegnerischen Seiten schon unter den Vorwurf oder das Verdikt des Faschismus gestellt worden. Der so umkämpfte Gegenstand und Begriff eignet sich jedoch wegen seiner geschichtlichen Bedeutung und seiner Komplexität nicht für den Umschlag in immer kleinere Tagesmünze.

Was also soll gelten: Ist der Faschismus die Signatur einer abgeschlossenen Epoche, wie Ernst Nolte ihn gedeutet hat (s. 1963: 23ff.), oder ist er „die Wahrheit der modernen Gesellschaft, die von der (marxistischen, d. Verf.) Theorie von Anfang an getroffen war“, wie Max Horkheimer formuliert hat (1939: 116)? Vom Faschismus, den Theorien über ihn und den etwaigen Perspektiven zu reden, heißt in jedem Fall, Stellung beziehen zu müssen. Denn in alle Interpretationsmuster gehen sowohl aus den gesellschaftlich-politischen Zusammenhängen vermittelte Implikationen und Optionen, als auch Positionen und Kontroversen mit eigener geschichtlicher Problematik ein.

„Die Tradition aller toten Geschlechter lastet wie ein Alp auf dem Gehirne der Lebenden", hat Karl Marx (1960: 115) bemerkt. Im Fall des Faschismus hat dies einen doppelten, brutalen Sinn. Denn er hat den Tod von Geschlechtern und ganzen Völkern betrieben und sich damit selbst als eine Tradition konstituiert, die für die Lebenden ein Alp und ein Menetekel ohnegleichen ist.[1] Als allgemein im gesellschaftlich-geschichtlichen Prozeß stehende muß die Frage nach dem Faschismus, seiner Geschichte, seiner Hinterlassenschaft und seiner Bedeutung daher zugleich auch die Frage nach erkenntnisleitenden Interessen wie nach handlungsorientierenden Konsequenzen sein.

Henry Ashby Turner, jr., hat das Problem so formuliert: „Entspricht die weitverbreitete Ansicht, daß der Faschismus ein Produkt des modernen Kapitalismus ist, den Tatsachen, dann ist dieses System kaum zu verteidigen." (1972: 7) Die Antworten auf diese Frage fallen sehr verschieden aus; Turner selbst verneint sie kategorisch. Schon dies zeigt an, daß es zum Faschismus notwendigerweise ganz unterschiedliche Ansichten und Auslegungen gibt. Divergierende Interessen, differierende inhaltliche und methodische Zugänge und widersprüchliche Züge der Sache selbst sind die Ursache. Deshalb ist Turners These, es sei „wenigstens im Bereich der Wissenschaft" hinsichtlich der angesprochenen Systemfrage „Einigung auch durchaus möglich" (ebd.), ebenso scheinheilig wie falsch.

Angesichts des Gegenstandes, seiner sachlichen Schwierigkeiten und der Konsequenzen jeweiliger Antworten verbieten sich leichtfertig-spekulative Operationen. Ralf Dahrendorf hat dem deutschen Faschismus angesonnen, er sei „zumindest im Sinne faktisch anerkannter Geltung legitim" gewesen (1965: 445). Nolte hat vom Betrachter „Sympathie" gegenüber dem Faschismus gefordert, da diesem doch „die Aufrichtigkeit und Wirkungsmacht der subjektiven Zwecksetzungen" nicht zu bestreiten seien (1963: 35). Gerhard Schulz zufolge hat der Antifaschismus ähnliche „Mühen mit der theoretischen Begründung seiner Dezisionen" wie der Faschismus; überhaupt seien beide „Kinder der gleichen Zeit in vergleichbaren Befangenheiten" (1974: 168). Für Karl Dietrich Bracher ist Hitler als „Handelnder und zugleich Agent der Weltgeschichte im Sinne der Hegelschen List der Vernunft" wirksam gewesen (1976: 86). Sebastian Haffner schwärmt von „Hitlers unleugbaren Leistungen und nicht abreißenden Wundertaten" in den Jahren vor dem Zweiten Weltkrieg: „... alles gelingt ihm, auch das scheinbar Unmögliche, alles, alles!" (1978: 45f.). Armin

Mohler hat den Faschismus als „Entscheidung gegen das Ungeformte" sogar zur ästhetischen Leistung erhoben (1973: 175).[2] Alle diese bizarren Setzungen – wie unterschiedlich ihre Intentionen sein mögen – verbindet, daß sie Verwirrung statt Aufklärung stiften und die tödliche Realität des Faschismus verwischen.

1.2. Begriff

Es ist schon umstritten, ob der Begriff etwas anderes fassen kann als den *italienischen Faschismus*, von dem der Name stammt und der sich über die Insignien altrömischer Amtsgewalt, die fasces, d.h. Rutenbündel, an die Tradition des Römischen Weltreichs anzulehnen versuchte – ein geschichtliches Specificum, das sich zweifellos der Verallgemeinerung sperrt. Auch wird darauf verwiesen, daß der *Nationalsozialismus* sich von einer bestimmten Zeit an vom italienischen Faschismus abgehoben hat, um seine Eigenständigkeit, ja Unvergleichlichkeit zu demonstrieren (s. dazu Hoepke 1968).

Bracher z.B. hat den analytischen Wert eines über Italien hinausgreifenden Faschismusbegriffs bestritten, da er keine Empirie enthalte, Unvergleichbares ineinssetze, insbesondere den Nationalsozialismus unterschätze und zudem in seinen gesellschaftskritischen Versionen parteilichen Zwecken diene (s. 1976: 13ff.). Gleichwohl hat er selbst den Begriff des Faschismus vergleichend und unterscheidend, distanzierend und zusammenfügend verwandt und viele Gemeinsamkeiten in den diversen nationalspezifischen Ausprägungen aufgezeigt (s. ebd.: 19ff., 24, 27ff.). Zusammengenommen reichen schon diese Elemente aus, einen allgemeinen Begriff zu begründen, obwohl Bracher lediglich die „Erscheinungsformen" betrachtet (ebd.: 27) und die materielle Basis, also das gesellschaftliche System, seine Strukturen und Interessen ausblendet.

Von einem und auf einen *allgemeinen Faschismusbegriff* – wie immer die Selbstbezeichnungen der einzelnen Bewegungen und Systeme gelautet haben – geht der hier vorgelegte Versuch aus. Freilich ist ein so komplexes Phänomen wie der Faschismus in jedem Fall nur mit gravierenden Reduktionen theoretisch zu fassen. Die meisten Darstellungen folgen deshalb entweder dem Grund nach einem bestimmten Ansatz, verbinden ihn aber mit Bruchstücken und Teilansichten anderer Art, oder sie wechseln zwischen verschiedenen Ansätzen hin und her, oder sie präsentieren sich als schwer entzifferbare Amalgame – wenn sie sich nicht überhaupt auf Personen-, Institutionen- oder Ereignisgeschichte beschränken.

Von daher ist sowohl die Entwicklung faschismustheoretischer Grundmuster als auch die Zuordnung der einzelnen Darstellungen zu ihnen mit mancherlei Ambivalenzen und Abwägungsfragen behaftet.

Zudem fällt, was hier unter dem Begriff Faschismustheorie zusammengefaßt wird, nicht nur durch die verschiedenen gesellschaftlich-politischen Sichtweisen, sondern auch hinsichtlich der Begrifflichkeit und Methodik, der Konsistenz und Komplexität, des Anspruchs, des Zielinteresses und der Reichweite auseinander.

1.3. Abgrenzung

Auch in weiter Fassung kann Faschismustheorie freilich nicht alles heißen, was Erklärungen oder Deutungen des Problems anbietet. Eine Interpretation wie diejenige Gerhard Ritters (1955), die angesichts des Faschismus in begriffsloses Staunen verfällt, ihn auf Deutschland losbrechen sieht wie ein Unwetter, zu dem sich an gesellschaftlich-geschichtlichen Grundlagen, Bedingungen und Vorläufen schlechterdings nichts ausmachen läßt, kann nicht Theorie genannt werden, sondern planmäßige *Spurenverwischung*. Das gleiche gilt für eine – vor allem in den Jahren nach dem Zweiten Weltkrieg gängige – Erklärung, die den Grund für den Faschismus letztlich in einem Abfall von Gott und in einem Sieg teuflischer Mächte ausmachen will (z.B. Künneth 1947). Wissenschaft, die nicht aufklärt, sondern verdunkelt, desavouiert sich selbst.

Nicht wesentlich anders steht es mit Erklärungsversuchen, in denen das Maß aller Dinge der phantasierte große Einzelne ist, welcher ganz allein, Gott gleich, die Geschicke lenkt und die Geschichte macht. Zweifellos haben bestimmte Persönlichkeitszüge – vor allem herausragende demagogische Fähigkeiten – zum Aufstieg und zur politischen Wirkung etwa Mussolinis oder Hitlers erheblich beigetragen. Deshalb führt August Thalheimers griffige Formel: „Sind die sozialen und politischen Bedingungen sonst dafür bereit, so genügt [...] die ordinärste Blechfigur" (1973b: 52), in die Irre. Aber die Person ist nicht das Wichtigste und schon gar nicht das Ganze.

> In der maßlos personalisierenden Faschismusbetrachtung von Joachim C. Fest ist Hitler nach Art eines Schwarzen Helden zu solcher Größe gesteigert, daß alles andere, was am und im Faschismus wirksam war, zur Randerscheinung schrumpft. In einem „Alleingang" habe jener, als „Bewegungszentrum der Welt", dem Zeitlauf „unglaubliche Beschleunigung gegeben und den Weltzustand verändert [...] Erst eine Koalition fast aller Weltmächte hat ihn in einem annähernd sechs Jahre dauernden Krieg gleichsam vom Erdboden getilgt [...] In seiner Person hat ein Einzelner noch einmal seine stupende Gewalt über den Geschichtsprozeß demonstriert." (1973: 17f., 22)

Mit Bert Brecht gesprochen: „Alle zehn Jahre ein großer Mann. Wer bezahlte die Spesen?" Die Fest'sche Sicht hat ihren Kontext, ihre gesellschaftlich-politische Funktion. Sie lenkt den Blick von Strukturen, sozialen Interessen und der Vielzahl der Mittäter und Mittäterinnen ab auf das Fascinosum einer einzigen Person, die als unergründlich und omnipotent zugleich erscheint. Es ist von daher kein Zufall, daß diese Hitler-Oper die breiteste, beinahe spektakuläre öffentliche Rezeption gefunden hat.[3]

Aber auch in Arbeiten, die sich auf Argumente stützen, hymnische Rede und Schaueffekte meiden, ist dieses Muster vertreten. So hat Bracher in einem Essay über „Probleme und Perspektiven der Hitler-Interpretation" das Faschismusproblem fast ganz auf die eine Person fokussiert und von „Hitler-Phänomen", „Hitlers ureigener, totaler Machtergreifung", „Hitler-Revolution", „Hitlers doppelter Revolution", „Hitlers Krieg" gesprochen (1976: 81, 88, 91, 99, 79).[4] Eberhard Jäckel hat den deutschen Faschismus in einem Doppelschritt auf „Hitlers Weltanschauung" (1969) und „Hitlers Herrschaft" (1986) zurückgebracht. Bei Gerhard Schreiber (1984) ist sogar die ganze wissenschaftliche Debatte zum deutschen Fall unter den Namen Hitler subsumiert. Im Ergebnis solcher Interpretationen reproduziert sich genau jener Übermensch – „Dämon oder Retter?" (Hallgarten 1957) –, als welchen die faschistische Propaganda selbst ihre ‘Führer’ stilisierte. Desorientierung und Hilflosigkeit werden damit gestiftet, wo es auf Distinktion und Differenzierung ankäme.

Die folgende Typologie versucht vor diesem Hintergrund, Grundlinien und Zusammenhänge, blinde Flecken und Widersprüche, Erklärungsleistung, Grenzen oder Mißweisungen der verschiedenen faschismustheoretischen Ansätze herauszuarbeiten. Dabei schreitet die Darstellung von partialen zu komplexeren und schließlich zu gesamtgesellschaftlich ausgerichteten Versuchen fort.

2. Auf den geschichtlichen Verlauf bezogene Ansätze

2.1. Sonderentwicklung und Normalität

Vor allem die unterschiedliche Ausprägung der kleinbürgerlichen und kleinbäuerlichen, radikal rechtsgerichteten Protestbewegungen in verschiedenen Ländern nach dem Ersten Weltkrieg soll in einer bestimmten Sicht begründen, daß es sich um Phänomene handle, die jeweils nur aus der *nationalspezifischen Entwicklung* erklärt und also in keinen allgemeinen Begriff gefaßt werden könnten.

In diesem Sinn wurden vor allem während der Zeit der faschistischen Systeme – von Kritikern übrigens ganz ähnlich wie von Apologeten – oft recht grobe Herleitungen vorgetragen, in denen z. B. für Deutschland von Luther über Friedrich II. von Preußen, Hegel, die Romantiker, Bismarck und Wilhelm II. durchgängige Linien, vor allem des Autoritarismus und der Freiheitsfeindlichkeit, gezogen und als Ursache des Faschismus geltend gemacht wurden.[5] Eine solche eingeschränkte Sichtweise, die es wie Friedrich Meinecke mit dem „Primate der Geistesgeschichte in der historischen Betrachtung" hält (1946: 13), vermag aber nicht zu erklären, was sie soll. Denn auch wo sie konsistent und systematisch verfährt und sich von schiefen Geschichtskonstruktionen freihält, wird letztlich Erscheinung aus Erscheinung abgeleitet und von den gesellschaftlichen Verhältnissen, Interessen und Konflikten geschwiegen.[6] Deshalb bleibt unkenntlich, was den politisch-ideologischen Bewegungen zugrundeliegt, was sie antreibt und weshalb sie wirksam werden.

Eine Analyse des ideologischen Kontinuums, des politischen Bewußtseins und der Denkströmungen kann notwendige Aufschlüsse zur Sache erbringen, wenn sie sich auf den gesellschaftlich-geschichtlichen Gesamtprozeß bezieht und ihren Stellenwert in ihm reflektiert.[7] Geistesgeschichtliche Interpretationen der genannten Art hingegen operieren oftmals selbst mit hochideologischen Figuren – wie z. B. dem deutschen oder italienischen Nationalcharakter – und verbleiben jedenfalls im luftleeren Raum. Ertragreicher ist der Versuch, in kultursoziologischer Sicht spezifische Entwicklungshemmungen, Brüche und Disproportionen der jeweiligen Gesellschaft als bestimmende Voraussetzung des Faschismus auszuweisen. Aber auch hier werden von ihren materiellen gesellschaftlich-geschichtlichen Bezügen abgehobene Teilaspekte und Symptome – so die verspätete Nationbildung bei Helmuth Plessner (1959), Formverlust und Auflösung des Normensystems bei Talcott Parsons (1964a; 1964b) – zur Hauptursache. Damit werden sie in ihrer Erklärungskraft überfordert, und es entstehen problematische, allzu abstrakte Deutungen.

Gewissermaßen die Umkehrung des Sonderentwicklungs-Theorems ist der Versuch, das Schreckensregiment des Faschismus aus der Spezifik seiner Bedingungen, Verläufe, Folgen – und Lehren – in die Allgemeinheit menschlicher Natur und geschichtlicher Entwicklung zu überführen. Übrig bleiben dann nur der Mensch, wie er ist, und Geschichte, wie sie eben geschieht, mit einem Wort: Normalität. In diesem Sinn ist in der BRD der 1980er Jahre von konservativen Historikern, Publizisten und Politikern eine interpretationsstrategische Wende versucht worden, die unter dem irreführenden Begriff *Historikerstreit* firmiert. Ihr Ziel ist eine Revision, die die deutsche Geschichte selbst, aber vor allem die BRD von den moralischen Lasten und praktischen Fesseln befreien soll, welche die faschistische Herrschaft in Deutschland und ihr Griff nach der Weltherrschaft hinterlassen haben.

Das Heraustreten „aus dem Schatten des Dritten Reiches und dem Dunstkreis Adolf Hitlers", wie es Franz Josef Strauß (1987) offen gefordert hat, bedeutet in der Sache den positiven Anschluß an die deutsche Geschichte und die Legitimation neuer Großmachtpolitik. Michael Stürmer hat die Dimension des Ganzen so formuliert: „Orientierungsverlust und Identitätssuche sind Geschwister. [...] in geschichtslosem Land (gewinnt) die Zukunft [...], wer die Erinnerung füllt, die Begriffe prägt und die Vergangenheit deutet." (1987: 36) So ist dieser Operation zwar wenig Ergiebiges für die Faschismusdebatte selbst zu entnehmen, sie zeigt aber deren fortwirkende Bedeutung und ist damit selbst ein faschismustheoretisch erhebliches Politikum.[8]

2.2. Modernisierung und Anti-Modernismus

Richten sich die Versionen des Sonderentwicklungs-Theorems nahezu allein auf die ideologischen Bedingungen und Umstände faschistischer Bewegungen, so arbeitet der Modernisierungsansatz systemtheoretisch eine Funktion des etablierten Faschismus, d.h. einen Begriff seiner Stellung im gesellschaftlich-geschichtlichen Prozeß des kapitalistischen Zeitalters aus.

> Dieser Ansatz geht auf Franz Borkenau zurück, der angesichts der verspäteten und überstürzten Entwicklung des Kapitalismus in Italien und Deutschland den Faschismus als eine industriegesellschaftliche *Entwicklungsdiktatur* interpretierte. Er wird in dieser Sicht zur systemischen Zwangsläufigkeit, weil mit ihm fundamentale Störungen und Krisen – in Italien das Übergewicht und die „reaktionäre Rolle" des Proletariats, in Deutschland der „Einfluß der Gewerkschaften auf alle Arbeitsbedingungen" und die „Privilegien der Großlandwirtschaft" – beseitigt und das „strikte Funktionieren des Staatsapparates in dem erforderlichen Sinne" sichergestellt werden könnten (1967: 161, 177).
> Der Kategorische Imperativ, den „Lebensnotwendigkeiten der kapitalistischen Entwicklung" zum Durchbruch zu verhelfen, steht Borkenau zufolge über allem politischen Handeln. Daher sei es auch falsch, „jeden gegen die Arbeiterbewegung irgendeines Landes geführten Schlag als Reaktion an sich" zu verwerfen (ebd.: 177, 159). Solange das Proletariat sich „dem kapitalistischen Produktionsprozeß nicht eingeordnet" habe, sei es nämlich selbst reaktionär und seine politische Niederhaltung deshalb notwendig (ebd.: 161). Und da die Entwicklung in Italien – Borkenau schrieb diesen Text kurz vor der Etablierung des 'Dritten Reichs' – zu sehr gehemmt gewesen sei, „blieb nichts übrig, als dem Baum mit dem Messer Raum zur Entwicklung zu schaffen. Der Faschismus hat den ihm von der Geschichte gegebenen Auftrag erfüllt." (Ebd.: 165)

Dieser Deutung liegt ein Geschichtsmodell zugrunde, in dem der Kapitalismus selbst als oberste *Legitimation* erscheint. Seine Entwicklungslogik determiniert alles; Widerstand dagegen ist verfehlt und unerlaubt. Auf diesem Weg wird mit einer Marx'sche Kategorien gebrauchenden Theorie das Faktische als zugleich das Normative gezeigt und dem Faschismus die Bahn gemacht. Borkenau hat damit eine universalgeschichtliche Erklärung der Sache geboten, die erhebliche Anziehungskraft entwickelte. Spätere Versionen sind über seinen Ansatz inhaltlich nicht wesentlich hinausgekommen.

Nach Dahrendorf hat der Nationalsozialismus „die in den Verwerfungen des kaiserlichen Deutschland verlorengegangene, durch die Wirrnisse der Weimarer Republik aufgehaltene soziale Revolution vollzogen". Ihr Inhalt sei „der brutale Bruch mit der Tradition und Stoß in die Modernität" (1965: 432). Demgegenüber lasse sich „der Widerstand gegen das Regime als gegenrevolutionär beschreiben", als „Aufstand der Tradition, damit auch der Illiberalität und des Autoritarismus". Jener sei „kein Schritt auf dem Wege der deutschen Gesellschaft zur Verfassung der Freiheit" gewesen. (Ebd.: 442) Die dazu nämlich notwendige „Transformation der deutschen Gesellschaft" habe Hitler bewirkt. Daher sei „das bleibende Resultat der sozialen Revolution des nationalsozialistischen Deutschland" schließlich dies, „zukünftigen autoritären Regierungen nach dem Muster der deutschen Tradition die soziale Grundlage" genommen zu haben. (Ebd.: 442, 447)

In dieser Interpretation wird der geschichtliche Sinn der Begriffe Revolution und Gegenrevolution vertauscht, indem sie von ihren sozialen Inhalten, von Klassenauseinandersetzungen und Emanzipation, abgezogen und auf die kapitalistische Systemlogik ausgerichtet werden. Aus der geschichtlichen Realität des Widerstands werden die feudalen und autoritären Segmente für das Ganze genommen, der proletarische und der bürgerlich-demokratische Widerstand getilgt. Als Opfer der „deutschen Revolution" – Dahrendorf folgt dieser faschistischen Selbstprädikation ohne Probleme (ebd.: 446) – treten nicht etwa die Arbeiterbewegung, die Juden, das polnische oder das holländische Volk und die Völker des Sowjetunion, sondern der durch den Kriegsausgang teilweise depossedierte großagrarische Adel und die Verschwörer des 20. Juli in Erscheinung. Hitler selbst – einer Überperson wie bei Fest – wird dafür das hohe Verdienst zuteil, die Gesellschaft in die für die „Verfassung der Freiheit" benötigte Form gebracht zu haben (ebd.: 418 u. ö.).

Mit dem kapitalistischen System als solchem und mit konkreten gesellschaftlichen Interessen hat der Faschismus in dieser Sicht nichts zu tun. Lediglich der „Irrtum" einer kurzlebigen „mesalliance von Konservativen und radikalen Gegnern der Demokratie" wird beiläufig erwähnt (ebd.: 431, 421). Damit ist das kontinuierliche Zusammenspiel von alten und neuen 'Eliten' im faschistischen System abgetan. Die ungeheure Akkumulation, Konzentration und Zentralisation des Kapitals in diesen zwölf Jahren werden mit Schweigen übergangen, ebenso die elende Lebenswirklichkeit der arbeitenden Massen und die faktische Verarmung des Kleinbürgertums. Von Terror, Massenmord und Krieg bleibt nichts übrig als die eben brutale Erscheinungsform der „Revolution der Modernität"(ebd.: 441).

In der Dahrendorf'schen Form mit ihrer apodiktischen Sprache und dem kühnen Schwung, der die Schrecken des Faschismus hinter angeblichen geschichtlichen Erfordernissen und Leistungen verschwinden läßt, hat der Modernisierungsansatz gerade in der BRD großes

Interesse gefunden. Wie sich jedoch gezeigt hat, läßt sich dieselbe Botschaft auch mit einer Variante des Modells, die zugleich seine Umkehrfassung enthält, vermitteln.

> Turner hat – den ideologischen Selbstausdruck des Nationalsozialismus, so wie er ihn versteht, für die Sache selbst erklärend – zwar auch Modernisierung durch den Faschismus konstatiert, sie aber generell „nur als Mittel zu anti-modernistischen Zwecken“ gedeutet: „Die Nationalsozialisten wollten [...] Industrieprodukte haben, aber keine Industriegesellschaft.“ (1972: 178, 171) Wahrscheinlich sei überhaupt „die Essenz dessen, was bisher als Faschismus beschrieben worden ist, eine Revolte gegen die moderne Industriegesellschaft und der Versuch [...], eine ferne, mythische Vergangenheit zurückzuerobern“ (ebd.: 181).[9]

Damit werden die sozialromantischen Rückwärtsträume, die es in den faschistischen Bewegungen zweifellos gab, die aber vor allem zu politischen Steuerungszwecken verbreitet wurden, zum zentralen Moment des Faschismus erhoben. In der Konsequenz dessen wird – um es mit Blochs Begriff zu bezeichnen (s. 1973: 104ff.) – ungleichzeitiges Bewußtsein für den Faschismus und seine Folgen haftbar gemacht. Noch entschiedener als bei Borkenau oder Dahrendorf wird so bei Turner die Entlastung des Gesellschaftssystems betrieben und Nebel über den Faschismus geworfen.

Die verschiedenen Modernisierungs-Versionen werden zusammengehalten durch das Interesse, den Faschismus möglichst weit von den Aktivitäten des Großkapitals wegzurücken und den Kapitalismus zu einem subjekt- und interesselosen, quasi naturgeschichtlichen *Selbstläufer* zu erheben, der alles beiseitefegen muß, was ihm in die Quere kommt. Horkheimers prägnante Sentenz: „Wer aber vom Kapitalismus nicht reden will, sollte auch vom Faschismus schweigen“ (1939: 115), hätte so ‘modernisiert’ zu lauten: Wer vom Faschismus reden und vom Kapitalismus nicht einfach schweigen will, verkündet die Zwangsläufigkeiten industriegesellschaftlicher Modernisierung. Faschismus wird damit im Ergebnis zu einer Art gerechter Strafe für die Mißachtung kapitalistischer Entwicklungsdynamik. Und die faschistischen Täter werden zu Erfüllungsgehilfen eines praktischgewordenen, wenn auch ziemlich heruntergekommenen Weltgeistes stilisiert.

In der Hauptlinie des Modernisierungs-Ansatzes erfährt der Faschismus damit, so paradox es klingt, *Mystifikation und Schein-Objektivierung* zugleich. Mehr noch: Wie es auch Brachers Metapher vom Agenten der Weltgeschichte und der List der Vernunft aussagt (1976: 86), gehört er offenbar zu jener Kraft, die im Goethe'schen Sinn „stets das Böse will und stets das Gute schafft“. So stünde am Ende dem Faschismus gar Dank zu, daß er sich seiner notwendigen geschichtlichen Rolle nicht entzogen hat. Wenn aber Adornos Wort:

„Nach Auschwitz ein Gedicht zu schreiben, ist barbarisch ..." (1955: 31), etwas bedeutet: Wie ist dann eine Interpretation zu qualifizieren, die den Faschismus auch noch in höheres Recht und historische Würde setzt – spätestens dann, wenn die Schreie der Opfer nicht mehr zu hören sind, wenn nach den Kämpfen und Schmerzen des Tages die Summe der Zeit gezogen wird?[10] So wird ihm jedenfalls ein Denkmal zuteil, das seiner Selbstinszenierung zum Verwechseln ähnelt.

Es gibt jedoch auch eine Variante des Modernisierungs-Ansatzes, der legitimatorische Interessen oder Tendenzen ebenso fernliegen wie der latente Zynismus der gängigen Modelle. Sie gewinnt aus den *sozialplanerischen Elementen* des Faschismus ein Gesamtbild, in dem kalte Rationalität, funktionale Logik und technische Modernität als bestimmend und das Affektive und Irrationale im wesentlichen als massenmanipulatorische Aufführung erscheinen. Auschwitz wird so weitgehend zur „Folge einer gnadenlos instrumentalisierten Vernunft", und die faschistischen Massenmorde erhalten einen „gemeinsamen utilitaristischen Nenner" (Aly/Heim 1991: 485, 492; vgl. Kaiser 1975). Auch in dieser Interpretation wird aber ein bestimmter - wenn auch gewiß bedeutender - Zug des Ganzen so herausgestellt, daß die anderen, dazu in Spannung stehenden zur Marginalie geraten.[11]

Es zeigt sich somit als die grundsätzliche Problematik diese Ansatzes – wie unterschiedlich die Intentionen und Verfahrensweisen der einzelnen Versionen auch sind –, daß durch Abstraktion und Generalisierung die Wirklichkeit des Faschismus um notwendig zugehörige Dimensionen gebracht wird.

3. Auf die Massenbasis bezogene Ansätze

3.1. Autoritäre Persönlichkeit und faschistische Attraktion

Anders als die historisierenden wenden sich die auf die Massenbasis bezogenen Ansätze den Niederungen der Wirklichkeit zu, indem sie das Problem der Anziehungskraft des Faschismus in den Mittelpunkt stellen. Der psychoanalytisch-sozialpsychologische Ansatz geht dazu von der kleinsten Einheit, der *Persönlichkeit*, aus und richtet sich auf die *Vermittlungszusammenhänge* zwischen Subjektivem und Objektivem, zwischen Individuum und Gesellschaft. Dabei wird im allgemeinen nicht der Anspruch erhoben, den Faschismus insgesamt theoretisch zu erfassen, wohl aber der, eine Dimension zu untersuchen, ohne die er nicht verstanden werden kann.[12]

Diesem Ansatz liegt – wie unterschiedlich immer – die Freud'sche Theorie der Persönlichkeit zugrunde und sein Versuch, von dieser aus die soziokulturelle Makroebene, insbesondere das Massenphänomen zu erschließen. Für Freud besteht das „Wesen der Massenbildung in neuartigen libidinösen

Bindungen der Massenmitglieder aneinander" und/oder an den Führer der Massenbewegung (1974b: 97). Dabei zeige die Masse ein „unverkennbares Bild von Regression der seelischen Tätigkeit auf eine frühere Stufe", nämlich das Aufgeben erlangter Selbständigkeit der Individuen zugunsten einer fremdgesteuerten Gleichrichtung. Jedoch sei zu beachten, „wieviel von diesen Phänomenen der Abhängigkeit zur normalen Konstitution der menschlichen Gesellschaft gehört". (Ebd.: 109) Das wichtigste Element im Prozeß und in der Dynamik der Massenbildung sei, daß der Einzelne „sein Ichideal aufgibt und es gegen das im Führer verkörperte Massenideal vertauscht", wobei den einen dieser selbst als überlebensgroße Verkörperung der eigenen Wünsche und Phantasien erscheine, während die anderen von jenen „durch Identifizierung mitgerissen" würden (ebd.: 120).

In diesem Entwurf von 1921 – also zugleich aus der Frühzeit der faschistischen Bewegungen – ist, wie stets bei Freud, die Gesellschaft die sekundäre, das Individuum die primäre Größe, auch wenn gewisse Interferenzen sichtbar werden. Die sozioökonomische und politische Geschichte spielt dabei jedenfalls keine nennenswerte Rolle. Dennoch lag es nahe, den bald darauf ans Licht tretenden Faschismus Mithilfe der Freud'schen Theorie anzugehen, da ihr Blick auf die Tiefenschichten des Unbewußten einen besonderen Zugang zu dem neuartigen und gefährlichen Phänomen eröffnete.

Wilhelm Reich hat 1933 eine „Massenpsychologie des Faschismus" vorgelegt, die in diesem Sinn zwar von Freud ausging, ihn jedoch vom Kopf auf die Füße stellen und die „soziologische Herkunft und Funktion" autoritären Verhaltens aufdecken sollte. Dazu tritt neben die Politische Ökonomie eine „Sexualökonomie", die „durch Anwendung des dialektischen Materialismus" auf die psychosoziale Dimension den Zauber der Verhältnisse brechen will (1934: 42). Nicht nur im Kleinbürgertum, sondern infolge „sexualmoralischer Angleichung" auch in beträchtlichen Teilen des Proletariats werde nämlich die freie Sexualität des Kindes durch autoritäre Normierungen derart unterdrückt und verdrängt, daß unmittelbar der Boden für den Faschismus bereitet werde. Dieser sei „ideologisch das Aufbäumen einer sexuell ebenso wie wirtschaftlich todkranken Gesellschaft gegen die schmerzhaften, aber entschiedenen Tendenzen des Bolschewismus zur sexuellen ebenso wie ökonomischen Freiheit." (Ebd.: 112, 94) Daher müßten die proletarischen Kinder „durch Bejahung ihrer sexuellen Interessen und Befriedigung ihrer Wißbegierde zu politischem Interesse" erzogen, eine „stürmische sexuelle Rebellion der Frauen und Jugendlichen" in Gang gebracht und die bürgerliche Familie zerschlagen werden. Dies werde dem Faschismus die Grundlage entziehen. (Ebd.: 268f.)

Unter dem Eindruck des Aufstiegs und schließlich der Etablierung des Faschismus geschrieben, vermengt diese Schrift Einsichten in Unterdrückungszusammenhänge von Individuum, Familie und Gesellschaft mit einer äußerst platten Rezeptur. Reichs unhistorisches und konfuses Modell läuft entgegen seiner dialektischen Prätention auf die

Verabsolutierung der *Sexualität* hinaus, so daß die Botschaft letztlich lautet: Faschismus ist *Triebunterdrückung*, Triebbefreiung macht Faschismus unmöglich. Damit wird aber die Komplexität von Triebstruktur, Gesellschaft, Herrschaft und Geschichte so grob mißachtet, daß das Ganze geeignet scheint, den auf Freud gegründeten Ansatz überhaupt zu diskreditieren.[13]

Mit theoretischer Zentrierung und ganz anderem Tiefgang hat die Frankfurter Schule um Max Horkheimer und Theodor W. Adorno, gerade in der Auseinandersetzung mit dem Faschismus, an der Verbindung von Gesellschaftstheorie und Psychoanalyse gearbeitet. In den dreißiger Jahren erschienen unter dieser Perspektive „Studien über Autorität und Familie“ (s. Horkheimer ed.: 1936).

Kurz nach dem Zweiten Weltkrieg entwarf Erich Fromm – der zu den wichtigsten Autoren dieser Studien gehört, sich aber inzwischen von Freud und den ‘Frankfurtern’ erheblich entfernt hatte – eine „Psychologie des Nazismus“.[14] Für ihn ist der Faschismus zugleich ein „psychologisches“ und ein „ökonomisch-politisches Problem“.(1966: 204) Der Massenzulauf des Faschismus aus den kleinbürgerlich geprägten Sozialgruppen ist Fromm zufolge aus ihren sozialen Frustrationen und ihrer Mentaldisposition abzuleiten. Bei ihnen habe sich infolge der Krisen nach 1918 eine hohe Anfälligkeit für die faschistische Ideologie entwickelt. Hier zieht Fromm eine klare gesellschaftstheoretische Trennlinie: „Diese psychologischen Bedingungen waren nicht die ‘Ursache’ des Nazismus. Sie schufen ihm die menschliche Basis, ohne die er sich nicht hätte entwickeln können.“ (Ebd.: 207, 212) Er habe nämlich die „gefühlsmäßig bedingten Energien“ seines Massenanhangs als „wichtige Kraft im Kampf für die wirtschaftlichen und politischen Ziele des deutschen Imperialismus“ mobilisiert. Die *autoritäre Charakterstruktur* habe dabei spiegelbildlich sowohl bei der Führung als auch bei den Massen der faschistischen Bewegung vorgelegen. Bestimmend für sie sei die „gleichzeitige Anwesenheit sadistischer und masochistischer Triebe“, d. h. ein Syndrom aus dem „mit Zerstörungstrieben untermischten Streben nach Macht über andere“ und dem „Verlangen nach Aufgehen des eigenen Selbst in einer überwältigenden Machtfülle“. Beide Strebungen stammten letztlich aus der „Unfähigkeit des isolierten Individuums, das Alleinstehen auszuhalten“. (Ebd.: 215f.)

Diese Sicht auf den Faschismus insistiert einerseits auf dem Zusammenhang von Herrschaftsverhältnissen und menschlicher Persönlichkeit und auf der vorrangigen Bedeutung der ersteren. Damit steht sie gegen Versuche, jenen zur bloßen Charakterfrage zu machen. Fromm nimmt anderseits Freud'sche Kategorien zwar auf, entleert sie aber dadurch, daß er mit der Libidotheorie den energetischen Kern des Ganzen eliminiert und nur eine Art allgemeines Muster der menschlichen Persönlichkeit bestehen läßt. Damit erscheint dieser Entwurf als Rückschritt hinter zentrale Einsichten Freuds – so wichtig auch die

Betonung des Autonomie- und Freiheitsaspekts für das Faschismusproblem ist.

Etwa zur gleichen Zeit wie Fromms Entwurf entstand in den USA unter Horkheimers Leitung und Adornos theoretischer Führung die großangelegte Studie „The Authoritarian Personality".[15] In ihr werden die Konsistenz und die Verbreitung einer bestimmten Persönlichkeitsstruktur – der „autoritären", „pseudokonservativen" oder „potentiell faschistischen" – empirisch untersucht. Diese wird durch ein ähnliches Einstellungssyndrom definiert wie der sadomasochistische Typ in Fromms Analyse. Da das Vorhaben aber „nach der psychoanalytischen Theorie formuliert" ist (Adorno 1973: 311), kommt in ihm der *Sexualität* zentrale Bedeutung für die Konstitution der Persönlichkeit zu. Damit wird tiefenanalytisch gefüllt, was bei Fromm wesentlich phänomenologisch und konstatierend bleibt.

Die Untersuchung weist einen weitverbreiteten Typus aus, für den „Konventionalität und autoritäre Unterwürfigkeit in der bewußten Sphäre, begleitet von Gewalttätigkeit, anarchistischen Impulsen und chaotischer Destruktivität" im Unbewußten, bestimmend sind (ebd.: 205). Das in ihm zum Vorschein kommende Bündel aus Vorurteilen, Einstellungen, Wertmustern und Reaktionsweisen sei „weitgehend durch den objektiven Geist unserer Gesellschaft gefördert". Der potentiell faschistische Charakter sei somit ein „Produkt der Wechselwirkung" zwischen soziokulturellen und innerpsychischen Faktoren. (Ebd.: 313) Die Ambivalenz sadistischer und masochistischer Strebungen durchdringe die ganze Persönlichkeit. Am deutlichsten trete sie zutage in der „Gleichzeitigkeit von blindem Glauben an die Autorität und der Bereitschaft anzugreifen, was schwach erscheint und gesellschaftlich als Opfer akzeptabel ist" (ebd.: 323).

Von zentraler Bedeutung für die psychische und ideologische Konstitution dieses Persönlichkeitstypus ist nach dem Ergebnis der Untersuchung die Negation des Anderen, die sich primär „gegen Fremde per se" und sekundär gegen bestimmte, über Vorurteile definierte soziale Gruppen richte (ebd.: 110). Der *Antisemitismus* spielt dabei eine besondere Rolle als Sammelbekken, Schnittpunkt und Verstärker unterschiedlicher, auch einander logisch ausschließender aggressiver Vorurteile, wobei für die autoritäre, potentiell faschistische Persönlichkeit oftmals „der Jude [...] zum Ersatz für den verhaßten Vater" werde (ebd.: 323). Die Schlüsselstelle hierfür lautet: „Die Fremdheit der Juden scheint die handlichste Formel zu sein, mit der Entfremdung der Gesellschaft fertig zu werden. [...] Antisemitismus ist das Allheilmittel, das für das intellektuelle Gleichgewicht, für die Gegenkathexis und für eine Kanalisierung der Wünsche nach ‘Änderung’ sorgt." (Ebd.: 124)[16]

Die Studie ist – ohne daß dies inhaltlich begründet würde – auf die Mittelschichten der US-Gesellschaft fokussiert; Seitenblicke gelten der Arbeiterklasse (s. bes. ebd.: 150ff.). Dem Großbürgertum wird die Frage nach dem Verhältnis zum Faschismus nicht gestellt. Lediglich indirekt treten gewisse Bezüge in Erscheinung. So heißt es etwa: „Die hier behandelten Klischees sind nicht an Klassenschranken gebunden ..." (Ebd.: 152) Auch wird gesagt, daß „jene Entwicklungstendenzen unserer Gesellschaft, die mehr oder we-

> niger in Richtung einer faschistischen staatskapitalistischen Organisation zielen, bisher verborgene ideologische Tendenzen zu Gewalttätigkeit und Diskriminierung zum Vorschein bringen". Das pseudokonservative Syndrom habe in den USA „zweifellos eine Massenbasis errungen" (ebd.: 206). Jedoch heißt es über das „potentiell gefährlichste Syndrom, den 'Manipulativen'" – also etwa den Typus des emotionslosen Vollstreckers –, er sei „in Amerika [...] selbstverständlich nur im rudimentären Stadium vertreten" (ebd.: 334f.).

Es zeigt sich somit makrosoziologisch eine Tendenz zum Diffusen, auch zu Schönfärbungen und Mißweisungen, die als Anpassung an die prekäre Situation der Exilierten in ihrem Gastland gedeutet werden kann. Adorno jedenfalls scheint später Unbehagen über den gewissen Escapismus der Positionsbestimmung empfunden zu haben, ebenso über die unzureichende systematische Durcharbeitung des Textes (s. 1969b). Trotz dieser Mängel aber ist die Arbeit ein eindrucksvoller Versuch, in der Verbindung gesellschaftstheoretischer und psychoanalytischer Fragestellungen das Problem der faschistischen Attraktion zu klären. Und sie hat auf diesem Weg eine erkenntnisträchtige Spur gelegt.

Der in diesem Kontext sonst weithin gängige Rekurs auf die sogenannte *Massenseele* – der selbst einen deutlich antidemokratisch-elitären Einschlag hat – arbeitet mit einem fiktiven Handlungssubjekt und erklärt letztlich nichts (s. etwa Le Bon: 1982; Ortega y Gasset: 1956; Riesman u.a.: 1958). Eine Agitation nämlich, die keine Resonanz in den Affekten, in der psychischen Tiefenstruktur der Individuen fände, könnte weder die Massenhaftigkeit noch das soziale Energiepotential einer faschistischen Bewegung organisieren und wäre deshalb zum Scheitern verurteilt. Anders formuliert: Da auf der subjektiven Seite die planvolle, exzessive Manipulation der menschlichen Triebdynamik das Specificum des Faschismus ausmacht, kann auf die Erforschung dieser Zusammenhänge, d.h. auf den Beitrag des psychoanalytisch-sozialpsychologischen Ansatzes nicht verzichtet werden.

Zwar treten in dieser Sicht die gesellschaftlichen Herrschaftsverhältnisse, die bestimmenden sozioökonomischen Interessen und politischen Ideologien allzuoft in den Hintergrund, und ebenso die individuellen und kollektiven Dispositionen, Optionen und Perspektiven der sogenannten Eliten. Indem der Focus auf die vom Faschismus affektiv angezogenen, für ihn anfälligen, von ihm begeisterten Persönlichkeiten gerichtet wird, kann dieser auch gegen die Intention der Interpreten leicht als spezifisches, abgegrenztes Problem und Projekt dieser sozialen Gruppe erscheinen. Dennoch aber gilt, gerade angesichts der in den meisten Faschismustheorien herrschenden Blindheit für die menschliche Persönlichkeit: Von diesem Ansatz aus – insbesondere in seiner gesellschaftstheoretisch zentrierten Form, für die Adorno paradigmatisch ist – werden Zugänge und Einsichten in die Wechselwirkungen zwischen Individuellem und Gesellschaftlichem eröffnet, ohne die eine aufgeklärte Faschismusanalyse nicht auszukommen vermag.[17]

3.2. Kleinbürgerliche Bewegung und Revolution

Unstreitig waren die faschistischen Bewegungen zuallererst als solche sozial verstörter, gegen ihren Absturz rebellierender, kleinbürgerlicher und kleinbäuerlicher Elemente kenntlich. Bereits im Jahr 1923 hat von daher Luigi Salvatorelli den italienischen Faschismus als den „*Klassenkampf des Kleinbürgertums*" in einem zurückgebliebenen Land erklärt (1967: 131).

Wenn sich dieser Kampf „bisher hauptsächlich – oder geradezu ausschließlich [...] – gegen das Proletariat" gerichtet habe, so sei das der „kleinbürgerlichen Psychologie" und der notwendigen Hilfesuche beim Kapital geschuldet. Dem Grund nach kämpfe das Kleinbürgertum aber, als eine sozioökonomisch schwache und inkonsistente Klasse, zugleich „gegen Proletariat und Kapitalismus". (Ebd.: 132f.) Der Faschismus stehe somit keineswegs „im Dienste der Kapitalisten", sondern sei eine „eigenständige Bewegung mit eigenem Leben und eigenen Zwecksetzungen", nämlich eine „kleinbürgerliche Revolution". Das Kapital habe „lediglich versucht, die faschistischen Initiativen sich nützlich zu machen", und dabei bislang „großen Erfolg" gehabt. (Ebd.: 128, 130f.)

An diesem Punkt setzt Salvatorellis Sorge an: Der Faschismus könnte ja nach der Destruktion der Arbeiterorganisationen seine „zerstörerische Arbeit gegen die Organisationen des Kapitalismus fortsetzen, um alles gleichzumachen und zu verneinen" (ebd.: 135). Er betrachtet den Faschismus also mit Bedenken, die nicht seiner antidemokratischen Politik, seiner Menschenverachtung, seinen terroristischen Aktivitäten, sondern der Frage gelten, ob die *gesellschaftlichen Herrschaftsverhältnisse* unangetastet bleiben. Wie die weitere Entwicklung zeigte, war damit ein, wenn nicht das Gravitationszentrum bürgerlicher Faschismusbetrachtung überhaupt markiert.

Der schnelle Aufstieg der NSDAP als Massenbewegung in den letzten Jahren der Weimarer Republik lenkte auch in Deutschland, insbesondere in der SPD und in ihrem wissenschaftlich-publizistischen Umfeld, die Aufmerksamkeit auf die Frage der sozialen Basis.

In einer Analyse der Septemberwahl 1930, die die NSDAP von 810.000 auf 6,4 Mill. Stimmen wachsen ließ, schrieb der führende Parteitheoretiker Rudolf Hilferding zwar, die Partei erscheine als „das Werkzeug, das die Massen stellt, die von den parlamentsfeindlichen Schichten des Großkapitals und des Großagrariertums in den Kampf geführt werden können und den Kampf der demokratischen Massen paralysieren sollen" (1930: 294). In der Folgezeit wurde aber, ähnlich wie bei Salvatorelli, der Massenanhang der faschistischen Bewegung selbst zum Hauptaspekt für die SPD. Von ihm aus versuchte Rudolf Breitscheid, der Vorsitzende der Reichstagsfraktion, auf dem Leipziger Parteitag 1931 die Perspektivlosigkeit des Faschismus zu begründen: „Eine Partei und eine Bewegung, die so wenig gesicherte theoretische Grundlagen hat wie die nationalsozialistische, die ausschließlich mit Gefühlen und Empfindungen, mit dem Appell an niedrige Instinkte des Hasses und des Neides arbeitet, hat keine Zukunft." (SPD-Parteitag 1931: 107) Ähnlich hieß es dann bei Hilferding im Januar 1932, die faschistische Bewegung umfasse „alle Deklassierten", nämlich alle in ihrer Existenz oder Geltung Tangierten in der Gesellschaft, von Großagrariern und Industriellen über das Kleinbürgertum bis zu den Angestellten. Diese „Rebellion gegen den Kapitalismus" sei jedoch wegen ihrer inneren Widersprüche „kein Gebilde von Dauer". (1932: 8f., 12)

Insgesamt wurde in dieser Sicht der ideologische Selbstausdruck der nationalsozialistischen Anhängerschaft mit der demagogischen Propaganda der Parteiführung und beide mit dem Nationalsozialismus überhaupt gleichgesetzt. In seiner ebenfalls 1932 publizierten, später berühmt gewordenen „Sozialen Schichtung des deutschen Volkes" ging Theodor Geiger dagegen der Frage nach, ob die heterogene kleinbürgerliche Anhängerschaft der NSDAP überhaupt fähig sei, sich „als ein geschlossener Block und als Träger eines gesellschaftsgestaltenden Willens zu formieren" (1967: 110). In diese Fragestellung mischt sich eine eigentümlich werbende Ansprache an den „Nationalgedanken der NSDAP". In ihrer jetzigen Form sei die „Revolution des Nationalismus [...] Wegwendung vom Geist". Der Massenanhang nämlich sei kaum „für ein neues Deutschland [...] entflammt. Nicht Dasein und Heiligkeit der Nation liegen ihm am Herzen ..." Der Kern der Bewegung habe zwar die „ökonomisch-materialistische Mentalität" überwunden; jedoch bestimme nicht mehr er, sondern die Masse der Mitläufer „den Kurs, den die Bewegung nehmen muß". (Ebd.: 115, 117f.)

Die im Umkreis der Sozialdemokratie angesiedelte Bestimmung des Faschismus aus seiner Massenbasis erhielt keine theoretisch durchgearbeitete Form. Dies hatte gewiß mit der Etablierung des Faschismus und ihren Folgen für die SPD zu tun. Jedoch lagen dem auch erhebliche theoretisch-politische Defizite zugrunde: Unklarheit der Gesellschaftsanalyse, Unfähigkeit, die Bedeutung der Massenbasis für den Faschismus zu erfassen, und fundamentale Fehleinschätzungen der Lage am Ende der Weimarer Republik.[18]

Seymour Martin Lipsets Interpretation von 1950 steht sachlich Geigers Analyse nahe. Für Lipset ist jedoch der Faschismus auf einer Skala des politischen Verhaltens zu verorten, der unausgesprochen der Status quo der US-Gesellschaft als Norm zugrunde liegt und die das davon Abweichende als Extremismus faßt. Daraus resultiert der Versuch, die Begriffe Links, Mitte und Rechts als politisch-inhaltliche Positionsbestimmungen aufzulösen und in soziologische Kategorien umzuwandeln. Es geht damit nun um soziale Orte, denen bestimmte politische Verhaltensmuster planvoll-willkürlich zugeordnet werden.

Der Faschismus wird in dieser Sicht zum typischen *Extremverhalten der Mitte*, d. h. der kleinbürgerlichen Gruppen, während der Rechten, nämlich dem Großbürgertum und den Großagrariern, allenfalls autoritäre Regierungsformen entsprechen sollen. Damit zieht Lipset zwischen dem Faschismus einerseits, den großkapitalistischen Interessen, Optionen und Entscheidungen anderseits eine prinzipielle Grenze. Dieser ist nach Lipset „im wesentlichen eine Bewegung des Mittelstandes und stellt einen Protest sowohl gegen den Kapitalismus als auch gegen den Sozialismus [...] dar". Er leiste „Widerstand gegen große Organisationen und gegen die Ausweitung der Staatsgewalt", sei damit revolutionär und stoße zwangsläufig auf den „Widerstand der konservativen Schichten". (1968: 104f., 117)

Eine Systemebene, auf der Faschismus und Kapitalismus etwas miteinander zu tun haben könnten, gibt es für Lipset überhaupt nicht. Seine grob unhistorische, empirische Füllung bloß vortäuschende Version verzichtet auf jegliche Struktur-, Bedingungs- und Kontextanalyse und stellt ein Erklärungsmodell bereit, das durch methodische Segmentierung des Zusammengehörigen gegen jede gesellschaftskritische Auseinandersetzung mit dem Faschismus abschottet. Es liegt auf der Hand, warum ein solches Modell Schule gemacht hat, in dem es beim Faschismus allein auf die Massenbewegung ankommt.[19]

In ähnlicher Weise hat Heinrich August Winkler die „strategischen Ziele des Nationalsozialismus und ihre gesellschaftlichen Hintergründe" gedeutet. Dessen Politik lasse sich zwar „mit keinem bürgerlichen Interesse voll identifizieren", ja sogar „mit der Kategorie des Interesses nicht mehr fassen", denn sie bilde „den extremsten Fall der Verselbständigung einer Ideologie, den die Geschichte kennt". Anderseits aber habe sich die „mittelständische Herkunft dieser Ideologie [...] bis zum Ende nicht verleugnen" lassen (1976: 112-114).

Das will sagen: Großkapitalistischem Interesse verdankten sich die Operationen des Faschismus nicht[20] – aber eigentlich auch keinem kleinbürgerlichen. Lediglich indirekt, über den Aufstieg ins Ideologische, läßt sich ein soziales Subjekt des Faschismus ausmachen. Und faßbar wird es fast nur in der Person Hitlers: des Kleinbürgers, dessen „Autonomie [...] bei der Festsetzung der säkularen Endziele" Winkler zufolge „unbestreitbar" sein soll (ebd.: 112).

Hitler selbst wußte indes sehr genau, wie im organisierten Kapitalismus die Gewichte verteilt sind. So schrieb er schon 1924 in „Mein Kampf", der „Verinternationalisierung der deutschen Wirtschaft" müsse entgegengetreten werden, „ohne zugleich mit dem Kampf gegen das Kapital überhaupt die Grundlage einer unabhängigen völkischen Selbsterhaltung zu bedrohen". Der „schwerste Kampf" müsse nämlich „gegen das internationale Kapital" ausgefochten werden. (1940: 233)

Die auf die Massenbasis bezogenen Ansätze zeigen sich somit hinsichtlich der gesellschaftlich-geschichtlichen Zusammenhänge defizitär, wo nicht leer. Der Dialektik von Form und Sinn, von Quantität und Qualität einer dem Kapitalverhältnis unterworfenen, heterogenen und disparaten kleinbürgerlichen Gruppe stellen sie sich nicht. Dadurch erscheint diese als eine souveräne und autarke Größe: Ihre Entstehung und Bewegung, ihre ideologische Statur und ihr Aktionsradius haben offenbar mit den allgemeinen Bedingungen der kapitalistischen Gesellschaft nichts zu tun. So hat diese Faschismustheorie selbst einen eindeutigen gesellschaftlichen Ort, eine ideologische Funktion. Indem sie den Faschismus als Projekt seines Massenanhangs ausbringt, entbietet sie – offen oder versteckt – die Botschaft, erstens, daß vom Kapitalismus gerade schweigen soll, wer vom Faschismus reden will; und zweitens, daß es gut ist, wenn 'die Eliten' zu entscheiden und die Massen möglichst wenig mitzureden haben.[21]

4. Auf die politische Form bezogene Ansätze

4.1. Totalitäre Diktatur

Während die Massenbasis-Ansätze den Faschismus durch sein soziales Substrat erklären wollen, definiert ihn eine Gruppe sehr verschiedenartig strukturierter Ansätze aus der Erscheinungsform des politischen Systems. Der ausgreifendste und einflußreichste Ansatz dieser Art ist die sogenannte *Totalitarismus-Theorie.*

Stato totalitario war die Kampfformel des italienischen Faschismus, die die Aufhebung der Arbeiterbewegung, der Klassenkämpfe und der Unklarheiten und Kompromisse des parlamentarischen Systems durch die einheitlich formierte Gesellschaft und durch den starken Staat symbolisieren sollte. In Deutschland liefen derartige Diktaturkonzepte in mehreren Varianten und bezogen auf unterschiedliche Träger unter dem Begriff des Totalen Staates um.[22] In kritischer Absicht galt der Begriff des Totalitären zunächst dem Faschismus, wurde jedoch bald auch auf die Sowjetunion angewandt und diente von da an immer wieder zur Gleichsetzung beider Systeme.[23]

Das Muster hatte in der Figur der sich berührenden Extreme bereits eine Geschichte. So hatte der Vorsitzende der Katholischen Partei Italiens, Luigi Sturzo, 1926 Bolschewismus und Faschismus als „Linksfaschismus" und „Rechtsbolschewismus" gleichgesetzt (1967: 225). Besondere Bedeutung gewann es in der Polemik der sozialdemokratischen gegen die kommunistischen Parteien. So erklärte der SPD-Vorsitzende Otto Wels auf dem Leipziger Parteitag 1931: „Kommunismus ist Kapitalismus [...] Bolschewismus und Faschismus sind Brüder"; und Breitscheid nannte die KPD „Faschisten mit dem kommunistischen Vorzeichen" (in: SPD-Parteitag 1931: 19, 107).[24] Zur epidemischen Verbreitung kam es jedoch erst nach dem Zweiten Weltkrieg, im Zusammenhang des Kalten Krieges und der politisch-ideologischen Offensive des Westens gegen die Sowjetunion.

Eine der einflußreichsten Varianten des Totalitarismus-Ansatzes wurde 1951 von Hannah Arendt vorgelegt, die die Heraufkunft des Massenzeitalters, den Verfall von Bildung und Kultur und die Zerstörung der Einheit Europas im Ersten Weltkrieg als ursächlich ausmachte. In dieser Sicht wird das Verhältnis von Elite und Masse zur gesellschaftlich entscheidenden Kategorie, die Auflösung der traditionellen Abhängigkeits- und Autoritätsverhältnisse zur konstitutiven Wende. Arendt führt eine Reihe von Kriterien für die „Verwandtschaft der beiden Systeme" an und behauptet, daß eine „Rassegesellschaft oder klassen- und nationslose Gesellschaft" in ihrem Wesen gleich seien (1958: 461, 675). Jedoch kommt sie auf diese Weise dem Problem offenbar auch nach eigenem Verständnis nicht wirklich bei. „Zu erklären", schreibt sie, „ist das totalitäre Phänomen aus seinen Elementen und Ursprüngen so wenig und vielleicht noch weniger als andere geschichtliche Ereignisse von großer Tragweite" (ebd.: 674). Was aber bleibt dann – wenn nicht metaphysische Dunkelheiten wie Schicksal und Verhängnis bemüht werden sollen – als geschichtsbildende Kraft? An dieser Stelle gibt sich die Wissenschaft selbst auf.

Überhaupt nicht philosophisch-idealistisch, sondern politisch-funktionell gingen um die gleiche Zeit Carl Joachim Friedrich und Zbigniew Brzezinski mit dem Ansatz um. Sie definieren als die „entscheidenden Wesenszüge" von Faschismus und Stalinismus: „eine Ideologie, eine Partei, eine terroristische Geheimpolizei, ein Nachrichtenmonopol, ein Waffenmonopol und eine zentral gelenkte Wirtschaft". Beide Systeme seien deshalb „im wesentlichen gleich". (1957: 18f.) Der Bezug des Faschismus auf gesellschaftliche Inhalte und Interessen wird als die „große Versuchung" der Parteilichkeit zurückgewiesen, eine Bestimmungsfunktion der „Führer von Industrie und Finanz" umstandslos in Abrede gestellt (ebd.). So erscheinen auch die faschistischen Kriege als bloße „verhängnisvolle Abenteuer", als „Kriege Mussolinis und Hitlers" (ebd.: 160).

Typisch an diesen beiden Entwürfen wie an den zahllosen Reproduktionen und Abwandlungen, die ihnen gefolgt sind, ist, daß sie zwar ohne Zweifel an konstitutiven Zügen von Stalinismus und Faschismus ansetzen, aber systematisch von allem absehen, was aus der definierten Gemeinsamkeit herausfällt. Damit ist der Zugang zu inhaltlichen Aspekten, den geschichtlichen Umständen, dem Gesellschaftssystem im ganzen, den Eigentums- und Klassenverhältnissen, den propagierten Zielen, verlegt. Weil aber in einer solchen Sicht die *politische Form* zum nahezu ausschließlichen Thema wird, neigen die Vertreter dieses Theorems auch dazu, den Führerkult des Faschismus wie des Stalinismus noch einmal aufzuführen. Und jedenfalls macht es im Kontext des Ganzen Sinn, wenn bei Arendt die Suche nach der Kausalität als „Aberglaube" abgetan wird (1958: 674).

Mit alldem ist es keineswegs die wissenschaftliche Validität, sondern die ideologische Funktionalität, die die außerordentliche Karriere des Totalitarismus-Theorems begründet. Es wendet substantielle Kritik vom kapitalistischen Gesellschaftssystem ab, das die verschiedenen Formen bürgerlicher Herrschaft verbindet. Es deckt die Blößen einer dem sozialen Inhalt und der Funktion des Faschismus ausweichenden Faschismusbetrachtung. Und es richtet gegen systemkritische Faschismustheorien selbst den Totalitarismus-Verdacht.

Seiner Intention nach gilt es aber überhaupt weniger dem vergangenen Faschismus als dem noch lebenden *Kommunismus*. Bei Friedrich/Brzezinski ist das deutlich gesagt: Es bleibe „denen, die den Kommunismus ablehnen, nichts anderes übrig, als auf den Untergang dieses Totalitarismus hinzuarbeiten" (1957: 102). Dies macht denn auch den Sinn des Versuchs – wie Werner Hofmann formuliert hat –, „die obwaltende Antipathie gegenüber faschistischen Herrschaftsgebilden der jüngsten Vergangenheit über das Mühlrad der 'Totalitarismus'-Kritik auf eine inhaltlich grundverschiedene andere Ordnung umzuleiten" (1968: 17). Was aber gegen den Kommunismus sich richtet, sollte wenigstens nicht als Theorie des Faschismus auftreten. Das müßte, selbst bei kargen Ansprüchen, von Wissenschaft zu verlangen sein.

Nach dem Untergang des sowjetischen Modells dürfte freilich das Interesse an diesem unhistorischen Konstrukt nachlassen – soweit es nicht als ideologischer Sperriegel gegen Neubelebungen gesellschaftskritischen Denkens gebraucht wird.[25] Seine wichtigste Funktion jedenfalls ist erloschen.

4.2. Transpolitisches Phänomen

In den frühen 1960er Jahren hat Nolte eine Faschismusdeutung vorgelegt, die einerseits die Allgemeinheit und Geschichtsferne der Totalitarismus-Theorie kritisiert, anderseits selbst mit ihr umgeht und insgesamt ein verwirrendes, kryptisches Bild entwirft.

Nicht der „Totalitarismus als solcher", sondern als dieser, als „Faschismus in seiner Epoche" soll erfaßt und – wesentlich durch philosophische Reflexion – auf den weltgeschichtlichen Begriff gebracht werden. Nolte wählt dazu eine in dieser Zeit ungewohnte Perspektive. Dem Faschismus solle, so sagt er, „die Aufrichtigkeit und Wirkungsmacht der subjektiven Zwecksetzungen, die eine der Hauptgrundlagen seiner Unterschiedenheit sind, nicht abgestritten werden". Ihm stehe „jene Sympathie" zu, die „dem Betrachter im Betrachteten die Fülle und die Identität des Menschlichen zu erkennen gibt". Zwar habe der Faschismus „jene Untat begangen, der in der Weltgeschichte nichts verglichen werden kann, auch nicht der Terror Stalins gegen das eigene Volk und die eigene Partei, weil sie zugleich rational bis zur Perfektion und irrational bis zum Exzeß war ..." Aber sie sei „in einer mächtigen und durchaus internationalen Tendenz des Denkens und Empfindens seit langem angelegt" gewesen. „Nicht ein widermenschliches System, von dem der Mensch sich distanzieren könnte, führte zu ihr, sondern gerade nur allzu menschliche Sorgen und Ängste." (1963: 34f.)

Aus diesem Vexierbild schälen sich bei sympathieloser Analyse drei Figuren heraus. Erstens eine eigentümliche *Subjektivierung*: Aufrichtigkeit, subjektive Zwecksetzungen, Sympathie, das Menschliche, Denken und Empfinden, der Mensch, allzu menschliche Sorgen und Ängste. Zweitens, korrespondierend, die Geringschätzung des Objektiv-Realen. Drittens, resultierend, die ausdrückliche Zurückweisung des gesellschaftlichen Bezugs. Ein der Subjektivität vorausliegender, sie überbietender Zusammenhang des Faschismus mit Herrschaft ist für Nolte einfach nicht vorhanden, ohne daß es dazu einer Auseinandersetzung mit den geschichtlichen Tatsachen bedürfte.

Ein weiteres Axiom ist, daß der Faschismus „als weltgeschichtliche Erscheinung tot" und daß „eine Beziehung auf Vorgänge der Gegenwart [...] daher durch die Themenstellung ausgeschlossen" sei (ebd.: 33, 25). Damit ist die Irrelevanz der Faschismusfrage für das Heute erklärt und die gesellschaftlich-politische Wirklichkeit des Faschismus in den doppelten Sarg der Subjektivität und der abgeschlossenen Vergangenheit gelegt. Dies ist für Nolte die Stunde der „historische(n) Objektivität", in der jener als *immaterielles „Phänomen"* betrachtet und gewürdigt werden kann (ebd.: 33f.).
Noltes „Hauptgrundlage an Quellen" sind die Äußerungen der faschistischen 'Führer' (ebd.: 7). Durch sie will er „den Faschismus und den Nationalsozialismus zu Wort kommen lassen". Denn es geht ihm um ein „Verständnis dieser Phänomene, wie sie sich von sich aus darstellen", im Unterschied zu einer „von außen kommenden Kritik". (Ebd.: 53f.) Hier wird abermals ein Axiom eingeführt, das sich mit den anderen zu einer jeder Erkenntnis vorgelagerten Barriere verbindet: Phänomene im Nolte'schen Sinn werden durch „Sprache", „Selbstverständnis", „Ideologie" und „epochen- (oder auch zeitalter-) bestimmende Wirkung" konstituiert. Das Wesentliche wird damit auf der Erscheinungsebene fixiert. Das Faktisch-Materielle wird sogar ausdrücklich ausgeschlossen: „Ein Stahlwerk ist in diesem Sinne kein Phänomen und im allgemeinen ebensowenig eine Stadt oder eine Provinz."(Ebd.)
Diese Betrachtungsweise steht fest in der Tradition der deutschen Geistesgeschichte, an der Marx und Engels schon 1846 kritisierten, sie glaube „jeder Epoche aufs Wort, was sie von sich selbst sagt und sich einbildet" (1962: 49). Nolte gibt ihr eine besondere Begründung: Es gehe darum, im Wort des faschistischen Führers – das in einer Führerbewegung das allein Maßgebliche sei – den „Sinn des Ganzen" habhaft zu machen, wobei „in der Kontrapunktik des verborgenen Dialogs der beiden faschistischen Führer [...] sich ein Hauptwesenszug des Faschismus" enthülle. Mithin müßten die „Gedanken Mussolinis und Hitlers das Zentrum" einer Darstellung des Faschismus ausmachen, da sie in der „lebendigen Verflochtenheit der Da-

seinsmomente [...] das mächtigste und forttreibendste dieser Momente" gewesen seien. Mit der so entfalteten Selbstdarstellung des faschistischen Phänomens werden „dessen eigener Impuls [...] spürbar und nachvollziehbar". (1963: 54-57)

Auf diesem Weg, auch wenn er von Nolte selbst vielfach durchbrochen und unterbrochen wird, vollzieht sich eine fundamentale *Realitätsverkürzung*. Der ausdrückliche Verzicht auf Realanalyse, die methodische Ausgrenzung aller Nicht-Phänomene in seinem Sinn, die Fixierung auf Ideologie ohne Vermittlung mit deren Kontexten und ohne systematische Kritik, schließlich die Reduzierung der faschistischen Ideologie auf die Äußerungen der Führer, ohne auch nur den Unterschied von Bewußtsein und Propaganda, von Absicht und Ausdruck zu reflektieren, führen zur völligen Auflösung des Objektiven im Subjektiven, der Realität in Ideologie, der gesellschaftlichen Totalität in Meinung und Wahn.

Folgerichtig steigt aus diesem Kontinuum der Faschismus als „transpolitisches Phänomen" auf (ebd.: 513ff.). Faschismus sei, so Nolte, „Widerstand gegen die praktische Transzendenz und Kampf gegen die theoretische Transzendenz in einem". Die Wendung gegen „praktische Transzendenz" – was etwa heißen soll: emanzipatorische Politik – sei allen konservativen Richtungen, zu denen auch der Faschismus gehöre, gemeinsam. „Erst wenn die theoretische Transzendenz [...] ebenfalls verneint wird, ist der Faschismus an den Tag gekommen." (Ebd.: 544) Damit wird die Ablehnung der „theoretischen Transzendenz" – d. h. des über das Bestehende hinausgreifenden Denkens – zum innersten Bestimmungsgrund des Faschismus erhoben.

Am Ende der Nolte'schen Kreisbewegung kehrt denn auch die Figur der „Sympathie" wieder, die nicht Personen und Taten des Faschismus gelte, sondern „jener Ratlosigkeit, die gerade dem ungeheuerlichsten Versuch, ihrer zu steuern, zugrunde liegt und die der allgemeinste Ausdruck einer noch unabsehbaren Epoche ist" (ebd.: 545). So zeigt sich dieser Interpretationsansatz, der mit äußerstem Anspruch vorgetragen wird, von seinem Gegenstand unentrinnbar fasziniert und wird schließlich von ihm verschlungen. Die Summe ist eine im Wortsinn bodenlose Verdoppelung, Verzierung, Überhöhung des Faschismus, die ihn als blutige Realität auslöscht und in die Transzendenz eines dunklen philosophischen Jargons aufhebt, wo Ratlosigkeit alles, vieles möglich und außer der Sympathie des Betrachters wenig gewiß scheint.[26]

4.3. Autonomie des Politischen

Seinen Opfern stellte sich der Faschismus keineswegs als spekulativ-diffuses Gedankenspiel dar; vielmehr erfuhren sie ihn als Wirklichkeit aus Verfolgung, Folter und Mord. So hat Eugen Kogon den „SS-Staat" als einen *Monolith der Gewalt*, des allgegenwärtigen Terrors geschildert, der „Autonomien jeder Art" beseitigt, nach „totaler Reglementierung" gestrebt und alle gleich gepreßt und unterdrückt habe (1974: 14f.). Während diese kurz nach Kriegsende niedergeschriebene Darstellung die Erfahrung des KZ-Systems unmittelbar widerspiegelt und darin ihre eigentliche Bedeutung hat, hält Ernst Fraenkels im faschistischen Vorkriegsdeutschland verfaßte, nach seiner Emigration in die USA 1941 publizierte Untersuchung des *„Doppelstaates"* analytischen Abstand und entwickelt einen differenzierten theoretischen Begriff von ihrem Gegenstand.

Fraenkels Interesse gilt den „Beziehungen [...] zwischen dem heutigen deutschen Kapitalismus und der Betätigung des Normen- und Maßnahmenstaates". Dabei verfolgt er die These, daß das „kennzeichnende Merkmal der nationalsozialistischen Diktatur die Kombination dieser beiden Komponenten" sei. (1974: 22, 24) In seiner Gesamtheit sei dieses System eine „souveräne Diktatur", ihr „Inhaber [...] der Führer und Reichskanzler [...] Es steht ausschließlich in seinem Ermessen, wie von dieser Macht Gebrauch gemacht werden soll." (Ebd.: 29) Alles, was in Ableitung von diesem Prinzip praktiziert werde, falle in den Bereich des Maßnahmenstaates, die übrigen öffentlichen Aktivitäten in den des Normenstaates. Dieser verfahre einerseits rechtsförmig, beruhe aber anderseits allein auf der „Selbstbeschränkung" des Maßnahmenstaates (ebd.: 89).

Das politische System erscheint in dieser Sicht als autonom. An anderer Stelle heißt es aber, der Faschismus sei „sowohl programmatisch als auch faktisch auf die Anerkennung des Privateigentums festgelegt", und da dies die „Reichweite des Maßnahmenstaates" eingrenze, könne von einem totalen Staat keine Rede sein: „Wo die dem kapitalistischen System immanenten Prinzipien in Gefahr sind, fungieren die Gerichte als 'Hüter des Rechts'." (Ebd.: 93, 107) Der „Klassencharakter des nationalsozialistischen Staates" sei offensichtlich (ebd.: 133). Sein Wirtschaftssystem repräsentiere einen „neuen Typ des Kapitalismus". Er sei „eng mit der Gestalt des Doppelstaates verwoben", seine monopolistischen Züge würden ständig verstärkt, die „Vorherrschaft des Privateigentums ausgedehnt". (Ebd.: 203, 205)

Die Spannung zwischen der rechtspositivistischen und der gesellschaftskritischen Sicht wird bei Fraenkel nicht konzeptionell aufgefangen. Vielmehr wird die Systemdimension einmal angezogen und dann wieder abgestoßen. So wird die „Macht als Ziel" ihrer selbst und die Ökonomie als deren Mittel erklärt: Alle Aktivität stehe letztlich unter der Perspektive, „die Macht des Staates zu stärken". (Ebd.: 208) Aufrüstung und Kriegsvorbereitung werden aus dem Bestreben nach innerer Konsolidierung des Staates abgeleitet. Da die Arbeitsbeschaffung „das vermutlich ausschlaggebende Endziel der nationalsozialistischen Wirtschaftspolitik" sei, diese aber große Opfer erfordere, habe es einer volkstümlichen Begründung bedurft. „Das einfachste war die Verfolgung einer nationalistischen Politik." (Ebd.: 214f.)

> Diese Interpretation stößt sich jedoch massiv mit Fraenkels Einsichten in den Klassencharakter des Faschismus. Die Lösung des Problems wird in der Annahme gesucht, der faschistische Staat teile gesellschaftliche Positionen quasi auf Widerruf zu: Die Existenz der Industriellen und Großgrundbesitzer beruhe „weitgehend auf der Chance, daß die Führungsschicht kein Interesse daran hat, sie aus ihren sozialen und wirtschaftlichen Machtpositionen zu verdrängen“ (ebd.: 216). Zwar fallen verschiedentlich Aussagen aus diesem Muster heraus. So heißt es: Der Normenstaat sei „das rechtliche Rahmenwerk für das Privateigentum“, und der Maßnahmenstaat habe dabei „indirekt unterstützende Funktion“ (ebd.: 218f.). Fraenkel erklärt sogar, der Faschismus sei seinem gesellschaftlichen Charakter nach „die der imperialistischen Phase des Kapitalismus dienliche politische Struktur“ (ebd.: 230). Aber immer wieder zeigt sich das Axiom von der „Macht um der Macht willen“ (ebd.: 235) als Erkenntnisgrenze der Fraenkel'schen Faschismusdeutung.

Dem Entwurf fehlt es empfindlich an einem geklärten theoretischen Begriff vom gesellschaftlichen Ganzen und vom Zusammenhang seiner Dimensionen. Deshalb schwankt er zwischen politischer Phänomenologie und gesellschaftlicher Strukturanalyse des Faschismus hin und her und ordnet sich die Verhältnisse so, daß „die Politik und nicht die Wirtschaft ausschlaggebend“ sei (ebd.). Demgemäß heißt der letzte Schluß, die Politik des Faschismus sei von „zielloser Irrationalität“ geprägt, für die sich auch der Kapitalismus „entschieden“ habe: „So ist ein Mythos der Hafen, in welchem der deutsche Kapitalismus Schutz sucht.“ (Ebd.: 239-41)

Trotz seiner systematischen Schwächen jedoch bietet Fraenkels Formanalyse Einblick in bestimmte Züge des faschistischen Systems und in die Stellung der Kapitalinteressen. Das Modell des „Doppelstaats“ gibt seither vielen Darstellungen den theoretischen Bezugsrahmen. Allerdings wird oftmals nur noch die politische Struktur und Prozedur des faschistischen Systems betrachtet: als Koalition verschiedener Machtträger, als diffuse oder konfuse Vielheit konkurrierender Organe, als Kompetenzanarchie. Damit geht aber der Zusammenhang von Form und Sinn des Faschismus vollends verloren. Denn entweder werden die Dimensionen von Ökonomie und Politik gänzlich voneinander getrennt, die Systemfrage beiseite gelassen, das Großkapital als gleich unterworfen und machtlos dargestellt. Oder sie werden in Hinsicht auf das Personal, das sie repräsentiert, auf die Ebene gleichrangiger, pluralistischer Machtgruppen zusammengezogen, die vor allem von Status- und Karriereinteressen, Machtwünschen und anderen subjektiven Motivationen bewegt seien.

Insgesamt verfehlen oder verkürzen die Versionen dieses Ansatzes die gesellschaftliche Dimension, indem sie den Faschismus als ein im wesentlichen politisches System interpretieren. Damit folgen sie auch seiner Selbstdarstellung – denn er wollte als reine Politik, absolute Macht erscheinen und nach Woher und Wozu nicht fragen lassen.[27] Wenn aber wirklich die politische Form und das Verkehrsverhältnis der Führungsgruppen das Spezifische, Wesentliche am Faschismus wären, dann wäre schließlich durch die Herstellung formaldemokratischer Strukturen und die Beachtung ihrer Regeln das Nötige an Aufarbeitung der Vergangenheit und zugleich an Sicherung gegen ihre Wiederholung unter jeder Gestalt geleistet. Der Ansatz ergibt somit letztlich, trotz wichtiger Aufschlüsse im Einzelnen, eine in mehrfacher Hinsicht bedenkliche Mißweisung.

5. Auf das gesellschaftliche Ganze bezogene Ansätze

5.1. Verselbständigung der politischen Gewalt

Faschismustheorie ist, wie Gerhard Schulz bemerkt hat, „innerhalb der marxistischen Bewegung entstanden" und hat in Abwandlung oder Ablehnung, offen oder versteckt, immer einen Bezug auf sie behalten (1974: 14). In der Tat ist auf dieser Grundlage der Faschismus schon früh in theoretisch anspruchsvoller Weise analysiert worden. Einer der markantesten Ansätze dieser Art verbindet sich mit dem Namen August Thalheimers und der 1928 von der KPD abgespaltenen KPD-Opposition (KPO). Er ist in kontinuierlicher Auseinandersetzung mit dem realen Prozeß über mehrere Jahre hinweg entfaltet und differenziert worden. Denn das theoretisch-politische Interesse der Gruppe richtete sich vor allem andern auf den Faschismus, seine Konstitutionsbedingungen, seine Systemfunktion und seine Bekämpfung.

Thalheimer geht in seiner konzeptionellen Grundlegung von 1928 von Marx' und Engels' Analysen der 1851 in Frankreich etablierten Diktatur Louis Bonapartes, des sogenannten *Bonapartismus*, aus. Diesem und dem Faschismus seien „wesentliche Züge gemeinsam". Vor allem seien dies „die 'Verselbständigung der Exekutivgewalt', die politische Unterwerfung aller Massen, einschließlich der Bourgeoisie selbst, unter die faschistische Staatsmacht bei sozialer Herrschaft der Großbourgeoisie und der Großgrundbesitzer". Beide hätten die gleiche soziale Basis. Beide verdankten ihre Etablierung einer Phase zugespitzter Klassen-Auseinandersetzungen, gekennzeichnet durch schwere Rückschläge für das Proletariat, aber auch durch eine relative Schwäche der Bourgeoisie.[28] Beide träten als „allgemeine Wohltäter aller Klassen" auf, hätten gleich strukturierte Herrschaftsapparate, und ihre „inneren Widersprüche" liefen gleicherweise auf den Krieg hinaus (1973a: 39, 41).

Anderseits merkt Thalheimer auch „wesentliche Unterschiede" zwischen Bonapartismus und Faschismus an, die vor allem in der Entwicklung des Kapitalismus von der freien Konkurrenz zum Monopol und zum Imperialismus begründet seien. Der Faschismus stütze sich anders als der Bonapartismus auf eine breite Massenbewegung, um mit ihr das starke Proletariat niederzuhalten. Auch steigerten die qualitativ anderen „organisatorischen Grundlagen und Mittel der faschistischen Staatsmacht" die Widersprüche „zwischen den sozialen Interessen dieser Massen und dem Interesse der herrschenden Klassen, denen sie dienstbar gemacht wird". (Ebd.: 41-43)

Die Verselbständigung der Exekutive ergibt für Thalheimer den Schlüssel, um trotz der konstatierten Veränderungen des Kapitalismus auch die widerspruchsvolle Beziehung zwischen gesellschaftlicher Basis und gesellschaftlicher Funktion des Faschismus zu erfassen. Real liegt dem ein Aspekt zugrunde, der das italienische ebenso wie das deutsche Großbürgertum beunruhigte: das Ambivalenzpotential der faschistischen Massenbewegung, das Risiko also, daß sich ihre soziale Dynamik, möglicherweise entscheidend verstärkt durch staatliche Machtmittel, gegen die Kapitalinteressen wenden könnte.

Thalheimers Auslegung geht trotzdem am Kern der Sache vorbei, weil er von den Parallelen zwischen Bonapartismus und Faschismus übermäßig fasziniert ist. Zum einen verkennt er die Vielschichtigkeit der Marx/Engels'schen Interpretation, die ja in verschiedenen Stufen und Phasen entwickelt worden ist – Bonapartismus heißt für sie eben nicht einfach verselbständigte Exekutivgewalt. Zum andern übersieht er die theoretischen Probleme der recht grobmaschigen Klassenanalyse in Marx' „Achtzehntem Brumaire" (s. bes. Marx 1960: 115ff.). Zum dritten trägt er dem gesellschaftsgeschichtlichen Entwicklungsabstand zwischen der Mitte des 19. Jh. und den 20er und 30er Jahren des 20. Jh. nicht wirklich Rechnung. Wie sollte sich denn etwa die gesellschaftliche Herrschaft der Bourgeoisie vom politischen System in der Weise abtrennen lassen, daß diese durch den Faschismus zugleich „sozial 'gerettet' und politisch vergewaltigt" werden könnte (Thalheimer 1973a: 45) – während Thalheimer selbst für den französischen Fall zustimmend Marx mit der Aussage zitiert: Indem Bonaparte die materielle Macht der Bourgeoisie beschütze, erzeuge er von neuem „ihre öffentliche, ihre politische Macht" (ebd.: 33; Marx 1960: 204)?

In Wirklichkeit kann der Bonapartismus-Ansatz die Probleme, um die es geht, nicht lösen. Er erweist sich vielmehr als Fallstrick der Analyse, nötigt zu Ausweichmanövern und spekulativen Setzungen und stiftet Verwirrungen eigener Art.

So behauptet Thalheimer, daß die parlamentarische Republik die „direkte politische Herrschaft" der Bourgeoisie, der faschistische Staat aber die „heutige Form der offenen Diktatur der Bourgeoisie" sei (ebd.: 39). Oder er erklärt: Bei der schrittweisen Aushöhlung des bürgerlich-parlamentarischen Regimes sei „die Bourgeoisie selbst [...] der Hauptagent"; die Herstellung der Diktatur selbst könne aber „nur durch einen Sprung, einen Putsch oder einen Staatsstreich erfolgen, bei dem die Bourgeoisie selber das passive Element ist“ (ebd.: 45). Diese Konstruktion trifft jedoch weder den italienischen, noch den deutschen Fall. Bei beiden zeigten vielmehr die sog. Eliten, insbesondere maßgebende Kapitalgruppen, ein massives, letztlich entscheidendes Engagement.[29]

Die Faschismusanalyse der KPO wird durch die Fixierung auf die historische Analogie am Ende mehr gehindert als gefördert. Zwar wird das Verselbständigungs-Theorem in der Anwendung auf den deutschen Faschismus verschiedentlich variiert. So wird 1931 der Faschismus definiert als „offene Gewaltherrschaft zum Besten des Kapitals, bei der dieses [...] politisch abdankt, zugunsten des Staatsapparates und der mit diesem verbundenen faschistischen Terrorbanden“ (Anonym 1931: 100). Kurz nach dem 30. Januar 1933 heißt es einerseits: „Faschistische Diktatur bedeutet die politische Abdankung der Bourgeoisie, um ihre soziale Existenz zu retten.“ Und anderseits: Es sei „die tiefere Bedeutung der faschistischen Diktatur“, dem Monopolkapitalismus einen „kapitalistischen Ausweg aus der Krise [...] zu bahnen“. (Anonym 1973a: 212, 218) Mit Retuschen dieser Art ist aber der Problematik nicht abzuhelfen. So verselbständigt sich in der Beharrung auf dem Bonapartismus-Modell die Figur der Verselbständigung, löst sich von der Realanalyse des Faschismus immer stärker ab und gerinnt zu theoretischen Grotesken von der Art, daß „die politische Allmacht der faschistischen Kleinbürger [...] ihre soziale Ohnmacht“ enthülle (Anonym 1933a: 13).

Auf diesem Weg ist die Faschismusanalyse der KPO selbst erheblich irritiert und das Bild von ihr verzerrt worden. In der Summe ihrer Beiträge hat sie nämlich eine hochkomplexe Interpretation des Faschismus geliefert, die gerade da, wo sie sich von jener allzu griffigen Formel löst, außerordentliche Klarheit und Weitsicht beweist. So heißt es schon 1930: Im Faschismus sei nicht das Kleinbürgertum, sondern das Großkapital im Besitz der „wirklichen Macht“. Nur die „Herrschaftsform“ werde beseitigt, der „Unterdrückungsapparat der Bourgeoisie“ aber gestärkt. (Peregrinus 1973: 72) Nach der Etablierung des deutschen Faschismus heißt es: Das Großkapital habe nunmehr „die unumschränkteste wirtschaftliche und gesellschaftliche Macht, die es je besessen hat“ (Anonym 1933b: 37). Und: Die faschistische Diktatur sei „ohne jede Selbständigkeit gegenüber der gesellschaftlichen Herrschaft des Kapitals“ (Anonym 1933a: 13).

Die wirkliche Leistung dieser Gruppe liegt deshalb eher jenseits des Bonapartismus-Modells: nämlich in der scharfsinnigen, systematischen Untersuchung der politökonomischen Entwicklung, der Klassenverhältnisse, der Beziehung zwischen *Basis und Funktion* des Faschismus; und daraus resultierend in der illusionslosen Einschätzung der Perspektive des Faschismus einerseits, der Arbeiterbewegung anderseits. Während die großen Arbeiterorganisationen in ihrer Fixierung gegeneinander die Dimension des aufziehenden Faschismus theoretisch und praktisch bis zur Unkenntlichkeit verzerrten, warnte die KPO schon 1931 vor der „Barbarenherrschaft sondergleichen", die Deutschland und insbesondere der Arbeiterbewegung durch den Faschismus drohe (Anonym 1931: 101). Und sie warb immer wieder für die Zurückstellung aller Differenzen und für die gemeinsame Abwehr des Faschismus.

Die Tatsachen geben Wolfgang Abendroth recht, wenn er die „realistische Analyse des Faschismus" durch die KPO, im Gegensatz zu KPD und SPD, hervorhebt: Sie habe „auch die richtigen politischen Konsequenzen" gezogen und sei so in dieser Zeit „die einzige Gruppe, die einen Ausblick auf eine sinnvolle politische Praxis zu bieten vermag" (1976: 118-121). Daher ist es eine uneinsichtige und anachronistische Verlängerung fraktioneller Fehleinschätzungen, daß Manfred Weißbecker noch nach vierzig Jahren Thalheimer und das, wofür er steht, mit dem Etikett „Rechtsopportunist" abzuqualifizieren versucht (1975: 95; s. auch 94ff.). Aber geradezu verwegen und eine blanke Denunziation ist es, wenn Kurt Gossweiler ausgerechnet Thalheimers Ansatz als „besonders raffinierte Variante der Entlastung des Monopolkapitals" bezeichnet (1972: 12).

In direkter Anknüpfung an das Bonapartismus-Theorem, dabei auf gewichtige Insiderkenntnisse aus einer strategischen Schaltstelle des deutschen Großkapitals gestützt, hat Alfred Sohn-Rethel das Verhältnis von Ökonomie und Politik im Faschismus zu bestimmen versucht. Er spricht schon für die Anfangsjahre der faschistischen Herrschaft von der Unterordnung der Industrieinteressen, von der „politischen Gefangenschaft der Bourgeoisie in ihrer faschistischen Diktatur", von der „objektiven Ohnmacht der Bourgeoisie" und der „objektiven Übermacht der Partei", die sich mit den wachsenden ökonomischen Schwierigkeiten im 'Dritten Reich' weiter verstärkt habe (1973: 110f., 177). Diese Sicht kulminiert in folgendem Bild: „Die Faschistenpartei ist der Knecht der Bourgeoisie, aber nur in dem Verhältnis, daß sie über ihrer Bourgeoisie im Sattel sitzt und diese mit Sporen und Kandare ihre eigene Bahn reitet." Der Umbruch in den Faschismus verhänge nämlich ein "Zwangsregiment auch übers Monopolkapital" selbst, insofern nun „der Staat" die ökonomischen Grundentscheidungen treffe und lediglich Gewinne und Verluste privat blieben (ebd.: 177, 187).

Sohn-Rethel schlägt damit zugleich eine Brücke von Thalheimers Ansatz zu der machttheoretischen Konzeption Fraenkels (1974) und auch Fred Pollocks (1975). Wer oder was aber herrschte wirklich, wenn „der Staat" die Ökonomie dirigierte? Auch der faschistische Staat konnte nichts von seiner kapitalistischen Grundlage Geschiedenes, ganz Anderes sein. Für die imperialistische Perspektive ebenso wie für die innere Stabilität hing im Gegenteil alles von der Funktionsfähigkeit, Effektivität und Prosperität des ökonomischen Systems, besonders seiner großen Einheiten, ab. Auch auf der personellen Vermittlungsebene setzten sich die Interessenlage und die professionelle Kompetenz der führenden Kapitalgruppen in den meisten Fragen durch – selbst gegen Kernsätze der faschistischen Programmatik.

In Wirklichkeit zeigt die Widersprüchlichkeit, ja Konfusion der Sohn-Rethel'schen Setzungen zufolge ihrer groben Form die Problematik des Ansatzes besonders deutlich. In dem Bild von Pferd und Reiter nimmt das Ganze nahezu selbstparodistische Züge an, indem der Herr als Pferd, sein Knecht als Reiter, aber dessen Tun als Ausführung des Herrenwillens und zugleich als Terror gegen den Herrn dargestellt wird.[30] Die bemerkenswerten Informationen zur Sache, die Sohn-Rethel bietet, werden so in eine Konzeption gezwängt, die die Komplexität der Verhältnisse nicht fassen kann und die mit paradoxen Hilfskonstruktionen aufzufangen sucht, was dem theoretischen Begriff entgleitet.

5.2. Terroristische Diktatur des Monopolkapitals

Die kommunistische Weltbewegung beschäftigte sich schon früh mit der Frage, was der italienische Faschismus für die bürgerliche Gesellschaft allgemein bedeute.

So erklärte die KPD-Politikerin Clara Zetkin bereits im Jahr 1923, das Proletariat habe im Faschismus „einen außerordentlich gefährlichen und furchtbaren Feind" vor sich. Seine Träger seien – anders als es etwa bei dem feudal-reaktionären Horthy-Regime in Ungarn der Fall war – keine „kleine Kaste, sondern [...] große Massen, die selbst bis in das Proletariat hinreichen". Er sei ein Produkt und Symptom der kapitalistischen Systemkrise, woraus folge, daß „nach der sozialen Zusammensetzung seiner Truppen der Faschismus auch Elemente einschließt, die der bürgerlichen Gesellschaft außerordentlich unbequem, ja gefährlich werden können". (1967: 88f., 92)
Infolge ihrer ideologischen Belegung, meinte Zetkin, schwankten die kleinbürgerlichen Massen zwischen den Klassenfronten. Sie würden jedoch von der Bourgeoisie, die „in der Beurteilung der Lage und in der Verfechtung ihrer Klasseninteressen bei weitem klüger und erfahrener" sei als das Proletariat, angelockt und gefördert, weil diese die faschistische Bewegung als einen „in ihrem Dienste zu allem entschlossenen Gewalthaufen" einschätze. Diesen benötige sie, da sie im ganzen „die Sicherheit ihrer Klassenherrschaft nicht mehr von den regulären Machtmitteln ihres Staates allein erwarten" könne (ebd.: 93). Daher lautete ihre Schlußfolgerung: Nur durch die proletarische Einheitsfront „ohne Unterschied der Partei und der Gewerkschaftsorganisation" werde der Kampf gegen den Faschismus auch in Deutschland erfolgreich sein können (ebd.: 110).

Der Scharfblick dieser Einschätzung ging jedoch bald verloren. Die Durchsetzung des Stalin'schen Kurses und die schrittweise Verdrängung kritischer Positionen aus den kommunistischen Parteien machten sich auch hier bemerkbar. Der Vorsitzende der Kommunistischen Internationale (KI), Grigorij Sinowjew, vertrat anscheinend als erster die These, daß es einen „Block der Sozialdemokratie mit dem Faschismus“ gebe, daß sie „ein faschistischer Flügel der Arbeiterbewegung“, ein „Bestandteil des Faschismus“, ein „Flügel des Faschismus“ geworden sei (zit. n. Faschismusanalyse 1974: 74f.). Schon auf dem Fünften Weltkongreß der KI 1924 spielte diese These eine gewichtige Rolle, wurde kurz darauf auch von Stalin aufgegriffen und trat in den Beschlüssen des Sechsten Weltkongresses 1928 als Losung „Gegen den Reformismus und Faschismus ...“ hervor.[31]

Die entscheidende Weichenstellung erfolgte 1929, als das Zehnte Plenum des Exekutivkomitees der KI den *„Sozialfaschismus“* zur eigentlichen Gefahr erklärte und „die sich mit besonderer Schärfe erhebende Aufgabe der entschiedenen Verstärkung des Kampfes gegen die Sozialdemokratie“ in den Mittelpunkt der kommunistischen Politik stellte (zit. n. ebd.: 144).[32] Nach Abendroths Einschätzung war die Übernahme der Sozialfaschismus-These durch die KPD der Grund dafür, daß der „Graben zu den Arbeitern, die in der sozialdemokratischen Partei organisiert waren, weiter vertieft und schließlich unüberbrückbar“ wurde (1976: 84). Diese Agitation verdeckte auch die gleichwohl entwickelten Einsichten in das Faschismusproblem, und sie machte die abrupten Einheitsfront-Aufrufe wirkungslos, mit denen die KPD nach der verfassungswidrigen Beseitigung der preußischen Regierung am 20. Juli 1932 sowie unmittelbar nach der Etablierung des Faschismus die Entwicklung noch aufzuhalten versuchte.

Erst zwei Jahre später kam es, nach einem schwierigen, widerspruchsvollen Klärungsprozeß,[33] auf dem Siebenten Weltkongreß 1935 zu dem Versuch, den Kurs neu zu bestimmen und auch schwerwiegende eigene Fehler aufzuarbeiten. Im allgemeinen wird jedoch aus der umfangreichen Auseinandersetzung nur die sogenannte *Kominternthese* aufgegriffen, die schon vom Dreizehnten Plenum im Dezember 1933 formuliert worden war: „Der Faschismus ist die offene, terroristische Diktatur der am meisten reaktionären, chauvinistischen und imperialistischen Elemente des Finanzkapitals.“ (Zit. n. Weber ed. 1966: 279) Losgelöst von allen theoretischen und praktischen Kontexten wird seitdem massive Kritik an der Unzulänglichkeit dieser These geübt. In Wirklichkeit aber versuchten verschiedene Redner, insbesondere Georgi Dimitroff, der auf dem Kongreß neuer KI-Generalsekretär wurde, eine auf das gesellschaftliche Ganze bezogene, differenzierte Analyse, die sich in jener Kurzformel ebensowenig erschöpft, wie etwa die Faschismusanalyse der KPO im Verselbständigungs-Theorem.

Dimitroff – der im Zusammenhang mit dem Reichstagsbrandprozeß seine eigenen Erfahrungen mit dem Faschismus an der Macht gesammelt hatte – ging davon aus, daß dieser der „herrschenden Bourgeoisie“ dazu dienen solle, „die ganze Last der Krise auf die Schultern der Werktätigen abzuwälzen". Jene sei „nicht mehr imstande, ihre Diktatur über die Massen mit den alten Methoden der bürgerlichen Demokratie und des Parlamentarismus aufrecht zu erhalten", und greife deshalb zu einer neuen Staatsform, der „offenen terroristischen Diktatur". Ihre Hauptziele seien ein „imperialistischer Raubkrieg", der die Sowjetunion vernichten und die Neuaufteilung der Welt herbeiführen solle, und die Verhinderung der Revolution. (Protokoll 1976: I, 321, 323)

Der Faschismus habe, so Dimitroff, die von den alten bürgerlichen Parteien enttäuschten Massen des Kleinbürgertums und auch Teile des Proletariats an sich ziehen können, weil er „in demagogischer Weise an ihre brennendsten Nöte und Bedürfnisse appelliert" habe und weil sie unter dieser Tarnung seinen Klassencharakter als „Macht des Finanzkapitals selbst" nicht erkannt hätten. Den Machtantritt des Faschismus dürfe man sich dabei „nicht so simpel und glatt vorstellen, als ob irgendein Komitee des Finanzkapitals den Beschluß faßt, an diesem und diesem Tage die faschistische Diktatur aufzurichten". Vielmehr seien dem heftige Auseinandersetzungen innerhalb wie außerhalb des faschistischen Lagers vorausgegangen (ebd.: I, 322-24). In der Resolution des Kongresses fehlte diese Differenzierung jedoch, und es war nur noch von der „faschistischen Agentur" und der „Rolle eines Lakaien der Großbourgeoisie" die Rede (ebd.: II, 985).

Dimitroff rügte eine „Reihe von Fehlern" der Kommunistischen Parteien: „Unterschätzung der faschistischen Gefahr", Vernachlässigung der subjektiven Probleme bei den kleinbürgerlichen Massen, „scholastische Hohlschwätzerei um ernste politische Fragen", „sektiererische Beschränktheit" in bezug auf die Aufgaben der Partei. Er erklärte sogar: „... man kann dem Faschismus den Weg versperren [...] Das hängt von uns selbst ab ..." (Ebd.: I, 331, 379, 331f.) Diese ungewohnt deutliche Kritik an die eigene Adresse sollte den Boden vorbereiten für die Zurücknahme der Sozialfaschismus-These. Sie kam zwar als solche gar nicht vor, aber sie wurde – trotz scharfer Kritik an der Sozialdemokratie, die durch ihre Spaltungspolitik schuld sei an der politischen und organisatorischen Entwaffnung des Proletariats, ja überhaupt am Sieg des Faschismus (s. ebd.: I, 321ff.) – faktisch durch ihr Gegenteil ersetzt. Die Einheitsfront der Arbeiterparteien, erklärte Dimitroff, entspreche den „Lehren der Niederlage". Notwendig seien nun „gemeinsame Aktionen [...] gegen den Faschismus, gegen die Offensive des Kapitals, gegen die Kriegsgefahr, gegen den Klassenfeind". Außerdem müsse in allen in Frage kommenden Ländern eine „breite antifaschistische Volksfront auf der Grundlage der proletarischen Einheitsfront" hergestellt werden (ebd.: I, 335-37, 342).

Insgesamt gingen von diesem Kongreß weitreichende Einsichten in die Bedeutung und die Perspektiven des Faschismus aus – auch wenn in der offiziell beschlossenen und danach tausendfach wiederholten 'Kominternthese' eine schwerwiegende Verkürzung angelegt war, die auch theoretisch lange Zeit nachwirkte. Wie indes schon 1935 diese These nicht für das Ganze stand, so erst recht nicht, entgegen einem weitverbreiteten Vorurteil, in der bei ihr ansetzenden wissenschaftlichen Arbeit. Zwar wurde etwa in der Faschismusforschung der DDR, die vor allem der historisch-empirischen Analyse des deutschen Faschismus galt, immer wieder auf sie rekurriert. Aber je weiter die Entwicklung fortschritt, desto stärker ließ die Sperrwirkung nach, und eine komplexe, auch theoretisch anspruchsvolle Diskussion bildete sich heraus. Allerdings blieb eine problematische Neigung zum dogmatischen Gebrauch der Schriften von Marx, Engels und Lenin erhalten. Mit derartigen ritualisierten Bekenntnisübungen stellte sich diese Richtung selbst unter ihrem Wert dar und nährte zugleich das interessierte Gerücht, daß es gesellschaftskritischen Faschismustheorien an Sachargumenten fehle.

In einer besonderen Weise zeigt sich die Problematik des Ansatzes an Opitz' Arbeit: „Über die Entstehung und Verhinderung von Faschismus" (1974b). Darin werden, gegen analytische Simplifizierungen des Problems gerichtet, strukturelle Spannungen, Systemwidersprüche und vielgliedrige Vermittlungsbezüge im Faschismus erörtert. In ihrer Mitte aber erscheint der Faschismus plötzlich als einfacher „Büttel des Monopolkapitals", und seine Etablierung wird als „vom Monopolkapital im Vollbesitz seiner Entscheidungs- und Handlungsfreiheit gemäß eigener Wahl vollzogener Schritt" gedeutet (ebd.: 570, 597). Damit werden aber Ausmaß und Bedeutung der eingetretenen Krise für die großen Kapitalgruppen selbst massiv heruntergespielt.
Im deutschen Fall waren dafür die katastrophale Wirtschaftslage mit faktisch zusammengebrochener Kapitalverwertung und vielen Millionen Arbeitslosen, das Ambivalenzpotential der faschistischen Bewegung selbst, das Wahlergebnis des 6. November 1932 – das die Möglichkeit einer massiven Verstärkung der Arbeiterparteien aufzeigte – und die internationalen Risiken einer Etablierung des Faschismus konstitutiv. Opitz meint dagegen, das Großbürgertum könne zu jeder Zeit mit „nur geringfügigen Zugeständnissen an einige allgemeinste und elementarste Hauptforderungen" faschisierter Massen die Probleme in den Griff bekommen und verfüge von daher über eine „echte Wahlkonstellation" zwischen formaler Demokratie und Faschismus, aus der heraus es auch 1932/33 „alle Machtbewerbungen der faschistischen Partei souverän hätte ausschlagen können" (ebd.: 598).

In dieser Sicht ist das große Kapital einfach ein homogener Block, seine operativen Vorstellungen sind identisch, und es verfügt freihändig über den Geschichtsprozeß. Dies geht weder mit den geschichtlichen Realitäten des italienischen oder deutschen Faschismus zusammen, noch mit historisch-materialistischer Theorie. Insgesamt wird so die *dialektische Spannung* von Zwanghaftigkeit, Risiko, Attraktivität und Leistung des Faschismus für Grenzlagen des kapitalistischen Systems verwischt und ein falscher Anschein von Eindimensionalität und beliebiger Manipulierbarkeit des gesellschaftlich-geschichtlichen Ganzen vermittelt.

Alles in allem hat sich die marxistisch-leninistisch orientierte Faschismusforschung von bestimmten Engführungen und fraktionellen Einseitigkeiten nie völlig gelöst. Dies gilt insbesondere für die Sozialfaschismus-These, für den Stellenwert des Antisemitismus, für die Bedeutung der subjektiven Dimension überhaupt – ganz zu schweigen von der Frage nach dem spezifischen kommunistischen Anteil an der Katastrophe, die die Etablierung des Faschismus gerade auch für die Arbeiterbewegung und für die arbeitenden Massen war.

Trotz des Drucks politischer Vorgaben aber hat diese Schule wichtige Beiträge zur Erhellung des Faschismus geleistet; vor allem mit historischen Arbeiten, die detailliert und differenziert viele Fragen des Zusammenhangs von Kapitalismus und Faschismus, von Ökonomie und Staat im 'Dritten Reich', und viele Aspekte des faschistischen Raubkrieges geklärt haben.[34] Die auch theoretische Bedeutung dieser Bemühung ist durch die politischen Umbrüche der frühen 1990er Jahre keineswegs aufgehoben.

5.3. Exzessiver Gewaltstaat als totalitärer Monopolkapitalismus

Wie ein erratischer Block, ein vertracktes Konstrukt liegt Franz Leopold Neumanns umfangreiches Werk „Behemoth", im US-amerikanischen Exil erarbeitet und 1942 zuerst erschienen, zwischen und auch quer zu den gängigen Linien der Faschismusdiskussion. Es gibt Rätsel auf, stiftet Verwirrung und enthält Provokationen in einem Maß, daß es bis in die Gegenwart mit Mißtrauen betrachtet, zumeist nur im Vorbeigehen angefaßt oder überhaupt umgangen worden ist.[35]

Neumann will – wie Fraenkel und andere Autoren – vom Ansatz her keine generelle Faschismustheorie formulieren, sondern das nationalsozialistische Herrschaftssystem erklären. Dies tut er jedoch in einer solchen empirisch-geschichtlichen Dichte und systematisch-theoretischen Schärfe zugleich, daß tatsächlich ein gehärteter allgemeiner Begriff der Sache zum Vorschein kommt. An diesem Versuch kann eine ernsthafte Faschismusdiskussion nicht vorbeigehen. Denn nach wie vor gilt Noltes Feststellung – aus der er freilich für sich selbst keine Konsequenzen gezogen hat –, daß Neumanns Arbeit zur „kenntnisreichsten und umfassendsten Analyse des Nationalsozialismus wurde, die bis heute das Licht erblickt hat" (1967: 63).

Für Neumann steht es, anders als z. B. für Fraenkel, außer Zweifel, daß der deutsche Faschismus den strategischen Interessen des deutschen Großkapitals entspricht. Er unterscheidet, mit Blick auf die politischen Methoden, grundlegend zwischen dem „Imperialismus der saturierten Mächte" wie England, Holland, Frankreich und demjenigen der „'Habenichtse'". Unter

dieser Perspektive steht für ihn das imperialistische Projekt des nationalsozialistischen Staates fest in der Tradition der deutschen Expansionsgeschichte. „1914 begann der erste Versuch, 1939 der zweite." Der neue deutsche Imperialismus sei „primär die Politik der industriellen Führungsschicht [...], die von der Nationalsozialistischen Partei voll und ganz unterstützt wird", der Zweite Weltkrieg sei wie der Erste „Resultat der inneren Widersprüche der deutschen Wirtschaft" (1977: 249-251). Aber nicht nur diese, sondern das NS-System überhaupt enthalte eine „Vielzahl divergierender Elemente", so daß alles nur durch eine neuartige Formierung von Wirtschaft und Gesellschaft und durch ein Integral aus Propaganda und Terror zusammengehalten werden könne (ebd.: 271).
Neumann wendet sich entschieden gegen Versuche, entlang der diktatorischen Form des nationalsozialistischen Staates dessen Basisverhältnisse gewissermaßen zu eskamotieren, „Gewalt, nicht das ökonomische Gesetz" zur Haupttriebkraft der faschistischen Gesellschaft zu erklären, das „Profitmotiv [...] vom Machtmotiv" abzuspalten und die „alleinige und ausschließliche Herrschaft der Politik" zu verkünden. Allen diesen Vorstellungen lägen theoretisch wie empirisch falsche Annahmen zugrunde, letztlich die Fiktion einer „von der Ökonomie geschiedene(n) Politik" (ebd.: 273, 276f.). In Wirklichkeit betreibe und unterstütze der Staat die Entwicklung, Organisation und Effektivierung der privatkapitalistischen Ökonomie mit aller Macht, und zwar nach den Maßgaben der führenden Kapitalgruppen. In der Periode der Monopolisierung sei für das Kapital „die Verfügung über den Staatsapparat [...] der Angelpunkt". Dies sei auch die „einzig mögliche Bedeutung des Primats der Politik über die Ökonomie. [...] Die vollständige Unterjochung des Staates durch die industriellen Machthaber konnte nur mit einer politischen Organisation gelingen, in der es keine Kontrolle von unten gab ..." (Ebd.: 312f.) Selbst da, wo sie ihre ideologisch motivierten Ziele zu verfolgen wünsche, könne die NSDAP „nicht anders, als das Monopolsystem zu schützen, das sie mit der wirtschaftlichen Basis zur politischen Expansion versieht" (ebd.: 415).
Für den systemischen Verbund von Ökonomie und Staat im Faschismus, der sogar die „Unterordnung ganzer Industrien unter die Wünsche und Befehle der monopolistischen Machthaber" organisiert habe, schlägt Neumann den Begriff „totalitärer Monopolkapitalismus" vor (ebd.: 319, 313). Aus diesem analytischen Kontext erwächst auch eine generelle Definition: „Der Faschismus ist die Diktatur der Faschistischen (Nationalsozialistischen) Partei, der Bürokratie, der Wehrmacht und des Großkapitals, die Diktatur über das gesamte Volk zur vollständigen Organisation der Nation für den imperialistischen Krieg." Die faschistische Gesellschaftspolitik bestehe darin, „den vorherrschenden Klassencharakter der deutschen Gesellschaft anzuerkennen und zu festigen". (Ebd.: 421, 427) Die vier Gruppen des *faschistischen Herrschaftskartells* bildeten dabei alles andere als eine Einheit. „Außer dem Regiment des Terrors und der Furcht, daß der Zusammenbruch des Regimes ihrer aller Untergang wäre, hält sie nichts zusammen." Wirklich gemeinsam sei ihnen nur die „Unterdrückung und Ausbeutung fremder

Länder ebenso wie des deutschen Volkes [...] Nichts bleibt als Gewinne, Macht, Prestige und vor allem Furcht." (Ebd.: 459f.)
Dieses System der massierten Widersprüche und der „zahllose(n) Brüche" bedarf nach Neumann besonderer Bindekräfte (ebd.: 545). Die faschistische Diktatur habe sich überhaupt nur dadurch halten können, daß es ihr gelungen sei, „einen Teil ihrer Opfer in Anhänger" zu verwandeln. Insbesondere die Arbeiterschaft habe dazu integriert und ein „fester Bestandteil des totalitären Gefüges" werden müssen. (Ebd.: 61, 249) Die Formierung der Gesellschaft erfolge nach fünf Prinzipien: „monistische, totale, autoritäre Organisation"; „Atomisierung des Individuums"; Einsetzung von Teileliten auf allen Ebenen zur Strukturierung und Beherrschung der Massen; ein „Zustand dauernder Spannung" durch Propaganda; Gewalt als zugleich abschreckende und anziehende, alles durchherrschende Kraft (ebd.: 464-467). An der inneren Labilität des Systems aber kann für Neumann auch die ideologische Überflutung der Menschen nichts ändern: „Das Charisma des Führers, die Überlegenheit der Herrenrasse, der Kampf der proletarischen Rasse gegen die Plutokratien [...] sind bewußt eingesetzte Kriegslisten." Ihre Wirksamkeit sei an den Erfolg der „unaufhörliche(n) aggressive(n) Expansion" gebunden, denn nur er könne die Widerspruchsdynamik des Ganzen bändigen (ebd.: 537, 546).
Unter der Figur des *„Behemoth"* faßt sich für Neumann das faschistische System zusammen. Es gebe – im Gegensatz zu Fraenkels Interpretation – kein „Reich von Recht und Gesetz", noch nicht einmal einen „einheitlichen Zwangsapparat". Die vier Säulen des Kartells – Partei, Bürokratie, Wehrmacht, Großkapital – hätten je ihre eigene, quasi-souveräne Herrschaftszone. Die Kompromisse zwischen ihnen entschieden substantiell über die Politik, auch wenn der faschistische 'Führer' sie als seine eigene inszeniere. Kein Organ habe das Monopol der politischen Macht, einen „über allen Gruppen stehenden Staat" gebe es nicht. „Tatsächlich gibt es außer der charismatischen Führergewalt keine Autorität, die jene vier Gewalten koordinieren [...] könnte." (Ebd.: 541-543) Infolgedessen sei das nationalsozialistische System, jedenfalls nach seiner Entwicklungstendenz, entweder gar kein Staat, sondern eine „Gesellschaftsform [...], in der die herrschenden Gruppen die übrige Bevölkerung direkt kontrollieren", oder ein „ausschließlich von Praktikern der Gewalt beherrschter Staat" (ebd.: 543f.). Diese Definition ist in der zweiten Fassung von 1944 noch durch die Aussage erweitert, daß die „Praktiker der Gewalt mehr und mehr Unternehmer (werden) und die Unternehmer Praktiker der Gewalt [...] Eine kleine Gruppe mächtiger Industrie-, Finanz- und Agrarmonopolisten verschmilzt mehr und mehr mit einer Gruppe von Parteihierarchen zu einem einzigen Block, der über die Mittel der Produktion wie über die Mittel der Gewalt verfügt." (Ebd.: 660f.)

Die von Neumann vorgelegte Analyse erreicht in ihrer Verbindung von Komplexität, empirisch-geschichtlicher Sättigung, Differenzierung und Deutlichkeit eine herausragende Qualität. Sein Interesse umfaßt gleicherweise die Staatsorganisation, das Rechtswesen, die

NSDAP, die politischen Entscheidungsprozesse, die Rolle des 'Führers', die faschistische Ideologie, die Theorie und Praxis des imperialistischen Ausgriffs, die Binnenstruktur der deutschen Wirtschaft, den Monopolisierungsprozeß, das Verhältnis von Privatkapital und staatlicher Regulierung, die Klassenverhältnisse, die Arbeitsorganisation, die Verschränkung von Propaganda und Gewalt, mitsamt den geschichtlichen Vorläufen und Bedingungen des deutschen Faschismus. Das Ganze ist mit stupender Klarheit und systematischer Kraft aus einer ungeheuren Materialfülle herausgearbeitet.

Gleichwohl enthält diese Arbeit, sozusagen im Nebenstrom, erhebliche Irritationen und Steine des Anstoßes – woraus sich die seltsame Rezeptionslage mindestens partiell erklärt. Es scheint nämlich so, daß Neumann, von eher liberal-positivistischen Positionen herkommend, unter der Erfahrung des Faschismus und im Blick auf diesen zu einer dem Grund nach marxistisch strukturierten Theoriekonzeption übergegangen ist, daß sich aber unter dem Einfluß der US-Gesellschaft in gewisser Weise eine theoretische Rückwende angebahnt hat.

Neumann argumentiert jedenfalls, wenn er von der Weimarer Republik spricht, gesellschaftstheoretisch deutlich anders, als wenn er vom Faschismus spricht. Er verfährt so, als ob für ihn der Faschismus mitsamt seiner Bedingungskonstellation sozusagen aus der bürgerlichen Normalität herausfiele und deshalb mit deren üblichen theoretischen Mitteln nicht in der Substanz gefaßt werden könnte. Insofern stünde für Neumann nicht nur der Faschismus selbst, sondern auch seine Analyse unter Ausnahmebedingungen. Es ist etwas Paradoxes an dieser Prozedur. Denn die formulierten Einsichten in die Zusammenhänge von Ökonomie, Gesellschaft und Staat, von wirtschaftlicher und politischer Macht, von monopolistischen Strukturen und imperialistischen Interessen können ja nicht einfach je nach dem Objekt der Betrachtung an- oder ausgeschaltet werden. Aber ein Zufall ist es bei dem Scharfsinn und der Präzision dieses Autors gewiß nicht, daß es auch keinerlei Anspielungen oder gar offene Vergleiche gibt, die das Gesellschaftssystem der USA mit demjenigen Deutschlands vor dem oder im Faschismus in ein Verhältnis setzen.[36]

Der Zusammenhang von Faschismus, Imperialismus und Monopolkapitalismus wird also im konkreten deutschen Fall von Neumann nachdrücklich bejaht und mit aller Prägnanz aufgezeigt. Aber die Frage nach dem *generellen Verhältnis* von Kapitalismus und Faschismus wird ebenso klar umgangen. Demgemäß lautet die politische Botschaft des Ganzen einerseits, „daß der Imperialismus der Struktur der deutschen Monopolwirtschaft, dem Einparteisystem, der Wehrmacht und der Bürokratie innewohnt" (ebd.: 549; vgl. 231, 395). Und anderseits ergeht nach innen die beruhigende Auskunft: „Wie aber läßt sich heute eine aggressive imperialistische Politik verfolgen? Nicht im Rahmen einer politischen Demokratie." (Ebd.: 232) In der Simplizität und dem kategorischen Duktus dieser Aussage markiert sich offenbar eine Grenzlinie, die die Analyse nicht überschreiten soll.

Die Neumann'sche Faschismusanalyse ist also durchaus nicht ohne theoretische Probleme. Hinzu kommt, daß er – im Bann seines formalisierten Staatsbegriffs – die Regellosigkeit, die *Strukturauflösung* im faschistischen System weit übertreibt und bis zu der kategorialen Ebene von „Unstaat, [...] Chaos, [...] Anarchie" fortsteigert (ebd.: 16, vgl. 531, 541ff.). Auch nimmt Neumann die Dimension der Persönlichkeit, der subjektiven Wirkungsvoraussetzungen und Energiepotentiale des Faschismus kaum wahr, so daß er – was freilich im Nachhinein wesentlich besser zu erkennen ist – Ausmaß und Bedeutung der Massenzustimmung im Faschismus und damit dessen *Integrationswirkung* weit unterschätzt (s. aber auch ebd.: 60f., 249).

Jenseits dieser Einwände jedoch bleibt festzustellen, daß Neumann in einer souveränen, bis heute nicht überbotenen Analyse des deutschen Falls zum einen den Faschismus als komplexen, nicht auflösbaren Zusammenhang von Staat, Ökonomie und Gesellschaft, daß er zum zweiten die substantielle Durchherrschung auch der faschistischen Form durch das Kapitalverhältnis und daß er zum dritten die politikstrategische Bestimmungsmacht der führenden Kapitalinteressen in ihr erweist.

6. Summe: Faschismus als Ausdruck, Faktor und terroristischer Lösungsversuch kapitalistischer Systemkrise

Die Einsicht:

erstens in die Unablösbarkeit des Faschismus von der Gesellschaftsformation, in der er entsteht und wirkt, also vom Kapitalismus;

zweitens in die fundamentale Bedeutung der menschlichen Triebdynamik - in ihrer jeweiligen gesellschaftlichen Formung - für die Entstehung, die Verfahrensweisen und die individuelle wie die Massenresonanz des Faschismus;

drittens in die Relevanz der technisch-industriellen Zivilisation für das Funktionieren des faschistischen Systems und die Verwirklichung seiner Vorhaben;

ist Basis und Mitte einer zu ihrem Gegenstand kritischen Faschismustheorie: einer Theorie nämlich, die nicht bei Teilansichten, Erscheinungsweisen oder gar der Selbstinszenierung und dem Propagandagewölk des geschichtlichen Faschismus stehen bleibt, sondern der Sache auf den Grund will.

> Dabei gilt, was Angelo Tasca 1936 formuliert hat: „Eine Faschismustheorie könnte nur aus dem Studium aller Formen des Faschismus, der maskierten oder offenen, der unterdrückten oder siegreichen hervorgehen; denn es gibt mehrere Arten des Faschismus, und jede enthält vielfältige und manchmal sich widersprechende Tendenzen, die sich entwickeln und sogar einige ihrer Grundzüge ändern können." (1967: 169)

In diesem Sinn muß Faschismustheorie die *Komplexität* ihres Gegenstandes und die Unschärferelation ihrer Aussagen reflektieren, um spekulativen Konstruktionen und wirklichkeitsarmen Überflügen zu entgehen – ebenso wie Untersuchungen zu einzelnen Aspekten des Problems konsistenter theoretischer Rückkoppelung bedürfen, wenn sie sich nicht in erklärungsschwachen Abschilderungen verlieren sollen. Unter dieser Perspektive soll versucht werden, die konstitutiven Bezüge des Faschismus in sechs Thesen zu fassen.

I. Faschistische Bewegungen sind in ihrer *Entstehung* sozial heterogene, kleinbürgerlich orientierte, radikale Protestbewegungen gegen tiefgreifende Erschütterungen und überhaupt gegen die wachsende Veränderungsdynamik der Gesellschaft im Zeitalter des hochorganisierten Kapitalismus. Sie stellen den Versuch dar, gesellschaftlich und individuell-lebensgeschichtlich entstandene Gewalterfahrungen, Aggressionen, Ängste und destruktive Potentiale gemäß vielfach undurchschauten ideologischen Prägungen in Gewalt gegen Schwache und sogenannte Feinde und letztlich in die Zerstörung der alten und die Herstellung einer als ganz anders vorgestellten, neuen Ordnung umzusetzen.

In der Perspektive eines derart überfremdeten Bewußtseins stellt sich das Eigene vielfach als von der Gesellschaft überhaupt abgetrennt und von allen Seiten gleich bedroht dar. Objektiv gehören Teile solcher faschistischen Bewegungen jedoch selbst zur Arbeiterklasse, und die erfahrenen Existenzbedrohungen gehen wesentlich von den die Gesellschaft bestimmenden kapitalistischen Strukturen und Entwicklungskräften aus.

In tragenden ideologischen Mustern, in Strukturen und Praktiken ist der Faschismus dabei ein typisches Produkt der Männergesellschaft, mit männerbündischen Akzenten. Die traditionelle Ungleichheit der Geschlechter, die Dominanz des Mannes in Familie, Gesellschaft und Politik und die Ausbeutung und Unterdrückung der Frau, ihre Reduktion auf Gebären, Erziehen, Versorgen und Zuarbeiten werden vom Faschismus in extremer Weise bekräftigt und verdichtet.

Faschistische Potentiale bilden sich in der sogenannten *Normalität* der Gesellschaft, d.h. in deren allgemeinen Verhältnissen. Sie entspringen also weder sozial noch geschichtlich-prozessual irgendwelchen Randzonen oder Ausnahmelagen. Vielmehr drückt sich in ihnen die generelle Krisenhaftigkeit der Gesellschaft in einer besonderen Weise aus. Aktuelle Krisenprozesse bringen das Ganze ans Licht, und ebenso wie die faschistischen Potentiale an der *Krise* wachsen, wächst die Krise an ihnen. Demgemäß ziehen faschistische Bewegungen deklassierte, desorientierte und deformierte Individuen und Gruppen, äußerlich oder innerlich Labile, Gescheiterte und Zerbrochene besonders an, weil sie ihnen Gelegenheit zur eigenen Entlastung und zur Aggressionsentladung bieten und weil sie in ihnen gewisse Hoffnungen auf die Zukunft erwecken. Das bedeutet insgesamt, daß der Faschismus, je nach den geschichtlichen Umständen, große Teile der Gesellschaft an sich binden und ihr soziokulturelles und ideologisches Gesicht prägen kann.

Massenwirksam wird die faschistische Ansprache dadurch, daß - und dann, wenn - sie allgemein verbreitete psychische Mechanismen und Reaktionsmuster, Vorurteile und Stereotype durch Lockung und Drohung, durch Propaganda, Demonstration von Stärke und Verbreitung von Schrecken systematisch zu manipulieren und zu mobilisieren vermag. In der enormen Anziehungskraft, die der Faschismus auf diese Weise ausübt, kommen die Formungen, Spiegelungen und Fernwirkungen zu manifestem Ausdruck, die die kapitalistische Gesellschaft mit ihrer strukturellen Gewalthaftigkeit und mit ihrer Krisen- und Zerstörungsdynamik in der Psyche der Menschen produziert: Sie machen diese in hohem Maß für *gewaltbezogene Krisenlösungen* anfällig und empfänglich. In der Verschränkung von Krisenentwicklungen, fremdbestimmten Massenprozessen und Führerkult werden so extreme soziale Energien hinter Parolen und für Zielsetzungen gesammelt, die vor allem die Negationen des herrschenden Bewußtseins nutzen und aggressiv zuspitzen.

Demgemäß definiert sich der Faschismus weitgehend über *Feinderklärungen*. Sie richten sich in der Hauptsache gegen emanzipatorische Konzepte, Bewegungen und Bestrebungen, insbesondere gegen die Arbeiterbewegung, und gegen ethnisch, soziobiologisch oder in anderer Weise abgegrenzte Gruppen, die bereits als abweichend, fremd und gefährlich stigmatisiert sind. In vielen Ländern – jedoch in keinem mit solcher mörderischen Systematik und Konsequenz wie in Deutschland – sind davon ganz besonders die *Juden* betroffen, weil sie ein traditionelles, gesellschaftlich-untergründig legitimiertes Aggressionsobjekt darstellen, auf das nun ungehindert alle Destruktion, d. h. aller Fremdenhaß und auch aller Selbsthaß gerichtet und abgeleitet werden dürfen.

Die im eigenen Sinn positiven Proklamationen operieren einerseits mit fiktiven Ganzheiten und Gemeinsamkeiten wie Volksgemeinschaft, Rasse, Nation, die Egalität vorspiegeln, aber ihre Verwirklichung gerade verhindern sollen. Anderseits bieten sie affektiv besetzte und/oder mythische, jedenfalls leere Begriffe wie Ehre, Würde, Größe, Schicksal, Sendung, Opfer, Pflicht, Dienst, Ordnung auf, die Einheit und Harmonie vortäuschen und Selbstaufgabe und Identifikation der Individuen mit dem Faschismus bewirken sollen. Damit verschränken sich im faschistischen Zugriff politische Religion, Ideologie und zynisch-manipulative Sozialtechnik aufs engste. Dies alles gilt und wirkt nicht nur in der Zeit der aufkommenden faschistischen Bewegung, sondern vielfach verstärkt auch im etablierten faschistischen System.[37]

Auf diesem Weg wird aus der gängigen gesellschaftlichen Wendung gegen Emanzipation, Gleichheit, Demokratie, Sozialismus, gegen Fremde, mißliebige Minderheiten und allfällige Sündenböcke in wenigen Schritten ein Programm der Destruktion. Der Kampf ums Dasein, das Recht der Starken, der Erfolg, der die Mittel heiligt, mit einem Wort: der *Sozialdarwinismus*, ist ein Kernstück des kapitalistischen Funktionssystems. Gerade ihn, auf seine volle Konsequenz gebracht, verkündet und organisiert der Faschismus als soziale Bewegung wie als Herrschaftssystem. Er ist also auch in dieser Hinsicht nicht das ganz Andere, grundsätzlich Geschiedene und Unbegreifliche, sondern eher ein Exzeß der Normalität bürgerlicher Gesellschaft.

Faschistische Bewegungen stehen unter allen diesen Bedingungen, was immer die Selbsteinschätzungen und die Proklamationen sein mögen, der Sache nach auf dem Boden des kapitalistischen Systems. Das gesellschaftskritische Moment an ihnen ist die meist an romantischen Vorstellungen von der Vergangenheit orientierte, traditionell als *antikapitalistisch* bezeichnete, emotional-diffuse Wendung gegen bestimmte Erscheinungen wie Banken oder Warenhäuser als Ausdruck des anonymen, hochakkumulierten Kapitals. Der Traum vom Neuen – soweit es dergleichen über destruktive Zwecksetzungen und persönliche Erwartungen hinaus gibt – faßt demzufolge nichts anderes als das Alte, gemindert um die in ihm angelegte Entwicklungsdynamik, deren notwendige Folgen zunehmende Konzentration und Zentralisation des Kapitals ebenso wie objektive Proletarisierung einer ständig wachsenden Mehrheit der Gesellschaft sind.

Die mitgebrachte ideologische Gefangenheit und die ihr entsprungenen Zielprojektionen bewirken so auch in aller Regel, daß faschistische Bewegungen schließlich in Funktion treten zugunsten herrschaftlich gesetzter Zwecke, nämlich im Sinn derjenigen sozialen Kräfte, die der machtvollste gesellschaftliche Faktor sind: der großen Kapitalgruppen. Die einzig denkbare, von der Großbourgeoisie stets befürchtete Alternative wäre eine Wendung der zum großen Teil schwankenden, unsicheren und verzweifelten Massen aus ihrer faschistischen Einfassung zu sozialistischen Positionen und damit ihr Anschluß an die Arbeiterbewegung. Einer solchen Entwicklung steht jedoch vieles im Weg; sie ist nirgends in größerem Umfang eingetreten.

II. Der gesellschaftliche *Aufstieg* faschistischer Bewegungen hat als Bedingung das Andauern fundamentaler Krisenprozesse und des Massenzulaufs einerseits, die Protektion durch gesellschaftliche Führungsgruppen, insbesondere durch das große Kapital, anderseits, die in ihnen Notwendigkeit, Risiko oder Chance – oder all dieses zugleich – zukünftiger Entwicklung erkennen und das politisch wie auch finanziell notwendig Erscheinende tun. Dabei geht es darum, das Ambivalenzpotential dieser Bewegungen zuverlässig unter Kontrolle zu halten, zugleich aber ihre politisch-sozialen Energien gegen unerwünschte politische Positionen, emanzipatorische Bewegungen und soziale Gruppen zu lenken.

Vor allem in der Phase des Aufstiegs und in der der Etablierung kommen auch die *inneren Widersprüche* faschistischer Bewegungen zur Wirkung, insbesondere weil diese großenteils auf das Begleichen persönlicher oder sozialer Rechnungen oder auf blanke Beutezüge ausgerichtet sind. Jedoch werden funktionsstörende Abweichungen oder Exzesse – wie z.B. die Aktivitäten der SA-Führung um Ernst Röhm 1933/34 – in der Regel sehr schnell durch internen Terror unterbunden. Denn für die faschistische Führung bedeutet – entgegen der zu demagogischen Zwecken abgesetzten Propaganda – jeder ernsthafte Verstoß gegen die bestimmenden gesellschaftlichen Interessen eine Gefährdung ihrer eigenen Machtposition wie ihrer politischen Perspektiven, die sie schon aus Überlebensgründen mit allen Mitteln abzuwehren sucht.

III. Die endliche *Etablierung* des Faschismus setzt bei den gesellschaftlichen Führungsgruppen eine strategische Entscheidung für den generellen Abbruch des parlamentarischen Systems und für die Liquidation des gesellschaftskritischen Potentials sowie eine Einigung mit der faschistischen Führung über ein gemeinsames Programm voraus. Die neue Konzeption wird dann über entsprechenden Druck auf das alte politische System, insbesondere auf die bürgerlichen Parteien und auf die Spitze der Exekutive, durchgesetzt.

Der Entscheidungsprozeß dahin verläuft jedoch weder innerhalb der Führungsgruppen selbst, noch in der Auseinandersetzung mit den bisherigen politischen Agenturen geradlinig, widerspruchs- und konfliktfrei. Sozioökonomische Interessendivergenzen und politisch-operative Meinungsverschiedenheiten, besonders hinsichtlich der festen

Beherrschbarkeit der Entwicklung, tun ihre Wirkung. Auch machen sich bestimmte Gegenkräfte des alten Systems bemerkbar. Jedoch ist mit jener strategischen Entscheidung die Entwicklung dem Grund nach vorgezeichnet; und allenfalls eine konzentrische Massenaktion, insbesondere ein *Generalstreik*, könnte sie noch zum Halten bringen.

Die entscheidende Bedingung für die Etablierung des Faschismus ist aber gerade die Gefahr, daß die durch die Krisenprozesse hervorgerufene Unruhe unter den Massen in eine kritische Größe tritt und eine kritische Richtung annimmt. Die faschistische Bewegung vermag von allein – d. h. vor allem ohne die Unterstützung von Armee und Polizei, oder gar gegen sie – schwerlich zur Macht zu kommen; und erst recht vermag sie nicht diese selbst gegen das System zu wenden. Von daher gibt die soziale Dynamik und politische Stärke der proletarisch-sozialistischen Bewegung den Ausschlag, da allein von ihr eine wirkliche Bedrohung der Kapitalinteressen oder gar der gesellschaftlichen Herrschaft ausgehen und sie dabei u.U. auch Teile der schwankenden faschistischen Anhängerschaft mit sich ziehen kann.

Spätestens wenn das ernsthafte Risiko einer solchen Entwicklung sich zeigt und die normalen staatlichen Gewaltmittel keine Sicherheit mehr dagegen bieten, fällt folglich die Entscheidung – trotz der Probleme, die in der ungeklärten sozialen Dynamik des faschistischen Massenanhangs weiterhin liegen – zugunsten der faschistischen Lösung. Der Griff zu ihr erfolgt also, jedenfalls in den rational kalkulierenden Teilen des Großbürgertums, nicht blindlings oder aus bloß ideologischen Gründen, sondern aus einer krisenvermittelten Interessenperspektive. Mit der Entscheidung erlischt zugleich die Existenzgrundlage des alten politischen Systems und seiner Transmissionseinrichtungen, soweit sie sich nicht in das neue System einfügen lassen.

IV. Der *Faschismus an der Macht* ist in der Gesamtheit seiner Strukturen, Aktivitäten und Wirkungen die *äußerste Systemsicherung* in äußersten Krisenlagen der kapitalistischen Gesellschaft, in denen Kapitalverwertung und Massenloyalität und damit die konstitutiven Herrschaftsgrundlagen in Gefahr geraten sind und in denen die üblichen politischen Mittel zu deren Wiederherstellung versagt haben. Mit der defensiven Perspektive verbindet sich zugleich eine solche offensiver Art. Denn nun ergibt sich die Chance, grundlegende strategische Interessen des Kapitals zu realisieren, die Arbeiterklasse sozial zu unterdrücken und politisch zu liquidieren, die Konzessionen, Reibungsverluste und Öffentlichkeitszwänge des parlamentarischen Systems aufzuheben. In der Summe dieser Prozesse geht es darum, die Kapitalreproduktion durch ungehinderte Ausbeutung der Ware Arbeitskraft und durch volle Funktionalisierung der Staatstätigkeit zu erhöhen, stabile Herrschafts- und Privilegienverhältnisse zu schaffen und imperialistische Ziele anzusteuern.

Um sich zu behaupten, muß der Faschismus vor allem die beiden Aufgaben lösen, derentwegen er etabliert worden ist: Sicherung der Kapitalverwertung und Sicherung der Massenloyalität. Beide zusammen bilden die innere Überlebensbedingung auch des faschistischen Systems. Um die Massenloyalität zu sichern, obwohl der Faschismus immer deutlicher die großen Kapitalinteressen bedient, arbeitet die faschistische Gesellschaftspolitik, neben bestimmten sozialpolitischen Konsolidierungsmaßnahmen, mit einem *politischen Doppelgriff* aus *Terror* und *Konsens,* Drohung und Lockung, Ausgrenzung und Integration. Die öffentliche Inszenierung magischer Rituale mit Fahnen, Feuer, Musik, Appellen und Marschkolonnen spielt eine wesentliche Rolle dabei, massenhafte Überwältigungsschübe, Einverleibungsphantasien und Rauschzustände zu organisieren, um rationale Strukturen und normative Schranken der Individuen zu zerbrechen. Auf diesem Weg werden im Lauf der Zeit große Teile der Bevölkerung zugleich zu Tätern und Opfern einer ihnen sowohl äußerlichen als auch innerlichen Macht.

Gemäß seiner Struktur haben der faschistische Staat und besonders der Diktator weitreichende, gemäß der Propaganda sogar allumfassende *Entscheidungsgewalt.* Das Funktionieren des sozioökonomischen und politischen Systems im Sinn der strategischen Zielsetzungen erfordert aber, daß die politischen Entscheidungen im Wesentlichen den bestimmenden gesellschaftlichen Interessen entsprechen und daß in Konfliktfällen nach dieser Maßgabe Kompromisse organisiert oder Präferenzen festgelegt werden. Damit stehen die Grundlinien des zu Entscheidenden weithin fest – solange und soweit eben die funktionale Logik und die Effektivität des Systems das Kriterium seiner Tätigkeit bilden.

Jedoch sind die faschistischen Machthaber aus denselben Gründen durchaus nicht die Marionetten, Lakaien oder Büttel des Großkapitals. Eine solche Sichtweise verkennt allgemein das Verhältnis von Ökonomie und Staat im Kapitalismus und mißachtet insbesondere die politischen Handlungsspielräume und das Risikopotential, die in der diktatorisch-terroristischen Form des Faschismus selbst angelegt sind. In Wirklichkeit gehen die verschiedenen Führungsgruppen dieses Systems ein komplexes Verhältnis ein, in dem keine für das Ganze steht und das für alle neben den erwünschten auch unerwünschte Effekte produziert. Notwendigerweise aber entwickelt sich unter diesen Bedingungen ein enger *systemischer Verbund* zwischen Ökonomie und Staat.

Mit alldem ist das faschistische System eine besondere Mischung von Einheitlichkeit und Fragmentierung, von Kompetenzkonflikten und Reibungsverlusten einerseits, konzentrischem Durchgriff und machtstaatlicher Potenz anderseits. Es ist weder Monolith noch Anarchie, sondern ein *widersprüchliches Ganzes* und enthält Paradoxien in Fülle. Planung und Konfusion, Kapitalverwertungs-Logik und Agrarromantik, extensive Techniknutzung und vorkapitalistische Utopie, systematische Manipulation und geglaubte politische Religion, sowie viele andere unstimmige Ingredienzen haben in ihm Platz. Es ist durchorganisiert und funktionell und zugleich voller irrationaler, auch extrem funktionswidriger Züge. Aus dieser Heterogenität bezieht der Faschismus sowohl erhebliche Spannungen und Störpotentiale, als auch seine Anziehungskraft und Bindungswirkung, seine tödliche Durchschlagskraft und damit insgesamt seine enorme systemische Energie.

Zwangsläufig wächst in ihm der öffentliche Sektor, vor allem durch die maßlose Expansion des Kontroll-, Terror- und Militärapparats, extrem an. Mit der *Hypertrophie des Gewaltsystems* selbst, mit seinem höchst unproduktiven Mittelverbrauch baut sich indes in wenigen Jahren eine schwere Finanz- und Staatskrise auf, zu deren Beherrschung es um so mehr propagandistischer Deckung, terroristischer Sicherung und imperialistischer Erfolge bedarf. Somit entwickelt der Faschismus, der zur Krisenlösung installiert wurde, mit und gerade wegen seiner ungeheuren Machtfülle unvermeidlich einen *Krisenzirkel* besonderer Art, der zur ständigen Erhöhung der Funktionskosten und der Gewalttätigkeit des Systems drängt.

Moralisch betrachtet, ist *Menschenverachtung* die Basis des Faschismus. Der Mensch wird vollends zur Verfügungsmasse, zu einer Sache ohne Wert. Der Sinn des Lebens besteht nur in Herrschaftsdienst, Töten und Sterben. Das faschistische System ist der Inbegriff des organisierten Verbrechens und der Exzeß der funktionalisierten Sekundärtugenden.[38] Minderheitenhaß, Mord und Krieg sind seine Signatur, massenhafte Vernichtung von Menschen und massenhafte Akkumulation von Kapital sein Doppelgesicht. Seine Perspektive ist die Feinderklärung an die Menschheit.

Diese Ultima ratio des Systems, die letzte Möglichkeit nämlich, mit einer Staatsordnung des systematischen Terrors und der Unterdrükkung jeglichen Widerstands die Eigentumsverhältnisse zu stabilisieren, Massenloyalität zu erzwingen und in einer neuen Qualität der Verschränkung von Ökonomie und Politik den sozioökonomischen Prozeß voranzutreiben, ist als *Grenzform bürgerlicher Herrschaft* auch für die Interessenten und Nutznießer prekär, weil mit beträchtlichen Risiken und Nachteilen behaftet. Die mit dem Faschismus angestrebte *Generallösung der Systemkrise* ist auf Dauer nicht zu erreichen. Diese wird lediglich verschleiert, verschleppt und verlagert, und die Probleme drängen schließlich potenziert zur Eruption. Ein in diesem Sinn als funktionsunfähig sich erweisendes oder politisch aus dem Kurs laufendes faschistisches System kann aber nicht nach Belieben wieder außer Dienst gestellt werden, weil es diesem Versuch seine terroristischen Mittel entgegenzusetzen vermag. Damit kann das Ganze in einer nicht mehr abzuwendenden Katastrophe enden.

V. Faschismus ist somit in seiner Gesamtheit ein *legitimes Produkt* des entwickelten Kapitalismus, das aus dessen Bedingungen und Strukturen notwendig zu bestimmen ist. Aber er ist nicht dessen selbstläufige, unvermeidliche, quasi *naturgesetzliche Perspektive*. Zum einen gehen in die Disposition jeweiliger Gesellschaften spezifische Bedingungen ein. Die sozioökonomische Stärke und die politische Tradition des Bürgertums, die Verbreitung demokratischer Positionen im herrschenden Bewußtsein, d. h. die Stabilität und Elastizität der jeweiligen politisch-ideologischen Systemsicherungen sind ganz unterschiedlich. Damit ist es auch die Resistenz gegen eine oder die Neigung zu einer faschistischen Lösung. Zwar gibt es überall ein latentes faschistisches Potential, jedoch fallen, wie seine Anziehungskraft, auch seine politischen Erscheinungsformen in den verschiedenen Ländern sehr verschieden aus. Demgemäß wäre ein krisenfester Grundbestand demokratischer Einstellungen, Überzeugungen und Handlungsmuster eine essentielle Sperre gegen die faschistische Durchdringung einer Gesellschaft.

Zum andern aber, und dies vor allem, hängt die Frage von Aufstieg und Etablierung des Faschismus in der kapitalistischen Systemkrise elementar vom Stand der Klassenauseinandersetzungen, vom proletarischen Klassenbewußtsein, vom Organisationszustand und von der Entscheidungsfähigkeit der *Arbeiterbewegung* ab. In Ländern mit einem in dieser Hinsicht voll entwickelten und schlagkräftigen Proletariat könnte sich schwerlich Faschismus etablieren und behaupten. Umgekehrt fehlte bei einem schwachen Proletariat das als Feind abgrenzbare Massenpotential, dem gegenüber das Interesse an dieser Grenzform vor allem anderen sich konstituierte.

Die Verbindung von – tatsächlicher oder vermeintlicher – Kalkulierbarkeit der Risiken einer faschistischen Lösung und Unkalkulierbarkeit der Entwicklung ohne diese, insbesondere wenn sich die akute Gefahr einer entscheidenden Verstärkung der systemkritischen Kräfte zeigt, macht deshalb den Punkt aus, an dem das Großbürgertum zur Behauptung seiner Herrschaftsgrundlagen den Schritt in den Faschismus tut.

Keineswegs hilft somit gegen Aufstieg und Etablierung des Faschismus die vorauseilende *Transformation* des parlamentarisch-demokratischen Systems in ein autoritäres, also die Auflösung der in langen, schweren Kämpfen durchgesetzten emanzipatorischen Positionen und rechtsstaatlichen Sicherungen. Das Interesse des Großbürgertums an politischen Systemen ist ausweislich der Geschichte ein funktionales: ob sie die gemeinschaftlichen Geschäfte angemessen verwalten oder an ihnen versagen. Der Abbau demokratischer Rechte arbeitet deshalb dem potentiellen Übergang zu einer faschistischen Lösung zu, da er die Resistenzkräfte schwächt, das Risiko für die Akteure vermindert und ihnen damit selbst die Bahn macht. Das Einreißen der Dämme hat noch vor keiner Flut bewahrt. Im Gegenteil können die verbliebenen Sicherungselemente dann um so leichter beseitigt werden. Das entscheidende, strukturelle *Gegenmittel* gegen Faschisierungsprozesse ist gemäß dem Gesagten allein die gesellschaftliche Verankerung und der politische Ausbau der Demokratie.

VI. So wenig wie diejenige des Kapitalismus ist die *Epoche des Faschismus* beendet. Da dieser in seiner Substanz sich den herrschenden gesellschaftlichen Verhältnissen und Interessen verdankt, kann er nur um den Preis der Entmündigung der Nachgeborenen für tot erklärt werden.

Seit 1945 hat es in der Welt schon eine ganze Reihe radikal rechter Gruppierungen gegeben, die, soweit die politischen Verhältnisse es erlaubten, die vergangenen Erscheinungsbilder direkt zu kopieren oder sich wenigstens an sie anzulehnen versuchten und die damit – wie etwa in der BRD die NPD in den 1960er, die REPs ab den späten 1980er Jahren, oder in Österreich zur selben Zeit die FPÖ unter Haider – beachtliche Erfolge erzielten. Vor allem in dem Krisenbündel, das sich in den frühen 1990er Jahren entwickelte, bekam in vielen Ländern Faschistisches in unterschiedlichen Gestalten wieder Konjunktur.

Auch hier entstanden keineswegs neue Potentiale aus dem Nichts, sondern bereits angelegte wurden mobilisiert. In der Folge kam es vielfach zu Gewaltakten gegen Einzelne, zu Brandstiftungen und pogromartigen Übergriffen. Auch hier wurde von bedeutenden Kräften des etablierten Systems selbst der Krisendruck dazu genutzt, demokratische Rechte abzubauen, die Machtstaats-Instrumente zu schärfen und insgesamt die politischen Koordinaten nach rechts zu verschieben. Diese Erfahrung kann wenigstens lehren, wie nahe an der sogenannten Normalität der Übertritt zu anderen Formen des Politischen liegt und daß Dispositionen zu autoritären, antidemokratischen und faschistischen Krisenlösungen in Individuen, in Gruppen und im gesellschaftlichen Ganzen dicht unter der Oberfläche verborgen sind.[39]

Aufs Ganze gesehen kann Faschismus jedoch nicht einfach mit seiner geschichtlich greifbaren Gestalt identifiziert werden. Er stellte sich ja niemals in beliebig gegriffenen Inhalten und Mustern dar, sondern transportierte im wesentlichen das, was an Frustration und Aggression, an Feinderklärungen und antidemokratischen Optionen massenhaft-gesellschaftlich verbreitet war. Von der faschistischen Propaganda wurde dies lediglich aufbereitet und so verdichtet, daß damit alle Hemmschwellen überwunden werden konnten. Daran ist beispielhaft die *Anpassungsfähigkeit* des faschistischen Politikmodells an jeweilige Gegebenheiten abzulesen. Auch die geschichtlichen Umstände von Aufstieg und Etablierung des Faschismus geben keinen überzeitlichen Begriff her. Es bedarf also der Unterscheidung zwischen situationsgebundenen und konstitutiven Zügen.

Von der Herrschaftsfunktion als der zentralen Dimension des Faschismus aus geurteilt, drängt sich der Fall Chile als eine faschistische Variante unter heutigen Bedingungen auf. In diesem Land verschoben sich seit 1970 durch die Politik der Regierung Allende und mit der wachsenden Anziehungskraft der Unidad Popular die Herrschaftsgrundlagen in Kapitalverhältnis und Massenloyalität. Dies eröffnete die Möglichkeit, daß die sozialistischen Kräfte auch parlamentarisch ausschlaggebend würden. In dieser Situation akuter Systemgefährdung und nach dem Scheitern diverser Versuche, in Chile eine echt aussehende kleinbürgerlich-radikale Protestbewegung zustande zu bringen, griff das aus seiner hegemonialen Position verdrängte US-Kapital im Verbund mit dem CIA und mit der einheimischen Reaktion im Jahr 1973 zu den äußersten Mitteln. Gestützt auf den größten Teil des Exekutivapparats, vor allem des Militärs und der Geheimpolizei, wurden in einem blutigen Staatsstreich der Präsident gestürzt, die sozialistische Bewegung liquidiert, ein Terrorsystem etabliert und massive Feind- und Ordnungspropaganda organisiert, um die Kapitalinteressen zu wahren, Massenloyalität um jeden Preis zu erzwingen und die gesellschaftlichen Eigentumsverhältnisse zu sichern. Das Kapital realisierte unter diesen Bedingungen hohe Gewinne; breite Massen der Bevölkerung verelendeten. Wie anders sollte dieses Ganze begrifflich gefaßt werden – wenn nicht als Faschismus?[40]

Vor dieser Wirklichkeit, wie der des geschichtlichen Faschismus, fallen auch die im Umfeld der 1968er Bewegung geübten Spekulationen hin, denen zufolge schon parlamentarisch-demokratische Systeme mit autoritären Zügen und *Formierungstendenzen* – wie etwa in den USA, der BRD, Frankreich – faschistisch sein sollen (so etwa Glucksmann u. a. 1972; Clemenz 1973). Die Unfähigkeit, zwischen diesem Typus und der neuen Qualität eines auf Liquidation gerichteten Terrorsystems zu unterscheiden, hat schon einmal wesentlich zur Desorientierung und zum Versagen der Gegenkräfte beigetragen.

Der *Schluß aufs Ganze* heißt: Faschismus bleibt als Ausdruck, Faktor und terroristischer Lösungsversuch kapitalistischer Systemkrise virulent, solange das Gesellschaftsverhältnis selbst andauert. Die Dimension der Sache zu fassen, bedarf es theoretischer Anstrengung, die den Faschismus weder aus dem Begriff historischer Erfahrung entläßt, noch den Blick auf Gegenwart und Zukunft abschneidet und sich seiner vollen Wirklichkeit stellt. Nachdem mit Blochs Wort „der fascistische Betrug in bar an den Tag gekommen" ist, könnte in der Tat „viel Unwissenheit [...] vergehen" (1973: 159). Weder andere Schrecken, die die Gesellschaftsgeschichte reichlich hervorgebracht hat und hervorbringt, noch Zeitablauf, noch Verdrängung vermögen jedenfalls die Schrift an der Wand zu löschen. Das Menetekel und die Aufgabe bleiben.

Anmerkungen

1 Dies hat wohl niemand eindringlicher auseinandergesetzt als Th. W. Adorno. S. 1963b, 1969a.

2 Speziell zu Mohlers Position s. Fritzsche: Konservatismus, Kap. 9.3., in diesem Bd.

3 Vgl. dagegen den wissenschaftlich seriösen, Distanz wahrenden, Grenzen und Risiken der biografischen Methode wägenden Versuch von Bullock 1961.

4 S. dagegen die materialreichen und differenzierten Analysen aus früherer Zeit: Bracher 1964; Bracher u. a. 1962.

5 In diesem Sinn s. Kolnai 1938; Vermeil 1938; Butler 1941; Viereck 1941.

6 S. in diesem Sinn die Arbeit von Sontheimer 1966.

7 Eine Mischform in dieser Hinsicht repräsentiert Niekisch 1953. – Lukács 1954 unternimmt einen geradezu enzyklopädischen Ausgriff in historisch-materialistischer Absicht, vergibt aber viel durch spekulative oder agitatorische Überspitzungen. – Als Versuch, das oben Gesagte einzulösen, s. Fritzsche 1976.

8 Das ganze Unternehmen wurde entschlüsselt von Habermas 1987. – Für die Seite der Akteure s. bes. die Texte von Nolte, Stürmer, Fest und Hillgruber, in: „Historikerstreit" 1987; dazu Hillgruber 1986. – Kritisch außer Habermas s. die Beiträge v. Jäckel, H. Mommsen, W. J. Mommsen und Perels, in: „Historikerstreit" 1987; sowie Fritzsche 1989.

9 Ähnlich heißt es schon bei Dahrendorf: „Hitler brauchte die Modernität, so wenig er sie mochte." (1965: 434; vgl. 437, 442)

10 Dahrendorf entzieht sich diesem Problem mit einer bedeutungsschwer klingenden, in Wirklichkeit nur leichtfertigen Volte: Die Frage: „Wie war Auschwitz möglich?", überschreite „vorerst die Reichweite wissenschaftlicher Erklärung; sie ist zu nahe und zu überwältigend, als daß sie den Zorn und den Eifer hin-

länglich besänftigen könnte" (1965: 415f.). – S. weiter für diesen Ansatz Gregor 1974; Sarti 1970; Schoenbaum 1970; Prinz 1991; Zitelmann 1991a; 1991b.

11 Ganz ähnlich steht es mit der Figur des „Zivilisationsbruchs", die die Untaten des Faschismus insbesondere an den Juden als Abgehen von dem ansonsten als kontinuierlich gedachten Aufklärungs-, Rationalisierungs- und Modernisierungsprozeß der Neuzeit deutet. Auch hier wird, ohne daß er entlastet werden soll, der Faschismus wesentlicher gesellschaftlich-geschichtlicher Zusammenhänge enthoben. In dieser Variante wird er nun gar zu einer realanalytisch unerklärlichen Begebenheit quer zu allem bisher Dagewesenen. S. dafür bes. Diner: Vorwort, in: Diner ed. 1988: 7ff. Diner rekurriert für diese Sicht zu Recht auf Hannah Arendt. Daß er jedoch auch Adorno unter das Deutungsmuster subsumiert, ist unbegreiflich. S. z.B. Adorno 1963b; 1969a; Horkheimer/Adorno 1947.

12 Einen anderen Eindruck erweckt Hacker 1992 mit dem Titel: „Das Faschismus-Syndrom". Die Darstellung zieht – in unabgeklärter Mischung – faschismustheoretische Elemente unterschiedlicher Provenienz heran, bietet aber trotzdem eine Teiltheorie im oben bezeichneten Sinn.

13 Allerdings finden sich bei Freud selbst Äußerungen, die jedenfalls ungefähr in die Richtung von Reichs „Sexualökonomie" weisen. So heißt es z. B.: „Alle Bindungen, auf denen die Masse beruht, sind von der Art der zielgehemmten Triebe. [...] die direkten Sexualstrebungen (sind) der Massenbildung ungünstig [...] Wo sie überstark werden, zersetzen sie jede Massenbildung." (1974b: 130, 132) In heteronomen Massenprozessen kommt es aber nicht nur allgemein leicht zu Gewalttätigkeiten, sondern auch zu sexuellen Exzessen, die offensichtlich von allfälligen triebökonomischen Spannungen und Überschüssen gespeist werden. Es ist nicht ersichtlich, daß dadurch die Massenbindungen aufgelöst würden. Bei dem Ganzen scheint es sich vielmehr um komplexe Zusammenhänge zu handeln, die nicht in eine so einfache Formel zu fassen sind.

14 Wie schon der Begriff „Nazismus" ausweist, bezieht sich Fromm auf den deutschen Fall. Aber sein Begriff der Sache ist ein allgemeiner, indem er sie der „Epoche des Monopolkapitalismus" zuordnet (1966: 212; s. weiter 1974: 335ff.).

15 Diese Arbeit – Adorno u. a. 1950 – ist als ganze nicht auf deutsch erschienen. Zitiert wird im folgenden aus der um Adornos Beiträge zentrierten – und nicht immer präzisen – Teilübersetzung in: Adorno 1973.

16 Gegenkathexis oder Gegenbesetzung meint in der Freud'schen Theorie, vereinfacht ausgedrückt, die Abwehr von Vorstellungen, Wünschen oder Persönlichkeitszügen, die für das Ich bedrohlich werden können und die deshalb durch die Organisation gleichmächtiger Gegenkräfte im Unbewußten gehalten werden müssen. Die G. hat also die Funktion, die Persönlichkeit im Krisenfall triebökonomisch in der Balance zu halten, ohne daß z.B. destruktive Phantasien oder tabubesetzte Strebungen als eigene bewußt, bearbeitet und verantwortet werden müssen.

17 Insbesondere Adorno hat auch die Gefahren des Ansatzes gesehen und mehrfach das Verhältnis von Makrostrukturen und intrapsychischen Strukturen thematisiert. So schreibt er etwa: Der Faschismus sei „eigentlich kein psychologisches Problem [...] So gewiß der faschistische Agitator bestimmte innere Tendenzen derer aufgreift, an die er sich wendet, so tut er das doch als Agent

mächtiger wirtschaftlicher und politischer Interessen." (1971: 62) Rückblickend auf die Arbeit an „The Authoritarian Personality", wendet sich Adorno gegen das „Mißverständnis [...]: daß die Autoren versucht hätten, den Antisemitismus, und darüber hinaus den Faschismus insgesamt, lediglich subjektiv zu begründen, dem Irrtum verfallen, dies politisch-ökonomische Phänomen sei primär psychologischer Art. [...] Nie jedoch ließen wir Zweifel am Vorrang objektiver Faktoren über psychologische." (1969b: 132f.)

Zum Zusammenhang s. v. a. noch Adorno 1963a; 1993; Claussen 1987; Fenichel 1993; Lowenfeld 1977; Simmel 1993; Wangh 1992.

Die Gewaltentwicklung und die ideologische Rechtsverschiebung in vielen Gesellschaften haben – nach Jahrzehnten des Rückzugs – etwa seit Anfang der 1990er Jahre eine deutliche Neubelebung psychoanalytisch-sozialpsychologischer Bemühungen bewirkt. S. in diesem Sinn bes. Bohleber 1992, Erdheim 1992, Streeck-Fischer 1992. Dabei neigen die genuinen Psychoanalytiker/innen allerdings – wie schon Freud – dazu, die zu untersuchenden Phänomene zuallererst als psychische Konstellationen, Erkrankungen und Defekte zu interpretieren, womit vollends der Vorrang des Individuellen vor dem Gesellschaftlich-Geschichtlichen markiert wird (als bemerkenswerte Ausnahme s. aber Fenichel 1993). Jedoch verspricht die Diskussion zwischen Gesellschaftstheorie und Psychoanalyse weitere fruchtbare Klärungsprozesse.

18 Vom methodischen Ansatz her ähnlich wie Geiger, aber distanzierter und kritischer zum Gegenstand ist, aus demselben Jahr, Neumann, S., 1965.

19 Die politische Zielrichtung des Ganzen ist offensichtlich auch weniger der als Vergangenheit vorgestellte Faschismus, auch nicht der als traditionell konservativ gezeichnete „Extremismus der Rechten", sondern der Kommunismus. Zur Abschreckung und zur weiteren Abgrenzung von der etablierten Gesellschaft werden Extremisten in jeder Hinsicht als abstoßende Gestalten abgebildet: Sie sind dumm und unsicher, apathisch, unzufrieden, entwurzelt, erfolglos und autoritär (Lipset 1968: 108, 116, 118).

20 Dies wird von Winkler (1976: 112) ausgerechnet für den Krieg gegen die Sowjetunion behauptet. Die in Fülle vorliegenden Dokumente weisen das direkte Gegenteil aus. Vgl. Czollek/Eichholtz 1967; Eichholtz 1969ff.: I, 197ff. u. ö.; Eichholtz/Schumann ed. 1969: 193f., 196f., 210ff., 215f.

In einer Sicht wie der Winkler'schen war es wohl auch bloß kleinbürgerlich, wenn sich die evangelischen Landesbischöfe am 20.11.1936 „dem Führer im Lebenskampf des deutschen Volkes gegen den Bolschewismus" zur Verfügung stellten, „in der Gewißheit, daß damit dem deutschen Volk der wertvollste Dienst geleistet wird" (zit. n. Kühnl ed. 1975: 314); und wenn Hitler – der prototypische „Extremist der Mitte" (Lipset 1968: 107) – am 9.1.1941 vor dem Oberkommando der Wehrmacht erklärte: Der Krieg gegen die Sowjetunion müsse „die Vernichtung des russischen Heeres, die Wegnahme der wichtigsten Industriegebiete und die Zerstörung aller übrigen Industriegebiete [...] sein [...] Der russische Riesenraum berge unermeßliche Reichtümer. Deutschland müsse ihn wirtschaftlich und politisch beherrschen [...] Damit verfüge es über alle Möglichkeiten, um in Zukunft auch den Kampf gegen Kontinente zu führen ..." (Zit. n. Kühnl ed. 1975: 324f.)

21 Politisch-konzeptionell ganz anders gerichtet, aber gleichwohl analytisch verwandt, d. h. die Eigenständigkeit des kleinbürgerlichen Agglomerats weit überzeichnend, ist die auf Trockij aufbauende Faschismusinterpretation. S.

Trockij 1971a: bes. 356ff.; Poulantzas 1973: 116ff., 251ff., 263ff.; Leppert-Fögen 1974: 311ff.

22 Zur Begriffsgeschichte s. Jänicke 1971: 12ff., 36ff. Für Deutschland s. die positive Belegung des Begriffs etwa bei Jünger 1930; Forsthoff 1933.

23 S. für die erste Version Marcuse 1965 (zuerst 1934); für die zweite Kohn 1974 (zuerst 1935); Hayes 1974 (zuerst 1940); für den Übergang der ersten in die zweite Marcuse 1968: 354ff., 360ff. gegenüber 369 (zuerst 1941; 1951 in 2. Aufl.).

24 Breitscheid revidierte später unter dem Eindruck des Faschismus seine Position; s. Breitscheid 1977. – Von kommunistischer Seite wurden umgekehrt die sozialdemokratisch-sozialistischen Parteien als „Sozialfaschisten" mit dem Faschismus gleichgesetzt; s. unten Kap. 5.2.

25 Bemerkenswerterweise finden sich gerade in solchen Schriften, die die gesellschaftskritische Faschismustheorie am massivsten angreifen, sie für parteilich, unwissenschaftlich und unbrauchbar erklären, besonders intransigente Apologien des Totalitarismus-Theorems; so etwa bei Bracher 1976: 13ff., 33ff. – Für dieses Muster und seine Verschiebung auf Kommunismuskritik s. noch Aron 1965; Buchheim 1962; Talmon 1961.
Anhänger dieses Konstrukts wie auch solche Kritiker, denen es um die Entlastung des sowjetischen Modells im ganzen oder des Stalinismus im besonderen ging, haben vielfach verkannt oder verwischt, daß die Verwerfung der Totalitarismus-Figur die Analyse des Stalinismus weder ersetzt noch hindert. In Wirklichkeit wird auch diese so von jenen Verkürzungen und Blickverstellungen frei, die unter dem Gleichsetzungszwang des Begriffs Totalitarismus einziehen. S. in diesem Sinn bes. Deutscher 1990.

26 Selbst dort, wo die Opfer des Faschismus einmal in den Blick geraten, hört die Verschleierungsmetaphorik nicht auf. So will Nolte ihnen „die höchste aller Ehren" mit der Erklärung erweisen, daß sie „nicht als unglückliche Objekte eines widerwärtigen Verbrechens starben, sondern als Stellvertreter bei dem verzweifeltsten Angriff, der je gegen das menschliche Wesen und die Transzendenz in ihm geführt wurde" (1963: 512). Dabei wußte er im Jahr 1963 immerhin noch, daß der Faschismus „jene Untat begangen (hat), der in der Weltgeschichte nichts verglichen werden kann" (ebd.: 35).
Gut zwanzig Jahre später wurde der Ausrottungsfeldzug gegen die Juden zur „'asiatischen' Tat", zur Sekundärfolge der Oktoberrevolution und des Stalinismus, zur wirklichen oder vermeintlichen Notwehr, zur Präventivverteidigung (1987: 45). Nach weiteren Jahren ist „die Vernichtung eines Volkes durch ein anderes Volk [...] nur ein besonders hervorstechender Teil des geschichtlich 'Normalen'" geworden. „Das Singuläre" daran ist nun: „daß ein schmerzloser Tod intendiert war"; der Gedanke einer „gigantischen Operation unter örtlicher Betäubung"; die „Abwesenheit von individuellem Haß und quälsüchtiger Grausamkeit". Mithin und alles zusammen: „Etwas Derartiges hatte es tatsächlich in der Geschichte der Menschheit noch nicht gegeben." (1993: 398f.) Die über 30 Jahre angelegte Spur der Täterentlastung führt bei Nolte von der Reflexion über die Sympathie zur universalgeschichtlichen Legitimation. So wird aus dem Menschheitsverbrechen am Ende beinahe ein Akt humaner Sozialtechnik.

27 Für die rein funktionalistische Variante s. Bracher 1969; Broszat 1969; Buchheim u. a. 1965; Höhne 1991; Mommsen 1966; Schulz 1974. – Als Arbeiten in

der Nachfolge oder Nähe Fraenkels s. Mason 1966, 1968, 1977; Petzina 1968; Pollock 1975; Schweitzer 1964; Stegmann 1976.

28 Auf der expliziten These eines relativen Klassengleichgewichts ist Otto Bauers Faschismusanalyse aufgebaut. S. Bauer 1924; 1936. Jene mag für die Aufstiegsphase des italienischen Faschismus passender sein, als sie es für Deutschland ist. Im Ganzen enthält sie jedoch ein problematisches, mechanistisches Modell. Bei Thalheimer und der KPO spielt sie keine Rolle.

29 S. für Italien Nolte 1976; Priester 1974. Für Deutschland s. Czichon 1967; Hallgarten 1962; Klein 1968; Stegmann 1973, 1976. – Turner (1972, 1975) wird in seiner aufdringlichen Apologetik von den beiläufig mitgeteilten Fakten selbst desavouiert.

30 Eine ganz ähnliche Figur findet sich bei Trockij 1971a: 351. – Überhaupt steht Trockijs Faschismusanalyse in verschiedener Hinsicht der Thalheimers nahe. Der Bonapartismus-Ansatz ist jedoch – mit den gleichen analytischen Mängeln – bei jenem bereits auf die Präsidialkabinette angewandt. S. ebd.: 350ff.; 1971b: 677ff. Im ganzen ist aber Trockijs Analyse sowohl in der theoretischen Auseinandersetzung, wie in der empirischen Konkretion wesentlich gröber. Ganz anders in der Bewertung Trockijs: Mandel 1971. Vgl. auch die von Trockij abhängigen Interpretationen von Poulantzas 1973: 84ff. u. passim; Leppert-Fögen 1974: 294ff., 311ff. u. ö.

31 Für den KI-Kongreß 1924 s. die Rede Sinowjews, in: Protokoll 1973: I, 64ff.; sowie die Beiträge von Bordiga und Freimuth, ebd.: II, 715ff., 752ff. – Für Stalin s. Stalin 1966. – Die zitierte Losung des KI-Kongresses 1928 ist enthalten in seinem Manifest, in: Protokoll 1972: II, Anhang, 12. S. weiter die Resolution u. das Programm der KI, ebd.: 21ff.; 101ff.

32 Das Elfte Plenum formulierte dann 1931 die vielzitierte Kampfparole: „Die Sozialdemokratie als die soziale Hauptstütze der Bourgeoisie". Zit. n. Weber ed. 1966: 255.

33 S. dazu die EKKI-Resolution vom April 1933 sowie die Reden von Kuusinen, Pieck und Manuilski auf dem XIII. Plenum v. Dezember 1933, in: Faschismusanalyse 1974: 211-333.

34 S. in diesem Sinn Czichon 1968; Deutschland 1974ff., Eichholtz 1969ff.; Eichholtz/Gossweiler 1968; Eichholtz/Pätzold ed. 1989; Gossweiler 1972; Weißbecker 1976; Zumpe 1980.

35 Dies gilt z. B. für Arendt 1958; Bracher 1969, Bracher u. a. 1962; Broszat 1969 (u. ö.); Fest 1973; Friedrich/Brzezinski 1957; Gossweiler 1971; Hallgarten/Radkau 1974; Kershaw 1988; 1992; Kühnl 1979; Nolte 1963; 1993; Poulantzas 1973; Reich 1979ff.; Schreiber 1984; Schulz 1974; Schweitzer 1964; Thamer 1986; Zumpe 1980; und ebenso für die Erstfassung dieses Aufsatzes: Fritzsche 1977b: 492f. – Als wichtigste Ausnahme s. Schäfer 1977.

36 Eine seltene, undeutlich-indirekte Ausnahme findet sich, wo Neumann über Recht, Gewalt und wahre Allgemeinheit in der Gesellschaft handelt. S. 1977: 522.–

C. Wright Mills hat in seiner Besprechung des Buchs 1942 das Allgemeine am Besonderen deutlicher herausgestellt: „The analysis of Behemoth casts light upon capitalism in democracies. [...] you see the harsh outlines of possible futures close around you [...] And Nazi is only one of his names [...] Behemoth is everywhere united." (1963: 177f.)

37 Ein eindringliches Beispiel dafür bietet die autobiografische Enthüllung des Antifaschisten Peter Brückner. S. 1980: 144f.

38 S. dazu Fritzsche 1989: 65ff. – Für das System der Konzentrationslager sind die strukturellen zusammen mit den menschlichen Aspekten eindringlich entwikkelt bei Sofsky (1993: bes. 178ff., 229ff.).

39 Nach der sogenannten SINUS-Studie hatten 1979/80: 13 % der bundesdeutschen Wahlbevölkerung ein „geschlossenes rechtsextremes Weltbild", das von einer „haßerfüllten Ablehnung von Fremdgruppen" geprägt war. Schon damals zeigten sich jenseits dieser Gruppierung bei mehr als einem Drittel der Wahlbevölkerung latente Übergänge in Form „unspezifischer Gefühle der Bedrohung und politischen Ohnmacht", die im Krisenfall leicht nach rechtsaußen aktivierbar schienen. (1981: 78, 67, 93f.) – Zum Vergleich: Würde ein solches Potential als Ganzes bei einer Wahl mobilisiert, so entspräche das ungefähr dem Wahlergebnis von NSDAP plus Kampffront Schwarz-Weiß-Rot in der Reichstagswahl vom 5. März 1933.
Zum Ganzen gehört auch, daß es weder geschichtlich noch inhaltlich-systematisch plausible Grenzziehungen zwischen rechtskonservativ-nationalistisch, rechtsradikal, rechtsextremistisch, rechtsextrem, faschistoid und faschistisch gibt. Von dieser künstlich abstufenden Terminologie geht in Wirklichkeit nichts anderes aus als falsche Beruhigungen.

40 Zu diesem Komplex s. Boris/Haustein 1973; Boris 1973; Meschkat 1974; Müller-Plantenberg 1974; Paas 1976. – Die Vorgänge in Chile weisen beträchtliche Ähnlichkeiten mit denen in Spanien ab 1936 auf. Allerdings waren im Fall Spaniens faschistische Systeme – Deutschland und Italien – die Drahtzieher und (Mit-)Täter. S. Wippermann 1983: 109ff.

Literatur

Abendroth, Wolfgang (1976): Ein Leben in der Arbeiterbewegung, ed. Dietrich, Barbara/ Perels, Joachim, Frankfurt/M.

Adorno, Theodor W. (1955): Kulturkritik und Gesellschaft, in: Adorno: Prismen, Frankfurt/M., 7ff.

Adorno, Theodor W. (1963a): Meinung, Wahn, Gesellschaft, in: Adorno: Eingriffe, 147ff.

Adorno, Theodor W. (1963b): Was bedeutet: Aufarbeitung der Vergangenheit?, in: Adorno: Eingriffe, 125ff.

Adorno, Theodor W. (1963c): Eingriffe, Frankfurt/M.

Adorno, Theodor W. (1969a): Erziehung nach Auschwitz, in: Adorno: Stichworte, 85ff.

Adorno, Theodor W. (1969b): Wissenschaftliche Erfahrungen in Amerika, in: Adorno: Stichworte, 113ff.

Adorno, Theodor W. (1969c): Stichworte, Frankfurt/M.

Adorno, Theodor W. (1971): Die Freudsche Theorie und die Struktur der faschistischen Propaganda, in: Adorno: Kritik, ed. Tiedemann, Rolf, Frankfurt/M., 34ff.

Adorno, Theodor W. (1973): Studien zum autoritären Charakter, Frankfurt/M.

Adorno, Theodor W. (1993): Antisemitismus und faschistische Propaganda, in: Simmel ed., 148ff.

Adorno, Theodor W., u. a. (1950): The Authoritarian Personality, New York
Aly, Götz/ Heim, Susanne (1991): Vordenker der Vernichtung. Auschwitz und die deutschen Pläne für eine neue europäische Ordnung, Hamburg
Anonym (1931): Die Regierung Brüning und der Faschismus, in: Gegen den Strom 4, 99ff.
Anonym (1933a): Vier Monate Hitler, in: Gegen den Strom 6, 13ff.
Anonym (1933b): „Demokratischer Sozialismus" oder proletarische Diktatur?, in: Gegen den Strom 6, 37ff.
Anonym (1973a): Deutschland und Italien, in: Faschismus, 212ff.
Anonym (1973b): Die politische Lage, in: Faschismus, 203ff.
Anonym (1973c): Faschistische Diktatur über Deutschland, in: Faschismus, 198ff.
Arendt, Hannah (1958): Elemente und Ursprünge totaler Herrschaft, Frankfurt/M., 2. Aufl.
Aron, Raymond (1965): Demokratie und Totalitarismus, Hamburg
Bauer, Otto (1924): Das Gleichgewicht der Klassenkräfte, in: Der Kampf 2, 57ff.
Bauer, Otto (1936): Zwischen zwei Weltkriegen?, Bratislava
Bauer, Otto, u. a. (1967): Faschismus und Kapitalismus, ed. Abendroth, Wolfgang, Frankfurt/M.
Bauman, Zygmunt (1994): Dialektik der Ordnung. Die Moderne und der Holocaust, Hamburg, 2. Aufl.
Bloch, Ernst (1973): Erbschaft dieser Zeit, Frankfurt/M.
Bohleber, Werner (1992): Nationalismus, Fremdenhaß und Antisemitismus, in: Psyche 46, 689ff.
Boris, Dieter (1973): Konterrevolution in Chile, in: Bl. f. dt. u. intern. Politik 18, 1046ff.
Boris, Elisabeth/ Haustein, Hans (1973): Die Unidad Popular und die Offensive der Reaktion in Chile, in: Bl. f. dt. u. internat. Politik 18, 39ff.
Borkenau, Franz (1967): Zur Soziologie des Faschismus, in: Nolte ed., 156ff.
Bracher, Karl Dietrich (1964): Die Auflösung der Weimarer Republik, Villingen, 4. Aufl.
Bracher, Karl Dietrich (1969): Die deutsche Diktatur, Köln
Bracher, Karl Dietrich (1976): Zeitgeschichtliche Kontroversen, München
Bracher, Karl Dietrich, u. a. (1962): Die nationalsozialistische Machtergreifung, Köln, 2. Aufl.
Bracher, Karl Dietrich/ Valiani, Leo, ed. (1991): Faschismus und Nationalsozialismus, Berlin
Breitscheid, Rudolf (1977): Antifaschistische Beiträge 1933-1939, Frankfurt/M.
Broszat, Martin (1969): Der Staat Hitlers, München
Brückner, Peter (1980): Das Abseits als sicherer Ort, Berlin(-W.)
Buchheim, Hans (1962): Totalitäre Herrschaft, München
Buchheim, Hans, u. a. (1965): Anatomie des SS-Staates, 2 Bde., Olten
Bullock, Alan (1961): Hitler. Eine Studie über Tyrannei, Düsseldorf
Butler, Rohan d'O. (1941): The Roots of National Socialism, 1783-1933, London
Carroll, Berenice A. (1968): Design for Total War, Den Haag/Paris
Claussen, Detlev (1987): Über Psychoanalyse und Antisemitismus, in: Psyche 41, 1ff.
Clemenz, Manfred (1972): Gesellschaftliche Ursprünge des Faschismus, Frankfurt/M.
Clemenz, Manfred (1973): Ist der spätkapitalistische Staat faschistisch?, in: Kursbuch 31, 1ff.

Czichon, Eberhard (1967): Wer verhalf Hitler zur Macht?, Köln
Czichon, Eberhard (1968): Der Primat der Industrie im Kartell der nationalsozialistischen Macht, in: Das Argument 47, 168ff.
Czollek, Roswitha/ Eichholtz, Dietrich (1967): Dokumente zu Kriegszielen und Kriegsplanungen führender Konzerne beim Überfall auf die Sowjetunion, in: Zs. f. Geschichtswissenschaft 15, 64ff.
Dahmer, Helmut, ed. (1980): Analytische Sozialpsychologie, 2 Bde., Frankfurt/M.
Dahrendorf, Ralf (1965): Gesellschaft und Demokratie in Deutschland, München
Deppe, Frank, u.a., ed. (1977): Abendroth-Forum. Marburger Gespräche aus Anlaß des 70. Geburtstags von Wolfgang Abendroth, Marburg
Deppe, Frank, u.a., ed. (1996): Antifaschismus (Reinhard Kühnl z. 60. Geb.), Heilbronn
Deutscher, Isaac (1990): Stalin. Eine politische Biographie, Berlin(-O.)
Deutschland (1974ff.): Deutschland im zweiten Weltkrieg, ed. Bartel, Walter, u.a., 6 Bde., Köln
Diner, Dan, ed. (1987): Ist der Nationalsozialismus Geschichte?, Frankfurt/M.
Diner, Dan, ed. (1988): Zivilisationsbruch, Frankfurt/M.
Eichholtz, Dietrich (1969ff.): Geschichte der deutschen Kriegswirtschaft 1939-1945, 2 Bde., Berlin(-O.)
Eichholtz, Dietrich/ Pätzold, Kurt, ed. (1989): Der Weg in den Krieg, Köln
Eichholtz, Dietrich/ Gossweiler, Kurt (1968): Noch einmal: Politik und Wirtschaft 1933-1945, in: Das Argument 47, 210ff.
Eichholtz, Dietrich/ Schumann, Wolfgang, ed. (1969): Anatomie des Krieges, Berlin(-O.)
Eisfeld, Rainer/ Müller, Ingo, ed. (1989): Gegen Barbarei (Robert M. W. Kempner zu Ehren), Frankfurt/M.
Erdheim, Mario (1992): Das Eigene und das Fremde, in: Psyche 46, 730ff.
Faschismus (1973): Der Faschismus in Deutschland, ed. Gruppe Arbeiterpolitik, Frankfurt/M.
Faschismus (1980): Faschismus und Ideologie, 2 Bde, Berlin
Faschismusanalyse (1974): Faschismusanalyse und antifaschistischer Kampf der KI und der KPD 1923 bis 1945, Heidelberg, 2. Aufl.
Fenichel, Otto (1993): Elemente einer psychoanalytischen Theorie des Antisemitismus, in: Simmel ed., 35ff.
Fest, Joachim C. (1973): Hitler. Eine Biographie, Frankfurt/M.
Fischer, Fritz (1985): Bündnis der Eliten, Düsseldorf, 2. Aufl.
Forsthoff, Ernst (1933): Der totale Staat, Hamburg
Fraenkel, Ernst (1974): Der Doppelstaat, Frankfurt/M.
Freud, Sigmund (1974a): Fragen der Gesellschaft, Ursprünge der Religion (Studienausg., ed. Mitscherlich, Alexander, u. a., IX), Frankfurt/M.
Freud, Sigmund (1974b): Massenpsychologie und Ich-Analyse, in: Freud: Fragen, 61ff.
Freud, Sigmund (1974c): Das Unbehagen in der Kultur, in: Freud: Fragen, 191ff.
Freud, Sigmund (1974 d): Warum Krieg?, in: Freud: Fragen, 271ff.
Friedrich, Carl J./ Brzezinski, Zbigniew K. (1957): Totalitäre Diktatur, Stuttgart
Fritzsche, Klaus (1976): Politische Romantik und Gegenrevolution. Fluchtwege in der Krise der bürgerlichen Gesellschaft: Das Beispiel des „Tat"-Kreises, Frankfurt/M.
Fritzsche, Klaus (1977a): Etablierung, Herrschaftspraxis und Funktion des faschistischen Systems in Deutschland, in: Deppe u. a., ed., 361ff., 395ff.

Fritzsche, Klaus (1977b): Faschismustheorien – Kritik und Perspektive, in: Neumann, Franz, ed.: Handbuch Politischer Theorien und Ideologien, Reinbek, 467ff.
Fritzsche, Klaus (1989): Faschismus als Vergangenheit und Gegenwart, in: Eisfeld/ Müller ed., 51ff.
Fromm, Erich (1966): Die Furcht vor der Freiheit, Frankfurt/M.
Fromm, Erich (1974): Anatomie der menschlichen Destruktivität, Stuttgart
Funke, Manfred, ed. (1976): Hitler, Deutschland und die Mächte, Düsseldorf
Geiger, Theodor (1967): Die soziale Schichtung des deutschen Volkes, Stuttgart, 2. Aufl.
Glucksmann, André, u. a. (1972): Neuer Faschismus, Neue Demokratie. Über die Legalität des Faschismus im Rechtsstaat, Berlin
Goldhagen, Daniel Jonah (1996): Hitlers willige Vollstrecker. Ganz gewöhnliche Deutsche und der Holocaust, Berlin
Gossweiler, Kurt (1971): Großbanken – Industriemonopole – Staat, Berlin(-O.)
Gossweiler, Kurt (1972) : Über Wesen und Funktion des Faschismus, in: Gossweiler u. a., 3ff.
Gossweiler, Kurt, u. a. (1972): Faschismus: Entstehung und Verhinderung, Frankfurt/M.
Gregor, A. James (1974): Fascism and Modernization, in: World Politics 26, 370ff.
Griffin, Roger (1994): The Nature of Fascism, London/New York, 3. Aufl.
Habermas, Jürgen (1987): Eine Art Schadensabwicklung, in: „Historikerstreit", 62ff.
Hacker, Friedrich (1992): Das Faschismus-Syndrom, Frankfurt/M.
Haffner, Sebastian (1978): Anmerkungen zu Hitler, München
Hallgarten, George W. F. (1957): Kurze Geschichte der Diktatur seit 600 vor Christus, Frankfurt/M.
Hallgarten, George W. F. (1962): Hitler, Reichswehr und Industrie, Frankfurt/M.
Hallgarten, George W. F./ Radkau, Joachim (1974): Deutsche Industrie und Politik von Bismarck bis heute, Frankfurt/M.
Haug, Wolfgang Fritz (1967): Der hilflose Antifaschismus, Frankfurt/M.
Hayes, Carlton J. H. (1974): Der Totalitarismus als etwas Neues in der Geschichte der westlichen Kultur, in: Seidel/ Jenkner ed., 86ff.
Heinsohn, Gunnar (1995): Warum Auschwitz? Hitlers Plan und die Ratlosigkeit der Nachwelt, Reinbek
Hennig, Eike (1973): Thesen zur deutschen Sozial- und Wirtschaftsgeschichte 1933 bis 1938, Frankfurt/M.
Hennig, Eike (1975): Industrie, Aufrüstung und Kriegsvorbereitung im deutschen Faschismus (1933-1939), in: Gesellschaft. Beitr. z. Marxschen Theorie 5, 68ff.
Hennig, Eike (1976): Was heißt und zu welchem Ende studiert man Faschismus?, in: Gesellschaft. Beitr. z. Marxschen Theorie 6, 7ff.
Hilberg, Raul (1982): Die Vernichtung der europäischen Juden, Berlin
Hilberg, Raul (1992): Täter, Opfer, Zuschauer, Frankfurt/M.
Hilferding, Rudolf (1930): In der Gefahrenzone, in: Die Gesellschaft 7, II, 289ff.
Hilferding, Rudolf (1932): Unter der Drohung des Faschismus, in: Die Gesellschaft 9, II, 1ff.
Hillgruber, Andreas (1986): Zweierlei Untergang, Berlin
„Historikerstreit" (1987): „Historikerstreit". Die Dokumentation der Kontroverse um die Einzigartigkeit der nationalsozialistischen Judenvernichtung, München
Hitler, Adolf (1940): Mein Kampf, München, 5. Aufl.

Hoepke, Klaus-Peter (1968): Die deutsche Rechte und der italienische Faschismus, Düsseldorf
Hofmann, Werner (1968): Was ist Stalinismus?, in: Hofmann: Stalinismus und Antikommunismus, Frankfurt/M., 11ff.
Höhne, Heinz (1969): Der Orden unter dem Totenkopf, Frankfurt/M., 2. Aufl.
Höhne, Heinz (1991): Die Zeit der Illusionen. Hitler und die Anfänge des Dritten Reiches 1933-1936, Düsseldorf
Horkheimer, Max (1939): Die Juden und Europa, in: Zs. f. Sozialforschung 8, 115ff.
Horkheimer, Max, ed. (1936): Studien über Autorität und Familie, 2 Bde., Paris
Horkheimer, Max/ Adorno, Theodor W. (1947): Dialektik der Aufklärung, Amsterdam
Jäckel, Eberhard (1969): Hitlers Weltanschauung. Entwurf einer Herrschaft, Tübingen
Jäckel, Eberhard (1986): Hitlers Herrschaft, Stuttgart
Jänicke, Martin (1971): Totalitäre Herrschaft, Berlin
Jasper, Gotthard, ed. (1968): Von Weimar zu Hitler 1930-1933, Köln
Jünger, Ernst (1930): Totale Mobilmachung, in: Jünger ed.: Krieg und Krieger, Berlin, 9ff.
Kadritzke, Niels (1976): Faschismus und Krise, Frankfurt/M.
Kaiser, Peter M. (1975): Monopolprofit und Massenmord im Faschismus, in: Bl. f. dt. u. internat. Politik 20, 552ff.
Kaltenbrunner, Gerd-Klaus, ed. (1973): Konservatismus international, Stuttgart
Kershaw, Ian (1988): Der NS-Staat, Reinbek
Kershaw, Ian (1992): Hitlers Macht, München
Klein, Fritz (1968): Zur Vorbereitung der faschistischen Diktatur durch die deutsche Großbourgeosie (1929-1932), in: Jasper ed., 124ff.
Kleßmann, Christoph, ed. (1989): Nicht nur Hitlers Krieg, Düsseldorf
Kogon, Eugen (1974): Der SS-Staat, München
Kohn, Hans (1974): Die kommunistische und die faschistische Diktatur. Eine vergleichende Studie, in: Seidel/ Jenkner ed., 49ff.
Kolnai, Aurel (1938): The War against the West, New York
Kuczynski, Jürgen (1963ff.): Die Geschichte der Lage der Arbeiter unter dem Kapitalismus. V, VI, XVI, Berlin(-O.)
Kühnl, Reinhard (1979): Faschismustheorien, Reinbek
Kühnl, Reinhard, ed. (1974): Texte zur Faschismusdiskussion I, Reinbek
Kühnl, Reinhard, ed. (1975): Der deutsche Faschismus in Quellen und Dokumenten, Köln
Künneth, Walter (1947): Der große Abfall. Eine geschichtstheologische Untersuchung der Begegnung zwischen Nationalsozialismus und Christentum, Hamburg
Le Bon, Gustave (1982): Psychologie der Massen, m. Einf. v. Hofstätter, Peter R., Stuttgart
Leppert-Fögen, Annette (1974): Die deklassierte Klasse, Frankfurt/M.
Lewerenz, Elfriede (1975): Die Analyse des Faschismus durch die KI, Frankfurt/M.
Ley, Michael/ Schoeps, Julius H. , ed. (1997): Der Nationalsozialismus als politische Religion, Bodenheim
Lipset, Seymour Martin (1968): Nationalsozialismus – ein Faschismus der Mitte, in: Jasper ed., 101ff.
Lowenfeld, Henry (1977): Zur Psychologie des Faschismus, in: Psyche 31, 561ff.

Lukács, Georg (1954): Die Zerstörung der Vernunft, Berlin(-O.)
Luks, Leonid (1985): Entstehung der kommunistischen Faschismustheorie, Stuttgart
Mandel, Ernest (1971): Trockijs Faschismustheorie, in: Trockij: Schriften, I, 9ff.
Marcuse, Herbert (1965): Der Kampf gegen den Liberalismus in der totalitären Staatsauffassung, in: Marcuse: Kultur und Gesellschaft I, Frankfurt/M., 17ff.
Marcuse, Herbert (1968): Vernunft und Revolution, Neuwied, 2. Aufl.
Marx, Karl (1960): Der Achtzehnte Brumaire des Louis Bonaparte, in: MEW 8, Berlin(-O.), 111ff.
Marx, Karl/ Engels, Friedrich (1962): Die Deutsche Ideologie, in: MEW 3, Berlin(-O.), 9ff.
Mason, Timothy W. (1966): Der Primat der Politik – Politik und Wirtschaft im Nationalsozialismus, in: Das Argument 41, 473ff.
Mason, Timothy W. (1968): Primat der Industrie? – Eine Erwiderung, in: Das Argument 47, 193ff.
Mason, Timothy W. (1977): Sozialpolitik im Dritten Reich, Opladen
Meinecke, Friedrich (1946): Die deutsche Katastrophe, Wiesbaden
Meschkat, Klaus (1974): Neue Organisationsformen der chilenischen Arbeiterklasse während der Unidad Popular, in: Prokla 14/15, 1ff.
Mills, C. Wright (1963): The Nazi Behemoth, in: Mills: Power, Politics and People, ed. Horowitz, Irving L., New York, 170ff.
Mises, Ludwig (1927): Liberalismus, Jena
Mohler, Armin (1973): Der faschistische Stil, in: Kaltenbrunner ed., 172ff.
Mommsen, Hans (1966): Beamtentum im Dritten Reich, Stuttgart
Moore, Barrington (1969): Soziale Ursprünge von Diktatur und Demokratie, Frankfurt/M.
Müller-Plantenberg, Urs (1974): Grundzüge und Ergebnisse der Bündnispolitik der chilenischen Linken 1970-1973, in: Prokla 14/15, 21ff.
Neumann, Franz Leopold (1977): Behemoth. Struktur und Praxis des Nationalsozialismus 1933-1944, ed. Schäfer, Gert, Frankfurt/M.
Neumann, Sigmund (1965): Die Parteien der Weimarer Republik, m. Einl. v. Bracher, Karl Dietrich, Stuttgart
Niekisch, Ernst (1953): Das Reich der niederen Dämonen, Hamburg
Nolte, Ernst (1963): Der Faschismus in seiner Epoche, München
Nolte, Ernst (1966): Die faschistischen Bewegungen, München
Nolte, Ernst (1967): Vierzig Jahre Theorien über den Faschismus, in: Nolte ed., 15ff.
Nolte, Ernst (1976) : Die „herrschenden Klassen" und der Faschismus in Italien, in: Schieder ed., 183ff.
Nolte, Ernst (1987): Vergangenheit, die nicht vergehen will, in: „Historikerstreit", 39ff.
Nolte, Ernst (1993): Streitpunkte, Berlin
Nolte, Ernst, ed. (1967): Theorien über den Faschismus, Köln
Opitz, Reinhard (1974a): Die faschistische Massenbewegung, in: Kühnl ed., 176ff.
Opitz, Reinhard (1974b): Über die Entstehung und Verhinderung von Faschismus, in: Das Argument 87, 550ff.
Opitz, Reinhard (1974c): Über Faschismustheorien und ihre Konsequenzen, in: Kühnl, Reinhard, ed., 219ff.
Ortega y Gasset, José (1956): Der Aufstand der Massen, Reinbek

Otten, Karl (1989): Geplante Illusionen. Eine Analyse des Faschismus, m. Nachw. v. Baier, Lothar, Frankfurt/M.
Paas, Dieter (1976): Das „Entwicklungsmodell" des chilenischen Militärregimes, in: Bl. f. dt. u. internat. Politik 21, 1388ff.
Parsons, Talcott (1964a): Demokratie und Sozialstruktur in Deutschland vor der Zeit des Nationalsozialismus, in: Parsons: Beiträge zur soziologischen Theorie, ed. Rüschemeyer, Dietrich, Neuwied, 256ff.
Parsons, Talcott (1964b): Some Sociological Aspects of the Fascist Movements, in: Parsons: Essays in Sociological Theory. Glencoe/Ill., 3. Aufl., 124ff.
Pehle, Walter H., ed. (1990): Der historische Ort des Nationalsozialismus, Frankfurt/M.
Peregrinus, i.e. Borochowitsch, Leo (1973): Faschismus, Bonapartismus und bürgerliche Demokratie, in: Faschismus, 66ff.
Petersen, Jens (1976): Wählerverhalten und soziale Basis des Faschismus in Italien zwischen 1919 und 1928, in: Schieder ed., 119ff.
Petzina, Dietmar (1968): Autarkiepolitik im Dritten Reich, Stuttgart
Plessner, Helmuth (1959): Die verspätete Nation. Über die politische Verführbarkeit bürgerlichen Geistes, Stuttgart
Pollock, Friedrich (1975): Ist der Nationalsozialismus eine neue Ordnung?, in: Pollock : Stadien des Kapitalismus, ed. Dubiel, Helmut, München, 101ff.
Poulantzas, Nicos (1973): Faschismus und Diktatur, München
Priester, Karin (1972): Der italienische Faschismus, Köln
Priester, Karin (1974): Anmerkungen zum Thema italienischer Faschismus, in: Bl. f. dt. u. internat. Politik 19, 797ff.
Prinz, Michael (1991): Die soziale Funktion moderner Elemente in der Gesellschaftspolitik des Nationalsozialismus, in: Prinz/ Zitelmann ed., 297ff.
Prinz, Michael/ Zitelmann, Rainer, ed. (1991): Nationalsozialismus und Modernisierung, Darmstadt
Protokoll (1972): Protokoll des VI. Weltkongresses der KI 1928, Hamburg
Protokoll (1973): Protokoll des V. Weltkongresses der KI 1924, 2 Bde., Erlangen
Protokoll (1976): Protokoll des VII. Weltkongresses der KI 1935, 2 Bde., Stuttgart, 2. Aufl.
Reich (1979ff.): Das Deutsche Reich und der Zweite Weltkrieg, ed. Militärgesch. Forschungsamt, 6 Bde., Stuttgart
Reich, Wilhelm (1934): Massenpsychologie des Faschismus, o. O. u. J., Kopenhagen, 2. Aufl.
Reich, Wilhelm (1980): Der Widerspruch des Nationalsozialismus, in: Dahmer ed., I, 243ff.
Riesman, David, u. a. (1958): Die einsame Masse, Reinbek
Ritter, Gerhard (1955): The Historical Foundations of the Rise of National-Socialism, in: Vermeil u. a., 381ff.
Röhr, Werner, ed. (1992): Faschismus und Rassismus, Berlin
Saage, Richard (1976): Faschismustheorien, München
Salvatorelli, Luigi (1967): Nationalfaschismus, in: Nolte ed., 118ff.
Sarti, Roland (1970): Fascist Modernization in Italy: Traditional or Revolutionary?, in: American Hist. Review 75, 1029ff.
Schäfer,Gert (1977): Franz Neumanns Behemoth und die heutige Faschismusdiskussion, in: Neumann, 663ff.
Schieder, Wolfgang, ed. (1976): Faschismus als soziale Bewegung, Hamburg
Schoenbaum, David (1970): Die braune Revolution, Köln

Schreiber, Gerhard (1984): Hitler. Interpretationen 1923 - 1983, Darmstadt
Schulz, Gerhard (1974): Faschismus – Nationalsozialismus, Frankfurt/M.
Schweitzer, Arthur (1964): Big Business in the Third Reich, London
Seidel, Bruno/ Jenkner, Siegfried, ed. (1974): Wege der Totalitarismus-Forschung, Darmstadt, 3. Aufl.
Simmel, Ernst (1993): Antisemitismus und Massen-Psychopathologie, in: Simmel ed., 58ff.
Simmel, Ernst, ed. (1993): Antisemitismus, ed. Dahmer-Klass, Elisabeth, m. Nachw. v. Dahmer, Helmut, Frankfurt/M.
SINUS-Studie (1981): 5 Millionen Deutsche: „Wir sollten wieder einen Führer haben ...", Reinbek
Sofsky, Wolfgang (1993): Die Ordnung des Terrors: Das Konzentrationslager, Frankfurt/M.
Sohn-Rethel, Alfred (1973): Ökonomie und Klassenstruktur des deutschen Faschismus, ed. Agnoli, Johannes, u. a., Frankfurt/M.
Sontheimer, Kurt (1966): Antidemokratisches Denken in der Weimarer Republik, München o. J., 4. Aufl.
SPD-Parteitag (1931): Protokoll des Leipziger Parteitages, Berlin
Stalin, Josef W. (1966): These vom Sozialfaschismus, in: Weber ed., 116ff.
Stegmann, Dirk (1973): Zum Verhältnis von Großindustrie und Nationalsozialismus 1930-1933, in: Archiv f. Sozialgeschichte 13, 399ff.
Stegmann, Dirk (1976): Kapitalismus und Faschismus in Deutschland 1929-1934, in: Gesellschaft. Beitr. z. Marxschen Theorie 6, 19ff.
Streeck-Fischer, Annette (1992): „Geil auf Gewalt", in: Psyche 46, 745ff.
Strauß, Franz-Josef (1987): Mehr aufrechten Gang, in: Frankfurter Rundschau, 14.1.1987, 43. Jg., S. 4
Stürmer, Michael (1987): Geschichte in geschichtslosem Land, in: „Historikerstreit", 36ff.
Sturzo, Luigi (1967): Italien und der Faschismus, in: Nolte ed., 221ff.
Talmon, Jacob Leib (1961): Die Ursprünge der totalitären Demokratie, Köln
Tasca, Angelo (1967): Allgemeine Bedingungen der Entstehung und des Aufstiegs des Faschismus, in: Bauer u.a., 169ff.
Thalheimer, August (1973a): Über den Faschismus, in: Faschismus, 28ff.
Thalheimer, August (1973b): Die Krise des Parlamentarismus – das Vorspiel zur Krise der bürgerlichen Herrschaft, in: Faschismus, 48ff.
Thamer, Hans-Ulrich (1986): Verführung und Gewalt, Berlin
Theweleit, Klaus (1995): Männerphantasien, 2 Bde., Frankfurt/M., 2. Aufl.
Trockij, Leo (1971a): Der einzige Weg, in: Trockij: Schriften, I, 346ff.
Trockij, Leo (1971b): Bonapartismus und Faschismus, in: Trockij: Schriften, II, 677ff.
Trockij, Leo (1971c): Schriften über Deutschland, 2 Bde. (Ges. Werke, ed. Dahmer, Helmut, 2), Frankfurt/M.
Turati, Filippo (1967): Faschismus, Sozialismus und Demokratie, in: Nolte ed., 143ff.
Turner, Henry A., jr. (1972): Faschismus und Kapitalismus in Deutschland, Göttingen
Turner, Henry A., jr. (1975): Großunternehmertum und Nationalsozialismus 1930-1933, in: HZ 221, 18ff.
Turner, Henry A., jr. (1985): Die Großunternehmer und der Aufstieg Hitlers, Berlin

Varga, Eugen (1969a): Die große Krise und ihre politischen Folgen, in: Varga, 231ff.
Varga, Eugen (1969b): Die Krise des Kapitalismus und ihre politischen Folgen, ed. Altvater, Elmar, Frankfurt/M.
Vermeil, Edmond (1938): Doctrinaires de la Revolution Allemande 1918-1938, Paris
Vermeil, Edmond, u.a. (1955): The Third Reich, ed. International Council for Philosophy and Humanistic Studies/UNESCO, London
Viereck, Peter (1941): Metapolitics. From the Romantics to Hitler, New York
Wangh, Martin (1992): Psychoanalytische Betrachtungen zur Dynamik und Genese des Vorurteils, des Antisemitismus und des Nazismus, in: Psyche 46, 1152ff.
Weber, Hermann, ed. (1966): Die Kommunistische Internationale, Hannover
Weißbecker, Manfred (1975): Entteufelung der braunen Barbarei, Frankfurt/M.
Weißbecker, Manfred (1976): Thesen zu Rolle und Funktion der NSDAP im staatsmonopolistischen Herrschaftssystem des faschistischen deutschen Imperialismus, in: Jenaer Beitr. z. Parteiengeschichte 37/38, 1ff.
Winkler, Heinrich August (1972): Mittelstand, Demokratie und Nationalsozialismus, Köln
Winkler, Heinrich August (1976): Mittelstandsbewegung oder Volkspartei?, in: Schieder ed., 97ff.
Wippermann, Wolfgang (1983): Europäischer Faschismus im Vergleich 1922-1982, Frankfurt/M.
Zetkin, Clara (1967): Der Kampf gegen den Faschismus, in: Nolte ed., 88ff.
Zitelmann, Rainer (1991a): Die totalitäre Seite der Moderne, in: Prinz/ Zitelmann ed., 1ff.
Zitelmann, Rainer (1991b): Hitler. Selbstverständnis eines Revolutionärs, Stuttgart
Zumpe, Lotte (1980): Wirtschaft & Staat in Deutschland 1933 bis 1945, Berlin(-O.)

Staatstheorien: Politische Herrschaft und bürgerliche Gesellschaft

Elisabeth Heidt

1. Frühbürgerliche Staatstheorien

Die frühmodernen Herrschafts- und Vertragstheorien gehen aus von der gesellschaftskonstitutiven Rolle der Staatsmacht. Die Überhöhung des Staats zum Subjekt der sozialen Entwicklung entspricht dem etatistischen Durchsetzungsmodus der neuen, bürgerlichen Gesellschaft. In Westeuropa wurde durch das naturwüchsige und zufällige Zusammentreffen verschiedener Momente ein Umwälzungsprozeß eingeleitet, in dessen Folge die feudale Ordnung aufgelöst wurde und die historischen Voraussetzungen der neuen kapitalistischen Produktionsweise sich herstellten. Diese Entstehungszeit der bürgerlichen Gesellschaft ist gekennzeichnet durch die Gewaltsamkeit und Willkür staatlicher Machtausübung. Nachdem durch die direkte Gewalt des Staates die arbeitsgesellschaftlichen Grundlagen der neuen Produktionsweise sich konstituiert hatten, verlor die Staatsmacht ihren offenen und uneingeschränkten Gewaltcharakter. Die Legalisierung und Rationalisierung der politischen Herrschaft entwickelte sich als Kehrseite eines Vergesellschaftungsprozesses, dessen soziale Gewalt sich in den abstrakten und versachlichten Zusammenhang einer eigengesetzlichen Ökonomie verlagerte (vgl. dazu auch den Beitrag Liberalismus in diesem Bd.).

1.1. Niccolo Machiavelli: Das Prinzip der Staatsraison

Der aus dem Auflösungsprozeß der feudalen Gesellschaftsordnung hervorgehende frühbürgerliche Staat findet seine ersten Vorformen in den oberitalienischen Stadtrepubliken. Diese wurden im ausgehenden Mittelalter zu Zentren des wirtschaftlichen Fortschritts (Ausweitung des Handels, Aufbau exportorientierter Manufakturen, Entwicklung von Schiffsbau und Reederei) und der kulturellen Entwicklung (Ausgangspunkt der Renaissance). Erst die atlantische Neuorientierung des europäischen Handels und die durch die französischen Eroberungen ausgelösten inneren Machtkämpfe beendeten im Ausgang des 15. Jhs. die italienische Vorreiterrolle.

Machiavelli (1467-1527) reflektiert auf dem Hintergrund der Krise von Florenz im Rahmen einer Theorie des Machtstaats die gewaltsamen Konstitutionsbedingungen der heraufziehenden neuen Gesellschaft (Discorsi 1513-1517, Principe 1513). Auf dem Hintergrund der Auflösungserscheinungen der feudalen Ordnung entwirft Machiavelli eine *negative Anthropologie*, die den destruktiven und asozialen Charakter des frühmodernen Umwälzungsprozesses zu einer Konstante der menschlichen Existenz verallgemeinert und in der selbstzerstörerischen Grundanlage des Menschen die Notwendigkeit der gewaltsamen Herrschaftsausübung eines allmächtigen Staates begründet. Die Unersättlichkeit und Destruktivität der menschlichen Bedürfnisse bedinge notwendig und irreversibel den unbeschränkten und ausschließlichen Gewaltcharakter des Staates, denn „die Geschichte belegt es durch viele Beispiele daß der, welcher einem Staatswesen Verfassung und Gesetz gibt, davon ausgehen muß, daß alle Menschen schlecht sind" (Machiavelli [1513-1517] 1977: I, §3). Indem der Staat der menschlichen Asozialität Grenzen setze, werde er zum Garant von innerer Ordnung und äußerem Frieden. Im Interesse der Sicherung des Gemeinwesens könne der Staat sich aller Machtmittel bedienen, ohne an einschränkende Gesetze und übergeordnete, in Tradition und Religion begründete Werte gebunden zu sein.

Machiavellis Herrschaftstheorie legitimiert die aus der feudalen Stände- und Gefolgschaftsordnung sich herauslösende, fürstliche Macht. Die religiöse Herrschaftsbegründung der mittelalterliche Ordnung wird in Machiavellis Theorie ersetzt durch den ausschließlich machtpolitisch begründeten Allmachtsanspruch des erstarkenden Staats. Die *Staatsraison* wird zur Richtschnur aller staatlichen Aktivitäten. Das allgemeine Interesse wird mit der Machtbehauptung des Staates gleichgesetzt, dessen Herrschaftsanspruch legitimiere sich ausschließlich durch die innere Logik des Machterhalts: Die im Herrscher konzentrierte Zentralmacht wird in Machiavellis Staatstheorie durch keine privilegierten Stände begrenzt; aus allen feudalen Bindungen gelöst, wird der Staat zur ausschließlichen Quelle aller politischen Macht. Indem er seine Gewalt ohne jegliche hierarchische, rechtliche oder religiöse Einschränkung ausübt, wird die situationsadäquate Zweckmäßigkeit der Mittel das einzige Kriterium ihres Gebrauchs.

> „Die Handlungen aller Menschen [...] beurteilt man nach dem Erfolg. Ein Herrscher braucht also nur zu siegen und seine Herrschaft zu behaupten, so werden die Mittel dazu stets für ehrenvoll angesehen und von jedem gelobt." (Machiavelli [1513] 1963: 74)

Machiavelli formuliert in seiner Theorie des souveränen Staates ein Herrschaftsverständnis, welches die religiös begründete Konstitutionsvorstellung des mittelalterlichen Weltbildes radikal aufsprengt. Jenseits aller sakralen Weihen und übergreifender Sinnbezüge wird die erweiterte Zugriffspotenz der zentralisierten Staatsmacht allein im Erfolg ihrer Herrschaftssicherung begründet. Im Rahmen einer Theorie der uneingeschränkten politischen Macht wird von Machiavelli erstmals die Vorstellung von der Eigenständigkeit und Souveränität der sich neu konstituierenden politischen Sphäre proklamiert.

1.2. Thomas Hobbes: Absoluter Staat

In England entwickelten sich die gesellschaftlichen Voraussetzungen der neuen kapitalistischen Produktionsweise in einer Situation langanhaltender und wiederkehrender machtpolitischer und konfessioneller Kämpfe. In dieser krisenhaften, von wechselnden und heterogenen sozialen Bündnis- und Kräfteverhältnissen getragenen Umbruchsperiode wurde die Staatsmacht zum Hebel und Exekutor des Prozesses der „ursprünglichen Akkumulation", durch welche die zumeist bäuerlichen Subsistenzproduzenten in potentielle Lohnarbeiter verwandelt wurden. Die unabhängigen Ackerbauern wurden mit brutaler Gewalt von ihrem in Viehweiden der Großgrundbesitzer verwandelten Land vertrieben und mit terroristischen Gesetzen in das Elend der Lohnarbeiterexistenz hineingezwungen. Die Etablierung der kapitalistischen Produktionsvoraussetzungen vollzog sich vermittels der direkten und außerökonomischen Intervention des Staates. Der absolutistische Staat legte in der Verfolgung seiner beschränkten, machtpolitischen Interessen die historischen Fundamente der neuen bürgerlichen Gesellschaft.

Auf dem Hintergrund der Machtkämpfe dieser Umwälzungsperiode entwickelt Hobbes (1588-1679) eine Theorie des absoluten Staates, welche den gewaltsamen Konstitutionsprozeß und den etatistischen Durchsetzungsmodus der neuen Gesellschaft im biblischen Bild des leviathanischen Ungeheuers beschreibt (Elements of Law 1640, De Cive 1642, Leviathan 1651). Hobbes erklärt die Entstehung des Staates im Rahmen einer Vertragstheorie, welche auf der Vorstellung eines vorstaatlichen und vorgesellschaftlichen „Naturzustandes" beruht. Bei Hobbes wird die Asozialität und Destruktivität menschlicher Verhaltensweisen, welche aus der Zerstörung der mittelalterlichen Ordnung hervorging, zu einer überhistorischen, natürlichen Existenzbestimmung des Menschen verallgemeinert. Der Naturzustand der Menschen sei der „Krieg eines jeden gegen jeden" (bellum omnium contra omnes), denn aus dem Streben nach unbegrenzter Macht und grenzenlosem Reichtum entspringe ein unversöhnlicher Gegensatz unter den Menschen (Hobbes [1651] 1966: 96). Die natürliche Vernunft der Existenzerhaltung gebiete den freiwilligen Verzicht auf die natürlichen Rechte und individuellen Freiheiten. Der in der menschlichen Natur verankerte Kriegszustand könne nur überwunden werden in der wechselseitigen Zustimmung zu einem absoluten, die subjektiven Freiheiten und natürlichen Rechte des Einzelnen aufhebenden Staat. Auf der Basis der gegenseitigen Übereinkunft und vermittels eines wechselseitigen Vertrags konstituiere sich so im Rechtsverzicht aller der *souveräne* und *absolute* Staat. Die aus der Einsicht in die Unerträglichkeit des Naturzustandes hervorgehende Staatsgründung wird begriffen als die unverzichtbare Voraussetzung des gesellschaftlichen Lebens, der Staatsvertrag ist Herrschafts- und Gesellschaftsvertrag in einem.

> Indem die Einzelnen aus der Einsicht in die Erfordernisse menschlichen Überlebens ihre Freiheit aufgeben und dem Staate zum Zwecke der Sicherheit und der Überlebensfähigkeit die gesamte Macht übertragen, entsteht eine einheitliche und überpersönliche Instanz, der „Leviathan"; denn „durch Kunst wird jener große Leviathan geschaffen [...], der nichts anderes ist als ein künstlicher Mensch, wenn auch von größerer Gestalt und Stärke als der natürliche, zu dessen Schutz und Verteidigung er ersonnen wurde" (ebd.: 5).

Im Bild des Leviathan umschreibt Hobbes die widersprüchliche Zivilisationsfunktion des frühmodernen Staats, welcher in der gewaltsamen Überwindung der vorgefundenen Strukturen die historischen Fundamente schuf, auf denen sich der Selbstlauf der modernen Entwicklung herstellte. Die rohe Militanz, brutale Repressionsgewalt und direkte Zugriffspotenz der frühmodernen Staatsmacht ist Ausdruck einer noch schwach und unentwickelten Vergesellschaftungsstruktur, deren arbeitsgesellschaftliche Grundlagen (Auflösung der Feudalverfassung, Umwälzung der Subsistenzproduktion, Zwangsrekrutierung der Lohnarbeit) erst durch äußere Gewalt geschaffen werden mußten. In dem Maße, wie die Gesellschaft auf der Basis einer selbsttragenden Akkumulation zu funktionieren begann, konnte die außerökonomische und unmittelbare Gewalt des Staates zurückgenommen werden in die eigengesetzliche Dynamik des ökonomischen Prozesses.

Die Hobbessche Theorie deutet, wie alle vertragstheoretischen Erklärungsansätze, die Staatsgründung im Kontext des frühen Aufklärungsgedankens als ein von der menschlichen Einsicht und dem menschlichen Willen gesteuerter Prozeß. Erst indem die vereinzelten und aufgrund ihrer asozialen Grundstruktur in einem tödlichen Kampf befangenen Menschen sich in einem sie alle vertretenden Metasubjekt vereinigen, werde mit der Entstehung dieses „mortal god" (sterblichen Gottes) die Gefahr des allgemeinen Bürgerkriegs gebannt. Über alle Zeitgebundenheit ihres Denkens hinweg enthält die Hobbessche Verherrlichung des absoluten Staates die grundlegende und historisch durchaus weitreichende Einsicht, daß die neu entstehende Gesellschaft aufgrund ihrer eigenen Dissozialität der Regulations- und Befriedungsmacht einer außergesellschaftlichen Ordnung bedarf, um nicht ihrer Selbstdestruktion zum Opfer zu fallen.

1.3. John Locke: Legalisierung der Staatsgewalt

Während die Hobbessche Theorie des absoluten Staats noch auf die Besonderheiten des merkantilen Systems (Verbindung von absolutistischer Monarchie und neu entstehendem Produktivkapital infolge der machtpolitisch-militärstrategisch motivierten nationalen Wirtschaftsförderung) bezogen blieb, bringt Locke (1632-1704) in seiner Theorie des Staatsvertrags eine neue Entwicklungskonstellation zum Ausdruck. Die vom Absolutismus forcierte Ausdehnung von Warenproduktion, Arbeitsteilung und Lohnarbeit setzte eine ökonomische Wachstumsdynamik frei, welche die beschränkten Zielsetzungen des Merkantilismus sprengte. In dem Maße wie die Nationalökonomie eigengesetzlich erstarkte, emanzipierte sich das Bürgertum von den überkommenen alten Mächten. Mit neuem Selbstbewußtsein forderte der „Dritte Stand" die Eingrenzung der absolutistischen Willkür und leitete in der Konfrontation mit den überlebten feudalen Gewalten die für die moderne Formation kennzeichnende Entwicklung des Rechts- und Verfassungsstaates ein. Locke entwickelt in seinen politischen Schriften (Two Treatises of Government 1690, An Essay concerning human Understanding 1690) eine individuell-liberale Vertragstheorie des Staates, in der sich in Ansätzen das neue Kräfteverhältnis ausdrückt, das sich nach der Glorious Revolution (1688) herstellte.

Das Lockesche Konstrukt des Vertragsstaats enthält bereits Merkmale einer in Gesetz und Verfassung zurückgenommenen Gewalt. Im Gegensatz zu Hobbes geht Locke in seiner gedanklichen Konstruktion von einem friedlichen und harmonischen, in seiner Selbstregulation jedoch labilen Naturzustand aus. Locke betrachtet, wie die gesamte klassisch-bürgerliche Theorie, die neuen Produktions- und Aneignungsformen als allgemeine, überhistorische Bedingungen menschlicher Existenz. Im Konstrukt eines vorgesellschaftlichen Naturzustands werden die Menschen als schon immer aneignende und akkumulierende Bürger unterstellt. Die Existenz des Privateigentums wird ontologisiert zum widersprüchlich-entwicklungsdynamischen Moment jeglicher denkbaren Zivilisation.

Im Rahmen einer Zwei-Phasen-Theorie gesellschaftlicher Entwicklung beschreibt Locke den Doppelcharakter des Privateigentums: dieses lege die Grundlage von Freiheit und Gleichheit und werde zugleich zum Ausgangspunkt eines gnadenlosen Kampfes. In der Anfangsphase der menschlichen Zivilisation garantiere das private Eigentum die Freiheit und Gleichheit der Menschen. Mit dem Übergang zur Geldwirtschaft führe in der zweiten Phase des Naturzustands die vorwärtstreibende Dynamik der Mehrproduktion zu menschlicher Entartung, Unrecht und Krieg. Die im Eigentum begründete Labilität und Unsicherheit des Naturzustandes bedinge die Gründung des *Vertragsstaates,* welcher zum Schutze von individueller *Freiheit* und privatem *Eigentum* auf Basis eines freiwilligen Kontrakts entstehe.

Im „original compact" vereinigen sich die Menschen zu einem „politischen Körper" (body politic) und übertragen ihre natürlichen Rechte an den Staat zum Zwecke der Rechts- und Eigentumssicherheit (Locke [1690] 1967: 264). Ausgehend von der notwendigen legitimitätsstiftenden Zustimmung der Individuen wird die Staatsgründung nur möglich auf Basis des mehrheitsfähigen Konsens. Die Herrschaftsausübung bleibt an die Zustimmung der Mehrheit, „the consent of the majority" (ebd.: 265) gebunden. In der Trennung von Exekutive und Legislative wird die Machtkonzentration beschränkt; die politische Legitimität des Staates findet ihre Grundvoraussetzung in der Garantie der Individualrechte.

Erst nachdem mit brutaler etatistischer Gewalt die vorgefundenen feudalen Strukturen umgewälzt worden waren und die neue bürgerliche Gesellschaft auf ihrer eigenen verwertungsgesetzlichen Grundlage zu funktionieren begann, konnte die äußere (Staats)Gewalt zurückgenommen werden in den stummen Zwang eigenmächtiger ökonomischer Gesetze. Die rechtsstaatliche Domestizierung der sozialen Gewalt, welche in der Lockeschen Staatstheorie erstmals gefordert wird, kennzeichnet den Übergang zur allgemein-abstrakten Herrschaftsform des modernen Staates (vgl. auch Kapitel Marx). In der Parallelität von politischer (antifeudaler) Befreiung und marktwirtschaftlichem Fortschritt konstituiert sich die neue Herrschaftslogik der modernen Gesellschaft, welche nicht länger im Machtwillen des Herrschers, sondern in der anonymen Macht der gesellschaftlichen Verhältnisse begründet ist.

1.4. Jean-Jacques Rousseau: Identitäre Demokratie

Während die frühe Vertragstheorie noch auf den absolutistischen Staat bezogen bleibt, dessen Allmachtsanspruch sie zu legitimieren (Hobbes) oder einzuschränken (Locke) sucht, fordert Rousseau (1712-1778) die direkte Herrschaft des Volkes. (Vgl. dazu ausführlich den Beitrag Demokratietheorien in diesem Bd.)

Die im Schoße der feudalen Gesellschaft entstandene und durch die absolutistische Herrschaft vorangetriebene kapitalistische Produktionsweise hatte eine gesellschaftliche Dominanz erlangt, welche die feudalen Hemmnisse sprengte und in den entwickelsten Ländern die politische Umwälzung hervorrief, deren dramatischer Verlauf in Frankreich als Prototyp der bürgerlichen Revolution begriffen wird. Seiner eigenen ökonomischen Bedeutung bewußt geworden, stellte das Bürgertum die Machtfrage und erhob emphatisch den Anspruch, mit dem gesamten Volk identisch zu sein. Erst nachdem im gemeinsamen Kampf sich das Volk von der absolutistischen Gewalt befreite, wurde im Aufbrechen der sozialen Egoismen der Universalitätsanspruch des revolutionären Bürgertums destruiert und die substanzielle Inhomogenität des politisch beschworenen Volkswillens deutlich. Der aus den absolutistischen Fesseln freigesetzte Interessenkampf der

Konkurrenzsubjekte wird zur Daseinsbestimmung der neuen Gesellschaft und bringt in der Notwendigkeit seiner allgemeinen Vermittlung die neue, demokratische Herrschaftsform hervor. Der grundlegende Widerspruch der neuen Vergesellschaftungsform, die äußere Verallgemeinerung der aufgrund ihrer sozialen Existenz widerstreitenden Einzelinteressen, findet seinen institutionellen Ausdruck in der historischen Entwicklung der Demokratie.

Das zentrale Problem der neuen Gesellschaft, die „Läuterung" der Partikularinteressen zu einem synthesefähigen „Gemeinwillen" wird zum Thema der Rousseauschen Theorie. (Emile 1762, Contrat Social 1762). Im Geiste der zukünftigen französischen Revolution proklamiert Rousseau die Souveränität des Volkes und fordert dessen Herrschaft in Form einer direkten Demokratie. Gefangen im kleinbürgerlichen Erfahrungshorizont seiner Zeit denkt Rousseau die Konstitution der politischen Demokratie im Kontext eines historisch unentwickelten rohen Unmittelbarkeitsverständnisses, welches die soziale Homogenität (Besitzgleichheit) voraussetzt und das im Staat sich realisierende Allgemeininteresse mit dem Willen des Volkes in eins setzt.

Im Angriff auf die feudalen Besitzverhältnisse beschreibt Rousseau den Naturzustand des Menschen als einen historischen Prozeß der Deprivation. Privateigentum und gesellschaftliche Arbeitsteilung führen zur moralischen Entartung des ursprünglich freien Menschen; der in der Eigentumsdifferenzierung begründete Verfallsprozeß resultiere in einen Zustand sozialer Ungleichheit und ungerechter Herrschaft, deren Unrechtmäßigkeit es durch eine neue vertragliche Staatsgründung aufzuheben gelte.

Durch den Abschluß eines Gesellschaftsvertrages (contrat social) werde im Sinne eines politischen Sozialisationsprozesses der Naturzustand (état de la nature) in den Zustand eines sittlich freien Bürgers (état civil) verwandelt. Im Prozeß dieser Transformation vollziehe sich die Vergesellschaftung (association) und konstituiere sich ein „politischer Körper" (corps politque), der Staat (Rousseau [1762] 1991: 16ff., 47ff.). Im Gegensatz zu den frühen Vertragstheorien, welche von der irreversiblen Existenz des Staats ausgehen, betont Rousseau die beständige Neukonstitution des Gemeinwillens (volonté générale) im Prozeß der empirischen Willensbildung. Der Rousseausche Gesellschaftsvertrag begreift die Überwindung der Partikularität der Einzelinteressen (volonté de tous) als die permanent gefährdete, prekäre Existenzbedingung der Demokratie (ebd.: 112ff.).

Die vermittels des Gesellschaftsvertrags sich konstituierende demokratische Herrschaft sieht Rousseau als identitären Prozeß, der das Prinzip einer vermittelnden Repräsentanz ausschließt, die Gesetzgebungskompetenz undelegierbar an den Willen des gesamten Volkes bindet und so die Differenz zwischen Herrschenden und Beherrschten aufhebt. Damit wird die direkte Demokratie zur einzig legitimen Staatsform, die in ihren Realisationsmöglichkeiten jedoch an spezifische territoriale (Kleinstaaten) und grundlegend gesellschaftliche Strukturen (soziale und ökonomische Homogenität des Volkes) geknüpft bleibt.

Dieses Modell der *identitären* und *egalitären Demokratie* führt Rousseau zu einer radikaldemokratischen, in ihrer Perspektive rückwärtsgewandten Gesellschaftskritik. In der Wiederherstellung und Bewahrung kleinbürgerlicher Besitz- und Produktionsverhältnisse glaubt Rousseau die für die moderne Gesellschaft konstitutive Differenz von abstraktem Allgemeininteresse und konkurrierenden empirischen Einzelinteressen einebnen und auf Basis der sozialen Homogenität der Kleinproduzenten eine herrschaftsfreie Gesellschaft begründen zu können.

Rousseau begreift die abstrakte, in der Negation aller konkurrierenden Einzelinteressen sich konstituierende volonté générale als das reale Wohl aller. Zugleich legitimiert das Konzept des Gemeinwohlstaates, welches in Fichtes Idee des Vernunftstaates aufgegriffen und weitergeführt wird, die Möglichkeit der Erziehungs- und Entwicklungsdiktatur. Die Zwieschlächtigkeit des Rousseauschen Gemeinwohlbegriffs bedingt, daß sich radikaldemokratische wie autoritäre Herrschaftstheorien auf die Rousseausche Argumentation berufen.

2. Der Begriff des Staates bei Hegel und Marx

2.1. G. W. F. Hegel: Versöhnung der entzweiten Gesellschaft

In kritischer Erweiterung der deutschen idealistischen Philosophie versucht Hegel (1770-1831) die sich konstituierende moderne Gesellschaft im Rahmen eines geschichtsphilosophischen Systems begrifflich zu erfassen (Phänomenologie des Geistes 1807, Logik 1812, Enzyklopädie 1817/1827/1830, Rechtsphilosophie 1821). Die Auseinandersetzung mit der französischen Revolution und die ausführliche Rezeption der englischen Nationalökonomie bilden entscheidende Grundlagen für Hegels Werk. Die Diskrepanz zwischen der fortgeschrittenen Entwicklung in diesen Ländern und der Rückständigkeit der deutschen Verhältnisse wird zum Ansatzpunkt einer Theorie, die durch die Einheit von Affirmation und Einsicht geprägt ist. (Vgl. auch den Beitrag Konservatismus in diesem Bd.)

Der Erkenntnisprozeß bleibt affirmativ bezogen auf die „an sich“ vorgegebenen gesellschaftlichen Verhältnisse, welche es im Prozeß ihrer bewußten Reflexion subjektiv „für sich“ anzuerkennen gilt. Hegel beschreibt die bürgerliche Gesellschaft als eine widersprüchliche Totalität, deren alle Gegensätze vermittelnde und relativierende

Identität er in der Verwirklichung der *absoluten Vernunft* des (Welt)Geistes begründet sieht. Die Entwicklung des Geistes „komme zu sich" im Prozeß der menschlichen Geschichte und vollende sich in dem an der Spitze der Gesellschaft stehenden Staat.

Hegels *geschichtsphilosophisches* Konzept der absoluten Vernunft überschreitet das Reflexionsniveau des Aufklärungsdenkens und begreift jenseits der Willensillusion der frühbürgerlichen Vertragstheorien die Entwicklung des Staates als Resultat einer vorausgesetzten, objektiven Logik. Der gesellschaftliche Geschichtsprozeß erscheint als das Verwirklichungsmedium einer abstrakten, dem menschlichen Willen und Zugriff enthobenen Vernunft. In einem dialektischen Prozeß der „Entäußerung" verwirkliche sich die „Idee des Geistes" und vollende sich im Prozeß ihres „Anderswerdens" im bürgerlichen Staat. Hegel erkennt die bürgerliche Gesellschaft als polaren Zusammenhang widersprüchlicher Interessen, um die gesellschaftliche *Entzweiung* zugleich in der Idee des *sittlichen Staates* zu versöhnen.

Im Rückgriff auf die Analyse der englischen Nationalökonomie beschreibt Hegel in aller Schärfe den Widerspruchs- und Zerstörungscharakter der modernen Gesellschaft. „Das System der Bedürfnisse" ist ein System „allseitiger Abhängigkeit", in der sich der gesellschaftliche Zusammenhang als dialektische Bewegung gegeneinander gerichteter Interessen konstituiert (Hegel [1821] 1970: §188, 346ff. u. §183, 340). „In der bürgerlichen Gesellschaft ist jeder sich Zweck, alles andere ist ihm nichts. Aber ohne Beziehung auf andere kann er den Umfang seiner Zwecke nicht erreichen" (Hegel ebd.: §§182, 339). Die bürgerliche Gesellschaft wird „durch diese ihre Dialektik [...] über sich selbst hinausgetrieben", indem sie den „Pöbel" erzeugt, ihren Reichtum nur auf Basis der Armut entwickelt und die expansive Macht des Kapitals auf die koloniale Unterwerfung anderer Länder drängt (Hegel ebd.: §§246, 391; §§243f., 389f., §§248, 392f.).

Die Versöhnung dieser *entzweiten Gesellschaft* denkt Hegel als einen Prozeß der Selbstreflexion (des „Reflektiertseins-in-sich"), durch welchen die realen Widersprüche nicht praktisch aufgehoben, sondern im totalitätsbegreifenden Bewußtsein vermittelt werden. Der Gedanke der idealistischen Versöhnung der sozialen Gegensätze in der Vernunft der bestehenden Wirklichkeit ist paradigmatisch in Hegels früher Analyse des Verhältnisses von „Herr und Knecht" vorweggenommen (Hegel [1807] 1970).

Die soziale Spaltung der Gesellschaft begründet Hegel im unterschiedlichen Charakter der gesellschaftlichen *Arbeit*. Die Arbeit, in welcher sich der Mensch verwirklicht, vollziehe sich aufgrund der verschiedenen Eigentumsformen, „Kapital" und „Geschicklichkeit", als Verhältnis von „Herr und Knecht". Die „Entfremdung" der Arbeit bedinge im Fortschritt von Produktivität und Reichtum die Verschärfung der sozialen Unterdrückung. Dieses soziale Gewaltverhältnis wird von Hegel aufgelöst in einen Prozeß ideeller Befreiung: die Umkehrung des Abhängigkeitsverhältnisses vollzieht sich als ein Erkenntnisprozeß, der die bestehenden Besitzverhältnisse nicht umstürzt und den Gegensatz von „Arbeit“ und „Genuß“ nicht beseitigt, sondern in das fortschreitende Bewußtsein der Freiheit aufhebt (Hegel [1807] 1970: 150ff. u. Hegel [1821] 1970: §200, 353).

Die Zurücknahme des subjektiven Freiheitsprinzips in die Vernunft der bestehenden Wirklichkeit wird zum Grundgedanken der späteren politischen Schriften, die ihre abschließende systematische Fassung in der Rechtsphilosophie von 1821 erhalten. Der Widerspruchscharakter der bürgerlichen Gesellschaft, die Partikularität und Gegensätzlichkeit der Zwecke und Interessen, ist versöhnbar im Staat als „Wirklichkeit der sittlichen Idee“ (Hegel [1821] 1970: §257, 398). Für Hegel erscheint der soziale Egoismus der Interessen und die Partikularität der gesellschaftlichen Zwecke in der abstrakten Allgemeinheit des Staats überwindbar. In der Verallgemeinerung der Interessen werde der Staat zur Erscheinungsform einer transzendenten Vernunft, welche die Feindlichkeit der gesellschaftlichen Zielsetzungen überwindet, indem sie diese in einer allen Einzelinteressen vorausgesetzten, äußeren Logik vermittelt.

Während dem frühbürgerlichen Denken noch die Vorstellung der Identität von Gesellschaft und Staat zugrunde liegt, geht die Hegelsche Rechtsphilosophie aus von der Sphärentrennung der Gesellschaft. In Abgrenzung zum antiken Politikbegriff betont Hegel das Auseinandertreten von staatlichem und gesellschaftlichem Leben, aus welcher die Verdoppelung der „Individualität“ des Menschen in die von „bourgeois“ und „citoyen“ hervorgeht (Hegel [1805-1806] 1967: 249). Die Aufspaltung des gesellschaftlichen Zusammenhangs und die Entwicklung einer gesonderten, vom realen Lebensprozeß geschiedenen politischen Sphäre begreift Hegel als das Charakteristikum der neuen Gesellschaft.

Die aus der Verselbständigung der Ökonomie resultierende „Entzweiung“ der Gesellschaft erkennt Hegel als die Konstitutionsbedingung der Staates, in dessen metaphysischer Hypostasierung er die Synthesis der Gesellschaft zu verorten sucht.

In skeptischer Distanz zu den Annahmen der naturrechtlichen Vertragstheorie kommt Hegel zu der These von der logischen und historischen Priorität des Staates. „In der Wirklichkeit ist darum der Staat überhaupt vielmehr das *Erste,* innerhalb dessen sich [...] (die) bürgerliche Gesellschaft ausbildet“ (Hegel [1821] 1970: §256, 397f.). Die allgemeine Macht des Staates wird zur dominanten Struktur, welche als vermittelndes Prinzip aus der Gesellschaft hervorgeht. Indem der Staat die partikularen Zwecke und widerstreitenden Interessen zu einer alle Gegensätze verallgemeinernden Totalität zusammenschließt, überwindet er die aus der allseitigen Konkur-

> renz hervorgehende „Atomistik" der bürgerlichen Gesellschaft. Die Vorstellung von der Verwirklichung des Geistes in den bestehenden gesellschaftlichen Verhältnissen führt Hegel aufgrund der Zwieschlächtigkeit der deutschen Situation zur Zeit der „Heiligen Allianz" zur Anerkennung der rückschrittlichen, vormodernen Strukturen (Adel, Monarchie) und zur Ablehnung von Volkssouveränität und demokratischen Beteiligungsrechten (Hegel ebd.: §§279, 446f.; §§310f., 479ff.).

Die subjektiven Freiheitsrechte werden zurückgenommen in die geschichtsphilosophisch begründete Vorstellung, daß allein in der *Vernunft des Staates* sich die historisch mögliche Freiheit realisiert, „der Staat ist die Wirklichkeit der konkreten Freiheit" (Hegel ebd.: §§240, 406). In der spekulativen Annahme, daß nur im Vernunftstaat Freiheit und Sittlichkeit in kongruenter Weise verwirklichbar seien, versucht Hegel, das subjektive Freiheitsprinzip mit der Positivität der staatlichen Wirklichkeit zu vermitteln. Der historisch vorgegebene Staat stellt für ihn die Form der möglichen Freiheit dar, denn diese ist die Anerkennung der im Staat verkörperten Rationalität. Damit wird die mögliche Emanzipation zu einem ideellen Prozeß, zur Anerkennung des im Staat vollzogenen Geschichtsprozesses. Zugleich bedingt die Geschichtlichkeit des Vernunftprinzips die Bejahung des konkreten und unvollkommenen Staates. Unter der These, daß auch in der Mangelhaftigkeit des gegenwärtigen Staates sich die höchstmögliche Realisation der sittlichen Idee ausdrückt, gelingt Hegel die Rechtfertigung der bestehenden politischen Realität des preußischen Staates.

In der Überwindung des vertragstheoretischen Denkansatzes dringt die Hegelsche Philosophie vor zur Einsicht in die subjektlose Konstituiertheit des Staates, nimmt ihre eigene kritische Reflexionsebene jedoch zurück in eine metaphysische Ontologisierung ihrer Erkenntnisse. Die moderne Gesellschaft ist als ein Widerspruchssystem begriffen, dessen innere Gegensätzlichkeit die Entwicklung des Staates hervorbringt. Hegel sieht in der inneren Zerrissenheit der neuen Gesellschaft, die er in analytischen Schärfe als ein Problem privater Vergesellschaftung diskutiert, die konstitutive Voraussetzung einer abstrakten, in Form des Staates sich herstellenden Allgemeinheit. Die abstrakte Form dieser gesellschaftlichen Allgemeinheit wird verklärt zur Herrschaft des Weltgeistes, welcher alle existierenden Widersprüche mit sich selbst vermittelt und diese jenseits aller praktischen Kritik in die Immanenz des Systemzusammenhangs aufhebt. Die abstrakte, dem menschlichen Willen entzogene und von konkret sinnlichen Inhalten getrennte Form der Gesellschaftlichkeit, welche den Basiskonflikt der Moderne kennzeichnet, ist für Hegel nicht Anlaß zur Kritik, sondern Ausgangspunkt eines die bürgerlichen Verhältnisse anerkennenden Reflexionsprozesses. Hegel erklärt die reale Mystifikation der bürgerlichen Gesellschaft zu einem metaphysischen Prinzip, die aus der negativen Form der modernen Vergesellschaftung resultierende Selbstbewußtlosigkeit der gesellschaftliche Praxis erscheint in der Hegelschen Philosophie als Beweis für die Existenz eines transzendentalen göttlichen Subjekts. (Zum Problem negativer Vergesellschaftung vgl. auch das folgende Kapitel Marx)

2.2. Karl Marx: Das Paradox der abstrakten Allgemeinheit

Nachdem in der gewaltsamen Durchsetzungsgeschichte sich die Voraussetzungen der neuen, kapitalistischen Produktionsweise hergestellt hatten, trieb diese aus ihrer selbstläufigen Entwicklungsdynamik heraus die Verallgemeinerung der Lohnarbeit voran. In immer neuen Akkumulationsschüben wurden die tradierten Formen der naturalwirtschaftlichen Produktion umgewälzt und die Lebenstätigkeit der Menschen mit roher und brutaler Gewalt dem (früh)modernen Arbeitsprozeß unterworfen. In der Anfangsphase der industriellen Produktion vollzog sich der Verwertungsprozeß noch in den Formen extensiver Ausbeutung. Der Kampf der Arbeiter gegen das existenzbedrohende Elend der frühkapitalistischen Gewinnproduktion setzte im Übergang zu intensiven Verwertungsformen die blinde Fortschrittsdynamik erweiterter Akkumulation frei. Die im Zuge der kapitalistischen Industrialisierung aufbrechenden sozialen Kämpfe markieren den Wendepunkt zu einer neuen Entwicklungsstufe der bürgerlichen Gesellschaft. Im Kampf gegen die Schrankenlosigkeit der kapitalistischen Ausbeutung organisierte sich im „Proletariat" eine Kraft, die in den Kämpfen um die Verbesserung der Arbeits- und Lebensbedingungen den Fortschritt der modernen Zivilisation vorantrieb.

Im praktischen Bezug auf die Arbeiterkämpfe seiner Zeit entwickelt Marx (1818-1883) eine fundamentale Kritik der Gesellschaft, welche deren krisenhafte und in ihrer finalen Konsequenz selbstzerstörerische Entwicklungslogik aufzuzeigen sucht. Marx hinterläßt, wie oft festgestellt wurde, mit seinem Werk einen großen theoretischen Torso, wobei vorausschauende Gesellschaftskritik und zeitgebundene Klassen- und Ausbeutungstheorie sich widersprüchlich verbinden. (Vgl. den Beitrag Kapitalismus in Bd. 2)

Der Marxsche Kritikansatz zielt auf die Überwindung der durch das blinde Prinzip der Verwertung bestimmten Gesellschaftsform. Marx begreift die bürgerliche Gesellschaft als eine *negative Vergesellschaftung,* deren unversöhnlicher und destruktiver Gegensatz darin bestehe, daß sich der gesellschaftliche Inhalt ihres arbeitsteiligen Zusammenhangs herstelle in einer ungesellschaftlichen und privaten, von ihrem konkreten Inhalt abstrahierenden Form. Die *abstrakte,* unreflektierte Form der gesellschaftlichen Vermittlung mache die moderne Gesellschaft zu einer unhaltbaren, historisch begrenzten Formation, deren blinde Selbstbewußtlosigkeit es durch die bewußte Aneignung der von ihr selbst entfesselten, aber von ihr nicht beherrschbaren gesellschaftlichen Potenzen aufzuheben gelte. (Zur Emanzipationsperspektive vgl. den Beitrag Theorie von Karl Marx und Friedrich Engels in Bd. 2)

In kritischer Auseinandersetzung mit der Hegelschen Philosophie, die Marx in seiner frühen Schrift „Die deutsche Ideologie" als spekulativen Ausdruck realer gesellschaftlicher Verhältnisse zu entmystifizieren sucht, entwirft Marx die Grundzüge seines methodischen Kritikansatzes, die *Kritik der politischen Ökonomie*. Marx erkennt die aus der Aufspaltung des ursprünglichen Reproduktionszusammenhangs hervorgehende Verselbständigung der Ökonomie als das Formprinzip moderner Herrschaft und analysiert die aus dieser Besonderung resultierende Vermittlungs- und Bedingungsproblematik.

Marx betont die innere Vermitteltheit des „sozialen, politischen und geistigen Lebensprozess(es)" und postuliert, daß in der modernen, vom Diktat der Verwertung beherrschten Gesellschaft „Rechtsverhältnisse wie Staatsformen weder aus sich selbst zu begreifen sind [...], sondern vielmehr in den materiellen Lebensverhältnissen wurzeln [...], daß aber die Anatomie der bürgerlichen Gesellschaft in der politischen Ökonomie zu suchen sei" (Marx [1859] 1969: 8f.). Im Gegensatz zur affirmativen Betrachtensweise des späteren Arbeitermarxismus, welcher das sogenannte *Primat der Produktion* zu einer übergeschichtlichen Gesellschaftskonstante ontologisiert, begreift Marx die Herrschaft der verselbständigten Ökonomie als das zutiefst kritikable, aufzuhebende Moment negativer Vergesellschaftung.

Während Hegel die Allgemeinheit der Gesellschaft in der idealistischen Konstruktion des sittlichen Vernunftstaates begründet, betrachtet Marx die Wertform der (Lohn)Arbeit und die Warenform der Produktion als die innere, geheime Struktur, als die „Keimzelle" der bürgerlichen Gesellschaft. Die Waren- oder Wertform der Produktion, blind entstanden im Kontext der historischen Prozesse, verkehre sich zu einem bewußtlosen, gesellschaftlichen Sekundärzwang („zweite Natur"), welcher in Form des kapitalistischen Prinzips der Arbeitsverwertung die Menschen dem inhaltslosen Zweck der Geldvermehrung unterwerfe.

Die Synthesis der Gesellschaft vollziehe sich in Form einer abstrakten und versachlichenden *Verkehrung*: der Herrschaft der *toten über die lebendige Arbeit*. Im Übergang zur kapitalistischen Produktionsweise zerreiße der ursprüngliche Zusammenhang von Lebensprozeß, Produktionstätigkeit und Bedürfniszweck, die Arbeit werde zum tautologischen Selbstzweck eines progressiven Prozesses der Wertvermehrung: Das lebendige Arbeitsvermögen werde ausgenutzt, um in der Form des Kapitals die tote, vergangene Arbeit in einem endlosen Prozeß erweiterter Reproduktion anzuhäufen. Im Imperativ der Geldvermehrung verkehre sich der Zusammenhang von Mittel und Zweck, alle produktiven Fähigkeiten und alle stofflichen Qualitäten der Naturaneignung werden Mittel zum Zwecke der (Kapital)Akkumulation.

Blind und bewußtlos entfessele dieser Prozeß die Entwicklung der Produktivität, durch welche jenseits aller bewußten Intention die vormoderne Bedürfnisarmut überwunden und die Naturkräfte beherrschbar werden. Für Marx bleibt die durch die abstrakte Gewinnproduktion ausgelöste moderne Zivilisation ein zwiespältiger und letztlich selbstzerstörerischer Prozeß: Die Emanzipation von den bornierten, armen und naturhaften Verhältnissen der Vormoderne vollzieht sich in der Konstitution eines zwangsgesetzlichen Gesellschaftszusammenhangs, welcher die Fähigkeiten der Naturbeherrschung und die Entwicklung des materiellen Reichtums hervorbringt, indem er die Menschen dem abstrakten Verwertungsdiktat unterwirft.

Die Unterwerfung des individuellen und gesellschaftlichen Lebens unter die an sich sinnlose Ratio der Produktion von (Mehr)Wert entschlüsselt Marx als das Spezifikum kapitalistischer Herrschaft. Im Gegensatz zu den direkten, persönlichen Abhängigkeitsverhältnissen der Feudalgesellschaft mache es das Charakteristikum der modernen Gesellschaft aus, daß deren innerer, sachlicher Gewaltzusammenhang sich herstelle als totalitärer Zwang des Kaufs und Verkaufs der Arbeitskraft zum Zwecke der Geldvermehrung. Unter dem Diktat der abstrakten Gewinnproduktion entstehe ein eigengesetzlicher, dem zielgerichteten Handeln und der konkreten Sinngebung entzogener Systemzusammenhang, dessen absurder Automatismus darin bestehe, daß die Lebenstätigkeit der Menschen und alle aus dieser hervorgehenden gesellschaftlichen Beziehungen degradiert werden zu einem Medium der Geldvermehrung.

Die Kritik der abstrakten, unbegriffenen Form der Gesellschaftlichkeit enthält ein Herrschaftsverständnis, welches jenseits aller *aufklärerischen* Willensillusion und über den *utilitaristischen* Nutzenbegriff hinaus den *subjektlosen sachlichen* Charakter der modernen Herrschaft in der Blindheit und Zwangsgesetzlichkeit des verwertungsgesellschaftlichen Zusammenhangs begründet sieht.

Auf der Ebene der Entfremdungskritik (Fetischkritik) gewinnt Marx ein Herrschaftsverständnis, welches im Begriff des „automatischen Subjekts“ den im blinden Verwertungszwang gesetzten, strukturellen Gewaltzusammenhang der modernen Gesellschaft metaphorisch beschreibt (Marx [1867] 1970: 169). Die *Kritik der Politischen Ökonomie* charakterisiert in ironischer Weise den Gesellschaftszustand der Moderne mit dem Begriff des *Fetischismus (Warenfetisch).* Die Gesellschaft sei nicht Herr des von ihr hervorgebrachten Zusammenhangs, dieser stelle sich hinter dem Rücken der Menschen her in der sachlichen Form der *Ware-Geld-Beziehung*. Die dingliche Gestalt des Geldes und der Prozeß dessen fortwährender Vermehrung entwickele sich zu einer geheimnisvollen Macht, welche einem Fetisch vergleichbar das soziale Leben der Menschen beherrsche. (Ebd.: 49 f.)

Die Einsicht in die strukturelle Subjektlosigkeit moderner Herrschaft wird von Marx jedoch im Erfahrungshorizont seiner Zeit zurückgenommen in die Vorstellungswelt einer dichotomischen Klassentheorie. Der Kampf um die Aneignung des gesellschaftlichen Mehrprodukts wird zum Kernpunkt der Herrschaft erklärt und das Widerspruchspotential der Gesellschaft im unversöhnlichen Gegensatz ursächlich subjektiv begründbarer (Klassen-)Interessen verankert. Das in der Fetischkritik erreichte Reflexionsniveau geht verloren in einer klassenspezifischen Ausbeutungstheorie, welche auf den vormodernen Begriff direkter Unterwerfung zurückfällt.

In seiner Klassenkampftheorie stilisiert Marx in Übereinstimmung mit der Herrschaftskritik der gesamten frühen Arbeiterbewegung die antagonistischen Klassen zu kollektiven Konfliktsubjekten. Die Interessenmotivation der „herrschenden Klasse" (Bourgeoisie) wird unmittelbar mit dem Verwertungszwang (Profitinteresse) identifiziert und die ausgebeutete, „beherrschte Klasse" (Proletariat) als die *Nichtbesitzer* von Produktionsmitteln zum Gegner des Kapitals erklärt. Im Widerspruch zur Logik seines eigenen Ansatzes, welcher die Arbeiterklasse als integralen Bestandteil des Kapitals und die Arbeiterkämpfe als vorwärtstreibenden Funktionsmechanismus des kapitalistischen Fortschritts bestimmt, erscheint der Klassengegensatz als ein absolut unversöhnlicher Antagonismus, sobald die Theorie den Arbeiterstandpunkt einnimmt. Die proletarischen Kämpfe um die gleichberechtigte Anerkennung der Arbeiterinteressen werden gedeutet als kapitalnegatorischer Protest. Aus dieser transbürgerlichen Perspektive heraus kann die Arbeiterklasse idealisiert werden zu einem systemtranszendierenden Metasubjekt (*revolutionäres Subjekt*).

Der Begriff der Klassenherrschaft wird in der Marxschen Argumentation immer wieder durchbrochen und relativiert. Die Marxsche Theorie schwankt zwischen einem doppelten Herrschaftsverständnis: der Vorstellung einer dualistisch gespaltenen Klassengesellschaft, welcher der Begriff des Klassenstaates korrespondiert, steht ein dialektischer Kapitalbegriff entgegen, welcher das Kapital als ein alle Gesellschaftsmitglieder umfassendes und die gegensätzlichen Klassen als Antipoden eines umgreifenden, gesellschaftlichen Verhältnisses begreift.

Für Marx ist die aus der Umwälzung der persönlichen Herrschafts- und Abhängigkeitsverhältnisse resultierende Befreiung der Menschen zu rechtlich gleichen und freien Warenbesitzern ein zwiespältiger Emanzipationsprozeß. Die abstrakte Freiheit des modernen Menschen impliziere seine Unterwerfung unter den diktatorischen Zwang der Verwertung und bringe einen gnadenlosen Konkurrenzkampf hervor.

> Die Sphäre der Zirkulation, welche sich im immerwährenden Prozeß der Kauf- und Verkaufsakte freier und gleicher Rechtssubjekte konstituiere, setze unaufhebbar die Lohnarbeit voraus, denn die Menschen müssen ihre eigene Reproduktionstätigkeit beständig neu verkaufen, um im Marktprozeß überleben zu können. Die soziale Gewalt stelle sich dar als ein „Rechts- oder Willensverhältnis(ses)", das Recht auf die Aneignung und den Gebrauch fremder Arbeit erscheine als „wechselseitiger" Anerkennungsvertrag rechtlich gleicher, sozial aber ungleicher „Warenbesitzer" (ebd.: 99).

Der innere Zusammenhang von rechtlicher Gleichheit und sozialer Gewalt, den Marx in seinem Spätwerk kategorial entfaltet, bildet bereits in den Frühschriften den systematischen Bezugspunkt der Kritik. In deren Zentrum steht der Nachweis des widerspruchsvollen Charakters des im bürgerlichen Staat repräsentierten *Allgemeininteresses*. Der Staat ist die abstrakte Allgemeinheit einer Gesellschaft, die auf der Grundlage von Privatproduktion den objektiv bestehenden allseitigen Zusammenhang nur darstellen kann in politischer Form. Die Trennung von staatlichem und gesellschaftlichem Leben interpretiert Marx als die zentrale Voraussetzung unter der gerade in der Abstraktion von den real existierenden Unterschieden und Gegensätzen der „vollendete politische Staat" als Sphäre der ideal existierenden Allgemeinheit erscheint. In Ausgrenzung der sozialen Unterschiede, „im Gegensatz zu seinem materiellen Leben", konstituiere sich der „politische Staat" in der Negation der ihm vorausgesetzten Widersprüche: er „verhält sich ebenso spiritualistisch zur bürgerlichen Gesellschaft wie der Himmel zur Erde" (Marx [1843/44] 1970: 354f.).

Auf die (abstrakte) Gleichheit und Freiheit des Staatsbürgers reduziert, wird die Demokratie für Marx zu einer Herrschaftsform, die auf der sozialen Gleichgültigkeit gegenüber dem konkreten gesellschaftlichen Leben basiert, denn die im Staat repräsentierte Gleichheit ist ihrem Wesen nach formal. Die bürgerlich demokratische Herrschaft ist begriffen als die Syntheseform einer Gesellschaft, welche unter der Ägide des Kapitals alle sozial gegensätzlichen Daseinsbestimmungen zu Exekutoren und Charaktermasken des Verwertungszwangs mediatisiert. Allen sozialen Bestimmungen entkleidet, werden die Menschen zu gleichen und freien Rechtspersonen verallgemeinert. Da der Staat im Prinzip der Rechtsgleichheit von der vorausgesetzten sozialen Existenz der Menschen abstrahiere, werde er vereinbar mit allen sozialen Gegensätzen, indem er diese

> „für unpolitische Unterschiede erklärt [...]. Weit entfernt diese *faktischen* Unterschiede aufzuheben, existiert er vielmehr nur unter ihrer Vorausset-

> zung, empfindet er sich als *politischer Staat* und macht seine *Allgemeinheit* geltend nur im Gegensatz zu diesen seinen Elementen" (ebd.: 354).

Die Trennung von Staat und Gesellschaft ist in der Marxschen Theorie begriffen als ein Bedingungszusammenhang, welcher aus dem widersprüchlichen, historisch unentwickelten Charakter der gesellschaftlichen Arbeitsteilung erwächst. In der Überwindung der weitgehend autarken Subsistenzproduktion entwickele sich erstmals in der Menschheitsgeschichte ein übergreifender, sich ständig erweiternder arbeitsteiliger Reproduktionszusammenhang. Dessen widersprüchlicher Charakter mache es aus, daß sich die gesellschaftliche Verknüpfung der nicht unmittelbar in ihrer Produktion aufeinander bezogenen Einzelproduzenten nur indirekt und nachträglich über den Marktmechanismus realisiere. Diese nachträgliche indirekte Vermittlung könne sich nur darstellen in der von allen qualitativen Bestimmungen abstrahierenden Form des Geldes.

Das zentrale Problem dieser wertförmigen, marktvermittelten Vergesellschaftung, die Marx als ein primitives, historisch unentwickeltes und zu überwindendes System der Arbeitsteilung kritisiert, liege in der Notwendigkeit der indirekten, regulierenden und intervenierenden Vermittlung. Da die sich selbst überlassen Ökonomie den zu ihrem eigenen Fortbestand notwendigen und im Fortschritt des Vergesellschaftungsgrads ansteigenden gesamtgesellschaftlichen Regulationsbedarf nicht aus sich selbst heraus hervorbringen könne, entwickele sich als sekundäre Funktionssphäre der Staat.

Die Marxsche Theorie diskutiert die indirekte gesellschaftliche Regulationsfunktion des Staats im Begriff des *ideellen Gesamtkapitalisten.* Aufgrund der Destruktivität und Partikularität der Interessen könne sich ein die allseitige Konkurrenz übergreifendes Allgemeininteresse nur ideell und indirekt herstellen im Staat. Nur in der Abstraktion von den konkurrierenden und sich ausschließenden empirischen Einzelinteressen realisiere sich die zum Fortgang der Entwicklung notwendige gesamtkapitalistische Rationalität in einer außerökonomischen Form. Wie Marx paradigmatisch am Kampf um den Normalarbeitstag aufzeigt, wird der staatliche Eingriff in den quasinaturwüchsigen und perspektivisch selbstdestruktiven Prozeß der einzelkapitalistischen Verwertungskonkurrenz zur systemisch unerläßlichen Voraussetzung des kapitalistischen Fortschritts. Im Zuge der Klassenauseinandersetzung werde der Staat zum ideellen Gesamtkapitalisten, da aufgrund der Partikularität und Gegensätzlichkeit der einzelkapitalistischen Verwertungsinteressen die gesamtgesellschaftlich notwendigen, systemerhaltenden Rahmenbedingungen kapitalistischer Produktion nur in der außerökonomischen Regulation des Staates sich herstellen können.

> In der Analyse des „Kampfs um den Normalarbeitstag" (Marx [1867] 1970: 279f.) wird der Zusammenhang von Arbeiterkampf und staatlicher Kontrolle interpretiert als das zentrale Prinzip der kapitalistischen Entwicklung, welches im Übergang zu intensiven Formen der Arbeitskraftvernutzung die Produktivitätskonkurrenz und Marktexpansion vorantreibe. Auf dem historischen Hintergrund der jahrhundertelangen Auseinandersetzungen um die gesetzliche Normierung der Arbeitszeit begreift Marx die Klassenkämpfe als den inneren Motor des kapitalistischen Fortschritts, in dessen Folge sich die Lohnarbeiter als Klasse organisieren und in der Verfolgung ihrer unmittelbaren Überlebensinteressen die zum Fortgang der Akkumulation notwendige Intervention des Staates durchsetzen. „Zum Schutz gegen die Schlange ihrer Qualen müssen die Arbeiter ihre Köpfe zusammenrotten und als Klasse ein Staatsgesetz erzwingen, ein übermächtiges Hindernis, das sie selbst verhindert durch freiwilligen Kontrakt mit dem Kapital sich und ihr Geschlecht in Tod und Sklaverei zu verkaufen." (ebd.: 320). Von der Dynamik fortschreitender Verwertung vorangetrieben, gelangt die kapitalistische Gesellschaft als Resultat ihrer Klassenkämpfe an einen Punkt der Entwicklung, welcher unausweichlich „die planmäßige Rückwirkung der Gesellschaft auf die Naturwüchsigkeit ihres Produktionsprozesses" (ebd.: 504) hervorrufen muß.

Die Widerspruchslinie kapitalistischer Entwicklung verläuft für Marx nicht im Gegensatz von Staat und Kapital, vielmehr begreift er die Naturwüchsigkeit der Akkumulation und die regulierende staatliche Intervention als ein in der Selbstdestruktivität des gesellschaftlichen Verwertungszusammenhangs begründetes Bedingungsverhältnis. Im Gegensatz zur Emanzipationskonzeption der Arbeiterbewegung, welche bis auf wenige Ausnahmen über alle Fraktionen hinweg am Ziel einer staatlich kontrollierten Gesellschaft orientiert blieb, beschreibt Marx die Dynamik der einzelkapitalistischen Konkurrenz und die Entwicklung des staatlichen Regulationspotentials als einen reziprok abhängigen Prozeß. Er dechiffriert die Arbeiterkämpfe als Movens dieses innergesellschaftlichen Entwicklungszusammenhangs, zugleich hält ihn die emphatische Überhöhung der Arbeiterklasse davor zurück, die in dieser Durchsetzungslogik enthaltene etatistische Transformation der Arbeiterbewegung vorauszusehen. Die Integrationskraft und Reformfähigkeit der Gesellschaft wird auf der Ebene der logischen Analyse angesprochen, in ihrer revolutionsstrategischen Konsequenz jedoch verneint.

Die Marxsche Kritik enthält eine Transformationsvorstellung, welche in ihrer emanzipationskritischen Konsequenz gleichermaßen die *Aufhebung von Geld, Markt und Staat* impliziert. Der Marxsche Aufhebungsgedanke zielt auf die Zurücknahme des Staates in eine Gesellschaft, welche die Selbstunbewußtheit ihres Reproduktionszusammenhangs überwindet und sich damit vom Diktat der Verwertung befreit. Die angestrebte sozialistische, antibürgerliche Revolution werde eine vom bewußten gemeinschaftlichen Willen beherrschte Gesellschaft hervorbringen, die keiner gesonderten politischen Organisation mehr bedarf.

Die Überwindung von Politik und Staatlichkeit sieht Marx umrißhaft im Projekt der Pariser Kommune verwirklicht. Jenseits der Vorstellung von der Machteroberung des Staates und jenseits des Konzepts fortschreitender Demokratisierung, an welchem das Politikverständnis der Arbeiterbewegung sich zu großen Teilen orientiert, formuliert Marx auf dem Hintergrund des Aufstands der Pariser Kommune die These vom notwendig postpolitischen Charakter der sozialen Emanzipation. In der ersehnten kommunistischen Umwälzung werden mit der Beseitigung des Kapitalverhältnisses die gesellschaftskonstitutiven Voraussetzungen jeglicher Staatlichkeit aufgehoben.

> Es gilt, „nicht mehr wie bisher die bürokratisch-militärische Maschinerie aus einer Hand in die andre zu übertragen, sondern sie zu zerbrechen, und dies ist die Vorbedingung jeder wirklichen Volksrevolution" (Marx [1871] 1966: 205). „Der Arbeiter muß eines Tages die politische Gewalt ergreifen, um die neue Organisation der Arbeit aufzubauen; er muß die alte Politik, die die alten Institutionen aufrechterhält, umstürzen". (Marx [1872] 1973: 160)

Der Marxsche Aufhebungsgedanke zielt in seinem revolutionskritischen Kern auf die Zurücknahme des Staats in eine Gesellschaft, die ihre eigene Gesellschaftlichkeit nicht mehr über die Medien von Markt und Staat herstellt, sondern in einer selbstorganisierten und selbstbestimmten Reproduktion unmittelbar gewinnt. Die revolutionäre Überwindung des Wertverhältnisses und seiner verdinglichten, fetischisierten Darstellungsformen in Ware und Geld impliziert für Marx die Konstitution einer autonomen Gesellschaft, in der die vermittelnde und regulierende Instanz des Staats überflüssig wird.

> „Jedoch haben die verschiednen Staaten der verschiednen Kulturländer, trotz ihrer bunten Formverschiedenheit, alle das gemein, daß sie auf dem Boden der modernen bürgerlichen Gesellschaft stehn, nur einer mehr oder minder kapitalistisch entwickelten. Sie haben daher auch gewisse wesentliche Charaktere gemein. In diesem Sinn kann man vom 'heutigem Staatswesen' sprechen, im Gegensatz zur Zukunft, worin seine jetzige Wurzel, die bürgerliche Gesellschaft, abgestorben ist." (Marx [1875] 1969: 28)

Die Radikalität der Marxschen Staatskritik wird in den politischen Kämpfen der Arbeiterbewegung und in der Theorie der II. Internationalen nicht aufgenommen. An ihre Stelle tritt die von Marx scharf kritisierte Vorstellung des Kampfes um „den freien Staat – und – die sozialistische Gesellschaft" (ebd.: 24).

3.1. Ferdinand Lassalle: Der Staat als sittliche Idee

Bereits in den Anfängen der Arbeiterbewegung wurde die Staatszentriertheit und Umverteilungsperspektive der proletarischen Kämpfe in den Schriften von Lassalle (1825-1864) deutlich. Die Lassallesche Theorie prägte in entscheidender Weise den organisatorischen Konstitutionsprozeß der Arbeiterbewegung und ging mit ihren Grundannahmen in das „Gothaer Programm" (1875) der Sozialdemokratie ein.

Lassalle diskutiert den Herrschafts- und Ausbeutungscharakter der modernen Gesellschaft in der Vorstellungswelt der frühen sozialen Protestbewegung, deren Kampf sich gegen die in der Frühzeit des Kapitalismus noch bestehenden persönlichen Abhängigkeitsverhältnisse und ständischen Schranken richtete. Angesichts des frühkapitalistischen Arbeiterelends begreift er den Gewaltcharakter der Lohnarbeit als ein Problem unrechtmäßiger Bereicherung: Der Begriff der Ausbeutung wird zurückübersetzt in ein persönliches und direktes Aneignungsverhältnis, Akkumulationszwang und Arbeitsverwertung erscheinen als Ergebnis eines Willküraktes, als Resultat der bewußten Vorenthaltung des vollen Arbeitsertrags durch den Kapitalisten. Diesem unmittelbaren und personalisierenden Ausbeutungsbegriff entspricht eine gesellschaftliche Reformperspektive, welche vermittels des Staates die bestehenden Verteilungsverhältnisse zu überwinden sucht und in der gerechten Neuverteilung des materiellen Reichtums den Herrschaftscharakter der Gesellschaft aufzuheben hofft.

Ausgehend von der in der klassischen Nationalökonomie entwickelten Vorstellung des *Existenzlohns*, begreift Lassalle die materielle Verelendung des „Arbeiterstandes" als Resultat des *ehernen Lohngesetzes*, eines „ehernen und grausamen Gesetzes", welches unaufhebbar den „durchschnittliche(n) Arbeitslohn [...] auf den notwendigen Lebensunterhalt reduziert" (Lassalle [1863] 1919b: 58). Das Elend der Lohnarbeit erscheint als Verletzung der Tauschgerechtigkeit, als unrechtmäßige Aneignung des Mehrprodukts. Das „Recht auf den vollen Arbeitsertrag" wird zum Grundrecht der angestrebten sozialistischen Gesellschaft. Am Denkmodell der Frühsozialisten orientiert, sieht Lassalle in der Errichtung von *Produktivgenossenschaften* die gesellschaftlichen Voraussetzungen für die gerechte Neuverteilung des gesellschaftlichen Reichtums. Die Schranke des ehernen Lohngesetzes könne nur durchbrochen werden, indem der Staat den Ausbau des Genossenschaftswesens vorantreibe. Im Rahmen der genossenschaftlichen Produktion werde der „Arbeiter sein eigener Unternehmer", damit „fällt jene Scheidung zwischen Arbeitslohn und Unternehmergewinn [...] und an seine Stelle tritt als Vergeltung der Arbeit: der Arbeitsertrag" (ebd.: 69).

Dem personalisierenden und moralisierenden Herrschaftsverständnis gemäß hypostasiert Lassalle im Hegelschen Sinne die Staatsmacht zum Metasubjekt des gesellschaftlichen Prozesses. Lassalle glaubt, daß nur in der fortschreitenden Demokratisierung die sozial ausgleichende und interessenversöhnende Integrationskraft des Staates sich realisieren werde. Im Angriff auf die Staatsvorstellung des Liberalismus proklamiert Lassalle den sich seiner sozialen Verantwortung bewußt gewordenen Staat.

In der Vorstellung von der „sittliche(n) Idee des Arbeiterstandes" (ebd.: 194f.) wird das Hegelsche Konzept des Vernunftstaates im Kontext der sozialen und demokratischen Zielorientierung der Arbeiterbewegung reinterpretiert. An die linkshegelianische Diskussion anknüpfend, beschreibt Lassalle den Staat als die entscheidende Instanz des klassenversöhnenden Ausgleichs. Lassalle beschwört die potentiell emanzipatorische Funktion des Staates, denn die „eigentliche sittliche Natur des Staates" ist „die Erziehung und Entwicklung des Menschengeschlechts zur Freiheit" (Lassalle [1862] 1919a: 198). Lassalle begreift die intervenierende Hilfe des Staats als den zentralen Ausgangspunkt der angestrebten sozialen Reformen und erklärt die Staatsmacht zum entscheidenden Adressaten des proletarischen Protestes. Er kritisiert polemisch die Regulationsgrenze der liberalen Staatsvorstellung als „eine Nachtwächteridee, [...] weil sie [...] den Staat selbst nur unter dem Bilde eines Nachtwächters denken kann, dessen ganze Funktion darin besteht, Raub und Einbruch zu verhüten" (ebd.: 195f). Die politische Anerkennung der Arbeiterklasse versteht Lassalle in geschichtsphilosophischer Weise als die Grundbedingung, unter der sich die „wahre", in einer allgemeinen gesellschaftlichen Vernunft begründete Natur des Staates realisieren könne. Die etatistische Orientierung der zukünftigen Bewegung vorwegnehmend, propagiert Lassalle die Priorität des politisch-demokratischen Kampfes. „Das allgemeine und direkte Wahlrecht ist [...] nicht nur Ihr politisches, es ist auch Ihr soziales Grundprinzip, die Grundbedingung aller sozialen Hilfe" (Lassalle [1863] 1919b: 89).

Lassalle kritisiert den vormodernen und vordemokratischen Herrschaftscharakter der Staatsmacht und erkennt, daß erst in der gleichberechtigten Anerkennung der ökonomischen und politischen Interessen der Arbeiterklasse der modernen Staat seinem Allgemeinheitsanspruch gerecht werde. Voll sozialistischem Pathos propagiert Lassalle den demokratischen Fortschritt, die im Zuge der Demokratisierung erreichbare (sozial)staatliche Regulierung gilt ihm als Grundlage und Garantie der anzustrebenden sozialen Emanzipation. Die Lassallesche Veränderungsvorstellung ist geprägt von einem festen Glauben an die Gestaltungs- und Veränderungskraft der Politik, wobei fast die gesamte Arbeiterbewegung diese Emphase des Politischen mit ihm teilt. In der rückwärtsgewandten, paternalistischen Vorstellungswelt der noch weitgehend handwerklich orientierten frühen Arbeiterbewegung formuliert Lassalle vorausblickend die zukünftige, auf Basis der etatistischen Ausrichtung des proletarischen Protests sich vollziehende Reform- und Integrationsperspektive der modernen Gesellschaft.

3.2. Eduard Bernstein: Machteroberung auf gesetzlichem Weg

Angesichts der inneren Entwicklungs- und Veränderungsfähigkeit der kapitalistischen Gesellschaft fordert Bernstein (1850-1932) bereits um die Jahrhundertwende einen entscheidenden Paradigmawechsel der marxistischen Theorie: die *Revision der Zusammenbruchs- und Verelendungstheorie.* Die praktische Politik der Arbeiterparteien müsse von ihrer veralteten, inadäquat gewordenen Theorie befreit und der bereits bestehenden Praxis angepaßt werden, um die „Einheit zwischen Theorie und Wirklichkeit, zwischen Phrase und Aktion herzustellen" (Bernstein [1898] 1954: 259). Bernstein formuliert die sozialistische Zielperspektive im Kontext eines realpolitischen Veränderungsprogrammms. Die bereits erzielten Erfolge der parlamentarischen und gewerkschaftlichen Bewegung interpretiert Bernstein als Anfänge einer evolutionären Gesellschaftsumwälzung, welche die proletarische Bewegung Schritt für Schritt dem sozialistischen Endziel näherbringe. Die immanente, durch die proletarischen Kämpfe freigesetzte Modernisierungsperspektive der bürgerlichen Gesellschaft erscheint als deren schrittweise antikapitalistische Transformation.

Bernsteins Revision der Marxschen Theorie wendet sich gegen die deterministische Orthodoxie des von Karl Kautsky (1854-1938) vertretenen Marxismus, welcher in monokausaler Weise die sozialistische Revolution in der akkumulationsgesetzlich wachsenden organisatorischen und zahlenmäßigen Macht der Arbeiterklasse begründet. Dem gegenüber betont Bernstein unter dem aktuellen Eindruck der ökonomischen Prosperitätsphase bereits die adaptiven Veränderungsmöglichkeiten des kapitalistischen Systems. Da die kapitalistische Entwicklung weder die wachsende materielle *Verelendung der Arbeiterklasse* noch die fortschreitende *Proletarisierung der Mittelschichten* und damit auch keine *Homogenisierung* der proletarischen Interessenlagen hervorbringe, sei die Marxsche Krisentheorie, die Bernstein im Sinne einer „fatalistischen" Zusammenbruchs- und Verelendungsperspektive rezipiert, überholt.

Nicht mehr in der Objektivität kapitalistischer Akkumulation begründbar, wird die sozialistische Umgestaltung der Gesellschaft zur bewußten Aufgabe der politischen Strategie. Durch die schrittweise Erweiterung der gesellschaftlichen Kontrolle infolge gesetzlicher Regelungen und auf der Basis erweiterter „Wirtschaftsgenossenschaften" (ebd.: 124ff.) werde ein gradueller Reformprozeß induziert, durch den sich die „stückweise vollzogene Verwirklichung des Sozialismus" realisiere (Bernstein [1904] 1919/20, I: 94). Die Vorstellung von der objektiv revolutionären Tendenz der fortschreitenden Akkumulation (Kautsky) wird ersetzt durch die These vom sozialistischen

Charakter der realen Reformbewegung. Diese erhält im Konzept einer evolutionär sich vollziehenden Transformation politische Priorität. In diesem Sinne ist „die Bewegung alles, das, was man gemeinhin Endziel des Sozialismus nenne, nichts" (Bernstein [1899] 1969: 11).

Die schrittweise Herausbildung einer sozialistischen Gesellschaft erwächst für Bernstein aus der konsequenten Fortsetzung und sozialen Erweiterung des mit der bürgerlichen Revolution eingeleiteten Demokratisierungsprozesses, welchem er eine wesensmäßig antikapitalistische Perspektive unterlegt. Die Demokratie wird zur Leitidee des Sozialismus, aus ihrem Universalitätsanspruch resultiere „prinzipiell die Aufhebung der Klassenherrschaft" (ebd.: 155). Die Logik demokratischer Gleichberechtigung impliziere die Ausweitung der Demokratie in einem doppelten Sinne: die Einführung des allgemeinen Wahlrechts und die Erweiterung der Demokratie auf alle gesellschaftlichen und wirtschaftlichen Bereiche. Orientiert an der Vorstellung des vorwärtstreibenden Widerspruchs von politischer Gleichheit und sozialer Ungleichheit, begreift Bernstein Demokratie und Kapitalismus als einen Gegensatz, der aus seiner inneren Dynamik heraus auf die sozialistische Umgestaltung der Gesellschaft dränge.

> „Das Wahlrecht der Demokratie macht seine Inhaber virtuell zu einem Teilhaber am Gemeinwesen, und die virtuelle Teilhaberschaft muß auf die Dauer zur tatsächlichen Teilhaberschaft führen" (ebd.). In der Vorstellung von der Notwendigkeit des sozialen Einlösens des demokratischen Anspruchs wird die Demokratie „Mittel und Zweck zugleich. Sie ist das Mittel zur Erkämpfung des Sozialismus und sie ist die Form der Verwirklichung des Sozialismus" (ebd.: 154).

Die demokratische Transformation des Staates erscheint als Resultat der innergesellschaftlichen Demokratisierung. Die erweiterte kommunale Selbstverwaltung und der Aufbau eines demokratisch organisierten Genossenschaftswesens begreift Bernstein als Ansatzpunkte zur Ausweitung eines Demokratisierungsprozesses, an dessen Ende nicht die zentralisierte, starke Staatsmacht, sondern der durch plurale demokratische Gegenmacht kontrollierte und in seiner Macht begrenzte Staat entsteht. Die Pluralität der Selbstverwaltungsorgane in Gewerkschaften und Genossenschaften wird zur entscheidenden Voraussetzung eines Sozialismus, den man „auch organisatorischen Liberalismus nennen" könnte (ebd.: 161). In der Bernsteinschen Demokratisierungsperspektive klingt noch der Selbstverwaltungsgedanke der frühen Genossenschaftsbewegung an, welche die Selbstorganisation der Reproduktion als Alternative von Markt und Staat begriff, ohne sich jedoch gegenüber der kapitalistischen Fortschrittsdynamik durchsetzen zu können.

Bernsteins Reformstrategie basiert auf der Hoffnung, daß der Gegensatz von politischer Demokratie und kapitalistischer Ausbeutung eine emanzipatorische Dynamik freisetzt, in deren Folge sich die sozialistische Transformation der Gesellschaft im Sinne ihrer erweiterten Demokratisierung vollziehe. Während in der Marxsche Demokratiekritik Freiheit und Gleichheit als das Formprinzip des modernen Herrschaftszusammenhangs begriffen wird, erklärt Bernstein den Gegensatz von politischer Verfassung und ökonomischer Ordnung zu einem strukturellen Gegensatz, der aus sich heraus auf die Überwindung der bürgerlichen Gesellschaft dränge. Wie alle späteren Debatten um die soziale Erweiterung der politischen Demokratie, geht auch die Bernsteinsche Emanzipationsvorstellung von der grundlegenden Überzeugung aus, daß durch die Ausweitung der demokratischen Beteiligungsrechte auf den ökonomischen Kernbereich und auf alle anderen Institutionen der Gesellschaft der Gewalt- und Herrschaftscharakter des verwertungsgesellschaftlichen Systemzusammenhangs aufgebrochen werden könne.

3.3. Rosa Luxemburg: Klassenstaat und proletarische Autonomie

Orientiert an dem Erfahrungshorizont der frühen Arbeiterkämpfe interpretiert Luxemburg (1870-1919) die Klassenauseinandersetzung als eine revolutionäre, kapitalnegatorische Aufhebungsbewegung. Im Gegensatz zu Kautskys fatalistischem Determinismus und in scharfem Angriff auf die Bernsteinsche Realpolitik, entwickelt Luxemburg eine Theorie des Klassenkampfs, welche von der bewußten und selbsttätigen Aktion der Arbeiter ausgeht. Durch die Ausweitung und Radikalisierung der Massenkämpfe soll die etatistische Integration der Arbeiterbewegung noch einmal aufgebrochen und ein systemtranszendierender, kollektiver Lernprozeß initiiert werden. Die emphatische Hypostasierung der Arbeiterkämpfe begründet Luxemburgs radikale und kompromißlose Position innerhalb des Revisionismusstreits, der um die Jahrhundertwende die Kontroverse der deutschen Arbeiterbewegung bestimmt.

In ihrer Revisionismuskritik formuliert Luxemburg eine fundamentale und kompromißlose Gegenposition zur Bernsteinsche These vom Strukturwandel der Gesellschaft (Luxemburg [1899] 1966). Luxemburg versucht, die Vorstellung vom antikapitalistischen Charakter der Arbeiterkämpfe in der These von der imperialistischen Verschärfung der Krisen- und Polarisierungstendenz klassentheoretisch neu zu begründen. Die Luxemburgsche Klassenkampftheorie steht im Widerspruch zur parlamentarisch orientierten Reformstrategie und damit zum herrschenden Staatsverständnis der II. Internationale.

Während Kautsky und Bernstein die wachsende parlamentarische und gewerkschaftliche Stärke als Ausweis wachsender Klassenmacht interpretieren, problematisiert Luxemburg die Trennung von ökonomischem und politischem Kampf und kritisiert die Dichotomie von Partei und Gewerkschaft, da diese organisatorische Aufspaltung die Autonomisierung der Arbeiterbewegung verhindere. Jenseits der bereits vollzogenen Institutionalisierung der Kämpfe entwickelt Luxemburg die Vorstellung von der revolutionären Mobilisierung eines kollektiven, klassenbewußten Lernprozesses. Ohne das Verhältnis von siegreicher klassenkämpferischer Aktion und innergesellschaftlicher Reform zu reflektieren, postuliert Luxemburg eine die bereits bestehende Institutionalisierung und die sich immer mehr abzeichnende Integration der Arbeiterbewegung durchbrechende Ausweitung und Radikalisierung der Massenkämpfe (Luxemburg [1906] 1979c: 93ff.).

Indem Luxemburg die Wandlungsfähigkeit des Kapitalismus bestreitet, charakterisiert sie den bürgerlichen Staat als strukturell unveränderbaren Klassenstaat. Die juristisch-politische Form der bürgerlichen Gesellschaft biete nicht die Voraussetzung, um die bestehenden gesellschaftlichen Verhältnisse umzuformen und die sozialen Unterschiede aufzuheben.

> Luxemburg interpretiert „die bürgerliche Gesetzlichkeit" als „eine bestimmte gesellschaftliche Erscheinungsform der aus der ökonomischen Basis emporgewachsenen politischen Gewalt der Bourgeoisie" (Luxemburg [1902] 1979b: 242). Unabhängig von den parlamentarischen Repräsentationsmöglichkeiten der Klasseninteressen bleibt der bürgerliche Staat für Luxemburg die politische Organisationsform des Kapitals, die auf der Basis kapitalistischer Produktionsverhältnisse durch keine parlamentarische Einflußnahme demokratisierbar sei. „Mit einem Wort, alle Grundverhältnisse der kapitalistischen Klassenherrschaft lassen sich durch gesetzliche Reformen auf bürgerlicher Basis deshalb nicht umgestalten, weil sie weder durch bürgerliches Gesetz herbeigeführt noch die Gestalt solcher Gesetze erhalten haben." (Luxemburg [1899] 1979a: 395f.)

Die Vorstellung von der Selbsttätigkeit und Selbstbestimmtheit gesellschaftlicher Praxis impliziert, daß Luxemburg die Möglichkeiten der politisch-parlamentarischen Repräsentation mit kritischer Distanz beurteilt. Im Rahmen ihrer Theorie des Klassenkampfs wird die politisch verfaßte Demokratie als eine zusätzliche Möglichkeit gesehen, den selbstreflektierten Lernprozeß der Massen voranzutreiben, in dessen Fortschritt es erst gelingen könne, „anstelle der bürgerlichen Demokratie sozialistische Demokratie zu schaffen" (Luxemburg [1918] 1979f: 363). Unter der Frage möglicher kollektiver Massenmobilisierung thematisiert, erfährt auch der *Parlamentarismus* eine doppelte Einschätzung: das Parlament ist nicht Medium der Gesellschaftsveränderung, wohl aber eine mögliche „Tribüne“ klassenbewußter Aufklärung (Luxemburg [1911] 1979e: 491f.). Dabei bleibe die politisierende und mobilisierende Funktion der parlamentarischen Auseinandersetzung verwiesen auf das Kräfteverhältnis der außerparlamentarischen Kämpfe, da die parlamentarisch-demokratischen Institutionen für die sozialistische Umgestaltung der Gesellschaft untauglich seien. Die Idee der wirklichen, der sozialistischen Demokratie basiere nicht auf der Verallgemeinerung der politischen Beteiligungsrechte, sondern auf der organisatorischen und klassenbewußten Subjektwerdung der Arbeiterklasse. Diese impliziere notwendig die wesensmäßige *Einheit von Demokratie und Sozialismus.*

In scharfer Kritik an Lenins Partei- und Revolutionskonzeption und in kritischer Auseinandersetzung mit dem Verlauf der russischen Revolution formuliert Luxemburg das Verhältnis von *spontanem* Kampf und proletarischer *Organisation* als einen Prozeß der autonomen Selbstkonstitution. Klassenbewußtsein und Organisation sind das Resultat konkreter Kämpfe und gemeinsamer Erfahrung; sie können nicht von außen in das Proletariat hineingetragen werden, sondern müssen vielmehr die „eigene Bewegung der Arbeiterklasse“ sein (Luxemburg [1903] 1979d: 429). Hierin liege der konstitutiv demokratische Charakter der sozialistischen Revolution, denn nur in der selbsttätigen Aktion könne sich im Sinne einer realen Antizipation das Organisationsprinzip der zukünftigen Gesellschaft entfalten.

Obwohl Luxemburg in ihrer Imperialismusanalyse die Entwicklungsfähigkeit des Kapitalismus im Kontext seiner geographischen Expansionsmöglichkeiten diskutiert (vgl. den Beitrag Kapitalismus in Bd. 2), verneint sie in ihrer Klassenkampftheorie kategorisch die Wandlungsmöglichkeit und Integrationsleistung der Gesellschaft. Sie beschreibt den bürgerlichen Staat im orthodoxen Schema direkter Klassenherrschaft und bestreitet damit grundlegend die innere Demokratisierungsperspektive der modernen Gesellschaft, die in der Anerkennung der Arbeiterinteressen die schrittweise Entfaltung der demokratischen Herrschaftsformen hervorbringt.

Luxemburg interpretiert die krisenhafte und kriegerische Durchsetzungsgeschichte des imperialen Kapitals als finale Krise des Systems, welches im Aufschwung einer neuen, alle Systemimmanenz der bisherigen Kämpfe durchbrechenden Massenbewegung sein historisches Ende finden werde. Luxemburg verkennt den Übergangscharakter der Weltkriegskrise und proklamiert emphatisch eine unmittelbar revolutionäre Situation, welche die Menschheit vor die Alternative Sozialismus oder Untergang in der Barbarei stelle.

Luxemburg mißversteht grundlegend den Entwicklungstrend der bürgerlichen Gesellschaft und die Modernisierungsfunktion, welche der proletarischen Bewegung im historischen Prozeß des kapitalistischen Fortschritts zukommt. Trotz aller historischen Fehlinterpretation enthält die Luxemburgsche Etatismuskritik jedoch ein über ihre Zeit hinausweisendes Moment, als sie den notwendig postpolitischen Charakter der sozialen Emanzipation betont. Im Gegensatz zur (Macht)Eroberungsperspektive, welche die parlamentarischen (Bernstein) wie die revolutionären (Lenin) Strategieentwürfe der Arbeiterbewegung durchgängig prägte, verweist die Luxemburgsche Vorstellung der proletarischen Autonomie darauf, daß die anzustrebende, neue Gesellschaft nicht durch die Errichtung einer alternativen Staatsmacht konstituiert werden könne.

3.4. Wladimir I. Lenin: Monopolstaat und Staatssozialismus

Lenin (1870-1924) geht von der revolutionsstrategischen Grundannahme aus, daß sich in der monopolistischen Veränderung des Kapitalismus und in der (kriegswirtschaftlichen) Erweiterung des Staats die *objektive Vorstufe* der sozialistischen Gesellschaft entwickelt. Die monopoltheoretische Kritik des bürgerlichen Staates wird zum Ansatzpunkt einer Theorie der sozialistischen Übergangsperiode, die in ihrer Entwicklungsperspektive auf den Ausbau der proletarischen Staatsmacht zentriert bleibt.

Lenins Analyse der imperialistischen Veränderung des Kapitalverhältnisses (Lenin [1917] 1970a) bildet die theoretische Grundlage für Staatsbestimmung und Revolutionstheorie. Im Rückgriff auf die Hilferdingsche Theorie des *Finanzkapitals* interpretiert er die imperialistische Epoche als qualitativ neue Stufe der Monopolisierung, in welcher sich infolge der Zentralisations- und Organisationstendenz die direkte, objektive Vorstufe der neuen sozialistischen Gesellschaft bereits herstelle. In diesem Sinne trage der „Imperialismus als höchstes Stadium des Kapitalismus" einen qualitativ neuen Charakter, denn in diesem werde die „allseitige Vergesellschaftung der Produktion" objektiv vorbereitet und damit „die Kapitalisten gewissermaßen ohne ihr Wissen und gegen ihren Willen in eine Art neue Gesellschaftsordnung" (ebd.: 784) hineingezogen.

Auf dem Hintergrund der staatlichen Kriegswirtschaft im deutschen Reich interpretiert Lenin die Verschmelzung von Finanzkapital und staatlichen Organisationen als „Staatsmonopolismus" bzw. „Staatskapitalismus" (Lenin [1917] 1970b: 319). Der *imperialistische Staat* werde zur zentralen Instanz, die in direkter und instrumenteller Weise vom Monopolkapital beherrscht sei, aufgrund ihres gesamtgesellschaftlichen Organisations- und Planpotentials jedoch die objektiven Grundlagen der zukünftigen sozialistischen Gesellschaft bereitstelle. Die sozialistische Revolution könne sich demzufolge darauf beschränken, die gesellschaftlichen Organisations- und Planfunktionen des Staates aus den Grenzen des monopolistischen Profits freizusetzen.

Lenin kann die Integrations- und Vermittlungsfähigkeit der modernen Gesellschaft, in welcher der Reformismus der westeuropäischen Arbeiterbewegung seine strukturelle Grundlage findet, nur manipulationstheoretisch deuten und entwickelt in der polemischen Auseinandersetzung mit Kautsky die These vom *Betrugscharakter* der bürgerlichen Demokratie (Lenin [1918] 1966). Lenin versteht die Parlamentarisierung der Arbeiterbewegung in manipulativem Sinne als Resultat einer bewußt angewandten ideologischen Integrationsstrategie und charakterisiert die bürgerliche Demokratie als „eng, beschränkt, falsch und verlogen, ein Paradies für die Reichen, eine Falle und Betrug für die Ausgebeuteten, die Armen" (Lenin [1917] 1970a: 847). Das Auseinanderbrechen der proletarischen Opposition, die Parlamentarisierung der Protestbewegung und ihre reformistische Vereinnahmung wird als ein Entartungsprozeß gedeutet, in dessen Folge eine privilegierte Minderheit vermittels *Bestechung* das proletarische Gesamtinteresse verrate. Die manipulationstheoretische Interpretation des Reformismus wird ökonomisch begründet in der Leninschen Lehre von der *Arbeiteraristokratie*.

Lenin sieht in den monopolistischen und kolonialistischen Extraprofiten die sozioökonomische Grundlage für die Entstehung einer privilegierten Schicht innerhalb der Arbeiterklasse. Der Verlust revolutionärer Zielsetzung erklärt sich für Lenin als ideologische Korruption vermittels ökonomischer „Bestechung", welche in dem gewerkschaftlichen Bewußtsein der Arbeitermassen ihre materielle Basis finde. Die These vom tradeunionistisch begrenzten Spontanbewußtsein der Arbeiter wird zum Ausgangspunkt der Leninschen *Avantgardetheorie,* welche die empirischen proletarischen Interessen radikal dem Ziel der politischen Machtübernahme unterordnet.

Die Leninsche Revolutionsperspektive geht von der strategischen Annahme aus, daß im Zerbrechen der *imperialistischen Kette*, welches von ihrem unentwickelsten und schwächsten Glied ausgehen kann, die Weltrevolution ihren Anfang nimmt und der Reformismus der Arbeiterbewegung sein Ende findet. Die Überwindung der reformistischen Integration der Arbeiterbewegung und die dadurch freigesetzte Internationalisierung des revolutionären Prozesses erklärt Lenin zur Aufgabe der revolutionären Arbeiterpartei, diese müsse konsequent gegen alle Integrationsversuche und rücksichtslos gegen alle Alltagsbedürfnisse in Form einer zentralistischen Sonderorganisation den wahren, nur in der Partei inkarnierten Arbeiterstandpunkt durchsetzen. Der *Avantgardecharakter* der proletarischen Partei wird zur organisatorischen Voraussetzung, durch welche die Spaltung der Arbeiterklasse überwindbar und die Restitution der revolutionären Zielsetzungen möglich sein soll.

In seiner Schrift „Staat und Revolution“ (Lenin [1917] 1970b), welche Lenin kurz vor Ausbruch der Oktoberrevolution verfaßt, entwikkelt er eine Transformationsperspektive, welcher unter sozialistischem Vorzeichen das tradierte Modell der bürgerlichen Revolution von 1789 wiederholt. Der streng politische Charakter der Leninschen Revolutionsvorstellung verweist auf die strukturelle Problematik der Oktoberrevolution. Angesichts der ökonomischen und militärischen Überlegenheit der bereits etablierten Nationen formuliert Lenin ein Projekt nachholender, etatistischer Modernisierung, welches ihm im Rahmen der plansozialistischen Vorstellungswelt der westeuropäischen Arbeiterbewegung nicht als Ingangsetzung sondern als Überwindung der kapitalistischen Produktionsweise erscheint.

Im Rückbezug auf die Marxsche Darstellung der *Pariser Kommune* (vgl. auch den Beitrag Demokratie in Bd.1) interpretiert Lenin die Räteorganisation als einen den Parlamentarismus überwindenden, höheren Typus von Demokratie. In Form einer revolutionären, gegen die alten Mächte gerichteten Diktatur (des Proletariats) werde der Volkswillen durchgesetzt und im Interesse des ganzen Volkes alle gesellschaftlichen Kräfte und Ressourcen für die anstehende Umgestaltung mobilisiert. Die Räteorganisationen, die sich in den revolutionären Massenunruhen spontan gebildet hatten, erscheinen Lenin als Ausgangspunkt einer alternativen, proletarischen Staatlichkeit, durch welche der zaristisch-monarchistische Gewaltapparat ersetzt und die arbeitsgesellschaftliche Formierung vorangetrieben werden könne. Durch den Aufbau eines zentralistisch durchorganisierte Rätesystems werde es möglich, durch gesteuerte staatliche Eingriffe die rückschrittliche und weitgehend zusammengebrochene Wirtschaft zu reorganisieren und den im Zarismus ansatzweise begonnenen Industrialisierungsprozeß forciert weiterzuführen. Der Selbstvertretungsanspruch des Rätesystems kollidierte notwendigerweise mit der freigesetzten Entwicklungslogik. In dem Maße, wie die ökonomischen Entwicklungsziele und Effizienzkriterien des staatlichen Industrialisierungsprogramms mit den konkreten Lebensinteressen der Menschen in Widerspruch gerieten (Zwangskollektivierung, Zwangsrekrutierung der Lohnarbeiter, Einführung der Fabrikdisziplin, Abhängigkeit des Konsums vom Primat der Schwerindustrie), transformierte sich die Räteorganisation sukzessive in die Gewaltherrschaft der Partei, welche in militaristischen Strukturen das gesamte Volk im Sinne einer gesellschaftlichen Gesamtfabrik zu verwalten begann.

Das Leninsche Strategiekonzept zielt auf Durchstaatlichung der zersplitterten und inhomogenen russischen Gesellschaft, welche durch den zaristischen Staat nur in Ansätzen vereinheitlicht worden war. Die administrative Durchorganisierung der Gesellschaft begreift Lenin als unabdingbare Voraussetzung der weiteren ökonomischen Entwicklungsfähigkeit, erst im Aufbau einer proletarischen Staatsmacht könne die rückschrittliche bäuerliche Subsistenzproduktion überwunden, auf Basis einer gesamtgesellschaftlichen Wirtschaftsplanung der Aufbau der Schwerindustrie gefördert und somit die industrielle Aufholjagd forciert werden.

Lenin glaubt, in der Überwindung des Zarismus nicht nur die wirtschaftliche Rückständigkeit Rußlands, sondern mit dieser zugleich die kapitalistische Herrschaft und die bürgerlich-politischen Verkehrsformen endgültig beseitigen zu können. Er interpretiert die *Zerschlagung* der zaristischen Staatsmaschinerie als Überwindung der staatlichen Repressionsgewalt durch die Etablierung einer alternativen, mit dem Volkswillen identischen Staatlichkeit.

Lenins revolutionsstrategische Forderung, den bestehenden Staatsapparat zu „zerschlagen" und zu „zerbrechen" (ebd.: 414ff.) darf in der Radikalität ihrer Formulierung nicht hinwegtäuschen über die *Staatszentriertheit* der Leninschen Transformationsperspektive. Die These vom Absterben des Staates (ebd.: 392) zielt auf die klassenmäßig gedachte Inbesitznahme des Staatsapparats, dabei geht Lenin aufgrund seines politischen Realismus davon aus, daß die Marxsche Vorstellung von der Überwindung der staatlichen Organisation der Gesellschaft sich erst in der noch fernen Phase des Kommunismus realisieren lasse. Für Lenin beschränkt sich die sozialistische Umwälzung auf die Eroberung des Staatsapparats, welchen es im Sinne einer konsequenten Parteiherrschaft neu zu besetzen und unter dem Ziel größtmöglicher ökonomischer Effizienz zu reorganisieren gelte.

Die etatistisch-arbeitsgesellschaftliche Beschränkung der Leninschen Emanzipationsperspektive findet ihre historische Entsprechung in der rückschrittlich-nachholenden Entwicklungsaufgabe, die im zaristischen Rußland zur Bewältigung anstand. Aufgrund des Entwicklungsvorsprungs des westlichen Kapitalismus und angesichts der Zersplitterung und Rückständigkeit der russischen Verhältnisse konnte nur ein neu zu schaffender Staat zu der zentralisierenden Kraft werden, welche in einer rigorosen Modernisierungsdiktatur ein nachholendes Industrialisierungsprogramm verwirklichte. Im rückständigen Rußland war die zentralistisch durchorganisierte Partei der Bolschewiki die einzige gesellschaftliche Kraft, mit welcher der ausstehende arbeitsgesellschaftliche Formierungsprozeß durchzusetzen war. Der sowjetische Staat wurde, dem Programm des Merkantilismus systematisch wie historisch durchaus vergleichbar, zum zentral angewandten Hebel eines bewußt eingeleiteten arbeitsgesellschaftlichen Formierungsprozesses. In Form der sowjetischen Planökonomie wiederholte sich unter grausamer etatistischer Gewalt der Prozeß der ursprünglichen Akkumulation, der sich Jahrhunderte zuvor in der westlichen Weltregion unter gleichem grauenvollem menschlichen Leid bereits vollzogen hatte.

Aufgrund der veränderten klassenspezifischen Repäsentationsform des Modernisierungsregimes interpretiert Lenin den Prozeß der Freisetzung der Lohnarbeit kurzschlüssig als Befreiung der Arbeiterklasse. Die Leninsche Vorstellung der proletarischen Staatsmacht bringt paradigmatisch die grundlegende Illusion des Staatssozialismus zum Ausdruck, dessen Protagonisten glaubten, eine nachkapitalistische Gesellschaft zu konstituieren, während sie eine nachholende, und damit vom Phänomen der Rückständigkeit bestimmte Entwicklung einleiteten. Die entscheidende ideologische Mystifikation der Leninsche Theorie liegt in der Umdefinierung der nachholenden Akkumulation zum Programm des sozialistischen Aufbaus, wobei die von der Lassalleschen Staatsgläubigkeit geprägte deutsche Arbeiterbewegung dieses historische Mißverständnis erheblich erleichterte. Gegen alle bewußte Intention und aller sozialistischen Zielsetzung zum Trotz wurde die Leninsche Theorie zur Legitimationsideologie nachholender Modernisierung, welche das kapitalistische Prinzip der Arbeitskraftvernutzung verherrlichte und das etatistische Akkumulationsregime zur Verwirklichung des sozialistischen Ideals verklärte.

4. Die Staatsdiskussion in der Weimarer Republik

Im Zentrum der staatstheoretischen Auseinandersetzung der Weimarer Republik steht die Frage nach der Integrationsleistung des parlamentarisch-demokratischen Rechtsstaats. In der kontroversen Beurteilung der parlamentarischen Demokratie tritt das grundlegende Problem der neuen Republik zutage: die begrenzte politische Repräsentations- und Vermittlungsfähigkeit der auseinanderstrebenden und ungleichzeitigen Konfliktmomente. Der Modernisierungsprozeß, der durch die Revolution von 1918 eröffnet wurde, blieb insofern unvollkommen, als durch den Wechsel der Regierungsform die ständisch-vormodernen Strukturrelikte nicht überwunden und die vom kapitalistischen Fortschritt bedrohten Mittelschichten nicht in den parlamentarischen Repräsentationsprozeß eingebunden werden konnten. Angesichts der mangelnden Integrationskraft der neuen Republik wird innerhalb der Arbeiterbewegung die soziale Erweiterung der Demokratie (Heller) und das Eindringen des Staates in die Wirtschaft (Hilferding) gefordert, während die konservative Demokratiekritik (Schmitt) in einer transzendentalen Überhöhung der Staatsmacht die Kraft der nationalen Homogenisierung zu verorten sucht.

4.1. Hermann Heller: Soziale Erweiterung der Demokratie

Heller (1891-1933) entwickelt eine Theorie des demokratischen Verfassungsstaats, welche diesen in sozialreformerischer Absicht als „Wirkungseinheit" der sozialen Konfliktaustragung und -veränderung begreift (Souveränität 1927, Staatslehre 1934). Im Gegensatz zu Schmitts Theorie der „substanziellen Homogenität" beruht für Heller die politische Einheitsbildung nicht auf dem Mechanismus des Ausschließens, sondern auf der parlamentarischen Repräsentanz der Interessengegensätze. Die Funktionsfähigkeit des Parlamentarismus bleibe in konstitutiver Weise gebunden an die Fortentwicklung der liberalen zur *sozialen Demokratie* (Heller [1928] 1971d: 427f., 430f.). Angesichts der faschistischen Entwicklung in Italien und auf dem Hintergrund der Krise des Weimarer Republik, formuliert Heller die These von der notwendigen sozialen Erweiterung der politische Demokratie. Im Mittelpunkt des von Heller geprägten Begriffs des *„sozialistischen Rechtsstaats"* steht die Forderung, durch die Ausweitung der politischen Selbstbestimmung auf den ökonomischen Bereich den „liberalen in einen sozialistischen Rechtsstaat umzubauen." (Heller [1931] 1971e: 416).

> Die parlamentarische Demokratie könne sich als ausgleichende und integrierende Institution nur bewähren, wenn es der Arbeiterbewegung gelinge, „die 'Anarchie der Produktion' durch eine gerechte Ordnung des Wirtschaftslebens zu ersetzen [...] und zu diesem Ziel das Privateigentum möglichst weitgehend beschränkt" zu halten (Heller [1924] 1971g: 291).

Wie die gesamte Arbeiterbewegung seiner Zeit reduziert auch Heller den Privatcharakter der kapitalistischen Produktion auf die Frage der juristischen Eigentumsverhältnisse. Das Kapital wird verstanden als ein persönliches Willens- und Herrschaftsverhältnis, dessen Willkürcharakter durch die Erweiterung der staatlichen Kontrolle eingeschränkt werden müsse. Es entsteht die Vorstellung, daß durch die juristische Einschränkung der privatkapitalistischen Verfügungsgewalt der systembedingte Zwang der Gewinnproduktion aufgehoben und im Hilferdingschen Sinne durch die erweiterte, ökonomische Kontrolle des Staates die privatkapitalistische Profitlogik zurückgedrängt werden könne. Der Übergang vom liberalen Staat des 19. Jhs zum ökonomisch ausgleichenden und sozial korrigierenden Interventionsstaat erscheint als Vorstufe des *sozialistischen Rechtsstaats*, in welchem das Gleichheits- und Freiheitsprinzip sich im Zuge der Demokratisierung realisiere.

Während der Liberalismus die strukturelle Identität von Marktwirtschaft und pluralistischer Demokratie betont (vgl. auch den Beitrag Liberalismus in diesem Bd.), werden in dem von Heller geprägten

Konzept des sozial(istisch)en Rechtsstaats Kapitalismus und Demokratie für prinzipiell unvereinbar erklärt. Die hier formulierte Vorstellung vom wesensmäßig sozialistischen Inhalt der Demokratie, den es gegenüber der real existierenden politischen Demokratie noch materiell zu verwirklichen gelte, bestimmt bis in die jüngste Zeit das politische Programm der linksdemokratischen Opposition. Diese negiert den historisch begrenzten und gesellschaftsspezifischen Emanzipationscharakter der Demokratie, diese erscheint als ein universalistisches Emanzipationsmodell, welches über den Bestand der modernen marktwirtschaftlichen Gesellschaft hinausweist. Die von der modernen Gesellschaft hervorgebrachten demokratischen Verkehrsformen werden in Widerspruch gesetzt zu der ihnen vorausgehenden, sie konstituierenden ökonomischen Basisstruktur. In Verkennung des inneren Zusammenhangs von politischer Freiheit und ökonomischer Zwangsgesetzlichkeit entsteht die illusionäre Hoffnung, durch die Ausweitung der demokratischen Diskursformen und Kontrollmöglichkeiten den Selbstlauf des marktwirtschaftlichen Prozesses durchbrechen zu können. (Vgl. auch das Kapitel Abendroth)

4.2. Carl Schmitt: Transzendentaler Staat

Während Heller in seiner Theorie des „sozialistischen Rechtsstaats" von der Perspektive fortschreitender erweiterter Demokratisierung ausgeht, formuliert Schmitt (1888-1985) eine antipluralistische Theorie des *souveränen Staates* (Politische Theologie 1922, Die geistesgeschichtliche Lage des heutigen Parlamentarismus 1926, Verfassungslehre 1928, Der Begriff des Politischen 1932). Im Rückgriff auf die Hobbessche Vorstellung des „Leviathan" erklärt Schmitt den Staat zur transzendentalen Sinnstiftungsinstanz einer Gesellschaft, die in ihrem Inneren beherrscht wird von einem feindlichen, existentiell bedrohlichen Gegensatzes. (Vgl. auch die Beiträge Demokratietheorien und Faschismus in diesem Bd.)

Schmitts Staatstheorie ist von der rückwärtsgewandten Vorstellung getragen, daß in der Konstitution eines souveränen, allmächtigen, über den sozialen Widersprüchen stehenden Staats die Homogenität der Gesellschaft restituierbar sei. Die Theorie zielt in ihrer politischen Perspektive auf den Versuch, die immanente, krisenhafte Entwicklungsdynamik der Gesellschaft im Rahmen eines etatistischen Formierungsprozesses zu bewältigen. In der These von der *Unableitbarkeit der politischen Gewalt* wird der Staat begriffen als eine vorgängige, außergesellschaftliche und einheitliche Instanz, deren Ordnungsfunktion jenseits der Verkehrsformen der pluralistischen Demokratie gebunden wird an die nicht ableitbare, *dezisionistische* Entscheidungsfähigkeit des Staats (Schmitt [1922] 1934: 11).

Im Rückgriff auf Rousseaus Theorie der egalitären und identitären Demokratie formuliert Schmitt die Vorstellung, daß erst die in der nationalen Identität basierte *substanzielle Homogenität* des Volkes die politische Demokratie ermöglicht. Im souveränen Staat objektiviere sich die ursprüngliche, noch durch keine sozialen Gegensätze und pluralistischen Interessenkonflikte bedrohte Einheit des Volkes. Die Reaktivierung des nationalen Mythos wird zu der Integrationsideologie eines Staates, der in der *Ausgrenzung* der sozialen Konflikte seinen Herrschaftsanspruch durchsetzt: „Zur Demokratie gehört [...] – nötigenfalls – die Ausscheidung und Vernichtung des Heterogenen" (Schmitt [1926] 1961: 14).

Im Gegensatz zum pluralistischen Demokratieverständnis, welches bereits die Transformation der sozialen Auseinandersetzung in den Konkurrenzkampf prinzipiell gleichberechtigter (Geld)Interessen voraussetzt, reflektiert Schmitt die militante Durchsetzungsgeschichte der modernen parlamentarischen Demokratie. Angesichts einer gesellschaftlichen Situation, die in Deutschland aufgrund der relativen Rückständigkeit und innergesellschaftlichen Ungleichzeitigkeit des Entwicklungsniveaus noch geprägt war von der Abgrenzung und Feindseligkeit der sozialen Klassen, kann Schmitt die gesellschaftserhaltende Synthesefunktion des Staates nur außerparlamentarisch und antipluralistisch begründen. In der Freund-Feind-Metapher beschwört Schmitt den Kampfcharakter eines Staates, welchem noch die historische Rolle zukam, über die ideologische Gleichschaltung der Massen den anstehenden Durchkapitalisierungs- und arbeitsgesellschaftlichen Formierungsprozeß voranzutreiben. Der nationalsozialistische Staat forcierte im Zuge der Rüstungswirtschaft und in Form der „volksgemeinschaftlichen" Formierung einen industriellen Entwicklungsschub und gesellschaftlichen Syntheseprozeß, der mit der Verallgemeinerung der Lohnarbeit und in der Auflösung der ständischen Sozialmilieus die Grundlagen der von ihm bekämpften demokratischen Herrschaftsform schuf.

Die Antinomie von „Freund und Feind" (Schmitt [1932] 1963a: 28ff.) wird zur Wesensbestimmung der Politik und impliziert in ihrer letzten Konsequenz die Möglichkeit des Bürgerkriegs: „Die reale Möglichkeit des Kampfes, die immer vorhanden sein muß, damit von Politik gesprochen werden kann, bezieht sich [...] auf den Bürgerkrieg [...]. Die Begriffe Freund, Feind und Kampf erhalten ihren realen Sinn dadurch, daß sie insbesondere auf die reale Möglichkeit der physischen Tötung Bezug haben und behalten" (ebd.: 32f.). Die Arbeiterklasse wird für Schmitt in dem Maße zum Staatsfeind, wie sie über die Massendemokratie in den Staat einzudringen sucht. Erst die Rücknahme der parlamentarischen Demokratie in den autoritären Ausnahmestaat schaffe die Voraussetzung, um in der Ausgrenzung und Entparlamentarisierung der sozialen Auseinandersetzung die „vorpluralistische Autorität" des Staats wiederzugewinnen (Schmitt [1933] 1958 : 365).

In der Rhetorik des Klassenkampfdenkens, welches die gesellschaftliche Auseinandersetzung der Weimarer Republik prägte, beschwört Schmitt die konstitutive Kraft der Feindbildung. In scharfer Abgrenzung zum politischen Pluralismus sieht Schmitt in der Herausbildung von Freund-Feind-Verhältnissen das Wesen der Politik. Der politische Richtungsstreit erscheint als ein erbitterte Kampf grundsätzlich einander widersprechender Prinzipien, deren Todfeindschaft in der Ausschließlichkeit des weltanschaulichen Anspruchs begründet ist. Unter Berufung auf die Theorie des „Leviathan" legitimiert Schmitt die strukturelle Notwendigkeit des totalitären Staats. Angesichts feindseliger gesellschaftlicher Gegensätze könne nur ein in seinem Machtanspruch uneingeschränkter Staat die Gesellschaft vor ihrem selbstdestruktiven Zerfall bewahren, in dieser Situation werde notwendig „das Ganze, der Leviathan [...] zum substanziellen Träger allen Rechts" (Schmitt [1921] 1964: 119).

Ausgehend von der Konsens- und Repräsentationsunfähigkeit antagonistischer Interessen, betont er die historische Entwicklungsgrenze des Parlamentarismus. Angesichts der sozialen Heterogenität der im Parlament vertretenen „Wählermassen" sind für Schmitt *Parlamentarismus* und „Massendemokratie" unvereinbar (Schmitt [1926] 1961: 11, 13). Um den Prozeß der „Pluralisierung" (Schmitt [1932] 1963a: 80ff.) des Staats rückgängig zu machen, bedürfe es einer Neubegründung des staatlichen Entscheidungsprimats in Form des *Ausnahmestaats.*

Es macht den eigentümlichen Charakter dieser rückwärtsgewandten Staatsideologie aus, daß sich die antimoderne Demokratiekritik verknüpft mit der ideologischen Legitimation der heraufziehenden faschistischen Modernisierungsdiktatur. Im faschistischen Deutschland vollzog sich aufgrund einer spezifischen gesellschaftlichen Ausgangskonstellation der anstehende, nachholende Industrialisierungs- und Durchkapitalisierungsprozeß in Form eines mörderischen Entwicklungsregimes, welches alle ständischen Relikte beseitigte, die Verallgemeinerung der Lohnarbeit vorantrieb und in den Formen der kriegswirtschaftlichen Mobilisierung die Grundlagen der modernen industriellen Massenproduktion legte. Dem Hitlerstaat gelang es in den barbarischen Formen des modernen Antisemitismus, welcher die Negativseiten der Kapitalisierung in den Juden personifizierte und gleichzeitig Arbeit und Technik verherrlichte, das reaktionär-antikapitalistische Bewußtsein des Kleinbürgertums in eine treibende Kraft der innergesellschaftlichen Veränderung zu transformieren.

Das historische Paradox der faschistischen Herrschaft, welche im Rahmen der ideologischen Mobilisierung und etatistischen Formierung einer sozial heterogenen und rückwärtsgewandten mittelständischen Protestbewegung eine neue Stufe der Industrialisierung durchsetzte, reflektiert sich in der Widersprüchlichkeit der Schmittschen Staatstheorie. Diese hypostasiert in rückwärtsgewandter Weise den Staat zur sakralen Sinnstiftungsinstanz der Gesellschaft, um einen totalitären Modernisierungsprozeß zu affirmieren, in welchem sich der Übergang zur industriellen Massengesellschaft und funktionalen Staatlichkeit vorbereitete.

4.3. Rudolf Hilferding: Durchdringung von Staat und Wirtschaft

Die Staatsdebatte innerhalb der deutschen Sozialdemokratie ist geprägt von der Vorstellung, daß in der erweiterten ökonomischen Rolle des Staats sich die schrittweise sozialistische Umgestaltung der Gesellschaft vorbereite. Die Perspektive fortschreitender interventionsstaatlicher Regulierung orientiert sich an der „Theorie der organisierten Wirtschaft", welche Hilferding (1877-1941) im systematischen Zusammenhang seiner *Monopoltheorie* entwickelt (Das Finanzkapital 1910). Ausgehend von der immanenten Organisations- und Plantendenz der kapitalistischen Wirtschaft prognostiziert Hilferding noch kurz vor Ausbruch der Weltwirtschaftskrise auf dem Kieler Parteitag der SPD (1927) das krisenfreie Hinüberwachsen von Staat und Wirtschaft in eine sozialistische Gesellschaft (Kieler Parteitag 1927).

Innerhalb der österreichischen Arbeiterbewegung entstand ab der Jahrhundertwende im „Austromarxismus" ein Theorieansatz, welcher angesichts der kapitalistischen Strukturveränderungen eine Erweiterung der marxistischen Analyse forderte. Im Zusammenhang dieses Diskussionsprozesses entwickelte Hilferding die These, daß im Zuge der Konzentrations- und Zentralisationstendenz des Kapitals die freie Konkurrenz aufgehoben und eine neue Entwicklungsetappe der kapitalistischen Gesellschaft erreicht sei, das *Finanzkapital*. Die *Durchdringung von Staat und Wirtschaft* schaffe die gesellschaftsstrukturellen Voraussetzungen für die bewußte Organisierung der Gesellschaft in einer zentralen „Instanz", (Hilferding 1968: 321; ders. 1927: 168), da der eigengesetzliche Fortgang der kapitalistischen Entwicklung auf ein „Generalkartell" (Hilferding 1968: 321) dränge. Die veränderte Qualität der neuen Entwicklungsstufe beschreibt Hilferding als eine „bewußt geregelte Gesellschaft in antagonistischer Form", deren Widerspruchscharakter sich auf den „Antagonismus der Verteilung" reduziere (ebd.: 322).

Hilferding interpretiert den Prozeß der ökonomischen Verflechtung und den Ausbau des Staates als direkte organisatorische und politische Vorbereitung der sozialistischen Gesellschaft. Die Erweiterung der staatlichen Regulation, welche aus den Verwertungserfordernissen einer entwickelten Nationalökonomie hervorgingen, erscheinen in der Hilferdingschen Theorie als eine immanent sozialistische Tendenz.

> Die partielle und temporär begrenzte Sistierung der inneren Konkurrenz zum Zwecke der Verbesserung der internationalen Konkurrenzfähigkeiten wird kurzschlüssig interpretiert als tendenzielle Ersetzung des kapitalistischen Konkurrenzprinzips durch das sozialistische Prinzip der Planung, das Erlöschen der freien Konkurrenz erscheint als eine kapitalnegierende Transformation der Ökonomie: „Organisierter Kapitalismus bedeutet also in Wirklichkeit den 'prinzipiellen Ersatz des kapitalistischen Prinzips der freien Konkurrenz' durch das 'sozialistische Prinzip planmäßiger Produktion'" (Hilferding 1927: 168). Gemäß der Vorstellung, daß im organisierten Kapitalismus sich die „direkte Vorstufe der sozialistischen Gesellschaft" (ders. 1968: 505, Anm. 51) herstelle, entwickelt Hilferding die These von der unmittelbar politischen Vorbereitung der proletarischen Machtübernahme durch die fortschreitende Erweiterung des Staats. Indem sich im Ausbau des Staats die direkte Vorstufe einer politisch planbaren und bewußt regulierten Gesellschaft bereits konstituiere, wird die Übernahme der Staatsmacht zum entscheidenden Ziel der Veränderungsstrategie. „Das heißt nichts anderes, als daß unserer Generation das Problem gestellt ist, mit Hilfe des Staates, mit Hilfe der bewußten gesellschaftlichen Regelung diese von den Kapitalisten organisierte und geleitete Gesellschaft in eine durch den demokratischen Staat geleitete Wirtschaft umzuwandeln". (Hilferding 1927: 169)

Der Kapitalismus scheint in der Hilferdingschen Theorie aus seiner eigenen Dynamik heraus quasi automatisch in den Sozialismus hinüberzuwachsen. Nur noch die Frage der Macht trennt die bestehende Gesellschaft von ihrer sozialistischen Transformation. Der Staat wird begriffen als ein eigenständiges Handlungszentrum der Gesellschaft, welches nur noch seines monopolistischen Gebrauchs entledigt werden müsse. Ihre systematische Grundlage hat diese Machteroberungsperspektive in einem grundlegenden Mißverständnis der etatistischen Tendenz: Markt und Staat werden nicht als immanenter Bedingungszusammenhang gesehen sondern erscheinen als ein absolutes, über die privatkapitalistische Produktion hinausweisendes Gegensatzpaar. Die interventionsstaatlichen Erweiterungen, welche irreversibel aus den Reproduktionserfordernissen der entwickelten Ökonomie hervorgingen , versteht Hilferding als das Eindringen eines außerökonomischen, antikapitalistischen Prinzips in die Wirtschaft, durch welches bereits die Fundamente der zukünftigen sozialistischen Gesellschaft gelegt werden. Diese kann sich Hilferding in voller Übereinstimmung mit allen Fraktionen der Arbeiterbewegung nur vorstellen als Aufhebung der Marktanarchie in eine staatlich geplante Ökonomie.

5. Die Staatsdiskussion in der Anfangsphase der BRD

Der Industrialisierungsschub der 50er Jahre brachte eine Erweiterung und Ökonomisierung der Staatsfunktionen hervor. Das wachsende ökonomische Gewicht des Staates war das Resultat eines strukturellen Umwälzungsprozesses (Absorption des traditionell bäuerlich-handwerklichen Sektors durch den modernen industriellen Sektor, Umwälzung der Beschäftigungsstruktur zugunsten der neue Massenproduktion, Exportausrichtung der vorrangig automobilen Wachstumsindustrie), welcher zur einer Ausdehnung der Staatstätigkeit führte. Die Entwicklung des Sozial- und Wohlfahrtsstaats wurde zu einer unerläßlichen Reproduktionsbedingung der modernisierten Gesellschaft, da die Zerstörung der familiären Strukturen die öffentliche Daseinsvorsorge unumgänglich machte, die veränderten Produktionserfordernisse die breit gestreute und effiziente Qualifikation der Arbeitskräfte implizierte und die neue Industrie- und Konsumstruktur gesamtgesellschaftliche Infrastrukturveränderungen hervorbrachte. Parallel zum Nachkriegsaufschwung vollzog sich die sukzessive Ausdehnung der wirtschaftspolitischen, währungspolitischen, sozialpolitischen und strukturpolitischen Aufgaben. In steigendem Maße wurde die monetäre Redistribution des Staates zur Voraussetzung einer funktions- und konkurrenzfähigen Nationalökonomie. In der Anfangsphase der BRD reflektiert das Programm der „Sozialen Marktwirtschaft" den gestiegenen Regulationsbedarf der expandierenden Wirtschaft.

In der deutschen Nachkriegsdemokratie ersetzte der politische Pluralismus das alte Klassenkampfdenken der Weimarer Republik. Die verschiedenen Sozialkategorien werden als konkurrierende Interessengruppen anerkannt und die Existenz der Arbeiterorganisationen zur Voraussetzung der Sozialpartnerschaft erklärt Das reibungslose Wachstum der deutschen Wirtschaft und die Erhaltung des internationalen Konkurrenzvorsprungs (Exportboom) bildeten die Grundlage des demokratischen Konsens, welche die Umwandlung der Sozialdemokratie in eine Volkspartei hervorbrachte (vgl. auch den Beitrag Demokratischer Sozialismus in Bd. 2).

In der Anfangsphase der Bundesrepublik stand die Frage nach dem Verhältnis von politischer und sozialer Demokratie im Mittelpunkt der staatstheoretischen Diskussion. Angesichts der Erfahrungen von Faschismus und Krieg ging die westdeutsche Arbeiterbewegung in der unmittelbaren Nachkriegsphase davon aus, daß die politische Demokratie nur auf Basis sozialistischer Wirtschaftsverhältnisse garantiert und weitergeführt werden könne. In der Kontroverse Abendroth-Forsthoff über das Sozialstaatsprinzip des Grundgesetzes (Art. 20) wiederholen sich noch einmal die Grundpositionen der Weimarer Staatsdebatte. Während Abendroth im Kontext des Verstaatlichungsgedankens, welcher für eine kurze Phase in der Nachkriegsarbeiterbewegung noch lebendig war, die Einbeziehung der zentralen Wirtschaftsbereiche in den demokratischen Entscheidungsprozeß forderte, kritisierte Forsthoff den funktionalen Charakter der modernen Massendemokratie, welche im Verteilungskampf der reinen Geldinteressen die Gestaltungskraft des Staats strukturell untergrabe.

5.1. Wolfgang Abendroth: Sozialistische Demokratie

Abendroth (1906-1985) versucht in seiner Interpretation des Sozialstaatspostulats, die sozialistische Demokratiediskussion unter den Bedingungen einer veränderten sozialen und politischen Gesellschaftskonstellation weiterzuführen (Das Grundgesetz 1966, Antagonistische Gesellschaft und soziale Demokratie 1967). Im Mittelpunkt seiner Grundgesetzinterpretation steht die Vorstellung, daß die Aufhebung der privatkapitalistischen Verfügungsgewalt die historisch unumgängliche Voraussetzung für eine stabile und dauerhafte Demokratisierung der Gesellschaft darstelle. Ausgehend von der zentralen Denkfigur des demokratischen Sozialismus, der Gegenüberstellung von formaler bürgerlicher und wesensmäßig sozialistischer Demokratie, wird die Einbeziehung der zentralen Wirtschaftsbereiche in den demokratischen Entscheidungsprozeß gefordert. Getragen ist dieses Postulat von der Vorstellung, daß durch die Veränderungen der juristischen Eigentumsformen und klassenspezifischen Personifikationen der Krisencharakter der Gesellschaft und die destruktive Dynamik der Gewinnproduktion überwunden werden könne.

> In den Grundpositionen seiner Demokratietheorie greift Abendroth zurück auf die bereits in der Weimarer Staatsdiskussion von Heller entwickelte Theorie des sozialistischen Ausbaus des parlamentarischen und demokratischen Rechtsstaats (Abendroth 1984). Erst durch den Fortschritt des demokratischen zum „sozialistischen" Rechtsstaat sei die Garantie der Demokratie in dem Maße möglich, wie „dem demokratisch organisierten Staat [...] die volle Durchdringung seiner Gesellschafts- und Wirtschaftsordnung mit dem materiellen Gleichheitsdenken" gelinge (Abendroth 1954: 138).

Abendroth beurteilt die Entwicklungsperspektive und Integrationsleistung des erweiterten Nachkriegsstaates im Rahmen der tradierten krisentheoretischen Überlegungen der Vorkriegsarbeiterbewegung. Ausgehend von der Zyklizität des Akkumulationsverlaufs und der Koinzidenz von ökonomischer und politischer Krise, verweist Abendroth auf die prinzipielle Grenze der reformistischen Integration und betont, daß der Zusammenhang von Krise und Kapitalismus durch die sozialstaatlichen Veränderungen nicht aufzubrechen sei. Aus der *unvermeidlichen* Wiederkehr von ökonomischen und sozialen Krisen resultiere die Instabilität des demokratischen Staates und die Gefahr seiner schrittweisen repressiven Transformation.

Die Perspektive der *demokratienotwendigen* sozialistischen Umgestaltung der Wirtschaft geht aus von der zentralen Bedeutung des rechtlich-politischen Systems für die Möglichkeiten gesellschaftsverändernder Praxis, der „demokratische Gedanke des Grundgesetzes" soll in „rechtsstaatlicher Weise in die Wirtschafts- und Sozialordnung projiziert" werden (ebd.: 124). Diese verfassungsrechtlichen Argumentation begreift das Grundgesetz als Ansatzpunkt und Hebel der anzustrebenden gesellschaftlichen Transformation. In der unvermeidbaren Wiederkehr der ökonomischen Krise werde sich eine soziale und politische Kräftekonstellation restituieren, welche auf Basis *parlamentarischer Mehrheitsverhältnisse* die sozialistische Umwandlung der Gesellschaft vermittels der bestehenden Verfassung ermögliche.

In diesem Konzept eines *verfassungsgemäßen Sozialismus* drückt sich das innere Dilemma einer Veränderungsperspektive aus, die nicht mehr in den sozialen Auseinandersetzungen und in den praktischen Forderungen der Arbeiterbewegung verankert werden konnte. Angesichts der Integrations- und Reformfähigkeit der Nachkriegsgesellschaft kann Abendroth das sozialistische Verwirklichungspostulat nur noch verfassungstheoretisch begründen. Während der deutsche Nachkriegsboom längst den immanenten und modernisierenden Charakter des proletarischen Interessenkampfs deutlich machte, hofft Abendroth auf eine erneute Radikalisierung der Arbeiterkämpfe. Er hält den vollzogenen gesellschaftlichen Integrationsprozeß für reversibel, gefangen in der Vorstellungswelt des alten Klassenkampfdenkens vertraut er auf den Automatismus von Krise und der Entwicklung eines antikapitalistischen (Klassen)Bewußtseins. Die Abendrothsche Position beharrt, indem sie die Gründungsphase der BRD zum festen Bezugspunkt ihrer verfassungstheoretischen Argumentation macht, in einer präfordistischen Arbeiterwelt, für die eine planstaatliche Perspektive noch ein kämpferisches Veränderungsziel darstellen konnte.

5.2. Ernst Forsthoff: Gefährdung der staatlichen Macht

Der zentrale Gedanke der von Schmitt formulierten Demokratiekritik, die Bedrohung der Eigenständigkeit des Staates infolge seiner Ökonomisierung, wird von Forsthoff (1902-1974) unter einem doppelten Aspekt aufgenommen. Forsthoff sieht den modernen Staat durch seine sozialstaatliche Erweiterung und durch die „industriegesellschaftliche" Entwicklung in seiner Gestaltungskraft bedroht. Während anfänglich die Frage nach dem Verhältnis von Rechtsstaat und Sozialstaat im Vordergrund der Argumentation steht, konzentriert sich Forsthoff in seinen späteren Schriften auf das Problem der „technischen Realisation" (Der totale Staat 1933, Rechtsstaat im Wandel 1964, Der Staat der Industriegesellschaft 1971).

Forsthoff versteht den Übergang zur modernen, pluralistischen Massendemokratie als Verfall der politischen Macht, da die funktionalistische Politik des ökonomischen Interessenausgleichs den unselbständigen und sekundären Charakter der Politik besiegele. Infolge der fortschreitenden Durchökonomisierung verliere der Staat seine autonome Handlungsfähigkeit und könne seine Legitimität nur noch aus der Vermittlung ökonomischer Interessen und aus der Garantie vorausgesetzter systemischer Funktionsgesetzlichkeiten ableiten.

Ausgehend von der These, daß nur in dem „Dualismus von Staat und Gesellschaft" sich eine eigenständige und handlungsfähige politische Instanz konstituieren könne, interpretiert Forsthoff „sozialstaatliche Überformung" und „technische Realisation" als eine zwar unwiderrufliche, jedoch den Staat in seiner Handlungs- und Leistungsfähigkeit gefährdenden Tendenz (Forsthoff 1971). Während Abendroth den Fortschritt des demokratischen zum sozialistischen Rechtsstaat fordert, hält Forsthoff die *Trennung von Rechtsstaat und Sozialstaat* für die konstitutive Voraussetzung der staatlichen Souveränität. Im Rahmen einer konservativ orientierten Pluralismuskritik erscheint die sozialstaatliche Vermittlung der sozialen Konflikte sowie die parlamentarische Form der Kompromißbildung als Gefahr einer schrittweisen Auflösung der Staatsmacht infolge ihrer „Mediatisierung" durch die organisierten Interessen. Konträr zur Vorstellung von der neuen ökonomischen Potenz des Staates interpretiert Forsthoff die wohlfahrtsstaatliche Erweiterung als eine Schwächung der staatlichen Ordnungsmacht infolge ihrer Funktionalisierung. In diesem Sinne bleibt der „wohlverfaßte Sozialstaat [...] ein künstliches Gebilde [...] ein Surrogat echter Volksordnung" (Forsthoff 1954: 163).

Forsthoff interpretiert den Zusammenhang von industriegesellschaftlicher Entwicklung und interventionsstaatlicher Erweiterung als den Übergang von der „sozialen" zur „technischen Realisation". Zum Motor der gesellschaftlichen Evolution geworden, bedrohe die Expansion der Technik in einem noch unbekannten und unvorhersehbaren Ausmaß die autonome Handlungsfähigkeit des Staates. In eine „Komplementärfunktion der Industriegesellschaft verwandelt" (Forsthoff 1971: 42), verliere der Staat eben die Handlungsfähigkeit, die zur Sicherung der bestehenden Ordnung in immer größerem Maße notwendig werde. Angesichts der Selbstläufigkeit der industriegesellschaftlichen Entwicklung gerate die Politik in eine prekäre Situation, der Staat werde sich angesichts der Verschärfung der gesellschaftlichen Krisengefährdung „damit bescheiden müssen, nicht mehr Subjekt, sondern nur noch Objekt dieses Geschehens zu sein" (ebd.: 60).

Im resignativen Rückblick auf die Theorie des *Ausnahmestaats* konstatiert Forsthoff den Souveränitätsverlust der politischen Macht und bezweifelt grundsätzlich die Restituierbarkeit eines dezisionistisch-autoritären Staates. Die doppelte Gesellschaftsgefährdung, die

Möglichkeit des Aufbrechens der sozialen Auseinandersetzung in einer ökonomischen Krise und die aus der „Eigenständigkeit und Präzedenzlosigkeit", dem tautologischen „Telos des technischen Prozesses" resultierende ökologische und soziale Bedrohung (ebd.: 39, 41), erfordere mit zunehmender Intensität die Existenz eines starken und in seiner Entscheidungsfreiheit unbeeinflußten Staats, zugleich jedoch gehe die Möglichkeit der etatistischen Krisenbewältigung durch die Ökonomisierung und Technisierung des Staats irreversibel verloren.

Der von Forsthoff beklagte Autonomieverlust staatlicher Gestaltungsmacht antizipiert im Kontext eines resignativ konservativen Kritikansatzes die sich anbahnende Krise der Politik. Die Krise der Arbeitsgesellschaft entzaubert die politischen Macht grundlegend, die Vorstellung einer selbständigen, politischen Regulationssphäre erweist sich in der fortschreitenden Krisenwirklichkeit als Illusion. Die Selbstläufigkeit der ökonomischen Prozesse schnürt, wie von Forsthoff befürchtet, den politischen Handlungsspielraum ein, ausgeliefert an die ökonomischen Kriterien des Marktes und der Produktivitätskonkonkurrenz ist die Politik angesichts sich zuspitzender gesellschaftlicher Probleme zunehmend zur Paralyse verdammt. So gesehen, drückt sich in Forsthoffs rückwärtsgewandter Klage über das „Ende des Staates" (Forsthoff 1971) die vorausschauende Ahnung aus, daß die Schreckensperspektive zukünftiger Krisen nicht in der Erneuerung und Wiederkehr totalitärer Herrschaftsformen, sondern im postpolitischen Zerfall gesellschaftlicher Regulation bestehen könne. (Vgl. auch die Kritik der Etatismusthese in den Kapiteln Poulantzas und Hirsch)

5.3. Helmut Schelsky: Technischer Staat

Während die frühen Bürokratisierungstheorien (Michels, Weber, Horkheimer) noch in eine kritische Gesamtanalyse eingebettet waren, beschreibt Schelsky (1912-1984) in seiner Technokratiethese die Eigengesetzlichkeit des gesellschaftlichen Prozesses in affirmativer Weise (Der Mensch in der wissenschaftlichen Zivilisation 1961). Die subjektlose Sachgesetzlichkeit moderner Herrschaft erscheint als unaufhebbares Resultat einer vorausgesetzten (technischen) Rationalität.

Schelsky begreift die *wissenschaftlich-technische Zivilisation* als eine irreversible Tendenz, welche aufgrund der systemischen Funktionszusammenhänge alle Herrschaftsformen entpersonalisiert und alle Entscheidungprozesse versachlicht. Infolge der durch den technischen Fortschritt ausgelösten Verwissenschaftlichung, Versachlichung und Bürokratisierung transformiere sich die Struktur der politischen Herrschaft grundlegend. Die Entpersonalisierung und Entideologisierung der Herrschaftsverhältnisse bedinge, daß individuelle, normative und politische Handlungsorientierungen ausgeschlossen und damit die autonome Handlungssubstanz des Staates aufgelöst werde. Der Staat werde als Verwaltungsorgan von Wissenschaft und Technik zu einer von der Eigengesetzlichkeit der gesellschaftlichen Entwicklung determinierten Instanz.

Als *Sachzwang* wird die immanente Gesetzlichkeit der technischen Entwicklung zum neuen und unangreifbaren Herrschaftsverhältnis, an die Stelle von Normen und Gesetzen treten die objektiv zwingenden „Sachgesetzlichkeiten" der wissenschaftlich-technischen Zivilisation. Die Regierung wird zu einem „Organ der Verwaltung von Sachgesetzlichkeiten, das Parlament ein Kontrollorgan für sachliche Richtigkeit". Die Idee der Demokratie wird zu einer „Illusion", sie wird in dem Maße zu einer „leeren Hülse", wie die technokratische Entwicklung die politische Widerspruchslosigkeit erzeugt (Schelsky 1961: 453, 459ff.).

Gegenüber den Herrschaftstheorien, welche die Entstehung und Ausübung von Herrschaft ursächlich auf machtpolitische oder ökonomische Interessen von (Kollektiv)Personen zurückführen, kommt der Bürokratisierungsthese die Einsicht zu, daß in der modernen Gesellschaft sich Herrschaftsfunktionen sich nur medial durch persönliche Interessen hindurch verwirklichen. Während die kritische Gesellschaftstheorie jedoch den Skandal einer Gesellschaft beklagt, in welcher die Menschen dazu degradiert werden, Funktionsträger eines ihnen vorausgesetzten, sie beherrschenden Prozesses zu sein, beschreibt Schelsky die systemische Subjektlosigkeit als einen jeder verändernden Kritik entzogenen Ist-Zustand entwickelter Vergesellschaftung. (Zum Begriff subjektloser Herrschaft vgl. auch das Kapitel Luhmann hier und im Beitrag Gesellschaftstheorie in Bd.2).

6. Theorien des keynesianischen Staates und seiner Krise

Die keynesianische Lehre, welche auf der Vorstellung einer staatlich moderierten, krisenfreien Wachstumsökonomie basiert, wird in der Nachkriegsphase zur allgemein anerkannten Wirtschaftsdoktrin. Die Koinzidenz von Nachkriegsprosperität und dem neuen ökonomischen Gewicht des Staates schien die Grundprämissen der keynesianischen Theorie zu bestätigen, die Expansion der Staatsquote und die Erweiterung der Staatsaufgaben wurde zur Ursache des Wirtschaftswachstums erklärt und der nachfrageorientierten Wirtschaftspolitik eine akkumulationsfördernde, krisenvermeidende Rolle zugesprochen.

Angesichts der Erfahrungen der Weltwirtschaftskrise reformulierte *John Maynard. Keynes* (1883-1946) die klassische Wirtschaftstheorie im Sinne eines staatlichen Marktlenkungsprogramms. Seine „General Theory of Employment, Interest and Money" (1936) basiert auf einer neuen, stabilitätsorientierten Wirtschaftsdoktrin, welche dem gesamtwirtschaftlich bewußt gewordenen Staat die Rolle zuspricht, den Akkumulationsverlauf auf Basis seiner eigenen marktwirtschaftlichen Funktionsgesetze krisenentschärfend zu moderieren. Die Hoffnung auf die Selbstregulierungskräfte des Marktes wird ersetzt durch den Glauben an die politische Regulierungsmöglichkeit des marktwirtschaftlichen Prozesses. Die Frage nach der neuen gesamtökonomischen Qualität des Staates wird zum zentralen Thema der Diskussion. Die keynesianischen Grundannahmen gehen in die verschiedenen regulationstheoretischen Diskussionsansätze ein, das neue ökonomische Gewicht des Staats wird, bis auf wenige Ausnahmen (vgl. Staatsableitungsdebatte), fast durchgängig interpretiert als ein prinzipiell verändertes Beziehungsverhältnis von Politik und Ökonomie. Angesichts der fordistischen Umgestaltung der Gesellschaft sagt sich die deutsche Arbeiterbewegung im Übergang zu den 60er Jahren endgültig von der plansozialistischen Perspektive los und reformuliert im Rahmen des keynesianischen Reformprojekts den Regulationsgedanken im Sinne der Ver(sozial)staatlichung der Gesellschaft.

Erst mit dem Ende der Nachkriegsprosperität zerbricht infolge der sich anbahnenden Krisenerscheinungen der Glaube an die neue Steuerungspotenz des Staates. Bereits im Verlauf der 70er Jahre werden die unkalkulierbaren und staatlich nicht steuerbaren Risiken der Massenproduktion deutlich, das globale Gefährdungspotential der Wachstumswirtschaft führt zu einer Legitimationskrise der Politik und bringt neue soziale Bewegungen hervor. Zu den unkontrollierten Gefahren der massenindustriellen Produktivkraftentwicklung treten im Übergang zu den 80er Jahren die Probleme einer weltweit rückläufigen Realakkumulation. Infolge des neuartigen Charakters der Produktivkräfte (Verwissenschaftlichung und Rationalisierung der Produktion durch die mikroelektronische Revolution) geraten Arbeit und Kapital in die Krise (Krise der Arbeitsgesellschaft), die arbeitseinsparende Qualität der neuen Produktivität wird zur Wachstumsgrenze der Weltwirtschaft. Die strukturelle Massenarbeitslosigkeit bildet die Kehrseite eines grundlegenden Verwertungsdilemmas, die Freisetzungseffekte der neuen Steuerungs-, Automatisierungs- und Rationalisierungstechniken können nicht mehr durch eine adäquate Marktexpansion kompensiert werden, der innere Mechanismus der Krisenüberwindung erlischt. Angesichts der erlahmenden Akkumulation, der steigenden Sockelarbeitslosigkeit und der sinkenden Massenkaufkraft gerät der Sozial- und Wohlfahrtsstaat in eine substanzielle Krise. Nur temporär begrenzt durch eine defizitäre Finanzierung überbrückbar, wird die Diskrepanz zwischen (industrieller) Wertschöpfung und dem vom Staat wahrzunehmenden unprofitablen, aber gesamtgesellschaftlich notwendigen Aufgaben zum entscheidenden gesellschaftlichen Konflikt, der sich jeder keynesianischen Krisenregulierung entzieht.

Der nachkeynesianische Staat gerät in eine paralytische Situation, er kann die für die Integration der Gesellschaft und die Konkurrenzfähigkeit der Wirtschaft notwendigen Rahmenbedingungen weder finanzieren noch negieren. Die Politik wird (infolge sinkender Wachstumsraten, steigender Massenarbeitslosigkeit, sinkender Staatseinnahmen, begrenzten Verschuldungsmöglichkeiten, Entnationalisierung des Kapitals) gegen ihre eigene Intention zur willenlosen Vollstrekkung von Systemgesetzlichkeiten, welche den Bestand der Gesellschaft gefährden. Die Ausweglosigkeit dieser politischen Situation reflektiert sich in der Hilflosigkeit einer Theorie, welche ihre Ratlosigkeit offen ausspricht (Offe), die Rückkehr vergangener, faschistischer Lösungen befürchtet (Poulantzas), die Rückkunft einer antikapitalistischen Arbeiterbewegung erhofft (Buci-Glucksmann) oder die Erneuerung der Demokratie und des Regulationsstaates (Hirsch) beschwört. Zunehmend weniger kann die Diskussion sich der Einsicht verschließen, daß längst die „invisible hand" des (Welt)Markts die Richtlinien der Politik und die Geschicke des Landes bestimmt. Unter der Elimination jeglicher Gesellschaftskritik thematisiert die Luhmannsche Systemtheorie offen und affirmativ diesen vom Selbstlauf der Marktgesetze bestimmten Gesellschaftszustand und erklärt den blinden Systemprozeß zum ontologischen Daseinsprinzip.

6.1. Staatsableitungsdebatte: „Sozialstaatsillusion"

Innerhalb der Studentenbewegung kommt es Anfang der 70er Jahre zu einer Reformulierung des marxistischen Forschungsansatzes, welcher sich gegen die theoretisch versteinerte Interpretation des „Marxismus-Leninismus" in den staatssozialistischen Ländern wendet und in der quellengetreuen Rekonstruktion der Marxschen Theorie eine Analyse des *Spätkapitalismus* zu entwickeln sucht. Angesichts des wachsenden ökonomischen Gewichts des Staates und im Hinblick auf den sozialreformerischen Anspruch des keynesianischen Politikprojekts rückt die „Staatsfrage" ins Zentrum der neomarxistischen Diskussion. Es entsteht ein Forschungsansatz, der versucht, in der Rekonstruktion der *Kritik der politischen Ökonomie* die Ansatzpunkte zu einer Theorie des *kapitalistischen Staats* zu entwickeln. Die Staatsdebatte der „Neue Linken" bringt keinen eigenständigen, für die historische Analyse fruchtbaren Ansatz hervor, sondern erschöpft sich weitgehend im erbitterten Streit um die authentische Marx-Exegese.

Im Zentrum der Analyse steht die *„Ableitung"* der allgemeinen *Formbestimmung* des Staates aus der allgemeinen *Logik* des Kapitals. Trotz der scharfen innertheoretische Kontroversen um die Ableitungsebenen (Ableitung des Staates aus dem allgemeinen Warenverhältnis oder aus dem Kapitalverhältnis) und trotz der unversöhnlichen Debatten um die zentralen Ableitungskategorien (Konkurrenz oder gesellschaftliche Arbeitsteilung) stimmen die Interpretationsansätze in zentralen Grundaussagen überein (Flatow/Huisken 1973: 90; Projekt 1971: 197f.; Altvater 1972: 5ff.). Aus dem Begriff des Kapitals wird durch allgemein-logische Deduktion die *besondere* Existenz des Staates, die Trennung von Politik und Ökonomie hergeleitet. Der Widerspruchscharakter einer auf Basis einzelkapitalistischer Konkurrenz sich vollziehenden gesellschaftlichen Produktion konstituiere notwendig den Staat als besondere Instanz. Dem Staat komme die grundlegende Funktion zu, durch Herstellen der allgemeinen Rahmenbedingungen (Projekt 1971: 199; Altvater 1972: 18ff.), als Sachwalter allgemeiner Interessen (Flatow/Huisken 1973: 119ff.) oder durch sozialstaatliche Sicherungen (Müller/Neusüß 1970: 43ff.) die Entwicklungsbedingungen der kapitalistischen Produktionsweise zu garantieren.

Aus der logischen Analyse wird die prinzipielle Grenze der staatlichen Intervention abgeleitet. Die Diskussion resümiert in der Einsicht, daß auch der erweiterte Staat den Gesetzen der Kapitalakkumulation unterworfen bleibt, denn er gehe aus den Widersprüchen privatkapitalistischer Produktion hervor, ohne diese selbst verändern zu können. In der Bindung an die Gesetze der Mehrwertproduktion (Profitproduktion) bleibe der Sozialstaat notwendig „Illusion" (Müller/Neusüß 1970: 33, 61f.). Im Angriff auf den Plan- und Reformoptimismus des sozialdemokratischen Politikprojektes wird in Form einer kategorialen Analyse die prinzipielle Abhängigkeit des Staates vom ökonomischen Prozeß deduziert.

Die „Ableitungsdiskussion" erweist sich aufgrund ihres abstrakt-unhistorischen Denkens als unfruchtbar für eine Gesellschaftskritik, welche die veränderte Realität des Kapitalismus zu begreifen versucht. Die Betrachtensweise bleibt insofern dogmatisch, als sie die in der Durchsetzungsgeschichte der „allgemeinen Kapitallogik" sich vollziehende Weiterentwicklung und qualitative Veränderung des Kapitalismus nicht thematisiert. Der in der Staatsableitungsdebatte unternommene Versuch einer realanalytischen Aktualisierung der Marxschen Theorie scheitert letztendlich an einem formallogischen Denkansatz, dessen Geschichtslosigkeit für die gesamte neomarxistische Diskussion innerhalb der BRD kennzeichnend war. Ohne die sozialstaatliche Erweiterung als Ausdruck einer qualitativ neuen Entwicklungsstufe der Verwertungsproblematik zu diskutieren, verharrt die Analyse in der enthistorisierenden und damit erkenntnisleeren Aussage eines prinzipiell unveränderbaren Verhältnisses von Staat und Kapital.

6.2. Nicos Poulantzas: „Autoritärer Etatismus“

Die staatstheoretischen Arbeiten von Poulantzas (1936-1979) entstehen in kritischer Auseinandersetzung mit dem marxistischen Strukturalismus der Althusser-Gruppe und beeinflussen nachhaltig den Diskussionsprozeß der Neuen Linken. Ausgehend von einer Analyse der sozialen Kräftekonstellationen versucht Poulantzas in streng systematisch-begrifflicher Vorgehensweise den Staat als Moment der Klassenbeziehung zu theoretisieren und die Perioden und Formen bürgerlicher Herrschaft im Rahmen einer relationalen Klassenanalyse zu bestimmen (Poulantzas 1973, 1975). Im Rückgriff auf die Marxsche Bonapartismusstudie entwickelte Poulantzas die These, daß in der *Besonderung* des Staates sich die kapitalistische Klassenherrschaft in Form instabiler und umkämpfter Kompromisse herstelle. Im Prozeß der Klassenauseinandersetzung konstituiert, werde der Staat in der „Verdichtung“ der sozialen Kräfteverhältnisse zu der Instanz, welche in der Vermittlung der sozialen Gegensätze die „Kohäsion“ der Gesellschaft garantiere (Poulantzas 1975: 43; 1978: 114).

In Korrespondenz zu Gramscis Konzept des „integralen Staats“ kommt Poulantzas zu einer Neuformulierung des Begriffs der Klassenherrschaft. Die tradierte Vorstellung vom Staat als Werkzeug der herrschenden Klasse wird angesichts der Integrationsfähigkeit der wohlfahrtsstaatlichen Politik dahingehend modifiziert, daß Klassenherrschaft verstanden wird als Fähigkeit zum *hegemonialen Konsens*. Die Konsensfähigkeit kann Poulantzas nur im Kontext der alten Manipulationstheorie deuten, die Vermittlungsfähigkeit des keynesianischen Staats erscheint als willentlicher Prozeß bewußt intendierter Herrschaftsstabilisierung. Der Staat werde zum Organisator des Klassenkompromisses, indem er die konkurrierenden Interessen der Kapitalisten vereinheitliche und das gemeinsame Interesse der „beherrschten Klassen“ spalte, um deren Klassenorganisation bewußt zu verhindern.

Poulantzas Diskussion des keynesianischen Staats gerät in einen doppelten Widerspruch. Die neue Realität der keynesianischen Vermittlung wird in die altmarxistische These des Klassenstaats zurückgenommen. Zugleich wird der Begriff des Klassenkampfs und der Klassenherrschaft in einem strukturalistisch-funktionalistischen Argumentationszusammenhang reformuliert, welcher dem politizistischen Denkansatz und der revolutionären Emphase der tradierten Klassenkampftheorie grundsätzlich widerspricht. Aufgrund der inneren Heterogenität des Denkansatzes bleibt auch in Poulantzas letzter Schrift „Staatstheorie“ (1978) sein Anspruch uneingelöst, die Vermittlung von Staat und sozialer Dynamik im Rahmen einer konsistenten Theorie des kapitalistischen Staates zu systematisieren.

Poulantzas deutet die Krise des Wohlfahrtsstaats als Umbruchsphase, aus der eine neue politische Herrschaftsform hervorgehe: der *autoritäre Etatismus* (ebd.: 185ff.). Wenngleich Poulantzas zwischen der neuen, nachkeynesianischen Staatsform, welche aus dem „autoritären" und „ totalitären" Umbau der demokratischen Staatsmacht resultiert, und dem „faschistischen Bruch" der Herrschaft unterscheidet, setzt die Etatismusthese die Wiederholbarkeit eines historisch modifizierten Faschismus prinzipiell voraus. Die Beschwörung der drohenden Faschismusgefahr übersieht, daß die neue Qualität des anstehenden Krisenprozesses sich ihrer etatistischer Bewältigung entzieht. Poulantzas Vorstellung eines neu heraufziehenden Etatismus geht aufgrund eines Analogieschlusses von dem grundlegenden Mißverständnis aus, daß die Krise des entwickelten arbeitsgesellschaftlichen Systems sich in den totalitären Formen einer Diktatur verwalten lasse, die in unwiederholbarer Weise aus dem Prozeß forcierter, nachholender industrieller Entwicklung hervorging. (Vgl. auch die Etatisierungsperspektive in der von Hirsch formulierten Regulationstheorie)

6.3. Christine Buci-Glucksmann: Ende des Reformismus

Buci-Glucksmann diskutiert die Entwicklung des Wohlfahrtsstaats auf dem Hintergrund der weltweiten ökonomischen und politischen Krise, die sich ab Mitte der 70er Jahre abzuzeichnen beginnt. Im Anschluß an Gramscis Konzept des „integralen Staats" (Buci-Glucksmann 1981) und unter der Aufnahme von Poulantzas klassenstruktureller Staatsbestimmung begreift Buci-Glucksmann die Entwicklung des keynesianischen Staats als das Resultat der politischen und sozialen Klassenauseinandersetzungen. In Übereinstimmung mit dem linkssozialistischen Denkansatz wird die ökonomische Erweiterung des Staates und die Keynesianisierung der wirtschaftspolitischen Projekte interpretiert als das Ergebnis der siegreichen Kämpfe der Arbeiterklasse, welche eine sozialpartnerschaftliche Integrationsstrategie erzwungen und den wohlfahrtsstaatlichen Staatsumbau unausweichlich gemacht hätten. Ausgehend von der gesellschaftsdynamisierenden Funktion der Klassenkämpfe postuliert Buci-Glucksmann, daß nur in der „Wiederaneignung" der „politischen Geschichte der Arbeiterklasse und ihres Verhältnisses zum Staat" (Buci-Glucksmann/Therborn 1982: 11) es möglich werde, die historische Entwicklung des modernen Staats hinsichtlich seiner gesellschaftsstrukturellen Grundlagen und klassenspezifischen Bedeutung zu analysieren.

Die interventions- und sozialstaatlichen Veränderungen, welche in der „Keynesianisierung" eine neue Stufe erreichten, seien das Ergebnis eines

Klassenkompromisses, dessen grundsätzliche Voraussetzung in der etatistischen Orientierung der Arbeiterbewegung begründet liege. Die in der Weltwirtschaftskrise aufbrechenden Massenkämpfe werden interpretiert als Wendepunkt zu einem qualitativ neuen Projekt des Klassenkonsens, welcher darauf ziele, unter dem Primat der progressiven Akkumulation die proletarischen Forderungen in die kapitalistischen Verwertungsnotwendigkeiten zu integrieren. Das neue Reformkonzept des „Staatsreformismus" basiere auf einer veränderten Krisenüberwindungsstrategie: der staatlichen Institutionalisierung des Klassenkompromisses auf der Basis von Produktivitätsfortschritt, Wirtschaftswachstum und Massenkonsum (ebd.: 130ff.).

Buci-Glucksmann interpretiert die Entwicklung des keynesianischen Interventionsstaats, der aus den veränderten Reproduktionserfordernissen der industriellen Massenproduktion hervorging, im regulationstheoretischen Sinne als ein politisches Integrationsprojekt (zum Paradigma des politischen Regulationsmodells vgl. Hirsch). Die ökonomische Erweiterung der Staatsfunktionen, die politische und ökonomische Anerkennung der Arbeiterkämpfe und die Institutionalisierung der sozialen Auseinandersetzung erscheinen als das Ergebnis einer bewußt angewandten „reformistische" Strategie". Im tradierten Kontext des alten Klassenkampfdenkens wird die innere Logik der Nachkriegsentwicklung von Buci-Glucksmann zurückübersetzt in die politische Handlungssubjektivität der kämpfenden Klassen. Ausgehend vom Primat der Klassenauseinandersetzung begreift Buci-Glucksmann den erweiterten Sozial- und Interventionsstaat als eine Instanz, die sich im proletarischen Interessenkampf bewußt konstituiert. Gegenüber der vorangegangenen Phase des Kapitalismus soll die neue Qualität des Staats bestimmt sein durch die institutionelle Regulierung der Klassenbewegung. Der Staat werde zum Organisator des Konsensgleichgewichts, indem er durch indirekte Wirtschaftslenkung, Vollbeschäftigungspolitik und Nachfragestimulierung die Klassenauseinandersetzung zu ökonomisieren suche. In der Fähigkeit, auf Basis von Produktivität und Konsum gegenüber den Massenorganisationen ein hegemoniales Verhältnis zu entwickeln, liegt für Buci-Glucksmann die entscheidende neue Potenz des Reformstaats, als Instanz der sozialen Vermittlung sei der Sozialstaat für sie nicht „Illusion", sondern die neue Realität des Klassenkompromisses.

In der fordistischen Umwälzung der Produktion habe sich im Zusammenhang von Massenarbeit und Massengewerkschaft die organisatorischen Voraussetzung für die korporatistische Vermittlung der sozialen Auseinandersetzung konstituiert. Die Organisierung des Klassenkompromisses auf Basis des „Tripartismus"(der dreiseitigen Verhandlung von Staat, Kapital und Arbeit) interpretiert Buci-Glucksmann als Transformation der parlamentarischen in eine „korporatistischen Form" der Demokratie, in welcher der parlamentarischen Rahmen durch breite institutionelle Bündnisse ergänzt werde (Buci-Glucksmann/ Therborn 1982: 134,146). Unter Beibehaltung der parlamentarischen Form entwickele sich ein System von Repräsentationen und Kooperationen, in welchem neue Formen der Interessenvertretung mit der parlamentarischen Demokratie koexistieren (liberaler Korporatismus).

Die Krise des keynesianischen Staates wird von Buci-Glucksmann begriffen als Ende eines politischen Regulationsmodells und als Ansatzpunkt eines neuen, radikalisierten Kampfzyklus (Buci-Glucksmann 1982). Das Scheitern des keynesianischen Modells interpretiert sie als eine Umbruchsphase, welche neue globale Widersprüche produziere und zugleich neue Formen der sozialen und demokratischen Bewegung freisetze (Frauenbewegung, Anti-Atomkraftbewegung, Friedensbewegung, Ökologiebewegung). Buci-Glucksmanns Analyse ist von der Hoffnung getragen, daß mit dem Zerbrechen des keynesianischen Vermittlungsmodells eine neue sozialistische, basisdemokratische Widerstandsbewegung entsteht, die in einer „kopernikanischen Wende" und „jenseits von Lenin und Keynes" (ebd.: 10), erstmals die Veränderungsperspektive der Gesellschaft vom Primat des Produktivitätsfortschritts und von den Grenzen staatlicher Organisation befreit.

Die Krisenanalyse verbleibt im regulationstheoretischen Denkansatz (vgl. Kapitel Hirsch), welcher den Zusammenhang von neuen Produktionstechniken, ökonomischen Wachstumsgrenzen und staatlicher Regulationskrise zwar vordergründig beschreibt, ohne daß der innere Zusammenhang der verschiedenen Krisenebenen deutlich und die verwertungsspezifischen Implikationen der neuen Krisenqualität sichtbar werden. Buci-Glucksmann sieht durchaus den grundlegenden Charakter der sich anbahnenden nachkeynesianischen Krise, hält diese jedoch auf arbeitsgesellschaftlicher Grundlage und unter sozialistischer Zielperspektiven für überwindbar.

Buci-Glucksmann begreift die neuen Krisenerscheinungen im tradierten Denkmustern vergangener Erfahrungen und erwartet, daß die Krise des keynesianischen Regulationsstaats ein im reformistischen Kompromiß nur verschüttetes, antikapitalistisches Arbeiterinteresse freisetzen wird. Von den alten Positionen einer politischen Krisentheorie ausgehend, wird die veränderte Krisenwirklichkeit unter der Vorstellung formuliert, daß der Krisenverlauf die Wiederkehr der alten, vorkeynesianischen Arbeiterbewegung hervorbringen werde.

Die postfordistische Wachstums- und postkeynesianische Regulationskrise führte nicht, wie Buci-Glucksmann prognostizierte, zum Aufschwung der sozialen und gewerkschaftlichen Bewegung. In dem Maße wie die Verwertungslogik des Gesamtsystems mit der neuen arbeitseinsparenden Qualität der Produktivkräfte in einem Ausmaß kollidiert, welches durch keine Marktexpansion mehr kompensierbar ist (vgl. den Beitrag Kapitalismus in Bd.2), verlieren die alten Kampfformen (Streik) ihre Durchsetzungskraft und die tradierten Zielbestimmungen (Erhalt der Arbeitsplätze) büßen ihren fortschrittlich-emanzipatorischen Anspruch ein. Angesichts der Grenzen des ökonomischen Wachstums und angesichts der Krise des keynesianischen Reformstaats antizipiert Buci-Glucksmann zu Recht das Ende des Reformismus, verweigert jedoch den Gedanken, daß dieses Ende auch den Niedergang der tradierten sozialen Bewegung impliziert.

6.4. Claus Offe: Funktionsdilemma des Wohlfahrtsstaats

Offe diskutiert die Entwicklung des Wohlfahrtsstaats im Rahmen eines systemtheoretischen Ansatzes, welcher die Erweiterung der Staatsfunktionen als „adaptive Selbsttransformation" des kapitalistischen Systems begreift (Offe 1972: 25). Die Entwicklung des Staates wird dargestellt als das Resultat einer disparaten systemischen Funktionslogik, welche aus dem Widerspruch zwischen den gesamtgesellschaftlichen Planungsnotwendigkeiten und den selektiven, einzelkapitalistischen Verwertungsbedürfnissen hervorgehe.

In der Traditionslinie der *Frankfurter Schule* unterlegt Offe dem „spätkapitalistischen" Staat eine neue systemische Dominanz, in deren Folge sich die Widerspruchslinie der kapitalistischen Entwicklung in die funktionale Unvereinbarkeit zwischen erweiterten politischen Steuerungskapazitäten und dem Fortbestehen der kapitalistischen Verwertungslogik verschiebe. Während Offe in seinen frühen Schriften noch davon ausgeht, daß im „Dominantwerden konkreter, auf staatlicher Macht basierender Steuerungsmechanismen" (Offe 1972: 37) die privatkapitalistische Identität des Gesamtsystems in Frage gestellt wird, erscheint in der späteren Argumentation die „Krise der Unregierbarkeit" als ein Entwicklungsproblem, dessen Lösung sich nicht abzeichnet (Offe 1987).

Die Inkompatibilität staatlicher Steuerungslogiken erzeuge einen Prozeß kumulativer Selbstblockierung und gegenläufiger Selektivität, welcher in der Krise des modernen Sozialstaats kulminiere. Mit der Krise des Steuerungsstaates gelange die selbstkorrektive Reproduktion der Gesellschaft an den kritischen Punkt der adaptiven Entwicklung. Den Entwicklungsprognosen entgegen, die auf einen Prozeß sukzessiver Entstaatlichung abheben, betont Offe die Irreversibilität des Wohlfahrtsstaats.

Angesichts der fortschreitenden sozialstaatlichen Integration der Gesellschaft „hinterließe das plötzliche Verschwinden des Sozialstaates das System in einem Zustand explosiver Konflikte und Anarchie" (Offe 1984: 330), denn in der Nachkriegsperiode werde der Sozial- und Wohlfahrtsstaat als „wichtigste Friedensformel fortgeschrittener kapitalistischer Demokratien" (ebd.: 323) zur funktionalen Unentbehrlichkeit der bestehenden Gesellschaft.

Die Situation der „Unregierbarkeit", welche aus der Strukturkrise wohlfahrtsstaatlicher Regulierung resultiere, begreift Offe als ein offenes, unbewältigtes Problem *systemischer Lernfähigkeit* (ebd.: 358). Die gesellschaftliche Entwicklung scheint in einer „steuerungspolitischen und ordnungspolitischen Zwickmühle gefangen", für deren „nachetatistische" wie „nachliberale" Lösungsmöglichkeit keine konkretisierbaren Strategien bestehen (Offe 1987: 316). Die Krise des nachkeynesianischen Regulationsstaats wird zum systemisch unlösbaren Dilemma, die Abschaffung des Sozialstaats scheint ebenso unmöglich wie seine Weiterführung.

Die Ratlosigkeit der Theorie entspricht der Ausweglosigkeit der von ihr beschriebenen Problemsituation, die Gesellschaft kann weder auf den Sozialstaat verzichten noch diesen sich leisten. Das Zusammenfallen von akkumulativer und regulativer Krise, die Koinzidenz von Wachstumsgrenze und Staatsbankrott, verweist auf den basalen Widerspruch der gegenwärtigen Entwicklungsperiode. In dem Maße wie das Produktionspotential der mikroelektronischen Revolution aufgrund seiner arbeitseinsparenden Konsequenz zur historischen Akkumulationsgrenze wird, erlischt mit der verwertungsgesellschaftlichen Reproduktionslogik die innere „systemische Lernfähigkeit", die Entwicklungs- und Zivilisationsfunktion der arbeitsgesellschaftlichen Formation stößt an ihre selbsterzeugten historischen Grenzen (vgl. den Beitrag Kapitalismus in Bd. 2).

6.5. Joachim Hirsch: Postfordistischer Regulationsstaat

Hirsch diskutiert den wohlfahrtsstaatlichen Umbau des Staates in einem erweiterten regulationstheoretischen Interpretationsansatz (Hirsch/Roth 1986: 37ff., Hirsch 1990: 16ff.). Ausgehend von der französischen Regulationsschule (Aglietta 1986) werden die grundlegenden Strukturveränderungen des Nachkriegskapitalismus im Theorem des *Akkumulationsmodells* dargestellt. Wie die gesamte (links)-keynesianische Debatte unterstellt auch die von Hirsch vertretene Regulationstheorie, daß die Erweiterung des Staates und die Neukonzeption des wirtschaftspolitischen Programms die entscheidende Grundlage der vergangenen und zukünftigen Prosperitätsentwicklung darstelle. Der politischen „Erneuerung" wird eine eigenständige, krisenüberwindende Akkumulationspotenz zugesprochen, die politische Instanz wird in diesem Denkmodell zum Motor der immer neu zu startenden Akkumulationsschübe. (Hirsch: 1985, 163ff.; 1990 30ff.).

In Form von Strukturbrüchen („säkulare Krisen") entstehe eine Abfolge von „historisch kapitalistischen Formationen", die jeweils durch eine spezifische Verhältnisstruktur von Politik und Ökonomie gekennzeichnet seien. Hirsch geht in seiner Regulationstheorie aus von der entwicklungsnotwendigen periodischen Entsprechung von „Akkumulationsregime", „politischer Regulierungsweise" und „hegemonialer ideologischer Struktur" und erklärt die Anpassung der (wirtschafts)politischen Regulationsweise an die ökonomisch wie technologisch erreichte Akkumulationsstufe zur entscheidenden Voraussetzung des ökonomischen Wachstumsprozesses. Die von Hirsch formulierte Stadientheorie der kapitalistischen Entwicklung unterstellt, daß das fordistische Wachstumsmodell der Nachkriegswirtschaft sich in Form der weltweiten Krise der Jahre 80er Jahre selbstadaptiv in ein neues, postfordistisches Akkumulations- und Regulationsmodell transformiere.

Im Rückblick auf die Durchsetzungsgeschichte des Kapitalismus wird die entwicklungs- und wachstumsdynamisierende Rolle der bisherigen *säkularen Krisen* verallgemeinert, es entsteht die Vorstellung eines in dem Wandel des *politischen Regulationsmodells* sich regulativ beständig erneuernden und restituierenden Kapitalismus. In einer Verkehrung des Ursache-Wirkungszusammenhangs wird die Überwindung der Weltwirtschaftskrise und der Aufschwung der Nachkriegswirtschaft ursächlich aus der Entwicklung des keynesianischen Interventionsstaats erklärt. (Vgl. den Beitrag Kapitalismus in Bd. 2)

Ausgehend vom Theorem der *kapitalistischen Formationsabfolge* interpretiert Hirsch die Entstehung, Funktionsweise und Krise des Wohlfahrtsstaats im Rahmen einer Stadientheorie des *Fordismus*. Die fordistische Umgestaltung der Gesellschaft, welche sich nach dem zweiten Weltkrieg unter der Führung der USA in den entwickelten kapitalistischen Ländern vollzog, sieht Hirsch gekennzeichnet durch die strukturelle Entsprechung von tayloristischer Massenarbeit, Konsumerweiterung und sozialintegrativer wohlfahrtsstaatlicher Politik. Das auf dem produktivistischen Fortschrittskonsens basierte politische Regulationsmodell des keynesianischen Staats induziere mit der zerstörerisch fortschreitenden „Durchkapitalisierung" einen Prozeß wachsender sozialer Desintegration, welchem die Tendenz zur autoritären Transformation des Staates in einen *Sicherheitsstaat* immanent sei (Hirsch 1980: 54ff., Hirsch/Roth 1986: 46ff.).

Die ab Ende der 70er Jahre sich abzeichnende Krise (Reproduktionsschwäche der Weltwirtschaft, Sockelarbeitslosigkeit, steigende Staatsverschuldung) versteht Hirsch als Umbruchphase zu einer neuen, *postfordistischen Gesellschaftsformation.* An der Nachkriegsentwicklung orientiert, prognostiziert die Postfordismusthese im Sinne eines Analogieschlusses den bevorstehenden Wachstumszyklus eines strukturell veränderten Kapitalismus Die in den 80er Jahren deutlich werdende Wachstumsgrenze der Weltwirtschaft wird im Veralten des keynesianischen Projekts begründet und eine neue, zukünftige postfordistische Wachstumsphase erwartet. Im Zuge des weiteren Ausbaus des Sicherheitsstaats werde die *Durchstaatlichung* der Gesellschaft vorangetrieben, um in der autoritären Transformation des Staates ein dem nachfordistischen Akkumulationszyklus adäquates Entwicklungsregime herzustellen.

Auf Basis einer regulationsstaatlichen Neuformierung werde sich auf dem technologisch erweiterten Niveau der *nachtayloristischen* Produktionsstruktur das „neue Gesicht des Kapitalismus" herstellen. (Hirsch/Roth 1986). Infolge der „mikroelektronischen Revolution" und der „nachtayloristischen Arbeitsorganisation" (ebd.: 106ff.) entwickele sich ein neues Akkumulationsregime, welches in der Parzellierung, Privatisierung und „Entregulierung" der Arbeit eine neue Spaltung der Gesellschaft hervorbringe und die staatliche Regulierung auf die produktiven Kernbereiche beschränke (ebd.: 104ff., Hirsch 1990: 101ff.). Zusammengehalten werde die gespaltene und segmentierte Gesellschaft des *Postfordismus* durch eine immer repressiver und selektiver werdende sozialstaatliche Regulierung und die erweiterte sicherheitsstaatliche Kontrolle.

Der Begriff des *Sicherheitsstaates* und die Perspektive der *repressiven Durchstaatlichung* enthält in modifizierter Form die tradierte Etatismusthese der *Frankfurter Schule*, welche angesichts der Erfahrung des historischen Faschismus das Krisenpotential der Gesellschaft im Rahmen eines autoritären Staatsumbaus (Horkheimer 1987) grundsätzlich für beherrschbar hielt. Im Anschluß an Poulantzas Vorstellung eines heraufziehenden *autoritären Etatismus* formuliert Hirsch die in der antifaschistischen Diskussion immer wieder artikulierte Vorstellung einer bevorstehenden repressiven staatlichen Krisenüberwindung. Diese Angst vor einer neuen Form totaler Herrschaft negiert infolge einer enthistorisierenden Gegenüberstellung von bedrohter Demokratie und drohendem Totalitarismus die veränderte gesellschaftliche Krisenrealität.

Im Gegensatz zu den Durchsetzungs- und Entwicklungskrisen vorangegangener Perioden ist die neue Qualität des nachkeynesianischen Krisenprozesses dadurch gekennzeichnet, daß die Verwertungskrise strukturell notwendig den schrittweisen Verlust der staatlichen Regulationsfähigkeit impliziert. Die aus der neuen Qualität der Produktivkräfte resultierend Krise der Arbeitsgesellschaft fällt zusammen mit der Krise ihres Steuer(ungs)staates, die Koinzidenz von akkumulativer und regulativer Krise ist durch keine Erneuerung eines starken Staates überwindbar, die Abhängigkeit der Politik von der ihr vorausgesetzten, aber regulativ nicht erreichbaren Funktionssphäre des Marktes wird evident. Die fortschreitende Globalisierung der Märkte (internationale Produktionszerlegung, Internationalisierung der Finanzmärkte, überproportionale Zunahme des Welthandels) sprengt den Zusammenhang von Nationalstaat und Nationalökonomie auf und entzieht damit zunehmend der nationalstaatlichen Regulation ihre Grundvoraussetzungen. Die Durchstaatlichungsthese übersieht, daß im Gegensatz zu der etatistischen Bewältigung der bisherigen Modernisierungskrisen die neue Qualität des gegenwärtigen Krisenprozesses bestimmt ist durch die monetäre Schwächung des Regulationsstaats und die strukturelle Krise der nationalstaatlichen Ordnung.

Aufgrund der globalen Krisenentwicklung der 90er Jahre, welche die Grenze der nationalstaatlichen Steuerungsmöglichkeiten sichtbar machte, widerruft Hirsch die These der postfordistischen Krisenregulation. Angesichts der Destruktionskraft des globalen Krisenprozesses formuliert Hirsch eine jeden industriekapitalistischen Kontext überschreitende Neudiskussion der sozialen Emanzipationsperspektive.

Hirsch fordert eine radikale, lebensweltliche Verweigerungsstrategie, ohne diese Perspektive der Systemverweigerung in einer neuen Reproduktionsform des gesellschaftlichen Lebens begründen zu können. Wird der Aufhebungsgedanke über das abstrakte Postulat hinaus konkretisiert, so fällt er, dem eigenen regulationstheoretischen Ansatz folgend, zurück auf die illusionäre Hoffnung," daß die „zerstörerischen Tendenzen der profitgesteuerten Marktökonomie in einer weltstaatlichen Erneuerung des Demokratiegedankens überwunden werden könnten (Hirsch 1995: 10).

6.6. Niklas Luhmann: Autopoiesis subjektloser Herrschaft

Luhmann (1927-) begründet seinen Politikbegriff im Rahmen einer allgemeinen Theorie sozialer Systeme. In kritischer Abgrenzung zur Parsonschen Theorie und unter Ablehnung jeglichen handlungstheoretischen Ansatzes entwirft Luhmann eine Systemtheorie, welche den Anspruch fachuniverseller Geltung erhebt. Mit dem Paradigmawechsel, der „autopoietischen Wende" (Luhmann 1984), formuliert er unter Aufnahme des biologisch-naturwissenschaftlichen Modells der Selbsterzeugung (*Autopoiesis*) eine Theorie selbststeuernder Systeme. Die Luhmannsche Systemtheorie versteht sich als universell gültige Aussage über alle natürlichen und sozialen Seinszustände. (Zum Universalitätsanspruch der Theorie vgl. das Kapitel Luhmann in dem Beitrag Gesellschaftstheorie in Bd.2)

Autopoietische Systeme sind nach Luhmann charakterisiert durch die Fähigkeit basaler Selbstreferenz, sie bringen in ihrer Selbsterzeugung und Selbstreproduktion ihre Abgrenzung zur Umwelt hervor. Diese kann nur in Grenzen binnenerzeugter Beobachtung als Resonanz wahrgenommen werden. Die Einheit des Gesamtsystems konstituiert sich nicht über Handlungen, sondern als Kommunikation voneinander getrennter, gegeneinander gleichgültiger, in sich geschlossener Teilsysteme. Innerhalb der Teilsysteme vollzieht sich die Kommunikation über binär angelegte Codes. Die binäre

Codierung wird zur Leitdifferenz, welche die Offenheit der Entwicklung und die Kontingenz aller Phänomene sichert. Im Rahmen des funktionalen Systems ist alles möglich, aber nichts notwendig. Der Geschichtsprozeß der Gesellschaft läßt eine Vielzahl von Variationen offen, die Evolution ist weder kausal noch final strukturiert. Unabdingbar gebunden bleibt die gesellschaftliche Entwicklung jedoch an die beschriebenen Prinzipien funktionaler Differenzierung, in ihnen findet die Offenheit der Zukunft ihre Grenze.

Luhmann beschreibt die Verselbständigung des sozialen Beziehungszusammenhangs, welcher die Entwicklung der modernen Gesellschaft kennzeichnet, als ein ontologisches System, dessen weitere Entwicklung nur in der fortschreitenden Ausdifferenzierung von Subsystemen bestehen könne. Die Subjektlosigkeit des modernen Gesellschaftszusammenhangs wird in Luhmanns Theorie zum universell gültigen Prinzip der sozialen Evolution und damit die moderne Gesellschaft zum Ende der menschlichen Geschichte erklärt. Handeln und Bewußtsein der Menschen scheint aufgelöst in die Funktionsgesetzlichkeit eines selbstreferentiellen Systemautomatismus. Luhmann dekonstruiert den Subjekt- und Willensbegriff der Aufklärung als eine *vormoderne* Kategorie und beschreibt „in staubtrockener (aber nicht unironischer) Kanzleisprache die soziale Welt als eine subjektlose Beziehungsmaschine" (Kurz 1993b: 39).

Im Angriff auf das alte Aufklärungsdenken „bricht (die Systemtheorie) mit dem Ausgangspunkt und hat daher keine Verwendung für den Subjektbegriff. Sie ersetzt ihn durch den Begriff des selbstreferentiellen Systems." Das Gesellschaftssystem ist durch sich „selbst konstituiert". Das menschliche Bewußtsein und Handeln, „die Subjektivität, das Vorliegen des Bewußtseins und das Zugrundeliegen des Bewußtseins wird als Umwelt sozialer Systeme und nicht als deren Selbstreferenz aufgefaßt"(Luhmann 1991: 51 und 234).

Das Konstitutionsprinzip der Selbstreproduktion schließt den Begriff gesellschaftlicher Totalität wie die Möglichkeit gesellschaftsverändernder Praxis aus. Das Luhmannsche Gesellschaftsverständnis negiert jeden kritischen Begriff von Herrschaft und destruiert jede Vorstellung möglicher Emanzipation. Angesichts der logischen Notwendigkeit und Eigengesetzlichkeit des systemischen Beziehungszusammenhangs erscheinen die vorgegebenen Herrschaftsfunktionen als unerläßlich und unveränderbar.

Luhmann interpretiert die Entstehung des bürgerlichen Staates und der parlamentarischen Demokratie als Ausdifferenzierung eines Subsystems, welches den Übergang zur neuzeitlichen komplexen Gesellschaft ermögliche.

Die Fähigkeit zur Selbstreproduktion erhält das politische System durch eine funktionsspezifische Codierung der Machtausübung. Rechtsstaatlichkeit,

Gewaltenteilung und die Spielregeln der parlamentarischen Mehrheitsbildung werden uminterpretiert in *binäre Codes*. Im Dual von Opposition-Regierung und in dem Gegensatzpaar Recht-Unrechtmäßigkeit entwickele sich eine *Leitdifferenz*, welche die Geschlossenheit und Entwicklungsfähigkeit des Systems garantiere. Die Entwicklung der kapitalistischen Gesellschaft und ihres Staates erscheint als „struktureller Umbau von stratifikatorischer zur funktionalen Differenzierung" (Luhmann 1987: 68), die insofern ein Freiheitspotential eröffne, als dieser Prozeß die „Herrschaftszentren depossediert" (Luhmann 1984: 261). Die Freiheit der neuen Gesellschaft ist eine ihrer Funktionssysteme, ihre Dynamik eine der freigesetzten beschleunigten Evolution systemischer Differenzierung.

Aufgrund des affirmativ ontologisierenden Denkansatzes erklärt Luhmann die historisch spezifischen Formen der modernen Gesellschaft (Geld, Wirtschaft, Staat, Recht) zu überhistorischen Bestimmungen. In der Logik autopoietischer Reproduktion begründet, werden die historischen Strukturmerkmale der bürgerlichen Gesellschaft universalisiert und der bürgerliche Staat hinsichtlich der Adäquanz seiner Funktionsbestimmungen verherrlicht:

„Die funktionale Ausgewogenheit [...] des Verfassungsstaats verdient, auch und gerade dann, wenn man ihn systemtheoretisch nachanalysiert, höchste Bewunderung" (Luhmann 1987: 113).

Die Funktionslogik des Systems bildet die strukturelle Grenze des möglichen politischen Bewußtseins und die Grenzen politischer Handlungsfähigkeit. Damit wird die Selbststeuerung des Systems zur prinzipiellen Grenze der Demokratie. Für Luhmanns Demokratieverständnis zentral ist die These vom *azentrischen* Charakter der Gesellschaft, deren Einheit sich nicht mehr im Bewußtsein erkennender Subjekte repräsentieren kann.

Es ist das entscheidende Strukturmerkmal der modernen Gesellschaft, daß diese „eine Gesellschaft ohne Spitze und Zentrum" ist, denn die Komplexität und Leistungsfähigkeit moderner Gesellschaften schließt ein gesellschaftsumfassendes Steuerungszentrum aus, „man kann eine funktionale differenzierte Gesellschaft nicht auf Politik zentrieren, ohne sie zu zerstören" (Luhmann 1981: 2).

Jenseits aller Emphase des Demokratiegedankens beschreibt Luhmann den Parlamentarismus als eine sinnentleerte, funktionalistische Institution. Demokratie reduziert sich im Konzept der Autopoiesis auf einen systemspezifischen, binär codierten Operationsmodus, welcher die Selbstreproduktion des politischen Teilsystems garantiert.

„Die politische Erfindung der Demokratie [...] realisiert ein geschlossenes, autopoietisches System, in dem mit Politik auf Politik reagiert wird in einer Gesellschaft, die als konkrete Komplexität des Systems unbekannt bleibt." (Luhmann 1987: 140)

Unter dem Primat der Autopoiesis reduziert sich die Rationalität von Politik auf die Bestandserhaltung vorgegebener Systemstrukturen. Angesichts der präexistenten Systemlogik erscheint jede gesellschaftsverändernde Praxis als dysfunktional.

Die autopoietische Theorie impliziert notwendig ein *restriktives* Politikverständnis, welches wohlfahrtsstaatliche Forderungen und „ökologische Kommunikation" (Luhmann 1986) als einen die gesellschaftliche Evolution bedrohenden Entdifferenzierungsprozeß begreift. Die Eigendynamik des *kompensatorischen* Prinzips führt mit der wohlfahrtsstaatlichen Daseinsvorsorge und in der Ökologiepolitik zu einer das politische System in seinem Bestand gefährdenden Selbstüberforderung. Die Vorstellung von der Unregierbarkeit des modernen Staats, „von der Überforderung des Staats durch die Politik" (Luhmann 1981: 87), wird im Schema der Luhmannschen Systemtheorie zur Bestandsgefährdung der autopoietischen Systemreproduktion. Rationalität und Systemadäquanz kann die Entwicklung zum Wohlfahrtsstaat nur zurückgewinnen in einer gesteigerten Reflexivität des politischen Teilsystems. Der *Wohlfahrtsstaat*, entstanden als „Ergebnis [...] unreflektierter politischer Zielsetzungen" (Luhmann 1987: 94), muß in die Einsicht seiner begrenzten Möglichkeiten zurückgenommen werden. „Ein restriktives Politikverständnis sähe in der Politik dagegen nur eine bestimmte Funktion unter vielen anderen [...] Sie müßte aber auch die Grenzen ihrer Möglichkeiten sehen und das Akzeptieren dieser Grenzen mitverantworten" (Luhmann 1981: 155).

Gemessen am systemtheoretischen Ideal einer Gesellschaft, die sich auf Basis eigenständiger Teilsysteme reproduziert, wird jeglicher Versuch, die Eigendynamik des gesellschaftlichen Zusammenhangs zu steuern, aussichtslos und irrational. Die Herrschaft der systemischen Codes, die Logik der funktionalen Differenzierung und die Gesetzmäßigkeit der Autopoiesis bilden die Grenze, in der allein der Fortbestand der Gesellschaft denkbar ist. Die Offenheit der Evolution reduziert sich auf die Reproduktion eines vorgegebenen gesellschaftlichen Funktionszusammenhangs. Die Geschichte der Gesellschaft ist nicht offen, nur die Entwicklung ihrer Systeme.

Der Widersinn einer Gesellschaft, die ihre Einheit und ihren Selbstbezug nur im abstrakten und unbeherrschten Prinzip progressiver Verwertung herstellt – und in diesem Sinne durchaus eine „Welt als Wille und ohne Vorstellung" ist (Luhmann 1986) – erscheint in Luhmanns Systemtheorie als nicht mehr einholbares Prinzip moderner Vergesellschaftung. Weder als Entfremdung beklagt, noch als aufhebbar postuliert, wird die funktionale *Un-Menschlichkeit* des gesellschaftlichen Zusammenhangs und die Zufälligkeit seiner Entwicklung sowie die fortschreitende Autopoiesis dieser Sinnlosigkeit zur irreversiblen Normalität einer vom menschlichen Willen befreiten Evolution.

Ausblick: Das Ende der Systemtheorie als Anfang der Emanzipation

Der systemtheoretische Ansatz überwindet den subjektiven Herrschaftsbegriff und demontiert damit zugleich die Hypostasierung der Politik, welche für die gesamte Aufstiegsphase der modernen Gesellschaft charakteristisch war. Die Emphase der Politik, welche dem politischen Durchsetzungsmodus des marktwirtschaftlichen Systems geschuldet ist, erlischt im Zuge fortschreitender Kapitalisierung: Staat und Politik werden zurückgenommen in den funktionalistischen Sachzwang selbstläufiger Strukturgesetze. Während am Anfang der Modernisierungsgeschichte die Fetischkritik den subjektlos-versachlichten Zusammenhang der Gesellschaft in negatorischer Absicht dechiffriert, beschreibt die Systemtheorie den Selbstautomatismus der entwickelten modernen Gesellschaft in Form offener Affirmation.

Die moderne Systemtheorie interpretiert die Selbstbewußtlosigkeit und Selbstläufigkeit des gesellschaftlichen Prozesses als ein überhistorisches, eigengesetzliches Beziehungssystem, welches aufgrund seiner nichtaufhebbaren Objektivität sich jeder Form möglicher Kritik entzieht. Die unmenschliche Paradoxie einer Gesellschaft, welche die Menschen degradiert, „Anhängsel" (Marx) oder modern ausgedrückt „Umwelt" (Luhmann) der von ihnen geschaffenen gesellschaftlichen Beziehungen zu sein, erscheint nicht länger als Skandal, sondern als ein endgültiger Seinszustand. Der „Ist-Zustand" einer ihres eigenen Zusammenhangs nicht mächtigen Gesellschaft wird zur ewigen Unausweichlichkeit menschlichen Daseins und zum Ziel fortschreitender gesellschaftlicher Evolution ontologisiert; die Theorie wird „historisch blind gegenüber ihrer eigenen, in der modernen Gesellschaftsformation begründeten Konstitution" (Kurz 1993a: 16).

Erst die Einsicht in die historische Konstituiertheit des Systembegriffs eröffnet die Möglichkeit seiner kritischen Überwindung. Nicht die hier getroffenen Gesellschaftsaussagen sind in Frage zu stellen sondern die Kritiklosigkeit der Theorie gegenüber der von ihr beschriebenen gesellschaftlichen Situation. Eine kritische, über die Selbstbewußtlosigkeit der gegenwärtigen sozialen Welt hinausweisende Gesellschaftstheorie müßte die Dekonstruktion des Subjektbegriffs verbinden mit dem in der Fetischkritik enthaltenen Aufhebungsgedanken. Die weltweite Krise des verwertungsgesellschaftlichen Systems macht heute die Frage nach der transformierenden, „System"-aufhebenden Potenz des gegenwärtigen Krisenprozesses für eine immer größere Anzahl der Menschen zur Überlebensfrage. Angesichts einer im Rahmen der Logik von Markt und Staat nicht mehr lösbaren globalen, sozialen und ökologischen Bedrohung, wächst neben der

Angst die Hoffnung, daß die globale Krisendynamik nicht nur gesellschaftliche Destruktion und barbarische Zerfallsformen hervorbringt, sondern eine neue gesellschaftliche Bewältigungskraft freisetzt, welche in der „konkreten Antwort auf das von der Krise geheckte immanente Widerspruchspotential" (Lohoff 1996a: 9) den Ausstieg aus dem Selbstautomatismus des Gesellschaftsprozesses ermöglicht.

Will man diesem Aufhebungsgedanken folgen, so enthält die verwertungsgesellschaftliche Krise und der in dieser angelegte Verfall der staatlichen Macht durchaus die Potenz möglich gewordener Befreiung, da weltweit immer größere Bereiche der gesellschaftlichen Reproduktion in krisenhafter Weise von der Verwertungslogik entkoppelt werden und sich damit die Möglichkeiten zu einer selbstbestimmten Organisation eröffnen. Der historische Schritt von einer bewußtlosen, von der Eigengesetzlichkeit der Ökonomie bestimmten Gesellschaft zu einem bewußten, autonomen sozialen Leben könnte mit der Überwindung der obsolet gewordenen Rationalität der Arbeitsgesellschaft die historischen Voraussetzungen der Systemtheorie aufheben und das am Anfang dieser Formation stehende Emanzipationsversprechen der Fetischkritik einlösen.

Literatur

Abendroth, Wolfgang (1967): Zum Begriff des demokratischen und sozialen Rechtsstaats im Grundgesetz der Bundesrepublik Deutschland, in: Abendroth, Wolfgang: Antagonistische Gesellschaft und politische Demokratie, Neuwied

Abendroth, Wolfgang (1972): Das Grundgesetz, Pfullingen

Abendroth, Wolfgang (1984): Die Funktion des Politikwissenschaftlers und Staatsrechtslehrers Hermann Heller in der Weimarer Republik und in der Bundesrepublik Deutschland, in: Müller, Christoph/ Staff, Ilse (Hg.)

Aglietta, Michel (1976): Régulation et crises du capitalisme, Paris

Althusser, Louis (1968): Für Marx, Frankfurt/M.

Altvater, Elmar (1972): Probleme des Staatsinterventionismus, in: Probleme des Klassenkampfs Nr. 7

Altvater, Elmar (1992): Die Zukunft des Marktes, Münster

Beck, Ulrich (1993): Die Erfindung des Politischen, Frankfurt/M.

Bernstein, Eduard (1919/20): Gesammelte Reden und Schriften, 12 Bde., Berlin

Bernstein, Eduard (1954): Brief an Bebel vom 20. Okt. 1898, in: Adler, Victor (1954): Briefwechsel mit A. Bebel und K. Kautsky, Wien

Bernstein, Eduard (1969): Die Voraussetzungen des Sozialismus und die Aufgaben der Sozialdemokratie, Reinbek

Beyme, Klaus v. (1991): Theorie der Politik im 20. Jahrhundert, Frankfurt/M.

Breuer, Stefan (1977): Die Krise der Revolutionstheorie, Frankfurt/M.

Buci-Glucksmann, Christine (1981): Gramsci und der Staat. Für eine materialistische Theorie der Philosophie, Köln

Buci-Glucksmann, Christine (1982): Sozialdemokratie und keynesianischer Staat. Krise eines keynesianischen Modells und sozialistische Alternative, in: Probleme des Klassenkampfs 47, 12. Jg.

Buci-Glucksmann, Christine/ Therborn, Göran (1982): Der sozialdemokratische Staat. Die Keynesianisierung der Gesellschaft, Hamburg

Colletti, Lucio (1968): Bernstein und der Marxismus der Zweiten Internationale

Demirovic, Alex (1987b): Nicos Poulantzas. Eine kritische Auseinandersetzung, Berlin

Esser, Josef (1975): Einführung in die materialistische Staatsanalyse, Frankfurt/M

Esser, Josef (1985): Staat und Markt, in: Fetscher, Iring Fetscher/ Münkler, Herfried Münkler (Hg.): Politikwissenschaft, Reinbek

Esser, Josef/ Görg, Christof/ Hirsch, Joachim (1994): Von den „Krisen der Regulation" zum „radikalen Reformismus", in: dies.: (Hg.): Politik, Institutionen und Staat, Hamburg

Euchner, Walter (1969): Naturrecht und Politik bei John Locke, Frankfurt/M.

Fetscher, Iring (1975): Rousseaus politische Philosophie. Zur Geschichte des demokratischen Freiheitsbegriffs, Frankfurt/M.

Flatow, Sybille v./ Huisken, Freerk (1973): Zum Problem der Ableitung des bürgerlichen Staats, in: Probleme des Klassenkampfs, Nr. 7

Forsthoff, Ernst (1933): Der totale Staat, Hamburg

Forsthoff, Ernst (1954): Verfassungsprobleme des Sozialstaats, in: Forsthoff, Ernst (Hg.) (1968): Rechtsstaatlichkeit und Sozialstaatlichkeit, Darmstadt

Forsthoff, Ernst (1971): Der Staat der Industriegesellschaft. Dargestellt am Beispiel der Bundesrepublik Deutschland, München

Forsthoff, Ernst (1976): Rechtsstaat im Wandel. Verfassungsrechtliche Abhandlungen 1950-64, 2. Aufl., München

Frerichs, Johann/ Kraiker, Gerhard (1975): Konstitutionsbedingungen des bürgerlichen Staates und der sozialen Revolution bei Marx und Engels. Eine Einführung, Frankfurt/M.

Habermas, Jürgen (1981): Theorie des kommunikativen Handelns, 2 Bde., Frankfurt/M.

Habermas, Jürgen (1990): Die Moderne – ein unvollendetes Projekt, Leipzig

Habermas, Jürgen/ Luhmann, Niklas (1971): Theorie der Gesellschaft oder Sozialtechnologie. Was leistet die Systemforschung?, Frankfurt/M.

Hegel, Georg Wilhelm Friedrich (1967): Jenaer Realphilosophie [1805-1806], Hamburg

Hegel, Georg Wilhelm Friedrich (1970): Werke in zwanzig Bänden, hg. v. Moldenhauer, Eva/ Michel, Karl Markus, Frankfurt/M.

Hegel, Georg Wilhelm Friedrich (1970a): Die Phänomenologie des Geistes (1807), in: Werke, Bd. 3

Hegel, Georg Wilhelm Friedrich (1970b): Grundlinien der Philosophie des Rechts oder Naturrecht und Staatswissenschaft im Grundrisse, in: Werke, Bd. 7

Heller, Hermann (1971): Gesammelte Schriften, hg. v. Draht, Martin/ Stammer, Otto u.a., 3 Bde., Leiden

Heller, Hermann (1971a): Sozialismus und Nation, in: Gesammelte Schriften

Heller, Hermann (1971b): Souveränität, in: Gesammelte Schriften

Heller, Hermann (1971c): Der Begriff des Gesetzes in der Reichsverfassung, in: Gesammelte Schriften

Heller, Hermann (1971d): Politische Demokratie und soziale Homogenität, in: Gesammelte Schriften

Heller, Hermann (1971e): Ziele und Grenzen einer deutschen Verfassungsreform, in: Gesammelte Schriften

Heller, Hermann (1971f): Staatslehre, in: Gesammelte Schriften

Heller, Hermann (1971g): Grundrechte und Grundpflichten, in: Gesammelte Schriften

Hilferding, Rudolf (1927): Referat auf dem Sozialdemokratischen Parteitag 1927 in Kiel, Kiel

Hilferding, Rudolf (1968): Das Finanzkapital, Frankfurt/M.

Hirsch, Joachim (1980): Der Sicherheitsstaat. Das 'Modell Deutschland', seine Krise und die neue soziale Bewegung, Frankfurt/M.

Hirsch, Joachim (1985): Fordismus und Postfordismus. Die gegenwärtige gesellschaftliche Krise und ihre Folgen, in: PVS, 26. Jg., Heft 2

Hirsch, Joachim/ Roth, Roland (1986): Das neue Gesicht des Kapitalismus. Vom Fordismus zum Post-Fordismus, Hamburg

Hirsch, Joachim (1990): Kapitalismus ohne Alternative, Hamburg

Hirsch, Joachim (1995): Der nationale Wettbewerbsstaat. Staat, Demokratie und Politik im globalen Kapitalismus, Berlin/Amsterdam

Hobbes, Thomas (1959): Naturrecht und allgemeines Staatsrecht in den Anfangsgründen (The Elements of Law), hg. v. Tönnies, Ferdinand, Berlin, Neuwied/Darmstadt

Hobbes, Thomas (1959): Vom Menschen. Vom Bürger (De Cive), hg. v. Gawlick, Günter, Hamburg

Hobbes, Thomas (1966): Leviathan oder Stoff, Form und Gestalt eines bürgerlichen und kirchlichen Staates, hg. v. Fetscher, Iring, Neuwied/Berlin

Holz, Hans Heinz (1968): Herr und Knecht bei Leibniz und Hegel, Neuwied u. Berlin

Horkheimer, Max (1987): Autoritärer Staat, in: Gesammelte Schriften, Bd. 5, Hg. G. Schmid-Noerr, Frankfurt/M., S. 293-319

Huster, Ernst-Ulrich (1989): Ethik des Staates. Zur Begründung politischer Herrschaft in Deutschland, Frankfurt/M.

Kautsky, Karl(1927): Die Materialistische Geschichtsauffassung, Berlin

Kautsky, Karl (1965): Das Erfurter Programm, Berlin(O)

Keynes, John M. (1936): Allgemeine Theorie der Beschäftigung, des Zinses und des Geldes, Berlin

Kurz, Robert (1991): Der Kollaps der Modernisierung. Vom Zusammenbruch des Kasernensozialismus zur Krise der Weltökonomie, Frankfurt/M.

Kurz, Robert (1993a): Die Demokratie frißt ihre Kinder, in: Rosemaries Babies – Die Demokratie und ihre Rechtsradikalen, mit Beitr. v. Robert Kurz u.a., Bad Honnef, S. 11-87

Kurz, Robert (1993b): Subjektlose Herrschaft, in: Krisis 13, S. 17-94, Bad Honnef

Lassalle, Ferdinand (1919/20): Gesammelte Reden und Schriften, in: Bernstein, Eduard (1919/20)

Lassalle, Ferdinand (1919a): Das Arbeiterprogramm, in: Bernstein, Eduard (1919/20)

Lassalle, Ferdinand (1919b): Offenes Antwortschreiben, in: Bernstein, Eduard (1919/20)

Lenin, Wladimir I. (1966): Ausgewählte Werke, 3 Bde., hg. v. Institut für Marxismus-Leninismus beim ZK der KPdSU, Berlin-(Ost)

Lenin, Wladimir I. (1966a): Der Imperialismus als höchstes Stadium des Kapitalismus, in: Ausgewählte Werke, Bd. 1

Lenin, Wladimir I. (1966b): Staat und Revolution, in: Ausgewählte Werke, Bd. 2

Lenin, Wladimir I. (1966c): Die proletarische Revolution und der Renegat Kautsky, in: Ausgewählte Werke, Bd. 3

Locke, John (1967): Zwei Abhandlungen über die Regierung, hg. u. eingel. v. Walter Euchner, Frankfurt/M.

Lohoff, Ernst (1996a): Editorial, in: Krisis 18, S. 5-12, Bad Honnef

Lohoff, Ernst (1996b): Determinismus und Emanzipation, in: Krisis 18, S. 52-66, Bad Honnef

Lohoff, Ernst (1997): Der Tod des sterblichen Gottes, in: Krisis 19, S.15-50. Bad Honnef

Luhmann, Niklas (1981): Politische Theorie im Wohlfahrtsstaat, München

Luhmann, Niklas (1991): Soziale Systeme. Grundriß einer allgemeinen Soziologie, Frankfurt/M.

Luhmann, Niklas (1986): Die Welt als Wille ohne Vorstellung, in: Politische Meinung Nr. 229

Luhmann, Niklas (1987): Soziologische Aufklärung 4, Opladen

Luhmann, Niklas (1990): Political Theory in the Welfare , translated and introduced by John Bednarz, Berlin/New York

Lutz, Burkhard (1984): Der kurze Traum immerwährender Prosperität, Frankfurt/M., New York

Luxemburg, Rosa (1972-81): Gesammelte Werke in 5 Bänden (GW), hg. v. Institut für Marxismus-Leninismus beim ZK der SED, Berlin-(Ost)

Luxemburg, Rosa (1979a): Sozialreform oder Revolution?, in: GW, Bd.1/2

Luxemburg, Rosa (1979b): Und zum dritten Male das belgische Experiment, in: GW, Bd. 2

Luxemburg, Rosa (1979c): Massenstreik, Partei und Gewerkschaften, in: GW, Bd. 2

Luxemburg, Rosa (1979d): Organisationsfragen der russischen Sozialdemokratie, in: Gesammelte Werke, Bd. 1/2

Luxemburg, Rosa (1979e): Friedensutopien, in: GW, Bd. 2

Luxemburg, Rosa (1979f): Zur russischen Revolution, in: GW, Bd.4

Machiavelli, Niccolo (1925): Gesammelte Schriften in fünf Bänden, hg. v. H. Floerke, München

Machiavelli, Niccolo (1963): Der Fürst, hg. v. Zorn, Rudolf, Stuttgart

Machiavelli, Niccolo (1966): Discorsi, Gedanken über Politik und Staatsführung, hg. v. Zorn, Rudolf, Stuttgart

Marx, Karl/ Engels, Friedrich (1964-1973): Werke (MEW), hg. v. Institut für Marxismus-Leninismus beim ZK der SED, Berlin-(Ost)

Marx, Karl/ Engels, Friedrich (1966): Brief an Kugelmann vom 12. April 1871, in: Werke, Bd. 33

Marx, Karl/ Engels, Friedrich (1967): Grundrisse der Kritik der Politischen Ökonomie (Rohentwurf) [1857/58], Frankfurt/M.

Marx, Karl/ Engels, Friedrich (1969a): Zur Judenfrage [1843/44], in: Werke, Bd. 1

Marx, Karl/ Engels, Friedrich (1969b): Die Deutsche Ideologie [1845/46], in: Werke Bd. 3

Marx, Karl/ Engels, Friedrich (1969c): Vorwort. Zur Kritik der Politischen Ökonomie [1859], in: Werke, Bd. 13

Marx, Karl/ Engels, Friedrich (1969d): Kritik des Gothaer Programms [1875], in: Werke, Bd. 19

Marx, Karl/ Engels, Friedrich (1970a): Die Klassenkämpfe in Frankreich [1850], in: Werke, Bd.7

Marx, Karl/ Engels, Friedrich (1970b): Das Kapital, Bd. I [1867], in: Werke, Bd. 23

Marx, Karl/ Engels, Friedrich (1973): Rede über den Haager Kongreß [1872], in: Werke, Bd. 18

Maus, Ingeborg (1980): Bürgerliche Rechtstheorie und Faschismus. Zur sozialen Funktion und aktuellen Wirkung der Theorie Carl Schmitts, München

Medick, Hans (1973): Naturzustand und Naturgeschichte der bürgerlichen Gesellschaft, Göttingen

Müller, Christoph/ Staff, Ilse (Hg.) (1984): Der soziale Rechtsstaat. Gedächtnisschrift für Hermann Heller, Baden-Baden

Müller, Wolfgang/ Neusüß, Christel (1970): „Sozialstaatsillusion" und der Widerspruch von Lohnarbeit und Kapital, in: Sozialistische Politik Nr. 6/7, S. 4-67

Münkler, Herfried (1982): Machiavelli. Die Begründung des politischen Denkens der Neuzeit aus der Krise der Republik von Florenz, Frankfurt/M.

Narr, Wolf Dieter/ Schubert, Alexander (1994): Weltökonomie. Die Misere der Politik, Frankfurt/M.

Offe, Claus (1972): Strukturprobleme des kapitalistischen Staats, Frankfurt/M.

Offe, Claus (1973): „Krisen des Krisenmanagements". Elemente einer politischen Krisentheorie, in: Jänicke, M. (Hg.): Herrschaft und Krise, Opladen

Offe, Claus (1984): „Arbeitsgesellschaft". Strukturprobleme und Zukunftsperspektive, Frankfurt/M./New York

Offe, Claus (1987): Die Staatstheorie auf der Suche nach ihrem Gegenstand. Beobachtungen zur aktuellen Diskussion, in: Jahrbuch zur Staats- und Verwaltungswissenschaft, Bd. 1, Baden-Baden

Poulantzas, Nicos (1973): Faschismus und Diktatur [franz. 1970], München

Poulantzas, Nicos (1975): Politische Macht und gesellschaftliche Klassen [franz. 1968], Frankfurt/M.

Poulantzas, Nicos (1978): Staatstheorie. Politischer Überbau, Ideologie, Sozialistische Demokratie [franz. 1977], Hamburg

Pozzoli, Claudio (Hg.) (1974): Rosa Luxemburg oder die Bestimmung des Sozialismus

Projekt Klassenanalyse (1971): Kritik der „Sozialstaatsillusion", in: Probleme des Klassenkampfs, Nr. 3, S. 193-210

Reichelt, Helmut (1973): Zur logischen Struktur des Kapitalbegriffs bei Karl Marx, Frankfurt/M.

Riedel, Manfred (1970): Bürgerliche Gesellschaft und Staat bei Hegel, Neuwied u. Berlin

Rödel, Ulrich u.a. (1989): Die demokratische Frage, Frankfurt/M.

Römer, Peter (1977): Der Kampf um das Grundgesetz. Über die politische Bedeutung der Verfassungsinterpretation, Frankfurt/M.

Rousseau, Jean-Jacques (1977): Gesellschaftsvertrag, hg. v. Brockard, Hans, Stuttgart

Rousseau, Jean-Jacques (1978-84a): Diskurs über die Ungleichheit, hg. v. Meier, Heinrich, Paderborn

Rousseau, Jean-Jacques (1978-84b): Politische Schriften, hg. v. Schmidt, Ludwig, Paderborn

Rudel, Gerd (1981): Die Entwicklung der marxistischen Staatstheorie in der Bundesrepublik Deutschland, Frankfurt/M.

Saage, Richard (1987): Arbeiterbewegung, Faschismus, Neokonservatismus, Frankfurt/M.

Schelsky, Helmut (1965): Der Mensch in der wissenschaftlichen Zivilisation, in: Schelsky, Helmut: Auf der Suche nach der Wirklichkeit, Düsseldorf/Köln

Schmidt, Alfred (Hg.) (1969): Beiträge zur marxistischen Erkenntnistheorie
Schmitt, Carl (1934): Politische Theologie, München/Leipzig
Schmitt, Carl (1958): Weiterentwicklung des totalen Staats in Deutschland [1933], in: Schmitt, Carl: Verfassungsrechtliche Aufsätze, Berlin
Schmitt, Carl (1958a): Das Reichsgericht als Hüter der Verfassung, in: Schmitt, Carl: Verfassungsrechtliche Aufsätze, Berlin
Schmitt, Carl (1958b): Der Staat als konkreter, an die geschichtliche Epoche gebundener Begriff, in: ders.: Verfassungsrechtliche Aufsätze, Berlin
Schmitt, Carl (1961): Die geistesgeschichtliche Lage des heutigen Parlamentarismus, Berlin, 3. Aufl.
Schmitt, Carl (1963): Der Begriff des Politischen, 2. Aufl., Berlin
Schmitt, Carl (1964): Die Diktatur, Berlin
Schmitt, Carl (1965): Verfassungslehre, Berlin
Schmitt, Carl (1968a): Legalität und Legitimität, 2. Aufl., Berlin
Schmitt, Carl (1968b): Politische Romantik, 3. Aufl., Berlin
Schmitt, Carl (1982): Der Leviathan, Köln
Vesting, Thomas (1990): Politische Einheitsbildung und technische Realisation. Über die Expansion der Technik und Grenzen der Demokratie, Baden-Baden
Weber, Max (1965): Die protestantische Ethik .Eine Aufsatzsammlung, hg. v. J. Winckelmann, München/Hamburg

Politische Ethik: Paradoxien der Moral in der Moderne

Peter Henkenborg

1. Die Ambivalenz der Moderne und die Ambivalenzen der Moral

Politische Ethik ist in einer einfachen Formulierung von Höffe „eine die Politik normierende Ethik“ (Höffe 1993: 21). Ethik ist das „philosophische Nachdenken über Moral“ (Tugendhat 1993: 25) oder die *„Reflexionstheorie der Moral“* (Luhmann 1990: 14). Im Mittelpunkt ihres Problem- und Fragehorizonts stehen normative Fragen danach, welche Handlungsweisen sich von einem „moral point of view“, also von einem moralischen Standpunkt aus begründen und fordern lassen, welche Alternativen man in einer moralischen Konflikt- oder Entscheidungssituation wählen soll oder welche Entwicklungen wünschenswert sind. Das Erkenntnisinteresse der Ethik konzentriert sich also auf den Erwerb eines handlungsleitenden „Orientierungswissens“ (Mittelstaß) durch die Auseinandersetzung mit 'Was-Fragen': „Was sollen wir tun?“ oder „Was soll sein?“ Zum Kern politischer Ethik als Reflexionstheorie einer Moral des Politischen gehört das Nachdenken über die Regelgeleitetheit bei der Bewältigung inhaltlicher politischer Herausforderungen (policy), bei der Gestaltung politischer Institutionen und Organisationen (polity), oder im Umgang mit politisch-gesellschaftlichen Konflikten und Auseinandersetzungen (politics).

In der modernen Gesellschaft muß politische Ethik mit *Ambivalenz* leben. Eine Gesellschaft, die sich als Risikogesellschaft begreift und Risikoprobleme in moralischen Codes behandelt, bildet offenkundig ein „phantastisches Moralmilieu“ (Beck 1993: 28). Als „Quellen der Moralisierung“ dienen dann nicht alleine die „global challenges“: ökologische Krise, Frieden, Hunger und Elend in der dritten Welt, Arbeitslosigkeit und soziale Disparitäten in den Industrieländern, Migrationsbewegungen. Wer über das Verhältnis der Geschlechter, die Probleme einer multikulturellen Gesellschaft, über politische Kultur oder nur über die Beseitigung und Vermeidung von Müll redet, kommt in einer Zeit der Auflösung traditioneller Sozialbeziehungen, der Fremdenfeindlichkeit, der politischen Skandale oder des Dioxins um moralische Begriffe, wie Solidarität, Toleranz, Achtung, Glaubwürdigkeit oder Verantwortung nicht herum. Gleichzeitig stößt der „Komet Ethik“ (Luhmann) auf Unbehagen, Skepsis und Abwehr: „Ohnmacht des Sollens“ (Habermas 1985), „moralische Unangreifbarkeit gegenwärtiger Herrschaft“ (Narr 1985: 85), „Grenzenlosigkeit öffentlicher Diskurse und missionarische Expansion der Moral“ (Giesen 1991: 220) lauten die Vorbehalte gegenüber einer gleichsam obdachlos, arbeitslos und antwortlos erscheinenden Moral.

Um es auf ein Fazit zu bringen: Ethik und Moral teilen, wie die Demokratie, die „Ambivalenzen der Moderne" (Greven 1993: 401). Daß moderne Gesellschaften nicht alles so oder anders konstruieren können, gilt auch für ihren funktionalen Bedarf an „verantwortungsethischen Massenorientierungen" (Offe 1989: 758). Trotz dieser „Unvermeidlichkeit der Moral" spricht gleichzeitig vieles dafür, daß moderne Gesellschaften die „Ressource Moral" verbrauchen, ohne sie ersetzen zu können (Dubiel 1990).

1.1. Inhalte des Politischen: Politische Ethik und Kontingenzbewältigung

In der *objektiven Welt* wurde und wird „der Bereich und der Anspruch des Könnens" durch Wissenschaft, Ökonomie, Technik aber auch Politik enorm ausgedehnt (Luhmann 1991: 22). Die auf permanente Kontinuierung, Steigerung und Wachstum angelegten Subsysteme der modernen Gesellschaft produzieren ökologische und soziale Risiken und Gefahren, Folgen und Nebenfolgen, die im historischen Vergleich nach Reichweite und Intensität eine neue Qualität darstellen, die „weltgeschichtliche Fehlertoleranz" der Natur und der Gesellschaft überschreiten und die Chancen moralischer Kommunikation begrenzen (Greven 1993: 410; Berger 1988; Luhmann 1986: 259ff.).

Seit der Entzauberung des Fortschritts wird der gesellschaftliche Umbruch von einem radikalen Wandel der symbolischen Codes begleitet. Die symbolischen Codes der Industriegesellschaft (z. B. Fortschritt, Entwicklung, Vervollkommnung, Wachstum, Zukunft) ermöglichten die „Freisetzung von Evolution" und betonten die Chancen zukünftiger Entwicklung. Die symbolischen Codes der „gebrochenen Moderne" (Giesen) repräsentieren Suchbewegungen nach Grenzen und Selbstbegrenzungen, die der Mensch hinzunehmen hat, und die er eingehen muß oder nach Kriterien für verantwortbare Gefahren und Risiken. Die entscheidende Frage politischer Ethik – als Suchbewegung nach Formen „intelligenter Selbstbeschränkung" – läßt sich mit Offe so formulieren:

> Wie können „Prinzipien der verantwortlichen Selbstkontrolle überall dort zur Geltung gebracht werden [...], wo sie nicht durch Preisbildung und Rechtszwang, sondern nur auf dem Wege der ein- und umsichtigen, zugleich abstrakten und solidarischen Entfaltung eines zivilisierten Gemeinsinns gelöst werden können" (Offe 1989: 747).

In der *sozialen Welt* ist die gegenwärtige Phase *„reflexiver Modernisierung"* nach Giddens durch den „doppelten Prozeß" einer Globalisierung einerseits und Entzauberung traditionaler Lebens- und Handlungszusammenhänge anderseits gekennzeichnet (Giddens 1993: 476; Beck 1986; 1993). Die Entzauberung traditionaler Handlungskontexte als Folge der *„zweiten Individualisierung"* (Honneth) führt zu einer fortschreitenden Differenzierung und Pluralisierung von Lebenslagen aufgrund einer institutionellen Erweiterung von individuellen Entscheidungsspielräumen (Beck 1993: 149ff.). Die „zweite Individualisierung" vergrößert sicherlich individuelle Autonomiechancen, trägt jedoch gleichzeitig das Risiko der Vereinzelung, weil die Erosion traditioneller „Anerkennungsformen" ein „Anerkennungsvakuum" hinterläßt (Honneth 1991: 170ff.). Die Prozesse der *Globalisierung*, d. h. die „Entstehung von Weltsystemen" einerseits und die weitgehende „Entleerung" lokaler Handlungskontexte anderseits beschleunigen die Enttraditionalisierung der Gesellschaft (Giddens 1993: 476). Giddens nennt die moderne Gesellschaft eine „Gesellschaft des unbegrenzten Raumes, [...] in der die sozialen Bezüge im wahrsten Sinne des Wortes hergestellt werden müssen, man erbt sie nicht mehr" (ebd.: 485).

In der *subjektiven Welt* entsteht ein „post-soziales Selbst" (Walzer), das zwar keineswegs unabhängig ist von sozial geprägten Lebensformen und Traditionen, das aber eine zunehmende „reflexive Distanz zu allen partikularen Identitäten, Lebensformen und Traditionen" entwickelt (Wellmer 1993: 58). Identität und Moral werden zunehmend offen, differenziert, pluralistisch, reflektiert und subjektiv. Die Folgen für Identitätsbildung sind tiefgreifend: „Lebenssinn (kann) nicht mehr aus Traditionen übernommen werden [...], sondern (muß) in einer alltäglichen tragfähigen Form geschaffen werden." (Schulze 1993: 87) Der äußere Orientierungsdruck wird zunehmend durch einen inneren Orientierungsdruck abgelöst. Mit der Individualisierung sind „riskante Freiheiten" (Beck 1993: 39) verbunden. Die Chancen sind offenkundig: Individualisierung führt zu einem Wachstum von Optionen, zu einer gewachsenen biographischen Offenheit, zu einer Pluralisierung von Lebensstilen, und zu größeren Autonomiechancen. Gleichzeitig droht die *„dämonische Kontingenz"* (Giesen 1992: 159) die begrenzte Kapazität reflexiver Selbstkonstruktion jedoch zu überfordern. Die industriegesellschaftlichen Bausteine der Identität verlieren in den gesellschaftlichen Modernisierungsprozessen ihre Passung: Ambivalenz und Ungewißheit statt Ordnung und Erwartungssicherheit, wachsende Unkontrollierbarkeit der individuellen und globalen Risiken statt Kontrolle über die natürliche und soziale Umwelt, Vereinzelung und Marginalisierung statt stabiler Anerkennungformen, Standardisierung statt Einmaligkeit, „lack of moral sense" statt gereiftes Über-Ich und Gewissen, „Bastel-Mentalitäten" statt Ich-Identität. Der Zunahme an Möglichkeitsüberschüssen und „Entscheidungsbedarf" steht ein wachsender und häufig unerfüllter Bedarf nach einheitstiftenden Orientierungen und kompensatorischen Stabilisierungen gegenüber (Lash

1992: 262; Schulze 1993: 76). Das Problem liegt in der Frage: „Wieviel Auflösung verträgt der Mensch?“ (Beck 1993: 22)

1.2. Prozeß des Politischen: Politische Ethik und demokratische Frage

Politik umfaßt einen „Kampf um Anerkennung“, in den eine Grammatik „moralischer Erfahrungen“ eingebaut ist. In sozialen und politischen Konflikten tragen Subjekte und Gruppen zum gesellschaftlichen Fortschritt bei, indem sie um Anerkennung in Form von Liebe, Recht und Solidarität und gegen Mißachtung in Form von Vergewaltigung, Entrechtung und Entwürdigung kämpfen (Honneth 1992a).

Nach Giddens lassen sich vier Möglichkeiten der Bewältigung solcher Anerkennungs- und Wertkonflikte zwischen Individuen und Kollektiven in Gesellschaften unterscheiden: „die Einbettung in Tradition; die Trennung von den feindlichen anderen; Diskurs oder Dialog und Zwang und Gewalt“ (Giddens 1993: 483). Die vielfältigen ethnischen, kulturellen und nationalen „Kämpfe um Anerkennung“ lassen sich als Zeichen dafür lesen, daß in der modernen Gesellschaft das Potential an Wertkonflikten genauso wie die mit diesem Potential verbundenen Zumutungen der Toleranz größer werden (Taylor 1993a; Baumann 1992: 281ff.). Nach der Erosion traditioneller Weltbilder und rigider Lebensformen vertreten Menschen und Gruppen in ethischen Fragen im Regelfall kontroverse Ansichten, ebenso werden Individuen mit unterschiedlichen und widersprüchliche Moralanforderungen konfrontiert. In der Moderne ist ein Konsens über Vorstellungen des guten Lebens deshalb nicht in Aussicht – im Gegenteil, Konsens in Wertkonflikten droht zu einem „entscheidenden Engpaß“ (Offe) zu werden. Gleichzeitig vergrößert die beschleunigte und vertiefte „Dezentrierung“ von Traditionen und Autoritäten die Chancen für eine diskursive und dialogische Austragung von Wertkonflikten, in der die „Authentizität des Gegenübers“ anerkannt wird (Giddens 1993: 485). Die für die politische Ethik entscheidende *„demokratische Frage“* lautet, „ob und wie es gelingen kann, die Pluralität und Konfliktintensität einer Zivilgesellschaft auf der Ebene ‘friedlicher Koexistenz’ zu halten“ (Dubiel u. a.: 1989: 82).

1.3. Form des Politischen: Politische Ethik und gesellschaftliche Steuerung

Zu den Gründungsversprechen der politischen Ethik der Aufklärung gehörte die Überzeugung einer planmäßigen Gestaltbarkeit gesellschaftlicher Verhältnisse (Baumann 1992: 20). Das Vertrauen in die Gestaltungspotentiale der autonomen Vernunft und in die Steuerungsmöglichkeiten politischer und gesellschaftlicher Entwicklungen durch staatliche Institutionen hat durch die „Entzauberung des Staates" (Willke), die „Entgrenzung der Politik" (Beck), das „Ende der Eindeutigkeit" (Baumann) tiefe Risse bekommen. Die Schere zwischen „global challanges" und wachsendem (moralischem) Steuerungsbedarf einerseits und der Entscheidungs- und Lösungskompetenz der politischen Utopien und Ideen, der politischen Institutionen und der politischen Klasse anderseits wird zunehmend größer (von Beyme 1992: 127ff.; 356; Beck 1993: 204ff.). Die für die politische Ethik wichtige Frage ist, ob und wie sich diese Legitimationsprobleme staatlichen Handelns bewältigen lassen?

Der Grundgedanke war, daß die politische Ethik die Ambivalenzen der Moderne teilt: Die Entstehung der Ethik läßt sich anthropologisch als eine notwendige Folge der geschichtlichen Evolution interpretieren. Nach Apel entsteht die Ethik im Sinne der Weltreligionen und der Philosophie in der *Achsenzeit* der euroasiatischen Hochkulturen gleichsam als ein Brückenprinzip für die Kluft zwischen der „Wirkwelt" des Menschen (der Welt seiner möglichen Handlungseffekte) und seiner „Merkwelt" (der Welt seiner Sinneserfahrungen), die nach der Erfindung von Waffen und Werkzeugen entstanden ist (1982: 677f.). Allerdings kommt diese Kluft erst unter den Bedingungen hochentwickelter Industriegesellschaften zur vollen Entfaltung. Durch den „Doppelzugriff von stärkerer Technisierung und stärkerer Individualisierung" (Luckmann 1991: 55) entwickelt sich ein im historischen und interkulturellen Vergleich hohes Maß an (sozialer) Kontingenz, d.h. an einer Vielfalt von wählbaren Möglichkeiten. Das Neue, so Luhmann, „liegt einzig und allein in der Ausdehnung der Entscheidungspotentiale, in ihrer stärkeren Verzweigtheit, in ihrem großen Alternativenreichtum" (ebd.: 54). An dieser Stelle tritt die Ethik gleichsam als Medium der Kontingenzbewältigung ins Spiel ein: als „Bremse und Fessel" der Modernisierung oder als Quelle von Gemeinsinn und Lebensorientierungen (Offe 1989). Nur: Muß man nicht der „Antiquiertheit des Menschen" (Anders) vergleichbar von einer „Antiquiertheit der Moral" ausgehen? Kann Moral im „kommunikativen Haushalt" (Luckmann) komplexer Gesellschaften mehr sein, als eine vielleicht wichtige, aber dennoch hilflose Attitüde, die allenfalls die Erinnerung an eine unmodern gewordene Wahrnehmungs-, Denk- und Handlungsform bewahrt?

2. Politische Ethik als Herrschaftskritik

In *historisch-dialektischen* Theorien bleibt der Begriff der Moral, wie in kaum einer anderen sozialwissenschaftlichen Theorie, ambivalent. Das „normative Gewicht" (Honneth) ihrer analytischen Kategorien und politisch-gesellschaftlichen Ideen ist evident. Ebenso ist der politische Einfluß der marxistischen Theorie oder der kritischen Theorie auch als eine Folge ihres „moralischen Radikalismus" (Popper) in der Kritik der kapitalistischen Gesellschaft zu erklären.

Die „Leidenschaft der Emanzipation" und der marxsche Humanismus finden ihre Motive und Quellen in dem radikalen moralischen kategorischen Imperativ: „alle Verhältnisse umzuwerfen, in denen der Mensch ein erniedrigtes, ein geknechtetes, ein verlassenes, ein verächtliches Wesen ist" (Marx 1974: 385). Trotzdem bleibt Moral bei Marx und in der kritischen Theorie ein riskanter Begriff: „Die Moral der Nationalökonomie ist der Erwerb, die Arbeit und die Sparsamkeit, die Nüchternheit – aber die Nationalökonomie verspricht mir, meine Bedürfnisse zu befriedigen. – Die Nationalökonomie der Moral ist der Reichtum an gutem Gewissen, an Tugend etc., aber wie kann ich tugendhaft sein, wenn ich nicht bin, wie ein gutes Gewissen haben, wenn ich nicht weiß? Es ist dies im Wesen der Entfremdung gegründet, daß jede Sphäre einen anderen und entgegengesetzten Maßstab an mich legt [...] weil jede eine bestimmte Entfremdung des Menschen ist" (Marx 1977: 551).

In dieser Moralkritik sind die suggestiven Bilder der Moral bei Marx angelegt: Moral als Herrschaftsinstrument und als bürgerliche Ideologie, Moral als ungeschichtliche und abstrakte Subjektivität, die Ohnmacht und Widersprüchlichkeit der Moral in der entfremdeten Gesellschaft, die Aufhebung der Moral in der kommunistischen Gesellschaft. Diese suggestiven Bilder der Moral produzieren und hinterlassen gleichsam ein *„antimoralisches Erbe"* (Stojanovic): „Ethik, Bürgerlichkeit, Verfall: das gehört zusammen, das ist eins" – dieser Satz Thomas Manns faßt die zentralen Intuitionen zusammen, die den Begriff der Moral in der marxistischen Theorie und dann später in der kritischen Theorie entscheidend geprägt haben. Zu den durchlaufenden Konstruktionsfehlern historisch-dialektischer Theorien gehört ein *„Defizit an politischer Ethik"*, da sie die Dimension des Politischen, in der sich „ethische Fragen gesellschaftlich stellen" systematisch unterschätzen und ausblenden (Zimmermann 1986: 249).

Das „antimoralische Erbe" historisch-dialektischer Theorien hat *vier* zentrale Ursachen: Der *erste* Grund des „antimoralischen Erbes" liegt in einem *erkenntnistheoretischen Konstruktionsfehler*, den Narr „Politikum des Positiven" nennt: das Versäumnis, die normativen Voraussetzungen und Grundlagen der eigenen analytischen Begriffe und politisch-gesellschaftlichen Ideen erkenntnistheoretisch zu reflektieren (Narr 1985: 92; Habermas 1976: 63; 1981 I: 500).

Die *zweite* Ursache ist die *geschichtsphilosophische Reduktion* gesellschaftlicher Evolution. Historisch-dialektische Theorien rekonstruieren Geschichte und Gesellschaft unter dem paradigmatischen Gesichtspunkt der Entwicklung durch *Arbeit*. Durch diese Subsumption interaktiver und kommunikativer Handlungs- und Vergesellschaftungsformen unter den Vergesellschaftungsmodus der Arbeit bleiben historisch-dialektischen Theorien jene Dimensionen sozialer Integration verschlossen, in denen vergesellschaftete Subjekte kommunikativ gemeinsame Handlungsorientierungen erzeugen und weiterentwickeln. Sie geraten dadurch in Gefahr, zweckrationale Handlungsformen (Warenproduktion, Naturbeherrschung, Produktivkraftentwicklung) zu überdehnen und kommunikative und symbolisch vermittelte Dimensionen sozialer Integration zu unterschätzen (Habermas 1976, Honneth 1989).

Drittens tritt Moral in historisch-dialektischen Theorien als *„Paradebeispiel von Ideologie"* (Leist) auf: als falsches Bewußtsein im Sinne des gesellschaftlich notwendigen Scheins, als Bewußtseinsausdruck einer entfremdeten ökonomischen Basis. Das Erkenntnisinteresse historisch-dialektischer Theorien konzentriert sich darauf, Moral in einer ideologiekritischen Funktionsanalyse vor allem als „Herrenmoral" (Adorno) und als Herrschaftsinstrument zu entschlüsseln, das die Menschen den Regeln einer kapitalistischen Organisation von Raum und Zeit unterwirft und in ein herrschaftliches Gehäuse der Technisierung, Versachlichung und Entfremdung zwängt. Der auf die Herrschaftsfunktion von Moral fixierte Blick unterliegt der Gefahr, ihre affirmative Funktion zu überdehnen und ihre kritische Funktion zu unterschätzen. Moral als politische Ressource für die humane Gestaltung von Gesellschaft gerät in historisch-dialektischen Theorien ebenso in den toten Winkel wie der vernünftige Gehalt der Moderne, der sich ausdrückt, in den – durch die modernen Formen der Politik, der Gesellschaft, des Staates oder des Rechts – garantierten Freiheiten (Wellmer 1993: 81).

Der *vierte* Grund liegt in dem geschichtsphilosophischen Traum von der *Aufhebung der Moral.* Zum Paradigmenkern historisch-dialektischer Theorien gehört eine geschichtsphilosophische „Aufhebungsfigur": Aufgrund des Übergangs von der kapitalistischen Gesellschaft zur klassenlosen Gesellschaft durch die Umwälzung der ökonomischen Basis sollen die grundlegenden Probleme, Konflikte und Widersprüche überwunden und aufgehoben und die Ziele der Utopie im realen Leben verwirklicht werden (Wellmer 1986: 194). Der „vollendete Humanismus" bezeichnet für Marx „einen Ort vollkommen erfüllter Zeit, vollständiger Transparenz, bruchlos gelingenden Lebens, vollendeter Solidarität" (Wellmer 1993: 93). Mit der Aufhebung der Klassengesellschaft können die Spuren egoistischer Partikularität getilgt und Überbauphänomene wie Recht, Religion und Moral funktionslos werden (Wellmer 1986: 192ff.). Der Traum von der endgültigen Aufhebung gesellschaftlicher Konflikte – denkbar nur in der Utopie einer schlaraffenlandgleichen Überflußgesellschaft – hat sich an anthropologischen, ökologischen, politischen und ökonomischen Bedingungen menschlicher Endlichkeit und gesellschaftlicher Knappheit vernutzt – erst recht seit dem der Begriff des Sozialismus „operativ leer geworden" ist (Offe 1989: 746). In der konflikthaften, offenen und pluralen Zivilgesellschaft gibt es für die Funktion von Moral keine funktionalen Äquivalente (Dubiel u. a. 1989; Döbert 1987).

3. Politische Ethik als Theorie kommunikativer Gerechtigkeit

Im Paradigma des Kommunikativen Handelns und der Diskursethik entwirft Habermas nach McCarthy politische Theorie als „moralische Politik" und Moraltheorie als „politische Moral" (1993: 303). Paradigmatischer Ausgangspunkt dieses starken Verhältnisses von Politik und Moral ist eine *Idee sozialer Gerechtigkeit*, die Habermas aus einem „sprachethischen Begriff der Herrschaftsfreiheit" (Honneth 1989: 310) entwickelt: Er hält (in der Tradition kritischer Theorie) an der Idee einer Versöhnung fest, in der menschliche Autonomie und Abhängigkeit in ein „befriedetes Verhältnis" treten können. Die Möglichkeiten und Voraussetzungen dieses Ideals unversehrter Intersubjektivität rekonstruiert er aus den universalistischen Regeln kommunikativer Vergesellschaftung, oder genauer aus den Regeln rationaler Kommunikation. In der Sphäre der Gerechtigkeit soll der *rationale Konsens* die praktische Vernunft und die autonome Selbstgesetzgebung zur Geltung bringen (Habermas 1981 I: 524; 1985: 202).

3.1. Die Unterscheidung zwischen Ethik und Moral: Gerechtigkeit als Prinzip der Politik

Den Ausgangspunkt dieses engen Zusammenhanges von Politik und Moral bildet das Paradox einer intersubjektiven, d.h. gesellschaftlich produzierten Individualität. Einerseits ist jeder Mensch darauf angewiesen, eine stabile und zuverlässige Differenz zwischen der eigenen Person und der weiteren sozialen Welt einzurichten. Anderseits können wir Identität nur ausbilden, wenn wir durch einen wachsenden Kreis von Menschen eine stabile und verläßliche Anerkennung erfahren (Habermas 1986: 310; 1976: 85). In der Moderne, die nicht mehr auf die „Selbstverständlichkeit der sozialen Situation" (Riesman) zurückgreifen kann, führt diese Paradoxie zu einem grundlegenden Problem: wie lassen sich in der „Gesellschaft der Individuen" (Elias) personale und kollektive Identität und ein rationaler politischer Konsens entwickeln, die den wechselseitigen konstitutiven Zusammenhang von Identität und Anerkennung berücksichtigen und dadurch eine Integration moderner Gesellschaften gewährleisten können (Dubiel u. a. 1989: 155)?

Zur Charakteristik moderner Gesellschaften gehört für Habermas, daß sich dieses Problem nur bewältigen läßt, wenn politische Theorie und Moraltheorie, in der Tradition Kants, zwei fundamentale Differenzen ins Spiel bringen: erstens die Unterscheidung zwischen *Ethik und Moral,* zwischen dem *Guten und dem Gerechten* und zweitens die Unterscheidung zwischen der ethischen Integration der Gesellschaft und ihrer politischen Integration. Den Hintergrund dieser Unterscheidungen bildet Kants Trennung von Moral und Sittlichkeit. Unter Moral wird in der Tradition Kants die „universalistische Einstellung verstanden, in der wir alle Personen gleichermaßen als 'Zweck in sich selbst' oder als 'autonome Personen' achten" (Honneth 1993: 275). Sittlichkeit ist das in den Sitten, Gewohnheiten, Traditionen und Lebensverhältnissen „jeweils eingelebte Ethos einer partikularen Lebensform" (ebd.).

Ethisch nennt Habermas jetzt jene Fragen, die sich auf Vorstellungen des „guten oder nicht-verfehlten Lebens (1993: 165) beziehen. Die Grammatik ethischer Fragen charakterisiert er durch die „Referenz der ersten Person", durch den Bezug auf die ethische Selbstdefinition und die normativen Bindungen einer Person innerhalb von Gemeinschaften. Das entscheidende Kriterium ethischer Fragen ist, ob Personen oder Gruppen sich mit ethischen Prinzipien identifizieren können. Sicher ist Politik von ethischen Fragen nicht zu trennen. Habermas ist klar, daß die Integration der Gesellschaft ethische Selbstverständigungsdiskurse über gemeinsame Vorstellungen des guten Lebens erfordert: Diskurse über Werte, Lebensziele, Gemeinschaftsbindungen, über das Verständnis von Kultur und Tradition, über Vorstellungen des Umgang der Gesellschaftsmitglieder miteinander oder mit der Natur (ebd.: 168).

Trotz des offensichtlichen engen Zusammenhangs zwischen Politik und Ethik, kritisiert Habermas eine „ethische Engführung politischer Diskurse" (1992: 18). In der modernen Gesellschaft ist die Einheit des Sittlichen und des Moralischen aufgrund der reflexiven und pluralen Struktur von Weltbildern zerfallen. Habermas plädiert daher dafür, die ethische Dimension aus der politischen Agenda des liberalen Staates herauszuhalten. Er will die „ethische Integration von Gruppen und Subkulturen mit je eigener kollektiver Identität [...] von der Ebene der abstrakten, alle Staatsbürger gleichmäßig erfassenden politischen Integration" entkoppeln (1993: 177f.). In der Moderne läßt sich ein politischer Konsens nur erreichen, wenn unterschieden wird zwischen ethischen Fragen des guten Lebens einerseits und moralischen Gerechtigkeitsfragen anderseits, die durch verbindliche Normen geregelt werden müssen, die für alle gleich gelten.

3.2. Die Begründung der Gerechtigkeit: die Ethik des Diskurses

Moral ist für Habermas ein Element gesellschaftlicher Lebensformen, das in der intersubjektiven Struktur von Identität anthropologisch verankert ist. Moralisch nennt er: „die Intuitionen [...], die uns darüber informieren, wie wir uns am besten verhalten sollen, um durch Schonung und Rücksichtnahme der extremen Verletzbarkeit von Personen entgegenzuwirken" (1985: 1042).

Moralische Normen, die der paradoxen Situation des Individuums gerecht werden wollen, müssen also beiden Dimensionen der Vergesellschaftung entgegenkommen. Sie sollen erstens *Individualisierung* ermöglichen, d.h. die „Unantastbarkeit der vergesellschafteten Individuen zur Geltung bringen“ (Habermas 1986: 311). Sie sollen zweitens *Vergesellschaftung* ermöglichen, d.h. „die intersubjektiven Bedingungen reziproker Anerkennung schützen“ (ebd.). Die erste Aufgabe löst Habermas in der Diskursethik durch das *Prinzip der Gerechtigkeit*, das durch „eine gleichmäßige Achtung und gleiche Rechte für jeden einzelnen“ die „gleichen Freiheiten unvertretbarer und sich selbst bestimmender Individuen“ garantieren soll. Die zweite Aufgabe löst er durch das *Prinzip der Solidarität*, das sich durch „Empathie und Fürsorge für das Wohlergehen des Nächsten“ und „für die intersubjektiven Beziehungen“ auszeichnet (Habermas 1985: 1044). Weil moralische Normen für alle gleich gelten sollen, ist ihr entscheidendes Kriterium die allgemeine Zustimmungsfähigkeit.

Wie wird nun die allgemeine Zustimmungsfähigkeit für moralische Normen erreicht? Als *kognitive Ethik* behandelt die Diskursethik Gerechtigkeitsfragen „als wahrheitsanalogen Geltungsanspruch“ (ebd.: 1041). Als *formale Ethik* sucht sie einen ‘moral point of view’ in einem formalen Prinzip oder in einem rationalen Verfahren. Es soll garantieren, daß tatsächlich nur verallgemeinerungsfähige Normen und Interessen als gültig akzeptiert werden (1985: 1041). Die *Grundthese* der Diskursethik lautet, daß moralische Geltungsansprüche nur dann gelten sollen, wenn über sie ein diskursiver Konsens unter den Bedingungen einer *idealen Sprechsituation* herbeigeführt werden könnte (Wellmer 1986: 69; McCarthy 1989: 345).

Was versteht Habermas nun unter der „idealen Sprechsituation“? Das Zauberwort, das die Struktur der idealen Sprechsituation entschlüsselt, heißt *verständigungsorientiertes* Handeln. Es bildet den Gegensatz zum *zweckrationalen* Handeln, in dem Dinge oder Personen unter dem Gesichtspunkt der Beeinflußbarkeit und Durchsetzung betrachtet werden. Als normativer Begriff beschreibt verständigungsorientiertes Handeln einen „Prozeß der gegenseitigen Überzeugung, der die Handlungen mehrerer Teilnehmer auf der Grundlage einer Motivation durch Gründe koordiniert“ (Habermas 1981 I: 525).

Politische Gerechtigkeit wird durch den Begriff des verständigungsorientierten Handelns an drei Voraussetzungen geknüpft. *Erstens* kann politische Gerechtigkeit nur im realen Diskurs erreicht werden. Als *prozedurale Ethik* ersetzt die Diskursethik die *monologische* Struktur des kategorischen Imperativs bei Kant („Ich will“) durch das *dialogische* Verfahren einer moralischen Argumentation („Wir wollen“). Diskurse erscheinen gleichsam als „Vollzugsweisen der Versöhnung“ weil alle Diskursteilnehmer gleiche Freiheiten in der Vertretung moralisch-praktischer Überzeugungen sowie eine institutionell und kulturell verankerte Möglichkeit zur Teilnahme am Diskurs haben und sich nur „dem zwanglosen Zwang" guter Gründe und rationaler Argumentation fügen sollen (Habermas 1985: 1043; 1986: 313). Politische Gerechtigkeit verlangt *zweitens* die *unparteiliche Urteilsbildung*. Im Sinne jenes universellen Rollentausches, den G. H. Mead als 'ideal role-taking' oder 'universal discourse' beschrieben hat, muß jeder Teilnehmer den Versuch unternehmen, die Situation und die Perspektiven des anderen zu verstehen und ihnen das gleiche Gewicht beizumessen, wie den eigenen. Politische Gerechtigkeit verlangt *drittens* die *Sorge um die Folgen*. Jeder Teilnehmer eines Diskurses soll die Folgen vorgeschlagener Normen für die Befriedigung von Bedürfnissen und Interessen antizipieren (1983: 75).

3.3. Die politische Institutionalisierung der Gerechtigkeit: Moral und deliberative Politik

Die Theorie des kommunikativen Handelns kann soziale Evolution aufgrund der Unterscheidung zwischen zweckrationalem Handeln einerseits und verständigungsorientiertem Handeln anderseits systematisch als „zweidimensionalen Lernprozeß" konstruieren: als *kognitiv-technisches* und als *moralisch-praktisches* Lernen. Gesellschaften reproduzieren sich gleichzeitig durch bewußte Verständigungsleistungen, durch normengeleitetes sinnvolles Handeln ihrer Mitglieder sowie durch das eigengesetzliche Wirken objektiver funktionaler Zusammenhänge (McCarthy 1989: 280). Die „entscheidende Innovation" (Dubiel) der Theorie des kommunikativen Handelns gegenüber historisch-dialektischen Theorien liegt darin, daß Habermas ein *„Paradigma des Sozialen"* entfaltet, in dem eine Dimension der verständigungsorientierten, kommunikativen Koordination des Politischen systematisch eingebaut ist (Honneth 1989: 268). Die entscheidende Frage ist nun, wie Habermas die verständigungsorientierte Koordination des Politischen gesellschaftlich institutionalisiert.

Auf der Ebene der Gesellschaftstheorie nimmt Habermas die Unterscheidung von *kommunikativen* und *zweckrationalen* Handlungsformen zum Ausgangspunkt seiner Gesellschaftsanalyse. Zu den grundlegenden Strukturmerkmalen moderner Gesellschaften gehört die Entkoppelung von *System* (Ökonomie, Bürokratie, Technik) und *Lebenswelt* (kulturelle Reproduktion, soziale Integration und Sozialisation). Habermas begreift Gesellschaft als Einheit von System- und Sozialintegration. Für ihn stellen „Gesellschaften systemisch stabilisierte Handlungszusammenhänge sozial integrierter Gruppen" dar (1981 II: 228). Mit dieser Unterscheidung macht Habermas einen Schnitt zwischen gesellschaftlicher Rationalisierung einerseits und der funktionalen Ausdifferenzierung von Systemen anderseits. Die Lebenswelt ist für ihn durch eine in der Entwicklung von Gesellschaften angelegte

Steigerung von Autonomie gekennzeichnet. Drei Faktoren sind für diesen Prozeß gesellschaftlicher Rationalisierung verantwortlich: erstens die Ausdifferenzierung von Wertsphären (Wissenschaft, Moral, Recht, Kunst), zweitens die zunehmende Reflexivität von Traditionen und drittens die Herausbildung universalistischer Normen (Wertgeneralisierung). Die Pathologien der Moderne erklärt er aus der *Kolonialisierung der Lebenswelt* durch Systeme. Die auf Expansion angelegten Systeme verleiben sich immer mehr Bereiche der Lebenswelt ein. Sie unterwerfen deren eigensinnige, auf kommunikativer Verständigung basierende Struktur der Logik strategischen Handelns. Kolonialisierung der Lebenswelt bedeutet also eine Ökonomisierung, Verrechtlichung und Bürokratisierung der Lebenswelt. Jetzt verdrängen „die Berechnung von Nutzen in Geld, die Durchsetzung von Entscheidungen durch Macht und die Regelung von Konflikten durch formales Recht“ Prozesse einer verständigungsorientierten Konsensbildung (Münch 1991: 58; Habermas 1981 I: 455ff.; 1981 II: 171ff.).

Auf der Basis dieser Unterscheidungen entfaltet Habermas die Idee einer „prozeduralen Republik“ (Sandel), die „moralische Politik“ und „politische Moral“ zusammenbinden sollen. Die Idee einer *deliberativen Demokratie* (vgl. den Beitrag Neubeschreibungen der Demokratie in diesem Bd.) stellt die grundlegende Idee der Volkssouveränität in den Mittelpunkt: „die schrittweise verbesserte Institutionalisierung von Verfahren vernünftiger kollektiver Willensbildung“ (Habermas 1989: 476) Die Pointe seines deliberativen Modells liegt nun darin, daß Habermas die normative Idee einer Selbstorganisation der Gesellschaft eingrenzt. Er schränkt den Geltungsbereich deliberativer Demokratie und Politik ein und entläßt die systemischen Bereiche der Gesellschaft aus dem Anspruch kommunikativer Verständigung. Für Habermas bezeichnet „Demokratie jetzt nicht mehr das utopische Programm einer Unterordnung der entfesselten Zweckrationalität unter die kulturellen Imperative der Lebenswelt. Demokratie wird [...] zu einer Art Sicherheitszaun, einer Barriere zwischen System und Lebenswelt“ (Dubiel u. a. 1989: 159).

3.4. Zur Kritik der kommunikativen Ethik

Habermas formuliert eine Ethik, die dem Grundsatz der Neutralität gegenüber ethischen Problemen des Guten folgt und nach moralischen Gerechtigkeitsprinzipien sucht. Diese Trennung von Ethik und Moral ist normativ und empirisch umstritten. So bezweifelt McCarthy, ob sich ohne „ein gewisses Maß an Einigkeit über das, was gut ist“ überhaupt Einigkeit in Gerechtigkeitsfragen erreichen läßt (1993: 319). Für Walzer repräsentiert die Moralphilosophie von Habermas, wie die von Rawls, einen Modus der Gesellschaftskritik, den er *„Erfindung“*

nennt. Sowohl der vertragstheoretische Versuch Rawls, seine Theorie Gerechtigkeit aus einem Urzustand (original position) abzuleiten, als auch der Versuch von Habermas, das Gerechtigkeitsprinzip durch die kontrafaktischen Bedingungen einer idealen Sprechsituation zu begründen, sind auf einen gemeinsamen Konstruktionsfehler gebaut: Sie entwickeln ihre Moralphilosophie in einem „asozialen Raum“ aus dem alle tatsächlichen Bedürfnisse, Interessen und Motive wirklicher Menschen ausgeschlossen sind. Forst faßt Walzers Kritik zusammen: „Ideale Personen treffen sich an einem idealen Ort und erfinden ideale Prinzipien für eine ideale Gesellschaft“ (1993: 204). Für Walzer kann Habermas zwar „abstrakte Überlebensweisen (way of living)“ aber keine „konkreten Lebensweisen (way of life)“ begründen (Walzer 1993; Buchstein/Schmalz-Bruns 1992: 383). Die kommunitaristische Kritik der liberalen Gesellschaft und formaler Ethiken wird hier einen wichtigen Ausgangspunkt finden.

Die Kritik konzentriert sich zweitens auf die Gleichsetzung von Konsens und Rationalität. Aus moraltheoretischer Perspektive bleibt umstritten, ob Konsens tatsächlich die Funktion eines wahrheitsanalogen Geltungskriteriums für moralische Normen übernehmen kann, und ob sich überhaupt in allen moralischen Fragen Konsens erzielen läßt (Wellmer 1986). Aus politikwissenschaftlicher Perspektive bleibt fraglich, ob der strenge Konsensanspruch unter den Habermas praktische Diskurse stellt, tatsächlich der Realität politischer Strukturen und Prozesse gerecht werden kann. Der Einwand lautet, daß das Konsensmodell systematisch das „politische Ungenügen der Moral“ (Sutor 1997: 18) unterschätzt: die Gefahren einer moralischen „Inflation der Kommunikation“ (Münch 1990: 103ff.), die Notwendigkeit strategischen Handelns, von Diskursbegrenzungen und Kommunikationsabbrüchen, die Nichtaufhebbarkeit von Problemlösungs- und Entscheidungsdissens. McCarthy schlägt deshalb vor, daß „das als moralisch-politische Alternative zum Zwang aufgefaßte rational motivierte Einverständnis durchaus Elemente des Kompromisses, der Einwilligung, des Entgegenkommens usw. beinhalten kann“ (1993: 326).

Ein dritter Brennpunkt der Kritik bildet sich um die grundlegenden begrifflichen Dichotomien der Theorie: Kommunikatives und zweckrationales Handeln, Lebenswelt und System. Kritisiert wird erstens grundsätzlich, daß Habermas die systemischen Teilbereiche von moralisch-praktischen Fragen abkoppelt und dadurch aus der „Emanzipationsperspektive“ verdrängt (Dubiel u.a. 1989: 159ff.). Immanente Einwände kritisieren zweitens eine „doppelte Fiktion“ dieser Begriffe. Weder läßt sich, so Honneth, die empirische Realität der Systeme als „normfreie Handlungsorganisation“ beschreiben, noch ist die Lebenswelt eine „machtfreie Kommunikationssphäre (1989: 322ff.).

4. Politische Ethik des Kommunitarismus

Die unter dem Titel „*Communitarianism*" in den USA und Kanada entstandene Kritik der liberalen Gesellschaft (vgl. den Beitrag Kommunitarismus in diesem Bd.) und formaler Ethiken findet ihren Ausgangspunkt in einer grundlegenden These: „Gemeinschaftsschwund" (Walzer 1993: 180) und Atomisierung der Individuen zeigen, daß eine „decent society" auf *substantielle Identität* und aktive Teilnahme angewiesen ist und „eine allgemein anerkannte Definition des guten Lebens" (Taylor 1993: 104) benötigt. Die Integration der Gesellschaft kann sich weder auf den institutionellen Aufbau von Demokratie alleine stützen, noch darf sie ausschließlich dem Markt überlassen werden. Die kommunitaristische Suche nach „The good Society" (Bellah) ist durch ein Band gemeinsamer Themen zusammengebunden: Rückgriff auf Tugenden, „habits of the hearts" und gemeinsame Wertbindung, Bezug auf Gemeinschaft, Anerkennung von Partikularität und Kontextgebundenheit von Moral und Ethik, hermeneutische Methode (Reese-Schäfer 1993). Das kommunitaristische Anliegen besteht darin, die vorreflexiven Elemente der moralischen Grundlagen moderner Gesellschaften „dem Diskurs und der Reflexivität zu erschließen und damit eine Sprache für substantielle Werte und ethische Grundlagen zu schaffen" (Lash 1992: 270), um die „inneren Assoziationskapazitäten" der liberalen Gesellschaft zu stärken (Walzer 1993: 180). In der kommunitaristischen Diskussion lassen sich drei Modelle typologisch unterscheiden (Forst 1993: 196ff.).

4.1. Das substantialistische Modell: Die Moral des Patriotismus

In seinem Buch „*Der Verlust der Tugend*" stellt MacIntyre die Rekonstruktion der aristotelischen Tugendlehre in den Mittelpunkt seiner politischen Ethik. Er will einen Begriff des Guten durch einen bewußten Rückgriff auf Traditionen, ethische Praktiken und eine teleologische Sicht des Menschen entwickeln. MacIntyre verwirft das Modell einer aufklärerischen Moral und vertritt stattdessen die Position einer „ethischen Gegenaufkärung" (Tugendhat 1993: 197).

Der *Patriotismus*, d. h. die Bereitschaft des Einzelnen, für die Gemeinschaft einzutreten und das Wohl des Gemeinwesens höher zu stellen als die eigenen Interessen, gilt MacIntyre als die höchste Tugend. Die über die Nation definierte politische Gemeinschaft und die Familie bilden die wichtigsten Orte des tugendhaften und guten Lebens der Bürger. In der „Moral des Patriotismus" bildet die ethische Selbstfindung von Personen im Kontext partikularer (nationaler) Bindungen und Solidaritäten den Focus des moralischen Lebens. Weil die entscheidende Voraussetzung der ethischen Selbstfindung die Identifikation mit dem „gelebten Narrativ meines eigenen individuellen Lebens als Teil der Geschichte meines Landes" (MacIntyre 1993: 93, 100) ist, kann es nur einen ethischen Staat und „ethische Personen" geben (Forst 1993: 208). Zu den patriotischen „virtues" ethischer Personen gehören dann u.a. die „Loyalität gegenüber einer bestimmten Nation", Gesetzesgehorsam, die Bereitschaft für seine Gemeinschaft in den Krieg zu ziehen und Solidarität gegenüber der Familie (ebd.: 93).

4.2. Das republikanische Modell: Partizipation an der Selbstregierung

Charles Taylors Modell einer „Hermeneutik der Moderne" (Forst 1993: 210) will die (oft unbewußten) Werte freilegen, die der Identität der Moderne zugrundeliegen. Seine „republikanische These" lautet, daß sich eine „Wir-Identität" nur ausbilden kann, wenn *Patriotismus* und *Freiheit* verbunden werden (1993b: 118). Unter Patriotismus versteht Taylor das Band der Solidarität, das auf einer gemeinsamen „Identifikation mit einer auf gemeinsamen Werten gegründeten historischen Gemeinschaft" beruht (ebd.: 125). Er begründet eine substantialistische Ethik, die auf kollektiv geteilte Vorstellungen des Guten (hypergoods) zurückgreift.

In seiner Arbeit *„Sources of the Self"* verankert Taylor die gemeinsamen Werte, im Unterschied zu MacIntyre, allerdings nicht in klassischen Tugenden, sondern in den moralischen Quellen des modernen Selbst. Zu den Traditionen, aus denen sich ein aller politischen Partizipation vorausgehendes Selbstverständnis ethischer Zugehörigkeit ausbilden soll, zählt er erstens den Rationalismus der Aufklärung, zweitens den in der Romantik verankerten Expressionismus und drittens die jüdisch-christliche Tradition (1989: 91ff.; Lash 1992: 268). Die Geltung von „hypergoods" bindet Taylor daran, daß Personen sich erstens in ihnen wiederkennen können (ebd.: 73), daß die „hypergoods" zweitens unhintergehbare Bedingungen („transzenden tal conditions") der modernen Identität sind (ebd.: 39) und daß sich Identität drittens in dialogischen Anerkennungsverhältnissen („webs of interlocution"), entwickeln kann (ebd.: 36; Forst 1993: 210).

Den eigentlichen Kristallisationspunkt für die Entstehung von Gemeinschaft und Identität bildet für Taylor die „Partizipation an der Selbstregierung" der Gesellschaft, in der das „Wesen der Freiheit" liegt (1993b: 126; Forst 1993: 199f.). Er bindet ethische Vorstellungen des guten Lebens damit an drei *republikanische Ideale* zurück: 1. an eine dialogische Politik, deren Paradigma das Gespräch ist und deren Funktion in der Reflexion eines sittlichen Lebenszusammenhanges liegt; 2. an ein Konzept des Bürgers, das Freiheit positiv als „Bürgerfreiheit" d. h. besonders als politische Teilhabe- und Kommunikationsrechte denkt; 3. an die Idee einer „kollektiv handlungsfähigen Bürgerschaft" als Bedingung der Möglichkeit einer demokratischen Selbstregierung (Habermas 1992).

4.3. Das Modell normativer Öffentlichkeit: die Idee partikularer Gerechtigkeit

Michael Walzer formuliert seine Theorie der Gerechtigkeit als *Theorie partikularer Gerechtigkeit,* d. h. als Gerechtigkeitstheorie, die ihren zeitlichen und sozial-räumlichen Geltungsbereich selbst begrenzt. Sie ist „in erster Linie für diejenige Sozialwelt belangvoll [...], in der sie entwickelt wurde" während eine „Bedeutung für andere Sozialwelten [...] nicht gegeben, zumindest nicht zwingend ist" (Walzer 1992: 19). Den Hintergrund seiner Gerechtigkeitstheorie bildet eine Gesellschaftstheorie nach der Gesellschaft aus unterschiedlichen Handlungsbereichen besteht, die jeweils eigenen Logiken folgen und unterschiedliche Gerechtigkeitsbegriffe ausbilden. Seine Schlüsselbegriffe heißen distributive Gerechtigkeit, politische Gerechtigkeit und komplexe Gleichheit (Buchstein/Schmalz-Bruns 1992: 380ff.).

Die Idee *distributiver Gerechtigkeit* bedeutet, daß die einzelnen Handlungsbereiche unterschiedliche und eigensinnige Sphären der Gerechtigkeit konstituieren, die nach internen Sach- und Vernunftsgründen spezifische Gerechtigkeitskriterien ausbilden. Deshalb müssen die Prinzipien der Gerechtigkeit „in ihrer Form selbst pluralistisch" sein (Walzer 1992: 309), weil die Kriterien distributiver Gerechtigkeit von dem spezifischen Kontext, der jeweiligen Sphäre und von der Art und der Bedeutung der zu verteilenden Güter abhängen (Buchstein/Schmalz-Bruns 1992: 380). Diese Idee distributiver Gerechtigkeit soll den Dominanzanspruch des politischen Systems und der politischen Macht begrenzen.

Die Legitimität *politischer Gerechtigkeit* ist für Walzer erstens davon abhängig, ob das politische System seine Funktion einer regulativen Instanz erfüllt, die dafür Sorge trägt, daß die Grenzen zwischen den unterschiedlichen Sphären der Gerechtigkeit eingehalten und überwacht werden. Das zweite Legitimitätskriterium politischer Macht liegt darin, daß das politische System seinen eigenen Imperialismus begrenzt. Zwar ist politische Macht immer dominant – sie ist es jedoch nur an den Grenzen und nicht innerhalb derselben.

Schließlich verknüpft Walzer distributive und politische Gerechtigkeit in einem Begriff *komplexer Gleichheit.* Demnach besteht Gerechtigkeit nicht in einer strikten egalitären Verteilung von Gütern, sondern einerseits darin, die Autonomie einzelner Verteilungssphären und die Eigenständigkeit von Gerechtigkeitsregeln anzuerkennen und anderseits darin, „trade-offs zwischen unterschiedlichen Verteilungssphären" zu vermeiden (Buchstein/Schmalz-Bruns 1992: 381). Das bedeutet auch, daß die Bürger und Bürgerinnen einer politischen Gemeinschaft in unterschiedlichen Anerkennungsverhältnissen leben und deshalb auch unterschiedliche Verpflichtungen übernehmen und miteinander verbinden müssen (Forst 1993: 201).

Die Pointe der Theorie Walzers liegt nach Buchstein/Schmalz-Bruns darin, daß er seine Vorstellungen von Gerechtigkeit in einem normativen Begriff von Öffentlichkeit verankert und an drei Voraussetzungen bindet (Buchstein/Schmalz-Bruns 1992: 387). Die Idee distributiver Gerechtigkeit setzt erstens voraus, daß die Mitglieder einer Gemeinschaft „eine gemeinsame Welt in einem kooperativen Prozeß" konstituieren (Forst 1993: 201). Dies beinhaltet ein Staatsbürgerkonzept, in dem die Bürger und Bürgerinnen eines Gemeinwesens für die Gemeinschaft als ganzes Verantwortung übernehmen und gegenseitig Solidarität üben. Zweitens kann sich Gerechtigkeit nicht alleine auf rationale Motive und institutionelle Verfahren stützen, sondern bedarf gemeinsamer affektiver Bindungen, die aus den „Erfahrungen gemeinsamen Handelns" entstehen (Buchstein/Schmalz-Bruns 1992: 387). Weil der Diskurs über Gerechtigkeit in der Gesellschaft mit Dissens rechnen muß, setzt Gerechtigkeit drittens Toleranz und eine dialogische Praxis voraus. Damit koppelt Walzer die Entwicklung von Identität an eine *dialogische* und *egalitäre* Praxis *demokratischer Selbstregierung* und *politisch-argumentativer* Diskurse (ebd.: 385; Forst 1993: 201).

4.4. Zur Kritik des Kommunitarismus

Nach Honneth besteht die produktive Herausforderung der Kommunitaristen darin, daß sie drei zentrale Fragen erneut in den Problemhorizont politischer Ethik rücken. Das erste Problem liegt in der Frage, auf welche moralischen Motive eine funktionsfähige Demokratie angewiesen ist; das zweite Problem bezieht sich auf die Frage, „welches Maß an gemeinschaftlicher Wertbindung" Menschen in ihrer Identitätsbildung benötigen; das dritte Problem bezieht sich schließlich auf die Frage, wie „soziale Gemeinschaften unter den moralischen Bedingungen der Gegenwart" konstruiert sein müssen, wenn sie eine funktionsfähige Demokratie und eine gelungene Identitätsbildung ermöglichen sollen (Honneth 1992: 119).

Die Gefahr der kommunitaristischen Gesellschaftskritik liegt darin, daß sie zu einer „rückwärtsgewandten Modernitätskritik" werden kann (ebd.: 118). Die methodische Kritik konzentriert sich auf das „simple communitarian dilemma" (Cohen): Entweder ist die kommunitaristische Ethik konservativ oder sie bleibt normativ leer (Buchstein/Schmalz-Bruns 1992: 378). Denn wenn die Kommunitaristen die Werte einer Gemeinschaft aus der Praxis dieser Gemeinschaft ablesen, lassen sich die gleichen Werte nicht als Maßstab der Kritik eben dieser Praxis verwenden. Werden die Werte umgekehrt entkontextualisiert, verlieren sie ihre Evidenzbasis, da sie innerhalb des kommunitaristischen Ansatzes nicht auf universalistische Prinzipien zurückgeführt werden sollen (ebd.: 378f.).

Insgesamt liegt die produktive Funktion des Kommunitarismus in der Kritik an der Bedrohung von gemeinsam geteilten Anerkennungsverhältnissen in der modernen Gesellschaft. Gefährlich unklar bleibt allerdings zum einen, „wer über das Gute befindet, zum anderen was mit den Anhängern des Schlechten geschehen soll" (Beck 1993. 164).

5. Politische Ethik als Prinzip Verantwortung

Die moderne Gesellschaft ist Ausdruck einer Kultur, die die gesellschaftliche Aneignung der Natur auf einen instrumentellen Umgang mit der Natur reduziert und am Maßstab der Verfügbarkeit über Ressourcen gemessen hat. Die Idee des Fortschritts, verstanden als aufgeklärtes moralisches Bewußtsein und als Wohlergehen der Menschen, beruhte auf der „ökologischen Täuschung" (Gronemeyer), daß „die Natur unseren Hoffnungen keine Grenzen setzt" (Condorcet). Der ökologische „Leidensdruck" zwingt uns dazu, zu lernen daß die moderne Gesellschaft sich über das Verhältnis zur Natur getäuscht hat, und daß diese Täuschung „ihre Verdrängbarkeit" verliert (Höffe 1993b: 116).

Nach Jonas „Prinzip Verantwortung" heißt ökologisches Lernen „eine Ethik der Erhaltung, der Bewahrung, der Verhütung und nicht des Fortschritts und der Vervollkommnung" zu begründen – also von der entzauberten Fortschrittsutopie endgültig Abschied zu nehmen (Jonas 1982: 249; Höffe 1993b: 86). Die politisch-praktische Aufgabe einer „Ethik der Verantwortung" liegt erstens in der Kontrolle der Folgen von Wissenschaft und Technik, zweitens in der nüchternen Bewertung neuer Optionen und drittens in der vorsichtigen Realisierung neuer Optionen. Ihre ethische Aufgabe liegt darin, einen schonenden Umgang mit der Natur zu garantieren (Brinkmann 1990: 7; Höffe 1993b: 86).

Im „Prinzip Verantwortung" versucht Jonas die Aufgaben der Ethik dadurch einzulösen, daß er dem Menschen und dadurch der Natur gleichsam eine „metaphysische Heimat" (Hösle) wiedergeben will. Verantwortung ist für ihn „die als Pflicht anerkannte Sorge um ein anderes Sein, die bei der Bedrohung seiner Verletzlichkeit zur Besorgnis wird" (Jonas 1982: 391). Verantwortung erhält eine ontologische Basis. In der modernen „Beschleunigungswelt" kann die Lebenswelt kein „Wissen vom menschlich Guten" mehr zur Verfügung stellen, das das Überleben der Gattung garantieren könnte. Das Prinzip Verantwortung läßt sich alleine aus der *Metaphysik*, aus dem „ontologischen Wissen" vom Wesen des Menschen gewinnen, das den Menschen in eine allumfassende, wertbehaftete und sinnstiftende kosmische Ordnung einspannt. Diese kosmische Ordnung ist es nun, die der menschlichen Gattung die Pflicht zur Selbsterhaltung auferlegt. Der Mensch als Krone der Schöpfung ist das einzige Wesen, daß zur Verantwortung fähig ist, und das deshalb zur „Fortdauer" seiner „Anwesenheit in der Welt" verpflichtet ist (1982: 33f.; 1986: 6f.; Brinkmann 1990: 7f.). Aus der exklusiven Verantwortungsfähigkeit und der mit ihr verbundenen Anwesenheitspflicht in der Welt leitet Jonas den *kategorischen Imperativ* seiner Ethik ab: „'Gefährde nicht die Bedingungen für den indefinitiven Fortbestand der Menschheit auf Erden', oder wieder positiv gewendet: 'Schließe in deine gegenwärtige Wahl die zukünftige Integrität des Menschen als Mit-Gegenstand deines Wollens ein'" (Jonas 1982: 36). Das Urbild der Verantwortung findet Jonas in der Eltern-Kind-Beziehung und in der Verantwortung des Staatsmannes für die ihm anvertrauten Bürger. Diese Art der Verantwortung soll unabhängig vom Ethos der Gegenseitigkeit funktionieren und bedeutet im Kern ein „Handeln für andere" (1982: 184ff.).

Die wiedergefundene „metaphysische Heimat" des Menschen dient Jonas nun als Folie für die ethischen Imperative seiner Verantwortungsethik: Erstens die Ausdehnung des *Raum- und Zeithorizonts* einer Zukunftsethik, die die Beschränkung traditionaler Ethiken auf das „Hier und das Jetzt", auf das Unmittelbare des Nahhorizonts durchbricht und die Verantwortung gegenüber künftigen Generationen, gegenüber dem zeitlichen, sachlichen und räumlich „Fernen" wahrnimmt (1982: 22f.; 64ff.). Zweitens die *„Heuristik der Furcht"*, die das Gegenmodell zum „Prinzip Hoffnung" bildet. „Heuristik der Furcht" bedeutet bei Jonas „die Vorschrift, primitiv gesagt, daß der Unheilsprophezeihung mehr Gehör zu geben ist, als der Heilsprophezeihung" (ebd.: 70). Drittens das Prinzip der „Frugalität" also der Enthaltsamkeit und Mäßigkeit. Jonas bezieht das Prinzip Frugalität nicht nur auf die Konsumgewohnheiten, auf den „Vollbringenstrieb" und den „Erwerb der Macht" (1986: 10ff.) – sondern ebenso auf das Problem der Freiheit: wir dürfen „der physischen Rettung willen, wenn es denn sein muß, selbst eine Pause der Freiheit in den äußeren Affären der Menschheit hinnehmen (ebd.: 14).

Apel und Höffe setzen ihre Kritik der Verantwortungsethik an den in ihr eingebauten Dichotomien zwischen Bewahren und Verändern, zwischen Hoffnung und Furcht an. Apel bezweifelt, daß die Maxime des Bewahrens eine der Problemsituation moderner Gesellschaften alleine angemessene Handlungsstrategie ist. Die „Herstellung menschenwürdiger sozialer Verhältnisse" ist für ihn ohne eine „regulative Idee des technologischen und sozialen Fortschritts" nicht denkbar (1986: 17f.). Für Höffe läßt sich die Verantwortung der Wissenschaft nicht nur auf die Experimente und den Umgang mit wissenschaftlichen Ergebnissen beschränken, sondern bedarf gleichfalls der Verantwortung „mit dem Umgang sowohl mit Verheißungen wie mit Ängsten“ (1993b: 90). Eine Ethik der Verantwortung kann auf Hoffnung nicht verzichten (ebd.: 88f.).

Mit Blick auf das Problem der unbeabsichtigten Folgen und Nebenfolgen von Risiken kennzeichnet Luhmann die Ethik der Verantwortung durch ein grundlegendes Dilemma: Wie soll man für Folgen die Verantwortung übernehmen, die man nicht kennt und antizipieren kann? Als Ausweg bleiben dann Nichthandeln oder Handeln „ins Ungewisse hinein“ (Luhmann 1992: 182f.).

Für Narr läßt sich Verantwortung nur als ein Zusammenhang von persönlicher Verantwortung einerseits und von Verfahrens- und Kontrollformen anderseits denken. Bei Jonas wird dieser Zusammenhang von persönlicher und institutioneller Dimension auseinandergerissen, denn er erwähnt „die erforderlichen Verfahrensweisen“ nicht und klammert die herrschenden Institutionen aus der Kritik aus (1985: 100f.).

6. Politische Ethik und Theorien der Postmoderne

Die Postmoderne charakterisiert Baumann als eine Theorie, die die „Zeichen der Werte, die für die Moderne zentral sind“, umdreht (1992: 127). Postmodern ist für Baumann die Moderne, die „sich mit ihrer eigenen Unmöglichkeit abfindet; eine sich selbst kontrollierende Moderne, eine, die bewußt aufgibt, was sie einstmals unbewußt getan hat“ (ebd.: 333). Das moderne Weltbild setzte sich aus verschiedenen Figuren zusammen: der Idee der autonomen Vernunft, der Idee einer institutionalisierten Diskursivität, die Dogma, Tradition und Autorität hinterfragt, der Vorstellung universalistischer Gleichheit und Gerechtigkeit und aus der Hoffnung auf einen unbegrenzten Fortschritt. Gegen dieses Selbstverständnis der Moderne setzt die Postmoderne die Grenzen der Reflexivität in Bezug auf Subjekt und Objekt, die Auflösung universal gültiger Normen, die radikale Anerkennung von Pluralität und Dissens und den Abschied vom modernen Drang nach Perfektibilität. Aus der Vielzahl postmoderner Motive sollen drei Ausgangspunkte herausgehoben werden.

6.1. Die Dekonstruktion der Substanz: Die Idee der Selbstorganisation von Systemen

Die postmoderne Idee einer radikalen *„Auflösung des Substanzdenkens“* (Giesen 1991: 133f.) der klassischen, „alteuropäischen“ Vorstellungen von Gesellschaft und Politik wird besonders in Luhmanns

Theorie der Selbstproduktion von Systemen repräsentiert (ebd.: 123ff.). Die *Systemtheorie* (vgl. den Beitrag über Gesellschaftstheorie in Bd. 2) gibt Vorstellungen vom individuellen Subjekt, von einer Gesellschaft, die aus handelnden Menschen besteht, auf und beschreibt Gesellschaft statt dessen als *subjektlos* funktionierende Systeme. Aufgrund wachsender Komplexität beginnt sich die Gesellschaft in *autopoietische* Funktionssysteme auszudifferenzieren, die spezifische gesellschaftliche Funktionen übernehmen und sich gegenseitig „Leistungen abnehmen", die der je eigenen Reproduktion dienen. Die Funktionssysteme „autonomisieren sich, entwickeln spezifische Operationsweisen und verarbeiten, was außerhalb ihrer vorkommt, nur nach Maßgabe dieser Spezifik. Sie konstruieren auf der Basis von Kommunikation soziale Realitäten sui generis" (Fuchs 1991: 7). Die autopoietische Organisation der als Kommunikation konzipierten Gesellschaft wird durch *funktionale Differenzierung, Codierung* und *Programmierung* festgelegt (Luhmann 1986: 237).

Gesellschaft wird jetzt nicht länger als politisch konstruiertes System begriffen, in dem die Politik an der Spitze oder im Zentrum steht. Weil Politik unter den Bedingungen einer komplexen, funktional differenzierten Gesellschaft lediglich ein Teilsystem neben anderen ist, erscheint jeder Versuch der politischen Steuerung der Gesellschaft als antiquierte Überforderung der tatsächlichen Möglichkeiten der Politik. Der „azentrischen Gesellschaft" ist jedes Steuerungszentrum verloren gegangen (Luhmann 1986: 167ff.). Die funktional differenzierte Gesellschaft muß auf eine moralische Integration verzichten (1990: 23f.). Luhmann fordert daher eine Ethik, in der der Moralbegriff empirisch neu bestimmt und „das Faktum Moral mit moralfreien Begriffen" begriffen wird (1984: 43). Die Aufgabe der Ethik als „Reflexionstheorie der Moral" soll darin liegen, „vor Moral zu warnen", also den Anwendungsbereich der Moral zu begrenzen, um so Grenzüberschreitungen der Moral, ein „ethisch unerlaubtes doping", zu verhindern (Luhmann 1986: 263).

Unter Moral versteht Luhmann einen „Codierungsprozeß [...] mit der spezifischen Funktion über Achtungsbedingungen *Achtungskommunikation* und damit ein laufendes Abgleichen von Ego/Alter-Synthesen zu steuern" (1984: 51). Die spezifische Funktion der Moral erklärt er daraus, daß die kontinuierliche Fortsetzung personaler Beziehungen darauf angewiesen ist, daß jeder die Perspektiven, die Erwartungen und Erwartungszumutungen des anderen in die „eigene Identitätsformel" integriert. Als Indikator für eine gelungene oder mißlungene „Integration der wechselseitig verschränkten Perspektiven und Identitäten" fungiert Achtung. Der Erfolg oder Mißerfolg des Perspektivenwechsels wird durch Achtungserweis belohnt oder durch Achtungsentzug bestraft (ebd.: 46). *Achtung* als „generatives Prinzip der Moral schlechthin" bezeichnet die Bedingungen, unter denen Personen sich selbst und andere achten. Von Moral spricht Luhmann, wenn sich die Bedingungen der Achtungskommunikation, also z. B. die Wertideen, die Normen, die Erwartungen, die Beispiele in binären Schematisierungen gut/schlecht oder gut/böse generalisieren lassen (1986: 259). Entscheidend bleibt, daß Moral „personenbezogen zugeteilt wird, d.h. Luhmann bindet Moral an Achtung und Achtung an Personen (1984: 122).

6.2. Die Dekonstruktion der Vernunft: Die Idee des Dissens

Postmoderne Theorien brechen mit den Fundamenten der modernen Gesellschaftskritik: „Die Frage nach der Wahrheit und die Kritik werden ebenso aufgegeben wie die Idee des sich selbst bestimmenden Subjekts, der Revolte und der Utopie“ (Giesen 1991: 140). Das „Herz des Postmodernismus“ (Welsch) liegt in einer zentralen These: Nach der Entzauberung der *Meta-Erzählungen* (Emanzipation, Gesellschaft, Subjektivität und Sinn, Fortschritt und Geschichte) und aufgrund der Verschiedenartigkeit von Sprachspielen und Diskursarten kann es keine Metaregel im Sinne eines obersten Prinzips oder einer obersten Instanz mehr geben. So gehört die Idee von der „Kontextgebundenheit und Beobachtungsabhängigkeit jeder sozialen (also auch wissenschaftlichen) Operation“ zum erkenntnistheoretischen Kern der postmodernen Theorie (Fuchs 1991: 4).

Luhmanns These ist, daß die Selbstbeschreibung der Gesellschaft sich „nur noch aus einem rekursiven Netzwerk der Beobachtungen von Beobachtungen oder der Beschreibung von Beschreibungen“ speisen kann (1992: 46; 51ff.; Giesen 1991: 243ff.). Deshalb hält er den Versuch etwa der utilitaristischen und der transzendentaltheoretischen Ethik für gescheitert, sich auf Fragen der vernünftigen Begründung moralischer Urteile zu konzentrieren und den Bereich der Moral als Anwendungsbereich bestimmter Werte, Regeln oder Normen zu definieren (Luhmann 1990: 21ff.). Daher fallen traditionelle Fragen politischer Ethik nach Motiven, Zielen, Mitteln oder der Legitimität von Handlungen in den toten Winkel der systemtheoretischen Analyse von Politik. Die Rationalität der Politik mißt sich nicht an universalistischen Prinzipien oder an Kriterien der Legitimität, sondern daran, ob das politische System in der Lage ist, die Differenz zwischen System und Umwelt operativ für die Informationsgewinnung zu nutzen (Dubiel u. a. 1989: 149).

Bei Baudrillard endet der Abschied von der Frage der Legitimität in einer bewußt unkritischen Theorie der Posthistoire, die in einer bitteren und zynischen Sammlung von Zerstörungsgeschichten vom Ende der Geschichte erzählt. Die Motive seiner Theorie der Simulation liegen in den dämonischen Kehrseiten der gigantischen und ungebremsten postmodernen Vielfalt: in der Vergleichgültigung und Austauschbarkeit der Optionen und Chancen, in der Ununterscheidbarkeit von Realität und Simulation (Welsch 1987: 149f.). Die „schwarze Diagnose" der Gegenwart entlarvt endgültig die dämonische Kehrseite der Utopien und Urteile:

> „Denn das Menschliche ist von Anfang an eine Setzung seines strukturellen Doubles: Setzung des Unmenschlichen. Es selbst ist sogar nichts anderes, und die Fortschritte der Menschheit und der Kultur sind eine einzige Kette von aufeinander folgenden Diskriminierungen, welche die 'Anderen' mit dem Charakter von Unmenschlichkeit, also Nichtigkeit belegen" (1982: 195). Nach Welsch begnügt Baudrillard sich nicht mit einer Position, die die Postmoderne lediglich als Ende der Utopie begreift, sondern er formuliert eine wesentlich stärkere These: „Man braucht keine Utopien mehr, weil sie sich alle schon erfüllt haben, und die Erfüllung von Utopie gerät fatal – weil sie es selbst schon sind" (Welsch 1987: 151).

In der Welt der *Simulakren,* in der sich in einem „Prozeß der Entdinglichung" die Zeichen von den Dingen gelöst haben, werden Fragen nach normativen Kriterien der Gesellschaftskritik oder nach empirischen Erkenntnisbegründungen „unbeantwortbar" (Giesen 1991: 142). Die Referenzlosigkeit der Zeichen läßt sich allenfalls – wie im Graffiti – überbieten.

Der zentrale Ausgangspunkt der Theorie Lyotards liegt nach Welsch in dem Versuch, anders als Kant, „Gerechtigkeit und Politik [...] nicht als Formen zusammenstimmend zu machen, sondern als Weisen, mit unaufhebbarer Nicht-Zusammenstimmung, gleichwohl noch 'gerecht' und fördernd umzugehen" (Welsch 1987: 247). Mit dieser Problemstellung begründet Lyotard eine „spezifisch postmoderne Dimension der Politik": Politik als Umgang mit heterogenen und widerstreitenden Gerechtigkeitsansprüchen. Auf der ethisch-politischen Ebene verankert Lyotard das Widerstandspotential gegen Vereinheitlichungstendenzen in der Dimension des Ästhetischen. Das Ästhetische dienst seiner postmodernen Theorie als Gegenmodell zu kognitiven – Selbstbeobachtung – und moralischen – Selbstkontrolle – Formen der Reflexivität (ebd.: 246; Lash 1992: 262) Der Begriff darf nicht auf den Bezug auf Kunstbezug eingeengt werden, sondern Ästhetik wird in einem „Sinn anthropologischen Empfindens" als Selbstinterpretation verstanden. Lyotards ästhetisch verankerte Problemlösungsstrategie der „Empfindung, Artikulation und Bezeugung des *Widerstreits*" zeichnen sich durch eine gemeinsame Grammatik aus: durch „Grenzbewußtsein, Grenzbeachtung und Vielheitsblick" Grenzüberschreitungen zwischen Diskursarten und Lebensformen zu verhindern. Für Welsch formuliert Lyotard eine postmoderne Grundregel: „Die Regeln der Diskursarten gelten nur binnen- nicht trans-diskursiv; Partikulares darf nicht universalisiert werden" (Welsch 1987: 244). In der „philosophischen Politik" Lyotards gibt es keine allgemeingültigen Regeln der Konfliktlösung mehr, sondern nur noch Entscheidungen von Einzelfall zu Einzelfall. Statt der Moral, den Utopien oder den großen Erzählungen zu gehorchen, geht die ästhetisierte Ethik Lyotards vom Prinzip der Nichtdarstellbarkeit etwa von Wirklichkeit oder Utopien aus und orientiert sich an Analogien, die die Differenzen zulassen (1987: 208, 220ff.).

6.3. Die Dekonstruktion der Ordnung: Die Idee der Ambivalenz

Die Kritik moderner Rationalität, Vernunft und Reflexivität, die Baumann in seinem Buch „Moderne und Ambivalenz" entwickelt, will die Grenzen der Reflexivität in Bezug auf das Objekt bewußt machen. Baumanns Urteil über die Moderne fällt vernichtend aus. Er denkt die Moderne „als eine Zeit, da Ordnung – der Welt, des menschlichen Ursprungs, des menschlichen Selbst und der Verbindung aller drei – reflektiert wird" (1992: 17).

> Die Moderne bekämpft den Virus der Ambivalenz durch die „Aufgabe der Ordnung" als Entwurf und Handlung (Baumann 1992: 16; 18). Die „Aufgabe der Ordnung" durch die Definition der Differenz zwischen Gleichem und Andersartigem wird zum eigentlichen Sinn und zur zentralen Funktion der Souveränität des Staates (ebd.: 21). Baumann deutet den Holocaust deshalb als ein direktes Ergebnis des um Ordnung zentrierten rationalistischen Weltbildes. Die Moderne lieferte dem Holocaust – „als sie das zweckgerichtete Handeln von moralischen Zwängen emanzipiert hatte" – nicht nur „die Mittel für den Genozid" sondern im „Kampf gegen die Ambivalenz" auch „den Zweck" (ebd.: 71) – der Vernichtung des Juden, als des prototypischen Fremden.
>
> In Baumanns Schlüsselbegriffen – Kontingenz und Ambivalenz – wird das Unkalkulierbare mit positiver Bedeutung aufgeladen. Nach Lash ist seine Theorie „eine aus der Perspektive des Virus [...] vom Standpunkt [...] von Kontingenz und Ambivalenz" (Lash 1972: 271). Baumanns Theorie ist exemplarischer Ausdruck für einen fundamentalen Ausgangspunkt der postmodernen Theorie: In der modernen „Beschleunigungswelt" (Marquard) hat die Idee der Unordnung als Normalzustand von Natur und Gesellschaft die modernen Ideen der Ordnung und der „Evolution als Fortschritt" abgelöst (Giesen 1991: 123). Die Perspektive der Postmoderne kann nach Baumann nur darin liegen, zu lernen mit der Ambivalenz zu leben und „Kontingenz aus einem Schicksal in ein Geschick zu verwandeln" (Baumann 1992: 287).

Was bedeutet die Umdeutung der Ambivalenz für politische Ethik?

Lash nennt Baumann einen „zutiefst ethischen Denker" der, anders als Lyotard, die universalistischen Prinzipien der Moral nicht durch „eine Ausdehnung der partikularistischen Prinzipien ästhetischen Urteilens in der Domäne der Moral" ersetzt (Lash 1992: 273). Seine politische Ethik postmoderner Freundschaft konstruiert Baumann um vier Prinzipien. Zunächst erkennt eine postmoderne Ethik die *Grenzen der Reflexivität* an und verabschiedet sich von den Ideen der Vervollkommnung und Selbstverbesserung, des Handelns und der Machbarkeit, die für das moderne Bewußtsein grundlegend sind (Baumann 1992: 35; 91). Die Postmoderne hat aufgehört an der Ambivalenz zu leiden und von der Versöhnung zu träumen. Zweitens formuliert Baumann eine Ethik, die sich radikal von der *„Idee des Urteils"* trennt (Lash 1992: 273). Entgegen der auf den Prinzipien der Widerspruchsfreiheit und des ausgeschlossenen Dritten aufgebauten und auf Klarheit und Harmonie gerichteten griechischen Denktradition erinnert Baumanns Ethik an die rabbinische Denktradition. Deren Leistung für eine postmoderne Ethik liegt, so Lash darin, daß die hermeneutische „fortlaufende Reinterpretation der kanonischen Texte [...] jede Möglichkeit der Durchsetzung einer einzig wahren Lesart (ausschließt) und [...] die Möglichkeit der Ambivalenz für immer offen" hält (ebd.: 272). Die dauernde Verabschiedung des Urteils bedeutet ebenfalls „bestimmte Fragen nicht zu stellen und bestimmte Antworten nicht zu suchen" (Baumann 1992: 287). Im Abschied vom Urteil ist ein dritter Imperativ der Ethik Baumanns angelegt, die Forderung nach *Toleranz* gegenüber Andersartigkeit, Fremdheit und Fremden, also der Respekt gegenüber der Fremdheit im Fremden. Der vierte Imperativ heißt *Solidarität:* Weil die Kehrseite der ich-zentrierten Toleranz eine „Haltung der von Gleichgültigkeit genährten Gefühllosigkeit" ist, kann die ansonsten „zum Tode verurteilte" „bloße Toleranz" nur in der „Form der Solidarität überleben" (ebd.: 312). Solidarität denkt Baumann als ursprüngliche Verantwortung für den anderen. Baumanns Ethik der Freundschaft findet ihr Fundament in der unmittelbaren Pflicht des einzelnen für seine Mitmenschen:

> „Freunde entstehen durch die Praxis der Kooperation. Freunde werden aus Verantwortung und moralischer Pflicht geformt. Freunde sind die, für deren Wohlergehen ich verantwortlich bin, bevor sie sich erkenntlich zeigen und ungeachtet ihrer Erwiderung" (ebd.: 74; Lash 1992: 272f.).

6.4. Zur Kritik postmoderner politischer Ethik

Obwohl postmoderne Theorien sicher eine „neue riskante Schwelle" der Entwicklung der Gesellschaft, der Erosion von Lebenswelt, der Schwächung subjektiver Kommunikationsfähigkeiten markieren (Honneth 1991: 1668), ist die postmoderne These eines generellen Strukturbruchs mit dem Grundmuster sozialer Beziehungen in der Moderne umstritten (Berger 1988). Daneben konzentriert sich die

Kritik auf den postmodernen „Abschied von der Legitimationsproblematik" auf die Dekonstruktion des Substanzdenkens und auf die postmoderne Tendenz der Ästhetisierung (von Beyme 1992: 338).

Die (systemtheoretisch orientierte) Postmoderne will den Geltungbereich der Ethik begrenzen, weil sie an der Funktionsfähigkeit des „Kometen Ethik" in funktional differenzierten Gesellschaften für gesellschaftliche Steuerung und Integration zweifelt. Die Probleme dieser Theorie beginnen mit der Vorstellung einer (strikten) eigenlogischen Selbstreproduktion funktional differenzierter Systeme. Im Gegensatz zu Luhmann vertritt der Soziologe Richard Münch die These, daß fortschreitende Modernisierung zu einer verstärkten wechselseitigen Durchdringung (Interpenetration) der unterschiedlichen gesellschaftlichen Subsysteme, also z. B. von Politik, Wirtschaft, Recht, Bildung, Kunst führt. Ob eine Interaktion innerhalb der Subsysteme oder zwischen den Subsystemen durch Geld, Macht, Recht oder Moral gesteuert werde, sei keineswegs von vornherein festgelegt. Bei der Reproduktion sozialer Systeme handle es sich um eine umkämpfte, konfliktreiche und offene Grenzziehung zwischen ökonomischen, politischen, rechtlichen oder moralischen Handlungslogiken (Münch 1991: 312f.). Insgesamt unterschätzt die Theorie selbstgesteuerter Systeme die empirische Bedeutung einer handlungsorientierten rationalität der Politik – besonders auf der Ebene der Organisationsformen (Mesoebene) und der individuellen Orientierungen (Mikroebene) –, die sich in politiwissenschaftlichen Grundbegriffen wie z. B. Akteuere, Interessen, Motive oder Ziele niederschlägt (von Beyme 1992: 337ff.).

Zum Design und zur „political correctnes" postmoderner Theorien scheint häufig zu gehören, politisch-ökonomische Herrschafts- und Strukturzusammenhänge gegenüber kulturellen Phänomenen und dem Gesichtspunkt des Zugewinns an ästhetischer Pluralität und Freiheit abzuwerten. Fraglich ist nicht nur, ob diese Ästhetisierung politisch-gesellschaftlicher Zusammenhänge „zielgerichtetes politisches Handeln unmöglich" macht (von Beyme 1992: 339), sondern auch ob es die (jederzeit umkämpften) wohlfahrtsstaatlichen Voraussetzungen von „Vollkasko-Individualisierung" und Ästhetisierung ausreichend berücksichtigt (Beck 1993: 19ff.). Ebenso fraglich ist, ob es postmodernen Theorien gelingt, einen hinreichenden Begriff einer „postindustriellen Form von Sittlichkeit" zu entwickeln (Honneth 1991). Postmoderne Theorien ersetzen, so Honneth, die moderne Idee des auf ein Ziel gerichteten Lebens durch die ästhetische Vorstellung einer „experimentellen Selbsterfindung des Menschen" Die Verwirklichung menschlicher Freiheit wird in einer von normativen Erwartungen entkoppelten Fähigkeit des Menschen verankert, „immer neue Selbstbilder kreativ zu erfinden" (ebd.: 169). Die radikale Trennung von normativen Kontexten und sozialen Traditionen erscheint dann als grundlegende Bedingung für die Entfaltung von Differenz als der leitmotivischen Voraussetzung jeder kreativen Selbsterfindung. Honneths „kritische Gegenthese" lautet, daß postmoderne Theorien die Bedeutung von Anerkennung und Anerkennungsformen für Identitätsbildung und Freiheit systematisch unterschätzen. So repräsentiert der „Verlust des Sozialen" nicht ausschließlich Chancen für eine wachsende Befreiung des Subjekts, sondern gleichzeitig ein für Individuen und Gesellschaft bedrohliches „Anerkennungsvakuum" (ebd.: 172). So sind Differenz und Pluralität alleine keine hinreichenden Antworten auf die Frage, welche Regeln heute sinnvollerweise Freiheitsansprüche begründen und begrenzen können.

7. Ausblick: Koordinaten Politischer Ethik im „Zeitalter der Ambivalenz"

Politische Ethik, die die Ambivalenz der Moderne teilt, wird im „Zeitalter der Ambivalenz" zunehmend selbst in „Prinzipienkonflikte" und Dilemmata verwickelt, und besitzt deshalb stets ambivalente und paradoxe Koordinaten (Höffe 1993b: 271). Beck beschrieb dieses Problem als Ablösung von entweder-oder-Konflikten durch „Konflikte des und", die sich zuspitzen und erratischer werden (Beck 1993: 22). Münch spricht von einer grundlegenden Dialektik der modernen Kultur, die sich „in einem endlosen Prozeß des Erzeugens, Abarbeitens und Wiedererzeugens von Widersprüchen" entwickelt (Münch 1991: 20; 27ff.). Wellmer formuliert die Idee der *„Unversöhnlichen Moderne"* zu deren konstitutiven Merkmalen gehört, „daß eine vernünftige, d.h. kommunale Freiheit nur möglich ist auf der Grundlage von Entzweiungen, Disharmonien und Kontingenzen" (Welmer 1993: 84).

Ein *kulturelles Dilemma* liegt in dem Konflikt von Universalismus und Pluralismus. Zum Diskurs der Moderne gehört der Anspruch auf Universalität, zum Diskurs der Postmoderne der Abschied davon. Für die politische Ethik ist wohl Becks Auffassung richtig, daß „der Universalismus der Moderne ebensowenig preisgegeben wie eingelöst werden kann" (1993: 141).

Ähnliches gilt für das *Kontingenzdilemma.* Die moderne Gesellschaft kann Suchbewegungen nach Orientierung, Sicherheit und Ordnung ebensowenig aufgeben, wie einlösen. Deshalb muß sie mit den riskanten Chancen und Gefahren von Ambivalenz, Unsicherheit und „dämonischer Kontingenz" leben lernen (Beck 1993: 49ff.; 86f.). Ein *ökologisches Dilemma* liegt in dem Konflikt zwischen Bewahren und dem Sinn für „Negative Fähigkeiten" einerseits und der gleichzeitigen Notwendigkeit einer Veränderung der „Welt zur Bewältigung von Leiden, Unrecht, Schäden und Irrationalitäten" wodurch „stets neue Formen von Leiden, Unrecht, Schäden und Irrationalitäten" geschaffen werden (Münch 1991: 34).

In dem Dauerkonflikt zwischen kommunikativem Handeln und zweckrationalem Handeln, zwischen den Imperativen der Lebenswelt und den Imperativen des Systems spiegelt sich ein *Rationalitätsdilemma*. Es liegt in dem Problem, daß die moderne Gesellschaft „von den normativen Regeln des Handelns und den Sinnbezügen der Subjekte abstrahieren muß und zugleich nicht abstrahieren kann" (Offe 1972: 275; Habermas 1981 I: 569f.).

Das Paradox einer intersubjektiv produzierten Identität führt in der „Gesellschaft der Individuen" zu Prinzipienkonflikten zwischen Individuierung und Anerkennung, zwischen „individueller und kommunaler Freiheit" (Wellmer 1993: 84), von „self vs. collectivity orientation" (Parsons). Mit Münch lassen sich solche Prinzipienkonflikte als *„Paradoxie des Individualismus"* bezeichnen (1991: 29f.).

Ein *Zivilisationsdilemma* liegt in den Ambivalenzen, die sich aus der Verschiebung von äußeren Kontrollen zugunsten von autonomen (internalisierten) Kontrollen für „Affektmanagement" (Wouters) und Gesellschaft ergeben. Solche Verschiebungen verstärken die Autonomie von Individuen und die Beweglichkeit von Gesellschaften. Die „gegenmoderne" Kehrseite liegt aber in der Gefahr einer Überforderung individueller Selbstregulierung und -kontrolle und regressiven Entladungen (Beck 1993: 100ff.).

Diese Sammlung von Paradoxien, Ambivalenzen und Dilemmata hat den Nutzen, die Unvermeidlichkeit der „unversöhnlichen Moderne" anzuerkennen: In ihr wird es zur zentralen Herausforderung politischer Ethik, jene Klasse von Problemen kleinzuarbeiten, die (oft) nicht mehr zu lösen sind, sondern die es (häufig) allenfalls zu schlichten gilt – also auf der Grundlage fester moralischer Grundsätze angemessen zu entscheiden, zu handeln und dabei (stets) mit dem Moment der Offenheit, Vorläufigkeit, Fehlbarkeit und Kontingenz zu rechnen. Zum moralischen Minimum einer politischen Ethik gehört dann sicherlich, was Wellmer zum Kern einer *„demokratischen Sittlichkeit"* rechnet: „Tugenden eines gewaltfreien-kommunikativen Umgangs mit Dissensen, Konflikten, Heterogenitäten und Entzweiungen, ebenso wie solche eines Lebens ohne letzte Synthesen und ultimative Lösungen" (1993: 70).

Literatur

Adorno, Theodor W.: (1969) Minima Moralia, Frankfurt/M.

Apel, Karl-Otto (1982): Die Situation des Menschen als ethisches Problem, in: Zeitschrift für Pädagogik (1982), H. 5, S. 677ff.

Apel, Karl-Otto (1986): Verantwortung heute – nur noch Prinzip der Bewahrung und Selbstbeschränkung oder immer noch der Befreiung und Verwirklichung der Humanität, in: Meyer, Thomas/ Miller, Susanne: Zukunftsethik und Industriegesellschaft, München

Baudrillard, Jean (1982): Der symbolische Tausch und der Tod, München

Baumann, Zygmunt (1992): Moderne und Ambivalenz. Das Ende der Eindeutigkeit, Hamburg

Beck, Ulrich (1986): Risikogesellschaft. Auf dem Wege in eine andere Gesellschaft, Frankfurt/M.

Beck, Ulrich (1993): Die Erfindung des Politischen, Frankfurt/M.

Berger, Johannes (1988): Modernitätsbegriffe in der Soziologie, in: Soziale Welt (1988), H. 2, S. 224ff.

Beyme von, Klaus (1992): Theorie der Politik im 20. Jahrhundert. Von der Moderne zur Postmoderne, Frankfurt/M.

Brinkmann, Heinrich (1990): Bemerkungen zum ethischen Fundament einer alternativen Wissenschaftspraxis, Manuskript Gießen

Buchstein, Hubertus/ Schmalz-Bruns, Rainer (1992): Gerechtigkeit als Demokratie Zur politischen Philosophie von Michael Walzer, in: PVS (1992), H. 3, S. 375ff.

Dubiel, Helmut u. a. (1989): Die demokratische Frage. Ein Essay, Frankfurt/M.

Dubiel, Helmut (1990): Zivilreligion in der Massendemokratie, in: Soziale Welt (1990), H. 2, S.125ff.

Forst, Rainer (1993): Kommunitarismus und Liberalismus – Stationen einer Debatte, in: Honneth, Axel (Hg.)

Fuchs, Peter (1991): Die Erreichbarkeit der Gesellschaft. Zur Konstruktion und Imagination gesellschaftlicher Einheit, Dissertation Gießen

Giddens, Anthony (1993): Tradition in der posttraditionalen Gesellschaft, in: Soziale Welt (1993), H. 4, S. 445ff.

Giesen, Bernhard (1991): Die Entdinglichung des Sozialen. Eine evolutionstheoretische Perspektive auf die Postmoderne, Frankfurt/M.

Greven, Michael Th. (1993): Ist die Demokratie modern? Zur Rationalitätskrise der politischen Gesellschaft, in: Politische Vierteljahresschrift (1993), H. 3, S. 399ff.

Gronemeyer, Reimer (1985): Intergesellschaftliche Konflikte und Ethik. Hunger und Krieg – Brot und Frieden, in: Neumann, Franz (Hg.): Politische Ethik, Baden-Baden

Habermas, Jürgen (1976): Zur Rekonstruktion des historischen Materialismus, Frankfurt/M.

Habermas, Jürgen (1981): Theorie des kommunikativen Handelns, 2 Bd., Frankfurt/M.

Habermas, Jürgen (1983): Moralbewußtsein und kommunikatives Handeln. Frankfurt/M.

Habermas, Jürgen (1985): Moral und Sittlichkeit, in: MERKUR 1985, S. 1041ff.

Habermas, Jürgen (1986): Gerechtigkeit und Solidarität. Eine Stellungnahme zur Diskussion über 'Stufe 6', in: Edelstein, Wolfgang/ Nunner-Winkler, Gertrud (Hg.): Zur Bestimmung der Moral, Frankfurt/M., S. 291ff.

Habermas, Jürgen (1989): Volkssouveränität als Verfahren, in: Merkur (1989), S. 465ff.
Habermas, Jürgen (1992): Drei normative Modelle der Demokratie: Zum Begriff deliberativer Politik, in: Münkler, Herfried: Die Chancen der Freiheit. Grundprobleme der Demokratie, München/Zürich. S. 11ff.
Habermas, Jürgen (1993): Anerkennungskämpfe im demokratischen Rechtsstaat, in: Taylor, Charles: Multikulturalismus und die Politik der Anerkennung, Frankfurt/M., S. 147ff.
Höffe, Otfried (1993a): Politische Ethik im Gespräch, in: Kemper, Peter (Hg,): Die Zukunft des Politischen. Ausblicke auf Hannah Arendt, Frankfurt/M., S. 13ff.
Höffe, Otfried (1993b): Moral als Preis der Moderne, Frankfurt/M.
Hösle, Vittorio (1991): Philosophie der ökologischen Krise, München
Honneth, Axel (1989): Kritik der Macht. Reflexionsstufen einer kritischen Gesellschaftstheorie, Frankfurt/M.
Honneth, Axel (1991): Pluralismus und Anerkennung. Zum Selbstmißverständnis postmoderner Sozialtheorien, in: Zapf, Wolfgang (Hg.): Die Modernisierung moderner Gesellschaften. Verhandlungen des 25. Deutschen Soziologentages, Frankfurt/M./New York, S. 165ff.
Honneth, Axel (1992a): Kampf um Anerkennung, Frankfurt/M.
Honneth, Axel (1992): Die Herausforderung des Kommunitarismus, in: Zahlmann, Christel (Hg.): Kommunitarismus in der Diskussion, Berlin, S. 118ff.
Honneth, Axel (Hg.) (1993): Kommunitarismus. Eine Debatte über die moralische Grundlage moderner Gesellschaften, Frankfurt/M.
Horkheimer, Max (1933): Materialismus und Moral, in: Zeitschrift für Sozialforschung (1933), H. 2, S. 162ff.
Jonas, Hans (1979): Das Prinzip Verantwortung. Versuch einer Ethik für die technologische Zivilisation, Frankfurt/M.
Jonas, Hans (1986): Prinzip Verantwortung – Zur Grundlegung einer Zukunftsethik, in: Meyer, Thomas/ Miller, Susanne: Zukunftsethik und Industriegesellschaft, München
Lash, Scott (1992): Ästhetische Dimensionen Reflexiver Modernisierung, in: Soziale Welt (1992), S. 292ff.
Luhmann, Niklas (1978): Soziologie der Moral, in: Luhmann, Niklas/ Pfürtner, Stephan, H. (Hg.): Theorietechnik und Moral, Frankfurt/M. S. 8ff.
Luhmann, Niklas (1984): Soziale Systeme. Grundriß einer allgemeinen Theorie, Frankfurt/M.
Luhmann, Niklas (1986): Ökologische Kommunikation. Kann die Gesellschaft sich auf ökologische Gefährdungen einstellen? Opladen
Luhmann, Niklas (1990): Paradigm lost: Über die ethische Reflexion der Moral, Frankfurt/M.
Luhmann, Niklas (1991): Soziologie des Risikos, Berlin/New York
Luhmann, Niklas (1992): Beobachtungen der Moderne, Opladen
Lyotard, Jean-Francois (1986): Das postmoderne Wissen, Graz/Wien
Lyotard, Jean-Francois (1989): Der Widerstreit, München
MacIntyre, Alasdair (1987): Der Verlust der Tugend, Frankfurt/M.
MacIntyre, Alasdair (1993): Ist Patriotismus eine Tugend? In: Honneth, Axel (Hg.)
Marx, Karl/ Engels Friedrich (1973): Die deutsche Ideologie, MEW Bd. 3, Berlin
Marx, Karl (1974): Zur Kritik der Hegelschen Rechtsphilosophie, MEW Bd. 1, Berlin

Marx, Karl (1977): Ökonomisch-philosophische Manuskripte, MEW Ergänzungsband, Berlin
McCarthy, Thomas (1989): Kritik der Verständigungsverhältnisse. Zur Theorie von Jürgen Habermas, Frankfurt/M.
McCarthy, Thomas (1993): Ideale und Illusionen. Dekonstruktion und Rekonstruktion in der kritischen Theorie, Frankfurt/M.
Münch, Richard (1990): Dialektik der Kommunikationsgesesellschaft, Frankfurt/M.
Narr, Wolf-Dieter (1985): Ethik und Politik. Skizze einer Physik der Sitten, in: Fetcher, Iring/ Münkler, Herfried (Hg.): Politikwissenschaft, Begriffe – Analysen – Theorien. Ein Grundkurs, Reinbek, S. 69ff.
Offe, Claus (1972): Strukturprobleme des kapitalistischen Staates, Frankfurt/M.
Offe, Claus (1989): Bindung, Fessel, Bremse. Die Unübersichtlichkeit von Selbstbeschränkungsformeln, in: Wellmer, Albrecht u.a. (Hg.): Zwischenbetrachtungen: Im Prozeß der Aufklärung, Frankfurt/M., S. 739ff.
Popper, Karl R. (1958): Die offene Gesellschaft und ihre Feinde, Bd. 2,
Reese-Schäfer, Walter (1993): Kommunitärer Gemeinsinn und liberale Demokratie, in: Gegenwartskunde (1993), H. 3, S. 305ff.
Schiller, Hans-Ernst (1989): Brüderlichkeit und Moralprinzip. Zur politischen Ethik, in: Gamm, Gerhard/ Kimmerle, Gerd: Vorschrift und Autonomie: zur Zivilisationsgeschichte der Moral, Tübingen, S. 157ff.
Schulze, Gerhard (1993): Die Erlebnisgesellschaft. Kultursoziologie der Gegenwart, Frankfurt/M./New York
Sutor, Bernhard (1997): Kleine politische Ethik, Bonn
Taylor, Charles (1989): Sources of Self, Cambridge University Press
Taylor, Charles (1993a): Multikulturalismus und die Politik der Anerkennung, Frankfurt/M.
Taylor, Charles (1993b): Aneinander vorbei: Die Debatte zwischen Liberalismus und Kommunitarismus, in: Honneth, Axel (Hg.)
Tugendhat, Ernst (1993): Vorlesungen über Ethik, Frankfurt/M.
Walzer, Michael (1990): Kritik und Gemeinsinn, Berlin
Walzer, Michael (1992): Sphären der Gerechtigkeit. Ein Plädoyer für Pluralität und Gleichheit, Frankfurt/M./New York
Walzer, Michael (1993): Die kommunitaristische Kritik am Liberalismus, in: Honneth, Axel (Hg.): Kommunitarismus. Eine Debatte über die moralische Grundlage moderner Gesellschaften, Frankfurt/M., S. 157ff.
Wellmer, Albrecht (1986): Ethik und Dialog. Elemente des moralischen Urteils bei Kant und in der Diskursethik, Frankfurt/M.
Wellmer, Albrecht (1993): Endspiele. Die Unversöhnliche Moderne, Frankfurt/M.
Welsch, Wolfgang (1987): Unsere postmoderne Moderne, Darmstadt
Zimmermann, Rolf (1986): Das Problem einer politischen Theorie der Emanzipation bei Marx und Habermas und die Frage ihrer ethischen Fundierung, in: Angehrn, Emil/ Lohmann, Georg (Hg.): Ethik und Marx. Moralkritik und normative Grundlagen der marxschen Theorie, Königsstein, S. 239ff.

Vom Umgang mit der Natur
Philosophische, ökonomische und politische Aspekte der Ökologie

Dieter Eißel

1. Zum Begriff der politischen Ökologie

Politische Ökologie befaßt sich mit den gesellschaftlich und staatlich organisierten Eingriffen des Menschen in die Natur. Sie läßt sich nach Akteuren, institutionellen Bedingungen, Medien und Instrumenten der Einwirkung durch Arbeit und Erkenntnis und deren jeweilige Handlungsphilosophie bzw. Legitimation unterscheiden. Gemeinsames Ziel ist, nach Wegen zu suchen, wie die Eingriffe nach Möglichkeit schadensbegrenzend minimiert werden können. Idealtypisch lassen sich hinsichtlich der Steuerung der menschlichen Eingriffe in die Natur oder des Umweltschutzes interventionistische und laisser-faire Ansätze gegeneinander abgrenzen. Im ersten Fall ist es Aufgabe der Öffentlichkeit (des Staates, einer Weltregierung, gesellschaftlicher Gruppen) die Rahmenbedingungen für die Nutzung der natürlichen Ressourcen zu setzen. Hierbei lassen sich entlang einer Rechts-Links-Politikskala autoritäre Interventionen (Ökodiktatur) bis zu hochgradig partizipatorischen Einflußnahmen auf regionaler, selbstverwalteter Ebene (Formen direkter Demokratie) abbilden. Die Interventionsregeln werden durch Recht (Gebote und Verbote), Geld (materielle Anreize und Strafen) und die gesellschaftliche Organisation neuer technischer Strukturen bestimmt. Im zweiten Fall wird theoretisch ein optimales Verhältnis der Mensch-Umwelt-Beziehungen erreicht, wenn die Öffentlichkeit sich weitgehend zurückzieht und den Mechanismen des Marktes über Preisfunktionen und Privatisierung bzw. Vergabe von Eigentumstiteln als Bedingungen der Funktionsfähigkeit des marktwirtschaftlichen Systems den schonenden Umgang mit der Natur überläßt. Theoretische Annahmen und empirische Belege über Staats- oder Marktversagen bilden die Rechtfertigungsmuster für die jeweilige Steuerungsstrategie. Jenseits dieser theoretischen Kontroversen befaßt sich politische Ökologie mit der langen Entwicklungsgeschichte des Umgangs mit der Natur, die auf einem höheren Abstraktionsgrad nach einem typischen kulturellen Muster und dessen Wandel fragt. Hierbei lassen sich z.B. abendländische, industriekulturelle Traditionen anthropozentrischer Naturbeherrschung von anderen, bio- oder physiozentrischen Beziehungen der Menschen zur natürlichen Mitwelt unterscheiden. Eine herausragende Rolle spielt dabei die Philosophie der Aufklärung, die an der Wiege der Industrialisierung und des technischen Fortschrittsmodells stand, das zu der heutigen Umweltproblematik geführt hat. Eine weiteres Querschnittsproblem stellt die Frage nach einer geschlechtsspezifischen Ausprägung des Mensch-Natur-Verhältnisses dar.

Aus der jeweiligen Sicht der Arbeits- und Denkmuster, die ursächlich für eine Übernutzung der Natur betrachtet werden, folgen entsprechende Strategieempfehlungen.

2. Mensch-Natur-Beziehungen als Gegenstand der Philosophie oder der logos der abendländischen Kulturentwicklung

2.1. Monogenetische und monologische Subsumtion der Natur als Beitrag des antiken Griechenland

Eine Rückblende auf wichtige Etappen der Sozial- und Geistesgeschichte, insbesondere mit Blick auf Moralphilosophie und ökonomische Theorie, kann dazu beitragen, den Bruch sichtbar zu machen, an dem die Menschen unserer Kulturtradition ein angemessenes Verhältnis zur Natur verloren haben. Die These lautet, daß ein spezifisches Verhältnis des Menschen zur Natur, vermittelt über Erkenntnis und Arbeit, sich bereits in der Geistesgeschichte der griechischen Antike ausgeprägt hat, das dann, christlich überformt, bis heute nachwirkt. Im Kern ist diese abendländische Tradition unheilvoll patriarchal, monogenetisch und auf Unterwerfung und Ausbeutung der Natur ausgerichtet.

Bereits im 6. Jahrhundert v.Chr. wird in der milesischen Naturphilosophie (Thales, Anaximandros, Anaximenes) die Vielfältigkeit der Erscheinungen der Natur – und dies ist entscheidend in unserem Zusammenhang – auf *einen* Urstoff bzw. ein Urprinzip zurückgeführt. Bei weitreichender Bedeutung der Begriffe werden Erde, Luft und Wasser zu jeweils einem Urstoff der Erscheinungen (Vorländer 1990: 11-19). „Die erste Philosophie der Griechen ist Naturphilosophie, ihr erster Begriff, der Uranfang, im Grund ein chemischer: der Urstoff" (Vorländer 1990: 13). Pythagoras (580-500) konnte an diesen Überlegungen ebenso anknüpfen wie sein Zeitgenosse Xenophanes oder Heraklit (40 Jahre später), indem er die Mannigfaltigkeit der Erscheinungen auf Gesetzmäßigkeiten (also nicht mehr in der physis begründet) zurückführt. Es ist die Zahl, die bei ihm hinter allen Erscheinungen als unveränderliche Größe steht. Nicht mehr sinnlicher Stoff, sondern ideelles Formprinzip erklärt das Weltall als auf Zahlen beruhende Harmonie. Als einer seiner bekanntesten Beweise gilt die Musik. Heraklit sieht als Motor der unablässigen Wandlungen der Natur und der Vielfalt polare Gegensätze (wie Krieg und Frieden), die quasi als beständige Urenergien wirksam sind. Allerdings sollte sich auch der Mensch (noch) in diese kosmische Ordnung einfügen.

Aristoteles schließlich, dessen Werke nach Einführung in Mitteleuropa über die maurische Eroberung Spaniens in der Übersetzung und mit Kommentierungen von Averroes, die christliche Philosophie des Mittelalters entscheidend beschäftigte, arrondiert diese monogenetische, die Eigenständigkeit mißachtende Deutung der Vielfalt der Natur durch den Hinweis auf die zweckmäßig, teleologische Ordnung der Natur, die dem Menschen zugleich als Gebrauchswert dient. Im Unterschied etwa zur indischen Philosophie der Upanischaden, die die Naturerfassung nicht in erster Linie dem Verstand, sondern der Intuition überantwortet und jeder Erscheinung und jedem Wesen eine Eigenständigkeit zubilligt, wird in der griechischen Antike eine monologische Unterwerfung und der Objektcharakter der Natur – wenngleich zunächst auf das Medium der Erkenntnis bezogen – angelegt.

2.2. Vom mittelalterlich-patriarchalen Umgang mit der Natur zur neuzeitlichen effizienten Unterwerfung der Natur als Objekt von Erkenntnis und Arbeit

Auf die philosophische Grundhaltung des antiken Griechenland kann dann fast tausend Jahre später – mit der Entfaltung von Vorboten der Moderne in den aufblühenden Handelsstädten Norditaliens – die christliche Moralphilosophie anknüpfen. In der Morgendämmerung des Industrialismus betonte Augustinus (354-430) in der eher statischen Ordnung des Mittelalters zwar noch eine Vernunftordnung der Natur als Ergebnis des göttlichen Willens (und nicht eine animistische geprägte Rücksichtnahme des Menschen als Teil ihres Kreislaufs), gleichwohl legte er aber den Menschen auf, Verantwortung gegenüber dieser hierarchisch geordneten Welt zu tragen und Rücksichtnahme auf die Natur zu wahren. Der individuelle Nutzen darf nicht dazu führen, diese göttliche Ordnung zu zerstören. „Wer Honig essen will, muß auch auf die Biene achten".

Mit Entwicklung des (Tausch)handels verlagerte sich der focus der christlichen Moralphilosophie weg von der Mensch-Natur-Beziehung zu der zwischenmenschlichen Beziehung. Gerechtigkeit und Gott gefälliges Verhalten bezog sich ausschließlich auf die in der entwikkelten Ökonomie gewachsenen Tauschbeziehungen. Die Natur wurde zum Medium der auf „Fortschritt" gerichteten menschlichen Erkenntnis (Newton) und der Arbeit/Technik. Die Berücksichtigung ihrer Ordnung war nicht länger in die Verantwortung des Menschen gestellt. Gott allein war hierfür verantwortlich. Es war Thomas von Aquin (1225/27-1274), der diese Wandlung philosophisch vollzog. Der Naturbegriff, den schließlich die Aufklärung und der Liberalismus (etwa John Locke) im Kampf gegen die mittelalterliche Feudalordnung benutzt, ist weitgehend auf die menschliche Natur bezogen, deren Eigenständigkeit allein betont wird. Der Mensch tritt als autonomes Subjekt, als zu befreiendes Individuum gegen die Obrigkeit und die hierarchische Ordnung des Feudalismus, aber auch gegen die Naturwelt an. Natur wird Objekt grenzenloser, nur den technischen Möglichkeiten unterworfener Ausbeutung bzw. Bereicherung. Ein rücksichtsvolles Verständnis – wie noch bei Augustinus – ist auf diese Weise eliminiert. Menschlicher Wille und Vernunft legitimieren ein allgemeines Recht auf Naturaneignung und Dienstbarmachung für den eigenen Nutzen. Die Natur hat keinen eigenständigen Wert mehr. Die explosionsartige Entwicklung der Wissenschaft, die sich aus der scholastischen mittelalterlichen Ordnung befreit, hat wohl zunächst für den Menschen aber nicht für die Natur eine positive Wirkung.

2.3. Die Ambivalenz der neuzeitlichen Aufklärung

2.3.1. Der cartesianische Anthropozentrismus und die puritanische Moral

Max Weber hat in seinen Analysen zur protestantische Ethik die religiöse Unterstützung der Industrialisierungsprozesse deutlich herausgearbeitet: Katholiken dürfen sich beim wirtschaftlichen Erwerb nur mit Bedenken und an den Grenzen der Moral bewegen und strenggläubige Juden nur gegenüber Fremden einen erwerbstüchtigen Krämergeist pflegen. Anders der Puritaner: er kann sich durch das spezifisch moderne ökonomische Erwerbshandeln ethisch bewähren:

> „... nicht kraft laxer Interpretation oder doppelter Moral, oder weil er etwas ethisch Indifferentes und auf dem eigentlichen Geltungsgebiet des Ethischen Verpöntes tat, sondern umgekehrt mit dem denkbar besten Gewissen, eben dadurch, daß er, rechtlich und sachlich handelnd, die rationale Methodik einer gesamten Lebensführung im 'Betrieb' objektivierte, sich vor sich selbst und im Kreise seiner Gemeinde legitimierte und eben auch nur insoweit und dadurch legitimierte, als und weil die absolute, nicht relativierte, Unanfechtbarkeit seines Verhaltens völlig feststand" (Weber 1985: 370).

Dieser „kapitalistische Geist" des Protestantismus zeichnet sich einerseits durch eine ethische Bändigung der Genußsucht (Akkumulationsethik) aus und ist anderseits darauf gerichtet, alles, die Welt, die Natur einem konsistenten Gesetz zu unterwerfen. Mit der Unterwerfung der kontingenten Welt unter ein konsistentes Prinzip (im Kapitalismus: Verwertung von Kapitalinput oder Rentabilität und Rationalität/Effizienz) wird die Besonderheit und Vielheit der Natur dem rational erfaßbaren Gesetz geopfert. Damit kann an die Tradition der antiken Unterwerfung der Natur unter *ein* Prinzip angeknüpft werden.

In der naturrechtlichen Begründung der liberalen Revolution, die den modernen Kapitalismus einleitete, wird die Unterwerfung der Natur gar zum „göttlichen Gebot". So heißt es bei John Locke (1632-1704), dem Apologeten des puritanischen, aufstrebenden Bürgertums:

> „Gott, der die Welt den Menschen gemeinsam übertragen hat, hat ihnen auch die Vernunft verliehen, sie zum größten Vorteil und zur Annehmlichkeit ihres Lebens zu nutzen. Die Erde und alles, was auf ihr ist, ist den Menschen zum Unterhalt und zum Genuß ihres Daseins gegeben" (Locke 1967: 217). Die Unterwerfung der Natur durch Arbeit begründete im frühen Liberalismus (neben dem Vertragsgedanken) auch den Anspruch auf Privateigentum: „und alles, auf das er mit seiner Arbeit einwirken konnte, war sein Eigentum. Alles, worauf sich sein Fleiß erstrecken konnte, um es aus seinem natürlichen Zustand zu entfernen, gehörte ihm" (Locke 1967: 230).

Diese Haltung wird philosophisch durch René Descartes (1596-1650) unterstützt. Er formulierte schon im 17. Jahrhundert eine extreme Trennung von Geist und Materie und gründet seine Ansicht von der Natur auf die grundsätzliche Teilung in zwei getrennte und voneinander unabhängige Bereiche: die res extensa, den Bereich der Materie, und die res cogitans, den Bereich des Geistes. Diese Cartesianische Teilung erlaubte es den Wissenschaftlern, die Materie als tot und völlig von ihnen selbst getrennt zu behandeln und die sogenannte stoffliche Welt als eine Anordnung verschiedener, in einer gewaltigen Maschine zusammengesetzter Objekte zu sehen. Diese Umwelt konnte mathematisch erfaßt werden.

> „Und ich war nicht in Verlegenheit, womit anzufangen sei. Denn ich wußte schon, es müsse mit den einfachsten und fasslichsten Objekten geschehen, und als ich bedachte, daß unter allen, die sonst nach Wahrheit in der Wissenschaft geforscht, die Mathematiker allein einige Beweise, das heißt einige sichere und einleuchtende Gründe hatten finden können, so war ich gewiß, daß ich mit diesen bewährten Begriffen anfangen müsse" (Descartes 1960: 9).

Seit Descartes heißt also das leitende Motiv in der Naturwissenschaft, die Natur berechenbar zu machen. Alles andere an der Natur verfällt der Ausblendung. Descartes löste zugleich das aristotelische, mittelalterliche Naturverständnis ab, das von der Zielbestimmung her dachte. Sein Konzept lief auf eine rein kausale Naturerklärung ab. Auf diese bereits bei den Pythagoreern angelegte Weltbetrachtung gründete Isaac Newton sein mechanistisches Modell des Universums als Welt der Bewegung und gegenseitigen Einwirkung von Atomen. Die einzelnen, einfachsten Objekte der Natur agierten miteinander durch Druck und Stoß und diese analytische Geometrie und Mathematik beschrieb die gesetzlichen Bewegungen. Das Cogito ergo sum hat dabei die Menschen durch seine Popularität dazu angehalten, ihre

Identität mit dem Intellekt gleichzusetzen, statt mit dem ganzen Organismus und damit als Teil der Natur (Breton 1982: 143). Descartes vertrat dabei die Auffassung, daß die Tiere keine Gedanken, keine Seele und keine Erfahrungen haben (Williams 1988: 238). Dies steht im Gegensatz zur franziskanischen Idee der Partnerschaft mit den Tieren; sie verträgt sich auch nicht mit der gaianischen Ethikauffassung, wonach die Erde wegen der dynamischen Gleichgewichtssituation ein lebendiger Organismus ist, dem der Mensch angehört (Odum 1991).

Auch heute noch besteht der wesentliche naturwissenschaftliche Erkenntnisprozeß darin, die Komplexität des Naturzusammenhangs in einzelne Ursache-Wirkung-Ketten aufzulösen und dann die bestehenden Wechselwirkungen experimentell zu überprüfen. Der denkende und fühlende Mensch störte nur in dieser naturwissenschaftlichen Erforschung. Die ersten großen neuzeitlichen Pioniere wie Galilei, Kepler oder Newton haben „diese geradezu inquisitorische Erkenntnissituation und die mit ihr verbundene Entsinnlichung des Mensch-Natur-Verhältnisses als Grundbedingung exakter Naturerkenntnis programmatisch gefordert“ (Altner 1991: 12). Die Dominanz dieses naturwissenschaftlichen Erkenntnisparadigmas hat die Kluft zwischen Mensch und Natur aufgerissen. Aus der theoretischen Diskussion des Mensch-Natur-Verhältnisses im 16. und 17. Jahrhundert ist längst eine technologische Bemächtigungspraxis geworden. „Die Unterwerfung der Natur durch wissenschaftliche Erkenntnis hat in der Verbindung zu Technologie und Wirtschaft zu jenen Veränderungen geführt, die wir einerseits als neuzeitlichen Fortschritt und andererseits als biosphärische Krise im Gefolge dieses Fortschritts beschreiben“ (Altner 1991: 13).

Der Ansatz der milesischen Naturphilosophie wurde in der aufkommenden Neuzeit mit dem neuen Prinzip des Utilitarismus gekoppelt, der die Unterwerfung der Natur als „pursuit of happiness“ und damit als Menschenrecht feierte. In diesem Prozeß hat jedoch nicht nur die Natur, sondern auch der Mensch selbst Schaden genommen.

2.3.2. Kritik der technischen Zivilisation

Die Entwicklung der technischen Zivilisation blieb nicht ohne Kritik. Als Rousseau (1712-1778) in der preisgekrönten Antwort auf die Frage der Akademie von Dijon, ob der Fortschritt der Wissenschaften und Künste zur Reinigung der Sitten beigetragen habe, ein leidenschaftliches „Non“ entgegenschleudert, kritisierte er die Zivilisation als Fehlentwicklung (Rousseau 1971). Dieser berühmte erster Discours von 1750 leitet einen polemischen Angriff auf die Wissenschaft und Vernunft seiner Zeit ein. Er setzt als Antithese zu einer Wissenschaft, die in spitzfindige Sophisterei entartet ist und gegen eine Kultur, welche die ursprüngliche Güte (bonté) des Menschen und das vernünftige Maß verloren hat, auf das Gefühl – vor allem auf das Mitgefühl (pitié) mit der Natur und darin eingeschlossen mit den Mitmenschen. Die ratio darf sich nicht von diesem Gefühl befreien. Die Mitmenschlichkeit bleibt ebenso Kriterium der Wissenschaft, wie die Frage nach dem Ganzen und den wirklichen Problemen der Menschheit.

Diese Kritik des Fortschrittsmythos der Aufklärung können Adorno und Horkheimer fast 200 Jahre später in ihrer berühmten Schrift „Dialektik der Aufklärung" wieder aufnehmen. Ausgangspunkt ihrer Kritik bildet dabei die Frage, wieso die Menschheit anstatt in einen wahrhaft menschlichen Zustand einzutreten, in eine neue Art von Barbarei versinkt, was angesichts der Erfahrungen mit der Oktoberrevolution in Rußland, die im terroristischen Stalinismus endete und mit dem Holocaust des Faschismus in Deutschland offensichtlich ist. Den Ursprung dieser fatalen Entwicklung sahen sie in der Aufklärung selbst angelegt:

> „Wir hegen keinen Zweifel [...], daß die Freiheit in der Gesellschaft vom aufklärenden Denken unabtrennbar ist. Jedoch glauben wir genauso deutlich erkannt zu haben, daß der Begriff eben dieses Denkens [...] schon den Keim zu jenem Rückschritt (enthält), der heute überall sich ereignet" (Horkheimer/ Adorno 1969: 3).
> Dem Totalitarismus der Aufklärung war alles verhaßt, was nicht berechenbar, nicht mit System erfaßbar, nicht mit formaler Logik beherrschbar. „Die Zahl wurde zum Kanon der Aufklärung" (Horkheimer/Adorno 1969: 10).

Damit wird die Aufklärung selbst wieder zum Mythos. Ursprünglich angetreten, den Aberglauben zu besiegen und über die entzauberte Natur zu gebieten, reißt die Aufklärung alle Grenzen nieder, weil sie immer im Verdacht stehen, den Aberglauben zu verfestigen. Das fortschreitende Wissen gerinnt in fortschreitender Technik. „Technik ist das Wesen des Wissens" (Horkheimer/Adorno 1969: 8). Mit der Entwicklung eines instrumentellen Verhältnisses zur Natur, entwickelten die Menschen auch untereinander Zweck-Mittel-Beziehungen.

> In der Folge wurden „mit der Versachlichung des Geistes die Beziehungen der Menschen selber verhext, auch jedes Einzelnen zu sich. Er schrumpfte zum Knotenpunkt konventioneller Reaktionen und Funktionsweisen zusammen, die sachlich von ihm erwartet werden. Der Animismus hatte die Sachen beseelt, der Industrialismus versachlicht die Seelen" (Horkheimer/ Adorno 1969: 29).

Auf der Strecke blieb damit das Reich menschlicher Sinnlichkeit, weil sie störend auf das immer praktischer werdende Denken wirkte. „Von nun an soll die Materie endlich ohne Illusion waltender oder innewohnender Kräfte, verborgener Eigenschaften beherrscht werden" (Horkheimer/Adorno 1969: 12). Auf diese Weise wurde mit der Entwicklung der Beherrschung der äußeren Natur die innere des Menschen unterdrückt. Statt eines unaufhaltsamen Fortschritts gerieten die Menschen in eine unaufhaltbare Regression und wurden selbst zum Objekt, weil die Technik ihnen nicht mehr länger als Instrument zur Verfügung steht, sondern umgekehrt sie kontrolliert.

„Was die Menschen von der Natur lernen wollen, ist, sie anzuwenden, um sie und die Menschen vollends zu beherrschen" (Horkheimer/ Adorno 1969: 8). „Die Absurdität des Zustandes, in dem die Gewalt des Systems über die Menschen mit jedem Schritt wächst, der sie aus der Gewalt der Natur herausführt, denunziert die Vernunft der vernünftigen Gesellschaft als obsolet" (Horkheimer/Adorno 1969: 38).

„Die These, daß die vollendete Herrschaft des Menschen über die Natur in Selbstdestruktion umschlägt, hat sich in den Jahrzehnten seit ihrer ersten Formulierung in vielen Bereichen, von denen die Autoren der Kritischen Theorie noch nichts wissen konnten, und damit um so nachträglicher bestätigt" (Schmid Noerr 1990:18). „Ausgehend von der Wissenschaftstradition des 16. Jahrhunderts vollzog sich der technisch-industrielle Fortschritt im 19. und 20. Jahrhundert so, daß die Biosphäre als Rohstoff für eine verschwenderische Fortschrittsmaschine verheizt wurde. [...] Die menschliche Vernunft, der Evolution einst entsprungen, läßt die irdische Lebenswelt und alles, was durch Jahrmillionen wurde, im Zuge eines fehlorientierten Wachstums in kürzester Zeit über die Klinge springen" (Altner 1991: 21f.).

Adorno hat in seiner „Negativen Dialektik" (1970) beschrieben, daß von den Hoffnungen der Vergangenheit sich nichts realisiert hat. Die Veränderung der Welt ist kräftig mißlungen. Unsere Praxis demoliert und verschleiert diese Intentionen der Vergangenheit vielmehr und verhökert sie als haltlose Spekulation: „Der introvertierte Gedankenarchitekt wohnt hinter dem Mond, den die extrovertierten Techniker beschlagnahmen" (Adorno 1970: 13).

Die negative Seite der Aufklärung beschränkte sich nicht auf das Abendland, sondern zog expansionistische Kreise im Zuge weltweiter Kolonisierung.

„Denn im technologischen und ökonomischen Ausgreifen des Kapitalismus über die ganze Erde materialisiert sich der Geist als Logos der europäischen Kulturentwicklung und setzt sich an die Stelle der Natur und des Menschen selbst" (Schönherr 1989: 93). Als Ergebnis kann man mit Schumacher festhalten: „Die zivilisierte Menschheit ist über das Antlitz der Erde geschritten und hat in ihren Fußspuren eine Wüste hinterlassen" (Schumacher 1985: 93). Bleibt mit Horkheimer und Adorno „zuletzt nur die resignative Feststellung, daß eine Wendung zum besseren nicht in Sicht sei?" (Münkler 1990: 191).

2.3.3. Auswege aus dem Dilemma der Aufklärung?

Horkheimer und Adorno lassen nur am Rande den Schimmer einer Hoffnung zu, daß es aus dieser Entwicklung der Zivilisation ein Entrinnen gibt, weil das konsequente Denken prinzipiell auch den Entfremdungsprozeß begreifen kann und den herrschaftlichen Blick gegenüber der Natur, der bis in uns hinein selbst wirkt, zurücknehmen kann (Adorno/Horkheimer 1969: 47). Die Utopie einer selbstreflexiven Vergewisserung der Natur im Subjekt, die Freilegung der deformierten anderen (libidinösen) Vernunft (Marcuse), das Aufbrechen der begrifflichen Schematisierung der Sprache (Horkheimer) und die Reflexion der Ästhetik des Mimetischen (Adorno), können so die Hoffnungen auf eine Gegenwehr gegen die negative Dialektik der Naturzerstörung durch die instrumentelle Vernunft aufrecht erhalten (Schmid Noerr 1990).

Ein schwerwiegendes Hemmnis für diese notwendige Reflexion begründet jedoch der Entfremdungsprozeß selbst, insofern er uns die sinnliche Wahrnehmung von Natur geraubt hat. Darauf hat insbesondere Uexküll, der den Begriff der Umwelt in die Verhaltensforschung einführte, hingewiesen (Uexküll 1907: 659f.). Der Entfremdungsprozeß hat sich in einer Zeit, in der wir uns anschicken, das genetische Substrat der belebten Natur technisch für menschliche Nutzinteressen zu modulieren und unter Patentrecht zu stellen, dramatisch verschärft. Natur bzw. das, was wir in unserer Umgebung als Umwelt wahrnehmen, ist eher ein Artefakt, ein künstliches Produkt, das ohne menschliche Mitwirkung in vielen Fällen kein Gleichgewicht mehr herstellen kann. Sicherlich stellen Überschwemmungsgebiete, Zerstörungen der Regenwälder und damit der Lebensbedingung von Naturvölkern auch heute noch nur einige Beispiele für die Abhängigkeit des Menschen von der Natur dar, die uns als menschliche Erfahrungen und Leiden geblieben sind. Aber weitgehend trifft zu, daß unsere Naturerfahrung im Kern eine von Medien gesteuerte Erfahrung ist. Nach Meyer-Abich sind die Umweltprobleme zum großen Teil auf diese Defizite der Wahrnehmung zurückzuführen. Die Menschen haben sich in der industrialisierten Welt von der natürlichen Mitwelt abgeschirmt. In diesem Prozeß verkümmerten ihre Sinne, mit denen sie die Veränderungen in der Umwelt hätten wahrnehmen können. Wir sind von der „Mitweltzerstörung" nur noch dort betroffen, „wo sie schneller voranschreitet als die gleichzeitige Verkümmerung unserer Sinne" (Meyer-Abich 1990: 17).

Die unaufgeklärten Zusammenhänge zwischen Industriekultur und Naturzerstörung haben auch einen neuen Bedarf an Mythologie hervorgebracht. Die diffuse Angst vor der Realität soll durch Imagination verdrängt werden. „Das Imaginierte verdeckt die drohende Katastrophe, deren Alternative die Erstarrung der Geschichte, das Ende des Fortschritts, das Posthistoire ist“ (Schönherr 1989: 91).

In Teilen der Naturwissenschaften zeigt sich angesichts der cartesianischen Fehlentwicklung ein Paradigmenwechsel, der Natur als offenen Evolutionsprozeß begreift, so daß das künftige Geschehen nicht mehr einfach von den vorausgehenden Phasen festgelegt werden kann. Dies hat zu der Verpflichtung geführt, den Standort des Menschen in der Natur neu zu begründen. Wenn der Mensch Produkt und Ergebnis einer langen natürlichen Entfaltungsgeschichte ist, dann ist die Natur auch Substanz und Grundbedingung seiner Existenz. Wenn der Mensch sich dieses Zusammenhanges bewußt wird und entsprechend handelt, „eröffnet sich ihm die Möglichkeit, Herkunft und Zukunft zu ermessen und daraus entsprechende Optionen für einen nur ihm möglichen Prozeß des Naturumgangs und der Naturverwandlung einzuleiten“ (Altner 1991: 20).

Hans Jonas ergänzt diese Sicht durch das ethische Postulat, daß die gesamte Biosphäre des Planeten mit aller Fülle von Arten wegen ihrer neu enthüllten Verletzlichkeit gegenüber den exzessiven Eingriffen des Menschen die Achtung erfahren muß, die allen Lebendigen gebührt. Die Erkenntnis der extremen Verletzlichkeit und Zerstörbarkeit der Natur verpflichtet den Menschen ist, eine Ethik zu entwickeln, die „der Erhaltung, der Bewahrung, der Verhütung und nicht des Fortschritts und der Vervollkommnung“ (Jonas 1984: 249) dient. Ähnlich gelagert ist die Forderung von Meyer-Abich (im Anschluß an Kant) einen Frieden mit der Natur zu schließen. Der „Natur-Staat“ entspricht dem modernen Rechtsstaat, der im innerstaatlichen Bereich Frieden sichert. Entsprechend des naturphilosophischen Grundgedankens des Eigenwerts der natürlichen Mitwelt soll sich das (Un-)Rechtsbewußtsein allerdings auf die außermenschliche Natur beziehen und die natürliche Mitwelt unter den Rechtsschutz stellen, der damit nicht nur die Gesellschaft umfaßt, sondern auch deren Einbettung in die Natur (Meyer-Abich 1990: 143ff.).

> „Was sich darin abzeichnet, ist eine Welt, in der die Natur wiedergefunden und die Freiheit gefunden wird: ein neuer Naturzustand, in dem sich das Denken mit dem Handeln rundet und die Chance sich erfüllt, welche die Natur in uns Menschen hat“ (Meyer-Abich 1990: 144f.).

Das geforderte Bewußtsein ist dabei nicht rückwärts gewandt und nicht wissenschaftsfeindlich. Der romantisch inspirierte Versuch, den Zivilisationsprozeß abstrakt zu negieren, ist ebensowenig geeignet, wie die Rationalität zerstörerischer und blinder Naturbeherrschung, einen Ausweg aus dem krisenhaften Krieg gegen die Natur zu bewirken. Allerdings sollte man sich davor hüten, daß der modisch gewordene Ethik-Boom eine reine Alibiveranstaltung wird. Prinzipiell kann die Ethik überfordert sein, wenn sie die Härte des technisch-industriellen Fortschritts im Nachhinein „weich" machen soll, solange in den Denkansätzen und in den daraus abgeleiteten Instrumentarien selbst das Problem liegt (Altner 1991: 19).

2.4. Naturunterwerfung als Andrologik oder die ökofeministische Kritik

In Erweiterung der Kritik der technischen Zivilisation wird der geschichtliche Prozeß des Umgangs mit der Natur in der feministischen Literatur zusätzlich unter geschlechtsspezifischen Aspekten befragt. Die Ursache einer asymmetrischen Arbeitsteilung zwischen Männern und Frauen und damit auch die Ursache für ein unterschiedliches Verhalten von Männern und Frauen zur Natur wird in einer unterschiedlichen geschlechtsspezifischen Handhabung und Erfindung von Werkzeugen gesehen. „Zunächst ist festzuhalten, daß Frauen ihren ganzen Körper als produktiv erfahren können, nicht nur ihre Hände oder ihren Kopf" (Mies 1983: 169) wie die Männer. Dies liegt vor allem am Gebären, wobei Mies diesen Akt nicht auf animalische Fruchtbarkeit (wie bei Tieren), sondern auf einen bewußte Handlung zurückführt, die vom Wissen um Sexualität, Geburt und Schwangerschaft und um eine Praxis der Geburtenregelung, die reflexiv bis zur Kindestötung reichen kann, beeinflußt ist.

„Mütter, die Kinder gebären und stillen, sind auch darauf verwiesen, Nahrung für sich und diese Kinder zu beschaffen" (Mies 1983: 171). Mit diesem Geburtsakt ist bei Frauen zum Unterschied zu Männern die Produktion von Lebensmitteln für dieses Leben verbunden. Diese Verantwortung erledigten sie durch ein tägliches Sammeln von Nahrungsmitteln und schließlich durch einen kollektiven Anbau, wodurch sie auch zu Gründerinnen von gesellschaftlichen Verhältnissen wurden. Die Männer dagegen gingen nur gelegentlich auf Jagd (Mies 1983: 172). Aus dieser doppelten Beziehung zur Natur, zur eigenen und zur äußeren, ist die weibliche Interaktion zu einem reziproken Prozeß geworden. Es bildete sich ein kooperatives Verhältnis zur Natur anstelle von Herrschafts- und Aneignungsprozessen wie bei den Männern heraus (Mies 1983: 173).

Männer dagegen haben aufgrund ihrer anderen Körperlichkeit ein instrumentelles Verhältnis zur Natur. Ihre Interaktion zur Natur ist über Werkzeuge definiert. Ihr Bewußtsein ist geprägt von Erfindung und Kontrolle der Technologie und einem instrumentellen Umgang mit der Natur, welche die Frauen einschließt. Dies ist die Sicht der Herrschenden, die Aneignung als Raub verstehen (Werlhof 1983: 141). Mit der Entwicklung und der Konzentration auf eine androzentrische Verzerrung des Arbeitsbegriffes bildete sich die Herrschaft des Mannes über die weibliche Natur aus (Mies 1983: 165). Natur wird von den Männern als Ökonomiebegriff eingeführt. Natur ist das, wofür man nahezu nichts zu zahlen hat: das Gebären, Erziehen und Aufziehen der Kinder, die Ausbeutung der weiblichen Arbeitskraft und der Natur und die Inbesitznahme ihrer Rohstoffe (Werlhof 1983: 149).

„Zusammenfassend können wir sagen, daß die verschiedenen Formen der asymmetrischen, hierarchischen Arbeitsteilung, die im Laufe der Geschichte hervortraten, bis in unsere Epoche auf dem Grundmodell der beutemachenden und bewaffneten Jäger/Krieger beruhen, die, ohne selbst zu produzieren, sich Produzenten und Produkte aneignen" (Mies 1983: 190). Es galt: sich die Erde untertan zu machen. Frauen, Natur und auch die Dritte Welt werden zu Kolonien des weißen Mannes gemacht.

Vor dem Hintergrund dieser Überlegungen stellt Maria Mies einen Entwurf einer Gesellschaft vor, der folgende Grundsätze und Maßnahmen zu berücksichtigen hätte: 1. eine ökologische Gesellschaft muß notwendigerweise auch die Frauenbefreiung fördern; 2. die Frauenbefreiung setzt eine ökologische Gesellschaft voraus; 3. beides kann nicht ohne Aufhebung der Ausbeutung der Dritten Welt geschehen. [...] Natur, Frauen und Dritte Welt müssen gleichzeitig entkolonisiert werden (Mies 1992: 277f.).

Die feministische Theorie klagt auch eine andere Perspektive der neuen Gesellschaft ein, die einer Sicht von unten folgt, d.h. gegen hierarchische Strukturen angeht. Zusätzlich muß eine ökofeministische Gesellschaft den unbegrenzten Fortschritt und das Wachstums als Illusion ablegen, da in der Wirklichkeit die Ressourcen der Erde und das Leben der Menschen begrenzt ist. Im Gegensatz zu Geld sind Bodenschätze und Menschen nicht unbegrenzt vorhanden und vermehrbar aber unverzichtbar, um das Kapital zu vermehren. Schon von daher ist die Kontrolle über die Gebärfähigkeit äußerst wichtig, weil „es sich doch dabei um die Hervorbringung des wichtigsten, weil einzig nicht verzichtbaren 'Produktionsmittels': menschliche Arbeitskraft" handelt (von Werlhof 1992: 146). Eine ökofeministische Gesellschaft kann so „als Schaffung und Erhaltung des unmittelbaren Lebens" verstanden werden (Mies 1992: 279).

Arbeit und vor allem der Zeitbegriff muß umdefiniert werden. Die Zeit muß sich „an den natürlichen Rhythmen und Kreisläufen des Lebens orientieren (Mies 1992: 284). Dahinter steckt die Hoffnung, die Beschleunigung des Arbeitsprozesses umzukehren und sinnliche und körperliche Interaktion mit der Natur wieder als Gegenstand und Bestandteil der Arbeit werden zu lassen. Arbeit darf nicht nur nach Zwecken, nach instrumenteller Vernunft organisiert werden, sondern nach Sinn. Anstelle von Großtechnologie und Zentralisierung soll das

Arbeiten der Zukunft entsprechend den ökofeministischen Vorstellungen in kleineren Regionen stattfinden, die für den Menschen überschaubar sind und so groß, daß sie sich selbst versorgen können (Mies 1992: 287).

Wenn man wieder ein partnerschaftliches kooperatives Verhältnis zur Natur erreichen will, muß man sich auf die Bezüge der Frauen zu ihrer eigenen und der sie umgebenden Natur wieder herstellen, die einmal gegeben waren oder in vielen Ländern der Dritten Welt noch ausgeprägt sind (Ruppert 1995). Im Hinblick auf das Mensch-Natur-Verhältnis wird ein reziprokes Verhältnis eingeklagt. Dies bedeutet, daß der Mensch sich als einen Teil der Natur begreift und ein positives Verhältnis zur eigenen wie zur äußeren Natur entwickeln kann. Allerdings ist zu bedenken, daß der lange Prozeß der patriarchalischen Zivilisation auch den weiblichen Gegenstandsbezug zur Natur verändert hat. Die Folge davon ist, daß „die meisten Frauen heute das Bewußtsein ihrer eigenen Produktivität, die nach wie vor besteht, verloren haben“ (Mies 1983: 173).

3. Natur als Gegenstand der politischen Ökonomie

3.1. Die Positionen der Physiokraten und des klassischen Liberalismus

Die Physiokraten des 18. Jahrhunderts signalisierten mit ihrem Begriff die Wertschöpfung durch die Natur ein anderes Verständnis von Reichtum als das Merkantilsystem, das sich allein auf die Anhäufung von Geld konzentrierte. Die physische Arbeitswert-Lehre zerstörte die Legende vom Geldreichtum, indem sie seine Eigenschaft als Tauschmittel bzw. Hilfsmittel des Handels nachwies. Als Gegenthese wies deren Hauptvertreter Quesnay (1694-1774), orientiert am (natürlichen) Blutkreislauf, auf einen wirtschaftlichen Kreislauf hin, dessen Ausgangspunkt die Natur darstellte (Gide/Rist 1921: 1-56). Dennoch hatten sie bei genauerer Betrachtung nicht den Wertschöpfung der Natur im Blick. Physis (die Erde) kratein (schöpft) meinte eher die Bauern als Bearbeiter des Bodens. Nicht brachliegendes Land schuf Reichtum, sondern der durch Landarbeit hervorgerufene Überschuß der Ernte(arbeit) über der Saat(arbeit). Die den bäuerlichen Interessen an entsprechender Gestaltungen der staatlichen Zoll- und Steuerpolitik verpflichtete Lehre des physiokratischen „laissez faire, laissez aller, les chauses vont eux-mêmes“ forderte den Staat auf, die Bodenbearbeitung aus der Steuerpflicht zu befreien und den Müßiggang und Luxus fiskalisch zu belasten. Diese Sicht konnte als selektiver Ansatzpunkt der Wertschöpfung überwunden werden, indem Arbeit schlechthin als Wertschöpfung galt. Insoweit haben die Physiokraten – trotz ihrer Betonung der Natur – theoretische Vorleistungen für den ökonomischen Liberalismus eines Adam Smith erbracht, der die Bindung an die Scholle aufgab und die Arbeit generell als alleinige Wertschöpfungsquelle darstellte. Die Arbeitswerttheorie stellt die Vermehrung des gesellschaftlichen Kapitals (utilitaristisch, d.h. über den individuellen Nutzen gesteuert) in den Mittelpunkt. Private vices, private Laster, die Ausrichtung auf die individuelle Verfolgung des „Eigennutzes" – wie in der fable of the bees von Mandeville (1914: 23; Euchner 1973: 74ff.) gegen die christliche Moral seiner Zeit eingeklagt – waren dabei nicht nur als Ausdruck der individuellen Prädominanz bzw. Autonomie vor und gegen gesellschaftliche Zwänge der Politik und Moral gerichtet, sondern auch gegen die Natur. Die Vermehrung des Volkswohlstands war auf die schrankenlose und staatlich nicht beeinträchtigte Ausbeutung der Natur gerichtet (Smith 1923, IV: 477, 555). Das Nachdenken über eine harmonische Entwicklung verlagerte sich ganz in den Bereich der menschlichen Gesellschaft und ließ die Natur außer Betracht.

3.2. Positionen des klassischen Sozialismus (Marx und Engels)

Daß die Entfesselung der Produktivkräfte und damit des wirtschaftlichen und technischen Fortschritts durch den entstehenden Kapitalismus auch negative Folgen hat, haben Marx und Engels, in dieser Hinsicht an Rousseau anschließend, deutlich gemacht. Zum einen entsteht durch die Trennung des Menschen von der Natur ein Entfremdungsprozeß, der die Verbindung zwischen Mensch und Natur, die aus einer Wesensidentität hervorgeht, zerstört (MEW, EB I: 516). Das Industriezeitalter des Kapitalismus hat diese ursprüngliche Einheit zerstört, sie erscheint als verlorenes Urbild. Erst nach Aufhebung des Privateigentums ist die Wiedergewinnung der ursprünglichen Einheit möglich. Der Kommunismus würde dazu führen, daß der Mensch sich mit der Natur wieder versöhnt und zur Einheit mit ihr zurückkehrt (MEW, EB I: 537f.).

Infolge der Arbeitsteilung und Kapitalunterwerfung entfremdet sich der Mensch nicht nur von seinem gesellschaftlich organisierten Arbeitsprozeß der Herstellung der Gebrauchsgüter. Dieser Entfremdungsprozeß entreißt ihm auch, was die Besonderheit der Arbeit ausmachte, d.h. den Gegenstand der Produktion. In der Orientierung auf den Tauschwert verliert der Gebrauchswert, die Frage nach der Nützlichkeit des Produkts seine Bedeutung. Er wird bloßes Anhängsel. Mit der Erosion der Gebrauchtwertseite der Produktion als Orientierung des menschlichen Eingriffs in die Natur gerät damit auch die Frage nach der stofflichen Seite der Produktion, seinen natürlichen Voraussetzungen und Folgen aus dem Blick. Das Bewußtsein, daß die Natur Basis des sachlichen Reichtums bleibt, geht dadurch verloren.

In der Dialektik der Natur schreibt Engels, daß die Arbeit zwar die Quelle des Reichtums ist, aber: „Sie ist dies – neben der Natur, die ihr den Stoff liefert, den sie in Reichtum verwandelt" (Engels, MEW 20: 444). In diesem Sinne kritisiert auch Marx das Gothaer Programm der SPD, indem er darauf verweist: „Die Arbeit ist nicht die Quelle alles Reichtums. Die Natur ist ebensosehr die Quelle der Gebrauchswerte (und aus solchen besteht doch wohl der sachliche Reichtum!) als die Arbeit, die selbst nur die Äußerung einer Naturkraft ist, die menschliche Arbeitskraft" (MEW 19: 15). In der gegenwärtigen Gesellschaft wird mit dieser Einsicht allerdings kurzsichtig umgegangen: „Gegenüber der Natur wie der Gesellschaft kommt bei der heutigen Produktionsweise vorwiegend nur der erste, handgreiflichste Erfolg in Betracht ..." (Engels, MEW 20: 455). Die Erzielung des nächsten, unmittelbaren Nutzeffektes der Arbeit kann jedoch entfernte Nachwirkungen haben, so Engels, die ganz andere sind, als man erhoffte. Daher warnt er: „Schmeicheln wir uns indes nicht zu sehr mit unsern menschlichen Siegen über die Natur. Für jeden solchen Sieg rächt sie sich an uns. Jeder hat in erster Linie zwar die Folgen, auf die wir gerechnet haben, aber in zweiter und dritter Linie hat er ganz andre, unvorhergesehene Wirkungen, die nur oft jene erste Folgen wieder aufheben" (Engels, MEW 20: 452f.). „... und so werden wir bei jedem Schritt daran erinnert, daß wir keineswegs die Natur beherrschen, wie ein Eroberer ein fremdes Volk beherrscht, wie jemand, der außer der Natur steht – sondern, daß wir mit Fleisch und Blut und Hirn ihr angehören und mitten in ihr stehen, und daß unsre ganze Herrschaft über sie darin besteht, im Vorzug vor allen anderen Geschöpfen ihre Gesetze erkennen und richtig anwenden zu können." (Engels, MEW 20: 453)

In der Deutschen Ideologie (MEW 3) bieten jedoch Marx und Engels auch eine andere Sichtweise des Umgangs mit der Natur. Es entsteht eine dichotomische Metaphysik von Natur und Geschichte. Die Natur, die dem Menschen zu Anfang als eine allmächtige, unangreifbare und fremde Macht gegenübertritt und im embryonalen Zustand der Menschheitsgeschichte religiös verehrt wird, wird zu einem Gedankending (MEW 3: 31). Mit der forcierten Entwicklung der Industriegesellschaft und -kultur löst sich der Kampf des Menschen mit der Natur in die Entwicklung der Produktivkräfte auf. Die Abhängigkeit vom Handel löst die ursprüngliche Subsistenzwirtschaft der Selbstversorgung zunächst durch ganzheitliche Bearbeitung der Natur und Sicherung der Lebensbedingungen ab. Nur in der Frühgeschichte wird aus dieser Sicht der Mensch als ein Anhängsel bzw. als Teil der Natur gesehen. Die Natur ist hier der „unorganische Leib" des Menschen (Marx, Grundrisse: 391). Die Subsistenzmittel werden eher als Produkte der Natur, denn als Produkte der Arbeit begriffen. Sobald die

Menschen jedoch in einen höheren Produktionsprozeß eintreten, wird das Verhältnis zur Natur durch die Beziehungen, die die Produzenten miteinander eingehen, modifiziert. Die abstrakte Arbeit wird bereits von Ricardo als Gradmesser des Warenwertes in einer Tauschgesellschaft herausgearbeitet. Marx konnte dies weiterentwickeln, indem er die historische spezifische Wertform herausarbeitete, die dieser Wertschöpfung im Kapitalismus zu eigen ist. Nun sind es die gesellschaftlichen Verhältnisse, die die Beziehungen der Menschen zur Natur festlegen und begrenzen. Mit dem Auftreten des Kapitals hört die Natur auf, als eine Macht an sich anerkannt zu werden (Marx, Grundrisse: 313). Natur wird eine Sache der Nützlichkeit, aber nicht in den abstrakten oder monetarisierten Wertkreislauf einbezogen. Selbst die Wissenschaft, die der Natur „ihre", d.h. mit einem gewissen Grad an Autonomie ausgestattete Gesetze ablauschen will, setzt die Natur nicht wieder in ihre Rechte ein, sondern betrachtet ihre Tätigkeit als List, um den menschlichen Bedürfnissen zu dienen (Marx, Grundrisse: 660).

Die Naturkraft wird nur in der Form der gebändigten menschlichen Produktivkraft akzeptiert, ohne allerdings – und dies ist der zentrale Vorwurf von Immler (1985: 239ff.) in den Tauschwert einer marxistisch verfaßten Kritik der politischen Ökonomie einzugehen. Marx bleibt auf dem vorgezeichneten Weg der klassischen politischen Ökonomie von Locke, Smith, Ricardo (Immler 1985: 244), die sich entsprechend den gesellschaftlichen resp. ökonomischen Beziehungen der entstehenden kapitalistischen Gesellschaft auf den Tauschwert konzentrieren und damit in der ökonomischen Theorie den „Wertschöpfungsanteil der Natur" mißachten. Diese Kritik ist jedoch insofern fragwürdig, weil die Natur zwar als sachlicher Reichtum, aber nicht als Wertkategorie in den marktwirtschaftlichen Austauschprozeß eingehen *kann*. Es ist prinzipiell nicht möglich, wie Immler fordert, die Produktivkräfte der Natur in die Tauschwertkategorie einzubeziehen. Die Berücksichtigung von Naturkreisläufen und Folgewirkungen, die heute noch nicht bekannt sein können, lassen sich m.E. nicht auf diese Weise schützen.

Marx und Engels bieten denn auch eine andere „Lösung" der Naturfrage. Sie setzen alles auf die Vergesellschaftung der Entscheidung über die Produktion und damit auf die gesellschaftliche Kontrolle der Entwicklung der Produktivkräfte und der Natureingriffe.

> „Die eigne Vergesellschaftung der Menschen, die ihnen bisher als von Natur und Geschichte oktroyiert gegenüberstand, wird jetzt ihre eigne freie Tat. Die objektiven, fremden Mächte, die bisher die Geschichte beherrschten, treten unter die Kontrolle der Menschen selbst. Erst von da an werden die Menschen ihre Geschichte mit vollem Bewußtsein selbst machen, erst

> von da an werden die von ihnen in Bewegung gesetzten gesellschaftlichen Ursachen vorwiegend und in stets steigendem Maße auch die von ihnen gewollten Wirkungen haben. Es ist der Sprung der Menschheit aus dem Reiche der Notwendigkeit in das Reich der Freiheit" (Engels, MEW 20: 264).

Erst, wenn der Produktionsprozeß zu einer gesellschaftlichen Angelegenheit geworden ist, bestünde demnach die Chance, daß

> „der vergesellschaftete Mensch, diesen ihren Stoffwechsel mit der Natur rationell regeln, unter ihre gemeinsame Kontrolle bringen, statt von ihm als von einer blinden Macht beherrscht zu werden; ihn mit dem geringsten Kraftaufwand und unter den ihrer menschlichen Natur würdigsten und adäquatesten Bedingungen vollziehn" (Marx, MEW 25: 828).

Dieser Entwicklungsprozeß macht auch die Vision der Manuskripte von 1844 untauglich. Die Forderung nach einer gemeinsamen und bewußten Regelung der assoziierten Produzenten mit der Natur ist „lediglich" eine Absage an die private Entscheidung der Kapitaleigner über die materielle Produktion unter bornierten betriebswirtschaftlichen Aspekten, welche die gesamtgesellschaftlichen Belange vernachlässigt. Die Aussage kann aber wohl auch als eine Absage an alle gesellschaftlichen Systeme verstanden werden, in denen nicht demokratisch legitimierte Entscheidungen getroffen werden, d.h. die assoziierten Produzenten von der politischen Macht ausgeschlossen sind.

Offen bleibt jedoch die Frage, ob der Rationalitätsbegriff, der auch der kollektiven und bewußten Entwicklung der Produktivkräfte bzw. Naturbearbeitung in einer sozialistischen Gesellschaft zugrundeliegt, nicht problematisch bleibt. Auch in einer entwickelten sozialistischen und kommunistischen Gesellschaft wird die Präferenz für steigenden Wohlstand nicht ohne mögliche Belastung der natürlichen Grundlagen und Eingriffe in die Natur auskommen können. Aus Gründen der Naturschonung reicht es nicht aus, daß nach Ende der Klassengesellschaft alle Mitglieder an den Entscheidungsprozessen über das Verhältnis Arbeit-Natur beteiligt werden. Die Zeitperspektive hinsichtlich der Folgen von jeweils gegenwärtigen Eingriffen in die Natur erfordert eine Berücksichtigung von Interessenlagen zukünftiger Generationen, die heute gar nicht an den Entscheidungen partizipieren können. Fortschritts- und Rationalitätsbegriff sind auch bei Marx und Engels wohl eher so positiv besetzt, daß sie in diesem Kontext nicht einen möglichen Widerspruch zwischen Lebensstandard (durch technischen Eingriff in die Natur) und Lebensgrundlage (natürlichen Reservoir) in einer sozialistischen bzw. kommunistischen Welt für denkbar halten. Hinzukommt, daß die Naturverherrlichung und die Technikabwehr in der im letzten Jahrhundert wohl eher mit den sozialen Interessen des reaktionären Adels (als Grundbesitzer) zusammenfiel und die Front der Befürworter von technischer Entwicklung (z.B. Eisenbahnbau) die ökonomische und soziale Emanzipation (etwa Friedrich List) wollten und damit die progressiven Kräfte in Deutschland darstellten.

Es bleibt jedoch eine Einseitigkeit zu kritisieren: Besinnt man sich auf den Rationalitätsbegriff der Aufklärung, so läßt sich mit Horkheimer/Adorno einwenden: „Die glückliche Ehe zwischen dem menschlichen Verstand und der Natur der Dinge, die er im Sinn hat, ist patriarchal" (Horkheimer/ Adorno 1969: 8). Trotz der kritischen Position sind auch Marx und Engels meines Erachtens in der Fortschrittsfalle hängen geblieben.

3.3. Aktuelle Positionen der marktwirtschaftlichen Regulierung

3.3.1. Versöhnung von Markt und Natur durch Monetarisierung und Privatisierung der Umweltnutzung

> „Lange Zeit galt es als ausgemacht, daß die Anforderungen der Ökonomie und die Anforderungen der Ökologie in schroffem Gegensatz zueinander stehen. Der Umweltpolitik wurde insoweit ein Platz eingeräumt, als das Füllhorn des wirtschaftlichen Wachstums genügend Mittel ausschüttete, um die Umweltbelastungen, die durch das Wachstum entstanden waren, nachträglich wieder zu reparieren, soweit es möglich war und soweit man die Mittel nicht für andere Zwecke brauchte" (Binswanger u.a. 1983: 11).

Noch in dem Jahresgutachten des wirtschaftlichen Sachverständigenrates von 1984/85 wurde behauptet, daß vermehrter Umweltschutz die Produktion verteuere und negative Folgen für die exportorientierte deutschen Industrie nur vermieden werden könnten, wenn die Ansprüchen auf das Realeinkommen der sinkenden Produktivität und damit steigenden Kapitalkoeffizienten entsprechend Rechnung tragen. Andernfalls würden verbesserte Umwelt und mehr Beschäftigung zu rivalisierenden Zielen (SVR: Jahresgutachten 1984/85, Ziff. 405).

Diese Sicht hat sich – zumindest offiziell – verflüchtigt. Inzwischen gilt mehrheitlich die offizielle Meinung, daß Ökologie und Ökonomie sich versöhnen lassen. In Vorbereitung auf die Umweltkonferenz in Rio 1992 hat ein Spitzenverband international bedeutender Unternehmer gefordert, sich den Herausforderungen des „sustainable development" zu stellen (Schmidheiny 1992). Als Ziel wird die Verbindung von nachhaltiger Entwicklung, die den Umweltschutz ernst nimmt, mit den ökonomischen Interessen an kurzfristiger Rentabilität gesehen (Schmidheiny 1992: 127). Auf dem Wege zu einer nachhaltigen Entwicklung wollen die Spitzenmanager vor allen Dingen die Vorteile des Marktmechanismus nutzen, dem bisher „noch nicht wirklich die Chance gegeben (wurde), für die Umwelt zu wirken" (Schmidheiny 1992: 65).

Im Kern laufen die vorherrschenden ökologischen Umbauvorstellungen nach marktwirtschaftliche Prinzipien darauf hinaus, den Naturverbrauch durch eine Monetarisierung und angemessene Kostenbildung in die Mikroebene der wirtschaftlichen Entscheidungen zu angemessenen Preisen zu verlagern (Fischer 1989).

> „Mit dem Wunsch, marktwirtschaftlichen Instrumenten einen breiten Raum in der Umweltpolitik zuzugestehen, ist die Erwartung verbunden, daß der Markt die Nutzung des knappen Gutes Umwelt mit größerer Effizienz steuern kann als dies ein System starrer Verwaltungsvorschriften vermag. Die verursachungsgerechte Anlastung der Kosten der Umweltnutzung soll die Berücksichtigung von Umweltschäden bei Produktions- und Konsumentscheidungen ermöglichen. [...] Umweltschutz verträgt sich hierbei mit einzelbetrieblicher Konkurrenz, denn [...] nur die angestrebte Steigerung der Effizienz des Umweltschutzes (kann) über eine erfolgreiche Eindämmung der Kosten der Umweltverschmutzung langfristig die Wettbewerbsfähigkeit sichern" (Hansmeyer/Schneider 1990: 7f.).

Die Einbeziehung einer Vollkostenrechnung auf betrieblicher Ebene, die auch die bisher externalisierten Kosten der Umwelt- und Ressourcennutzung berücksichtigt, sei die „wichtigste Korrektur des gegenwärtigen Marktsystems" (Schmidheiny 1992: 45). Zunehmende Publikationen von Folgeschäden der „kostenlosen" Umweltnutzung drängen auf eine Veränderung des volkswirtschaftlichen Rechnungswesens (Wicke 1986; Ökologische Briefe 38/91: 3).

> „Insgesamt wird bei diesem Umweltberichtssystem das Ziel verfolgt, den Zustand der Umwelt und seine Entwicklung quantitativ zu erfassen und in Zusammenhang mit der Nutzung der natürlichen Umwelt im Rahmen wirtschaftlicher und anderer Tätigkeiten darzustellen" (Radermacher 1992: 411). Über streng marktwirtschaftliche Positionen hinaus, verfolgen staatliche Abgaben und Steuern „entweder einen Lenkungsfunktion, indem sie z.B. den Verbrauch erschöpflicher Rohstoffe drosseln oder Emissionen mindern, oder sie dienen der verursachergerechten Zuordnung von Kosten, die bisher der Allgemeinheit oder künftigen Generationen aufgebürdet wurden, oder sie bringen Finanzmittel, die zur Vermeidung, Verminderung oder Beseitigung von Umweltschäden erforderlich sind" (Hüser 1989: 84).

Obwohl die marktwirtschaftlicher Sicht generell auf eine Deregulierung und weltweite Privatisierung und Globalisierung der Märkte setzt, wird demnach der Wandel des jetzigen Systems vor allem als staatliche Aufgabe definiert, weil die Preise für den Verbrauch der öffentlichen Güter im politischen Prozeß durch den Staat festgelegt werden sollen (Schmidheiny 1992: 46 ff, 110). Probleme dieser Monetarisierung der externen Effekte des privatwirtschaftlichen organisierten Umwelt- und Ressourcengebrauchs werden zwar gesehen, deren prinzipiellen Grenzen jedoch nicht thematisiert.

Eindeutig marktwirtschaftliche Positionen bestehen dagegen auf nur einen peripheren Eingriff des Fiskus bei der Preisgestaltung. Ähnlich wie beim Handel mit Aktien sollen vielmehr die privaten Kapitaleigner Nutzungsrechte der Umwelt auf dem Markt handeln dürfen, um so zu einer freien Preisbildung über den Markt zu gelangen. Diese Position ist vor allem mit dem Namen von Ronald H. Coase (1960) und der Property-Rights-Bewegung verbunden ist, die gegen die Pigousche Attacke auf den extremen laisser-faire-Kapitalismus eine heftige Gegenoffensive führten. Deren Argumentation macht zunächst geltend, daß Tauschhandel und Marktprozesse einen rechtlichen bzw. institutionellen Rahmen voraussetzen, der den Akteuren spezifizierte Verfügungsrechte durch Privateigentum garantiert (Schüller 1983). Güter, die außerhalb dieser Ordnung sozusagen ohne Eigentumstitel frei verfügbar sind, werden ohne Rücksicht extensiv genutzt. Die Property-Rights-Theorie „erklärt daher den Raubbau an der Natur als Konsequenz staatlichen Versagens bei der Institutionalisierung von Verfügungsrechten über die Umwelt“ (Maier-Rigaud 1988: 38). Exklusive Eigentumsrechte an der Umwelt wären demnach die Voraussetzung für einen sorgsamen Umgang mit der Natur. Die Diskussion über Umweltzertifikate in den USA und Deutschland, z.B. über Luftverschmutzungsrechte und deren Handel an einer speziellen Börse, folgen diesen Ansätzen.

3.3.2. Grenzen der marktwirtschaftlichen Steuerung

Einschränkungen des marktwirtschaftlichen Systems bei der Lösung der Umweltprobleme sind aus der marktdogmatischen Sicht heraus kaum gegeben. Lediglich bei Altlasten versagt das Preisinstrument, weil die Allokationsentscheidungen schon getroffen wurden und Umweltschäden bereits eingetreten sind. Auch wenn eine unmittelbare Gefahr für die Umwelt droht und bei absoluten Schutzzielen, kann die Marktwirtschaft überfordert sein, weil geringste Steuerungsfehler nicht toleriert werden können (Hansmeyer/Schneider 1990:7).

Die Kritik des Marktmechanismus macht sich zunächst daran fest, daß es generell unmöglich ist, für die Naturbelange angemessene Preise festzulegen. Am Beispiel des Ozonlochs lassen sich derartige Schwierigkeiten der Preisbildung nachvollziehen; ähnliches gilt für das Artensterben, das zugleich genetisches Material auslöscht, deren monetäre Bewertung zu „Vollkostenpreisen“ sicherlich kaum möglich ist. Eine zentrale Bedingung der Funktionsfähigkeit des Marktes ist aber gerade die allumfassende Information über Preise und Folgekosten, die der homo oeconomicus in seine rationale Kalkulation einbezieht. Die Realität ist von dieser Sicht weit entfernt. Die alltägliche Erfahrung lehrt, daß die Akteure des Marktsystems ihre Entscheidungen an nur wenigen Preisen, recht vagen Präferenzen, Nutzungskalkülen und Erwartungen orientieren. Die mikroökonomische Ebene arbeitet auf einer schmalen Informationsbasis. Unerwartete Folgen, die über den eigenen Horizont hinausreichen, werden vernachlässigt.

> „Die Technologie und der Markt funktionieren nur mit zeitlichen Verzögerungen und sind auf unvollständige Informationen angewiesen" (Meadows u.a. 1992: 228). Das offene System der Marktwirtschaft ist derart komplex und interdependent, daß eine völlige Vorhersehbarkeit der ökologischen Folgen und damit auch die „vollständige Internalisierung aller Externalitäten [...] eine theoretische Absurdität" (Maier-Rigaud 1988: 78) ist.

In den Wirtschaftswissenschaften hat vor allem Arthur C. Pigou (1952) die optimistischen Annahmen des laisser-faire-Modells angegriffen und für eine Staatsintervention plädiert, weil im mikroökonomischen Entscheidungskalkül nicht jene ökonomischen Folgewirkungen berücksichtigt werden, die von anderen Akteuren getragen werden müssen (Pigou 1952: 127). Diese externalisierten Folgekosten müssen folglich durch staatliche Intervention internalisiert, d.h. auf die betriebliche Kostenebene zurückverlagert werden. Die privaten Unternehmen können bei sehr komplexer Struktur der Folgekosten, diesen Aushandlungsprozeß nicht selbst vornehmen. Bei Pigou wird diese Staatsintervention aus Gründen der Sicherung von Wohlfahrt legitimiert; sie läßt sich aber ohne weiteres auf den Umweltschutz übertragen.

Ein weiterer Einwand gegen das Marktmodell thematisiert die Abhängigkeit von einzelwirtschaftlicher Profitlogik und von privater Nachfrage.

> „Die Marktlogik verlangt die Erzielung des (Geld)überschusses, ohne ihn muß eine mikroökonomische Einheit (ein Unternehmen) das Scheitern eingestehen und Konkurs anmelden" (Altvater 1992: 266).

Das ökonomische Prinzip des Marktes bestraft die Unternehmen, die Umweltschutz eine höhere Priorität einräumen und mehr Kosten aufwenden, als der Staat auch den Konkurrenten auferlegt. Niemand honoriert derartige Umweltschonung, weil die entsprechenden Güter, wie z.B. saubere Luft keiner privaten Nachfrage entsprechen. Der einzelbetriebliche Wettbewerb wird daher früher oder später umweltfreundliche Unternehmer vom Markt drängen, solange sie als einzelne höhere Kosten haben, die der Markt nicht toleriert. Die Wirtschaft hat aufgrund der immanenten Regeln nicht die Freiheit, ineffiziente Wege zu gehen (Maier-Rigaud 1988: 80). Das Marktsystem ist leistungsfähig, weil es alle Kräfte auf die Produktion von privat nachgefragten

Gütern und deren effiziente Herstellung konzentriert, es versagt, wenn keine private Nachfrage und Käufer existieren. Die Wettbewerbswirtschaft mag ein hervorragendes Koordinierungsinstrument zur Entdekkung effizienter Problemlösungen sein, die den Präferenzen der Wirtschaftssubjekte folgen.

> „Doch die Logik einer Privatisierung des Umweltschutzes setzt voraus, daß alle Ziele der Wirtschaftssubjekte über den Markt realisierbar sind. Und dies ist in Bezug auf öffentliche Güter eben ein Irrtum" [...]. „Weil die Umwelt ein öffentliches Gut ist, trägt der Staat die unteilbare und nicht abwälzbare Verantwortung für dessen Produktion" (Maier-Rigaud 1988: 23f.).

Da die einzelnen Akteure nicht in der Lage sind, alle externalisierten Kosten der Umweltzerstörung auf ihrer Mikroebene einzukalkulieren, hängt es von der staatlichen Kompetenz ab, die entsprechenden Rahmenbedingungen für den Markt zu setzen. Die Präferenz für Umweltschutz muß außerhalb des Marktes getroffen werden (Maier-Rigaud 1988: 84).

Nicht zuletzt wird die Monetarisierung der Natur im Anschluß an Marx als Vernachlässigung der stofflichen Seite der Ökonomie kritisiert. Wer das Medium der Ökonomie auf Preissignale verkürzt, welche die rationale Entscheidung der Akteure zur Allokation der Faktoren optimal steuern, vernachlässigt die Transformation von Stoffen und Energien, d.h. die materiale und energetische Seite und damit die natürlichen Regenerationsgrundlagen (Altvater 1992: 246).

Schmidt-Bleek hat mit MIPS (Material/Intensität Pro Serviceeinheit) ein ökologisches Maß entwickelt, das den Verbrauch umfassend bestimmen kann. Stoffströme und Umweltbelastungen von Prozessen, Produkten und Leistungen können so präziser ermittelt werden (Schmidt-Bleek 1997: 123-166). Dies würde uns erlauben, einen Vergleich anzustellen und Wohlstandsvermehrung sogar bei vermindertem Ressourcenverbrauch zu erzielen, wobei Schmidt-Bleek aufgrund gesteigerter Ressourcenproduktivität als Schlüssel zur „Zukunftsfähigkeit" (sustainable development) den Energie- und Rohstoffverbrauch auf zehn Prozent reduzieren will (Schmidt-Bleek 1997: 19). Ziel ist eine „Effizienzrevolution" – so auch die Botschaft E. U. von Weizsäckers u.a. (1995), der unter dem Titel „Faktor Vier" den Wohlstand bei halbiertem Naturverbrauch durch sehr konkrete Maßnahmen verdoppeln will.

Wir brauchen also ein ökonomisches Verständnis, das der stofflichen Seite der Produktion und des Konsums einen hohen Stellenwert beimißt. Monetäre Bewertungen der Umwelt können lediglich einen wichtigen Symbolpreis für den sachlichen Reichtum der Natur haben und bestimmte Umweltbelastungen oder -nutzungen so verteuern, daß eine Änderungen der Nutzung eintritt. Hierbei wäre darauf zu achten, daß die ökologisch notwendigen Änderungen der Allokationsentscheidungen und Konsumpräferenzen nicht zu einer weiteren Verarmung der unteren Bevölkerungsschichten und der Dritten Welt führen, sondern finanzielle Ausgleichsmechanismen greifen (Weizsäcker 1992, Krieg 1992, Müller/Hennicke 1994: 40-43). Dies wäre mehr als gegenwärtig geschieht. Insgesamt folgt aus dieser Kritik, daß Umweltschutz ohne staatliche Intervention nicht effizient durchzusetzen sein wird. Allerdings wird die Aufgabenstellung nicht einfacher, insofern die gegenwärtig am Markt agierenden Gruppeninteressen nicht eindeutig hinter den Umweltbelangen stehen.

3.4. Die Wachstumsfalle

Es ist vor allem die Fixierung auf Wachstum, die gegen das ausschließliche Beharren auf marktwirtschaftliche Lösungen auch in der eher keynesianischen Version der Kombination mit sozial begründeter Umverteilung spricht.

> „Das exponentielle Wachstum der Bevölkerung und des Kapitals, des Ressourcenabbaus und der Umweltverschmutzung hält noch ständig an. Als Triebkräfte wirken die Bemühungen, menschliche Probleme zu lösen, von der Arbeitslosigkeit und Armut bis hin zu dem gewichtigen Drang nach Status, Macht und Selbstbestätigung" (Meadows u.a.1992: 228f.). „Die Marktmechanismen halten durch ihren Druck auf die Individuen, effizient zu reagieren und daher einen monetären Überschuß zu erzielen, eine Akkumulations- und Expansionsspirale ingang, deren Grenzen ausschließlich durch die Begrenztheit der Tragfähigkeit natürlicher Ressourcen und damit auch durch die innere und äußere Natur des Menschen definiert wird" (Altvater 1992: 246). „Hohe Profit- und Akkumulationsraten indizieren im ökonomischen System Erfolg und für Investoren, für die Einkommen der Massen und die Beschäftigung günstige Verhältnisse. Hohe Akkumulationsraten sind aber in der Regel mit einem hohen Energie- und Stoffverbrauch verbunden und können so den Entropieanstieg des natürlichen Systems beschleunigen" (Altvater 1992: 266).
> Hinzu kommen Probleme der Bevölkerungsentwicklung.
> „Ein Wachstum der Weltbevölkerung im bisherigen Ausmaß bedeutet eine Verdoppelung in zwanzig bis dreißig Jahren. Das sind Größenordnungen, die außerhalb unserer Vorstellungskraft liegen und lassen eine notwendige Einschränkung des wirtschaftlichen Wachstums nahezu illusorisch werden. Eine solche Entwicklung trägt in sich und ganz unabhängig von ökologischen Problemen katastrophale Züge" (Maier-Rigaud 1988: 187).

Es ist daher grundsätzlich die Frage zu stellen, ob die Logik der natürlichen Entwicklung der Lebenszyklen und deren Regenerationsbedingungen verträglich mit dem Marktmechanismus industriekapitalistischer Arbeitsorganisation ist. Wenn die marktwirtschaftliche Arbeitsorganisation jedoch einen immanenten Zwang zur Produktivitätssteigerung und höherer Rentabilität aufweist, dann bleibt unter den Bedingungen des Konkurrenzkapitalismus die Sicherung der Existenz in einer Akkumulationsspirale gefangen, die die Sicherung der Lebensgrundlagen langfristig bedroht.

Da auch die Politik – und dies systemunabhängig – auf den bequemeren Pfad des Wachstums des Sozialprodukts setzt, gibt es unter den etablierten kapitalistischen und sozialistischen Systembedingungen kein Entrinnen aus der Wachstumsfalle, weil sowohl die Marktwirtschaft wie auch die Planwirtschaft beide auf Kapital setzen, d.h. auf eine Intensivierung der Arbeit, in deren Folge die Ausbeutung des Planeten ständig zunimmt (Gruhl 1978: 204).

Sicherlich sind selektive Wachstumspfade auffindbar und ebenso neue umweltverträglichere Technologien, die weniger Energie verbrauchen und eine Umkehr der drohenden Entropie bedeuten könnten. Hierher gehören Recyclingstrategien, Empfängnisverhütung, bessere Kläranlagen u.ä.m. „Solche Maßnahmen sind vielfach schon wirksam und dringend erforderlich. Doch die eigentlichen Ursachen der Umweltbelastung beheben sie nicht“ (Meadows u.a.1992: 230). Die Frage ist zudem, ob, in der Summe und über längere Distanz betrachtet, die vielen kleinen Schritte der Ressourcenschonung und Energieeinsparung nicht durch den inhärenten Zwang zum Wachstum aufgezehrt werden. „Ökologische Erneuerung ohne Begrenzung der Dynamik kapitalistischer Akkumulation und ohne Einschränkung und Selbstbeschränkung des Konsums“ (Gorz 1991: 88) gibt es nicht.

3.5. Ökoradikale Forderungen nach Ausstieg aus der Industriegesellschaft

Der amerikanische Vizepräsident Al Gore (1992) machte bei seinem Vorschlag, einen Marshall-Plan für die Naturrettung zu entwerfen, prinzipielle Einwände gegen Maßnahmen geltend, die den Weg der industriellen Zivilisation nicht infrage stellen.

> „Und solange die Zivilisation in ihrer Gesamtheit, mit ihrer gewaltigen technologischen Macht, einem Denkmuster folgt, das die Behandlung und Ausbeutung der Natur für kurzfristigen Gewinn ermutigt, wird der Moloch fortfahren, die Erde zu verwüsten, was immer wir als einzelne auch tun mögen“ (Gore 1992: 267).

Wenn die Bevölkerung und die Wirtschaft die materiellen Grenzen der Umwelt überzogen haben, gibt es nur noch zwei Möglichkeiten: „entweder der Zusammenbruch infolge nicht mehr beherrschbarer Mangellagen und Krisen oder bewußte freiwillige Reduzierung der Durchsatzmenge als soziale Gemeinschaftsaufgabe“ (Meadows u.a. 1992: 228f.). Folgt man den Berichten des Worldwatch-Institutes, dann schädigt schon heute „der Niedergang des Planeten die menschliche Gesundheit, verlangsamt das Wachstum der Weltnahrungsproduktion und kehrt wirtschaftliche Fortschritte in Dutzenden von Ländern um" (Brown 1992a: 229). Dieser ökologische Niedergang wird dann auch zu einem ökonomischen führen und die soziale Instabilität auf bisher ungekannte Weise vergrößern. Ob der Zeitpunkt zur Umkehr schon überschritten ist oder nicht, läßt sich wohl kaum nachweisen. Klar ist jedoch, daß ein sehr hoher Handlungsbedarf sofort besteht.

> „Unsere politischen Entscheidungen in den allernächsten Jahren werden bestimmen, ob unsere Kinder in einer Welt der Entwicklung oder des Niedergangs leben werden" (Brown 1992 a: 227).
> Im Kern geht es um einen Ausstieg aus der Industriegesellschaft.
> Das Industriesystem ist „historisch: die logische Ausdehnung des Sklavensystems und des sklavenjagenden Imperialismus auf die Beziehung Mensch-Natur; philosophisch: das Festhalten an einem Dualismus Mensch-Materie, also am Anthropozentrismus der Praxis; politisch: der zwangsläufige Verzicht auf jede Langzeitplanung und damit auf jedwede Bereitstellung irgendeiner humanen Zukunft; ökologisch: die Entscheidung für kurzfristige artspezifische Vorteile auf Kosten anderer Arten und anderer Materie, und damit physikalisch: die Beschleunigung der Entropie auf Kosten der Lebensvielfalt und ihrer Fähigkeit, Entropie umzukehren oder mindestens zu neutralisieren bzw. zu optimieren. Das Industriesystem ist demnach letzten Endes die Option des Menschen gegen das Leben und für die Wüste" (Amery 1976: 183f.). Aus dieser prinzipiellen Unvereinbarkeit von industrieller Zivilisation und Umwelt zog Amery den Schluß: „Die Logik des Überlebens der Menschheit erfordert deshalb die raschestmögliche Zerstörung des Industriesystems, und zwar fast um jeden Preis" (Amery 1976: 184). Konkret formuliert auch Schumacher: „Ein Industriesystem, das vierzig Prozent der Primärquellen der Welt braucht, um damit weniger als sechs Prozent der Weltbevölkerung zu versorgen, ließe sich nur dann leistungsfähig nennen, wenn es erstaunliche Erfolge hinsichtlich des Wohlbefindens, der Kultur, des Friedens und der Eintracht seiner Menschen erzielte" (Schumacher 1985: 108). Daß es diese Leistung nicht vollbringt, ist für ihn offensichtlich. „In seiner Erregung über die Ausweitung seiner wissenschaftlichen und technischen Macht hat der moderne Mensch ein Produktionssystem errichtet, das die Natur vergewaltigt, und eine Gesellschaftsform, die den Menschen verstümmelt" (Schumacher 1985: 263). In Abwandlung der Feuerbach-These von Marx fordert Amery als Resultat aus solchen Überlegungen: „Bisher hat sich der Materialismus begnügt, die Welt zu verändern; jetzt kommt es darauf an, sie zu erhalten (Amery 1976: 185).

Entscheidend ist, ob es uns gelingt, die menschlichen Auswirkungen auf die Natur zu reduzieren und die Stabilität des Ökosystems zu sichern.

4. Natur als Gegenstand der politischen Regulation

4.1. Ökodiktatur

In ihrem neuen Buch, das 20 Jahre nach der ersten Studie: „Grenzen des Wachstums" (1972) erschien, beschreiben die Autoren des Club of Rome, daß im Unterschied zu damals, als man noch glaubte, daß die materiellen Grenzen der Nutzung der Rohstoffe und der Energie noch etliche Jahrzehnte vor uns liegen würden, jetzt bei einer Neubewertung der Daten die Nutzung vieler Ressourcen und die Anhäufung von Umweltgiften bereits längst die Grenze des Zuträglichen überschritten haben – „trotz verbesserter Technologien, trotz des mittlerweile gewachsenen ökologischen Bewußtseins und trotz strengerer Umweltgesetze" (Meadows u.a. 1992: 11). Eine Ursache ist vor allem der Mangel an Verantwortungsgefühl für die Zukunft. Die meisten Menschen kümmern sich nur um Dinge, die ihre Familie und ihre unmittelbaren Freunde in naher Zukunft betreffen. Nur wenige denken weit in die Zukunft und von einem globalen Gesichtspunkt voraus. Das menschliche Gewissen reicht also in der Regel nur noch für den Zeitraum der nächsten Woche (Meadows u.a. 1972: 13). Theoretisch halten Meadows u.a. eine dauerhaft existenzfähige Gesellschaft zwar noch für technisch und wirtschaftlich möglich, aber die Prämissen, die sie hierfür setzen, sind nahezu unerfüllbar. Das Problem liegt vor allem darin, daß es keine soziale Instanz für eine Rettungspolitik gibt. Globale Umweltprobleme wie etwa der Treibhauseffekt entziehen sich weitgehend nationaler Steuerung. Auf internationaler Ebene fehlt dagegen eine Institution, die die entsprechenden Gesetze verabschieden und auch ihre Einhaltung überwachen könnte. Wer soll also die ökologisch notwendige materielle Beschränkung durchsetzen? Moral und Verantwortungsgefühl für die kommende Generation müßten gegen Wirtschaftsinteressen und das technische Machbare Priorität erhalten (Gruhl 1978: 232). Von daher ist Gruhls Fazit beängstigend: „Die sich zeigende Katastrophe entzieht sich jeder Steuerung – höchstwahrscheinlich" (Gruhl 1978: 292).

Die Aufgabe ist in der Tat gewaltig. Die jetzt anstehende Durchsetzung der Ziele des Überlebens, der Versorgung des Grundbedarfs, d.h. der Verzicht auf „Kinder, Verzicht auf Rohstoffe, Verzicht auf Energieverbrauch" (Gruhl 1978: 220) erfordern eine gigantische politische Aktion, die die gleiche Intensität „wie die Vorbereitung auf einen großen Krieg" (Gruhl 1978: 290) hat. „Der Aufbau einer ökologische nachhaltigen Zukunft erfordert eine Umgestaltung der Weltwirtschaft, große Veränderungen des menschlichen Fortpflanzungsverhaltens und dramatische Änderungen der Werte und Lebensstile" (Brown 1992a: 228).

Diese Aufgabe ist auch deshalb so schwierig, weil es für die notwendigen Veränderungen kein historisches Beispiel gibt. Aus Gründen der Sicherung von Legitimation und Massenloyalität sind die meisten Regierungen nicht in der Lage, die ökologische Herausforderung anzunehmen, weil sie versuchen, mehr zu verteilen, d.h. auf Zuwachs zu setzen. Hinsichtlich der Ausbeutung der Erde entstand so eine „Komplizenschaft von Kapital und Arbeit und Staat" (Gruhl 1978: 204). Ungeeignet seien vor allem parlamentarische Systeme, die Gruhl in Anlehnung an Ernst Forsthoff (Forsthoff 1971) ablehnt, weil die organisierten Interessen, vor allen Dingen die Gewerkschaften, aber auch die Organisationen des Kapitals mit ihren jeweiligen Ansprüchen an Umverteilung, d.h. an wachsende Profitsteigerungen und Einkommen die Parlamente unter Druck setzen. Die Regierung selbst sieht in solchen Systemen ihren Erfolg in der Erhöhung des Sozialproduktes, um auf diese Weise einen erhöhten Verteilungsspielraum zu behalten. Hinzu kommt, daß Sachzwänge verhindern, daß die Politiker und Parlamente Probleme im Zusammenhang sehen (Gruhl 1978: 253).

> Dies alles hat zur Folge, daß eine sehr kurzfristig orientierte Politik stattfindet und daß die Regierungen nicht imstande sind, die Güter der Erde zu schonen; „denn sie wird an die nächste Wahl und nicht an die des Jahres 2010 denken" (Gruhl 1978: 208). Auch eine „freie Wirtschaft, die alle Entscheidungen ins Belieben einzelner Menschen oder Gruppen stellt, (ist) nicht mehr möglich" (Gruhl 1978: 289ff.).

Insgesamt heißt das, daß mit Mitteln des parlamentarischen Systems, aber auch mit den Praktiken der sozialistischen Staaten, die wegen der diktatorischen Strukturen bei Gruhl noch leichte Vorteile beanspruchen dürfen, die Herausforderung nicht mehr zu bewältigen ist. Gefordert ist vielmehr ein Staat, der angesichts dieser Situation damit aufhört, an der Strategie, mehr verteilen zu wollen, festzuhalten.

Er kann jetzt nur noch wegnehmen, entziehen, rationieren und „das nicht nur einer Gruppe, sondern allen! Er müßte eine Überlebensstrategie nicht nur konzipieren, sondern auch rücksichtslos durchsetzen" (Gruhl 1978: 307). Sowohl Kapitalismus als auch Kommunismus müßten beide durch ein neues Prinzip abgelöst werden – „die Frage ist nur, ob dies unter dem Zwang der Naturgesetze (durch Katastrophen) geschieht oder aufgrund menschlicher Einsicht" (Gruhl 1978: 211).

Die objektive Erkenntnis, daß die Erde ein Raumschiff ist und daß man mit dem auskommen muß, was an Bord ist, ist schwer einzusehen. Um die lebensnotwendige Produktion zu den geringsten ökologischen Kosten durchzusetzen, muß jede Expansion verboten werden. Um diese gigantische Aufgabe zu erfüllen, müßte eigentlich eine „Weltdiktatur vorausgesetzt werden" (Gruhl 1978: 302).

„Diese Diktatur müßte unter Umständen härter sein als die stalinistische es war, da ihr jeder Ausweg auf Kosten der Erde verwehrt ist. Dies wäre das Ende jeder nationalen Freiheit, die gerade die mächtigsten Länder nie aufgeben werden“ (Gruhl 1978: 302). Da, so Gruhl, kein freiwilliger Zusammenschluß und auch keine Unterwerfung unter eine Weltregierung möglich und auch nicht wünschenswert sein wird, ist in dieser Situation jedes Volk auf sein Staatswesen zurückgeworfen. Die unabdingbare Planung der Zukunft findet also kaum einen Akteur. Weit und breit ist niemand sichtbar, der „das tun könnte außer dem Staat“. Wenn er es aber tut, dann muß er jetzt tatsächlich viele Freiheiten entschlossen aufheben, um das Chaos zu verhüten. Infolgedessen werden weitere Freiheiten nicht deshalb verloren gehen, weil alle immer besser leben wollen, sondern weil sie überleben wollen“ (Gruhl 1978: 290).

Die Situation ist in der Tat einem Kriegszustand vergleichbar. Auf der einen Seite wollen die Industrieländer oder vielmehr ihre Bürger den erworbenen materiellen Wohlstand nicht aufgeben. Die Unternehmer wollen weiter Profite, die Gewerkschaften steigende Einkommen und die Parlamente sind diesen mächtigen Organisationen hilflos ausgesetzt. Die Dritte Welt, die eine bessere Chance hätte, den Frieden mit der Natur zu sichern, fürchtet, daß eine Verzichtsideologie ein Trick des Nordens ist, der sie dazu bewegen soll, auf technologische Entwicklung, Wachstum und Wohlstand zu verzichten. Die Verfügung über Ressourcen, die Verfügung über intakte Natur und vor allem die Verfügung über Militärmacht sind die entscheidenden Pluspunkte im Kampf um diese Auseinandersetzung der Sicherung des Überlebens. Man könnte auch sagen, daß aus dem totalen Krieg der Menschen gegen die Erde in diesem Endstadium ein Krieg der Menschen gegeneinander geworden ist, um durch Sicherung von letzten Reservaten an Natur ein Überleben zu ermöglichen. Am Ende läuft in diesem Kontext alles darauf hinaus, daß ein starker Staat die erforderliche stabile „Raumschiffwirtschaft“ (Gruhl) durchsetzt. Die geringer werdenden Möglichkeiten oder der absolute Stop an materieller Freiheit erfordert nach Gruhl den Abbau der politischen Freiheit. Nur ein autoritärer Staat, eine Ökodiktatur kann diesen kleiner werdenden Spielraum tatsächlich durchsetzen und eine Verzichtspolitik ermöglichen. Sein Vertrauen auf die Gesellschaft, auf demokratische Kräfte, auf parlamentarische Regimes sind in dieser Hinsicht sehr gering.

4.2. Plädoyers für eine Kultur von unten

Die Abstraktionsebene der Gruhlschen Argumentation unterschlägt die Frage danach, wer den autoritären Staat zu den ökologisch notwendigen Schritten bewegen könnte. Im Rahmen eines handlungstheoretischen Rahmens, der mit den unterschiedlichen Interessen rechnet, sollten schon daher die umweltpolitischen Akteure und Institutionen in den Blick geraten. Deren strategische Aufwertung bedeutet zugleich ein Plädoyer für eine demokratische und basisnahe Sichtweise, für eine Dezentralisierung der Techniksteuerung und der politischen Verantwortung. Praktisch gewendet erfordert dies, eine neue Technologie der Kleinproduktion mit regionalen Differenzierungen zu entwickeln, die eine angepaßte überschaubare und verantwortbare Produktion (vor allem von Nahrungsmitteln und Energie) erlaubt. Wenn es gelingt, größere Mengen des regionalen Bedarfs auch in der Region zu erzeugen, sinkt zwangsläufig das Transportvolumen. Wohnen und Arbeiten wird wieder zu einer möglichen Einheit zusammengeführt. Entgegen einer Verschleißstrategie, welche die Umsatzorientierung des Industriesystems erzwingt, muß die regionale Konzentration der Kräfte auch auf die Langlebigkeit von Produkten gerichtet werden (Amery 1976: 195ff.). Auch Fetscher (1980) fordert eine Abkehr von der industriellen Gigantomanie und statt dessen eine sanfte, dezentralisiert anzuwendende Technologie. Es ist der Ruf nach kleinen, überschaubaren, mit Entscheidungsgewalt ausgestatteten politischen und wirtschaftlichen Einheiten, den Garaudy (1981) als Forderung nach einer Sozialisierung des Marktes und Staates, d.h. einer Kultur von unten interpretiert. Diese neue gesellschaftliche Organisation der Arbeit vergrößert nicht nur die Partizipationschancen der Menschen, sondern mindert auch die negativen Belastungen der Natur. Wenn Lebensqualität die Oberhand gegenüber dem Lebensstandard gewinnen (Schumacher 1985: 233) soll, dann ist m.E. eine dezentrale Identifikation der Herausforderungen und eine politisch verantwortliche Organisation der Naturbearbeitung bzw. Arbeitsorganisation im Vorteil (Eißel 1988).

Eine eher physikalische Begründung für die Etablierung kleiner Einheiten liefert Altvater, der ausgehend von dem zweiten thermodynamischen Satz der Entropiezunahme eine Abkehr von der großkapitalistischen Energieumwandlung fordert, um ökologisch und politisch negative Folgen einzudämmen. Anstelle des verbreiteten Versuchs, die Natur nach marktwirtschaftlichen Kriterien zu ökonomisieren, kommt es darauf an, wirtschaftliche Vorgänge in ökologische und sogar physikalische Kategorien zu übersetzen. Es geht Altvater nicht nur darum, die gigantische Ausplünderung fossiler Lagerstätten zu kritisieren, sondern zu zeigen, daß Entropie auch sozialwissenschaftlich verstanden werden kann, weil auch in der Gesellschaft Unordnung und Chaos zunehmen. Der irreversible Anstieg von Entropie erfaßt damit das gesamte Ökosystem *und* das Sozialsystem. Der Vorsprung, den die kapitalistischen Länder erreichen konnten, ist zurückzuführen auf ihre monopolisierten Energiewandlungssysteme, mit denen sie die höhere ökologische Produktivität des Südens ausplündern konnten. Die sozialen Kosten wurden dabei von den reicheren und mächtigen Gesellschaften globalisiert. Insofern ist das Modell der kapitalistischen Industrialisierung nicht verallgemeinerbar. Um einen weiteren ökologisch und sozial brisanten Entropieanstieg zu verhindern, hält Altvater hinsichtlich der technischen und politischen Organisation eine thermodynamisch begründete solare Revolution und eine solare Gesellschaft für notwendig, die den ständigen Energiezufluß der Sonne nutzt und in kleinen Einheiten organisiert ist (Altvater 1992 a). Anstelle der industriellen Gigantomanie des Atomzeitalters soll eine vernetzte insulare Solargesellschaft treten. Die Megamaschine der technischen Großstrukturen ist auf ein „small is beautiful"-Maß zurückschrauben und damit die Ökonomie auch stärker demokratisch kontrollierbar.

4.3. Pragmatische Ansätze zur Erhöhung der politischen Handlungsfähigkeit durch Beteiligung der Zivilgesellschaft

Weniger visionäre Politik- bzw. Verwaltungswissenschaftler wie z.B. Böhret (1990) fordern dagegen eine Optimierung der Verwaltung im Umweltbereich, insbesondere durch Überwindung von Wissenslükken. Den Ausgangspunkt für einen besseren Umgang mit der Natur sieht Böhret in bestimmten, zu überwindenden Defiziten des politisch-administrativen Systems. Problematisch ist vor allem die Zeitstruktur der Politik, die eine inkrementale und reaktive Vorgehensweise belohnt. Hinzukommt, daß die politisch-administrative Bewältigung der schleichenden ökologischen Katastrophe der Komplexität und dem Bedarf an erheblichem Wissen nicht gerecht wird. Es existiert eine erhebliche Forschungs- und Politiklücke (Böhret 1990). Trotz Kritik des limitierenden Zeithorizonts von Politik, der zu einer eingeschränkten Problemlösungskapazität des Staates und der Verwaltung und zu keiner Verantwortungsbereitschaft führe, müßten die kognitiven Defizite im Bereich der politischen Administration überwunden werden. Die verbreitet konstatierte Unfähigkeit der Nationalstaaten, ihre Bürger vor den Umweltrisiken zu schützen, hat jedoch auch Lernprozesse provoziert, die mit einer Modernisierung der Demokratie durch eine stärkere Beteiligung der Zivilgesellschaft einhergehen (Zilleßen/ Dienel/ Strubelt 1993; Prittwitz 1993).

Ob diese verstärkte Aktivierung der Politik gelingen kann, ist allerdings angesichts der bisherigen Erfahrungen dennoch fragwürdig. Es läßt sich eher eine „Verriegelung des Politischen" beobachten, die der Gestaltbarkeit der krisenhaften gesellschaftlichen Naturbeziehungen im Wege steht. Dies geht u.a. auf eine Spaltung in ein technokratisches Management einerseits und eine symbolische Politik andererseits zurück (Jahn 1991). Beides muß überwunden werden. Sicherlich ist es unabänderlich und erforderlich, daß Wissenschaft und Technik eine Schlüsselrolle im Verhältnis des Menschen zur Natur übernommen haben. Allerdings ist hierbei eine problembezogene und interventionierende Forschung notwendig. Dic Hoffnung auf die Wissenschaft bei der Lösung der Umweltprobleme ist jedoch prekär: Ist nicht auch die Wissenschaft angesichts des komplexen natur- und sozialwissenschaftlichen Zusammenhangs von Umweltproblemen und angesichts ihrer eigenen fortschreitenden Arbeitsteilung überfordert, einen, der Vernetzung der Probleme angemessenen Diskurs zu leisten? Hat die Wissenschaft nicht den Bezug zur ganzheitlichen Erfassung der Welt verloren? Generell, darin ist Gruhl zuzustimmen, gibt es nicht nur in der Politik, sondern auch in der Wissenschaft nur noch Spezialisten, die keinen Überblick über das Ganze haben. Auf der anderen Seite fehlt den Generalisten an den Universitäten in der Regel eine Realitätsnähe (Gruhl 1978: 253). Wenn dies so ist, dann ist diese Entwicklung auch nicht in absehbarer Zeit zurücknehmbar. Und dennoch gibt es keine Alternative zu dem Versuch, Vernetzung, d.h. Interdizplinarität und Interadministration bzw. die Ressorts übergreifende Bearbeitung der Umwelt, die den Menschen einschließt, wieder zu lernen. Hierbei kommt es auf die Kooperation aller ökologischen Kräfte an, welche die Isolierung und Absolutsetzung von Einzelstrategien überwindet.

> „Man braucht keine Weltregierung, um globale Probleme zu lösen – wohl aber globale wissenschaftliche Zusammenarbeit, ein weltweites Informationssystem und ein anerkanntes internationales Forum mit der Kompetenz, Übereinkünfte zu entwickeln" (Meadows u.a. 1992: 196). Wie die Analyse des Zustandekommens der Übereinkunft zum Schutz der Ozonschicht zeigt, braucht man „einen internationalen Vermittler wie die UNEP, einige nationale Regierungen, die bereit sind, die Führungsrolle zu übernehmen; flexible und verantwortungsbewußte Firmen und Interessenvertreter; Wissenschaftler, die willens und fähig sind, mit Politikern zu verhandeln; engagierte Umweltschützer, die öffentlichen Druck in Gang setzen; und Verbraucher, die ihre Konsumgewohnheiten nach vorliegenden Informationen ändern – sowie technische Experten, die angepaßte Verfahren entwickeln, den Menschen das Leben erleichtern und es auch innerhalb bestehender Begrenzungen lebenswert machen" (Meadows u.a. 1992: 196).

Vielfach gibt es bereits international kooperierende Umweltschutzgruppen, doch letztlich bleibt ihr Einfluß gering, wenn die jeweilige Nationalregierung nicht mitzieht. Angesichts der Gefahr der Anonymisierung der Verantwortung und Verschiebung des Problems auf die internationale Ebene besteht immer die Versuchung, auf „nationale Alleingänge" mit dem Hinweis auf die notwendigen internationale Konsensbildung zu verzichten. Vor dem Hintergrund grenzüberschreitender Umweltgefährdungen ist jedoch klar, daß internationale Lösungen gefunden werden müssen. Dies gilt für das Ende der Belastungen der Ostsee ebenso, wie für Inselnationen, die gemeinsam Opfer einer Erhöhung des Meeresspiegels infolge der Erwärmung des Planeten werden können. Gemeinsame Nutzung des Wassers durch grenzüberschreitende regionale Kooperationen sind ebenso erforderlich wie UN-gestützte Umweltprogramme (etwa durch das 1972 gegründete UNEP). Solche und ähnliche Umweltphänomene verweisen zugleich darauf, daß die nationale Souveränität und die Fähigkeit der nationalen Regierungen, ihre Bürger vor den weltweiten Gefahren der Umweltbelastungen zu schützen, zurückgegangen ist.

> „Obwohl Nationalregierungen noch auf längere Zeit die mächtigsten menschlichen Institutionen bleiben werden, hat ihre Bedeutung vielleicht schon ihren Höhepunkt erreicht, denn internationale Organisationen haben in den vergangenen Jahren wichtige Funktionen übernommen. [...] Die Abhängigkeit wird wahrscheinlich noch wachsen, wenn Funktionen der Umweltbeobachtung und -überwachung an internationale Organisationen delegiert werden. Ebenso wichtig sind Initiativen zur Dezentralisierung der Macht, um lokalen Regierungen und Bürgergruppen mehr Möglichkeiten zu geben" (Brown u.a. 1992: 187).

Mit dem Schlagwort „global denken – lokal handeln" sind weltweit insbesondere die Kommunen aufgefordert, ihren Beitrag zum Umweltschutz zu leisten. Deutlich hat dies die UN-Konferenz für Umwelt und Entwicklung (UNCED) herausgestellt, die 1992 in Rio stattfand und als der bisherige Höhepunkt internationaler Umweltpolitik angesehen werden kann. Klar ist dabei, daß sich vermehrtes Engagement für Umweltschutz nicht von Garantien für Menschenrechte und Demokratie (ungehinderter und ungefährdeter Zugang zur Öffentlichkeit) trennen lassen (Eißel 1995).

Um die Akzeptanz von entsprechenden Maßnahmen zu erhöhen und auch die Kompetenz zur Bewältigung von ökologischen Problemlagen zu verbessern, sind also neue Wege der Beteiligung der Zivilgesellschaft an dem Prozeß der politischen Entscheidungsfindung, an der Durchführung und Überprüfung von Maßnahmen zu beschreiten. Gegenwärtig gibt es durchaus Verfahren der Bürgerbeteiligung wie die Mediation (Holtkamp/Stach 1995), die Planungszelle (Dienel 1992) oder deren Weiterentwicklung zu einem Mehrstufigen Dialogische Verfahren (Gessenharter 1996), welche theoretisch und normativ gut begründet sowie hinsichtlich ihrer praktischen Ergebnisse durchaus erfolgreich sind (Zilleßen/ Dienel/ Strubelt 1993). So eignet sich das Mediator-Konzept insbesondere bei konfliktreichen Planungsvorhaben. Wenn der Versuch, unter Anleitung eines mit mehr oder weniger Macht ausgestatteten Mediators einen Konsens zwischen konfligierenden Interessen zu finden, gelingt, lassen sich langwierige rechtliche Klärungen und damit auch Kosten vermeiden.

Für das Konzept der Planungszelle sprechen insbesondere demokratietheoretische Gründe. Durch die Zufallsstichprobe beschränkt sich die Beteiligung nicht auf die Aktivisten und die lokalen Eliten. Auch Bürger, die aus verschiedenen Gründen eher politikfern sind, können an den Entscheidungen teilnehmen. Eine breite Beteiligung hat darüber hinaus den Vorteil einer Erhöhung der öffentlichen Anteilnahme, zumal, wenn die lokale Presse einbezogen wird. Diese Form des politischen Engagements ist auch geeignet, Politik(er)-verdrossenheit zurückzudrängen. Im Mehrstufigen Dialogischen Verfahren wird der Kreis der Beteiligten um die gesellschaftlichen Eliten erweitert. Auch werden die Situationsdeutungen und unterschiedlichen Bewertungen systematischer in den Prozeß mit einbezogen. D.h. hier wird durchaus mit den lokalen Machtstrukturen gerechnet, wohl wissend, daß sie in den Entscheidungsprozessen eine wichtige Rolle spielen.

Generell gilt jedoch, daß es schwierig sein wird, die politisch Verantwortlichen und die öffentliche Verwaltung von der Notwendigkeit einer Bürgerbeteiligung zu überzeugen, wenn nicht mit einer Blockademacht zu rechnen ist. Der Druck zu neuen Formen der Bürgerbeteiligung ist für die politische Administration daher bei konfliktträchtigen Planungen, z.B. bei Verkehrsflächen oder Deponiegelände wesentlich höher. Andererseits ist auch kaum damit zu rechnen, daß die Bürgerschaft dauerhaft und auf einem hohen Niveau bereit ist, sich an den Entscheidungsprozessen zu beteiligen (Eißel 1997). Anstelle einer isolierten punktuellen Gegenstrategie kommt es folglich darauf an, die Kräfte zu vervielfältigen und zu bündeln. Ein sicherlich erfolgreicher Ansatz kann sich dabei auch auf die Verbrauchermacht besinnen. Aus zwei Gründen hält z.B. Meyer-Abich ein verändertes Konsumverhalten und den Aufbruch aus der Konsumgesellschaft für entscheidend:

> „Einmal wird mehr als die Hälfte des Bruttosozialprodukts für den privaten Verbrauch ausgegeben, ein Fünftel für Investitionen. [...] Der andere Grund ist, daß viele Menschen sich dem Zerstörungswerk der industriellen Wirtschaft ohnmächtig ausgeliefert fühlen, ohne etwas dagegen tun zu können" (Meyer-Abich 1990: 25). Die hilflose Wut oder Ohnmachtsgefühle lassen sich jedoch besser kanalisieren und für ein neues Konsumverhalten nutzen. Es „sollte dazu führen, daß alle die Produkte nicht mehr gekauft werden, welche auf Kosten der Lebensbedingungen, auf Kosten der Nachwelt und auf Kosten der Dritten Welt billiger angeboten werden, als sie sind. Daß dieses Ziel nicht auf einmal erreicht werden kann [...], liegt auf der Hand. Es kommt aber darauf an, hier möglichst effektiv zu beginnen" (Meyer-Abich 1990: 27), um durch entsprechende Verbraucherinitiativen einen beträchtlichen Druck auf die Wirtschaft auszuüben.

Noch größeren Druck läßt sich politisch ausüben, weil derartige Verbraucher ein beachtliches Wählerpotential darstellen können. Ähnliches gilt für Umweltgruppen, denen wir einen Großteil unseres geschärften Umweltbewußtseins zu verdanken haben. Sie gehen dabei häufig über lokale Projekte hinaus und versuchen über die Grenzen Regierungen und internationale Organisationen zu beeinflussen.

> „Gummizapfer aus dem Amazonasgebiet bei den Tagungen der Weltbank und Penan-Stammesangehörige in den Korridoren der UNO sind ein wichtiges und ermutigendes Zeichen unserer Zeit" (Brown u.a. 1992: 188).

Parallel zur explosionsartigen Vermehrung von lokalen Bürgerinitiativen zur Landverteilung, Menschenrechten und Rechten der Frauen entstanden eine Vielzahl von Bürgerbewegungen, die das Recht auf eine intakte Umwelt oder die Pflicht zur Einschränkung der weiteren Belastung mit dem Kampf um Demokratie verbanden (Brown u.a. 1992: 175). Dahinter steckt das Bewußtsein der hohen Relevanz demokratischer Strukturen und eines freien Zugangs zu Informationen und freier Meinungsbildung für den Kampf der Bürgergruppen um eine Verbesserung der Umweltbedingungen.

> „Rund um die Welt sind der Kampf um demokratische Meinungsäußerung und ökologische Nachhaltigkeit untrennbar verknüpft" (Brown u.a. 1992: 175). Ein Beispiel für viele von Äthiopien bis Zaire: 1989 riß eine Offiziersclique in Myanmar (ehemals Burma) die Macht an sich. Ihre Praktiken waren darauf gerichtet, durch forcierte Ausplünderung der Teak-Wälder die Exportgewinne zu erhöhen und diese weitgehend an das Offizierskorps zu verteilen. „Nur wenn die Umklammerung der Macht durch die Militärs gelockert wird, werden die Millionen Menschen, deren Zukunft durch solche Praktiken gefährdet ist, sie stoppen können" (Brown u.a. 1992: 176).

Umweltkampagnen sind in den Ländern mit autoritären Regimes, in denen eine kleine Elite abweichende Meinungen unterdrückt, schwierig. Man darf die Macht der etablierten Gruppen nicht unterschätzen. Nicht nur in den Entwicklungsländern wittern mächtige wirtschaftliche und politische Interessengruppen Gefahren, wenn der Ruf nach einer neuen Entwicklungsstrategie laut wird, die auf Nachhaltigkeit setzt. In den demokratischen Ländern des Nordens sind starke Interessengruppen wie die Autolobby gleichfalls mit mehr Öffentlichkeitsmacht ausgestattet, um ihre Vorstellungen durchzusetzen. Die formal zugestandene politische Partizipation ist von daher keine ausreichende Garantie für eine erfolgreiche Durchsetzung ökologischer Vorstellungen.

Literatur

Adorno, Theodor W. (1970): Negative Dialektik, Frankfurt/M.

Altner, Günter (1991): Naturvergessenheit. Grundlagen einer umfassenden Bioethik, Darmstadt

Altvater, Elmar (1992): Die Zukunft des Marktes, 2. Aufl. Münster

Altvater, Elmar (1992a): Der Preis des Wohlstands oder Umweltplünderung und neue Welt(un)ordnung, Münster

Amery, Carl (1976): Natur als Politik – Die ökologische Chance des Menschen, Reinbek

Augustinus, Aurelius (1955): Vom Gottesstaat, 2 Bde., Zürich

Bennholdt-Thomsen, Veronika/ Mies, Maria/ Werlhof, Claudia von (1983): Frauen, die letzte Kolonie, Reinbek

Binswanger, Hans Christoph u.a. (1988): Arbeit ohne Umweltzerstörung, Frankfurt/M.

Böhret, Carl (1990): Folgen. Entwurf einer aktiven Politik gegen schleichende Katastrophen, Opladen

Breton, André (1982): Ode an Charles Fourier, Berlin

Brown, Lester R. (ed.) (1993): State of the world 1993, A Worldwatch Institute Report on progress toward a sustainable society, New York

Brown, Lester R. (1992a): Start der ökologischen Revolution, in: Worldwatch Institute Report (Hg.) (1992): Zur Lage der Welt 1992, Frankfurt/M.

Brown, Lester R./ Flavin, Christopher/ Postel, Sandar (1992): Zur Rettung des Planeten Erde. Strategien für eine ökologisch nachhaltige Weltwirtschaft, Frankfurt/M.

Coase, Ronald H. (1960): The Problem of Social Cost, in: The Journal of Law and Economics, Vol. III

Council on Evironmental Quality u.a. (Hg.) (1980): Global 2000. Der Bericht an den Präsidenten, Washington, dtsch. Übersetzung Verlag 2001 Frankfurt/M.

Der Rat von Sachverständigen für Umweltfragen (1987): Umweltgutachten 1987, Bt. Drs. 11/1568

Descartes, René (1960): Discours de la Methode, in: ders.: Auswahl, Einleitung von Ivo Frenzel, Frankfurt/Main

Dienel, Peter C. (1992): Die Planungszelle. Der Bürger plant seine Umwelt. Eine Alternative zur Establishment-Demokratie", Opladen

Eißel, Dieter (1988): Herausforderungen und Möglichkeiten der kommunalen Arbeitsmarktpolitik, in: Aus Politik und Zeitgeschichte B 38/1988

Eißel, Dieter (1995): Umwelt und Demokratie, in: Fritzsche, Klaus/ Freiling, Gerhard (Hg.): Konflikte um Ordnung und Freiheit, Pfungstadt

Eißel, Dieter (1997): Bürgerbeteiligung und strategische Netzwerke in der kommunalen Umweltpolitik, in. Lange, Klaus (Hg.): Verantwortung im Umweltrecht, Baden-Baden

Engels, Friedrich (1972): Dialektik der Natur, in: MEW 20, Berlin

Euchner, Walter (1973): Egoismus und Gemeinwohl. Studien zur Geschichte der bürgerlichen Philosophie, Frankfurt/M.

Fetscher, Iring (1980): Überlebensbedingungen der Menschheit. Zur Dialektik des Fortschritts, München

Fetscher, Iring (1988): Ende der Ausbeutung – zum Verhältnis von Mensch und Natur, in: IG Metall (Hg.): Umweltschutz zwischen Reparatur und realer Utopie, Köln

Fischer, Joschka (1989): Der Umbau der Industriegesellschaft – Plädoyer wider die herrschende Umweltlüge, Frankfurt/M.
Forsthoff, Ernst (1971): Technische Realisation und politische Ordnung, in: Auf dem Weg zur hörigen Gesellschaft, herausgegeben von Oskar Schatz, Graz
Garaudy, Roger (1981): Aufruf an die Lebenden, Darmstadt, Neuwied
Gessenharter, Wolfgang (1996): Warum neue Beteiligungsmodelle auf kommunaler Ebene, in: Aus Politik und Zeitgeschichte, B 50
Gide, Charles/ Rist, Charles (1921): Geschichte der volkswirtschaftlichen Lehrmeinungen, hg. von Oppenheimer, F., Jena
Gore, Al (1992): Wege zum Gleichgewicht, Frankfurt/M.
Gorz, André (1991): Und jetzt wohin? zur Zukunft der Linken, Nördlingen
Gruhl, Herbert (1978): Ein Planet wird geplündert. Die Schreckensbilanz unserer Politik, Frankfurt/M. (erstmals 1975)
Hansmeyer, Karl-Heinrich/ Schneider, Hans Karl (1990): Umweltpolitik. Ihre Fortentwicklung unter marktsteuernden Aspekten, Göttingen
Holtkamp, Lars/ Stach, Birgit (1995): Friede, Freude, Eierkuchen? Mediationsverfahren und Chancen der Partizipation in der Umweltpolitik, Marburg, Berlin
Horkheimer, Max/ Adorno, Theodor W. (1969): Dialektik der Aufklärung, Frankfurt/M.
Huber, Joseph (1982): Die verlorene Unschuld der Ökologie Frankfurt/M.
Hüser, Uwe (Die Grünen, MdB) (1989): Elf Thesen zu Umweltabgaben, in: DGB/WSI: Ökologischer Um- und Ausbau des Steuer- und Abgabensystems, Fachtagung vom 13.12.1989, Düsseldorf
Immler, Hans (1989): Vom Wert der Natur. Zur ökologischen Reform von Wirtschaft und Gesellschaft, Opladen
Jahn, Thomas (1991): Krise als gesellschaftliche Erfahrungsform. Umrisse eines sozial-ökologischen Gesellschaftskonzepts Frankfurt/M.
Jonas, Hans (1984): Das Prinzip Verantwortung, Frankfurt/M.
Krieg, Hans-Herbert (1992): Der Tausch „Schulden gegen Umwelt" – ein Beitrag zur Lösung der Schuldenkrise und Umweltkrise der Weltwirtschaft, Marburg
Krupp, Manfred (1985): Von der Ausbeutung zum Frieden mit der Natur, in: Franz Neumann (Hg.): Politische Ethik, Baden-Baden
Locke, John (1967): Zwei Abhandlungen über die Regierung, Frankfurt/M.
Maier-Rigaud, Gerhard (1988): Umweltpolitik in der offenen Gesellschaft, Opladen
Mandeville, Bernard (1914): Bienenfabel hg. von Otto Bobertag, München
Marx, Karl (1875): Randglossen zum Programm der deutschen Arbeiterpartei, in: MEW Bd 19, Berlin (DDR) 1972
Marx, Karl (1968): EBI in: Marx, K./ Engels, Friedrich: Ergänzungsband I, Berlin
Marx, Karl (1972): Kritik des Gothaer Programms, in MEW 19, Berlin
Marx, Karl: Das Kapital Bd. III, in: MEW 25, Berlin 1972
Marx, Karl: Grundrisse der Kritik der politischen Ökonomie, Frankfurt/M./ Wien o.J.
Meadows, Dennis L. u.a. (1972): Die Grenzen des Wachstums, Stuttgart
Meadows, Donella H., Meadows, Dennis L. und Randers, Jorgen (1992): Die neuen Grenzen des Wachstums. Die Lage der Menschheit: Bedrohung und Zukunftschancen, Stuttgart
Meyer-Abich, Klaus Michael (1990): Aufstand für die Natur, München
Mies, Maria (1983): in: Bennholdt-Thomsen, Veronika/ Mies, Maria/ Werlhof, Claudia von: Frauen, die letzte Kolonie, Reinbek

Mies, Maria (1992): Patriarchat und Kapital, Zürich
Müller, Michael/ Hennicke, Peter (1994): Wohlstand durch Vermeiden, Darmstadt
Münkler, Herfried (1990): Die kritische Theorie der Frankfurter Schule, in: Karl Graf Wallestrem und Henning Ottmann (Hg.): Politische Philosophie des 20. Jahrhunderts, München
Odum, Eugene P. (1991): Prinzipien der Ökologie, Heidelberg
Pigou, Arthur C. (1952): The Economics of Welfare, London (erstmals 1920)
Prittwitz, Volker von (Hg.) (1993): Umweltpolitik als Modernisierungsprozeß, Opladen
Rademacher, Walter (1992): Konzept für eine umweltökonomische Gesamtrechnung des Statistischen Bundesamtes, in: Wirtschaft und Statistik, Heft 7/1992
Reyjen, Willem van (1984): Philosophie als Kritik. Einführung in die kritische Theorie, Königstein im Taunus
Rousseau, Jean Jacques (1971): Schriften zur Kulturkritik, 2. Aufl. Hamburg
Ruppert, Uta (1995):Gegenwarten verbinden. Frauenarbeit und Frauenpolitik im Entwicklungsprozeß Burkina-Fasos, Münster
Schmid Noerr, Gunzelin (1990): Das Eingedenken der Natur im Subjekt. Zur Dialektik von Vernunft und Natur in der Kritischen Theorie Horkheimers, Adornos und Marcuses, Darmstadt
Schmidt-Bleek, Friedrich (1997): Wieviel Umwelt braucht der Mensch? Faktor 10 – das Maß für ökologisches Wirtschaften, München
Schmidheiny, Stephan (Business Council for Sustainable Development) (1992): Kurswechsel. Globale unternehmerische Perspektiven für Entwicklung und Umwelt, Frankfurt/M.
Schönherr, Hans-Martin (1989): Die Technik und die Schwäche. Ökologie nach Nietzsche, Heidegger und dem 'schwachen Denken', Wien
Schüller, Alfred (Hg.) (1983): Property Rights und ökonomische Theorie, München
Schumacher, Ernst Friedrich (1985): small is beautiful. Die Rückkehr zum menschlichen Maß, Reinbek (erstmals 1973)
Schütze Christian (1989): Das Grundgesetz vom Niedergang, München
SVR (Sachverständigenrat zur Begutachtung der gesamtwirtschaftlichen Entwicklung): Jahresgutachten 1984/85
Uexküll, Jakob von (1907): Die Umrisse einer kommenden Weltanschauung, in: Die neue Rundschau 18
Umweltbundesamt (1989) u. (1990): Jahresbericht 1988 u. 1989 Berlin
Vorländer, Karl (1990): Geschichte der Philosophie mit Quellentexten, Bd. 1, Reinbek
Weber, Max (1985): Religionssoziologie in: ders.: Wirtschaft und Gesellschaft, Tübingen 5. Aufl.
Weizsäcker, Ernst-Ulrich von (1992): Ökologischer Strukturwandel als Antwort auf den Treibhauseffekt, in: Aus Politik und Zeitgeschichte B 16/92
Weizsäcker, Ernst-Ulrich von u.a. (1995): Faktor vier – Doppelter Wohlstand – halbierter Naturverbrauch, München
Werlhof, Claudia von (1983), in: Bennholdt-Thomsen, Veronika/ Mies, Maria/ Werlhof, Claudia von (1983): Frauen, die letzte Kolonie, Reinbek
Wicke, Lutz (1986): Die ökologischen Milliarden, München
Williams, Bernard (1988): Descartes, Frankfurt
Zilleßen, Horst/ Dienel, Peter C./ Strubelt, Wendelin (Hg.) (1993): Die Modernisierung der Demokratie, Opladen

Zur Vergesellschaftung von Subjektivität
Ansätze politischer Psychologie

Klaus Christoph

Vorbemerkung

Die Gliederung dieses Beitrages ist im wesentlichen an der Unterscheidung verschiedener 'Ansätze' politischer Psychologie orientiert. Abgesehen davon, daß es Autoren gibt, die sich dem einen oder anderen 'Ansatz' nur mit Einschränkungen zurechnen lassen, sind mit diesem Verfahren zumindest zwei Probleme verbunden, denen – allein aus Platzgründen – nicht immer hinreichend Rechnung getragen werden kann. *Erstens* repräsentieren die 'Ansätze' keine in sich *homogenen* Entwürfe politischer Psychologie. Was sich als 'Ansatz' ausweist, sind Gemeinsamkeiten im Wissenschafts(vor)verständnis, der Gegenstandsbestimmung und im methodologischen Zugriff. Aber auch das gilt – *zweitens* – nicht durchgängig. Unter den Vertretern der hier als 'traditionell' bezeichneten politischen Psychologie gibt es eine Gruppe, die zwar durch die Schule der akademischen Psychologie mit ihrem weit überwiegend naturwissenschaftlich geprägten Forschungsinstrumentarium gegangen ist, nicht aber das meist damit verknüpfte, am Wertfreiheitspostulat orientierte Wissenschaftsverständnis teilt. (Das gilt insbesondere für Wissenschaftler aus der „Sektion Politische Psychologie im Berufsverband Deutscher Psychologen".) Und: In diesem Aufsatz können jene Entwicklungen und Diskussionen innerhalb der 'traditionellen' Psychologie nicht entfaltet werden, die auf die eine oder andere Weise das überkommene Wissenschaftsverständnis tangieren. Das gilt z.B. für die Frage, inwieweit mit der Weiterentwicklung der kognitiven Schemata, die sich auf neue Erkenntnis- und Interpretationsmöglichkeiten sozial bestimmter Kognitionsprozesse stützt, zumindest in der Sozialpsychologie/politischen Psychologie eine Veränderung des Wissenschaftsparadigmas verbunden ist, was ebenso strikt behauptet (Schissler u. Tuschhoff 1988) wie dementiert wird (Graumann 1988). Bei all dem gilt, daß dieser Beitrag nicht nur deskriptiv informieren will, sondern auch – wenigstens ansatzweise – eine kritische Bestandsaufnahme sein soll.

1. Einleitung

1.1. Zur Begriffsbestimmung

Politische Psychologie (nachfolgend pP oder PP) als separater Forschungszweig oder -ansatz bekommt in der Bundesrepublik in den 60er Jahren Konturen. Ausdruck davon ist die 1963 aufgelegte Schriftenreihe „Politische Psychologie"[1]. Im Einleitungskapitel des 1. Bandes nimmt Walter Jacobsen (1895-1986) folgende Begriffsbestimmung vor:

> „‘Politische Psychologie’ ist jenes Arbeitsgebiet der Psychologie, das ausgewählte Erscheinungen in der Politik zum Gegenstand seiner Forschungen macht. Es kann sich um ein Interessengebiet der ‘reinen', aber auch der angewandten Wissenschaft handeln; jenes würde primär der Erkenntnis um ihrer selbst willen, dieses darüber hinaus vor allem praktischen Zwecken dienen [...], die von außen an sie herangetragen werden“ (1963: 9).

Dem Erkenntnisinteresse und dem Gegenstand pP gilt auch ein wenige Jahre später geschriebener Aufsatz von Klaus Horn:

> „Politische Psychologie ist der Versuch, die politisch wirksame und bewirkte Irrationalität der Subjekte mit antagonistischen gesellschaftlichen Widersprüchen in Zusammenhang zu bringen, die analysierten überflüssigen gesellschaftlichen und lebensgeschichtlichen Kosten zu kritisieren und auf höhere Stufen menschlichen Zusammenlebens hinzuarbeiten“ (1969/1989: 188).

Beide Ansätze firmieren unter dem Begriff pP, haben aber kaum etwas gemeinsam. So ist für Jacobsen die postulierte Wertfreiheit bzw. die „von außen“ kommende Zwecksetzung der pP charakteristisch, während bei Horn pP selbst einem emanzipatorischen Erkenntnisinteresse verpflichtet ist. Auch der Gegenstand der pP wird unterschiedlich gefaßt: Dort geht es um „ausgewählte Erscheinungen“ des Politischen, die, aufgegliedert in zwölf „Problemgebiete“, von der „Diagnostik politisch relevanter Grundeinstellungen“ über die Erforschung der „Wirkungselemente politischer Pädagogik“ bis zur Untersuchung „völkercharakteriologischer Probleme“ reichen (Jacobsen 1963: 15f.); hier steht die historische Form von Subjektivität im gesellschaftlich widersprüchlichen Bedingungsgefüge zur Debatte. Letzteres schließt ein, daß die Untersuchung einzelner Phänomene ohne Bezugnahme auf die gesellschaftliche Totalität nicht auskommt – z.B. das Wahlverhalten der Bevölkerung ohne Rekurs auf die strukturellen Bedingungen politischer Beteiligung nicht sinnvoll analysiert werden kann. Aber auch das praktische Interesse, das beide Ansätze dem Augenschein nach gemeinsam haben, ist an unterschiedliche Perspektiven gekoppelt: Jacobsens Zugriff will sich zwar als wissenschaftlich wertfreier ausweisen, steht aber nach eigenem Bekunden letztlich im „Dienst der Polis, genauer: der gesunden Entfaltung des öffentlichen Lebens, der res publica“ (1963: 9). Was das bedeuten soll, bleibt unausgeführt. Indessen lassen die in der Reihe erscheinenden (deutschen) empirischen Untersuchungen erkennen, daß es die soziale und politische Ordnung der Bundesrepublik ist, die faktisch die normsetzende Seite der Forschungsarbeit ausmacht.[2] Immerhin ist damit die politische Intention verbunden, im Sinne politischer Bildung die (noch junge) Bundesrepublik von der nationalsozialistischen Vergangenheit abzugrenzen.

Keineswegs konkreter ist das formulierte Interesse des Horn'schen Ansatzes, „auf höhere Stufen menschlichen Zusammenlebens hinzuarbeiten.“ Gleichwohl läßt sich gegenüber Jacobsen ein deutlicher Unterschied feststellen: Es geht um eine Kritik gesellschaftlicher Verhältnisse zugunsten eines Autonomiegewinns der Subjekte, die ihre Legitimation aus den materiellen und ideellen Möglichkeiten eben jener Verhältnisse herleiten möchte.

Die von Anfang an dominante Strömung, die hier von Jacobsen repräsentiert wird, nimmt immer deutlicher Züge einer empirisch-analytischen Wissenschaft nach naturwissenschaftlichem Vorbild an. Das Methodenarsenal gewinnt eine entscheidende Bedeutung auch für die Auswahl der Forschungsgegenstände, deren Bearbeitung nunmehr unzweifelhaft aus der Perspektive einer Hilfswissenschaft (für Psychologie bzw. Politologie) erfolgt. Beides impliziert nicht nur eine enorme Ausdifferenzierung der Gegenstandsbereiche, sondern auch eine vollständige Rücknahme eigener politischer Absichten zugunsten ‘objektiver’ Wissenschaft.

In Auseinandersetzung mit diesem Wissenschaftsverständnis entsteht Anfang der 70er Jahre unter maßgeblicher Beteiligung von Klaus Holzkamp (1971; 1978) ein weiterer Ansatz pP. Er stützt sich auf den ‘Wissenschaftlichen Sozialismus'. Psychologie wird damit a priori als politische ausgewiesen, deren Parteilichkeit eine ‘wissenschaftliche’ Begründung erfährt (1977). Horn und andere teilen mit der ‘Kritischen Psychologie’ der Holzkamp-Schule im wesentlichen die Kritik an der ‘traditionellen’ Psychologie, knüpfen aber nicht am Marxismus-Leninismus an, sondern bewegen sich in der Tradition der Marx/Freud-Rezeption der ‘Frankfurter Schule'. Trotz gelegentlicher Vermittlungsversuche – so von H. Moser unter dem Dach einer neuen Schriftenreihe zur pP[3] – ändert sich nichts an dem Auseinanderdriften dieser unterschiedlichen Ansätze pP.

1.2. Zur Bedeutung der Freud'schen Lehre für ein kritisches Konzept politischer Psychologie

Die von Sigmund Freud (1856-1939) begründete Psychoanalyse ist – einschließlich ihrer kulturtheoretischen Ausformung – keine politische Psychologie. Ihr Erkenntnisinteresse ist auf das (von Freud entdeckte) Unbewußte gerichtet, das auf menschliches Denken und Handeln Einfluß nimmt und deshalb soweit als möglich der Aufhellung bedarf. Dabei ist das, was unbewußt bleibt oder qua Verdrängung unbewußt ‘gemacht’ worden ist, ganz wesentlich Ergebnis einer Auseinandersetzung zwischen individuellen, naturhaft angestoßenen Triebstrebungen und familiär/gesellschaftlichen Ge- und Verboten. In diesem Kontext wird die Psychoanalyse für eine kritisch orientierte pP interessant – einschließlich des für die Freud'sche Lehre konstitutiven „Junktims von Forschen und Heilen“ (1927/1975: 347), das für die praktische Absicht von pP von Bedeutung ist.

1. Freuds klinische Erfahrungen verweisen darauf, daß neurotische Erkrankungen auf spezifische Verarbeitungsweisen früher Konfliktkonstellationen zurückgehen, denen zugleich *allgemeine* Bedeutung bei der Ausbildung von Subjektivität zukommt (z.B. ambivalente Gefühlsregungen des Kindes insbesondere gegenüber dem gleichgeschlechtlichen Elternteil). Dabei geht Freud von Triebstrebungen aus, die, ihrer Grundtendenz nach, sexuell-libidinöser oder aggressiv-destruktiver Natur sind. Sie bedürfen der Umformung (Sublimierung) zugunsten gesellschaftlich nützlicher Zwecke. Das geschieht über mehr oder weniger erzwungene Identifikationen mit den elterlichen (familial-gesellschaftlichen) Werten und Normen. Dieser Prozeß läßt auch im Psychischen eine Art herrschaftlich organisierte Struktur entstehen: Bestimmte Instanzen (‘Ich’ und ‘Über- Ich’), die sich auf der Grundlage des Triebpols der Person (‘Es’) herausbilden, sorgen unter anderem dafür, daß kulturell unerwünschte Triebregungen/ Phantasien unter Kontrolle gehalten bzw. verdrängt werden. Sie sind damit aber nicht einfach stillgelegt, sondern streben (weiterhin) danach, in den Denk- und Handlungshorizont Eingang zu finden. Ergebnis dieses Konflikts sind Denk- und Verhaltensweisen, die zumeist einen Kompromiß beinhalten zwischen un-/vorbewußten und bewußten Strebungen. Dieser Kompromißcharakter menschlicher Verarbeitungs- und Ausdrucksformen verweist darauf, daß die Unterscheidung von ‘normalem’ und ‘pathogenem’ Verhalten in hohem Maße konventioneller Natur ist bzw. ‘Störungen’ in jedem kommunikativen Handeln potentiell enthalten sind. Kurz: Freuds Rückschlüsse auf verallgemeinerungsfähige Komponenten des Trieb-‘Schicksals’ erweitern die Psychoanalyse (als spezielles Verfahren zur Behandlung seelischer Störungen) zu einer Kulturtheorie.

2. Freud bietet eine Erklärung dafür an, wie und durch welche Sozialisationsinstanzen ‘Äußeres’ nach ‘innen’ wandert, um dann, nunmehr auf eigene Weise affektiv besetzt und nur teilweise bewußt, die Empfindungs- und Reaktionsweisen des Einzelnen zu bestimmen. Von besonderer Bedeutung ist die *Konflikthaftigkeit* dieses Prozesses. Freud läßt keinen Zweifel daran, daß Kultur auf Triebverzicht und -sublimierung aufbaut. Allerdings enthält dieses Theorem keineswegs eine absolute Parteinahme für die Gesellschaft. Freud problematisiert vielmehr ausdrücklich die individuellen Kosten der kulturell auferlegten Versagungen (1927/1971: 86f.), die, dem Bewußtsein mehr oder weniger entzogen, allzuoft auf destruktive Weise wiederkehren. Dem entsprechen Freuds Zweifel am Gleichklang von (wissenschaftlich-

technischem) Fortschritt, Vernunft und Glück: „Die Menschen haben es jetzt in der Beherrschung der Naturkräfte so weit gebracht, daß sie es mit deren Hilfe leicht haben, einander bis auf den letzten Mann auszurotten" (1930/1962: 191). Damit stößt Freud Fragen an, die kritisch auf die Gesellschaft verweisen. Und hier sind auch die Stränge, an denen politische Psychologie weiterarbeitet, zumal Freud dazu neigt, diese Konflikte – entsprechend seinem historisch unspezifischen Kulturbegriff – zu anthropologischen Konstanten zu machen.

3. Freuds klinischen Erfahrungen wie auch seiner Modellbildung entspricht, daß er die landläufige Entgegensetzung von Individual- und Massenpsychologie (vgl. Kap. 2) nicht gelten lassen kann, denn:

> „Im Seelenleben des Einzelnen kommt ganz regelmäßig der Andere als Vorbild, als Objekt, als Helfer und als Gegner in Betracht, und die Individualpsychologie ist daher von Anfang an auch gleichzeitig Sozialpsychologie ..." (1971: 9).

In diesem Sinne richtet die Psychoanalyse ihr Augenmerk auf Erlebnisinhalte der individuellen Lebensgeschichte, die sich prinzipiell als *Beziehungsverhältnisse* (ursprünglich in Gestalt der Eltern/Kind-Beziehung) darstellen. Damit nimmt sie auf einen Ort Bezug, an dem Subjektives und Objektives, Individuelles und Gesellschaftliches vermittelt sind. Genau hier liegt der Anknüpfungspunkt für eine pP, die die Subjekte weder als bloße Produkte sozialer Determination, noch als monadenhaft-geschichtslose Wesen begreift.

4. Die Freud'sche Triebtheorie als *Konfliktlehre* unterläuft auch die gängige Trennung von Geist und Natur: Was als libidinös-sexuelle oder aggressiv-destruktive Triebregung spürbar ist, ist nicht pure Natur, sondern immer schon mit Phantasien verknüpft, die auf Soziales rückverweisen. Umgekehrt gilt, daß die 'geistigen' Produkte immer auch eine körperlich-sinnliche Komponente haben. Unter diesem Blickwinkel erscheint die Sexualität (als fundamentale menschliche Antriebskraft) in einem besonderen Licht: Sie markiert die zentrale Stelle „der Einheit von Körperlichkeit und Sozialität" (Lorenzer in Görlich 1980: 325), d.h. hier ist die Verbindung von Körperlichkeit und Kommunikation am dichtesten (was gleichzeitig verständlich macht, daß eine Störung dieser Verbindung in das soziale Gesamtverhalten eingreift). Als Voraussetzung *und* Bezugspunkt pP macht die Verknüpfung von körperlich-sinnlichem und sozialem Bedürfnis deren humanen Kern aus.

5. Dieser Zusammenhang ist auch für die *praktische* Absicht pP von Bedeutung. Muß doch jeder Veränderungsgedanke mit seinen sinnlich-affektiven Korrelaten rechnen: sei es, daß er Abwehr mobilisiert (weil er z.B. Angst erzeugt), sei es, daß er Befriedigung verspricht.

Politisch inspirierte Aufklärungsarbeit verlangt deshalb nach einem Reflexionsmodus, der nicht nur auf die kognitiv bestimmte Seite menschlichen Verhaltens setzt, sondern zugleich den Versuch macht, die affektiven Gehalte eingewöhnter Interaktionsformen in den Aufklärungsprozeß einzubeziehen. Das ist freilich leichter gesagt als getan. So ist ein solches Vorhaben – gewisse Prinzipien des psychoanalytischen Verfahrens vor Augen – mit erheblichen organisatorischen und methodischen Problemen verbunden. Das gilt etwa im Blick auf die Vermittlung individueller Erlebniswelten und überindividueller, politischer Handlungsanforderungen. Hinzu kommt, daß Aufklärung, die zugleich (oft schmerzvolle) Selbstaufklärung ist, auf eine entsprechende Bereitschaft der Beteiligten angewiesen bleibt. Und schließlich müßte sie die Spannung gegenüber institutionalisierten Machtverhältnissen aushalten, die zwar nicht jenseits von Intersubjektivität existieren, kaum aber nach den Regeln potentiell zwangloser Verständigung funktionieren. Diese Schwierigkeiten als gegebene hinzunehmen oder vermittels der säuberlichen Aufteilung in 'Subjektives' und 'Objektives' zu befestigen, hieße allerdings, Aufklärung als halbierte fortzuschreiben.

2. 'Massenpsychologie' als Ausgangspunkt

Massenpsychologie und pP sind historisch verwandt. Setzt doch die moderne pP jene Massen voraus, die sich im 19. Jahrhundert mit der Ausweitung der kapitalistischen Produktionsweise sowie den beginnenden Liberalisierungsprozessen gebildet haben und in der sprunghaften Bevölkerungszunahme, der Zusammenballung von Menschen in Städten und Industrien wie auch in der Entstehung von Großorganisationen augenfällig geworden sind. Zu den Reaktionen, die diese gesellschaftlichen Umbrüche hervorgerufen haben, gehört das 1895 erschienene Buch „Psychologie der Massen" des Franzosen Le Bon (1841-1931), das nicht zuletzt in Deutschland eine enorme Verbreitung gefunden hat.

> Nach Le Bon ist die „Massenseele" vor allem durch Individualitätsverlust gekennzeichnet: In der Masse vollzieht sich durch Suggestion und Ansteckung eine psychologische Umformung, die die Menschen „in ganz anderer Weise fühlen, denken und handeln" läßt als jeder einzelne von ihnen „für sich fühlen, denken und handeln würde" (1961: 13). Was die „Massenseele" ausmacht, ist die Vorherrschaft des Unbewußten und der Gefühle, die Neigung zu spontanen (auch gewaltsamen) Handlungen und gesteigerter Einbildungskraft, schließlich die Willenlosigkeit des einzelnen, der „ein Automat geworden" ist (ebd.: 17).

Le Bons Beobachtungen werden durch die zugrundeliegende Tendenz problematisch: Die 'Masse' wird zum Inbegriff von Irrationalität, Roheit und Kulturfeindlichkeit, die in ihrer – rational nicht faßbaren – psychologischen Substanz letztendlich in einer „Rassenseele" (ebd.: 14) verwurzelt ist und damit als ein Stück (unveränderbarer) Natur erscheint. Dabei macht Le Bon keinen Hehl daraus, wem die Stoßrichtung gilt, nämlich den „Volksklassen" bzw. der sozialistischen Bewegung, deren Forderungen „auf nichts Geringeres hinauslaufen als auf den gänzlichen Umsturz der gegenwärtigen Gesellschaft" (ebd.: 2). So kann es nicht wundern, daß Le Bon die „Psychologie der Massen" zugleich dem „Staatsmann" zum Studium empfiehlt – ein Hinweis, den später insbesondere die nationalsozialistische Propaganda zu nutzen weiß.

Daß der Begriff Masse mit seinen dunklen Konnotationen weit überwiegend negativ besetzt ist, hat sicherlich mit Schriften wie Le Bons „Psychologie der Massen" oder auch – wenngleich anders akzentuiert – Ortega y Gassets (1883-1955) „Der Aufstand der Massen" (1931/1961) zu tun, deren Breitenwirkung weit in dieses Jahrhundert hineinreicht. Es ist Freuds Verdienst, zur Entmystifizierung der „Massenseele" wesentlich beigetragen zu haben.

Freud bestätigt die Verhaltensbeobachtungen Le Bons, gibt sich aber nicht mit der Erklärung zufrieden, daß die Massenbildung psychologisch durch „Suggestion" und „Ansteckung" zustande komme. Er macht darauf aufmerksam, daß insbesondere bei relativ stabilen Massen die Führungsfigur eine offenbar gemeinschaftsbildende Rolle spiele. Das legt für ihn die Vermutung nahe, daß hier eine Psychodynamik im Gange ist, die nach dem früh eingeschliffenen Muster der Vater/Kind-Beziehung funktioniert: Der Einzelne will dem Führer ähnlich sein und/oder projiziert auf ihn das eigene Ich-Ideal, wobei ersteres zugleich die Gefühlsbindung zu den anderen (Massen-)Individuen stiftet. Beides, Identifikation und Projektion, werde durch libidinöse Strebungen angetrieben, die, durch den Druck der Sozialisationsinstanzen von ihren ursprünglich sexuellen Zielen abgelenkt, auf diese Weise eine mittelbare Befriedigung erfahren. Allerdings stimuliere die Vater/Kind-Beziehung vor allem beim Kind immer auch rivalisierend-aggressive Strebungen. Diese könnten sich unter bestimmten Bedingungen gegen den Vater/Führer richten, ließen sich aber eher gegen andere Führer oder Gruppen aktivieren und könnten hier „ebenso einigend wirken und ähnliche Gefühlsbindungen hervorrufen wie die positive Anhänglichkeit" (Freud 1971: 39).

Diese Sichtweise führt zu einer weitaus differenzierteren Einschätzung der 'Masse' als etwa bei Le Bon. Dazu gehört Freuds Hinweis, daß die Libidobindungen, die eine 'Masse' charakterisieren, auch „als Kulturfaktor im Sinne einer Wendung vom Egoismus zum Altruismus" wirken können (ebd.: 42).

3. Politische Psychologie als Gesellschaftskritik

3.1. Die Freud'sche Linke

Die Freud'sche Psychoanalyse als Lehre vom Unbewußten kommt früh auch politisch motiviertem Aufklärungsbedarf entgegen. Das gilt in besonderer Weise für die Zeit zwischen den Weltkriegen und hier speziell für jene Linken in Deutschland, die – angesichts der fehlgeschlagenen Revolution von 1918, der Spaltung der Arbeiterbewegung und des aufkommenden Faschismus – Erklärungen für das Auseinanderfallen von objektiver Klassenlage und Bewußtseinsformen suchen und in diesem Kontext den Ökonomismus der gängigen Marxrezeption für revisionsbedürftig halten. Dabei findet die Öffnung hin zum 'subjektiven Faktor' ihr Gegenstück bei jenen Psychoanalytikern, die in den ökonomisch-sozialen Verhältnissen eine Bedrohung ihrer Anstrengung erblicken und sich so zu objektivierenden Reflexionen und politischem Engagement genötigt sehen. Beide Blickrichtungen treffen sich in dem Versuch, die Marx'sche und die Freud'sche Theorie zu kombinieren. Für die Freudomarxisten garantiert dabei der Bezug auf das biologische Substrat des Triebgeschehens eine materialistische, dem Stellenwert der ökonomischen Produktionsweise entsprechende Fundierung. In diesem Sinne spricht etwa Wilhelm Reich (1897-1957) von „Sexualökonomie" und dem „Überbau" von „Libidofunktionen" (1929/1981: 21).

Zur Freud'schen Linken, die innerhalb der Analytiker-Zunft eine Minderheit bleibt, gehören außer Reich vor allem S. Bernfeld, O. Fenichel, P. Federn – und Erich Fromm (Dahmer 1982). Allen gemeinsam ist die Bemühung, die Lehre Freuds so zu historisieren, daß sie den ökonomisch-sozialen Differenzierungen in der bürgerlichen Gesellschaft Rechnung trägt.

Charakteristisch für diese Absicht ist z.B. Bernfelds (1892-1953) 1929 erschienene Schrift über die Bedeutung des „sozialen Orts" für psychische Störungen und Deprivationen. Sie steht in der Tradition seines wohl bekanntesten Werks „Sisyphus oder Die Grenzen der Erziehung" (1925/1967), in welchem der pädagogische Optimismus nach zwei Seiten hin gedämpft wird: Grenzen setze die (nicht uneingeschränkt modellbare) „biopsychische" Struktur der Akteure, vor allem aber die objektive Funktion von Erziehung selber, die auf „die (physische) Erhaltung der erziehenden Gesellschaft in ihrer psychischen Struktur" (ebd.: 85) gerichtet sei und damit immer auch einer Sicherung der (Klassen-) Herrschaft diene. Für Wilhelm Reich folgt daraus ein sexualpolitisches Programm ("Sexpol"), das sich auf eine Radikalisierung der Freud'schen Kritik der „kulturellen Sexualmoral" (1908/1961) und auf dessen (biologistisch interpretierte) Triebtheorie stützt: Gefordert wird eine praktische Befreiung der Sexualität, von deren psychisch verankerter, über die Familie als Sozialisationsagentur vermittelter Unterdrückung Klassenherrschaft zehre (1932; 1933) – eine Argumentationsfigur im übrigen, die 40 Jahre später in der Studentenbewegung eine Renaissance erleben wird (Reiche 1971).

3.2. Die 'Kritische Theorie' als politische Psychologie

Der therapeutisch und theoretisch geschulte Erich Fromm (1900-1980) entwickelt sein Konzept einer „Analytischen Sozialpsychologie" (1932/1970) zunächst in enger Verbindung mit dem Frankfurter Institut für Sozialforschung, dem seit 1930 der Sozialphilosoph Max Horkheimer (1895-1973) vorsteht. Horkheimer ist der Aufklärungsphilosophie verpflichtet, als deren fortgeschrittenste Gestalt den Institutsmitgliedern Marx' dialektisch-materialistische Geschichtsauffassung gilt. Dabei ist das besondere Forschungsinteresse des Horkheimer-Kreises auf ein Desiderat der Marx'schen Lehre gerichtet, das sich zugleich als aktuelles politisches Problem darstellt: aus welchen empirisch faßbaren Gründen die ökonomisch-sozial Abhängigen nicht ihrer objektiven Lage gemäß denken, fühlen und handeln und die kapitalistischen Klassenverhältnisse überwinden. Daß für diese Problemstellung die Psychoanalyse in Anspruch genommen wird, folgt aus Horkheimers Prämisse, daß „das Handeln numerisch bedeutender Schichten nicht durch Erkenntnis, sondern durch eine das Bewußtsein verfälschende Triebmotorik bestimmt ist" (1932/1968: 20).

Fromm ist an den ersten großen empirisch gerichteten Untersuchungen des Instituts maßgeblich beteiligt, so an den (im Exil publizierten) „Studien über Autorität und Familie" (1936). Im sozialpsychologischen Teil (Fromm) soll im Rückgriff auf Freud geklärt werden, wie Autoritätsbeziehungen unter bestimmten gesellschaftlichen Verhältnissen entstehen und welche Dynamik sie entwickeln. Ausgegangen wird von der prinzipiell ambivalenten Gefühlslage des Sohnes gegenüber dem Vater, die mit dem erzwungenen Untergang des Ödipuskomplexes und der Errichtung des Über-Ichs eine spezifische Modifikation erfahre: Die Schutz und Zuwendung gebende, aber auch zensierende und strafende Autorität des Vaters werde introjiziert, wobei die entsprechenden Ge- und Verbote immer auch *gesellschaftlich* Normatives (in schichtenspezifischer Ausprägung) repräsentierten, z.B. Gehorsam und Sparsamkeit. Gleichzeitig würden im Zusammenspiel von Ich und Über-Ich alle verbotenen, die Beziehung zur Autorität gefährdenden und deshalb Angst auslösenden Triebwünsche verdrängt. Ausmaß und Intensität der (andauernden) Verdrängungsleistung nähmen Einfluß auf die Ich-Entwicklung in Richtung von mehr Selbständigkeit bzw. Unselbständigkeit.

Daß Autoritätsgehorsam nicht allein durch äußere Zwangsmittel funktioniere, habe noch einen anderen, ebenfalls aus seiner psychosozialen Genese resultierenden Grund, nämlich daß der Gehorsam oft mit Lustgewinn verknüpft sei, also eine masochistische Tendenz habe. Deren Ausprägungsform und Verbreitung hänge von den jeweiligen ökonomischen und politischen Strukturen ab, die in der „autoritären Gesellschaft“ den „autoritär-masochistischen Charakter“ als dominanten hervorbringe (ebd.: 110, 117). Hierbei fungiere die Familie als „psychologische Agentur der Gesellschaft“ (ebd.: 87). Zu den Merkmalen dieser Charakterstruktur gehöre, daß Situationen als befriedigend erlebt werden, in denen gehorcht werden kann, daß Macht verehrt und das Unterworfensein als schicksalhaft und natürlich oder als Pflicht gegenüber etwas Höherem erlebt wird. Entgegengesetzte, sadistisch-aggressive Strebungen seien diesem Charaktertypus nicht unbekannt. Allerdings fänden sie ihr „Objekt“ nur „im Schwächeren“ (ebd.: 117), z.B. Frauen, Kindern. Kurz: Die bürgerliche Gesellschaft fördere und befriedige Triebstrebungen, die sich zum „autoritär-masochistischen“ Charakter verfestigten.

Fromm erhellt also, daß und auf welche Weise Autoritätsgehorsam als psychosozialer Kitt in einer interessengespaltenen Gesellschaft wirkt. Freilich steht dabei die Entstehung *systemkonformer* Charakterstrukturen im Zentrum. Entsprechend blaß und auch wenig fundiert bleibt der „revolutionäre Charakter“, den Fromm gleichfalls skizziert. Offenbar drücken sich hier auch theoretisch problematische Vorentscheidungen aus: Wenn die Triebstruktur primär sozial geprägt ist und damit die gegebenen Verhältnisse stabilisiert, wie soll es dann zu einer psychischen Verarbeitung der Triebimpulse kommen, die innerhalb jener Verhältnisse (und innerhalb der gleichen Klasse!) eine andere, eben „revolutionäre Charakterstruktur“ hervorbringt? Jedenfalls enthält sein Erklärungsversuch[4] eine eher milieutheoretisch orientierte Psychoanalyserezeption, die die Konflikthaftigkeit des Triebgeschehens mit seiner leiblichen Seite in den Hintergrund treten läßt. Über die so gefaßte soziale Prägung psychischer Strukturen gewinnen auch Überlegungen an Gewicht, die nach anderen, menschlich-(vor-) sozialen Strebungen und Ansprüchen fahnden und zugleich der ‘positiven’ Einflußnahme verpflichtet sind. So besteht Fromm auf einer praktisch-therapeutischen Arbeit, die vom Anspruch auf „menschliches Glück“ und einer gleichberechtigten Arzt/Patient-Beziehung angeleitet wird (1935). Beides ist zugleich gegen Freuds (pessimistische) Neigung gerichtet, die in der Gegenwart diagnostizierten typischen Konflikte familiärer Sozialisation (z.B. im Zusammenhang des Ödipuskonflikts) als Ausdruck invarianter Konstellationen zu begreifen, sie in die Prähistorie zu projizieren und so zu anthropologisieren.

In dem 1941 erschienenen Werk „Escape from Freedom“ (dt. 1966: „Die Furcht vor der Freiheit“) baut Fromm diese Rezeptionslinie weiter aus. Das „Charaktergefüge des Individuums“ erscheint nur noch als Summe von „Reaktionen auf Einflüsse der Außenwelt“ (ebd.: 17), und an die Stelle der zentralen physisch-psychischen Antriebskraft Sexualität (die von Fromm nunmehr den natürlichen „Notdürften, wie Hunger (und) Durst“ zugerechnet wird, ebd.: 20) tritt eine Grundstrebung, die nicht im Körperlichen wurzelt und deshalb auch stärker gesellschaftlichen Einflüssen unterworfen ist: „der Drang nach Verbindung mit unserer Außenwelt, der Trieb hinaus aus der Einsamkeit“ (ebd.: 26). Bestandteil dieses ‘Sozialtriebes’ ist die Angst vor Isolation, sind Einsamkeits- und Ohnmachtsgefühle, die ihrerseits Produkte des evolutionären Prozesses darstellen: der Entlassung aus den feudalen Zwängen *und* Sicherungen, in deren Folge der Einzelne in der bürgerlichen Gesellschaft zwischen Hoffnung und Angst, Freiheits- und Unterwerfungswünschen hin- und herschwanke.

Das bringt Fromm unter den Stichworten „Desexualisierung und Soziologisierung der Psychoanalyse“ endgültig den Ruf des Revisionisten ein – auch und zumal von Horkheimer und Adorno (Wiggershaus 1988: 298f.). Deren Theorieentwicklung geht in eine andere Richtung. Das drückt sich allerdings noch nicht in der von Adorno u.a. verfaßten empirischen Studie „The Authoritarian Personality“ aus. Sie ist Teil der umfangreichen „Studies in Prejudice“, die Anfang der 40er Jahre im amerikanischen Exil begonnen werden und auf die Aufdeckung und Beschreibung antisemitisch-faschistischer Einstellungen zielen (vgl. den Beitrag über Faschismus in diesem Bd.). Diese Untersuchung hat wegen ihrer zeitdiagnostischen Brisanz,[5] aber auch wegen der Anwendung eines für die damalige Zeit außergewöhnlichen Untersuchungsinstrumentariums zu einer lang anhaltenden Diskussion geführt.[6]

Unterdessen hat die theoretische Umorientierung des Horkheimer-Kreises, in dem Theodor W. Adorno (1903-1969) ab Ende der 30er Jahre eine zunehmend wichtige Rolle spielt, bereits stattgefunden. Sie reflektiert die Eindrücke und Erfahrungen im kapitalistisch fortgeschrittenen Nordamerika. Zum historischen Hintergrund gehören aber auch die vollständige Zerschlagung der (deutschen) Arbeiterbewegung und der Sieg des Faschismus als Massenbewegung sowie die Stalinisierung der Sowjetunion, Umstände also, die den endgültigen Verlust des ‘revolutionären Subjekts der Geschichte’ zu offenbaren scheinen. So wird auch das Auseinanderfallen von gesellschaftlichem Sein und Bewußtsein nicht mehr als theoretisch-praktische Frage behandelt, sondern als Konsequenz eines immer dichter werdenden Verblendungszusammenhanges interpretiert, der aus der Universalisierung kapitalistischer Tauschlogik und/oder der Zunahme bürokratischer Herrschaft resultiere. Die Herrschaft über die *äußere* Natur, so die zentrale Denkfigur, habe zu einer entsprechenden Zurichtung der *inneren* Natur der Menschen geführt (Horkheimer u. Adorno 1944/1947).[7] Entfremdung und Verdinglichung hätten einen Grad erreicht, der Praxis, sollen die herrschenden Verhältnisse nicht bloß reproduziert werden, nur noch als kritisch-distanziertes Denken zulasse.

Diese veränderte Perspektive schließt eine modifizierte Rezeption der Psychoanalyse ein – der einzigen Psychologie, „die im Ernst den subjektiven Bedingungen der objektiven Irrationalität nachforscht" (Adorno 1955/1979: 42). Die „Triebmotorik", die vormals nur unter dem Gesichtspunkt von *Pathogenese* ins Blickfeld getreten ist (s. oben), wird neu bewertet: In Gestalt der *sexuellen Libido* steht sie nun für den menschlichen Glücksanspruch (Adorno 1951: 71ff.) und erscheint so zugleich als eine Art vorgesellschaftliches Widerstandsmoment. Kritisches Denken hat damit ein positiv-emotionales Apriori, das aber unter den vorherrschenden gesellschaftlichen Verhältnissen allenfalls im Künstlerischen authentisch-greifbare Gestalt annehmen kann.

Natürlich hat dieser Wahrnehmungs- und Interpretationsmodus Konsequenzen für die praktisch-interaktionelle Seite von Aufklärungsprozessen: Weil ihr praktisches Wirksamwerden verstellt ist, erscheint eine selbstreflexive, die affektiven Bindungen und Bedeutungen berücksichtigende Praxis nicht nur als obsolet, sondern auch als prinzipiell ideologieträchtige Unternehmung, und zwar insbesondere dann, wenn Empfindungen und Hoffnungen ins Spiel kommen, die ein repressionsfreieres Leben spür- und vorstellbar machen. Darin ist die Negation des für die Psychoanalyse konstitutiven „Junktims von Forschen und Heilen" enthalten (Freud: 1975: 347), d.h. sie verliert ihren besonderen epistemologischen Status (Habermas 1969: 262ff.).

Die veränderte theoretische Orientierung des Horkheimer/Adorno-Kreises begründet die im engeren Sinne 'Kritische Theorie der Frankfurter Schule'. Ihre strukturelle Eigentümlichkeit besteht darin, daß an der Vorstellung einer *anderen*, freiheitlichen, gerechten und solidarischen Gesellschaft festgehalten, angesichts der Übermacht der dieser Vorstellung entgegenstehenden realen Verhältnisse die Möglichkeit ihrer Verwirklichung aber gleichzeitig verneint wird. Relativiert wird diese Aporie (was den Gründerkreis der Kritischen Theorie angeht) nur von Herbert Marcuse (1898-1979), der in den 50er und 60er Jahren die Hoffnung zu begründen sucht, daß der zunehmende Widerspruch zwischen objektiv möglicher und repressiver Bedürfnisbefriedigung dem (nie gänzlich modellbaren) Lustprinzip mehr Bewußtheit und Geltung verschaffen könnte (1955/1965). Als Adressaten dieser Perspektive erscheinen Populationen, die dem Druck der Arbeits- und Konsumwelt weniger unmittelbar ausgesetzt sind bzw. eher an den Rändern der sog. Wohlstandsgesellschaft leben (1964/1968).

3.3. Die austromarxistische Variante kritischer Sozialforschung

An der Durchführung wichtiger Teilprojekte des in die USA emigrierten Frankfurter Instituts für Sozialforschung (s. o.) sind auch Emigranten beteiligt, die, aus Österreich stammend, im sog. Austromarxismus verwurzelt sind. Die wichtigsten Einflüsse dieser Weltanschauung sieht Marie Jahoda (*1907) – neben Paul Lazarsfeld (1901-1976) die herausragende Repräsentantin dieser Forschungsrichtung – rückblickend in drei Momenten: im Glauben an einen evolutionären, über demokratische Wahlen führenden Weg zum Sozialismus; in einem Sozialismusverständnis, das einen ausgeprägten Gegenwartsbezug hat, d.h. gemeinschaftsbezogene und politisch-kulturelle Aktivitäten in *allen* Lebensbereichen fördert; in der Wahrnehmung einer aufklärerisch-erzieherischen Funktion gegenüber den Massen (vgl. Wacker 1992: 15).

Zweifellos begünstigt diese Grundorientierung die Herausbildung einer pragmatischen, empirisch ausgerichteten Sozialpsychologie. Dabei spielt der Gedanke eine zentrale Rolle, daß eine genaue, möglichst quantifizierbare Erhebung sozialer Daten zu Einstellungen und Verhaltensgewohnheiten nicht nur Erkenntnisse über (sonst verdeckt bleibende) psychisch-soziale Zusammenhänge vermittelt, sondern auch Anhaltspunkte liefert für politische und pädagogische Interventionen. Implizit ist diesem Verständnis, daß Erkenntnis und Handeln zusammengehören, ja daß Erkenntnis ohne praktische Konsequenzen bedeutungslos bleibt (ebd.: 14). Vor diesem Hintergrund kann nicht überraschen, daß Forscher/innen wie Lazarsfeld oder Jahoda von den 'Frankfurtern' in erster Linie als Experten für methodische Fragen herangezogen werden und die Zusammenarbeit im Exil keineswegs spannungsfrei verläuft (Wiggershaus 1988: 413, 441).[8]

Begründet wird der austromarxistisch inspirierte Forschungsansatz Ende der 20er, Anfang der 30er Jahre im 'Roten Wien' (Fleck 1990). Er gewinnt institutionelle Gestalt mit der Einrichtung einer Wirtschaftspsychologischen Forschungsstelle, die – vermittelt über die Leiter des Psychologischen Instituts Karl und Charlotte Bühler – mit der Wiener Universität lose verbunden ist. Ihr Kopf wird Paul Lazarsfeld, der sich, als vormaliger Mathematiklehrer, vor allem der Methodenentwicklung widmet (Umfragen, Fragebogen, statistische Verfahren). Zugleich möchte er die Forschungsstelle – nicht zuletzt aus Gründen der materiellen Absicherung der Forscher – für ein neues , in Europa noch unbeackertes Feld nutzen: die marktbezogene Auftragsforschung.

Vor allem wegen der antidemokratischen Entwicklung (auch) in Österreich kehrt Lazarsfeld 1933 von einem Studienaufenthalt in den

USA nicht mehr zurück. Zu den kurzzeitigen Nachfolgern in der Leitung der Forschungsstelle gehört Marie Jahoda, die wenige Jahre später (1937) als linkssozialdemokratische Aktivistin ins Exil gezwungen wird. Vor allem mit ihren Namen ist jene Studie verbunden, die, von der Forschungsstelle initiiert und 1933 erstmals publiziert, zum Klassiker werden sollte: „Die Arbeitslosen von Marienthal" (Jahoda/Lazarsfeld/Zeisel 1960).

Die Studie hat zum Ziel, die Wirkungen von langandauernder Arbeitslosigkeit zu untersuchen.. Das Spektrum der Methoden reicht von der Erhebung amtlicher und halboffizieller Daten (Wahlstatistiken, Mitgliederzahlen von Vereinen, Bibliotheksfrequentierungen usw.) über schriftliche Befragungen und biographische Interviews bis zur – wie wir heute sagen würden – teilnehmenden Beobachtung (Fleck 1990: 172f.). Dabei spielt die Quantifizierung des Erhebungsmaterials eine wichtige Rolle. In der Rückschau räumen die Verfasser „statistische Naivität" ein, der gelegentliche Vorwurf aber, zu stark auf Quantifizierungen gesetzt zu haben, wird mit dem Hinweis relativiert, daß, so Jahoda, der wichtige methodologische Beitrag der Studie auch darin bestanden habe, „qualitative Daten mit quantitativen Daten zu kombinieren" (Der Menschen hohe Braut 1983: 18).

Die Untersuchung wird in dem niederösterreichischen, sozialdemokratisch dominierten Dorf Marienthal durchgeführt, in dem es um 1930 eine extrem hohe Arbeitslosigkeit gibt (Fleck 1990: 176). Zu den wichtigsten Ergebnissen gehört: Andauernde Arbeitslosigkeit bewirkt Resignation und Apathie und nicht den Willen zu einer Veränderung des ökonomisch-sozialen Systems. Und: Arbeitslosigkeit schafft keine Freizeit, sondern Leerzeit, die mit großen seelischen Belastungen, vor allem Entwertungs- und Isolationsgefühlen, verbunden ist. Damit ist zugleich die politisch motivierte Frage ausgesprochen, die beim Zustandekommen der Marienthal-Studie eine zentrale Rolle gespielt hat: Ob eine Verelendung der Arbeiter qua Dauerarbeitslosigkeit zum revolutionären Tun antreibt.

Diese Blickrichtung hat für die weitere Arbeitslosenforschung gleichsam präformierende Wirkung, verbunden mit der Frage nach der entgegengesetzten, 'rechten' Perspektive von Massenarbeitslosigkeit. Erst in jüngerer Zeit sind in der nichtaffirmativen Arbeitslosenforschung Bemühungen im Gange, „die Frage nach dem politischen Sozialisations- und Handlungspotential von Arbeitslosigkeit aus der historisch überkommenen Dichotomie von Apathie versus Aufruhr zu befreien und den außerhalb des Diskurses um die 'Macht' angesiedelten Formen der Gegenwehr größere Aufmerksamkeit zu schenken." (Welzer/Wacker 1988: 262)

3.4. Psychologen als produktive Außenseiter

3.4.1. Alexander Mitscherlich

Alexander Mitscherlichs (1908-1982) Sozialpsychologie ist über weite Strecken politische Psychologie. Zwischen ihm und den Repräsentanten der (späten) Kritischen Theorie gibt es gewisse Übereinstimmungen, vor allem in der kritischen Grundhaltung gegenüber restaurativen Tendenzen in der jungen Bundesrepublik, und es gibt Gemeinsamkeiten in der Wertschätzung der Freudschen Psychoanalyse. Distanz hält Mitscherlich gegenüber den geschichtsphilosophischen Annahmen der Kritischen Theorie. Für Mitscherlich ist ein anderer Zugriff charakteristisch. Von der psychosomatischen Medizin her kommend, nimmt er zuvorderst eine ärztliche Perspektive ein, d.h. er hat zunächst einmal das (kranke) Individuum im Blick, um von ihm aus nach der Wirkung 'sozialer Pathologien' zu fragen. Vorausgesetzt ist ein Krankheitsverständnis, das am Kranken und nicht an einzelnen Krankheiten orientiert ist und das Krankheit als prinzipiell leibseelisches Geschehen begreift. In diesem Sinne ist Krankheit auch eine „Reaktionsmöglichkeit des erlebenden Individuums in hilfloser Lage", drückt also einen Konflikt aus (1966: 9f.). Mit der Hinwendung zur Psychoanalyse, deren Neuaufbau in der Bundesrepublik nach ihrer Zerstörung durch das Nazi-Regime zum Lebenswerk Mitscherlichs gehört, teilt er wichtige anthropologische Prämissen ihres Begründers Freud. Dazu gehört die Annahme, „daß die Menschenart eine hochaggressive Spezies ist" (1967: 263). Anhaltspunkte dafür findet Mitscherlich nicht zuletzt in der praktischen analytischen Arbeit, die ihn überhaupt davor bewahrt, die Individuen ausschließlich oder vorschnell als bloße Opfer der äußeren, objektiven Verhältnisse erscheinen zu lassen.

Klinische Erfahrungen veranlassen Mitscherlich auch, nach den überindividuellen Voraussetzungen und Folgen des Zerfalls väterlicher Autoritäts- und Vorbildfunktionen zu fragen (1963). Er verweist auf Modernisierungsprozesse, die mehr und mehr nach entpersönlichten, instrumentalisierbaren Qualifikationen verlangen und so den vorbildhaft-produktiven Vater im familiären Bezugssystem zum Verschwinden bringen könnten. Das lasse ein Sozialisationsmilieu entstehen, das keine über die Vorbildwirkung vermittelte Sicherheit erfahrbar mache. Damit sei zugleich eine wesentliche Voraussetzung für Ablösungsprozesse und die Entwicklung kritischer Ich-Leistungen in Frage gestellt. Statt dessen komme es zu einer Verstärkung „narzißtischer und aggressiver Triebäußerungen" (ebd.: 421). So bestehe auch Ungewißheit darüber, ob die Chance, über die die „vaterlose Gesellschaft" *auch* verfüge, genutzt werden könne: an die Stelle (väterlich-)autoritärer (geschwisterlich-) demokratische Entscheidungsprozesse treten zu lassen.

Das politische Motiv von Mitscherlichs Sozialpsychologie tritt in einer anderen, mit Margarete Mitscherlich verfaßten Studie noch deutlicher hervor, nämlich in dem Buch über „Die Unfähigkeit zu trauern" (1967). Hier wird den Gründen der vermiedenen Auseinandersetzung der Deutschen mit ihrer nationalsozialistischen Vergangenheit nachgespürt – getreu der psychoanalytischen Einsicht, daß das Verdrängte wiederkehrt und die aktuellen Wahrnehmungs- und Reaktionsweisen auf verquere Weise mitbestimmt. Voraussetzung für eine Bewältigung von Schuld oder Mitschuld ist für die Mitscherlichs – auch hier an psychoanalytische Erfahrungen anknüpfend – Trauerarbeit: ein Prozeß, der auf kognitiver und (vor allem) emotionaler Ebene die eigene, aktive oder passive Verstrickung in das NS-System wiederbelebt und kommunikabel macht, ein Prozeß, der deshalb schmerzlich sei, weil er angesichts der unübersehbaren Schrecknisse der nationalsozialistischen Gewaltherrschaft dazu nötigt, von Selbst- und Fremdidealisierungen, von Identifikationen und Werten Abschied zu nehmen – um auf der Grundlage dieser Erfahrung Neues überhaupt realistisch wahrnehmen und verarbeiten zu können.

Daß diese Art Trauer weitgehend durch Verleugnungsarbeit ersetzt worden ist, drückt sich für die Autoren nicht nur in dem exzessiven Antikommunismus der 50er und frühen 60er Jahre aus, der – eingedenk seiner Affinität zum Antibolschewismus der nationalsozialistischen Ideologie – für viele eine Entlastungs- und Rechtfertigungsfunktion eingeschlossen habe; mehr noch in diese Richtung habe offenbar die gewaltige Kraftanstrengung des materiellen Wiederaufbaus gewirkt, die intern mit der Rückgewinnung des alten, durch die totale Niederlage Nazi-Deutschlands angeschlagenen Selbstwertgefühls verknüpft gewesen sei.

Mitscherlichs zeitdiagnostischen Arbeiten sind nicht nur auf die Aufdeckung von Mechanismen gerichtet, die einer humanen, Empathie und Toleranz verpflichteten Gesellschaft entgegenarbeiten, sie wollen auch politisch-praktisch wirksam werden (vgl. auch 1965). Damit ist ein Problem verbunden, das bei Mitscherlich nicht genügend thematisiert wird: die Möglichkeiten psychoanalytischer Interventionen, die das klassische Setting der Analyse überschreiten. Ähnliches gilt für die strategische und begriffliche Reichweite des analytischen Verfahrens, das dort an Grenzen stößt, wo systemische Mechanismen und Zwänge auf anonyme, unpersönliche Weise in Handlungszusammenhänge eingreifen (Krovoza u. Schneider 1988).

3.4.2. Peter Brückner

Peter Brückner (1923-1982), zunächst im engen intellektuellen Kontakt mit A. Mitscherlich stehend (Oestmann 1988), verbindet in seiner Sozialpsychologie Marx'sche und Freud'sche Erkenntnisse und Erkenntnisinstrumente. Dabei gibt es manche Berührungspunkte mit den Repräsentanten der 'Frankfurter Schule', aber auch eine wichtige Abweichung. Sie bezieht sich nicht bloß auf das explizit politische

Verständnis wissenschaftlicher Arbeit, sondern, grundsätzlicher, auf dessen und deren methodologische, *auf Erkenntnis* gerichtete Voraussetzung: Zur Erkenntnis-Methode politischer Psychologie „gehört politische und psychologische Aktivität; sie *erkennt* Tatbestände, indem sie versucht, die Tatbestände zu verändern" (Agnoli u. Brückner 1968: 95).

Geschichtlich wird hier ausdrücklich an das Freiheits-, Gleichheits- und Brüderlichkeitsversprechen der bürgerlichen Gesellschaft und ihr ursprüngliches, auf praktische Veränderungen gerichtetes Theorie-Praxis-Verständnis angeknüpft. Unter dieser Perspektive gilt das Interesse dann dem Zusammenhang „zwischen der Lebensgeschichte der einzelnen Individuen und dem, was sie einander geschichtlich antun" (ebd.: 94). Daraus erschließt sich als zentrales Thema das Schicksal von Individualität im Kontext übergreifender realhistorischer Prozesse. Brückners ausdrückliche Unterstützung gilt den „historisch emanzipativen Kräfte(n)" (ebd.: 293). Entsprechend verbunden fühlt er sich der Studentenbewegung der 60er Jahre, deren antiautoritär-sozialistische Stoßrichtung seinem politischen Verständnis am nächsten kommt. In dieser Bewegung sieht er „das authentische (bürgerliche, K. Ch.) Individuum" zum „Bewußtsein seiner selbst" kommen (Agnoli u. Brückner 1968: 107). Freilich steht diese emphatische Einschätzung insofern im Widerspruch zu seiner Analyse der fortgeschrittenen kapitalistischen Gesellschaft, als die hier diagnostizierten Gewalt- und Repressionsverhältnisse (1972) kaum Platz für entsprechende Emanzipationsbewegungen lassen.

Brückners nicht denunziatorische, sondern aufklärerische Distanzierung vom linken Terrorismus (1976) setzt in der Terrorismus-Hysterie der 70er Jahre (noch einmal[9]) ein Zeichen für politisch-aufklärerisches Engagement – nicht zuletzt mit den Mitteln psychoanalytisch orientierter Erkenntnisbildung („Die Mescalero-Affäre", o.J.).

3.4.3. Politisch angewandte Psychoanalyse: Horst-Eberhard Richter und andere

Als öffentlich engagierter Psychologe, der sein Augenmerk immer auch auf die politischen Wirkungsmöglichkeiten der Psychoanalyse richtet, ist der Gießener Psychoanalytiker Horst-Eberhard Richter hervorgetreten. Nachdem er zunächst im Rahmen der Familientherapie für eine Erweiterung der aufs Individuum konzentrierten Blickrichtung gesorgt hat, erfolgt im Klima der 68er Bewegung und der sich anschließenden Reformphase eine neuerliche, über den klinischen Bereich hinausgehende Erweiterung des psychoanalytischen Settings und Instrumentariums, die sich auf die unterstützende Begleitung von konkreten Projekten bezieht: Randgruppen, Kinderläden, Elterngruppen (1972; 1974). Speziell im Kontext der Arbeit mit Randgruppen hat Richter ein „Introspektives Konzept“ entwickelt, bei dem es darum geht, „unbewußt einwirkende soziale Determinanten aus ihrem emotionellen Auswirkungen in Individuen oder Gruppen zu erschließen und die Aufdeckung für die praktische Randgruppenarbeit nutzbar zu machen“ (1977: 133). Dem liegt die Annahme zu Grunde, daß unbewußte/vorbewußte Motive, die mit dem jeweiligen (!) sozialen Status zusammenhängen, in die Interaktion hineinspielen und hier leicht zu undurchschauten Spannungen führen bzw. rationale Umgangsweisen und Handlungsstrategien durchkreuzen.

Neben Initiativen dieser Art gibt es von psychoanalytischer Seite nur vereinzelt Versuche, an die kulturkritische Tradition der Freud'schen Lehre in *praktischer* Absicht anzuknüpfen (Becker u. Nedelmann 1983; Mitscherlich, M. 1987) und darüber hinaus Erfahrungen der Psychoanalyse für konkrete Untersuchungsprojekte zu nutzen, deren Organisation die im engeren Sinne therapeutischen Settings sprengen (Reinke 1977 u. 1991; Lorenzer 1986). Ein emphatisches, politisch-praktisch inspiriertes Plädoyer für eine solche Öffnung geht von Thea Bauriedl (1986) aus. Auch wenn es durch allzu rasche Übergänge von mikro- zu makrosozialen Zusammenhängen geprägt ist, enthält es wichtige Problembeschreibungen. Die meisten von ihnen beziehen sich auf tradierte, die Chancen von aufklärerischer Politik einschränkende ‘Gewißheiten', z.B. die strikte Unterscheidung von (gefühlsbestimmten) Erlebnisweisen und (sachbezogenen) politischen Interessen. Nach Bauriedl steht diese Trennung oft im Dienst der Abwehr von Erfahrungsmöglichkeiten, die potentiell politische und persönliche Veränderungen einschließen würden.

Für eine Erweiterung des klassischen psychoanalytischen Denk- und Handlungshorizontes haben schließlich die Ethnopsychoanalyse (vgl. z.B. Erdheim 1984; Nadig 1986) wie auch bestimmte, psychisch-sozial orientierte Ansätze politischer Pädagogik (vgl. z.B. Lapassade 1972) beigetragen.

3.5. ‘Kritische Theorie des Subjekts'

Die ‘Kritische Theorie des Subjekts’ steht, wie schon erwähnt, in der Tradition der Marx/Freud-Rezeption der ‘Frankfurter Schule’. Allerdings ist sie heterogener konzipiert als die Kritische Theorie, was einschließt, daß sie Konzepte anderen Ursprungs, z.B. die Sozialpsychologie A. Mitscherlichs, in ihre Überlegungen aufnimmt (Krovoza u. Schneider 1988) und stärker politischen Intentionen verpflichtet ist. Praktische Probleme der Organisation von Aufklärungsprozessen spielen gleichwohl eher ausnahmsweise eine Rolle.

Wesentlichen Anteil am Entwurf einer 'Kritischen Theorie des Subjekts' hat der bis zu seinem frühen Tod am Frankfurter Sigmund-Freud-Institut tätige Soziologe Klaus Horn (1934-1985). Seine Bemühungen können sich auf die sozialwissenschaftlich informierte Psychoanalyserezeption Alfred Lorenzers stützen, dem es um die Ausarbeitung einer in der Freud'schen Lehre angelegten Sozialisationstheorie geht und der in diesem Zusammenhang das begrifflich-theoretische Inventar der Psychoanalyse erweitert (1976; 1977). Aus dieser Kooperation entstehen die Umrisse einer psychoanalytisch orientierten Sozialpsychologie (als politische Psychologie), die den Objektivismus politökonomischer Analyse ebenso hinter sich lassen möchte wie den Subjektivismus einer sozialwissenschaftlich unaufgeklärten Psychoanalyse. Zu diesem Selbstverständnis gehört, daß beide Theorieansätze nicht einfach integriert werden können: Sie gehen von unterschiedlichen Prämissen aus, die für sich genommen mit charakteristischen Mystifikationen oder Engführungen verbunden sind. So verlangt der historisch unspezifische Kulturbegriff Freuds, nach welchem die Menschen als triebhafte Wesen über eine immerwährende Auseinandersetzung mit den kulturellen Anforderungen in Beziehung zueinander treten, nach einer geschichtlich angemessenen, auf die bürgerliche Gesellschaft bezogenen Konkretisierung, während die Marx'sche Kritik der politischen Ökonomie der bürgerlichen Gesellschaft, die die Menschen nur als „Personifikation ökonomischer Kategorien", als „Träger von bestimmten Klassenverhältnissen und Interessen" (Marx 1961: 8) kennt, einer Ergänzung bedarf, die die Lebensgeschichte der Individuen als konflikthaft vergesellschaftete innere Natur zur Sprache bringt. Dabei rekurriert die Kritische Theorie des Subjekts auf jene Ambivalenz, die der Freud'schen Kulturtheorie eigentümlich ist und deren kritischen Impetus ausmacht: daß zwar nur Triebverzicht und -sublimierung Kultur ermöglichen, deren Manifestationen aber zugleich für psychosoziales Leid und beschädigte Subjektivität verantwortlich seien (Freud 1927/1971: 86).

Verknüpft mit diesem kritischen Impuls hat die 'Kritische Theorie des Subjekts' also das Verhältnis von Individuum und Gesellschaft zum Gegenstand. Entsprechend fragt sie vor allem danach, wo, auf welche Weise und mit welchen Kosten menschliche Natur *vergesellschaftet* wird (Horn 1979: 316).[10] Sie geht davon aus, daß in diesem Vergesellschaftungsprozeß die ökonomisch-sozialen Bedingungen menschlicher Reproduktion eine wesentliche Rolle spielen – aber eben nicht im Sinne *bloßer Prägung* menschlicher Natur. Denn damit würde der *konflikthafte* Charakter dieses Prozesses, aus dem sich auch die subjektiven Veränderungspotentiale speisen, zum Verschwinden gebracht. Ihnen will die Kritische Theorie des Subjekts auf die Sprünge helfen.

Gegenstand, Erkenntnisinteresse und Fragerichtung weisen die 'Kritische Theorie des Subjekts' als politische Psychologie aus; sie geben gleichzeitig zu erkennen, daß sich in dieser Bezeichnung nicht die übliche wissenschaftliche Arbeitsteilung ausdrückt, d.h. politische Psychologie repräsentiert hier weder ein eigenständiges Fach oder eine Teildisziplin, noch verfügt sie über klar abgrenzbare Teilgebiete. Gemeinsamer Nenner der thematischen Schwerpunkte ist der Versuch, der historischen Gestalt von Subjektivität auf die Spur zu kommen – einschließlich der kritischen Reflexion der eigenen theoriegeschichtlichen und methodologischen Voraussetzungen (vgl. Schülein 1976, Görlich 1980, Dahmer 1982).

Zum Spektrum dieses ebenso umfänglichen wie anspruchsvollen Programms gehören Analysen, die *erstens* auf den „deutschen Sonderweg" Bezug nehmen – einschließlich des zur Herrschaft gelangenden Nationalsozialismus – und die damit verknüpfte, in Deutschland immer noch wirksame Tradition „staatsfrommer Innerlichkeit" als spezifischen psychosozialen Formierungsprozeß auszuweisen versuchen (Busch/Krovoza 1989: 59ff; Horn 1969 u. 1990), oder sie thematisieren die Konstitutionsbedingungen von Subjektivität auf dem Hintergrund der allgemeinen Reproduktionsbedingungen im fortgeschrittenen Kapitalismus (Schülein 1988) und machen hier z.B. auf die zwiespältigen Auswirkungen veränderter familiarer Sozialisation aufmerksam, die sich u.a. im Bedeutungsverlust ödipaler Konflikte bzw. reduzierter Über-Ich-Bildung ausdrücken (Horn 1985 u. 1990; Ziehe 1975).[11] Damit korrespondieren *zweitens* Analysen zum Verhältnis von Bewußtsein und Ideologie – thematisiert im Zusammenhang der allgegenwärtigen, Sinnfragen ausklammernden Rationalisierungsprozesse, die zu den epidemisch auftretenden Orientierungsproblemen wesentlich beitragen und gleichzeitig zur Suche nach Sinnsurrogaten anstiften (Schülein 1981), oder es wird das sog. Alltagsbewußtsein untersucht, das als gesellschaftlich hergestellte Bewußtseinsform gilt und in dieser Gestalt die herrschenden Verhältnisse befestigt (Leithäuser 1976; 1988). Drittens geht es um die Themen Gewalt, Aggression und Krieg im Rahmen der Konflikt- und Friedensforschung (Horn 1988), zu der auch Überlegungen zum 'subjektiven Faktor' von Entscheidungsprozessen in internationalen Beziehungen gehören (Senghaas-Knobloch 1988).

Mit K. Horns Aufsatz „Zur politischen Bedeutung psychoanalytischer 'Technik'" (1979/1989) wird schließlich eine Dimension ins Spiel gebracht, die in der 'Kritischen Theorie des Subjekts' eine bemerkenswert randständige Rolle spielt – bemerkenswert angesichts der explizit praktischen Absicht der Theoriebildung. Was in diesem Beitrag eher allgemein (und ein wenig zaghaft) diskutiert und am externen Beispiel der Arbeit einer sog. Balint-Gruppe erläutert wird, nämlich die mögliche Adaption von Elementen des psychoanalytischen Verfahrens zugunsten einer Sozialforschung, die zugleich auf eine selbstreflexive Aufklärung der Beteiligten aus ist, wird in zwei empirischen Untersuchungen zum Krankheitsverständnis (1983) und zum Gesundheitsverhalten (1984) konkretisiert. Hier werden Verknüpfungen zum Theorie/Praxisverhältnis der Freud'schen Psychoanalyse nicht nur reflektiert, sondern auch praktisch erprobt. So kann Horn, der an diesen Untersuchungen beteiligt ist, gleichsam idealtypisch resümieren:

> „Besonders deutlich wurde uns beim Schreiben dieses Buches die prozeßhafte gegenseitige Stimulation von Theorie und aktueller Erfahrung [...]: Während 'empirisch' neue Erfahrungen gemacht werden, erweitert sich – systematisiert man diese Erfahrungen – zugleich der theoretische Bezugsrahmen, womit in aller Regel wiederum eine Veränderung der empirischen Arbeit, zumindest was die Interpretationsmöglichkeiten der Ergebnisse anbelangt, einhergeht" (1983: 22).

Zu den ganz wenigen ausgearbeiteten Versuchen, Erkenntnisse des psychoanalytischen Verfahrens für eine Sozialforschung zu nutzen, die – im Kern in politischer Absicht – an Prozessen der Selbstaufklärung orientiert ist, gehört die auf die industrielle Arbeitswelt bezogene Studie von T. Leithäuser und B. Volmerg (1988) sowie die – anders akzentuierte – Untersuchung subjektiver Bewältigungsformen betrieblicher Konfliktsituationen von K. Brede u.a. (1989).

Auffällig an der Ausarbeitung der 'Kritischen Theorie des Subjekts' ist also die weit überwiegend *theoriebestimmte* Reflexionsarbeit mit ihrem dominanten Modus, der Ideologiekritik. Diese kann Verschleierungen gesellschaftlicher Realität und subjektivistische Deutungsmuster kenntlich machen. Als Erbe der Frankfurter Schule enthält sie aber auch deren Aporien (s. oben), so daß – pointiert formuliert – Adornos apodiktisch ausgesprochene Praxis-Abstinenz und das für die Freud'sche Psychoanalyse konstitutive „Junktim von Heilen und Forschen" in der 'Kritischen Theorie des Subjekts' eine merkwürdige, offenbar auch lähmende Koexistenz eingegangen sind. Jedenfalls wird unter dieser Voraussetzung das in Anspruch genommene praktische Interesse leicht zu einer Sache von Deklarationen (Christoph 1992).

Natürlich drücken sich hier auch Schwierigkeiten aus, die in der Sache selber begründet sind, insbesondere methodologische Probleme, die mit der Transformation analytischer Arbeitsweisen auf die Ebene politisch motivierter Forschungszusammenhänge zu tun haben (Horn 1979). Nicht zu unterschätzen dürften aber auch die Widerstände sein, die bei *allen* am Forschungsprozeß Beteiligten gegenüber *selbstreflexiver* Aufklärung stimuliert werden, eben weil hier Veränderung immer zugleich nach Selbstveränderung verlangt, was nahezu zwangsläufig (auch beim potentiellen Forscher) Unsicherheiten und Ängste mobilisiert. Durchaus Zweideutiges drückt deshalb der Hinweis auf fehlende, dem Analytiker vergleichbare Professionalität aus, zumal er zu ignorieren scheint, daß kommunikative Kompetenz im außerklinischen Bereich – und um den geht es hier – aus einem Fundus von Empfindungen, Wahrnehmungen und Wissen zehrt, der mehr durch Konventionen als durch pathogene Interaktionsmuster eingeschränkt ist.[12]

3.6. 'Kritische Psychologie'

Anders konzipiert ist die 'Kritische Psychologie'. Dieses Konzept geht im wesentlichen auf Mitarbeiter des Psychologischen Instituts der Freien Universität Berlin zurück und wird Anfang der 70er Jahre in Auseinandersetzung vor allem mit der herkömmlichen, als 'traditionell' bezeichneten Psychologie entwickelt. Der zentrale Vorwurf gilt einem Verständnis von Wissenschaft, das vom eigenen kritisch-rationalen Charakter überzeugt ist und gleichzeitig davon ausgeht, außer- und rein wissenschaftliche Interessen strikt trennen zu können.[13]

Kritisch, so der wichtigste Repräsentant der Kritischen Psychologie, Klaus Holzkamp (1977: 317ff.), könne unter diesen Umständen bestenfalls die Person des Psychologen sein, nicht aber die Wissenschaft selber. Dem entspreche eine verkürzte und verkehrte Bestimmung des Gegenstandes der Psychologie: Die Lebenstätigkeit und Subjektivität der Menschen werde nicht unter dem Gesichtspunkt historisch und klassenspezifisch geprägter Lebens- und Arbeitsbedingungen in der bürgerlichen Gesellschaft erforscht, sondern erscheine als Ausdruck von Privatheit und monadenhaften Reaktionen auf eine Umwelt, die quasi natürlichen Charakter angenommen habe.

> „Indem die bürgerliche Psychologie diesen Schein nicht wissenschaftlich begreift, sondern in ihren Gegenstandsbestimmungen blind reproduziert, ist sie selbst in den Formen der bürgerlichen Ideologie [...] befangen“ (ebd.). Damit aber diene sie, „ob sie das nun merkt und will oder nicht“ (ebd.: 318), den herrschenden Interessen in der bürgerlichen Gesellschaft, also letztlich dem Interesse des Kapitals.

Bezugsrahmen dieser Kritik ist der 'Wissenschaftliche Sozialismus'. Als solcher impliziert er nicht nur „Parteinahme für die Interessen der Lohnabhängigen“ (ebd.), sondern zugleich verbindliche Kenntnis vom *objektiven*, historisch-ökonomisch bestimmten Charakter dieser Interessen. Zu deren Realisierung möchte die 'Kritische Psychologie' beitragen, die sich so a priori als genuin *politische* Psychologie versteht.

> Allerdings ist damit noch nichts über die Legitimation einer (besonderen) Psychologie innerhalb des 'Wissenschaftlichen Sozialismus' ausgesagt. Für Holzkamp läßt sich diese aus dem allgemeinen Gegenstand der Marx'schen Lehre (einschließlich ihres revolutionären Kerns) herleiten: dem dialektisch gefaßten Verhältnis von „objektiver Bestimmtheit und subjektiver Bestimmung des historischen Prozesses" (ebd.: 329), das es auf der Ebene der Lebenstätigkeit konkreter Individuen zu untersuchen gelte. Daß eine solche Untersuchung angesichts der konstatierten historisch-objektiven Determiniertheit von Subjektivität überhaupt angezeigt ist, ergibt sich für Holzkamp zunächst einmal aus dem allgemeinen Umstand, daß der historisch-gesellschaftliche Prozeß mit dem (raum-zeitlich begrenzten) Lebensprozeß von Individuen nicht einfach deckungsgleich ist; darüber hinaus aber ist ein formationsspezifischer Gesichtspunkt entscheidend, nämlich der Grad *bewußter* Gestaltung gesellschaftlicher Verhältnisse auf der jeweiligen historischen Entwicklungsstufe. In der bürgerlichen Gesellschaft drücke sich das entsprechende subjektive Potential u.a. am „Entwicklungsstand der organisierten klassenbewußten Arbeiterschaft" aus (ebd.: 331). Denn nur in dem Maße, so Holzkamp, „wie sich das Individuum den subjekthaft-aktiven Kräften des gesellschaftlichen Prozesses mit seiner eigenen praktisch-subjektiven Aktivität assoziiert, gewinnt es in der Teilhabe an der bewußten Kontrolle gesellschaftlicher Lebensbedingungen auch Einfluß auf die eigenen relevanten Daseinsumstände" (ebd.). Damit ist zugleich das praktische Ziel 'Kritischer Psychologie' markiert: „die Entwicklung der subjekthaft-aktiven Komponente, also der Selbstbestimmung, in der individuellen Lebenstätigkeit" (ebd.: 330).

Allerdings zehrt diese „Entwicklung", so muß sogleich hinzugefügt werden, von der „Gesetzmäßigkeit" einer stufenförmig vorsichgehenden „Höherentwicklung", was einschließt, daß die Subjekte nur unter dieser Perspektive wirkliche Geltung besitzen: als „gesellschaftliche Kräfte" bzw. „bewußte Träger von gesellschaftlichen Veränderungen" (ebd.: 324). Dieser Interpretationsrahmen bleibt für Holzkamp bestimmend, auch wenn ihn bestimmte Argumentationsfiguren zu relativieren scheinen. Das gilt etwa für den (legitimatorischen) Hinweis, daß mit der psychologisch „mikroskopischen Sicht auf die konkreten Individuen Züge sichtbar werden, die im Blick auf den gesellschaftlichen Prozeß nicht zu erkennen sind: Die Menschen erscheinen hier in ihrer vollen Körperlichkeit, Sinnlichkeit, Erlebnis- und Leidensfähigkeit ..." (ebd.: 332). Denn das, was der Blick durchs Mikroskop offenbart, hat keinerlei systematische Bedeutung für die Analyse des „gesellschaftlichen Prozesses". Dieser objektivistische Grundzug tritt bei manchen Schülern Holzkamps als platte Marxismus-Orthodoxie hervor (vgl. z.B. Braun 1979).

4. Zur 'traditionellen' politischen Psychologie

4.1. Politische Psychologie als Befragungswissenschaft

Das Etikett 'traditionell' wird hier für jene Konzeptualisierungen der politischen Psychologie verwendet, die mehr oder weniger eindeutig der nach naturwissenschaftlichem Vorbild organisierten Forschung verpflichtet sind und sich inhaltlich im wesentlichen in der empirisch-pragmatischen Forschungstradition der angelsächsischen politischen Psychologie bewegen.[14] Das schließt gesellschaftskritische Orientierungen nicht aus, ist aber doch weit überwiegend mit einem politisch affirmativen Grundzug verbunden. Deutliche Hinweise darauf finden sich nicht zuletzt in den (wenigen) Gesamtdarstellungen politischer Psychologie, so etwa in P. Stecks „Grundzüge der politischen Psychologie" (1980).

> Steck geht von der schlichten Beobachtung aus, daß Personen (auch gleicher Intelligenz und mit vergleichbarem Informationsstand) oft zu politisch unterschiedlichen Auffassungen neigen. Damit verbindet er die Vermutung, daß solche Divergenzen „auf die unterschiedliche persönliche Eigenart des einzelnen und auf die verschiedenen sozialen Verhältnisse zurückgeh(en)". Schlußfolgerung: „Ist dies der Fall, so bewegt sich das politische Verhalten nicht ausschließlich auf der Verstandesebene [...] und wird so zum psychologischen Problem" (ebd.: 9).

Was aus diesem Wahrnehmungsmuster offensichtlich herausfällt, ist der potentiell *interessengeleitete* Charakter politisch divergierender Auffassungen, die ihrerseits Ausdruck einer interessengespaltenen Gesellschaft sind und insofern durchaus ihre „Logik" haben. Zwar bringt Steck jene Divergenzen auch mit „verschiedenen sozialen Verhältnissen" in Zusammenhang, aber diese „Verhältnisse" erscheinen, wie in den entsprechenden Kapiteln deutlich wird (ebd.: 86ff.), nur in Gestalt isolierbarer „sozialer Faktoren" (Einkommen, Berufsgruppe, Religionszugehörigkeit usw.), die als „Determinanten" auf das Individuum wirken – um dann als „psychologisches Problem" identifiziert zu werden. Im Kern wird das Individuum als Monade begriffen. Dazu paßt der von Steck formulierte „Begriff der politischen Psychologik":

> „Da sich die Psychologie [...] ohne Einschränkung als Wissenschaft vom Erleben und Verhalten versteht und als solche allgemein anerkannt wird, umfaßt ihre sachliche Kompetenz die gesamte Politik, soweit sie von der Eigenart der menschlichen Person abhängt" (ebd.: 18).

Die Bedeutung des Nachsatzes bleibt unklar. Auch gibt der Autor mit keiner Silbe zu erkennen, wo oder inwieweit Politik *nicht* „von der Eigenart der menschlichen Person abhängt". Ausgangspunkt ist auch hier wieder das Verhalten des einzelnen Individuums, das in einem politischen Universum agiert. Auf welche Weise dies geschieht, das muß im buchstäblichen Sinne 'erfragt' werden, eben weil kein Begriff von Gesellschaft (oder doch spezifisch gesellschaftlichen Strukturen und Prozessen) entwickelt wird, der die Individuen zugleich als historisch-gesellschaftliche Wesen sichtbar macht.

4.2. Untersuchungsspektrum und -gegenstände

Entsprechend 'universell' stellt sich das Aufgabenspektrum der politischen Psychologie dar, das zunächst auf folgende psychologische Orientierungsstränge rekurriert (ebd.: 19ff.):

> „*Motivationspsychologische Fragestellung*": Hier wird nach den Beweggründen der Menschen gefragt, „sich so und nicht anders zu verhalten"; „*Kognitionspsychologische Fragen*“: Hier geht es um die Erforschung „individuell spezifischer Modalitäten“ der „Informationsaufnahme und -verarbeitung“, speziell in Anlehnung an die Wahrnehmungspsychologie, die u.a. danach fragt, auf welche Weise „Erwartungen, vorgefaßte Meinungen und emotionale Zustände“ in die Wahrnehmung von „Sachen und Personen“ verzerrend eingehen; „*Persönlichkeitspsychologische Problematik*“: Hier wird die Bedeutung „sog. Persönlichkeitseigenschaften“ untersucht und zur „Klärung politischen Verhaltens herangezogen“; „*Sozialpsychologischer Beitrag*“: Hier werden Entstehung und Veränderung politischer Einstellungen, gruppen- und klassenspezifischer Meinungstendenzen, Vorurteilsbildung, Nationalismus, Möglichkeiten von Gruppenentscheidungen sowie Rollen und Normensysteme in politischen Gruppen erforscht; „*Entwicklungspsychologische Probleme*“: Hier geht es um den altersspezifischen Bezug dieses Spektrums, den es ebenfalls zu untersuchen gilt.

Die Vielfalt der (hier nur sehr grobschlächtig wiedergegebenen) psychologischen Zugriffsweisen und Fragerichtungen ist inhaltlich überwiegend auf folgende Themenbereiche bezogen: Politische Partizipation; Politische Einstellungen/Wertorientierungen; Wählerverhalten (einschließlich Parteienidentifikation); Politische Sozialisation; Autoritarismus (einschließlich Ethnozentrismus); Politische Bildung. Beide Dimensionen zusammengenommen eröffnen unter Berücksichtigung der fast durchweg streng empirischen Ausrichtung ein Spektrum von Einzeluntersuchungen, das Eingeweihte der empirisch-analytischen Psychologie, die eine gewisse Distanz gegenüber dem Forschungsbetrieb bewahrt haben, von einem „fast undurchdringlichen Gestrüpp von Fakten und Fiktionen“ sprechen läßt (Streiffeler 1975: 7). Aber solche Stimmen sind selten. Häufiger wird jene 'Vielfalt' mit dem (potentiell breiten) Praxisbezug der Forschungsergebnisse in Verbindung gebracht. In diesem Zusammenhang thematisiert Steck ein wichtiges Problem, das auf den ersten Blick mit einer kritisch-praktischen Überlegung verbunden wird:

„Nutznießer" der psychologischen Forschung sei „hauptsächlich der professionelle Politiker. Der Bürger ist hier Untersuchungsgegenstand, und die Erkenntnisse über ihn sind vornehmlich für den verwertbar, der die Meinung des Wählervolkes in seinem Sinne zu beeinflussen sucht" (ebd.: 26).

Nun wird diese Erkenntnis aber nicht etwa auf den eigenen wissenschaftstheoretisch-methodologischen Ansatz rückbezogen, sondern in die Höhen des „Berufsethos" verschoben. Von *hier* aus gesehen „ist dieser Zustand unerträglich" (ebd.). Damit liegt das Problem de facto wieder beim einzelnen Forscher, seinem „persönlichen politischen Standpunkt" (ebd.: 27). So kann Steck dann auch reibungslos zur Aufzählung jener Methoden übergehen, die, am (naturwissenschaftlichen) Objektivitätsideal orientiert, Probleme wie das eben bezeichnete nicht erfassen können.

Steck hebt hervor, daß „gegenwärtig der Trend (überwiegt), psychische Phänomene experimentell zu untersuchen und meßbar zu machen", was mit der Faszination einhergehe, „die die Statistik [...] für die Psychologie gewonnen hat" (ebd.: 27). Dabei bilde die Feldstudie (vor allem in Gestalt der Befragung) „die derzeit gebräuchlichste Methode politisch-psychologischer Forschung" (ebd.: 34).

Die meist auf experimentellem Weg oder durch „psychometrisch" orientierte Feldstudien und vermittels statistischer Verfahren gewonnenen Daten und Informationen dienen der empirischen Überprüfung von Hypothesen bzw. der Beantwortung von Fragen, deren Legitimation sich im Prinzip nur dadurch ausweist, daß irgendein phänomenologischer Bezug zum Politischen erkennbar ist. Entscheidender ist offenbar, daß die gewählte, naturwissenschaftlichen Kriterien verpflichtete Methode zum Untersuchungsgegenstand paßt, einschließlich der damit verbundenen Operationalisierungserfordernisse. Der Streit darüber ist im übrigen ein wichtiges Motiv für die konkurrierende Weiterführung von Untersuchungen (z.B. zum Autoritarismus-Problem). Jedenfalls wird die Auswahl der Untersuchungsgegenstände auf diese Weise durch ein hohes Maß an Beliebigkeit bestimmt, was die Untersuchungsergebnisse zu einem schier unübersehbaren Konglomerat von Einstellungen, Meinungen, Werthaltungen, Reaktionen usw. werden läßt. Dazu gehört der Eindruck, daß der methodische Aufwand, der hier gewöhnlich betrieben wird, in einem äußerst fragwürdigen Verhältnis zur Bedeutung vieler Untersuchungsergebnisse steht. Charakteristisch ist schließlich, daß bei der Interpretation der Befunde in aller Regel das herrschende gesellschaftliche Normengefüge den Rahmen abgibt, meist implizit, gelegentlich aber auch in Gestalt einer naiven Gleichsetzung von Sollvorstellungen und gesellschaftlicher Wirklichkeit.

4.3. Zur Typologie der Untersuchungsergebnisse

Wie schon gesagt, sind die Einzeluntersuchungen dieser politischen Psychologie nicht mehr zu übersehen. Das gilt insbesondere für das angelsächsische Schrifttum.[15] Überblickhafte Orientierungen geben neben M. G. Hermann (1986) und W. F. Stone (1987), P. Steck (1980) und G. Krampen (1986), in dezidiert kritischer Absicht F. Streiffeler (1975) und – aus der Sicht der Kritischen Theorie und nur auf deutsche Autoren bezogen – H. König (1988). Diesen Schriften sind auch die nachfolgenden Auszüge entnommen, die – bezogen auf unterschiedliche Forschungsbereiche – wenigstens andeutungsweise einige der oben bezeichneten kritischen Punkte veranschaulichen sollen.

> Als typisch für die Gegenstandsbestimmung und die Form der Operationalisierung im Rahmen der „mainstream-Forschung" zur Politischen Partizipation kann nach Streiffeler (1975: 102f.) die Studie des *Partizipationstheoretikers* L. W. Milbrath gelten. Das Verständnis politischer Partizipation drückt sich hier in einem Pyramiden-Modell aus, das – in aufsteigender Abstufung – von unterschiedlichen Graden politischer Aktivität ausgeht, die von „Apathischen" bis zu sog. „Gladiatoren" reichen. Eine weitere Operationalisierung wird dadurch vorgenommen, daß die Abstufungen mit bestimmten Funktionen gekennzeichnet werden, die oberhalb der „Apathischen" beginnen und von „Wahlplaketten tragen"/„jemanden zum Wählen überreden" über „an politischen Versammlungen teilnehmen"/„finanzielle Beiträge leisten" bis „aktives Mitglied einer Partei sein"/„für ein Amt kandidieren" gehen.

Aufschlußreich ist hier nicht nur das zugrunde gelegte Pyramiden-Modell (das die Frage nahelegt, ob es sich hier zugleich um ein Demokratie-Modell handelt) oder die Bezeichnung der Aktivisten als „Gladiatoren" (die ja eigentlich Akteure eines Schauspiels waren und so nach dem Veranstalter fragen lassen, der im Modell nicht vorkommt); bezeichnend ist vor allem, daß politische Partizipation ausschließlich im institutionell-systemintegrativen Sinne denkbar ist. Das bedeutet nicht, daß andere politische Aktivitäten als unbekannt gelten; sie werden vielmehr nur anders, nämlich im Sinne abweichenden Verhaltens qualifiziert. So sind Protestaktionen unter der Kategorie „aktive politische Apathie" (!) rubriziert (ebd.: 103).

In manchem ähnlich verhält es sich bei G. Krampen (1986), der im Vorfeld seines Plädoyers für eine „psychologische Grundlegung" der *politischen Bildung* sein Verständnis über deren Ziel ausdrückt:

> „... mit dem Aufkommen des rechtsstaatlichen Gedankens und des Nationalstaates kam der politischen Bildung zunehmend die Aufgabe zu, breite Bevölkerungsschichten für die Staatsidee (ggf. auch Staatsideologie) zu gewinnen, Unterschiede zwischen totalitären und demokratischen Staatsformen lassen sich im Hinblick auf die politische Bildung darauf reduzie-

ren, daß einerseits die Festlegung auf eine Ideologie angestrebt wird und anderseits gerade die Verhinderung einer solchen ideologischen Vereinheitlichung die 'Ideologie' einer liberalen Demokratie ist" (ebd.: 145).

Hier ist auch bezeichnend, daß unterhalb dieses (oberflächlich affirmativen) Verständnisses von Politischer Bildung, gewissermaßen auf fachpsychologischer Ebene, offenbar kompetent über ein handlungstheoretisch angeleitetes, prognostisch bedeutungsvolles Modell gesprochen wird, ohne aber zugleich ein Wort darüber zu verlieren, auf welche Weise die Funktion dieses Modells mit der oben bezeichneten Zielbestimmung inhaltlich verknüpft ist. D.h. es geht unter der Flagge von Partizipation und Politischer Bildung offenbar um die Produktion von technischem (Verfügungs-)Wissen.

Weitaus ungenierter geht es in diesem Zusammenhang in der amerikanischen Forschung zu. Dazu ein beliebig herausgegriffenes Beispiel zur (experimentellen) *Wählerforschung* aus einem Forschungsbericht von W. F. Stone (1987: 178):

„Schaffner u.a. (1981) untersuchten bloße Reiz-Ausgesetztheit experimentell in Scheinwahlen zwischen nicht-existenten Kandidaten. Die Versuchsleiter kündigten eine Wahl an und stellten erfundene Kandidaten-Namen auf gemeindeweit verstreuten Plakaten zur Schau. Eine Meinungsumfrage ergab, daß die Öffentlichkeit jene Kandidaten bevorzugte, deren Namen am häufigsten aufgetaucht waren."

Kann hier unterstellt werden, daß solche Untersuchungsergebnisse unmittelbar politisch verwertbar sind (z.B. ließen sich für Wahlstrategen einfache Schlußfolgerungen ableiten), so kommt dieser Gesichtspunkt in nicht wenigen anderen Untersuchungen in einem sehr viel unspezifischeren Sinn zur Geltung, indem tradierte Interpretationsmuster und Weltbilder bestätigt werden, z.B. im Sinne von 'Die Jugend stößt sich ihre Hörner im Laufe der Zeit schon ab'. In der Sprache der Forscher hört sich das im Blick auf beobachtbare „autoritäre und intolerante Haltungen" Jugendlicher so an:

„Mit zunehmendem Alter reduziert sich bei der Mehrheit der Jugendlichen die Neigung zu Dogmatismus und Autoritarismus. Untersuchungen von Anderson (1962), Beall (1967) sowie Adelson und O'Neil (1970; s. auch Adelson 1975: 67) an Jugendlichen verschiedener Nationen ergaben übereinstimmend, daß autoritäre, dogmatische und ethnozentrische Meinungen, die am Anfang der Pubertät verhältnismäßig häufig geäußert wurden, im Laufe der weiteren Entwicklung allmählich abnehmen und toleranten Auffassungen Platz machten. Roghmann (1966: 180) meint nach Auswertung der Ergebnisse einer umfangreichen Erhebung in der Bundesrepublik Deutschland, daß zwischen Alter einerseits und Dogmatismus sowie Autoritarismus im Sinne der D- bzw. F-Skala anderseits über das Lebensalter hin eine curvilineare Beziehung bestehe; er hatte in der Untersuchung einen deutlichen Abfall der D- und F-Werte im zweiten Lebensjahrzehnt mit anschließendem langsamen Wiederanstieg festgestellt" (Steck 1980: 105).

Die Aussagekraft solcher Untersuchungen – hier dem Bereich Politische Sozialisation zugeordnet – tendiert gegen Null. Natürlich finden sich auch Untersuchungen, die, etwa im Zusammenhang empirisch faßbarer Sozialisationsvorgänge in Familie, Schule oder peergroups, Informationen liefern, die diesen Namen verdienen. Aber auch deren *Erkenntniswert* bleibt gering, wenn die empirischen Befunde ohne Bezug auf ihre historisch spezifischen Kontextbedingungen bleiben. Denn ohne diesen Bezug läßt sich kaum etwas über die Bedeutung der Befunde sagen, die sich so auch der kritischen Reflexion entziehen. *Dagegen* richtet sich die hier vorgetragene Kritik, nicht gegen die empirische Ausrichtung der 'traditionellen' politischen Psychologie.

Wenngleich das Spektrum dieser politischen Psychologie von den eben bezeichneten Tendenzen wesentlich geprägt ist, gibt es, wie schon vermerkt, eine Reihe von Autoren, die die empirisch-analytischen Verfahren mit kritisch-hermeneutischen zu verknüpfen suchen.

Stellvertretend läßt sich hier auf eine Studie von Kroner zur „Politischen Sozialisation durch Alltagskultur" am Beispiel des Kriegsspielzeuges (1981) verweisen, die mit unterschiedlichen Methoden (u.a. Biographieauswertungen, Feldexperimenten und systematischen Beobachtungen) Belege für die Verknüpfung von individuellen und kollektiven Aggressionen erbringen kann (vgl. Claußen 1976: 29ff.). Außerdem sind Modellbildungen im Sinne von Theorien mittlerer Reichweite entwickelt worden, die diesem Verständnis entgegenkommen. Das gilt z.B. für den Entwurf von Weiß (1988). Er schlägt einen Interpretationsrahmen für empirische Untersuchungen vor, der die Einseitigkeiten von Modellen überwinden möchte, die politische Sozialisation *entweder* unter dem Blickwinkel gesellschaftlicher Repression *oder* harmonistischer Integration betrachten. Das geschieht unter Rückgriff auf den symbolischen Interaktionismus einerseits und die sozialkognitive Entwicklungspsychologie Piagets und Kohlbergs anderseits.

Inwieweit solche Überlegungen mögliche Anschlußstellen für eine politische Psychologie markieren, deren allgemeiner Gegenstand das Verhältnis von Individuum und Gesellschaft im Rahmen einer kritischen Gesellschaftstheorie ist, bedürfte der Überprüfung. Dabei sollte zweierlei im Blick bleiben: zum einen, daß ein Entwurf wie der oben angedeutete immer auch ein kritischer Reflex auf blind bleibende Empirie ist, und zum anderen, daß die Tendenz, empirisch-analytische Forschung über Bord zu werfen (vgl. kritisch dazu auch Claußen 1976: 208f.), nicht selten mit einer anderen verknüpft zu sein scheint, nämlich empirische Bezüge überhaupt für zweit- oder drittrangig zu halten.

5. Exkurs: Zum Verhältnis von Politikwissenschaft und Politischer Psychologie

Die Frage, welche theoretisch-praktische Gestalt Politische Psychologie annehmen soll oder kann, steht im Zusammenhang mit einer anderen Frage, nämlich wie die Politikwissenschaft (als etablierte Fachwissenschaft) zum Politisch-Psychologischen steht. In gewisser Weise ergibt sich freilich schon aus dem bisher Dargestellten, daß die Fachwissenschaft hier eher auf Arbeitsteilung setzt, d.h. Psychologisches anderen Wissenschaften überläßt oder deren Zubringerdienste in Anspruch nimmt. Gleichwohl dürfte es kaum überraschen, daß das nicht umstandslos aus dem Selbstverständnis der Politikwissenschaft folgt. So haben wichtige Fachvertreter das Psychologische bei der Gegenstandsbestimmung von Politikwissenschaft und/oder ihrer Charakterisierung als fächerübergreifende Disziplin immer wieder hervorgehoben (vgl. König 1994), ein Umstand, der für die Nachkriegszeit insofern besonders evident ist, als die Neuetablierung des Fachs mit dem praktischen Impuls einer Demokratisierung der Gesellschaft verbunden war. Das Problem besteht vielmehr darin, daß entsprechende Zielbestimmungen und Aufgabenbeschreibungen in der Regel übers Deklamatorische nicht hinausgekommen sind. Faktisch dominieren institutionszentrierte Analysen, die die Akteure als Subjekte weit in den Hintergrund treten lassen.

Diese Eigentümlichkeit, die jüngst König (ebd.) pointiert ins Licht gerückt hat, ist mit tiefgehenden Konsequenzen verbunden. W.-D. Narr, der hier als Fachvertreter zu den Ausnahmen von der Regel zählt, schreibt:

> „Sobald man die sozialwissenschaftlichen Zentralbegriffe nicht einfach hinnimmt, sondern zuvor schüttelt, ist zu entdecken, wie sie alle tief durchtränkt sind von [...] der in den kapitalistisch-staatlich bestimmten Alltag eingelassenen Psychologie. 'Konkurrenz' oder 'Leistung', 'Stabilität' oder 'Integration' – sie heben in sich bestimmte Vorannahmen über die Subjekte [...] auf. Sie sind nur verständlich bezogen auf solche Verhaltensannahmen. Die Frage, was jeweils 'rational' sei, ist immer schon weitgehend beantwortet, wenn das Verständnis individuell und triebdynamisch zugeschriebener Bedürfnisse und Interessen schon fertig zugrundeliegt. Dann kann die Genese eines bestimmten Interesses, einer bestimmten Verhaltensweise, eines bestimmten Rationalitätstypus gar nicht mehr beunruhigend untersucht werden" (Narr 1988: 122).

Dabei geht es nicht nur um das Weiterschleppen ungeprüft bleibender psychologischer Vorannahmen in politikwissenschaftlichen Analysen; ebenso sehr dürfte ins Gewicht fallen, daß die Konzentration aufs Institutionelle all das im Dunkeln läßt, worauf die Institutionen soziokulturell beruhen und was ihr Innenleben wesentlich mitbestimmt:

Mentalitäten und Interaktionsformen, zu denen bestimmte Qualifikationen, Erwartungen und Abwehrformen gehören. Sicherlich bleibt dieses subjektive Potential von den Erfordernissen der Institutionen nicht unberührt, aber auf welche Weise dies geschieht und wie dieses Potential – umgekehrt – zum Regelwerk und (demokratischen) Selbstverständnis der Institutionen paßt, diese Fragen werden kaum gestellt, geschweige denn wirklich erörtert.

Das damit verbundene Grundproblem drückt sich beispielhaft in der aktuellen politikwissenschaftlichen Diskussion der deutsch-deutschen Vereinigung aus, die von einigen Fachkollegen nach dem Zusammenbruch des SED-Regimes als „sozialer Großversuch" (mit entsprechend erweiterten Forschungsperspektiven) apostrophiert wurde (Giesen u. Leggewie 1991). Daß das – ohnehin nicht überschäumende – Interesse der Politikwissenschaft an diesem „Großversuch" inzwischen eher ab- als zugenommen hat, dürfte nicht zuletzt ein Reflex auf den Umstand sein, daß die politischen Probleme des gewünschten, an bürgerlich-demokratischen Verhältnissen orientierten Transformationsprozesses zum guten Teil *unterhalb* der politisch-institutionellen Ebene angesiedelt sind. Ein Schlaglicht darauf – und damit auf die hoffnungslosen Schwierigkeiten einer primär institutionszentrierten Politikwissenschaft – wirft der Inhalt einer kleinen Zeitungsmeldung im Zusammenhang der Kommunalwahlen von 1994 in Sachsen: Danach hatte sich in diesem neuen Bundesland wenige Tage vor der Wahl in 27 Gemeinden noch kein Bewerber für das Bürgermeisteramt gefunden, und in 6 Gemeinden des Freistaates hatte sich noch kein einziger Einwohner um einen Sitz im Gemeinderat beworben.[16]

Anmerkungen

1 Die meisten Beiträge der achtbändigen, zwischen 1963 und 1969 erschienenen Reihe sind nur noch von historischem Interesse. Einige von ihnen sind aktuell geblieben oder haben einen festen Platz im Fundus der pP. Das gilt z.B. für die Milgram-Experimente zum „Autoritätsgehorsam", die von S. Milgram im Band über „Die politische und gesellschaftliche Rolle der Angst" dargestellt werden (Bd. 6, 1967).

2 Das gilt auch für Jacobsen selbst, vgl. ders.: Politische Grundeinstellungen in der Bundesrepublik, in: a.a.O.: 25ff.

3 Unter dem Leittitel „Fortschritte der politischen Psychologie" bringt es diese Reihe bis zu ihrer Einstellung 1986 ebenfalls auf acht Bände. Es handelt sich überwiegend um empirisch ausgerichtete Projektberichte. Unmittelbarer Vorläufer dieser Reihe ist das (ebenfalls) von H. Moser herausgegebene Überblickswerk „Politische Psychologie" (1979), in dem Autoren der hier vorgestellten Ansätze pP mit eigenen Beiträgen zu Wort kommen. Ähnliches gilt für das von H.-D. Klingemann und M. Kaase 1981 herausgegebene Sammelwerk „Politische Psychologie", während der 1987 – wiederum von H. Moser – herausgegebene Band „Bedrohung und Beschwichtigung" sich im wesentlichen

auf zwei Problembereiche konzentriert: die psychischen Kosten und Bewältigungsformen von Arbeitslosigkeit und technischer Bedrohungen.

4 W. Gottschalch (1989) verweist u.a. darauf, daß das Charakterkonzept Fromms zu vorschnellen Schlüssen auf entsprechende politische Einstellungen verleite, „autoritäre Charakter" z.B. durchaus unter jenen zu finden seien, die einer Diktatur Widerstand leisteten.

5 Die Erfahrung des Nationalsozialismus hat im Exil auch andere Wissenschaftler motiviert, in praktischer Absicht zum Autoritarismus-Problem zu forschen. Dazu gehören Kurt Lewins Arbeiten zur Kleingruppenforschung (1953), deren Ergebnisse im (westlichen) Nachkriegsdeutschland vor allem im Zusammenhang der Charakterisierung unterschiedlicher Führungsstile bekannt geworden sind.

6 Zum neuesten Diskussionsstand des Konzepts der „Autoritären Persönlichkeit" vgl. W. F. Stone et al. 1993.

7 Wichtige Bestandteile dieser Diagnose werden in der einflußreichen, auf nordamerikanische Verhältnisse bezogenen Untersuchung von Riesman (1950) illustriert, die 1958 ins Deutsche übersetzt worden ist. Riesman spricht vom modernen Typ des „außengeleiteten" Sozialcharakters, der sich vor allem durch größtmögliche Anpassung an vorgegebene Verhaltenserwartungen auszeichnet und ständig auf der Suche nach entsprechenden Signalen ist, während der zuvor dominierende „innengeleitete" Charakter Werten und Normen verpflichtet ist, die zugleich in der Person selbst verankert sind und so relativ stabile Strukturen und Orientierungen – auch im Sinne eines Eingriffs in die äußeren Verhältnisse – ermöglichen.

8 Die federführenden 'Frankfurter' billigen empirisch gewonnenen Daten nur im Kontext einer ausgeführten kritischen Gesellschaftstheorie (oder doch gesellschaftstheoretischen Überlegungen) einen Erkenntniswert zu. Dazu werden sie, wie schon dargelegt, gegenüber Praxisansprüchen zunehmend skeptischer.

9 Was Brückner hier vor allem in der linken Studentenschaft viel Sympathie einbringt, wird ihm, als beamteten Hochschullehrer, von staatlicher Seite als 'mangelnde Treue zum Rechtsstaat' und als psychologische Unterstützung der terroristischen 'Rote Armee Fraktion' ausgelegt – mit der Folge seiner Suspendierung vom Dienst, die politisch offensichtlich ein Exempel statuieren soll. Brückner stirbt während des sich anschließenden jahrelangen Rechtsstreites 1982 59jährig.

10 Darüber geben – mit unterschiedlicher thematischer Orientierung – u.a. zwei Sammelbände Auskunft: das Werk „Politische Psychologie. Entwürfe zu einer historisch-materialistischen Theorie des Subjekts" von J.A. Schülein u.a. (1981) sowie der von H. König 1988 herausgegebene Band „Politische Psychologie heute".

11 Eine Zusammenfassung und Bewertung der von T. Ziehe (s. dort) ausgelösten Diskussion um den Neuen Sozialisationstyp gibt das 1990 erschienene Werk von H.-J. Roth.

12 Zu den generalisierbaren Erfahrungen meiner langjährigen Tätigkeit in selbsterfahrungsorientierten Lehrerfortbildungsveranstaltungen zu schulischen Interaktionsproblemen gehört, daß die Akteure fast durchweg mehr 'wissen', als sie –

zugunsten realistischer Situationseinschätzungen und aufgeklärter Intersubjektivität – zu äußern und nutzen bereit sind.

13 Zu den umfangreichen publizistischen Aktivitäten der Vertreter der „Kritischen Psychologie" gehört die Herausgabe der Reihe „Forum Kritische Psychologie", die seit 1978 (im Rahmen der Sonderbände des ARGUMENT-Verlages) Positionsbestimmungen und Arbeitsgebiete dieses Ansatzes pP im einzelnen dokumentieren.

14 Einen gewissen Überblick, vor allem die (nord-)amerikanische politische Psychologie betreffend, gibt das von Margaret G. Hermann 1986 herausgegebene Handbuch „Political Psychology".

15 Als (keineswegs extremes) Beispiel kann hier ein elfseitiger Aufsatz von W. F. Stone (1987) genommen werden, in welchem über neuere Ansätze in der amerikanischen Forschung zum Thema „Emotionalität im politischen Verhalten" berichtet und dabei auf mehr als ein halbes Hundert (meist) empirischer Untersuchungen Bezug genommen wird.

16 Vgl. „In 27 Orten will niemand Bürgermeister werden", in: Hannoversche Allgemeine Zeitung v. 3.6.1994.

Literatur

Adorno, Theodor. W. (1951): Minima Moralia. Reflexionen aus dem beschädigten Leben. Frankfurt/M.

Adorno, Theodor. W. (1979): Zum Verhältnis von Soziologie und Psychologie, in: ders.: Soziologische Schriften I, Frankfurt/M., S. 42ff.

Adorno, Theodor W. u.a. (1968): Der autoritäre Charakter (Gekürzte deutsche Fassung (1953) der Bände I – III und V der „Studies in Prejudice", New York (1950), Amsterdam

Agnoli, Johannes/ Brückner, Peter (1968): Die Transformation der Demokratie, Frankfurt/M.

Bauriedl, Thea (1986): Die Wiederkehr des Verdrängten. Psychoanalyse, Politik und der einzelne, München

Becker, Hellmut/ Nedelmann, Carl (1983): Psychoanalyse und Politik, Frankfurt/M.

Bernfeld, Siegfried (1967a): Der soziale Ort und seine Bedeutung für Neurose, Verwahrlosung und Pädagogik, in: Internationale Zeitschrift für Psychoanalyse, XV. Jg., S. 299ff.

Bernfeld, Siegfried (1967b): Sisyphos oder Die Grenzen der Erziehung, Frankfurt/M.

Braun, Karl-Heinz (1979): Das kritisch-psychologische Konzept der Politischen Psychologie, in: Moser, H. (Hg.) (1979a): S. 53ff.

Brede, Karola (1989): Der interdisziplinäre Charakter analytischer Sozialpsychologie, in: Die Gesellschaft auf der Couch, hg. vom Psychoanalytischen Seminar Zürich, Frankfurt/M.

Brückner, Peter (1972): Zur Sozialpsychologie des Kapitalismus, Frankfurt/M.

Brückner, Peter (1976): Ulrike Marie Meinhof und die deutschen Verhältnisse, Berlin

Brückner, Peter: Die Mescalero-Affäre. Ein Lehrstück für Aufklärung und politische Kultur, Hannover o.J.

Busch, Hans-Joachim/ Krovoza, Alfred (Hg.) (1989): Subjektivität und Geschichte. Perspektiven politischer Psychologie, Frankfurt/M.

Christoph, Klaus (1992): Orthodoxie in der politischen Psychologie? in: LEVIATHAN. Zeitschrift für die Sozialwissenschaft, H. 4, S. 603ff.

Claußen, Bernhard (Hg.) (1976): Materialien zur politischen Sozialisation

Des Menschen hohe Braut. Arbeit, Freizeit, Arbeitslosigkeit. Franz Kreuzer im Gespräch mit Marie Jahoda (1983), Wien

Dahmer, Helmut (1982): Libido und Gesellschaft, Frankfurt/M.

Erdheim, Mario (1984): Die gesellschaftliche Produktion von Unbewußtheit, Frankfurt/M.

Fleck, Christian (1990): Rund um „Marienthal". Von den Anfängen der Soziologie in Österreich bis zu ihrer Vertreibung, Wien

Freud, Sigmund (1962): Abriß der Psychoanalyse/Das Unbehagen in der Kultur, Frankfurt/M.

Freud, Sigmund (1971): Massenpsychologie und Ich-Analyse/Die Zukunft einer Illusion, Frankfurt/M.

Freud, Sigmund (1975): Nachwort zur Frage der Laienanalyse, in: ders.: Schriften zur Behandlungstechnik, Frankfurt/M., S. 342ff..

Fromm, Erich (1935): Die gesellschaftliche Bedingtheit der psychoanalytischen Therapie, in: Zeitschrift für Sozialforschung, Bd. IV, S. 365ff.

Fromm, Erich (1970): Analytische Sozialpsychologie und Gesellschaftstheorie, Frankfurt/M.

Fromm, Erich (1972): Die Furcht vor der Freiheit, Frankfurt/M.

Fromm, Erich u.a. (1936): Autorität und Familie, Paris (Junius Drucke)

Giesen, Bernd/ Leggewie, Claus (1991): Experiment Vereinigung. Ein sozialer Großversuch, Berlin

Gottschalch, Wilfried (1989): Charakter und Gesellschaftsform, in: Busch/ Krovoza (Hg.) (1989): S. 13ff.

Görlich, Bernhard (Hg.) (1980): Der Stachel Freud. Beiträge und Dokumente zur Kulturismus-Kritik, Frankfurt/M.

Graumann, Carl F. (1988): Der Kognitivismus in der Sozialpsychologie. Die Kehrseite der „Wende", in: Psychologische Rundschau 39, S. 83ff.

Habermas, Jürgen (1969): Erkenntnis und Interesse, Frankfurt/M.

Hermann, Margaret G. (Ed.) (1986): Political Psychology, San Francisco/London

Holzkamp, Klaus (1972): Kritische Psychologie, Frankfurt/M.

Holzkamp, Klaus (1977): Kann es im Rahmen der marxistischen Theorie eine Kritische Psychologie geben?, in: Das Argument 103, S. 316ff.

Holzkamp, Klaus (1978): Die Überwindung der wissenschaftlichen Beliebigkeit psychologischer Theorien durch die Kritische Psychologie, in: ders.: Gesellschaftlichkeit des Individuums, Köln, S. 129ff.

Horkheimer, Max u. Adorno, Theodor W. (1947): Dialektik der Aufklärung, Amsterdam

Horkheimer, Max (1968): Geschichte und Psychologie, in: ders.: Kritische Theorie der Gesellschaft, Bd. 1, Frankfurt/M.

Horn, Klaus (Hg.) (1979a): Aktionsforschung – Balanceakt ohne Netz? Frankfurt/M.

Horn, Klaus (1979b): Zur gesellschaftlichen Funktion von Politischer Psychologie. Subjektivierung gesellschaftlicher Widersprüche, in: Moser, H. (Hg.) (1979a): S. 315ff.

Horn, Klaus (1988): Gewalt-Aggression-Krieg. Studien zu einer psychoanalytisch orientierten Sozialpsychologie des Friedens, Baden-Baden

Horn, Klaus (1989a): Politische Psychologie. Erkenntnisinteresse, Themen, Materialien (1972), in: ders.: Politische Psychologie. Schriften zur kritischen Theorie des Subjekts Bd. I, hg. v. H.-J. Busch, Frankfurt/M., S. 1977

Horn, Klaus (1989b): Zur politischen Bedeutung psychoanalytischer 'Technik' (1979), in: ebd., S. 107ff.

Horn, Klaus (1990a): Zur Sozialpsychologie des Faschismus (1969), in: ders.: Subjektivität, Demokratie und Gesellschaft. Schriften zur kritischen Theorie des Subjekts Bd. II, hg. v. H.-J. Busch, Frankfurt/M., S. 43ff.

Horn, Klaus (1990b): Zur Formierung der Innerlichkeit. Demokratie als psychologisches Problem (1969), in: ebd., S. 21ff.

Horn, Klaus (1990c): Bemerkungen zur Situation des 'subjektiven Faktors' in der hochindustrialisierten Gesellschaft kapitalistischer Struktur (1972), in: ebd., S. 63ff.

Horn, Klaus (1990d): Subjektivität und Gesellschaft – Entwicklung eines neuen Persönlichkeitstyps? (1985), in: ebd., S. 157ff.

Horn, Klaus u.a. (1983): Krankheit, Konflikt und soziale Kontrolle. Eine empirische Untersuchung subjektiver Sinnstrukturen, Opladen

Horn, Klaus u.a. (1984): Gesundheitsverhalten und Krankheitsgewinn. Zur Logik von Widerständen gegen gesundheitliche Aufklärung, Opladen

Jacobsen, Walter (1963a): Was ist „politische Psychologie"? in: Politische Psychologie als Aufgabe unserer Zeit. Politische Psychologie Bd. 1, hg. von Wanda v. Baeyer-Katte u.a., Frankfurt/M., S. 9ff.

Jacobsen, Walter (1963b): Politische Grundeinstellungen in der Bundesrepublik, in: ebd., S. 25-56

Jahoda, Marie/ Lazarsfeld, Paul F./ Zeisel, Hans (1960): Die Arbeitslosen von Marienthal, Allensbach und Bonn

Klingemann, Hans-Dieter/ Kaase, Max (Hg.) (1981): Politische Psychologie. Sonderheft 12 der PVS

König, Helmut (Hg.) (1988a): Politische Psychologie heute, LEVIATHAN-Sonderheft 9

König, Helmut (1988b): Wider die politische Psychologie als Befragungswissenschaft, in: ders. (Hg.) (1988a): S. 36ff.

König, Helmut (1994): Politische Wissenschaft und Politische Psychologie – eine Bestandsaufnahme, in: LEVIATAN 2/1994, S. 195ff.

Krampen, Günter (1986): Politische Psychologie. Geschichte, Defizite, Perspektiven, in: Psychologische Rundschau 37, S. 138ff.

Kroner, Bernhard (1981): Politische Sozialisation durch Alltagskultur – exemplarisch Kriegsspielzeug, in: Klingemann, H. D./ Kaase, M. (Hg.) (1981): S. 101ff.

Krovoza, Alfred/Schneider, Christian (1988): Politische Psychologie in der Bundesrepublik: Positionen und methodische Probleme, in: König, H. (Hg.) (1988a): S. 13ff.

Lapassade, Georges (1972): Gruppen, Organisationen, Institutionen, Stuttgart

Le Bon, Gustave (1961): Psychologie der Massen, Stuttgart

Leithäuser, Thomas (1976): Formen des Alltagsbewußtseins, Frankfurt/M.

Leithäuser, Thomas (1988): Ideologie und Bewußtsein, in: König, H. (Hg.) (1988a): S. 95ff.

Leithäuser, Thomas/ Volmerg, Birgit (1988): Psychoanalyse in der Sozialforschung, Eine Einführung am Beispiel einer Sozialpsychologie der Arbeit, Opladen

Lewin, Kurt (1953): Die Lösung sozialer Konflikte, Bad Neuheim

Lippert, Ekkhard/ Wakenhut, Roland (Hg.) (1983): Handwörterbuch der Politischen Psychologie, Opladen

Lorenzer, Alfred (1976): Die Wahrheit der psychoanalytischen Erkenntnis, Frankfurt/M.

Lorenzer, Alfred (1977): Zur Begründung einer materialistischen Sozialisationstheorie, Frankfurt/M.

Lorenzer, Alfred (1986): Tiefenhermeneutische Kulturanalyse, in: König, H. D. (1986): Kulturanalysen, Frankfurt/M., S. 11f.

Marcuse, Herbert (1965): Triebstruktur und Gesellschaft, Frankfurt/M.

Marcuse, Herbert (1968): Der eindimensionale Mensch, Frankfurt/M.

Mitscherlich, Alexander (1963): Auf dem Weg zur vaterlosen Gesellschaft, Tübingen

Mitscherlich, Alexander (1965): Die Unwirtlichkeit unserer Städte, Frankfurt/M.

Mitscherlich, Alexander (1966f.).: Krankheit als Konflikt. Studien zur psychosomatischen Medizin, Bd. 1 u. 2, Frankfurt/M.

Mitscherlich, Alexander u. Margarete (1967): Die Unfähigkeit zu trauern. Grundlagen kollektiven Verhaltens, München

Mitscherlich, Margarete (1987): Erinnerungsarbeit, Frankfurt/M.

Moser, Helmut (Hg.) (1979a): Politische Psychologie. Politik im Spiegel der Sozialwissenschaften. Ergebnisse einer Hamburger Ringvorlesung, Weinheim/Basel

Moser, Helmut (1979b): Ansätze und inhaltliche Struktur einer politischen Psychologie, in: ders. (Hg.) (1979a): S. 19ff.

Moser, Helmut (Hg.) (1987): Bedrohung und Beschwichtigung. Die politische und seelische Gestalt technischer, wirtschaftlicher und gesundheitlicher Gefährdungen, Weinheim

Nadig, Maya (1986): Die verborgene Kultur der Frau. Ethnopsychoanalytische Gespräche mit Bäuerinnen in Mexiko, Frankfurt/M.

Narr, Wolf-Dieter (1988): Das Herz der Institutionen oder strukturelle Unbewußtheit – Konturen einer Politischen Psychologie als Psychologie staatlich-kapitalistischer Herrschaft, in: König, H. (Hg.) (1988a): S. 111ff.

Oestmann, Axel-R. (1988): Politische Psychologie, politische Identität. Zur Methode der politischen Psychologie Peter Brückners, in: Rexilius, G. (Hg.): Psychologie als Gesellschaftswissenschaft, Opladen, S. 276ff.

Ortega Y Gasset, José (1961): Der Aufstand der Massen, Stuttgart

Reich, Wilhelm (1932): Der sexuelle Kampf der Jugend, Berlin

Reich, Wilhelm (1933): Massenpsychologie des Faschismus, Kopenhagen

Reich, Wilhelm (1981): Dialektischer Materialismus und Psychoanalyse, Amsterdam

Reiche, Reimut (1971): Sexualität und Klassenkampf, Frankfurt/M.

Reinke, Ellen (1977): Leiden schützt vor Strafe nicht. Soziotherapeutische Erfahrungen mit Strafgefangenen, Frankfurt/M.

Reinke, Ellen (1991): Psychoanalyse zwischen politischer Psychologie und Medizinalisierung, in: psychosozial H. 3/91, S. 8ff.

Richter, Horst-Eberhard (1972): Die Gruppe, Reinbek

Richter, Horst-Eberhard (1974): Lernziel Solidarität, Reinbek

Richter, Horst-Eberhard (1977): Hat die Psychoanalyse in der Randgruppenarbeit eine Chance? in: Kutter, P. (Hg.): Psychoanalyse im Wandel, Frankfurt/M., S. 122ff.

Riesman, David (1958): Die einsame Masse, Hamburg

Roth, H.-J. (1990): Narzißmus. Selbstverwirklichung zwischen Destruktion und Produktivität, Weinheim

Schissler, Jakob u. Tuschhoff, Christian (1988): Kognitive Schemata: Zur Bedeutung neuerer sozialpsychologischer Forschungen für die Politikwissenschaft, in: Aus Politik und Zeitgeschichte, B 52-53/88

Schülein, Johann A. (1975): Das Gesellschaftsbild der Freud'schen Theorie, Frankfurt/M.

Schülein, Johann A. (1981): Sinnprobleme in Industriegesellschaften am Beispiel der Jugendsekten, in: ders. u.a. (Hg.): Entwürfe zu einer historisch-materialistischen Theorie des Subjekts, Frankfurt/M., S. 13ff.

Schülein, Johann A. (1988): Veränderungen der Konstitutions- und Reproduktionsbedingungen von Subjektivität, in: König, H. (Hg.) (1988): S. 387ff.

Senghaas-Knobloch, Eva (1988): Zur politischen Psychologie internationaler Politik, in: Aus Politik und Zeitgeschichte, B 52/53

Steck, Peter (1980): Grundzüge der politischen Psychologie, Bern

Stone, William F. et al. (Eds.) (1993): Strength and Weakness. The Authoritarian Personality today, Berlin

Streiffeler, Friedhelm (1975): Politische Psychologie, Hamburg

Wacker, Ali (Hg.) (1992): Die Marienthal-Studie – 60 Jahre später. Schriftenreihe der „Dokumentationsstelle für Arbeitslosenforschung" am Psychologischen Institut der Universität Hannover, Heft 1

Weiß, Wolfgang W. (1981): Überlegungen für ein theoretisches Modell politischer Sozialisation, in: Klingemann, H.-D./Kaase, M. (1981): S. 37ff.

Welzer, Harald/Wacker, Ali (1988): Ausgrenzung und Interesse. Zur politischen Psychologie der Massenarbeitslosigkeit, in: König, H. (Hg.) (1988a): S. 260ff.

Wiggershaus, Rolf (1988): Die Frankfurter Schule, München

Ziehe, T. (1975): Pubertät und Narzißmus. Sind Jugendliche entpolitisiert? Frankfurt/M.

Zusätzlich ist auf folgende Literatur hinzuweisen:

Aufmerksam zu machen ist auf die interdisziplinär orientierte „Zeitschrift für politische Psychologie", die seit Mitte 1993 erscheint und redaktionell von den Hamburger Psychologen T. Kliche und H. Moser betreut wird. Aus dem gleichen wissenschaftlichen Umkreis kommt die regelmäßig erscheinende Broschüre „Politische Psychologie – PP – Aktuell" der „Sektion Politische Psychologie innerhalb des Berufsverbandes Deutscher Psychologen", die neben Verbandsnachrichten immer auch Aufsätze zu politischen Themen enthält. Letzteres gilt auch für die beiden bekannten psychoanalytisch orientierten Zeitschriften PSYCHE und PSYCHOSOZIAL (Heft 3/91 der letzteren ist speziell dem Thema pP gewidmet) und für die (breiter angelegte) Zeitschrift „Psychologie und Gesellschaftskritik".
Schließlich ist auf das von E. Lippert und R. Wakenhut 1983 herausgegebene „Handwörterbuch der Politischen Psychologie" hinzuweisen.

Konzeptionen Politischer Bildung – Erziehung zur Demokratie

Gerd Bohlen

1. Einleitung

„Das Paradoxe an der Situation ist, daß politische Bildung im Kindesalter und durch die Schule ihre (geringe) Wirksamkeit nur dann gewinnen kann, wenn Lehrer und Erzieher, trotz gegenteiliger Einsicht, in der Selbsttäuschung handeln, als hinge von ihrem Tun allein das Schicksal der Demokratie ab." (E.-A. Roloff 1988)

1.1. Eingrenzungen und Theorie-Praxis-Problem

Politische Bildung hier in Gestalt ihrer fachdidaktischen Konzeptionen vorzustellen heißt, nur den jüngsten Teil ihrer Geschichte aufzunehmen. Dies ist die erste Eingrenzung, denn politische Bildung insgesamt ist auch in Deutschland sehr viel älter (vgl. Kuhn 1993). Ich erörtere nur Beispiele aus jenem "Grundmuster politischer Bildung" (Sander 1997: 6), das sich durch zwei besondere Merkmale gegenüber der vorausgegangenen Geschichte politischer Bildung auszeichnet: Konzeptionen politischer Bildung in dem hier gemeinten Sinn werden entwickelt in und beziehen sich auf die *demokratisch* verfaßte Bundesrepublik Deutschland, und sie gehören in den neueren Prozeß der *Verwissenschaftlichung* der politischen Bildung (vgl. Gagel 1997). Ausgeschlossen sind damit alte Vorstellungen von politischer Bildung, deren Funktion sich erschöpfte in einer einfachen „Anpassung an bestehende Verhältnisse, sei es durch Wissensvermittlung, durch Verhaltenslehre oder durch Gesinnungsbildung" (Fischer 1970: 10).

Wenn politische Bildung in einer demokratisch verfaßten Gesellschaft als institutionalisierter Bildungsprozeß zu konzipieren und dabei den Kriterien von Wissenschaft zu folgen ist, entsteht eine Spezialform sozialwissenschaftlichen Wissens – das ist die These, die meine Erörterung der Konzeptionen leitet und durch die alle übrigen Elemente, die in politischen Sozialisationen wirksam waren und sind, aus dem Blickfeld gedrängt werden. Das bedeutet, die auch heute einflußreichsten Faktoren im Erwerb von politisch relevanten Einstellungen, Überzeugungen und Handlungsdispositionen in dieser Erörterung nicht zu berücksichtigen (vgl. Claußen 1996), ist aber mit den Maßgaben dieses Handbuches verantwortbar. Die politische Bildung wird in der hier gewählten Dimension als Theorie und Ideologie beobachtet, nicht aber als realer und vielfach dimensionierter Sozialisationsprozeß. Dies ist die zweite Eingrenzung.

Dementsprechend wird auch das tatsächliche Geschehen politischer Bildung in seinen Verläufen und Ergebnissen in Unterricht und Schule, aber auch in der außerschulischen Bildungsarbeit, hier nicht behandelt. Politische Bildung als Praxis in Makro-, vor allem aber in ihren Mikroprozessen genau zu bestimmen und zu erforschen, gilt als schwieriges Unternehmen und als Desiderat (vgl. Grammes 1990). Wie zu allen Bildungskonzepten, die einen generellen Anspruch erheben und in Institutionen ihre Wirksamkeit erst entfalten müssen, gehört auch zu den Konzeptionen der politischen Bildung ein erhebliches Theorie-Praxis-Problem (vgl. Cremer u.a. 1990).

Die hier gewählte Formulierung einer Haltung als didaktischer Gesellschaftsarchitekt soll dieses Problem überbrücken und unterstellt also bloß, was in der Praxis sich nur schwer aufspüren läßt: Daß der einzelne Lehrer in Gestalt eines gewählten und studierten fachdidaktischen Konzepts seine Unterrichtsthemen geschichtstheoretisch systematisiert, den Unterricht erfolgreich organisiert und am Ende ein erwartbares Ergebnis erzielt. Die Realität des Alltags ist von diesem Idealfall unterschiedlich weit entfernt; eher besteht die Gefahr, „daß politischer Unterricht ohne Orientierung an *einer* Fachdidaktik geplant wird [...] Fast ohne Ausnahme stehen die Lehrer/innen der Didaktik des politischen Unterrichts nicht ablehnend, sondern gleichgültig gegenüber.“ (Harms/Breit 1990: 143f. H.i.T.)

Aber selbst wenn es tatsächlich keine einzige Schule in der Bundesrepublik gäbe, „an der die Politiklehrer konsequent und nachweisbar nach einer bestimmten politikdidaktischen Theorie unterrichten“ (Janssen 1990: 304), so ist damit das Theorie-Praxis-Problem der politischen Bildung noch nicht endgültig gezeigt und beurteilt, es wäre nur noch einmal technizistisch mißverstanden. Fachdidaktische Theorie der politischen Bildung als Wissenschaft ist in der Notwendigkeit, „Komplexität nicht zu reduzieren, sondern zu erhöhen, und die Distanz zu den Praxisfeldern (ist) Voraussetzung für eine Reflexion über Praxis.“ (Gagel 1990: 286) Geltung und Wirksamkeit einer Konzeption ergeben sich also nicht im Sinne eines handhabbaren Werkzeugs. Auf der Ebene auszubildender und unterrichtender Lehrer müßte auch das *wissenschaftsdidaktische* Potential fachdidaktischer Theorie allererst zur Geltung kommen, so daß Lehrer „erst einmal Bildungsprozesse durchlaufen, innerhalb derer sie Inhalte, Themen und Methoden, aber auch (Wissenschafts-)Theorien und Methodologien der Sozialwissenschaften in kritischer Auseinandersetzung sich aneignen, ohne gleich die [...] Frage nach der ‘Praxisrelevanz’ zu stellen; sie sollten also selbst im Sinne einer geistigen Durchdringung ‘durch Theorie hindurchgegangen’ sein, bevor sie als Mittler [...] tätig werden.“ (Wellie 1991: 348f.)

Das ist nur eine Variante in der Definition des Theorie-Praxis-Problems politischer Bildung, entscheidend dabei ist, daß in diesem Problem auch der Status fachdidaktischer Theorie selbst in die Debatte gerät. Darauf komme ich zurück. „Im wesentlichen arbeiten die Lehrer/innen mit ihrer eigenen Didaktik“ (Harms/Breit 1990: 143), und in welchem Sinne das zu verstehen und zu bewerten ist, kann hier nicht entschieden werden.

1.2. Allgemeiner Problementwurf

Studiert man Konzeptionen der politischen Bildung, dann kann es hilfreich sein, sich zunächst eine Vorstellung zu bilden von den Fragen und Problemen, deren Beantwortung und Lösung sie versuchen. Der Selbstauskunft und auch der ersten Erwartung nach wird mit ihrer Hilfe geklärt, was im Unterrichtsfach „Politische Bildung“, „Gesellschaftslehre“, „Sozialkunde“, „Gemeinschaftskunde“ oder wie es sonst genannt wird, geschehen sollte, *was* und *wie,* mit welchem *Ziel* und unter welchen *Voraussetzungen* zu unterrichten ist. Konzeptionen der politischen Bildung sind zu verstehen als die Bereitstellung eines in sich plausiblen Zusammenhangs von Mitteln und Wegen, Instrumentarien und Anweisungen zur Lösung dieser Aufgabe. Diese Auskunft ist sehr allgemein, und sie gilt für alle Didaktiken der Unterrichtsfächer.

Die Didaktik der politische Bildung gehört zu jenen Wissenschaften, die sich mit der Sozialität des Menschen befassen. Die gesellschaftliche Verfaßtheit des einzelnen, als erworbene wie als zugemutete, ist der allgemeine Hintergrund der politischen Bildung, von dem auch sie ausgeht. Heute, und für die Zukunft kann das nur heißen: Nicht der optimal in eine hierarchische Gesellschaft sich einpassende Untertan ist das Thema. Politische Bildung in der BRD ist Erziehung zur *Demokratie*, so daß die Sozialität dem einzelnen nicht etwa in Gestalt eines „tyrannisierenden Gesellschafts-Etwas“ (Th. Fontane) gegenübertritt, sondern er sie am Ende als einen ihn bereichernden Teil seiner selbst erfahren kann.

Das besondere Merkmal von Konzeptionen politischer Bildung, durch das mindestens sie sich wiederum von den anderen Sozialwissenschaften unterscheiden, ist die Idee von *Bildung* vieler einzelner im Bereich ihrer gesellschaftlichen Verfaßtheit. Auf der Ebene der Idee aber, daß es den Menschen möglich wäre, durch die Einsicht in das, was sie selbst täglich und miteinander in Gesellschaft tun, sich von *überflüssiger* Herrschaft zu befreien und in Selbst- und Mitbestimmung das bestmögliche Gesellschaftsmodell zu realisieren, auf dieser Ebene gibt es prominente Vorläufer der politischen Bildung. Der traditionelle Ort solcher allgemeinen Überlegungen war bis zur Mitte des 19. Jh. die klassische Geschichtsphilosophie. Geschichtsphilosophie formulierte erstmals eine Verbindung von Geschichte und Vernunft, Fortschritt und Rückschritt der Menschheit, einen Maßstab zur

Beurteilung der Weltereignisse, eine als vernünftig begriffene Emanzipationsbewegung der Neuzeit und vieles andere, jedenfalls den historischen Prozeß und die gesellschaftliche Verfaßtheit der Menschen so, daß der historische Prozeß genau das würde hervorbringen können, was heute in den Zielen der politischen Bildung als deren Zentrum durchscheint: die Emanzipation.

> „Geschichte ist, geschichtsphilosophisch definiert, Emanzipation: die Hervorbringung menschlicher Autonomie. Neben der Durchsetzung flankierender Theoreme – Perfektibilität des Menschen als Möglichkeit der Geschichte; Zukunft als Spielraum der Geschichte; Fortschritt als Bewegungsform der Geschichte; diesseitiges Reich der Freiheit als Endzweck der Geschichte; Naturrecht auf Menschenwürde und Menschenglück als moralische Instanz der Geschichte – ereignet sich dabei vor allem dies: daß der Mensch seine geschichtlichen Angelegenheiten emphatisch selber in die Hand nimmt." (Marquard 1973: 67/68)

In der politischen Bildung lebt ein Aufklärungsimpuls fort, der seine Vergangenheit in der Geschichtsphilosophie besitzt. Wenn in diesem Zitat die zentralen Themen der Geschichtsphilosophie stecken, dann kann man jedes einzelne nehmen, um auch gegenwärtig den Horizont einer theoretisch angeleiteten politischen Bildung zu beschreiben – mit allerdings erheblichen Einschränkungen: Die politische Bildung hat den *einzelnen* im Auge und seine Bildung, nicht die Gattung und Gattungsgeschichte. Nur insofern die Sozialität, die gesellschaftlich-geschichtlichen Lebensbedingungen des einzelnen sich verallgemeinern lassen oder als solche der Allgemeinheit schon gelten, thematisiert politische Bildung auch den geschichtlichen Prozeß der Gattung und deren mögliches Ende, aber nicht ein Endziel. Solche Rücknahmen der geschichtsphilosophischen Ambitionen sind schon eingeleitet und begründet worden durch die historistische Kritik, einer Ausdehnung des geschichtlichen Bewußtseins auch auf die Geschichtsphilosophie. Sie gilt deshalb spätestens am Ende des 19. Jh. als gescheitert.

Aber diese Einschränkungen führen nicht zur Verabschiedung des Aufklärungsimpulses der Geschichtsphilosophie. Dieser Impuls bleibt erhalten, oder sollte doch erhalten bleiben. Seine theoretischen Einschränkungen erscheinen in der politischen Bildung als fortdauernde Schwierigkeiten einer Entwicklung ihrer fachdidaktischen Konzeptionen. Das Scheitern der alten Geschichtsphilosophie taucht als Problem wieder auf a) in der Ziel- und Inhaltsbestimmung fachdidaktischer Konzeptionen; und die historistische Kritik an der Geschichtsphilosophie erscheint b) wieder in der fortdauernden Geltungsproblematik ihrer Aussagen. Aber der Impuls bleibt erhalten. Das ist hier die These. Sie ist nicht unumstritten. In mancher Kritik wird der politischen Bildung genau dieser Aufklärungsimpuls vorgeworfen: In einer älteren Bilanzierung heißt es, die Fachdidaktik der politischen Bildung sei gescheitert in ihrem *Charakteristikum*:

> der „Verbindung von Sozialisationsforschung, Gesellschafts- und Herrschaftstheorie sowie häufig auch Erkenntnistheorie unter einer politischen, auf gesamtgesellschaftliche Demokratisierung und individuelle Emanzipation gerichtete(n) Perspektive."
> Gescheitert wäre demnach auch „die gesellschaftskritische Aufklärung [...] als Bindeglied zwischen der Deutung der Vergangenheit, Gegenwart und Zukunft, als Transformator eines als Prozeß fortschreitender Demokratisierung und Emanzipation vorgestellten Wandels." (Behrmann 1978: 112)

Die gemeinten Didaktiker haben sich gegen diese Beschreibung und das Urteil gewehrt, sie hätten ein solches Programm nie formuliert – das ist sicher richtig, und Behrmann hat sein Verdikt auch nicht belegt. Aber vielleicht geht es in dieser Kritik gar nicht um einzelne fachdidaktisch formulierte Sätze, man kann sie auch lesen als die Beschreibung der Intention der politischen Bildung, und das ist dann der geschichtsphilosophische Impuls. Er wird hier – wenn auch negativ – bestätigt.

Daß die politische Bildung in dieser Intention scheitern kann, gilt unbestritten, ohne daß dann die Intention schon widerlegt wäre, denn die Erfolgsbedingungen der politischen Bildung sind sehr komplex. Festzustellen ist dennoch, daß alle theoretischen Entwürfe der politischen Bildung, die nach 1945 entscheidenden Einfluß ausgeübt, Aufmerksamkeit auf sich gezogen haben, eines gemeinsam hatten: Ihren theoretischen Entwurf setzten sie an auf dem *Niveau* einer Erläuterung des neuzeitlichen Vergesellschaftungsprozesses überhaupt. Wie ist die Vergesellschaftung organisiert oder zu organisieren und welche großen Probleme tauchen dabei auf?

Nur selten wurde dieses theoretische Niveau expliziert, dafür um so mehr implizit verhandelt: Wie entsteht Gesellschaft auf welchem Niveau, welche Grundbedingungen müssen vom einzelnen und von Gruppen erfüllt und eingehalten werden, damit der bestmögliche Modus der Vergesellschaftung erreicht wird, wie oder warum entsteht der Staat und welche Aufgaben hat er, hat die Politik, wie weit greift die Politik, welche Aufgaben hat und welche Aufgaben hat sie eben nicht. Welche entscheidenden Zukunftsprobleme, Herausforderungen, Chancen und Gefahren, wie Hilligen (1975: 28) gefragt hat, lassen sich erkennen und wie sind sie zu bewältigen? Fragen werden hier erörtert, wie man sie schon aus den Gesellschaftstheorien der frühbürgerlichen Epoche kennt. Nicht mit gleicher Intensität und Ausführlichkeit, aber doch auf gleichem Niveau. Theoretische Konzepte der politischen Bildung nach 1945 eröffnen oder begründen ihre Entwürfe mit gesellschaftstheoretischen Grundannahmen, die ihrem Legitimationsniveau und -potential nach ein Gesellschaftsmodell mit tiefgreifenden Grundannahmen nachschaffen und sich sodann an die historische Realität der Bundesrepublik heranformulieren.

Und ein zweites zeigt sich, sobald man etwas genauer seine Erfahrungen in der Praxis sammelt: Jeder, der in der politischen Bildung tätig ist, muß über vielleicht einfache, aber tiefgreifende Gesellschaftsdeutungen verfügen. Unvermeidlich, und nicht nur in den theoretischen Konzepten, sondern auch in der täglichen Unterrichtspraxis stößt er auf Situationen, in denen die Verhältnisse von Individuum und Gesellschaft, Individuum und Geschichte, Individuum und Staat, Politik usw. grundlegend zu thematisieren sind. Konzeptionen politischer Bildung formulieren in ihrem Kern eine Reihe von geschichtstheoretischen Grundannahmen, und der Lehrer arbeitet täglich mit ihnen, selbst wenn er es nicht immer merkt.

Das hat letztlich seinen Grund darin, daß in Bildungsprozessen der nachwachsenden Generation unsere politische und soziale Welt in ihrem geschichtlichen Charakter zur kritischen Identifizierung bildend nahegebracht werden soll. In der politischen Bildung wird der generelle Aspekt sozialwissenschaftlicher Erkenntnisse, sich an die analysierte Gesellschaft zu richten, besonders hervorgehoben, insofern diese Kenntnisse eminente praktische Wirkungen entfalten sollen. Deshalb unterliegt das fachdidaktisch hervorgebrachte Wissen über die Gesellschaft und ihre Geschichte gleich mehrfachen Bewährungsproben, die über die nur wissenschaftliche hinausgehen. Dieses Wissen soll beim einzelnen eine *Erziehung zur Demokratie* bewirken. Spätestens am Ende einer solchen politischen Bildung soll der einzelne die feste innere Überzeugung und Haltung gewonnen haben, daß die Demokratie für ihn selbst und für alle anderen die bestmögliche Form gesellschaftlicher und politischer Verfaßtheit ist. Das ist ein gewaltiges Faszinosum der politischen Bildung: Daß man sich zunächst theoretisch durchaus als Gesellschaftsarchitekt verstehen kann, sich mit Gesellschafts- und Herrschaftsmodellen beschäftigt, ihre Funktionsweise im geschichtlichen Prozeß zu ergründen sucht – das ist der theoretische Aspekt – daß man aber auch herausgefordert ist, sich an dem gesellschaftlichen Verkehr, in dem man selbst täglich steckt, sich an seinem Bestand aus einer *Selbstbestimmung* heraus kritisch zu beteiligen, insoweit es den eigenen Überzeugungen und Interessen entspricht – das ist der praktische Aspekt. Politische Bildung hat erst dann Erfolg gehabt, wenn beide Aspekte zusammen gelten. Das in der politischen Bildung zu erarbeitende Wissen ist demnach nicht irgend eines, es ist kein fachliches Spezialwissen, sondern *identitäres* Wissen (vgl. Eder 1990: 351ff.).

Die Aussagen der politischen Bildung, ihre Theorien und Konzepte sind also zu beobachten in einer doppelten Blickrichtung: Ihre Grundannahmen liegen auf dem theoretischen Niveau eines Nachschaffens von 'Gesellschaft überhaupt', und erreicht werden soll durch einen entsprechend angeleiteten Unterricht eine kritische Bejahung und Beteiligung der nachwachsenden Generationen am gegenwärtigen und zukünftigen demokratischen Prozeß der bundesrepublikanischen Gesellschaft. Darauf ist institutionalisierte politische Bildung *verpflichtet*.

Noch in einem dritten Aspekt nämlich muß das von der politischen Bildung hervorzubringende Wissen präzisiert werden: Diese gesellschaftlichen Verhältnisse, die zunächst fachdidaktisch systematisierend analysiert werden, um beim einzelnen eine demokratische Überzeugung und Haltung zu bewirken, treten zugleich selbst real auf und machen sich bemerkbar im Prägen, häufig auch in der Kontrolle politischer Bildung. Politische Bildung, indem sie als Lehre auftritt, kann sich von der Gesellschaft, auf die sie sich richtet, nicht ablösen, sie ist selbst Bestandteil der herrschenden Verhältnisse, und sie hat für den Fortbestand dieser Verhältnisse – in aller Regel – Sorge zu tragen.

Vereinfacht gesagt: In Gestalt von Konzeptionen politischer Bildung erlaubt und finanziert sich die Gesellschaft die eigene, mit geschichtsphilosophischen Impulsen versehene sozialwissenschaftliche Theorie und Deutung, die zu ihr paßt, die die nachwachsende Generation deshalb lernen und zur *eigenen* machen soll.

2. Kooperation und Partnerschaft als neuer Modus der Vergesellschaftung.

2.1. Partnerschaftspädagogik

Vorzustellen sind zunächst die von Theodor Wilhelm (d. i. Friedrich Oetinger) 1951 veröffentlichten Thesen unter dem Titel „Wendepunkt der politischen Erziehung". Wichtig ist dieser Text nicht nur, weil er dem Anspruch nach „eine neue Theorie der politischen Erziehung zu entwerfen" (Vorwort) versucht, er thematisiert entscheidend die Defizite vorausgegangener politischer Bildung aus dem Blickwinkel der Geschichte und des Zusammenbruchs des deutschen Nationalsozialismus, er will eine Konkretisierung der neuen Formel 'Erziehung zur Demokratie' sein und er liefert den Titel für eine spätere kritisch-polemische Qualifizierung der politischen Bildung der 50er Jahre: *Partnerschaftspädagogik*.

Im Kern thematisiert diese Konzeption genau das, worum es hier geht: Erörtert und für die politische Bildung entwickelt wird eine neue

Sichtweise der Vergesellschaftung des einzelnen, ein neuer Begriff des Politischen und eine veränderte Bestimmung des Verhältnisses zwischen dem einzelnen, der Gesellschaft und dem Staat. Die überwiegend kritische Rezeption dieses Ansatzes, daß er nämlich entscheidend das Wesen des Politischen und des Staates verfehle (Litt 1956) und „die erzieherische Grundlage für das Funktionieren der Apparate durch ein reibungsloses, aktives Anpassen des Bürgers an die bestehenden gesellschaftlichen Verhältnisse und seine Ausschaltung von der politischen Willensbildung" (Schmiederer 1972: 33) bewirke, belegen nur, daß in den geschichtstheoretischen Grundaussagen der Kern einer fachdidaktischen Konzeption politischer Bildung zu finden ist.

Hervorzuheben ist: *Oetinger analysiert nicht die realen Prozesse der Vergesellschaftung.* Er erörtert „die Einordnung des Menschen in die Gemeinschaft" (Oetinger 1951: 99), in der und mit der politischen Bildung kommt es darauf an, „die politische Gemeinschaft zu formen – zu vertiefen und zu versittlichen" (ebd.), es geht um „den politischen Status des Menschen" (ebd.: 91) – zur Klärung dieser Themen wird nicht die reale gesellschaftliche Verfaßtheit des einzelnen in den Blick gerückt, Oetinger analysiert in kritischer Absicht, wie diese Themen in den vorausgegangenen dominanten Konzepten politischer Bildung gedacht worden sind. Dieses methodische Verfahren kann man großzügig deuten als „Kritik einer obrigkeitsstaatlichen politischen Kultur der Weimarer Republik" (Grammes 1986: 72). Denn die kritische Durchsicht der staatsbürgerlichen Erziehung der Weimarer Republik und der nationalpolitischen Erziehung im Dritten Reich kommt zu dem Ergebnis, daß in ihnen „die politische Gemeinschaft vorwiegend als Dienstgemeinschaft" (Oetinger 1951: 112) betrachtet wurde. Und: „Wir finden also unsere These bestätigt, daß sich die politische Erziehung in Deutschland von Bismarck bis Hitler durchgehend in dem Klima des Dienstes abgespielt habe, und wiederholen nun: wir müssen aus Dienern zu Partnern werden." (Ebd.: 108)

Das ist Oetingers entscheidende politische und theoretische Reaktion auf die Katastrophe und die Niederlage des deutschen Nationalsozialismus. Die durch politische Bildung erzeugte, in anderen gesellschaftlichen Zusammenhängen gepflegte und erwartete Haltung beim einzelnen gegenüber Gemeinschaftsgebilden aller Art, besonders des Militärs und des Staates, sei die des Dienens gewesen, und mit dieser Art der Subordination des einzelnen, die jedes „Gemeinschaftserlebnis" (ebd.: 103) geprägt habe, sei endgültig zu brechen: „Es muß uns gelingen, an die Stelle des Dienstes aus Pflicht die Kooperation aus Partnerschaft zu setzen." (Ebd.: 108)

Diese Argumentationsrichtung ist in der Kritik ein wenig unterschlagen worden. Es geht nicht um eine Analyse der realen Vergesellschaftungsbedingungen. Das Verhältnis des einzelnen zur Gesellschaft, zum Staat usw. wird thematisiert, um eine durch politische Bildung anerzogene traditionelle Haltung des einzelnen zu seinen Vergesellschaftungsbedingungen zu verändern. Der gesellschaftliche Verkehr der einzelnen wäre demnach in der Vergangenheit sowohl vom einzelnen wie von der Allgemeinheit falsch gedeutet worden, eine falsche Interpretation von Volk, Staat, Nation, Kultur habe beim einzelnen eine Haltung der willigen Einfügung in Machtverhältnisse bewirkt und damit den Nationalsozialismus ermöglicht.

Oetinger verfolgt eine „Hoffnung auf Frieden", und sie soll am ehesten noch erhalten werden können, wenn der gesamte gesellschaftliche Verkehr der Individuen geprägt ist von Partnerschaft und einer eingewöhnten, im Gemüt verankerten kooperativen Haltung. Spielregeln der Partnerschaft formuliert er, an die sich zu halten das „genossenschaftliche Verhalten" auf der Basis einer anzuerziehenden „kooperativen Haltung" im Bereich des Politischen konkretisieren kann: Kompromiß, Toleranz, sportliche Spielgesinnung, Vernunft des Mehrheitsprinzips, Prinzip der Öffentlichkeit, Prinzip der Überseh-barkeit. Und ein Befolgen dieser Regeln nicht aus dem Geist des Dienstes, sondern der Partnerschaft würde das „Leitbild des 'soldatischen Menschen' durch den 'Partner' als das neue Leitbild der Epoche" (ebd.: 170) ablösen können.

> Vorlage und Begründungsmöglichkeiten bilden die „Frontiers", die amerikanischen Pioniere auf ihrem Weg zur Erschließung des Westens und die Philosophie des Pragmatismus von John Dewey. Was „genossenschaftliches Verhalten" und das Prinzip der „genossenschaftlichen Selbstverwaltung" meinen, wird erläutert mit dem Bild der „freudigen Partnerschaft der rodenden, siedelnden, schaffenden, kooperierenden 'unstaatlichen' Gründer des amerikanischen Gemeinwesens" (ebd.: 112); hier ist das Vorbild für ein „öffentliches Lebensprinzip" (ebd.: 111), das mit allem Untertanengeist und obrigkeitsstaatlicher Mentalität brechen kann zugunsten wirklicher Gemeinschaft, in der der Staat alle höheren Weihen verliert. Er ist nichts weiter als ein Rechtsstaat, und unter seinen Regularien geht es nicht um die Verfolgung oberster Ideen und letzter Werte. Das Ziel der „kooperativen Gemeinschaft" ist einzig und allein „die Selbststeuerung der Gemeinschaft durch ihre eigenen Konflikte hindurch" – das bedeutet, „daß die Erhaltung der Gemeinschaft Selbstzweck ist" (ebd.: 168).

Nach dieser Theorie ist der einzelne unter dem Aspekt seiner gesellschaftlich-politischen Verfaßtheit nicht länger als Untertan oder Rädchen einer Maschinerie, auch nicht als autonomes Individuum aufzufassen. Die Individuen sind aufeinander angewiesen in all ihren Gewohnheiten und Bereitwilligkeiten, sie sind gleich, insofern sie gleiche Startchancen haben und ungleich in erwirkten Resultaten, sie konkurrieren miteinander, rechnen mit dem Egoismus eines jeden und brauchen eine skeptisch kontrollierte Führung, „insofern nämlich Führung und Gemeinschaft überhaupt wie Aus- und Einatmen aufeinander bezogen sind“ (ebd.: 117).

2.2. Zur Kritik der Partnerschaftspädagogik

> „Vielfach hat man – etwa in Amerika – den autoritätsgläubigen deutschen Geist für den Nationalsozialismus und auch für Auschwitz verantwortlich gemacht. Ich halte diese Erklärung für zu oberflächlich [...] Eher ist anzunehmen, daß der Faschismus und das Entsetzen, das er bereitete, damit zusammenhängen, daß die alten, etablierten Autoritäten des Kaiserreichs zerfallen, gestürzt waren, nicht aber die Menschen psychologisch schon bereit, sich selbst zu bestimmen. Sie zeigten der Freiheit, die ihnen in den Schoß fiel, nicht sich gewachsen. [...] Ich möchte aber nachdrücklich betonen, daß die Wiederkehr [...] des Faschismus im Entscheidenden keine psychologische, sondern eine gesellschaftliche Frage ist. Vom Psychologischen rede ich nur deshalb soviel, weil die anderen wesentlicheren Momente dem Willen gerade der Erziehung weitgehend entrückt sind, wenn nicht dem Eingriff des Einzelnen überhaupt.“ (Adorno 1970: 91f.)

Fünfzehn Jahre nach Erscheinen von „Wendepunkt der politischen Erziehung“ kann Adorno leichter in der Öffentlichkeit über Bedingungen und Möglichkeiten einer Erziehung formulieren, die Konsequenzen aus dem deutschen Nationalsozialismus zu ziehen vermag. Dennoch erscheint nach dieser Bemerkung eine kritische Blickrichtung auf Wilhelms Konzeption möglich: Ist die partnerschaftliche Überzeugung und Haltung eine demokratische?

„Erziehung zur Partnerschaft lehrt also nicht Demokratie als Staatsform, sondern als Lebensform.“ (Kühr 1980: 45) Dann wären insbesondere die von Oetinger genannten Spielregeln teilweise identisch mit jenen demokratischen Tugenden, die man auch heute meint, wenn man Demokratie sowohl als historischen Prozeß als auch als Verhaltensprinzip versteht (vgl. Lenk 1991: 938).

Aber etwas anderes ist auffällig: Wenn man die vorgängige Haltung des Dienstes kritisiert und ausräumen will, wenn man den Untertanengeist und obrigkeitsstaatliche Mentalität entfernen will, warum dann nicht durch Mündigkeit des einzelnen, durch die Forderung nach Autonomie und Selbstbewußtsein des einzelnen, durch Bildung zur Widerspruchs- und Widerstandsfähigkeit? Was leistet dann die Partnerschaft? Was ist der Unterschied zwischen Partnerschaft und Mündigkeit? Zitieren läßt sich hier ein Stelle, in der Oetinger die über den „dialogischen Diskurs“ sich einstellende Selbsthervorbringung des Menschen formuliert: „Er kommt erst dadurch zu einer klaren Bestimmtheit seiner selbst, daß er die Rollen der anderen, die ihm zugesellt sind, selber mitspielt.“ (Oetinger 1951: 127) An dieser Stelle ist eine Einschränkung zu machen. Unter den Bedingungen der amerikanischen Pionierzeit mag es zweckdienlich, erfolgreich, gar erhebend gewesen sein, „sich ganz in den anderen hinein(zu)versetzen, mit ihm immer wieder auf Augenblicke die Rolle zu tauschen und sich auf dieses dialogische Gespräch so ein(zu)spielen, das es möglichst weitgehend für uns den Charakter der 'Störung' verliert – das ist echte, 'brüderliche' Partnerschaft." (Ebd.: 127)

Heute müssen wir dagegen sagen, daß objektive Bedingungen und auch Interessenlagen in Deutschland nach 1945 andere waren, daß zwar Empathie zu den wichtigen Bedingungen erfolgreichen Rollenhandelns gehört, sollen Verständigung und soziales Handeln überhaupt zustande kommen, daß aber Rollendistanz und Ambiguitätstoleranz jene interaktionistisch formulierten Kompetenzen[1] sind, die Identität auch im Sinne einer individuellen Mündigkeit, wie sie eine demokratisch verfaßte Gesellschaft erwartet, erst ermöglichen (vgl. Krappmann 1972: 139). Partnerschaftliches Verhalten der einzelnen zueinander ist demnach vielleicht ein wichtiges, aber noch nicht vollständig demokratisches Verhalten.

Diese Verkürzungen des Individuierungsprozesses in der Formel von der Partnerschaft haben erhebliche Konsequenzen, denn diese Formel formuliert zugleich in dieser Fachdidaktik die Vermittlung der Individuen auf einfachster Ebene. Das hat zur Folge, daß in dem gesamten Konzept der partnerschaftlichen Erziehung von gesellschaftlichen Bedingungen, die einer harmonischen Vergesellschaftung entgegenstehen, nicht die Rede zu sein braucht. Wird hingegen die Selbsthervorbringung des Individuums nach interaktionistischer Theorie als Identität konzipiert, dann ergibt sich zwangsläufig eine Aufarbeitung der Spannungs- und Differenzverhältnisse zwischen angesonnenen gesellschaftlichen Erwartungen an den einzelnen und seiner wirklichen Bereitschaft zum „role-taking". Hier liegt auch eine theoretische Ursache für die inkriminierte Trivialisierung der Konzeption der Partnerschaft zum „Seit nett zueinander". Partnerschaft beschreibt in diesem Konzept nicht nur eine Haltung oder Regeln des Sozialverhaltens, sie leistet – auch theoretisch – die gesellschaftliche Vermittlung der Individuen.

Unter den Ansprüchen der Demokratie und unter konkreten gesellschaftlichen Bedingungen, in denen die einzelnen leben, ist seit Marx erheblich mehr an Analyse und kategorialer Bestimmung zu leisten, um die reale Vermittlung der Individuen als möglich oder vorhanden auszuweisen. Volk und Volksgemeinschaft, Klasse und Klassengesellschaft – vieles hat Wilhelm geprüft und verworfen. Statt dessen hat er die Partnerschaft von in den amerikanischen Westen ziehenden Arbeitslosen und anderen ökonomisch Erfolglosen als Modell einer Vermittlung der Menschen in einer vom Faschismus zerstörten kapitalistischen Gesellschaft vorgeschlagen. Das ist eine erhebliche Unterbietung der Problemlagen (vgl. Habermas 1969: 243ff.), wiewohl sie eine allgemeine Bewußtseinslage durchaus getroffen hat.

Theodor Wilhelm wollte die Formel „Erziehung zur Demokratie" für die politische Bildung konkretisieren, auch wenn das aus heutiger Sicht nicht ganz gelungen ist, bleibt doch die Intention ganz unmißverständlich: der einzelne soll durch politischen Unterricht lernen, im Objekt-Status seiner gesellschaftlichen Verfaßtheit sich nicht länger einzurichten. Das war das durchaus kämpferische Element des Konzepts der partnerschaftlichen Erziehung.

3. Didaktik als neue Wissenschaft: Die „didaktische Wende" und die Konzentration auf den Konflikt

3.1. Die „didaktische Wende" – die „Gießener Didaktik"

Vorbereitet wird die Distanzierung der politischen Bildung von den Entwürfen der 50er Jahre durch die „didaktische Wende" (Kurt Gerhard Fischer) am Ende dieses Jahrzehnts. Hier beginnt die gesamtgesellschaftliche Phase, in der den Bildungsprozessen nachwachsender Generationen erhöhte Aufmerksamkeit zuwächst, im engeren Sinn formulieren sich Theorien der politischen Bildung nun als deren *Didaktik*. Es war insbesondere Wolfgang Klafki, der mit seiner Theorie der kategorialen Bildung (1963) entscheidende theoretische Anstöße für diese Entwicklung gegeben hat.[2]

> Didaktik ist der neue Titel einer Bearbeitung vorhandener „Spannungen zwischen Fachwissenschaft und Menschenbildung, zwischen Wissen und Gewissen, Kanon von Kenntnissen und Überwindung des Modells der Innerlichkeit zugunsten des Menschen als eines Wesens der Handlung. [...] Die Frage nach dem Elementaren politischer Bildung stellt sich unüberhörbar." (Fischer 1965: 42) Die „didaktische Wende" führt zu einer bis dahin nicht dagewesenen Kooperation mit den Sozialwissenschaften, der Pädagogik und Psychologie, zu einer überraschenden Tiefe und Breite der fachdidaktischen Diskussion, und schließlich zeigt sich ein „verworrenes Nebeneinander von fachdidaktischen Skizzen und Aussagesystemen [...] da wird mit Stoffkanonices, mit Einsichten und elementaren Kenntnissen, mit Kategorien und Optionen hantiert, als wäre dies alles beliebig austauschbare und in alle denkbaren Ableitungszusammenhänge willkürlich einzubringen." (Fischer 1970: 28f.)

Das hängt vielleicht damit zusammen, daß auf der Basis der von der allgemeinen Didaktik formulierten Grundkategorien und Anforderungen an eine Fachdidaktik ein schwieriges Problem entsteht. Die Etablierung der politischen Bildung als Didaktik bedeutet nur ganz oberflächlich ein Reduktionsverfahren im Blick auf den Schüler, inhaltlich bedeutet die Konzentration auf das Elementare, Fundamentale, auf Prinzipen, Gesetze, das Exemplarische usf. im Bereich der Sozialwissenschaften und in Hinsicht auf die zu unterrichtenden Gegenstände eine „Systematisierung der Geschichte" (Schnädelbach 1974). Weil – durch mancherlei Umstände bedingt (vgl. Schmiederer 1972, Kühr 1980, Kuhn/Massing 1990), – nun wirklich eine Ziel-, Inhalts- und Geltungsproblematik in der politischen Bildung aufbricht, und die Didaktik als *Wissenschaft* für diese Themen zuständig ist, ergibt sich ein starker Theoretisierungsbedarf, und weil die politische Bildung für einen Moment innerhalb einer allgemeinen Aufbruchstimmung sich auf Bedingungen und Möglichkeiten allgemeiner und individueller Emanzipation einlassen kann, wird die politische Bildung im Anschluß an ihre didaktische Wende selbst zu einem öffentlichen Politikum.

Diese Erneuerung der politischen Bildung hat ihren Ausgang zunächst bei der sog. „Hessischen Konzeption". Sie steht für den erfolgreichen Versuch, sich von übertreibender und erfolgloser Partnerschafts- und Gemeinschaftserziehung zu lösen, das Kontroverse, den Konflikt und die kritische Urteilsfähigkeit und insgesamt neben den sachlichen Inhalt auch den Schüler mehr in den Mittelpunkt zu stellen. Kennzeichen dieser Konzeptionen von Wolfgang Hilligen, Kurt Gerhard Fischer und Rudolf Engelhardt ist, daß sie, in mehr oder weniger starker Anlehnung an Klafkis Elemente kategorialer Bildung, nun ihrerseits aus fachdidaktischer Sicht Kategorien in Gestalt von „Einsichten" (Fischer) oder „Optionen" (Hilligen) entwickeln, mit deren Hilfe die Auswahl und Strukturierung von Unterrichtsgegenständen im Blick auf den Schüler herzustellen ist. „Worauf es ankommt" (Hilligen 1961) – diese Frage in all ihren Dimensionen für den politischen Unterricht bis hin zur Wissenschaftsdidaktik zu bearbeiten wird Hilligens fachdidaktisches Arbeitsprogramm. Stärker als Fischer, der seine „Einsichten" auch als Ziel des politischen Unterrichts verstanden wissen will (vgl. Fischer 1970: 111ff.), entwickelt Hilligen ein ausgefeiltes Kategoriengefüge, das eine Vermittlungs- und Anreicherungsfunktion gegenüber sozialwissenschaftlichen Erkenntnissen im Interesse des Schülers wahrnehmen soll (vgl. Hilligen 1975: 172ff.).

Hilligen hat wie kaum ein anderer Didaktiker die Entwicklung der politischen Bildung so intensiv begleitet und gefördert. An der langjährigen Entwicklung, Entfaltung und Wirkung seiner Konzeption lassen sich die Problemlagen und Lösungen der didaktischen Theorie politischer Bildung studieren. In seinem Aufsatz „Worauf es ankommt" (1961) fundiert er die politische Bildung in „drei Kennzeichen unserer Zeit",

> von „denen das Dasein heute in besonderem Maße bestimmt wird [...]: die weltweite Abhängigkeit aller von allen; die technische Massenproduktion, die es ermöglicht, Güter für alle zu schaffen; und die technischen Macht- und Vernichtungsmittel, die es nicht mehr erlauben, Gegensätze bis zur letzten Konsequenz auszutragen." (Hilligen 1976: 62)

Mit diesen Kennzeichen hat Hilligen seine Forderung eingelöst, Didaktik müsse „aufs Existenzielle zielen" (ebd.: 60), um im „Dasein als Ganzes" jene „Chancen und Gefahren" Schülern und Jugendlichen zugänglich zu machen, von denen sie betroffen sind oder sein werden, die sich aber einer einfachen unmittelbaren Erfahrbarkeit entziehen. Hier liegt die entscheidende fachdidaktische Operation. Die Didaktik politischer Bildung richtet sich auf die historisch-gesellschaftliche Realität mit einem bestimmten Interesse und aus einem bestimmten Blickwinkel. Dieser Blickwinkel unterscheidet sie einerseits von den übrigen Sozialwissenschaften, anderseits soll ihm später selbst eine Verwissenschaftlichung gegeben werden. Die „drei Kennzeichen unserer Zeit" werden formuliert, weil der Didaktiker gesellschaftliche Entwicklungen als Stellvertreter nachwachsender Generationen durchmustert und sie auf „Herausforderungen" oder auf „Chancen und Gefahren" befragt. Den Gefahren und Chancen soll sodann mit einer dialektischen Haltung begegnet werden: „Gehorsam und Widerstand; Gleichheit und Auslese; Ausgleich und Kampf (ebd.: 65). Die „Dialektik von personalen und sozialen Bedingungen des Menschen" (ebd.: 67) ist in diese Haltung zerlegt und soll gegenüber der dreifachen „Herausforderung" jeweils neu gefunden werden.

Das Grundgerüst der Didaktik der politischen Bildung, der originär didaktische Ansatz Hilligens ist hier also die Zeitdiagnose. Die Herausforderungen, „von deren Beantwortung das Weiterleben abhängt" (ebd.: 63), sollen nun nicht selbst fortwährend Gegenstand des Unterrichts sein, sondern die Auswahl und Strukturierung von Unterrichtsthemen anleiten. Und die hinzugehörende didaktische Haltung des einzelnen soll eine Urteilsbildung gegenüber den zu erarbeitenden Streitfällen und Konflikten ermöglichen.

Gagel (1994) ist den geschichtsphilosophischen Hintergründen dieser Zeitdiagnostik nachgegangen, deren geschichtstheoretische Gehalte außer Frage stehen. Wichtiger ist hier, auf den von Hilligen selbst formulierten Status der didaktischen Daseinsanalyse in ihrem Verhältnis zu den Sozialwissenschaften hinzuweisen. Es handelt sich um „deutende Vereinfachung", um „Vereinfachungen und Deutungen [...], die als Leitvorstellungen für die politische Bildung gedacht sind.

Sie sind aus der Unterrichtspraxis erwachsen ..." (Hilligen 1976: 62) So ist zu erklären, daß den fachdidaktisch entscheidenden Merkmalen der Zeit nur ein paar knappe Hinweise nachgegeben werden und daß die Frage ihrer möglichen oder notwendigen Ergänzung verneint wird. Darüber hinaus wird die Diagnose besonders qualifiziert, denn sie gilt Hilligen

> als „wertneutral [...] Sie ist der Erkenntnis zugänglich, kann rein verstandesmäßig ohne Beteiligung der auf sittliche Entscheidung zielenden Einsicht gewonnen und würde ohne weiteres von einem Bolschewisten geteilt werden." (Ebd.: 63)

Die „Vereinfachungen und Deutungen" werden von Hilligen gegenüber den Wissenschaften abgegrenzt; auf jene könne man sich fachdidaktisch nicht so sehr stützen, weil die Wissenschaft „nach der Sache, und nicht danach, was sie für die Menschen hergibt" (ebd.:61) frage. Didaktisch aber seien universale und existentielle Fragestellungen unabweisbar. Und durch die Differenzierung der Didaktik gegenüber den Wissenschaften wird die Zeitdiagnose als Fundament der Didaktik ja nicht einfach falsch:

> „Wenn Hilligen den gesellschaftlichen Strukturwandel in seine Zeitdiagnose aufnahm, so beschrieb er damit nicht Nachkriegsprobleme der bundesrepublikanischen Gesellschaft, sondern den epochalen Wandel, der alle Industrienationen erfaßt hatte. Es war eine Perspektive über den zeitgeschichtlichen Ereignissen, der den Blick in die Tiefenstruktur gesellschaftlichen Wandels ermöglichte, wodurch auch das Dauerhafte von dem Vorübergehenden geschieden werden konnte." (Gagel 1994: 108)

Hilligen hat diese Perspektive beibehalten, da aber mit der didaktischen Wende auch ein Schub der Verwissenschaftlichung der politischen Bildung einsetzte, ergaben sich in folgender Zeit erhebliche Erklärungs-, Begründungs- und Rechtfertigungsaufgaben für diese Konzeption, ein riesiger 'Verwissenschaftlichungs-Apparat' wurde entwickelt.

Innerhalb der didaktischen Wende reagierte Kurt Gerhard Fischer mit grundlegenden „Einsichten" als neuem Ziel der politischen Bildung auf den gesteigerten Reformdruck. Seine neun *Einsichten* sind von besonderer Bedeutung, weil sie zentrale Stellen in der Konzeption politischer Bildung besetzen und weil sie inhaltlich die unvermeidlichen geschichtstheoretischen Grundannahmen in der politischen Bildung formulieren. Fischer sagt z. B.,

> „daß ohne die Kulturschöpfung 'Staat' menschliches Leben nicht denkbar" sei; daß Politik „das Ringen um den Besitz [...] (und) auch den Gebrauch der Macht zur Verwirklichung einer Ordnung" sei; daß der Staat neben der Aufgabe „der Ordnung des Daseins die der Ordnung der Daseinsvorsorge

zugefallen“ sei; daß zur Integration unterschiedlicher Interessen Verbände, Parteien und Parlamente notwendig seien, denn schließlich sei die Demokratie jene Herrschaftsform, die am wenigsten Interessen einschränkt und somit menschliches Freiheitsstreben als „Autonomie in der Entscheidung für Werte und bei ihrer Verwirklichung“ am ehesten ermöglicht. Zur Erhaltung dieser Freiheit brauche es die politische Bildung eines jeden und den Verzicht auf die Idee einer ‘richtigen’ Meinung. (Fischer 1960: 28)

Die hier nur knapp zusammengefaßten Einsichten bilden

- das Ziel des politischen Unterrichts, der sich nicht zufrieden geben soll mit bloßem Wissen und Kenntnissen, von Stoffen (z.B. Institutionenkunde). Die Einsichten liegen auf der Ebene der Grundlagen persönlicher politischer Entscheidungen und Handlungen; auf diese Ebene muß politische Bildung abzielen, wenn sie überhaupt wirksam werden will;
- die Kriterien zur Auswahl der Stoffe und Inhalte des politischen Unterrichts; Themen und Gegenstände des Unterrichts sind gefunden, wenn an ihnen diese Ebene der Einsichten erarbeitet werden kann, wenn also ebensowohl die Notwendigkeit von Macht wie die Sicherung vor Machtmißbrauch durch die Demokratie gezeigt werden kann. Die Bearbeitung von Fällen ist auf die Gewinnung dieser Grundüberzeugungen hin zu organisieren; Inhalte des politischen Unterrichts erhalten allein im Blick auf sie ihren Sinn;
- sie enthalten „Grundüberzeugungen des politischen Lebens, die den ‘consensus’ des demokratischen Staatswesens konstituieren“ (Fischer 1965: 31);

Die *Einsichten*, inzwischen mehrfach kritisiert (vgl. Gagel 1994: 147), bilden das fachdidaktische Spezifikum gegenüber den Sozialwissenschaften; sie begründen die Selbständigkeit der Didaktik gegenüber den Sozialwissenschaften. Aber so sehr sie eine Erziehung zur Demokratie und eine „Korrektur des traditionellen deutschen Politikverständnisses“ (ebd.: 145) intendieren, sie produzieren doch zugleich ihr eigenes Begründungsproblem. Die politische Bildung bearbeitet ihre Krise, indem sie neue Konzeptionen entwickelt. In ihren ersten Formen aber taucht schon ihr sozialwissenschaftliches Abgrenzungs- und Geltungsproblem auf: Wenn die Fachwissenschaften, wie auch Fischer meint, keineswegs und notwendig die Elemente politischer Menschenbildung hervorbringen, welche wissenschaftlichen oder sonstigen Mittel und Standards stehen dann der Fachdidaktik zur Verfügung? An den Einsichten ist sichtbar geworden, daß die Selbstkonstituierung politischer Bildung als Didaktik erhebliche sozialwissenschaftliche und darüber hinausgehend erkenntnistheoretische Fragen aufwirft.

„Welche Informationen und Probleme so relevant, d.h. von so allgemeiner Bedeutung sind, daß sie zum Gegenstand des Unterrichts gemacht werden sollen, muß sich wissenschaftlich legitimieren“ heißt es in Hilligens Didaktik (1975: 27). Entscheidendes Element des von ihm nun entwickelten „heuristischen Instrumentariums“ (ebd.) sind die *Optionen*: „für Wahrung der personalen Grundrechte, für Überwindung sozialer Ungleichheit, für die Möglichkeit von Alternativen“ (ebd.: 30). In den Optionen ist also der durchaus wertende und Partei nehmende Blickwinkel der Fachdidaktik formuliert, in dem die geschichtlich-gesellschaftliche Realität wahrgenommen wird und sich in ihren Herausforderungen, Chancen und Gefahren zu erkennen gibt. Existentielle Probleme oder Schlüsselprobleme werden auf diese Weise bestimmbar und bilden sodann die Kriterien, die die Auswahl und Strukturierung von Unterrichtsthemen leisten sollen. Die Maßgabe der Verwissenschaftlichung löst Hilligen dabei in dem Sinne, daß die Optionen in vielen Dimensionen mit den zur Verfügung stehenden Mitteln erläutert und insbesondere begründet werden — so stark, daß er sie als Minimalkonsens für die gesamte Didaktik politischer Bildung vorschlägt (vgl. Wallraven 1976).

3.2. Gieseckes „Konflikt-Didaktik“

In der weiteren Öffentlichkeit wird die neue Bewegung in der politischen Bildung ab 1965 stark verbunden mit der „Konflikt-Didaktik“ von Hermann Giesecke. „Konflikt-Didaktik“ heißt hier zunächst nicht mehr, als daß die Analyse aktueller politischer Konflikte im Zentrum des Unterrichts stehen soll, weil auf diese Weise das Politische als das *noch nicht Entschiedene* tatsächlich zum Thema gemacht werde. Diese heute eher harmlos klingende Überlegung allein schon hat sofort erhebliche Irritationen ausgelöst, weil damit entscheidend das Primat des „Ordnungswissens“, der Institutionenkunde getroffen war und auch von Partnerschaft nicht länger die Rede sein konnte.

Der Kern dieser fachdidaktischen Konzeption ist damit aber längst nicht erreicht, und auch Hinweise auf die in etwa zur gleichen Zeit erscheinenden Arbeiten Dahrendorfs, in denen der gesellschaftliche Konflikt als notwendiger gesellschaftlicher Normalzustand in Absetzung zu T. Parsons soziologischen Grundannahmen formuliert wird (vgl. Dahrendorf 1962), ergeben keine Annäherung an Gieseckes Konzept (vgl. Giesecke 1971: 102). Entscheidend ist vielmehr, was im Unterricht mit diesen aktuellen Konflikten denn geschehen soll, um politische Bildung zu initiieren.

Als Ziel der politischen Bildung nennt Giesecke, die „politische Beteiligung“ des einzelnen zu ermöglichen – und unter den realen Bedingungen kann das auch heißen, eine „Art ‘passiver Aktivität’“ (ebd.: 65) auszubil-

den. Um nun das in solcher Aktivität liegende politische Bewußtsein der Schüler sowohl faßbar als auch durch Unterricht erreichbar werden zu lassen, entwirft Giesecke ein Konstrukt politischen Bewußtseins überhaupt: „Es hat sich gezeigt, daß politische Bildung auf mindestens vier verschiedenen Ebenen gelernt werden muß: auf der Ebene des Bildungswissens, des Orientierungswissens, der politischen Verhaltensweisen, des Aktionswissens." (Ebd.: 77)
Die entscheidende fachdidaktisch hervorgebrachte Maßnahme ist, für die unterrichtliche Behandlung eines aktuellen politischen Konflikts ein Kategoriengefüge bereitzustellen, dessen Anwendung auf den Konflikt zu einer vertiefenden Analyse führt und zugleich die vier Ebenen des politischen Bewußtseins bei den Schülern mobilisiert und anreichert. In solcher Art organisierten Unterrichtsprozessen vollzieht sich dann politisches Lernen. Das ist die entscheidende These. Diese Kategorien lauten „Konflikt, Konkretheit, Macht, Recht, Funktionszusammenhang, Interesse, Mitbestimmung, Solidarität, Ideologie, Geschichtlichkeit, Menschenwürde" (ebd.: 102ff.).

Das ist die fachdidaktische Operation, um die Spannung zwischen Fachwissenschaft und Menschenbildung aufzulösen, sie führt zu einer „inhaltlichen Strukturdifferenz zur politischen Theorie" (Giesecke 1973: 216). Nach den Maßgaben der hier verfolgten Analyse stehen damit diese fachdidaktisch zur Geltung zu bringenden Kategorien zur Debatte.

In diesen Kategorien wird vorgestellt, wie ein aufgeklärtes politisches Bewußtsein sich gegenüber aufbrechenden politischen Konflikten verhält. In ihnen stecken also auch die Vorstellungen über Vergesellschaftungsprozesse der einzelnen, das Verhältnis der Individuen zueinander, zum Staat, zur Politik, zur Zukunft und Vergangenheit usf.. Es sind gesellschaftstheoretische Grundannahmen, die ein Gesellschaftsmodell nachschaffen, das demokratisch genannt zu werden verdiene, denn ein Vergleich „mit dem moralischen Selbstverständnis eines nicht-demokratischen Staates [...] würde zeigen, daß die meisten, wenn nicht alle moralischen Implikationen unserer Kategorien dort nicht gelten." (Giesecke 1971: 118)

In Konflikten tritt demnach die gesellschaftliche Verfaßtheit der Individuen besonders hervor. Sie sind zunächst vereinzelte einzelne, die ihren je individuellen Interessen folgen, und wichtig ist für jeden, sich dieser eigenen Interessen in vollem Umfang bewußt zu werden – „dies ist seine (d. i. des Bürgers, G.B.) wichtigste politische Leistung." (Ebd.: 110) Weil diese Interessenwahrnehmung nur konfliktreich verlaufen kann, ergibt sich Gesellschaftlichkeit aus der solidarischen Bündelung je gemeinsamer Gruppeninteressen, jeder „muß sich auch mit denjenigen Gruppen identifizieren, denen er jeweils seine Interessen anvertrauen kann." (Ebd.)

Das Ziel für jeden einzelnen kann nur sein, dieses Interesse durch Mitbestimmung zur Geltung zu bringen, und das in einem behutsamen Prozeß, denn das verlangt ebensowohl die Unterscheidung „zwischen illusionären und realistischen Möglichkeiten" (ebd.: 109) als auch das Einkalkulieren von Macht und Machtverteilung als den „Möglichkeiten, politischen Gehorsam zu erzwingen" (ebd.: 104). Damit ist man aber schon bei der Formulierung der besonderen und anerkannten gesellschaftlichen Bedingungen, die der einzelne im Verfolgen seiner Interessen und den dabei entstehenden Zusammenstößen mit anderen zu berücksichtigen hat. Klar ist, daß solche Konfliktaustragungen zunächst sich unter den Maßgaben des Rechts zu vollziehen haben und nur gegebenenfalls auch die Rechtssatzungen zur Konfliktmasse selbst noch gehören. Klar ist auch die Berücksichtigung von Folgen und Nebenfolgen der Interessen und Konfliktlösungen, sie ergeben sich zwangsläufig und müssen überschaut werden, auch, um auf das Postulat der Unverletzbarkeit der Menschenwürde eines jeden achten zu können. Allerdings gibt es kein *vorgegebenes* Gemeinwohl, das den einzelnen Interessen immer schon überzuordnen wäre, es ist einfach „Produkt eines ständig zu überprüfenden politischen Prozesses" (ebd.: 106). Im Verfolgen der eigenen Interessen wie auch in der Analyse von Konflikten ist sodann damit zu rechnen, daß alle Beteiligten die bestmögliche Begründung ihres Vorgehens zu formulieren versuchen, und die liegt eben immer darin, ein individuelles Interesse als eines der Allgemeinheit ausgeben zu können. Dies alles ist zu berücksichtigen nur, wenn der Konflikt in seiner aktuellen Konkretheit aufgesucht und auch bewertet wird. Seine historische Genese zu kennen, kann dabei wichtig sein, darf aber ebenso wenig überbetont werden wie die in einem Konflikt vielleicht sich widersprechenden Prinzipien, es muß konkret analysiert und abgewogen werden.

Politische Bildung verknüpft demnach eine spezielle Situation der Vergesellschaftung der Individuen, eine Störungssituation mit den vorfindlichen Ursachen und gesellschaftlich tradierten und institutionalisierten Regelungsmechanismen sowie mit Beurteilungskriterien, und über diesen Prozeß der Analyse soll sich insgesamt ein Bewußtsein der Schüler von der geregelten gesellschaftlichen Verfaßtheit bilden. Der Schüler wächst über dieses Unterrichtskonzept in die Gesellschaft hinein und lernt teilzunehmen an dem, was letztlich durch die Kategorien zum Ausdruck gebracht wird: „Daß die in diesen Kategorien beschlossenen Werteinstellungen als solche eines Konsensus der ganzen Gesellschaft angesehen werden können." (Ebd.: 115)

Im Hinblick auf die Schüler und deren politische Bildung entfaltet Giesecke im Kern seiner Konzeption in Gestalt von Kategorien den „historisch gewordenen 'common sense'" (ebd.: 117) der bundesrepublikanischen Gesellschaft, der ins Spiel kommt bei der Analyse und Bewertung politischer Konflikte – Konflikte, die eine Anwendung der Kategorien nicht zulassen, sind nicht Unterrichtsgegenstand. Als freihändig formulierte Elemente des „common sense" lassen sich die Kategorien „auch nicht voneinander ableiten" (ebd.: 119), „auch nicht weiter in einen systematischen Zusammenhang bringen" (ebd.: 118), nicht reduzieren, wohl aber erweitern. „Unsere Kategorien repräsentieren also das moralische Potential unserer Gesellschaft" (ebd.), und wenn Kühr anmerkt, das ganze Verfahren sei „abenteuerlich" und darauf hinweist, „wie wenig die Beschreibung der Kategorien fachwissenschaftlichen Standards genügt" (Kühr 1980: 138), dann ist das zwar richtig – und deshalb werden sie in der Darstellung Gagels revidiert (vgl. Gagel 1991: 9ff.) – und doch zugleich ein Mißverständnis. Erst mit dem Strukturgitter von Blankertz/Thoma gelingt es, den „common sense" mit wissenschaftlichen Standards zu koppeln (vgl. Schörken 1974).

„Konflikt-Didaktik" heißt diese Konzeption nicht nur, weil sie den Konflikt in den Mittelpunkt stellt – dadurch ist er nicht länger eine pathogene Erscheinung, sondern gehört wesensmäßig zum normalen Leben in Gesellschaft, insofern sich überindividuelle gesellschaftliche Einheiten in ihren Erwartungen und Interessenlagen einfach nicht vollständig harmonisieren lassen –, diese Konzeption Gieseckes erhält dieses Etikett auch, weil sie aktuelle politische Konflikte in spezieller Weise zu behandeln aufgibt. Durch die Behandlung sollen sie nicht verteufelt und alsbald überwunden werden – hier könnte man Oetingers Überlegungen gar als eine Konfliktvermeidungsstrategie lesen –, in ihrer wohlgeformten *Analyse* liegt das eigentliche Gewicht, denn sie soll das Lernen der gesellschaftlichen Organisation und Verfaßtheit des einzelnen in Gang setzen, politische Beteiligung und das Hineinwachsen in das System der Selbstdeutung der Gesellschaft ermöglichen. Das darin liegende statische und affirmative Moment wird zu diesem Zeitpunkt von Giesecke bejaht, dafür spricht die Übernahme der Behauptung vom Ende der Klassengesellschaft (vgl. Giesecke 1971: 102) und auch die Bevorzugung von „politischer Beteiligung" anstelle von „Mündigkeit" – sie „war die pädagogische Variante des allgemeinen Kampfes um Demokratisierung" (ebd.: 66); „Mündigkeit", so sagt er, geht nicht so sehr „von den Grundlagen der Verfassung" (ebd.) aus.

Wenn hier behauptet wird, fachdidaktische Konzeptionen enthalten in ihrem Kern gesellschaftstheoretische Grundannahmen, die ihrem Legitimationsniveau nach ein Gesellschaftsmodell schaffen, dann wird diese Überlegung auch durch Gieseckes Konzeption bestätigt. Anders als Oetinger jedoch orientiert er sich nicht an den Verkehrsformen und Lebenswelten amerikanischer Pioniere, seine Idee ist ebenso genialisch wie einfach: In der Gesellschaft selbst, in deren „common sense" ist eine solche tiefgreifende Gesellschaftsdeutung schon enthalten, und, auf vernünftige Begriffe, Leitfragen, gar „Grundeinsichten" (ebd.: 120ff.) gebracht, sind die geschichtstheoretischen Grundannahmen gefunden und können nun in Gestalt einer Analyse politischer Konflikte tradiert werden. Insofern kann die Konzeption von ihrem Kern aus bezeugen, daß sich die bundesrepublikanische Gesellschaft in den 60er Jahren in ihrer Selbstdeutung auf ein neues Niveau gebracht hat.

4. „Soziologische Denkweise" und „antiautoritäre Erziehung"

4.1. Erziehung zum Klassenbewußtsein

Oskar Negts 1968 erschienene und 1971 überarbeitet Schrift „Soziologische Phantasie und exemplarisches Lernen" ist jenes Konzept, das sich innerhalb der politischen Bildung am weitesten von Bildungsvorstellungen entfernt, die nichts anderes als eine möglichst reibungslose Sozialintegration der nachwachsenden Generationen in die entstandenen Verhältnisse intendieren, so weit, daß sie in der Schule und bei den Didaktikern der politischen Bildung kaum Berücksichtigung gefunden hat (vgl. Schmiederer 1971: 117ff.).

Allerdings hat Negt auch nicht für diesen Bildungsbereich formuliert, sondern für die Bildungsarbeit der Gewerkschaften, es ist eine didaktische „Konzeption der Arbeiterbildung" (Negt 1971: 7). Hatte Giesecke mit seiner 1965 erschienenen „Konflikt-Didaktik" entscheidend einem neuen Niveau geschichtstheoretischer Deutung der gesellschaftlichen Verhältnisse innerhalb der politischen Bildung zum Durchbruch verholfen, auch indem er einen fingierten „common sense" in Gestalt seiner Kategorien behaupten konnte, so spiegelte sich darin noch nicht der höchste Punkt einer Entwicklung allgemeiner gesellschaftlicher Selbstaufklärungsimpulse. Die „Konflikt-Didaktik" gehörte vielleicht mit zu den ersten Anzeichen einer insgesamt breiten und tief ansetzenden Strömung zur radikalen Selbstthematisierung der gesellschaftlichen Verfaßtheit der Bundesrepublik, die für ein knappes Jahrzehnt Platz greifen konnte. Schon wenige Jahre später, mit der sogenannten 68er-Generation, wurde die Rede – nicht von irgendwelchen politischen Konflikten – sondern von der *Klassengesellschaft* der Bundesrepublik, jedenfalls innerhalb der Sozialwissenschaften, offiziell. Dem Anspruch nach wurde zu dieser Zeit erstmalig seit 1945 die reale gesellschaftliche Situation der Bundesrepublik einschließlich ihrer Vergangenheit im deutschen Faschismus thematisiert und auf den Begriff gebracht. Das führte dazu, daß auch das Bildungssystem mit seinem unter dem Begriff Didaktik entwickelten Reformbemühungen entlarvt wurde in seinen „immer aufs neue reproduzierten kleinbürgerlichen und mittelständischen Ideologien, in denen sich ein autoritäres Bewußtseinspotential entfaltet." (Ebd.: 20)

In Absetzung zur politischen Bildung in staatlichen Bildungsinstitutionen, die immer im Verdacht steht, ideologische Verblendungen zu reproduzieren, gilt Negts Interesse der gewerkschaftlichen Bildungsarbeit, um hier eine „*Vermittlung* der Klassenkonflikte zu langfristigen Bildungsprozessen" zu ermöglichen, denn darin liegt die „einzige realistische Chance der Transformation von unmittelbaren Erfahrungen in wilden Streiks, von Lohnkonflikten, spontanen Widerstandsaktionen gegen betriebliche Ausbeutungsverhältnisse, usw. in stabile sozialistische Einstellungen und in situationsunabhängiges Klassenbewußtsein." (Ebd.: 9)

Wenn man dieses Konzept in eine Reihe von 'Didaktiken' der politischen Bildung noch einordnen will, dann nur mit einer Differenzierung: Das Problem der klassischen Frage „Was soll gelernt werden und warum?" stellt sich nicht mehr. Das ist mit dem Begriff „Klassenbewußtsein" und der zu ihm führenden gesamtgesellschaftlichen Theorie angezeigt. In Negts Konzept werden zum Zwecke der Heranbildung eines Klassenbewußtseins *keine* gesellschaftstheoretischen Grundannahmen mehr formuliert, die aus fachdidaktischen Gründen ge- und überformt werden und so eine fachdidaktische Spezialform politischer Theorie darstellen. Statt dessen geht es bei der Ermöglichung einer radikalen Selbstaufklärung der Arbeiterklasse um das „*Vermittlungsproblem*" (ebd.) von latenten und manifesten Klassenkonflikten zum Klassenbewußtsein.

Hier also ist nicht mehr die Rede von einer „Strukturdifferenz" (Giesecke) zwischen politischer und fachdidaktischer Theoriebildung, sondern von einer „Reflexion der konkreten *Umsetzungszusammenhänge* von politischen Theorien in die existierenden Formen praktischen Bewußtseins" (ebd.: 7). Damit ist ein wichtiges Problem sowohl der Didaktik der politischen Bildung als auch der hier durchgeführten Analyse formulierbar geworden: Zum Status fachdidaktischer Theorie in ihrem Verhältnis zur politischen Theorie sagt Giesecke in seiner überarbeiteten „Konflikt-Didaktik" „daß politische Theorie in irgendeiner Form [...] notwendiger Weise seit den frühen Sozialisationsprozessen zum Bestandteil des individuellen Bewußtseins gehört und deshalb auch als solche in der politischen Bildung bearbeitet werden muß." (1973: 212) Die wichtige Frage lautet nun aber: Wie hat eine solche Bearbeitung auszusehen? Ein Weg wäre, diese Bearbeitung herzustellen durch die Konfrontation von je individueller, vorwissenschaftlicher politischer Theorie mit dem fortgeschrittensten Stand wissenschaftlicher, gesamtgesellschaftlicher Theorie – allein, das geht nicht, schon aus einfachen Gründen

> der Lebenserfahrung nicht, sagt Giesecke. Deshalb schaltet sich hier fachdidaktische Theorie ein: „Unter der Voraussetzung also, daß 'richtiges' politisches Bewußtsein – repräsentiert in der jeweils am weitesten fortgeschrittenen politischen Theorie – vom jeweils empirisch vorfindbaren 'falschen' angesteuert werden soll, thematisiert didaktische Theorie eben diesen Vermittlungsprozeß." (Ebd.: 212f.) Diese Vermittlungsaufgabe kann politische Theorie selbst nicht leisten: sie kann zwar oberste Lernziele formulieren, „aber die Bedingungen ihrer Realisierbarkeit eigentlich nur noch negativ angeben" (ebd.: 213), für die bestehende gesellschaftliche Praxis kann politische Theorie zwar „ihre bessere Idee" formulieren, „nicht jedoch auch den Prozeß ihrer Verbesserung hinreichend genau [...] inszenieren; (sie) vermag nicht einmal die von ihr gesetzten obersten Lernziele auch in Teile zu operationalisieren" (ebd.) – das aber sind Aufgaben fachdidaktischer Theorie: „*Allgemeine* Aussagen über richtiges oder falsches Bewußtsein müßten auf *individuelle* Ausgangssituationen und Lernprozesse hin umgesetzt werden können." (Ebd.) Und das bedeutet: „Die didaktische Umsetzung einer politischen Theorie ist nicht nur einfach ihre Variation, sondern schließt auch ihre *inhaltliche Veränderung* ein." (Ebd.)
> Das ist ein Problem der Fachdidaktik politischer Bildung, das u.a. hier im Zentrum der Analyse steht. Wie ist eine solche Veränderung von politischer Theorie zu fachdidaktischer Theorie – mit wissenschaftlichen Mitteln und unter deren Geboten möglich? Meine Analyse wird geleitet von dem Verdacht, daß dieses Differenzverhältnis in der Fachdidaktik häufig unterschätzt wird. Statt zu erkennen, daß man sich mit dieser Differenzierung möglicherweise auf die Ebene einer 'super'-politischen Theorie einläßt – wenn die Fachdidaktik doch die Mängel politischer Theorie kompensieren muß –, wird der Status minimiert. „Die Frage ist nicht, ob unsere Definition des Politischen als Konflikt in jeder Hinsicht zureichend ist. [...] Die Frage kann jedoch nur lauten, ob unter didaktischem Aspekt, d.h. unter dem Aspekt des organisierten Lehrens und Lernens, diese Definition ergiebig ist und als eine in diesem Sinne operationale von der politischen Theorie und von den politischen Wissenschaften toleriert werden kann." (Ebd.: 215)

Fachdidaktische Theoriebildung will, sie muß leisten, was politische Theorie nicht können soll: die Vermittlung allgemeiner Aussagen politischer Theorie hin zu individuellen Köpfen, das ist nach meiner Auffassung nicht weniger, sondern mehr. Und in diesem Verfahren will sie sich von politischer Theorie wieder kontrollieren lassen – wie soll das gehen?

Zur didaktischen Konzeption Gieseckes von 1965 gehörte ja nicht nur der Konflikt, sondern wichtiger waren die Kategorien, die nicht ableitbar waren. Sie formulierten den bundesrepublikanischen 'common sense', nicht aber politische Theorie. Aus solchen Überlegungen heraus habe ich in der Konzeption der Analyse fachdidaktischer Theorien politischer Bildung deren Status als eher anspruchsvoll definiert.

Negt nun entwickelt keine wie immer fachdidaktisch veränderte Theorie, es bleibt bei der *einen politischen Theorie.* Diese im Begriff „Spätkapitalismus" (vgl. Habermas 1973) zusammengefaßte Theorie enthält in allgemeiner Form auch Hinweise auf die Situation des je individuellen Bewußtseins. Nach dieser allgemeinen Gesellschaftsanalyse zeigt sich, daß das individuelle praktische Bewußtsein nicht nur als Unkenntnis, Desinteresse usf. zu identifizieren ist. Sozialisations- und Arbeitsbedingungen, aber auch die Einwirkungen staatlich organisierter Bildungsprozesse führen dazu, daß die Möglichkeiten überhaupt einer der gesellschaftlichen Realität angemessenen Wahrnehmung, der Selbst- und Gesellschaftsinterpretation systematisch verbaut werden.

Um diesen ubiquitären Verblendungszusammenhang aufzubrechen, reformuliert Negt die Prinzipien des „exemplarischen Lernens" und der „soziologischen Phantasie": „Die bürgerliche Pädagogik hat die Bedeutung des exemplarischen Prinzips für die Stoffreduktion und für die Aufschlüsselung komplexer Zusammenhänge aus einem 'prägnanten Punkt' heraus durchaus erkannt. Sie war jedoch weder imstande, die Erziehungsziele aus historischen und gesellschaftlichen Aufgaben zu begreifen noch die als exemplarisch bestimmten Themenbereiche durch tendenzielles Rückgängigmachen der verfestigten Arbeitsteilungen der Einzelwissenschaften und durch Aufhebung ihrer traditionellen Gliederung unter soziologischen und historischen Aspekten zu entfalten." (Negt 1971: 25)
Hier wird es wiederholt: So einfach und überzeugend das von der allgemeinen Didaktik bereit gestellte Prinzip des „Exemplarischen" in den naturwissenschaftlichen Fächern anzuwenden sein mag, wird es in den Bereich der politischen Bildung übertragen, ergibt sich zwangsläufig die Aufgabe einer geschichtstheoretisch fundierten systematischen Analyse gesellschaftlicher Verfaßtheit in historischer Dimension. Über eine solche Analyse verfügt Negt, und so kann er formulieren: „'Ganzes' in diesem veränderten Sinn ist die arbeitsteilig organisierte Totalität des Produktions- und Reproduktionsprozesses einer Gesellschaft in historischer Dimension, 'Einzelnes' der für das Leben der Gesellschaft, der Klassen und der Individuen relevante soziologische Tatbestand." (Ebd.: 27)
Politische Bildungsarbeit unter diesen Prämissen geht auch von erfahrenen Konflikten aus, aber sie macht es sich zur Bedingung, „die grundlegenden, oft verdrängten oder verzerrt wahrgenommenen Konflikte des Individuums als strukturelle Widersprüche der Gesellschaft zu erklären und von bloßen Symptomen derartiger Konflikte zu unterscheiden." (Ebd.: 43)
Auf die als *Entfremdungsproblematik* intensiv erörterten Schwierigkeiten einer Anknüpfung an vorfindliche Bewußtseinslagen gehe ich hier nicht ein (vgl. zur Kritik: Giesecke 1973: 103ff.). Um eine solchermaßen erläuterte Konfliktanalyse am Exemplum beispielsweise von „Anpassungsschwierigkeiten bei technologischen Neuerungen" (ebd.: 44) durchzuführen, bedarf es keiner Kategorien, sondern „soziologischer Phantasie", die mit den Formulierungen C.W.Mills beschrieben wird als die Fähigkeit, „von einer Sicht

zur anderen [...] von der politischen zur psychologischen, von der Untersuchung der einzelnen Familie zur Einschätzung staatlicher Haushaltspläne (Mills 1963: 44) überzugehen und strukturelle Zusammenhänge zwischen individueller Lebensgeschichte, unmittelbaren Interessen, Wünschen, Hoffnungen und geschichtlichen Ereignissen zu erkennen." (Negt 1971: 28) Mit solcher Methode und einer Rückübersetzung zentralen wissenschaftlichen Wissens in eine verstehbare und integrierende Sprache soll ein Erziehungsprozeß initiiert werden, „der durch die objektiven Möglichkeiten der Selbstbefreiung der Gesellschaft als Fundamentalnorm des geschichtlichen Handelns und gleichzeitig durch die sozialwissenschaftliche Einsicht in die subjektiven und objektiven Bedingungen des kollektiven Handelns bestimmt ist" – darin ist die Idee einer „systemsprengenden Praxis" (ebd.: 23f.) zum Ausdruck gebracht.
Die damit zu stellende Frage nach dem Verhältnis von fachdidaktischer Theoriebildung und soziologischem Denkvermögen – ein Vermögen immerhin, das uns erlaubt, „Geschichte und persönlichen Lebenslauf und ihre Verbindung in der Gesellschaft zu erfassen" (Mills 1963: 42), kann ich hier nicht erörtern. Die politische Bildung muß in ihrer theoretischen Bearbeitung von allgemeinen Aussagen hin zum individuellen Schüler immer wieder berücksichtigen: „Wenn schließlich die überentwickelte Großstadt und das überentwickelte Automobil wesentliche Bestandteile der überentwickelten Gesellschaft sind, dann können die Probleme des Großstadtlebens nicht durch persönliche Tüchtigkeit und privaten Reichtum gelöst werden." (Ebd.: 47) Wie sehr die Fachdidaktik dieses Problem umkreist, zeigt sich in der Darstellung von Hilligens fachdidaktischem Konzept (vgl. Gagel 1991: 17ff.).

4.2. Die antiautoritäre Erziehung

Noch von einer anderen Seite her wurde die Diskussion um politische Erziehung und politische Bildung in dieser gesellschaftlichen Entwicklungsphase vorangetrieben. Unter dem Schlagwort der 'antiautoritären Erziehung' formulierte man zwar keine Konzepte der politischen Bildung in der Schule, indessen einen Problembereich, der nicht minder wichtig und eben der Schule vorgelagert ist.

> „Für einen Teil der in der Studentenbewegung Engagierten war es klar [...], daß die Verhältnisse nicht unabhängig von den Personen – und umgekehrt – verändert werden können: ohne das Problem der gesellschaftlichen Verhältnisse zu vernachlässigen, wollten sie versuchen, Sozialisationsbedingungen herzustellen, von denen man annehmen konnte, daß die Menschen psychisch unabhängiger werden. Mit der Erziehung, die zu größerer Selbstbestimmung, zur Unabhängigkeit von irrationaler Autorität führen, zu rationaler Kritik und politischem Handeln befähigen sollte, fing man bei sich selber an." (Horn 1972: 30)

Die Versuche zum solidarischen Kampf gegen die kapitalistischen Herrschaftsverhältnisse führten zu einer fundamentalen Kritik der überkommenen *Kleinfamilie*. Man wollte die Kausalität zwischen verinnerlichter Repression und politischer Apathie sprengen. In der anti-autoritären Erziehung wurde das Ziel der Selbstbestimmung und Autonomie formuliert, nur war klar, daß dieses Ziel nicht über ausgewählte Lernstoffe und -themen zu erreichen war, sondern zunächst nur durch die Veränderung der grundlegenden Situation primärer Sozialisation. – Das Ziel war die Destruktion des *autoritären Charakters*.

Die psychoanalytische Durchdringung der Kleinfamilie und der Eltern-Kind-Beziehungen hatte gezeigt, wie sehr der angsteinflößende, unnahbare *Vater*, der stark idealisiert werden muß, um untertänig geliebt werden zu können, wie sehr dieser Vater und eine dienende, sich ohnmächtig unterordnende Mutter dem kleinen Kind von Anfang an die Erfahrung der Ohnmacht, Minderwertigkeit und Schwäche vermitteln. Der staatstragende Durchschnittsbürger hat durch seine repressive Erziehung ein ungeheures Maß an Triebunterdrückung geleistet, hat die permanente Dominanz der Eltern und ihr willkürliches Eingreifen erfahren und erlebt, wie er aus egoistischen Interessen oder aufgestauten Frustrationen von ihnen manipuliert worden ist. In „kleinfamilialer Intimität" (Habermas) hat dieser Bürger die Wirkungen der „schwarzen Pädagogik" (Rutschky 1977) erlebt und weiß seitdem, daß das Schicksal vieles entscheidet und es immer 'die da oben und wir hier unten' geben wird, daß Leistungsbereitschaft und Ordnung schon fast das ganze Leben sind, wenn nur Regeln und Konventionen pedantisch eingehalten werden – mit äußerster Härte sollten alle Übertretungen bestraft werden, dafür müssen die Mächtigen sorgen, sonst sind auch sie Versager. Nur wer hart ist gegenüber sich selbst und gegen andere, kann Anspruch auf kleinbürgerliche Anerkennung erheben. – Das ist die Moral des autoritären Charakters, und sie produziert nicht mehr als eine riesige Anpassungsenergie und Ich-Schwäche, die immer bereit macht für irrationale Herrschaftslegitimationen.

Im Kopf und wohl auch vor Augen hatten die Studenten den durch seine Erziehung deformierten machtanbetenden Konformisten, der nach oben buckelt und nach unten tritt, der allerdings von seiner sadomasochistischen Einstellung nichts weiß und deshalb weiter Verhältnisse produziert, unter denen er selbst leidet. Hier wollte man an die Wurzel gehen und radikal sein: die kleinfamiliale Erziehungssituation mußte in traditionellen Merkmalen aufgebrochen und um den Preis stärkster eigener Verunsicherung verändert werden.

Die bundesrepublikanische Öffentlichkeit konnte diesen Versuch z.T. nur mit Voyeurismus und Häme aufnehmen – aus Unverständnis. Das Schreckbild ungehemmter Promiskuität in den *Kommunen* wurde gezeichnet, wo es doch nur darum ging, die einsozialisierten Normen des Eigentums an Personen und des Egoismus zu lockern, die von Moral zerbrochene Sexualität dennoch als eine der wichtigsten Lebensäußerungen aufscheinen zu lassen und darin den Kindern ein Milieu zu gestalten, in dem sie ihrem Bedürfnis nach freier Triebbefriedigung und intensiver sinnlicher und intellektueller Erfahrung nachgeben konnten. Wie anders sollte die Umkehrung der höchsten kleinbürgerlichen Erziehungsnorm: *dem Kind so früh wie möglich Grenzen setzen* gelingen, als durch das erwachsene Vorbild repressionsfreien Umgangs mit sich selbst und dem anderen.

Im Hintergrund der antiautoritären Erziehung stand nicht der Verzicht auf Erziehung überhaupt und nicht ein absolutes 'laissez faire', allerdings sollte der Subjekt-Objekt-Charakter bisheriger Erziehung aufgelöst und nicht mehr an Einschränkungen und Begrenzungen gesetzt werden, als aus sachlichen, dem Kinde dienenden Gründen notwendig erschien.

Es war kein Versuch einer Insel-Erziehung, durch die die Kinder im späteren Alter sich dann als gesellschafts-unfähig hätten erweisen müssen, nicht die Abblendung und Ausgrenzung gesellschaftlicher Realität aus den Erziehungssituationen war intendiert, sondern nur der Verzicht auf eine dressurhafte Vorbereitung und Einpassung in die Verhältnisse. Die Kinder sollten weder in einem autoritär-repressiven Elternhaus unterdrückt noch durch eine liberal-technokratische Erziehung, und das heißt mittels verdeckter Unterdrückung, auf Funktionsfähigkeit gedrillt werden. An die Stelle des liberal-individualistischen Persönlichkeitsideals trat das Ideal der kollektiven Erfahrungsgewinnung durch das Abarbeiten an gesellschaftlicher Realität, durch eine gemeinsame Widerstandspraxis. In diesen Prozessen der Ich-Bildung der Kinder, die in wirklicher Radikalität neu konzipiert wurden und deshalb in staatlichen Bildungsinstitutionen niemals eine Chance hatten, ist manches an Überforderung und sonstigen Fehlern geschehen. Dennoch lag hier der erste ernsthafte Versuch, insbesondere das Verhältnis von Erziehung, Moral und Politik zugunsten der Kinder zu entkrampfen, und wer kopfschüttelnd heute die Berichte der Kommune 2 liest, seine eigene kindliche Vergangenheit nicht anders kennt als in Formen großmütterlicher Reminiszenzen an die ach so schöne Zeit, wer um die mögliche Verinnerlichung repressiver Erziehung bei sich nicht weiß, möge behutsam sein in der Kritik.

5. Politische Bildung als „Sinntheorie" auf der Basis eines „realistischen Menschenbildes"

5.1. Tendenzwende zu einer „Sinntheorie"

Mit der „soziologischen Phantasie" und der „antiautoritären Erziehung" hatte sich die politische Bildung durch ihren in der Tradition der Geschichtsphilosophie stehenden Aufklärungsimpuls in ein erhebliches Spannungsverhältnis zu den herrschenden gesellschaftlichen Verhältnissen gesetzt. Hier hatte sich innerhalb der Gesellschaft eine Deutung formuliert, die eine Transformation eben dieser Gesellschaft hin zu einer wie auch immer gearteten sozialistischen Verfaßtheit ins Auge faßte. Damit aber war das Maß voll für alle eher konservativen Kräfte im kulturellen Bereich der Gesellschaft.

In einer bis dahin beispiellosen öffentlichen gesellschaftspolitischen Auseinandersetzung auch und gerade über die politische Bildung wurde dieser Impuls in die Defensive gedrängt. Konzeptionen, die auch nur irgendwie in die Nähe von Systemkritik oder gar Systemüberwindung zu rücken waren, wurden heftig kritisiert, und wenn sie auch nur das Leitwort „Emanzipation" (vgl. Mickel 1988: 52ff.) verwandt hatten. Auch innerhalb der politischen Bildung wurde eine „Tendenzwende" eingeleitet, die Konservativen ließen es sich nicht länger gefallen, daß im gesamten kulturellen Bereich der Gesellschaft kritische Impulse ausformuliert wurden, die für den Fortbestand der allgemeinen Zustimmung zu den herrschenden Verhältnissen fürchten ließen. Für sie stand die Demokratie, der demokratische Grundkonsens auf dem Spiel. Vorbereitet wird die Kampagne „Mut zur Erziehung" und innerhalb der politischen Bildung formuliert Sutor seine „Didaktik des politischen Unterrichts" (1971).

Eine solche Tendenzwende meint natürlich auch den hier entwickelten Grundgedanken. Politische Bildung, verstanden als aus der Aufklärung sich ableitender geschichtsphilosophischer Impuls, der auf die *Mündigkeit des einzelnen* und aller setzt, die Inthronisierung der Menschen als Subjekt ihrer Handlungen und ihres Geschichtsprozesses anvisierte, hatte es in der Bundesrepublik schwer. Aber in der Kritik allgegenwärtiger Dienstbarkeit der Individuen ergaben sich erste Anstöße, die eine erhebliche Verschiebung im Verhältnis des einzelnen zur Allgemeinheit und zu seiner durch den Staat organisierten gesellschaftlichen Verfaßtheit bedeuteten. Der Partner ist etwas anderes als der Diener. In der 'Konflikt-Didaktik' war der einzelne schon herausgefordert zur kritischen Beteiligung. Das war insofern ein erheblicher Fortschritt, als dem einzelnen Distanzierungs- und Urteilsmöglichkeiten auch kritischer Art eingeräumt wurden, er auf Harmonie nicht mehr verpflichtet war. Und schließlich wird formuliert, daß die Stellung des einzelnen und seine Subjekt-Position überhaupt nur zu verbessern sind, wenn er die herrschenden Deutungen überwindet, seine eigene Sozialisationsgeschichte kritisch rekonstruieren kann, sodann die eigene Klassenlage erkennt und im solidarischen Kampf für eine bessere Gesellschaft sich einsetzt. Das sind die Etappen der Idee von Mündigkeit in der politischen Bildung der Bundesrepublik, und eben dieser Entwicklungsprozeß soll jetzt gekippt werden. Das heißt „Tendenzwende". Eine Konzeption politischer Bildung, die diese Wende durchsetzen will, muß eben auch die Subjekt-Position des einzelnen in einer freiheitlich verfaßten demokratischen Gesellschaft kippen. Hinweise, die sich immer wieder auf die Differenzen zwischen dem utopischen Gehalt solcher Intentionen und der bundesrepublikanischen Realität beziehen, reichen dafür nicht aus. Es muß grundsätzlich die Idee einer solchen Möglichkeit bestritten werden. Diese „Depotenzierung des Subjekts" (Marquard) wird – auch in der politischen Bildung – durchaus versucht.

Ganz unverdächtig zunächst entwickelt Sutor seine fachdidaktische Theorie politischer Bildung durch ihre Abgrenzung von den sog. Fachwissenschaften. Deren Ergebnisse seien gegenüber der Menschenbildung zunächst einmal „neutral", ihnen fehle die Dimension von Aussagen über „die Bedeutung wissenschaftlicher Erkenntnisse für die Bildung" (1973: 20). Zuständigkeit besitzen die Fachwissenschaften nicht nur für die Bildung nicht, auch der Gegenstand selbst, die Politik, bleibe außerhalb ihrer Reichweite, sie „vernachlässigen manche Seiten des Politischen" und geraten in Gefahr, „sich damit zur Ideologie (zu) verabsolutieren" (ebd.: 30). Mit dieser doppelten Begründung gerät „die Didaktik des politischen Unterrichts [...] notwendiger Weise in den Bereich einer philosophisch-politischen Anthropologie." (Ebd.) Eine Theorie der politischen Bildung braucht demnach die Philosophie als Fundierungstheorie und erhält sodann den Namen *„Sinntheorie"* (ebd.: 20).

Diese Behauptung nun, daß eine Theorie politischer Bildung der Fundierung durch eine philosophisch-politische Anthropologie bedarf, die hat es in sich, denn hier werden die Grundbegriffe, die für die Tendenzwende nötig sind, ausgearbeitet. Die größere These, nach der es zur Bedeutung der philosophischen Anthropologie dort kommt, „wo sie unter den Lebensweltphilosophien die Rolle der 'großen Alternative' zur Geschichtsphilosophie übernimmt" (Marquard 1973: 128), kann hier unberücksichtigt bleiben.[3]

Das Interesse am Verhältnis von Philosophie und Einzelwissenschaften hatte Sutor schon in seiner Dissertation 1965 verfolgt. Er wollte herausfinden, ob „Wissenschaftspositivismus und Wertrelativismus auf existenzphilosophische Weise zu überwinden" (Sutor 1965: 234) sind. Vor der Ent-

wicklung seiner Theorie politischer Bildung hat er festgestellt, daß es auch gegenwärtig noch möglich ist, „zeitüberlegene Wahrheiten“ (ebd.: 10) zu formulieren. Der Form nach soll die je historische Gebundenheit und Veränderbarkeit des Wissens überwunden werden, um dem Inhalte nach der „griechisch-christliche(n) Gestalt der Philosophie“ (ebd.: 14) zur Geltung zu verhelfen, und so hat er dann die „ideale Menschennatur“ gefunden, „welche Erkenntnis dann ihrerseits ein kritisches Werten politischer Realität ermöglicht.“ (Ebd.: 13)
Mit der Voraussetzung einer solchen philosophischen Anthropologie werden in der „Didaktik des politischen Unterrichts“ dann „Grundbegriffe“ oder „Kategorien“ benannt. Sie sollen die Wahrnehmung und Erkenntnis innerhalb der politischen Bildung anleiten:
„Personalität“; „Gesellschaftlichkeit und Geschichtlichkeit“; „Politik im weiteren und engeren Sinn“; „Politik zwischen Utopie und Realität“; „Politik als Praxis, als Handeln“; „Politik als mitmenschlicher Umgang“; „Politik und Moral“.

Die in diesen Begriffen zusammengetragene „politische Philosophie“ soll nicht selbst unterrichtet werden. Das kann zwar auch einmal geschehen, „aber vor allem braucht sie der Lehrer zu Klärung seiner Kategorien und Zielvorstellungen.“ (Ebd.: 54) Das Studium der von Sutor formulierten philosophischen Grundbegriffe ist demnach der weiteste Horizont, an dem der Lehrer sich in seiner immer wieder zu entfaltenden Gesellschaftsdeutung orientieren soll. Um dem Wesen des Politischen noch näher zu kommen und dem Lehrer noch weiter zu helfen, werden sodann die politikwissenschaftlichen Grundbegriffe entfaltet: „Die Grundkategorie des Gemeinwohls“; „politische Herrschaft“; „Staat, Gesellschaft, Gemeinschaft“; „Repräsentation“; „Legitimität und Recht“; „Pluralität und Solidarität“; „Geschichtlichkeit“; „Demokratie“; „Ideologie und Wahrheit“.

5.2. Zur Kritik der „Sinntheorie“

Ohne die Analyse dieser Grundbegriffe im einzelnen zu wiederholen (vgl. Bohlen 1980), bezeugen sie in ihrer philosophischen Analyse und politikwissenschaftlichen Erweiterung vor allem eines: Die politische Bildung soll sich nicht länger beteiligen an der Entwicklung allgemeiner Übererwartungen und sinnloser Überforderungen des einzelnen. Seine Grundbegriffe sind formuliert als bessere Alternative zur ‘emanzipatorischen’ politischen Bildung und zur ‘Kritischen Theorie’ als nun deren Hintergrundtheorie. Seinem Anspruch nach ist es ihm gelungen, die „doppelte Verengung im ‘emanzipatorischen’ Ansatz“ (ebd.: 333) ebenso zu überwinden wie den falschen „Absolutheitsanspruch und eindimensionale(n) Fortschrittsglaube(n)“ (ebd.: 335), und schließlich auch deren „vereinfachtes Gesellschaftsbild“ (ebd.: 336).

Die von Sutor gefundene „ideale Menschennatur" wird umgesetzt in politische Grundbegriffe, und in deren Erörterung klingen wohl divergierende Verständnisse an, am Ende jedoch folgt immer in der gleichen Pose ein eindeutiger Fingerzeig, daß man endlich aufhören soll, in der politischen Bildung und sonstwo den Gedanken der Demokratie mit all seinem Gefolge überzustrapazieren. Zu eben einer solchen Grenzziehung hat er die philosophischen Grundbegriffe auf der Basis der idealen Menschennatur entwickelt. Über sein Konzept sagt er selbst, „daß eine ausgearbeitete Didaktik mit vergleichbarer theoretischer Grundlage bisher fehlt", deshalb „schließe ich die Hoffnung nicht aus, zugleich einen Beitrag zu leisten zu dem so dringend notwendigen Minimalkonsens unter den Didaktikern dieses Feldes." (Ebd.: 10f.)

Mein Verständnis dieser „Grundbegriffe" ist nicht unumstritten. Grammes sagt: „Die inhaltlichen Ergebnisse von Gesellschaftsanalyse werden durch die Kategorien [...] freigegeben: Die Kategorien in ihrer polaren [...] Anlage geben Möglichkeiten der Deutung." (Grammes 1986: 172) Ich habe seinerzeit den Nachweis zu führen versucht, wie sehr Sutor durch die inhaltlichen Bestimmungen dieser Begriffe eine Deutung der gesellschaftlich-politischen Realität entfaltet, die dem aufklärerischen Impuls sich widersetzen will. Sutor hat seine Didaktik in Konkurrenz insbesondere zur „Konflikt-Didaktik" Gieseckes formuliert, eben weil er meinte, man schieße mit der sozialwissenschaftlichen Aufklärung erheblich über das Ziel hinaus (vgl. Sutor 1973: 23). Vielleicht aber ließen sich dann auch die Grundbegriffe Sutors in ihrem Status denen Gieseckes als durchaus ähnlich bezeichnen – dann wäre in ihnen ebenfalls und nur ein anderer intendierter „common sense" enthalten, und Sutors Bemühungen um philosophische Anthropologie wären nur noch zu lesen als voluntaristische Vergewisserungen in historisch Tradiertem, mehr in der katholischen Soziallehre als in der Freiburger Schule.

Eine *inhaltliche* Analyse jedenfalls seiner Formulierungen von Gemeinwohl und Konflikt, von Demokratie, Macht u.a. – und hier sind von Sutor die Gegnerschaften eindeutig benannt – muß zur Kenntnis nehmen: In der Erörterung der „mehrdimensionale(n) Definition" von Demokratie: „Fragen über Fragen", aber dann eben doch und übereindeutig: „mit Lincolns berühmter Umschreibung von Demokratie als government of the people, for the people, by the people (ist) genaugenommen nur eine Wunschvorstellung ausgedrückt. Freilich, wörtlich übersetzt heißt Demokratie Volksherrschaft, und die weit verbreitete(!) naive(!) Vorstellung meint damit Herrschaft des Volkes. Wer mit diesem Gedanken radikal ernst(!) macht, kommt zu einer Volksversammlung oder notgedrungen in Flächenstaaten einer Volkskammer, einer Volksregierung ('Rat der Volksbeauftragten') und zu Volksgerichten, die alle nur den Auftrag haben, den Willen des Volkes durchzusetzen. Aber wie gesagt, für Aristoteles war das Pöbelherrschaft ..." (Sutor 1973: 107)

Wenn Grammes meint, hier würden Demokratievorstellungen frei gegeben, so bin ich anderer Auffassung. Im Zusammenhang einer Erörterung des Demokratiebegriffs wird mit Assoziationen an faschistische Herrschaft gespielt, um einen antikommunistischen Impuls polemisch zum Ausdruck zu bringen, der Beginn der Weimarer Republik mit seiner rätedemokratischen Phase muß herhalten, nur um den Gedanken der Demokratie als Volksherrschaft zu zähmen, nicht aber frei zu geben.

5.3. Minimalkonsens – Ein schwieriger Versuch

Spätestens mit Sutors Konzept der politischen Bildung war der Streit in der politischen Bildung unhintergehbar und tiefgreifend gesetzt. Der 'Konsens' war aufgekündigt gerade in dem Kern politischer Bildung, dessen Geschichte hier knapp nachgezeichnet ist. Es hat sich durchgesetzt, diesen Streit, an dem sich selbst Verfassungsrechtler beteiligen mußten, als die Kontroverse um 'Emanzipation' und 'politische Rationalität' zu benennen. Im Begriff 'Rationalität' haben die Konservativen ihre Zielvorstellung des politischen Unterrichts zusammengefaßt (vgl. Grosser 1976). Das vorläufige Ergebnis der Auseinandersetzung lautete:

> „Im Widerstreit zwischen 'Emanzipation' und 'Rationalität' konnte sich keine Position 'durchsetzen'. Charakteristisch für diese Phase der Grundsatzdiskussion um Zielkonzeptionen ist die Tatsache, daß die politische Bildung selber zum 'Politikum' wurde: als Wahlkampfthema, als parteipolitische Polarisierung und als politisches 'Glaubensbekenntnis' mit dogmatischem Anspruch, in dem die jeweils andere Position ausgegrenzt wurde." (Kuhn/Massing 1990, 36)

Die geschichtstheoretischen Grundannahmen waren die Streit-Themen, und natürlich auch der Versuch, 'mehr Demokratie zu wagen' (W. Brandt) und eine Entwicklung zur sozialen Demokratie ins Auge zu fassen. Politischer Unterricht über das Thema Partizipation, sagt Roloff, ist

> „unmittelbares Konfliktfeld. Die Lehrer können ihn daher nicht nach einer beliebigen didaktischen Konzeption in freier Auswahl durchführen, sondern müssen sich für eine der grundsätzlichen Positionen entscheiden: Entweder Behrmann, Sutor, Maier, Hennis, Assel, Andrea usw. oder Giesecke, Mollenhauer, Schmiederer, Hilligen, Fischer, v. Friedeburg, v. Oertzen u.a." (Roloff 1974: 159)

Viele Didaktiker der politischen Bildung haben sich dennoch an der Suche nach einem „Minimalkonsens" beteiligt (vgl. Schiele 1977). Für Aufsehen sorgte insbesondere Sutors Versuch, das Bonner Grundgesetz für die Formulierung eines Minimalkonsens zu nutzen. Auf die auseinander driftenden Wert- und Sinnorientierungen lautet die Antwort der Politik zusammengefaßt: „der weltanschaulich neutrale, aber nicht wertneutrale Verfassungsstaat“. (Sutor 1975: 45) Für einen Minimalkonsens in der politischen Bildung seien eben dessen grundlegende Werte zu erarbeiten, aber weder dieser noch andere Versuche konnten überzeugen, weil sie fast alle nur in Anlehnung an die eigene Konzeption formuliert wurden (zur Kritik vgl. Wallraven 1976).

Gefunden hat man den letztlich nur formalen „Konsens à la Beutelsbach“. Er ist heute hochoffiziell:

> „Was in Wissenschaft und Politik kontrovers ist, darf in der politischen Bildung nicht einseitig entschieden werden [...] Politische Bildung darf ihre Adressaten nicht im Sinne erwünschter Meinungen überrumpeln und damit an der Gewinnung einer selbständigen Meinung hindern (Überwältigungsverbot). Ziel politischer Bildung muß es immer sein, die Fähigkeit zur eigenständigen Meinungs- und Urteilsbildung zu fördern (Beutelsbacher Konsens 1977).“ (Bericht der Bundesregierung ... 1992: 5)

Nicht nur die Didaktiker, auch die Lernenden können danach die Rolle von Gesellschaftsarchitekten in Anspruch nehmen und von unvermeidlichen geschichtstheoretischen Grundannahmen nach eigener Wahl Gebrauch machen.

6. Individualisierung – Neue Aufgaben der Erziehung zur Demokratie.

Dieses Wort vom Gesellschaftsarchitekten ist vielleicht zu groß, und seine Umsetzung in Gestalt einer von den Schülern zu fingierenden Insel-Gesellschaft kann sowohl als Anreiz verstanden wie als bloßes Sandkastenspiel abgetan werden. Die dabei herausgeforderten Kompetenzen jedoch erhalten aus einer ganz anderen Perspektive erhebliche Bedeutung.

> Spätestens mit Beginn der 90er Jahre heißt es auch in der politischen Bildung: „Die Risikogesellschaft ist bekanntlich die aktuelle Erscheinungsform des Spätkapitalismus.“ (Claußen 1990: 250) Zum gleichen Zeitpunkt formuliert Hilligen, in leichter Abweichung: „Es scheint mir viel für die These zu sprechen, daß die Herausforderungen der ‘Risikogesellschaft’ in den Richtlinien der Bundesländer für den Politikunterricht wie im Bewußtsein der Lehrenden und Lernenden das Legitimationsvakuum ausfüllen sollten, das entstanden ist, seitdem Antikommunismus wie auch die Träume von einer perfekten kommunistischen Gesellschaft gegenstandslos zu werden begonnen haben.“ (Hilligen 1990: 334)

Auch wenn Claußen schon mehrfach (vgl. 1989; 1991) der Frage nach einer politischen Bildung in der spätkapitalistischen, mit dem Antlitz der Risikogesellschaft sich darbietenden Situation nachgegangen ist, und auch Hilligen „einige erläuternde Bemerkungen im Blick auf Lehre, Selbstbildung und Unterricht“ (ebd.: 333) notiert hat, Henkenborg (1992) Möglichkeiten und Chancen einer moralisch-politischen Bildung unter Bedingungen der Risikogesellschaft erörtert, für Heitmeyers jugendsoziologische Analysen (1989; 1991) der Begriff „Risikogesellschaft“ Programm ist, Hornstein (1991) u.a. Folgen für die politische Bildung entwickeln, ergibt sich aus der Anlage der hier erfolgten Analyse ein weiterer Akzent. Hier ist entwickelt worden, daß politische Bildung unvermeidlich die Verhältnisse von Individuum und Gesellschaft, Staat, Politik usf., thematisieren, Modelle der Vergesellschaftung entwickeln muß. Becks Analysen können nun als Beschreibung solchen sich steigernden Bedarfs gelesen werden, denn – und das sind empirisch zu prüfende Thesen:

„Das, was sich in den letzten zwei Jahrzehnten in der Bundesrepublik [...] abzeichnet, [...] muß als Anfang eines *neuen Modus der Vergesellschaftung* gedacht werden, als eine Art ‘Gestaltwandel’ oder ‘kategorialer Wandel’ im Verhältnis von Individuum und Gesellschaft.“ (Beck 1986: 205, H.i.T.) Ich erwähne hier nur die subjektive Komponente dieses Prozesses: Nach den unter den Begriffen Individualisierung und Individualisierungsschüben beschriebenen Veränderungen kommt der einzelne dabei nicht in die Rolle eines realitätsnahen Gesellschaftsarchitekten – eher ist das Gegenteil der Fall, aber er wird in einem Ausmaß Autor und Manager seiner Biographie, das neu ist, und zugleich stößt er auf einschränkende Bedingungen, auf „Standardisierung“ und „Außensteuerung“ (ebd.: 212), die in Ausdehnung und Umfang ihrer Wirkung ebenfalls neu sind. Gemeint ist also keineswegs ein einfacher ungebrochener Zugewinn an Selbstbestimmung, Beck beschreibt anschaulich, wie wir alle sowohl einem Freisetzungsprozeß wie einem Prozeß der „Institutionalisierung und Standardisierung von Lebenslagen“ (ebd.: 119) ausgesetzt sind – und das unter der wesentlichen Bedingung sozialer Ungleichheit.

„Auf der einen Seite sind die Relationen sozialer Ungleichheit in der Nachkriegsentwicklung der Bundesrepublik weitgehend *konstant* geblieben. Auf der anderen Seite haben sich die Lebensbedingungen der Bevölkerung radikal verändert. Die Besonderheit der sozialstrukturellen Entwicklung in der Bundesrepublik ist der ‘*Fahrstuhl-Effekt*’: die ‘Klassengesellschaft’ wird *insgesamt* eine Etage höher gefahren. Es gibt [...] ein *kollektives Mehr* an Einkommen, Bildung, Mobilität, Recht, Wissenschaft, Massenkonsum.“ (Ebd.: 122, H. i. T.)[4]

So eine entscheidende These, und dieser „Fahrstuhl-Effekt“ hat nun, so Beck, für die individuellen Lebenslagen zunächst die Freisetzung aus überindividuellen Sozialformen und Bindungen zur Folge. Objektive Zugehörigkeiten zur Klasse, sozialen Schicht, Familie lösen sich natürlich nicht auf, verlieren aber ihre orientierenden, handlungsrelevanten Dimensionen. Durch den Bedeutungsverlust dieser kollektiven Kontexte und Solidaritäts-

> potentiale, durch objektiv verursachte „Enttraditionalisierungen" entsteht das „Marktindividuum" (ebd.: 144), wir sind „kollektiv Vereinzelte" (ebd.: 150) und allein in der „Massenhaftigkeit und Vereinzelung des 'Schicksals'" (ebd.: 147). Es sind objektive gesellschaftliche Bedingungen entstanden, „die die Menschen dazu zwingen, sich selbst – um des eigenen materiellen Überlebens willen – zum Zentrum ihrer eigenen Lebensplanungen und Lebensführung zu machen." (Ebd.: 116f.) Darauf muß der einzelne reagieren, „es entsteht – paradox genug – eine neue Unmittelbarkeit von Individuum und Gesellschaft ..." (ebd.: 158), „der oder die einzelne wird zur lebensweltlichen Reproduktionseinheit des Sozialen" (ebd.: 209), und darauf haben sie zu antworten mit einem „*ichzentriert(en) Weltbild* [...], das das Verhältnis von Ich und Gesellschaft sozusagen auf den Kopf stellt und für die Zwecke der individuellen Lebensgestaltung handhabbar denkt und macht." (Ebd.: 217f.) Aufgenötigt also ist und längst nicht individuell gewählter Gestus, sich selbst als „Handlungszentrum, als Planungsbüro in bezug auf seinen eigenen Lebenslauf" zu erkennen, gefordert ist ein „aktives Handlungsmodell des Alltags, das das Ich zum Zentrum hat" (ebd.), um sodann die Bedingungen der Vergesellschaftung als die Standardisierung der eigenen Entwürfe, hervorgerufen durch kaum manipulierbare gesellschaftliche Rahmenbedingungen zu erkennen: Bildungs- und Arbeitsmarktangebote, Kindergartenplätze und Wohnraum für den einzelnen und den Partner usf.. Gesellschaft erscheint aus der Perspektive des Managements der eigenen Biographie als ein 'set' von Umweltvariablen, in die man angesichts einer drohenden Verkehrsführung, einer geplanten Mülldeponie usw. dann auch eingreifen will und manchmal auch kann, denn die an die Stelle der Großgruppen-Vergesellschaftung getretene *institutionalisierte* Prägung des Lebensentwurfs und der realen Gestaltung bedeutet im Kern ihre „politische Gestaltbarkeit" (ebd.: 212).

Staatliche Maßnahmen und Regularien, aber auch deren Abwesenheit *können* Lebenschancen sichern und erweitern, in jedem Fall nehmen sie massiven Einfluß auf individuelle Lebensplanung, und in diesem Sinne können sie mehr und mehr gedeutet werden. Nimmt man sie als politisch gesetzte, begibt man sich in die Rolle eines Gestalters des eigenen Lebens, der solche Rahmenbedingungen auch in der Perspektive möglicher Alternativen zu sehen lernt. Vielleicht entsteht so nicht „soziologische", aber doch eine „Maßnahmenphantasie" (ebd.: 217), weil unerträgliche Situationen im eigenen Handlungsradius auftreten, die, nur scheinbar individuell zu verantworten, „Aspekte eines 'Kollektivschicksals' ins Bewußtsein dringen lassen." (Ebd.: 216) Das ist der lokale und vielleicht bearbeitbare Radius des einzelnen, aber längst nicht alles, darin geht die Architektur des eigenen Lebens nicht auf, „mit der Enttraditionalisierung und Schaffung weltweiter Mediennetzwerke wird die Biographie mehr und mehr aus ihren unmittelbaren Lebenskreisen herausgelöst und über Länder- und Expertengrenzen hinweg für eine *Fernmoral* geöffnet, die den einzelnen in den

Zustand der potentiellen Dauerstellungnahme versetzt. Bei gleichzeitiger Versenkung in die Unbedeutendheit wird er auf den scheinbaren Thron eines Weltgestalters gehoben." (Ebd.: 219, H.i.T.)

In diesen groben Hinweisen fehlt die These von den hinzutretenden „Globalgefährdungen" (ebd.: 115) durch die modernen Techniken und deren politische Verfaßtheit. Aber wenn Becks Beschreibungen zutreffen, dann erscheint die Kategorie der *Individualisierung* wichtig für die politische Bildung. An der „neuen Unmittelbarkeit von Individuum und Gesellschaft" kann politische Bildung anknüpfen, ohne ihre Chancen zu überschätzen (vgl. Baethge 1991: 50ff.). Die Ansprüche einer demokratisch verfaßten Gesellschaft an den einzelnen sind mit keiner höheren Weihe versehen als denen der prozeduralen Entscheidung, die Strukturen dieser Gesellschaft sind zugleich in höchstem Maße Formgebungen der individuellen Biographie, deren gedankliche Horizonte wiederum auf die Weltgesellschaft ausgedehnt sind. Aus diesen Mischungen kann, muß aber nicht, ein universalistisch strukturiertes, verständigungsorientiertes Kommunikationspotential entstehen, das von der politischen Bildung gestützt und gefördert werden könnte. Einstellen muß sich die politische Bildung jedoch auch auf andere Resultate von Individualisierungsprozessen: Aus bisherigen Zusammenhängen vertrieben und geflohen, erreicht der einzelne mit Hilfe gesellschaftlicher Solidarität, die er geschickt managt, ein erhebliches Lebensniveau, ohne deshalb auch nur im Ansatz demokratisch gesonnen zu sein.

Nach der „Partnerschafts-Haltung" und der „Konflikt-Einübung", nach der „Erziehung zu Klassenbewußtsein" und zu einem „Sinn für ordentliche Ordnung" käme es jetzt darauf an, das „Management für die eigene Biographie" als Modus der politisch organisierten Vergesellschaftung deutlich zu machen und deshalb die Aufmerksamkeit für politische Legitimationskontrollen zu schärfen. Die paradoxe Situation wäre also auszuhalten bis zu ihrem Aufbrechen: als einzelner versenkt zu sein ins Unkenntliche, als Appellationsinstanz der Politik und des öffentlichen Bewußtseins auf dem Thron der Welt zu sitzen, aber erst in der öffentlichen, kollektiven und diskursiven Wahrnehmung der eigenen unmittelbaren Lebenschancen und -interessen (vgl. Offe 1991: 227ff.) sich als vergesellschaftet selbst zu bestimmen. Dann aber wäre der geschichtsphilosophische Impuls in der politischen Bildung längst nicht verabschiedet, sondern ein Stück weit näher beim einzelnen, und das in einer Situation, in der er sie dringender brauchen könnte als je zuvor.

Zur vielfachen Ausarbeitung dieser Analyse zu ihrer fachdidaktischen Wirksamkeit stehen allerdings die neuesten Bedingungen der politischen Bildung quer. Die politische Bildung steckt in einer Krise, im „Darmstädter Appell“ (1996) wird sie zum Ausdruck gebracht. Materielle und institutionelle Ausstattungen werden ebenso wie öffentliche Reputation auf einem Tiefstand gesehen, von dem aus die gewandelten und gesteigerten notwendigen Leistungen der politischen Bildung für den Fortbestand der demokratischen Verfaßtheit der Bundesrepublik kaum noch zu erbringen sind. In einer eigenen Analyse kommt Kahsnitz (1996) allerdings zu dem Ergebnis, daß die Ursachen für diese Krisensituation auch in der Didaktik der politischen Bildung selbst zu erkennen seien, folglich auch dort behoben werden müßten, statt sie von den Wirkungen eines Appells zu erwarten. Verantwortlich wäre dann insbesondere die „nachkonzeptionelle Phase“ (Gagel) innerhalb der Didaktik, in der die bis dahin nur vorläufigen Versuche einer gründlichen sozialwissenschaftlichen Fundierung politischer Bildung hintangestellt und durch „Alltagsorientierung, Stadtteilorientierung, Bedürfnisorientierung, Erfahrungsorientierung, Handlungsorientierung“ (Gagel 1992: 66) ersetzt wurden. In dieser Entwicklung sieht Kahsnitz eine „substantielle Verarmung der Politikdidaktik“ (1996: 27) und plädiert für weitere und erneute Anstrengungen, den Aufklärungsimpuls der politischen Bildung durch seine sozialwissenschaftliche Ausarbeitung zu befördern.

Das alles kann hier nicht mehr Thema sein, wie vieles nicht zum Thema wurde. Didaktische Konzeptionen, die maßgeblichen Einfluß auf die Weiterentwicklung auch des ‘geschichtsphilosophischen Impulses’ in der politischen Bildung gewonnen haben, blieben unberücksichtigt. Eine systematische Übersicht über die Wissenschaft von der politischen Bildung fehlt (vgl. Hilligen 1986), und vieles andere mehr, was von anderen schon geleistet wurde. Welche geschichtsphilosophisch impulsierte sozialwissenschaftlich angeleitete Deutung sich die große BRD in Zukunft leisten will, darauf darf man gespannt sein.

Anmerkungen

1 Sich in den oder die anderen einfühlen und Erwartungen an das eigene Handeln erkennen zu können, gilt als erste Voraussetzung erfolgreichen Rollenhandelns. Nur selten jedoch sind diese Erwartungen identisch mit den eigenen Bedürfnissen, man zeigt durch Rollendistanz, daß man den Erwartungen nicht voll subsumierbar ist, sondern ihnen eigenes durchaus hinzufügt; und durch Ambiguitätstoleranz gelingt es, trotz eines Spannungsverhältnisses zwischen wechselseitigen Erwartungen und Bedürfnissen die Interaktion fortzusetzen. Die Kombination der Kompetenzen ergibt die Leistung, Identität hervorzubringen: sowohl unverwechselbar wie zugleich auch so zu sein, wie alle anderen in der gleichen Position.

2 Klafkis Wirkung ist ganz erheblich gewesen. „Kategoriale Bildung“ ist der Titel für den anerkannten Versuch, das exemplarische Prinzip aus der Perspektive des Schülers für alle Unterrichtsfächer zu formulieren und seine Ausarbeitung

als Spezialaufgabe der Fachdidaktiken auszuweisen. „Auf eine umfassende Formel gebracht ist es die Relation von Allgemeinem (und zwar als Sach- und Sinnallgemeinem) und Besonderem. [...] Bildend sind nicht die besonderen Sachverhalte als solche, sondern die an ihnen oder in ihnen zu gewinnenden Struktureinsichten und Gesetzeserkenntnisse, die erfaßten Prinzipien ..." (Klafki 1963 a: 121).

3 Philosophische Anthropologie als „Disziplin, die sich mit der Frage nach dem Wesen des Menschen befaßt" (Marquard 1973: 122), erhält im ausgehenden 19. Jh. sich steigernde Bedeutung, weil die Auskünfte der Geschichtsphilosophie zu diesem Problem, geschwächt durch historistische Kritik, nicht mehr überzeugen. Nach dieser Ausgangsbeobachtung entfaltet Marquard eine historische Durchsicht des Konkurrenzverhältnisses zwischen philos. Anthropologie und Geschichtsphilosophie in vielen, auch gegenwärtigen Varianten. Dabei zeigt sich, daß Antworten auf die Frage nach dem Wesen des Menschen, werden sie von der philos. Anthropologie formuliert, Hoffnungen auf immer mehr Freiheit und Fortschritt, auf Emanzipation, geschichtsphilosophische Hoffnungen und Utopien eben, reichlich bremsen und enttäuschen, daß das Setzen auf die Natur des Menschen Möglichkeitsräume nicht eigentlich eröffnen, sondern eher begrenzen soll.

4 Mit dem „Fahrstuhl-Effekt" löst Beck „die Gretchenfrage nach der Realität von Klassen und Schichten in der Bundesrepublik" (Ebd.: 121). Strukturen und Relationen sozialer Ungleichheit sind in den letzten drei Jahrzehnten stabil geblieben, der daraus entstehende soziale und politische Problemdruck hat sich jedoch entschärft. Grund dafür ist, daß „sich die *soziale Bedeutung* von Ungleichheit gewandelt hat." (Ebd.: 122) Unveränderte soziale Ungleichheit, etabliert auf einem insgesamt erhöhten Lebensniveau (das ist der 'Fahrstuhl'), wird eher hingenommen als daß sie in Protest sich verwandelt.

Literatur

Adorno, Theodor W. (1970): Erziehung nach Auschwitz, in: Ders.: Erziehung zur Mündigkeit, Frankfurt/M.

Baethge, Martin (1991): Die politischen Folgen fortschreitender Individualisierung in der Arbeitsgesellschaft, in: Heitmeyer/ Jacobi (Hg.)

Beck, Ulrich (1986): Risikogesellschaft, Frankfurt/M.

Behrmann, Günter C. (1978): Zur Problematik des sozialkundlich-politischen Unterrichts und seiner neueren Didaktik, in: Ders. u.a.: Geschichte und Politik, Paderborn

Bericht der Bundesregierung zu Stand und Perspektiven der politischen Bildung in der Bundesrepublik Deutschland (1992), Bonn

Bohlen, Gerd (1980): Didaktik – eine Fundamentalwissenschaft? Frankfurt/M.

Claußen, Bernhard (1989): Politische Bildung in der Risikogesellschaft, in: Aus Politik und Zeitgeschichte, B 36/89

Claußen, Bernhard (1990): Politisches Lernen angesichts der Veränderungen von System und Lebenswelt, in: Cremer/ Klein (Hg.)

Claußen, Bernhard/ Gagel, Walter/ Neumann, Franz (Hg.) (1991): Herausforderungen – Antworten. Politische Bildung in den neunziger Jahren, Opladen

Claußen, Bernhard (1991): Risikogesellschaft und politische Bildung, in: Heitmeyer/ Jacobi (Hg.)

Claußen, Bernhard/ Geißler, Rainer (Hg.) (1996): Die Politisierung des Menschen. Instanzen politischer Sozialisation. Ein Handbuch, Opladen
Cremer, Will/ Breit, Gotthard: (Hg.) (1990): Zur Theorie und Praxis der politischen Bildung, Bonn
Cremer, Will/ Klein, Ansgar (Hg) (1990): Umbrüche in der Industriegesellschaft, Opladen
Dahrendorf, Ralf (1963): Gesellschaft und Freiheit, München
„Darmstädter Appell", in: Aus Politik und Zeitgeschichte B47/96
Eder, Klaus (1990): Kollektive Identität, historisches Bewußtsein und politische Bildung. In: Cremer/ Klein (Hg)
Fischer, Kurt G. (1965): Politische Bildung in Deutschland, in: Neue politische Literatur H.1, Frankfurt/M.
Fischer, Kurt G. (1970): Einführung in die politische Bildung, Stuttgart
Fischer, Kurt G./ Herrmann, Karl/ Mahrenholz, Hans (1960): Der politische Unterricht, Bad Homburg v.d.H..
Fischer, Kurt G./ Herrmann, Karl/ Mahrenholz, Hans (1965): Der politische Unterricht, 2. Aufl., Bad Homburg v.d.H..
Gagel, Walter (1979): Politik Didaktik Unterricht. Stuttgart
Gagel, Walter (1990): Theorie muß in die Praxis vermittelt werden, in: Cremer/ Breit
Gagel, Walter (1991): Drei didaktische Konzeptionen: Giesecke, Hilligen, Schmiederer, Schwalbach/Ts.
Gagel, Walter (1992): Politische Didaktik: Selbstaufgabe oder Neubeginn? In: Breit, Gotthard/ Massing, Peter (Hg.): Grundfragen und Praxisprobleme der politischen Bildung, Bonn
Gagel, Walter (1994): Geschichte der politischen Bildung in der Bundesrepublik Deutschland 1945-1989, Opladen.
Gagel, Walter (1997): Wissenschaftsorientierung, in: Sander Wolfgang (Hg.)
Giesecke, Hermann (1971); (1974): Didaktik der politischen Bildung, München
Grammes, Tilmann (1986): Politikdidaktik und Sozialisationsforschung, Frankfurt/M.
Grammes, Tilmann (1990): Methoden fachdidaktischer Unterrichtsforschung. Eine Brücke zwischen Theorie und Praxis? In: Cremer/ Breit (Hg.)
Grosser, Dieter u.a. (1976): Politische Bildung: Grundlagen und Zielprojektionen für den Unterricht an Schulen, Stuttgart
Habermas, Jürgen u.a. (1969): Student und Politik, Neuwied
Habermas, Jürgen (1973): Legitimationsprobleme im Spätkapitalismus, Frankfurt/M.
Harms, Hermann/ Breit, Gotthard (1990): Zur Situation des Unterrichtsfaches Sozialkunde/Politik und der Didaktik des politischen Unterrichts aus der Sicht von Sozialkundelehrerinnen und -lehrern. Eine Bestandsaufnahme, in Cremer/ Breit
Heitmeyer, Wilhelm/ Jacobi, Juliane (Hg.) (1991): Politische Sozialisation und Individualisierung, Weinheim/München
Henkenborg, Peter (1992): Die Unvermeidlichkeit der Moral, Schwalbach/Ts.
Hilligen, Wolfgang (1961): Worauf es ankommt. Überlegungen und Vorschläge zur Didaktik der politischen Bildung, in: Gesellschaft – Staat – Erziehung
Hilligen, Wolfgang (1975): Zur Didaktik des politischen Unterrichts I, Opladen
Hilligen, Wolfgang (1976): Worauf es ankommt, in: Hilligen, Wolfgang: Zur Didaktik des politischen Unterrichts II, Opladen.

Hilligen, Wolfgang (1986): Politische Bildung, in: Mickel, Wolfgang (Hg.): Handlexikon zur Politikwissenschaft, Bonn

Hilligen, Wolfgang (1990): Gewandelte Legitimationsmuster und Perspektiven der politischen Bildung, in: Cremer/ Klein (Hg.)

Horn, Klaus (1972): Bemerkungen zur gesellschaftlichen Situation der antiautoritären Erziehung, in: Ders.: Psychoanalyse – Kritische Theorie des Subjekts, Frankfurt/M.

Hornstein, Walter (1991): Der Gestaltwandel des Politischen und die Aufgaben der politischen Bildung, in: Heitmeyer/ Jacobi (Hg.)

Janssen, Bernd (1990): Kritische Thesen zum Verhältnis von politikdidaktischer Theorie und Unterrichtspraxis, in: Cremer/ Breit

Kahsnitz, Dietmar (1996): Politische Bildung: Ohne Krisenbewußtsein in der Krise, in: Aus Politik und Zeitgeschichte B 47/96

Kühr, Herbert (1980): Politische Didaktik, Königstein/Ts.

Klafki, Wolfgang (1963): Das pädagogische Problem des Elementaren und die Theorie der kategorialen Bildung, Weinheim

Klafki, Wolfgang (1963a): Studien zur Bildungstheorie und Didaktik, Weinheim

Kuhn, Hans-Werner/ Massing, Peter (Hg.) (1990): Politische Bildung in Deutschland, Opladen

Kuhn, Hans-Werner/ Massing, Peter (1990a): Politische Bildung seit 1945 Konzeptionen, Kontroversen, Perspektiven, in: Aus Politik und Zeitgeschichte, B 52-53, Bonn

Lenk, Kurt (1991): Probleme der Demokratie, in: Lieber, Hans-Joachim (Hg.): Politische Theorien von der Antike bis zur Gegenwart, Bonn

Litt, Theodor (1956): Wesen und Aufgabe der politischen Erziehung, in: Die politische Selbsterziehung des deutschen Volkes. Schriftenreihe der Bundeszentrale für Heimatdienst, Bonn

Marquard, Odo (1973): Schwierigkeiten mit der Geschichtsphilosophie, Frankfurt/M.

Mickel, Wolfgang W./ Zitzlaff, Dietrich (Hg.) 1988: Handbuch zur politischen Bildung, Bonn

Mills, C. Wright (1963): Kritik der soziologischen Denkweise, Neuwied

Negt, Oskar (1971): Soziologische Phantasie und exemplarisches Lernen, Frankfurt/M.

Oetinger, Friedrich (1951): Wendepunkte der politischen Erziehung. Partnerschaft als pädagogische Aufgabe, Stuttgart

Offe, Claus (1991): Selbstbeschränkung als Methode und als Resultat, in: Beck, Ulrich (Hg.): Politik in der Risikogesellschaft, Frankfurt/M.

Roloff, Ernst-August (1974): Erziehung zur Politik, Bd. 2, Göttingen

Roloff, Ernst-August (1988): Gewissenhafte Pflichterfüllung zum Wohle der Allgemeinheit? In: Aus Politik und Zeitgeschichte, B 51/88

Sander, Wolfgang (Hg.) (1997): Handbuch politischer Bildung, Schwalbach/Ts.

Schmiederer, Rolf (1971): Zur Kritik der politischen Bildung, Frankfurt/M.

Schmiederer, Rolf (1972): Zwischen Affirmation und Reformismus, Frankfurt/M.

Schnädelbach, Herbert (1974): Geschichtsphilosophie nach Hegel, Freiburg/ München

Schiele, Siegfried/ Schneider, Herbert (Hg.) (1977): Das Konsensproblem in der politischen Bildung, Stuttgart

Schörken, Rolf (Hg.) (1974): Curriculum 'Politik', Opladen

Sutor, Bernhard (1965): Der Zusammenhang von Geschichtsphilosophie und Politik bei Karl Jaspers, Mainz

Sutor, Bernhard (1966): Politik und Philosophie, Mainz

Sutor, Bernhard (1973): Didaktik des politischen Unterrichts, Paderborn

Sutor, Bernhard (1975): Philosophisch-anthropologische Grundlagen der Politischen Bildung, in: Gutjahr-Löser, Peter/ Knütter. Hans-Helmuth (Hg.): Der Streit um die politische Bildung, München/Wien

Sutor, Bernhard (1977): Verfassung und Minimalkonsens. Die Rolle des Grundgesetzes im Streit um die politische Bildung, in: Schiele, Siegfried/ Schneider, Herbert (Hg.): Das Konsensproblem in der politischen Bildung, Stuttgart

Sutor, Bernhard (1988): Politische Bildung als Politikum – Ein unbewältigtes Problem, in: Aus Politik und Zeitgeschichte, B 51/88

Wallraven, Klaus P. (1976): Minimalkonsens und Optionen – Zur Auseinandersetzung mit der „didaktischen Plattform", in: Neumann, Franz/ Fischer, Kurt G. (Hg.): Option für Freiheit und Menschenwürde, Frankfurt/M.

Wellie, Birgit (1991): Didaktik der Politikdidaktik? Eine wissenschaftsdidaktische Zurückweisung des instrumentalistischen Rezeptdenkens für die Praxis der Politischen Bildung, in: Claußen/ Gagel/ Neumann

E

F

G

Q

R

S

T

U

V

W

Z